Dictionary

Third Edition

Yuepheng L. Xiong

Hmongland Publishing Company

Saint Paul, Minnesota

A Hmongland Publishing Company Book

Third Edition published in 2011 by

Hmongland Publishing Co.
217 Como Avenue, Suite 113
St. Paul, MN 55103
United States of America
www.hmongabc.com
Email: info@hmongabc.com
Tel: (651) 293-0019
Fax: (651) 293-3994

Also distributed by

Hmong ABC
217 Como Avenue, Suite 113
St. Paul, MN 55103
United States of America
www.hmongabc.com
Email: info@hmongabc.com
Tel: (651) 293-0019
Fax: (651) 293-3994

English-Hmong/Hmong-English Dictionary

Third Edition

ISBN 0-9723624-3-6

Printed and manufactured in the United States of America.

In loving memory of my
parents Nhia Blia Xiong
and Ying Yang Xiong

TABLE OF CONTENTS

PREFACE

The date, typed on the very first line of the first page, was Sept. 28, 1999, when I decided to key the first strokes of a long journey in the process of writing the first edition of this English-Hmong-English dictionary. When the last Hmong word, *"w,"* was translated into English, with the help of Marlin Heise and Tzianeng Vang of the Hmong Archives, it was June 26, 2006, at 12:03 PM, almost seven years later.

As always, I'm proud to re-publish and present this third edition to you, especially to my Hmong people who have been waiting patiently for this comprehensive, user-friendly dictionary of over 40,000 English words translated into Hmong and over 15,000 Hmong words translated into English.

Throughout the course of researching this dictionary, I've learned that we have lost much of our Hmong vocabulary either by replacing them with words of other nationalities or from simple neglect. For example, today we use the Lao word *"nab kuab"* for "ice." I recently learned that the Hmong word for ice is *"daus,"* a term that we only hear in folk stories and folk songs. It might surprise you that there is also a Hmong term for "snow" — it is *"npu,"* a word that, perhaps after several generations in Laos without snowfall, simply became unused, eventually forgotten and finally, obsolete. Many other Hmong words have suffered this fate.

Sometimes, we use Hmong words without really knowing their meanings. For example, when we hear the words *"viv ncaus,"* we know that together they mean "sisters." But when the two words are separated, no one seems to know what *"viv"* is or what *"ncaus"* means. Supported by the Hmong proverb, *"tij viv tam niam txiv, niam txiv tam rooj ntug* (older brother and sister as parents, parents as the world)," can you disagree with me that *"viv"* means "older sister" and *"ncaus"* "younger sister?" Similarly, we have used *"dej"* to mean both "water" and "river." But the long forgotten word *"auv"* might in fact be the Hmong word for "water," differentiating from *"dej,"* the "river." There are many of these examples, worthy of a book by themselves.

In this dictionary, I use the original/standard Hmong script, which does not combine words, change or add new consonants, vowels and tones. As a bookseller for 15 years, I have found this to be the most preferred style; it's easiest to use and the most consistent.

I also use letter abbreviations in parenthesis for our loaned words — (C) for Chinese; (L) for Lao; (HC) for Hmong Chinese; and (M) for Mong, the preferred term in the place of "Green Hmong." Even though I don't like the fact that we have two different names for the same people, I chose to use "Mong" in this dictionary over the terms "Green Hmong," "Blue Hmong" or "Hmong Leng," because of their conflicting inconsistency in usage and definitions. I hope that we will soon figure out who and what we all are, and be happy as one root, one name, one people.

Meanwhile, I'm of the opinion that we should accept and continue to use our loaned words until new Hmong words are discovered, or rediscovered, used and accepted. For words like "account" or "computer," I use the English words, but in the Hmong tone of language. Thus, *"is saws las"* is "insurance." *"As Fiv Kas,"* not *"As Fliv Kas,"* is "Africa." *"Koos phis tawj"* is "computer." *"Khas Faus Nias"* is the Hmong name for "California." And "America" is simplified in Hmong as *"Mes Kas."*

Although I believe this to be the most thorough English-Hmong-English dictionary ever published, it is far from perfect. I have omitted many terms that are not readily definable. You may find words misspelled and misplaced. You may even disagree with some translations. However, this is the beginning and much improvement is needed so I welcome your comments and suggestions; I rely on you to help make this dictionary better in future editions.

This dictionary could not come to print without the help of existing dictionaries and many people. I consulted and borrowed words when necessary from the following dictionaries: (1) *White Hmong-English Dictionary* by Ernest E. Heimbach; (2) *English-White Hmong Dictionary* by Brian McKibben; (3) *English-Mong-English Dictionary* by Lang Xiong and others; (4) *English-Hmong Phrasebook with Useful Wordlist (for Hmong Speakers)* by Center for Applied Linguistics; (5) *English-Hmong Anatomy & Medical Phrase Book* by Wausau Area Hmong Mutual Association; and (6) *Tuabneeg Lubcev Hab Kev Mobnkeeg Rua Cov Haslug Hmoob* by Thai Fang. I want to credit and thank all of the above authors and publishers for contributing to the educational growth of the Hmong and to the development of this dictionary. This new dictionary is an expansion on all of the above dictionaries, and would have been much more difficult without them.

I want to thank my wife Shoua V. Xiong for her inspiration and for her trust in my work. Without her being such a wonderful wife and mother for these many years, this dictionary could not have been completed. Our children Mena, Cengcheng, Puapheng, Dao Ong, Mihoko (Kuatuknue) and Chiyou also contributed in many ways toward the completion of this dictionary. Mihoko, especially, was the one who kept on asking me when our dictionary would be finished. Now I can tell her that it is done. I love all of you and thank you.

In the last stage of this project, I consulted the following people to help clarify and define many words, both Hmong and English. I want to take this opportunity to thank Lao Kong Xiong, Fai Her Xiong, Tong Yang Xiong, Tzianeng Vang, Marlin L. Heise, Kongsue Xiong, Anthony Vang, Ken Her, Fong Lor, Lee Pao Xiong, Xai Yang, Yer Vang Xiong and Song Vang Khang. Without these people, many words would be neglected because I could not make sense out of them from "the small," "the big," and "the online" dictionaries. Marlin was my human dictionary when my paper and online dictionaries could not help me understand some definitions. Marlin insisted that I should not abandon words that I could not define, and that he would help me define them. He suggested that I use Mong or (M) as an indication for words or definitions that are unique to their dialect. He also advised me to check and recheck my alphabetical order to avoid misplacing words as new entries were inserted throughout the course of the project. I found many of them. Thank you, Marlin.

Finally, I would like to thank my younger brother Xai and brother-in-law Choua Ger Vang for continuously volunteering to work on the design and layout of my publications.

Now, I sincerely hope that you will enjoy this dictionary and find it helpful.

— Yuepheng L. Xiong, St. Paul, MN

Ncauj Lus

Lub hnub nyoog, ntaus rau thawj thawj kab ntawm thawj thawj nplooj ntawv, yog Cuaj Hlis 28, 1999, thaum kuv txiav txim siab taug ncua kev deb ntawm txoj kev pib ntaus lawj ib ntawm phau ntawv txhais lus As Kiv-Hmoob-As Kiv no. Thaum Marlin Heise thiab Txiab Neeb Vaj pab txhais lo lus tom qab kawg nkaus, *w*, mus ua lus As Kiv, nws yog Rau Hli 26, 2006, thaum 12:03 teev tav su, yuav luag muaj xya lub xyoos rov tom qab.

Li ib txwm, kuv zoo siab rov luam tawm thiab tsaws phau txhais lus lawj peb no rau nej, qhov tshwj xeeb yog rau kuv cov Hmoob uas lawv tau ua siab ntev loo tos phau txhais lus no uas muaj lus ntau thiab yooj yim siv heev uas muaj ntau tshaj 40,000 lo lus As Kiv txhais ua lus Hmoob thiab ntau tshaj 15,000 lo lus Hmoob txhais ua lus As Kiv.

Thaum tshawb fawb los sau phau ntawv txhais lus no, kuv pom tias peb cov lus tau poob lawm ntau heev, xws li yog muab lwm haiv neeg cov lus los hloov peb cov lus lawm los yog cia li muab tso tseg lawm xwb. Piv txwv, niaj hnub no peb siv lo lus Nplog "nab kuab" ua lo lus "ice." Kuv nyuam qhuav kawm tias lo lus Hmoob rau "ice" yog "daus," uas yog ib lo lus uas peb tsuas hnov nyob hauv dab neeg thiab kwv txhiaj xwb. Koj kuj tseem yuav ceeb tias Hmoob muaj lus rau "snow" — nws yog "npu," ib lo lus uas, tej zaum nyob tau ntau tiam rau hauv lub teb chaws Nplog uas tsis muaj npu, cia li tsis raug siv, maj mam raug hnov qab zuj zus thiab thaum kawg, cia li ploj lawm. Muaj ntau ntau lo lus Hmoob raug ploj mus tib yam li no.

Tej thaum, peb siv lus Hmoob yam tsis paub txog lawv cov ntsiab lus. Piv txwv, thaum peb hnov ob lo lus "viv ncaus," peb paub tias ob lo lus no txhais tias "sisters." Tab sis thaum muab ob lo lus no sib cais lawm, tsis muaj neeg paub tias "viv" yog dab tsi los yog "ncaus" txhais li cas. Muab pov thawj los ntawm kab paj lus Hmoob, "tij viv tam niam txiv, niam txiv tam rooj ntug, koj puas yuav muaj peev xwm cov nyom nrog kuv tias "viv" txhais tias "older sister" thiab "ncaus" yog "younger sister?" Ib yam nkaus thiab, peb tau siv "dej" rau lo lus "water" thiab "river" tib si. Tab sis lo lus "auv" uas raug hnov qab los lawm ntev heev tej zaum twb yog Hmoob lo lus rau "water," uas txawv ntawm lo "dej," uas yog "river." Nws muaj ntau lo piv txwv zoo li no, tsim nyog txaus sau ua ib phau ntawv.

Nyob hauv phau txhais lus no, kuv siv tus ntawv Hmoob qub uas feem coob siv, uas tsis muab lus sau sib txuas, tsis hloov los yog ntxiv lus rau cov las, yub thiab suab. Ua ib tus neeg muag ntawv los tau 15 xyoos, kuv pom tias tus ntawv qub yog tus uas suav daws nyiam siv; nws yooj yim siv thiab muaj quag.

Kuv kuj siv tsiaj ntawv luv nyob rau hauv lub cim quas tso rau tom qab lo lus los yog kab lus uas peb qev los siv — (C) rau Suav; (L) rau Nplog; (HC) rau Hmoob Suav; thiab (M) rau Moob, lo lus uas nyiam siv los hloov lo "Hmoob Ntsuab" chaw. Txawm kuv tsis nyiam tias peb muaj ob lub npe rau tib pab neeg, kuv xaiv lo lus "Mong" los siv rau hauv phau txhais lus no sawv cev lo lus "Green Hmong," "Blue Hmong" los yog "Hmong Leng," vim tias txoj kev siv thiab cov ntsiab lus ntawm cov npe no tseem sib cov nyom heev. Kuv cia siab tias tsis ntev tom ntej no peb yuav tshawb nrhiav tau tias peb yog leej twg thiab yog dab tsi, thiab zoo siab hlo tias peb yog tib tug cag, tib lub npe, tib pab neeg.

Niaj hnub no, kuv tuaj tog uas xav tias peb yuav tau yuav thiab siv cov lus uas peb qev los ntawm lwm haiv neeg mus kom txog rau thaum uas peb tsim ntau, los yog rov tshawb tau peb cov lus Hmoob, raug siv thiab raug lees txais lawm. Rau cov lus xws li "account" los yog "computer," kuv siv lo lus As Kiv, tab sis raws lub suab Hmoob. Yog li, "is saws las" yog "insurance." "As Fiv Kas," tsis yog "As Fliv Kas," yog "Africa." "Koos phis tawj" yog "computer." "Khas Faus Nias," yog lub npe Hmoob rau "California." Thiab "America" raug txo kom luv rau lus Hmoob ua "Mes Kas."

Txawm kuv ntseeg tias phau no yog phau txhais lus As Kiv-Hmoob-As Kiv uas ntxaws tshaj plaws, nws kuj tseem nyob deb ntawm qhov zoo nkaug nkaus. Kuv tau tso tseg ntau lo lus uas txhais tsis tawm nyob rau lub caij nyoog no. Koj yuav pom tej lo lus sau yuam kev thiab nyob tsis yog chaw. Koj kuj yuav tsis pom zoo nrog ib txhia ntsiab lus txhais. Tab sis, qhov no yog qhov pib thiab tshuav ntau qhov tseem yuav tau kho mus ntxiv. Kuv zoo siab tos txais koj cov lus qhia thiab tswv yim. Kuv cia siab rau koj txoj kev pab kom phau txhais lus no zoo zuj zus rau yav tom ntej.

Phau txhais lus no yuav mus tsis txog qhov tau luam tawm yog tsis tau kev pab cuam los ntawm cov phau txhais lus qub thiab los ntawm ntau ntau tus tib neeg.

Kuv tau saib thiab qev lus thaum tsim nyog qev los ntawm cov phau txhais lus qub no: (1) White Hmong-English Dictionary sau los ntawm Ernest E. Heimbach; (2) English-White Hmong Dictionary sau los ntawm Brian McKibben; (3) English-Mong-English Dictionary sau los ntawm Laaj Xyooj thiab lwm tus neeg; (4) English-Hmong Phrasebook with Useful Wordlist (for Hmong Speakers) sau los ntawm Center for Applied Linguistics; (5) English-Hmong Anatomy & Medical Phrase Book sau los ntawm Wausau Area Hmong Mutual Association; thiab (6) Tuabneeg Lubcev Hab Kev Mobnkeeg Rua Cov Haslug Hmoob sau los ntawm Thaiv Faaj. Kuv thov lees txiaj ntsim thiab ua tsaug rau cov sau thiab cov chaw luam cov phau txhais lus no uas lawv tau pab txhawb peb Hmoob txoj kev kawm thiab pab rau kuv tsim phau txhais lus tshiab no. Phau txhais lus tshiab no yog nthuav tawm ntawm cov phau qub hais saum toj no, thiab yuav haj yam tsis yooj yim yog tsis muaj lawv.

Kuv thov ua tsaug rau kuv poj niam Sua V. Xyooj rau nws txoj kev txhawb nqa thiab rau nws txoj kev ntseeg kuv tes hauj lwm. Tsis muaj nws ua ib tus poj niam zoo thiab ua ib leej niam zoo los ntau lub xyoos, phau txhais lus no yuav ua los tsis tiav. Wb cov me nyuam Miv Nas, Ceeb Tsheej, Puav Pheej, Nraug Oo, Mis Haub Kaum (Kuab Tu Hnyuv) thiab Txiv Yawg kuj tau pab ntau yam rau phau txhais lus no thiaj li tiav. Mis Haub Kaum, tshwj xeeb tshaj plaws, yog tus uas ib sij nug ib zaug saib thaum twg peb phau txhais lus mam li tiav. Tam sij no kuv thiaj qhia tau rau nws tias peb phau txhais lus tiav lawm. Kuv hlub nej txhua tus thiab ua tsaug.

Nyob rau ntu yuav kawg hauv kev sau phau txhais lus no, kuv tau nrog cov neeg hauv qab no tham kom lawv pab tshab txhais thiab txhais ntau lo lus, Hmoob thiab As Kiv tib si. Kuv thov muab lub caij nyoog no ua tsaug rau Los Koob Xyooj, Faiv Hawj Xyooj, Tooj Yaj Xyooj, Txiab Neeb Vaj, Marlin L. Heise, Koob Xwm Xyooj, Anthony Vaj, Ken Hawj, Foom Lauj, Lis Pov Xyooj, Nchai Yaj, Ntxawm Vaj Xyooj thiab Ntxoo Vaj Khaab. Tsis muaj cov neeg no, ntau lo lus kuj yuav raug muab tso pov tseg lawm vim tias kuv saib phau txhais lus "me," phau "loj," thiab phau nyob “online” los kuv yeej tsis to taub li. Marlin yog kuv phau neeg txhais lus thaum kuv cov phau ntawv txhais lus thiab phau online txhais lus pab tsis tau kuv lawm. Marlin hais tas zog kom kuv txhob rho cov lus uas kuv txhais tsis tau pov tseg, thiab nws mam li pab kuv txhais. Nws tawm tswv yim tias kom kuv siv Mong los yog (M) ua qhov qhia tias lo lus los yog zaj lus ntawd yog lus Hmoob Ntsuab. Nws kuj hais kom kuv tshuaj thiab rov tshuaj zoo zoo kuv cov lo lus raws txheej txheem ntawv kom lawv txhob nyob yuam kev chaw vim tias kuv muab cov lus tshiab ntxiv mus ntxiv los nyob rau lub caij nyoog sau phau txhais lus no. Kuv tshawb tau ntau lo heev. Ua tsaug, Marlin.

Kawg no, kuv thov ua tsaug rau kuv tus kwv Xais thiab tus yawm yij Tshuas Ntxawg Vaaj rau nkawv txoj kev pab dawb dawb uas yog muab kuv cov phau ntawv teeb ua phau thiab kho kom zoo nkauj.

Tam sij no, kuv cia siab ntsoov tias koj yuav nyiam phau txhais lus no thiab yuav pom tias nws pab tau koj zoo heev.

— Ywj Pheej L. Xyooj, St. Paul, MN

The Author

Born in Phou Xao village, Yuepheng L. Xiong grew up in the war-torn Xieng Khouang province of Laos. Yuepheng is the oldest son of Nhia Blia and Ying Y. Xiong. He finished fourth grade in Moung Cha when Laos was taken over by Communist Lao in May 1975. His father, a captain in the SGUs Army, decided not to flee the country but stayed with his relatives in their village of Nam Fan. Within months after General Vang Pao and other Hmong leaders left for Thailand, Nhia Blia joined the Chao Fa freedom fighters to continue fighting the Communists.

In 1978, Yuepheng escaped to Thailand with his parents. They lived in Thailand's Ban Vinai Refugee Camp for less than a year before coming to the United States in 1979. He completed high school in Eau Claire, WI, and continued on to earn Bachelor's and Master's degrees in Political Science. In 1993, he attended the University of Minnesota's Ph.D. program in Chinese history on a McArthur Scholars Fellowship. After two years, in 1995, he postponed his studies to open the very first Hmong bookstore in history — Hmong Arts, Books & Crafts, or Hmong ABC.

Since 1993, Yuepheng has traveled extensively to China, Laos and Thailand for research and business. Through Hmong ABC Publications, he has produced over a dozen video documentaries on Hmong history in China, Laos and Thailand; they are widely watched and appreciated by Hmong people throughout the world. He has also given numerous speeches on Hmong history throughout the United States.

In 1993, Yuepheng co-founded the Asia-Hmong Development Organization (ADO). ADO has provided funding to several Hmong community development projects in China. In 1999, he also co-founded the Hmong Archives (formerly Hmong Nationality Archives). Hmong Archives currently houses over 130,000 Hmong items, thus being the largest repository of Hmong materials with the exception of textiles and jewelry. Hmong Archives can be found online at www.hmongarchives.org.

The idea of having a Hmong publishing company to help publish Hmong books has been with Yuepheng for many years. The plan was to start with the bookstore before expanding it to become a publisher. Ten years later, in 2005, Hmongland Publishing began with *Dust of Life: A True Ban Vinai Love Story* by Dr. Gary Y. Lee, followed by *The Root & the Fruit: Hmong Identity* by Dr. Pao Saykao. In 2010, it republished *Myths, Legends and Folk Tales from the Hmong of Laos* by Charles Johnson.

Yuepheng lives in Woodbury, MN, with his wife Shoua V. Xiong, daughters Mena and Mihoko, and sons Cengcheng, Puapheng, Dao Ong and Chiyou.

Tus Sau

Yug nyob rau zos Phwv Xov, Ywj Pheej L. Xyooj loj hlob nrog txoj kev ua tsov ua rog lwj ntsuav nyob rau lub xeev Xeev Khuam hauv teb chaws Nplog. Ywj Pheej yog tus tub hlob ntawm Nyiaj Npliam thiab Yeeb Y. Xyooj. Nws kawm tiam xyoo plaub nyob rau nroog Moos Cab thaum lub teb chaws Nplog raug poob rau cov Koos Mus Niv tes nyob rau xyoo 1975. Nws txiv, ib tus hau rog ntawm cov tub rog SGUs, txiav txim siab tsis khiav teb chaws tab sis nrog nws cov kwv tij neej tsa nyob rau ntawm lawv lub zos Nab Fia. Tsis muaj tsawg hli tom qab Thawj Hau Rog Vaj Pov thiab lwm cov thawj coj Hmoob tau khiav tawm mus rau Thaib teb tag lawm, Nyiaj Npliam koom tes nrog cov tub rog Caub Fab tiv tua cov Koos Mus Niv mus ntxiv.

Xyoo 1978, Ywj Pheej khiav los rau Thaib teb nrog nws niam thiab txiv. Lawv nyob hauv Thaib teb lub Yeej Thoj Nam Vib Nais luv tshaj ib xyoos ua ntej tuaj rau teb chaws Mes Kas xyoo 1979. Nws kawm tiav xyoo 12 nyob rau Eau Claire, WI, thiab kawm txuas mus ntxiv tau BA thiab MA rau sab kev tswj teb kav chaw (los yog Political Science). Xyoo 1993, nws yog ib tus McArthur Scholars Fellowship kawm Ph.D. rau sab keeb kwm Suav nyob rau hauv tsev kawm ntawv qeb siab hauv xeev Mis Nis Xaus Tas (University of Minnesota). Ob xyoo tom qab, xyoo 1995 nws tso kev kawm ntawv tseg los qhib thawj thawj lub khw Hmoob muag ntawv nyob hauv keeb kwm — Hmong Arts, Books & Crafts, los yog Hmong ABC.

Txij xyoo 1993 los, Ywj Pheej tau mus ntau lwm rau teb chaws Suav, Nplog thiab Thaib mus tshawb fawb thiab ua lag luam. Los ntawm Hmong ABC Publications, nws tau tsim tawm kaum tawm daim vis dis aus txog keeb kwm Hmoob nyob rau teb chaws Suav, Nplog thiab Thaib. Lawv raug kwv tij Hmoob saib thoob ntuj thiab ris txiaj ntsim heev rau. Nws kuj tau hais lus ntau zaug txog Hmoob keeb kwm nyob ntau qhov chaw hauv teb chaws Mes Kas.

Xyoo 1993, Ywj Pheej pab tsim tsa lub koom haum Asia-Hmong Development Organization (ADO). ADO tau pab nyiaj ntau zaug rau cov kwv tij Hmoob Suav rau sab kev txhim kho. Xyoo 1999, nws kuj tau pab tsim lub koom haum khaws teej tug hu ua Hmong Archives (thaum ub hu ua Hmong Nationality Archives). Tam sij no Hmong Archives muaj ntau tshaj 130,000 yam khoom Hmoob, ua rau nws yog lub chaw khaws teej tug Hmoob loj tshaj plaws, tsuas yog poob qab rau sab tsoos tsho thiab khoom coj ntawm cev. Saib tau Hmong Archives ntawm www.hmongarchives.org.

Lub tswv yim xav muaj lub chaw luam ntawv los pab luam Hmoob cov phau ntawv mas yeej nyob nrog Ywj Pheej los tau ntau xyoo lawm. Txoj kev npaj yog pib lub khw muag ntawv ua ntej nthuav tawm mus ua ib lub chaw luam ntawv. Kaum xyoo tom qab, xyoo 2005, Hmongland Publishing pib luam phau *Dust of Life: A True Ban Vinai Love Story* sau los ntawm Dr. Nkaj Yias Lis, lawv liag qab yog phau *The Root & the Fruit: Hmong Identity* sau los ntawm Dr. Pov Xaiv Kaub. Xyoo 2010, nws rov luam phau *Dab Neeg Hmoob* sau los ntawm Charles Johnson.

Ywj Pheej nyob rau Woodbury, MN, nrog nws poj niam Sua V. Xyooj, ob tus ntxhais Miv Nas thiab Mis Haub Kaum, thiab plaub tus tub Ceeb Tsheej, Puav Pheej, Nraug Oo, thiab Txiv Yawg.

English-Hmong Dictionary

Third Edition

A

a, *n.* tus tsiaj ntawv As Kiv thib ib; -*art.* ib; ib yam; ib qho (li ib phau ntawv)
aardvark, *n.* ib hom tsiaj noj ntsaum
aardwolf, *n.* ib hom tsiaj zoo li hma
aba, *n.* ib hom ntaub nyias nyias uas muab plaub tshis thiab paub *khes maum* ua
abaca, *n.* ib hom zoo li tsawb nyob rau teb chaws Fis Liv Pis
aback, *adv.* 1. rov rab; 2. ceeb; tsis paub hais li cas; 3. ntxhov siab; txhawj; chim siab
abacterial, *adj.* tsis muaj kab mob; tsis tim kab mob
abacus, *n.* Suav lub tshuab khob kom zauv tawm; tshuab ntaus zauv; *cav laij lej* (L)
abaft, *adv.* tom tw nkoj; tom tog tw nkoj
abalone, *n.* ib hom tsiaj hav dej uas muaj khuj khaum zoo li piag deg
abandon, *v.* tso tseg; tso pov tseg; tso tseg rau tom qab; —**abandoment** *n.*
abandoned, *adj.* 1. raug tso tseg; raug tso pov tseg; 2. tsis txuag leej twg; tsis paub txaj muag li
abapical, *adj.* nyob tsis ncaj rau ntawm qhov tseem ceeb los yog siab tshaj plaws ntawm ib yam dab tsi
abase, *v.* 1. hle hau; 2. txo hwj chim
abasement, *n.* kev txo hwj chim
abash, *v.* txaj muag; rhuav plhu
abashment, *n.* kev txaj muag; kev rhuav plhu
abate, *v.* txo los yog nqes kom tsawg
abatement, *n.* kev txiav se
abattoir, *n.* chaw tua tsiaj muag; tsev tua tsiaj
abaxial, *adj.* tawm ntawm txoj kev kab ncig lawm
abba, *n.* txiv; leej txiv
abbacy, *n.* chaw ua hauj lwm thiab txoj hauj lwm ntawm tus txiv plig los yog hauj sam
abbess, *n.* tus coj ntawm ib pawg poj niam ntseeg ntuj
abbey, *n.* tsev teev ntuj, los yog qhov chaw nyob rau cov poj niam ntseeg ntuj
abbot, *n.* tus thawj coj ntawm lub tsev hauj sam los yog ntawm pawg hauj sam
abbreviate, *v.* txo kom luv; txiav los yog rho ib co tawm kom luv los kom me
abbreviation, *n.* kev txo kom tsawg los kom luv
abdicate, *v.* 1. tso tseg tsis ua los tsis yuav txoj hauj lwm lawm; 2. tsis yuav lawm
abdication, *n.* kev tso tseg lub luag hauj lwm
abdomen, *n.* plab mog; plab; phiaj plab
abdominal, *adj.* ntsig txog lub plab mog los yog phiaj plab; —**abdominally** *adv.*
abdominal cavity, *n.* kem khoob rau lub plab; lub nrog rau phiaj viam plab
abdominal aorta, *n.* raj ntshav liab ntu ntawm plab hnyuv
abdominal discomfort, *n.* plab tsis xis nyob; plab tsis haum nyob
abdominal pain, *n.* mob plab mog
abducens nerve, *n.* ib txoj leeg ntawm lub hlwb uas tswj lub ntsiab muag kom dov tau rov tav
abduct, *v.* nyiag (tib neeg); nyiag txhom tib neeg
abductee, *n.* tus raug nyiag; tus uas neeg phem nyiag
abduction, *n.* kev nyiag tib neeg
abductor, *n.* tub sab nyiag tib neeg; tub nyiag
abecedarian, *n.* 1. tus neeg kawm txog los yog qhia cov tsiaj ntawv; 2. tus neeg nyuam qhuav pib kawm
abed, *adv.* nyob saum txaj
aberration, *n.* kev hloov kom txawv qhov qub
abet, *v.* 1. txhawb; 2. yaum; —**abetment**; **abetal** *n.*
abeyance, *n.* lub caij uas tsis ua dab tsi li; kev muab ib yam dab tsi tso tseg tsis kov li; —**abeyant** *adj.*
abhor, *v.* ntxub; tsis nyiam; —**abhorrence** *n.*
abide, *v.* 1. nyob twb ywm tos; 2. tiv; 3. ua raws; yuav raws
ability, *n.* 1. peev xwm; 2. cuab kav; 3. kev txawj ntse; 4. laj lim tswv yim

abject, *adj*. 1. me siab; poob siab; 2. txaj muag; —**abjection**; —**abjectness** *n*.
abjectly, *adv*. me siab nraim; poob siab tsus
abjure, *v*. 1. tso tseg; tsis yuav; 2. zam (tsis xav pom); —**abjuration** *n*.
ablaze, *adj*. kub hnyiab; cig; muaj nplaim taws
able, *adj*. 1. ua tau; 2. muaj peev xwm; 3. muaj cuab kav
abloom, *adj*. tawg paj
ablution, *n*. ntxuav cev; yaug ib ce (raws txoj kev ntseeg); —**ablutionary** *adj*.
abnegate, *v*. 1. tso tseg; tsis yuav lawm; kav liam; puam chaw; 2. thim; —**abnegation** *n*.
abnormal, *adj*. tsis meej pem; tsis xws qhov qub; tsis xws teb xws chaw; —**abnormality** *n*; —**abnormally** *adv*.
abnormal bleeding, *n*. tsob ntshav; los ntshav tsis xws yav dhau los
abnormality, *n*. kev tsis meej pem li qub; kev coj txawv txawv suav daws lawm
aboard, *adv*. nyob hauv nkoj los yog hauv dav hlau; *-prep*. sauv; hauv
abode, *n*. chaw nyob
abolish, *v*. rhuav tshem; tso tseg; —**abolishment** *n*.
abolition, *n*. kev tso tseg; kev rhuav tshem
abominable, *adj*. 1. tsis haum siab ib qho li; 2. tsim nyog tawm tsam
abominate, *v*. ntxub; tsis nyiam; —**abomination** *n*.
aboriginal, *adj*. 1. lub hauv paus; qub tshaj plaws; cag keeb; txawm ua ntej tshaj; 2. qub los yog poob qab
aborigine, *n*. cov neeg uas xub xub nyob rau thaj chaw ntawd
abort, *v*. 1. nchuav cev; 2. rho me nyuam pov tseg; 3. tso tseg ib yam hauj lwm uas tseem tsis tau ua tiav
abortion, *n*. kev rho me nyuam tawm (me nyuam xeeb nyob hauv plab)
abortionist, *n*. tus neeg phais me nyuam; tus kws rho me nyuam
abound, *v*. muaj ntau ntau; muaj nplua mias; loj hlob; huam vam
about, *prep*. 1. kwv yees; 2. ntsig txog; hais txog; cuam tshuam txog; 3. ze tsawv; *-adj*. qhov chaw; *-adv*. 1. thaj tsam; 2. ze ze
aboutface, *n*. 1. kev hloov tig mus rau lwm txoj kev yam tsis ua raws li thaum pib npaj lawm; 2. kev hloov txhua yam tag nrho; kev hloov tshiab txhua yam
above, *adj*. saum toj
aboveboard, *adj*. tsis muaj qhov dag; tsis muaj qhov zais los yog qhov npog
aboveground, *adj*. 1. nyob saum npoo av; 2. ua raws txoj kab lis uas teev muaj tseg
abovo, *adv*. puag thaum pib los; txij thaum pib los
abracadabra, *n*. lo lus uas thaum ub muaj khawv koob tiv thaiv mob nkeeg thiab teeb meem
abrade, *v*. yaig (los ntawm kev sib txhuam); txhuam
abranchiate, *adj*. tsis muaj xiab (li daim xiab ntses)
abrasion, *n*. khawb to; kuam to; txhuam to
abrasive, *adj*. 1. ua kom yaig; yaig yaig; 2. ntxhib ntxhib; tsis du; *-n*. yam khoom siv txhuam los yog tshiav kom du
abreast, *adv*. 1. ntawm ib sab; ua ke; 2. zoo raws siab xav; zoo cuag qhov teev tseg
abridge, *v*. txiav tawm; txo (kom luv); —**abridgment**; —**abridgement** *n*.
abridged, *adj*. tsawg zog; luv luv
abroach, *adj*. qhib los yog tig kom cov kua tawm tau
abroad, *adj*. 1. ntsig txog ib thaj chaw dav heev; 2. txawv teb chaws
abrogate, *v*. 1. txwv; txwv txiav raws txoj cai; 2. rhuav; rho tawm; —**abrogation** *n*.
abrosia, *n*. 1. kev yoo mov; 2. kev muab pov tseg dawb dawb
abrupt, *adj*. ceev ceev; sai sai; —**abruption** *n*.
abruptly, *adv*. ntawg ntiag; sai sai heev; ceev ceev
abscess, *n*. 1. kev o los yog voos; 2. cov paug sau los rau ib qho chaw; 3. rwj
abscise, *v*. 1. tshem tawm; txiav tawm; 2. zeeg (xws li nplooj zeeg)
abscission, *n*. 1. kev txiav pov tseg; 2. kev zeeg raws lub caij nyoog

abscond, *v.* khiav nkaum; khiav mus ua loj leeb
absence, *n.* 1. kev tsis tuaj (xws li tsis tuaj kawm ntawv); 2. kev tsis nyob lawm (xws li mus kev deb lawm); 3. kev tsis muaj (xws li tsis muaj pov thawj)
absent, *adj.* 1. tsis tuaj; 2. tsis nyob lawm; 3. tsis muaj; tsis tau
absentee, *n.* tus tsis tuaj; tus tsis nyob
absentee ballot, *n.* daim ntawv pov npav los yog xaiv nom uas muab xa ua ntej tuaj vim tias tus neeg ntawd yuav tsis nyob tsev thaum hnub suav daws pov npav
absenteeism, *n.* txoj kev los yog tus cuj pwm uas yeej tsis tshwm los yog yeej tsis tuaj ua hauj lwm
absentminded, *adj.* tsis meej pem; tsis ntse; tsis paub tab; tsis paub txog ib cheeb tsam ntawm tus kheej
absolute, *adj.* 1. dawb huv; tshiab; 2. tsis muaj dab tsi khuam; 3. khov kho; meej meej; kom meej; kom khov
absolutely, *adv.* 1. tseeb tseeb; yam roob taus theev tsis hle; 2. kawg kiag; kawg nkaus
absolution, *n.* kev ntxuav kev txhaum txheej; kev zam txim
absolutism, *n.* 1.tus tseem fwv uas tswj kav nruj heev los ntawm huab tais thiab nws cov hlwb hau; 2. txoj kev tswj pej xeem uas phem thiab nruj heev
absolve, *v.* 1. tshem lub txim tawm; 2. zam txim rau
absorb, *v.* 1. nqus (xws li daim ntaub nqus dej); 2. khaws tau; nco tau
absorbed, *adj.* 1. kav hlo; kav tag nrho; 2. nqus du lug; 3. hloov du lug; —**absorbedly** *adv*; —**absorbedeness** *n.*
absorption, *n.* 1. kev nqus; kev zuag; 2. kev khaws tau; kev nco tau
abstain, *v.* zam kev tsis raus tes rau tej yam; zam tsis ua; zam tsis kov
abstemious, *adj.* noj haus tsawg tsawg; txuag txuag kev noj haus; yoo; yoo tsis noj tsis haus ntau
abstention, *n.* kev yoo zaub mov; kev caiv zaub mov
abstinence, *n.* 1. kev yoo zaub mov; kev caiv tsis noj zaub mov; 2. kev caiv tsis noj tej yam zaub mov los yog khoom haus
abstract, *adj.* 1. tsis hais txog ib qhov twg tseeb; hais dav dav; 2. niam tswv yim; 3. tsis to taub yooj yim; -*n.* lub ntsiab lus; lub niam tswv yim; -*v.* 1. tshem tawm; rho tawm; 2. hais ntsiab lus; zuaj kom cov lus tsawg tsawg
abstracted, *adj.* 1. tshem; cais; 2. nkag tob heev rau hauv txoj kev xav lawm
abstraction, *n.* 1. ncauj ke nrhiav ntsiab lus; tswv yim hais ntsiab lus; 2. kev tshem tawm; kev cais ib yam dab tsi tawm; —**abstractionism** *n.*
abstruse, *adj.* to taub tsis yooj yim
absurd, *adj.* 1. txaus luag; dag ntsuav; 2. tsis txaus ntseeg; —**absurdity**; —**absurdness** *n.*
abundance, *n.* nplua mias; nplua nuj
abundant, *adj.* ntau tshaj qhov xav tau; tshaj siab xav
abundantly, *adv.* ntau heev; txaus lawm
abuse, *v.* 1. tsim tsis raws txoj cai; coj tsis raws cai; 2. cem; ntaus; 3. rhuav; -*n.* kev siv tsis raws cai; kev txhaum cai
abuser, *n.* tus neeg siab phem
abusive, *adj.* tsiv; nyaum; phem heev
abusively, *adv.* tsis raws cai li
abut, *v.* tuav tus ntug; nyob ntawm ib sab
abutition, *n.* ib hom nroj tsuag
abutment, *n.* ncej choj
abysmal, *adj.* 1. phem heev; 2. tob heev
abyss, *n.* pas hiav txwv uas tob heev; ib lub qhov uas tob heev
acacia, *n.* ib hom nroj tsuag uas txi txiv
academic, *adj.* ntsig txog tsev kawm ntawv los yog kev kawm ntawv
academy, *n.* 1. tsev kawm ntawv ntiav; 2. koom haum rau cov tub ntxhais kawm ntawv los yog cov kos duab
accede, *v.* 1. tig ua ib tus uas muaj feem rau txoj kev pom zoo; 2. pom zoo; 3. mus txog los yog tuaj txog ntawm chaw ua hauj lwm
accelerate, *v.* dhia ceev zog; tsuj roj tsheb kom dhia ceev; —

acceleration *n.*
accelerator, *n.* tus tsuj roj
accent, *n.* lub suab (meej los tsis meej); -*v.* tsom xyuas; saib nruj
accentuate, *v.* 1. muab saib rau nqi; 2. hais ntau txog; hais mus hais los vim tseem ceeb; —**accentuation** *n.*
accept, *v.* 1. txais (zoo siab txais); 2. yuav li; 3. lees
access, *n.* 1. kev nkag; qhov rooj; 2. lub ncauj ke cuag; lub ncauj ke ntsib; 3. txoj cai nkag; 4. kev txuas lus nrog; -*v.* 1. nkag; 2. qhib; 3. nyeem; 4. kho
accessible, *adj.* 1. cuag tau yooj yim; ntsib tau yooj yim; 2. nkag mus cuag yooj yim; 3. qhib qhov rooj lug
accession, *n.* yam uas muab ntxiv los yog txuas rau
accessory, *n.* 1. tej khoom ntxiv; tej khoom sab nraud; 2. tus neeg uas pab tus neeg phem
accessory nerve, *n.* ib txoj leeg ntawm lub hlwb uas tswj caj dab thiab hlab pas
accidence, *n.* qhov tseem ceeb ntawm ib yam dab tsi
accident, *n.* 1. huam yuaj; kev huam yuaj; 2. qhov yuam kev; 3. sib tsoo (*car accident*)
accidental, *adj.* 1. huam yuaj; 2. yuam kev xwb; 3. tsis yog txhob txwm
accidentally, *adv.* 1. yuam kev; 2. huam yuaj
acclaim, *v.* qhuas
acclamation, *n.* 1. kev qhuas; 2. suav daws pom zoo tib si
acclimate, *v.* nyob swm rau tej huab cua los yog thaj chaw ntawd; —**acclimatable** *adj*; —**acclimation** *n.*
acclimatize, *v.* nyob swm rau tej huab cua los yog thaj chaw ntawd; —**acclimatizable** *adj*; —**acclimatization** *n.*
accolade, *n.* lus qhuas
accommodate, *v.* 1. yoog; 2. pab cuam
accommodation, *n.* 1. chaw nyob; chav nyob; 2. kev pab cuam
accompany, *v.* ua luag; mus nrog; raws qab
accomplice, *n.* 1. kev koom tes tuav hauv ua yam phem; 2. tus neeg koom tes ua yam phem los yog txhaum cai
accomplish, *v.* ua tiav log; ua tshwm sim
accomplished, *adj.* 1. tiav; 2. muaj peev xwm; ua tau
accomplishment, *n.* kev ua tiav; yam ua tiav lawm; yam ua tshwm sim
accord, *v.* 1. pom zoo; 2. tso cai; -*n.* lus cog tseg; kev pom zoo ua raws
accordingly, *adv.* raws li
according to, *prep.* raws li
accordion, *n.* ib lub twj ntaus paj nruas
accost, *v.* hais lus hnyav heev; ua tsiv heev; ua tsiv tsawv
account, *n.* 1. tus as khauj los yog tus nab npawb ceev ntaub ntawv tseem ceeb (xws li nyob hauv tsev cia nyiaj); 2. lus piav; 3. nqi; nuj nqi; -*v.* piav; piav txog; teev lus
accountability, *n.* kev saib xyuas kom ncaj; kev muaj chaw txawb chaw rau
accountable, *adj.* saib xyuas kom ncaj; saib kom muaj chaw txawb chaw rau
accountant, *n.* tus neeg ceev ntaub ntawv ntsig txog nyiaj txiag
accounting, *n.* kev ceev nyiaj txiag; ncauj ke ceev nyiaj txiag
accouter, *v.* txawm peem los yog npaj rau (xws li rau tub rog)
accouterment, *n.* tej yam khoom ntxiv rau yam uas tseem ceeb
accredit, *v.* 1. pom zoo raws txoj cai; 2. ntaus nqi; tis nqi
accredited, *adj.* raug cai
accrue, *v.* tsub zuj zus raws lub caij nyoog; sib ntxiv ntau zuj zus (feem ntau yog hais txog nyiaj txiag); —**accruement** *n.*
acculturate, *v.* txia mus ua los yog mus tov rau lwm haiv neeg; hloov mus coj li luag
acculturation, *n.* txoj kev txia mus ua los yog mus tov rau lwm haiv neeg
accumulate, *v.* 1. khaws tau; 2. tsub zuj zus; —**accumulation** *n.*
accuracy, *n.* kev yog; kev raug; kev tsis yuam kev
accurate, *adj.* raug; yog; tsis yuam kev
accursed, *adj.* raug foom; raug kev npam
accusation, *n.* kev liam; kev iab liam; kev ntxo

accuse, *v.* 1. liam; 2. ntxo; tom
accused, *n.* tus raug liam
accustom, *v.* 1. swm; 2. ua kom swm
ace, *n.* tus neeg uas heev tshaj plaws; tus uas tshaj lij tshaj plaws
acerb, *adj.* 1. iab siab los yog qaub; 2. siab phem; siab nyaum siab tsiv
acerbic, *adj.* 1. iab siab los yog qaub; 2. siab phem; siab nyaum siab tsiv
acetabulum, *n.* qhov zawj dhos lub qij txha ncej puab
acetaminophen, *n.* tshuaj zoo mob; tshuaj ua kom txhob hnov mob
acetate, *n.* hom ntaub los yog roj hmab uas tsim tawm los ntawm cov *acetic acid*
acetylene, *n.* hom roj av siv txuas hlau los yog txiav hlau
ache, *v.* 1. mob; 2. xav tau yam yus tsis tau; *-n.* 1. kev mob; 2. kev ntshaw; kev xav tau
achieve, *v.* 1. ua tshwm sim; 2. ua mus txog qhov lub siab teev tseg
Achilles tendon, *n.* txoj leeg dawb ntawm plab hlaub cob rau luj taws
acid, *n.* *ev xem*; kua tshuaj xws li cov dej ntsuab tso rau hauv tsheb; dej xob
acknowledge, *v.* 1. lees; lees paub txog; 2. ua tsaug; ua tsaug rau
acknowledgement, *n.* 1. txiaj tsim; 2. kev lees paub txog
acme, *n.* ncov; lub ncov; qhov siab tshaj plaws
acne, *n.* hluav ncuav; tawv nqaij tsis zoo nkauj vim muaj muaj pob
acolyte, *n.* tus neeg pab cuam tus thawj dab qhuas
acorn, *n.* noob txiv qheb; txiv ntoo qheb
acoustic, *adj.* ntsig txog suab sab
acoustics, *n.* 1. tswv yim ntsig txog suab sab; 2. tej yam txawm peem nyob hauv lub chav uas ua rau lub suab nrov txawv
acquaint, *v.* 1. nrhiav kev sib paub, sib swm, los yog sib raug zoo; 2. qhia kom paub txog; com
acquaintance, *n.* 1. kev sib raug zoo los yog sib paub zoo; 2. tus neeg yus paub zoo txog
acquiesce, *v.* 1. pom zoo ua raws; tso cai; 2. zeem
acquiescence, *n.* kev pom zoo; kev tso cai
acquire, *v.* tau; nrhiav
acquisition, *n.* yam tau los; qhov nrhiav tau los
acquit, *v.* zam txim rau tus neeg txhaum (feem ntau siv rau nom tswv)
acre, *n.* ib daim av muaj li 4840 yaj (*yard*) ncig lees los yog muaj 43,560 hneev taw ncig lees
acreage, *n.* daim av uas muaj ntau tshim
acrid, *adj.* 1. ntsim ntsim los yog iab iab; 2. nyaum nyaum; tsiv tsiv
acrimony, *n.* lus nruj lus tsiv; lus hnyav
acrobat, *n.* tus neeg dhia nrig nphau; tus neeg ua yeeb yam
acrobatics, *n.* txuj ci dhia nrig nphau; kev ntaus nrig nphau
acromial, *n.* ncov xub pwg
across, *prep.* 1. ib sab rau ib sab; 2. sab tid los yog sab nraud; 3. hla ib sab rau ib sab; 4. sib ntsib yam tsis ras txog
across-the-board, *adj.* qhov twg los tib yam; thoob plaws txhua qhov
acrylic, *n.* ib hom roj hmab
act, *v.* 1. ua; 2. nqis tes ua kiag; 3. coj tus yam ntxwv
action, *n.* 1. kev nqis tes; 2. kev tshwm sim; 3. kev xyuam phaj sib foob
activate, *v.* qhib kom ua hauj lwm; ua hauj lwm
activation, *n.* txoj kev qhib kom ua hauj lwm
active, *adj.* 1. ua kom muaj chaw mus los yog muaj chaw hloov; 2. mob siab (dhia hauj lwm); muaj zog heev; 3. ciaj sia; tshuav tawg; tab tom tawg (li tej rooj plaub); 4. tseem niaj hnub ua hauj lwm; 5. cus cus; cus heev
activity, *n.* 1. hauj lwm; dej num; tej yam dej num uas yus niaj hnub ua; 2. qhov uas tseem ua hauj lwm
actor, *n.* nraug seev; tus txiv neej ua yeeb yam
actress, *n.* nkauj see; tus poj niam ua yeeb yam
actual, *adj.* 1. tiag tiag; tseeb tseeb; 2. yog kiag qhov qub
actuality, *n.* qhov tiag tiag; qhov tseeb tseeb
actually, *adv.* tiag tiag; qhov tseeb
actuary, *n.* tus neeg xam saib nyiaj

them *is saws las* raug pes tsawg
actuate, *v.* ua kiag; ua kom hauj lwm dhia; —**actuation** *n.*
actuator, *n.* tus neeg ua kiag kom txoj hauj lwm dhia
acumen, *n.* tswv yim zoo; hlwb zoo; hlwb ntse
acupuncture, *n.* 1. kev nkaug koob cua; kev hno koob cua; 2. Suav li txuj ci kho mob uas xuas koob nkaug
acute, *adj.* 1. ntsia ntsees (mob ntsia ntsees); 2. ceev faj nraim; 3. heev
A.D. *adv.* 1. tom qab Yes Xus; 2. lub caij nyoog tom qab Yes Xus los rau niam no
ad, *n.* kev tshaj lag luam
adage, *n.* zaj lus piv; lus tej laus hais tseg; ib zaj lus uas leej twg los paub zoo txog
adamant, *adj.* 1. tuav ruaj heev; khov heev; 2. taij heev; thov heev; hais heev
Adam's apple, *n.* pob yeeb
adapt, *v.* hloov raws; yoog raws (qhov tshiab); coj raws; ua raws; —**adaption** *n.*
add, *v.* ntxiv; ntxiv rau; tsub; tsub rau; txhab; sam (xws li sam roj)
adder, *n.* ib hom nab muaj taug
addict, *n.* tus neeg quav yeeb quav tshuaj; neeg quav yeeb; -*v.* quav (yeeb los yog cawv)
addiction, *n.* 1. kev quav yeeb quav tshuaj; 2. txoj kev tso tsis taus ib yam twg tseg lawm
addition, *n.* ntxiv; kev sib ntxiv (xws li 2 ntxiv 2 tawm 4)
additional, *adj.* ntxiv; ib qho ntxiv; —**additionally** *adv.*
additive, *n.* yam khoom uas siv tov nrog rau lwm yam; -*adj.* quav yooj yim; nyiam yooj yim
addle, *v.* feeb tsis meej; tsis to taub li lawm; ua mem muj qus
address, *n.* chaw nyob; -*v.* 1. hu; 2. cob qhia; 3. taw kev rau
adduce, *v.* muab tawm los ua pov thawj; rho pov thawj; —**adduceable**; —**adducible** *adj.*
adduct, *v.* rub kom los ncaj ncaj los yog los raws txoj kab; —adduction *n.*
adductor longus muscle, *n.* nqaij ntshiv ntawm ncej puab
adductor magnus, *n.* nqaij ntshiv ceg puab tais los yog ob ceg
adductor magnus muscle, *n.* nqaij ntshiv ntawm puab tais
adenoids, *n.* cov qog mos nyob hauv qhov ntswg ze rau ntawm raj pas
adept, *adj.* muaj txuj ci zoo heev; muaj kev txawj ntse heev
adequate, *adj.* 1. zoo; 2. ntau txaus; —**adequately** *adv.*
adhere, *v.* 1. nyob nrog nraim tsis hloov siab; tsis hloov siab; 2. nplaum zoo
adherent, *n.* tus txhawb; tus pab; tus raws qab; -*adj.* lo nrog; nraug nyob nrog
adhesion, *n.* kev sib lo; kev sib nplaum
adhesive, *adj.* nplaum nplaum; lo zoo; -*n.* yam khoom uas coj los sib tov ces sib lo ua ke lawm
adieu, *n.* sib ntsib dua; mus zoo
adipose cells, *n.* nqaij rog; npluag roj
adipose tissue, *n.* pav ywj roj ntawm nyom mis
adjacent, *adj.* nyob ib sab; nyob ze ze
adjective, *n.* lo lus uas qhia txog los yog hloov lwm lo lus lub ntsiab (xws li lo lus "miv dawb," "dawb" qhia tias tus miv ntawd yog tsos dawb, tsis yog dub los daj); lo lus uas qhia tau tias zoo li cas
adjoin, *v.* nyob txuas nkaus; txuas nkaus
adjourn, *v.* xaus rooj sib tham; kaw rooj sib tham
adjournment, *n.* kev xaus rooj sib tham
adjudge, *v.* plov meej; txiav txim
adjudicate, *v.* txiav txim raws cai lij choj; —**adjudication** *n.*
adjunct, *n.* tej yam uas txuas rau los yog ntxiv rau, tab sis tsis yog yam tseem tseem ceeb; —**adjunction** *n.*
adjust, *v.* 1. kho kom haum; txav kom haum los yog kom dhos; 2. hloov; 3. yoog
adjustment *n.* 1. kev kho kom haum; 2. kev hloov kom haum rau qhov tshiab; 3. kev yoog raws
adjutant, *n.* lwm thawj; tus pab
ad lib, *adv.* ywj pheej lug; tsis muaj dab tsi khuam
ad-lib, *v.* 1. hais lus yam tsis npaj ua

ntej; 2. hais raws siab xav; *-adj.* ntsig txog kev hais los yog ua tib lub caij nyoog
administer, *v.* 1. tuav; tswj hwm; coj; 2. yais; faib
administrant, *n.* tus neeg tuav hauj lwm
administration, *n.* 1. hauv paus hauj lwm; hauj lwm tuav ntaub ntawv; 2. chaw hauj lwm
administrator, *n.* tus tuav txoj hauj lwm
admirable, *adj.* 1. muaj nqis; tsim nyog saib siab; 2. tsim nyog qhuas; ntxim qhuas
admiral, *n.* thawj tub rog hav dej
admire, *v.* saib siab; saib rau nqi; qhuas; —**admiration** *n.*
admissible, *adj.* tso cai rau; nkag mus tau; tos txais tau
admission, *n.* 1. kev txais ntaub ntawv; 2. nqi nkag qhov rooj; 3. kev lees paub qhov tseeb
admit, *v.* 1. lees; lees txim; 2. txais; tso cai rau
admittance, *n.* kev tso cai nkag tau
admixture, *n.* 1. yam uas muab sib tov ua ke; 2. kev sib tov los yog sib txuam ua ke
admonish, *v.* ntuas hnyav tsawv; tshob hnyav tsawv; cem hnyav tsawv; —**admonishment** *n.*
ado, *n.* 1. teeb meem; 2. do kom ua hauj lwm; 3. lub koom haum Asia-Hmong Development Organization uas tsim xyoo 1993 los ntawm Ywj Pheej Xyooj, Kuam Yaj, Tooj Hawj, thiab Nchai Yaj
adobe, *n.* 1. av ci; 2. ib hom ntawv lus *koos pis tawj* uas siv kho duab
adolescence, *n.* lub caij tiav hluas nyov nyov; lub caij tiav nkauj tiav nraug zom zaws uas muaj hnub nyoog thaj tsam 13 mus rau 17 xyoo
adopt, *v.* 1. yuav me nyuam los tu ua yus tus; 2. qog qab los yog xyaum ua raws
adoption *n.* 1. kev yuav me nyuam los tu ua yus tus; 2. kev qog qab los yog xyaum ua raws
adorable, *adj.* ntxim hlub heev
adore, *v.* 1. teev hawm; pe hawm; 2. nyiam heev
adorn, *v.* dai khoom zoo zoo nkauj rau
adrenal gland, *n.* taub qog raum
adrift, *adj.* tsis muaj hom phiaj; plos rau ub rau no
adroit, *adj.* 1. txawj ua ub ua no heev; 2. ntse heev
adult, *n.* neeg laus us muaj hnub nyoog tshaj 18 xyoo rov saud
adulterate, *v.* ua tsuas; ua puas vim muab sib tov yuam kev lawm; —**adulteration** *n.*
adultery, *n.* kev sib deev los ntawm tus neeg muaj txiv los muaj poj niam nrog lwm tus neeg; tus neeg muaj txwj nkawm uas nyiag deev hluas
advance, *n.* kev nce rau qeb siab; *-v.* 1. nce mus rau qhov siab dua los yog zoo dua; 2. nam dhau ciam teb
advancement, *n.* kev vam meej; kev nce qeb
advantage, *n.* 1. qhov zoo dua; 2. qhov tsav; qhov tau
advantageous, *adj.* zoo heev
advent, *n.* qhov yuav tawm tshiab; yam yuav tshwm tuaj
adventitious, *adj.* 1. tsis txaus ntseeg; 2. lam tshwm sim yuam kev
adventive, *adj.* tsis yog ib txwm txawm muaj nyob qhov chaw ntawd
adventure, *n.* 1. yam uas tuav plig rawv ua xwb; 2. yam uas ua yus nco qab ntsoov
adventurer, *n.* 1. tus neeg nyiam ua tej yam txawv txawv los yog txaus txaus ntshai; 2. tus neeg ncig teb ncig chaw
adventurous, *adj.* nyiam ua yam tsis tau ua dua los yog tsis tau pom dua
adverb, *n.* 1. lo lus uas qhia txog los yog hloov lwm lo lus lub ntsiab (xws li lo lus "noj mov qeeb qeeb," "qeeb qeeb" qhia tias tus neeg ntawd noj mov zoo li cas); 2. lo lus qhia tias ua li cas
adversary, *n.* yeeb ncuab; tus txheem
adverse, *adj.* 1. kwv tswm; cov nyom; txheem; 2. tsis raws siab xav
adversity, *n.* kev ntxhov siab; caij nyoog nyuaj
advert, *v.* 1. taw rau; qhia rau; 2. hais txog; hu txog
advertise, *v.* tshaj tawm (kom neeg paub); *qhau xab nas* (L)
advertisement, *n.* kev tshaj tawm; kev *qhau xab nas* (L)

advice, *n.* 1. tswv yim pab cuam; 2. lus txhawb; lus qhuab qhia
advisable, *adj.* tswv yim zoo; tsim nyog mus nrhiav kev pab
advise, *v.* 1. tawm tswv yim pab; 2. qhuab qhia
advisement, *n.* kev ua zoo txiav txim siab
advisor, *n.* tus pab tawm tswv yim
advisory, *adj.* muaj cai tawm tswv yim
advocacy, *n.* kev hais kom muaj kev pauv hloov rau yam yus nyiam
advocate, *n.* tus neeg hais kom hloov los yog tawm tsam tej yam uas tsis haum siab; -*v.* hais kom hloov; muab tswv yim rau
adze, *n.* piab; ib rab twj npawm ntoo
aegis, *n.* 1. kev tiv thaiv; 2. kev ua niam qhuav txiv qhuav
aeon, *n.* lub sij hawm ntev heev tsis paub hnub kawg
aerate, *v.* tso cua rau; tso cua ntsws rau
aerial, *adj.* nyob los yog tshwm sim saum nruab ntug
aerie, *n.* zes dav
aerobic, *adj.* siv los yog xav tau cua ntsws los yog cua *auv xis ntsws* (*oxygen*)
aerodynamic, *adj.* hlais cua zoo; nkag cua zoo
aerodynamics, *n.* ntsig txog kev mus nkag cua zoo los yog hlais cua zoo
aeronautics, *n.* 1. kev tshawb fawb txog thiab ua dav hlau; 2. tswv yim thiab txoj kev tsav dav hlau
aesthetic, *adj.* ntsig txog kev zoo nkauj
aesthetics, *n.* kev xav ntsig txog kev zoo nkauj
afar, *adv.* deb
affable, *adj.* nrog tham tau yooj yim; yooj yim hais lus
affair, *n.* 1. kev sib raug zoo; 2. tej yam uas ntsig txog yus los yog cuam tshuam txog yus
affect, *v.* 1. cuam tshuam; 2. sawv tuaj; tshwm sim
affecting, *adj.* cuam tshuam; khaub zig
affection, *n.* kev hlub tshua; kev hmov tshua; kev nyiam
affidavit, *n.* ntawv pov thawj
affiliate, *v.* 1. yog ib tus koom tes nrog; yog ib ceg; 2. koom tes nrog
affinity, *n.* 1. zoo sib xws; 2. kev sib ze; kev sib raug zoo
affirm, *v.* 1. hais; 2. pom zoo
affirmation, *n.* kev pom zoo
affix, *v.* txuas; lo
afflict, *v.* ua kom raug mob los yog ntxhov siab; tsim kev kub ntxhov
afflicted, *adj.* txom nyem
affliction, *n.* kev txom nyem
affluence, *adj.* muaj nyiaj; muaj noj muaj haus; nplua nuj; -*n.* kev muaj noj muaj haus; kev nplua nuj
afford, *v.* 1. them taus; 2. nrhiav rau
affordable, *adj.* 1. pheej yig; 2. yuav taus
affray, *n.* kev sib ntaus
affront, *v.* 1. rhuav; thuam; 2. ua siab
afghan, *n.* ib hom pam
afire, *adj.* raug kub hnyiab
aflame, *adj.* ua nplaim taws; muaj nplaim taws
afloat, *adj.* ntab
afoot, *adj.* 1. mus ko taw; 2. tab tom lis txog tog
aforesaid, *adj.* hais ua ntej lawm
afraid, *adj.* ntshai; tsis tau luag; poob siab
afresh, *adv.* tshiab tshiab
aft, *adv.* rau nram ntsis tw
after, *prep.* tom qab
afterlife, *n.* lub neej tom qab tuag lawm; tom qab tuag lawm
aftermath, *n.* qhov kawg; qhov xaus; tom qab
after midnight, *n.* ib tag hmo dua
afternoon, *n.* 1. tav su dua; 2. tom qab 12 teev tav su mus rau yav tsaus ntuj
afterthought, *n.* tswv yim xav tau tom qab
afterward, *adv.* tom qab
again, *adv.* ib zaug ntxiv; ntxiv; dua
against, *prep.* tawm tsam
agape, *adj.* rua ncauj u
agate, *n.* ib hom pob zeb muaj ntau tsos ci ci zoo nkauj heev uas muab txua ua qe pob zeb rau me nyuam yaus ua si thiab txua ua nplhaib
age, *n.* 1. hnub nyoog; 2. txog lub hnub nyoog ua neeg laus lawm los yog muaj cai xaiv nom tswv lawm; -*v.* laus zuj zus
aged, *adj.* 1. laus laus; 2. qub qub
ageless, *adj.* tag sim neej; tsis paub kawg
agency, *n.* chaw ua hauj lwm

agenda, *n.* hau lus; ntsiab lus sib tham; kom tswj

agent, *n.* 1. tus neeg ua hauj lwm rau lwm qhov chaw los lwm tus neeg; 2. kev pab cuam

aggrandize, *v.* ua kom loj heev los yog ua kom loj dua qhov qub tuaj; —**aggrandizement** *n.*

aggravate, *v.* 1. tsub kom hnyav ntxiv; ua kom phem tshaj qub; 2. thab los yog txob; —**aggravation** *n.*

aggregate, *v.* sib sau ua ib pawg; *-adj.* sau ua pab ua pawg; *-n.* 1. pawg; 2. tag nrho ua ke; —**aggregation** *n.*

aggression, *n.* 1. kev nam mus tua lwm tus neeg; 2. tus cuj pwm phem; kev thab plaub

aggressive, *adj.* 1. nyaum; nruj; siab luv heev; chim yooj yim heev; 2. mob siab ua hauj lwm heev

aggrieve, *v.* 1. tsim kev ntxhov siab rau; 2. ua rau raug mob

aghast, *adj.* ceeb; tws nkaus

agile, *adj.* txav mus los tau yooj yim

agitate, *v.* 1. co, dhiaj los yog do mus mus los los; 2. nyuaj siab; ntxhov siab; 3. ua kom neeg lub siab ras txog; —**agitation** *n.*

agnail, *n.* mob rau tes rau taw

agnate, *adj.* los ntawm leej txiv los yog tus txiv neej sab los; txheeb ze rau leej txiv los yog tus txiv neej ceg; —**agnation** *n.*

agnostic, *n.* 1. tus neeg uas xav tias yeej tsis muaj Yawm Saub; tus neeg uas tsis ntseeg Yawm Saub; tus neeg tsis ntseeg ntuj; —**agnosticism** *n.*

ago, *adv.* dhau los lawm; tag los lawm

agog, *adj.* lom zem heev

agonize, *v.* 1. mob heev; 2. ntxhov siab; nyuaj siab heev

agony, *n.* 1. kev mob; 2. kev ntxhov siab; kev nyuaj siab

agrarian, *adj.* ntsig txog liaj teb los yog av

agree, *v.* pom zoo

agreeable, *adj.* 1. zoo siab; txaus siab; 2. pom zoo

agreement, *n.* kev pom zoo

agriculture, *n.* kev ua liaj ua teb; kev ua qoob ua loo; —**agricultural** *adj.*

aground, *adj.* nyob hauv qab thu los yog ntawm ntug

ague, *n.* daus no; npaws

ahead, *adj.* ua ntej; tom hauv ntej

aid, *n.* kev pab cuam; *-v.* pab

aide, *n.* tus pab cuam; tus lwm thawj

AIDS, *n.* 1. ib yam kab mob uas txov yus cov roj tsa uas tiv thaiv yus lub cev; 2. ib yam kab mob kis los ntawm kev sib deev thiab koom nkaug koob tshuaj; 3. yog txhais los ntawm *Acquired Immune Deficiency Syndrome*

ail, *v.* 1. tsim teeb meem; 2. ua mob

aileron, *n.* daim tis dav hlau uas txav mus los tau

ailment, *n.* kev mob nkeeg

aim, *v.* tsom; taw

air, *n.* 1. cua; 2. pa

air conditioner, *n.* lub tshuab cua txias; cua txias

aircraft, *n.* dav hlau

airfield, *n.* tshav dav hlau

air force, *n.* pawg tub rog nruab ntug; pawg tub rog dav hlau

airline, *n.* dav hlau

airmail, *n.* ntawv xa mus dav hlau

airman, *n.* tub dav hlau

airplane, *n.* dav hlau

airport, *n.* tshav dav hlau

airstrip, *n.* tshav dav hlau; lub tshav dav hlau

airtight, *adj.* kaw khov heev tsis dim pa li; tsis dim pa; pa tsis tawm

airwaves, *n.* suab sab cua xov tooj; suab sab xov tooj

airy, *adj.* muaj muaj cua

aisle, *n.* kem; kis

ajar, *adj.* qhib me me; rua me me

akimbo, *adj.* txheem duav

akin, *adj.* 1. sib txheeb; sib ze los ntawm caj ceg; 2. zoo sib xws

alacrity, *n.* 1. kev zoo siab hlo npaj tos; 2. kev npaj khov kho; 3. kev maj nroos

alarm, *n.* 1. yam ceeb toom; qhov ceeb toom; 2. kev ntshai ceev ceev; *-v.* 1. ceeb toom; 2. hem

alas, *int.* lub suab nroo los yog tu siab

albatross, *n.* ib hom noog hiav txwv loj loj

albeit, *conj.* txawm; txawm tias

albino, *n.* tus neeg uas daim ntawv nqaij dawb dawb uas zoo tsis raws niam thiab txiv

album, *n.* 1. phau duab; 2. daim nkauj

albumen, *n.* 1. daim qe dawb dawb (hli

qe); 2. lub txiv ntoo qhov noj tau
alcohol, *n*. 1. cawv; 2. dej caw
alcoholic, *n*. neeg quav cawv
alcoholism, *n*. kev quav cawv
alderman, *n*. nom tswv tswj nroog
ale, *n*. dej caw zoo li *npias*
alert, *adj*. 1. faj seeb; ceev faj; 2. npaj tos
alewife, *n*. ib hom ntses
alga, *n*. ib hom nroj tsuag uas nyob hauv hav dej
algae, *n*. ib hom nroj tsuag uas nyob hauv hav dej
algebra, *n*. ib hom zauv los yog kev xam zauv uas siv tsiaj ntawv los sawv cev cov zauv; ib hom *lej* (L)
alias, *n*. npe cuav
alibi, *n*. 1. pov thawj; tim khawv; 2. kev tsim nyog
alien, *n*. neeg txawv teb chaws; pej kum neeg
alienate, *v*. cais; sib cais; tshem tawm; —**alienation** *n*.
alight, *v*. 1. tsaws; 2. txo; 3. tshem
align, *v*. tso kom sib ncag; teeb kom ncaj txoj kab
alike, *adj*. zoo tib yam; yuav luag sib xws; -*adv*. sib txig sib luag
alimony, *n*. nyiaj them rau tus qub txwj nkawm uas tsis sib yuav lawm
alive, *adj*. ciaj; ciaj sia; muaj sia
all, *adj*. tas nrho; -*n*. txhua txhua (tus)
Allah, *n*. tus Yawm Saub ntawm tus kev cai dab qhuas *Is Xas Las* (*Islam*)
all-around, *adj*. 1. yooj yim; 2. zoo heev; 3. muaj peev xwm heev; -*prep*. qhov txhua chaw
allay, *v*. 1. rho tawm; tshem tawm; 2. tswj tseg; nyob twb ywm; 4. muab tso tseg cia
allege, *v*. liam; ntxo
allegiance, *n*. kev sib hwm; kev sib fwm
allegory, *n*. dab neeg; kwv huam
allergen, *n*. yam uas ua rau yus tsis haum nyob
allergic, *adj*. fab; tsis haum; txhaum
allergic reaction, *n*. kev fab los yog tsis haum nrog rau tej yam tshuaj los yog tej yam dab tsi
allergist, *n*. kws kho mob fab
allergy, *n*. kev fab; kev tsis haum; mob fab; mob txhaum tshuaj
alleviate, *v*. 1. tshem tawm; rho; 2. txo; —**alleviation** *n*.
alley, *n*. 1. chaw ntaus *npaus lees*; 2. txoj kev tom qab tsib taug
alliance, *n*. 1. phooj ywg; 2. koom haum
alligator, *n*. nab qas dev dej
alliterate, *v*. pib lo lus los ntawm tib tus tsiaj ntawv los yog tib lub suab
alliteration, *n*. kev pib lo lus los ntawm tib tus tsiaj ntawv los yog tib lub suab
allocate, *v*. tshwj; qee; tseg rau; — **allocation** *n*.
allot, *v*. faib raws phuv; faib phuv
allotment, *n*. 1. kev sib faib phuv; 2. phuv
allow, *v*. 1. pub ua; 2. tso cai; 3. pom zoo
allowable, *adj*. ua tau
allowance, *n*. 1. phuv; 2. nyiaj hlis; 3. nqe tes; 4. dej siab
alloy, *n*. quav tooj quav hlau nyoj ua ib ke
all right, *adv*. 1. txaus siab; zoo siab; 2. yuav nyog lawm; -*adv*. 1. txaus siab; zoo siab; 2. yuav nyog lawm; -*int*. 1. yog; 2. yog li ces; li ntawd ces; 3. pom zoo; ua li
all-spice, *n*. txuj lom muaj nyob rau teb chaws Is Dias sab hnub poob
allude, *v*. piav ntsig txog me me; qhia me me txog
allure, *v*. ntxias; —**allurement** *n*.
ally, *n*. phooj ywg; -*v*. ua phooj ywg nrog
almanac, *n*. ib phau ntawv qhia ntau ntau yam tseem ceeb uas ib xyoos tawm ib zaug
almighty, *adj*. muaj zog heev; siab tshaj plaws
almond, *n*. ib hom ntoo uas muaj noob noj tau qab qab rog
almost, *adv*. 1. yuav luag; 2. ze ze
alms, *n*. khoom plig pub dawb
aloft, *adv*. siab siab saum ntuj; siab heev
alone, *adj*. ib leeg; nyob ib leeg; tsis muaj neeg nrog nyob
along, *prep*. 1. raws; caum; taug qab; 2. mus rau tom hauv ntej; 3. txhua txhua lub sij hawm
alongside, *prep*. ib sab; nyob ib sab; ua ke; -*adv*. nrog; nrog nraim
aloof, *adj*. 1. oom; 2. pauv tsis ntxiv
aloud, *adv*. nrov (hais lus nrov)

alphabet, *n.* qauv ntawv; tsiaj ntawv; phaj hauj (Ntawv Soob Lwj)
alphabetical, *adj.* raws tsiaj ntawv tus pib txog tus kawg
alphabetize, *v.* teeb raws tsiaj ntawv
already, *adv.* 1. twb; 2. tiav lawm; tag
also, *n.* 1. ib yam; 2. thiab; 3. kuj
altar, *n.* thaj; thaj neeb
alter, *v.* 1. pauv hloov; 2. kho
alteration, *n.* 1. kev pauv hloov; 2. kev kho (khaub ncaws)
altercation, *n.* kev sib cav sib ceg
alternate, *adj.* 1. hloov (li hloov khawv chim); 2. quas ib zaug mam rov txog; -*v.* ua kom rov ncig los txog; -*n.* qhov hloov; tus hloov; —**alternation** *n.*
alternative, *n.* lwm txoj kev; -*adj.* 1. lwm yam; lwm txoj; lwm qhov; 2. txawv heev; tsis thooj lwm qhov
alternator, *n.* ib thooj khoom ntawm lub tsheb uas txhab kom lub roj teeb txhob txawj tag; lub txhab roj teeb
although, *conj.* txawm tias; txawm yog
altimeter, *n.* lub tshuab ntsuas qhov siab ntawm npoo av
altitude, *n.* ncua deb ntawm npoo av rov saud
alto, *n.* 1. lub suab poj niam hu nkauj laus laus; 2. tus neeg hu nkauj laus laus
altogether, *adv.* 1. huv si; huv tib si; 2. puav leej; suav daws; txhua leej; tag nrho
altruism, *n.* kev txhawj xeeb txog lwm tus neeg
altruist, *n.* tus neeg uas pab txhawj txog lwm tus tshaj li txhawj txog nws tus kheej
aluminum, *n.* txhuas; pej chum
alumna, *n.* tus poj niam uas kawm tiav
alumnus, *n.* tus neeg kawm tiav
alveolar bone, *n.* txha thom hniav; txha txhim cag hauv paus hniav
alveolar duct, *n.* hlab kua mis ntu txuas kiag rau cov taub qog mis
alveolar glands, *n.* qog mis; taub qog mis
always, *adv.* 1. txhua lub caij; 2. tas li; 3. ib txwm; keev; 4. yeej
am, *v.* yog
amalgam, *n.* kev sib tov ua ke
amalgamate, *v.* sib sau ua ke; loos ua ke; —**amalgamation** *n.*
amass, *v.* sib sau
amateur, *n.* 1. tus neeg uas nyuam qhuav pib xyaum ua ib yam dab tsi; 2. tus neeg uas ua ua si xwb tsis yog ua yuav nyiaj
amateurish, *adj.* dab tuag; dog dig; phem phem
amatory, *adj.* ntsig txog kev sib hlub sib deev
amaze, *v.* xav tsis thoob; ras; ceeb
amazon, *n.* tus poj niam uas siab siab thiab muaj zog heev
ambassador, *n.* 1. tus sawv cev tseem fwv rau lwm lub teb chaws; 2. tus sawv cev ib pawg neeg
amber, *n.* daj tsaus nyos; tsos daj tsaus nyos
ambidextrous, *adj.* sab tes twg los ua tau sib nrawg nroos
ambience, *n.* qhov tshwj xeeb uas nyob ib ncig ntawm tus neeg, yam khoom, los yog qhov chaw
ambiguous, *adj.* 1. tsis meej pem; 2. dav heev; lug heev
ambition, *n.* qhov xav tau; qhov kev ntshaw
ambitious, *adj.* maj tau heev; mob siab heev
ambivalence, *n.* 1. kev sib cov nyom; kev sib txawv; 2. kev tsis pom qab txiav txim siab
ambivalent, *adj.* cov nyom; txawv
ambulance, *n.* tsheb tauj neeg mob; tsheb thauj mob
ambulatory, *adj.* 1. ntsig txog mus kev; 2. ncig mus mus los los tau
ambush, *v.* tos kev tua; zov kev tua
ameliorate, *v.* tsim los yog tu kom zoo zog qhov qub; —**amelioration** *n.*
amen, *int.* lo lus hais tom qab thov ntuj tag; lo lus xaus kev thov ntuj
amenable, *adj.* npaj ua raws qab; yoog raws
amend, *v.* 1. ua kom zoo zog tuaj; 2. ntxiv lus rau los yog hloov txoj cai nyob hauv ntaub ntawv
amendment, *n.* qhov ntxiv los yog hloov ntawm tsab ntawv los yog txoj cai lij choj
amends, *n.* nyiaj them rau qhov kev raug mob los yog puam tsuaj
amenity, *n.* qhov kev pom zoo
amenorrhea, *n.* kev ntsug tsis coj

khaub ncaws; kev cia li tsis coj khaub ncaws li qub lawm
amenorrhoea, *n.* kev ntsug tsis coj khaub ncaws; kev cia li tsis coj khaub ncaws li qub lawm (saib *amenorrhea*)
America, *n.* teb chaws Mes Kas
American, *n.* neeg Mes Kas
amethyst, *n.* ib hom pob zeb muaj nqis uas muaj tsos paj yeeb liab dub thiab tsos xiav
amiable, *adj.* haum nrog lwm tus neeg yooj yim heev; nyiam phooj ywg heev
amicable, *adj.* siab zoo heev; nyiam phooj ywg heev
amicably, *adv.* zoo heev
amid, *prep.* nyob hauv nruab nrab ntawm ib yam dab tsi
amiss, *adj.* yuam kev; tsis yog lawm
ammeter, *n.* ib lub tshuab ntsuas hluav taws xob
ammonia, *n.* 1. tshuaj pab cuam ua pa; 2. ib hom roj av uas siv ua chiv thiab lwm yam tshuaj
ammunition, *n.* mos txwv
amnesia, *n.* kev tsis meej pem tsis nco qab dab tsi li lawm
amnesty, *n.* kev ywj pheej; kev tau nyob txawv teb chaw vim ntshai rov mus qub teb chaws
among, *prep.* nrog; hauv; nyob hauv
amorous, *adj.* 1. npaj siab yuav hlub; 2. muaj kev sib hlub
amorphous, *adj.* 1. tsis muaj cag muaj ceg li; tsis muaj dab tsi li; 2. qhuav qhawv
amortization, *n.* kev them nuj nqis ib hli me ntsis
amortize, *v.* them ib hli me ntsis kom tag mus
amount, *n.* 1. ib thooj; ib co; 2. tus nqe; 3. npaum
amour, *n.* 1. kev sib hlub; 2. tus hlub
ampere, *n.* kev hais ntsig txog hluav taws xob
amphibian, *n.* tus tsiaj uas nyob tau hauv hav dej thiab saum nruab nqhuab
amphibious, *adj.* muaj peev xwm nyob tau hauv hav dej thiab saum nruab nqhuab
amphitheater, *n.* tsev los yog chaw lom zem uas muaj rooj zaum ua tej theem tej theem nyob puag ncig
ample, *adj.* 1. ntau heev; 2. loj heev
amplifier, *n.* lub uas ua kom lub suab nrov loj; paj taub
amplify, *v.* ua kom nrov loj tshaj los yog kom muaj zog tshaj; — **amplification** *n.*
amplitude, *n.* puv ntoob
ampulla, *n.* 1. ntu su ntawm txoj hlab noob qes uas nyob nruab nrab ntawm lub noob qes thiab rab qau; taub ceev kua phev; 2. hlab kua mis ntu nrab uas nyob ze rau lub txiv mis; 3. ib hom lam hwj uas kheej kheej
amputate, *v.* txiav (xws li txiav tib neeg kom tu tej ywb ya)
amputation, *n.* kev txiav tawm pov tseg
amulet, *n.* 1. pov haum; pov khoos; 2. hnab tshuaj uas coj ntawm ib ce
amuse, *v.* ua txaus luag; ua ntxim saib los ntxim siab
amusement, *n.* kev lom zem
an, *art.* ib; ib yam; ib qho
anachronism, *n.* tus uas tsis muaj nyob raws qhov chaw hauv lub caij lub nyoog
anaconda, *n.* ib hom nab loj heev nyob rau teb chaws Mes Kas Qab Teb
anagram, *n.* lo lus los yog zaj lus uas muab lwm lo lus los yog lwm zaj lus tig los ua; kev muab lwm lo lus los yog lwm zaj lus tig los yog pauv los ua ib lo lus los yog ib zaj lus tshiab
anal, *adj.* ntsig txog lub qhov quav
anal canal, *n.* kwj qhov quav; hnyuv qhov quav
analgesic, *n.* tshuaj zoo mob; ib hom tshuaj noj kom txhob hnov mob los yog kom loog
analogy, *n.* 1. tej yam uas zoo xws li lwm yam; 2. piv txwv rau lwm yam uas zoo sib xws
analysis, *n.* kev tshuaj ntsuam; kev xam pom
analyst, *n.* kws tshuaj ntsuam
analyze, *v.* tshuaj ntsuam; xam pom
anarchism, *n.* txoj kev ntseeg tias yuav tsum tsis txhob muaj tseem fwv li; kev nyob tsis muaj tseem fwv li
anarchist, *n.* tus neeg tsis nyiam kom

muaj tseem fwv
anarchy, *n.* tsis muaj tseem fwv kav los yog tsis muaj kev ruaj ntseg li
anathema, *n.* 1. kev foom phem; 2. tus neeg uas raug foom phem heev los yog raug ntxub heev
anatomy, *n.* 1. txhua yam uas nyob ua ke ntawm ib yam dab tsi; 2. txhua yam hauv tib neeg lub cev; 3. yam uas coj los teeb ua ke; 4. kev tshawb fawb; kev kawm
ancestor, *n.* poj koob yawg koob; poj koob yawm txiv; txwv zeej txwv koob; —**ancestral** *adj.*
ancestress, *n.* pog koob
ancestry, *n.* 1. caj ceg; 2. poj koob yawg koob
anchor, *n.* thauj tog rau nkoj; -*v.* tuav kom ruaj
anchorman, *n.* tus neeg tshaj xov xwm hauv TV
anchovy, *n.* ib hom ntses me me
ancient, *adj.* 1. qub; laus; 2. txheej thaum ub
and, *conj.* thiab
andiron, *n.* ib tus hlau siv tuav cov taws nyob ntawm qhov cub
androgynous, *adj.* 1. muaj tsos xws poj niam thiab txiv neej tib si; 2. phim rau poj niam thiab txiv neej tib si
anecdote, *n.* zaj lus luv luv; zaj dab neeg luv luv
anemia, *n.* ntshav tsis txaus
anemone, *n.* ib hom tshuaj ntsuab
anesthesia, *n.* kev loog los ntawm tshuaj loog
anesthetic, *n.* tshuaj loog; -*adj.* loog
anesthetist, *n.* kws tso los yog txhaj tshuaj loog
aneurysm, *n.* hom mob uas ua rau hlab ntshav tawg
anew, *adv.* 1. tshiab; 2. ua dua
angel, *n.* leej nkaub; ntsuj plig
anger, *n.* kev chim; chaw chim; -*v.* ua kom chim; chim
angina, *n.* mob hauv lub plawv
angle, *n.* 1. ces kaum; 2. chaw sib tshuam; 3. kev xam pom; -*v.* 1. tig rau ces kaum; 2. nuv ntses
angler, *n.* tus neeg nuv ntses
angora, *n.* hlua los yog ntaub ua tawm los ntawm plaub mes es los yog plaub luav
angry, *adj.* 1. chim; chim siab; 2. npau taws; 3. dub nciab; dub txig
anguish, *n.* kev ntxhov siab; kev chim siab
anguished, *adj.* ntxhov siab
angular, *adj.* 1. muaj ntau caj ntau ces; 2. nyias nyias los yog yuag yuag
animal, *n.* tsiaj; tsiaj txhu
animate, *adj.* muaj siav; -*v.* 1. txuas siav rau; ua kom ciaj sia; 2. ua kom txav tau; —**animated** *adj.*
animation, *n.* 1. kev nyob kaj siab lug; 2. duab kos mus kev (duab *khas thus*)
animism, *n.* kev cai dab qhuas teev hawm poj koob yawg koob nrog rau lwm yam ntsuj plig
animosity, *n.* kev sib ntxub; kev tsis sib haum xeeb; kev cib nyeej
animus, *n.* kev sib ntxub
ankle, *n.* yas taw; pob taws; caj dab taws
annals, *n.* keeb kwm teeb paus rau ntsis
anneal, *v.* ua kom khov; ceem; ua kom thev
annex, *v.* aws los yog tswj lwm qhov chaw; -*n.* lub tsev ua txuas tom qab; —**annexation** *n.*
annihilate, *v.* tsim txom kom puam tsuaj; txov; —**annihilation** *n.*
anniversary, *n.* ib xyoos ntuj zeeg ncig rov los txog hnub tseem ceeb; hnub uas ncaj rau ib lub caij tseem ceeb; hnub tseem ceeb
annotate, *v.* sau me ntsis piav txog saib yog dab tsi; —**annotation** *n.*
announce, *v.* tshaj tawm
announcement, *n.* lus tshaj tawm; xov xwm
annoy, *v.* meem txom; xeeb txob
annoying, *adj.* xeeb txob; meem txom
annual, *adj.* 1. tshwm sim ib xyoos ib zaug; 2. nyob ib xyoos xwb
annuity, *n.* nyiaj them ib xyoos ib zaug los yog txoj cai tau txais cov nyiaj ntawd
annul, *v.* tshem tawm raws txoj cai
anode, *n.* ntsig txog hluav taws xob
anoint, *v.* muab roj tso rau los yog pleev rau
anomaly, *n.* tej yam uas zoo tsis raws qhov qub; tej yam uas txawv heev
anonymous, *adj.* tsis paub tus tswv; tsis muaj tswv
another, *n.* 1. ib qho; ib yam; 2. lwm yam, lwm txoj, los yog lwm tus; 3.

dua
answer, *n.* lus teb; -*v.* teb
answerable, *adj.* 1. teb rau; saib xyuas rau; 2. teb tau; 3. tsim nyog teb
answering machine, *n.* tshuab teb lus
ant, *n.* ntsaum
antacid, *n.* tshuaj mob plab kiav txhab
antagonism, *n.* kev sib tawm tsam; kev sib ntxub
antagonize, *v.* sib tawm tsam
Antarctic, *adj.* ntsig txog nram lub qab ntiaj teb
anteater, *n.* kum zaug
antebrachial, *n.* caj npab; npab nqia
antecedent, *n.* qhov ua ntej; yam ua ntej
antecubital, *n.* quav npab
antedate, *v.* 1. los ntxov dua lub caij nyoog; 2. thaub caij nyoog rov qab; -*n.* lub caij nyoog uas muab teem ntxov dua li lub caij qub
antelope, *n.* ib hom tsiaj zoo li mos lwj tab sis kub tsis ncau ceg
antenna, *n.* ceg xov tooj rau TV los yog xov tooj cua
anterior, *adj.* puag thaum ub; ntxov heev; thawj thawj; -*n.* xub ntiag; sab xub ntiag
anterior cavity, *n.* chav dej nyob nruab nrab ntawm lub ntsiab qhov muag thiab lub tsom iav qhov muag
anterior chamber, *n.* chav dej nyob npuab rau lub ntsiab qhov muag
anterior choroidal artery, *n.* xov ntshav liab ntawm qhov ntsos
anterior facial vein, *n.* leeg ntshav dub ntawm ntsej muag
anterior interventricular, *n.* leeg ntshav plawv liab ntawm xub ntiag
anterior sacral foramen, *n.* cov qhov khoob rau cov leeg xov caj tw nyob sab xub ntiag
anterior superior iliac spine, *n.* ntsag xub ntiag theem saum toj
anterior tibial artery, *n.* leeg ntshav liab ntawm roob hlaub
anterior tibial vein, *n.* leeg ntshav dub ntawm roob hlaub
anthem, *n.* nkauj haiv; zaj nkauj haiv
anther, *n.* lub plawv paj; lub plawv ntawm lub paj ntoos
anthology, *n.* ntaub ntawv sau tso ua ke; dab neeg sau ua ib phau
anthracite, *n.* ib hom thee pob zeb zoo heev uas thaum muab rauv mas yeej tsis ncho pa los yog muaj nplaim
anthropoid, *n.* ib hom liab loj heev
anthropologist, *n.* kws kawm txog neeg kev noj kev nyob
anthropology, *n.* kev kawm txog tib neeg kev noj kev nyob thiab kev ua pab pawg
antibiotic, *n.* tshuaj tua kab mob; tshuaj ua paug
anticipate, *v.* npaj ntsoov tos; cia siab ntsoov; —**anticipation** *n.*
anticlimax, *n.* tej yam uas tsis tseem ceeb npaum li qhov ua ntej lawm
antidote, *n.* tshuaj cawm neeg qaug tshuaj; tshuaj fab
antifreeze, *n.* dej ntsuab rau tsheb; dej ntsuab
antihistamine, *n.* tshuaj fab; tshuaj los ntswg
antipathy, *n.* kev ntxub ntxaug
antiquarian, *adj.* ntsig txog txheej thaum ub los yog tej ntawv qub qub
antiquary, *n.* tus neeg kawm txog los yog khaws tej khoom qub qub
antiquated, *adj.* qub dhau lawm; tsis siv lawm
antique, *adj.* qub; qub qub; -*n.* khoom qub
antiquity, *n.* txheej thaum ub; puag thaum ub
antiseptic, *adj.* tua kom kab mob txhob loj hlob
antithesis, *n.* 1. qhov sab tod; 2. lub niam tswv yim uas cov nyom nrog lub tswv yim qub
antler, *n.* kub mos lwj
antonym, *n.* lus rov; lus ntxeev
anus, *n.* qhov quav
anvil, *n.* thaiv; thaiv ntaus hlau
anxiety, *n.* kev ntxhov siab
anxious, *adj.* 1. ntxhov siab; 2. maj maj; rawm rawm
anybody, *pron.* leej twg los tau
anyhow, *adv.* li cas los xij; xij peem
anymore, *adv* ntxiv lawm
anyone, *pron.* leej twg los tau
anyplace, *adv.* qhov twg los tau; qhov twg los xij
anything, *pron.* dab tsi los tau tag
anytime, *adv.* thaum twg los tau tib si
anyway, *adv.* li cas los xij; xij peem
anywhere, *adv.* qhov twg los tau
aorta, *n.* txoj hlab ntshav liab tseem

ceeb los ntawm lub plawv
aortic semilunar valve, *n.* tom xib ncauj raj ntshav liab
apart, *adv.* 1. sib nrug ib leeg rau ib qho; 2. dhau li ntawd; 3. ua tej dwb daim
apartheid, *n.* kev sib cais vim tawv nqaij sib txawv nyob rau teb chaws As Fiv Kas (Africa)
apartment, *n.* tsev ntau yim; tsev ntau yim neeg nyob; tsev loj
apathy, *n.* 1. kev tsis hlub tshua los yog tsis mob siab rau; 2. kev tsis txaus siab rau los yog tsis nyiam
ape, *n.* liab; ib hom liab loj loj
aperture, *n.* qhov qhib loj thiab me ntawm koob yees duab lub qhov tsom iav
apex, *n.* 1. qhov siab tshaj plaws; 2. ncov plawv
aphid, *n.* ib hom kab
aphorism, *n.* ib zaj lus luv luv piav txog lub ntsiab
aphrodisiac, *n.* tshuaj ua kom xav sib deev
apiarist, *n.* tus neeg yug ntab
apiece, *adv.* rau ib qho los yog rau ib tus
aplenty, *adj.* ntau heev; nplua mias
aplomb, *n.* kev nyob tus yees; kev ntseeg tus kheej
apologetic, *adj.* lees thov txim
apologize, *v.* zam txim; thov zam txim
apology, *n.* 1. lub txim txhaum; 2. kev thov txim
apoplexy, *n.* kev tsaus muag vim yog hlab ntsha saum taub hau tawg
apostasy, *n.* kev tso tseg txoj kev koom siab los yog txoj kev ntseeg
apostle, *n.* thwj tim; tub txib
apostrophe, *n.* tus cim tswv; tus cim ' nyob hauv ntawv As Kiv uas qhia tias leej twg yog tswv
apothecary, *n.* tus neeg muag tshuaj los yog tus neeg ua tshuaj
appall, *v.* ntshai
apparatus, *n.* 1. cuab yeej; 2. tshuab ua ub ua no
apparel, *n.* ris tsho; tsoos tsho; khaub ncaws
apparent, *adj.* tshwm rau ub rau no; pom nyob ub nyob no; pom meej; pom tseeb
apparition, *n.* 1. dab; 2. poj ntxoog; 3. ntsuj plig
appeal, *v.* 1. thov rov taug rooj plaub ntug ntxiv; 2. hais mus rau txheej siab zog; 3. ntxim nyiam
appealing, *adj.* 1. ntxim nyiam; txaus siab rau; raug siab; 2. muaj xom lees
appear, *v.* 1. tawm; tawm tuaj; 2. tshwm sim
appearance, *n.* 1. kev tshwm sim; kev tshwm ntsej tshwm muag; 2. yam ntxwv; xeeb ceem
appease, *v.* 1. ua twb ywm; 2. kav liam; puam chawj; 3. txaus siab; — **appeasement** *n.*
appendectomy, *n.* kev phais hnyuv tws
appendicitis, *n.* mob hnyuv tws
appendix, *n.* 1. ntaub ntawv ntxiv rau tom qab; 2. hnyuv tws
appetite, *n.* 1. kev qab los; xis ncauj; 2. nyiam; kev nyiam noj
appetizer, *n.* ntxuag; khoom txom ncauj ua ntej noj mov
appetizing, *adj.* nqhis
applaud, *v.* 1. npuaj teg pom zoo; 2. zoo siab; 3. qhuas
applause, *n.* kev npuaj teg pom zoo; kev pom zoo; kev qhuas
apple, *n.* 1. txiv ev paum; 2. ib yam txiv ntoo muaj ntau heev nyob rau teb chaws Mes Kas
applejack, *n.* ib hom cawv
appliance, *n.* tshuab siv hauv vaj hauv tsev xws li qhov cub, tshuab ntxhua khaub ncaws, thiab thawv txias
applicable, *adj.* 1. tsim nyog; raug cai; 2. zoo siv
applicant, *n.* 1. tus neeg uas tso npe tseg thov kev pab cuam; 2. tus neeg nrhiav hauj lwm
application, *n.* daim ntawv tso npe; daim ntawv thov kev pab cuam
applicator, *n.* yam khoom siv xws li tshuaj los yog kua nplaum
appliqué, *n.* paj ntaub tawm laug
apply, *v.* 1. tso rau; pleev rau; 2. tso npe los yog sau npe (rau hauv ntaub ntawv); 3. nkag kis; zoo li siab xav
appoint, *v.* 1. tsa; xaiv; 2. ntiav; 3. npaj; teeb
appointee, *n.* tus neeg raug tsa mus nyob rau lub luag hauj lwm
appointment, *n.* 1. caij teem sib ntsib; kev teem caij nyoog sib ntsib; 2. kev tsa nom tswv

apportion, *v*. faib kom sib luag; yais kom sib txig sib luag
apposite, *adj*. phim; haum; zoo; tsim nyog; —**apposition** *n*.
appraisal, *n*. txoj kev ntaus nqi rau tej yam khoom tseem ceeb
appraise, *v*. ntaus nqi rau; muab nqi rau
appreciable, *adj*. 1. tsim nyog; 2. raug ntsej raug muag; 3. tsim nyog ua tsaug rau
appreciate, *v*. 1. zeem tsam; nco los yog ris txiaj ntsim; 2. ua tsaug; tsis mom txheej; —**appreciation** *n*.
appreciative, *adj*. ua tsaug ntau; lees ua tsaug; tsis mom txheej
apprehend, *v*. 1. ntes; txhom; 2. to taub; 3. saib rau tom ntej yam txhawj xeeb heev
apprehension, *n*. 1. kev txhawj xeeb txog yav tom ntej; 2. kev txhom los yog ntes neeg kaw; 3. lub peev xwm to taub txog ib yam dab tsi
apprehensive, *adj*. ntshai; txaus ntshai
apprentice, *n*. tus neeg xyaum ua hauj lwm; -*v*. qhia neeg xyaum ua tej yam hauj lwm kom nws paub mus ua nws tom qab kawm tiav
apprise, *v*. qhia
approach, *v*. 1. nam mus; txav mus kom ze; nkag mus; 2. mus cuag; cuag; -*n*. lub tswv yim ua hauj lwm
approachable, *adj*. ntsib los yog cuag tau yooj yim; zoo lus; tsis muab hlob
approbation, *n*. kev pom zoo; kev tso cai
appropriate, *adj*. tsim nyog; raug ntsej muag; raug kis; -*v*. tshwm nyiaj mus siv rau tej yam twg; —**appropriation** *n*.
approval, *n*. kev pom zoo
approve, *v*. pom zoo
approximate, *adj*. yuav luag yog; kwv yees; -*v*. kwv yees; xam dav dav; —**approximation** *n*.
approximately, *adv*. thaj tsam; kwv yees li
appurtenance, *n*. khoom txuas; ceg
apricot, *n*. ib hom txiv zoo li txiv duaj
April, *n*. Plaub Hlis; Plaub Hlis Ntuj
apron, *n*. 1. sev; 2. ntaub npua ua hauj lwm
apropos, *adv*. 1. raug cai heev; 2. phim heev; -*adj*. 1. phim; 2. raug cai; 3. yog kis; -*prep*. ntsig txog
apt, *adj*. 1. raug cai; raws kis; phim; 2. mej ntsis; pheej; zoo li; 3. maj xyaum; maj to taub
aptitude, *n*. peev xwm ntawm txoj kev kawm
aqua, *n*. tsos xiav ntsuab dawb muag lias
aquarium, *n*. lub thoob iav rau tsiaj hav dej los yog nroj hav dej
aquatic, *adj*. ntsig txog hav dej
aqueduct, *n*. raj dej siv tuam ciav dej
aqueous humor, *n*. kua faj siv ntsiab muag
aquiline, *adj*. 1. zoo li tus dav; 2. nkhaus nkoo li tus kaus ncauj dav
arabesque, *n*. daim qauv uas zoo nkauj heev
arable, *adj*. zoo ua qoob ua loo
arbiter, *n*. lub cai kawg nkaus
arbitrary, *adj*. xaiv yam tsis saib ntsej saib muag
arbitrate, *v*. tu plaub ntug; kho teeb meem; —**arbitration** *n*.
arbitrator, *n*. tus neeg tu plaub; tus neeg kho teeb meem
arbor, *n*. 1. nreeg (xws li nreeg taum); 2. tus ncej txhawb
arboreal, *adj*. nyob saum ntoo
arc, *n*. 1. ib ntu nyuag nkhaus; 2. qhov uas nkhaus los yog koov koov
arcade, *n*. txoj kev hauv nruab nrab uas muaj kiab khw nyob ob sab
arcane, *adj*. zais npog heev; tsis muaj neeg paub txog li
arch, *n*. ncej pob zeb uas nkhaus zoo li lub hli thaum nqeg yuav tag; -*adj*. tus thawj
archaeological, *adj*. ntsig txog tej yam khoom qub uas khawb tau hauv av los
archaeologist, *n*. tus neeg uas kawm txog neeg lub neej los ntawm tej khoom khawb hauv av los
archaeology, *n*. kev kawm neeg lub neej yav dhau los lawm, xws li kawm los ntawm tej khoom uas khawb tau los
archaic, *adj*. txheej thaum ub li
archangel, *n*. tim xyoob saum ntuj; leej nkaub
archbishop, *n*. tus thawj txiv plig; tus kws dab qhuas
archery, *n*. tua hneev nti

archetype, *n.* thawj thawj tus qauv; thawj thawj tus piv txwv
archipelago, *n.* ib pawg pov txwv
architect, *n.* kws kos daim qauv ua vaj tse
architecture, *n.* 1. qauv vaj tse; 2. hom vaj tse
archives, *n.* chaw ceev ntaub ntawv los yog tej khoom tseem ceeb
arch of aorta, *n.* hauv paus raj ntshav liab
archway, *n.* txoj kev mus hauv qab choj uas yog choj pob zeb
arctic, *adj.* ntsig txog ib cheeb tsam nyob puag pem qaum teb
arctic circle, *n.* txoj kab voj voog nyob pem qaum teb uas nyob ntawm txoj kab 23°17'
ardent, *adj.* sov siab
ardor, *n.* kev sov siab
arduous, *adj.* nyuaj; tsis yooj yim
are, *v.* yog
area, *n.* cheeb tsam; cheeb chaw; qhov chaw; suam; thaj tsam
area code, *n. es lias khauj*; nab npawb xov tooj ntawm nroog
arena, *n.* ib qhov chaw thoob thaj
areola, *n.* yeej mis dub; zaj tawv dub puag ncig lub txiv mis
argon, *n.* ib hom *khes mis* uas saib tsis pom thiab tsis hnov tsw li
argot, *n.* ib cov lus txawv txawv siv nyob ntawm tej pawg neeg
arguable, *adj.* hais li cas los yog; tsis tau muaj chaw haum; qhib rau sib cav
argue, *v.* cam; cav; tawm tsam
argument, *n.* kev sib cav sib ceg; kev tsis sib haum xeeb
aria, *n.* ib hom nkauj
arid, *adj.* qhuav qhuav heev; nkig nkig
arise, *v.* 1. sawv; 2. tshwm sim
aristocracy, *n.* ntsig txog cov neeg muaj los yog cov ua nom ua tswv
arithmetic, *n.* ntsig txog zauv xws li kev sib ntxiv thiab kev rho tawm
arm, *n.* 1. caj npab; ncej npab; 2. ceg los yog tes; 3. riam phom; -*v.* muab riam phom rau
armada, *n.* ib pawg nkoj ua rog
armadillo, *n.* ib hom tsiaj qus
armament, *n.* cuab yeej ua rog
armature, *n.* 1. ib qhov khoom nyob ntawm tej tshuab hluav taws xob; 2. ib qhov tes uas tuav ib yam dab tsi; 3. qhov khuj khaum
armchair, *n.* lub rooj zaum uas muaj chaw khaum tes
armed forces, *n.* tub rog
armistice, *n.* kev tus rog
armor, *n.* ris tsho hlau ua rog
armory, *n.* 1. chaw tsim cuab yeej ua rog; 2. chaw cia cuab yeej ua rog
armpit, *n.* qhov tsos
arms race, *n.* kev sib tw tsim riam phom
army, *n.* pawg tub rog
aroma, *n.* pa tsw qab
arose, *v.* 1. sawv; 2. tshwm sim (saib *arise*)
around, *adv.* ib puag ncig; ib cheeb tsam; qhov txhia chaw thoob plaws
arouse, *v.* 1. thab; zes; 2. tsa
arraign, *v.* 1. teem mus hais plaub; 2. liam; iab liam; ntxo
arraignment, *n.* 1. kev teem mus hais plaub; 2. kev iab liam
arrange, *v.* 1. npaj; teeb txheeb; tu; 2. zawj (li zawj poj niam)
arrangement, *n.* 1. kev npaj los yog tu kom zoo; 2. yam uas npaj tu tiav tag lawm
array, *v.* 1. teeb txheeb; npaj; 2. hnav zoo heev
arrears, *n.* txoj kev uas them tsis yeej tej nuj nqes
arrector pili muscle, *n.* ib cov hauv paus plaub tawv nqaij
arrest, *v.* ntes; txom; coj mus kaw
arrival, *n.* lub caij tus neeg los yog yam khoom los txog chaw
arrive, *v.* los txog; los txog chaw
arrive at, *v.* 1. los txog; 2. txiav txim siab thaum kawg; pom zoo
arrogant, *adj.* muab hlob; cuab loj; oom heev
arrogate, *v.* txhav los yog txeeb yam tsis muaj phim thawj li
arrow, *n.* xub; xib xub
arrowhead, *n.* vos
arroyo, *n.* kwj deg qhuav
arsenal, *n.* txhab phom txhab mos txwv
arsenic, *n.* ib hom *khes mis*
arson, *n.* kev hlawv vaj tse uas yog txhob txwm hlawv
arsonist, *n.* tus neeg uas txhob txwm hlawv vaj tse
art, *n.* 1. txuj duab; duab kos; 2. txuj

ci; txuj tes (xws li yog peev xwm ntawm tus tib neeg tej txuj ci los yog txuj tes uas ua tau zoo txawv lwm tus neeg ua)
arteriosclerosis, *n.* hom kab mob uas ua rau hlab ntsha khov los yog nkoog
artery, *n.* txoj leeg uas cob rau ntawm lub plawv; hlab ntshav liab
artful, *adj.* 1. ntse; muaj tswv yim; 2. ua dab tsi los ua tau zoo
arthritis, *n.* mob pob tes los yog caj dab tes
article, *n.* 1. ib tsab ntawv los yog xov xwm uas luam tawm; 2. qhov tseem ceeb ntawm ib daim ntawv; 3. lo lus xws li *a*, *an,* thiab *the* uas siv cais tus *noun*; 4. tej yam khoom los yog teej tug
articulate, *v.* hais tau meej; hais raug chua; hais muaj paus muaj ntsis; *-adj.* muaj peev xwm hais tau muaj paus muaj ntsis; —**articulation** *n.*
artifact, *n.* tej yam khoom tseem ceeb uas yog neeg tsim
artifice, *n.* kev ua txuj; kev dag
artificial, *adj.* neeg tsim, tsis yog ib txwm xeeb txawm; tsis yog ntuj tsawb teb tsim
artificial respiration, *n.* lub tshuab pab ua pa
artillery, *n.* phom loj; cuab yeej ua rog
artisan, *n.* tus neeg txawj txua los yog tsim teej tug los yog cuab yeej
artist, *n.* 1. tus neeg uas tsim tej yam zoo rau neeg saib; 2. kws kos duab
artistic, *adj.* muaj tswv yim zoo los yog taw tes zoo
artless, *adj.* ncaj ncees; tsis cov nyom li
as, *adv.* 1. ib yam (*just **as** happy at home*); 2. piv txwv (*domestic animal, **as** chicken*); *-conj.* 1. xws li (*straight **as** an arrow*); 2. raws nraim (*do **as** you're told*)
asbestos, *n.* ib co khoom kho vaj tse thaum ub uas muaj cov hmoov mos mos ua rau tib neeg muaj mob ntsws thiab mob lwm yam yog tias nqus tau rau hauv lub cev
ascend, *v.* nce; tshoom
ascendancy, *n.* kev sawv siab; kev tswj
ascending colon, *n.* yav hnyuv loj uas nyob nce toj hauv plab
ascending lumbar vein, *n.* leeg ntshav dub ntawm nraub qaum nce toj
ascension, *n.* kev nce; kev tshoom
ascent, *n.* txoj kev nce mus rau qhov siab
ascertain, *v.* txiav txim siab; hais los yog ua meej meej
ascetic, *adj.* tsis khav theeb li; txo hwj chim heev li
ascribe, *v.* ntaus nqi; tis nqi
aseptic, *adj.* tsis muaj kab mob li
ash, *n.* 1. ib hom ntoo; 2. tshauv; hmoov tshauv
ashamed, *adj.* txaj muag
ashen, *adj.* daj ntseg heev; ua nqaij tuag tag lawm
ashes, *n.* tshauv; hmoov tshauv
ashore, *adv.* ntawm ntug dej; nyob ntawm ntug dej
Asia, *n.* Es Xias; teb chaws Es Xias; cov teb chaws nyob rau sab hnub tuaj thiab sab hnub tuaj qab teb
aside, *adv.* 1. ntawm ib sab; 2. rau ib qhov; rau sab nraud; nyob sab nraud
aside from, *prep.* 1. dhau li ntawd; 2. tshuav
asinine, *adj.* ruam; tsis ntse; tsis meej pem
ask, *v.* 1. nug; 2. thov
askance, *adj.* 1. saib tom ib sab tuaj; 2. tsis muaj kev sib ntseeg; 3. tsis ncaj kab
askew, *adv.* tsis ncaj kab
aslant, *adj.* qaij; pheeb
asleep, *adv.* 1. tsaug zog; 2. loog; *-adj.* pw
as long as, *conj.* yog hais tias; tshwj tias
as of, *prep.* 1. txij lub sij hawm uas; 2. xws li; zoo li
asparagus, *n.* ib yam zaub noj (uas cog ib ob xyoos mam tau noj); ib hom ntsuag zaub
aspect, *n.* qhov uas neeg saib pom; kev pom; kev xam pom
aspen, *n.* ib hom ntoo
asperity, *n.* kev ntxhov; kev txom nyem
aspersion, *n.* lo lus uas hais mob lwm tus neeg; lus rhuav neeg lub koob lub npe; lus thuam neeg
asphalt, *n.* 1. daim ntaub pua kev los yog vov tsev; 2 ib hom xuab zeb roj hmab siv pua kev tsheb
asphyxia, *n.* kev tsis muaj cua *auv xis*

ntsws es ua rau neeg tsaus muag
asphyxiate, *v*. txhawm chim; ua tsis taus pa
asphyxiation, *n*. kev txhawm chim ua tsis taus pa
aspiration, *n*. ib qho kev ntshaw loj heev; ib lub hom phiaj uas xav pom tshwm sim
aspire, *v*. ntshaw; npaj kom tshwm sim
aspirin, *n*. tshuaj mob taub hau; tshuaj dias taub hau
ass, *n*. 1. pob tw; 2. qhov quav; 3. nees zag; ib hom tsiaj zoo li nees tab sis me dua nees; 4. neeg ruam; 5. kev sib deev los yog sib tsoob [sl]
assail, *v*. 1. ntaus lwj ntaus liam; 2. tsim lwj tsim liam
assailant, *n*. 1. tus neeg phem; 2. tus ntaus
assassin, *n*. tus neeg tua neeg (feem ntau yog raug lwm tus ntiav tua)
assassinate, *v*. tua neeg (vim kev sib txeeb nom tswv); nyiag tua neeg tseem ceeb
assassination, *n*. kev tua neeg tseem ceeb (vim nom tswv los yog meej mom)
assault, *v*. 1. ua phem rau; 2. ntaus; 3. cem
assay, *n*. kev tshuaj ntsuam (saib yam twg muaj li cas); *-v*. tshuaj ntsuam; tshawb xyuas
assemble, *v*. 1. dhos; dhos ua ke; 2. sib sau ua ke
assembly, *n*. 1. rooj sab laj; 2. pawg nom tswv sawv cev pej xeem; pawg tiam lis pej xeem; 3. kev dhos khoom ua ke; 4. kev ua hauj lwm uas ib leeg ua ib qho los yog ib ntus
assembly man, *n*. tiam lis pej xeem (congress man)
assent, *v*. tso cai; pom zoo; *-n*. kev pom zoo; kev tso cai
assentient, *n*. tus neeg uas pom zoo los yog tso cai
assert, *v*. 1. tawm tswv yim; tshaj tawm; nthuav tawm; 2. tiv thaiv
assertion, *n*. kev tshaj tawm; kev nthuav tawm
assertive, *adj*. hais taus; ncauj liab; ncauj heev; muaj peev xwm hais
assess, *v*. 1. ntsuam xyuas (saib raug pes tsawg); 2. tsub se rau
assessment, *n*. kev ntsuam xyuas
assessor, *n*. tus neeg ntsuam xyuas
asset, *n*. cuab tam; tus kheej li cuab tam; teej tug
asshole, *n*. nplos; nplos qhov quav
assiduous, *adj*. mob siab rau; ua hauj lwm zoo
assign, *v*. 1. txib hauj lwm rau; tso hauj lwm rau; 2. hloov mus rau lwm qhov; 3. ntsig txog
assignment, *n*. txoj hauj lwm tso (faib los yog phua) rau ib tus neeg ua
assimilate, *v*. 1. txuam; tov; sib tov; 2. qog; qog qab; 3. nqos; rub los ua ke; 4. to taub
assimilation, *n*. 1. kev sib txuam sib xyaws; 2. kev txia; kev hloov (mus raws lwm yam)
assist, *v*. pab; pab cuam
assistance, *n*. kev pab cuam; kev pab
assistant, *n*. 1. tus pab; tus txhawb; 2. tus lwm thawj; tus *loo* (L)
associate, *v*. 1. sib koom tes ua hauj lwm ua ke; 2. txuas lus; sib cuag; *-n*. npoj yaig
as soon as, *conj*. thaum twg; *-adv*. sai sai
assort, *v*. cais; teeb (kom muaj quag)
assuage, *v*. 1. txaus siab; 2. nyob tus
assume, *v*. kwv yees; lam xav; ntaus nqi
assumption, *n*. 1. kev kwv yees; 2. qhov kev kwv yees; 3. kev ntaus nqi
assure, *v*. 1. hais kom tso siab rau; 2. lees
aster, *n*. ib hom tshuaj ntsuab
asterisk, *n*. tus cim tshab txhais * (
astern, *adv*. tom qab; tom tw; nyob tom qab
asteroid, *n*. ib lub *plhiab nem (planet)* me me nyob nruab nrab ntawm *Maj* (*Mars*) thiab *Ntsub Pes Daws* (*Jupiter*)
asthma, *n*. mob uas ua pa nyuaj thiab hnoos hnoos; mob hawb pob
astigmatism, *n*. qhov muag puas (tsis pom kev zoo)
as to, *prep*. 1. ntsig txog; 2. raws li
astonish, *v*. ceeb (vim pom tej yam zoo siab heev los yog txaawv heev)
astonished, *adj*. ceeb; ceeb tag
astonishment, *n*. kev ceeb (vim pom tej yam txaawv los yog zoo)
astound, *v*. ceeb tau niag ruam zis; ua

rau dab tsi los xav tsis tawm
astray, *adv*. yuam kev; ciaj khaub
astrict, *v*. 1. muab kaw tseg; 2. coj nruj heev
astride, *adv*. ib sab taw tsuj ib qho
astringent, *adj*. 1. ua kom me; 2. hob hob
astrology, *n*. faj lem; kev twv ub twv no ntawm qhov saib cov hnub qub; kev xam caij nyoog
astronaut, *n*. tus neeg caij dav hlau mus saum hnub saum hli; tus mus saum hli
astronomy, *n*. txoj kev kawm txog lub ntuj los yog *plhiab nem* uas dhau ntawm lub ntiaj teb no mus
astute, *adj*. ntse; muaj peev xwm
asunder, *adj*. ib daig ib qho; sib tawg tag
asylum, *n*. 1. chaw khiav nkaum; 2. chaw pab cov neeg vwm los yog neeg puas hlwb; 3. kev pab cuam rau neeg thoj nam
at, *prep*. ntawm (ntawm peb tsev); tom(tom tsev kawm ntawv); tim (tim lawv zos); pem (pem roob dub); nram (nram kwj ha); thaum (thaum 12 teev tav su)
at all, *adv*. tag nrho; txhua yam; dab tsi los tau
at any rate, *adv*. txawm li cas los xij; xij peem; puam chawj
ate, *v*. noj (dhau los lawm) (saib *eat*)
atheist, *n*. tus neeg uas tsis ntseeg tias muaj Yawm Saub
athlete, *n*. tus neeg xyaum txuj tes taw; tus neeg ua *kis las* (L)
athletic, *adj*. txuj tes taw; *kis las* (L)
athletic field, *n*. tiaj los yog tshav dhia ua si los yog ua *kis las* (L)
atlas, *n*. phau ntawv qhia kev
atmosphere, *n*. 1. huab cua; cov cua nyob ncig lub ntiaj teb; 2. cheeb tsam; qhov chaw ntawm yus ib cheeb tsam
atom, *n*. 1. tej yam me me uas ua tsis tau me tshaj ntawd ntxiv lawm; 2. ntsig txog tshuaj *khes mis* thiab foob pob los yog *npoos*
atomic, *adj*. ntsig txog foob pob los yog npoos uas muaj zog heev
atone, *v*. kho kom zoo
atop, *prep*. saum toj; -*adv*. saum toj; sab saud
atrioventricular sulcus, *n*. kis plawv kem raj ntshav theem saud thiab nqaij ntshiv plawv
atrocious, *adj*. phem heev; siab phem heev
atrocity, *n*. kev phem; kev lim hiam
atrophy, *v*. 1. pov tseg dawb; 2. ploj mus; 3. tsis muaj zog zus zus; 4. tsuag zuj zus
attach, *v*. txuas; lo nrog
attachment, *n*. qhov xav txuas nrog; qhov lo nrog ua ke xa mus
attack, *v*. 1. sib tua (tom tshav rog); 2. sib ntaus; 3. sib thuam; sib cem
attain, *v*. 1. ua tau; ua tshwm sim; 2. ncav cuag; muab tau los; mus txog; —**attainment** *n*.
attainable, *adj*. ua nyog tau; tsim nyog ua tau
attempt, *v*. sim; -*n*. kev sim
attend, *v*. 1. saib xyuas los yog tu (xws li tu tsiaj); 2. mus koom (rooj sab laj); 3. nyob nrog
attendance, *n*. tag nrho cov neeg tuaj koom lub rooj sib tham
attendant, *n*. tus neeg saib xyuas los yog ua hauj lwm (saum dav hlau)
attention, *n*. kev tswm seeb
attenuate, *v*. ua kom yuag; ua kom nyias; —**attenuation** *n*.
attest, *v*. ua pov thawj; pom zoo; —**attestant**; —**attestation** *n*.
attic, *n*. 1. nthab; 2. qhov chaw nyob nruab nrab ntawm lub ru tsev thiab lub nthab
attire, *v*. hnav; -*n*. ris tsho
attitude, *n*. cuj pwm; yam ntxwv
attorney, *n*. kws lij choj; kws hais plaub
attract, *v*. nqus; nqus tau; deev tau
attraction, *n*. kev sib nyiam; kev txaus siab
attractive, *adj*. txaus siab; ntxim nyiam; zoo nkauj
attribute, *v*. ntaus nqi; tis nqi; taug caj ceg; -*n*. caj ceg
attribution, *n*. caj ces; paus ntsis
attune, *v*. kho kom sib haum
auburn, *adj*. liab dub doog
auction, *n*. chaw muag khoom tom tshav puam (uas leej twg twv siab ces leej twg tau); -*v*. muag khoom tshav puam (uas leej twg twv siab ces nws tau)

audacious, *adj.* siab tawv; siab twm xeeb
audacity, *n.* kev siab tawv; kev siab twm xeeb
audible, *adj.* hnov zoo
audience, *n.* 1. cov neeg nyob hauv rooj sib tham; 2. cov neeg tuaj saib xyuas ib yam kev lom zem
audio, *n.* lub suab; suab; qhov hnov
audiovisual, *adj.* ntsig txog suab thiab duab
audit, *v.* tshuaj xyuas nyiaj txiag
audition, *n.* kev sim (los yog xaiv) saib leej twg muaj peev xwm ua yeeb yam tau zoo
auditorium, *n.* ib lub chaw loj loj uas muaj sam thiaj thiab rooj zaum saib yeeb yam
auditory area, *n.* thooj hlwb uas tswj kev mloog thiab hnov
auditory tube, *n.* raj qhov ntsej nruab nrog
augment, *v.* ua kom loj; ua kom ntau tuaj
augur, *n.* saub; *-v.* 1. twv; kwv yees; 2. cog lus
August, *n.* Yim Hli Ntuj; *-adj.* ntsig txog huab tais
auk, *n.* ib hom noog hiav txwv
aunt, *n.* 1. tus phauj; 2. txiv tus muam; 3. txiv hlob thiab txiv ntxawm cov poj niam; 4. niam cov viv ncaus
aural, *adj.* ntsig txog pob ntseg los yog kev hnov lus
auricle, *n.* nplooj ntseg
auspices, *n.* kev tiv thaiv; kev pab cuam
auspicious, *adj.* zoo; muaj hmoo
austere, *adj.* heev; nruj; tsiv
authentic, *adj.* tiag tiag; tseeb tseeb; tsis yog cuav
authenticate, *v.* ua pov thawj tias yog qhov tiag tiag; pom zoo tias yog tiag tiag; —**authentication** *n.*
author, *n.* tus sau; tus tsim
authoritarian, *adj.* nruj; tsiv; phem; tsis ua raws cai li
authoritative, *adj.* siv hwj chim heev
authority, *n.* 1. tseem fwv; nom tswv; 2. tus kws; 3. cai; hwj chim; feem xyuam
authorization, *n.* kev tso cai
authorize, *v.* tso cai; pom zoo
auto, *n.* tsheb
autobiography, *n.* 1. yus keeb chiv; phau ntawv txog yus lub neej; 2. phau ntawv txog ib tus neeg lub neej
autocracy, *n.* kev tswj hwm los ntawm ib tus neeg uas nws ua li cas los tau tag (yam tsis muaj neeg hais tau)
autograph, *n.* lub npe kos hauv ntawv; *-v.* kos npe
automatic, *adj.* 1. ua yam tsis nco xav li; 2. ua hauj lwm yam tsis siv neeg tswj
auto mechanic, *n.* kws kho tsheb
automobile, *n.* tsheb
automotive, *adj.* ntsig txog tsheb
autonomous, *adj.* twj lij; tus kheej tswj tus kheej tab sis zwm rau lub teb chaws
autonomy, *n.* kev uas ib pawg neeg muaj cai tswj lawv tus kheej; kev twj lij
autopsy, *n.* kev phais neeg tuag
Autumn, *n.* 1. caij nplooj ntoos zeeg; 2. lub caij nruab nrab ntawm caij ntuj kub thiab caij ntuj no
auxiliary, *adj.* pab; ntxiv
avail, *v.* 1. muaj nuj nqis; 2. muab siv; *-n.* kev siv
availability, *n.* 1. muaj los tsis muaj; 2. kev xyeej; kev khoom
available, *adj.* 1. siv tau; 2. yooj yim muab; 3. muaj; 4. khoom; muaj caij nyoog
avalanche, *n.* qhov chaw uas pob zeb los yog daus swb los yog poob
avarice, *n.* kev ntshaw nyiaj ntshaw txiaj
avenge, *v.* pauj
avenue, *n.* 1. kev; kev tsheb; 2. ncauj ke; xub ke
average, *n.* 1. hauj sim; 2. nrab; nruab nrab (e.g. nruab nrab ntawm 3, 5, 8 yog 5.3)
averse, *adj.* siab tsis nyiam los yog tsis tshua yeem
avert, *v.* 1. tig mus rau ib qho; 2. tshem pov tseg
aviary, *n.* chaw ceev noog
aviate, *v.* tsav; ya
aviation, *n.* chaw dhia hauj lwm rau dav hlau los yog chaw ua dav hlau
aviator, *n.* tus neeg ya dav hlau
avid, *adj.* 1. ntshaw; 2. muaj siab
avocado, *n.* ib hom txiv ntoo
avocation, *n.* tej yam kev ua si uas tus

kheej nyiam ua
avoid, *v*. 1. zam; nrug; 2. tiv thaiv kom txhob muaj
avoirdupois, *n*. ib hom kev ntsuas sib hnyav
avouch, *v*. 1. tshaj tawm zoo heev; 2. lees
avow, *v*. 1. hais tso tshav plhuav; 2. lees paub
await, *v*. tos
awake, *v*. 1. tsim (hauv dab ntub los); 2. xeev (tus neeg mob xeev los); feeb; 3. tsa
award, *n*. 1. khoom plig; khoom zoo siab; nqi zog; -*v*. muab khoom plig rau
aware, *adj*. 1. faj; 2. ras txog; paub txog
awash, *adj*. nyab; dej nyab
away, *adv*. 1. nyob deb lawm; 2. tsis nyob lawm; 3. nyob lwm qhov chaw lawm
awe, *n*. siab xav tau ntau yam (xws li qhuas, ntshai, thiab tseem tsis paub meej)
awesome, *adj*. zoo heev
awful, *adj*. 1. tsis zoo; 2. loj heev
awhile, *adv*. ib nyuag pliag; ib ncua caij nyoog
awkward, *adj*. 1. tsis phim; txawv txawv; 2. rhuav ntsej muag
awl, *n*. ib hom twj tshau qhov
awning, *n*. ntaub khwb qhov rais (nyob sab nraum zoov)
awry, *adj*. yuam kev; tsis yog
axe, *n*. taus; rab taus
axillary, *n*. qhov tsos (saib *armpit*)
axillary artery, *n*. hlab ntshav liab ntawm hauv paus npab ntug
axillary vein, *n*. hlab ntshav dub ntawm hauv paus npab ntug
axiom, *n*. tej yam uas neeg cia li xav tias yog qhov tseeb
axis, *n*. 1. phooj ywg uas sib koom tes rau ib yam dab tsi uas zoo rau ob tog; 2. txoj kab ncaj ncaj uas yog ib qhov chaw ntsuas piv rau lwm qhov
axle, *n*. qag; nqaj tsheb; nqaj log tsheb
axon, *n*. keeb hlab ceg (*keeb* yog *cell*)
aye, *n*. kev tawm suab hais tias yog; kev pom zoo
azure, *n*. ntuj xiav; ntuj
azygos vein, *n*. leeg ntshav dub ntawm hauv siab

B

b, *n*. 1. tus tsiaj ntawv As Kiv thib ob
babble, *v*. 1. hais lus tsis muaj lub muaj log; hais lus tsis muaj paus muaj ntsis; 2. hais ruam zis; hais ntau heev
babe, *n*. mos ab; me nyuam mos; mos liab
babel, *n*. kev feeb tsis meej vim muaj suab sab nrov heev
baboon, *n*. ib hom liab loj heev nyob teb chaws Es Xias los yog As Fiv Kas
baby, *n*. mos ab; me nyuam mos; mos liab
baby carrier, *n*. hlab nyias
babysit, *v*. zov me nyuam
babysitter, *n*. tus neeg zov me nyuam
baccalaureate, *n*. 1. tsev kawm ntawv qeb siab uas muaj kawm plaub xyoos; 2. pab tub ntxhais uas kawm tiav plaub xyoos
bachelor, *n*. 1. tus neeg kawm tiav plaub xyoos qeb siab; 2. tus txiv neej uas tsis tau yuav poj niam dua
back, *n*. 1. nruab qaum; 2. sab nruab qaum ntawm ib yam dab tsi; -*v*. 1. txav rov qab; thaub qab; 2. txhawb nqa; -*adv*. nyob sab nraud
backache, *n*. mob nruab qaum los yog mob duav
backbite, *v*. hais tom nruab qaum; hais lus tom luag nruab qaum
backbone, *n*. txha nqaj qaum; nqaj qaum
back cover, *n*. qaum plhaub (phau ntawv
backdrop, *n*. daim ntaub los yog daim duab nyob tom qab (ntawm chaw ua yeeb yam los yog sam thiaj)
backfire, *v*. ua tau tej yam tsis raws li siab xav; ua nrov los yog ua tawg tsis raws lub caij teem tseg; -*n*. lub suab tawg uas tawg tsis yog caij
background, *n*. 1. sab tom qab; 2. keeb kwm yav dhau los lawm
backlash, *n*. qhov yus ua rov ua rau yus; kev tawm tsam rov qab tuaj
backlog, *n*. kev teeb txheeb tej yam uas yuav ua kom tiav; -*v*. teeb

txheeb tej yam uas yuav ua kom tiav
backpack, *n.* hnab ev
backslide, *v.* poob rov qab (xws li txoj kev ua zoo los yog txoj kev ntseeg); plam rov qab
backstage, *adv.* nyob tom qab lub sam thiaj; *-adj.* tsis tawm ntsej muag saum sam thiaj
back-to-back, *adj.* ib qho tib qho; sib lo pes nkaus; sib npuab kiag
back up, *v.* 1. thaub qab; 2. theej (kom muaj ib qhov ceev tseg); 3. txhawb; pab cuam
backup, *adj.* pab txhawb; *-n.* 1. kev txhawb nqa; kev pab cuam; 2. tus txhawb; tus pab; 3. kev phwj tawm rov qab tuaj; dej phwj; 4. kev faj seeb; kev npaj kom muaj ib qho khaws cia tsam puas lawm
backward, *adv.* mus rov tom qab; *-adj.* poob qab
backwoods, *n.* hauv sab; chaw uas nraim heev
back yard, *n.* tom tog tsev; qab tsib taug
bacon, *n.* nqaij sawb; cov nqaij npuas uas muab hlais tej daim nyias nyias heev thiab ntev dhawv
bacteria, *n.* kab mob; —**bacterial** *adj.*
bacterium, *n.* kab mob
backterize, *v.* hloov ua kab mob
bad, *adj.* phem; tsis zoo; *-n.* qhov phem; qhov tsis zoo
badge, *n.* 1. cim; lub cim; cim thawj; *kas* (L); 2. lub yeem los yog lub pov thawj qhia tias yus ua hauj lwm rau qhov twg; 3. tub ceev xwm muaj lub yeem
badger, *n.* ib hom tsiaj zoo li tus mab uas muaj ib kab plaub dawb nyob ntawm hauv pliaj; *-v.* 1. thab; zes; 2. nug mus nug los
badly, *adv.* sab heev; hnyav heev
badminton, *n.* ntaus tis qaib; ib hom kev dhia ua si uas ib pab nyob ib sab ntaus tis qaib
baffle, *v.* 1. cov cov; mob hlwb; 2. tsis to taub; *-n.* qhov uas thaiv kom tu kua dej, kom txhob muaj duab teeb los yog thaiv kom txhob hnov suab nrov
bag, *n.* hnab; *-v.* ntim
bagel, *n.* khoom noj tswb neeb (tab sis yog ham tawv tawv)
baggage, *n.* thawv; thawv nqa khoom taug kev
baggage claim, *n.* chaw muab khoom (tom tshav dav hlau)
baggy, *adj.* thauv thauv; loj loj
bail, *v.* tso (neeg tawm qhov taub); *-n.* 1. nyiaj teem txim; 2. kev muab nyiaj teem txim tso neeg tawm qhov taub; 3. lub tshob daus dej hauv nkoj
bailiff, *n.* tus tub ceev xwm nyob hauv tsev hais plaub
bailiwick, *n.* yus li ntiag tug; yus li tshav
bailout, *v.* 1. dhia tawm; khiav; 2. pab cuam; daws
bait, *n.* 1. kab nuv ntses; 2. w; kev rau w; *-v.* 1. txhaub dev caum; 2. chob kab rau tus nuv
bake, *v.* ci
baker, *n.* neeg ci khoom noj
bakery, *n.* qhov chaw ci khoom noj
balance, *n.* 1. teev luj khoom; 2. nruab nrab; lub caij uas nws nyob ncaj nruab nrab; 3. qhov txawv los yog qhov seem (ntawm nuj nqes); *-adj.* 1. teeb tim; 2. sib luag zos; 3. ncaj nruab nrab
balcony, *n.* lawj; mom kaum; ib qhov chaw uas txuas rau ntawm lub tsev
bald, *adj.* 1. do hau; 2. du du; du lug
balderdash, *n.* tsis muaj qab hau; kev tsis muaj qab hau
bale, *n.* ib pob pav ua ke; *-v.* pav ua ib pob
baleful, *adj.* txaus ntshai; txaus txhawj
balk, *v.* tso tseg; tsum; *-n.* kev ntis; kev thaiv kom txhob mus taus
ball, *n.* 1. pob; 2. kev seev cev
ballad, *n.* 1. paj huam; 2. nkauj sib hlub uas hu qeeb qeeb heev
ballast, *n.* thauj tog khi nkoj
ballerina, *n.* tus poj niam seev cev dhia *ballet*
ballet, *n.* ib hom seev cev
balloon, *n.* zais; zais roj hmab
ballot, *n.* 1. daim ntawv xaiv nom; daim npav xaiv nom; 2. ib hom kev xaiv nom; *-v.* xaiv nom
ballroom, *n.* chaw seev cev; chaw ua kev lom zem
baloney, *n.* tsis muaj qab hau; tsis muaj paus ntsis
bamboo, *n.* xyoob
bamboo shoot, *n.* ntsuag xyoob

bamboo sprout, *n.* ntsuag xyoob; kaus xyoob
bamboozle, *v.* ntxias; dag kom yuam kev
ban, *v.* txwv; tsis pub muaj; *-n.* tsab cai lij choj uas txwv tsis pub ua tej yam
banana, *n.* txiv tsawb
banana tree, *n.* tsawb
band, *n.* 1. ib pawg; pab pawg; 2. ib pab neeg paj nruas ntaus nkauj ua ke; 3. tej yam hlua pav ub pav no; 4. tshooj xov tooj cua; *-v.* sau los ua ke
bandage, *n.* ntaub qhwv qhov txhab; ntaub nplaum qhov txhab; ntaub nplaum lo qhov txhab; *-v.* qhwv
bandanna, *n.* phuam so hws
bandit, *n.* 1. neeg phem; neeg uas hla cai lij choj; 2. tub sab
bandstand, *n.* sam thiaj ntaus nkauj
bandwagon, *n.* tus neeg los yog tog uas tau kev txhawb los ntawm pej xeem
bane, *n.* 1. kev meem txom; 2. kev chim siab; 3. kev npam; 4. teeb meem; 5. kuab yaum; tshuaj lom neeg
bang, *v.* tsoo; ntaus; *-n.* 1. suab tsoo; suab ntaus nrov nrov; 2. cov plaub hau ntawm hauv pliaj
bangle, *n.* kauj toog; kauj teg
banish, *v.* yuam tawm teb chaws los ntawm nom tswv; ntiab tawm teb chaws; —**banishment** *n.*
banjo, *n.* ib hom twj paj nruag
bank, *n.* 1. txhab nyiaj; tsev cia nyiaj; 2. ntug dej; 3. ntug kev; 4. tej txheej tej txheej; *-v.* cia nyiaj; tso nyiaj
bankrupt, *v.* ua lag luam poob es them tsis taus nuj nqes
bankruptcy, *n.* txoj kev ua lag luam poob tag es them tsis taus nuj nqes rov qab
banner, *n.* 1. chij; 2. daim npe ntawv loj loj dai kom neeg pom
banquet, *n.* rooj mov rau neeg tseem ceeb coob coob tuaj noj; rooj qav
banyan, *n.* ib hom ntoo loj loj
Bao Dadu, *n.* a Hmong general for Chief General Zhang Xiu-mei in Guizhou Province who led the battle of Huang Piao valley which killed about 20,000 Qing troops in two days in 1869
baptism, *n.* kab ke ntxuav plig
baptize, *v.* ntxuav plig
bar, *n.* 1. nqaj; 2. teeb meem uas tav kev; 3. ib txoj cai tuav cov kws lij choj; 4. txoj kab seem dav; 5. chaw haus cawv; *-v.* 1. ua laj kab thaiv; 2. txwv; 3. rho tawm
barb, *n.* 1. plaub hau caws caws; 2. tus nqe los yog tus khawb nyob ntawm tus npev; tus vos nyob ntawm xib xub; 3. tus nees uas khiav ceev heev; 4. kev thab uas ua rau chim siab; 5. kev saib tsis taus
barbarian, *n.* neeg poob qab uas tsis muaj kev vam meej; neeg tsis muaj kev lis kev cai zoo; *-adj.* poob qab; ruam
barbarous, *adj.* 1. poob qab; 2. phem; siab phem
barbecue, *n.* ib pawg neeg tuaj ua ke ci nqaij nraum zoov noj; *-v.* ci nqaij ntawm qhov cub thee
barbed wire, *n.* xov pos hlau
barber, *n.* kws txiav plaub hau
barbiturate, *n.* tshuaj vwm; tshuaj noj kom txhob vwm
bard, *n.* 1. kws paj huam; kws sau ntawv; 2. cov cuab yeej hlau uas tiv thaiv tus nees kom yeeb ncuab tua txhob to
bare, *adj.* 1. liab qab; 2. tsis muaj dab tsis vov li; 3. qhuav qhawv; nqhuab; 4. tsis muaj dab tsi
barely, *adv.* 1. nyuam qhuav; 2. yuav luag
barf, *v.* ntuav
bargain, *n.* lus cog los yog pom zoo (txog tus nqe lag luam); *-v.* sib nyom nqe; *-adj.* pheej yig
barge, *n.* ib hom nkoj; *-v.* 1. nkag los yam tsis yuav cai; 2. mus kev dawm nriv dawm nrawv
bark, *n.* 1. tawv ntoo; 2. ib hom nkoj uas siv ntaub rau cua tshuab nws; *-v.* tom
barker, *n.* tus neeg uas qw kom neeg los saib tej yam dab tsi
barn, *n.* tsev rau tsiaj los yog rau khoom
barracks, *n.* tsev tub rog
barrage, *n.* 1. ib zag pib zag xaus; zag xaus zag tuaj; 2. phom loj sib tua ib tsaug tas tsaug tuaj
barrel, *n.* thoob
barren, *adj.* 1. tshob; muaj tsis tau me

nyuam; 2. tsuag tag (xws li tej toj roob uas tuaj tsis taus nroj); 3. tsis muaj kev lom zem los yog vam meej li; 4. qhuav qhawv; du dais
barrette, *n.* koob khawm plaub hau
barricade, *n.* laj kab; qhov thaiv; qhov daig
barrier, *n.* teeb meem; qhov daig; qhov khuam
barrow, *n.* thoob
bartender, *n.* neeg txhab dej caw hauv tsev haus cawv
barter, *v.* sib pauv luam; -*n.* tus neeg uas muab lag luam sib pauv
base, *n.* 1. lub hauv paus; 2. lub qab; 3. qhov tiag taw los yog qhov txawb; qhov pib; 4. qhov chaw nyob tom qab uas xa khoom rau cov tub rog
baseball, *n.* pob tog qws
basement, *n.* 1. theem nyob hauv qab npoo av; 2. hauv qab *daus*
bash, *v.* ntaus ua lwj ua liam; -*n.* ib qhov uas raug ntaus mob heev
bashful, *adj.* txaj muag; txhawj txog tus kheej heev
basic, *adj.* 1. yooj yim; 2. ntsig txog tus cag los yog lub hauv paus
basically, *adv.* ncaj qha txog; ncaj nraim txog; tsuas; tsuas yog
basilar artery, *n.* leeg ntshav liab hauv hlwb
basilica, *n.* tsev teev ntuj tseem ceeb
basilic vein, *n.* hlab ntshav dub ntawm qab npab ntug
basin, *n.* 1. tais phiab; 2. dab dej; 3. hav zawj
basis, *n.* lub hauv paus; lub niam tswv yim
bask, *v.* tiv tshav; ziab tshav
basket, *n.* 1. pob tawb; mej loos; 2. kawm
basketball, *n.* ib hom pob pov sib tw; pob *npav xawm kev*
bass, *n.* 1. lub suab laus laus; 2. lub kis tas ntaus suab laus; 3. ib hom ntses dawb nyob teb chaws Mes Kas
basset hound, *n.* ib hom aub (dev) uas teem teem taub tab sis pob ntseg ntev ntev
bassinet, *n.* txaj me nyuam mos
bassoon, *n.* ib hom raj uas lub suab laus laus
bastard, *n.* 1. me nyuam tsaub; 2. neeg thab plaub; -*adj.* 1. tsis raug cai; 2. poob qab; tsis cuag luag
bastion, *n.* chaw tiv thaiv; yeej rog
bat, *n.* 1. puav; 2. qws ntaus pob; -*v.* 1. ntaus; 2. qe ib sab qhov muag
batch, *n.* ib pob; -*v.* ntaus tawm (xws li ntaus lub tshuab so *credit cards* kom nws xa cov nyiaj muag tau tawm mus tso rau tom txhab nyiaj); xa tawm
batch out, *v.* ntaus tawm; kaw (xws li kaw lub tshuab muag khoom kom nws luam tawm ib daim ntawv qhia saib hnub ntawd muag tau nyiaj li cas)
bate, *v.* txo; rho; tshem
bath, *n.* 1. kev da dej; 2. cov dej ntxuav cev; 3. chav dej
bathe, *v.* da dej; ntxuav cev
bathrobe, *n.* tsoos tsho hnav nyob hauv tsev
bathroom, *n.* chaw dej (muaj chaw da dej, chaw plob, thiab chaw ntxuav muag)
bath soap, *n.* tshuaj ntxuav cev
bath towel, *n.* phuam so dej; phuam so cev
bathtub, *n.* dab da dej; dab dej
baton, *n.* tus pas taw neeg hu nkauj
battalion, *n.* nceeg txhiab; ib pab tub rog coob heev; ib *koos pha* (L)
batten, *n.* daim ntoo nyias nyias uas siv txhaws tej qhov khoob
batter, *v.* ntaus; -*n.* 1. kev muab hmoov nplej thiab dej sib tov; 2. tus neeg ntaus lub pob
battery, *n.* 1. roj teeb; 2. kev ntaus neeg tsis raws txoj cai; 3. ib pawg phom loj
batting, *n.* rwb; tej thooj rwb
battle, *n.* kob rog; ntsug rog; -*v.* ntaus rog; ua rog
battle-ax, *n.* taus ua rog
battlefield, *n.* tshav rog; tshav tsov tshav rog
battleship, *n.* nkoj ua rog; nkoj tua rog
batty, *adj.* vwm
bawl, *v.* quaj nrov nrov
bay, *n.* 1. chaw tws; kev tws; 2. ib ntswg dej los tom hiav txwv los uas muaj av ncig yuav luag thoob; 3. dab rau khoom; 4. kis uas qhov muag pom ntawm ib qhov chaw sawv mus; -*v.* tom (li dev tom) los yog quaj lub suab laus laus; -*adj.*

liab lub; liab doog
bayonet, *n.* hmuv tawm phom; riam tawm phom; riam nruab phom
bazaar, *n.* kiab khw
bazooka, *n.* phom loj siv tua tsheb los tua hlau
be, *v.* yog; ua; raug
beach, *n.* hav xuab zeb ntawm ntug dej
beachcomber, *n.* tus neeg khaws khoom taug ntug dej
beachhead, *n.* cheeb tsam uas cov tub rog sab nraud tuaj txeeb tau
beacon, *n.* 1. hluav taws uas taws qhia tias yeeb ncuab tuaj lawm; 2. lub tsev teeb uas qhia kom nkoj txhob los tsoo ntug; 3. lub xov tooj uas qhia tias muaj teeb meem; 4. yam uas qhia tau rau lwm tus tias muaj teeb meem lawm
bead, *n.* hlaws
beagle, *n.* ib hom dev (aub) teem teem taub
beak, *n.* kaus ncauj noog
beaker, *n.* khob haus dej loj loj
beam, *n.* 1. nqaj; nqaj tse; 2. duab teeb; duab ci; -*v.* 1. tsom teeb; 2. luag
bean, *n.* taum
bean curd, *n.* taum hwv
bean sprout, *n.* kaus taum
bear, *n.* dais; -*v.* 1. tiv; nyiaj ntxeem; thev; 2. yug; 3. txi; txi txiv
beard, *n.* fwj txwv; hwj txwv; -*v.* tawm tsam
bearing, *n.* 1. kev coj tus kheej; 2. qhov txheem; qhov txhawb; lub hom phiaj; 3. qhov tseem ceeb
beast, *n.* 1. tsiaj; tsiaj phem; 2. neeg siab phem
beat, *v.* 1. ntaus; tsoo; 2. twv; sib twv; sib tw; 3. ua yeej; -*n.* lub suab nrov ib teg ib teg; 2. suab paj nruas
beatify, *v.* ua kom zoo siab
beau, *n.* tus hlub
beautiful, *adj.* zoo nkauj
beauty, *n.* kev zoo nkauj
beaver, *n.* ib hom tsiaj nyob hav dej li ntshuab
be aware, *v.* ceev faj; faj seeb; saib xyuas
because, *conj.* vim; rau qhov tias
beck, *n.* kev txib ua ib yam dab tsi
beckon, *v.* txib ua hauj lwm (xws li ncaws hau los yog yoj tes xwb los yeej paub lawm)
become, *v.* hloov ua; pauv mus ua; rais mus ua
bed, *n.* txaj (pw); lav; chaw pw
bedbug, *n.* ib hom kab uas tom neeg saum txaj
bedding, *n.* ntaub pua txaj
bedeck, *v.* kho tsoos rau hnav kom zoo nkauj
bedevil, *v.* ua phem rau; thab
bedew, *v.* sam lwg; ntsu lwg
bedfast, *adj.* nyob hauv txaj xwb
bedfellow, *n.* tus neeg uas yus nrog pw ua ib txag
bedlam, *n.* qhov chaw uas muaj suab nrov loj heev thiab muaj kev tsis sib to taub li
bedmate, *n.* tus neeg uas yus nrog pw ua ib txag
bedraggle, *v.* ua ntub dej
bedraggled, *adj.* ntub; qias neeg thiab puas zab puas zuav
bedridden, *adj.* nyob nruab txag xwb vim muaj mob; qaug txaj lawm; sawv tsis taus hauv txaj mus li
bedrock, *n.* 1. lub pob zeb tawv tawv tiag hauv qab; 2. txheej hauv qab uas muaj pob zeb tawv tawv los yog khov khov tiag
bedroom, *n.* chav pw; chaw pw
bedside commode, *n.* lub rooj tso quav tso zis ntawm ib sab txaj rau tus neeg uas muaj mob loj heev
bed sore, *n.* mob ib ce vim pw ntev heev
bedspread, *n.* ntaub pua chaw pw
bedtime, *n.* caij neeg nce chaw pw; caij pw
bee, *n.* muv; ntab
beech, *n.* ib hom ntoo uas noj tau cov noob
beef, *n.* nqaij nyuj; nqaij nyug
beehive, *n.* xub ntab; xub muv; nas muv nas ntab
been, *v.* yog (yav dhau los lawm); ua
beep, *n.* suab nrov; tswb
beer, *n.* npias; cawv
beet, *n.* zaub ntug hauv paus
beetle, *n.* ib hom kab zoo li kab raus
befall, *v.* tshwm sim ncaj; ntxab ntxawm
befit, *v.* phim; haum
before, *adv.* 1. tom ntej; tom hauv

ntej; 2. dhau los lawm; 3. ua ntej
befriend, *v*. ua phooj ywg nrog; cog phooj ywg nrog
befuddle, *v*. ua rau tswv yim tws tag; tsis to taub; ua rau dab tsi los xav tsis tawm; ua hlwb ruam zis
beg, *v*. thov; thov khawv
beget, *v*. 1. ua leej txiv; ua tus tsim; 2. tsim; ua tshwm sim
beggar, *n*. tus neeg thov khawv
begin, *v*. pib (ntawm hauv paus mus); chiv keeb
beginning implantation, *n*. 1. kev pib xeeb me nyuam; 2. kev pib nrhau cag
begone, *v*. khiav mus
begonia, *n*. ib hom tshuaj ntsuab
begrudge, *v*. 1. lam lees tab sis tsis tshua txaus siab pes tsawg; lam pom zoo xwb; 2. saib zoo nkaus li yuav tsis pom zoo
beguile, *v*. dag; ntxias
behalf, *n*. sawv cev; tam; theej
behave, *v*. coj tus yam ntxwv; coj tus xeeb ceem
behavior, *n*. cuj pwm; xeeb ceem; yam ntxwv
behead, *v*. txiav caj dab; tua neeg uas yog txiav caj dab
behest, *n*. lus txib; lus hais kom ua ib yam hauj lwm dab tsi
behind, *adv*. 1. tom qab; 2. sab nraud; *-prep*. nyob tom qab; txhawb
behold, *v*. pom; saib
beholder, *n*. tus pom los yog tus saib
beige, *n*. daj plhes; daj doog tsawv
Beijing, *n*. nroog Pej Ceeb nyob rau teb chaws Suav; Suav teb lub tuam ceeb nroog
being, *n*. 1. kev tshwm sim; 2. yam muaj tshwm sim; ib yam khoom
belated, *adj*. lig; qeeb
belch, *v*. ua qais
beleaguer, *v*. 1. vij; voob (xws li coj tub rog tuaj vij tuaj voob); 2. thab; zes plaub
belie, *v*. dag; tsis hais qhov tseeb; hais lus dag
belief, *n*. kev ntseeg; txoj kev ntseeg
believable, *adj*. txaus ntseeg
believe, *v*. ntseeg (tias yog qhov tseeb)
believer, *n*. tus ntseeg
belittle, *v*. muab saib me me; muab saib qes qes los yog tsis muaj nuj nqis
bell, *n*. tswb
belle, *n*. tus poj niam uas zoo nkauj heev
bellicose, *adj*. 1. siab luv; siab ceev; 2. maj sib nrig sib ntaus
belligerent, *adj*. ua rog; sawv rog
bellow, *v*. qw suab nrov nrov heev
bellows, *n*. foob xab; lwj; lwj tshuab cua
bellwether, *n*. tus coj; tus thawj coj
belly, *n*. plab; lub plab (txij ntawm qab hauv siab mus txog rau nram puab tais)
belly button, *n*. puj ntaws los yog pooj ntaws; ntaws ntiv
belong, *v*. 1. nyob muaj chaw; 2. yog … li (xws li nws yog kuv li)
belongings, *n*. teej tug; tej khoom
beloved, *adj*. ntxim hlub; ntxim hlub ntxim tshua
below, *prep*. hauv qab; sab haud; *-adv*. nyob hauv qab; nyob sab haud
belt, *n*. siv tawv; siv; siv sia ris
beltway, *n*. qhov chaw kev tsheb loj tshuam txoj kev me hauv zos
bemoan, *v*. quaj; tu siab
bemuse, *v*. ua rau tswv yim tws tag; ua rau tsis to taub; ua rau ruam zis
bench, *n*. rooj zaum (hom ntev)
bencher, *n*. 1. tus zaum lub rooj; 2. tus nom los yog tus kws tu plaub
benchmark, *n*. qauv; chaw piv
bend, *v*. 1. khoov; 2. lem; tig; 3. saj; *-n*. nkhaus; lem
beneath, *prep*. nyob hauv qab; hauv qab
benediction, *n*. lus foom koob hmoov thaum xaus
benefactor, *n*. tus pab; tus neeg uas muab dab tsi pab lwm tus neeg los yog koom haum
beneficence, *n*. qhov ua zoo
beneficial, *adj*. muaj nuj nqis rau; zoo rau; muaj txiaj ntsim rau
beneficiary, *n*. tus txais cov kev pab cuam los yog nyiaj txiag
benefit, *n*. 1. nuj nqis; txiaj ntsim; 2. nyiaj pov hwm (yog hais nyob tom chaw ua hauj lwm); 3. tsav tsam; *-v*. muaj nuj nqis; muaj txiaj ntsim
benevolence, *n*. txoj kev siab dawb siab zoo; txoj kev coj zoo; txoj kev txawj hlub lwm tus neeg
benevolent, *adj*. siab zoo; txawj hlub lwm tus
bengal, *n*. tsov; tsov nplooj suab; tsov

txaij uas txaij tej kab tej kab; hom tsov no loj tshaj plaws, siab txog peb hneev taw, ntev txog 10 hneev taw; hnyav txog 500 phaus, muaj hnub nyoog nyob ntev txog 15 mus rau 18 xyoo

benighted, *adj.* qhov twg los tsis paub

benign, *adj.* 1. zoo; siab zoo; 2. tsis muaj mob; tsis yog mob

bequeath, *v.* tso rau lwm tus; tseg rau cov tom qab

bequest, *n.* yam uas tseg rau cov tom qab; qhov tso tseg

berate, *v.* cem

bereaved, *adj.* 1. txom nyem siab vim tus hlub tau tuag lawm; 2. tus uas tau txom nyem siab vim nws tus hlub tuag lawm

bereft, *adj.* tshuav tej yam; tsis pub muaj tej yam

beret, *n.* ib hom kaus mom

berry, *n.* ib hom txiv ntoo

berth, *n.* 1. chaw nres nkoj; chaw khi nkoj; 2. chaw zaum los yog chaw pw nyob saum nkoj; 3. hauj lwm; -*v.* coj los khi; coj los nres

beseech, *v.* tsa ncauj thov; thov

beset, *v.* 1. thab; zes; 2. puav

beside, *prep.* ntawm ib sab

besides, *adv.* txuas ntxiv; dhau li ntawd

besiege, *v.* puav; vij; puag ncig

besot, *v.* yuav qaug; pib qaug

bespeak, *v.* hais lus; taw qhia

best, *adj.* zoo tshaj plaws; tshaj; kawg nkaus

bestial, *adj.* siab phem; phem heev

bestir, *v.* ua kom teeb meem sawv

best man, *n.* phij laj

bestow, *v.* muab; muab rau; pub

bet, *v.* twv; sib twv; npav; -*n.* kev sib twv

betide, *v.* tshwm sim ncaj; ntxab ntxawm

betoken, *v.* taw qhia me ntsis txog

betray, *v.* ntxeev siab; rov taw tuam ntuj

betrayal, *n.* txoj kev ntxeev siab; txoj kev rov taw tuam ntuj

betrayer, *n.* tus neeg ntxeev siab; tus rov taw tuam ntuj

betroth, *v.* lees yuav ua txwj nkawm

betrothed, *adj.* qhaib; hom tseg

better, *adj.* zoo zog; zoo dua; zoo me ntsis; -*v.* ua kom zoo dua qub

betterment, *n.* txoj kev txhim kho kom zoo dua qub

between, *prep.* hauv nruab nrab; hauv plawv

beverage, *n.* dej haus; dej caw; dej cawv

bevy, *n.* pawg loj loj

bewail, *v.* nyiav; quaj

beware, *v.* ceev faj; ua zoo saib

bewilder, *v.* tswv yim tws tag; ua niag ruam zis; tsis to taub; dab tsi los xav tsis tawm

bewitch, *v.* 1. tso dab rau; 2. tswj tag nrho; ua kom ntseeg

beyond, *prep.* rov tod; dhau yav tod

bi-, *prefix* ob; ob yam; ob zaug; ib nkawm

biannual, *adj.* ob zaug ib xyoos

bias, *n.* 1. kev saib ntsej saib muag; kev saib dej ua ntu saib neeg ua plhu; 2. kev pom los yog hais txog ib tog los yog ib sab xwb; -*v.* saib ntsej saib muag; xaiv

bib, *n.* ntaub thaiv xub ntiag

Bible, *n.* Vaj Lug Kub

bibliography, *n.* phau ntawv teev cov npe phau ntawv los yog cov neeg sau ntawv

bicameral, *n.* muaj ob lub tsev tseem fwv los yog ob pawg nom tswv

bicentennial, *n.* hnub 200 xyoo rov ncig los txog

biceps, *n.* thooj nqaij ntawm xub pwg

biceps brachii, *n.* nqaij ntshiv ntawm ntiag npab ntug

biceps femoris, *n.* nqaij ntshiv ntawm qab ncej puab

bicuspid, *n.* hniav kaus dev; hniav uas ncau ob ceg

bicuspid valve, *n.* ob pluaj tom xib plawv

bicycle, *n.* nees zab; tsheb kauj vab

bid, *v.* 1. txib; 2. caw; 3. piav qhia; 4. twv hauj lwm, twv lag luam; -*n.* kev twv hauj lwm los yog twv lag luam

bide, *v.* 1. tos; 2. nyob

biennial, *adj.* ob xyoos ib zaug

bier, *n.* ncej hleb; ncej txawb hleb

bifid spinous process, *n.* ceg ncau ntawm voj txha caj qwb

bifocals, *n.* lub iav qhov muag uas pom deb pom ze tib si

big, *adj.* 1. loj; 2. rog; 3. dav

bigamy, *n.* kev yuav ntau tus txwj

nkawm tib lub sij hawm
bighorn, *n.* sai; ib hom tsiaj zoo li tus tshis uas nyob roob zeb roob tsua
bigot, *n.* tus neeg uas ntxub ntxaug lwm haiv neeg
bigotry, *n.* kev ntxub ntxaug lwm haiv neeg
big shot, *n.* neeg tseem ceeb
bike, *n.* tsheb kauj vab; nees zab
bikini, *n.* poj niam li ris tsho da dej
bilateral, *adj.* ntsig txog ob tog; ob tog sib koom tes
bile, *n.* 1. kua tsib; 2. siab luv
bilingual, *adj.* hais tau ob yam lus
bilk, *v.* nyiag; tub sab
bill, *n.* 1. tsab qauv cai lij choj uas tseem tsis tau pom zoo; 2. nuj nqes (xws li nqe dej nqe taws); 3. ib daim nyiaj ntawv; 4. kaus ncauj noog; *-v.* xa nuj nqes rau lwm tus neeg them
billboard, *n.* daim txiag ntawv loj loj tshaj xov uas tsa rau ntawm tej ntug kev loj
billet, *n.* tub rog li chaw nyob
billfold, *n.* hnab rau nyiaj (txiv neej)
billiards, *n.* ib hom kev tua pob kom nkag qhov
billion, *n.* 1,000 sawm (*sawm* yog muab los ntawm Hmoob zaj lus hais tias *qhoov*, *caum*, *pua*, *txheeb*, *vam*, *nyeej*, *sawm*); ib taw (lo lus no tsim los ntawm cov Caub Fab thaum xyoo 1960 tawm); 1,000,000,000
billow, *n.* ib nthwv dej; 2. ib pob khoom kheej kheej thiab loj loj
billy goat, *n.* txiv tshis; txiv mes es; laug tshis
bin, *n.* dab rau khoom; thawv rau khoom
binary, *adj.* muaj ob yam
bind, *v.* 1. khi; 2. sau los ua ke
binder, *n.* cuam ntawv; plhaub cuam ntawv
bingo, *n.* ib hom kev twv *phaib*
binocular, *n.* koob tsom deb; *koob xoo*
biography, *n.* 1. neeg keeb chiv; 2. phau ntawv uas hais txog ib tus neeg lub neej
biology, *n.* kev kawm txog nroj tsuag thiab tsiaj txhu
biopsy, *n.* kev muab ib qho nqaij ntawm lub cev los tshuaj ntsuam txog tus mob
bipartisan, *adj.* ob tog nom tswv sib koom tes rau ib txoj hauj lwm los yog ib txoj cai lij choj
biped, *n.* cov tsiaj uas muaj ob txhais taw
biplane, *n.* dav hlau ob tshooj tis
birch, *n.* ib hom ntoo
bird, *n.* noog; hom tsiaj txawj ya
bird's-eye, *adj.* saib saud tuaj; saib deb deb tuaj
birth, *n.* 1. kev yug me nyuam; 2. hnub yug; 3. qhov tshwm sim ntawm ib yam twg; 4. qhov pib los yog chiv keeb
birth canal, *n.* kwj yug me nyuam
birth control, *n.* kev tswj txoj kev muaj los yog xeeb me nyuam; kev tiv thaiv txoj kev muaj me nyuam
birth control pills, *n.* tshuaj tswj txoj kev muaj los yog xeeb me nyuam; tshuaj tiv thaiv txoj kev muaj me nyuam
birthday, *n.* hnub yug
birth defect, *n.* tus me nyuam uas yug tau los muaj qhov puas ntawm lub cev
birthmark, *n.* cim uas yug nrog tus me nyuam los
birthplace, *n.* 1. chaw yug; 2. chaw tshwm sim
birthright, *n.* txoj cai uas yug los ces nws yeej muaj (xws li me nyuam huab tais); txoj cai uas tshwj rau tej tus neeg xws li tub hlob
biscuit, *n.* ib hom khoom noj uas mij ntsis ua hmoov los yog txua txua
bisect, *v.* phais ua ob sab; faib ua ob sab
bisexual, *adj.* ntsig txog tus neeg uas deev poj niam thiab deev txiv neej tib si
bishop, *n.* txiv plig; kws teev ntuj
bishopric, *n.* txiv plig chaw ua hauj lwm
bison, *n.* ib hom nyuj loj loj nyob teb chaws Mes Kas
bistro, *n.* khw noj mov los yog haus dej haus cawv me me
bit, *n.* 1. me me; 2. looj thawb; hlua nees; 3. twj tho qhov
bitch, *n.* maum dev; maum aub; ib lo lus phem cem tib neeg; *-v.* yws; cem
bite, *v.* tom (qhov ncauj tom)
bitter, *adj.* iab; iab iab
bivalve, *n.* ib hom tsiaj uas muaj ob daim khuj khaum sib khwb li piag

deg
bivouac, *n.* chaw so ib nyuag vuag
bizarre, *adj.* txawv txawv heev
blab, *v.* hais lus heev; hais lus ntau heev
black, *adj.* dub; tsos dub
blackball, *v.* 1. cais; tshem tawm; ntiab tawm; 2. txwv; tso tseg (vim muaj kev sib chim)
blackbird, *n.* 1. noog dub; 2. tub nyiag xov (ntawm Caub Fab rau Hmoob Mes kas)
blackboard, *n.* txiag dub (sau ntawv); daim sau ntawv
blacken, *v.* 1. ua kom dub; pleev kom dub; 2. rhuav (neeg li koob meej)
blackguard, *n.* neeg siab phem; neeg siab nkhaus
blackjack, *n.* 1. ib tus qws muag muag luav uas muab tawv tsiaj qhwv; 2. ib hom kev ua *phaib*
blacklist, *n.* cov npe neeg uas raug luag ntxub ntxaug los yog nrhiav tua pov tseg
blackmail, *v.* hem (kom ntshai ces nws muab qhov yus xav tau rau yus); *-n.* kev hem neeg (xws li tias koj tsis muab qhov no rau kuv ces kuv yuav rhuav koj lub koob li ub li no)
black market, *n.* 1. tej chaw ua lag luam tsis raws txoj cai; 2. kev ua lag luam qab rooj
blackout, *v.* tsaus muag; hnov qab hlias; *-n.* 1. tsaus ntuj vim hluav taws xob tuag los yog teeb tuag ib nyuag pliag; 2. kev tsaus muag
black pepper, *n.* fwj txob; hwj txob
blacksmith, *n.* kws ntaus hlau
blacktop, *n.* kev dub; kev pua roj hmab dub
bladder, *n.* zais zis; zais; lub zais
bladder infection, *n.* mob txeeb zis; mob zais zis
blade, *n.* 1. nplooj (xws li nplooj nqeeb); 2. tej yam uas ntev thiab nyias ntsais li nplooj nqeeb; 3. hniav chais; hniav riam
blame, *v.* liam; ntxo; tom
blanch, *v.* ua kom dawb
bland, *adj.* npliag kom haum; 2. zoo; mos nyoos; 3. tsis qab dab tsi li
blandishment, *n.* lus muag ncauj; lus qab zib
blank, *n.* chaw seem; qhov uas qhuav qhawv los yog do dus; *-adj.* 1. tsis tau sau los yog tsis tau siv li; 2. dawb paug xwb
blanket, *n.* pam; daim pam; choj (M)
blare, *v.* ua ib lub suab nrov nchav heev
blarney, *n.* ncauj qab zib; kev txawj hais
blast, *v.* 1. tsoo; rhuav; ua kom puas; 2. tawg; 3. tshuab tawm; tawg tawm; *-n.* 1. kev tawg uas zoo li ib lub dab tsi tawg; 2. ib ntsawg cua hlob heev
blastocyst, *n.* keeb me nyuam hlav tawm
blatant, *adj.* 1. yooj yim rau neeg saib tawm; ntiav ntiav; 2. nrov tsis zoo mloog; toog ntsej heev
blaze, *n.* 1. nplaim taws; 2. duab teeb ci; duab ci; ntsa iab; 3. txoj kab dawb ntawm tsiaj hauv pliaj; 4. tus cwj pleev txoj kab dawb ntawm tej kev tsheb; *-v.* cig dawb paug; ci ntsa iab
blazer, *n.* ib hom tsho hnav tuaj sab nraud
bleach, *v.* ntxuav kom dawb; ntxhua kom dawb; *-n.* tshuaj dawb
bleachers, *n.* rooj zaum nraum tshav puam saib neeg ua kev lom zem
bleak, *adj.* 1. do dwb dus; qhuav qhwb qhawv; 2. tsis muaj kev cia siab li
blear, *adj.* tsis pom kev vim yog muaj dej los yog kua muag
bleary, *adj.* tsis pom kev zoo vim sab heev lawm
bleat, *n.* suab quaj ntawm tej tsiaj xws li mes es (tshis)
bleed, *v.* 1. tawm ntshav; los ntshav; 2. txhuav kua tawm; 3. pab tu siab rau; 4. tshab tshwm sab nraud (xws li tej xim uas pleev tshooj lawm los tseem tshwm rov tuaj)
blemish, *v.* ua puas los yog ua paim quav los ntawm qhov ua tsis tau zoo thaum pib; *-n.* kev puas vim thaum pib yeej ua tsis tau zoo
blench, *v.* 1. thim rov qab vim yog ntshai los yog txaj muag; 2. ua kom dawb muag lias
blend, *v.* 1. tov sib xyaws kom zoo zoo; 2. coj los ua ib ke; coj los ua ib pawg
blender, *n.* lub zom khoom noj; lub muab khoom sib tov ua ke
blepharitis, *n.* kab mob ntawm tawv muag

bless, *v.* foom koob hmoov rau; ua kom zoo siab
blessed, *adj.* tsim nyog hwm; raug saib rau lub sam xeeb; dawb huv; ncaj ncees
blessing, *n.* koob hmoov
blest, *v.* foom koob hmoov rau; ua kom zoo siab; *-adj.* tsim nyog hwm; raug saib rau lub sam xeeb; dawb huv; ncaj ncees
blew, *v.* tshuab (saib *blow*)
blight, *n.* 1. kab mob uas ua xyoob ntoo tuag; 2. kev xyaum tsis zoo los ntawm lwm tus; 3. kev puas ntsoog
blind, *adj.* 1. dig muag; tsis pom kev; 2. tsis kav zoo; 3. tsis muaj kev tawm; *-v.* ua kom dig muag; qaus; *-n.* 1. daim ntaub thaiv qhov rais; 2. qhov chaw zais
blindfold, *v.* npog qhov muag; *-n.* daim ntaub npog qhov muag
blink, *v.* ntsais muag; ib ntsais muag
blinker, *n.* lub teeb ntsais ntsais
bliss, *n.* 1. kev zoo siab kawg nkaus; 2. ntuj kag; ntuj ceeb tsheej
blister, *n.* hlwv; *-v.* sawv hlwv
blithe, *adj.* zoo zoo siab
blitz, *n.* 1. fij dav hlau tua foob pob; 2. kev tawm tsam tsis tu ncua
blizzard, *n.* los daus loj heev
bloat, *v.* su; o
bloated, *adj.* su; o
blob, *n.* ib lub pob me me; ib qhov nyuag uas su me me
bloc, *n.* ib pab pawg neeg ua hauj lwm ua ke
block, *v.* 1. thaiv; kaw (tsis pub dhau); 2. cuam tshuam; *-n.* 1. ib thooj ntoo, pob zeb, los yog hlau loj loj; 2. kev thaiv; kev cuam tshuam; 3. ib koog tsev
blockade, *v.* puav; vij; thaiv
blockhead, *n.* neeg ruam qauj; neeg qauj
blonde, *adj.* 1. daj (li daj hau; tsos daj); 2. tsos daj lis; *-n.* 1. tus neeg daj hau; 2. tsos daj
blood, *n.* 1. ntshav; 2. caj ceg
blood bank, *n.* 1. chaw ceev ntshav; 2. chaw tso ntshav
blood bath, *n.* chaw tua neeg; kev tua neeg ua lwj ua liam
blood brother, *n.* kwv tij niam txiv ib plab yug
blood cell, *n.* qe ntshav; lwg ntshav
blood clot, *n.* ntshav daig; ntshav txhaws; leeg ntshav txhaws
blood count, *n.* kev suav los yog tshuaj cov ntshav liab thiab ntshav dawb
blood curdling, *adj.* txaus ntshai
blood group, *n.* hom ntshav
blood guilt, *n.* txim txhaum los ntawm kev tua neeg
blood heat, *n.* kev sov li qub (98.6°F) ntawm tib neeg cov roj ntsha
blood in urine, *n.* muaj ntshav nyob hauv cov zis
bloodless, *adj.* 1. tsis muaj ntshav txaus; 2. ntsej muag daj los yog tuag ntshav tag lawm; 3. yeej yam tsis muaj kev tuag neeg
bloodletting, *n.* kev tso ntshav; kev nqus ntshav
bloodline, *n.* caj ceg (koom pog koom yawg)
bloodmobile, *n.* tsheb thauj ntshav
blood money, *n.* 1. nqi taub hau neeg tuag; 2. nyiaj txiag tau los vim muaj neeg tuag
blood pressure, *n.* lub zog cov ntshav dhia tawm hauv lub plawv mus; ntshav dhia; zog ntshav
blood red, *n.* liab li ntshav
blood relation, *n.* kev sib txheeb los ntawm kev koom niam koom txiv tsis yog los ntawm kev sib yuav
blood sample, *n.* kev tso ntshav mus tshuaj ntsuam
bloodshed, *n.* kev sib ntaus sib tua
bloodshot, *adj.* nce ntshav; *-n.* plhu nce ntshav
bloodstain, *n.* tee ntshav; lo ntshav; ntshav lo
bloodstream, *n.* cov ntshav uas khiav raws cov hlab ntsha
bloodsucker, *n.* 1. tej tsiaj tom neeg li hiab los yog peeb; 2. tus neeg uas nyas tshuav ua phem rau lwm tus neeg
blood sugar, *n.* ntshav qab zib
blood test, *n.* kev tshuaj ntshav
bloodthirsty, *adj.* nyiam sib ntaus sib tua; nyiam tua neeg
blood transfusion, *n.* kev ntxiv ntshav; kev txhuav ntshav
blood type, *n.* hom ntshav; yam ntshav
blood vessel, *n.* hlab ntsha; hlab ntshav; leeg ntshav

bloody, *adj.* 1. ntshav ntws lug; muaj ntshav pawg pes lug; 2. ntsig txog neeg tuag coob heev
bloom, *v.* 1. tawg paj; 2. hlob txaus; loj txaus; puv txaus; *-n.* 1. paj; paj ntoos; 2. lub caij paj tawg; 3. lub ntsej muag huv si
bloomers, *n.* poj niam lub ris hauv qab daim tiab
blooper, *n.* kev yuam kev (uas ua rau tej pej xeem paub)
blossom, *n.* paj; *-v.* tawg paj; tawg paj txi txiv
blot, *n.* 1. ib qhov tsuas; ib tee dab tsi; 2. qhov rhuav ntsej muag; qhov tsis zoo; *-v.* ua tsuas; ua poob ntsej muag
blotch, *n.* 1. ib thaj uas tsuas tsis zoo lawm; 2. qhov uas txawv los yog tsis zoo li qub lawm; 3. ib hom kab noj ntoo
blouse, *n.* tsho poj niam
blow, *v.* 1. tshuab; ntsawj; 2. ntaus; 3. qwv (nplooj); *-n.* nplawm
blow dryer, *n.* lub tshuab plaub hau
blowout, *n.* log tawg
blubber, *n.* roj ntses hiav txwv; *-v.* quaj luag laws
bludgeon, *n.* ib hom tog qws luv luv
blue, *adj.* xiav; tsos xiav; ntsuab (tej thaum *blue* kuj hu ua ntsuab)
blueberry, *n.* ib hom txiv ntoo me me, kheej kheej, thiab xiav xiav uas noj tau
Blue Hmong, *n.* Hmoob Ntsuab; Hmoob Lees; Moob Leeg
blue jay, *n.* ib hom noog xiav xiav thiab ko tw ntev ntev uas loj zog tus diab; ib hom noog uas mej ntsis zoo li tus noog ntsiag
blueprint, *n.* 1. daim qauv; 2. daim phiaj hauj lwm
blues, *n.* 1. kev kho siab; 2. ib hom nkauj los yog suab paj nruas
bluff, *v.* ua txuj; dag; cuab; *-n.* tsag; phab tsua los yog toj
blunder, *n.* qhov yuam kev loj heev; *-v.* ua yuam kev loj heev; 2. mus los yog txav tsis ncaj ke li; tsuj ub tsuj no li
blunt, *adj.* 1. npub; tsis ntse; 2. ncaj ncees; 3. hlwb qeeb; 4. tsis hmov tshua; *-v.* 1. ua kom npub; 2. ua kom haj yam tsis ua hauj lwm zoo
blur, *n.* qhov plooj plooj; qhov tsis pom zoo; *-v.* ua kom plooj
blurb, *n.* ib tsab xov ceeb toom rau suav daws uas tawm ib nyuag vuag kiag xwb
blurred vision, *n.* qhov muag plooj plooj
blurry, *adj.* plooj plooj; tsis pom kev zoo
blurt, *v.* hais tawm tam sim ntawd
blush, *n.* 1. plhu nce ntshav; ntsej muag liab; 2. txaj muag; **—blushful** *adj*; **—blushingly** *adv.*
bluster, *v.* 1. ntsawj los yog tshuab hlob heev; 2. hais los yog ua nrov heev; hem
boa, *n.* 1. ib hom nab loj loj; 2. phuam vas caj dab
boar, *n.* taw npua
board, *n.* txiag; daim txiag; *-v.* 1. nce (dav hlau); 2. muab txiag ntoo thaiv rau; 3. yug zaub mov rau; yug zaub yug mov
boast, *v.* khav; khav theeb; khav txiv; qhuas
boastful, *adj.* khav theeb; khav txiv
boat, *n.* nkoj
bob, *v.* 1. ntaus maj maj; maj maj ntaus; 2. txav mus sauv mus hauv; 3. muab qhov ncauj noj txiv ntoo ntab hauv thoob dej; 4. tawm plaws ntawd; *-n.* 1. thauj ntab; 2. plaub hau poj niam muab txiav luv luv
bobbin, *n.* tus tes tuav cov xov
bobble, *v.* 1. nce nce nqes nqes; 2. poob mus poob los li lub pob
bobcat, *n.* plis
bobolink, *n.* ib hom noog txawj txawj quaj
bobwhite, *n.* ib hom w; noog w
bock, *n.* ib hom cawv npias; ib hom npias dub uas muaj zog tsawv
bodily, *adj.* ntsig txog lub cev; *-adv.* 1. tus kheej; 2. tag nrho tib si
body, *n.* 1. lub cev (tib neeg); 2. qhov tseem ceeb ntawm ib tsab ntawv
body cells, *n.* cov lwg dej lwg ntshav hauv lub nrog cev
body fluid, *n.* cov kua nyob hauv nrog cev
bodyguard, *n.* tub tiv thaiv; tus neeg ua luag tiv thaiv
body lice, *n.* tuv
body of sternum, *n.* tus txha raws

hauv siab los pem caj pas los rau ntawm tus kaus siab

body of uterus, *n.* lub nrog tsev me nyuam

bog, *n.* hav iav; -*v.* 1. zom rau hauv qhov hav iav; 2. khuam (xws li khuam tes khuam taw); khi yus rau ib txoj hauj lwm lawm

boggle, *v.* 1. tsis tshua yeem vim yog ntshai; 2. txaj muag khiav vim ntshai

bogus, *adj.* cuav

boil, *v.* hau; rhaub; -*n.* rwj

boiled water, *n.* npwv; auv npwv (HC); dej rhaub

boiler, *n.* taub dej kub

boil over, *n.* phwj; txeej

boisterous, *adj.* 1. tsiv; nruj; nyaum; phem heev; 2. nrov heev; toog ntsej heev; 3. tsis muaj kev tswj hwm zoo

bold, *adj.* 1. tawv; siab tawv; 2. muaj cuab kav; muaj peev xwm; 3. pom tseeb; tsaus; -*n.* lo tsaus

bolero, *n.* 1. neeg Xes Pees (Spain) li seev cev; 2. ib hom tsho hnav sab nrauv

boll, *n.* noob txiv los yog noob paj (xws li paj rwb)

bologna, *n.* hnyuv ntxwm

bolster, *n.* tog hauv ncoo; -*v.* txhawb; pab

bolt, *n.* 1. xob laim; xob ntsais; 2. ntsia liaj rooj; 3. ib thooj ntaub; 4. ntsia hlau uas siv nrog lub khawb; -*v.* txav mus tam sim; 2. muab ntsia kom khov; 3. nqos maj nroos

bomb, *n.* foob pob; mos txwv loj

bombard, *v.* pov foob pob rau

bombardier, *n.* tus pov foob pob

bombardment, *n.* kev pov foob pob

bombast, *n.* suab nrov; khav theeb

bomber, *n.* 1. dav hlau tua rog; 2. tus tsav dav hlau tua rog; tus pov foob pob

bombshell, *n.* 1. foob pob; 2. kev ceeb loj heev

bona fide, *adj.* ncaj ncees; siab dawb paug

bonanza, *n.* tej yam uas muaj tsam thawj ntau heev rov los

bonbon, *n.* khoom txom ncauj; khoom qab zib

bond, *n.* 1. tej yam uas lo ua ke los yog khi ua ke; 2. kev kaw tseg; kev caiv; 3. daim ntawv cog lus; -*v.* 1. lo ua ke; 2. cog lus

bondage, *n.* kev ua qhev rau lwm tus neeg; ib haiv neeg siv ib haiv neeg ua qhev (xws li thaum ub cov neeg Dub raug cov neeg Dawb muab ua qhev nyob Mes Kas teb

bondsman, *n.* 1. tus qhev; 2. qhov tab

bone, *n.* pob txha

bone marrow, *n.* hlwb pob txha

boner, *n.* yuam kev

bonfire, *n.* qhov cub rauv nraum zoov

bonito, *n.* ib hom ntses nyob hiav txwv

bonnet, *n.* kaus mom rau poj niam los yog rau me nyuam mos ab

bonus, *n.* nyiaj pub (vim ua hauj lwm zoo); dej siab

bony, *adj.* yuag yuag; nka nka

boo, *n.* lub suab qw tsis pom zoo; -*v.* qw tsis pom zoo

book, *n.* phau ntawv (nyeem)

book bag, *n.* hnab nqa ntawv

bookbinder, *n.* 1. qhov tuav phau ntawv ua ke; 2. tus neeg uas lo phau ntawv ua ke

bookcase, *n.* txee rau ntawv

bookend, *n.* ntug thaiv ntawv

bookie, *n.* daim kem phau ntawv; daim kem ntawv

bookish, *adj.* nyiam nyeem ntawv; nyiam saib ntawv heev

bookkeeper, *n.* tus neeg khaws ntaub ntawv

bookmark, *n.* cim phau; cim nplooj (kom paub saib nyeem txog twg lawm)

bookstore, *n.* khw muag ntawv; tsev muag ntawv

bookworm, *n.* tus neeg uas nyiam nyiam saib ntawv heev

boom, *adj.* 1. tawg; 2. vam meej sai heev; nce nqi sai heev; -*n.* lub suab tawg; 2. kev vam meej

boomerang, *n.* tus tog pas nkhaus li tus quab laij liag uas muab cuam rau saum ntuj tab sis nws ya rov los rau ntawm tus cuam

boon, *n.* qhov zoo; nuj nqis; -*adj.* 1. tsim nyog pom zoo; 2. txheeb ze; sib ze

boondocks, *n.* tej chaw nyob tom ntug nroog

boor, *n.* neeg siab phem

boost, *v.* 1. sawv; 2. txhawb

booster, *n*. 1. qhov ua kom muaj zog tshaj qhov qub; 2. qhov txhawb nqa; 3. lub zog uas txhawb lub *cuaj luaj*; 4. koob tshuaj uas txhab ntxiv rau kom haj yam muaj zog tuaj los yog zoo mus ntxiv
booster dose, *n*. koob tshuaj uas txhab ntxiv rau kom haj yam muaj zog tuaj los yog zoo mus ntxiv
boot, *n*. khau looj plab hlaub; khau raj (rau tiv nag, av nkos, thiab npu los yog xaus naus)
bootee, *n*. thom khwm me nyuam mos ab; hnab looj taw rau me nyuam mos
booth, *n*. ib qhov chaw muag khoom me me
bootie, *n*. thom khwm me nyuam mos ab; hnab looj taw rau me nyuam mos
bootleg, *v*. ua los yog muag cawv tsis raug cai
booty, *n*. kev quab yuam nyiag luag tej li teej tug
booze, *n*. cawv; dej caw
border, *n*. nrim; ciam; ciaj ciam; ciam teb; nrim teb nrim chaw
bore, *v*. 1. dhuav; ntxub; 2. tho; muab tho; 3. yug (dhau los lawm); -*n*. 1. lub qhov kheej kheej; 2. tus neeg dhuav dhuav dab tsi
born, *adj*. yug los; muab sia rau
borough, *n*. lub zos uas nyob muaj ntaub muaj ntawv raug cai
borrow, *v*. 1. txais (nyiaj); 2. qev (khoom)
bosom, *n*. xub ntiag; mis; -*adj*. sib ze heev li
boss, *n*. tus thawj; tus tswv; tus coj
botanical, *adj*. ntsig txog nroj tsuag; ntsig txog kev kawm txog nroj tsuag
botanist, *n*. kws nroj tsuag; tus neeg kawm txog nroj tsuag
botany, *n*. kev kawm txog nroj tsuag
botch, *v*. ua tau tsis zoo heev
both, *adj*. ob tus; ob qho
bother, *v*. thab; looj koov; zes; —**botheration** *n*; —**bothersome** *adj*.
bottle, *n*. lam hwj; lam fwj; fwj; hwj
bottleneck, *n*. qhov nqia; qhov nqaim nqaim
bottle opener, *n*. ciaj qhib lam hwj
bottom, *adj*. qab; hauv qab; -*n*. pob tw
bottom of the page, *n*. qab nplooj
botulism, *n*. zaub mov uas muaj tshuaj lom neeg
boudoir, *n*. poj niam chav
bough, *n*. ceg ntoo loj loj heev
bought, *v*. yuav; muas (saib *buy*)
bouillon, *n*. kua zaub
boulder, *n*. ib lub pob zeb kheej kheej loj loj heev
boulevard, *n*. kev tsheb loj; ib txoj kev tsheb loj uas muaj ib tus ntswg cais txoj mus thiab txoj los
bounce, *v*. 1. thaws; 2. thim
bouncer, *n*. tus ntiab neeg; tus neeg uas ntiab tus neeg coj tsis tus nyob hauv tej chaw hauj cawv los yog chaw ua si tawm
bound, *adj*. npaj mus; -*n*. 1. ciam; ciaj ciam; nrim; 2. kev dhia; -*v*. 1. ua ciam; 2. thaws vim muaj dab tsi ntiab tuaj mus
boundary, *n*. nrim; ciam; ciaj ciam; ciam teb
bounty, *n*. 1. kev siab dawb siab zoo; 2. khoom txhawb siab; 3. nqi taub hau
bouquet, *n*. 1. ib tsuag paj; 2. pa tsw qab; tsw qab
bourbon, *n*. cawv pob kws
bourgeoisie, *n*. cov neeg uas ua neej zoo pes nrab
bout, *n*. 1. kev sib tw; 2. teeb meem; 3. kev haus cawv tsis paub tso tseg
bow, *v*. 1. nyo hau; khoov taub hau; 2. nyom kom nkhaus; -*n*. 1. kev nyo hau; 2. hneev nti; 3. lub paj hlua coj ntawm caj dab; 4. tog taub hau nkoj
bowel, *n*. 1. hnyuv; 2. yam nyob sab hauv plawv
bower, *n*. ib qho chaw nyob xu das uas muaj xyoob ntoo thaiv zoo zoo
bowl, *n*. 1. tais; tais tob; ntim; 2. lub pob *npaus lees*; -*v*. ntaus *npaus lees*
bowling, *n*. *npaus lees*; ib hom pob ntaus ua si
bow tie, *n*. qhov ntaub quav ua lub paj rhais nyob ntawm caj dab
box, *n*. 1. thawv; pob tawb; 2. ib hom nroj tsuag uas ntsuab tas niaj tas xyoo; -*v*. 1. ntim rau hauv thawv; 2. ntaus; sib ntaus
boxcar, *n*. ib hom tsheb thauj khoom
box office, *n*. chaw yuav *thib kem* saib *mauv vim*
box spring, *n*. lub txaj daim hauv qab
boy, *n*. 1. me nyuam tub; 2. nraug
boycott, *v*. txwv; nyom; tsis ua raws

yav dhau los lawm

boyfriend, *n.* 1. hluas nraug; 2. phooj ywg txiv neej

bracelet, *n.* saw tes; txoj hlua tes; kauj toog npab

brachial, *n.* caj npab ntug; npab ntug (saib *upper arm*)

brachial artery, *n.* leeg ntshav liab ntawm npab ntug sab xub ntiag

brachialis, *n.* nqaij ntshiv rig npab ntug

brachial plexus, *n.* cov leeg ntawm xub pwg

brachial vein, *n.* leeg ntshav dub ntawm npab ntug sab xub ntiag

brachiocephalic artery, *n.* raj ntshav liab ntawm taub hau thiab caj npab

brachiocephalic vein, *n.* raj ntshav dub ntawm taub hau thiab caj npab

brachioradialis, *n.* nqaij ntshiv tuav npab ntug thiab npab nqia

bracket, *n.* 1. tus tes tiag los yog tuav kom khov (uas yog muab ntsia tuav rau); 2. tus cim ntxiv zoo li no [ ] los yog cim quas zoo li no { }

brad, *n.* ntsia hlau hom taub hau me

brag, *v.* khav; khav theeb

braggart, *n.* neeg khav theeb

braid, *v.* ntxias; hiab; qhaib

braille, *n.* kev sau ntawv rau cov dig muag xuas

brain, *n.* hlwb; paj hlwb

brain stem, *n.* ceg hlwb ncau (nyob ntawm hauv paus ntawm tus txha nqaj qaum)

brainstorm, *v.* tawm tswv yim; ntaus tswv yim

braise, *v.* ua nqaij kom maj mam siav; kib nqaij

brake, *v.* nres; *-n.* qhov ua kom tsheb nres

bramble, *n.* hav pos; nroj tsuag muaj pos

bran, *n.* xua; xua nplej

branch, *n.* 1. ceg ntoo; 2. pawg; pab; *-v.* cais ua pawg

brand, *n.* 1. hom; yam; 2. cim; *-v.* ntaus cim

brand-new, *adj.* tshiab tshiab; tsis tau siv dua

brandy, *n.* cawv

brash, *adj.* 1. siab phem; 2. ua raws siab xav; 3. siab luv; maj maj

brass, *n.* tooj dag; tooj daj

brassiere, *n.* tsho khiab mis; poj niam lub tsho khiab mis

brat, *n.* me nyuam kas tom; me nyuam uas tsis mloog hais li

brave, *adj.* 1. siab tawv; 2. muaj peev xwm; 3. tub rog Is Dias Mes Kas (Qhab Mes Kas); *-v.* ua siab tawv

bravery, *n.* kev siab tawv; kev muaj peev xwm

bravo, *n.* suab pom zoo

brawl, *n.* suab sib cav sib ceg

brawn, *n.* zog txiv neej yawg; kev muaj nqaij zog

bray, *n.* suab nees los yog suab zag quaj

brazen, *adj.* ua los ntawm tooj dag

breach, *n.* 1. kev ua txhaum cai lij choj; 2. qhov qiag; *-v.* ua txhaum cai lij choj

bread, *n. nplem*; ncuav ci; *-v.* muab ncuav pleev rau

breadth, *n.* qhov dav

breadwinner, *n.* tus tab cuab; tus nrhiav noj nrhiav haus hauv tsev neeg; tswv tsev

break, *v.* tawg; lov; tsoo; dam; ntais; khis

breakable, *adj.* tawg taus; dam taus

breakdown, *n.* 1. kev cia siab tag; tswv yim ploj tag; 2. hlwb puas; *-v.* rhuav tshem

breakfast, *n.* 1. tshais; 2. khoom noj thaum sawv ntxov

break in, *v.* yuam cai nkag los rau hauv tsev; nyiag nkag los hauv tsev

break out, *v.* tsoo (siv dag zog los yog tub rog tsoo)

breast, *n.* 1. mis; lub mis; 2. nrob; hauv nrob

breast cancer, *n.* mob kheeb xawm rau lub mis

breastfeed, *v.* pub niam mis rau noj; muab niam mis rau noj

breath, *n.* pa; cov pa tawm hauv lub qhov ncauj los

breathe, *v.* ua pa

breathless, *adj.* 1. txog siav; ua tsis taus pa; 2. tsis muaj pa

breathtaking, *adj.* 1. zoo siab heev; txaus siab heev; 2. tsis tau pom dua los

breech birth, *n.* kev yug me nyuam uas rov ko taw ua ntej

breeches, *n.* 1. ris; ris luv; 2. tog pob tw; pob tw; 3. tog qab; kab teeb phom

breed, *v.* 1. yug me nyuam; daws cev;

2. nthuav tawm; 3. tu; yug; *-n.* ntoo los yog tsiaj uas yog neeg tu
breeze, *n.* cua; cua hliv
brethren, *n.* kwv tij (ntau tus kwv tij)
brevity, *n.* qhov luv luv, tsawg tsawg; qhov tseem tseem ntsiab xwb
brew, *v.* cub cawv; ua cawv
bribe, *v.* xiab; ntiav
bribery, *n.* txoj kev ntiav los yog xiab (lwm tus tib neeg kom tau qhov yus nyiam)
brick, *n.* av ci; luaj ci; thwv cib (C); pob zeb ci
bricklayer, *n.* tus neeg txawj muab thwv cib ua tsev
bride, *n.* nkauj nyab; tus yuav txiv
bridegroom, *n.* nraug vauv; tus yuav poj niam
bridesmaid, *n.* niam nkauj ntsuab; niam ua luag
bridge, *n.* 1. choj; hla (HC); 2. caj ntswg
bridle, *n.* looj thawb; hlua khi nees; khiab
brief, *adj.* 1. luv luv; tsawg tsawg; 2. ib pliag; *-v.* piav me me; qhia me ntsis
briefcase, *n.* phij xab; thawv rau khoom
bright, *adj.* 1. ci ci; ntsa ntsa; kaj kaj; 2. zoo (xws li lub neej zoo)
brilliant, *adj.* 1. ci ntsa iab; 2. zoo nkauj heev; 3. ntse heev
brim, *n.* npoo; ntug; *-v.* tsau; puv
brimful, *adj.* puv npo; puv ntoob
brimstone, *n.* faj; leej faj; ib yam uas Hmoob siv ua tshuaj phom
brine, *n.* 1. dej qab ntsev; 2. hiav txwv
bring, *v.* nqa; coj nrog
brink, *n.* ntug; npoo
brisk, *adj.* 1. ceev; nrawm; 2. tau siab; tau hauj lwm; 3. tshiab tshiab; 4. raug siab
brisket, *n.* mis tsiaj uas muaj plaub txhais taw tes
bristle, *n.* cov plaub hau luv luv tsa tsa; *-v.* 1. sawv khov kho; 2. chim siab; tsis txaus siab
brittle, *adj.* nkig
broach, *n.* ib tus ciaj uas lub hau ntse ntse; *-v.* 1. tho; 2. qhib rau sib tham
broad, *adj.* 1. dav; loj; 2. qhib; nthuav
broadcast, *v.* tshaj tawm; tshaj tawm nyob hauv xov tooj cua los yog hauv *this vis*
broadcloth, *n.* ntaub zoo
broaden, *v.* qhib kom dav; nthuav kom dav
broad ligament, *n.* tsev me nyuam qhov chaw xeeb tub
broadminded, *adj.* siab loj siab dav; siab ntev
broadside, *n.* 1. kev tua cov phom loj nyob saum nkoj ua ib tsaug ib tsaug; 2. kev thuam neeg
brocade, *n.* ntaub tsuj ntaub npuag uas muaj qauv paj ntaub sawv
broca's area, *n.* thooj hlwb uas tswj cov nqaij ntshiv ua hauj lwm rau qhov ncauj, nplaig, thiab raj pas
broccoli, *n.* zaub paj Mes Kas
brochure, *n.* ib daim ntawv xov xwm uas muab quav ua ob peb tsem; ib tsab ntawv xov xwm (txog koom haum los yog lag luam)
broil, *v.* 1. tawm tsam; sib ntaus; 2. ci; hlawv; kub hnyiab; *-n.* kev sib tawm tsam; kev sib ntaus sib tua; kev tsis sib haum xeeb
broke, *v.* lov; dam; tawg; khis (saib *break*); *-adj.* tsis muaj nyiaj lawm; nyiaj tag lawm
broken, *v.* tawg lawm; lov lawm; tsoo puas lawm; *-adj.* tsis meej (xws li hais lus)
brokenhearted, *adj.* tu siab; puas siab
broker, *n.* tus neeg ua luam nyob nruab nrab ntawm tus muag thiab tus yuav
bronchiolitis, *n.* kab mob hlab ntsws
bronchitis, *n.* ib hom mob uas mob rau lub ntsws; mob ntsws; mob hlab ntsws
bronchus, *n.* hlab ntsws
bronze, *n.* ib hom tooj daj
brooch, *n.* koob khawm kom zoo nkauj
brood, *n.* cov hluas; cov mos mos; *-v.* 1. puag qe kom daug; 2. xav; txiav txim siab
brook, *v.* uv; ua saib ntev; *-n.* me nyuam dej
broom, *n.* 1. khaub rhuab; 2. paj nroj
broomstick, *n.* pas khaub rhuab
broth, *n.* kua nqaij
brothel, *n.* tsev niam ntiav
brother, *n.* 1. tij laug; 2. kwv; 3. nus
brother-in-law, *n.* 1. yawm yij; 2. dab laug; tus txiv cov kwv tij; 3. poj niam cov nus; 4. muam tus txiv; poj

niam cov viv ncaus cov txiv
brothers, *n.* kwv tij
brought, *v.* nqa; coj nrog (saib *bring*)
brow, *n.* 1. plaub muag; 2. hauv pliaj
browbeat, *v.* thab kom poob ntsej muag; rhuav; rhuav ntsej muag
brown, *adj.* av; tsos av; txho liab tseb
browse, *v.* xyuas; saib; xauj
bruin, *n.* dais; ib hom tsiaj
bruise, *n.* doog ntshav; ntsuab
brunch, *n.* tshais lig; su ntxov; rooj mov noj nruab nrab ntawm tshais thiab su
brunet, *adj.* doog; tawv nqaij thiab plaub hau dub doog tsawv
brunt, *n.* qhov tshwm sim tseem ceeb
brush, *n.* 1. nplauv; tus nplauv txhuam ub no; 2. ceg ntoo me me; 3. kev sib tua; *-v.* 1. txhuam; 2. pleev
brutal, *adj.* phem; siab phem; lim hiam
brutality, *n.* kev lim hiam; kev siab phem; kev ua phem
brute, *adj.* 1. phem li tsiaj; 2. tsis raug cai; *-n.* 1. tsiaj; 2. neeg siab phem
bubble, *n.* npuas; npuas dej
buccal, *n.* plhu (saib *cheek*)
buccaneer, *n.* neeg huab noj huab haus
buccinator, *n.* nqaij ntshiv ntawm plhu siv zom zaub
buck, *n.* 1. phaw mos lwj; txiv mos lwj; 2. nyiaj duas; *-v.* 1. thaiv; txwv; 2. chua mus rau tom hauv ntej
bucket, *n.* thoob; pob tawb
buckle, *v.* sia; sia siv; *-n.* siv; siv sia nyob hauv tsheb
buckler, *n.* ib daim phab ntsa los yog laj kab
buckskin, *n.* tawv
bucktooth, *n.* kaus hniav chom chom
buckwheat, *n.* khoom noj uas muab mog ua
bucolic, *adj.* ntsig txog lub neej nyob xyaw liaj xyaw teb
bud, *n.* 1. kaus los yog ntsuag ntoo; 2. lub paj uas nyuam qhuav pib tawg; *-v.* nthaw kaus
Buddhism, *n.* dab qhuas *Npus Das*; dab qhuas hauj sam
Buddhist, *n.* hauj sam
buddy, *n.* phooj ywg zoo; npoj yaig zoo
budge, *v.* 1. rhais chaw; khiav chaw nyob rau lwm qhov; 2. txav; hloov; 3. nti
budget, *n.* 1. nyiaj txiag uas yuav tau los thiab yuav siv tawm; 2. tswv yim tuav nyiaj txiag; 3. qhov nyiaj uas npaj siv rau tej kis chaw siv
buff, *n.* 1. tsos daj thiab kab ntxwv; 2. tus phooj ywg; tus neeg mob siab; *-v.* txhuam (kom du)
buffalo, *n.* twm; ib hom tsiaj muaj kub zoo li tus nyuj uas nyob nruab nqhuab, kuj da dej thiab da pas hawv; nyuj (Hmoob Suav nyob Hunan thiab Guizhou hu *buffalo* ua *nyuj*)
buffer, *n.* 1. ntsa yeej; laj kab tiv thaiv; 2. tus tiv thaiv; 3. tus neeg uas txhuam kom du; tus txhuam
buffer zone, *n.* chaw thaiv ntug nrim
buffet, *n.* 1. txee; rooj tog; 2. khw noj mov uas nyias daus nyias; 3. tawg ncuav; *-v.* ntaus mus ntaus los
buffoon, *n.* neeg ua yeeb yam uas hnav khaub ncaws txawv txawv thiab foo ntsej muag
bug, *n.* 1. kab; yoov; 2. kab mob; 3. twj nyiag kaw lus; *-v.* 1. nyiag kaw lus; 2. looj koov; zes; thab
build, *v.* ua; txua
building, *n.* 1. tsev tshooj; 2. tsev loj rau neeg ua hauj lwm los yog rau ntau ntau yim neeg nyob
built, *v.* ua txua (saib *build*)
bulb, *n.* 1. kaus los yog ntsuag ntoo (uas tseem nyob hauv av); 2. tej yam khoom uas kheej kheej
bulbourethral gland, *n.* taub kua nplua rau taub hau qau; lub taub rau cov kua nplua nplua uas ua kom taub hau qau nplua nplua thaum sib ua
bulge, *v.* o; su; *-n.* qhov su; qhov o
bulk, *n.* 1. qhov dav; qhov loj; 2. loj loj; ntau ntau; *-v.* ua kom su kom loj tuaj mus; *-adj.* ib thooj; ib pob
bull, *n.* 1. heev nyuj; txiv nyuj; 2. cai
bulldog, *n.* ib hom dev
bulldozer, *n.* tsheb nrau kev; tsheb laij teb
bullet, *n.* 1. mos txwv; 2. ib qho kheej kheej
bulletin, *n.* ntawv xov xwm
bulletinboard, *n.* chaw lo ntawv xov xwm; chaw lo xov xwm
bulletproof, *adj.* mos txwv tsis tshab; mos txwv tua tsis to; khoos
bullfight, *n.* nyuj sib nraus
bullfrog, *n.* qav nyuj
bullhead, *n.* ntses tuaj kub

bullheaded, *adj.* neeg twm xeeb; neeg ruam
bullion, *n.* nyiaj kub (uas tseem ua tej choj los yog tej daim)
bullock, *n.* ntsuag nyuj
bull's-eye, *n.* lub plawv hom phiaj
bully, *n.* neeg thab plaub; neeg siab phem; -*v.* thab; zes
bulwark, *n.* 1. ntsa yeej; 2. kev txhawb nqa los yog kev tiv thaiv
bum, *n.* neeg tsis muaj tsev nyob; neeg thov khawv
bumblebee, *n.* ntab (uas loj loj thiab muaj muaj plaub)
bump, *v.* 1. tsoo; dawm; sib dawm; 2. thawv; -*n.* 1. pob; pob o los yog su; 2. dawm
bumper, *n.* 1. ntug tw tsheb; *npab pawm*; 2. ntug; 3. qhov thaiv; -*adj.* 1. loj heev; 2. ntau heev
bumper sticker, *n.* *tib kawm* tsheb (luv los ntawm *xis tib kawm*); xyoo paib tsheb
bumpkin, *n.* neeg yaj sab; neeg txawv txawv
bumpy, *adj.* thawv thawv
bun, *n.* khoom noj
bunch, *n.* pawg; ib pawg; tsuag; koog; -*v.* rub los ua ib pawg
bundle, *n.* 1. khoom ntau yam pav ua ib ke; 2. nra; pob khoom; -*v.* pav ua ke; -*clf.* qhoo; tsuag; teg
bungalow, *n.* tsev ib txheej; tsev kheej
bungle, *v.* ua tau phem heev; ua tau tsis zoo
bunk, *n.* 1. txaj tshooj; 2. tsis muaj qab hau; -*v.* pw
bunkbed, *n.* txaj tshooj
bunker, *n.* 1. qhov taub; 2. chaw rau khoom
bunkum, *n.* tsis muaj qab hau
bunny, *n.* luav; ib hom tsiaj muaj ob lub pob ntseg ntev ntev
bunting, *n.* 1. me nyuam noog; 2. ntaub xaws chij
buoy, *n.* thauj ntab; lub ua kom txhob tog rau hauv qab thu dej; -*v.* 1. cia ntab; 2. ua kom siab khov
bur, *n.* 1. nrhab; 2. plaub los yog pos ntawm daim tawv txiv ntoo
burden, *n.* 1. kev tsim txom; kev nyuaj siab; 2. nra; khoom nqa; -*v.* tsim txom; ua kom nyuaj siab
burdock, *n.* ib hom tshuaj ntsuab los yog nroj tsuag
bureau, *n.* chaw ua hauj lwm
bureaucracy, *n.* 1. ib cuab tseem fwv; 2. rooj hauj lwm; txheej txheem hauj lwm
bureaucrat, *n.* tus nom uas coj nruj nruj raws tej txhooj thiab txheej txheem
burgeon, *v.* loj hlob
burglar, *n.* tub sab; tub nyiag; tus neeg nkag mus nyiag khoom
burglarize, *v.* nkag mus nyiag khoom hauv neeg tsev
burglary, *n.* kev nyiag nkag mus hauv tsev mus nyiag khoom
burgle, *v.* nkag mus nyiag khoom hauv neeg tsev
Burgundy, *n.* ib hom cawv
burial, *n.* kev faus neeg; kev sam sab
Burma, *n.* teb chaw Phab Mab nyob ze rau teb chaws Suav, Nplog thiab Thaib. Lub npe tshiab yog Myamar; teb chaws Phab Mab muaj nrim teb chaws dav 678,500 kis lus mev ncig lees thiab muaj 47,382,633 tus pej xeem nyob rau xyoo 2006; Hmoob Phab Mab muaj thaj tsam li ntawm 100,000 leej
Burmese Hmong, *n.* Hmoob Phab Mab
burn, *v.* 1. hlawv; 2. zes taws rau; -*n.* kub hnyiab
burner, *n.* kos; qhov cub
burning on urination, *n.* ntxais ntxais thaum tso zis; tso zis ntxais ntxais
burnish, *v.* txhuam
burp, *v.* ua qais; -*n.* qais
burro, *n.* nees zag
burrow, *n.* qhov av uas yog tsiaj khawb; -*v.* khawb qhov; tho qhov
bursae, *n.* cov roj nyob hauv cov pob qej txha
bursar, *n.* tus tuav nyiaj nyob hauv tsev kawm ntawv
bursitis, *n.* kab mob pob qej txha
burst, *v.* 1. tawg; paim; 2. tshwm plaws; -*n.* tej yam uas tawg los yog nrov heev
burial, *n.* kev faus tuag; kev log tuag
bury, *v.* 1. faus; 2. los (tuag); log (tuag); sam sab; 3. npog; zais
bus, *n.* *npav*; tsheb *npav*
busboy, *n.* neeg tiam zaub mov
bus driver, *n.* neeg tsav tsheb *npav*
bush, *n.* 1. hav nroj tsuag; 2. lev

bushel, *n.* ib pob tawb
bushy, *adj.* 1. ntxhov heev; 2. tuab heev; 3. pom tsis tseeb li
business, *n.* 1. lag luam; khw los yog kiab khw; 2. hauj lwm
business card, *n.* npe npawb (*npe npawb* yog muab los ntawm daim ntawv uas muaj *npe* thiab muaj *npawb foos*); ntawv npe
businessman, *n.* tub lag luam; neeg lag luam
business plan, *n.* txhooj lag luam
businesswoman, *n.* poj lag luam; tus poj niam ua lag luam
bus station, *n.* chaw ua hauj lwm rau cov tsheb *npav*; chaw tos tsheb *npav* (mus kev deb)
bus stop, *n.* chaw tsheb *npav* nres thauj neeg; chaw tos tsheb *npav*
bust, *v.* 1. tsoo; ua tawg; 2. ua puas; 3. ntaus; 4. muab txo nom; 5. ua nyiaj poob tag; 6. huab noj; txeeb; txhav; 7. ntes kaw rau hauv tsev; *-n.* 1. tus neeg pob zeb uas puab txij yav hauv siab rov saud taub hau; 2. mis poj niam; 3. nrig; 4. kev poob
bustle, *n.* 1. tiab hauv qab; 2. tej yam kev ua uas muaj siab heev; *-v.* ua tau yam muaj zog zi
busy, *adj.* khwv heev; tsis khoom li; tsis xyeej li
busybody, *n.* tus neeg cuam tshuam
but, *conj.* tab sis; tiam sis; *-pres.* tsuas yog
butcher, *n.* neeg tua tsiaj
butcher knife, *n.* riam txiav pob txha
butchery, *n.* 1. chaw tua tsiaj; 2. lag luam tua tsiaj muag
buteo, *n.* ib hom dav
butler, *n.* tus thawj tub qhev nyob hauv lub tsev
butt, *n.* 1. pob tw; 2. qhov tw loj loj; 3. daim phiaj; 4. tus raug tsim txom; 5. thoob loj loj; *-v.* txuas; sib txuas
butte, *n.* lub roob ntxhab ntxhab ntseg ntseg uas nyob xu das rau ib qho
butter, *n.* mis roj; mis nyoj (uas nkoog lawm); *npav dawm*
buttercup, *n.* ib hom tshuaj ntsuab los yog nroj tsuag uas tawg paj daj daj
butterfat, *n.* mis nyoj; mis roj
butterfly, *n.* npuj npaim
buttermilk, *n.* kua mis tso los ntawm cov mis nyoj los yog mis roj
butternut, *n.* ib hom noob txiv ntoo uas noj tau
butterscotch, *n.* khoom qab zib uas xuas piam thaj, kua pob kws thiab dej ua
buttocks, *n.* 1. ntsag; caj tw; 2. ntxws
button, *n.* khawm; khawm tsho; *-v.* khawm
buttonhole, *n.* qhov khawm tsho
buttress, *n.* ncej pab txheem phab ntsa; ncej txheem; *-v.* txhawb; pab
buy, *v.* yuav; muas
buzz, *n.* 1. suab xyu; suab nroo; 2. suab nrov xws li ntawd; *-v.* nyiag xa khoom zais npog tawm txawv teb chaws
buzzard, *n.* ib hom noog loj loj zoo li dav
buzzer, *n.* txiab txiav plaub hau; txiab toos nraws
by, *prep.* 1. los ntawm; 2. ze rau; 3. dhau; 4. thoob plaws; 5. tsis pub lig tshaj
bygone, *adj.* yav tag los; dhau lawm
bylaw, *n.* cai tswj koom haum
byline, *n.* lub npe ntawm tus sau tsab xov xwm
bypass, *n.* kev hla; kev lug; kev txiav; *-v.* lug; zam
bystander, *n.* tus neeg uas tuaj saib luag ua si; tus neeg nyob ib cag saib; tus saib
byway, *n.* kev so (ntawm ntug kev)
byword, *n.* paj lug

C

c, *n.* tus tsiaj ntawv As Kiv thib peb
cab, *n. tav xis*; tsheb *tav xis*; tsheb ntiav hom me
cabal, *n.* ib pab neeg sib koom siab nyiag ua tej yam hauj lwm uas zais npog heev
cabana, *n.* chaw nkaum tshav nkaum nag nyob tom ntug dej
cabaret, *n.* chaw ua si hmo ntuj; chaw seev cev thiab haus cawv hmo ntuj
cabbage, *n.* zaub qhwv
cab driver, *n.* neeg tsav tav xis; tus neeg tsav tsheb tav xis
cabin, *n.* 1. chav nyob hauv nkoj; 2. me nyuam tsev; 3. chaw rau khoom

hauv dav hlau
cabinet, *n*. 1. txee rau khoom; 2. ib pawg hau nom hauv lub teb chaws
cable, *n*. hlua xov tooj
cacao, *n*. ntoo nyob Mes Kas Qab Teb uas muaj kua mis ua khoom noj
cache, *n*. 1. chaw nkaum; 2. tej yam uas raug zais
cachet, *n*. meej mom
cackle, *v*. tsauj (li qaib)
cacophony, *n*. suab tsiv suab nruj
cactus, *n*. ntoo pos nyob hav suab puam uas tib neeg siv ua tshuaj thiab noj; ib hom ntoo pos uas ua tej daim tej daim
cad, *n*. neeg tsis paub cai
cadaver, *n*. neeg tuag
cadet, *n*. neeg kawm nyob hauv tsev kawm ua tub rog
cadge, *v*. thov; thov khawv
cadre, *n*. pawg neeg tseem ceeb uas muaj kev kawm siab (txog tsov rog)
café, *n*. chaw noj mov; khw noj mov
cafeteria, *n*. chaw noj mov uas nyias mus yuav nyias es nqa mus zaum qhov twg noj los tau
caffeine, *n*. tshuaj nyob hauv cov kas fes thiab cov this
cage, *n*. tawb (kaw tsiaj); nkuaj; *-v*. muab kaw
cagey, *adj*. ntse
caisson, *n*. 1. thawv rau mos txwv; 2. chaw nyob kho ub kho no nyob hauv qab thu dej
cajole, *v*. ntxias; deev siab
cake, *n*. ncuav qab zib; *khej*
calabash, *n*. ib hom taub
calamine, *n*. tshuaj pleev tawv nqaij kom mos
calamity, *n*. kev puas tsuaj; kev puas ntsoog
calcify, *v*. tawv (xws li tej txo los hmoov ntsev cia li tawv ua tej thooj); khov; —**calcification** *n*.
calcium, *n*. cov poov hlau nyob hauv neeg lub cev uas pab kom pob txha khov
calculate, *v*. xam; suav
calculation *n*. kev xam los yog kev suav saib tag nrho tawm li cas
calculator, *n*. twj suav; twj suav zauv; khob khob zauv tawm (hnov los ntawm Txiab Neeb Vaj)
calendar, *n*. nib toos (HC); "nib toos" los yog "qas nib toos" yog Hmoob Kim Tsawb lo lus Hmoob rau "calendar;" daim qhia nyoog; daim hnub nyoog
calf, *n*. 1. me nyuam nyuj; 2. plab hlaub
caliber, *n*. 1. lub cheeb phom; lub qhov phom; 2. lub cheeb mos txwv los yog plav tooj; 2. cuj pwm; 3. peev xwm
calibrate, *v*. kho kom ncaj ncaj; kho kom zoo; —**calibration** *n*.
calico, *n*. 1. ib hom ntaub paj; 2. tus tsiaj uas muaj ntau ntau tsos plaub
California, *n*. xeev Kas Faus Nias
call, *v*. 1. hu; 2. hu xov tooj; 3. caw; 4. yuam; 5. nqua; nqua hu; *-n*. kev hu tib neeg; kev hu xov tooj
calliope, *n*. ib hom twj paj nruas
callous, *n*. kaub puab; *-adj*. khov
callow, *adj*. tsis muaj kev txawj kev paub zoo
callus, *n*. daim tawv nqaij uas ua kaub puab los yog tawv tawv tuaj; *-v*. ua kaub puab los yog khov tawv tawv lawm
calm, *adj*. 1. ntsiag to; 2. nyob tus tus; 3. coj tus tus; nyob twb ywm
calorie, *n*. ntsig txog qhov sov hauv tib neeg lub cev; ib txoj kev ntsuas sov
calumniate, *v*. xyav; hais phem txog; —**calumniation**; —**calumniator** *n*.
calve, *v*. xya me nyuam nyuj
Cambodia, *n*. teb chaws Khas Npaus Dias (los yog teb chaws Qhab Meem)
Cambodian, *n*. neeg Khas Npaus Dias (los yog neeg Qhab Meem)
came, *v*. los; tuaj (saib *come*)
camel, *n*. ib hom tsiaj siv thauj khoom nyob rau Is Dias uas caj dab ntev ntev hos nraub qaum khoov pob
camera, *n*. koob yees duab; *koob thaij huj* (L)
camouflage, *v*. zais; ua kom yeeb ncuab txhob pom; *-n*. 1. txoj kev npaj tej tswv yim, ris tsho, thiab cuab yeej kom zoo xws li tej nroj tsuag los yog av nyob ib cheeb tsam ntawm yus tus yeeb ncuab kom lawv txhob pom yus yooj yim; 2. tej ris tsho tub rog ntsuab ntsuab, txaij txaij los yog daj daj
camp, *n*. 1. chaw pw tom xub tsuag

los yog nraum zoov; 2. ib lub chaw uas ib pawg neeg nyob; *-v.* pw tom hav xub tsuag los yog hav zoov
campaign, *n.* 1. kev sib tw ua nom; 2. kev sawv tawm tsam ib ntsug tag ib ntsug tuaj xws li hauv kev ua rog
campus, *n.* tej chaw ib ncig ntawm tsev kawm ntawv qeb siab; koog tsev kawm ntawv
can, *v.* 1. ua tau; 2. muaj peev xwm ua tau; *-n.* khob hlau; poom hlau; khob txhuas; poom txhuas; *kos poom* (L)
canal, *n.* kwj deg; kwj dej
canapé, *n.* khoom txom ncauj
canard, *n.* xov xwm cuav
canary, *n.* ib hom noog daj daj los yog ntsuab ntsuab
cancel, *v.* 1. tso tseg; 2. khij tawm los yog tua tawm; rho tawm; —**cancelation**; —**cancellation** *n.*
cancer, *n.* mob *kheeb xawm*; *kheeb xawm*; hom mob uas kho tsis tau yooj yim
candid, *adj.* qhib siab lug; siab ncaj ncees
candidate, *n.* tus neeg sib tw ua nom los yog sib tw rau ib txoj hauj lwm
candle, *n.* tswm ciab
candor, *n.* kev qhib siab luag; kev ua siab ncaj ncees
candy, *n.* khoom txom ncauj; khoom qab zib; mov zib; *qhob noom* (L)
cane, *n.* 1. pas nrig; cwj nrig; 2. kab tsib; ib hom ntoo los yog hmab zoo xws kab tsib
canine, *n.* 1. hniav kaus dev; 2. dev; aub; *-adj.* ntsig txog dev
canister, *n.* ib lub thawv kheej kheej ntev ncuv
canker, *n.* qhov ncauj tawm
canker sore, *n.* mob qhov ncauj tawm
cannibal, *n.* 1. neeg los yog tsiaj uas rov noj nws pawg li nqaij; 2. neeg noj neeg; 3. tsiaj noj tsiaj; —**cannibalism** *n.*
cannibalize, *v.* 1. tshem yam tsis siv tawm los yog tshem yam tseem zoo coj mus kho lwm qhov; 2. kev txwv tsis pub qev khoom rau lwm pab pawg los yog koom haum siv; —**cannibalization** *n.*
cannon, *n.* tuam phom; phom kas noos
cannonade, *n.* kev xuas tuam phom sib tua; *-v.* tua tuam phom rau
cannot, *v.* ua tsis tau; tsis muaj peev xwm ua
canny, *adj.* ntse; muaj tswv yim zoo heev
canoe, *n.* nkoj (uas xuas tes nquam); nkoj tes
canon, *n.* 1. kev lis kev cai nyob hauv tsev teev ntuj; 2. ib tus qauv coj uas suav daws pom zoo yuav; 3. tus neeg teev ntuj; 4. chaw ua twj yees duab thiab lwm yam twj siv
canonical, *adj.* 1. ntsig txog tej cai nyob hauv tsev teev ntuj; 2. raws qhov ib txwm muaj los
can opener, *n.* tus ciaj tho *kos poom* hlau; tus ciaj qhib *kos poom*
canopy, *n.* tsev ntaub; tsev muag khoom tshav puam
cant, *n.* ntxhab ntxhab; tsis tiaj; *-v.* 1. taw qhia; 2. pheeb rau ib sab; 3. hais lus cuav; hais lus tsis muaj tseeb li
can't, *v.* ua tsis tau; tsis muaj peev xwm
cantaloupe, *n.* dib txaij; dib txaig; dib pag
cantankerous, *adj.* tsis yooj yim txuam nrog; tsis yooj yim ua
canteen, *n.* taub npis doos; taub dej tub rog
canvas, *n.* 1. ib hom ntaub khov heev siv ua ntaub vov tsev thiab ntaub rub nkoj; 2. daim ntaub pleev duab
canvass, *v.* mus khob neeg qhov rooj ib yig dhau ib yig kom lawv pov *npav* rau yus; *-n.* txoj kev mus hais ib yig dhau ib yig kom pab pov *npav* rau yus
canyon, *n.* kwj ha tob tob heev; khuab ha tob tob heev
cap, *n.* 1. hau (khwb tej yam dab tsi); 2. ib hom kaus mom
capability, *n.* peev xwm; cuab kav
capable, *adj.* muaj peev xwm
capacious, *adj.* ntim tau ntau
capacity, *n.* qhov ntim tau
cape, *n.* 1. ces av mus rau nram hav dej los yog hiav txwv; 2. daim ntaub hnav npog nraub qaum
capillaries, *n.* ntsis hlab ntshav; xov ntshav
capillary, *n.* ntsis hlab ntshav; xov ntshav
capital, *adj.* 1. qhov loj los yog hnyav heev; 2. zoo heev; *-n.* 1. lub tuam ceeb hauv lub teb chaws los yog lub

tuam ceeb hauv xeev; 2. peev (nyiaj txiag) uas siv dhia lag luam
capitalism, *n.* txoj kev ywj pheej rau tib neeg ua lag luam raws lub peev xwm
capitalist, *n.* tus neeg uas ntseeg txoj kev ua lag luam ywj siab
capitol, *n.* lub tsev uas cov tseem fwv ua hauj lwm
capitulate, *v.* zeem; zwm; los zwm; los thawj; —**capitulation** *n.*
capon, *n.* qaib sam
capreomycin, *n.* tshuaj mob ntsws qhuav
caprice, *n.* 1. txoj kev ntshaw ceev ceev; txoj kev xav tau; 2. txoj kev hloov siab
capsize, *v.* ntxeev
capstan, *n.* tshuab kauv hlua los yog rub tej yam khoom hnyav; pob kauv hlua los yog rub khoom
capstone, *n.* 1. hau pob zeb; hau ncej los yog hau laj kab; 2. qhov kawg; qhov siab tshaj plaws
capsulate, *adj.* ua plhaub ntsiav; ua ntsiav; —**capsulation** *n.*
capsule, *n.* 1. tshuaj ntsiav; 2. plhaub tshuaj ntsiav; *-adj.* luv luv los yog me me
captain, *n.* 1. hau rog; 2. tus neeg tsav nkoj; 3. tus thawj coj ntawm ib pab neeg
caption, *n.* 1. ntsiab lus; 2. cov lus qhia txog daim duab; ntsiab duab
captious, *adj.* npaj ntsoov nrhiav qhov yuam kev
captivate, *v.* deev siab; raug siab; —**captivation** *n.*
captive, *adj.* raug kaw; *-n.* tus neeg raug ntes; tus neeg raug kaw
captor, *n.* tus ntes
capture, *v.* 1. ntes; txhom; nthos; 2. raug siab; 3. ua tau raug siab los yog txaus siab heev
car, *n.* tsheb
caramel, *n.* kaub puab suab thaj
carat, *n.* ib txoj kev luj pob zeb (uas muaj nuj nqis heev)
caravan, *n.* ib sob neeg taug kev ua ke los yog ua ib kab
caraway, *n.* ib hom tshuaj ntsuab tsw tsw qab siv rau nqaij noj
carbine, *n.* phom kas npees
carbon, *n.* 1. ib hom pa tshuaj uas muaj nyob nrog tej pob zeb; 2. daim theej ntawv
carbon dating, *n.* txoj kev tshuaj ntsuam tias tej yam khoom xws li khawb tau los ho muaj hnub nyoog pes tsawg lawm los yog qub npaum li cas
carbon dioxide, *n.* ib hom roj uas saib tsis pom thiab tsis hnov tsw li
carbon 14, *n.* ib txoj kev uas siv ib hom tshuaj los ntsuas saib tej yam khoom qub qub muaj hnub nyoog pes tsawg xyoo
carbon monoxide, *n.* ib hom roj uas saib tsis pom thiab tsis hnov tsw li tab sis muaj peev xwm tua tau neeg tuag
carbon paper, *n.* ntawv theej; daim theej ntawv
carbuncle, *n.* mob faj; mob rwj; mob tawv nqaij
carburetor, *n.* khoom tsheb uas cais roj thiab cua; tshuab cais roj thiab cais cua
carcass, *n.* neeg tuag; lub cev neeg tuag
carcinogen, *n.* ib yam uas ua rau yus mob *kheeb xawm*
carcinoma, *n.* qog; lub qog
card, *n.* 1. phaib; 2. ib daim ntawv me me tab sis txhav tsawv
cardboard, *n.* ib daim ntawv tuab tuab txhav txhav
cardiac, *adj.* ntsig txog lub plawv
cardiac vein, *n.* leeg ntshav plawv dub
cardigan, *n.* ib hom tsho uas qhib pem xub ntiag
cardinal, *n.* 1. ib tus hau nyob hauv tsev teev ntuj Kav Taus Liv; 2. ib hom me nyuam noog liab liab zoo li lob laig; *-adj.* tseem ceeb
cardiologist, *n.* kws kho plawv
cardiology, *n.* kev kawm txog lub plawv
cardiovascular, *adj.* ntsig txog lub plawv thiab cov hlab plawv
care, *n.* kev saib xyuas; kev tu; *-v.* 1. txhawj; 2. nyiam; 3. pub rau; 4. thuv laj; thab
careen, *v.* fiav ib sab rau sab
career, *n.* hauj lwm; dej num; *-v.* mus ceev heev
care for, *v.* saib xyuas; tsom kwm; tu
carefree, *adj.* tsis txhawj xeeb li; tsis muaj feem xyuam li

careful, *adj*. ceev faj; xyuam xim
carefully, *adv*. ceev faj; xyuam xim
careless, *adj*. luam thuam; tsis ceev faj
carelessness, *n*. kev tsis xyuam xim
caress, *n*. kev maj mam kov los yog maj mam plhws; -*v*. maj mam kov; maj mam plhws
caret, *n*. tus cim los yog tus vos ^ qhia tias kom ntxiv rau qhov chaw ntawd
caretaker, *n*. tus neeg tu lwm tus neeg; tus pab tu
cargo, *n*. cov khoom dav hlau thauj
caricature, *n*. cov duab neeg uas muab kos zoo li *khas thoos* (cartoon); -*v*. kos duab li *khas thoos*
caries, *n*. hniav lwj; pob txha lwj
carina, *n*. chaw ncau rau ob txoj hlab ntsws
carmine, *n*. tsos liab tseb; tsos liab
carnage, *n*. kev sib tua; kev tua neeg
carnal, *adj*. 1. ntxim nyiam; xav tau; 2. nqhis; 3. hauv ntiaj teb no
carnal knowledge, *n*. kev sib tsoob; kev pw ua ke
carnallite, *n*. ib yam khoom uas muab hauv av los uas muaj tsos dawb, dub doog, thiab liab tseb
carnation, *n*. ib hom paj
carnival, *n*. 1. nquam toj; 2. kev caij nkoj ncig ua si
carnivore, *n*. tsiaj noj nqaij; cov tsiaj uas noj nqaij
carol, *n*. 1. nkauj zoo siab; 2. ib hom seev cev uas hu nkauj nrog feem ntau; -*v*. 1. hu nkauj ua kev lom zem; 2. mus hu nkauj ib lub tsev rau ib lub tsev
carotid canal, *n*. qhov leeg ntshav liab nyob ntawm taub hau thiab caj dab
carotid sinus, *n*. chaw hlab ntshav ncau ntawm caj dab mus rau ntau ntau qhov chaw saum taub hau
carouse, *v*. haus cawv ntau heev; haus cawv liam heev; -*n*. kev haus cawv liam heev
carousel, *n*. 1. chaw caij tsiaj hlau rau me nyuam yaus; 2. chaw caij nees sib tw
carp, *v*. nrhiav qhov txhaum; -*n*. ib hom ntses
carpal, *n*. dab teg; txha yas tes (saib *wrist*)
carpenter, *n*. kws ua vaj ua tsev los yog ua rooj ua tog
carpet, *n*. ntaub pua tsev
carport, *n*. qhov rooj lub chaw rau tsheb
carriage, *n*. 1. dab thauj neeg (uas nees rub); dab hai neeg; 2. yam ntxwv tswj tus kheej; 3. tsheb
carrion, *n*. nqaij lwj
carrot, *n*. lauj pwm; ib hom zaub ntug hauv paus
carry, *v*. 1. nqa; qaim; 2. thauj; 3. ev; 4. tswj tus kheej; 5. txhawb; 6. muaj nyob hauv khw; muaj muag
carry on, *v*. coj mus ntxiv; tuav mus ntxiv
carry out, *v*. ua tawm; ua kom tshwm sim
cart, *n*. pob tawb; tawb thawb; lub tawb xuas tes thawb los yog cab; *laub* (L)
cartel, *n*. kev koom lag luam kom txhob sib sib tw
cartilage, *n*. txha mos
cartilaginous ring, *n*. voj hlab pas
cartography, *n*. kev ua daim qhia kev
carton, *n*. thawv ntawv
cartoon, *n*. *khas thoos*; neeg duab kos
cartridge, *n*. 1. plav tooj; 2. plav tshuaj (rau tshuab luam ntawv)
carve, *v*. 1. txua; 2. hlais; sais; 3. npawm
cascade, *n*. me nyuam dej tsaws tsag
case, *n*. 1. hnab; thawv; txheej sab nraud; 2. kis (xws li nws muaj nws kis); suam; 3. qhov tseeb; qhov muaj tiag; 4. kev sib foob
casement, *n*. qhov rais uas qhib tau li qhov rooj
cash, *n*. nyiaj; nyiaj ntsuab; -*v*. 1. pauv nyiaj; 2. them nyiaj ua ib teg
cashew, *n*. txiv daw; ib hom ntoo nyob Mes Kas teb
cashier, *n*. 1. neeg txais nyiaj; 2. tus neeg luj khoom tom khw; -*v*. tshem tawm
cashmere, *n*. ntaub plaub tshis; plaub tshis
casino, *n*. chaw twv txiaj; *khas xib naum*
cask, *n*. thoob rau dej
casket, *n*. hleb
cassava, *n*. qos ntoo
casserole, *n*. tais ci nqaij los yog cov nqaij ci nyob hauv lub tais ntawd
cassette, *n*. kas xev
cassette player, *n*. twj tso kas xev; twj

mloog kas xev
cassock, *n*. tsho tshaj sab; lub tsho uas hnav looj thoob plaws
cast, *v*. 1. pov; 2. xaiv tsa (nom); 3. nchuav; -*n*. 1. cov neeg ua yeeb yam; 2. kev pov, tso ntawv los yog tso hmoov; 3. kev tawm ntsej muag; 4. kev muab hmoov sib cam rau qhov lov los yog qhov tawg kom txhob sav
castaway, *n*. tus neeg seem tuag los ntawm nkoj tog
caste, *n*. qeb neeg (muaj, pes nrab, pluag)
caster, *n*. log rooj tog
castigate, *v*. cem; ntuas; thuam; —**castigation** *n*.
castle, *n*. tsev huab tais; tsev zeb tsev tsua
castrate, *v*. sam; —**castration** *n*.
castrated hog, *n*. las npua; npua sam
casual, *adj*. 1. tsis tas npaj zoo zoo li; 2. pes nrab; 3. lam tshwm sim; 4. tsuas txhawj me me xwb
casualty, *n*. 1. cov neeg uas raug tua tuag; kev raug tua tuag; 2. kev puas tsuaj loj heev
cat, *n*. miv
cataclysm, *n*. kev hloov ib yam dab tsi uas muaj sib ntaus sib tua mam li hloov
catacomb, *n*. chaw faus neeg hauv qhov av; chaw tso neeg tuag hauv qhov av
catalog, *n*. 1. ib daim npe; 2. phau ntawv teev tej khoom muaj muag; -*v*. teev tej khoom ib qho zuj zus
catalogue, *n*. 1. ib daim npe; 2. phau ntawv teev tej khoom muaj muag; -*v*. teev tej khoom ib qho zuj zus
catalpa, *n*. ib hom ntoo uas muaj nplooj dav dav
catalysis, *n*. txoj kev ua hauj lwm ntawm ib lub tswv yim los yog ib lub zog
catalyst, *n*. lub zog; lub hauv paus; qhov pib; txoj kev taug
catamaran, *n*. phuaj; lub phuaj uas muab ntoo los khi ua ke
catamount, *n*. tsov ntxhuav
cataract, *n*. 1. dej tsaws tsag loj heev; 2. nag hlob heev; 3. iav plooj heev los yog tsaus heev; 4. qaus muag uas ua rau pom kev tsis zoo los yog dig muag
catarrh, *n*. mob qhov ntswg los yog caj pas
catastrophe, *n*. 1. kev puas tsuaj puas ntsoog loj heev; 2. ib qho kev txom nyem loj heev; —**catastrophic** *adj*.
catbird, *n*. ib hom noog nyob Mes Kas teb uas txawj quaj zoo moog
catcall, *n*. suab tsis pom zoo
catch, *v*. 1. txais; 2. caum cuag; caum tau; 3. ntes; ntes tau; txhom; nthos; 4. cuab
catch up, *v*. caum; raws; raws qab
catchword, *n*. zaj lus neeg hais rov hais rais
catchy, *adj*. raug qhov muag heev; ntxim nyiam heev
catechism, *n*. ib cov lus nug thiab lus teb
categorize, *v*. teeb ua pawg; cais ua pawg; cais kom muaj quag; —**categorization** *n*.
category, *n*. 1. pawg; pab; koog; 2. qeb; txheej
caterpillar, *n*. kab ntsig; kab nyuam dev
catfish, *n*. ntses tuaj kub; ib hom ntses uas nyob puag hauv qab thu dej xyaw av mos
cathedral, *n*. tsev teev ntuj; tsev kheej; *tshawj*
Catholic, *n* cov ntseeg dab qhuas *Kav Taus Liv*
Catholicism, *n*. kab ke dab qhuas *Ka Taus Liv*
catnap, *n*. ib tsig zog luv luv
cat's paw, *n*. tus neeg uas raug siv li tej twj
cattail, *n*. ib hom tshuaj ntsuab
cattle, *n*. nyuj twm; tsiaj txhu
catty, *adj*. siab phem; tsiv
catwalk, *n*. txoj kev nqaim nqaim thiab siab siab
Caucasian, *n*. neeg tawv dawb; -*adj*. ntsig txog neeg tawv dawb
caucus, *n*. rooj sib tham txog kev xaiv tsa
caught, *v*. ntes; txhom (saib *catch*)
cauliflower, *n*. zaub qhwv dawb; zaub dawb uas ua ib lub pob ntev ncuv
caulk, *v*. txhaws; nplaum; lo
cause, *n*. 1. qhov chiv keeb; qhov pib (ntawm ib yam dab tsi); hauv paus ntsis; qhov chiv keeb; lub hauv

paus; 2. lub hom phiaj; 3. qhov teeb meem; lub pob chim; -*v*. tsim kom; ua kom
cauterize, *v*. hlawv kom txhob rhaus; —**cauterization** *n*.
caution, *v*. ceeb toom; hais kom ceev faj; -*n*. kev ceev faj; kev ceeb toom
cautious, *adj*. ceev faj; xyuam xim; —**cautiously** *adv*; —**cautiousness** *n*.
cavalcade, *n*. ib lub nquam toj uas coj nees tuaj ncig rau suav daws saib
cavalier, *n*. tub rog caij nees; -*adj*. twm xeeb; siab twm xeeb
cavalry, *n*. pawg tub rog caij nees los yog caij tsheb tua rog
cave, *n*. qhov tsua; -*v*. vau; puas
cavern, *n*. ib lub qhov tsua loj loj
caviar, *n*. qe ntses las ntsev
cavil, *v*. tawm tsam me ntsis
cavity, *n*. 1. hniav to; hniav kab noj; 2. qhov taub; qhov khoob uas tsis tau npoog
cayenne, *n*. 1. kua txob; kua txob qhuav; 2. ib lub npe tsheb
CD, *n*. *xis dis*; ib daim kaw lus
cease, *v*. tsum; tso tseg; nres; ncua
cease-fire, *v*. nres tsis sib tua; tso rog tseg
ceaseless, *adj*. tsis tso tseg li
cecum, *n*. yav hnyuv loj hauv qab plab
cedar, *n*. ib hom ntoo muaj nqis heev nyob Mes Kas
cede, *v*. 1. zeem; 2. tso tseg; 3. muab rau
ceiling, *n*. qab nthab
celebrate, *v*. ua kev zoo siab
celebrated, *adj*. muaj koob meej; nrov npe
celebration, *n*. kev zoo siab; kev lom zem
celebrity, *n*. 1. neeg muaj koob meej; 2. kev muaj koob muaj npe
celerity, *n*. qhov ceev; qhov nrawm; qhov maj maj
celesta, *n*. ib hom twj paj nruas
celestial, *adj*. ntsig txog lub ntuj
celiac artery, *n*. leeg ntshav liab nyob ncaj ntawm kaus hauv siab rau haud
celiac ganglion, *n*. cov leeg xa xov rau plab hnyuv
celibacy, *n*. 1. lub sij hawm tsis muaj txwj nkawm; 2. caiv tsis sib tsoob
cell, *n*. 1. ib chav me me; 2. lub hau paus los yog tus cag ntawm ib yam dab tsi; 3. keeb; poov; 4. xov tooj ntawm tes
cellar, *n*. chav los yog chaw uas nyob hauv qab av
cell body of neuron, *n*. keeb txais xov saum lub hlwb (*keeb* yog *cell*)
cell stage, *n*. kev nthuav tawm ntawm cov keeb qe ua me nyuam
cellular, *adj*. ntsig txog lub hau paus los yog tus cag
cellular phone, *n*. xov tooj tes; xov tooj ntawm tes
Celsius, *adj*. ntsig txog qhov kub thiab no uas thaum dej nkoog yog 0° hos dej npau yog 100°
cement, *n*. hmoov sib; xis mas
cementum, *n*. cov txha hmoov sib plooj cag hniav
cemetery, *n*. toj ntxas; chaw faus neeg
Cengcheng Xiong, *n*. Ceeb Tsheej Xyooj uas yog Ywj Pheej thiab Sua V. Xyooj tus tub hlob
censer, *n*. tais hlawv xyab
censor, *n*. tus txwv tsis pub neeg ua tej yam dab tsi (xws li luam ntaub ntawv tawm); -*v*. txwv
censure, *n*. kev qhuab qhia
census, *n*. kev txheeb pej xeem; kev suav kuj cuab neeg; meej hwm
cent, *n*. ib xees (nyiaj Mes Kas)
centaur, *n*. tus uas ib ya yog neeg ib ya yog nees nyob hauv dab neeg
centennial, *n*. 100 xyoo puag zoj; 100 xyoo txwm nkaus
center, *n*. 1. hauv plawv; nruab nrab; 2. ib qhov chaw rau neeg tuaj sib ntsib; 3. lub hauv paus
centigrade, *adj*. ntsig txog *Celsius* uas yog ib txoj kev ntsuas kub thiab no
centimeter, *n*. 1/100 *mev*; 10 *mis lis mev*
centipede, *n*. laum kib tshooj
central, *adj*. 1. hauv plawv; hauv nruab nrab; 2. tseem ceeb; hauv paus
central canal, *n*. plawv hlwb txha nqaj qaum
centralism, *n*. lub tswv yim uas tso meej mom thiab txoj kev tswj hwm rau ib lub hau paus ntawm lub koom haum
centrality, *n*. 1. kev nyob hauv plawv; kev nyiam nyob hauv plawv; 2. qhov zoo uas nyob rau hauv plawv

centralize, *v.* 1. rub los rau hauv plawv; 2. kav hauv plawv tawm tuaj mus; — **centralization** *n.*
central sulcus, *n.* kis hlwb hauv pliaj thiab hlwb xwb qwb
centre, *n.* 1. hauv plawv; nruab nrab; 2. ib qhov chaw rau neeg tuaj sib ntsib (lus nyob As kiv teb)
centrifugal, *adj.* plam hauv lub plawv lawm; tsis ncaj hauv plawv lawm
century, *n.* 100 xyoo; ib ncua caij nyoog muaj 100 xyoo
cephalic, *n.* taub hau (saib *head*)
cephalic vein, *n.* hlab ntshav dub ntawm qaum npab ntug
ceramic, *n.* khoom uas xuas av nplaum puab
cereal, *n.* khoom noj xyaw mis nyuj; khoom ntse mis nyuj
cerebellum, *n.* thooj paj hlwb me nyob ntawm xwb qwb; thooj hlwb uas tuav tej leeg los yog ua rau yus lub cev txav mus los tau
cerebral, *adj.* ntsig txog lub hlwb los yog txoj kev txawj ntse
cerebral palsy, *n.* hlwb puas ua rau tsis meej pem
cerebrate, *v.* xav; siv lub zog ntawm txoj kev xav uas muaj laj thawj; — **cerebration** *n.*
cerebrum, *n.* thooj paj hlwb loj nyob saum taub hau; thooj hlwb uas tuav yus lub cev los yog tej leeg uas ua rau yus txav mus los tau
ceremony, *n.* 1. kab ke; 2. tej yam kev lis kev cai li noj peb caug los yog hu plig
cerise, *n.* liab tseb
certain, *adj.* 1. paub meej; pom tseeb; 2. tseeb; tiag tiag; 3. tsi ntsees tab sis tsis teev npe; 4. yeej yuav
certainly, *adv.* tseeb tiag
certificate, *n.* ntawv pov thawj
certify, *v.* 1. pom zoo; muab ntawv pov thawj rau; 2. txhawb; — **certification** *n.*
certitude, *n.* lub sij hawm uas tab tom yuav paub meej los yog pom tseeb
cerumen, *n.* quav ntsej
cervical, *n.* 1. caj dab; qhov nqia; 2. ncauj tsev me nyuam; 3. txha nqaj qaum ntu pem caj dab
cervical curvature, *n.* txha nqaj nqaum ntu ntawm caj dab; txha caj dab
cervical enlargement, *n.* hlwb txha nqaj qaum ntu ntug (los yog su loj zog) nyob ncaj ntawm hauv siab
cervical orifice, *n.* qhov rooj tsev me nyuam
cervical vertebra, *n.* yas txha caj qwb
cervix, *n.* 1. caj dab; 2. ncauj tsev me nyuam; qhov nqaim nqaim ntawm lub tsev me nyuam
cesarean, *n.* phais me nyuam hauv plab
cesarean section, *n.* phais me nyuam hauv plab vim yug tsis tau lawm
cessation, *n.* nres; kev tso tseg
cession, *n.* kev tab tom nres los yog theem
chafe, *v.* tshiav; txhuam; kuam
chaff, *n.* npluag; npluag nplej
chagrin, *n.* kev txaj muag; kev poob ntsej muag; -*v.* poob ntsej muag; ua rau txaj muag
chain, *n.* saw hlau; -*v.* 1. muab saw hlau khi; 2. txuas; muab saw sib txuas
chain stitch, *n.* paj ntaub cab xov
chair, *n.* 1. rooj zaum; 2. thawj hau rooj; txiv rooj; tus tswj ib pawg neeg los yog koom haum; -*v.* tswj; coj; tuav
chairman, *n.* thawj hau rooj; txiv rooj; thawj tswj
chalk, *n.* hmoov sib; hmoov zeb sib; cwj mem av qhuav; *xaum qhaum* (L)
challenge, *v.* 1. sib tw; 2. cov nyom; -*n.* 1. kev sib tw; 2. teeb meem; kev tsis yooj yim
chamber, *n.* 1. chav; 2. chaw sib tham
chameleon, *n.* ib hom nab qas dev me me uas nws daim tawv txawj hloov tsos
champ, *n.* tus yeej; tus thib ib; -*v.* 1. ntsuas nrov loj heev; 2. tom ua lwj ua liam; 3. tsoo
champagne, *n.* cawv mog
champion, *n.* 1. tus yeej; 2. kev sib tw muaj yeej muaj swb; -*v.* tiv thaiv
championship, *n.* 1. kev sib tw saib leej twg yeej; 2. lub npe ntawm qhov yeej
chance, *n.* 1. hmoo; 2. caij nyoog; sij hawm; 3. caij; cib fim
chancellor, *n.* 1. tus thawj nom hauv tseem fwv; 2. tus thawj ntawm tsev kawm ntawv
chancre, *n.* 1. tawv nqaij to; 2. ib hom

kas cees uas kam paug thiab qawj
chancy, *adj.* pheej hmoo heev
chandelier, *n.* teeb dai
chandler, *n.* 1. tus neeg ua los yog muag tswm ciab; 2. lub lag luam uas ua tej yam tshwj xeeb heev
change, *v.* hloov; pauv; *-n.* 1. nyiaj ntxiv; 2. nyiaj npib; txiaj npib
channel, *n.* 1. tshooj (xws li tshooj TV); kis; 2. qhov tob zog ntawm tus kwj deg; 3. ncauj kev sib tham los yog sib txuas lus; 4. kev dhau ib sab mus rau ib sab; *-v.* xa raws kis; xa ib qho rau ib qho
chant, *v.* 1. hu nkauj; seev suab hu nkauj; 2. ua neeb; *-n.* kev seev suab li ua neeb
Chao Fa, *n.* cov kwv tij Hmoob uas raug Nplog Liab tsim txom nyob hauv lub teb chaws Nplog txij xyoo 1975 los txog rau tam sij no
chaos, *n.* kev ntxhov hnyo; kev puas tsuaj
chaotic, *adj.* 1. lwj liam; liam sim; 2. ntxhov; ntxhov heev
chap, *n.* 1. tawg pleb; nti; 2. npoj yaig; 3. tus txiv neej los yog me nyuam tub; 4. tus neeg yuav khoom
chape, *n.* qhov nyuag hlua me me uas looj los yog khawm rau tej ntsis hnab riam los yog lwm yam kom zoo nkauj los yog kom khov
chapel, *n.* me nyuam tsev teev ntuj
chaperon, *n.* tus laus neeg uas saib xyuas ib pab hluas kom txhob muaj teeb meem
chaperone, *n.* tus laus neeg uas saib xyuas ib pab hluas kom txhob muaj teeb meem
chaplain, *n.* xib fwb thov ntuj nyob hauv tub rog los yog hauv tsev loj cuj
chaps, *n.* ris tawv; ris ntaub tawv uas cov neeg yug nyuj hnav tshooj lawv cov ris
chapter, *n.* 1. tshooj (hauv phau ntawv); 2. ceg (los ntawm tej lub koom haum); 3. ntu
char, *v.* hlawv thee
character, *n.* 1. tsiaj ntawv (li ntawv Suav); tej tug tsiaj ntawv; 2. xeeb ceem; yam ntxwv; cuj pwm; xom lees; 3. ib tus neeg twg; 4. hau thawj; tus neeg tsim nyob rau hauv *mauv vim*
charcoal, *n.* thee
chard, *n.* zaub
charge, *v.* 1. sau nqe; sau nyiaj; 2. ntxiv sia rau (*charge my battery*); 3. liam (*charge him with the crime*); *-n.* lub txim (*what is the charge*); *-n.* nees caij ua rog
chariot, *n.* tsheb tua rog txheej thaum ub uas siv nees cab; tsheb nees
charisma, *n.* hwj chim los yog yam ntxwv uas tsim ua tus coj; yam ntxwv ntxim neeg nyiam; xom lees
charismatic, *adj.* muaj xom lees; muaj hwj chim; ntxim nyiam
charitable, *adj.* ntsig txog kev pab rau cov txom nyem los yog raug kev txom nyem
charity, *n.* 1. kev sib pub; kev sib txhawb; 2. kev cov muaj pub rau cov pluag
charm, *n.* 1. pov haum; 2. qhov ntxim nyiam; 3. ib qhov khoom dai; *-v.* deev siab; ua tau ntxim nyiam
charming, *adj.* 1. ntxim nyiam; ntxim siab; 2. zoo nraug; 3. muaj xom lees
charnel, *n.* chaw rau neeg tuag; tsev rau neeg tuag
charnel house, *n.* chaw rau neeg tuag; tsev rau neeg tuag
chart, *n.* 1. daim qhia kev; 2. duab taw qhia; 3. daim duab kos uas qhia ntau yam nyob rau hauv; *-v.* 1. saib xyuas; 2. teeb muaj paus muaj ntsis; 3. ceev; khaws
charter, *n.* 1. tsab ntawv tso cai; 2. txhooj lij choj; *-v.* 1. tsa ib ceg hauj lwm los yog koom haum; 2. ntiav
chartreuse, *n.* daj ntsuab tshiab tshiab
charwoman, *n.* tus poj niam tu vaj tse
chary, *adj.* ceev faj; xyuam xim
chase, *v.* 1. raws; caum; 2. nrhiav; tshawb; 3. kos rau daim hlau los yog lub txhoj; 4. txiav; *-n.* 1. kev raws; kev caum qab; 2. kev nrhiav; kev tshawb; 3. daim hlau luam ntawv
chasm, *n.* kwj ha ti ti
chassis, *n.* 1. cov qhab uas tuav kom khov; 2. lub khauj khaum; 3. cov ceg thiab cov log ntawm lub dav hlau; 4. daim txiag uas cov khoom ua hauj lwm ntsia rau
chaste, *adj.* 1. caiv tsis nrog poj niam los yog nrog txiv neej pw ua ke;

caiv tsis sib tsoob; 2. dawb huv; 3. zoo; coj zoo; tsis muaj qhov tsuas li; 4. yooj yooj yim heev
chasten, *v*. qhuab qhia
chastise, *v*. 1. rau txim rau; 2. txwv
chat, *v*. tham; sib tham
chateau, *n*. ib lub tsev loj loj nyob tom ntug zos
chattel, *n*. 1. tej khoom uas nqa tau nrog yus mus; 2. qhev; tus neeg ua qhev
chatter, *v*. hais lus ceev ceev los yog hais lus ntau heev
chauffeur, *n*. neeg tsav tsheb
chauvinism, *n*. lub tswv yim uas khav txog yus haiv neeg zoo tshaj lwm haiv neeg; 2. kev siab tawv thiab hlub txog yus haiv neeg thiab lub teb chaws
chaw, *v*. ntsuas; zom (saib *chew*)
chayote, *n*. taub thaj; taub paum (tej suam neeg hu); ib hom taub
cheap, *adj*. pheej yig
cheapskate, *n*. neeg qia dub; neeg cuaj khaum
cheat, *v*. 1. coj tsis ncaj; 2. nyiag; 3. *khib lav* (L)
check, *n*. *tshev*; nyiaj *tshev*; -*v*. 1. tshawb xyuas; txheeb; 2. saib; *kuaj* (L)
checker, *n*. tus neeg txheeb; tus txheeb saib xyuas
check in, *v*. txheeb npe nkag; -*n*. chaw txheeb nkag; chaw txheeb npe nkag
check out, *v*. txheeb npe tawm; -*n*. chaw txheeb tawm; chaw txheeb npe tawm
checkpoint, *n*. chaw txheeb xyuas neeg los yog tsheb
checkup, *n*. kev mus saib kws kho mob los yog kws saib mob
cheek, *n*. plhu
cheekbone, *n*. xub txig
cheep, *v*. hais lus qaug qeb ntsuav
cheer, *v*. txhawb siab ntsws; txhawb dag zog; -*n*. 1. kev zoo siab; 2. cov zaub mov thiab dej haus ntawm ib rooj qav; 3. kev qw kev luag kom siab khov
cheerful, *adj*. kaj siab lug; luag ntxhi
cheese, *n*. roj mis; *tshij*
cheetah, *n*. tsov pos teev; hom tsov uas txaij tej tee tej tee thiab muaj ob kab dub dub nyob hauv qab ob lub qhov muag; hom tso dhia ceev tshaj plaws lwm yam tsiaj, ceev txog 75 *mph* (mais tuaj ib teev), siab txog ob hneev taw ntau, ntev txog tsib hneev taw, thiab hnyav txog 150 *phaus*
chef, *n*. tus kws ua zaub ua mov
chemical, *n*. 1. tshuaj *khes mis*; *khes mis*; tshuaj lom; 2. tshuaj neeg tsim mus txov los yog mus pab lwm yam kom puas ntsoog los yog kom zoo dua qub
chemise, *n*. 1. tiab poj niam hnav tuaj hauv qab; 2. daim tiab uas hnav tau xoob thuav
chemist, *n*. kws tov tshuaj *khes mis*
chemistry, *n*. kev kawm txog tshuaj los yog kev tov tshuaj
chemotherapy, *n*. tshuaj kho mob *kheeb xawm*
cherish, *v*. hlub tshua
cherry, *n*. ib hom txiv ntoo
chess, *n*. kev twv txav hau hwj; ib hom kev twv txiaj los yog ua si
chest, *n*. 1. hauv siab; 2. xub ntiag; 3. hauv nrob (siv rau noog los yog rau qaib)
chestnut, *n*. txiv ntseej
chest pain, *n*. mob hauv siab
chew, *v*. zom; ntsuas; xo
chick, *n*. me nyuam qaib
chicken, *n*. qaib
chicken coop, *n*. cooj qaib
chicken pox, *n*. qoob; ua qoob; qhua maj
chide, *v*. cem
chief, *n*. tus thawj; thawj coj; thawj hau; tus hau; -*adj*. 1. siab tshaj; 2. tseem ceeb tshaj
chieftain, *n*. tus thawj; tus hau; thawj coj
chignon, *n*. pob plaub hau
chilblain, *n*. ua xua; pob khaus
child, *n*. me nyuam (ib tus)
childhood, *n*. lub caij thaum tseem yog me nyuam hluas
childless, *adj*. tsis muaj me nyuam
children, *n*. me nyuam (coob tshaj ob tus rov sauv)
chile, *n*. kua txob; hov txob (saib *chili*)
chili, *n*. kua txob; hov txob
chill, *adj*. no ntxiag; -*v*. ua rau no ntxuj ntxiag; ua kom no tsawv
chilli, *n*. kua txob; hov txob (saib *chili*)
chilly, *adj*. no ntxiag; no tsawv

chimaera, *n.* tus dab uas yus ua yog toog pom
chime, *n.* tswb qhov rooj; lub suab tswb qhov rooj
chimera, *n.* tus dab uas yus ua yog toog pom
chimney, *n.* raj pa taws
chimp, *n.* ib hom liab ntse heev uas Mes Kas siv caij *as paus laus* mus saum hli (saib *chimpanzee*)
chimpanzee, *n.* ib hom liab ntse heev uas Mes Kas siv caij *as paus laus* mus saum hli
chin, *n.* puab tsaig; pob tsaig; kauj tsaig
China, *n.* teb chaws Suav nyob rau sab Es Xias uas muaj nrim teb chaws dav txog 9,596,960 kis lus mev ncig lees thiab muaj pej xeem tag nrho 1,313,973,713 tus nyob rau xyoo 2006; teb chaws Suav muaj thaj tsam li ntawm 9,000,000 tus Hmoob nyob rau xyoo 2000
Chinatown, *n.* zos Suav; nroog Suav
Chinese cabbage, *n.* zaub qhwv Suav
Chinese parsley, *n.* zaub txhwb
chink, *n.* ib kab tawg pleb me me
chip, *n.* 1. ib daim tawv nyias nyias me me uas nti tawm los yog tev tawm; 2. khoom noj tej daim nyias nyias nkig nkig; 3. qos kib; 4. ib daim hlwb hlau uas nruab rau *koos pis tawj*; 5. txiaj hlau los yog lub npib uas siv sawv cev nyiaj; 6. ntshiv ntoo; 7. quav tsiaj qhuav; *-v.* 1. tawg me me; tev me me; 2. pab nyiaj; ib leeg pab me ntsis nyiaj tso ua ke; 3. cuam tshuam
chipmunk, *n.* nas ciav; ib hom nas zoo li nas ciav uas nyob hauv qhov av
chipper, *adj.* kaj siab heev; zoo siab; *-n.* tus neeg uas tev los yog txiav; *-v.* 1. sib tham ua si; 2. quaj (xws li noog quaj)
chiro-, *pref.* tes; txhais tes
chirography, *n.* kev sau ntawv zoo nkauj; ntawv tes
chiromancy, *n.* kev saib tes; kev saib hmoov los ntawm qhov saib tib neeg cov kab tes
chiropractic, *n.* kev kho mob los ntawm qhov tig los yog kho tus txha nqaj qaum
chiropractor, *n.* tus kws kho mob uas tig los yog kho tus txha nqaj qaum
chirrup, *v.* 1. ua suab quaj (li noog quaj los kab quaj); 2. dib (xws li dib nees); ua lub suab dib
chirurgeon, *n.* kws phais neeg
chisel, *n.* txaug; rab txaug; *-v.* txaug
chit, *n.* daim ntawv sau npe lees pab them tej yam nuj nqes
chitchat, *n.* kev sib tham ua si; kev sib khuav (HC)
chivalrous, *adj.* ntsig txog tub rog uas siv ntaj siv riam sib tua
chivalry, *n.* tub rog uas siv ntaj siv riam sib tua xwb
chive, *n.* tshuaj ntsuab zoo li dos
Chiyou, *n.* 1. Txiv Yawg; thawj thawj tus huab tais Hmoob uas keeb kwm teev muaj tseg li 5,000 tawm xyoo dhau los lawm nyob rau Tsuab Luj, sab qaum teb hnub poob ntawm nroog Pej Ceeb. Xyoo 1998, tseem fwv Suav twb puab tau huab tais Txiv Yawg tus pej thuam nrog rau Suav ob tus huab tais Huam Tij thiab Yeeb Tij tsa rau Tsuab Luj, uas tseem fwv Suav yeej kos Txiv Yawg lub npe hu ua Txiv Yawg Tij. Tij txhais tias huab tais; 2. lub npe rau Txiv Yawg Cawm Seej Xyooj, uas yog Ywj Pheej thiab Sua V. Xyooj tus tub ntxawg
Chiyoudi, *n.* Huab Tais Txiv Yawg; thawj thawj tus huab tais Hmoob uas keeb kwm teev muaj tseg li 5,000 tawm xyoo dhau los lawm nyob rau Tsuab Luj, sab qaum teb hnub poob ntawm nroog Pej Ceeb. Xyoo 1998, tseem fwv Suav twb puab tau huab tais Txiv Yawg tus pej thuam nrog rau Suav ob tus huab tais Huam Tij thiab Yeeb Tij tsa rau Tsuab Luj, uas tseem fwv Suav yeej kos Txiv Yawg lub npe hu ua Txiv Yawg Tij. Tij txhais tias huab tais
Chiyou Xiong, *n.* lub npe rau Txiv Yawg Cawm Seej Xyooj uas yog Ywj Pheej thiab Sua Vaj Xyooj tus tub ntxawg
chlamydia, *n.* ib hom kas cees
chloride, *n.* 1. tshuaj tu dej (tu kom txhob muaj kab mob); 2. tshuaj dawb (kom tej khoom li khaub ncaws dawb)
chlorine, *n.* 1. tshuaj tu dej (tu kom txhob muaj kab mob); 2. tshuaj

dawb (uas yog ua kom tej khoom li khaub ncaws dawb)
chock, *n.* ntsia liaj; ntsia thaiv kom txhob plam; tsuas
chockfull, *adj.* puv lawm; phwj lawm
chocolate, *n.* *tshov kaus lev* (uas yog ib yam khoom noj qab zib)
choice, *n.* 1. kev xaiv; 2. qhov xaiv; 3. cov khoom uas muaj ntau ntau yam rau neeg yuav; 4. ncauj ke
choir, *n.* ib pab neeg hu nkauj ua ke (xws li hauv tsev kawm ntawv)
choke, *v.* 1. txhawm chim; 2. zawm caj dab kom txhob ua taus pa; 3. daig raj pas; daig caj dab; -*n.* 1. kev txhawm chim; kev daig raj pas los yog caj dab; 2. qhov qhib cua nyob ntawm lub tshuab rhaub hluav taws xob
choker, *n.* saw caj dab
choko, *n.* taub thaj; ib hom taub
cholelithiasis, *n.* muaj pob zeb nyob hauv tsib
choler, *n.* 1. lub siab luv luv; 2. kev chim siab
cholera, *n.* 1. ib hom mob raws plab, ntuav, kem zis, thiab tsaus muag; 2. mob aws; mob tuag aws
choleric, *adj.* siab luv
cholesterol, *n.* npuas roj; hlab ntshav khub
choose, *v.* xaiv; txiav txim siab
choosey, *adj.* xaiv heev; xaiv xaiv heev
choosy, *adj.* xaiv heev; xaiv xaiv heev
chop, *v.* 1. tsuav; txiav; 2. ntov; 3. npawm
chopper, *n.* 1. tus txiav los yog tus tsuav; 2. dav hlau kiv tshuab
chopping block, *n.* log cam
choppy, *adj.* 1. ua ua theem; tsis du; 2. thawv thawv
chops, *n.* cov nqaij nyob ntawm puab tsaig
chopsticks, *n.* rawg; rawg noj mov
chopsuey, *n.* ib taig qav Suav uas muab nqaij kib nrog kaus taum thiab lwm yam zaub
choral, *adj.* ntsig txog kev hu nkauj los yog ua yeeb yam saum sam thiaj uas muaj neeg coob coob ua ua ke
chorale, *n.* 1. nkauj; zaj nkauj; 2. ib pab neeg coob coob hu nkauj ua ke
chord, *n.* 1. suab paj nruas uas ntaus ntau ntau lub suab ua ke; 2. kev sib phim; 3. kev mob siab
chordae tendineae, *n.* ntshua leeg tuav tom xib plawv
chore, *n.* hauj lwm hauv vaj hauv tsev; hauj lwm uas tau ua txhua txhua hnub
choreography, *n.* kev qhia seev cev
chorister, *n.* tus hu nkauj hauv ib pab neeg hu nkauj
choroid coat, *n.* npluaj hlab ntshav uas qhwv ncig lub taub dej qhov muag
chortle, *v.* luag; luag twb ywm
chorus, *n.* 1. ib pawg neeg hu nkauj ua ke los yog seev cev ua ke; 2. txwm nkauj uas rov hu dua ib lwm ntxiv; -*v.* hu nkauj ua ke
chose, *v.* xaiv (dhau los lawm)
chosen, *adj.* raug xaiv (saib *choose*)
chow, *n.* 1. zaub mov; khoom noj; 2. ib hom dev (aub)
chowder, *n.* kua zaub uas nyeem tsawv
chow mein, *n.* fawm kib
christen, *v.* 1. ntxuav plig; 2. tis npe
Christian, *n.* tus neeg ntseeg Vaj Tswv
Christianity, *n.* dab qhuas Vaj Tswv; kev cai tshiab; dab qhuas tshiab
Christmas, *n.* 12 hlis tim 25 uas yog hnub yug Yes Xus
chrome, *n.* ib hom hlau khov heev thiab tsis paub xeb
chromosome, *n.* cov keeb roj ntshav los yog phev ntawm tib neeg uas txiv neej muaj ib tus *X chromosome* thiab ib tus *Y chromosome* hos poj niam muaj ob tus *X chromosome* xwb. Thaum sib deev, yog tus txiv neej tus *X chromosome* mus tov tau nrog rau tus poj niam tus *X chromosome* ces nkawv tus me nyuam yog me nyuam ntxhais. Yog tus txiv neej tus *Y chromosome* mus tov tau nrog rau tus poj niam tus *X chromosome* ces nkawv tus me nyuam yog me nyuam tub. Li no, tej kws kho mob los yog tshawb nrhiav thiaj paub pab kom tej niam txiv muaj tub los yog muaj ntxhais tau raws siab xav
chronic, *adj.* ib sij ib zaug; tuab ntws; ntev heev
chronicle, *n.* 1. keeb kwm; 2. ntu; 3. paus ntsis; qeb duas; -*v.* sau cia; kaw cia

chronology, *n.* kev tshwm sim paus rau ntsis; sij hawm tseem ceeb nyob hauv keeb kwm ib ntus zuj zus los mus
chubby, *adj.* pham; puv; rog
chuck, *v.* 1. pov tseg; txawb pov tseg; 2. yuam tawm mus; 3. tawm; tso tseg; 4. kov; plhws; *-n.* 1. zaub mov; 2. tus ciaj siv tuav lwm yam khoom; tus ciaj ntswj ntsia hlau
chuckle, *v.* luag twb ywm
chum, *n.* phooj ywg zoo heev
chump, *n.* neeg ruam; neeg ruam qauj
chunk, *n.* 1. thooj; tej thooj; pob; tej pob ntau tsawv; 2. ntu; tej ntu
chunky, *adj.* tej twb thooj
church, *n.* tsev teev ntuj; *tshawj*
churchyard, *n.* toj ntxas nyob ib sab ntawm lub tsev teev ntuj
churl, *n.* 1. neeg phem; neeg siab phem; 2. neeg qia dub; 3. neeg pluag; 4. neeg liaj neeg teb
churn, *n.* lub thoob ua roj mis los yog *npav dawm* (*butter*); *-v.* co; do; muab do
chute, *n.* qhov raj; qhov khoob
cicada, *n.* ib hom kab
cider, *n.* kua txiv *ev paum*
cigar, *n.* luam yeeb (hom loj)
cigarette, *n.* luam yeeb (ua tej tus lawm)
cilantro, *n.* zaub txhwb
ciliary body, *n.* cov npluag ntshav uas lo kiag rau lub tsom ntsiab qhov muag
cinch, *n.* 1. hlua pav; hlua com; 2. yam muaj tseeb
cinchona, *n.* ib hom ntoo nyob Mes Kas Qab Teb
cincture, *n.* siv; hlua
cinder, *n.* hluav; hmoov av (los ntawm cov ntoo uas kub hnyiab tag lawm)
cinema, *n. xes nes mas*; chaw saib *xes nes mas*
cinnamon, *n.* txuj lom
circa, *prep.* thaj tsam; kwv yees
circle, *n.* yeej; voj voos; kheej kheej puag ncig; *-v.* yuj; ncig; vij
circuit, *n.* 1. ciaj ciam; 2. ib txoj kab hluav taws xob
circuitous, *adj.* yeej yeej; kheej kheej
circular, *adj.* 1. kheej kheej; yeej yeej; 2. kiv ncig
circulate, *v.* ncig; kiv
circulation, *n.* 1. kev ncig mus ncig los xws li tej roj ntsha; 2. kev kiv mus kiv los
circumcise, *v.* txiav daim tawv qau tawm
circumcision, *n.* kev txiav daim tawv qau tawm
circumference, *n.* ntug ntawm lub yeej
circumflex artery, *n.* leeg ntshav plawv liab
circumscribe, *v.* 1. khij kab ncig; 2. txwv
circumspect, *adj.* ceev faj
circumstance, *n.* zwj ceeb; lub caij nyoog
circumvent, *v.* nrhiav kev lug kom dhau; hla dhau
circus, *n.* tsiaj thiab neeg dhia ua txuj ci yeeb yam rau neeg saib
cirrhosis, *n.* mob siab khov; daim siab mob tau ntev uas thaum kawg ua rau roj ntsha dhau tsis taus
cistern, *n.* thawv dej nyob hauv av
citadel, *n.* yeej rog; chaw tiv thaiv; chaw khov
cite, *v.* 1. ntsiab; 2. teev
citizen, *n.* pej xeem (ntawm ib lub teb chaws)
citizenship, *n.* haiv neeg; pej xeem
citronella, *n.* tauj dub
city, *n.* nroog; zej zog
city hall, *n.* 1. lub tsev los yog qhov chaw ua hauj lwm rau hauv lub zos los yog lub nroog; 2. qhov chaw tus hau nroog ua hauj lwm
civet, *n.* mab; mab txho; ib hom tsiaj
civic, *adj.* ntsig txog hauj lwm pej xeem huab hwm; hauj lwm pab zej zog
civics, *n.* kev kawm txog feem xyuam ntawm pej xeem
civil, *adj.* 1. ntsig txog pej xeem huab hwm; 2. paub cai; 3. ntsig txog plaub ntug uas ib tus ua txhaum ib tus
civilian, *n.* laj mej pej xeem; neeg pej xeem (uas tsis yog tub rog)
civilization, *n.* kev vam meej
civilize, *v.* tsim kom vam meej; nrhiav kev vam meej
civil liberty, *n.* txoj kev ywj pheej ywj siab uas tseem fwv tsis cuam tshuam
civil rights, *n.* tej cai uas pej xeem muaj
civil service, *n.* hauj lwm hauv tseem

fwv
civil war, *n.* tsov rog ntawm cov neeg hauv ib lub teb chaws
claim, *v.* aws; txeeb; txhav
clamp, *n.* thi; lub thi; -*v.* thi
clan, *n.* xeem; lub xeem xws li xeem Xyooj, Yaj, Vaj, Lis thiab lwm xeem; nyob rau Nplog teb thiab teb chaws Mes Kas Hmoob muaj 18 xeem; nyob rau teb chaws Suav, Hmoob muaj coob tshaj 18 xeem
clandestine, *adj.* 1. zais heev; npog heev; 2. ntsig txog kev ntxeev teb chaws
clap, *v.* npuaj teg; -*n.* kev npuaj teg
clarify, *v.* tshab; tshab txhais; piav kom meej
clarinet, *n.* raj pum liv; raj hliav ncauj
clarion, *adj.* nrov thiab meej
clarity, *n.* qhov pom tseeb; qhov meej pem
clash, *v.* sib tsoo; sib nraus
clasp, *v.* tuav; ntsiab
class, *n.* 1. chav qhia ntawv; 2. theem (xws li theem neeg muaj los yog theem neeg pluag); qeb; 3. cov neeg muaj, pes nrab, los yog neeg pluag
classic, *adj.* 1. qub thiab zoo heev; 2. qauv zoo rau suav daws taug
classical, *n.* tej yam neeg tsim tseg uas ib txheej nyiam dhau ib txheej
classified, *adj.* txwv tsis pub neeg pom; zais heev
classify, *v.* teeb txheeb; tso kom muaj pawg
classmate, *n.* phooj ywg kawm ntawv ua ke; cov neeg uas kawm ntawv ua ke
classroom, *n.* chav kawm ntawv
clause, *n.* ib kab lus; ib zaj lus
claustrophobia, *n.* kev ntshai tej chaw ti ti los yog nqaim nqaim
clavicle, *n.* qais
claw, *n.* rau (xws li rau tes rau taw)
clay, *n.* av nplaum
clean, *adj.* 1. huv; 2. du dais; -*v.* 1. tu (kom huv), 2. cheb; 3. ntxuav
cleanse, *v.* tu kom huv
clear, *adj.* 1. kaj lug; 2. ntshiab; 3. meej; -*v.* 1. tshem; tshem kom du; 2. tho kom du (*clear the path*); 3. luaj teb (*clear the field*)
clearing, *n.* qhov chaw uas tsis muaj xyoob ntoo nyob ze
clearly, *adv.* meej meej; tseeb tseeb
cleavage, *n.* 1. kev sib cais los yog sib nrug; 2. qhov nrug; 3. tus kwj uas nyob nruab nrab ntawm poj niam ob lub mis; 4. keeb me nyuam huam
cleave, *v.* 1. phua; phais; 2. tuav zoo zoo; nyob nrog nraim
cleaver, *n.* 1. taus; rab taus; 2. ib hom nroj tsuag
cleavers, *n.* ib hom nroj tsuag
cleft, *n.* qhov tawg; qhov nrib; -*adj.* tawg; nrib
clement, *adj.* 1. yooj yim; tsis nruj tsis tsiv; 2. haum siab; yuav nyog; 3. tab tom haum (xws li tsis kub tsis no)
clench, *v.* 1. tuav ruaj ruaj; 2. kaw khov khov
clergy, *n.* xib fwb teev ntuj; pab neeg coj dab qhuas
clerical, *adj.* 1. ntsig txog kev teev ntuj; 2. ntsig txog tus neeg lis ntaub ntawv los yog qhov chaw hauj lwm
clerk, *n.* 1. tus neeg muag khoom; 2. tus neeg lis ntaub ntawv
clerk typist, *n.* tus neeg ntaus ntawv
clever, *adj.* 1. ntse; 2. paub ntau yam
cliché, *n.* lus siav; lus swm; lus piv txwv; paj lus
click, *n.* lub suab nrov nrej los yog nrov nrawj; -*v.* 1. ua kom dho; 2. to taub; nkag siab
client, *n.* tus neeg uas tau txais kev pab cuam (los ntawm lwm tus neeg txawj ntse xws li kws lij choj); tus siv; tus thov kev pab
clientele, *n.* pawg neeg uas txais kev pab cuam los ntawm tus neeg txawj ntse los yog los ntawm tej lub koom haum
cliff, *n.* ntsa tsua; qab tsua; qab tsuas (suab sis los ntawm *tsua*)
climate, *n.* ntuj siab; dej nag huab cua
climax, *n.* 1. ncov; lub ncov; 2. qhov siab tshaj
climb, *n.* nce (ntoo)
clinch, *v.* 1. pav khov kho; 2. tuav khov kho; 3. nyob twb ywm; nyob tus tus
cling, *v.* 1. tuav ruaj ruaj; 2. nyob nrog nraim
clinic, *n.* chaw saib mob; chaw tshuaj mob
clip, *v.* 1. khawm; 2. txiav; txiav tawm; 3. ntaus; -*n.* koob khawm
clipper, *n.* 1. kev khawm; 2. hom nkoj

uas mus ceev heev
clique, *n.* ib pab neeg uas koom tes ua tej yam zais zais
clitoris, *n.* ple; kaus ple; kaus ntsav (M); ib yam uas nyob ntawm poj niam qhov chaw mos
cloak, *n.* 1. lub hau; 2. daim ntaub npog; 3. daim ntxaij; 4. kev ua txuj; -*v.* 1. npog; zais; 2. vov; khwb; kaw
clobber, *v.* ntaus siv zog heev; siv zog ntaus heev
clock, *n.* teev; teev caij; thaus; lub *moo* (L) uas txawb hauv plag tsev los yog dai ntawm phab ntsa
clockwise, *adv.* rau sab xis; tig rau sab xis
clod, *n.* 1. thooj; pawg; 2. neeg tsis muaj siab
clog, *v.* daig; -*n.* qhov daig; thooj uas ua rau daig
clone, *n.* kev nchuav kom tau zoo li tus qub; kev theej; -*v.* nchuav; theej
close, *v.* kaw (qhov rooj); -*adv.* 1. ze ze; 2. txheeb; -*adj.* 1. zais; 2. ncaj; 3. ze heev
closet, *n.* chaw dai khaub ncaws
closure, *n.* 1. kev kaw tseg; muaj tej yam dab tsi kaw tseg; 2. yam ua kom kaw
cloth, *n.* ntaub
clothe, *n.* ris tsho; khaub ncaws; -*v.* hnav
clothesline, *n.* hlua ziab khaub ncaws
clothier, *n.* neeg muag khaub ncaws
clothing, *n.* khaub ncaws; ris tsho
cloud, *n.* 1. huab; 2. tej yam tsaus tsaus los yog txaus txaus ntshai
cloudburst, *n.* nag loj (uas los tsis ceeb toom li); ib kob nag loj loj uas tos nco ces los sib laub sib lug xwb
cloudy urine, *n.* zis nro heev
clout, *n.* 1. ib nrig; tsoo; 2. hwj chim; meej mom; 3. kev muaj neeg nyiam; -*v.* ntaus nias qees
clove, *n.* 1. nplais; ib nplais ntawm ib lub xws li lub qej; 2. ib hom paj nyob rau teb chaws Is Dias sab hnub tuaj siv ua txuj lom; -*v.* tho los yog phua (yav dhau los ntawm *cleave*)
clover, *n.* ib hom nroj tsuag uas muaj peb daim nplooj
cloverleaf, *n.* kev tsheb ncaim tawm mus rau lwm txoj (uas ua khaub lig kiv tawm)
clown, *n.* tus neeg ua yeeb yam uas hnav khaub ncaws loj loj thiab pleev plhu phem phem
cloy, *v.* muab los yog tso tau tshaj qhov haum lawm (ua rau daw lawm)
club, *n.* 1. qws; tog qws; 2. koom haum ntawm tej pawg neeg; -*v.* xuas qws ntaus
cluck, *v.* cuab (li qaib cuab); qhoob
clue, *n.* lw; qhov qhia kom paub
clump, *n.* ib pawg pawg; ib koog koog; 2. lub suab nrov loj loj
clumsy, *adj.* txia dej; tsis meej pem; tom ntej tom qab
clung, *v.* tuav (dhau los lawm, saib *cling*); 2. nyob nrog nraim (dhau los lawm, saib *cling*)
clunker, *n.* tsheb qub
cluster, *v.* ua ib pawg pawg; ua ib koog; -*n.* pawg
clutch, *v.* ntsiab; txhom; -*n.* 1. txhais tes los yog cov rau uas ntsiab ib yam dab tsi; 2. kev tswj; 3. tus rua cias tsheb; tus qhib cias tsheb
clutter, *v.* tso ub no thaiv kev; pov ub pov no thaiv kev
co-, *prefix.* nrog; koom (ib lo lus txuas tom hauv ntej ntawm lwm lo lus)
coach, *n.* 1. tus xib fwb; tus qhia; 2. tsheb thauj neeg; 3. pawg neeg caij dav hlau uas caij cov rooj pheej yig zog; -*v.* qhia; cob; coj
coagulate, *v.* khov ua thooj; nkoog
coal, *n.* thee; hluav ncaig
coalesce, *v.* 1. loj hlob ua ke; 2. koom ua ke; sib koom
coalition, *n.* kev sib koom ua ib ke (mus ib ncua sij hawm)
coarse, *adj.* ntxhib; tsis mos
coast, *n.* ntug hiav txwv; -*v.* 1. txav los yog mus yam tsis tau siv dag siv zog li; 2. caij cav nqes taug
coaster, *n.* 1. lub phaj tiag hauv qab khob los yog tiag lwm lub tais kom txhob kub los yog kom zoo nkauj; 2. lub nkoj uas ua luam taug ntug dej; 3. lub me nyuam tawb uas muaj log ntog
coast guard, *n.* cov peeb zeej (tub rog) uas tiv thaiv taug ntug hiav txwv
coastline, *n.* ciaj ciam ntawm ntug hiav txwv
coat, *n.* tsho tiv no; tsho loj
coax, *v.* ntxias

cobble, *v*. muab lo ua ke; muab cob ua ke
cobbler, *n*. neeg ua khau
cobra, *n*. nab raj kub sai
cobweb, *n*. tsev kab laug sab
cocaine, *n*. ib hom yaj yeeb ua tawm hauv Mes Kas Qab Teb
coccyx, *n*. txha nqaj qaum ntu nram caj tw; txha kaus tw; kaus tw
cochlea, *n*. qia ntsej
cock, *n*. lau qaib
cockade, *n*. lub paj hlua los yog pob hlua khi rau saum lub kos mom; daim cim nyob ntawm lub kos mom
cockatoo, *n*. ib hom noog zoo li lom kaub nyob Auv Tas Lias
cockeyed, *adj*. 1. zij rau ib sab; 2. vwm me me lawm
cockle, *n*. ib hom pias deg; 2. ib hom nroj tsuag tuaj ntawm tej hav teb
cock-of-the-rock, *n*. ib hom noog
cockpit, *n*. chaw tsav dav hlau
cockroach, *n*. kab laum; laum
cocktail, *n*. 1. cawv haus tov nrog lwm yam thiab nrog daus (dej khov); 2. khoom noj txom ncauj
cocky, *adj*. tso siab dhau; khav txiv heev
coco, *n*. 1. ntoo *maj phaub* (L); 2. txiv *maj phaub* (L)
cocoa, *n*. 1. ib co hmoov noob txiv; 2. cov dej haus uas ua los ntawm cov hmoov noob txiv *cocoa*
coconut, *n*. txiv *maj phaub* (L)
cocoon, *n*. plhaub kab
coddle, *v*. ua zoo heev rau; hlub heev
code, *n*. 1. cai; kev cai; 2. lus zais; ib cov lus sib tham ntawm tej pawg neeg kom lwm tus txhob paub
codeine, *n*. ib hom tshuaj hnoos
codfish, *n*. ntses las ntsev
codger, *n*. neeg twm xeeb
codify, *v*. teeb txheeb kom zoo zoo
coed, *n*. tus me nyuam ntxhais kawm ntawv ntawm lub tsev kawm uas muaj poj niam txiv neej kawm ua ke
co-education, *n*. tsev kawm ntawv uas poj niam txiv neej kawm ua ke
coerce, *v*. yuam; quab yuam
coercion, *n*. kev quab yuam
coercive, *adj*. yuam cai heev
coffee, *n*. *kas fes*; ib yam dej haus kom txhob tsaug zog
coffee maker, *n*. qhws los yog lauj kaub ua *kas fes*
coffeepot, *n*. 1. lub taub rau *kas fes*; 2. lub taub txhab *kas fes*
coffee shop, *n*. khw muag *kas fes*
coffee table, *n*. rooj txawb *kas fes*; rooj *kas fes*
coffer, *n*. thawv rau khoom tseem ceeb
coffin, *n*. hleb; lub hleb rau neeg tuag
cogent, *adj*. raug siab heev; haum siab heev
cogitate, *v*. xav dua
cognate, *adj*. sib ze; sib xws; sib thooj
cognition, *n*. qhov ua kom paub txog; txoj kev ua kom paub
cognizance, *n*. kev paub txog
cohabit, *v*. nyob ua ke li niam txiv (tab sis tsis tau yog niam txiv)
cohabitation, *n*. txoj kev nyob ua ke li niam txiv
cohere, *v*. nyob ua ke; sib koom ua ke
coherent, *adj*. sib raws; sib haum; zoo sib phim
cohesion, *n*. kev nyob sib haum ua ib pab ib pawg
cohort, *n*. 1. ib pab tub rog los yog peeb zeej; 2. tus nrog yus nraim
coil, *v*. muab kauv ntswj lees; tig ntswj lees; -*n*. 1. hlua ntswj los yog tej yam uas ntswj ntswj; 2. kev ntxhov siab
coin, *n*. nyiaj npib; -*v*. 1. tsim; 2. nchuav; 3. rhawv
coincide, *v*. tshwm ncaj; los ncaj; los sib ncaj; los tom thawj
coincidence, *n*. qhov uas ob peb yam cia li lam los sib ncaj los yog sib ntsib ua ke yam tsis npaj thiab tsis ras txog li; kev tom thawj
coincidentally, *adv*. tom thawj
coital, *adj*. ntsig txog kev sib deev
coitus, *n*. 1. kev sib deev; kev pw ua ke; kev sib ua sib tsoob; 2. kev rab qau nkag rau hauv lub paum uas ua tau phev tawm
coitus interruptus, *n*. kev rho qau tawm hauv lub paum ua ntej los phev
cola, *n*. dej qab zib
cold, *adj*. no no; -*n*. 1. khaub thuas; mob plab dias hau; 2. kev no; txoj kev no
cold-blooded, *adj*. siab phem siab txia ntshav
coleslaw, *n*. zaub *xam lav*
colic, *n*. mob plab (cuag riam hlais);

mob plab ntswj
coliseum, *n.* tsev loj sib tham los yog ua kev lom zem
colitis, *n.* mob tog hnyuv laus
collaborate, *v.* 1. koom tes (nrog lwm tus ua ib yam dab tsi ua ke); 2. pab yeeb ncuab; —**collaboration** *n.*
collaborative, *adj.* sib koom tes ua
collaborator, *n.* tus neeg koom tes
collapse, *v.* ntog; vau; poob; *-n.* kev ntog; kev vau; —**collapsible, collapsable** *adj*; —**collapsibility** *n.*
collar, *n.* ntsej tsho; *-v.* tuav ntsej tsho
collar bone, *n.* qais; tus qais nyob ntawm caj dab
collate, *v.* 1. ua zoo piv; ua twb zoo muab sib piv; 2. teeb ua pab ua pawg
collateral, *n.* yam khoom tseem ceeb uas coj mus yuam nqe los yog nias nqe txais nyiaj; *-adj.* 1. tom qab; tseem ceeb thib ob; 1. los ntawm tib tus poj koob yawg koob
collation, *n.* 1. kev ua twb zoo muab siv piv; 2. ib puag noj me me
colleague, *n.* npoj yaig
collect, *v.* sau; coj los; —**collection** *n.*
collecting duct, *n.* hlab cuag kua faj siv
collectively, *adv.* nplawg ntia; ua ke; zom zaws
college, *n.* tsev kawm ntawv qeb siab; tsev kawm qeb siab
collide, *v.* sib tsoo
collie, *n.* ib hom dev uas loj loj thiab muaj plaub ntev ntev
colligate, *v.* muab khi ua ke; muab tso ua pawg: —**colligation** *n.*
collision, *n.* kev sib tsoo los yog sib nraus (*car collision*)
collogue, *v.* nyiag sib tham; sib tuav hauv
colloquial, *adj.* ntsig txog cov lus uas tsuas siv thiab to taub nyob rau tej cheeb tsam xwb
colloquy, *n.* kev sib tham xws li sau ntawv sib cuag
collude, *v.* tuav hauv nyiag ua ib yam dab tsi
collusion, *n.* kev nyiag tuav hauv ua ib yam dab tsi
cologne, *n.* dej tsw qab; tshuaj tsw qab
colon, *n.* 1. yav hnyuv loj; yav hnyuv loj uas cob rau ntawm qhov quav; 2. cim teev lus xws li "**:**"
colonel, *n.* hnub qub plaub; kaus laus nias; khawb naum
colonize, *v.* kav ib lub teb chaws uas tsis yog yus lub; tswj lwm lub teb chaws; ib haiv neeg kav lwm haiv neeg lub teb chaws
colony, *n.* 1. lub teb chaws uas raug kav los ntawm lwm haiv neeg; 2. cov neeg uas kav lub teb chaws
color, *n.* tsos (los ntawm lo lus *tsos liab tsos dub*); txhim (los ntawm lo lus *sam txhim*); *xim* (L); *-v.* foo; sam; pleev; tso txhim rau; muab tsos rau; zas txhim
Colorado, *n.* xeev Khas Laus Las Daus
color-blind, *adj.* tsis paub tias tsos twg yog tsos twg; tsis pom muaj tsos li
colored, *adj.* 1. muaj tsos ntau heev; muaj txhim ntau heev; 2. tus neeg uas tawv nqaij txawv tus neeg tawv dawb
colossal, *adj.* loj loj heev; zoo zoo heev
colossus, *n.* tej yam loj loj los yog zoo zoo heev
colt, *n.* me nyuam nees
column, *n.* 1. kab; qhov chaw nruab nrab ntawm ob txoj kab sawv ntsug; 2. tsab ntawv xov xwm; 3. ib pab xws li tub rog
coma, *n.* mob tsis xeev tau ntev heev; mob yam tsis nco qab li lawm
comb, *n.* zuag; zuag ntsis plaub hau; -*v.* ntsis
combat, *v.* tua; sib tua (nyob tom tshav rog)
combatant, *n.* tub rog; peeb zeej (C)
combination, *n.* 1. kev sib txuas; 2. cov zauv qhib lub ntsug phoo
combine, *v.* txuas; muab sib txuas
combining visual images, visual recognition of objects, *n.* thooj hlwb tswj kev pom thiab paub tej ub no
combustible, *adj.* txais hluav taws zoo; kub hnyiab yooj yim
come, *v.* 1. tuaj; 2. los
come back, *v.* 1. rov qab los; 2. rov qab tuaj; *-n.* 1. lus teb; lus cav ncauj; 2. rov qab los ua txoj hauj lwm qub
comedian, *n.* kws tso luag; kws ua

yeeb yam kom neeg luag
comedienne, *n.* kws tso luag poj niam; tus poj niam uas hais lus txaus txaus luag rau neeg mloog
comedy, *n.* kev ua yeeb yam tso luag
comely, *adj.* ntxim nyiam; zoo nkauj heev
comet, *n.* ib lub hnub qub uas ci heev thiab muaj ib tus ko tw
comfort, *v.* 1. nplig; 2. ntxias kom zoo siab; -*n.* kev nyab xeeb
comfortable, *adj.* xis cev; kaj siab; nyab xeeb
comic, *adj.* txaus luag; -*n.* phau ntawv uas kos neeg raws zaj dab neeg rau me nyuam yaus saib
coming, *adj.* 1. yuav los; yuav tuaj; 2. tom ntej no
comma, *n.* lub cim ncia kab lus xws li ","
command, *v.* 1. txib; hais; 2. tswj; -*n.* 1. kev txib; 2. cov lus txib; 3. cov tub rog uas raug txib
commandeer, *v.* txhav; txeeb los ntawm lub zog
commander, *n.* 1. hau rog; tus tuam thawj tub rog; 2. tus coj
commandment, *n.* 1. lus txib; 2. qhov yuav tau ua raws
commemorate, *v.* nco txog; ua kev nco txog
commemoration, *n.* kev nco txog ib tus neeg los yog ib yam tseem ceeb
commence, *v.* pib
commencement, *n.* 1. qhov pib; 2. kab ke zoo siab rau cov kawm ntawv tiav
commend, *v.* 1. cob rau; tso rau; 2. txhawb; 3. qhuas; pab qhuas
commensurate, *adj.* 1. sib npaug; zoo tib yam; 2. mus sib raws; mus ua ke; 3. raws tib tus txhooj los yog tib tus qauv; —**commensurately** *adv*; —**commensuration** *n.*
comment, *n.* kev xav; tswv yim; -*v.* tawm tswv yim
commentary, *n.* tej lus xav; tej tswv yim
commentator, *n.* tus neeg uas taw qhia qhov zoo qhov phem nyob hauv xov xwm
commerce, *n.* lag luam; kev ua lag ua luam
commercial, *adj.* ntsig txog lag luam; -*n.* xov xwm tshaj txog lag luam
commercialize, *v.* muab ua lag ua luam; muab ntxeev ua lag luam
commingle, *v.* tov; muab sib xyaws
commiserate, *v.* hlub; pab hlub; —**commiseration** *n.*
commissary, *n.* khw rau tub rog
commission, *n.* 1. hauj lwm uas tau cai tso ua; 2. cov neeg txiav txim; 3. nyiaj nqi tes; -*v.* 1. tso cai rau; 2. txib kom hauj lwm tiav
commissioner, *n.* 1. tus neeg uas raug cai ua tej yam dab tsi; 2. ib tus coj ntawm tseem fwv
commit, *v.* 1. mob siab rau; rau siab; 2. cog lus tseg; 3. ua txhaum txim (*commit a crime*); thab
commitment, *n.* 1. kev mob siab; kev rau siab; 2. lus cog tseg
committee, *n.* 1. rooj neeg saib xyuas; 2. ib pawg neeg tsa los dhia ib txoj hauj lwm
commodious, *adj.* dav heev
commodity, *n.* khoom muag
commodore, *n.* 1. hau rog hauv nkoj; 2. tus neeg saib ib co nkoj lag luam
common, *adj.* 1. zoo sib xws; 2. niaj hnub ua los yog niaj hnub pom
common bile duct, *n.* hlab kua tsib
common carotid artery, *n.* hlab ntshav liab ntawm caj dab uas nce mus rau saum taub hau
common ground, *n.* qhov nruab nrab; qhov haum suav daws siab
common iliac artery, *n.* leeg ntshav liab ntawm ntsag
common iliac vein, *n.* leeg ntshav dub ntawm ntsag
commonplace, *n.* ib zaj lus piv txwv; ib zaj lus uas neeg niaj hnub hais; -*adj.* tsis txawv deb; zoo li qub
common sense, *n.* 1. qhov yus xav tias zoo los yog haum suav daws; 2. qhov yus tus kheej yuav taus
commonweal, *n.* 1. qhov zoo rau suav daws; 2. qhov zoo rau tej pej xeem suav daws
commonwealth, *n.* teb chaws
commotion, *n.* ib qhov xwm txheej nrov ua rau neeg ntsauv zom zaws
commune, *v.* sib tham; sib txuas lus; -*n.* 1. lub chaw los yog lub zos uas suav daws ua hauj lwm sib koom ua ke; 2. lub tsev uas suav daws nyob

communicate, *v.* sib txuas lus; sib tham; sib thoob tsib to nrog
communication, *n.* 1. kev sib tham; 2. kev sib nug moo
Communion, *n.* txoj kev cai uas cov ntseeg Yes Xus noj *nplem* thiab haus cawv nco txog Yes Xus pluas mov kawg
communiqué, *n.* ib tsab lus tshaj xo rau suav daws; lus tshaj xo
communism, *n.* kev cai kooj tsham; kev cai *koos mus niv*
communist, *n.* tus neeg coj kev cai kooj tsham
community, *n.* cuab (xws li lub cuab lub yig); zos
commute, *v.* 1. dhia kev mus mus los los txhua txhua hnub; 2. txo lub txim kom qes zog
compact, *adj.* 1. me me; luv luv; 2. ti ti; 3. tseem ntsiab; *-n.* 1. ib qho lus cog tseg; 2. ib lub me nyuam thawv rau khoom siv; 3. hom tsheb me me
compact disc, *n.* daim xis dis; CD
companion, *n.* kwv luag; tus ua luag
company, *n.* 1. tsev ua khoom ub no; tsev ua hauj lwm; *koos pas nis*; 2. qhua; cov neeg tuaj saib koj; 3. nceeg pua; ib pawg tub rog uas muaj li 60 mus rau 100 leej
compare, *v.* piv; sib piv
comparison, *n.* piv txwv; kev sib piv
compartment, *n.* chaw rau khoom
compass, *n.* 1. twj taw kev; lub taw kev; 2. cwj khij voj voog
compassion, *n.* kev pab tu siab; kev pab hlub tshua
compassionate, *adj.* mob siab; hlub tshua; to taub zoo txog
compatible, *adj.* 1. sib txuam tau nrog rau lwm yam; ua hauj lwm nrog lwm yam tau; 2. ib yam lwm qhov los yog lwm yam
compatriot, *n.* 1. neeg koom ib lub teb chaws; 2. npoj yaig
compel, *v.* yuam; quab yuam
compendious, *adj.* ntxaws thiab tseem ntsiab
compendium, *n.* ntsiab lus; qhov tseem ceeb uas muab zuaj tsawg tawg los ntawm ib yam dab tsi los yog ib phau ntawv
compensate, *v.* 1. them; 2. tuav tsam; ntaus nqi
compensation, *n.* nqi tes; nqi zog
compete, *v.* sib tw; sib twv; lwv; sib lwv (lis lwv kwv txhiaj)
competence, *n.* cuab kav; peev xwm; **—competency** *n.*
competent, *adj.* muaj cuab kav; muaj peev xwm
competition, *n.* kev sib twv; kev sib txeeb
competitor, *n.* tus neeg sib twv
compile, *v.* 1. khaws los ua ke; khaws cia; 2. teeb ua phau; tum ua pawg; **—compiler** *n.*
complacency, *n.* tus kheej li kev zoo siab; kev txaus siab ntawm yus tus kheej
complain, *v.* yws; cem
complaint, *n.* kev yws; kev tsis txaus siab
complement, *n.* yam uas ua tiav lawm; qhov ua txhij lawm
complete, *v.* ua tiav; ua tag lawm; *-adj.* txhij; **—completion** *n.*
completely, *adv.* 1. hlo (li *zoo hlo*); 2. nrho (li *tag nrho*); 3. du dais; du lug (li *lawm du lug*)
complex, *adj.* 1. muaj ntau ceg; 2. cov cov
complexion, *n.* tawv nqaij; tsos tawv nqaij (feem ntau yog ntawm ntsej muag)
complexity, *n.* kev sib rig sib chab sib chaw; kev tsis yooj yim; kev cov nyom
compliance, *n.* kev koom tes ua raws txoj cai; kev ua raws
compliant, *adj.* koom tes; ua raws
complicate, *v.* ua kom cov; ua kom tsis yooj yim; *-adj.* cov heev, sib chab sib chaws ua rau daws tsis tau li; —**complication** *n.*
complicity, *n.* kev sib koom tes rau tej yam txhaum cai
compliment, *v.* qhuas; *-n.* lus qhuas; lus txhawb siab
complimentary, *adj.* 1. qhuas; 2. dawb; pub dawb
comply, *v.* ua raws; coj raws
component, *n.* ib qho ntawm qhov loj loj; ib feem ntawm tej yam loj loj
comport, *v.* 1. pom zoo; 2. coj tus xeeb ceem
compose, *v.* 1. tsim; muab tso ua ke; 2. nyob twb ywm; nyob tus yees

composed, *adj*. siab txias txias; tsis chim li
composer, *n*. tus tsim (xws li tsim paj nruag)
composite, *adj*. ntau ntau yam sib txuam ua ke; *-n*. ib hom txiag los yog nqaj ua tsev uas lawv muab ntau ntau yam khoom los sib tov ua; —**composition** *n*.
composure, *n*. kev nyob tus yees; kev nyob twb ywm
compound, *v*. ntxiv ua ke; sib txuas; sib tov; *-adj*. muaj ob qho los ntau dua nyob ua ke
comprehend, *v*. 1. to taub; nkag siab; 2. suav nrog (ua ke); xam tib si
comprehensible, *adj*. muaj peev xwm to taub txog; nkag siab nyog
comprehension, *n*. 1. kev to taub; kev nkag siab txog; 2. cov tswv yim uas yuav tsum muaj los ntawm txoj kev nkag siab; 3. kev muaj ntxaws ntxaws nyob ua ib ke
comprehensive, *adj*. ntxaws; ntxaws ntxaws; meej meej; muaj txhua txhua; —**comprehensiveness** *n*.
compress, *v*. zuaj; zuaj los ua ke; nias los ua ke; *-n*. daim ntaub uas qhwv qhov nqaij to; ntaub qhwv mob
compressed, *adj*. zuaj ua ib ke
comprise, *v*. 1. ntim; rau; 2. muaj
compromise, *v*. sib hais rau qhov nruab nrab; sib hais kom haum ob tog
comptroller, *n*. neeg ceev nyiaj txiag
compulsion, *n*. 1. kev quab yuam; 2. kev quav rau ib yam dab tsi
compulsive, *adj*. 1. muaj peev xwm yuam tau; 2. quav; vwm rau lawm; —**compulsiveness** *n*.
compulsory, *adj*. 1. yuam; 2. yuav tsum tau ua
compunction, *n*. 1. kev tu siab; kev xav txog lig; 2. kev txhaum
compute, *v*. xam; suav; —**computability** *n*; —**computable** *adj*.
computer, *n*. *koos phis tawj*; twj ntaus ntawv
comrade, *n*. npoj yaig; kwv luag
con, *adv*. tawm tsam; *-n*. 1. neeg raug txim; 2. tog sab tod; *-v*. nyiag
conceal, *v*. npog; zais
concede, *v*. muab rau; tso cai
conceit, *n*. kev saib tus kheej siab heev; kev khav theeb
conceited, *adj*. khav theeb heev; coj hwj chim heev; cuab hlob heev
conceive, *v*. 1. xeeb tub; 2. xav txog; ras txog; —**conceivable** *adj*.
concenter, *v*. tuaj ua ke rau hauv qhov chaw uas neeg tuaj coob coob
concentrate, *v*. 1. ua siab tus tus; feeb meej meej; npaj zoo zoo rau ib qho; 2. tsi ntsees rau ib qhov twg xwb; txhob vuag ub vuag no ntau ntau; 3. sib koom rau ib qho; sib loos rau ib qho chaw
concentration, planning, problem solving, *n*. thooj hlwb tswj kev coj tus, npaj, daws teeb meem
concentric, *adj*. muaj ib lub chaw rau suav daws koom; muaj ib qhov chaw nruab nrab
concept, *n*. 1. tswv yim; 2. ntsiab lus
conception, *n*. 1. kev xeeb me nyuam; 2. kev to taub lub tswv yim; 3. qhov uas tshwm sim nyob hauv lub hlwb los yog hauv txoj kev xav
concern, *v*. 1. ntsig txog; 2. cuam tshuam; 3. khuv xim; *-n*. 1. teeb meem; kev txhawj xeeb; 2. hauj lwm
concerned, *adj*. 1. txaus siab rau los yog koom tes rau; 2. txhawj xeeb txog
concert, *n*. 1. kev lom zem; 2. kev ntaus paj nruas rau neeg mloog; 3. ib qho lus cog tseg los yog koom tes ua
concertina, *n*. ib lub twj paj nruas
concession, *n*. 1. txoj kev tso cai los yog muab rau; 2. tej yam uas muab rau; 3. txoj cai pub ua lag luam rau ib qhov chaw
conciliate, *v*. 1. tso tseg txoj kev tsis sib haum; 2. sib kho kom haum ob tog; daws teeb meem uas yog hais kom haum rau ob tog; 3. nrhiav kev thaj yeeb
conciliation, *n*. kev sib kho kom haum nruab nrab rau ob tog
conciliatory, *adj*. 1. muaj peev xwm kho haum ob tog; 2. ntsig txog kev sib kho
concise, *adj*. hais tsawg tsawg (tab sis yog qhov tseem ntsiab xwb); hais lub ntsiab kiag xwb; ncaj nraim rau qhov tseem ceeb; —**concisely** *adv*;

—**conciseness**, —**concision** *n*.
conclave, *n*. rooj sab laj ntawm tus puav neeg (uas yeej tsis pub cov sab nraud paub)
conclude, *v*. 1. xaus; 2. txiav txim
conclusion, *n*. qhov xaus; qhov kawg
conclusive, *adj*. 1. meej; 2. kawg; xaus
concoct, *v*. npaj; tsim
concomitant, *adj*. tshwm nyob rau tib lub caij nyoog; sib raws ntsaws; tib lub caij
concord, *n*. lus pom zoo; kev pom zoo
concourse, *n*. tshav puam los yog chaw thoob thaj
concrete, *adj*. 1. muaj tseeb; muaj tiag; 2. xuas zeb ci ua; -*n*. zeb ci
concubine, *n*. niam yau; hluas nkauj rau huab tais los yog nom tswv uas yeej nyob li yog nws poj niam
concur, *v*. pom zoo; ua raws
concurrent, *adj*. tib lub caij nyoog; tib lub sij hawm
concussion, *n*. hlwb puas los ntawm tsoo; kev sib tsoo raug mob
condemn, *v*. cem (tias tsis zoo); yws; tsis pom zoo; thuam
condemnation, *n*. kev cem; kev yws; kev tsis pom zoo
condensation, *n*. 1. kev zuaj los yog nias kom me; 2. kev ua kom fws
condense, *v*. 1. zuaj los nias kom me me; 2. fws; hws
condescend, *v*. 1. txo hwj chim; 2. saib tsis taus; ntxub
condescending, *adj*. ntxub; saib tsis taus lwm tus; coj hwj chim
condescension, *n*. kev coj hwj chim; kev saib tsis taus lwm tus neeg; kev ntxub los yog saib qaij luag lwm tus
condition, *n*. 1. zwj ceeb; 2. kev nyob zoo; ib ce (xws li thaum nug txog mob nkeeg)
condolence, *n*. txoj kev tu siab (vim muaj neeg tuag)
condom, *n*. hnab looj qau (siv thaum sib tsoob kom txhob muaj mob los yog txhob muaj me nyuam)
condominium, *n*. cov tsev uas ib yig yuav ib chav nyob rau ib lub tuam tsev
condone, *v*. zam txim
condor, *n*. ib hom dav loj loj nyob Mes Kas teb sab hnub tuaj
conducive, *adj*. pab; txhawb
conduct, *v*. taw kev; coj; -*n*. 1. kev coj; 2. xeeb ceem
conductor, *n*. 1. tus coj ib pab neeg ntaus paj nruas; 2. tus saib xyuas cov neeg caij tsheb nqaj hlau; 3. ib qho khoom txuas fai fab los yog txuas cua sov
conduit, *n*. raj; tog raj
condylar canal, *n*. qhov xov ntshav dub nyob ntawm taub hau thiab caj dab
cone, *n*. 1. txiv ntoo thuv; 2. tej yam uas lub hauv paus loj thiab kheej kheej tab sis lub ntsis mas zuag zuag
confection, *n*. khoom noj qab zib
confederacy, *n*. koom txoos; ib pawg neeg uas koom ua ke thiab ntseeg mus ib seem
confederate, *adj*. sib koom txoos; sib koom ua ke; -*n*. phooj ywg xws li teb chaws rau teb chaws
confederation, *n*. koom txoos
confer, *v*. 1. muab rau; 2. tuaj sib tawm tswv yim
confess, *v*. lees; lees txim
confession, *n*. kev lees txim txhaum
confessor, *n*. tus neeg lees txim
confetti, *n*. nplooj ntawv; tej daim me nyuam ntawv w (tseb) kom ya zeeg tshaws ua kev zoo siab
confidant, *n*. tus neeg ceev lus kom txhob txeej txhob paim
confide, *v*. 1. qhib tej yam uas npog npog; 2. hais tso tshav lug
confidence, *n*. 1. kev ntseeg; 2. txoj kev ntseeg yus tus kheej; 3. tej yam uas muab qhib tawm tso tshav lug
confident, *adj*. ntseeg tus kheej; siab tawv heev
confidential, *adj*. 1. tsis pub lwm tus neeg paub; 2. zais npog heev
confidentiality, *n*. txoj kev tsis pub lwm tus neeg paub txog qhov yus ua
configure, *v*. teeb; cais; dhos; —**configuration** *n*.
confine, *v*. 1. caiv; pub nyob rau tej qhov chaw xwb; 2. muab rau txim; muab loj cuj
confinement, *n*. 1. qhov taub; tsev loj cub; 2. kev caiv nyob hauv tsev tsis pub tawm rau sab nraud
confirm, *v*. lees paub; qhia paub
confirmation, *n*. qhov kev lees paub;

qhov lees paub
confiscate, *v.* yuam los yog txhav nqa tej yam dab tsi lawm; huab; txeeb; —**confiscation** *n.*
conflagration, *n.* hluav taws loj heev
conflict, *n.* kev tsis sib haum xeeb; qhov tsis haum siab; qhov teeb meem; -*v.* cov nyom
conform, *v.* yoog; npliag; ua raws
confound, *v.* tsis to taub; ua rau tog twg los tsis paub meej
confront, *v.* 1. tawm tsam; cav; 2. ntsib
confrontation, *n.* kev tawm tsam; kev sib cav sib ceg los yog sib ntaus sib tua
confuse, *v.* 1. ua rau to taub tsis yooj yim; 2. tsis paub tog twg li; 3. ua tom ntej tom qab; 4. ua rau cov nyom heev
confused, *adj.* 1. yoob; xawb; hab nuv; tsis paub ua li cas; 2. kawg tswv yim; tswv yim tws tag; 3. cov heev
confute, *v.* 1. tsis lees; 2. tawm tsam tias tsis yog lawm
congeal, *v.* 1. nkoog; khov; 2. cia li tuab tuab tuaj
congenial, *adj.* 1. zoo sib xws; nyiam tib yam; 2. siab zoo; siab dav; nyiam phooj ywg; 3. zoo rau tus kheej
congeniality, *n.* kev zoo sib xws; kev nyiam los yog pom tib yam
congenital, *adj.* yug los yeej muaj lawm; muaj thaum yug los lawm; yug nrog los lawm
conger, *n.* ib hom ntses hiav txwv loj loj uas zoo li ntses nab
congest, *v.* ua rau puv heev; txiv heev; ti heev
congestion, *n.* 1. kev daig los yog thaiv; 2. ntshav daig los yog thaiv rau ib qhov twg lawm es thiaj ua mob
conglomerate, *adj.* muaj ntau ntau yam los ua ke; -*v.* sib koom ua ib pawg
congratulate, *v.* zoo siab; pab zoo siab; qhuas
congratulation, *n.* 1. nrog zoo siab; 2. nthuav kev zoo siab rau tus neeg uas nws ua tiav ib yam zoo
congregate, *v.* sib sau ua ke; sib ntsib
congregation, *n.* pawg neeg ntseeg ntuj; ib pawg neeg sib sau ua ke teev ntuj
congress, *n.* 1. tseem fwv pawg tsim cai lij choj; 2. *xab pha* (L)
congressman, *n.* kis pej xeem; tiam li pej xeem; tus nom uas tej pej xeem xaiv mus sawv cev lawv nyob hauv tseem fwv
congruence, *n.* zoo ib yam; zoo sib xws
conic, *adj.* ntsig txog tej yam uas zoo li lub paj taub
conjecture, *v.* twv; xav; -*n.* kev twv; kev xav
conjoin, *v.* txuas ua ke; sib txuas; sib koom
conjugal, *adj.* ntsig txog kev sib yuav
conjunctiva, *n.* ib pluaj npluag nqaij nyob kiag ob sab ntawm lub yeem los yog lub ntsiab qhov muag
conjunction, *n.* 1. kev sib koom; kev ua ke; 2. kev tshwm sim rau tib lub caij nyoog; 3. lo lus txuas lwm lo ua ke
conjunctivitis, *n.* mob muag liab
conjure, *v.* 1. txheev; 2. hu tuaj; rub tuaj
connect, *v.* 1. txuas; 2. koom tes
connection, *n.* 1. kev txuas (ib qho rau ib qho); 2. qhov txuas; 3. kev sib raug zoo; kev phooj ywg
connive, *v.* 1. ua txuj tsis paub qhov txhaum; 2. nyiag koom tes
connoisseur, *n.* tus kws txiav plaub
connotation, *n.* lwm lo lus lub ntsiab (feem ntau yog qhov phem)
connote, *v.* taw rau lwm lo lus lub ntsiab; qhia lwm lo lus lub ntsiab
connubial, *adj.* ntsig txog kev sib yuav
conquer, *v.* 1. yeej; 2. kav; tswj
conquerer, *n.* tus tswj; tus kav; tus yeej
conquest, *n.* kev kav; kev tswj (uas ib haiv neeg tswj ib haiv neeg)
conscience, *n.* 1. kev ras txog qhov yog thiab qhov tsis yog thiab coj raws qhov yog; 2. tus kheej txoj kev xav tias qhov twg yog qhov zoo
conscientious, *adj.* 1. ntsig txog txoj kev paub tab; 2. ntsig txog tus kheej txoj kev xav tias qhov twg yog qhov yog; 3. ncaj ncees thiab siv zog ua hauj lwm; —**conscientiousness** *n.*
conscious, *adj.* 1. ras; paub qab paub hau; 2. meej pem; nco ntsoov; 3.

txhob txwm; —**consciousness** *n.*
conscript, *v.* rub mus ua tub rog (peeb zeej); hais kom tso npe mus ua tub rog; —**conscription** *n.*
consecrate, *v.* 1. tshaj tawm tias yog ib qho kev ntseeg tseem ceeb heev; 2. mob siab rau ib lub hom phiaj; —**consecration** *n.*
consecutive, *adj.* sib raws ntsaws; sib law pes liag
consensus, *n.* 1. kev pom zoo; 2. suab pom zoo
consent, *v.* tso cai; pom zoo; -*n.* kev tso cai los yog pom zoo
consequence, *n.* 1. qhov xaus; qhov yuav ntsib; qhov tshwm sim; 2. lub ntsis; qhov kawg;
consequential, *adj.* 1. ntsig txog lub ntsis; qhov xaus; 2. tseem ceeb heev
consequently, *adv.* 1. thaum kawg; 2. thiaj; thiaj li
conservation, *n.* kev tiv thaiv hav zoov hav tsuag thiab toj roob hauv pes
conservative, *adj.* 1. tsis nyiam hloov rau qhov tshiab; coj li qhov qub; 2. ceev faj heev li; ua zoo saib heev li
conservatory, *n.* tsev kawm kos duab los yog kawm paj nruas
conserve, *v.* txuag; ceev zoo zoo; -*n.* txiv hmab txiv ntoo uas muab ua khoom qab zib; —**conservation** *n.*
consider, *v.* 1. txiav txim siab; 2. xav; ua zoo xav
considerable, *adj.* 1. tseem ceeb; muaj nuj nqis; 2. loj hauj sim
consideration, *n.* kev txiav txim siab
consign, *v.* 1. pauv (ib tug rau ib tug); 2. tso rau lwm tus neeg pab saib los yog pab muag
consignee, *n.* tus txais khoom ntawm lwm tus neeg los muag
consigner, *n.* tus muab khoom rau lwm tus neeg pab muag
consignment, *n.* muab lag luam tso rau lwm tus neeg pab muag rau yus
consist, *v.* 1. muaj; muaj raws; 2. los ntawm
consistency, *n.* txoj kev uas qhov twg los zoo sib xws los yog zoo xwm yeem nkaus; kev xwm yeem
consistent, *adj.* xwm yeem; tus yees; tsis tu ncua; tsis hloov mus mus los los; —**consistence** *n.*
console, *v.* nplig; ntxias
consolidate, *v.* muab los ua ke; muab sib xyaws; rub los ua ib pawg; —**consolidation** *n.*
consonance, *n.* kev pom zoo; kev sib haum xeeb
consonant, *n.* keeb; las (Ntawv Soob Lwj); tsiaj ntawv txiv
consort, *n.* 1. tus poj niam los yog tus txiv; 2. lub nkoj uas nrog lwm lub ua ke; -*v.* nrog ua ke
consortium, *n.* 1. koom haum los yog kev sib koom tes; 2. koom haum lag luam
conspicuous, *adj.* raug qhov muag heev; zoo heev
conspiracy, *n.* kev koom tes nyiag ua tej yam txhaum cai
conspire, *v.* nyiag npaj ua tej yam txhaum cai; koom tes nyiag ua
constable, *n.* tub ceev xwm; kws ceev xwm
constabulary, *n.* tub ceev xwm
constant, *adj.* tsis tu ncua; pheej; tas li
constantly, *adv.* tsis tu ncua; pheej; tas li; dhuj dheev
constellation, *n.* ib pawg hnub qub
consternation, *n.* kev yoob; kev ntshai
constipate, *v.* kem quav; cem quav; npo quav; tso tsis tau quav
constipation, *n.* kev kem quav; kev npo quav; tso quav tawv
constituency, *n.* 1. cov pej xeem uas xaiv ib tus nom los sawv cev rau lawv; 2. thaj chaw uas ib tus nom sawv cev rau
constituent, *n.* pej xeem; tus neeg uas xaiv tsa nom tswv
constitute, *v.* muaj; tshwm sim tawm
constitution, *n.* 1. tus txhooj lij choj; 2. txoj cai kav ib pawg neeg, ib lub koom haum, los ib lub teb chaws
constrain, *v.* 1. yuam; 2. ceev; tuav tseg; khi
constraint, *n.* 1. txoj kev hem los yog siv kev yuam los tiv thaiv los yog tswj lwm tus neeg txoj kev xav los yog txoj kev ua
constrict, *v.* zuaj ua ke; ua kom me; —**constriction** *n.*
construct, *v.* ua; txua; tsim; —**construction** *n.*
construe, *v.* txhais; tshab txhais
consul, *n.* 1. tseem fwv tus neeg lis kev lag luam nyob txawv teb chaws;

2. tus neeg tu plaub
consult, *v.* sab laj; nrhiav tswv yim los ntawm lwm tus neeg; thoj kws
consultant, *n.* tus neeg pab tswv yim rau lwm tus neeg
consultation, *n.* 1. kev thoj kws; kev nug kom tus neeg paub txog tej yam dab tsi ho pab tawm tswv yim rau yus; 2. kev nrog kws kho mob tham txog yus tus mob nkeeg
consume, *v.* siv; noj
consummate, *adj.* 1. tiav lawm; 2. zoo heev lawm; *-v.* ua tiav
consumption, *n.* kev siv los yog kev noj
contact, *n.* 1. neeg sib paub; txheeb ze; 2. kev sib cuag; *-v.* tham; nrog tham
contagion, *n.* kev sib kis kab mob vim yog ntawm txoj kev sib cuag
contagious, *adj.* sib kis zoo (ntsig txog mob nkeeg); kis yooj yim
contain, *v.* 1. ntim; rau; 2. muaj
container, *n.* thawv; thoob
contaminate, *v.* 1. kis mob rau; 2. tsuas; 3. ua qias neeg rau
contamination, *n.* 1. kev kis mob nkeeg; 2. kev ua tsuas; 3. kev ua qias neeg rau
contemplate, *v.* xav zoo zoo; ua twb zoo xav (txog ib yam dab tsi); —**contemplation** *n.*
contemporary, *adj.* 1. tshwm sim rau tib lub sij hawm; 2. ntsig txog lub sij hawm tsis tau ntev los; tsis ntev los xwb
contempt, *n.* 1. kev tu siab los yog ntxub; 2. kev ntxub ntxaug; 3. kev tsis hwm
contend, *v.* 1. cav; cem; 2. liam ntsees
content, *v.* 1. zoo siab; txaus siab; *-n.* siab kaj; nyab xeeb
contention, *n.* kev tsis sib haum xeeb
contents, *n.* 1. ntsiab lus; rooj ntsiab lus; 2. nqe lus; nqe tshooj lus
contest, *n.* sib tw; sib txeeb; *-n.* 1. kev sib tw; 2. kev ua si
contestant, *n.* tus neeg sib tw
context, *n.* 1. hauv paus ntsis; keeb kwm; 2. daim duab (uas pom thoob plaws)
contiguous, *adj.* sib txuas; sib ze
continence, *n.* kev tswj tus kheej
continent, *n.* nrim koog teb chaws; sab teb chaws (xws li Mes Kas, Es Xias, Yus Luv)
contingency, *n.* 1. tej qhov xwm txheej uas tej zaum yuav tshwm sim; 2. tej yam uas yuav tau npaj tiv thaiv tsam ho tshwm sim rau hnub tom ntej
contingent, *adj.* nyob ntawm lwm qhov; saib lwm qhov zoo li cas tso
continual, *adj.* tsis tu ncua; ib sij ib zaug
continually, *adv.* tsis tu ncua; tas li; ib sij; pheej
continue, *v.* 1. ua ntxiv; ua dua; 2. txuas ntxiv; 3. dhau mus; —**continuation** *n.*
continuous, *adj.* tsis tu ncua; tsis muaj chaw daig; pheej (xws li pheej quaj); —**continuously** *adv.*
contort, *v.* ua lem; ntswj plam; ua yuam kev; —**contortion** *n.*
contour, *n.* qauv; qauv duab
contraband, *n.* yaj yeeb txhaum cai; yeeb tshuaj txhaum cai
contraception, *n.* kev tiv thaiv xeeb me nyuam; kev txwv tsis pub muaj me nyuam los yog xeeb me nyuam
contraceptive foam, *n.* cov tshuaj npuas siv tua txiv neej cov kab noob los yog phev kom txhob muaj taus me nyuam
contract, *n.* 1. ntawv cog lus; 2. ib daim ntawv tseem ceeb uas muaj ob tus neeg los yog coob dua pom zoo thiab kos npe tseg
contradict, *v.* 1. cov nyom; tsis hais qub lus; 2. cuam tshuam; tawm tsam
contradiction, *n.* 1. kev cov nyom; kev hais lus txawv qhov qub; 2. kev cuam tshuam; kev tawm tsam
contradictory, *adj.* cov nyom ntsuav; ib pliag li ub ib pliag li no
contralto, *n.* poj niam lub suab hu nkauj uas nrov laus tshaj plaws
contraption, *n.* ib lub tshuab hlau
contrary, *adj.* tsis tooj; tsis sib xws; ntsig txog kev cov nyom
contrast, *n.* 1. kev tsis sib thooj; txawv tsis zoo ib yam; 2. tsos uas tsis zoo sib xws; *-v.* qhia qhov txawv
contravene, *v.* cuam tshuam
contribute, *v.* pab; pub; koom tes; —**contribution** *n.*
contrite, *adj.* mluas; ntsoos; tu siab (rau tus kheej txoj kev txhaum); —

contrition *n.*
contrive, *v.* 1. tsim; ua (los ntawm lub tswv yim ntse heev; 2. npaj ua tej yam tsis zoo; 3. txua ub txua no ntxiv; ua cuav ntxiv rau
control, *v.* 1. tswj; kav; 2. tsav; 3. ntxooj; *-n.* kev tswj; kev kav
controversial, *adj.* muaj teeb meem heev; cov nyom heev
controversy, *n.* kev cov nyom; kev tsis sib haum xeeb
controvert, *v.* cov nyom; cuam tshuam
contumacious, *adj.* siab rhuav tshem; tsis mloog lus
contumely, *n.* kev tsis paub cai
contusion, *n.* doog; xiav
conundrum, *n.* txhiaj txhais; lus nug
conus medullaris, *n.* hlwb txha nqaj qaum ntu nqia nram pob tw
convalesce, *v.* rov zoo los li qub (tom qab mob hnyav heev); zoo rov los; khees
convalescence, *n.* 1. kev maj mam zoo zuj zus los yog muaj zog zuj zus tom qab mob hnyav heev; 2. lub sij hawm uas tus mob nkeeg maj mam zoo zuj zus
convene, *v.* 1. ntsib; 2. tuaj sib tham
convenience, *n.* kev yooj yim; kev kaj siab
convenient, *adj.* yooj yim
convent, *n.* ib pawg poj hauj sam
convention, *n.* 1. lus pom zoo ntawm cov teb chaws; 2. rooj sab laj loj; rooj sib tham loj; 3. pab neeg uas sawv cev; cov kis; 4. qauv rau neeg taug
converge, *v.* tshuam; sib tshuam
conversant, *adj.* paub ntau yam; paub tab
conversation, *n.* kev sib tham; lus sib tham
converse, *v.* tham; sib tham; sib txuas lus; *-adj.* sab tod; rov qab
conversion, *n.* kev hloov; 2. kev pauv mus coj ib yam dab qhuas tshiab
convert, *v.* hloov; pauv; 3. tig mus ua lwm yam; *-n.* tus neeg uas hloov mus coj dab qhuas tshiab
convertible, *n.* hom tsheb uas qhib tau daim nraub qaum
convex, *adj.* kheej kheej (rau ib sab li lub hli); kheej ntsig zees
convey, *v.* hais rau; piav rau; xa rau; fi; fi rau
convict, *v.* muab txim txhaum rau; *-n.* tus neeg txhaum txim
conviction, *n.* 1. kev muab txim txhaum rau; 2. kev ntseeg tuag nthi
convince, *v.* ntxias; haub; ua kom ntseeg
convoke, *v.* hu tuaj koom sib tham
convoluted, *adj.* 1. sib chab sib chaws; cov cov; tsis yooj yim; 2. ntswj los yog tais ua sib chab sib chaws
convolution, *n.* 1. txoj kev sib chab sib chaws uas tsis yooj yim; 2. txauj hlwb; caj hlwb
convoy, *n.* ib co nkoj los yog tsheb mus sib raws; *-v.* sib raws kom tau luag
convulsion, *n.* huam ib tshaj ib tshaj
coo, *n.* lub suab nquab quaj
cook, *v.* ua noj, ua zaub ua mov noj; *-n.* tus neeg ua noj
cookie, *n.* khoom qab zib txom ncauj (tej daim qhua qhua); *khub kim* (E)
cool, *adj.* 1. txias txias; laj laj; 2. tsis kub siab li; 3. zoo; *-v.* ua kom laj
coolie, *n.* neeg ris nra; neeg ntiav ris nra
coop, *n.* cooj (qaib)
co-op, *n.* chaw hauj lwm los yog koom haum uas tsim los pab rau cov tswv cuab
cooper, *n.* tus neeg ua thoob
cooperate, *v.* koom tes
cooperation, *n.* kev koom tes
cooperative, *n.* chaw hauj lwm los yog koom haum uas tsim los pab rau cov tswv; *-adj.* zoo siab koom tes nrog lwm tus
co-opt, *v.* 1. xaiv los ua ib tus npoj yaig; 2. tuav mus ntxiv; tswj
coordinate, *v.* lis kom dhia sib haum; tuav hauj lwm kom cuag ncua; *-n.* cov *nab npawb* uas qhia qhov chaw teem nyob hauv av los saum nruab ntug
coordination, *n.* 1. kev tswj los yog saib xyuas hauj lwm; 2. kev dhia kom txhua yam mus sib raws tau zoo
coot, *n.* 1. ib hom noog dub dub li os; 2. neeg dog dig uas yeej tsis thab leej twg li
cop, *n.* tub ceev xwm
cope, *v.* do nrog qhov teeb meem;

daws los yog zam qhov teeb meem
copier, *n.* tshuab luam ntawv
copilot, *n.* tus pab tsav dav hlau; tub dav hlau ya nrog lwm tus
coping, *n.* txheej sab nraud ntawm daim phab ntsa
coping saw, *n.* kaw; ib hom kaw uas siv txiav ntoo
copious, *adj.* ntau heev; luam taw laws
copper, *n.* tooj liab; tooj
copperhead, *n.* ib hom nab
copra, *n.* daim nqaij txiv *maj phaub* (L) uas muab ziab qhuav qhuav lawm
copse, *n.* hav nroj
copulate, *v.* sib tsoob; sib deev; sib txiag; sib ua
copulation, *n.* kev sib tsoob; kev sib txiag
copy, *v.* 1. luam (ntawv); 2. theej; 3. nyiag ua raws; xyaum ua raws; *-n.* daim theej
copyright, *n.* cai tswv; cai yog tswv; *-v.* ua ntaub ntawv tus tswv tsim
coquet, *n.* 1. kev sib thab sib deev; 2. tus txiv neej uas nyiam thab poj niam
coquette, *n.* 1. kev sib thab sib deev; 2. tus poj niam uas thab txiv neej
coracobrachialis muscle, *n.* qhov nqaij ntshiv sawv ntsug nyob ntawm caj npab ntug
cord, *n.* 1. hlua hluav taws xob; 2. ib txoj hlua uas hnyav tsawv
cordial, *adj.* ua siab dawb paug caw; zoo siab heev; **—cordially** *adv.*
cordon, *n.* tub rog los yog tub ceev xwm txoj kev vij puav (tus neeg phem rau hauv plawv)
cordovan, *n.* hom ntaub tawv tsiaj uas mos mos heev
corduroy, *n.* hom ntaub ntxhib ntxhib
core, *n.* 1. hauv paus; lub plawv ntawm ib yam dab tsi; 2. qhov tseem ceeb tshaj
cork, *n.* ib hom tawv ntoo uas ruaj heev
corkscrew, *n.* tus kav hlau tshau qhov
cormorant, *n.* ib hom noog dub nyob hiav txwv
corn, *n.* 1. pob kws; 2. qhov tawv nqaij uas cia li tawv tawv tuaj; *-v.* muab tsau kua ntsev ceev tseg
corncob, *n.* txha pob kws
cornea, *n.* ntsiab muag dawb; tawv qhov muag qhov dawb dawb; yeem muag dawb
corneal, *n.* lub ntsiab muag; zaj ntsiab muag ci ci
corner, *n.* 1. ces kaum; 2. kev sib tshuam; 3. tws kev; txoj kev tws; *-v.* 1. puav rau chaw ti; puav rau tim ntug; 2. lem
cornerstone, *n.* 1. chaw tiag taw; 2. lub hauv paus; qhov pib; 3. thooj pob zeb nyob ntawm kaum tsev
cornet, *n.* ib hom twj paj nruas
corn husk, *n.* plhaub pob kws
corn meal, *n.* mov kuam
corn silk, *n.* ntxhuav pob kws
corn stalk, *n.* quav pob kws
cornstarch, *n.* hmoov pob kws
corolla, *n.* nplaim paj
corollary, *n.* 1. qhov dav dav los rau qhov me; 2. qhov kawg; qhov xaus
corona, *n.* lub yeej yeem ci ci ncig lub hnub
coronal suture, *n.* kis txha cob hauv xaws
coronary, *adj.* cov hlab ntshav me nyob puag ncig lub plawv; ntsig txog lub plawv los yog cov hlab plawv
coronary artery, *n.* leeg ntshav plawv liab; leeg ntshav liab ntawm plawv
coronary sinus, *n.* leeg ntshav plawv dub
coronation, *n.* kab lis kev cai uas tsa huab tais los ua huab tais los yog tsa nws tus poj niam los ua niam huab tais
coroner, *n.* tus kws tshuaj ntsuam tus neeg tuag qhov teeb meem
corporal, *adj.* sab cev ntaj ntsug; sab nqaij ntawv; *-n.* tus me nyuam tub rog uas tsis tau muaj qeb nom li
corporation, *n.* chaw lag luam; chaw hauj lwm
corporeal, *adj.* yam tuav tau ntawm tes; yam pom kiag ntawm qhov muag
corps, *n.* 1. ib ceg tub rog; 2. pawg neeg ua hauj lwm
corpse, *n.* neeg tuag lub cev; lub cev tus tuag
corpulence, *n.* kev rog; rog rog
corpus, *n.* 1. neeg tuag lub cev; lub cev tus neeg tuag; 2. lub cev ntawm zaj lus sau tseg; ib cov dab neeg ntau ntau zaj ua ke; 3. qhov ntau; qhov tseem ceeb
corpus callosum, *n.* nreej npluag tuav

thooj paj hlwb loj
corpuscle, *n.* leeg ntshav
corpus luteum, *n.* qog tuav zuas qe
corral, *n.* chaw rau tsiaj
correct, *v.* kho (kom yog); *-adj.* yog; raug
correction, *n.* qhov kho; kev kho
correlate, *v.* qhia qhov sib nqe (khi) ntawm nkawv; qhia qhov sib txheeb
correlation, *n.* qhov sib txheeb; qhov sib nqe
correlative, *adj.* ib sij siv ua ke
correspond, *v.* 1. sib raug, sib haum; 2. ncaj rau; 3. sib teb, sib nug xov
correspondent, *n.* 1. tus neeg yus sau ntawv rau; 2. tub xov xwm
corridor, *n.* cov kev tsev uas txuas ib chav rau ib chav; kev hauv tsev
corroborate, *v.* hais nrog pov thawj; txhawb yam muaj pov thawj; — **corroboration** *n.*
corrode, *v.* puas zuj zus mus (vim raug tshuaj *khes mis* los yog raug xeb)
corrosion, *n.* kev puas zuj zus (vim yog raug tshuaj los yog raug xeb)
corrugate, *v.* hloov mus ua kwj ha los yog nraj roob
corrugation, *n.* kev hloov mus ua kwv ha los yog ua nraj roob
corrupt, *v.* 1. lwg (noj); dag noj; 2. noj nyiaj; 3. xiab; muab nyiaj xiab; *-adj.* 1. lwg noj lwg haus; 2. phem
corruption, *n.* kev noj nyiaj txiag; kev lwg noj lwg haus
corsage, *n.* dej tsw qab poj niam
corset, *n.* poj niam li ris tsho hauv qab
cortege, *n.* txheej txheem ntawm ntees tuag
cosmetic, *n.* kev npaj ua kom zoo nkauj (xws li pleev plhu); *-adj.* ntsig txog kev ua kom zoo nkauj (xws li pleev plhu)
cosmic, *adj.* 1. ntsig txog lub ntuj los yog ntiaj teb; 2. loj loj
cosmonaut, *n.* Xau Viaj cov kws mus saum hli
cosmopolitan, *adj.* 1. thoob ntuj; yog tag nrho lub ntiaj teb li; 2. sib txuam pes daws; 3. nyuaj heev; tsis yooj yim
cosmos, *n.* lub ntuj; lub ntuj lub teb
cost, *v.* raug nqe; *-n.* nqe; tus nqe
costal cartilage, *n.* ntu tav mos uas cob rau ntawm tus txha hauv siab
costume, *n.* tsoos tsho; tsoos
cosy, *adj.* sov; haum nyob; ntxim siab (saib *cozy*)
cot, *n.* lub txaj me me
cote, *n.* lub cooj me me; lub tsev me me
coterie, *n.* ib pawg neeg
cotillion, *n.* kev lom zem seev cev uas hnav tsoos tsho zoo zoo heev
cottage, *n.* lub tsev me me
cotton, *n.* rwb; paj rwb
cottonmouth, *n.* ib hom nab uas muaj taug heev
couch, *n.* rooj zaum; *xaus fas*; *-v.* da los yog pw ntawm rooj *xaus fas*
cougar, *n.* tsov liab (kuj muaj cov dub thiab); hom tsov no siab txog 2 hneev taw ntau, ntev txog yim hneev taw, hnyav txog 150 phaus, thiab muaj hnub nyoog nyob ntev txog 13 xyoos
cough, *v.* hnoos; nqu (M)
could, *v.* muaj peev xwm; ua tau (saib *can*)
council, *n.* 1. ib pawg neeg uas sawv los ua ib yam hauj lwm dab tsi; 2. koom haum (xws li Hmong International Council); 3. rooj sib tham; 4. ib pab kws sau cai lij choj
counsel, *v.* 1. ntuas; 2. kho (lub siab lub ntsws)
counselor, *n.* kws ntuas neeg; kws pab cawm los yog pab daws lwm tus neeg tej teeb meem
count, *v.* suav; txheeb; *-n.* 1. kev suav; kev txheeb; 2 ib tus nom los yog lub luag hauj lwm nom nyob rau tej lub tej chaws xws li teb chaws As Kiv
countenance, *n.* ntsej muag
counter, *n.* 1. lub rooj luj khoom; 2. lub rooj tos qhua nyob ntawm qhov rooj; 3. tus neeg xam los yog suav; *-v.* 1. tawm tsam; tiv; 2. tig ua rau; *-adj.* cov nyom; sib nreg; *-adv.* tig
counteract, *v.* 1. txo; 2. tawm tsam
counterattack, *v.* tig tua; tig rov ntaus; tig rov sib tua
counterbalance, *v.* 1. txheem; nres; 2. ua kom xwm yeem
counterclockwise, *adv.* 1. rau sab laug; tig rau sab laug; 2. ntswj rov qab
counterfeit, *adj.* cuav; tsis tseeb; *-v.* 1.

txum loom; hloov; 2. ua txuj; *-n.* qhov khoom cuav

counterpane, *n.* ntaub pua txaj

counterpart, *n.* 1. tus sab tod; tus tuaj tog tod; 2. tus neeg uas dhia hauj lwm zoo sib xws tab sis nyias muaj nyias chaw ua hauj lwm; 3. ib qho ntawm ob qho uas yog dhos sib haum ua ke

counterproductive, *adj.* rhuav los yog txo ntau dua li pab; tsis ua hauj lwm zoo

countersign, *n.* ib qho cim uas zais npog heev; *-v.* kos npe pom zoo ntxiv rau

countess, *n.* tus poj niam ntawm ib tus nom nyob rau teb chaws As Kiv thiab lwm lub teb chaws nyob Yus Luv

countless, *adj.* suav tsis txheeb (vim ntau heev)

country, *n.* 1. teb chaws; lub teb chaws; 2. chaw tom ntug nroog los yog ntug lag; chaw deb nroog los yog deb lag

countryside, *n.* chaw puag tom ntug nroog; chaw ua liaj ua teb thiab lub neej nyob puag tom liaj tom teb

county, *n. xyiaj* (C); ib cheeb tsam chaw uas ntau ntau lub nroog ua ke

coup, *n.* kev ntxeev tseem fwv; tswv yim ib leeg ntxeev ib leeg

coupe, *n.* ib hom tsheb muaj ob lub qhov rooj

couple, *v.* txuas ua ke; ua ke nrog rau; *-n.* 1. nkawm; nkawg; 2. ob niam txiv

coupling, *n.* qhov txuas

coupon, *n.* 1. daim ntawv uas qhia tias tej khoom muag tus nqi nqes li cas lawm; 2. daim ntawv mus nqa khoom pub dawb; 3. daim ntawv hla qhov rooj los yog rooj vag

courage, *n.* peev xwm; lub siab tawv

courageous, *adj.* muaj peev xwm; siab tawv

courier, *n.* tus neeg xa xov; tus xa khoom

course, *n.* 1. chav ntawv; cov ntawv kawm; 2. kev xaiv; ncauj ke tawm; 3. txoj kev; txoj kab

court, *n.* tsev hais plaub; *-v.* tham; sib tham

courteous, *adj.* paub cai; paub tab

courtesan, *n.* 1. niam ntiav; 2. ntxhais hu nkauj

courtesy, *n.* siab zoo; kev ua siab zoo

courthouse, *n.* tsev hais plaub

courtier, *n.* 1. tus neeg nyob hauv tsev hais plaub; 2. nom; tus neeg nom; 3. tus neeg uas nrhiav kev pab cuam

courtly, *adj.* paub cai

court-martial, *n.* tsev hais plaub uas muaj feem ntsig txog tsov rog; tsev hais plaub rau tub rog

courtyard, *n.* tog tsev; loog; tog vaj tog tsev

cousin, *n.* 1. kwv tij (tab sis tsis yog niam txiv ib plab yug); 2. npawg

cove, *n.* 1. ces dej; ces kaum dej; 2. me nyuam kwj ha; 3. txoj kev me me uas hla dawm los yog hla hav zoov

coven, *n.* ib pawg poj dab muaj 13 leeg

covenant, *n.* 1. lus cog tseg; 2. ntawv cog lus; 3. kev sib foob vim yog hla lus cog tseg lawm; *-v.* cog lus

cover, *v.* 1. khwb; 2. vov; 3. qhwv; 4. npog; thaiv; roos; *-n.* 1. lub hau; hau khwb; 2. plhaub

coverlet, *n.* ntaub pua txaj

covet, *v.* ntshaw; xav tau

covey, *n.* 1. tus noog uas nrog nws cov me nyuam; 2. ib pab noog

cow, *n.* nyuj; *-v.* thab; hem

coward, *n.* neeg tais caus

cowardly, *adj.* tais caus

cow bellows, *n.* quav nyuj

cowboy, *n.* tub yug nyuj

cower, *v.* ua rau nws me zog lawm vim yog ntshai ntshai los yog no no

cowgirl, *n.* ntxhais yug nyuj

cowl, *n.* hauj sam daim thav ntxwv los yog daim ntaub npua

cowslip, *n.* ib hom paj daj daj

coxal, *n.* ntsag (saib *hip*); *-adj.* ntsig txog lub ntsag

coxal bone, *n.* txha duav ntsag

coxswain, *n.* neeg tsav nkoj

coy, *adj.* 1. txaj muag; 2. ua txuj txaj txaj muag

coyote, *n.* ib hom hma nyob Mes Kas Qaum Teb

cozen, *v.* nyiag

cozy, *adj.* 1. xis nyob; 2. raug siab; haum siab

crab, *n.* roob ris; raub ris

crabby, *adj.* siab luv; siab phem

crack, *v.* tawg; tawg pleb; xib pleb; nrib kab; *-n.* 1. suab luag; 2. kab

tawg pleb
crackdown, *v*. 1. tsuj; 2. txov; -*n*. kev tsuj los yog txov tej neeg phem cov hauj lwm
cracker, *n*. ib hom khoom qab zib txom ncauj; ib hom khoom txom ncauj
crackle, *v*. ua suab nrov nrov
crackup, *n*. kev tawg; kev tawg los yog puas; -*v*. tawg; puas
cradle, *n*. txaj mos ab; txaj me nyuam mos
cradle cap, *n*. me nyuam mos liab cov plhaws los yog kauv taub hau
craft, *n*. khoom xuas tes ua
crafty, *adj*. ntse; muaj tswv yim heev
crag, *n*. phab ntsa tsua uas ntseg ntseg heev
cram, *v*. 1. noj hu hu loj; 2. saib ntawv maj ntuj maj teb vim npaj yuav mus sib twv
cramp, *n*. mob cuag riam hlais; mob tej zag tej zag
cranberry, *n*. ib hom txiv noj
crane, *n*. 1. ib hom noog nyob raws hav dej; noog dej ceg ntev; 2. lub tsheb nqa khoom; twj nqa khoom ua tsev
cranium, *n*. khauj khaum taub hau txheej qhwv cov hlwb; txha taub hau txheej qhwv cov hlwb
crank, *v*. tig (kom lub tshuab ua hauj lwm); ntswj; -*n*. tus tes tig kom tshuab ua hauj lwm
cranky, *adj*. 1. txob siab; 2. siab luv; siab phem
craps, *n*. kev ua *mam khauv lauv* (L); ib hom kev twv txiaj los yog kev twv ua si
crash, *v*. tsoo; nrau; -*n*. 1. qhov sib tsoo; 2. qhov mus tsis taus
crass, *adj*. tsis muaj siab muaj ntsws; tsis xav txog dab tsi li
crate, *n*. thawv ntoo ntim khoom (xa ib qho rau ib qho); thawv ntoo xa khoom
crater, *n*. qhov zawj
cravat, *n*. hlab khi caj dab
crave, *v*. huam yees; ntshaw; xav tau
craven, *adj*. tais caus; tsis muaj peev xwm; ntshai
crawfish, *n*. ib hom ntses uas muaj nplai zoo li cw
crawl, *v*. nkag
crayfish, *n*. ib hom ntses uas muaj nplai zoo li cw
crayon, *n*. txhim kos duab (rau me nyuam yaus)(txhim yog los ntawm lo lus nplhaib sam txhim)
craze, *v*. ua kom vwm; ua kom tsis meej pem
crazy, *adj*. vwm; tsis meej pem
creak, *v*. ua sib txhuam nrov; -*n*. lub suab sib txhuam
cream, *n*. 1. hmoov mis; 2. kua mis; 3. tej yam tshuaj mos mos uas coj los pleev ib ce
creamery, *n*. chaw ua hmoov mis thiab roj mis
crease, *n*. txoj kab uas yog muab tais tais es muaj
create, *v*. tsim; ua; txua
creature, *n*. sim zeej; tsiaj
credence, *n*. kev ntseeg
credentials, *n*. pov thawj kev peev xwm; meej mom; hwj chim
credible, *adj*. txaus ntseeg
credit, *n*. 1. qhov txaus ntseeg; qhov zoo; 2. qhov nyiaj seem; qhov nqe (uas yuav tau them rov qab); 3. lub caij ncua rau tus tshuav nqe; -*v*. them; ntxiv rau
creditable, *adj*. txaus qhuas; tsim nyog qhuas
creditor, *n*. tus neeg uas lwm tus tshuav nws nyiaj
credulous, *adj*. ntseeg yooj yim heev; raug ntxias tau yooj yim heev
creed, *n*. cov lus ntseeg; kev ntseeg
creek, *n*. me nyuam hav dej; kwj deg me me
creel, *n*. pob tawb rau ntses; pob tawb nqa ntses; tawb ntses
creep, *v*. 1. nkag; 2. maj maj ua nchias taw; 2. nyiag nkag; 3. nyiag
cremate, *v*. hlawv (neeg tuag); — **cremation** *n*.
crescendo, *adj*. nrov loj zuj zus
crescent, *n*. lub hli thaum zoo li rab liag (los yog xiab 15)
crest, *n*. 1. ib noog; 2. hauv roob
crestfallen, *adj*. poob siab; chim siab; tu siab
cretin, *n*. neeg npub; neeg ruam
crew, *n*. ib pab neeg uas ua hauj lwm ua ke
crib, *n*. 1. thoob rau qoob; 2. txaj mos ab
cricket, *n*. kab cis liv

cricoid cartilage, *n.* voj txha mos ntawm qab pob yeeb
crier, *n.* tus neeg tshaj xov
crime, *n.* teeb meem uas txhaum cai lij choj; kev txhaum cai
criminal, *n.* tus neeg txhaum cai; *-adj.* ntsig txog kev txhaum cai lij choj
crimp, *v.* ua kom ntsws los yog pluav
crimson, *n.* liab tshiab tshiab
cringe, *v.* 1. yau zog los yog me zog vim txoj kev ntshai; 2. nkaum; 3. txaj muag
crinkle, *v.* muab ua ntsws; ua rau ntsws tag; *-n.* 1. kev ntsws; kev quav ua tej tsem tag
cripple, *n.* neeg ceg tawv; *-v.* ua kom lov los kom ceg tawv
crippled, *adj.* ceg tawv
crisis, *n.* teeb meem loj heev; xwm txheej loj heev
crisp, *adj.* 1. vau yooj yim heev; ntog yooj yim heev; 2. ruaj thiab tshiab; 3. kaj siab lug
crisscross, *n.* kev sib qhaib sib chaws; *-v.* sib qhaib; sib chaws
criteria, *n.* qauv tshau; qauv ntsuam; tus qauv los yog tus cai uas siv ua hauv paus ntawm txoj kev txiav txim siab
criterion, *n.* qauv tshau; qauv ntsuam; tus qauv los yog tus cai uas siv ua hauv paus ntawm txoj kev txiav txim siab
critic, *n.* tus neeg uas thuam luag tej tswv yim los yog ntaub ntawv
critical, *adj.* 1. nyuaj heev; ciaj tuag sib npaug (xws li kev mob nkeeg); 2. ua nruj heev; ua tsiv heev; 3. tseem ceeb heev
criticism, *n.* kev sib thuam; kev sib tib; kev thuam
criticize, *v.* thuam; cem; tsis pom zoo nrog
critique, *n.* kev thuam; kev tawm suab (txog ib yam dab tsi)
croak, *n.* suab quaj uas nrov li suab qav
crochet, *n.* ib hom paj ntaub uas xaws li hnab tsog los yog hnab sia nyiaj
crock, *n.* hub av; thoob av
crocodile, *n.* nab qas dej; nab qas dev; *kheb* (L)
crocus, *n.* ib hom tshuaj ntsuab uas tawg paj thaum lub caij nplooj ntoos hlav
crone, *n.* tus pog laus laus uas qias qias neeg
crook, *n.* 1. qhov nkhaus; qhov pluav; 2. tub sab; tub nyiag; *-v.* ua kom nkhaus
crooked, *adj.* 1. nkhaus; pluav; 2. neeg siab phem; neeg siab tsis ncaj
croon, *v.* maj mam hu nkauj yau yau
crops, *n.* qoob loo
crosier, *n.* cov neeg ua hauj lwm rau txiv plig
cross, *v.* 1. hla; 2. khij kab tshooj; *-n.* 1. khaub lig; 2. ntoo khaub lig
crossbow, *n.* hneev
crossbreed, *v.* sib tov (ob hom tsiaj kom yug me nyuam txawv)
crosscheck, *v.* tshawb ob peb ceg; nug ob peb qho; nrhiav tim khawv zoo zoo
cross-examine, *v.* nug cov lus tim khawv hais dhau los lawm; lus sib nug nyob tom tsev hais plaub
cross-eyed, *adj.* laj muam
cross-refer, *v.* piav txog lwm qhov chaw tshiab (xws li nyob hauv phau ntawv)
crossroads, *n.* kev tshuam; kev sib tshuam
cross stitch, *v.* ua paj ntaub tawm laug; tawm laug; *-n.* paj ntaub tawm laug
crosswalk, *n.* chaw hla kev (tsheb)
crotch, *n.* 1. hlws ris; taus ris; 2. nkhib
croup, *n.* mob hnoos hawb pob
crow, *n.* uab lag; *-v.* qua (qaib qua)
crowd, *v.* txim; *-n.* ib pawg neeg nyob coob coob sib txiv pes daws
crowded, *adj.* ti ti (neeg coob coob ti ti)
crown, *n.* 1. lub kos mom uas muab rau tus yeej ntoo (xws li niam nkauj ntsuab); 2. kos mom hauv tsev neeg huab tais; 3. qhov siab tshaj plaws; 4. yav kaus hniav uas txij ntawm pos hniav rov saud; *-v.* kho kos mom rau ib tus ntoo
crucial, *adj.* tseem ceeb heev
crucible, *n.* lub thawv uas hluav taws kub tsis tau
crucifix, *n.* ntsig txog qhov Yes Xus raug tua nyob saum ntoo khaub lig
crucify, *v.* 1. tua; 2. ntsia tuag saum ntoo khaub lig
crude, *adj.* 1. phem; 2. nyoos; tsis tau

kho kom zoo zoo; 3. ntxhib ntxhib
cruel, *adj*. siab phem; *-n*. kev ua kom raug txom nyem
cruelty, *n*. 1. kev ua siab phem; 2. qhov uas ua kom mob thiab txom nyem
cruet, *n*. lub lam hwj me me rau khoom xws li kua qaub, roj thiab lwm yam uas txawb ntawm rooj noj mov
cruise, *v*. 1. caij tsheb rau ub rau no tsis muaj hom phiaj dab tsi; 2. caij nkoj mus rau ntau qhov chaw
cruiser, *n*. 1. nkoj ua rog; 2. tsheb ceev xwm
crumb, *n*. tej daim me me; tej thooj me me
crumble, *v*. tawg ua tej thooj me me
crumple, *v*. 1. sib tsoo; 2. vau; ntog
crunch, *v*. cua los yog zom ua nrov nkij nkawj
crural, *n*. kav hlaub; roob qhib
crusade, *n*. 1. kev tawm tsam; 2. cov neeg ntseeg Yes Xus txoj kev tawm mus rau qhov chaw teev ntuj
crush, *v*. 1. zuaj (kom pluav); nyem; 2. tsoo kom tawg; 3. nias los yog yuam kom swb, kom zeem
crust, *n*. 1. daim tawv txheej sab nraud; 2. txheej tawv tawv uas nyob sab nraud
crutch, *n*. pas nrig pab tus neeg lov ceg
crutches, *n*. pas nrig pab tus neeg lov ceg
crux, *n*. 1. ib qho teeb meem nyuaj heev; 2. qhov tseem ceeb
cry, *v*. quaj
crypt, *n*. chaw nyob hauv qab thu av
crystal, *n*. iav; ib co iav ci ci uas muab ua khob haus dej thiab lwm yam
cub, *n*. me nyuam tsiaj mos mos (xws li me nyuam tsov)
cubbyhole, *n*. ib qhov chaw me me
cube, *n*. ib thooj dab tsi uas muaj rau fab
cubicle, *n*. ib chav me me
cubit, *n*. ib hom kev ntsuas qhov ntev qhov luv uas ntev li 18 yas tes los yog *inches*
cubital, *n*. luj tshib (saib *elbow*)
cuckold, *n*. tus txiv neej uas nws tus poj niam tsis ncaj ncees
cuckoo, *n*. ib hom noog nyob sab Yus Luv; *-adj*. 1. ruam qauj; 2. coj li me nyuam yaus
cucumber, *n*. 1. dib; 2. ib hom khoom noj (noj nyoos los tau)
cuddle, *v*. pw ze ze; pw ti ti
cudgel, *v*. ntaus; *-n*. qws; tus qws
cue, *n*. 1. qhov qhia; qhov taw qhia; 2. tus pas tshum *phu*
cuff, *n*. caj dab tes tsho; *-v*. ntaus
cuisine, *n*. kev ua zaub mov
culinary, *adj*. ntsig txog kev ua zaub mov
cull, *v*. xaiv
culminate, *v*. tshwm sim los txog (rau qhov no); **—culmination** *n*.
culpable, *adj*. tsim nyog cem; tsim nyog liam txim rau
culprit, *n*. tus neeg txhaum txim
cult, *n*. ib pawg ntseeg me me; ib pab neeg tsawg tsawg uas ntseeg ib txoj kev cai ntseeg ntuj
cultivate, *v*. 1. cog; 2. tu; saib xyuas; **—cultivation** *n*.
culture, *n*. 1. kab ke; kab ke haiv neeg; 2. kev cog kab mob kom huam loj tuaj es thiaj tshawb tau tias yog kab mob dab tsi; **—cultural** *adj*.
culvert, *n*. 1. thauj dej; log raj dej; 2. qhov dej
cumbersome, *adj*. 1. tu nyuaj; tu tsis yooj yim; 2. hnyav hnyav; 3. ntau ntau
cumulative, *adj*. quav loj zuj zus; *tiv* (L) loj zuj zus
cumulus, *n*. ib thooj huab loj loj heev
cunning, *adj*. 1. ntse; 2. muaj peev xwm; 3. ntxim nyiam
cup, *n*. khob
cupboard, *n*. chaw rau khoom; thawv rau khoom
cupcake, *n*. ncuav khob; khoom qab zib uas nyob hauv lub khob ntawv
cupidity, *n*. kev ntshaw nyiaj loj heev
cupping, *v*. txhuav
cur, *n*. ib hom dev
curator, *n*. tus neeg ua hauj lwm hauv chaw khaws teej tug los yog chaw rau tsiaj
curb, *n*. ntug kev tsheb; ntswg kev
curd, *n*. phuas (xws li phuas kab tsib)
cure, *v*. kho (mob); *-n*. 1. kev zoo mob rov los; 2. tshuaj
curfew, *n*. txoj cai txwv tsis pub neeg nyob lig lig thaum tsaus ntuj
curio, *n*. yam khoom qub qub thiab

muaj tsawg tsawg
curiosity, *n.* kev ntshaw kom paub txog tej yam dab tsi; qhov xav paub txog
curious, *adj.* xav paub
curl, *v.* caws (plaub hau)
curlew, *n.* ib hom noog liab dub uas ceg ntev ntev
curly, *adj.* caws caws
currant, *n.* ib hom txiv ntoo
currency, *n.* 1. nyiaj txiaj; 2. nyiaj hauv lub teb chaws
current, *adj.* tam sij no; niam no; niaj hnub niam no; *-n.* 1. dej tsaws ntxhee; 2. hluav taws xob txoj kab dhia
currently, *adv.* sam sim; tab tom
curriculum, *n.* cov txheej txheem qhia ntawv nyob hauv tsev kawm ntawv
curry, *n.* ib taig khoom noj uas muaj zaub hau xyaw nqaij thiab ua kua nyeem nyeem; *-v.* 1. txhuam los yog ntxuav; 2. muab npaj es yuav siv
curse, *v.* 1. foom lus phem; 2. hnyos; 3. hais lus dev; *-n.* kev npam; kev khaum
cursor, *n. khawb xawm*; tus taw *koos pis tawj*
curtail, *v.* txiav kom luv; ua kom luv
curtain, *n.* ntaub qhov rais
curtsy, *n.* hwm lwm tus neeg uas yus ib nyuag ntshaus hauv caug
curve, *n.* nkhaus nkhaus; lem lem
curvy, *adj.* nkhaus nkhaus; tsis ncaj ncaj (ntsig txog kev)
cushion, *n.* 1. tog zooj; 2. tej yam khoom zooj zooj siv thaiv khoom kom txhob tawg (xws li rwb)
cusp, *n.* tog ntse ntse; tog zuag zuag
cuspid, *n.* hniav kaus dev; tus hniav uas ntse ntse
cuss, *v.* cem; foom phem; hais lus phem
custard, *n.* ib yam khoom noj txom ncauj uas muab mis, piam thaj, thiab qe ua
custodian, *n.* 1. tus saib xyuas; tus tu; 2. tus neeg tu vaj tse
custody, *n.* kev saib xyuas; qab tswj hwm
custom, *n.* 1. poj rhawv kab yawg rhawv kev; tej yam uas ib txwm coj los; 2. se hla teb chaws
customary, *adj.* 1. ib txwm ua los; ib txwm muaj; raws kev raws cai
custom-built, *adj.* ua los yog txua raws tus tswv lub siab nyiam (xws lis vaj tse)
customer, *n.* tus neeg yuav khoom
customhouse, *n.* lub tsev tseem fwv uas lis lag luam hla teb chaws
customize, *v.* ua los yog kho kom raws tus yuav lub siab nyiam; — **customization** *n.*
custom-made, *adj.* ua raws tus yuav teem tseg los yog nyiam
cut, *v.* txiav; *-n.* to; to qhov; ntuag
cutaneous, *adj.* ntsig txog tawv nqaij
cutaway, *n.* ib hom tsho sov rau txiv neej
cutback, *n.* 1. kev raug txiav tawm los yog muab txo qes; 2. kev raug hloov tes los yog poob mus rau lwm tog (xws li kev sib twv pov pob *fuv npaus*)
cute, *adj.* zoo; zoo nkauj
cuticle, *n.* txheej tawv sab nraud
cutlass, *n.* ib rab ntaj luv luv thiab hnyav hnyav
cutlery, *n.* riam
cutlet, *n.* ib nplais nqaij; tej nplais nqaij; ib daim nqaij
cutter, *n.* twj los yog tshuab txiav khoom
cutthroat, *n.* tus neeg tua neeg; *-adj.* txia ntshav; siab phem
cutting board, *n.* laug cam
cutting edge, *n.* qhov zoo tshaj plaws los yog siab tshaj plaws
cuttlefish, *n.* ib hom ntses
cutup, *n.* tus neeg tsis paub cai
cyan, *n.* xiav ntsuab; tsos xiav ntsuab
cyanide, *n.* ib hom ntsev uas noj tuag
cycle, *n.* 1. ib ncig; ib ncig rov los txog; 2. ncua sij hawm uas qhov teeb meem qub rov tshwm tuaj
cyclery, *n.* chaw muag thiab kho tsheb kauj los yog nees zab
cyclist, *n.* tus neeg caij tsheb kauj los yog sib tw caij tsheb kauj
cyclone, *n.* cua daj cua dub
cyclopedia, *n.* phau ntawv *encyclopedia*
cylinder, *n.* 1. ib thooj uas kheej kheej thiab ntev ntev; 2. ib yam khoom nyob ntawm lub tshuab tsheb
cymbal, *n.* txhib tooj; ib qhov twj paj nruas uas yog ob daim txhib tooj sib tsoo nrov
cynic, *n.* tus neeg uas qhov twg los xav

tias ua tsis tau li
cynosure, *n.* lub plawv ntawm txoj kev zoo los yog lom zem
cypress, *n.* thuv; ntoo thuv
cypress vine, *n.* ib hom hmab
cyst, *n.* mob; mob plab to
cystic duct, *n.* hlab kua tsib
cystitis, *n.* mob zais zis
czar, *n.* tus coj los yog tsev neeg uas tswj lub teb chaws Lav Xias los txog rau xyoo 1917

D

d, *n.* tus tsiaj ntawv thib plaub ntawm tus ntawv As Kiv
DA los yog **D.A.**, *n.* luv los ntawm lo lus District Attorney
dab, *n.* 1. kev maj mam kov los yog plhws; 2. ib qho me me; 3. ib hom ntses nyob teb chaws Yus Luv; *-v.* maj mam plhws rau; maj mam kho rau
dabble, *v.* 1. ua txaws; ua txeej; ua ntub; 2. ua yam tsis mob siab rau
dace, *n.* ib hom ntses me uas nyiam nyob rau dej ntshiab ntshiab
dachshund, *n.* ib hom dev los yog aub uas lub cev ntev ntev thiab tes taw luv luv
Dacron, *n.* ib hom ntaub uas tsis ntsws li
dad, *n.* txiv; leej txiv
daddy, *n.* txiv; leej txiv
dado, *n.* 1. qhov nruab nrab ntawm lub hau thiab lub qab; 2. theem phab ntsa hauv qab (yog tias theem sab saud pleev tsos txawv); 3. qhov txiav ntawm daim ntoo sib dhos
daffodil, *n.* ib hom paj
daffy, *adj.* vwm; ruam
daft, *adj.* ruam qauj; txhav heev
dagger, *n.* 1. ntaj; 2. chais; rab chais; 3. riam neeb
dagon, *n.* ib tus tim tswv los yog Yawm Saub puag thaum ub uas ib nrab cev rau saum taub hau yog tib neeg hos ib nrab cev rov hauv ko taw yog ntses
dahlia, *n.* ib hom nroj tsuag; ib hom paj
daily, *n.* niaj hnub; txhua hnub
dainty, *n.* yam khoom uas qab qab; *-adj.* zoo nkauj heev
daiquiri, *n.* ib hom dej caw us tov nrog piam thaj thiab kua qaub
dairy, *n.* 1. chaw ua mis nyuj; 2. chaw muag khoom noj haus uas muab mis ua
dais, *n.* sam thiaj
daisy, *n.* ib hom paj; ib hom nroj uas tawg paj
Dalai Lama, *n.* tus tuam thawj hauj sam rau cov qab qhuas Lamaism
dale, *n.* hav tiaj
dally, *v.* 1. laug caij nyoog; tos; 2. ua plees; thab hluas
dalmatian, *n.* dev txaij tej tee tej tee; dev dawb uas dub tej tee
dam, *n.* 1. pas dej tauv; chaw tauv dej; ntswg dej; 2. tus niam tsiaj nyeg
damage, *v.* ua puas; *-n.* qhov puas; kev liam sim
Damascus, *n.* tuam ceeb nroog teb chaws Siv Lias (Syria)
damask, *n.* 1. ib hom ntaub; 2. tsos liab dawb lias
dame, *n.* poj niam nom; poj niam uas muaj meej mom
damn, *v.* 1. foom; thuam; tsis qhuas; 2. cem txhaub rau qhov tuag; 3. ua puas; 4. hais lus dev
damnable, *adj.* tsim nyog raug cem los yog raug tawm tsam
damnation, *n.* kev cem los yog thuam vim tsis yog ib qho zoo
damnatory, *adj.* npaj cem; hem tias yuav cem los yog thuam tias tsis zoo
damned, *adj.* 1. raug cem; 2. tsim nyog raug cem los yog raug thuam
damnify, *v.* ua puas tsuaj; ua poob peev
damp, *adj.* noo noo
dampdry, *v.* ziab kom qhuav zog xwb
dampen, *v.* 1. ua kom noo; 2. txo tsis ua hauj lwm heev lawm
damper, *n.* 1. tus neeg ua kom ntub los yog kom noo, ua kom tuag mus (xws li hluav taws), los yog soj ntsuam lwm tus neeg los yog hem kom tso tej yam tseg; 2. daim hlau thaiv cua los yog pa uas qhib loj qhib me tau; 3. ib qho khoom siv kaw twj paj nruas kom lub suab txhob nrov los yog nrov yau

damsel, *n.* poj niam hluas; ntxhais hluas
damselfly, *n.* ib hom nquas liv
dance, *v.* 1. seev cev; 2. nquam (xws li nquam paj nquam nruas); 3. *la voo* (L); *-n.* kev seev cev los yog kev *la voo*
dancer, *n.* kws seev cev; tus neeg seev cev; tus neeg nquam paj nquam nruas
dandelion, *n.* ib hom nroj uas tawg paj daj daj
dander, *n.* siab (xws li siab ntev los siab luv); lub siab
dandle, *v.* muab txav mus los ntawm caj npab thiab ntawm hauv caug (xws li txav tus me nyuam)
dandruff, *n.* plhaws taub hau
dandy, *n.* 1. tus txiv neej uas saib hlob los yog txhawj txog nws cov khaub ncaws heev; 2. yam uas zoo heev li
danger, *n.* qhov txaus ntshai; kev pheej hmoo
dangerous, *adj.* txaus ntshai heev; pheej hmoo heev
dangle, *v.* 1. dai los yog yoj mus mus los los; 2. muab tso tseg yam tsis muaj qhov txheem los yog tuav li
dank, *adj.* noo heev yam tsis xis nyob li
Dao Ong Xiong, *n.* Nraug Oo Xyooj uas yog Ywj Pheej thiab Sua V. Xyooj tus tub thib peb
dapper, *adj.* 1. hnav zoo zoo; 2. hnav cov tawm tshiab xwb
dapple, *v.* kos tej thaj tej thaj rau
dare, *v.* 1. khuv; kheev; tuaj yeem; 2. muaj peev xwm
daredevil, *n.* neeg siab tawv
dark, *adj.* 1. tsaus; tsaus ntuj; 2. tsis muaj duab ci li; *-n.* kev tsaus ntuj
darkness, *n.* tsaus ntuj nti
darling, *n.* 1. tus hlub; 2. qhov nyiam tshaj
darn, *v.* xaws; ntxiv
dart, *n.* 1. mos txwv txawb; xub tes cuam; 2. kev khiav ceev ceev; *v.* 2. khiav nrawm nroos; dhia ceev ceev; 2. tua; tshoob
dash, *v.* 1. tsoo; 2. ua puas; 3. ua maj maj; 4. txav nrawm nroos
dashboard, *n.* phab taub hau tsheb nyob ntawm qhov chaw tsav tsheb
dastard, *n.* tus neeg nyiag ua phem
data, *n.* 1. ntaub ntawv txog qhov tseeb; 2. xov xwm; 3. tej nab npawb hais txog qhov coob qhov tsawg
database, *n.* ntaub ntawv ua kom *koos pis tawj* tshawb tau
date, *n.* 1. nyoog; hnub tim; 2. zwj thaj; 3. kev ua si nrog hluas nkauj los hluas nraug; 4. ib hom txiv ntoo qab qab zib; *-v.* tham; nrog mus ua si
dated, *adj.* hom qub qub lawm; qub qub
dateless, *adj.* 1. tsis muaj nyoog; tsis muaj hnub; 2. tsis muaj ciaj ciam li; tsis muaj qhov kawg li; 3. laus heev tsis tawm ua txoj kev plees lawm; 4. tsis muaj caij li; mus ib sim neej
dateline, *n.* kab ntawv nyob ntawm daim ntawv xov xwm uas qhia tias tsab xov xwm ntawd tawm thaum twg thiab tawm qhov twg tuaj
date line, *n.* txoj kab uas cais sab hnub tuaj rau sab hnub poob uas sab hnub tuaj hlob sab hnub poob li ib hnub los yog hlob li 10 tawm teev
date palm, *n.* ib hom ntoo uas zoo li txiv maj phaub
datum, *n.* ib qho *data*
datura, *n.* ib hom nroj
daub, *v.* 1. vov los yog npog rau; muab tej yam nplaum nplaum coj los lo rau; 2. pleev kob rau
daughter, *n.* ntxhais; tus ntxhais
daughter-in-law, *n.* nyab; tus nyab; tus tub tus poj niam
daunt, *v.* ua kom siab me; hem; ua kom ntshai
dauntless, *adj.* tsis ntshai li; siab tawv heev
dauphin, *n.* tus tub hlob ntawm huab tais Fab Kis yav puag thaum ub
dauphiness, *n.* tus nyab ntawm tus tub hlob ntawm huab tais Fab Kis yav puag thaum ub
davenport, *n.* rooj *xaus fas*; rooj zaum ntev uas zooj zooj
dawdle, *v.* 1. poob caij nyoog; siv sij hawm ntau dhau lawm, 2. ua yam tsis muaj hom phiaj li
dawn, *n.* 1. kaj ntug txoog; 2. lub caij thaum hnub yuav tawm; *-v.* 1. hloov ua nruab hnub; 2. pib pom kev
day, *n.* hnub; nruab hnub
day after tomorrow, *n.* nag kis; ob hnub tom ntej; ob hnub tom qab hnub no
day bed, *n.* lub rooj xaus fas uas muab rub ua tau txaj pw

day before yesterday, *n*. hnub hmos; ob hnub ua ntej hnub no
daybook, *n*. 1. phau ntawv teev txog txhua hnub yus ua; 2. phau ntawv teev nyiaj txiag saib nyiaj tawm thiab nkag li cas
daybreak, *n*. kaj ntug plaws; kaj ntug huv
day care, *n*. chaw zov me nyuam yaus
daydream, *v*. xav txog ib qho dab tsi; ua npau suav nruab hnub; *-n*. txoj kev ntshaw hauv lub siab xav tau
dayflower, *n*. ib hom paj
day labor, *n*. neeg ua zog (nruab hnub)
daylight, *n*. nruab hnub; duab tshav ntuj
daylight saving time, *n*. lub caij nyoog uas muab lub caij txav ib ob teev ua ntej kom txhob tsaus ntuj ntxov ntxov
day lily, *n*. ib hom paj
daylong, *adj*. ib hnub nkaus
day sailor, *n*. lub me nyuam nkoj uas siv rau thaum nruab hnub
day school, *n*. tsev kawm ntawv uas me nyuam mus kawm thaum nruab hnub tag ces rov los tsev
dayspring, *n*. sawv ntxov; kaj ntug txoog
daystar, *n*. 1. hnub qub thaum sawv txov; 2. lub hnub
daytime, *n*. nruab hnub; lub caij nruab nrab thaum sawv ntxov thiab thaum tsaus ntuj
day-to-day, *adj*. hnub dhau hnub; ib hnub zuj zus
day tripper, *n*. tus neeg uas mus rov qab yam tsis pw tom tog kev
daze, *v*. 1. ceeb; yoob; 2. txaus siab heev rau
dazed, *adj*. ceeb; yoob; feeb tsis meej
dazzle, *v*. ceeb loj heev; txaus siab heev rau
DDT, *n*. tshuaj tua kab
deacon, *n*. tus xib fwb nyob hauv tsev teev ntuj
deaconess, *n*. tus poj niam pab dhia hauj lwm nyob hauv tsev teev ntuj
deactivate, *v*. tshem tawm; ua kom txhob ua hauj lwm lawm; muab rhuav
dead, *adj*. tuag; *-n*. neeg tuag
dead-air space, *n*. qhov chaw uas tsis muaj cua nkag los thiab tawm tau
deadbeat, *n*. tus neeg nyom tsis them nqe
dead duck, *n*. tus neeg uas ua qhov twg los poob los yog tsis tshwm sim li
deaden, *v*. 1. ua kom txhob muaj muaj teeb meem los yog txhob raug raug qhov muag; 2. ua kom txhob hnov suab nrov
deadend, *n*. kev tws; kev kawg; chaw tws
deadfall, *n*. rooj ntxiab cuab cov tsiaj loj
dead heat, *n*. kev tau sib npaug zos nyob hauv kev sib twv
dead letter, *n*. tsab ntawv uas xa tsis tau rau tus txais hos tus xa qhov chaw nyob los tsis muaj
deadline, *n*. lub caij uas ib qho hauj lwm yuav tsum ua tiav rau thaum ntawd; hnub kawg
deadlock, *n*. kev sib nreg uas tog twg los tsis muaj tus yeej li; kev pheej hmoo heev
deadly, *adj*. 1. txaus ntshai; 2. muaj peev xwm ua tau phem; 3. ncaj heev; 4. zoo heev li
deadpan, *adj*. tsis luag ib qho li; cuag tsis muaj sia
deadwood, *n*. tej yam uas tsis zoo siv lawm; yam uas tsis muaj nuj nqis lawm
deaf, *adj*. lag ntseg; tsis hnov lus
deaf-mute, *n*. tus neeg lag ntseg uas tsis paub hais lus
deal, *v*. hais txog, lis txog, txob siab txog; *-n*. qhov haum siab
dean, *n*. tus hau los yog tus thawj ntawm ib lub tsev kawm ntawv
dear, *n*. tus hlub; *-adj*. hawm txog
dearth, *n*. 1. tsawg tsawg; tsis muaj; 2. zaub mov tsis txaus noj
death, *n*. kev tuag; kev ploj tuag
debacle, *n*. teeb meem uas muaj kev sav tsam loj; kev txaj muag loj heev vim tsis mus raws siab xav
debar, *v*. thaiv
debark, *v*. nqes (nkoj los yog dav hlau); tawm mus
debase, *v*. txaj muag; poob ntsej muag; tsis muaj ntsej muag
debate, *v*. sib cav (tswv yim); *-n*. kev sib cav
debauch, *v*. ua puas; coj rau txoj kev phem; nyiag noj

debilitate, *v.* ua kom mob los yog ua kom tsis muaj zog; ua kom zog ntaug; —**debilitation** *n.*
debility, *n.* ib ce tsis muaj zog
debit, *n.* kev rho nyiaj tawm mus them nqe nyob hauv ntaub ntawv; -*v.* txiav tawm nyiaj hauv ntaub ntawv
debonair, *adj.* 1. zoo heev; 2. paub cai heev; 3. tsis yooj yim to taub vim nws zoo los yog nyuaj heev
debris, *n.* qhov seem ntawm tej khoom uas raug kev puas tsuaj; tej khoom raug puas tsuaj
debt, *n.* 1. nqe; nuj nqes; 2. txim txhaum
debunk, *v.* rhuav tshem los yog nthuav tawm qhov tsis yog, qhov txaj muag, thiab qhov cuab loj dhau
debut, *n.* 1. thawj thawj zaug uas tshwm sim rau suav daws pom; 2. qhov taw qhia rau suav daws paub
decade, *n.* 10 xyoo; ib ncua caij nyoog uas muaj 10 xyoo
decadence, *n.* kev puas zuj zus; pib puas zuj zus
decal, *n.* daim duab los yog daim qauv uas yuav muab luam rau tej yam dab tsi
decamp, *v.* sawv kev mus sai sai; tawm mus nrawm nroos
decant, *v.* hliv maj mam (xws li hliv ib lub thoob rau lwm lub); nchuav (ib lub thoob rau ib lub thoob)
decanter, *n.* lub hwj zoo zoo nkauj uas ua cia saib los yog cia haus cawv
decapitate, *v.* txiav taub hau; txiav caj dab; tua uas yog txiav caj dab; —**decapitation** *n.*
decay, *v.* lwj; qub heev es puas lawm
decease, *v.* tuag; -*n.* kev tuag
deceased, *adj.* tus tuag
deceit, *n.* 1. kev dag kom lwm tus txhob to taub qhov tseeb; 2. kev tsis ncaj ncees
deceitful, *adj.* com viab; txawj dag
deceive, *v.* dag; tsis hais qhov tseeb; ntxias kom to taub yuam kev
decelerate, *v.* khiav qeeb zog; qeeb zog
December, *n.* Kaum Ob Hlis Ntuj; lub 12 Hlis Ntuj
decent, *adj.* 1. zoo xws teb xws chaw; 2. tsis zoo zoo tsis phem phem
deception, *n.* kev dag kom lwm tus to taub yuam kev yus li hom phiaj
decide, *v.* txiav txim siab
decimal, *n.* *des cis maus*; kev cais zauv uas yog muaj ib lub dub dub nyob nruab nrab (xws li 1.75)
decipher, *v.* txhais; nrhiav ntsiab rau
decision, *n.* 1. kev txiav txim siab; 2. lub siab xav
decisive, *adj.* 1. muaj kev txiav txim siab; 2. muab tau qhov tseeb
deck, *n.* 1. sam thiaj; lawj; 2. qhov chaw sawv saib hav dej nyob ntawm lub nkoj
declaim, *v.* hais nrov nphas
declaration, *n.* 1. kev plov meej los yog tshaj tawm ib yam tseem ceeb; 2. lus plov meej; 3. daim ntawv plov meej cov lus
declare, *v.* plov meej; tshaj tawm; hais tawm tso tshav plhuav
declassify, *v.* tsis zais npog lawm; leej twg saib los tau lawm; —**declassification** *n.*
decline, *v.* 1. tsis kam; tsis yeem; 2. pib nqes mus
decode, *v.* txhais tawm los ua lus; txhais cov lus zais los ua ntawv
decommission, *v.* rho tawm; muab rho tawm hauj lwm
decompose, *v.* 1. muab sib cais ua tej pawg; 2. lwj
decongestant, *n.* tshuaj txhawm chim
décor, *n.* kev dai ub no kom zoo nkauj
decorate, *v.* 1. tsab (xws li tsab zam); dai ub dai no kom zoo nkauj; 2. muab *mev daum* (*mis dais*) rau tub rog
decoration, *n.* kev dai ub no kom zoo nkauj; kev tsab kom raug qhov muag (xws li tsab zam)
decorum, *n.* xeeb ceem zoo
decoy, *n.* kev ntxias; kev cuab ntxiab rau
decrease, *v.* 1. txo kom tsawg; 2. nqeg; 3. poob
decree, *n.* kev txib los yog kev cai los ntawm tseem fwv
decrepit, *adj.* puas vim laus laus lawm los yog qub qub lawm
decrescendo, *adj.* ntsig txog kev txo lub suab kom yau
decry, *v.* tsis pom zoo; qhia tseeb tseeb tias tsis pom zoo
dedicate, *v.* 1. tshwj tseg rau; 2. muab

rau; cob rau
dedication, *n.* kev tshwj tseg rau
deduce, *v.* 1. tshwm sim los ntawm paus ntsis zoo; 2. paub; 3. xam tawm
deduct, *v.* rho tawm; txo
deduction, *n.* 1. kev rho tawm; kev txo kom tsawg; 2. kev tshawb pom
deed, *n.* 1. puav pheej; 2. ib daim ntawv tseem ceeb uas qhia tias leej twg yog tus tswv
deem, *v.* xav; pom zoo
deep, *adj.* tob; tob tob
deep brachial artery, *n.* leeg ntshav liab ntawm npab ntug hauv nruab nrog
deep femoral artery, *n.* leeg ntshav liab ntawm ncej npab hauv nruab nrog
deep-seated, *adj.* tsim tau khov heev; npaj tau ruaj heev
deer, *n.* mos lwj
defame, *v.* rhuav ntsej muag; ua puas koob npe
default, *n.* 1. ua tsis tiav lub luag hauj lwm; 2. qhov qub (uas tsim nrog los)
defeat, *v.* tua yeej; kov yeej; kam yeej; ua yeej
defeated, *adj.* swb lawm
defecate, *v.* raws plab; haw quav; zawv plab; tso quav; thoj plab; —**defecation** *n.*
defect, *v.* ntxeev siab (khiav mus tuaj yeeb ncuab tog); —**defection** *n.*
defective, *adj.* tsis zoo (vim ua tsis zoo); puas
defend, *v.* tiv thaiv; thaiv
defendant, *n.* tus neeg raug foob
defense, *n.* 1. kev tiv thaiv; 2. lub tswv yim tiv thaiv; qhov tiv thaiv; 3. pab neeg uas tawm tsam lwm pab
defer, *v.* 1. ncua; sej; laug; 2. zam rau lwm tus neeg; qhib kev rau lwm tus lub tswv yim
defiance, *n.* kev tawm tsam; kev cov nyom
deficiency, *n.* 1. kev qiag; kev tu ncua; 2. kev tsis muaj peev xwm
deficient, *adj.* 1. qiag; tu ncua; 2. tsis muaj peev xwm
deficit, *n.* nyiaj tsawg; kev tsis muaj nyiaj hauv lub teb chaws
defile, *v.* 1. ua puas; 2. rhuav
define, *v.* txhais; phua lub ntsiab; muab ntsiab lus rau; —**definition** *n.*
definite, *adj.* 1. meej; 2. tseeb; tiag tiag; 3. ruaj
definitely, *adv.* 1. meej log; tag nrho; 2. tiag tiag; tseeb tseeb
definition, *n.* ntsiab lus; lus txhais
definitive, *adj.* meej meej
deflate, *v.* 1. tso pa; tso cua tawm; 2. txo; —**deflation** *n.*
deflect, *v.* tig rau ib sab; lem; —**deflection** *n.*
defog, *v.* tshuab cov huab nkoog kom yaj; tshuab cov pa los yog hws plooj plooj iav kom kaj
deform, *v.* rhuav (kom txhob zoo li qhov qub); pauv (kom txawv); —**deformation** *n.*
defraud, *v.* nyiag
defray, *v.* them
defrost, *v.* tshuab cov dej nkoog tawm; tshuab hws nkoog tawm; ua kom dej nkoog yaj; —**defroster** *n.*
deft, *adj.* nrawm thiab muaj txuj ci siab
defunct, *adj.* 1. tuag; 2. tsis zoo siv lawm; siv tsis tau lawm
defy, *v.* 1. tawm tsam; 2. tsis yeem ua raws
degenerate, *adj.* 1. raug txo; raug poob nom; 2. raug muab ua tsis zoo; —**degeneration** *n.*
degrade, *v.* txo (theem siab los rau theem qes)
degree, *n.* 1. fab kev kawm; 2. qeb ntawv kawm tiav; 3. zus (xws li zuj zus); ib hom ncauj ke ntsuas ub ntsuas no, xws li ntsuas sov ntsuas no
dehydrate, *v.* qhuav; tsis muaj dej
dehydration, *n.* lub cev qhuav tsis muaj dej; kev mob nkeeg vim tias lub cev qhuav heev tsis muaj dej lawm
deify, *v.* hawm; hawm tej tus tswv teb tswv chaw
deign, *v.* 1. txo hwj chim; 2. saib qes; saib qaij; 3. pom zoo
deity, *n.* 1. Yawm Saub; 2. dab; 3. ntsuj plig
dejected, *adj.* chim siab; tu siab
delay, *v.* sej; ncua (lub sij hawm); laug
delectable, *adj.* 1. qab; 2. raug siab; ntxim siab
delection, *n.* kev zoo siab
delegacy, *n.* lub hwj chim los yog lub

luag hauj lwm ntawm tus neeg sawv cev
delegate, *v*. tsa los yog tso neeg mus sawv cev tej qhov hauj lwm; tso hauj lwm rau lwm tus neeg ua; *-n*. tus neeg sawv cev; tus raug tsa los ua ib txoj hauj lwm
delegation, *n*. pawg neeg sawv cev; ib pawg neeg tawm mus ua ib txoj hauj lwm tseem fwv ua ke
delete, *v*. tshem tawm, tshem pov tseg; rho tawm; —**deletion** *n*.
deleterious, *adj*. ntxim puas tsuaj
deliberate, *adj*. 1. txiav txim siab yam ua twb zoo xav; 2. txhob txwm; tab meeg; 3. tsis maj tsis rawm; —**deliberation** *n*.
delicacy, *n*. 1. kev ua zoo heev; 2. hom zaub mov uas yus nyiam noj tshaj plaws
delicate, *adj*. 1. zoo nkauj thiab ntxim nyiam; 2. muag heev, los yog tawg yooj yim heev; —**delicateness** *n*.
delicatessen, *n*. chaw muag khoom noj
delicious, *adj*. qab
delight, *v*. muaj kev zoo siab; *-n*. 1. kev zoo siab; 2. hauv paus ntawm txoj kev zoo siab; —**delightful** *adj*.
delineate, *v*. 1. kos; 2. txhais; 3. piav; —**delineation** *n*.
delinquency, *n*. kev nyom tsis them nuj nqes; kev tsis ua raws txoj cai
delinquent, *adj*. 1. hla los yog txhaum cai; 2. tsis them nuj nqes; *-n*. tus neeg tsis them nuj nqes
delirious, *adj*. vwm; tsis meej pem
delirium, *n*. 1. hlwb tsis meej pem los yog feeb tsis meej (los ntawm mob nkeeg); 2. kev lom zem los yog zoo siab yam tswj tsis tau li
deliver, *v*. 1. xa (khoom); cev rau; muab rau; 2. cev lus; muab lus; 3. pab poj niam yug me nyuam; 4. yug me nyuam; daws cev
delivery, *n*. 1. kev xa khoom; 2. kev yug me nyuam; kev daws cev
dell, *n*. ib lub me nyuam tiaj me me thiab nraim nraim kev
delta, *n*. 1. qhov chaw uas dej nyab tuaj txog; 2. ntu dej nkhaus
deltoid, *n*. nqaij xub pwg; nqaij ntshiv ntawm qaum xub pwg
deltoid muscle, *n*. thooj nqaij ntshiv nyob ntawm xub pwg uas ua rau yus tsa tau sab caj npab
delude, *v*. ua kom yuam kev; ua kom ntseeg los yog to taub yuam kev
deluge, *n*. dej nyab; *-v*. 1. nyab (los ntawm dej); 2. tsuam
delusion, *n*. kev ntseeg yuam kev
deluxe, *adj*. zoo heev
delve, *v*. 1. tshawb; nrhiav; 2. khawb
demand, *v*. xav tau; *-n*. qhov xav tau
demanding, *adj*. cuaj khaum; nruj; ua kom tau raws siab nyiam xwb
demarcate, *v*. 1. kos ciaj ciam; khij ciam; 2. txheeb; 3. cais; faib
demarcation, *n*. nrim; ciam
demean, *v*. 1. txo; 2. saib qes; saib qaij
demeanor, *n*. cuj pwm; xeeb ceem
demented, *adj*. vwm
demise, *n*. 1. kev tuag; 2. kev poob hwj chim; 3. kev kawg; kev tws
demit, *v*. tso tawm los yog tawm txoj hauj lwm
demitasse, *n*. ib khob *kas fes* me me
demobilize, *v*. tshem tub rog tawm; tso tub rog tawm; —**demobilization** *n*.
democracy, *n*. kev tswj hwm uas pej xeem yog cov xaiv tsa tus coj
democrat, *n*. tus neeg coj kev cai ywj pheej los yog *democracy*
democratic, *adj*. ntsig txog txoj kev tswj hwm uas pej xeem yog cov xaiv tsa tus coj
demoiselle, *n*. ib hom noog
demolish, *v*. rhuav; tsoo
demolition, *n*. kev tsoo; kev rhuav; kev tsoo tej yam li vaj tse pov tseg; kev xuas nplaum tua choj los yog vaj tse kom puas
demon, *n*. dab
demonstrate, *v*. 1. sim rau saib; 2. nthuav tawm; 3. tawm tsam
demonstration, *n*. 1. kev nthuav tawm; 2. kev tawm tsam
demoralize, *v*. ua kom qaug zog; ua kom lub siab muag; ua kom poob siab; —**demoralization** *n*.
demote, *v*. txo (nom theem siab los rau qhov qes); —**demotion** *n*.
demur, *v*. 1. tsis pom zoo; 2. tawm tsam; 3. ncua; laug
demure, *adj*. txaj muag; lus tsawg
den, *n*. 1. chaw rau tsiaj; 2. chaw nkaum; 3. ib chav chaw me me
dendrites, *n*. ceg keeb uas xa mem (tes) rau lub nrog cev (*keeb* yog

cell)
denial, *n.* kev tsis lees; kev tsis kam
denigrate, *v.* hais phem rau; thuam; —**denigration** *n.*
denim, *n.* ntaub paj
denizen, *n.* tus neeg nyob rau qhov chaw ntawd
denomination, *n.* 1. ib pawg neeg ntseeg ntuj
denominator, *n.* tus zauv nyob hauv qab; xws li 1/2 mas tus zauv 2 ntawm no yog tus **denominator**
denote, *v.* 1. taw qhia meej; 2. txhais tias; sawv cev; —**denotation** *n.*
denouement, *n.* qhov tshwm sim thaum kawg
denounce, *v.* tsis pom zoo; tawm tsam; thuam
dense, *adj.* 1. ntom; 2. tuab; 3. ti; 4. ruam
dent, *n.* hmlos; pluav; -*v.* ua hmlos; ua pluav
dental, *adj.* ntsig txog kaus hniav
dentifrice, *n.* kev npaj yuav tu kaus hniav
dentin, *n.* txha hniav mos
dentist, *n.* kws kho hniav
denture, *n.* kaus hniav cuav; kaus hniav ntsia
denude, *v.* hle liab qab
denunciation, *n.* txoj kev tawm tsam tias tsis pom zoo rau ib yam dab tsi
deny, *v.* tsis kam; tsis lees
deodorant, *n.* kev npaj kom txhob tsw phem
depart, *v.* 1. ncaim; nrug; tawm mus; 2. tuag
department, *n.* ib lub chaw ua hauj lwm loj uas nws muaj nws tus coj thiab muaj neeg ua hauj lwm coob tus; tuam chaw hauj lwm
department store, *n.* chaw muag khoom siv
departure, *n.* sawv kev mus
depend, *v.* 1. nyob ntawm, nyob raws; 2. tos; nyob tos
depict, *v.* qhia txog tias (xws li ib daim duab qhia txog)
depiction, *n.* qhov daim duab qhia txog (saib yog dab tsi)
deplete, *v.* ua rau tsuag tag lawm; siv tsuag tag lawm
depletion, *n.* kev tsuag (xws li tej av uas tsuag zuj zus ua rau qoob loo tsis zoo li qub lawm)
deplore, *v.* 1. xav txog lig heev; tu siab heev; 2. cem; thuam; tsis pom zoo; —**deplorable** *adj.*
deploy, *v.* xa tub rog mus rau tshav rog
depopulate, *v.* ua kom pej xeem tsawg (xws li kev txwv tsis pub yug me nyuam coob); —**depopulation** *n.*
deport, *v.* 1. xa tawm teb chaws; ntiab tawm teb chaws; 2. coj cuj pwm
deportation, *n.* kev xa tawm teb chaws; kev ntiab tawm teb chaws
depose, *v.* 1. tshem (tus coj) tawm nws txoj hauj lwm; 2. teev lus; ua tim khawv
deposition, *n.* 1. kev raug tshem tawm ntawm txoj hauj lwm; 2. kev teev lus; kev ua tim khawv
deposit, *v.* tso nyiaj rau tom txhab nyiaj; -*n.* 1. nyiaj com tseg (qhaib) ua ntej; 2. qhov nyiaj uas coj mus tso rau tom txhab nyiaj
depository, *n.* chaw cia khoom
depot, *n.* 1. chaw rau khoom; 2. chaw tsheb npav los yog tsheb nqaj
deprave, *v.* 1. ua tau txaj muag; ua poob npe; 2. tsis ncaj ncees; noj nyiaj; 3. ua puas
depravity, *n.* 1. kev poob ntsej muag; 2. kev tsis ncaj ncees noj nyiaj noj txiaj
deprecate, *v.* 1. tsis pom zoo; 2. saib qes; saib tsis taus
deprecation, *n.* 1. kev saib tsis taus; kev saib qes; 2. kev tsis pom zoo
depreciate, *v.* poob nqi
depreciation, *n.* kev pob nqi (xws li tej tsheb qub poob nqi)
depreciatory, *adj.* poob nqi
depredate, *v.* nyiag; txeeb; huab
depredation, *n.* kev nyiag, kev txeeb; kev huab
depress, *v.* 1. nias; nias rau hauv; 2. txo kom qes zog; ua tus nqi qes zog; 3. ua kom poob siab; thau zog
depression, *n.* 1. lub caij uas kev nrhiav noj haus poob qes heev; caij uas muaj kev txom nyem; 2. kev ntxhov siab
deprivation, *n.* 1. kev txwv; kev tsis pub kom muaj; 2. kev txhav; kev txeeb
deprive, *v.* 1. txwv; tsis pub kom muaj; 2. txhav; txeeb

depth, *n.* qhov tob
deputation, *n.* ib pawg neeg tseem ceeb uas taug kev mus ib txoj hauj lwm ua ke
deputy, *n.* tus lwm thawj; tus sawv cev
derail, *v.* 1. poob qab ke (xws li tsheb nqaj poob qab ke); 2. mus tsis raws kab; 3. tham tsis raws lub ntsiab lus lawm; tham lwm yam lawm; tham kis ub kis no lawm
derailment, *n.* 1. kev poob qab ke; 2. kev mus tsis raws kab; 3. kev tham tsis raws lub ntsiab lus sib tham lawm
derange, *v.* 1. tsis tus; tsis to taub; 2. chim; 3. xa neeg mus rau tom ntug; 4. ua rau vwm; —**derangement** *n.*
derby, *n.* 1. nees sib twv; 2. ib hom kaus mom
deregulate, *v.* tshem txoj cai tawm; tshem txoj cai txwv tawm mus; tsis kav lawm (los ntawm tseem fwv); —**deregulation** *n.*
derelict, *adj.* tso tseg; tso rau tom qab; tso pov tseg; hnov qab; —**dereliction** *n.*
deride, *v.* luag (vim thuam); ua kom txaus luag
derive, *v.* 1. muab tau los ntawm; 2. tawm los ntawm ib qhov chaw twg
dermatitis, *n.* kab mob tawv nqaij
dermatologist, *n.* kws kho tawv nqaij
dermatology, *n.* kev kawm txog tawv nqaij thiab teeb meem txog tawv nqaij
dermatolysis, *n.* tawv txoom
dermatoneurosis, *n.* mob tawv nqaij uas yog voos hauv nrog cev tuaj
dermis, *n.* tawv mos; txheej tawv hauv qab daim tawv laus los yog ntxhib
derogative, *adj.* ntsig txog kev ntxub ntxaug
derogatory, *adj.* ntsig txog kev ntxub ntxaug
descend, *v.* 1. nqis; 2. tawm los; tshwm los; ncau los; 3. tshwm tam sim ntawd; tos pom ces tawm plaws ntawd xwb (xws li kev sib tua)
descendant, *n.* xeeb ntxwv; caj ceg
descending aorta, *n.* raj ntshav liab nqis hav
descending colon, *n.* yav hnyuv loj uas nqes los rau nram qhov quav
describe, *v.* piav qhia ib qho zuj zus; tshab txhais
description *n.* kev qhia txog; kev tshab txhais
descry, *v.* pom ib muag; pom; saib pom
desecrate, *v.* 1. ua saib tsis taus; tsis hwm tej yam khoom muaj nqis; 2. ua txhaum cai rau tej yam muaj nqis heev
desecration, *n.* 1. kev saib tsis tau los yog tsis hwm tej yam khoom muaj nqis; 2. kev ua txhaum cai rau tej yam khoom tseem ceeb
desert, *n.* 1. tiaj av qhuav; tiaj tshav puam; 2. tus neeg khiav tawm (ntawm nws pab pawg); -*v.* khiav tawm; tso pov tseg
deserve, *v.* 1. tsim nyog; 2. ntxim
deserving, *adj.* tsim nyog qhuas
desex, *v.* sam
desicate, *v.* ua kom qhuav; qha kom qhuav; —**desication** *n.*
design, *v.* 1. tsim daim qauv; 2. muab teeb kom zoo nkauj; -*n.* daim qauv
designate, *v.* 1. taw; qhia; 2. faib; 3. xaiv (neeg ua hauj lwm); ntsiab neeg ua hauj lwm
designation, *n.* 1. kev taw los yog qhia kom meej txog tej yam dab tsi; 2. kev faib kom muaj chaw; 3. kev xaiv neeg ua hauj lwm; kev ntsiab neeg rau txoj hauj lwm
designer, *n.* tus neeg tsim daim qauv los yog tus qauv
desire, *v.* ntshaw; xav tau; xav yuav; -*n.* kev ntshaw
desist, *v.* nres; tso tseg
desk, *n.* rooj sau ntawv
desolate, *adj.* 1. qhuav qhawv; khoob; 2. kho siab heev; 3. tsis muaj neeg nyob; -*v.* 1. ua kom neeg nyob tsis tau; 2. muab tso tseg; 3. ua kom tsis muaj kev cia siab
desolation, *n.* 1. kev tso pov tseg; kev ua kom khoob; kev ua kom tsis muaj neeg nyob; 2. kev ua kom kho siab los yog ntxhov siab; 3. kev tag kev cia siab; 4. lub neej ntxhov siab los yog txom nyem ti txha nkaus
despair, *v.* ua rau tag kev cia siab
desperado, *n.* tus neeg raug txim
desperate, *adj.* 1. ntshaw heev; xav tau heev; 2. maj maj; 3. tag kev cia siab; tsis muaj kev cia siab

desperation, *n*. 1. kev ntshaw heev; kev xav tau ib yam dab tsi heev; 2. kev ua raws txoj kev tag kev cia siab los yog tag tswv yim lawm
despicable, *adj*. ntxim ntxub; ntxim cem
despise, *v*. ntxub; xyeej txhem; saib tsis taus
despite, *prep*. txawm tias; li ntawd los xij
despoil, *v*. nyiag; txhav; txeeb
despoliation, *n*. kev nyiag, txhav los yog txeeb ua tug los ua yus li
despot, *n*. tus nom uas siab phem phem; tus thawj coj uas nruj tsiv heev
despotic, *adj*. ntsig txog tus nom siab phem heev los yog txoj kev tswj hwm uas nruj tsiv heev
despotism, *n*. txoj kev tswj hwm lub teb lub chaw los ntawm tus nom tswv thiab tej cai uas phem thiab nruj heev
dessert, *n*. khoom qab zib noj tom qab noj mov tag
destination, *n*. 1. qhov chaw mus kom txog; 2. qhov chaw kawg
destine, *v*. 1. npaj siab; 2. tshwm sim los
destiny, *n*. 1. qhov npaj mus kom txog los yog ua kom tau; 2. lub hau kev; lub neej tom ntej
destitute, *adj*. pluag pluag heev; txom nyem heev; tsis muaj dab tsi li
destitution, *n*. txoj kev txom nyem ti txha nkaus; txoj kev pluag uas tsis muaj dab tsi li
destroy, *v*. ua puas; ua piam; rhuav
destroyed, *adj*. raug puas tsuaj; raug puas; raug piam
destroyer, *n*. 1. nkoj ua rog; 2. tus neeg ua puas
destruction, *n*. kev puas tsuaj; kev puas ntsoog
desultory, *adj*. tsis muaj hom phiaj li
detach, *v*. 1. nrug; txav tawm; 2. cais; 3. tu
detached, *adj*. 1. tsis ua ke; tsis sib txuas; 2. tsis tuaj ib tog
detachment, *n*. 1. kev sib nrug sib tu ncua; 2. tub rog los yog nkoj ua rog nyob tom tshav rog
detail, *v*. qhia meej meej ib tog tuaj; teev ntxaws heev; *-n*. 1. ib qhov zuj zus; txhua txhua yam; 2 ntxaws; kev muaj ntxaws ntxaws
detailed, *adj*. ntxaws; ntxaws ntxaws
detain, *v*. 1. tuav tseg; ceev tseg; 2. ncua tseg; —**detainment** *n*.
detect, *v*. 1. pom; saib pom; tshawb pom; 2. ntes tau; txhom tau
detection, *n*. kev pom los yog saib pom; kev tshawb pom; 2. kev ntes tau (xws li ntes tau tus mob lawm)
detective, *n*. tus neeg soj ntsuam; kws soj ntsuam; tub ceev xwm
détente, *n*. kev uas ib lub teb chaws tsis ua nruj ua tsiv rau ib lub; teb chaws uas nyias nyob nyias tsis sib thab
detention, *n*. kev raug rau txim (xws li nyob pem tsev kawm ntawv)
detention center, *n*. tsev ceev neeg (raug teeb meem)
deter, *v*. txwv; thaiv; tav
detergent, *n*. tshuaj ntxhua khaub ncaws, los yog ntxuav vaj tse
deteriorate, *v*. phem zuj zus; puas zuj zus
deterioration, *n*. txoj kev uas tsuas muaj phem zuj zus los yog puas zuj zus (xws li tej tsheb uas tsuas muaj qub thiab puas zuj zus mus)
determination, *n*. kev txiav txim siab
determine, *v*. txiav txim siab
determined, *adj*. 1. txiav txim siab lawm; 2. khov kho; meej pem lawm
deterrence, *n*. 1. qhov khuam; qhov thaiv kev; 2. txoj kev los yog lub tswv yim uas ib lub teb chaw tiv thaiv tsis pub lwm lub teb chaws tua tau lawv
deterrent, *adj*. ntsig txog qhov khuam, khaum kev los yog thaiv kev; *-n*. qhov khuam; qhov thaiv kev
detest, *v*. ntxub; tsis nyiam
detestation, *n*. 1. kev ntxub heev; kev tsis nyiam li; 2. tus neeg los yog yam khoom uas raug ntxub heev
detonate, *v*. tawg
detonation, *n*. 1. kev tawg (xws li foob pob tawg); 2. qhov tawg
detour, *n*. kev lug; txoj kev lug thaum lawv kho txoj kev ncaj lawm
detract, *v*. 1. txeeb; muab mus; tshem tawm; 2. hais phem rau; saib tsis taus
detraction, *n*. 1. kev txeeb los yog muab tshem tawm; 2. kev hais lus

phem rau los yog saib tsis taus
detrain, *v*. nqes tsheb nqaj hlau; —**detrainment** *n*.
detribalize, *v*. ua kom pawg neeg poob lawv tej kab lis kev cai mus; —**detribalization** *n*.
detriment, *n*. kev puas tsuaj; qhov puas tsuaj
detrimental, *adj*. ntsig txog kev puas tsuaj los yog raug mob raug nkees
detrition, *n*. kev sib tshiav yaig; kev yaig los yog puas los ntawm txoj kev sib tshiav
deuce, *n*. 1. kev sib nrawg nyob hauv kev ntaus *thes niv* (*tennis*); 2. dab phem
deutsche mark, *n*. nyiaj Ntsaws Mes Nis
devalue, *v*. txo nqe; poob nqe; —**devaluation** *n*.
devastate, *v*. ua puas tsuaj
devastation, *n*. kev puas tsuaj
develop, *v*. 1. tsim los yog ua; txhim kho; 2. loj hlob; pauv hloov; 3. ntxuav duab
developer, *n*. tus tsim; tus ua tshwm sim; tus txhim kho
development, *n*. 1. kev txhim kho; kev tsim los yog ua ib yam dab tsi tshwm sim; 2. kev loj hlob los yog xov tshiab ntawm ib yam hauj lwm tseeb ceeb
deviate, *v*. hloov; pauv
deviation, *n*. kev hloov; kev pauv
device, *n*. 1. ib thooj khoom uas siv rau tej tshuab; 2. qauv; tus qauv
devil, *n*. 1. dab; dab phem; 2. neeg phem
devious, *adj*. txawj dag; to taub tsis yooj yim
devise, *v*. tsim; ua tawm
devoid, *adj*. tsis muaj li; tu ncua heev
devote, *v*. 1. tshwj zias rau; 2. mob siab heev rau
devoted, *adj*. 1. siab ncaj; ncaj ncees; 2. mob siab rau
devotion, *n*. 1. kev thov ntuj; 2. kev mloog lus thiab kev mob siab
devour, *v*. 1. noj cuag hu hu dab; 2. nqos; 3. ua puas
devout, *adj*. 1. ntseeg ntuj heev; 2. siab ncaj heev; 3. tiag tiag
dew, *n*. lwg; lwg dej
dexter, *adj*. nyob rau sab xis
dexterity, *n*. 1. kev txawj xuas tes ua ub ua no heev; kev muaj peev xwm; 2. kev ntse
dexterous, *adj*. txawj ua ub ua no heev los ntawm ob txhais tes; muaj peev xwm heev xws li lub tswv yim nrawm heev
dextrose, *adj*. txawj ua ub ua no heev los ntawm ob txhais tes; muaj peev xwm heev uas yog lub tswv yim nrawm heev
diabetes, *n*. ntshav qab zib; mob ntshav qab zib
diagnose, *v*. tshuaj ntsuam; tshawb nrhiav
diagnosis, *n*. 1. kev tshuaj ntsuam saib tus mob los yog tus kab mob yog dab tsi; 2. qhov qhia txog txoj kev tshawb nrhiav los yog tshuaj ntsuam
diagonal, *n*. txoj kab uas khij ib ceg kaum mus rau ib ceg kaum
diagram, *n*. duab kos qhia txog ib yam dab tsi; daim hom phiaj los yog tswv yim
dial, *v*. 1. ntaus xov tooj; 2. kiv; -*n*. lub ntsej muag ntawm lub teev ntuj los yog *moo* (L)
dialect, *n*. ib hom lus ntawm ib pawg neeg (nyob teb chaws Suav mas Hmoob muaj peb hom lus xws li cov lus Hmoob sab hnub tuaj, cov lus Hmoob hauv nruab nrab, thiab cov lus Hmoob sab hnub poob)
dialogue, *n*. kev sib tham; kev sib txuas lus
dialysis, *n*. kev lim ntshav vim raum tuag lawm
diameter, *n*. 1. txoj kab uas hla hauv lub cheeb; lub cheeb (xws li cheeb phom); 2. qhov tuab
diametric, *adj*. 1. ntsig txog lub cheeb los yog qhov khoob; 2. ntxeev tag nrho; tig kiag rau sab tod
diaper, *n*. ntaub qhwv me nyuam pob tw; *daiv pawm*
diaphragm, *n*. 1. npluag plab; daim npluag kem hauv siab thiab plab hnyuv; 2. khoom thaiv tsis pub xeeb me nyuam
diarrhea, *n*. raws plab; zawv plab; thoj plab
diary, *n*. 1. cov keeb kwm uas yus tus kheej ua txhua txhua hnub; 2. phau ntawv uas yus tus kheej sau txog qhov yus ua txhua txhua hnub

dice, *n.* mom khauv lauv; -*v.* tsuav los yog txiav ua tej tooj
dicker, *v.* sib hais nqe; nyom nqe
dictate, *v.* 1. nyeem los yog hais nrov nrov rau lwm tus neeg sau los yog theej; 2. kav; tswj; -*n.* lus qib txam; lus txib
dictation, *n.* 1. kev nyeem los yog hais nrov nrov rau lwm tus neeg theej los yog sau; 2. cov lus theej khaws tseg; 3. kev kav; kev tswj; lus qib txam; lus txib los ntawm nom tswv txheej siab
dictator, *n.* tus nom uas kav nruj nruj; tus nom siab phem phem los yog tsiv tsiv heev
dictatorship, *n.* 1. txoj kev tswj hwm los ntawm tus tseem fwv los yog tus nom uas phem thiab nruj heev; 2. tus nom siab phem phem los yog tsiv tsiv heev; 3. kev kav lub teb chaws nruj nruj tsis pub tej pej xeem muaj kev ywj pheej li
dictionary, *n.* phau ntawv txhais lus; phau txhais lus
dictum, *n.* ib zaj lus tseem ceeb
did, *v.* tau; ua (tag los lawm)
didactic, *adj.* ntsig txog txoj kev qhia ua zoo
die, *v.* 1. tuag; 2. tso tseg; nres; 3. poob (xws li lag luam poob lawm)
diencephalon, *n.* tis qia hlwb (ntawm tus hlwb txha nqaj qaum cob kiag rau thooj hlwb loj)
diet, *n.* 1. cov zaub mov uas ib tus neeg nyiam; 2. tej yam zaub mov uas noj kom nyob zoo thiab kom txhob rog rog; -*v.* noj tej hom zaub mov kom yuag
dietary, *n.* kev soj ntsuam zaub mov; -*adj.* ntsig txog kev noj zaub mov kom txhob muaj mob nkeeg
dietetics, *n.* kev kawm txog kev noj qab haus zoo
dietician, *n.* kws qhia txog zaub mov noj kom nyob zoo
differ, *v.* txawv; tsis sib xws
difference, *n.* qhov sib txawv
different, *adj.* sib txawv
differentiate, *v.* cais kom txawv; faib
difficult, *adj.* cov; cov heev; tsis yooj yim; nyuaj
difficulty, *n.* kev cov nyom; kev tsis yooj yim; kev nyuaj
diffident, *adj.* 1. txaj muag; nyob twb ywm; 2. tsis muaj peev xwm
diffuse, *v.* 1. nthuav tawm (kom txhob hnyav hnyav rau ib qho twg); 2. tawg; ri; 3. ua kom tsuag los yog ua kom muag; -*adj.* 1. lus ntau heev; 2. xam; faib rau ub rau no lawm; ri
diffusion, *n.* 1. kev nthuav tawm los yog ri rau ub rau no (kom txhob hnyav hnyav rau ib qho twg); 2. kev ua kom tsuag mus los yog muag mus
dig, *v.* 1. khawb; 2. dawj
digest, *n.* ib co xov xwm uas hais qhov tseem tseem ceeb xwb; -*v.* 1. rov xav dua; rov xav ntxiv; 2. zom (li twm zom zaub); xo; 3. teev lub ntsiab
digestion, *n.* kev zom los yog xo zaub mov nyob hauv lub plab
digit, *n.* 1. cov *nab npawb* xws li 1 mus txog 9; 2. ntiv tes los yog ntiv taw
digital, *adj.* ntsig txog tej yam uas zoo li *koos pis tawj* thiab lub yees duab; -*n.* ntiv tes (saib *finger*)
dignify, *v.* tsaws meej mom rau; cob meej mom rau; muab saib rau nqi
dignitary, *n.* neeg muaj koob meej
dignity, *n.* koob meej; meej mom; ntsej muag
digress, *v.* hla mus hais kis ub kis no lawm; hais tshuam ub tshuam no tsis raws qhov ntsiab lus
dike, *n.* ntswg av puab thaiv dej nyab; laj kab thaiv dej kom txhob nyab zej zos
dilapidated, *adj.* poob mus rau qhov yuav puas tsuaj; puas zuj zus
dilapidation, *n.* kev poob mus rau qhov yuav puas tsuaj los yog txom nyem
dilatant, *adj.* ntxiav su; ntxiav o; su los yog o yooj yim; -*n.* qhov ua kom o los yog kom su
dilate, *v.* o; su
dilation, *n.* 1. kev ua kom su los yog o, los yog kom loj tuaj; 2. qhov teeb meem ua o los yog su
dilatory, *adj.* 1. ncua caij nyoog; ncua sij hawm; 2. qeeb; lig
dilemma, *n.* lub ncauj ke twg los tsis zoo; qhov twg los tsis zoo; txoj kev txiav txim siab twg los tsis zoo raws siab nyiam

diligence, *n.* kev mob siab; kev nquag
diligent, *adj.* siab sib; nquag; mob siab
dill, *n.* ib hom nroj tsuag
dillydally, *v.* poob caij nyoog; nkim caij nyoog vim ncua ub ncua no
dilute, *v.* ua kom ntshiab me ntsis los yog ua kom sab me ntsis (xws li kom txhob nyeem nyeem); — **dilution** *n.*
dim, *adj.* qauj; qauj les; xaum
dime, *n.* lub nyiaj npib kaum (10) *xees*
dimension, *n.* qhov loj me; qhov dav
diminish, *v.* ploj zuj zus mus; tsis pom zuj zus lawm
diminutive, *adj.* me me heev; me tiag tiag li
dimple, *n.* kab lia (nyob ntawm plhu)
din, *n.* ib lub suab nrov loj loj heev
dine, *v.* noj hmo
diner, *n.* 1. tus neeg noj hmo; 2. qhov chaw noj mov nyob saum tsheb nqaj
dinghy, *n.* ib lub nkoj me me
dingy, *adj.* qias neeg
dining room, *n.* chaw noj mov; chav noj mov
dining table, *n.* rooj noj mov
dinner, *n.* hmo; pluas hmo
dip, *v.* daus; hais; -*n.* kwj; qhov zawj
diphtheria, *n.* mob txhaws caj pas; ib hom kab mob uas sib kis zoo
diphthong, *n.* ob lub las ntawv coj los ua ib los
diploma, *n.* daim ntawv tiav los ntawm tsev kawm ntawv
diplomacy, *n.* kev sib tham sib kho ntawm teb chaws thiab teb chaws
dipper, *n.* tshob (daus dej)
dire, *adj.* 1. phem tshaj plaws; 2. dhau tshaj plaws; txawv tshaj plaws
direct, *v.* 1. qhia; 2. coj; 3. taw ke; -*adj.* ncaj qha; ncaj nraim
direction, *n.* 1. kev; ncauj ke; txoj kev (uas mus li cas rau li cas thiaj txog); 2. kev saib xyuas; kev tsom kwm; 3. kev txib (xws li txib neeg ua hauj lwm); 4. kev qhia siv
directional, *adj.* ntsig txog ncauj ke los yog sab ntuj twg
directive, *n.* kev txib (neeg ua hauj lwm)
directly, *adv.* ncaj nraim; ncaj qha
director, *n.* 1. kav xwm; 2. tus coj
directory, *n.* phau ntawv qhia chaw nyob, qhia npe thiab xov tooj
dirge, *n.* 1. kev nyiav los yog kev quaj nyob tom tsev tuag; 2. nkauj los yog suab paj nruas nyob tom tsev tuag
dirt, *n.* 1. av; 2. hmoov av; pa av; pluas plav
dirty, *adj.* 1. qias neeg; vuab tsuab; 2. lo av; ceb; 3. tsis zoo; 4. sw; sw sw
disable, *adj.* puas cev xws li puas tes puas taw los yog lag ntsej dig muag; -*v.* muab tua; muab ua kom txhob ua hauj lwm
disabuse, *v.* tsis muaj qhov yuam kev; tsis muaj kev tsis to taub
disadvantage, *n.* qhov tsis zoo; qhov tsis pab yus; qhov phem; qhov hnyav rau yus tog
disagree, *v.* 1. tsis pom zoo; 2. tsis yeem
disagreeable, *adj.* tsim nyog tsis pom zoo nrog; tsis txaus nyiam
disagreement, *n.* 1. kev tsis pom zoo; kev tsis tuaj yeem; 2. teeb meem kev sib txawv ntawm txoj kev xav
disallow, *v.* tsis tso cai; tsis pub
disappear, *v.* ploj; ploj ntais; yaj; yaj ntshis; pawv
disappearance, *n.* kev ploj; kev nrhiav tsis pom lawm
disappoint, *v.* ua rau tu siab; ua rau poob siab; cuam muas
disappointed, *adj.* poob siab; me siab; tu siab
disappointing, *adj.* cuam muas; tu siab
disappointment, *n.* kev tu siab; kev tsis raws siab xav
disapprove, *v.* tsis kam; tsis pom zoo; tsis tso cai; —**disapproval** *n.*
disarm, *v.* txo riam phom; muab txo riam txo phom
disarmament, *n.* kev txo riam phom; kev muab riam phom tso tseg es txhob sib tua lawm
disarrange, *v.* pov lwj liam rau ub rau no ua pawg pes lug; tsis tso ua ib pawg; tsis muaj paus muaj ntsis; — **disarrangement** *n.*
disarray, *n.* kev tsis raws kis; kev nyias ua nyias raws siab nyiam; kev tsis muaj tus tswj; kev tsis ua pab ua pawg
disarticulate, *v.* rhuav ntawm qhov sib txuas; —**disarticulation** *n.*
disaster, *n.* kev puas tsuaj; kev liam

sim; —**disasterous** *adj.*
disavow, *v.* tsis lees pab; tsis lees paub txog; —**disavowal** *n.*
disband, *v.* rhuav; tso tseg; tshem tawm
disbar, *v.* txwv; tsis pub
disbelief, *n.* kev tsis ntseeg; kev tsis txaus ntseeg
disbelieve, *v.* tsis ntseeg; tsis txaus ntseeg
disburse, *v.* them nyiaj rau
disbursement, *n.* 1. kev them nyiaj rau; 2. qhov nyiaj uas them rau
disc, *n.* 1. daim CD uas kaw ntaub ntawv hauv *koos pis tawj*; 2. daim iav siv tsom kab mob
discard, *v.* pov tseg; muab pov tseg
discern, *v.* xam pom; saib pom; —**discernment** *n.*
discharge, *v.* 1. tshem tawm; rho tawm; 2. tua (xws li tua phom); 3. tso tawm hauv chaw kaw neeg mus; 4. tshem tub rog tawm hauv txoj hauj lwm; 5. tsob ntshav
disciple, *n.* thwj tim; tub kawm txuj; tub txib
disciplinarian, *n.* tus neeg tswj txoj cai
discipline, *v.* 1. qhia; qhuab qhia; 2. rau txim rau; 3. cob; -*n.* 1. ib fab kev kawm ntawv (xws li keeb kwm); 2. kev qhuab qhia; 3. kev rau txim; lub txim; 4. kev mloog lus vim yog muaj kev kawm zoo
disclaim, *v.* tsis lees
disclaimer, *n.* 1. qhov thau tawm los yog tsis lees txog txoj kev raus tes los yog sib raug zoo
disclamation, *n.* kev tsis lees paub txog los yog muaj kev cuam tshuam txog
disclose, *v.* nthuav; nthuav tawm; qhib; cem
disclosure, *n.* 1. kev nthuav; kev qhib; 2. qhov nthuav tawm rau suav daws pom
discolor, *v.* ua tsuas; hloov tsos
discomfit, *v.* chim; tu siab
discomfort, *n.* kev tsis nyab xeeb; kev tsis xis siab
disconcert, *v.* chim; tu siab
disconnect, *v.* 1. txiav; 2. tu; tu ncua; 3. plam
disconnection, *n.* 1. kev tu; kev tu ncua; 2. kev plam; 3. kev txiav
disconsolate, *adj.* chim siab heev; tu siab heev; —**disconsolation** *n.*
discontent, *n.* kev ntxhov siab; kev nyuaj siab
discontinue, *v.* tso tseg; tsis ua ntxiv lawm; —**discontinuation** *n.*
discord, *n.* tsis muaj kev haum xeeb
discount, *v.* txo nqi; nqes nqi; -*n.* tus nqi tom qab muab txo los yog nqes lawm; tus nqi txo
discourage, *v.* hem; ua kom ntshai; ua kom poob siab los yog ua kom siab me
discouraged, *adj.* poob siab; me siab
discouragement, *n.* kev poob siab; kev me siab
discourse, *n.* 1. kev sib tham sib hais; 2. keb pab cuam; kev daws tso
discourteous, *adj.* tsis paub cai
discover, *v.* nrhiav pom; tshawb tau
discovery, *n.* kev nrhiav pom; kev tshawb tau
discredit, *v.* 1. rhuav ntsej muag; rhuav koob meej; 2. thuam kom poob ntsej muag
discreet, *adj.* ceev lus zoo; tsis taug xaiv; muaj peev xwm ceev tau yam uas zais npog
discrepancy, *n.* kev sib txawv; qhov sib txawv; qhov tsis pom zoo
discretion, *n.* kev txiav txim siab raws tus kheej siab xav; kev ua tau raws siab nyiam
discretionary, *adj.* tso raws tus kheej siab nyiam; siv raws siab xav
discretionary account, *n.* pob nyiaj txiag los yog tus lag luam uas muab siv los yog muab hloov raws siab nyiam tau
discriminate, *v.* 1. ntxub ntxaug; 2. xaiv ntsej xaiv muag los yog tawv nqaij; saib dej ua ntu, saib neeg ua plhu; 3. cais
discriminating, *adj.* 1. muaj peev xwm cais tau; 2. xaiv zoo heev; 3. txawv heev
discrimination, *n.* 1. kev ntxub ntxaug; 2. kev xaiv ntsej xaiv muag los yog xaiv tawv nqaij; 3. kev cais
discriminative, *adj.* 1. cais tau qhov txawv; 2. muaj qhov tsis ncaj nruab nrab
discriminatory, *adj.* muaj qhov tsis ncaj nruab nrab; muaj qhov tuaj ib

tog ntau
discursive, *adj.* hla ib qho rau ib qho (ntsig txog kev sib tham); kaug ub kaug no
discuss, *v.* sib tham los yog sib piav txog tej yam dab tsi
discussant, *n.* tus neeg koom tes nrog kev sib tham
discussion, *n.* kev sib tham los yog sib pauv tswv yim txog ib yam dab tsi
disdain, *v.* saib qaij; saib tsis taus; tsis hwm
disdainful, *adj.* muaj qhov tsis hwm; muaj qhov saib tsis taus
disease, *n.* kab mob
diseased, *adj.* 1. raug mob; raug kis mob lawm; 2. tsis zoo
disembark, *v.* nqes nkoj
disembarrass, *v.* dim ntawm txoj kev poob ntsej muag; dim ntawm txoj kev ntxhov siab
disembarrassment, *n.* kev dim ntawm txoj kev txaj muag
disembodied, *adj.* tsis muaj qhov tseeb
disembody, *v.* tawm ntawm lub cev mus lawm (xws li tej ntsuj plig); tso tawm los yog dim ntawm lub cev mus
disembogue, *v.* tso dej ntawm ncauj tawm mus; qhib dej tawm
disembowel, *v.* 1. tshem tej plab hnyuv, siab ntsws, thiab plawv raum tawm; 2. tshem tej yam tseem ceeb tawm
disembowelment, *n.* 1. kev tshem tawm cov khoom hauv nruab cev; 2. kev tshem tawm los yog hloov tej yam tseem ceeb
disenchant, *v.* dim ntawm txoj kev npau suav; dim ntawm txoj kev raug dag uas tsis muaj tseeb
disenchanted, *adj.* tu siab
disenchantment, *n.* kev dim ntawm txoj kev npau suav los yog txoj kev dag
disengage, *v.* thim; tso; thau hau tawm; —**disengagement** *n.*
disentangle, *v.* daws kom txhob sib rig; —**disentanglement** *n.*
disfavor, *n.* kev tsis pom zoo; kev tsis nyiam
disfigure, *v.* ua raug nqaij tawv puas tsis zoo nkauj lawm
disfranchise, *v.* txwv tsis pub xaiv nom; txwv tsis pub pov *npav*
disgrace, *v.* rhuav ntsej muag; ua poob koob poob npe
disgraceful, *adj.* poob ntsej muag
disguise, *v.* zais ntsej muag kom neeg txhob paub; hloov tus kheej kom txawv; ua cuav neeg
disgust, *v.* ua qias neeg; ua txaus ntxub; ua vuab tsuab
disgusting, *adj.* qias neeg; vuab tsuab
dish, *n.* 1. tais diav; 2. kav (HC); ib hom zaub mov uas npaj txawv lwm tais
disharmony, *n.* kev tsis sib haum xeeb
dishearten, *adj.* poob siab; me siab
dishevel, *v.* pov rau hauv txoj kev tsis tiaj tus; pov rau qhov teeb meem
dishonest, *adj.* tsis ncaj ncees; siab nkhaus; siab tsis ncaj
dishonor, *v.* 1. ua txaj muag; 2. rhuav ntsej muag; rhuav plhu
dishonorable, *adj.* muaj kev txaj muag; muaj kev poob ntsej muag
dishpan, *n.* dab dej; dab ntxuav tais diav
dishrag, *n.* ntaub so tais diav
dishtowel, *n.* phuam so tais diav
dishware, *n.* twj tais noj mov
dishwasher, *n.* lub tshuab ntxuav tais diav los yog tus neeg ntxuav tais diav
dishy, *adj.* zoo nkauj heev; ntxim nyiam heev
disillusion, *v.* 1. dim ntawm txoj kev npau suav los yog txoj kev raug dag; 2. tso tseg; 3. ua rau puas siab los yog tag kev cia siab; 4. tu siab
disincentive, *adj.* tsis muaj siab
disinclination, *n.* kev tsis muaj siab
disincline, *v.* tu siab; tsis muaj kev cia siab; tsis muaj sim
disinclined, *adj.* tag kev cia siab; tsis mob siab
disinfect, *v.* ntxuav kab mob tawm; tua kab mob
disinfectant, *n.* tshuaj tua kab mob
disinfest, *v.* tshem tawm los yog tua cov kab mob los yog cov tsiaj phem
disinflation, *n.* kev nyiaj rov muaj nqis tuaj
disinformation, *n.* xov xwm cuav siv dag neeg los yog rhuav lwm tus neeg
disingenuous, *adj.* tsis ncaj ncees;

txawj dag
disinherit, *v*. txwv tsis pub tau tej cuab tam thiab vaj tse los ntawm cov laus
disintegrate, *v*. tawg tag; liam sim tag; puas tsuaj tag
disintegration, *n*. kev sib tawg; kev liam sim tsis ua pab ua pawg
disinter, *v*. khawb ntxa; khawb neeg tuag tawm; —**disinterment** *n*.
disinterest, *n*. 1. kev tsis muaj qhov txaus siab rau; 2. kev ncaj ncees
disinterested, *adj*. tsis txaus siab rau; tsis haum siab
disintoxicate, *v*. txiav cawv; tso dej cawv tseg; —**disintoxication** *n*.
disjoin, *v*. 1. rho; hle; muab rho los yog muab hle kom txhob sib txuas; 2. cais; txiav
disjointed, *adj*. 1. plam ntawm lub yag los yog qhov txuas; 2. tsis sib haum
disk, *n*. tej yam yeej yeej los yog kheej kheej
dislike, *v*. tsis nyiam; ntxub
dislocate, *v*. 1. txhauj; nrug; 2. txav tsis nyob qhov chaw qub
dislocation, *n*. 1. kev txhauj; 2. kev txav chaw
dislodge, *v*. yuam tawm qhov chaw mus; —**dislodgement** *n*.
disloyal, *adj*. tsis ua siab ncaj ncees (rau tus coj); tsis ncaj ncees
dismal, *adj*. ntxhov siab; kho siab
dismantle, *v*. rhuav
dismay, *v*. poob siab; me siab; yau siab
dismember, *v*. txiav ua tej thooj
dismiss, *v*. 1. tso tseg; 2. rho tawm; 3. tsis lees paub; —**dismissal** *n*.
dismissive, *adj*. tsis quav ntsej; txhob txwm tsis lees paub
dismount, *v*. 1. nqes (xws li nqes nees); 2. rhuav ua tej pawg
disobedient, *adj*. tawv ncauj; tsis mloog lus; tsis yuav hais
disobey *v*. tsis mloog; tsis yuav
disorder, *n*. 1. kev tsis tiaj tus; qhov twg los ntxhov quav niab; 2. kev tsis meej pem
disorderly, *adv*. ntxhov hnyo; tsis muaj paus ntsis
disorganize, *v*. rhuav kom ntxhov quav niab; —**disorganization** *n*.
disorganized, *adj*. 1. sw; 2. ntxhov; ntxhov quav niab; 3. tsis muaj txheej txheem zoo
disown, *v*. cais; tsis yuav lawm
disparage, *v*. hais phem rau; —**disparagement** *n*.
disparate, *adj*. tsis sib xws; tsis sib luag; tsis sib npaug; —**disparateness** *n*.
disparity, *n*. txoj kev tsis sib txig sib luag
dispassionate, *adj*. tsis mob siab txog
dispatch, *v*. 1. xa; tso; 2. tua
dispel, *v*. tshem tawm
dispensary, *n*. tsev muab tshuaj; chaw muab tshuaj
dispensation, *n*. 1. ib txoj niam cai los yog kev cai; 2. qhov tsis nyob hauv txoj cai
dispense, *v*. faib tawm; pub
disperse, *v*. ri; tawg rau ub rau no; faib rau qhov txhia chaw
displace, *v*. 1. yuam tawm teb chaws mus rau lwm qhov chaw; 2. hloov qhov chaw; —**displacement** *n*.
displaced person, *n*. tus neeg uas raug tawm nws lub teb chaws mus nyob txawv teb chaws (vim yog txoj kev ua tsov ua rog los yog muaj teeb meem loj)
displacement, *n*. kev raug yuam tawm mus rau lwm lub teb chaws
display, *v*. tso rau saib; nthuav rau neeg saib
displease, *v*. ua rau tsis txaus siab; ua rau tu siab; —**displeasure** *n*.
disport, *v*. 1. ua si; 2. ua lwm yam kom hnov qab tej yam twg
disposable, *adj*. 1. siv tag pov tseg; 2. ua los siv; siv thaum twg los tau; -*n*. yam uas siv tag ces pov tseg xwb
dispose, *v*. 1. kho; teeb (kom nyob zoo chaw); 2. ua kom muaj siab los yog kub siab; 3. txiav txim siab rau ib yam dab tsi los yog kho kom haum; 4. muab pov tseg
dispose of, *n*. muab pov tseg
disposition, *n*. 1. tus kheej lub siab cua (uas lam tau lam hais raws siab xav); 2. tus cuj pwm maj maj ua los yog hais dab tsi; 3. kev teeb txheeb los yog faib rau qhov txhia chaw; 4. qhov kev txiav txim thaum kawg nkaus; 5. lub zog los yog txoj cai uas tswj los yog qhuab qhia
dispossess, *v*. txwv tsis pub muaj los

yog nyob
dispraise, *v.* txwv; tsis pom zoo
disprize, *v.* muab ntaus nqi qes; saib qaij; saib qes
disproof, *n.* 1. kev cov nyom los yog qhia tias tsis yog lawm; 2. qhov tseeb uas qhia tau tias tsis yog lawm
disproportion, *n.* tsis teeb tim; tsis sib luag zos
disprove, *v.* teev tim khawv tias yuam kev lawm; qhia tias tsis yog lawm
disputable, *adj.* muaj qhov tsis sib haum; muaj kis rau sib cav vim qhov tseeb tsis meej
disputant, *adj.* sib cav; sib ceg; *-n.* tus neeg uas sib cav nrog lwm tus
disputatious, *adj.* 1. ciaj caub; cib nyeej; 2. npaj ntsoov tos sib cav xwb
dispute, *n.* kev cov nyom; kev tsis sib haum xeeb; kev sib cav; *-v.* cav; cov nyom; sib cav; sib ceg
disqualification, *n.* kev ua kom tsis raug cai tau; kev ua kom plam; kev txwv kom poob
disqualify, *v.* 1. ua kom tsis raug cai; rub kom plam; 2. tshem tawm; txwv
disregard, *v.* hnov qab; pov tseg; txhob lis; txhob quav ntsej; ua ntsej lag muag dig
disrepair, *n.* xav tau kev kho
disreputable, *adj.* muaj koob npe phem
disrepute, *n.* kev muab saib qes qes
disrespect, *n.* kev tsis paub cai; kev tsis hwm
disrobe, *v.* hle khaub ncaws; hle tsoos tsho; hle khaub dluag
disrupt, *v.* cuam tshuam; thab
disruption, *n.* 1. kev cuam tshuam; 2. qhov khuam tes khuam taw; qhov thaiv kev
dissatisfaction, *n.* kev tsis haum siab; kev tsis txaus siab
dissatisfy, *v.* tsis haum siab; tsis txaus siab
dissect, *v.* phais plab ua ob sab (coj los tshawb kawm)
dissemble, *v.* zais lub siab los yog zais qhov yus npaj
disseminate, *v.* nthuav tawm; faib tawm; —**dissemination** *n.*
dissension, *n.* qhov cov nyom; qhov hais tsis haum
dissertation, *n.* phau ntawv sau rau tsev kawm ntawv qeb siab thiaj tau daim *Ph.D.* los yog *dav tawm*
disservice, *n.* kev puas tsuaj; kev yuam kev; kev ua rau raug mob
dissident, *n.* tus neeg uas tawm tsam tseem fwv
dissimilar, *adj.* txawv; tsis sib xws
dissipate, *v.* 1. tawg; 2. nchuav; txeej; 3. pov tseg
dissipation, *n.* 1. kev nchuav los yog txeej; 2. kev siv ua lwj liam yam tsis txuag; 3. kev liam rau txoj kev ua si los yog lom zem
dissociate, *v.* cais tawm los yog ncaim tawm ntawm koom haum; —**dissociation** *n.*
dissolute, *adj.* 1. liam; phem; siab phem; 2. tsis coj cai li; tsis paub cai; 3. qias neeg heev; 4. tsuav zoo rau tus kheej xwb
dissolution, *n.* 1. qhov muab tso tseg los yog xaus tseg; 2. kev muab rhuav tshem kom ploj mus los yog tag mus; 3. kev muab ua kua dej tag lawm
dissolve, *v.* 1. yaj; ua kua; 2. ploj; tsis pom lawm; 3. tso tseg; xaus
dissonance, *n.* 1. kev tsis sib haum; 2. kev sib txawv; 3. teeb meem
dissuade, *v.* ntxias kom txhob ua tej yam
distance, *n.* 1. ncua kev; 2. ntu kev; ntus kev; 3. chaw nyob deb
distant, *v.* txav deb los yog khiav kom deb; nrug tawm; *-adj.* 1. sib nrug deb; 2. nyob deb
distaste, *n.* kev tsis nyiam; *-v.* tsis nyiam; ntxub; tsis haum siab; tsis txaus siab
distasteful, *adj.* ntxim ntxub
distemper, *n.* ib hom kab mob nyob ntawm dev los yog aub
distend, *v.* 1. su; o; 2. loj tuaj
distill, *v.* lim
distillation, *n.* kev lim (xws li lim dej)
distinct, *adj.* 1. txawv lwm qhov; 2. pom tseeb
distinction, *n.* qhov txawv
distinguish, *v.* 1. qhia qhov txawv; 2. cais; 3. ua txawv
distinguished, *adj.* tseem ceeb; tshwj xeeb
distort, *v.* 1. tig; ntxeev; lem; ntswj; 2. hloov; pauv; 3. dag; ua kom neeg to taub yuam kev

distortion, *n.* 1. kev ntxeev los yog hloov kom txawv qhov qub; 2. kev dag kom neeg to taub yuam kev
distract, *v.* 1. ua kom hnov qab qhov yus ua; 2. lem; tig mus rau lwm qhov; 3. ua rau meem txom
distraction, *n.* kev meem txom; kev ntxhov siab; kev cuam tshuam
distraught, *adj.* ntxhov siab; chim, txhawj
distress, *n.* kev ntxhov siab; kev nyuaj siab
distribute, *v.* faib; muab ib qho rau ib leeg
distribution, *n.* kev faib rau suav daws los yog rau txhua qhov; kev pub rau suav daws
district, *n.* 1. ib cheeb tsam; 2. ciaj ciam av nyob hauv tej lub xeev
distrust, *v.* tsis ntseeg; *-n.* kev tsis sib ntseeg
disturb, *v.* thab; ua kom nyob tsis tsheej; —**disturbance** *n.*
disturbing, *adj.* 1. txob siab; 2. ntxhov siab
disuse, *v.* tsis siv
ditch, *v.* 1. khawb kwj; 2. tso tseg; *-n.* kwj
dither, *n.* lub caij uas ntshai ntshai los yog tshee tshee
ditty, *n.* ib zaj nkauj luv luv thiab yooj yooj yim
diuretic, *n.* tshuaj ntaus zis; tshuaj ua kom zis los; tshuaj kem zis
dive, *v.* 1. dhia dej; 2. ntsaub ncaj qha saum nruab ntug los rau hauv av
diver, *n.* tus neeg dhia dej
diverge, *v.* 1. nthuav tawm rau qhov txhia chaw; 2. txav rau ib qhov chaw tshiab los yog ib txoj kev tshiab; 3. txawv; sib txawv (ntawm tswv yim los yog cuj pwm)
divergence, *n.* 1. kev ncau tawm los yog nthuav tawm mus rau qhov ub qhov no; 2. kev hla txoj kev cai; kev ua txawv txoj cai; 3. kev sib txawv ntawm lub tswv yim los yog cuj pwm
divergent, *adj.* 1. ncau tawm los yog nthuav tawm; 2. hla txoj cai mus; 3. txawv; sib txawv
divers, *adj.* ntau yam ntau tsav
diverse, *adj.* muaj ntau yam sib txawv; muaj txhua hom
diversify, *v.* 1. ua kom muaj ntau yam; ua kom muaj txhij muaj txhua; 2. nthuav tawm rau ntau qhov; 3. muab faib rau ntau qhov chaw; tseb rau ntau qhov chaw; —**diversification** *n.*
diversion, *n.* 1. kev lom zem; 2. kev hnov qab
divert, *v.* 1. lem; tig; ntxeev; 2. thab
diverticulitis, *n.* mob qhov zis
divest, *v.* lwg (los yog huab) txhua yam; hle
divide, *v.* 1. faib; 2. cais; 3. ncau
dividend, *n.* 1. qhov faib rau yus; yus tug; 2. cov paj laum uas faib rau cov tswv cuab
divination, *n.* kev saib yaig saib tom ntej yuav zoo li cas
divine, *v.* saib yaig; *-n.* ntsig txog Yawm Saub; saub
divisible, *adj.* faib tau; tsim nyog faib
division, *n.* 1. kev sib faib; kev sib cais; 2. qhov me ntawm qhov loj; 3. kev cov nyom (tsis sib haum xeeb); 4. kev muab ib qho faib rau ib qho; 5. nceeg vam; ib pab tub rog muaj 10,000 leej
divisive, *adj.* sib tawg heev; nyiam sib tawg
divorce, *v.* nrauj; sib tso tseg tsis sib yuav lawm; *-v.* kev sib nrauj
divorce, *n.* yawg nrauj
divorcee, *n.* poj nrauj
divulge, *v.* qhib; nthuav
dizziness, *n.* kev qaug ncig lees; kev kiv kiv ua mem muj qus; kev nraug zeeg muag
dizzy, *adj.* kiv kiv; ua voj ua vias; ua mem muj qus; nraug zeeg muag
do, *v.* ua
docile, *adj.* 1. mloog lus; 2. seej
dock, *v.* txo; ua kom luv; *-n.* 1. chaw cug nkoj; chaw thau nkoj; 2. chaw rau tus neeg raug txim nyob hauv chav hais plaub
docket, *n.* 1. ntaub ntawv ntsig txog kev hais plaub; 2. txheej txheem kev hais plaub; 3. caij nyoog uas cov plaub nyob tos thib; 4. lub ntsiab lus; qhov tsawg tsawg los ntawm qhov loj los yog qhov tag nrho
doctor, *n.* 1. kws kho mob; 2. *thaj maum* (L)
doctrine, *n.* 1. ib lub niam tswv yim

qhuab qhia; 2. txoj kab kev; 3. cai tsim los ntawm tseem fwv
document, *v*. sau los yog kaw tej yam tseem ceeb txuag tseg; -*n*. ntaub ntawv tseem ceeb siv ua pov thawj; —**documentation** *n*.
documentary, *n*. keeb kwm los yog tej yam tseem ceeb kaw tau rau hauv *vis dis aus*
dodder, *v*. 1. tsis muaj zog (vim yog laus lawm); 2. tshee tshee
dodge, *v*. zam; txav tawm rau ib sab
dodo, *n*. 1. neeg ruam; 2. ib hom noog uas muaj tsawg heev lawm
doe, *n*. maum mos lwj
does, *n*. ua
doff, *v*. tshem
dog, *n*. aub; dev; dlev
dogfish, *n*. ntses qav
dogma, *n*. ib txoj kev ntseeg; ib txoj cai
dole, *n*. kev faib khoom rau cov neeg txom nyem los yog cov poob hauj lwm; -*v*. faib me me rau
doleful, *adj*. chim; tu siab
doll, *n*. me nyuam roj hmab
dollar, *n*. nyiaj *duas las*; txiaj *duas las*
dolly, *n*. tus cab khoom
dolphin, *n*. dev dej; aub dej; dlev dlej; ib hom tsiaj nyob hauv dej
dolt, *adj*. neeg ruam
domain, *n*. 1. ciaj ciam; 2. thaj chaw
domain name, *n*. npe vas sab; npe vej xaij
dome, *n*. tsev loj rau neeg ua kev lom zem
domestic, *adj*. 1. ntsig txog vaj tse los yog hauv tsev; 2. ntsig txog sab hauv lub teb chaws
domesticate, *v*. 1. yug los yog tu (tsiaj); 2. cog (qoob loo); —**domestication** *n*.
domesticated, *adj*. nyeg; seej; tsis qus
domicile, *n*. tsev; chaw nyob
dominance, *n*. kev tswj; kev kav
dominant, *adj*. tseem ceeb; hauv plawv; loj los yog qhov loj
dominate, *v*. 1. kav; tswj; 2. sawv siab; —**domination** *n*.
dominion, *n*. 1. tseem fwv; nom tswv; 2. cai; 3. kev tswj hwm; kev kav; 4. nrim; ciaj ciam
domino, *n*. 1. lub kaus mom rau tus xib fwb teev ntuj ntoo; 2. cev tsoos tsho uas hnav nrog lub hnab looj ntsej muag; 3. lub hnab looj ntsej muag; 4. ib hom kev twv txiaj uas zoo li *mam khauv lauv* (L)
domino effect, *n*. txoj kev ntseeg tias ib thooj vau ces ua rau txhua txhua thooj vau tib si vim ib qho nias los yog yuam ib qho vau ib tog zuj zus mus
domino theory, *n*. txoj kev uas teb chaws Mes Kas ntseeg tias yog ib lub teb chaws poob rau Koos Mus Niv tes ces lwm lub teb chaws yuav poob zuj zus ib lub tib lub mus rau Koos Mus Niv tes tib si
don, *v*. hnav
donate, *v*. pub dawb (tej yam khoom, nyiaj txiag los yog dag zog rau lwm tus neeg)
donation, *n*. 1. kev sib pub los yog sib pab; 2. qhov khoom pub
done, *v*. ua (tag los lawm); -*adj*. 1. tiav lawm; tag lawm; 2. siav lawm
donkey, *n*. zag; ib hom nees me me
donor, *n*. tus pub; tus muab; tus pab khoom
don't, *v*. tsis; txhob
doodle, *v*. kos tsis muaj hom phiaj
doom, *n*. 1. kev txiav txim; 2. txoj hmoo; 3. kev puas tsuaj; kev liam sim
door, *n*. qhov rooj; rooj
doorbell, *n*. tswb qhov rooj; tswb rooj
doorjamb, *n*. ntug qhov rooj; ntug rooj
doorkeeper, *n*. tus neeg zov rooj vag los yog zov qhov rooj
doorknob, *n*. pob qhov rooj; pob qhib rooj
doorman, *n*. tub zov qhov rooj los yog zov rooj vag
doormat, *n*. ntaub so taw; ntaub so ko taw
door prize, *n*. khoom plig qhov rooj; khoom plig uas muab rau tus neeg tuaj koom tes thiab yeej los ntawm qhov tias nws lub npe raug rho tau
doorstep, *n*. taw ntaiv mus rau ntawm lub qhov rooj; theem ntaiv mus rau ntawm lub qhov rooj
doorstop, *n*. 1. ntsia xiab qhov rooj; 2. ntsia cheem qhov rooj
doorway, *n*. chaw nkag rau hauv chav tsev los yog lub tsev
dooryard, *n*. mom kaum; tog tsev;

qhov chaw sab nraud ntawm lub taw rooj
dope, *n*. 1. ib yom yeeb tshuaj; 2. neeg npub; neeg ruam; 3. xov
dormant, *adj*. tsis loj hlob zoo; tsis ua hauj lwm zoo
dormer, *n*. qhov rais nyob saum ru tsev
dormitory, *n*. tsev me nyuam kawm ntawv nyob tom tsev kawm ntawv qeb siab
dorsal, *adj*. 1. ntsig txog nraum nruab qaum; 2. sab nraud; txheej sab nraud
dorsal pedis artery, *n*. leeg ntshav liab ntawm dab taws
dorsal spinal cord, *n*. hlwb txha nqaj qaum sab ntawm nruab qaum
dorsum, *n*. nrob qaum; nruab qaum (saib *back*)
dory, *n*. hom nkoj uas lub qab plab zuag zuag
dosage, *n*. kev ntsuas tshuaj noj raws kws tshuaj hais; kev muab tshuaj ntau li cas rau neeg mob
dose, *n*. qhov tshuaj uas ua ib zaug noj; qhov tshuaj uas kws kho mob qhia tias noj npaum cas tuaj ib zaug
dot, *n*. 1. ib qhov tsuas me me; 2. lub voj voog dub dub uas xuas mem qhuav khij
dotage, *n*. 1. hnub nyoog laus; 2. thaum lub zog pib ntaug lawm
dote, *v*. 1. hlub dhau cai heev; 2. ua niag vwm ntsuav los yog qaug qeb heev
double, *adj*. ob zaug; ob npaug; ob tom; -*v*. ua ob zaug; muab ob npaug rau
double cross, *v*. rov taw tuam ntuj; ntxeev siab
double-edged, *adj*. ob sab ntse
double vision, *n*. kev pom ib tus neeg ua ob tus neeg los yog pom ib yam ua ob yam
doubt, *v*. 1. poob siab; 2. tsis ntseeg; -*n*. 1. kev tsis meej tsis pem; 2. kev tsis ntseeg
douche, *n*. tus raj dej los yog raj cua siv yaug los yog ntxuav tej qhov nqaij xws li poj niam lub chaw mos
dough, *n*. hmoov nplej tov ua noo tsawv; mog (mog yog *wheat*)
doughnut, *n*. ncuav tswb neeb
doughty, *adj*. 1. muaj peev xwm; 2. khov; 3. muaj zog
dour, *adj*. 1. tsiv heev; nruj heev; siab phem; 2. hnyav heev; phem heev; 3. txwv tuag nthi
douse, *v*. 1. muab raus dej; 2. tua kom tuag los yog kom ploj mus
dove, *n*. 1. nquab; 2. lub npe rau ib hom tshuaj ntxuav cev; -*v*. dhia (yav tag los lawm)
dovetail, *v*. haum zoo heev; dhos zoo heev
dowager, *n*. 1. poj ntsuam uas nplua nuj heev; 2. pog laus uas muaj koob meej heev
dowdy, *adj*. tsis raug ntsej muag; tsis zoo nkauj
dowel, *n*. ntsia; tus ntsia uas tuav ob tog ua ke los yog tus ntsia uas muab ntsia ua ntej es mam li muab tus ntsia hlau ntsia lawv qab mas thiaj khov
down, *adj*. 1. nqes; 2. nyob hauv qab; 3. tsis muaj siab li; tsuag siab heev; qaug zog heev; -*prep*. hauv qab
downcast, *adj*. tu siab; chim
downfall, *n*. kev poob tsim; kev puas tsuaj
downgrade, *v*. txo; tshem qhov siab los rau qhov qes; -*n*. ntxhab ntxhab los yog nqes lias mus lawm
downhearted, *adj*. chim; tu siab
downpour, *n*. nag daj; tuam tsam nag; nag loj
downright, *adj*. meej pem
downsize, *v*. txo kom me; ua kom yau
downstairs, *n*. theem hauv qab; -*adv*. hauv qab; sab hauv
down-to-earth, *adj*. li ua tau; li muaj thiab qhov muag pom
downtown, *n*. plawv zos; plawv nroog
downtrodden, *adj*. txom nyem txoj kev quab yuam caij tsuj
downward, *adv*. nqes lias
dowry, *n*. khoom phij cuam los yog nyiaj phij cuam rau tus ntxhais thaum mus yuav txiv
doxology, *n*. nkauj hu qhuas Yawm Saub
doze, *v*. tso dab ntub; tsaug ib tsig zog
dozen, *n*. 1. kaum ob; 2. ib yam dab tsi uas muaj kaum ob qhov, kaum ob lub, los yog kaum ob pob
drab, *adj*. tsos *kas fes* dawb muag lias; -*n*. tsoos tsho uas muaj tsos *kas fes*

dawb muag lias
draconian, *adj*. phem; tsis yooj yim
draft, *v*. 1. sau; pib sau; 2. kee tub rog; -*n*. ib daim ntawv uas tseem kho mus kho los; 2. kev kee tub rog
draftsman, *n*. tus kws kos daim qauv ua vaj ua tsev los yog ua tshuab
drag, *v*. cab; luag; hai
dragon, *n*. zaj; tus tsiaj uas muaj hwj chim heev
dragonfly, *n*. nquas liv
drain, *v*. 1. tso (dej tawm mus); ntws; 2. nqus; 3. siv (tej yam xws li nyiaj txiag); -*n*. daim ntaub nqus kua paug
drake, *n*. lau os
drama, *n*. 1. yeeb yam sam thiaj; 2. cov *mauv vim* uas muaj ntau ntu
dramatize, *v*. ua yeeb yam phim ntxiv rau
drank, *v*. haus; haus dej los yog cawv (saib *drink*)
drape, *n*. ntaub qhov rais; -*v*. npog qhov rais
drapery, *n*. ntaub qhov rais (hom loj loj thiab zoo zoo nkauj)
drastic, *adj*. 1. maj heev; ceev heev; 2. dhau heev
draw, *v*. 1. kos (duab); khij; 2. rho; 3. rub (neeg); dib
drawback, *n*. qhov qiag; qhov phem; qhov tsis zoo
drawbridge, *n*. tus choj uas muab tsa siab tau (kom tsheb los yog nkoj hla dhau)
drawer, *n*. 1. lub dab rau khoom nyob ntawm tej rooj uas swb tawm mus mus los los tau; 2. tus kos duab; kws kos duab
drawing, *n*. kev rho hmoov
drawl, *v*. hais maj mam; maj mam hais lus
dread, *v*. ntshai heev; -*n*. kev ntshai
dream, *v*. 1. ua npau suav; 2. ua zeem muag pom; 3. cia siab, xav txog, xav kom tshwm sim; -*n*. npau suav
dreamer, *n*. tus neeg uas ua npau suav
dreary, *adj*. 1. txom nyem; 2. dhuav neeg; 3. kho siab
dredge, *n*. lub tshuab khawb av hauv qab thu dej; -*v*. muab hmoov (nplej) pleev rau sab nraud
dregs, *n*. qhov seem; txo (xws li txo zaub txo mov); qhov pov tseg
drench, *v*. ntub thoob plaws
dress, *v*. 1. hnav (khaub ncaws); 2. kho khaub ncaws rau lwm tus hnav; 3. ua zam; 4. kho mob; tu (xws li tu txaj los yog tu mob); -*n*. 1. khaub ncaws; 2. tsoos tsho poj niam
dresser, *n*. thawv rau khoom uas muaj ib daim iav nrog
dressmaker, *n*. kws ua ris tsho
drew, *v*. 1. kos (dhau los lawm); 2. rub; dib (dhau los lawm)
dribble, *v*. 1. nrog; txeej; 2. ua auv ncauj poob; 3. ua pob thaws; pov pob tsoo hauv av thaws rov los
drift, *v*. 1. loj leeb rau ub rau no tsis muaj hom phiaj li; 2. ntab rau ub rau no
drill, *v*. 1. tshau (qhov); 2. laum qhov; 3. tho; 4. cob qhia; -*n*. liv koob txam; chaws las (tshau qhov)
drink, *v*. haus; haus dej los yog haus cawv; -*n*. 1. dej, los yog yam ua kua uas haus tau; 2. pas; pas dej
drip, *v*. nrog; txeej
drive, *v*. 1. tsav (tsheb); 2. lawv; txhawb; 3. ntiab; yuam
drive-in movie, *n*. chaw saib *mauv vim* nyob nraum zoov uas nyias zaum hauv nyias lub tsheb saib
drivel, *v*. tham ruam ntsuav; -*n*. kev tsis muaj dab tsi; kev tsis tseem ceeb; tsis muaj qab ntxhiab
driver, *n*. 1. neeg tsav tsheb; 2. tus qhia kev rau *koos pis tawj*
driveway, *n*. kev tsheb los rau ntawm tsev
drizzle, *v*. los nag tshauv; -*n*. nag tshauv
droll, *adj*. txaus luag
drone, *n*. tus txiv ntab los yog txiv muv
drool, *v*. cia auv ncaug nrog tawm ntawm qhov ncauj
droop, *v*. qaug zog; poob siab
drop, *v*. 1. ua poob; tso poob; 2. dauv; -*n*. tee (dej) los yog tee tshuaj
dropper, *n*. raj nqus tshuaj
dropsy, *n*. kev muaj dej teev nyob hauv lub cev
drove, *v*. 1. tsav (dhau los lawm) (saib *drive*); 2. lawv (xws li lawv qaib lawv npua)
drown, *v*. poob dej; poob deg (suab hloov los ntawm *dej*)
drowse, *v*. tsaug zog; looj hlias

drowsy, *adj*. 1. tsaug zog (vim noj tshuaj ua yus zoo li); 2. looj pes hlias; 3. qaug dab ntub
drub, *v*. ntaus sab heev
drudge, *v*. ua hauj lwm hnyav
drug, *n*. 1. tshuaj (kho mob); 2. yaj yeeb los yog lwm yam tshuaj uas txhaum cai; -*v*. muab tshuaj rau
drugstore, *n*. khw muag tshuaj
drum, *n*. nruas; lub nruas
drummer, *n*. 1. tus ntaus nruas; 2. tus neeg uas ncig muag khoom (lus qub heev lawm)
drumstick, *n*. 1. qws nruas; 2. ncej puab qaib (thooj npuab rau txhais ceg)
drunk, *adj*. qaug cawv; -*n*. neeg qaug cawv
drunkard, *n*. tus neeg uas ib sij qaug cawv ib zaug
drunken, *adj*. 1. qaug; qaug cawv; 2. ntsig txog thaum qaug cawv
drupe, *n*. hom txiv ntoo muaj noob (xws li txiv duaj)
dry, *v*. 1. tshuab (kom qhuav); 2. ziab (kom qhuav); -*adj*. 1. qhuav; tsis ntub; 2. nqhuab (xws li pas dej nqhuab)
dry-clean, *v*. ntxhua qhuav; ntxhua ris tsho yam tsis siv dej; -*n*. kev ntxhua ris tsho qhuav
dryer, *n*. tshuab ziab ris tsho
dual, *adj*. ob tog; ob sab
dub, *v*. 1. ntaus (nruas); 2. tsij; nias rau; ntsia rau; 3. kaw (*kas xev*); theej; 4. hais lus tshooj (rau *mauv vim*); 5. npuaj xub pwg ua kev qhuas; 6. muab nom rau los yog muab hauj lwm tshiab rau; 7. tis npe luv los yog npe yooj yim hu rau; 8. muab txhuam tawm; muab so tawm
dubious, *adj*. 1. tsis meej; 2. tseem muaj lus nug
ducal, *adj*. ntsig txog ib tus nom los yog cheeb tsam tus nom kav
duchess, *n*. tus poj niam nom
duchy, *n*. ciaj ciam ib tus nom kav
duck, *v*. 1. raus laum dej tib pliag; 2. tib khoov (kom txhob raug yus); -*n*. os; ib yom tsiaj muaj tis nyob hav dej thiab nruab nqhuab
duct, *n*. 1. tus raj deg los yog hlua dej; 2. kwj deg; 3. raj rau hlua xov tooj los yog hlua hluav taws xob
ductile, *adj*. 1. muaj peev xwm muab rub ua hlua los yog ua kom nyias nyias; 2. muaj peev xwm muab nchuav tau; 3. ntxias tau; deev siab tau
dud, *n*. 1. lub foob pob uas tsis tawg; 2. tus neeg uas ua dab tsi los tsis sawv
dude, *n*. yawg; ib yawg txiv neej
dudgeon, *n*. 1. lus chim siab; lus dev; lus phem; 2. ntoo ko riam
due, *adj*. 1. tiv; tiv nqe; tshuav; 2. ntxee; -*n*. 1. nqe; 2. nuj nqes
duel, *n*. kev sib ntaus los yog sib tua los ntawm ob tus neeg
due process of law, *n*. txheej txheem cai uas tsim los tiv thaiv tus neeg raug txim txoj cai thiab kev nyab xeeb
duet, *n*. 1. ob lub suab nkauj hu ua ke los yog ob lub suab paj nruag ntaus ua ke; 2. ob tus neeg uas hu nkauj los yog ntaus paj nruas ua ke
duffel, *n*. lub hnab loj loj ntim ris tsho; hnab ntim ris tsho
duffer, *n*. 1. tus neeg laus uas qeeb qeeb thiab ua tem toob lawm; 2. tus neeg ntaus *nkov* uas tsis tau txawj
dug, *v*. khawb (saib *dig*)
dugout, *n*. 1. nkoj ntoo; 2. chaw nyob; chaw so
duke, *n*. ib lub npe nom; tub nom; tub huab tais
dulcet, *adj*. ntxim mloog
dull, *adj*. 1. ruam; tsis ntse; 2. dhuav neeg; 3. npub; -*v*. ua kom ruam
duly, *adv*. nrawm nroos
dumb, *adj*. ruam; hais tsis tau lus; npub
dumbbell, *n*. lub kauj hlau yeej yeej dhos rau ib tug pas nqa kom muaj zog
dumbfound, *v*. 1. ceeb; 2. xav tsis thoob
dummy, *n*. 1. neeg npub; neeg ruam; 2. qauv neeg; moj zeej
dump, *v*. 1. nchuav pov tseg; 2. tso tseg (xws li tso tus hlub pov tseg); -*n*. chaw pov khoom pov tseg; thawv vuab tsuab
dumpling, *n*. ib hom khoom noj; neeg Suav ib hom khoom noj
dumpy, *adj*. 1. puv puv teem teem taub; 2. tu siab; ntxhov siab

dunce, *n.* neeg npub; neeg ruam
dune, *n.* roob xuab zeb
dung, *n.* quav
dungeon, *n.* qhov taub (nyob hauv qhov av)
dunk, *v.* raus dej
duo, *n.* ib nkawm
duodenum, *n.* ntu hnyuv me me npuab ntawm lub plab
dupe, *n.* tus neeg uas raug dag los yog raug ntxias yooj yooj yim
duplex, *n.* tsev ob yig; tsev ob yig nyob; *-adj.* ob npaug
duplicate, *v.* 1. luam (ntawv); 2. theej (*mauv vim*); *-adj.* muaj ob yam zoo sib xws; zoo sib xws; *-n.* qhov theej; daim theej
duplication, *n.* kev theej qauv; kev luam ntawv los yog kev theej *mauv vim*
durable, *adj.* ruaj; khov; kav ntev; thev
duration, *n.* ncua caij nyoog; ncua sij hawm
duress, *n.* kev quab yuam
during, *prep.* 1. thaum; thaum lub caij; 2. ib ncua caij nyoog ntev loo
dusk, *n.* 1. tsaus ntuj zuag; ntuj yuav luag tu siav; 2. lub caij thaum hnub poob qho kiag
dust, *n.* 1. plua tshauv; 2. plua plav; *-v.* cheb pluas plav tawm
dust pan, *n.* cib laug
dusty, *adj.* muaj plua plav; muaj plua tshauv
duty, *n.* 1. luag hauj lwm; txoj hauj lwm; 2. se; se khoom hla teb chaws
dwarf, *n.* tus neeg uas me dua suav daws
dwell, *v.* 1. nyob; 2. khaws mus xav
dwindle, *v.* 1. nqes; 2. poob; 3. txo
dye, *v.* zas; muab zas tshuaj (xws li ntaub raus nkaj)
dynamic, *adj.* 1. muaj zog; 2. tsis nyob tib qho qub; muaj qhov tshiab tas li
dynamite, *n.* nplaum
dynamo, *n.* tshuab rhaub hluav taws xob
dynasty, *n.* txoj kev kav teb chaws uas ib tsev neeg kav tiam dhau tiam xws li teb chaws Suav yav thaum ub
dysentery, *n.* kab mob plab raws; mob plab raws ntshav
dysgraphia, *n.* kev muaj mob los yog muaj kev puas ntsoog ua rau sau ntawv sau tsis tau lawm
dyslexia, *n.* qhov teeb meem uas cuam tshuam lub peev xwm nyeem ntawv los yog ua rau nyeem tsis tau ntawv lawm
dysmenorrhea, *n.* kev mob plab thaum coj khaub ncaws
dyspepsia, *n.* kem plab; mob plab; kev mob plab uas zom tsis tau cov zaub mov lawm
dysphagia, *n.* mob qa uas nqos tsis tau dab tsi li los yog nqos tsis yooj yim
dysphasia, *n.* mob hlwb los yog hlwb puas ua rau hais tsis tau lus los yog tsis to taub lus
dysphonia, *n.* kev hais tsis tau lus los yog hais lus tsis yooj yim
dysphoria, *n.* kev ntxhov siab
dysplasia, *n.* nqaij hlav
dyspnea, *n.* kev ua tsis taus pa vim muaj mob ntsws los yog mob plawv; kev ua pa ceev ceev los yog txog siav heev vim muaj mob ntsws
dystopia, *n.* kev xav txog ib qhov chaw hauv txoj kev npau suav uas muaj teeb meem thiab kev puas tsuaj
dystrophy, *n.* kev mob nkeeg los ntawm qhov noj tsis txaus los yog tsis yog lawm
dysuria, *n.* mob tso tsis tau zis

E

e, *n.* tus tsiaj ntawv As Kiv thib tsib
each, *adj.* ib tug twg, ib yam twg, los yog ib qho twg
eager, *adj.* 1. maj heev; rawm heev; 2. xav heev
eagle, *n.* 1. dav; 2. ib hom noog
ear, *n.* ntsej; pob ntseg (lo "ntseg" mas yog sis los ntawm lo "ntsej" xwb)
earache, *n.* mob pob ntseg
ear canal, *n.* qhov ntsej
eardrum, *n.* nruas ntsej; daim ntaub qhov ntsej (uas ua rau yus hnov lus)
ear infection, *n.* mob qhov ntsej; mob ntsej rag

earlobe, *n.* taub ntsej; taub ntseg
early, *adv.* ntxov; tsis tau lig; *-adj.* sawv ntxov (e.g. *early riser*)
early afternoon, *n.* hnub qaij; caij hnub qaij; tav su dua
early dawn, *n.* kaj ntug txoog
earmark, *v.* tshwj tseg rau ib qhov hom phiaj tseem ceeb
earn, *v.* 1. tau nyiaj los ntawm hauj lwm; 2. tau txais yam yus tsim nyog tau (e.g. *you earn my respect*); 3. tau txais paj los yog *ka nplai* (L)
earnest, *adj.* rau siab los yog mob siab; kub siab
earnest money, *n.* nyiaj qhaib los yog nyiaj com (tias yus yeej txaus siab tiag)
earnings, *n.* 1. nyiaj hli; 2. qhov tau rov los
earphone, *n.* hlua ntsej; hlua pob ntseg
earring, *n.* qhwv ntsej
earshot, *n.* qhov hnov lus deb npaum cas
earth, *n.* 1. ntiaj teb; lub ntiaj teb; 2. av
earthen, *adj.* ntsig txog av los yog muab av ua
earthquake, *n.* av qeeg; av deeg
earthworm, *n.* cua nab
earthy, *adj.* 1. ntsig txog ntiaj teb; hauv ntiaj teb no; 2. ntxim ua tau; 3. tseeb
earwax, *n.* quav ntsej
ease, *v.* 1. kaj siab; tso siab; 2. siab tus; *-n.* kev kaj siab; 2. kev tsis muaj teeb meem li
easel, *n.* 1. tus txheem thiab tuav daim ntaub kos duab; 2. tus txheem ib yam dab tsi kom sawv ntseg
east, *n.* hnub tuaj; sab hnub tuaj
Easter, *n.* lub caij cov ntseeg Yes Xus ua kev zoo siab qhov nws sawv rov los
eastern, *adj.* ntsig txog sab hnub tuaj; sab hnub tuaj
easy, *adj.* yooj yim; tsis nyuaj
easygoing, *adj.* yooj yim; tsis muaj dab tsi nyuaj li
eat, *v.* noj
eaves, *n.* taw ru tsev; npoo ru tsev
eavesdrop, *v.* nyiag mloog
ebb, *n.* 1. cov dej ntsawj uas nqeg rov qab lawm; 2. qhov nqeg rov lawm; *-v.* 1. nqeg; 2. ploj; tsuag
ebony, *n.* ib hom ntoo tawv tawv thiab hnyav hnyav
ebullient, *adj.* 1. zoo siab; 2. lom zem
eccentric, *adj.* 1. yuav tus kheej siab xwb; 2. cuj pwm txawv heev
ecclesiastic, *n.* kws teev ntuj; xib fwb teev ntuj
ecclesiastical, *adj.* ntsig txog tsev teev ntuj
echelon, *n.*1. theem; txheej; 2. tej qeb kev ua nom
echo, *n.* suab ntxhe (tim tsua tuaj); zab
eclectic, *adj.* rub qhov ub qhov no los; rub ntau qhov los ua ke
eclipse, *n.* dab noj hnub; dab noj hli; -*v.* dhau; hla dhau; yeej
ecology, *n.* kev kawm txog tej tsiaj txhu, xyoob ntoo thiab lawv tej kev cuam tshuam nrog rau ib cheeb tsam uas lawv nyob nrog
economics, n. kev kawm txog txoj kev khwv nyiaj, faib nyiaj, thiab siv nyiaj tawm hauv ib cheeb tsam los yog hauv lub teb chaws
economist, *n.* tus kws uas paub txog txoj kev khwv thiab siv nyiaj txiag
economy, *n.* 1. kev tswj los yog tuav nyiaj txiag; 2. kev saib xyuas txoj kev khwv nyiaj thiab siv nyiaj; 3. ib lub tswv yim khwv nyiaj thiab siv nyiaj
ecstasy, *n.* kev zoo siab heev uas ua rau quaj tag; kev zoo zoo siab quaj kiag
ectopic pregnancy, *n.* kev xeeb me nyuam rau txoj hnyuv qe (tsis yog rau hauv lub tsev me nyuam)
eczema, *n.* tawv nqaij khaus; mob pob khaus los yog mob khaus tawv nqaij
eddy, *n.* npuas yis; ntaus npuas yis
edema, *n.* kev lam muaj dej teev nyob rau ntawm tej tawv nqaij
Eden, *n.* ceeb tsheej; qhov chaw zoo nkauj tshaj plaws
edge, *n.* 1. hniav (riam); 2. npoo; 3. ntug
edgewise, *adv.* ntawm ntug; ntug kev
edgy, *adj.* tshee; ntshai
edible, *adj.* noj tau; noj tsis tuag
edict, *n.* 1. kev nqua; kev txhib; 2. lus nqua lus txhib; qeb txam
edification, *n.* kev taw qhia los yog xov xwm
edifice, *n.* lub tsev loj loj
edit, *v.* 1. kho; kho ntaub ntawv; 2. dhos; 3. txiav
edition, *n.* lawj; hloov; duas (hais txog

phau ntawv uas kho thiab luam dua tshiab)
editorial, *adj*. 1. ntsig txog kev kho ntaub ntawv; 2. nthuav tus kheej txoj kev xav; -*n*. tsab ntawv sau txog tus kheej txoj kev xav
educate, *v*. 1. kawm kev txawj kev ntse, xws li kawm ntawv; 2. qhia; cob
education, *n*. 1. kev kawm txawj kawm ntse; 2. kev kawm ntawv; 3. kev txawj ntse
educational, *adj*. ntsig txog kev kawm
educator, *n*. 1. kws qhia kev txawj kev ntse; 2. kws qhia ntawv
eel, *n*. ntses nab
eerie, *adj*. txawv txawv
efface, *v*. txhuam tawm; tshem tawm; rhuav pov tseg
effect, *n*. 1. ntsis; xaus; 2. ntsiab; 3. qhov neeg mloog; -*v*. ua kom tshwm sim
effective, *adj*. 1. ntxim; 2. ua hauj lwm; 3. haum
effector (muscle), *n*. nqaij ntshiv ceeb ras
effete, *adj*. 1. kawg duas; 2. zog ntaug; tsis muaj zog
efficacious, *adj*. ua tau zoo; mus tau zoo
efficiency, *n*. kev ua hauj lwm zoo; kev dhia tau zoo
efficient, *adj*. ua hauj lwm zoo; dhia zoo
effluent, *n*. cov dej siv tag tawm mus lawm
effort, *n*. kev mob siab; kev rau siab; kev sib zog
egg, *n*. qe; lub qe
egg cell, *n*. keeb qe; qe ua me nyuam
eggnog, *n*. cawv tov qe thiab mis nyuj
egg nucleus, *n*. keeb qe me nyuam; lub keeb qe me nyuam
eggplant, *n*. lws; txiv lws ntev
egg roll, *n*. kab yaub; Hmoob ib yam khoom noj uas qab thiab nrov npe heev
ego, *n*. kev khav tus kheej; kev zoo siab heev rau tus kheej
egocentric, *adj*. twm xeeb; khav theeb
egotism, *n*. kev nyias ntseeg nyias tus kheej qhov; kev nyias khav nyias
egotistic, *adj*. twm xeeb
egregious, *adj*. phem heev rau neeg pom
egress, *n*. txoj kev tawm
egret, *n*. ib hom noog nyob raws hav dej uas muaj ceg thiab caj dab ntev ntev
Egypt, *n*. teb chaws Iv Ntsim
Egyptian, *n*. neeg Iv Ntsim
eight, *n*. yim; 8
eighteen, *n*. kaum yim; 18
eighteenth, *n*. thib kaum yim; 18th
eighth, *n*. thib yim; 8th
eighty, *n*. yim caum; 80
either, *adj*. ib qho ntawm ob qho; li no; -*pron*. ib ntawm ob yam los yog ntau tshaj
ejaculate, *v*. 1. txau kua phev tawm; los phev; 2. hais ntawg ntiag
ejaculation, *n*. kev txau kua phev tawm; kev los phev ntawm tus txiv neej
ejaculatory duct, *n*. hlab txuas phev; hlab txuas kua phev
eject, *v*. tshem tawm; rho tawm
elaborate, *v*. piav ntxaws ntxaws; ua tag tag; -*adj*. 1. txhij txhij, txhua txhua; 2. zoo zoo heev
elaboration, *n*. kev ua kom ntxaws ntxaws los yog tshab txhais kom meej meej
elapse, *v*. hla dhau; dhau mus; dim
elastic, *adj*. 1. muag muag (xws li rub ntev los tau); 2. li cas los yooj yim
elate, *v*. ua rau muaj siab; muaj kev zoo siab; —**elation** *n*.
elbow, *n*. luj tshib
elbow joint, *n*. pob qej txha luj tshib
elder, *adj*. hlob; -*n*. 1. laus neeg; 2. ib hom me nyuam ntoo
elderberry, *n*. hom txiv ntoo dub dub los yog liab liab uas noj tau
elderly, *adj*. laus laus; -*n*. neeg laus
eldest, *adj*. hlob hlob; hlob tshaj plaws
elect, *v*. xaiv; xaiv tsa
election, *n*. kev xaiv tsa
electorate, *n*. pawg neeg uas raug cai xaiv nom
electric, *adj*. 1. ntsig txog hluav taws xob; 2. siv hluav taws xob ua hauj lwm
electrical outlet, *n*. qhov hluav taws xob
electrician, *n*. kws kho hluav taws xob; kws *fai fab* (L)
electricity, *n*. hluav taws xob; *fai fab* (L)
electric shock, *n*. kev xuas hluav taws

xob hlawv
electrify, *v*. 1. tso hluav taws xob rau; 2. muab nruab hluav taws xob; 3. kub siab; mob siab; — **electrification** *n*.
electrocardiogram, *n*. cov cag mob uas lub tshuab soj ntsuam plawv ntsuas pom
electrocardiograph, *n*. lub tshuab soj ntsuam kev mob plawv
electrocute, *v*. hluav taws xob hlawv; hluav taws xob tom
electrocution, *n*. kev raug hluav taws xob hlawv; kev raug hluav taws xob tom
electronic, *adj*. ntsig txog yam siv los yog muaj hluav taws xob
elegance, *n*. kev muaj kuab heev; kev zoo muaj phim thawj heev
elegant, *adj*. muaj kuab heev; muaj phim thawj zoo heev
elegy, *n*. paj huam hais nco txog tus tuag
element, *n*. 1. keeb; poov; cov keeb los yog poov ntawm tej yam xws li cua, dej, hluav taws, thiab av; 2. ib lub niam tswv yim uas pom yooj yim
elementary, *adj*. 1. yooj yim; 2. qhov pib; theem pib
elementary school, *n*. tsev kawm qes; tsev kawm ntawv qeb qes
elephant, *n*. ntxhw; ib tus tsiaj loj heev
elephant trunk, *n*. cov txwv ntxhw; cov txwv
elephant tusk, *n*. kaus ntxhw
elevate, *v*. txhawb siab; nqa siab
elevation, *n*. qhov chaw siab; lub pob siab
elevator, *n*. ntaiv nqa; ntaiv hluav taws xob
eleven, *n*. kaum ib; 11th
eleventh, *n*. thib kaum ib; 11th
elicit, *v*. 1. rub tawm; rho tawm; 2. tau; muab tau
eligibility, *n*. qhov raug cai tau; qhov tsim nyog tau
eligible, *adj*. raug cai tau; tsim nyog tau
eliminate, *v*. 1. sawb lawj; ua kom ploj mus; 2. rho tawm; tshem tawm
elimination, *n*. kev tshem tawm; kev rho tawm
elite, *n*. 1. pawg siab tshaj; cov neeg ntse; 2. pawg uas xaiv zias los ua ke
elixir, *n*. 1. tshuaj cawm; hom tshuaj uas tib neeg ntseeg tias kho tau txhua yam; 2. cov poov qab zib uas siv tov nrog tshuaj; 3. qhov tseem ceeb tshaj plaws ntawm ib yam dab tsi
elk, *n*. mos lwj (hom loj uas muaj nyob rau teb chaws Mes Kas)
ellipse, *n*. ib lub dab tsi uas lub yam ntxwv zoo li lub qe qaib uas kheej ntev ncuv
ellipsis, *n*. qhov luv uas yog muab txo tawm los ntawm ib lo lus los yog ib zaj lus
ellipsoid, *adj*. ntsig txog ib yam dab tsi uas lub yam ntxwv zoo li lub qe qaib uas kheej ntev ncuv
elm, *n*. ib hom ntoo
elocution, *n*. laj lim hais lus rau neeg coob coob mloog
elongate, *v*. ua kom ntev zog; loj hlob ntev zog
elongation, *n*. kev ua kom ntev zog; kev ua kom ntev dua qub
elope, *v*. 1. nyiag (los yog khiav) raws tus hlub mus sib yuav ua txwj nkawm (los yog ua niam txiv); 2. sib pus khiav mus sib yuav ua txwj nkawm
elopement, *n*. kev nyiag sib pus khiav mus ua txwj nkawm
eloquent, *adj*. muaj kuab; muaj tsim
else, *adv*. 1. los yog; 2. ib txoj kev txawv, chaw txawv los yog caij nyoog txawv; *-adj*. 1. lwm tus; lwm yam; 2. ntxiv; tshaj
elsewhere, *adv*. nyob lwm qhov chaw
elucidate, *v*. tshab txhais
elucidation, *n*. kev tshab txhais
elude, *v*. zam; lug
emaciate, *v*. yuag; ua kom yuag; — **emaciation** *n*.
emanate, *v*. tawm los; nkag nav los; —**emanation** *n*.
emancipate, *v*. tso dim; daws
emancipation, *n*. kev dim; kev ywj siab
emasculate, *v*. 1. sam; 2. ntaug; qaug zog
emasculation, *n*. 1. kev sam; 2. kev qaug zog; kev zog ntaug
embalm, *v*. ceev los yog txuag kom txhob puas los yog txhob lwj; — **embalmment** *n*.

embargo, *n.* kev txwv tsis ua luam nrog; -*v.* txwv; cheem
embark, *v.* 1. nce nkoj los yog dav hlau; 2. pib ib qho dab tsi
embarrass, *v.* rhuav plhu; rhuav ntsej muag
embarrassed, *adj.* txaj muag; poob ntsej muag
embarrassment, *n.* kev txaj muag; kev poob ntsej muag
embassador, *n.* ki teb chaws; tus sawv cev rau lwm lub teb chaws
embassy, *n. es npas xis*; ki chaw hauj lwm; chaw hauj lwm los yog chaw nyob ntawm ib lub teb chaws tus neeg sawv cev los yog tus ki
embed, *v.* cog ruaj nreb tseg; nyob ruaj nrees
embellish, *v.* tsab kom zoo zoo rau ("tsab" yog los ntawm lo lus "tsab zag"); phim kom zoo tuaj; dai ub no rau kom zoo nkauj tuaj
embellishment, *n.* kev tsab kom zoo nkauj tuaj ("tsab" yog los ntawm lo lus "tsab zag")
embers, *n.* thee; hluav ncaig
embezzle, *v.* nyiag; nyiag qee; nyiag muab
embezzlement, *n.* kev nyiag (xws li nyiag nyiaj); kev nyiag qee; kev nyiag muab
embitter, *v.* 1. ua kom iab; 2. ua kom chim siab
embitterment, *n.* 1. qhov iab; kev ua kom iab; 2. kev chim siab
emblazon, *v.* 1. ua kom pom tshiab tshiab; 2. dai ub no rau kom zoo zoo nkauj
emblem, *n.* cim; lub cim; yeem; lub yeem
embody, *v.* sawv cev
embolden, *v.* txhawb zog; cuab zog
embolism, *n.* kev daig txoj hlab ntshav los ntawm lub zais cua los yog thooj ntshav uas ua rau tus neeg muaj mob los yog tsaus muag
embrace, *v.* puag; qawm; — **embracement** *n.*
embroider, *v.* ua paj ntaub rhia; cab paj ntaub
embroidery, *n.* paj ntaub rhia
embroil, *v.* raus tes rau teeb meem los yog tej yam tsis yooj yim
embryo, *n.* 1. qhov chiv keeb; lub hauv paus; lub cag; qhov pib; 2. tus me nyuam uas nyuam qhuav xeeb kiag
emend, *v.* kho kom yog
emerald, *n.* pob zeb ntsuab; -*adj.* tsos ntsuab dawb lias
emerge, *v.* 1. tawm; 2. tshwm; 3. sawv
emergency, *n.* xwm kub; xwm ceev; teeb meem (los yog xwm txheej) kub heev uas yuav tsum tau daws kom sai sai
emergency exit, *n.* kev khiav tawm (thaum muaj teeb meem); qhov rooj khiav tawm
emergency room, *n.* chav xwm kub; chav daws teeb meem kub
emeritus, *adj.* so hauj lwm lawm, vim laus lawm, tab sis tseem tuav lub npe nom
emery, *n.* ib yam ntxhib ntxhib zoo li tus txhuam uas siv txhuam tej rau tes
emetic, *n.* tshuaj ua kom ntuav
emigrate, *v.* tawm teb chaws mus nyob rau lwm qhov chaw
emigration, *n.* kev tawm teb chaws mus nyob rau lwm qhov chaw
eminence, *n.* 1. ib qho siab siab los yog tseem tseem ceeb; 2. tus neeg ua nom siab
eminent, *adj.* muaj koob meej; muaj npe
eminent domain, *n.* qhov uas tseem fwv muaj cai txhav los yog yuav tej pej xeem tej vaj tsev los yog av los siv rau ib zej tsoom
emissary, *n.* tus neeg sawv cev rau ib lub chaw hauj lwm
emission, *n.* yam uas tshuab ya mus rau saum ntuj (xws li pa tsheb)
emit, *v.* 1. tawm txim; 2. tsim; 3. tso
emolument, *n.* 1. nyiaj hli; 2. nqi
emote, *v.* 1. qhia lub siab tawm; qhia txoj kev xav; 2. ua los yog coj li muaj kev tu siab heev
emotion, *n.* kev xav ntawm lub siab, xws li kev hlub, kev chim siab, kev tu siab, kev ntshai, thiab lwm yam
emotional, *adj.* 1. tu siab; txaus tu siab; 2. kua muag nyob ntiav heev
empathetic, *adj.* nrog tu siab; nrog mob siab
empathize, *v.* tu siab nrog lwm tus neeg; nkag siab zoo txog lwm tus neeg txoj kev tu siab los yog txoj

kev xav
empathy, *n.* lub peev xwm to taub zoo txog lwm tus neeg txoj kev tu siab thiab txoj kev xav; kev to taub txog lwm tus neeg txoj kev tu siab thiab txoj kev xav
emperor, *n.* huab tais; faj tim huab tais; nom Suav txheej thaum ub
emphasis, *n.* qhov tseem ceeb; qhov xav kom neeg paub zoo txog; qhov hais heev
emphasize, *v.* 1. hais ntau txog; hais heev; 2. muab saib rau nqi; muab saib tseem ceeb
emphatic, *adj.* 1. ua nrog kev mob siab rau; 2. hais txog heev tshaj; tham ntau dua txog; 3. nruj nruj; tsiv tsiv
emphysema, *n.* mob vim muaj cua ntau heev nyob hauv ntsws; kev muaj cua ntau nyob hauv ntsws
empire, *n.* faj tim teb chaws
empirical, *adj.* los ntawm kev soj ntsuam; los ntawm qhov ua tau
emplacement, *n.* chaw txawb tuam phom; chaw teem phom loj
employ, *v.* 1. ntiav; 2. siv
employable, *adj.* ntiav nyog; siv tau nyog
employee, *n.* neeg teg; tus neeg raug ntiav ua hauj lwm; tus neeg ua hauj lwm rau lwm tus tib neeg
employer, *n.* tswv chaw hauj lwm; tus neeg uas ntiav lwm tus tib neeg ua hauj lwm rau nws; tswv *koos pas nis*
employment, *n.* 1. kev ua hauj lwm; 2. txoj hauj lwm
emporium, *n.* lub khw loj loj uas muaj txhij toob puas tsav yam
empower, *v.* 1. txhawb dag zog rau; 2. muab nom los yog hauj lwm rau ua; 3. tso cai rau; 4. ua rau kom muaj peev xwm los yog ua hauj lwm
empowerment, *n.* 1. kev txhawb dag zog; 2. kev muab nom los hauj lwm rau ua; 3. kev tso cai rau; 4. kev pab kom ua hauj lwm
empress, *n.* poj huab tais; niam huab tais
emptiness, *n.* 1. kev khoob; 2. qhov uas khoob lug los yog qhuav qhawv; tsis muaj dab tsi
empty, *adj.* 1. qhuav qhawv; 2. khoob; khoob lug; 3. du dais, du lug; tsis muaj dab tsi li; -*v.* 1. nchuav; 2. theej
empty-handed, *adj.* plhw tes; nqa tsis tau dab tsi rov qab li
empyrean, *n.* lub ntuj uas siab tshaj plaws
emu, *n.* ib hom noog loj loj nyob rau Auv Tas Lias (Australia)
emulate, *v.* 1. qog; qog qab; raws qab; 2. xyaum raws; 3. ua kom zoo sib nrawg los yog zoo tshaj
emulation, *n.* kev qog; kev raws qab; kev xyaum raws
enable, *v.* 1. muab lub zog rau; 2. txhawb; muab txoj cai rau; 3. ua rau kom ua tau hauj lwm
enact, *v.* 1. tsa ua ib txoj cai; 2. txais yuav; 3 ua tau; ua tshwm sim
enactment, *n.* 1. cai; kev tswj hwm; 2. kev ua tau; kev ua tshwm sim
enamel, *n.* 1. ib hom khoom siv pleev hlau los yog twj tais; 2. kaus hniav (txheej tawv tawv saum hau); txha hniav laus
enamor, *v.* zoo siab heev nrog txoj kev hlub
enate, *adj.* loj hlob tawm tuaj
enatic, *adj.* txheeb rau leej niam sab; -*n.* neej tsa ntawm leej niam sab
encage, *v.* muab kaw rau hauv pob tawb
encamp, *v.* ua chaw so; tsuam chaw so
encampment, *n.* 1. kev npaj ua chaw so; 2. chaw so; chaw pw
encapsulate, *v.* muab ntim rau hauv plav tshuaj los yog plhaub tshuaj
encapsulated¸ *adj.* ntim plav tshuaj los yog plhaub tshuaj
encase, *v.* 1. tso rau hauv tawb los yog hauv thawv; 2. ua pob tawb rau; ua thawv rau
enceinte, *adj.* xeeb tub lawm; muaj me nyuam lawm; -*n.* yeej loog thaiv zos
encephalitis, *n.* hlwb o los yog su loj tuaj
enchain, *v.* muab saw hlau nruab rau
enchant, *v.* 1. ua neeb; tshee; 2. qaug siab rau; mob siab rau; 3. foom phem rau; 4. ua tau zoo siab heev
enchanter, *n.* tus neeg ua neeb
encina, *n.* ib hom ntoo qheb uas ntsuab thawm xyoo
encircle, *v.* puav; vij; khaub zig

enclasp, *n.* khawm; puag
enclave, *n.* 1. ib lub teb chaws los yog ib suam teb chaws uas nyob rau hauv lwm lub teb chaws ciaj ciam; 2. ib thooj av me me nyob rau hauv thooj loj
enclose, *v.* 1. ntim; xa nrog ua ke hauv lub hnab ntawv; 2. puav; vij; thaiv puag cig tag; 3. kaw rau sab hauv
enclosure, *n.* 1. kev ntim nrog ua ke los yog xa nrog ua ke; 2. lub caij nyoog uas raug puav los yog raug vij; 3. yam uas muab ntim nrog los yog xa ua ke
encode, *v.* muab cov xov ntxeev ua lus zais kom txhob muaj neeg paub
encomium, *n.* lus qhuas loj heev
encompass, *v.* 1. puag ncig; vij; qoov loo; 2. suav tag nrho; rub tag nrho
encore, *n.* kev ua yeeb yam txuas ntxiv vim cov saib thov kom ua; cov saib xav kom ua yeeb yam txuas ntxiv
encounter, *v.* 1. ntsib; phoom; 2. ntaus; -*n.* 1. qhov kev sib ntsib uas yeej tsis npaj li; 2. kev sib tham tsuag tsuag luv luv xwb; 3. kev sib tawm tsam
encourage, *v.* 1. txhaub; txw; yaum; 2. nqua; nqua hu; 3. txhawb; pab
encouragement, *n.* 1. kev txhawb; kev pab; 2. kev txhaub; kev txw; kev yaum; 3. kev nqua hu
encroach, *v.* hla rau lwm tus neeg li nrim los yog chaw; nam dhau nrim
encroachment, *n.* kev nam dhau lwm tus nrim
encrypt, *v.* ua kom nyeem tsis tawm
encryption, *n.* kev muab cov tsiaj ntawv sib tov los yog ua kom nyeem txhob tau (kom tus neeg phem txhob nyeem tau yus cov ntawv)
encyclopedia, *n.* ib phau ntawv uas qhia txog ntau ntau yam (tab sis ib yam qhia me ntsis)
end, *n.* 1. tag; kawg; 2. tom ntsis; -*v.* 1. tws; 2. ua kom tag mus; txov
endanger, *v.* ua kom raug teeb meem; tsim teeb meem
endangered, *adj.* ntsib kev ploj mus kom tu noob; raug teeb meem kom tu noob ploj mus
endear, *v.* 1. tsim kom muaj kev hlub tshua; 2. ua kom muaj nqis tuaj
endearing, *adj.* muaj kev hlub tshua
endeavor, *n.* txoj kev sim ua ib yam dab tsi; kev mob siab
endemic, *adj.* muaj nyob rau tej thaj chaw los yog tej pawg neeg xwb
ending, *n.* qhov xaus; qhov kawg
endive, *n.* ib hom zaub noj
endless, *adj.* tsis paub kawg; tsis paub xaus; tsis paub tag
endocarp, *n.* lub plhaub tawv tawv ntawm lub noob xws li noob txiv duaj
endometriosis, *n.* mob tsev me nyuam
endometrium, *n.* ntug tsev me nyuam; ntsig txog hauv lub tsev me nyuam
endorse, *v.* 1. pom zoo txhawb nqa (*endorse his candidacy*); 2. sau npe rau ntawm daim *tshev* nyiaj
endorsement, *n.* 1. txoj kev txhawb; kev txhawb; 2. kev pom zoo
endow, *v.* muab nyiaj rau
endowment, *n.* 1. peev nyiaj; 2. khoom plig; 3. peev xwm
end table, *n.* lub rooj me me uas txawb rau ib sab ntawm lub rooj *xaus fas*
endurable, *adj.* ruaj; khov
endurance, *n.* 1. kev muaj peev xwm nyiaj ntxeem tiv khov kho kom dhau mus; 2. kev nyob mus tsis paub ploj
endure, *v.* 1. tiv dhau; nyiaj dhau; 2. tiv; 3. thev
enduring, *adj.* 1. kav mus ntev heev; khov heev; 2. daws tsis tau; kho tsis tau; 3. kev txom nyem los tau ntev heev
endwise, *adv.* 1. ntug rau ntug; 2. tom kawg; 3. qhov dav
enema, *n.* 1. kev tso dej rau qhov quav mus yaug ib ce kom mob zoo; kev txhuav ib ce; 2. tshuaj yaug cev
enemy, *n.* yeeb ncuab; tus neeg phem; caub (los ntawm lo lus "ciaj caub")
energetic, *adj.* 1. nquag; 2. muaj zog; 3. cus cus
energize, *v.* muab dag zog rau; cuab zog rau
energy, *n.* 1. dag zog; lub zog; 2. hluav taws xob thiab roj uas siv ua hauj lwm; 3. *eb naws ntsis*
enervate, *v.* ua kom zog ntaug; ua kom tsis muaj zog; —**enervation** *n.*
enface, *v.* sau rau ntawm ntiag (xws li daim *tshev*)
enfeeble, *v.* txo zog; ua kom zog ntaug
enfold, *v.* 1. qhwv; 2. vij; 3. puag

enforce, *v.* 1. taug qab (txoj cai); 2. ntswj (txoj cai)
enforcement, *n.* 1. kev tswj (txoj cai); 2. kev taug qab kom txoj cai los yog tes hauj lwm dhia tau zoo
enfranchise, *v.* muab txoj cai xaiv nom rau
engage, *v.* 1. raus tes rau; 2. nkag rau; 3. qhaib
engaged, *adj.* qhaib
engagement, *n.* 1. kev sib koom tes; 2. kev sib qhaib
engaging, *adj.* 1. raug siab; haum siab; 2. koom tes daws
engender, *v.* tsim; tsim tsa
engine, *n.* 1. tshuab; hau tshuab; 2. tshuab tsheb los yog tshuab dav hlau; 3. lub tshuab uas tsim tau lub zog los yog hluav taws xob kom txhua qhov ua hauj lwm
engineer, *n.* tus kws tsim daim qauv coj mus ua tej yam xws li ua tshuab, ua vaj tse, ua kev, ua choj, thiab ua lwm yam; -*v.* tswj; saib xyuas
England, *n.* teb chaws As Kiv
English, *n.* 1. As Kiv; 2. tus ntawv los yog tus neeg nyob teb chaws As Kiv
engorge, *v.* 1. noj hu loj heev; 2. txhab (ntshav) puv dhau; 3. su loj tuaj; puv tuaj
engrain, *v.* 1. tsim; tsim tsa; 2. cog
engrave, *v.* kos; kos rau ntawm pob zeb los yog rau ntawm hlau; txaug; sais; zaig
engross, *v.* nyob puv ntoob; nyob puv nkaus
engulf, *v.* nqos
enhance, *v.* kho kom zoo; txhawb kom zoo ntxiv; pab kom zoo zog; — **enhancement** *n.*
enigma, *n.* 1. ib qho teeb meem uas tsis muaj chaw xaus li; 2. cov lus tsis muaj qab hau uas neeg tsis to taub txog
enisle, *v.* 1. cais; muab cais tawm ntawm lwm tus; 2. muab ua ib lub pov txwv
enjoin, *v.* 1. tsav; tswj; coj; 2. txwv
enjoy, *v.* 1. nyiam; 2. txaus siab rau; 3. lom zem; ua kev lom zem
enlarge, *v.* ua kom loj zog; ua kom loj dua qhov qub
enlarged, *adj.* nthuav loj tuaj; loj tuaj
enlargement, *n.* kev ua kom loj tshaj qhov qub
enlighten, *v.* muab tswv yim los txoj kev to taub rau; txhawb; ua rau kaj
enlist, *v.* koom tub rog; rau npe ua tub rog
enliven, *v.* muab txoj sia rau
en masse, *adv.* nyob ib pawg; nyob ua ke ua ib pawg
enmity, *n.* kev sib ntxub
ennoble, *v.* 1. ua kom zoo los yog tseem ceeb; 2. muab nce qeb mus rau qhov siab los yog kev ua nom ua tswv qeb siab
enormity, *n.* qhov loj loj los yog ntau ntau
enormous, *adj.* ntau heev
enough, *adj.* txaus lawm
enounce, *v.* 1. plov meej; tshaj tawm; 2. hais meej meej
enplane, *v.* nce dav hlau
enquire, *v.* nug; xav paub txog (saib *inquire*)
enrage, *v.* chim; chim siab
enrich, *v.* 1. ua kom muaj nyiaj; 2. ua kom zoo
enrichment, *n.* 1. kev ua kom muaj nyiaj; 2. kev ua kom zoo dua qhov qub; kev txhim kho
enrobe, *v.* hnav tsho
enroll, *v.* sau npe los yog tso npe (rau tej qhov chaw li tsev kawm ntawv los yog chaw kawm ua tub rog)
enrollment, *n.* 1. kev sau npe los yog tso npe (rau tej qhov chaw li tsev kawm ntawv los yog chaw kawm ua tub rog); 2. txheej txheem kev tso npe ua ib yam dab tsi; 3. tej ntaub ntawv ntsig txog kev tso npe ua dab tsi; 4. cov neeg uas sau npe tseg tos ua ib yam dab tsi
enroot, *v.* cog tseg; tsim hauv paus kom khov kho
en route, *adv.* tog kev
ensemble, *n.* ib pawg me me
enshrine, *v.* 1. tu; txuag; 2. muab tso rau hauv tsev teev hawm
ensign, *n.* 1. chij; 2. tus tub rog nkoj uas tau nom qes tshaj plaws
enslave, *v.* muab ua qhev; muab neeg ua qhev yam tsis them nyiaj rau
ensnare, *v.* cuab
ensue, *v.* 1. caum qab; 2. tsim; 3. tshwm sim
ensure, *v.* 1. tab; ris; ev; 2. ua kom

peem tsheej los yog tshwm sim
entail, *v*. 1. cuam tshuam; raus tes rau; 2. xav tau; 3. yuam kom tau; 4. tsim; coj los; qhib tawm
entangle, *v*. rig; cov; zuag
entangled, *adj*. sib rig
enter, *v*. nkag mus
enteral, *adj*. ntsig txog hauv cov hnyuv
enteralgia, *n*. mob plab mog ntswj pis lees
enteric, *adj*. ntsig txog hauv cov hnyuv
enterprise, *n*. 1. ib yam hauj lwm los yog lag luam uas npaj ua; 2. lag luam los yog koom haum lag luam
entertain, *v*. 1. tos txais; 2. ua kev lom zem
entertainment, *n*. kev lom zem
enthrall, *v*. nyiam; txaus siab rau
enthrone, *v*. muab tsa ua huab tais; txhawb ua huab tais
enthuse, *v*. ua kom muaj kev txaus siab rau los yog zoo siab
enthusiasm, *n*. kev zoo siab; kev muaj siab cia saus
enthusiastic, *adj*. 1. muaj siab; cia siab; 2. cus heev
entice, *v*. 1. deev siab; raug siab; 2. dib
entire, *adj*. tag nrho; txhij txhua
entirety, *n*. txhij txhua; txhua tsav yam
entitle, *v*. 1. muab npe rau; tis npe rau; 2. muab cai tso rau; qhib kev dav rau
entity, *n*. ib yam uas nws tsis txuam los yog zwm rau lwm qhov li (xws li koom haum)
entoil, *v*. cuab; cuab ntxiab
entomb, *v*. muab faus; faus
entomology, *n*. kev kawm txog kab los yog nyuag kab nyuag ntsaum
entourage, *n*. 1. ib pab neeg uas ua hauj lwm ua ke; 2. ib cheeb tsam ntawm tus kheej xub ntiag
entrails, *n*. hnyuv; cov khoom nyob hauv nrog cev
entrain, *v*. 1. cab raws qab; 2. nce tsheb nqaj hlau
entrance, *n*. qhov rooj, chaw nkag, los yog rooj vag; -*v*. zoo siab
entrap, *v*. cuab; ntxias kom nkag pob tawb los yog mag ntxiab
entreat, *v*. 1. thov; 2. nug
entrée, *n*. taig zaub los yog nqaij tseem ceeb ntawm rooj mov
entrench, *v*. npaj khov kho rau ib qhov chaw
entrepreneur, *n*. tub lag luam; neeg lag luam
entrepreneurial, *adj*. ntsig txog lag luam
entrust, *v*. tso siab rau; ntseeg
entry, *n*. 1. qhov rooj; rooj vag; 2. qhov teev tseg rau hauv ntaub ntawv
entryway, *n*. kev nkag; qhov rooj
entwine, *v*. 1. sib rig; sib kauv; 2. ntswj ua ke; muab ntswj ua ke
entwist, *v*. muab ntswj ua ib ke
enucleate, *v*. 1. tshab txhais; 2. tshem tawm los (xws li tawm hauv hnab los); —**enucleation** *n*.
enumerate, *v*. 1. suav; suav ib qho zuj zus; xam ib qho zuj zus; 2. teev; —**enumeration** *n*.
enunciate, *v*. 1. hais (lub suab); 2. tshaj tawm; tawm suab; —**enunciation** *n*.
enuresis, *n*. kev zis lav
envelop, *v*. muab ntim hnab ntawv
envelope, *n*. hnab ntawv; -*v*. puag ncig; vij
environment, *n*. 1. ib puag ncig; ib cheeb tsam; cheeb chaw; 2. zwj ceeb
environmental, *adj*. ntsig txog ib puag ncig (xws li toj roob hauv pes, hav zoov hav tsuag, dej) kom txhob puas tsuaj
environmentalism, *n*. kev txuag ib puag ncig (xws li toj roob hauv pes, hav zoov hav tsuag, dej) kom txhob puas tsuaj; txoj kev ntuj tsawb teb tsim
environs, *n*. cheeb tsam; ib ncig; ib ncig hauv nroog
envisage, *v*. ua yog toog pom; ua zeem muag pom
envision, *v*. 1. xam pom; 2. saib pom; 3. twv tau
envious, *adj*. khib siab
envoy, *n*. tus neeg cog phooj ywg
envy, *v*. khib; mob siab; -*n*. kev khib siab
epaulet, *n*. pluaj ntaub vas nyob ntawm xub pwg
ephemeral, *adj*. siav luv
epic, *n*. ib zaj paj huam uas hais ntev tsawv txog ib tus cawm seej
epicranial aponeurosis, *n*. nqaij ntshiv ntawm tiaj taub hau
epicranius, *n*. nqaij ntshiv txoom nrhab tawv pliaj
epicure, *n*. tus neeg uas xaiv xaiv zaub

mov
epidemic, *n*. mob tuag aws; mob kis tag zej tag zos
epidermis, *n*. txheej tawv sab nraud; txheej tawv ntxhib
epididymis, *n*. txiv neej txoj hlab noob qes; yav hlab noob qes uas lo kiag rau lub noob qes
epiglottis, *n*. thooj nqaij pos los yog npog raj pas kom nqos tau zaub mov; hau kaw hlab pas
epigram, *n*. paj lug
epilepsy, *n*. mob qaug dab peg; qaug dab peg
epiploic appendage, *n*. tw npluag hnyuv; tw zawm hnyuv loj
episiotomy, *n*. kev txiav poj niam chaw mos los yog lub paum kom yug tau me nyuam
episode, *n*. 1. ib qho kev tshwm sim (uas muaj ntau ntu); 2. ib zaj kev plees
epistle, *n*. tsab ntawv
epitaph, *n*. cov lus sau nco txog tus neeg tuag
epithet, *n*. lo lus los yog lub npe muab lo rau ib tus neeg (xws li lo lus *awb kaus npua*)
epitome, *n*. 1. cov ntsiab lus; qhov luv luv; 2. qhov piv txwv zoo
epitomize, *v*. muab lub ntsiab lus; muab zuaj kom tsawg
epoch, *n*. ncua caij nyoog; ncua sij hawm; ib lub zwj ceeb; ib ncua caij nyoog ntev loo
equable, *adj*. ywj siab
equal, *adj*. 1. sib npaug zos; sib luag zos; 2. zoo tib yam nkaus; -*v*. ua kom sib npaug zos
equanimity, *n*. kev nyob ntsiag to tsis muaj teeb meem dab tsi
equate, *v*. rub kom sib txig sib luag; ua kom sib npaug
equation, *n*. 1. kev sib txig sib luag; 2. ib rooj zauv uas ob tog sib luag
equator, *n*. txoj kab ncig hauv lub plawv ntiaj teb uas cais qaum teb thiab qab teb uas yog vij sab hnub tuaj rau hnub poob; kab plawv ntiaj teb
equestrian, *adj*. ntsig txog kev caij nees
equilateral, *adj*. ob tog sib npaug los yog sib luag
equilibrium, *n*. qhov hauv nruab nrab
equine, *adj*. ntsig txog tus nees
equinox, *n*. lub caij uas nruab hnub thiab hmo ntuj ntev sib npaug
equip, *v*. txawm peem rau; npaj rau
equipment, *n*. 1. khoom siv; 2. twj; twj siv; 3. cuab yeej los yog cuab tam
equitable, *adj*. 1. ncaj nruab nrab; 2. haum siab; 3. haum rau ob tog
equity, *n*. 1. kev ncaj ncees; 2. tus nqi lub tsev thaum nuj nqes them tag lawm; qhov nqi tshaj ntawm qhov nuj nqes
equivalent, *adj*. sib luag; sib txig
equivocal, *adj*. tsis meej pem; tsis paub tseeb
equivocate, *v*. 1. siv lus dag lus zais; 2. zam tsis teb ncaj nraim; — **equivocation** *n*.
era, *n*. 1. zwj ceeb; 2. ncua caij nyoog; ib lub caij nyoog ntev loo; 3. tiam; ib tiam
eradicate, *v*. tshem tawm; rhuav; — **eradication** *n*.
erase, *v*. so tawm; txhuam tawm
eraser, *n*. lub so tawm (xws li so kab ntawv sau yuam kev kom ploj mus)
ere, *prep*. ua ntej
erect, *v*. tsa; tsim; -*adj*. ntseg ntsees
erection, *n*. 1. kev tsim tsa ib yam dab tsi xws li vaj tse los yog pej thuaml 2. qau tawv; qau muaj zog
erode, *v*. yaig los yog puas zuj zus raws lub caij nyoog
erosion, *n*. kev yaig los yog puas
erotic, *adj*. 1. ua kom xav sib txiag; 2. ntsig txog kev sib hlub sib txiag
err, *v*. ua yuam kev; ua txhaum
errand, *n*. qhov hauj lwm uas dhia mus ua ib pliag rau lwm tus neeg mam rov los; ib qho hauj lwm me me
errant, *adj*. 1. loj leeb rau ub rau no; 2. mus ua neej yuam kev
erratic, *adj*. 1. txawv txawv; 2. kaug ub kaug no (tsis muaj qhov tseeb)
erroneous, *adj*. yuam kev
error, *n*. qhov yuam kev; qhov tsis yog
ersatz, *adj*. cuav; tsis tseeb
erstwhile, *adv*. nyob yav dhau los; -*adj*. dhau los; ua ntej
erudition, *n*. kev kawm zoo
erupt, *v*. 1. tawg; ntsoog; 2. txim

tawm
eruption, *n.* 1. kev tawg; kev ntsoog; 2. kev xoo pob rau ntawm tawv nqaij
escalate, *v.* ua rau loj tshaj qhov qub lawm; tsav loj dua qhov qub; — **escalation** *n.*
escalator, *n.* ntaiv hluav taws xob (hom uas maj mam swb mus)
escapade, *n.* ib qhov kev ncig kawm ua dog ua dig
escape, *v.* 1. khiav tawm mus nrhiav kev ywj pheej; 2. nyiag khiav tawm; *-n.* kev nyiag kev khiav ib qho chaw mus rau ib qho chaw kom tau kev ywj pheej
escarpment, *n.* tsag tsua
eschew, *v.* zam; nraim
escort, *v.* 1. nrog; nrog nraim; 2. coj; coj kev; 3. ua luag; tiv thaiv
escrow, *n.* qhov muab tshwj tseg rau chaw siv hnub tom ntej; *-v.* tshwj tseg; khaws tseg
esophagus, *n.* hlab pas uas mus rau hauv lub plab; hlab pas nqos mov
esoteric, *adj.* 1. zais npog; 2. tsis paub meej
especially, *adv.* 1. feem ntau; qhov loj; 2. tsi ntsees; 3. qhov tshwj xeeb
espionage, *n.* kev nyiag xov xwm ntawm ib lub teb chaws rau ib lub teb chaws
espresso, *n.* ib co *kas fes* muaj zog heev
espy, *v.* 1. pom; 2. paub
essay, *n.* tsab ntawv; *-v.* sim
essence, *n.* 1. qhov tseeb; qhov zoo; 2. dej tsw qab
essential, *adj.* 1. tseem ceeb; 2. yuav tsum muaj; — **essentially** *adv.*
establish, *v.* tsim; tsa (xws li tsa koom haum); ua; — **established** *adj.*
establishment, *n.* kev tsim tsa
estate, *n.* 1. ib tus neeg tej khoom los yog teej tug; 2. ib thaj av dav dav heev nrog ib lub tsev
esteem, *v.* 1. taus nqi; 2. hwm; 3. saib rau lub sam xeeb; *-n.* 1. txhiaj meej; 2. kev zoo siab; 3. kev hwm los yog kev muab saib rau lub sam xeeb
estimable, *adj.* 1. zoo; 2. tsim nyog; 3. txaus hwm; 4. muaj nqis
estimate, *v.* kwv yees; *-n.* 1. tswv yim; 2. kev kwv yees; 3. qhov kwv yees
estimation, *n.* 1. kev kwv yees; 2. qhov kwv yees
estrange, *v.* tsim yeeb ncuab; tsim kev ntxub ntxaug
eternal, *adj.* 1. mus ib txhis; 2. tsis paub kawg; 2. tag ib sim
eternity, *n.* txoj kev uas muaj mus tsis paub kawg los yog muaj tag ib txhis
ethambutol, *n.* tshuaj mob ntsws qhuav
ethane, *n.* ib hom pa roj
ethanol, *n.* cawv
ether, *n.* cawv cuaj caum
ethereal, *adj.* 1. tsis muaj nqis; tuav tsis tau ntawm tes; 2. mos mos heev; tsis ntxhib; 3. zoo heev; 4. sab ntsuj plig
ethic, *n.* kev coj zoo; kev paub qhov zoo los yog paub cai; cuj pwm zoo
ethical, *adj.* 1. raug cai; 2. muaj meej mom
ethics, *n.* txoj kev ntseeg uas tus kheej coj zoo los yog coj raws txoj cai; qhov zoo qhov phem
ethionamide, *n.* tshuaj mob ntsws qhuav
Ethiopia, *n.* teb chaws Is Tis Auv Pias
Ethiopian, *n.* neeg Is Tis Auv Pias
ethmoid bone, *n.* txha qab taub qhov muag tshuam rau taub ntswg
ethnic, *n.* haiv neeg tsawg; *-adj.* ntsig txog cov haiv neeg tsawg
ethnology, *n.* kev kawm txog haiv neeg lub neej
etiquette, *n.* kev ua zoo; kev coj zoo
etymology, *n.* 1. keeb kwm txog lo lus; 2. kev kawm txog tej lo lus
eucalyptus, *n.* ib hom ntoo uas ciaj tas xyoo nyob Auv Tas Lias
eulogy, *n.* lus qhuas (feem ntau hais txog tus neeg tuag)
eunuch, *n.* neeg sam (noob qes)
euphonious, *adj.* zoo mloog
euphoria, *n.* kev zoo siab
Europe, *n.* Yus Luv; sab teb chaws Yus Luv
euthanasia, *n.* txoj kev muab ib tus neeg tua vim hlub nws los yog tsis xav pub nws txom nyem
evacuate, *v.* tshem tawm; rho tawm
evacuation, *n.* kev tshem tawm
evade, *v.* 1. zam; nraim; 2. khiav nkaum
evaluate, *v.* 1. tshuaj ntsuam; 2. tshawb nrhiav; 3. luj xyuas, ntsuam

xyuas
evaluation, *n.* 1. kev tshuaj ntsuam; 2. kev luj xyuas
evangelical, *adj.* ntsig txog dab qhuas tshiab uas qhuab qhia tawm hauv *this vis* los yog qhuab qhia rau tej tsev neeg coob coob heev mloog
evangelism, *n.* txoj kev ntseeg dab qhuas tshiab los yog Yes Xus
evaporate, *v.* yaj; xam
evaporation, *n.* kev yaj; kev xam
evasion, *n.* kev zam; kev khiav nkaum
evasive, *adj.* nkaum; zam; nraim
eve, *n.* yav yuav tsaus ntuj
even, *adj.* 1. tiaj tiaj; 2. sib txig; *-adv.* twb (xws li nws twb quaj kiag lawm); tseem (xws li nws tseem qhia kuv li ntawv thiab); *-v.* ua kom sib txig
evening, *n.* 1. yav yuav tsaus ntuj; 2. thaum yuav tsaus ntuj (tom qab 5:00 teev mus rau thaum tsaus ntuj)
even number, *n.* zauv txooj
event, *n.* tej yam kev tshwm sim (tej qho yog teeb meem; tej qho kuj yog kev lom zem xws li kev sib ntaus sib tua los yog, kev noj tsiab peb caug los yog kev ncaws pob los kuj hu ua *event* tau tib yam)
eventual, *adj.* qhov kawg; qhov kawg nkaus; qhov xaus
eventuality, *n.* qhov kawg; qhov tshwm sim
ever, *adv.* 1. tas li; 2. tau
evergreen, *adj.* 1. ntsuab tas xyoo; 2. zoo tas li
evergreen tree, *n.* thuv
everlasting, *adj.* kav mus ib txhis
every, *adj.* 1. niaj; 2. txhua; txhua txhua
everybody, *pron.* txhua txhua leej; txhua txhua tus neeg; suav daws
everyday, *adj.* txhua txhua hnub
everyone, *pron.* txhua txhua tus neeg; txhua txhua leej; suav daws
everything, *pron.* txhua txhua yam
everywhere, *adv.* txhua txhua qhov chaw; qhov txhia chaw; qhov txhia qhov chaw
evict, *v.* yuam tawm tsev; ntiab tawm tsev
eviction, *n.* kev raug yuam tawm tsev; kev raug ntiab tawm tsev (qhov loj yog tswv tsev ntiab tus neeg pob nws lub tsev tawm)
evidence, *n.* pov thawj; qhov tseeb; qhov tiag tiag
evil, *n.* kev phem; *-adj.* phem
evil spirit, *n.* dab phem
evince, *v.* qhia; nthuav qhia
eviscerate, *v.* 1. tshem tej plab hnyuv, siab ntsws, thiab plawv raum tawm; 2. tshem tej yam tseem ceeb tawm; —**evisceration** *n.*
evocative, *adj.* nyiam los yog muaj peev xwm taw qhia, nqua hu los yog ua kom ras xeev
evoke, *v.* 1. taw qhia; rov qhia; 2. hu; ua kom ras
evolution, *n.* txoj kev hloov
evolve, *v.* hloov zuj zus; tig zuj zus
ewe, *n.* maum yaj
ewer, *n.* raj dej; taub dej
exacerbate, *v.* 1. tsub ntxiv rau; 2. ua kom chim; ua meem txom
exact, *adj.* sib xws; sib thooj; zoo tib yam tsis muaj qhov txawv li; *-v.* txhav luag li
exactly, *adv.* sib xws nkaus; sib thooj kiag; zoo tib yam li
exaggerate, *v.* 1. cuab; cuab tshaj; 2. tsub ntxiv rau; hais ntau tshaj qhov muaj
exaggeration, *n.* 1. kev cuab tshaj; kev hais ntau tshaj qhov muaj; 2. qhov cuab tshaj tshaj
exalt, *v.* 1. hwm; hawm; 2. nyiam
exam, *n.* kev sib twv; kev sib tw (tw yog hloov suab los ntawm twv)
examination, *n.* 1. kev sib tw; 2. qhov sib tw; 3. kev tshuaj ntsuam; kev tshawb nrhiav
examine, *v.* 1. tshuaj ntsuam; tshuaj xyuas; xam; tshawb; 2. saib xyuas zoo zoo
example, *n.* piv txwv; piv xam
exanthema, *n.* tawv nqaij tawg los yog nrib
exarch, *n.* 1. tus hau xeev nyob rau lub teb chaws *Byzantine* puag thaum ub; 2. tus xib fwb teev ntuj
exasperate, *v.* 1. ua rau chim heev; 2. tsub ntxiv rau kom haj yam hnyav los yog phem tshaj qhov qub tuaj; — **exasperation** *n.*
excavate, *v.* khawb tawm
excavation, *n.* kev khawb khoom hauv qhov av tawm los

excavator, *n.* 1. tus khawb; 2. rab twj khawb
exceed, *v.* 1. dhau; mus siab tshaj los yog dhau ciam lawm; 2. ua zoo tshaj
excel, *v.* ua tau zoo tshaj
excellence, *n.* kev ua tau zoo tshaj
excellency, *n.* 1. yawg hlob; tus hlob; tus tseem ceeb; 2. lo lus siv rau tus neeg nom
excellent, *adj.* zoo tshaj plaws
except, *v.* tseg; tshem tawm; *-prep.* 1. tsuas yog; 2. tshwj; tshwj tsis; *-conj.* tab sis
exception, *n.* tsuas yog; tsuas tseg
exceptional, *adj.* siab tshaj plaws; zoo tshaj plaws
excerpt, *n.* qhov tshem tawm; ib qho me me los yog luv luv; *-v.* rho ib qho me me tawm los hais
excess, *n.* qhov seem; qhov tshaj
excessive, *adj.* 1. ntau heev; tshaj dhau; 2. tsis tsim nyog
exchange, *v.* sib pauv; sib hloov; *-n.* kev sib pauv; kev sib hloov
excise, *n.* se; *-v.* txiav tawm
excite, *v.* muaj siab; ua rau muaj siab; muaj ceem
excited, *adj.* muaj siab heev; mob siab heev
excitement, *n.* kev muaj siab; ceem; kev muaj ceem
exclaim, *v.* 1. quaj qw vim kev zoo siab; 2. qw; hu; — **exclaimation** *n.*
exclamation mark, tus cim nthe zoo li no !; tus cim uas siv rau tom qab kab lus uas hais nthe nrov tsawv
exclamation point, *n.* tus cim nthe zoo li no !; tus cim uas siv rau tom qab kab lus uas hais nthe nrov tsawv
exclave, *n.* thaj av ntawm lub teb chaws uas nrug zog ntawm qhov loj los yog nyob xu kev zog
exclude, *v.* 1. cais tawm; 2. tshem tawm rau sab nraud; 3. tsis xam los yog tsis yuav
exclusion, *n.* kev cais tawm
exclusive, *adj.* tshwj rau ib tus neeg xwb (uas lwm tus tsis paub txog li); tshwj xeeb
excommunicate, *v.* ntiab tawm hauv tsev teev ntuj mus; tshem tawm hauv *tshawj*
excoriate, *v.* 1. muab tev tawv; 2. txwv; 3. cem; thuam; — **excoriation** *n.*
excrement, *n.* quav
excrescence, *n.* tej yam uas loj tau txawv txawv uas tsis tau pom dua
excreta, *n.* yam uas tawm hauv lub cev los xws li hws, zis, thiab quav
excrete, *v.* tso; tso quav
excretion, *n.* 1. quav muag; kua muag; 2. kev tshem tawm tej yam tsis zoo los yog khoom pov tseg
excruciate, *v.* 1. tsim txom; ua rau raug mob hnyav; 2. ua rau muaj kev ntxhov siab heev; — **excruciation** *n.*
excruciating, *adj.* mob heev
exculpate, *v.* tshem lub txim txhaum tawm; zam txim rau; — **exculpable** *adj*; — **exculpation** *n.*
excursion, *n.* 1. kev taug kev uas lom zem heev; 2. lub npe rau ib hom tsheb Ford
excuse, *v.* thov txim; thov zam txim; *-n.* kev zam txim
execrate, *v.* 1. cem; foom phem rau; 2. ntxub
execration, *n.* 1. kev foom phem rau; 2. yam uas raug foom phem rau
execute, *v.* 1. tswj txoj cai; 2. saib xyuas txoj cai; 3. tua; muab tua
execution, *n.* 1. kev tswj txoj cai; 2. kev muab tua (xws li tua tus neeg txhaum cai)
executive, *n.* 1. tus tswj txoj cai; tus saib xyuas txoj cai; 2. pawg nom tswv uas saib xyuas txoj cai
executive committee, *n.* pawg neeg dhia hauj lwm rau tseem fwv los yog koom haum
executive director, *n.* taw qhia; tus taw qhia; tus coj los yog qhia suav daws ua hauj lwm
executor, *n.* tus tswj txoj cai; tus saib xyuas
executrix, *n.* tus poj niam uas saib xyuas txoj cai
exemplary, *adj.* zoo qauv
exemplify, *v.* muab ua qauv; siv ua qauv
exempt, *v.* 1. tshem tawm ntawm tej yam dej num; 2. zam rau; — **exemptible** *adj*; — **exemption** *n.*
exercise, *v.* 1. qoj cev; nyom cev; hom khaj; *ev xaws xais*; 2. xyaum ua; ua raws; *-n.* kev nyom cev

exert, *v.* 1. rho tawm los; 2. siv; muab siv; 3. pib ua hauj lwm mus
exhale, *v.* tso pa tawm
exhaust, *v.* 1. sab; lim; ua rau sab; 2. tsuag; siv tag
exhausted, *adj.* sab sab; nkees nkees; lim lim
exhaustion, *n.* kev sab kev lim; kev qaug zog; kev txog siav
exhibit, *v.* tso rau neeg pom; qhib rau neeg saib; *-n.* yam khoom tso rau neeg saib; — **exhibition** *n.*
exhilarate, *v.* siab sawv; muaj siab; zoo siab; — **exhilaration** *n.*
exhort, *v.* ntuas; hais
exhortation, *n.* kev qhuab ntuas
exhume, *v.* khawb neeg tuag tawm; khawb ntxa
exhumation *n.* kev khawb neeg tuag tawm; kev khawb ntxa
exhumer *n.* tus khawb ntxa
exile, *n.* 1. kev tawm mus nyob txawv teb chaws; 2. tus neeg uas tawm mus nyob txawv teb chaws; *-v.* tawm mus nyob txawv teb chaws
exist, *v.* 1. muaj tiag tiag; tshwm sim; 2. nyob
exit, *n.* 1. kev tawm; 2. lub qhov rooj tawm mus rau nraum zoov; *-v.* tawm
exodus, *n.* kev khiav tsheej pab; kev tawg teb tawg chaws khiav ua tsheej pab
exogamy, *n.* kev yuav txwj nkawm uas yuav tsum yuav tus neeg sab nraud los yog txawv xeem; — **exogamic**; **exogamous** *adj.*
exogenous, *adj.* tshwm sim sab nraud tuaj; kis sab nraud los
exonerate, *v.* tsis raug liam; tsis muaj txim; — **exoneration** *n.*
exorbitant, *adj.* dhau cai lawm; tshaj qhov ua tau lawm
exorcise, *v.* caum dab tawm
exotic, *adj.* 1. txawv txawv; 2. tsis tau pom dua
expand, *v.* 1. nthuav tawm; 2. nam kom dav ntxiv
expanse, *n.* ib qhov chaw loj loj dav dav
expansion, *n.* kev loj hlob; kev nthuav kom dav
expansive, *adj.* ntsig txog kev ua kom loj kom dav
expatriate, *n.* neeg tawg rog; neeg tawg teb chaws; neeg mus nyob txawv teb chaws; —**expatriation** *n.*
expect, *v.* npaj siab; cia siab ntsoov
expectorant, *adj.* ntsig txog kev pab kom nti tau los yog muab tau hnoos qeev tawm; *-n.* kev pab kom nti tau los yog muab tau hnoos qeev tawm
expedient, *adj.* 1. yooj yim; 2. zoo siv
expedite, *v.* 1. mus ceev ceev; 2. xa mus ceev ceev; 3. ua ceev ceev; ua tsuag tsuag
expedition, *n.* 1. kev ncua ntev; kev deb; 2. cov neeg uas mus ib txoj kev deb
expeditious, *adj.* 1. nrawm; ceev; 2. ua hauj lwm zoo
expel, *v.* yuam tawm; ntiab tawm
expend, *v.* 1. them; 2. siv tag
expenditure, *n.* 1. chaw siv nyiaj; kev siv nyiaj; 2. cov siv tawm los yog siv tag lawm
expense, *n.* nuj nqes; nqe
expensive, *adj.* kim; kim heev; kim kim; tsis pheej yig
experience, *n.* 1. hauj lwm yav dhau los lawm; 2. kev txawj ntse, kev kawm dhau los; *-v.* pom dhau los lawm; ntsib dua los lawm
experienced, *adj.* paub tab; paub qab hau; paub ntau yam
experiment, *n.* kev sim kom paub qhov tseeb; *-v.* sim
expert, *n.* kws; tus neeg uas paub zoo rau tej suam; *-adj.* txawj ntse
expertise, *n.* kev txawj ntse; kev paub zoo txog tej yam dab tsi
expiration, *n.* caij nyoog tag; caij nyoog dhau
expiration date, *n.* hnub kawg; hnub siv tsis tau lawm
expire, *v.* dhau caij; tag caij siv lawm
explain, *v.* 1. piav; 2. qhia; 3. tshab txhais
explanation, *n.* 1. kev piav; lus piav; 2. lus tshab txhais
explicable, *adj.* piav tau
explicate, *v.* tshab txhais
explication, *n.* kev tshab txhais kom meej
explicit, *adj.* tsi ntsees; ncaj nraim; — **explicitly** *adv*; — **explicitness** *n.*
explode, *v.* 1. tawg; 2. rhuav
exploit, *v.* 1. siv; 2. siv tsis raws cai
exploitation, *n.* kev caij tsuj lwm tus neeg; kev siv lwm tus neeg yam tsis

raws cai
explore, *v.* nrhiav; tshawb
explosion, *n.* 1. foob pob tawg; 2. ib yam dab tsi tawg
explosive, *adj.* tawg taus
exponent, *n.* 1. tus neeg txhawb; 2. tus hais kom muaj kev pauv hloov; 3. phooj ywg
export, *v.* xa khoom tawm txawv teb chaws
exportation, *n.* 1. kev xa khoom mus txawv teb chaws (xws li kev ua lag luam); 2. cov khoom muag mus txawv teb chaws
expose, *v.* nthuav; tso tawm; qhib tawm
exposition, *n.* yam uas tso rau suav daws tuaj saib
expound, *v.* 1. piav; hais txog; 2. nthuav tawm
express, *adj.* 1. ceev; sai; 2. ncaj qha; -*v.* 1. hais tawm; fi; fi rau; 2. qhib tawm; nthuav tawm
expression, *n.* 1. qhov lub ntsej muag qhia tawm; 2. zaj lus
expressway, *n.* 1. kev tsheb loj; txoj kev loj dhia tau tsheb ceev; 2. txoj kev tsheb uas muaj ob txoj kab rov sauv thiab dhia tsheb tau ceev heev
expulsion, *n.* kev ntiab tawm; kev tshem tawm
expurgate, *v.* txiav; txwv; — **expurgation** *n.*
exquisite, *adj.* zoo nkauj heev; — **exquisiteness** *n.*
extant, *adj.* muaj; tshwm sim
extemporaneous, *adj.* ua yam tsis tau muaj kev npaj ua ntej li; ua raws siab xav
extend, *v.* 1. ncav tawm; 2. txuas rau kom ntev; 3. ua kom loj
extension, *n.* kev txuas ntxiv
extension cord, *n.* 1. txoj hlua txuas ntxiv; 2. txoj hlua hluav taws xob
extensive, *adj.* dav; deb; loj
extensor digitorum longus, *n.* nqaij ntshiv xyab kav hlaub
extent, *n.* qhov dav los yog loj uas nthuav mus txog
extenuate, *v.* txo kom txhob hnyav hnyav; —**extenuation** *n.*
exterior, *n.* sab nraud; sab nraum zoov; -*a.* nyob los yog npuab sab nraum zoov
exterminate, *v.* 1. rhuav kom tag; 2. tua kom tuag tag; 3. tsim txom kom ploj mus
extermination, *n.* kev rhuav tshem kom ploj mus; kev txov kom tsis muaj lawm
external, *adj.* sab nraud
external auditory meatus, *n.* raj qhov ntsej sab nraud; qhov txha ntsej sab nraud
external carotid artery, *n.* leeg ntshav liab ntawm taub hau txheej sab nraud
external iliac artery, *n.* hlab ntshav liab ntawm puab tais
external iliac vein, *n.* hlab ntshav dub ntawm puab tais
external intercostal muscle, *n.* nqaij ntshiv ntawm nkhib tav tawm hauv siab
external jugular vein, *n.* hlab ntshav dub ntawm caj dab sab nraud
external oblique, *n.* nqaij npluag tav; nqaij ntshiv ntha txheej nraud
external oblique muscle, *n.* cov nqaij ntshiv nyob ntawm ntsag ntawm xub ntiag
extinct, *adj.* tsis muaj lawm; ploj lawm
extinction, *n.* 1. kev ua kom ploj mus; 2. qhov ua rau ploj mus
extinguish, *v.* 1. tua (hluav taws); 2. txov; tsim txom; 3. ua kom ploj; — **extinguishable** *adj.*
extinguisher, *n.* tshuaj tua hluav taws; lub taub tshuaj tua hluav taws
extirpate, *v.* 1. tua; tsim txom; 2. rho cag; 3. muab tshem tawm pov tseg; — **extirpation** *n.*
extol, *v.* qhuas heev
extort, *v.* tau los ntawm txoj kev txhav los yog quab yuam
extortion, *n.* 1. kev txhav los ua yus tug; 2. kev siv tus kheej lub hwj chim mus txhav ub no los ua yus li yam tsis raug cai; 3. yam khoom uas txhav los
extra, *adj.* 1. ntau tshaj siab xav; 2. ntxiv; 3. seem
extract, *v.* rho; thau; tshem
extraction, *n.* 1. kev rho los yog thau tawm; 2. kev tshem tawm (xws li ntaub ntawv) mus luam rau lwm qhov
extradite, *v.* coj tus neeg raug txim

mus hais plaub rau lwm qhov chaw, lwm lub xeev los yog lwm lub teb chaws
extradition, *n.* kev muab tus neeg raug txim xa mus hais plaub nyob rau lwm qhov chaw xws li lwm lub xeev los yog lwm lub teb chaws
extramarital, *adj.* ntsig txog kev nyiag ua hluas los yog sib daj sib deev ntawm cov neeg uas twb muaj txwj nkawm lawm
extramarital affairs, *n.* kev nyiag ua hluas los yog sib daj sib deev ntawm cov neeg uas twb muaj txwj nkawm lawm
extramural, *adj.* tshwm sim nyob rau sab nraud (xws li sab nraum ntug zos los yog ntug ntsa loog)
extraneous, *adj.* 1. tsis tseem ceeb; 2. tuaj sab nraud tuaj
extraordinary, *adj.* txawv tom tej; zoo heev
extrasensory, *adj.* dhau qhov neeg ib txwm paub
extraterrestrial, *n.* tus uas nyob saum ntuj los
extravagance, *n.* 1. lub neej muaj nplua nuj; 2. kev siv yam raug nqi ntau heev; 3. yam uas muaj ntau heev
extravagancy, *n.* kev muaj ntau heev; kev muaj nplua mias
extravagant, *adj.* 1. nplua mias; 2. zoo dhau cai lawm; 3. raug nqi ntau
extravaganza, *n.* lub caij tseem ceeb thiab tshwj xeeb heev
extreme, *adj.* 1. puag tom kawg nkaus; 2. tom qhov siab tshaj los yog deb tshaj plaws; 3. coj nruj heev; nyaum heev
extremely, *adv.* 1. tshaj plaws; 2. kawg nkaus
extremity, *n.* qhov deb tshaj plaws
extricate, *v.* dim ntawm txoj kev ntxhov siab; nrug ntawm txoj kev cov nyom
extrication, *n.* kev dim ntawm txoj kev ntxhov siab; kev nrug deb ntawm txoj kev sib rig los yog cov nyom
extrovert, *n.* tus neeg txhawj txog los yog txaus siab rau lwm tus neeg tshaj rau nws tus kheej
extrude, *v.* yuam tawm; thawb tawm
extrusion, *n.* 1. kev yuam tawm; kev thawb tawm; 2. yam uas raug yuam los yog raug lem
exuberant, *adj.* 1. kaj siab lug; zoo siab heev; 2. muaj nplua mias; muaj ntau heev
exuberate, *v.* 1. ua kom muaj ntau heev; 2. ua kom zoo siab; — **exuberation** *n.*
exude, *v.* 1. muab tawm; nthuav tawm; 2. tso (kua) tawm los
exult, *v.* 1. zoo siab; lom zem; 2. ua kev zoo siab
eye, *n.* 1. qhov muag; 2. qhov ua kom pom kev; 3. ncua muag; ntsua muag; -*v.* saib; ntsia
eyeball, *n.* lub qe qhov muag; lub pob qhov muag
eyebrow, *n.* plaub muag (cov nyob saum qaum qhov muag); plaub tsag muag; plaub qaum muag
eyedropper, *n.* tus tso tshuaj
eye drops, *n.* tshuaj ncos rau qhov muag
eyeful, *n.* 1. pom dav heev; 2. pom tseeb heev; saib txaus nkaus; 3. yam uas qhov muag saib tsis dhuav li, piv txwv li ib tus hluas nkauj zoo zoo nkauj
eyeglasses, *n. pl.* iav qhov muag
eyelash, *n.* plaub qhov muag (cov nyob kiag ntawm ob daim di muag); plaub di muag
eyelet, *n.* lub qhov me me nyob ntawm qhov muag
eyelid, *n.* di muag; tawv muag
eyeliner, *n.* tus mem pleev plaub muag
eye opener, *n.* 1. ib qho uas tshwm tshiab tshiab; 2. khob cawv haus kom sov cev thiab zoo pib sib tham
eyepiece, *n.* lub qhov tsom ntawm lub yees duab
eyeshot, *n.* ib ncua muag; ib ntsua muag
eyesight, *n.* 1. ncua muag; 2. qhov muag pom kev zoo li cas
eyesore, *n.* 1. tej yam uas tsis zoo saib; 2. tsiv saib; ib qho tsiv saib
eyewash, *n.* 1. tshuaj ntxuav qhov muag; 2. lus dag; lus tsis muaj qhov tseeb
eyewitness, *n.* 1. tus neeg uas pom kiag qhov xwm txheej; 2. tus pov thawj; tus tim khawv

F

f, *n*. tus tsiaj ntawv As Kiv thib rau
fable, *n*. ib zaj dab neeg uas muaj ib lub ntsiab lus qhuab qhia zoo nyob rau hauv (tab sis tsis yog dab neeg uas yeej muaj raws li thaum ub; nws yog ib zaj uas neeg li tswv yim tsim xwb)
fabric, *n*. ntaub; ntaub xov
fabricate, *v*. 1. tsim; ua; 2. dhos (xws li muab ob peb yam los sib dhos ua ib yam khoom); 3. txua; cuab; dag (xws li tej yam twb tsis muaj npauv los muab phim muab cuab ntxiv rau kom lwm tus neeg ntseeg)
fabrication, *n*. 1. kev tsim, kev ua; 2. kev tsim tshiab rau yam tsis yog qhov tseeb; kev ua dag tib neeg
fabulous, *adj*. 1. zoo heev; 2. hais li los yog raws dab neeg
façade, *n*. 1. lub ntsej muag tsev los yog xub ntiag tsev; 2. ntsej muag cuav
face, *n*. 1. ntsej muag; 2. plhu; -*v*. ntsib
facet, *n*. ntus; ib ntus ib ntus
facet that articulates with rib tubercle, *n*. qhov zawj dhos cov hau tav theem haud; qhov zawj dhos cov tav ncau
face to face, *adv*. tim ntsej tim muag
facial artery, *n*. leeg ntshav liab ntawm ntsej muag
facial nerve, *n*. ib txoj leeg ntawm lub hlwb uas tswj lub ntsej muag
facile, *adj*. 1. yooj yim; 2. npliag; npliag lias
facilitate, *v*. 1. pab; 2. coj; 3. ua kom yooj yim; — **facilitation** *n*.
facility, *n*. 1. chaw; 2. tsev
facsimile, *n*. 1. daim theej (uas zoo tib yam nkaus); 2. *fev*
fact, *n*. 1. qhov tseeb; qhov tiag tiag; 2. pov thawj
faction, *n*. 1. pawg; pab pawg; 2. tej pawg me me ntawm pawg loj
factious, *adj*. tsim kev sib tawg
factitious, *adj*. cuav; tsis tseeb
factor, *n*. txuam thawj; ib yam dab tsi ua cuam tshuam lwm yam
factory, *n*. chaw ua hauj lwm tsim ub tsim no, txua ub txua no, xws li chaw ua tooj ua hlau; koob xwb (C); *koos pas nis* (E)
factotum, *n*. tus neeg uas muaj ntau ntau lub luag hauj lwm
factual, *adj*. muaj tseeb
faculty, *n*. 1. ib pawg kws qhia ntawv los yog tsev qhia ntawv; 2. peev xwm; lub peev xwm ua; 3. lub tswv yim
fad, *n*. ib yam uas neeg nyiam nyiam ib vuag dhau plaws xwb ploj lawm
fade, *v*. 1. ploj; 2. tsuag zuj zus; 3. nphob; nphob zuj zus
fag, *v*. sab; lim
Fahrenheit, *n*. ib hom kev ntsuas kub no uas qhov kub ua rau dej npau yog 212° thiab qhov ua dej khov yog 32°
fail, *v*. 1. poob; swb (xws li sib tw tsis yeej); 2. mus tsis taus (xws li lag luam tsis khiav zoo); 3. txhob txwm tso tseg (xws li cia li tsis hlub tsis xyuas nws cov me nyuam li); 4. cuam muas
failure, *n*. 1. tus neeg uas poob los yog swb lawm; 2. qhov swb; kev swb
faint, *v*. tsaus muag; ntog vim tsaus muag; -*adj*. tsaug tsaug; kiv kiv
fainting, *n*. tsaus muag; ntog vim tsaus muag
fair, *adj*. 1. ncaj ncees; 2. ncaj nruab nrab; 3. haum siab; 4. koob mus yoj xov los nyog; 5. hauv toj; chaw saib ub saib no
fairground, *n*. chaw ua viav vias; chaws me nyuam yaus ua si
fairly, *adv*. ncaj nruab nrab; haum siab
fairminded, *adj*. ncaj nruab nrab; tsis tuaj tog twg
fairness, *n*. kev ncaj ncees; kev ncaj nruab nrab
fairy, *n*. ntsuj; ntsuj plig
fairyland, *n*. ib qhov chaw zoo zoo nkauj
fairy tale, *n*. dab neeg (rau me nyuam yaus); lus nruag
faith, *n*. kev ntseeg; kev cia siab
faithful, *adj*. siab ncaj; ncaj ncees (rau tus hlub los yog tus coj)
faithless, *adj*. 1. tsis ncaj ncees; siab tsis ncaj; 2. ntseeg tsis tau; 3. tsis muaj kev ntseeg; tsis ntseeg dab qhuas li
fake, *adj*. cuav; dag; tsis muaj tseeb
faker, *n*. neeg cuav; neeg tsim khoom

cuav
falcon, *n.* liaj; ib hom noog
fall, *v.* 1. poob; 2. ntog; vau; qaug; 3. zeeg; -*n.* 1. caij nplooj ntoos zeeg; 2. lub caij ua ntej caij ntuj no
fallacy, *n.* tswv yim yuam kev; tswv yim tsis tseeb
fallible, *adj.* yuam ke tau
falling, *adj.* poob
falling star; *n.* hnub qub ya; hnub qub poob
fallopian tube, *n.* hlab zuas qe
fall through, *v.* 1. hlauv qhov; poob qhov; 2. dhau; mus dhau
false, *adj.* 1. tsis tseeb; cuav; 2. dag
falsehood, *n.* kev dag
falter, *v.* 1. mus tsis xwm yeem; 2. ua siab deb
fame, *n.* koob meej; meej mom; npe
familial, *adj.* ntsig txog tsev neeg
familiar, *adj.* 1. paub; 2. pom dua lawm
familiarize, *v.* 1. swm; ua kom swm; 2. ua kom paub
family, *n.* 1. tsev neeg; yim neeg; 2. cuab yig; 3. tab zag
family doctor, *n.* kws kho mob rau tsev neeg
family name, *n.* xeem; lub xeem
family physician, *n.* kws kho mob rau tsev neeg
family practitioner, *n.* kws kho mob rau tsev neeg
family tree, *n.* caj ceg tsev neeg
famine, *n.* kev tshaib plab uas ua rau txhua leej txhua tus tsis muaj mov noj (xws li ntiaj teb av qhuav heev los yog dej nyab liaj teb tag ua rau pej xeem suav daws tsis muaj mov noj li)
famish, *v.* tshaib plab; yoo tshaib
famous, *adj.* muaj koob muaj npe; nto npe; leej twg los paub txog
famulus, *n.* tub txib; qhev
fan, *n.* 1. ntxuam; 2. kiv cua; 3. cov neeg txhawb nqa los yog nyiam yus; -*v.* ntxuaj
fanatic, *adj.* 1. tus neeg uas ua tej yam txawv tshaj plaws; 2. tus neeg twm xeeb; 3. tus neeg uas tsis mloog leej twg hais
fancy, *adj.* zoo zoo nkauj; -*n.* 1. kev xav los yog npau suav; 2. kev nyiam
fang, *n.* kaus hniav
Fang, *n.* xeem Faj; ib xeem ntawm ntau ntau xeem Hmoob
fantastic, *adj.* 1. zoo heev; 2. npau suav xwb; tsis tseeb
fantasy, *n.* txoj kev npau suav xav hauv hlwb
far, *adj.* deb; deb heev; tsis ze
faraway, *adj.* deb heev; deb deb; tsis ze
fare, *n.* nqi caij tsheb los yog caij dav hlau; -*v.* sib haum; sib raug zoo
farewell, *n.* kev sib ncaim
farm, *n.* teb; liaj teb; -*v.* ua teb
far-off, *adj.* 1. ntev ntev heev lawm; 2. dhau deb lawm
farsighted, *adj.* 1. muaj peev xwm pom deb; 2. ntse
fart, *v.* tso paus; dim paus
farther, *adv.* deb zog
farthermost, *adj.* deb tshaj plaws
farthest, *adj.* deb tshaj plaws
fascinate, *v.* nyiam; quav; txaus siab heev rau; — **fascination** *n.*
fashion, *n.* 1. yam; hom; 2. tej yam dab tsi uas neeg nyiam heev heev lub caij ntawd (xws li neeg nyiam hnav ib hom tsoos tsho nyob rau ib lub caij); 3. xom lees; -*v.* ua; puab
fashionable, *adj.* muaj xom lees
fast, *adv.* ceev; sai; nrawm; -*v.* yoo mov (tej haiv neeg yoo mov ib ob hnub nyob rau lawv hnub caiv)
fasten, *v.* 1. khawm; 2. pav (xws li pav khoom); 3. sia (xws li sia siv)
fast food, *n.* khoom noj nyob tom cov khw noj mov uas npaj tau sai heev (xws li Burger King thiab McDonald)
fastidious, *adj.* ceeb laj ntxias; laj ua kom zoo siab
fat, *adj.* rog; -*n.* roj
fatal, *adj.* 1. ua rau neeg tuag; 2. ntsig txog teeb meem uas ua neeg tuag
fatalism, *n.* txoj kev ntseeg uas qhov twg los yog tim txoj hmoo
fate, *n.* 1. txoj hmoo; 2. qhov xaus
father, *n.* 1. txiv; 2. txiv tsev; 3. txiv plig
father-in-law, *n.* 1. yawm txiv; poj niam txiv; 2. txiv yawg; tus txiv leej txiv
fathom, *v.* to taub
fatigue, *n.* kev nkees; kev sab; -*v.* ua kom nkees; ua kom sab

fatigued, *adj*. nkees; sab; lim
fatuous, *adj*. npub los yog ruam
faucet, *n*. kais dej
fault, *n*. 1. kev txhaum; kev yuam kev; 2. qhov yuam kev; qhov txhaum
favor, *n*. 1. kev pom zoo; 2. dej siab; 3. qhov nyiam heev; qhov txaus siab rau; -*v*. nyiam
favorable, *adj*. 1. zoo; haum siab; pab tau zoo; 2. txhawb siab heev; 3. pom zoo nrog
favorite, *adj*. qhov nyiam tshaj; —**favoritism** *n*.
fawn, *n*. me nyuam mos lwj
fear, *v*. ntshai; -*n*. qhov ntshai; kev ntshai
fearful, *adj*. ntshai; txaus ntshai
feasible, *adj*. tsim nyog; ua tau
feast, *n*. 1. ib lub koob tsheej loj hais txog txoj kev ntseeg ntuj uas ib sij muaj ib zaug; 2. qav; ib rooj noj loj heev; ib pluag mov loj; 3. qhov uas muab tau kev lom zem los yog kev zoo siab; -*v*. noj nplua mias
feather, *n*. plaub (noog); tis
feature, *n*. 1. xim xoo; yam ntxwv; 2. lub ntsej muag; 3. ib yam dab tsi zoo zoo saib
febrile seizure, *n*. tsaus muag vim kub heev
February, *n*. Ob Hlis; Ob Hlis Ntuj
feces, *n*. quav
feckless, *adj*. tsis tij lim
fed, *v*. muab rau noj; pub rau noj; pub zaub mov rau noj (saib *feed*)
federal, *adj*. tseem fwv teb chaws; teb chaws li
federate, *v*. sib koom ua ib lub hauv paus
federation, *n*. kev sib koom ua ib lub hauv paus
fedora, *n*. ib hom kaus mom uas mos mos thiab muag muag
fed up, *adj*. npau taws; chim siab
fee, *n*. nqe; nuj nqe; nuj nqes (sis los ntawm *nuj nqe*)
feeble, *adj*. 1. tsis muaj zog; qaug zog; 2. tsis tau hauj lwm; tsis muaj ceem
feed, *v*. pub rau noj; muab rau noj; pub zaub mov rau noj
feel, *v*. 1. hnov (xws li hnov no no los hnov kub kub); 2. xav; 3. xuas; kov
feeling, *n*. kev hnov; kev xav
feet, *n*. ko taw
feign, *v*. ua txuj; cuab; tsab (xws li *tsab mob*)
felicitate, *v*. pab zoo siab rau; qhuas; —**felicitation** *n*.
felicity, *n*. kev zoo siab loj heev
feline, *adj*. ntsig txog miv
fell, *v*. 1. ntov; ntov ntoo; 2. ua vau; muab ua vau; 3. vau; ntog; qaug
fellow, *n*. 1. txiv neej; neeg; 2. npoj yaig; neeg koom siab ua ke
fellowship, *n*. 1. kev sib raug zoo; 2. koom haum
felon, *n*. tus neeg ua txhaum txim los yog txhaum cai loj heev
felony, *n*. lub txim txhaum loj
felt, *v*. hnov los yog xav (dhau los lawm); -*n*. ib hom ntaub uas muab plaub ua
female, *n*. 1. poj; 2. maum; poj niam; 3. xyuas (nyuj); 4. nkauj (qaib)
feminine, *adj*. ntsig txog poj niam
feminism, *n*. kev koom tes ua tej yam rau cov poj niam
femoral, *n*. ncej puab (saib *thigh*)
femoral artery, *n*. hlab ntshav liab ntawm puab tais thiab ncej puab
femoral nerve, *n*. leeg xa xov ntawm puab tais thiab ncej puab
femoral vein, *n*. txoj leeg ntshav dub loj ntawm puab tais
femur, *n*. txha ncej puab; tus pob txha hauv ncej puab
fence, *n*. laj kab; -*v*. xov laj kab
fend, *v*. thaiv; tshem tawm
fender, *n*. daim thaiv log tsheb
fennel, *n*. ib hom nroj tsuag los yog zaub ntug hauv paus
ferment, *v*. phwj; -*n*. poov xab
fern, *n*. suab; kaus suab; ib hom nroj tsuag
ferocious, *adj*. phem heev; tsiv heev
ferret, *n*. luj, ib hom tsiaj tom tom qaib; -*v*. tshawb; nrhiav
ferry, *v*. 1. muab nkoj thauj mus; caij nkoj mus; 2. hla; hla dej
fertile, *adj*. zoo noob; muaj peev xwm tsim tau ntau
fertilization, *n*. kev chiv xeeb me nyuam
fertilize, *v*. ywg tshuaj rau kom zoo
fervid, *adj*. zoo siab heev rau; mob siab; txaus siab rau
fervor, *n*. 1. kev mob siab; 2. tshav kub heev los yog cua sov kub heev

fester, *v*. 1. ua rau phem tshaj qhov qub tuaj; 2. puas; lwj; 3. mob plab kiav txhab
festival, *n*. hau toj; hauv toj (sis los ntawm *hau toj*); chaw nquam toj
festive, *adj*. lom zem
festivity, *n*. kev nquam paj nquam nruas; kev lom zem
fetal, *adj*. ntsig txog me nyuam xeeb nyob hauv plab
fetch, *v*. 1. tuaj nqa los yog mus nqa; 2. mus nqa kiag ib qho dab tsi rov los
fetching, *adj*. zoo nkauj; ntxim siab
fete, *n*. ib lub kev lom zem loj heev
fetid, *adj*. muaj ntxhiab tsw tsw; tsw phem heev
fetish, *n*. yam khoom uas muaj hwj huaj (xws li pov haum); qhov khoom uas neeg ntseeg thiab hwm tias muaj hwj huaj
fetter, *n*. xauv taw
fetus, *n*. thiab zeej; tus me nyuam tseem nyob hauv plab
feud, *n*. kev cib nyeej
feudal, *adj*. ntsig txog kev ua nom ua tswv puag thaum ub uas cov nom me los yog teb chaws me sau se tuaj rau tus nom loj los yog lub teb chaws loj
feudalism, *n*. kev ua nom ua tswv puag thaum ub uas cov nom me los yog teb chaws me sau se tuaj rau tus nom loj los yog lub teb chaws loj
fever, *n*. npaws; daus no; kub cev
few, *adj*. 1. ob peb (xws li ob peb yam, ob peb leeg); 2. tsawg
fewer, *adj*. tsawg zog; tsawg dua
fez, *n*. mom; ib hom kaus mom
fiancé, *n*. nraug qhaib; tus hluas nraug uas qhaib ib tus hluas nkauj npaj yuav coj mus ua nws poj niam
fiancée, *n*. nkauj qhaib; tus hluas nkauj uas raug qhaib lawm
fiasco, *n*. qhov yuam kev uas tsis tshwm sim li npaj tseg; kev liam sim
fiat, *n*. cai; lus txib los saum huab tais los
fiber, *n*. daim tawv, daim ntaub, daim txiag los yog daim iav uas neeg tsim los siv xws li ua vaj ua tsev thiab ua khoom siv
fibers of orbicularis oculi, *n*. cov leeg xov me me ntawm daim tawv muag
fibula, *n*. txha plab hlaub; tus pob txha plab hlaub sab nraud los yog tus me zog
fickle, *adj*. hloov mus mus los los
fiction, *n*. dab neeg txua; cuav
fictitious, *adj*. cuav; lam ua txuj xwb; tsis muaj tseeb
fiddle, *n*. nkauj nog ncas; *xem xau* (L)
fidelity, *n*. kev ncaj ncees; kev siab ncaj
field, *n*. 1. tiaj; tshav puam; 2. liaj teb; 3. hav (xws li hav zoov los yog hav liaj); 4. fab; seem (xws li kawm ntawv mus rau fab twg los yog seem twg); 5. chaw ntaus ntawv rau
fiend, *n*. 1. dab; 2. neeg siab phem
fierce, *adj*. 1. siab tawv; nyiam sib nrig sib ntaus; xov ceev heev; 2. chim; siab luv; 3. nyaum heev; tsiv heev; nruj heev
fiery, *adj*. 1. cig; 2. kub heev; ntaiv heev
fiesta, *n*. hauv toj; chaw nquam paj nquam nruas
fife, *n*. ib lub raj me me
fifteen, *adj*. kaum tsib; 15; -*n*. kaum tsib; 15
fifteenth, *adj*. thib kaum tsib; 15th; -*n*. thib kaum tsib; 15th
fifth, *adj*. thib tsib; 5th; -*n*. tus thib tsib; 5th
fifth lumbar vertebra, *n*. voj txha duav nraub qaum npuab kiag rau thooj txha pob tw
fifty, *n*. tsib caug; 50
fifty-fifty, *adj*. faib sib npaug zos; ib nrab; 50-50
fig, *n*. ib hom txiv ntoo uas noj tau
fight, *v*. 1. sib ntaus; sib ntaus sib tua; 2. sib cav; tawm tsam; 3. sib twv; -*n*. kev sib ntaus; kev sib tua; kev sib twv
figment, *n*. tej yam uas npau suav tawm los yog txua tswv yim tawm los
figure, *v*. xam; ntaus nqi; -*n*. 1. daim duab; daim qauv; 2. cov zauv, cov *nab npawb*; 3. tus moj yam neeg
figurine, *n*. tus neeg pob zeb me me; me nyuam qauv neeg
filament, *n*. xov
file, *n*. 1. plhaub ntawv; ib lub plhaub rau ntaub ntawv; 2. cov ntaub ntawv uas muab teeb muaj quag zoo zoo; 3. txhaum; rab txhaum (suav daws

hu ua *txhaum* tab sis tej zaum lo yog tiag tiag yuav yog *txhuam*); -*v*. 1. muab ntaub ntawv teeb kom muaj quag cia; teeb kom nyob muaj chaw; 2. txhaum; tshiav
file cabinets, *n*. thawv rau ntawv; hom thawv uas muaj ntau ntau txheej thiab rub tau lub txee tawm los
file folder, *n*. plhaub rau ntawv
filial, *adj*. mloog niam txiv lus; ua me nyuam zoo rau niam rau txiv
filibuster, *n*. lus sib cav laug caij nyoog ntawm tseem fwv kom txhob tau tawm suab xaiv rau tej yam dab tsi
fill, *v*. 1. txhub (qhov av); 2. txhab (roj los yog txhab tshuaj); 3. teb (cov lus nug rau ntawm cov kab seem hauv daim ntawv kom puv ntoob)
fillet, *n*. ib thooj nqaij ntshiv; -*v*. txiav tej thooj nqaij ntshiv ua ke
filling, *n*. yam khoom siv los txhaws tej qhov khoob
filly, *n*. maum nees mos; me nyuam xyuas nees
film, *n*. duab txav; duab mus kev; duab yeeb yaj kiab; -*v*. yees duab
filmgoer, *n*. tus neeg uas nyiam mus saib *mauv vim* heev
filmmaker, *n*. kws ua *mauv vim*
filmstrip, *n*. tej nrawb duab ntawm kauj duab mus kev
filter, *v*. lim; -*n*. lub taub lim
filth, *n*. khoom qias; khoom pov tseg; am (lo lus no siv rau me nyuam yaus feem ntau)
filthy, *adj*. qias neeg
filum terminale, *n*. tw hlwb txha nqaj qaum
fimbriae, *n*. cov hlab hnyuv ntawm lub zuas qe uas nthuav ua ib co ntxhuav los vov lub zuas qe sab saud
fin, *n*. tis (rau tej tsiaj li ntses); tus tis
finagle, *v*. mus dhau los ntawm txoj kev ntse los yog txoj kev txawj dag
final, *adj*. kawg; kawg nkaus; -*n*. kev sib twv zaum kawg nkaus
finale, *n*. qhov kawg
finalist, *n*. tus nyob hauv kev sib twv zeeg kawg; tus kawg
finalize, *v*. muab xaus tseg; muab kaw tseg
finally, *adv*. thaum kawg; thaum kawg nkaus
finance, *n*. 1. nyiaj txiag (lo lus *txiag* yog hais sis los ntawm lo lus *txiaj*); 2. kev tuav nyiaj txiag; -*v*. qev nyiaj rau; pab nyiaj rau
financial, *adj*. ntsig txog nyiaj txiag
finch, *n*. ib hom noog
find, *v*. 1. nrhiav; tshawb; 2. ntsib; pom; 3. paub tias
fine, *adj*. 1. zoo heev; 2. mos mos (xws li npaj ntaub xaws tau mos mos); -*n*. nqe nplua (los ntawm tseem fwv); -*v*. nplua; rau txim
finery, *n*. tsoos tsho los yog khoom coj ntawm ib ce uas zoo nkauj heev
finger, *n*. ntiv tes; -*v*. taw ntiv tes rau
fingerling, *n*. me nyuam ntses me me
fingernail, *n*. rau tes
fingerprint, *n*. kab tes; yis tes; -*v*. nias tes
fingertip, *n*. ntsis ntiv tes
finish, *v*. 1. tag; tiav; 2. kawg lawm
finite, *adj*. muaj qhov thaiv
fire, *n*. 1. hluav taws; 2. qhov cub; -*v*. 1. tua (phom); 2. tshem tawm; rho tawm; yuam tawm; hlawv
fire alarm, *n*. tswb hluav taws; tswb ceeb toom hluav taws
firearm, *n*. phom
fireball, *n*. nplaim taws (uas ua ib thooj)
fireboat, *n*. nkoj ua rog
firebox, *n*. 1. chaw rauv taws; 2. tswb hluav taws
firebug, *n*. tus neeg uas txhob txwm
firecracker, *n*. paj tawg; paj hluav taws; hluav taws tawg
fire escape, *n*. tus ntaiv nyob sab nraud zoov siv thaum tsev kub hnyiab
fire exit, *n*. qhov rooj khiav tawm thaum tsev kub hnyiab
firefighter, *n*. neeg tua hluav taws
firefly, *n*. kab taws tsau
fireman, *n*. tub tua hluav taws; neeg tua hluav taws
fireplace, *n*. qhov cub; chaw rauv taws
fireplug, *n*. pob dej tua hluav taws
fireproof, *adj*. tsis kub hnyiab; tsis kub hnyiab yooj yim
fireside, *n*. ntug cub; ib ncig ze ze ntawm lub qhov cub
firewoman, *n*. poj niam tua hluav taws
firewood, *n*. taws; ntoo taws
firework, *n*. paj taws; hluav taws tawg
firm, *adj*. ruaj; ruaj nrees; khov kho;

tus yees; *-n.* chaw ua hauj lwm, xws li chaw kws lij choj
firmament, *n.* ntuj; saum ntuj
first, *adj.* thawj thawj; *-adv.* ua ntej
first aid, *n.* khoom pab cawm kev raug mob (uas yog pab sai sai kiag thaum ntawd)
first cock crow, *n.* caij qaib qua thawj tsig
first rib, *n.* thawj tus tav
fiscal, *adj.* ntsig txog nyiaj txiag
fiscal agent, *n.* lub koom haum los yog chaw hauj lwm uas ua hauv paus rau lwm lub koom haum los yog lwm tus neeg (feem ntau yog rau txoj kev tuav nyiaj txiag)
fish, *n.* ntses; *-v.* nuv ntses
fisherman, *n.* neeg nuv ntses
fishery, *n.* lag luam ntses; chaw ua luam ntses
fishhook, *n.* nuv ntses (tus hlau uas muab cab chob rau); tus nuv ntses; *npev* (L)
fish oil, *n.* roj ntses
fishy, *adj.* 1. zoo li ntses; 2. tsis tshua txaus ntseeg; tsis tshua meej
fissure, *n.* kab pleb; qhov tawg
fist, *n.* nrig; lub nrig
fit, *v.* haum; yoj; dhos; *-adj.* nqaij tawv khov; cev zoo; cev haum, tsis rog tsis yuag
fitful, *adj.* tsis so li; nquag heev
fitting, *adj.* tsim nyog; phim
fitting room, *n.* chaw sim ris tsho; chav sim ris tsho
five, *n.* tsib; 5
fix, *v.* 1. kho; 2. txiav txim siab; 3. zaum khov kho; 4. npaj (zaub mov)
fixation, *n.* kev tiv los yog vwm rau ib yam dab tsi; quav
fixed, *adj.* ruaj ruaj; khov khov lawm; nyob twb ywm
flabbergast, *v.* ceeb; xav tsis thoob li
flabby, *adj.* tsis khov
flaccid, *adj.* tsis khov; tsis ruaj
flag, *n.* 1. chij; daim chij; paws; 2. ib daim lag zeb tiaj tiaj; *-v.* poob nthab; poob plig
flagellate, *v.* nplawm; ntaus; — **flagellation** *n.*
flagon, *n.* thoob rau dej los yog rau tej yam ua kua
flag pole, *n.* ncej chij
flagrant, *adj.* 1. tso tshav plhuav; tsis zais li; 2. qhib lug; pom tseeb; 3. tsis txaj muag li; txhob txwm ua; **flagrance** *n.*
flagship, *n.* lub nkoj uas thauj tus thawj coj
flagstone, *n.* chij
flail, *n.* ib hom cuab yeej uas ib tog ntawm tus tog pas ntev muaj hlua khi mus txuas rau ib yav tog pas luv los yog khi rau ib lub pob hlau tuaj tuaj pos; ib hom cuab yeej uas muaj ob ceg
flair, *n.* lub peev xwm uas ua tej yam dab tsi tau zoo heev; lub peev xwm uas tsis yog kawm tawm los tab sis cia li paub xwb
flak, *n.* 1. cov mos txwv txais dav hlau; 2. kev thuam neeg
flake, *n.* tej daim dab tsi nyias nyias me me; tej daim zoo li npu
flamboyant, *adj.* 1. ntau yam ntau tsav; txhij txhua; 2. tshiab thiab zoo nkauj heev; ci ntsa iab; 3. nrov heev
flame, *n.* nplaim; nplaim taws
flamingo, *n.* ib hom noog uas caj dab thiab ceg ntev ntev heev
flammable, *adj.* txais taws zoo; kub hnyiab yooj yim
flange, *n.* npoo; ntug
flank, *n.* 1. sab; tom ib sab; 2. cov nqaij uas nyob nruab nrab ntawm tus tav kawg nkaus thiab sab ntsag; *-v.* nyob ntawm ib sab
flap, *v.* ntxuaj; ntxuaj plig plawg; *-n.* lub suab nrov plig plawg
flapjack, *n.* ib hom khoom noj uas muab hmoov nplej ua tau zoo li lub ncuav
flare, *n.* 1. txim taws; 2. duab teeb ci; 3. teeb laim; 4. nplaim taws; 5. teeb meem sawv; *-v.* 1. ci ntsa iab; 2. chim ceev ceev
flash, *v.* 1. tsom teeb; 2. tawm tib vuag; hla dhau tib vuag; *-adj.* tam sim ntawd
flashlight, *n.* teeb tsom; teeb nyem; teeb khoo
flashy, *adj.* khav theeb
flat, *adj.* 1. tiaj tiaj; tus tus; 2. pluav pluav; 3. tsis txaus siab li; *-n.* tsev
flatout, *adj.* 1. kawg zog; kawg tswv yim; 2. dawb paug; ncaj qha
flatten, *v.* luam; ua kom tiaj; ua kom pluav

flatter, *v.* 1. lam qhuas; 2. ntxias; — **flattered** *adj.*
flattery, *n.* kev nplig lwm tus neeg lub siab; kev qhuas lwm tus neeg
flatulence, *n.* nchi; nchi plab; tsam plab
flatware, *n.* twj taig; twj tais
flaunt, *v.* 1. khav; 2. nthuav tawm; tso tawm
flavor, *n.* 1. txuj lom; 2. kev xis ncauj
flaw, *n.* qhov yuam kev; qhov qiag
flawless, *adj.* tsis yuam kev li; zoo heev
flax, *n.* ib hom nroj tsuag ua ntaub
flay, *v.* 1. muab laws tawv; 2. thuam los yog cem sab heev
flea, *n.* dev mub
fleck, *n.* ib tee tsuas me me; qhov lo dub me me
fledge, *v.* 1 tu me nyuam noog txog thaum nws paub ya; 2 muab npog (xws li muab plaub los yog tis npog); 3 muab tis noog ua ntxaij rau xib xub
fledgling, *n.* 1 me nyuam noog mos mos uas nyuam qhuav tuaj plaub txhij; 2 tus neeg uas tsis paub ub paub no zoo
flee, *v.* khiav; khiav tawm mus rau qhov ywj pheej
fleece, *n.* plaub yaj; -*v.* tau nyiaj tsis raug cai
fleet, *n.* ib co nkoj nyob los yog mus ua ke; -*v.* hla dhau nrawm nroos
flesh, *n.* 1. nqaij; 2. tawv nqaij; 3. roj ntshav; 4. txiv hmab txiv ntoo (qhov uas noj tau); 5. cuab yig
fletching, *n.* ntxaij xub
flew, *v.* ya (dhau los lawm)
flex, *v.* 1. nyom; muab nkhaus; 2. ntswj; 3. saj
flexible, *adj.* ywj siab; ua li cas los tau; hloov yooj yim
flicker, *v.* laim; laim laim; ntsais ntsais; -*n.* qhov laim los yog ntsais ntsais
flier, *n.* 1. ntawv tshaj xov; daim ntawv qhia txog ib yam dab tsi; 2. tus neeg ya dav hlau
flight, *n.* 1. fij dav hlau; fij dav hlau tus *nab npawb*; 2. txoj kev khiav mus rau lwm qhov
flimsy, *adj.* 1. tsis khov; tsis ruaj; 2. tsis txaus ntseeg
flinch, *v.* maim; zam kev
fling, *v.* txawb; pov; -*n.* kev sim
flint, *n.* zeb ntais
flintlock, *n.* 1. phaj leej hauv; 2. phom leej hauv; phom Hmoob
flip, *v.* ntxeev (sab hauv rau sab sauv)
flippant, *adj.* loj tsis txaus; tsis heev txaus
flirt, *v.* thab (hluas); nyiam kev plees; -*n.* tus neeg nyiam kev plees
float, *v.* 1. ntab (saum hav dej); 2. tsis muaj chaw poob; — **floatation** *n.*
flock, *n.* npoj; pab; -*v.* sau ua ke
floe, *n.* tej thooj daus tshoob nyob saum npoo dej
flog, *v.* nplawm; ntaus
flood, *n.* 1. dej nyab; 2. ntau ntau heev; -*v.* 1. nyab; 2. puv (neeg puv tiaj tag)
floor, *n.* 1. npoo av; av; 2. plag; plag tsev; 3. tshooj; theem (xws li tej tsev siab siab uas muaj ntau ntau theem)
floozy, *n.* ntxhais hluas uas coj tsis zoo
flop, *v.* 1. ntog; 2. poob; -*n.* kev poob los yog ntog mus tsis taus lawm (xws li lag luam)
floppy, *adj.* muag muag; zooj zooj
floral, *adj.* ntsig txog paj
florid, *adj.*1. muaj paj ntau heev; 2. liab tseb
florist, *n.* neeg muag paj
floss, *n.* 1. xov ua paj ntaub; 2. xov daws hniav; hlua daws kis hniav
flotation, *n.* kev ntab (saum npoo dej)
flotilla, *n.* ib pawg nkoj tsis coob heev
flounder, *n.* ib hom ntses; -*v.* sim txav los yog mus kev
flour, *n.* hmoov nplej; hmoov ncuav
flourish, *v.* huaj vam; vam meej; tawg paj txi txiv
flout, *v.* 1. tsis mloog hais; 2. las mees; 3. tawm tsam; cem
flow, *v.* ntws
flower, *n.* paj; paj ntoos
flower garden, *n.* vaj paj; chaw cog paj
flown, *v.* ya (dhau los lawm)
flu, *n.* thuas; khaub thuas; daus no; mob taub hau
fluctuate, *v.* 1. pauv mus pauv los; hloov nce nce nqes nqes; 2. ua ywj fab ywj fwj
fluctuation, *n.* kev pauv hloov nce nce nqes nqes; kev ywj fab ywj fwj
fluent, *adj.* npliag; hais tau zoo (xws li hais ib haiv neeg li lus); — **fluency** *n*; — **fluently** *adv.*

fluff, *n*. 1. yam muag muag los yog sib sib; 2. qhov yuam kev; *-v*. ua yuam kev
fluid, *n*. kua (xws li kua dej, kua txiv)
fluid ounce, *n*. ib hom kev ntsuas kua
flunk, *v*. poob kev kawm ntawv
fluoride, *n*. ib hom poov tshuaj uas siv ua tshuaj txhuam hniav thiab lwm yam
flurry, *n*. 1. ib kob npu (*xaus naus*) me me; 2. qhov teeb meem uas nrov tib vuag ploj lawm
flush, *v*. 1. yaug; yaug dej (thaum plob tag); tso dej yaug; 2. ua tus noog ya khiav tawm
fluster, *v*. chim siab
flute, *n*. raj; lub raj; ib yam twj tshuab nrov zoo mloog
flux, *n*. lub sij hawm uas hloov mus hloov los
fly, *n*. yoov; *-v*. 1. ya; 2. tsav
flyer, *n*. 1. ntawv tshaj xov; daim ntawv qhia txog ib yam dab tsi; 2. tus neeg ya dav hlau
flypaper, *n*. ntawv nplaum yoov
foal, *n*. xyuas nees; tus nees mos mos
foam, *n*. npuas; npuas ncauj
fob, *n*. 1. hnab ris rau lub teev caij (*moo*); 2. txoj hlua khi rau lub teev caij (*moo*)
focus, *v*. tsom; tsom ntsoov; npaj; tsi rau; *-n*. 1. qhov tseem ceeb; lub plawv; lub hauv paus; 2. qhov pom tseeb los tsis tseeb
fodder, *n*. khoom noj rau tsiaj txhu
foe, *n*. yeeb ncuab
fog, *n*. iab oo; huab
foggy, *adj*. muaj iab oo; tsaus huab; pos huab
foghorn, *n*. kub (los yog raj) tshuab ceeb toom kev tsaus huab
fogy, *n*. tus neeg uas coj cov tswv yim qub qub laus laus
foil, *n*. ntawv ci (uas siv qhwv khoom noj); *-v*. yeej (xws li tua yeej los ntaus yeej)
foist, *v*. yuam lwm tus los yuav raws nws siab
fold, *v*. 1. tais; quav (ua tej tsem); 2. qawm los yog puag; *-n*. ib pawg neeg uas nyiam ib qho hom phiaj
folder, *n*. rhais ntawv; plhaub rhais ntawv; plhaub ntawv
folderol, *n*. tsis muaj dab tsi tseem ceeb
foliage, *n*. nplooj ntoos
folio, *n*. daim ntawv uas muab quav ib tsem
folk, *n*. neeg pej xeem; neeg liaj neeg teb; *-adj*. ntsig txog neeg pej xeem
folklore, *n*. kev lis kev cai ntawm tej neeg pej xeem
folk song, *n*. nkauj ya (los ntawm Suav lo lus *fei ge*); khawv txhiaj; kwv txhiaj
folk story, *n*. dab neeg (ib txheej hais rau ib txheej); lus nruag
folksy, *adj*. siab zoo thiab tsis nruj
folk tale, *n*. dab neeg; lus nruag
follicle, *n*. qhov qe; qhov rau qe
follow, *v*. raws; raws qab; lawv; lawv qab; caum; caum qab; taug; taug qab; soj; soj qab
follower, *n*. tus raws qab; tus txhawb nqa
following, *adj*. 1. tom ntej; 2. lawv liag qab; raws qab
folly, *n*. kev ruam qauj
foment, *v*. 1. txhawb zog; 2. thab; ua rau ras
fond, *adj*. raug siab; ntxim nyiam
fondle, *v*. tawb; kov thiab tawb
font, *n*. tsiaj ntawv nyob hauv *koos pis tawj* (uas ib hom zoo txawv ib yam)
fontanelle, *n*. hauv xaws
food, *n*. hno; zaub mov; mov; khoom noj
fool, *v*. 1. dag; 2. laug sij hawm; *-n*. ruam, tsis ntse; neeg npub
foolish, *adj*. ruam qauj heev; npub heev
foot, *n*. taw; ko taw (ib txhais)
football, *n*. ib hom pob uas cuam thiab ncaws nyob rau Mes Kas teb; *fuv npaus*
footbridge, *n*. choj rau neeg hla
foothill, *n*. taw roob
foothold, *n*. chaw tiag taw
footing, *n*. 1. qhov chaw tiag taw; 2. qhov hauv paus
footlights, *n*. cov teeb uas cog rau ntawm ntug kev
footman, *n*. tub qhev
footnote, *n*. taw lus; cov lus qhia meej zog txog ib yam dab tsi uas sau nyob rau hauv qab nplooj ntawv
footprint, *n*. hneev taw
footstep, *n*. 1. hneev taw; 2. kauj ruam; 3. lw; txoj lw

footstool, *n.* rooj tiag taw
for, *prep.* rau (muab rau koj); tau (kawm tau kaum xyoo)
forage, *n.* khoom noj rau tsiaj txhu; -*v.* nrhiav khoom noj
foramen lacerum, *n.* qhov to ntawm qab taub hau ntawm cov txha tsaus tsiav
foramen magnum, *n.* 1. rooj qho rau tus qia txha taub hau; 2. qia hlwb txha caj dab
foramen ovale, *n.* qhov to txha qab taub hau rau xov leeg
foramen spinosum, *n.* qhov to rau npluag hlwb txha caj qaum thiab lub hlwb
foray, *v.* 1. tua; 2. tsoo
forbear, *v.* 1. zam; tsis kov; 2. ua siab ntev
forbid, *v.* 1. txwv; tsis pub; 2. thaiv; — **forbidden** *adj.*
force, *v.* 1. yuam; 2. thawb; -*n.* 1. lub zog; 2. tub rog
forceps, *n.* ciaj; rab ciaj me me siv tais khoom
forcible, *adj.* siv kev quab yuam
ford, *n.* 1. chaw hla kwj deg; 2. ib hom tsheb Mes Kas
fore, *adv.* ua ntej lub caij nyoog los yog chaw
forearm, *n.* caj npab yav nruab nrab ntawm dab teg thiab luj tshib
forebear, *n.* poj koob yawg koob; tej laus
forecast, *n.* 1. kev twv los yog kev kwv yees tias dab tsi yuav tshwm sim rau hnub tom ntej; 2. kev ua saub; -*v.* twv yav pem suab; kwv yees yav tom ntej
foreclose, *v.* 1. kaw; kaw tseg; 2. txhab nyiaj los yog tseem fwv txeeb lub tsev uas tus tswv them tsis taus rov qab
foreclosure, *n.* kev vaj tse raug kaw los yog raug txeeb rov qab
forefather, *n.* yawg koob (puag thaum ub)
forefinger, *n.* ntiv tes taw; ntiv taw; tus ntiv tes uas npuab tus ntiv tes xoo
forefront, *n.* qhov tom hauv ntej tshaj plaws
forego, *v.* 1. tso tseg; hla mus; 2. ua ntej
forehead, *n.* hauv pliaj
foreign, *adj.* 1. pej kum; 2. txawv teb chaws; 3. txawv txawv tsis tau pom dua
foreigner, *n.* pej kum neeg; neeg txawv teb chaws
foreknow, *v.* paub ua ntej
foreleg, *n.* txhais tes pem hauv ntej (ntawm tej tsiaj)
foreman, *n.* thawj saib xyuas neeg ua hauj lwm; tus saib ib pab neeg ua hauj lwm
foremost, *adj.* ua ntej tshaj plaws txhua yam
forenoon, *n.* sawv ntxov; yav sawv ntxov; thaum sawv ntxov
forensic, *adj.* ntsig txog tsev hais plaub los yog kev sib cav
forensics, *n.* kev kawm txog kev sib cav
forerunner, *n.* 1. tus ua ntej; tus tau ntej; 2. lub npe rau ib hom tsheb Toyota
foresee, *v.* pom ua ntej; xub xam pom
foreshadow, *v.* qhia ua ntej
foresight, *n.* kev xam pom tom hauv ntej
foreskin, *n.* 1. daim tawv qau uas plhe txoom txoom nyob ze ntawm lub taub hau qau; 2. daim tawv ple txoom txoom nyob ntawm hauv paus ple
forest, *n.* zoov; hav zoov
forestall, *v.* thaiv; txwv
foretaste, *n.* qhov qhia pom ua ntej; -*v.* npaj tos
foretell, *v.* twv yav tom ntej
forethought, *n.* kev xam pom; kev npaj siab; kev txiav txim siab
forever, *adv.* 1. ib sim; ib txhis; ib txhiab ib txhis; 2. tas li; tsis paub kawg
forewarn, *v.* hais qhia ua ntej
foreword, *n.* cov lus hais qhia ua ntej nyob hauv phau ntawv; lus taw qhia
forfeit, *v.* 1. poob cai; 2. tso tseg; -*n.* 1. qhov tso tseg; 2. lub txim txhaum
forge, *v.* 1. lem; nyom; 2. nyiag hloov; nyiag ua; nyiag pauv
forget, *v.* hnov qab; tsis nco qab
forget-me-not, *n.* ib hom nroj tsuag uas muaj paj xiav thiab dawb
forget it, *v.* kav liam; puam chawj
forgetful, *adj.* hnov hnov qab; hnov hnov qauj; tem toob; hnem hnov
forgettable, *adj.* hnov qab tau; tsis nco

qab
forgive, *v*. zam txim; zam txim rau
forgo, *v*. 1. hla; tso tseg; 2. kav liam
fork, *n*. rawg; rab rawg
forklift, *n*. tsheb nqa khoom
form, *n*. daim ntawv (uas yus yuav tau teb); -*v*. 1. sib sau; txoos; 2. puab; tsim
formal, *adj*. 1. raws kev raws cai; 2. zoo heev; 3. raug ntsej muag
format, *n*. 1. yam; hom; 2. kev teeb txheeb
former, *adj*. ua ntej; dhau los lawm
formidable, *adj*. 1. txaus ntshai; 2. nyuaj heev; tsis yooj yim
formula, *n*. 1. qauv; txheej txheem; 2. qauv tov tshuaj
formulate, *v*. tsim qauv; tsim tus qauv; —**formulation** *n*.
fornix, *n*. ces kaum ncauj tsev me nyuam
forsake, *v*. tso tseg; pov tseg
forswear, *v*. tso tseg; cog lus tso tseg
forsythia, *n*. ib hom nroj tsuag
fort, *n*. chaw tub rog; chaw thaiv rog
forth, *adv*. ua ntej
forthcoming, *adv*. 1. tab tom yuav los; sam sim yuav tawm; 2. qhib siab lug; hais ncaj nraim
forthright, *adj*. ncaj nraim; ncaj qha
forthwith, *adv*. tam sim
fortify, *v*. 1. tsim yeej ua rog; 2. kho kom khov; ua kom ruaj
fortitude, *n*. peev xwm tiv thaiv
fortnight, *n*. ob kiab (HC); ob lim piam (C)
fortress, *n*. qhov chaw khov; qhov hauv paus; chaw thaiv rog uas khov heev
fortunate, *adj*. muaj hmoo
fortune, *n*. 1. nyiaj txiag los yog kev nplua nuj tau los ntawm txoj hmoo; 2. hmoo; 3. qhov chaw xaus; lub neej; 4. kev nplua nuj
fortuneteller, *n*. kws saib tes; kws saib hmoov (tone change from *hmoo*)
forty, *n*. plaub caug; 40
forum, *n*. chaw sab laj; chaw sib tham
forward, *prep*. 1. tom ntej; 2. ncaj qha; -*adj*. tom hauv ntej; ntsig txog tom hauv ntej; -*n*. tus neeg dhia ua ntej; -*v*. pab rau tom ntej; cev rau tom ntej
fossil, *n*. pob txha; qhov seem ntawm tej tsiaj los yog tej ntoo uas qhia txog yav puag thaum ub
foster, *v*. 1. pab tsim; 2. pab yug; -*adj*. ntsig txog niam qhuav txiv qhuav
fought, *v*. tua; ntaus (dhau los lawm) (saib *fight*)
foul, *adj*. 1. tsis ncaj; 2. ntub; -*n*. txoj cai txhaum hauv kev sib tw lom zem
foulard, *n*. ntaub kab hom tsis tuab heev
foulup, *n*. kev yuam kev los yog kev tsis to taub
found, *v*. nrhiav tau; pom
foundation, *n*. 1. lub hauv paus; tus cag; 2. chaw pab nyiaj (rau koom haum los yog rau tej kev txhim kho)
founder, *n*. tus tsim; tus tsa
foundling, *n*. tus mos ab uas raug muab pov tseg (uas nrhiav tau los)
foundry, *n*. chaw ua hlau
fount, *n*. chaw dej txhawv
fountain, *n*. 1. pas dej txhawv; 2. hauv paus; 3. thawv dej
four, *n*. plaub; 4
fourteen, *n*. kaum plaub; 14
fourteenth, *n*. thib kaum plaub; 14th
fourth, *n*. thib plaub; 4th
fovea centralis, *n*. qhov zawj ntawm lub qab taub dej qhov muag
fowl, *n*. ib hom noog zoo li nraj; ib hom tsiaj muaj tis ya xws li noog los yog qaib
fox, *n*. hma; tus hma
foxglove, *n*. ib hom nroj
foxhole, *n*. qhov taub; chaw nkaum mos txwv
foyer, *n*. chaw nkag (hauv tej kis tsev)
fracas, *n*. kev sib cav sib ceg uas nrov heev
fraction, *n*. 1. feem (xws li ib feem kaum, 1/10); 2. ib nyuag qhov
fractious, *adj*. tsis yooj yim tswj
fracture, *v*. lov pob txha; tawg; nrib; -*n*. qhov lov; qhov tawg
fracture bone, *n*. txha tawg; txha xib pleb
fragile, *adj*. tawg yooj yim; muag muag
fragment, *n*. 1. tej thooj; ib thooj ib thooj (vim tawg tag lawm); 2. kab lus uas tu lawm; -*v*. tawg ua tej thooj
fragrance, *n*. ha; pa tsw qab; tshuaj tsw qab
fragrant, *adj*. tsw qab; tsw ha
frail, *adj*. tsis khov; tsis muaj zog

frame, *n.* 1. thav ntawv; twj ua ntawv; 2. ntug; ntsa; *-v.* 1. npaj; tsim; 2. txua; teeb; 3. liam; pov quav rau
franc, *n.* nyiaj Fab Kis
France, *n.* teb chaws Fab Kis
franchise, *n.* 1. cai tshwj xeeb; 2. cai xaiv nom; cai pov *npav*; 3. kev ncau lag luam rau lwm qhov chaw
frangible, *adj.* tawg yooj yim
frank, *adj.* tiag tiag; ncaj ncees; ncaj qha; *-v.* lo daim ntawv rau kom txhob raug them nqe
frankfurter, *n.* hnyuv ntxwm uas siav lawm
frankly, *adv.* tiag tiag; ncaj ncees; ncaj qha
frantic, *adj.* muaj siab heev
fraternal, *adj.* kwv tij; ntsig txog kev kwv tij
fraternity, *n.* kwv tij los yog txiv neej kev koom tes ua pab pawg
fraternize, *v.* 1. nrog yeeb ncuab (lwm pab pawg) ua phooj ywg; 2. nyob ua ke li phooj ywg
fratricide, *n.* txoj kev tua kwv tua tij
fraud, *n.* kev dag noj; kev ua tub sab nyiag hla txoj cai
fray, *n.* kev sib tua; teeb meem; kev tsis haum xeeb; *-v.* 1. yaig (los ntawm qhov pheej sib txhuam); 2. txob siab
frazzle, *v.* yaig; puas
freak, *n.* 1. tej yam txawv txawv los yog tsis tau pom dua; 2. neeg vwm; *-v.* qaug; hnov qab
freakish, *adj.* 1. txawv heev; 2. ntsig txog qhov txaus ntshai
freaky, *adj.* 1. txaus ntshai heev; 2. txawv heev
freckle, *n.* cov pob nyob ntawm tawv nqaij
free, *adj.* 1. khoom; xyeej (tsis muaj hauj lwm dab tsi); 2. ywj pheej; 3. tsis raug them se; *-adv.* dawb (pub dawb); *-v.* tso tawm; tso mus; daws
freebooter, *n.* neeg nyiag noj nyiag haus; tub sab
freedom, *n.* kev ywj pheej
free for all, *n.* kev sib tua yam tsis muaj cai
freeload, *v.* noj luag lwm tus; ua liaj saum lwm tus nraub qaum
freely, *adv.* dawb; dawb do; dawb dawb do do
freestanding, *adj.* tsis muaj dab tsi txheem; sawv yam tsis muaj dab tsi tuav
freeway, *n.* kev ceev; kev tsheb loj
free will, *n.* ywj pheej xaiv; raws siab nyiam (tsis muaj neeg yuam)
freeze, *v.* khov; nkoog
freight, *n.* 1. nqe xa khoom; 2. kev thauj khoom; kev xa khoom
French, *n.* Fab Kis; neeg Fab Kis; *-adj.* ntsig txog Fab Kis
french fry, *n.* qos kib; qos yaj ywm kib
frenetic, *adj.* vwm
frenzy, *n.* kev chim siab; kev tawm tsam
frequency, *n.* 1. ib sij tshwm ib zaug; 2. tshooj xov tooj cua; kab xov tooj cua
frequent, *v.* thuv heev; ib sij mus ib zaug; *-adj.* ib sij ib zaug; tas li
frequently, *adv.* dhuj dheev; ib sij
fresh, *adj.* 1. tshiab tshiab; tseem tshiab tshiab; 2. huv huv; 3. nyuam qhuav de los; *-n.* khoom noj tshiab tshiab
freshman, *n.* thawj xyoo li me nyuam kawm ntawv; tus kawm nyob xyoo ib
freshwater, *n.* 1. dej uas tsis muaj ntsev; 2. dej huv huv; dej tshiab tshiab; 3. dej ntshiab ntshiab
fret, *v.* txhawj; poob siab
friction, *n.* 1. kev sib txhuam los yog sib tshiav ntawm ob yam khoom; 2. kev tsis sib haum xeeb
Friday, *n.* Hnub Tsib; *vas xuv* (L)
friend, *n.* phooj ywg
friendly, *adv.* nyiam phooj ywg; zoo lus
frigate, *n.* nkoj ua rog hom me zog
fright, *n.* ntshai ceev ceev
frighten, *v.* hem; ua kom ntshai
frightened, *adj.* ntshai; ceeb
frigid, *adj.* no ntsim heev
frill, *n.* ntug ntaub; ntawv qhwv khoom kom zoo nkauj
fringe, *n.* ntug
frisk, *v.* 1. tshawb (saib puas muaj riam phom); 2. dhia rau ub rau no
frisky, *adj.* 1. ua si ntsuav; 2. lom zem; 3. muaj siab
fritter, *v.* ploj ib qho zuj zus
frivolous, *adj.* tsis tseem ceeb; tsis yog ib qho loj heev
frizz, *v.* 1. ntswj kom ceev ceev los

yog ntom ntom; 2. kib los yog kub hnyiab ua roj nrov txhij txhej
fro, *adv*. deb
frock, *n*. 1. tsho hnav nyob sab nraud; 2. tsho loj; tsho ntev
frog, *n*. 1. qav; 2. ib hom tsiaj me me uas nyob nruab nqhuab nruab deg los tau
frogman, *n*. tus neeg nkag mus hauv qab thu dej
frolic, *v*. 1. ua si; 2. hla; 3. seev cev; *-n*. kev lom zem
from, *prep*. 1. tuaj ntawm (*Hmong came from Laos*); 2. los ntawm (*this book came from me*)
frond, *n*. ib hom nplooj ntoos
front, *n*. 1. hau; pem hau ntej; 2. ntiag; xub ntiag
frontage, *n*. 1. qhov tom hauv ntej; qhov tom xub ntiag; 2. qhov av uas nyob nruab nrab ntawm lub tsev thiab txoj kev tsheb; 3. txoj kev tom hauv ntej
frontal, *n*. hauv pliaj (sis los ntawm *hau pliaj*); *-adj*. taub hau; pem taub hau; pem hauv ntej
frontal bone, *n*. txha hauv pliaj
frontal eye field, *n*. thooj hlwb tswj kom pom kev
frontal lobe, *n*. thooj hlwb hauv pliaj
frontalis, *n*. nqaij ntshiv ntawm hauv pliaj
frontal sinus, *n*. qhov khoob nyob ntawm qaum qhov ntswg
front cover, *n*. ntiag plhaub (phau ntawv)
frontier, *n*. 1. ciam teb chaws; ntug nrim; 2. ib thaj av tshiab uas tsis tau muaj neeg mus txog li
frost, *n*. te; cov hws uas nkoog dawb vog ntawm tej thaum no no
frostbite, *n*. kev raug mob los ntawm kev tiv no ntev heev (yog tiv no ntev dhau heev lawm yuav ua rau yus tej tes taw tej nqaij loog tag thiab raug mob loj)
froth, *n*. npuas dej
froward, *adj*. 1. npaj siab; txiav txim siab; 2. cov nyom; tawm tsam
frown, *v*. hnya
frowsy, *adj*. ntxhov hnyo; ntxhov heev
froze, *v*. khov; nkoog (saib *freeze*)
frozen, *adj*. 1. khov; nkoog; 2. ntsig txog kev nkoog (saib *freeze*)
frugal, *adj*. 1. qia dub; 2. txuag heev
fruit, *n*. txiv; txiv hmab txiv ntoo; —**fruitful** *adj*
fruition, *n*. 1. tawg paj txi txiv; 2. kev ua ib yam dab tsi tiav
frustrate, *v*. 1. dhuav; 2. chim; 3. thaiv
frustration, *n*. 1. kev dhuav siab; kev chim siab; kev qaug zog; 2. qhov dhuav siab; qhov qaug zog
fry, *v*. kib; *-n*. me nyuam ntses uas nyuam qhuav daug
frying pan, *n*. yias (kib zaub)
fuck, *v*. tsoob; sib ua
fuddle, *v*. ruam qauj; tsis meej pem
fuddy-duddy, *adj*. tus neeg poob qab uas ua raws lub tswv yim qub qub thaum ub xwb
fudge, *v*. 1. nyiag; 2. dag; 3. nyiag hloov; pauv tsis raws cai
fuel, *n*. roj; roj av; roj tsheb; *-v*. sam roj
fugitive, *n*. tus neeg khiav txim; *-adj*. 1. ntsig txog tus neeg khiav nkaum txim; 2. tsis kav ntev
fulfill, *v*. 1. ua raws; 2. ua kom tau; ua kom tiav
full, *adj*. 1. tsau (plab); 2. puv; puv npo; puv ntoob
fullfledged, *adj*. loj kawg; loj txaus
full moon, *n*. hli nra; hmo 15; xiab 15
fulminant, *adj*. mob ntawg ntiag tam sij ntawd; mob ceev heev
fulminate, *v*. 1. tawm tsam lwm tus; 2. tawg tam sij ntawd; 3. ua nrov nroo ntws; *-n*. hom ntsev uas tawg tau; —**fulmination** *n*.
fumble, *v*. xuas; xuas dub
fun, *n*. kev lom zem; *-adj*. lom zem
function, *n*. 1. luag hauj lwm; 2. txheej txheem hauj lwm; *-v*. ua hauj lwm
fund, *n*. nyiaj txiag; peev
fundamental, *adj*. 1. tseem ceeb; 2. yuav tsum muaj; —**fundamentally** *adv*.
funeral, *n*. ntees; kev pam tuag; kev puv 120 xyoo
fungicide, *n*. tshuaj tua pwm; tshuaj tuaj pwm
fungus, *n*. pwm; pwm khaus; mob pwm
funk, *n*. kev ntxhov siab
funky, *adj*. 1. ntshai; ceeb; 2. tsw pos; tsw xeb; 3. yooj yim; tsis cov; 4. hauv paus; qhov xub pib
funnel, *n*. twj hliv kua; lub twj zoo li

lub paj taub siv hliv kua roj kom txhob txeej
funny, *adj*. txaus luag; txaus tuaj dab ros
fur, *n*. plaub (tsiaj)
furbish, *v*. ua kom tshiab tuaj los yog kom zoo tuaj
furious, *adj*. chim heev
furlong, *n*. ib hom kev ntsuas uas ntev li 220 *yaj*
furlough, *n*. kev pub tawm mus so tsis tuaj ua hauj lwm los tau
furnace, *n*. thawv cua; thawv cua sov; tshuab cua sov
furnish, *v*. pub; phij cuam; — **furnished** *adj.*
furnishings, *n*. 1. tej khoom nrog tiab; 2. rooj tog
furniture, *n*. rooj tog; txaj chaw
furor, *n*. kev chim siab
furrier, *n*. neeg ua luam plaub tsiaj
furrow, *n*. kwj av
further, *adv*. nyob deb; tshaj; *-adj*. ntxiv
furthermore, *adv*. tsis tas li ntawd; dhau li ntawd
furthermost, *adj*. deb tshaj plaws
furthest, *adj*. deb tshaj plaws li
furtive, *adj*. zais heev; npog heev
fury, *n*. 1. kev chim siab heev; 2. kev tawm tsam loj heev
fuse, *n*. lub pob teeb hluav taws xob me me uas nruab rau ntawm lub hauv paus cais hluav taws xob rau hauv tsev los yog hauv tsheb; *-v*. khiav los ua ke; sib sau
fuselage, *n*. dav hlau lub cev; lub nrog cev dav hlau
fusillade, *n*. ib ntshuas ib ntshuas mos txwv uas ya tuaj
fusion, *n*. txoj kev muab hlawv yaj los ua ke
fuss, *n*. 1. qhov uas nrov ua rau neeg saib zom zaws; 2. kev tawm tsam; 3. kev tsis sib haum xeeb; kev sib cav sib ceg; 4. kev ua kom neeg mloog
fussy, *adj*. 1. txhoj puab; 2. chim taus heev; 3. cuaj khaum; saib xyuas ntxaws heev, yam me npaum li cas los xav kom paub tib si
futile, *adj*. tsis muaj qab hau; tsis tseem ceeb
future, *n*. tom hauv ntej; tom ntej; yav tom ntej; pem suab
futurity, *n*. yav tom ntej; lub neej yav pem suab
futurology, *n*. kev kawm txog yav tom hauv ntej
fuze, *n*. lub pob teeb hluav taws xob me me uas nruab rau ntawm lub hauv paus cais hluav taws xob rau hauv lub tsev
fuzz, *n*. 1. ib thooj plaub los yog tawv dab tsi; 2. tub ceev xwm
fuzzy, *adj*. tsis pom tseeb; cov nyom heev
fyke, *n*. tsoj yawm ntses

G

g, *n*. tus tsiaj ntawv As Kiv thib xya
gab, *v*. tham pem ua si yam tsis muaj ib lub hom phiaj dab tsi; *-n*. kev tham pem
gabble, *v*. 1. tham nrawm nrawm tsis muaj lub muaj log; 2. ua nrov plij plij ploj ploj cuag os quaj
gabby, *adj*. nyiam tham heev
gabfest, *n*. kev sib ntsauv nug xov xwm thiab taug xaiv
gable, *n*. qhov muag tsev; ru tsev; ces tsev
gad, *v*. pla rau ub rau no yam tsis muaj laj thawj; *-n*. cwj los yog rauj tsoo pob zeb
Gad, *n*. ib lo lus sis rau Yawm Saub
gadabout, *n*. tus neeg taug xaiv; tus neeg mus tham lus xaiv rau ub rau no
gadfly, *n*. 1. tus neeg ntaus thawj hlo kom suav daws muaj siab; 2. tus neeg uas thuam los yog cem tej chaw hauj lwm; 3. yoov
gadget, *n*. ib qhov hlwb hlau dab tsi
gaff, *n*. tus nqe lauj hlau siv rub ntses
gaffe, *n*. ib qhov kev yuam kev los yog kev poob ntsej muag
gag, *v*. 1. muab pos qhov ncauj kom txhob quaj nrov nrov; 2. txwv tsis pub hais tawm; 3. thaiv; 4. ua kom txhaws; *-n*. yam khoom los yog qhov uas muab npog qhov ncauj kom txhob hais tau lus los yog txhob quaj quaj
gaga, *adj*. vwm; tsis paub cai; ua me

nyuam yaus

gage, *n.* 1. qhov khoom uas muab tab; 2. qhov khoom uas muab txawb ua chaw sib thab; 3. ib hom txiv ntoo; -*v.* 1. tab; nres; 2. twv; twv txiaj

gaggle, *n.* 1. ib pab noog qej qawg; ib pab os nab los yog os dab ntev; 2. ib pawg; ib pab

gagman, *n.* tus neeg uas sau los yog piav lus tso dag kom txaus luag

gag order, *n.* tsev hais plaub txwv tsis pub zej zog los yog neeg xov xwm tham txog qhov teeb meem los yog rooj plaub

gag rule, *n.* txoj cai uas tseem fwv pub tham txog ib yam hauj lwm twg ntev npaum li cas xwb

gaiety, *n.* 1. siab khov; siab tawv; siab ceev xeev; 2. kev zoo siab; 3. yam uas zoo siab heev

gaily, *adv.* muaj kev zoo siab heev; muaj kev lom zem heev

gain, *v.* tsav; tsub; ntsu; nce; tau; -*n.* qhov tsav; qhov ntsu; qhov tau

gainful, *adj.* tsav; ntsu

gainsay, *v.* 1. tsis lees; 2. cav

gait, *n.* 1. xeeb ceem mus kev los yog dhia; yam ntxwv mus kev; 2. kev los yog yam nees dhia xws li xov phov los yog tuam phov

gaiter, *n.* 1. nrhoob; ntaub los yog tawv uas siv qhwv plab hlaub; 2. khau raj; khau tawv uas looj txog kiag ntawm qab hauv caug

gal, *n.* poj niam

gala, *n.* kev nquam toj lom zem

galaxy, *n.* ib pawg hnub qub loj loj heev

gale, *n.* 1. cua hlob; 2. suab nrov (cuag ib lub suab luag)

gallant, *adj.* 1. siab tawv, siab loj; coj zoo heev rau poj niam

gallbladder, *n.* tsib; lub tsib

galleon, *n.* ib hom nkoj loj loj thaum ub

gallery, *n.* 1. ib qhov chaw muaj duab ntau rau neeg saib; 2. ib qhov maum kaum uas yog sam thiaj; 3. kab tsev

galley, *n.* 1. hom nkoj qub qub; 2. chaw ua zaub mov nyob saum dav hlau los yog saum nkoj

gallivant, *v.* ncig los yog laij nrhiav kev lom zem

gallon, *n.* 1. *nkas loos*; 1. ib txoj kev ntsuas kua uas muaj li 3.785 *liv*

gallows, *n.* chaw dai neeg raug txim

gallstone, *n.* pob zeb nyob hauv tsib

galoot, *n.* tus neeg uas hnav phem phem heev

galop, *n.* ib hom seev cev uas nrov npe nyob thaum tiam 19

galore, *adj.* ntau heev

galosh, *n.* khau tiv nag

galvanize, *v.* txhaub; ua kom mob siab; -*n.* ib hom hlau

gambit, *n.* tswv yim sib twv

gamble, *v.* 1. twv txiaj; twv txiaj yuam pov; 2. pheej hmoo; 3. twv

game, *n.* 1. kev sib tw ua si; 2. kev tua tsiaj

gamma globulin, *n.* tshuaj tiv thaiv kab mob siab hom A (*hepatitis A*)

gander, *n.* 1. lau noog qej qawg; lau os nab; lau os dab ntev; 2. ib muag; saib ib muag

gang, *n.* ib pawg neeg ua hauj lwm los yog sib koom tes ua ke

gangplank, *n.* chaw nqes thiab nce nkoj

gangster, *n.* neeg phem uas pheej hla cai lij choj

gangway, *n.* chaw tawm thiab chaw nkag

gannet, *n.* noog noj ntses hom loj

gantry, *n.* vaj xov ncig los tuav tej yam dab tsi; tus pas txhos pab tuav kom khov

gap, *n.* 1. kev tu ncua; 2. kis; 3. kab tawg

gape, *v.* 1. qhib dav dav; 2. saib nruj nruj ua qhov ncauj rua u

gaping, *adj.* rua ras; rua u; qhib dav heev

gar, *n.* ib hom ntses; -*v.* 1. yuam; quab yuam; 2. tsim

garage, *n.* chaw rau tsheb; tsev tsheb

garage sale, *n.* kev muag khoom qub ntawm tsev los yog ntawm chaw nres tsheb; kev muab yus tej khoom qub sau muag

garb, *n.* tsoos tsho; -*v.* hnav

garbage, *n.* qias; khoom qias; am (siv rau me nyuam yaus); vuab tsuab; khoom pov tseg

garble, *v.* ntxeev lus; hloov lus

garden, *n.* vaj zaub; vaj

gardenia, *n.* ib hom nroj uas muaj paj tsw qab

gargle, *v.* yaug qa; npuav dej yaug qa

garlic, *n.* qij; qej

garment, *n*. khaub ncaws; tsoos tsho
garner, *v*. tau los ntawm txoj kev sib zog
garnish, *v*. 1. puab rau kom zoo nkauj; 2. pub khoom rau
garret, *n*. nthab; qhov chaw nyob ze rau saum ru tsev
garrison, *n*. yeej rog; chaw tub rog nyob
garrulous, *adj*. nyiam tham heev
gas, *n*. 1. roj av; roj tsheb; roj zeb ntsuam; 2. cua (hauv plab); 3. paus
gash, *n*. qhov to uas to tob thiab to ntau heev
gasket, *n*. daim ntawv los yog daim roj hmab xiab tshuab hlau; daim roj hmab xiab tshuab kom txhob tawm roj los yog dej
gasoline, *n*. roj; roj av; roj tsheb
gasp, *v*. huas pa; ua pa
gas station, *n*. chaw muag roj tsheb
gastric, *adj*. ntsig txog lub plab los yog tej yam nyob ze lub plab
gastritis, *n*. mob ncauj plab; mob plab
gastrocnemius, *n*. nqaij ntshiv ntawm plab hlaub
gastroenterologist, *n*. kws kho plab hnyuv
gastroenterology, *n*. kev kawm kho plab hnyuv
gastrointestinal, *adj*. ntsig txog plab hnyuv
gastronomy, *n*. laj lim ntsig txog kev noj haus
gate, *n*. rooj vag
gateway, *n*. chaw tawm chaw nkag; qhov rooj
gather, *v*. 1. sau; sib sau; sib sau los ua ke; 2. sau qoob sau loo; 3. khaws ib qho me ntsis
gauge, *n*. tus ntsuas cua
gaunt, *adj*. 1. nyias; nyias nyias; 2. yuag; yuag yuag
gauntlet, *n*. 1. hnab looj tes; 2. kev twv kom mus sib tua; 3. teeb meem
gaur, *n*. nyuj qus
gave, *v*. muab; muab rau (saib *give*)
gawk, *v*. saib niag ruam zis
gawky, *adj*. tom ntej tom qab; tsis meej pem
gay, *adj*. 1. zoo siab; 2. tshiab thiab haum siab; 3. nyiam txiv neej; -*n*. tus txiv neej uas nyiam txiv neej
gaze, *v*. saib tsis ntsais muag; saib nruj nruj
gazelle, *n*. ib hom tsiaj zoo li tus mos lwj tab sis muaj ob tus kub yiag yiag ntev ntev
gazette, *n*. ntawv xov xwm
gazetteer, *n*. phau ntawv qhia txog chaw
gear, *n*. 1. khaub ncaws; 2. ntxheb; log hniav
geek, *n*. neeg ruam
geese, *n*. noog qej qawg; noog yaj qawg; os nab; os dab ntev (saib *goose*)
geisha, *n*. ntxhais los yog poj niam Nyiv Pooj uas ua yeeb yam rau cov txiv neej saib
gelatin, *n*. kua nplaum
geld, *v*. sam
gelding, *n*. nees sam
gem, *n*. nuj zeb; pob zeb coj zoo nkauj; ib hom pob zeb muaj nqis heev
gender, *n*. poj niam txiv neej; poj txiv
gene, *n*. noob; keeb; caj ceg
genealogy, *n*. kev kawm txog neeg li caj ceg
general, *adj*. 1. dav dav; feem ntau; 2. tsis tsi ntsees rau ib qho twg; 3. rau txhua txhua leej (e.g. *general session*); -*n*. 1. thawj hau rog; *nai phoo* (L); 2. qeb nom tub rog kawg nkaus; — **generally** *adv.*
general interpretative area, *n*. thooj hlwb tswj kev tshab txhais txhua yam
generality, *n*. ib cov lus dav dav
generalize, *v*. 1. zuag dav dav los hais; 2. muab ib qho me me coj mus hais npog txhua yam tib si
generate, *v*. tsim; ua tawm
generation, *n*. 1. tiam; 2. txheej; 3. ntu caij nyoog thaum yug leej niam thiab leej txiv thiab yug nkawv cov me nyuam
generator, *n*. tshuab taws xob; tshuab rhaub taws xob
generic, *adj*. 1. dav dav; 2. tsis muaj npe
generous, *adj*. siab dawb; siab zoo; siab dav; siab loj
genetics, *n*. keeb (los ntawm caj ceg)
genial, *adj*. zoo siab
genie, *n*. tus dab uas txia tau ua neeg
genital, *n*. chaw mos; qau los yog paum; -*adj*. ntsig txog chaw mos

genitalia, *n.* chaw mos; cov chaw mos
genital warts, *n.* mob pob cos rau chaw mos
genius, *n.* 1. tus neeg uas ntse heev; 2. yam uas muaj kev txawj ntse heev
genocide, *n.* kev rhuav tshem los yog tua ib pawg neeg (vim lawv yog lawv ib haiv neeg)
genre, *n.* 1. hom (xws li hom neeg muaj los pluag); 2. theem; qeb; pawg (ntsig txog kev sau ntaub sau ntawv los yog kos duab)
genteel, *adj.* paub cai; zoo
gentile, *n.* tus neeg uas tsis yog neeg Ntsuj
gentility, *n.* 1. yug los zoo; tsev neeg zoo; caj ceg zoo; 2. cuj pwm zoo
gentle, *adj.* 1. siab ntev; siab zoo; 2. coj tus
gentleman, *n.* txiv neej yawg; txiv neej
gentlewoman, *n.* poj niam tseem ceeb
gentry, *n.* cov neeg uas muaj caj ceg zoo
genuflect, *v.* txhos caug thov; kem caug thov
genuine, *adj.* 1. tseeb; tseeb tseeb; tsis cuav; 2. ncaj ncees; siab dawb paug
geography, *n.* kev kawm txog chaw, tib neeg, tsiaj, toj roob hauv pes thiab huab cua
geology, *n.* kev kawm txog lub ntiaj teb li keeb kwm
geometry, *n.* ib cov zauv kawm txog kev ntsuas ib qho chaw rau ib qho los yog ib ces kaum rau ib ces kaum
geriatric, *adj.* laus
geriatrics, *n.* tshuaj rau cov laus
germ, *n.* kab mob
German, *n.* neeg Ntsaws Mes Nis; *-adj.* neeg Ntsaws Mes Nis li
germane, *adj.* 1. hais txog; cuam tshuam txog; 2. txheeb rau
Germany, *n.* teb chaws Ntsaws Mes Nis
germicide, *n.* tshuaj tua kab mob
germinate, *v.* pib tshwm sim; pib tuaj; pib nthaw kaus
germination, *n.* kev pib tshwm sim; kev pab tuaj los yog pib nthaw kaus
gerrymander, *v.* faib nrim rau txoj kev sib tw ua nom
gestapo, *n.* tub ceev xwm qab rooj
gestation, *n.* kev xeeb tub
gesture, *n.* 1. kev piav cev; 2. kev piav tes; 3. kev txav lub cev los yog tes taw kom lwm tus to taub yus; *-v.* piav
get, *v.* 1. tau; 2. to taub
getaway, *n.* kev khiav dim
get up, *v.* sawv
ghastly, *adj.* phem heev; txaus ntshai
gherkin, *n.* dib qaub
ghetto, *n.* koog tsev hauv nroog uas cov neeg pluag los yog haiv neeg tsawg nyob
ghost, *n.* ntxoog; pos ntxoog; poj ntxoog (lo lus *poj* yog hais sis los ntawm lo lus *pos* ntxoog. *Pos* yog ib hom tsov uas Hmoob hu ua *tsov pos teev*); dab
ghostwrite, *v.* sau rau lwm tus neeg los yog sau ua lwm tus npe
ghostwriter, *n.* tus neeg sau ntawv tsis qhia npe los yog siv npe cuav
GI, *n.* tub rog Mes Kas
giant, *n.* nyav; ib tus dab noj neeg uas hais muaj nyob hauv tej dab neeg
gibber, *v.* hais lus nrawm nrawm los yog hais lus ruam ntsuav
gibberish, *n.* cov lus uas tsis to taub li
gibbon, *n.* cuam; ib hom tsiaj zoo li liab tab sis caj npab ntev ntev
gift, *n.* khoom plig; 2. khoom pub saib dab muag
gifted, *adj.* muaj peev xwm; ntse nruab thiab
gigantic, *adj.* loj heev
giggle, *v.* luag yam tsis paub cai li
gigolo, *n.* tus txiv neej uas tos noj poj niam tes xwb
gild, *v.* 1. muab kub npog los yog plooj rau txheej sab saud; 2. thaiv qhov muag; 3. ua ntis kom zoo nkauj
gill, *n.* 1. xiab; daim ua ua nre nyob ob sab ntawm ntses ob sab plhu uas rua hlawv hlo thaum ua pa; 2. ntsiab tsaig; daim nqaij uas dai vias ntawm puab tsaig thiab caj dab; *-v.* 1. cuab txaj ntses; 2. phais ntses; tu ntses
gilt, *adj.* tsos kub; tsos daj li kub
gimlet, *n.* 1. twj tshau qhov av; 2. ib khob dej haus uas muaj ntau yam sib tov; *-v.* khawb qhov av
gimmick, *n.* ib qho tswv yim dag tshiab thiab zoo heev
gin, *n.* 1. tshuab ua paj rwb; 2. tshuab nqa khoom; 3. ntxiab; 4. ib lub

chaw nqus khoom uas yog siv cua tshuab ua hauj lwm; 5. ib hom cawv dawb
ginger, *n.* qhiav; ib hom khoom noj uas muaj qhov ntsim ntsim
gingerly, *adj.* xyuam xim; ua zoo saib
gingham, *n.* ntaub paj
gingiva, *n.* pos hniav sab hauv qab
ginkgo, *n.* ib hom ntoo nyob rau teb chaws Suav sab hnub poob
ginseng, *n.* tshuaj *ntseeb xeem*; ib hom cag tshuaj uas cov neeg Suav siv heev
giraffe, *n.* ib hom tsiaj loj loj thiab caj dab ntev ntev heev nyob rau teb chaws As Fiv Kas
gird, *v.* 1. sia (li sia siv); vas (li vas ntsuj); 2. npaj; 3. thab; cem; thuam
girder, *n.* nqaj tsev
girdle, *n.* poj niam cev khaub ncaws hauv qab; khaub ncaws hnav tuaj hauv qab
girl, *n.* 1. ntxhais; me nyuam ntxhais; 2. nkauj
girlfriend, *n.* 1. hluas nkauj; 2. phooj ywg poj niam
girlish, *adj.* xws me nyuam ntxhais; cuj pwm xws me nyuam ntxhais
girth, *n.* 1. kev ntsuas saib muaj tsawg puag; qhov kheej luaj li cas; 2. txoj hluas khiab tsiaj qab plab kom khov es lub nra thiaj tsis poob
gismo, *n.* ib yam khoom hlau los yog khoom hluav taws xob uas lub npe raug hnov qab lawm; kev tsis nco qab lub npe ntawm yam khoom
gist, *n.* lub ntsiab; qhov tseem ceeb
give, *v.* 1. muab; 2. them; 3. pub rau; 4. tsim; 5. hais
give-and-take, *n.* 1. kev sib kho uas haum rau ob tog; 2. kev sib pauv tswv yim los yog sib tham uas txaus siab heev
giveaway, *n.* 1. yam muab pub dawb rau; 2. qhov yuam kev uas yeej tsis ras txog
given name, *n.* npe; lub npe
glacial, *adj.* 1. ntsig txog hav daus; 2. maj mam txav; maj mam swb
glacier, *n.* ib thaj hav daus (dej nkoog) uas maj mam txav zuj zus mus
glad, *adj.* 1. zoo siab; 2. pom zoo
glade, *n.* ib thaj hav nyom los yog hav nroj nyob puag tom plawv zoov
gladiate, *adj.* zoo li rab ntaj (xws li daim nplooj ntoos uas zoo li rab ntaj)
gladiator, *n.* 1. tus neeg xyaum los ua yeeb yam sib tua rau suav daws saib nyob rau lub caij puag thaum ub; 2. tus neeg uas raus tes rau tej kev sib cav sib ceg uas nrov thoob zej zog; 3. tus neeg sib ntaus yuav nyiaj los yog khoom plig
gladiolus, *n.* ib hom paj uas daim nplooj ntev dhawv zoo li rab ntaj
glamorize, *v.* ua los yog nplig kom deev neeg siab; ua kom ntxim nyiam los yog haum siab
glamorous, *adj.* zoo nkauj; haum siab
glamour, *n.* kev zoo nkauj; kev txaus siab
glance, *v.* 1. saib ib muag; 2. muab ntaus dhia rau ib sab; -*n.* ib ntsais muag
gland, *n.* qog
glans, *n.* 1. taub hau qau; 2. ntsis ple
glans clitoridis, *n.* ntsis ple; hau ple
glans penis, *n.* taub hau qau
glare, *v.* 1. ci ci; 2. saib nruj nruj
glaring, *adj.* meej; pom tseeb
glass, *n.* 1. iav; 2. khob iav
glassblowing, *n.* kev ua khob
glasses, *n.* iav qhov muag
glaucoma, *n.* mob ntsiab muag; kev hais ntsig txog lub ntsiab muag
glaze, *v.* muab iav ua
glazier, *n.* tus neeg ua qhov rais iav
gleam, *n.* 1. pom kev tsis tseeb; 2. zem zuag; txoj lw uas pom zem zuag lawm xwb
glean, *v.* khaws ib qho zuj zus
glee, *n.* kev zoo siab
glen, *n.* lub kwj ha nqaim nqaim uas tsis muaj neeg pom
glib, *adj.* hais tso siab lug
glide, *v.* ya (xws li cia cua pus ya mus)
glider, *n.* lub dav hlau uas tsis muaj tshuab li (tsuas yog cua pus ya xwb)
glimmer, *v.* ci tsaus nyos los yog ci nphob nphob; -*n.* 1. duab teeb uas pom tsis ci heev; 2. me me
glimpse, *v.* saib ib muag; saib ib nyuag pliag
glint, *v.* ci; ntsa
glisten, *adj.* ci los yog ntsa rov tuaj
glitter, *v.* ci los ntawm ib lub teeb uas muaj ntau ntau yam tsos

gloat, *v.* xav txog tej yam uas muaj yeej thiab kev zoo siab
glob, *n.* ib thooj kheej kheej; ib pob kheej kheej
global, *adj.* 1. thoob ntuj; thoob ntiaj teb; 2. qhov txhia chaw
globe, *n.* lub ntiaj teb
globular, *adj.* kheej kheej; yeej yeej
globule, *n.* ib lub me nyuam pob kheej kheej
gloom, *n.* 1. kev tsaus ntuj; 2. kev tu siab
glop, *n.* pawg pes lug; sib xyaws daws
glorify, *v.* 1. hawm; hwm; 2. ua kom txaus nyiam; 3. khav txog; qhuas; 4. txhawb
glory, *n.* 1. kev zoo siab; 2. meej mom; koob meej
gloss, *n.* 1. ci ci (feem ntau hais txog cov ntawv duab ci ci); 2. lo lus txhais luv luv; -*v.* txhais los yog piav
glossary, *n.* lus txhais (xws li txhais lo lus kom meej los yog txhais ib hom lus rau ib hom)
glossopharyngeal nerve, *n.* ib txoj leeg ntawm lub hlwb uas tswj qhov ncauj kev noj hnov qab li cas
glossy, *adj.* ci ci
glottis, *n.* nru; tus nru
glove, *n.* hnab tes; hnab looj tes
glow, *v.* 1. ci ntsa iab; 2. cig
glower, *v.* saib nruj nruj (chim tsawv)
glucose, *n.* piam thaj (yam qab zib) nyob hauv cov ntshav los yog tej kua txiv
glue, *n.* zia; cob (los ntawm ntoo cob); kua nplaum; -*v.* nplaum; lo
gluteal, *n.* pob tw (see *buttocks*)
gluteus maximus, *n.* nqaij taub qab; nqaij ntshiv ntawm ncov taub qab
gluteus medius, *n.* nqaij ntshiv ntawm ntsag ncej puab
gluteus medius muscle, *n.* nqaij ntshiv ntawm ntsag
glutinous, *adj.* nplaum
glutinous rice, *n.* mov nplaum
glutton, *n.* tus neeg noj ntau los yog hu loj
gnash, *v.* muab zom sib xyaws ua ke
gnat, *n.* yoov qaib; ib hom kab tom neeg
gnaw, *v.* 1. tom; 2. ntsuas; zom
gnu, *n.* ib hom mos lwj nyob teb chaws As Fiv Kas
go, *v.* 1. mus; 2. tawm
goad, *n.* yam uas yuam los yog txhawb yus ua ub ua no; -*v.* 1. ntxias; 2. txhawb; 3. yuam
goal, *n.* hom phiaj; daim phiaj; qhov tseem ceeb
goalie, *n.* tus ntes pob; tus txhom pob
goalkeeper, *n.* tus thaiv rooj pob; tus ntes pob
goat, *n.* 1. tshis; mes es; 2. sai
gob, *n.* ib pob; ib thooj; ib pawg
gobble, *v.* 1. noj hu hu loj; 2. ua suab nrov li qaib cov txwv
gobbledygook, *n.* tsis muaj dab tsi; tsis tseeb
goblet, *n.* ib lub khob haus dej loj loj
God, *n.* Yawm Saub; huab tais ntuj; tswv ntuj
godchild, *n.* tus me nyuam qhuav (uas muaj niam qhuav txiv qhuav)
goddess, *n.* poj saub; tswv ntuj poj niam
godless, *adj.* tsis ntseeg Yawm Saub
godparents, *n.* niam qhuav txiv qhuav
godsend, *n.* yam cia li tau dawb uas tsis ras txog li
goggle, *v.* saib qhov muag nruj nrees
goggles, *n.* iav thaiv qhov muag
goiter, *n.* txia; o txia; o pa
gold, *n.* kub; ib hom khoom daj liab tseb uas muaj nuj nqis heev
golden, *adj.* 1. zoo heev; 2. ntsig txog kub los yog zoo li kub
goldenrod, *n.* ib hom nroj tsuag uas muaj paj me me daj daj
goldfish, *n.* ntses kub; ntses tsos kub
golf, *n.* *nkov*; pob qhov av; ib hom pob uas xuas tus pas pob hlau ntaus kom ntog mus nkag rau lub qhov av
golgi apparatus, *n.* qog keeb xa xov (*keeb* yog *cell*)
gonadal artery, *n.* leeg ntshav liab ntawm chaw mos
gone, *adj.* dhau; dhau lawm
goner, *n.* yam uas tag kev cia siab lawm
gong, *n.* nruas neeb
gonorrhea, *n.* ib hom kas cees; ib hom kab mob chaw mos
goo, *n.* ib yam kua nyeem nyeem thiab nplaum nplaum heev
good, *adj.* zoo; heev
good bye, *n.* 1. sib ntsib dua; 2. mus zoo

good for nothing, *n.* 1. neeg tsis tsim txiaj dab tsi li; 2. neeg tub nkeeg
goodly, *adv.* 1. saib haum siab heev; txaus siab; 2. loj heev
goodwill, *n.* pluaj siab zoo
Goodwill store, *n.* chaw muag khoom qub
goody, *n.* tej yam zoo noj; khoom noj
goof, *v.* 1. yuam kev; 2. poob caij nyoog dawb dawb
goofy, *adj.* vwm
goose, *n.* noog qej qawg; noog yaj qawg; os nab; os dab ntev (saib *geese*)
gopher, *n.* ib hom nas nyob qhov av
gore, *n.* ntshav; -*v.* hno los yog tho qhov
gorge, *n.* kwj ha; ib qhov chaw ti ti nqaim nqaim; -*v.* noj hu hu loj; noj ntau ntau
gorgeous, *adj.* zoo nkauj heev
gorilla, *n.* liab As Fiv Kas; ib hom liab loj loj heev
gory, *adj.* ntshav; nqaij ntuag ntshav nrog
goshawk, *n.* ib hom dav
gosling, *n.* me nyuam os dab ntev los yog os nab
gospel, *n.* kev qhia txog Vaj Tswv cov lus
gossip, *n.* 1. lus xaiv; lus xaiv lus cua; 2. tus neeg taug xaiv; -*v.* taug xaiv
got, *v.* tau (saib *get*)
Gothic, *adj.* ntsig txog ib hom vaj tse qub qub puag thaum ub
gouge, *n.* tus txaug
goulash, *n.* nqaij nyuj hau
gourd, *n.* taub; plhuaj taub; plhauj taub
gourmand, *n.* tus neeg uas nyiam noj yam zaub mov zoo zoo
gourmet, *n.* kws ua khoom noj khoom haus
gout, *n.* tes taw vwm; mob tes taw vwm
govern, *v.* kav; tswj hwm; coj
governess, *n.* tus poj niam uas qhia ntawv nyob hauv tsev
government, *n.* tseem fwv
governor, *n.* hau xeev; xeev tsav; xeev kav; tus nom kav xeev
gown, *n.* 1. tsho tshaj sab; 2. tiab poj niam; 3. lub tsho ntev ntev rau kws txiav plaub hnav los yog rau cov tub ntxhais hnav hnub kawm ntawv tiav
grab, *v.* tuav (xuas tes tuav); ntsiab; nthos
grace, *n.* 1. kev zoo nkauj tas txhua yam txhua qhov; 2. tus yam ntxwv zoo txaus nyiam heev; 3. kev siab loj siab dav uas muaj kev hlub tshua rau lwm tus neeg; kev siab zoo; 4. kev muaj hmoo
grace cup, *n.* khob cawv haus thaum noj mov xaus; khob cawv thaum kawg
graceful, *adj.* zoo heev; zoo nkauj heev
graceless, *adj.* 1. tsis zoo nkauj; 2. siab phem; 3. poob qab
gracilis, *n.* nqaij ntshiv ntawm ncej puab sab hauv puab tais
gracilis muscle, *n.* nqaij ntshiv ntawm ncej puab sab haud
gracious, *adj.* 1. siab zoo; 2. ntxim nyiam; 3. ntxim siab; 4. paub cai
grackle, *n.* noog dub nyob teb chaws Mes Kas
gradation, *n.* theem; qeb
grade, *n.* 1. qeb (kawm); 2. qhov kawm ntawv tau zoo li cas; *qhab nia* (L); -*v.* tshuaj; saib; *kuaj* (L)
grade school, *n.* tsev kawm qes; tsev kawm ntawv qeb qes
gradient, *n.* 1. txoj kab nce; txoj kab nce toj; 2. kev sawv siab zuj zus; kev nce siab zuj zus
gradin, *n.* cov theem ntaiv los yog rooj zaum uas ua tej theem tej theem siab zuj zus rau saum ub
gradual, *adj.* zuj zus; maj mam; ib kauj ruam zuj zus
gradually, *adv.* zuj zus; maj mam; ib kauj ruam zuj zus
graduate, *v.* kawm tiav; -*n.* tus neeg kawm ntawv tiav; tus kawm tiav
graffito, *n.* cov ntawv sau rau ntawm phab ntsa; cov lus uas neeg phem sau rau ntawm tej
graft, *v.* lo ua ke; txuas ua ke kom loj hlob ua ke mus (xws li ntoo)
graham, *n.* hmoov mog (*mog* yog *wheat*)
graham cracker, *n.* ib hom khoom noj txom ncauj uas muab hmoov mog ua
grain, *n.* 1. ntsiav; ib qho nyuag me me; 2. noob; 3. khoom noj
gram, *n.* *nkas*; ib txoj kev ntsuas qhov hnyav; 0.035 *ooj* (*ounce*)

grammar, *n.* kev cai lus; kev cai ntawv
grammar school, *n.* tsev kawm ntawv qeb qes
granary, *n.* txhab qoob; txhab nplej; txhab rau qoob rau loo
grand, *adj.* 1. loj heev; 2. zoo heev
grandam, *n.* 1. pog; 2. tus poj niam laus laus; pog laus
grandchild, *n.* ki; xeeb ntxwv (C); ib tus xeeb ntxwv
grandchildren, *n.* ki; xeeb ntxwv; cov xeeb ntxwv
granddaughter, *n.* ntxhais ki; ntxhais xeeb ntxwv
grandee, *n.* 1. tus neeg muaj koob muaj npe heev; 2. tus nom los yog neeg tseem ceeb nyob rau teb chaws Xis Pees thiab Phaub Tshib Nkaum
grandeur, *n.* qhov loj loj; qhov zoo zoo
grandfather, *n.* yawg; yus txiv txiv
grandiloquence, *n.* lus khav theeb; lus khav tus kheej
grandiose, *adj.* ntxim siab; zoo heev
grand jury, *n.* pawg tu plaub; ib pab neeg muaj 12 leeg uas raug xaiv los pab tus kws txiav plaub tu plaub
grandma, *n.* 1. pog; yus txiv niam; 2. niam tais; yus niam niam
grandmother, *n.* 1. pog; 2. niam tais
grandpa, *n.* 1. yawg; yus txiv txiv; 2. yawm txiv; yus niam txiv
grandparents, *n.* 1. pog yawg; 2. niam tais yawm txiv
grand piano, *n.* *phias naum*; lub twj paj nruas hu ua *phias naum*
grandson, *n.* tub xeeb ntxwv
grandstand, *n.* 1. chaw sawv rau cov neeg tuaj saib; 2. cov neeg uas tuaj saib ib yam dab tsi (xws li kev ncaws pob); -*v.* ua kev lom zem kom txaus cov neeg tuaj saib siab
grange, *n.* koom haum tub qoob; koom haum neeg ua liaj ua teb uas pib xyoo 1867
grangerize, *v.* muab duab ntawm lwm phau ntawv los ua rau phau tshiab
granite, *n.* ib hom pob zeb tawv tawv thiab txaij tau zoo nkauj heev
granola, *n.* ib hom khoom noj
granolith, *n.* pob zeb pua kev
grant, *v.* 1. tso cai; 2. muab; -*n.* nyiaj (uas thov los ntawm tseem fwv los yog koom haum)
grantee, *n.* tus neeg uas tau nyiaj pab cuam; tus neeg txais qhov nyiaj
grantor, *n.* tus neeg uas muab nyiaj rau lwm tus; tus neeg muab nyiaj
granular, *adj.* muaj muaj ntsiav los yog muaj muaj ntxhib
granulate, *v.* 1. ua kom muaj ntsiav los yog muaj tej thooj me me li xuab zeb uas lub tes tsawv; 2. ua kom ntxhib ntxhib
granulation, *n.* kev ua kom muaj muaj ntsiav los yog kom ntxhib ntxhib
granule, *n.* ntsiav los yog ntxhib; tej yam me me li xuab zeb
grape, *n.* txiv quav ntswg nyoos; txiv hmab
grapefruit, *n.* txiv lws zoov
graph, *n.* duab kab
graphic, *adj.* ntsig txog daim duab uas piav txog tej yam dab tsi
graphic arts, *n.* 1. kev dhos duab nrog ntawv; kev kawm txog muab duab los dhos nrog zaj lus; 2. kev luam ntaub ntawv
graphite, *n.* yam khoom uas siv ua mem qhuav
grapple, *v.* tuav; txeeb
grasp, *v.* 1. tuav; 2. to taub; -*n.* ncua npab; npab
grass, *n.* nyom; hav nyom; nroj tsuag
grasshopper, *n.* kooj; ib hom tsiaj me me muaj tis ya tau
grassland, *n.* tiaj hav nyom
grate, *n.* kos; -*v.* 1. zom ua hmoov; tsoo ua hmoov; 2. meem txom
grateful, *adj.* 1. ua tsaug; 2. ris txiaj ntsim
gratify, *v.* muab kev zoo siab rau; ua kom zoo siab
gratis, *adj.* dawb
gratitude, *n.* kev zoo siab ua tsaug; kev ris txiaj ntsim
gratuitous, *adj.* dawb
gratuity, *n.* tswv yim pab
grave, *n.* ntxa; qua ntxa; -*adj.* loj heev
gravel, *n.* xuab zeb; hav xuab zeb
graveyard, *n.* toj ntxas
gravitate, *v.* mus rau seem ntawd; mus rau ib seem
gravitation, *n.* 1. qhov rub neeg lub siab txav los ua ke yam tsis muaj neeg hais los yog yuam; 2. kev lub ntuj thiab ntiaj teb no nyob sib nreg los yog nyias nyob nyias chaw
gravity, *n.* 1. qhov tseem ceeb; 2. lub

meej mom; 3. kev sib tuav los yog sib nreg raws ntuj tsawb teb tsim uas nyias nyob nyias chaw; 4. kev sib rub mus rau ib tog kom txhob poob los yog ya tawm
gravy, *n.* kua nqaij (rau qos yaj ywm)
gravy boat, *n.* lub khob rau kua nqaij
gray, *n.* txho; tsos txho
graybeard, *n.* neeg laus; tus txiv neej laus laus
grayfish, *n.* ib hom ntses
grayling, *n.* ib hom ntses uas daim tis nraub qaum ntev heev
gray matter, *n.* hlwb txho
graze, *v.* 1. tshawb; nrhiav; 2. txhuam; khawb; 3. xuas; kov
grease, *n.* roj; hom roj nyeem nyeem uas siv ua kom nplua
greasy, *adj.* muaj muaj roj
great, *adj.* 1. loj heev; 2. zoo heev; 3. tseem ceeb heev
great auk, *n.* ib hom noog nyob raws ntug hiav txwv
greaten, *v.* ua kom loj
greater, *adj.* loj zog; loj dua
greater plaltine foramen, *n.* qhov to rau txha qab yiag
great grandfather, *n.* yawg koob
great grandmother, *n.* pog koob
great great grandfather, *n.* yawg suab
great great grandmother, *n.* pog suab
great horned owl, *n.* ib hom plas nyob teb chaws Mes Kas Qaum Teb
greatly, *adv.* kawg li; zoo kawg nkaus
great omentum, *n.* roj pav ywj
great saphenous vein, *n.* txoj leeg ntshav dub loj ntawm ncej puab
grebe, *n.* hom noog nyob hav dej xws li os
Greece, *n.* teb chaws Nkij
greed, *n.* kev hu loj xav tau ntau; kev qia dub; kev cuaj khaum
greedy, *adj.* cuaj khaum; qia dub
Greek, *n.* 1. cov neeg Nkij; cov neeg nyob lub teb chaws Nkij; 2. cov lus Nkij
green, *n.* ntsuab; tsos ntsuab
greenery, *n.* 1. nroj ntsuab; 2. cov nroj ntsuab uas siv phim tsev kom zoo nkauj; 3. chaw cog nroj los yog paj
greeneyed, *adj.* khib; mob siab
greenfinch, *n.* ib hom noog nyob teb chaws Yus Luv thiab Es Xias
greenfly, *n.* yoov ntsuab
greengage, *n.* ib hom txiv ntoo
greengrocer, *n.* tus neeg muag txiv ntoo thiab zaub
greenhead, *n.* tus txiv os
greenheart, *n.* ib hom ntoo
Green Hmong, *n.* Hmoob Ntsuab; Hmoob Lees; Moob
greenhorn, *n.* 1. tus neeg uas tsis tau paub tab li; tus neeg uas tsis paub hauj lwm li; 2. tus neeg tuaj tshiab; neeg thoj nam
greenhouse, *n.* tsev cog yub; tsev cog paj los yog cog nroj cog ntoo
greenhouse effect, *n.* lub tswv yim tias tej pa phem los yog pa roj yuav mus ua rau daim ntaub thaiv hnub nyob puag saum ntuj puas ces yuav ua rau lub ntiaj teb no sov los yog kub zuj zus tuaj
green onion, *n.* dos; dos ntsuab
green pepper, *n.* txob ntsuab; kua txob ntsuab
greet, *v.* 1. ntsib; 2. tos txais
greeting, *n.* lus sib fim thaum sib ntsib
gregarious, *adj.* nyiam phooj ywg; nyiam sib tham
grenade, *n.* pob tawg; foob pob tes
grew, *v.* loj hlob (saib *grow*)
grey, *n.* txho; tsos txho (saib *gray*)
greyhound, *n.* 1. ib hom dev (aub) uas dhia ceev heev; 2. tsheb *npav* deb; ib hom tsheb *npav* uas thauj neeg mus kev deb
grid, *n.* kab; cov kab sib rig
griddle, *n.* daim hlau ntawm qhov cub uas siv ua zaub mov
gridiron, *n.* chaw cuam pob
grief, *n.* 1. kev tu siab vim muaj neeg tuag; 2. kev puas ntsoog
grievance, *n.* kev tawm tsam; kev tsis zoo siab
grieve, *v.* tu siab
grievous, *adj.* 1. txaus tu siab; 2. raug tsim txom
griffin, *n.* ib tus tsiaj nyob hauv dab neeg uas muaj lub taub hau thiab tis zoo li tus dav tab sis lub cev zoo li tus tsov ntxhuav
griffon, *n.* ib hom dev (aub)
grig, *n.* tus neeg uas ntse heev thiab haum nrog txhua tus neeg
grill, *v.* 1. ci nqaij saum daim hlau; 2. nug tsij tsij; -*n.* 1. qhov cub ci nqaij saum daim hlau; 2. khw noj mov

grim, *adj*. 1. nruj; tsiv; 2. txwv
grimace, *n*. ntsej muag dub txig; ntsej muag chim
grime, *n*. hmoov av
grin, *v*. luag nyav
grind, *v*. zom
grip, *v*. 1. tuav; 2. txeeb; txhav
gripe, *v*. 1. mob plab thaum plob; 2. cem; tawm tsam
grisly, *adj*. phem heev
grist, *n*. 1. noob; qoob; 2. cov noob los yog qoob uas zom tau lawm
gristle, *n*. leeg; cov leeg nyob xyaw nqaij
gristly, *adj*. muaj leeg
gristmill, *n*. tshuab zom qoob
grit, *n*. 1. xuab zeb; 2. hniav zeb; 3. pob zeb uas muab txua ua lub zeb zom khoom
grits, *n*. cov qoob uas zom tau laus laus los yog ntxhib ntxhib (xws li pob kws)
grivet, *n*. ib hom nees nyob rau teb chaws As Fiv Kas
grizzle, *v*. ua kom txheeb los yog tsos txheeb; -*adj*. txheeb; tsos txheeb
groan, *v*. 1. ntsaj; 2. nroo; nyooj; xyu
groat, *n*. neeg As Kiv cov nyiaj dawb puag tiam 14 txog tiam 17
groats, *n*. cov qoob uas twb zom tau lawm
grocer, *n*. tus neeg muag khoom noj
grocery, *n*. 1. khoom noj xws li zaub, nqaij thiab lwm yam; 2. lub khw muag khoom noj
grocery store, *n*, khw muag khoom noj
groin, *n*. puab tais; ob ceg
grommet, *n*. tus pas los yog tus hlau tso rau hauv qab kom khov
groom, *n*. nraug vauv; -*v*. 1. tu los yog saib xyuas; 2. ua kom ntxim ntxim nyiam; 3. npaj
groove, *n*. 1. kwj deg; qhov zawj; 2. ib qho uas zoo siab ntsib; -*v*. 1. khawb; txiav; 2. los ua ke
groovy, *adj*. txaus siab heev
grope, *v*. xuas; xuas dub
gross, *adj*. 1. vuab tsuab; qias neeg; 2. ntsig txog qhov nyiaj tau los ua ntej tshem tawm tej nuj nqes; -*n*. nyiaj tau ua ntej txiav se tawm
grotesque, *adj*. tsis txaus ntseeg; dag ntsuav
grotto, *n*. qhov tsua
grouch, *n*. tus neeg tawm tsam; tus neeg tsis txaus siab
ground, *n*. 1. av; 2. teb; liaj teb; 3. chaw pib; chaw tiag taw; chaw txawb; -*v*. zom (saib *grind*)
ground breaking, *n*. qhib av; qhib chaw npaj ua ib yam dab tsi tseem ceeb rau ntawd
groundhog, *n*. ib hom tsiaj zoo li nas kos
groundhog day, *n*. lub Ob Hlis tim 2 uas yog ib hnub qhia tias ntuj tshiab yuav los txog sai los qeeb
groundwater, *n*. dej qhov av
groundwork, *n*. qhov tiag taw; qhov hauv paus
group, *n*. pab; pawg; pab pawg; -*v*. rub los ua ib pab
grouper, *n*. ib hom ntses loj loj nyob hiav txwv
grouse, *n*. yij; ib hom noog nyob hauv av
grout, *n*. 1. cov *xis mas* uas siv ntsaws tej kis khoob los yog kis tawg pleb; 2. daim ntawv uas siv lo tej phab ntsa los yog ru tsev tawg pleb; -*v*. lo; ntsaws
grove, *n*. ib koog ntoo me me uas lam cum nrig
grovel, *v*. 1. txo hwj chim; 2. coj yam niag poob ntsej muag ntsuav
grow, *v*. 1. cog; 2. hlob; loj hlob
growl, *v*. nroo
grown, *adj*. loj hlob txaus
grownup, *n*. neeg laus
growth, *n*. kev loj hlob; kev nthuav tawm
grub, *v*. 1. khawb; 2. tshawb; -*n*. 1. khoom noj; 2. ib hom kab
grubby, *adj*. qias neeg
grudge, *v*. tsis tshua yeem muab; tsis tshua kam
gruel, *n*. 1. kua dis; mov kua dis; 2. lub txim uas hnyav heev
grueling, *adj*. siv zog heev; noj zog heev; sab heev
gruesome, *adj*. 1. phem heev; 2. txaus ntshai
gruff, *adj*. siab phem (hais lus los phem, cuj pwm los phem)
grumble, *v*. nyooj nyooj; nyooj laws
grumpy, *adj*. 1. siab luv; 2. yws taus; 3. meem txom heev
grunion, *n*. ib hom ntses hiav txwv

nyob sab Kas Faus Nias (*California*)
grunt, *v.* ntsaj; -*n.* suab ntsaj
guano, *n.* quav noog hiav txwv siv ua chiv
guarantee, *v.* 1. tab; tuaj yeem; 2. nta; nres; 3. *lav* (L)
guaranty, *n.* 1. kev tuaj yeem; kev tab; 2. kev cog lus; 3. kev nres; kev nta
guard, *v.* zov; saib xyuas; -*n.* tus zov; tus neeg zov; tus saib xyuas
guardian, *n.* tus tu thiab saib xyuas; txiv qhuav
guava, *n.* txiv cuab thoj
gubernatorial, *adj.* ntsig txog hau xeev (kev sib tw)
guernsey, *n.* ib hom nyuj txaij daj
guerrilla, *n.* 1. ib hom liab loj loj nyob rau As Fiv Kas; 2. tub rog hav zoo nyob tsis muaj chaw
guess, *v.* kwv yees; lam xav; xav
guest, *n.* qhua; tus qhua
guffaw, *n.* suab luag nrov nrov
guide, *v.* coj; qhia kev; taw kev; -*n.* tus neeg coj kev
guideline, *n.* txheej txheem
guild, *n.* koom haum
guillemot, *n.* ib hom noog nyob raws hiav txwv uas muaj tsos dub dawb
guillotine, *n.* tsuam tob; -*v.* txiav taub hau; txiav caj dab; tua los ntawm qhov txiav taub hau
guilt, *n.* txim; txim txhaum
guilty, *adj.* txhaum; ua txhaum
guinea, *n.* ib hom npib kub qub qub thaum ub nyob teb chaws As Kiv
guinea fowl, *n.* ib hom noog zoo li nraj
guinea pig, *n.* ib hom tsiaj nyob rau Mes Kas Qab Teb
guise, *n.* 1. daim tawv sab nraud; 2. sab nraum daim tawv
guitar, *n.* *kis tas*; ib lub twj paj nruas uas muaj rau txoj hlua uas xuas ntiv tes pos thiab ntiv cov hlua
gulch, *n.* kwj ha
gulf, *n.* 1. ceg hiav txwv; 2. qhov qiag dav dav
gull, *n.* 1. ib hom noog hiav txwv; 2. tus neeg tswv yim tsawg uas raug dag; -*v.* dag
gullet, *n.* hlab pas; caj pas
gully, *n.* kwj deg
gulp, *n.* pas (xws li haus peb pas); -*v.* nqos ceev ceev
gum, *n.* 1. khoom qab zib ntsuas txom ncauj; 2. pos hniav; di pos hniav
gumbo, *n.* 1. kua zaub; 2. ib hom nroj tsuag; 3. hom av uas ua av nkos yooj yim heev yog tias ntub dej
gumdrop, *n.* khoom qab zib
gumption, *n.* kev pib ua ib yam dab tsi
gun, *n.* phom
gun barrel, *n.* kav phom; qhov phom ntawm tus kav phom
gunboat, *n.* nkoj tua rog
gunner, *n.* tus tua phom
gunnery, *n.* 1. tswv yim kev ua phom; 2. kev siv phom
gunny, *n.* ntaub maj; hom ntaub uas ua tau tsis mos heev
gunnysack, *n.* hnab ntaub maj
gunpowder, *n.* tshuaj phom
gunpowder tea, *n.* ib hom *this* (nplooj ntoos) uas muab kauv ua ib tus kheej kheej
gun-shy, *adj.* 1. ntshai suab nrov heev; 2. ntseeg tsis tau; ceev faj heev
gunslinger, *n.* kws tua phom
gun stock, *n.* txhab khaum phom
gunwale, *n.* npoo nkoj
guppy, *n.* ib hom ntses me me
gurgle, *v.* 1. ua suab li dej nrov; 2. tshoob dej mus rau ntu tsis teeg uas muaj suab tsaws ntxhee nrov liv lauv
gurney, *n.* txaj thawb neeg mob
guru, *n.* 1. kws dab qhuas cov kev cai Hib Dus (*Hinduism*); 2. xib fwb
gush, *v.* 1. txia tawm zom zaws (xws li dej los yog kua muag tawm); txhawv txia tawm; 2. ua muaj kev tu siab los yog zoo siab heev
gust, *n.* nthwv cua
gustatory, *adj.* ntsig txog qhov hnov qab li cas
gusto, *n.* kev mob siab; kev zoo siab
gut, *n.* 1. hnyuv; 2. peev xwm
gutter, *n.* ciav dej cug nag
guttural, *n.* nrov hauv caj dab tuaj
guy, *n.* 1. txiv neej; 2. hlua los yog saw uas muab khi tuav tej yam dab tsi kom txhob txav
Guyana, *n.* Nkis Yas; ib lub teb chaws nyob rau Mes Kas Qab Teb uas txij xyoo 1980 tawm los kuj muaj Hmoob tuaj nyob rau lub teb chaws no lawm
guzzle, *v.* haus cuag tsis tau haus dua
gym, *n.* chaw xyaum tes taw; chaw ua

ev xes xais
gymnasium, *n.* chav xyaum tes taw; chaw ua *ev xes xais*
gymnast, *n.* tus neeg uas paub dhia nrig nphau zoo heev
gymnastics, *n.* kev kawm dhia nrig nphau
gynecologist, *n.* kws kho poj niam cov kab mob
gynecology, *n.* hom kev kawm txog poj niam cov kab mob
gyp, *n.* 1. kev dag; 2. kev nyiag
Gypsy, *n.* tus neeg uas khiav ib qho rau ib qho uas pib khiav tim nruab nrab teb chaws Is Las (*Iran*) thiab Is Dias (*India*) mus rau Yus Luv (*Europe*) thaum tiam 14 los yog tiam 15 uas tam sij no nyob rau teb chaws Yus Luv thiab teb chaws Mes Kas
gypsy cab, *n.* lub tsheb *tav xis* uas tiag tiag mas neeg hu xov rooj rau mas nws mam li tawm mus tos neeg xwb tab sis nws ho dhia nrhiav neeg nram kev
gypsy moth, *n.* ib hom kab noj ntoo
gyral, *adj.* mus ua tau ib lub voj voog los yog ua tau ib txoj kab ntswj ntswj
gyrate, *v.* ncig los yog kiv raws lub plawv
gyre, *n.* voj voog; lub nkauj yeej yeej
gyrfalcon, *n.* ib hom liaj loj loj
gyve, *n.* khawb xauv taw; -*v.* muab khawb xauv taw

H

h, *n.* tus tsiaj ntawv As Kiv thib yim
habit, *n.* 1. cuj pwm; 2. yam yus kov kam; yam yus coj kam
habitable, *adj.* nyob tau
habitat, *n.* 1. chaw nyob; tsev; 2. nrim; ciaj ciam; 3. ib cheeb tsam puag ncig; 4. qhov chaw rau tej nroj tsuag los yog tsiaj txhu
habitation, *n.* chaw nyob
habitual, *adj.* 1. ib txwm ua li los yog coj li; 2. nyiam los yog quav lawm
habituate, *v.* 1. ua kom swm los yog nyiam; 2. yoog; —**habituation** *n.*
hack, *v.* 1. txiav; 2. hnoos; 3. tswj tau zoo; -*n.* 1. tsheb ntiav; 2. kws ntiav sau ntawv
hackle, *n.* tus plaub noog ntev ntev nyob ntawm puab tsaig los yog nraum xwb qwb
hackney, *n.* 1. tus nees caij los yog nees cab tsheb; 2. lub tsheb nees cab
hacksaw, *n.* kaw txiav hlau; rab kaw txiav hlau
had, *v.* muaj (dhau los lawm) (saib *have*)
haft, *n.* tus tes ntawm rab phom los yog cuab yeej; tus tes tuav
hag, *n.* 1. poj dab; 2. tus poj niam laus laus thiab phem phem
haggard, *adj.* 1. sab sab; lim lim; 2. tag zuj zus; me zuj zus
haggle, *v.* sib nyom nqi; sib cam txog nqi
hail, *n.* 1. lawg; 2. lus tos txais thiab lus qhuas; -*v.* 1. los lawg; 2. tos txais los yog lav (nom); 3. txheev
hair, *n.* plaub hau
hairbreadth, *n.* ntug; npoo; ib qhov ntug los yog npoo me me
hairdo, *n.* ib hom kev tseev plaub hau
hairdresser, *n.* kws caws plaub hau; kws kho plaub hau
hair dryer, *n.* lub tshuab plaub hau
hair follicle, *n.* qhov plaub (tawv nqaij)
hairline, *n.* 1. txoj kab me me; 2. kab plaub hau
hairpiece, *n.* plaub hau cuav
hairraising, *adj.* ua rau ceeb
hair shaft, *n.* plaub tawv nqaij; cov plaub ntawm tawv nqaij
halcyon, *adj.* 1. vam meej; 2. zoo siab heev
hale, *adj.* 1. nyob zoo; noj qab nyob zoo; 2. muaj zog; khov; -*v.* 1. cab; 2. yuam mus
half, *adj.* ib nrab; nrab
half-blood, *n.* caj ceg los ntawm niam thiab txiv uas txawv haiv; kev tsuam tsoov
half-blooded, *adj.* 1. tsuam tsoov; 2. niam thiab txiv nyias yog nyias ib haiv neeg
half-breed, *n.* tus neeg tsuam tsoov; tus neeg uas muaj roj ntsha los ntawm ntau haiv neeg (xws li niam thiab txiv tsis yog ib haiv neeg)
half brother, *n.* kwv tij uas koom niam los yog koom txiv

half-caste, *n.* tus neeg tsuam tsoov; tus neeg uas muaj roj ntsha los ntawm ntau haiv neeg (xws li niam thiab txiv tsis yog ib haiv neeg)
half-hearted, *adj.* tsis muaj kev cia siab
half-life, *n.* 1. ib nrab neej; 2. ib nrab ntawm ib yam dab tsi
halfway, *adj.* nrab ke; nruab nrab ke
halfway house, *n.* 1. tsev tos qhua; tsev ntiav pw uas nyob nruab nrab ke; 2. lub chaw pab cov neeg raug txim los yog neeg raug mob kom lawv paub mus ua neej nyob hauv zej zog
half-wit, *n.* 1. neeg npub; neeg phem; 2. neeg puas hlwb
halibut, *n.* ib hom ntses loj loj
halitosis, *n.* pa qhov ncauj tsw phem; ua pa tsw phem
hall, *n.* 1. ib chav tsev loj loj; 2. kis tsev
hallelujah, *int.* lo lus siv qhuas, zoo siab, los yog ua tsaug
hallmark, *n.* tus yam ntxwv tseem ceeb
hallow, *v.* ua kom muaj meej mom; foom kom zoo
Halloween, *n.* hnub tim 31 lub 10 hli ntuj uas me nyuam yaus taug kev mus thov khoom qab zib ntawm tej neeg zej zog
hallucinate, *v.* npau suav pom tej yam tsis muaj tseeb
hallucination, *n.* kev saib pom los yog npau suav pom tej yam uas tsis muaj tseeb
hallway, *n.* kis tsev
halt, *v.* 1. nres; theem; tso tseg; 2. kaw tseg; *-adj.* tsis khov
halter, *n.* hlua khi tsiaj; looj thawb
halting, *adj.* tsis meej
halve, *v.* 1. muab faib ua ob qho; 2. txo los ib nrab
ham, *n.* 1. nqaij ncej qab; 2. tus neeg ua yeeb yam uas khav khav theeb; 3. tus neeg hais xov tooj cua
hamburger, *n.* 1. khoom noj uas yog *nplem* cuam nqaij thiab zaub; 2. *hes npaws nkaws*
hamlet, *n.* me nyuam zos
hammer, *n.* rauj; rab rauj
hammerhead, *n.* 1. hau rauj; 2. ib hom ntses hiav txwv uas lub taub hau zoo li lub hau rauj; 3. ib hom noog uas muaj nyob rau teb chaws As Fiv Kas thiab teb chaws Es Xias
hammock, *n.* txaj viav vias (uas ib sab khi rau ib tus ntoo)
hamper, *v.* 1. cuam tshuam; thaiv; 2. kov; ua tsuas; *-n.* pob tawb loj
hamster, *n.* ib hom nas tsuag
hamstring, *v.* 1. txo leeg tes leeg taw; 2. ua kom tsis muaj zog
hand, *n.* tes; txhais tes; *-v.* cev rau; muab rau
handbag, *n.* hnab khuam
handball, *n.* pob; kev ua si uas xuas tes pov lub pob
handbill, *n.* ntawv tshaj khoom; daim xov xwm uas xuas tes faib rau neeg
handbook, *n.* phau ntawv uas muaj ib yam me ntsis nyob rau hauv thiab yooj yim nqa
handcuffs, *n.* xauv tes; kauj xauv tes
handful, *n.* 1. qhov uas txhais tes tuav tau npaum cas; tes puv tas; 2. ib qhov tsawg tsawg tab sis tsis paub meej tias npaum li cas; 3. tus neeg los yog yam khoom uas saib xyuas tsis yooj yim
handgun, *n.* yaj phom; phom tes; phom luv
handhold, *n.* 1. chaw tuav; 2. qhov tes tuav
handicap, *n.* kev puas cev; kev puas tes puas taw
handicraft, *n.* khoom tes ua; khoom xuas tes ua
handiwork, *n.* tej hauj lwm uas yus tus kheej ua los yog xuas tes ua
handkerchief, *n.* phuam so ntswg
handle, *v.* lis; saib xyuas; *-n.* ko; tes; tus tes; tus ko
handmade, *adv.* xuas tes ua, tsis yog xuas tshuab ua
handout, *n.* yam muab faib rau tib neeg
handpick, *v.* xaiv zuj zus; xaiv kheej; yus tus kheej ua tus xaiv kiag
handshake, *n.* tuav tes; kev tuav tes
handsome, *adv.* zoo nraug
handspring, *n.* dhia nrig nphau uas siv tes
handstand, *n.* kev xuas tes txheem lub cev ua yeeb yam
handy, *adj.* 1. tau hauj lwm heev; txawj ua ub ua no heev; 2. ze thiab yooj yim heev
handyman, *n.* tus neeg uas ua hauj lwm dab tsi los yeej paub ua tib si
hang, *v.* dai; khuam; *-n.* xeem Ham;

xeem Tag; ib xeem ntawm ntau ntau xeem Hmoob
hangar, *n.* tsev rau dav hlau
hangdog, *adj.* 1. txaj muag; 2. txhaum
hangman, *n.* chaw dai neeg raug txim
hangout, *v.* mus nrog; nyob nrog; *-n.* chaw ua si laug caij nyoog
hangover, *n.* kev tsis haum nyob tom qab haus cawv tag
hang up, *v.* khwb (xov tooj)
hank, *n.* ib kauj (xws li hlua); lub voj voog
hanker, *v.* nyiam heev; xav tau heev
haphazard, *adj.* tsis muaj hom phiaj; tsis muaj hauv paus hauv ntsis
hapless, *adj.* tsis muaj hmoo
happen, *v.* tshwm sim; sawv tuaj
happening, *n.* kev tshwm sim
happiness, *n.* kev zoo siab
happy, *adj.* zoo siab
happy new year, *n.* nyob zoo xyoo tshiab
harangue, *n.* lus cem
harass, *v.* thab; zes; ua phem rau
harassment, *n.* kev thab; kev zes; kev ua phem rau
harbor, *v.* 1. zais; yug; 2. thaiv; tiv thaiv; *-n.* 1. chaw dej tus tus uas zoo nres nkoj; 2. chaw so; chaw nkaum
harborage, *n.* 1. chaw tso nkoj; 2. chaw so; chaw nkaum
hard, *adj.* 1. tawv tawv; 2. cov; tsis yooj yim; nyuaj
hardcover, *n.* plhaub tawv; *-adj.* plhaub tawv; ntsig txog phau ntawv daim plhaub tawv tawv
harden, *v.* 1. khov; nkoog; 2. ua kom tsis yooj yim
harder, *adj.* 1. nyuaj zog; 2. tawv zog; khov zog
hardest, *adj.* 1. nyuaj tshaj plaws; 2. khov tshaj plaws; tawv tshaj plaws
hardheaded, *adj.* siab twm xeeb; tsis mloog lus
hardhearted, *adj.* siab tawv
hardly, *adv.* 1. tsis tau; 2. yuav luag
hardnosed, *adj.* tsis sib yoog li; ua li siab nyiam xwb
hard palate, *n.* qab yiag ntxhib
hardship, *n.* 1. kev txom nyem; 2. kev ntxhov siab; kev nyuaj siab
hardware, *n.* tej khoom los yog twj uas xuas hlau ua
hardware store, *n.* 1. chaw muag tej khoom ua los ntawm hlau los yog kab; 2. chaw muag khoom kho tsev
hardwood, *n.* ib hom ntoo tawv tawv
hardy, *adj.* muaj peev xwm nres tej teeb meem
hare, *n.* ib hom tsiaj zoo li luav
harebrained, *adj.* ruam; hlwb tsawg
harelip, *n.* khis ncauj
harem, *n.* lub tsev los yog chav tsev tshwj rau poj niam *Muv Xas Lis* (*Muslim*) nyob
hark, *v.* mloog; cuab pob ntseg rau
harlot, *n.* niam ntiav; nkauj muag cev
harm, *v.* 1. ua mob; 2. ua puas; 3. ua phem rau; *-n.* kev raug mob los yog raug teeb meem
harmful, *adj.* txaus ntshai (vim yuav raug mob los raug puas); ua phem tau
harmless, *adj.* 1. tsis tsim teeb meem dab tsi; 2. tsis txaus ntshai
harmonic, *adj.* 1. ntsig txog suab paj nruas; 2. zoo mloog
harmonica, *n.* *has mab nis kas*; ib hom raj tshuab swb mus swb los ntawm qhov ncauj
harmony, *n.* 1. kev sib haum xeeb los yog sib phim heev; 2. ntau ntau lub suab paj nruas sib tov ua ke
harness, *n.* 1. cov twj nees luag khoom uas muab pav rau tus nees lub caj dab thiab xub pwg; 2. qhov tsa thiab txo lub ntos kom siab kom qes; 3. xov hluav taws xob rau tsheb; *-v.* nog cwj cab khoom rau tus nees los yog nyuj
harp, *n.* ncas (saib *jew's harp*)
harpoon, *n.* ib hom hmuv nkaug ntses
harpsichord, *n.* ib hom twj paj nruas
harpy, *adj.* tus poj niam uas ntse heev li
harrow, *n.* tshuab ua teb uas siv khaib teb; *-v.* 1. txhav; txeeb; nyiag; 2. tsoo; rhuav; ua kom puas
harry, *v.* thab; zes; tsim teeb meem rau
harsh, *adj.* 1. nyuaj heev; 2. phem heev; 3. tsiv mloog
hart, *n.* phaw mos lwj
hartebeest, *n.* ib hom tsiaj zoo li mos lwj nyob teb chaws As Fiv Kas
harum-scarum, *adv.* tsis xyuam xim li
harvest, *v.* sau (qoob loo); hlais; muab; *-n.* caij sau los yog kev sau qoob loo siav
harvester, *n.* 1. tub sau qoob; tus neeg sau qoob; 2. lub tshuab sau qoob

has, *v.* muaj
hash, *v.* txhoov ua tej thooj me me; *-n.* nqaij mos xyaw qos yaj ywm
hasp, *n.* hlua khawm qhov rooj; txoj hlua muab khawm tuav lub qhov rooj
hassle, *n.* 1. kev sib cav sib ceg; 2. kev tawm tsam; *-v.* sib ceg; sib cav
hassock, *n.* tog rwb (siv zaum los yog tiag taw)
hastate, *n.* ib hom nroj
haste, *n.* 1. kev maj; kev maj kev rawm; kev maj ntug maj teb; 2. siab ceev
hasten, *v.* maj; maj nroos; ceev ceev
hat, *n.* mom; kaus mom
hatch, *v.* daug; *-n.* ib lub qhov rooj me me los yog ib lub qhov qhib me me
hatchel, *n.* zuag
hatchery, *n.* chaw daug me nyuam qaib los yog ntses
hatchet, *n.* taus (hom ko luv)
hatchet man, *n.* tus neeg uas raug ntiav tua lwm tus neeg
hate, *v.* ntxub; tsis nyiam
hateful, *adj.* ntxim ntxub; txaus ntxub
hatred, *n.* kev ntxub ntxaug
hatter, *n.* tus neeg ua, muag, thiab kho kaus mom
haughty, *adj.* 1. zoo siab heev; 2. qhuas tus kheej heev
haul, *v.* thauj; cab; rub; *-n.* qhov uas khaws tau los ua ke
haunch, *n.* ntsag; ncej puab
haunt, *v.* 1. xyuas nraim; saib xyuas nraim; 2. hem (xws li dab hem)
haunted, *adj.* muaj dab
haunting, *adj.* pheej xav txog; tsis hnov qab li
haustrum, *n.* zais hnyuv txheej sab haud
have, *v.* muaj
havelock, *n.* phuam kauv taub hau uas thaiv lub xwb qwb
haven, *n.* chaw nyab xeeb; qhov chaw uas tsis muaj teeb meem rau yus
haven't, *v.* tsis muaj
haversack, *n.* hnab khuam; hnab thoom puab
havoc, *n.* 1. kev puas tsuaj loj heev; 2. kev tsis sib to taub los paub tsis meej
haw, *n.* 1. lub suab hais tawm thaum nrhiav nrhiav lus; 2. ib hom txiv ntoo; *-v.* nrhiav nrhiav lus; xaiv xaiv lus
Hawaii, *n.* xeev Has Yais; ib lub xeev ntawm teb chaws Mes Kas uas yog ib co pov txwv
Hawaiian, *n.* neeg Has Yais
hawfinch, *n.* ib hom noog
hawk, *n.* dav; *-v.* thab muag khoom uas yog qw kom neeg los yuav khoom
hawksbill, *n.* vaub kib hiav txwv
hawser, *n.* txoj hlua loj loj
hawthorn, *n.* ib hom ntoo muaj muaj pos uas tawg paj dawb dawb los yog liab txho
hay, *n.* zaub nyuj qhuav; quav nyab
haycock, *n.* ib pawg zaub nyuj qhuav
hay fever, *n.* mob taub hau uas los ntswg thiab txham
hayfork, *n.* duav daus quav nyab
hayloft, *n.* tsev rau quav nyab
haymow, *n.* 1. tsev rau quav nyab; 2. cov quav nyab nyob hauv tsev
hayrack, *n.* 1. dab pub nyuj; 2. dab thauj khoom
hayrick, *n.* tej tum zaub nyuj qhuav tso rau nraum zoov
hayseed, *n.* 1. noob nroj uas poob ntawm cov quav nyab los; 2. cov nroj uas poob ntawm cov quav nyab los; 3. taub daj
haywire, *adj.* tsis ua hauj lwm lawm
hazard, *n.* 1. qhov teeb meem; 2. hmoo; txoj hmoo
haze, *n.* iab oo; huab; *-v.* thab plaub; nrhiav teeb meem
hazel, *n.* ib hom ntoo txi txiv noj tau
hazelnuts, *n.* ib hom noob txiv uas noj tau
hazy, *adj.* 1. tsaus huab; pos huab; 2. tsis meej; tsis pom tseeb
he, *pron.* nws; luag
head, *n.* taub hau; *-v.* 1. mus ncaj rau tod; 2. coj; tuav
headache, *n.* mob taub hau
headband, *n.* siv ceeb
heading, *n.* hau lus; hau ntawv
headlight, *n.* qhov muag tsheb; qhov muag teeb
headline, *n.* taub hau tsab ntawv
headman, *n.* thawj coj; tus coj
headmaster, *n.* tus txiv neej thawj coj hauv tsev kawm ntawv
headmistress, *n.* tus poj niam thawj coj hauv tsev kawm ntawv

head-on, *adj*. 1. taub hau sib nraus; 2. ntsej muag sib ntsib; sib ntsib kiag
headphone, *n*. lub mloog pob ntseg; khwb pob ntseg
headquarters, *n*. hauv paus chaw hauj lwm; tuam chaw hauj lwm
headstone, *n*. daim pob zeb uas kos npe nyob ntawm ntxa
headstrong, *adj*. tsis mloog hais; ua raws siab nyiam
headwaters, *n*. hau dej txhawv
headway, *n*. kev taw rau tom hauv ntej
heady, *adj*. 1. qaug cawv; 2. ntse
heal, *v*. 1. kho (mob); ua kom zoo; 2. nqawm; loos
healer, *n*. tus kws kho mob, xws li tus txiv neeb
health, *n*. kev noj qab nyob zoo; kev noj qab haus huv; kev mob nkeeg
healthy, *adj*. tsis muaj mob; noj qab nyob zoo
heap, *n*. pawg; ib pawg; -*v*. pov ua ib pawg
hear, *v*. hnov
hearing, *n*. 1. kev hnov lus; 2. rooj hais plaub
hearken, *v*. tswm seeb
hearsay, *n*. lus xaiv; lus cua
hearse, *n*. tsheb thauj tuag; lub tsheb thauj neeg tuag
heart, *n*. plawv; lub plawv
heartache, *n*. mob hlwb; mob taub hau; tu siab; chim siab
heart attack, *n*. plawv nres; plawv tawg
heartbreak, *n*. kev mob siab (los ntawm txoj kev hlub); kev tu siab
heartburn, *n*. lub plawv tsis xis nyob
hearten, *v*. txhawb
hearth, *n*. 1. ntug cub; 2. tsev
heartless, *adj*. tsis txawj xav; siab phem; tsis muaj siab muaj ntsws
heart murmur, *n*. plawv ntoj tsis sib luag; plawv dhia tsis sib luag
heartrending, *adj*. ua kom muaj kev tu siab loj heev
heartsick, *adj*. tu siab heev
heartstrings, *n*. kev tu siab loj heev
heartthrob, *n*. tus hlub
heartwarming, *adj*. hlub tshua
heartwood, *n*. plawv zoov
hearty, *adj*. 1. mob siab; muaj siab; 2. zoo siab; 3. puv npo; txaus
heat, *n*. cua kub; -*v*. rhaub; ua kom sov
heath, *n*. 1. ib hom nroj tsuag uas ntsuab thawm xyoo; 2. thaj teb quav nroj
heathen, *n*. 1. neeg poob qab; 2. tus neeg uas tsis ntseeg dab qhuas *Judaism*, *Christianity*, thiab *Islam*; 3. tus neeg tsis ntseeg ntuj los yog Yawm Saub
heathenish, *adj*. 1. ntsig txog kev tsis ntseeg ntuj los yog Yawm Saub; 2. poob qab
heather, *n*. ib hom nroj tsuag uas muaj paj thiab ntsuab thawm xyoo
heat stroke, *n*. kev mob hnyav heev los ntawm tshav kub
heat wave, *n*. ib ncua caij nyoog uas kub heev
heave, *v*. 1. sawv; tsa sawv; 2. pov; txawb; 3. nce thiab poob
heaven, *n*. ceeb tsheej; ntuj ceeb tsheej; ntuj kag
heavenly, *adj*. ntsig txog ntuj ceeb tsheej
heavy, *adj*. hnyav; tsis sib
heavy-duty, *adj*. khov heev; ruaj heev
heavy-handed, *adj*. 1. cog poog; peem las; tom ntej tom qab; ua tsis tau dab tsi li; 2. nruj; tsiv; nyaum
heavy-hearted, *adj*. tu siab
heavyset, *adj*. rog; pham heev
hebetate, *v*. ua kom ruam
Hebrew, *n*. cov lus ntawm cov neeg Is Xas Lias (*Israel*)
heckle, *v*. 1. thab; 2. cuam tshuam; 3. tsis pom zoo
hectic, *adj*. khwv heev; muaj ntau yam tshwm sim ua tsis yeej li; maj heev; rawm heev
hedge, *n*. 1. laj kab los yog cov me nyuam ntoo cog thaiv ua laj kab; 2. ib qhov kev tiv thaiv; -*v*. 1. tiv thaiv tus kheej; 2. zam kom txhob raug yus
hedgehog, *n*. ib hom tsiaj zoo li tsaug
hedonism, *n*. txoj kev ua neej uas mob siab rau txoj kev lom zem
hedonistic, *adj*. nyiam kev lom zem heev
heed, *v*. mloog; cuab pob ntseg rau
heel, *n*. 1. luj taws; lauj taw; pob taws; 2. daim ncuav ci qhov nkig nkig nyob ntawm ntug; 3. luj khau
heft, *n*. qhov hnyav; -*v*. muab nqa saib hnyav li cas

hefty, *adj*. loj heev
hegemony, *n*. 1. kev kav; kev tswj; 2. cheeb tswj (cheeb yog los ntawm cheeb tsam. tswj yog los ntawm kev tswj kav)
heifer, *n*. xyuas nyuj; me nyuam xyuas nyuj
height, *n*. qhov siab
heighten, *v*. ua kom siab; ua kom ntau ntxiv
heinous, *adj*. phem; qias neeg
heir, *n*. 1. tus neeg los yog tus tub uas niam thiab txiv lub neej; 2. tus tub uas sawv tuav leej txiv tus nom
heiress, *n*. tus ntxhais uas tau niam thiab txiv lub neej
heirloom, *n*. yam uas ib tiam txuag dhau rau ib tiam; puav pheej ntawm tsev neeg
held, *v*. tuav (saib *hold*)
helical, *adj*. ntswj lees; kauv ntswj lees
helicon, *n*. ib hom twj paj nruas
helicopter, *n*. kiv tshuab; dav hlau kiv tshuab
heliostrope, *n*. ib hom nroj tsuag me me uas muaj paj dawb thiab liab doog
helium, *n*. ib yam pa tshuaj
helix, *n*. yam uas ntswj lees li tus laus xaus
hell, *n*. ntuj txiag teb tsaus; dab tuag teb; dab teb; ntuj tawg
hellebore, *n*. ib hom paj
hellion, *n*. neeg thab plaub
hello, *int*. nyob zoo
helm, *n*. lub kauj los yog tus tes lem lub nkoj
helmet, *n*. kaus mom hlau
help, *v*. pab; txhawb; -*n*. kev sib pab
helpmate, *n*. 1. tus pab; tus neeg pab; 2. poj niam
hem, *n*. ntug; tus ntug; -*v*. 1. xaws ntug rau; 2. vij; puav
hematologist, *n*. kws kho ntshav; kws kho mob ntshav
hematology, *n*. kev kawm txog ntshav
hemisphere, *n*. ib nrab ntawm txoj kab lig ntuj uas cais qab teb thiab qaum teb los yog cais hnub tuaj thiab hnub poob
hemline, *n*. taw; taw tiab
hemlock, *n*. 1. ib hom nroj tsuag uas muaj kuab; 2. ib hom ntoo uas ntsuab thawm xyoo zoo li thuv
hemodialysis unit, *n*. chav tsev lim ntshav
hemoglobin, *n*. cov txhuas nyob hauv cov ntshav liab
hemophilia, *n*. kev muaj keeb tsob ntshav tsis paub tu
hemorrhage, *v*. tsob ntshav; los ntshav; -*n*. kev tsob ntshav
hemorrhoids, *n*. mob hnyuv quav; mob hnyuv qhov quav; hnyuv quav los ntshav
hemorrhoidectomy, *n*. kev phais hnyuv qhov quav
hemp, *n*. maj; ib hom nroj tsuag uas Hmoob siv ua ntaub xov
hen, *n*. poj qaib
hence, *adv*. 1. li ntawd; 2. los ntawm qhov no
henceforth, *adv*. dhau qhov no mus (lawm tod)
henceforward, *adv*. dhau qhov no mus (lawm tod)
henchman, *n*. tus neeg ntseeg; tus neeg yus ntseeg
henna, *n*. 1. ib hom kua liab doog doog siv foo plaub hau; 2. ib hom ntoo los yog nroj
hepatic, *adj*. ntsig txog lub siab
hepatica, *n*. ib hom ntoo
hepatic flexure, *n*. txoj hnyuv loj uas nkhaus rau sab xis
hepatic vein, *n*. leeg ntshav dub loj ntawm nrog cev
hepatitis, *n*. kab mob siab
Hepatitis A, *n*. ib hom kab mob siab uas thaum ub hu ua *infectious hepatitis*
Hepatitis B, *n*. ib hom kab mob siab uas thaum ub hu ua *serum hepatitis*
Hepatitis C, *n*. ib hom kab mob siab uas thaum ub hu ua *non-A, non-B hepatitis*
Hepatitis D, *n*. ib hom kab mob siab uas tshwm sim ua ke nrog tus kab mob siab B uas tib neeg kuj siv lub npe hu ua *delta hepatitis*
Hepatitis E, *n*. ib hom kab mob siab uas thaum ub hu ua *epidemic* los yog *waterborne non-A, non-B hepatitis*
hepatopancreatic ampulla, *n*. ntu tshuam ntawm txoj hlab kua tsib thiab hlab txiav
hepatopancreatic sphincter, *n*. ncauj

hlab kua tsib thiab kua txiav
her, *pron.* nws li; tus poj niam li; luag li; -*n.* xeem Hawj; ib xeem ntawm ntau ntau xeem Hmoob
herb, *n.* tshuaj ntsuab
herbalist, *n.* kws tshuaj ntsuab
herbal medicine, *n.* tshuaj ntsuab
herbarium, *n.* 1. kev sau tshuaj ntsuab coj los ziab kom qhuav es coj los tshawb fawb ua tshuaj lub; 2. chaw rau tshuaj ntsuab uas yuav coj los tshawb fawb ua tshuaj lub
herbicide, *n.* tshuaj tua nroj
herbivore, *n.* hom tsiaj uas noj zaub los yog nroj
herbivorous, *adj.* noj zaub los yog noj nroj
herculean, *adj.* muaj zog heev los yog loj heev
herd, *n.* ib pab tsiaj txhu (xws li ib pab nyuj); npoj; -*v.* lawv; puav
here, *adv.* nod; qhov no; ntawm no
hereafter, *adv.* yav tom ntej
hereby, *adv.* raws li hais; raws li qhov no
hereditary, *adj.* tiam dhau rau tiam; tiam txuas rau tiam (xws li txiv ua tag ces tub ua mus ntxiv)
heredity, *n.* txoj kev cai uas ib tiam ua txuas rau ib tiam (txiv tag tub ua mus ntxiv)
herein, *adv.* nyob nod; nyob rau ntawm no
hereof, *adv.* qhov no
hereon, *adv.* ntawm no; saum no
heresy, *n.* kev xav ntawm tus kheej
hereto, *adv.* rau daim ntawv no
heretofore, *adv.* txog rau lub cai nyoog no
hereunder, *adv.* hauv qab no
hereunto, *adv.* rau qhov no
hereupon, *adv.* qhov no; saum no
herewith, *adv.* 1. nrog qhov no; 2. raws li hais
heritage, *n.* 1. poj ua cia yawg ua tseg; caj ceg los yog kev lis kev cai uas coj ib txheej dhau txheej; 2. txoj cai uas yug nrog los
hermaphrodite, *n.* tsiaj los yog nroj ntsuag uas muaj tej khoom poj niam thiab txiv neej nyob ua ke; yam nroj tsuag los yog tsiaj uas yog txiv thiab yog niam tib si
hermetic, *adj.* tsis dim pa
hermit, *n.* tus neeg uas nyob twm zeej; neeg twm zeej
hernia, *n.* hnyuv hlauv
herniate, *v.* hlauv hnyuv; hnyuv hlauv; — **herniation** *n.*
herniation, *n.* kev hlauv hnyuv (tawm ntawm qhov quav)
hero, *n.* cawm seej; nraug seev
heroin, *n.* yeeb dawb
heroine, *n.* tus poj niam cawm seej; tus poj niam uas muaj peev xwm; nkauj seev; nkauj see
heron, *n.* ib hom noog dawb uas nyob raws hav dej
herpes, *n.* ib hom kab mob kas cees uas ua pob sawv hlwv rau qhov chaw mos
herpetology, *n.* kev kawm txog yam tsiaj zoo li nab qas dev los yog kheb
herring, *n.* ib hom ntses nyob hiav txwv
hers, *pron.* nws li; tus poj niam li
herself, *pron.* nws tus kheej; tus poj niam kheej
hertz, *n.* ib txoj kev ntsuas qhov dhia ceev ntawm hluav taws xob
hesitant, *adj.* yig; mij ntsis yig; tsis tshua yeem; — **hesitancy** *n.*
hesitate, *v.* 1. yig; tsis yeem; 2. tsis maj
hesitation, *n.* 1. kev yig; kev tsis tuaj yeem; 2. qhov yig; qhov tsis yeem
heterogeneous, *adj.* txawv txawv; tsis zoo sib xws
heterosexual, *adj.* ntsig txog kev plees nkauj nraug; ntsig txog txoj kev plees los yog txoj kev ua hluas uas txiv neej nyiam poj niam los yog poj niam nyiam txiv neej (tsis yog txiv neej nyiam txiv neej los yog poj niam nyiam poj niam)
heterosexuality, *n.* kev plees nkauj nraug; txoj kev plees los yog txoj kev ua hluas uas txiv neej nyiam poj niam los yog poj niam nyiam txiv neej (tsis yog txiv neej nyiam txiv neej los yog poj niam nyiam poj niam)
hew, *v.* 1. txiav; 2. ua raws nraim
hewing hatchet, *n.* piab; ib rab twj npawm ntoo
hex, *v.* foom phem rau; ua phem rau
hexagon, *n.* rau fab; rau ceg
heyday, *n.* caij nyoog zoo; sij hawm zoo
hiatus, *n.* caij so; sij hawm so

hiccough, *n*. ntsos; kev ua ntsos
hiccup, *v*. ua ntsos
hick, *n*. tus neeg hlwb tsawg uas raug dag raug ntxias yooj yim heev; neeg npub
hickey, *n*. 1. tawv nqaij doog los ntawm kev sib ntxais; 2. pob liab; 3. pob hluav taws xob
hickory, *n*. 1. ib hom ntoo tawv tawv nyob Mes Kas teb; 2. npe nroog
hide, *v*. nkaum; nraim; zais; npog
hidebound, *adj*. 1. siab nqaim; siab tsis dav; 2. qhuav heev thiab lo rau cov nqaij lawm
hideous, *adj*. qias neeg heev; tsis zoo nkauj li
hie, *v*. maj
hierarchy, *n*. qeb; theem uas muaj qhov siab los rau qhov qes
high, *adj*. 1. siab; siab siab; 2. qaug (xws li haus yeeb haus tshuaj es qaug ua mem muj qus)
highball, *n*. 1. cov cawv uas hliv rau hauv lub khob siab siab; 2. daim *paib* qhia rau lub tsheb ciav hlau tias yuav dhia ceev heev rau tom ntej
high beam, *n*. teeb siab; qhov muag tsheb lub siab
highbinder, *n*. tus neeg Suav Mes Kas uas nyob hauv ib lub koom haum uas tua neeg thiab yuam neeg
high blood pressure, *n*. ntshav siab
highborn, *adj*. ntsig txog yug me nyuam tshwj xeeb
highboy, *n*. thawv rau khoom
highbred, *adj*. yog hom zoo tshaj plaws
highbrow, *n*. tus neeg uas muaj kev kawm txuj siab los yog paub kev lis kev cai zoo
highchair, *n*. rooj noj mov rau me nyuam
high-class, *adj*. txheej siab; neeg muaj
higher, *adj*. siab zog
highest, *adj*. siab tshaj plaws
highflown, *adj*. 1. ua txuj; 2. khav; cuab; 3. tsa hwj chim; muab hlob heev
highhanded, *adj*. 1. twm xeeb; ua raws siab nyiam xwb; 2. tsa hwj chim heev; muab hlob heev
high-hat, *v*. coj li saib tsis taus lwm tus
high-jack, *v*. muab riam phom yuam dav hlau los yog tsheb ua raws nws hais; yuam dav hlau; yuam tsheb
high jump, *n*. kev dhia siab (nyob hauv kev sib tw)
highland, *n*. toj roob; chaw siab
highlander, *n*. neeg toj siab
high-level, *adj*. 1. qeb siab; txheej siab; 2. tseem ceeb heev
highlight, *n*. qhov tseem ceeb; ntsiab lus; -*v*. 1. muab lub ntsiab los yog qhov tseem ceeb; 2. taw qhov tseem ceeb
highlighter, *n*. 1. tus neeg taw qhia qhov tseem ceeb; 2. mem hom; tus mem siv khij qhov tseem ceeb
highminded, *adj*. ntsig txog tswv yim zoo; zoo tswv yim
highness, *n*. 1. qhov siab heev; 2. yam zoo tshaj plaws; 3. lub meej mom rau huab tais
highrise, *adj*. ntau tshooj; ntau theem (xws li tsev siab); -*n*. tsev siab; tsev ntau txheej
high-risk, *adj*. txaus ntshai heev
highroad, *n*. kev loj; kev ceev
high school, *n*. tsev kawm ntawv theem nrab; tsev kawm ntawv qeb 9 txog 12
high seas, *n*. plawv hiav txwv uas tsis muaj lub teb chaws twg yog tswv (vim nrug deb ntawm ntug teb chaws lawm)
high-spirited, *adj*. siab loj; siab tawv
high-strung, *adj*. ntshai heev
highway, *n*. kev loj; kev tsheb loj; kev tsheb uas muaj li ob kab mus ob kab los thiab dhia tau ceev tshaj 55 *mais* tuaj ib teev
highwayman, *n*. tus neeg ua tub sab raws kev tsheb loj
hijack, *v*. xuas riam xuas phom yuam tsheb los yog dav hlau ua raws nws nyiam; yuam dav hlau; yuam tsheb
hike, *v*. 1. taug kev mus deb deb; 2. sawv nrawm nroos; -*n*. kev taug kev deb deb
hilarious, *adj*. txaus luag heev
hill, *n*. toj; roob
hillock, *n*. me nyuam roob
hilly, *adj*. cuam kawb
hilt, *n*. ko ntaj
hilum, *n*. qia raum
him, *pron*. nws (txiv neej)
himself, *pron*. nws tus kheej
hind, *n*. poj mos lwj; -*adj*. qab; nraum qab

hinder, *v.* 1. tab kaum; 2. khaum kev; thaiv kev
hindmost, *adj.* deb rov tom qab tshaj plaws
hindrance, *n.* yam uas thaiv kev los yog tab kaum
hindsight, *n.* kev to taub ib yam dab tsi tom qab twb tshwm sim tag lawm
Hinduism, *n.* ib yam dab qhuas kev ntseeg uas muaj nyob coob rau teb chaws Is Dias
hinge, *n.* daim hlau ntsia nrog rau lub qhov rooj kom qhib thiab kaw tau
hint, *n.* 1. piv txwv (tab sis tsis yog hais ncaj qha); tswv yim pab (kom paub me me); 2. ib qho me me
hinterland, *n.* 1. thaj chaw uas nrug deb nroog heev; ntug chaw; 2. chaw nyob ntawm ntug hiav txwv
hip, *n.* ntsag; lub ntsag
hippopotamus, *n.* ntxhw dej; ib hom tsiaj hav dej
hire, *v.* ntiav; txais; ntiav los txais neeg ua hauj lwm
hireling, *n.* tus neeg ua hauj lwm rau lwm tus kom tsav los yog zoo rau nws xwb
hirsute, *adj.* muaj plaub heev
his, *pron.* nws li
historian, *n.* kws keeb kwm; kws liv xwm
history, *n.* keeb kwm; liv xwm; yam muaj dhau los lawm
histrionics, *n.* txoj kev cuab loj tshaj qhov nyob hauv lub siab
hit, *v.* 1. ntaus; 2. mus txog; 3. cuam tshuam txog; ua rau
hitch, *v.* 1. txav los yog tshem los ntawm qhov uas muab thawb mus thawb los; 2. muab tus nuv los yog tus nqe lauj chob tuav tseg; 3. thov caij tsheb dawb; *-n.* 1. ib teg mus ib teg los; 2. cia li nres tam sim ntawd
hitchhike, *v.* thov tsheb caij dawb tom kev (uas yog tsa taub tes thov)
hitchhiker, *n.* tus neeg thov caij tsheb tom kev
hither, *adv.* rau qhov chaw no
hitherto, *adv.* los txog rau lub caij no
HIV, *n.* hom kab mob hu ua Human Immuno-deficiency Virus
hive, *n.* nas ntab; nas muv; ntab thiab muv lub tsev
hives, *n.* kev ua xua thiab khaus khaus; mob xua
HMO, *n.* koom txoos hais txog kev noj qab haus huv
Hmong, *n.* 1. Hmoob; neeg Hmoob; nws muaj thaj tsam li 12,000,000 tus Hmoob nyob rau hauv lub ntiaj teb no. 10,000,000 tus nyob rau teb chaws Suav hos 2,000,000 tus nyob sab nraud lub teb chaws xws li teb chaws Nyab laj, Phab mab, Nplog, Thaib, Auv Tas Lias, Fab Kis, Kas Nas Das, Mes Kas thiab lwm lub teb chaw; 2. lus Hmoob
hmongabc.com, *n.* website of the first Hmong bookstore owned by Yuepheng and Shoua Xiong. hmongabc.com was registered in 1997 and has been online ever since
Hmongism, *n.* Hmong religion and philosophy
hoard, *n.* khoom npaj tseg tau siv rau hnub tom ntej; *-v.* npaj khoom tseg rau yav pem suab
hoarfrost, *n.* te; ib co hws dej uas nkoog dawb pes vog thaum no no
hoarse, *adj.* txhaws suab
hoarseness, *n.* hawb pob; txhaws suab
hoary, *adj.* 1. daj hau dawb txoob; plaub hau txheeb; 2. laus heev lawm
hoax, *n.* kev ntxias dag
hobble, *v.* 1. mus kev ceg tawv los yog deeg pauv; 2. ua rau ceg tawv
hobby, *n.* qhov yus nyiam ua thaum muaj caij nyoog; yam yus ua laug sij hawm; ib qhov kev ua si
hockey, *n.* ib yam kev sib twv ua si nyob saum dej nkoog
hod, *n.* pob tawb kwv khoom
hodad, *n.* tus neeg tsis caij txiag ntoo dej tab sis ua txuj mus ncig nram ntug dej li nws caij thiab
hodgepodge, *n.* ntau yam txawv sib xyaws
hoe, *n.* hlau; *-v.* khawb; ncaws; nthua
hog, *n.* npua; quab npua; *-v.* 1. txhav; 2. tswj
hogshead, *n.* ib lub thoob loj loj
hogwash, *n.* kev tsis muaj qab hau; tsis muaj paus ntsis
hoist, *v.* nqa
hokey, *adj.* 1. tsis tshua tseem ceeb; 2. dag; tsis muaj tiag
hold, *v.* 1. tuav; tswj; kav; 2. ntaus nqi tias; 3. puag; 4. ntim; 5. chaw rau

khoom nyob hauv nkoj
holding, *n.* 1. teej tug; vaj tse; 2. yam yog yus li
holdup, *n.* 1. kev ncua lub caij nyoog; 2. tub sab muab phom hem
hole, *n.* 1. qhov; lub qhov; 2. qhov zawj
holiday, *n.* 1. hnub so; hnub so hauj lwm; 2. hnub caiv
holiness, *n.* kev dawb huv sab ntsuj plig
holistic, *adj.* tag nrho ib tus los yog ib thooj
holler, *v.* quaj qw
hollow, *adj.* 1. khoob; khoob lug; 2. qhuav qhuav; 3. tsis muaj neeg nyob; -*n.* qhov khoob
holly, *n.* ib hom ntoo uas ntsuab thawm xyoo
hollyhock, *n.* ib hom ntoo paj
holocaust, *n.* 1. kev liam sim los yog puas tsuaj (los ntawm hluav taws kub); 2. qhov cov neeg Ntsuj raug Hiv Lawj tua tuag coob heev nyob rau teb chaws Ntsaws Mes Nis
holstein, *n.* nyuj txaij dub thiab dawb
holster, *n.* hnab rau yaj phom; hnab yaj phom
holy, *adj.* 1. tshwj xeeb; 2. dawb huv heev hauv sab ntsuj plig
homage, *n.* 1. txoj kev muab saib rau lub sam xeeb; 2. hwm; 3. hawm
home, *n.* 1. tsev; chaw nyob; 2. hauv paus
homeless, *adj.* tsis muaj tsev; loj leeb; -*n.* neeg loj leeb; neeg nyob tsis muaj tsev
homely, *adj.* tsis txaus nyiam; yooj yooj yim
homemaker, *n.* 1. niam tsev; 2. tus neeg saib tsev
homesick, *adj.* nco tsev; nco vaj nco tsev
homespun, *adj.* yooj yim
homestead, *n.* lub tsev los yog thaj av uas tus tswv nyob kiag rau hauv
homestretch, *n.* 1. lwm kawg ntawm txoj kev sib tw khiav; 2. zaum kawg
homeward, *adv.* tig mus tsev; rov mus tsev
homework, *n.* hauj lwm tom ntsev; hauj lwm coj los ua tom tsev; cov ntaub ntawv nqa los ua tom tsev mam nqa rov qab mus rau xib fwb
homey, *adj.* zoo li tsev; xws li tsev
homicide, *n.* kev ib leeg tua ib leeg
homily, *n.* lus hais; lus qhuab qhia
homogeneous, *adj.* zoo tib yam; tib hom
homogenize, *v.* 1. ua kom zoo sib xws; 2. muab sib tov kom zoo tib yam nkaus
homograph, *n.* ob lo lus (los yog ntau tshaj) uas sau zoo tib yam tab sis lub ntsiab sib txawv
homonym, *n.* ob (los yog ntau tshaj) lo lus uas lub suab hais thiab lo lus sau zoo tib yam tab sis lub ntsiab sib txawv
homophone, *n.* ob (los yog ntau tshaj) lo lus uas lub suab hais zoo tib yam tab sis lub ntsiab sib txawv
Homosapiens, *n.* tib neeg (yav ntuj puag thaum ub) uas tseem nyob zoo li tsiaj
homosexual, *adj.* ntsig txog txoj kev uas txiv neej rov nyiam txiv neej
homosexuality, *n.* kev txiv neej rov nyiam txiv neej los yog txiv neej hlub txiv neej
hone, *v.* hov riam kom ntse; -*n.* 1. zeb ho; 2. ciaj tshau qhov
honest, *adj.* 1. ncaj; ncaj ncees; 2. siab ncaj; 3. tsis dag
honey, *n.* 1. zib muv; 2. tus hlub
honeycomb, *n.* nas ntab; ntab lub tsev
honeydew, *n.* lwg zib
honeydew melon, *n.* dib pag
honeyeater, *n.* ib hom noog noj zib
honey guide, *n.* ib hom noog
honeymoon, *n.* lub caij uas ob niam txiv sib yuav tshiab tshiab mus ncig ua si
honeysuckle, *n.* yam nroj tsuag uas cov paj muaj zib qab heev
honk, *v.* nyem tswb tsheb rau; -*n.* lub suab nrov li noog qej qawg (los yog os nab) quaj los yog tej yam suab zoo li ntawd
honor, *n.* 1. sam xeeb; 2. kev zoo siab; -*v.* saib siab; saib rau lub sam xeeb
hood, *n.* 1. daim ntaub khwb taub hau; thiv hauv; thiv hau; 2. daim npog taub hau tsheb
hoodlum, *n.* neeg phem; tub sab tub nyiag
hoodwink, *v.* dag; ua kom to taub yuam kev
hoof, *n.* rau (tsiaj); tsiaj tus rau tes rau taw

hoof print, *n.* hneev tsiaj; tus hneev tsiaj

hook, *n.* 1. nqe lauj; 2. nuv; nuv ntses; *npev* (L); -*v.* nuv; muab hlua mus nqe los

hookah, *n.* ib hom yeeb thooj

hooked, *adj.* 1. nkhaus li tus nuv (ntses); 2. daig; khuam; 3. tiv; quav (xws li quav yeeb)

hooker, *n.* 1. niam ntiav; nkauj muag cev; 2. lub nkoj qub qub puas puas lawm; 3. nkoj txhom ntses

hookworm, *n.* cua nab nyob hauv plab hnyuv

hooky, *n.* kev tsis mus kawm ntawv

hooligan, *n.* neeg phem; tub sab tub nyiag

hoop, *n.* 1. thi; thi thoob; 2. kauj; log ua si rau me nyuam yaus; 3. kauj tiab; kauj txheem daim tiab; 4. qhwv ntsej kauj los yog voj voog; 5. pob tawb

hoopoe, *n.* ib hom noog uas cov plaub ntawm taub hau ntxhov ntxhov tsa tsa

hoop skirt, *n.* ib hom tiab uas muaj kauj tuaj sab hauv kom daim tiab kheej kheej

hoop snake, *n.* ib hom nab uas tom ko tw mus kev

hoot, *v.* qw cem; qw yam tsis txaus siab

hop, *v.* dhia; dhia paj paws; -*n.* ib hom paj hmab uas siv los ua cawv kom tsw qab

hope, *v.* cia siab; vam; -*n.* kev cia siab

hopper, *n.* lub thoob los yog thawv uas muaj qhov nyob hauv qab

horde, *n.* pawg; pab

horizon, *n.* qab ntug (tim qhov uas qhov muag pom txog)

horizontal, *adj.* tav toj; ntsig txog txoj kab tav toj

hormone, *n.* ib cov keeb nyob hauv cov ntshav uas muaj peev xwm ua rau lwm yam khoom hauv nrog cev ua hauj lwm txawv los yog coj txawv

horn, *n.* 1. kub; tus kub; 2. raj

hornbill, *n.* haum vaj; noog haum vaj

hornet, *n.* ntseeb

horny, *adj.* 1. muab kub ua; 2. tawv heev; 3. xav sib deev; khaus

horoscope, *n.* kev xam hnub nyoog; kev saib caij nyoog saib zoo los phem

horrendous, *adj.* phem heev; txaus ntshai heev

horrible, *adj.* 1. phem heev; txaus ntshai heev; 2. tsis pom zoo li

horrid, *adj.* phem heev

horrify, *v.* ua phem rau; ua kom ntshai

horror, *n.* kev phem; kev ntshai

hors d'oeuvre, *n.* khoom txom ncauj

horse, *n.* nees

horsefly, *n.* mos dab; yoov mos dab

horsepower, *n.* zog; lub zog ntawm tej tshuab los yog tsheb

horseshoe, *n.* daim hlau looj nees cov rau taw

horticulture, *n.* kev tshawb kawm txog kev cog txiv hmab txiv ntoo, cog zaub thiab cog paj

hose, *n.* hlua dej; hlua raj dej; hlua tso dej; -*v.* tsuag dej los ntawm txoj hlua dej

hosiery, *n.* hnab taw; thom khwm; *thoom thaub* (L)

hospice, *n.* 1. chaw so rau neeg taug kev; 2. tsev kho mob

hospitable, *adj.* 1. siab dav; siab zoo; 2. nyiam qhua heev

hospital, *n.* tsev kho mob

hospitality, *n.* kev txais qhua; kev tiam qhua

hospitalization, *n.* kev raug pw tsev kho mob

hospitalized, *v.* raug pw tsev kho mob

host, *n.* 1. tswv cuab; 2. tus tos txais; 3. tub rog; -*v.* ua tswv cuab; tos txais; lis

hostage, *n.* 1. tus neeg tuav tseg ua chaw sib pauv; 2. tus neeg uas raug tub sab kav lawm kom tub sab tau nyiaj

hostel, *n.* chaw so rau cov hluas; tsev so rau cov hluas

hostelry, *n.* chaw so los yog tsev tos qhua

hostess, *n.* tus poj niam tos qhua; tus tos txais uas yog ib tus poj niam

hostile, *adj.* tsis raug phooj ywg zoo; tsis sib nyiam; sib ntxub

hot, *adj.* 1. kub; kub kub; 2. ntsim; ntsim ntsim; 3. chim; chim chim

hotbed, *n.* 1. qhov chaw uas nyiam kev vam meej sai sai heev; 2. hauv paus

hot dog, *n.* hnyuv *nplem*; ib hom

khoom noj uas muab hnyuv cuam hauv daim *nplem*
hotel, *n.* tsev tos qhua; tsev ntiav (hom loj); chaw ntiav pw
hot flash, *n.* huam sob laws
hotheaded, *adj.* tawv ncauj; twm xeeb
hothouse, *n.* tsev cog nroj tsuag
hot seat, *n.* chaw ti
hound, *n.* dev caum nqaij
hour, *n.* 1. teev (ze rau teem ntawm lo lus teem caij); 2. rau caum feeb; 60 feeb
hourglass, *n.* iav teev; lub hwj iav uas hauv nruab nrab nqia uas rau xuab ze rau hauv thiab siv qhia caij nyoog saib ntev los luv
house, *n.* tsev; vaj tse
housecoat, *n.* tsho hnav nyob hauv tsev
housefly, *n.* mos ntsuab; yoov mos ntsuab
household, *n.* tsev neeg; tag nrho cov neeg nyob hauv lub tsev
householder, *n.* 1. tswv tsev; 2. txiv tsev
housekeeper, *n.* tus tu tsev; neeg tu vaj tse
housekeeping, *n.* kev tu los yog saib xyuas vaj tse los yog koom haum
housewife, *n.* niam tsev
housework, *n.* hauj lwm hauv tsev
housing, *n.* 1. chaw rau tib neeg nyob; vaj tse; 2. kev tiv thaiv
hovel, *n.* me nyuam tsev phem phem puas puas
hover, *v.* 1. ntsauv; 2. nyob dai ncuv saum ntuj; 3. ncig mus ncig los rau ib cheeb tsam ntawd
how, *adv.* li cas; ua li cas
however, *adv.* li cas los xij; txawm li cas los puam chawj
howitzer, *n.* phom loj
howl, *v.* quaj ua lub suab li dev
hoyden, *n.* hluas nkauj los yog poj niam uas plees heev
hub, *n.* 1. lub plawv los yog qhov nruab nrab; 2. chaw cais los yog pob cais (xov hluav taws xob)
hubbub, *n.* teeb meem kev puas tsuaj
hubris, *n.* kev zoo siab heev
huckleberry, *n.* ib hom ntoo uas txi tej lub txiv me me xiav xiav, dub dub, thiab liab liab
huckster, *n.* tub lag luam; neeg muag khoom
huddle, *v.* 1. sib txim; sib txiv (suab hloov los ntawm *txim*); 2. los ua ke; los ua pab ua pawg; 3. sib sau
hue, *n.* tsos; tsos hloov nce thiab nqes
hug, *v.* puag; qawm
huge, *adj.* loj heev; dav heev
hula, *n.* ib hom seev cev
hulk, *n.* 1. neeg los yog tej yam khoom loj loj rog rog; 2. lub nkoj qub qub uas tsis zoo siv lawm
hull, *n.* 1. daim tawv txiv; 2. nkoj lub khauj khaum
human, *n.* tib neeg; neeg
humane, *adj.* 1. saib taus lwm tus neeg; 2. ncaj; 3. yuav taus
humanism, *n.* ntsig txog tib neeg txoj kev ua neej
humanitarian, *n.* tus neeg uas mob siab pab lub zej zog los yog pab cov txom nyem; -*adj.* pab cov txom nyem; ntsig txog kev pab cuam rau cov neeg txom nyem
humanity, *n.* 1. noob neej; tib neeg; 2. haiv neeg
humanize, *v.* 1. tsim tib neeg; 2. ua kom yuav taus
humankind, *n.* noob neej
humanoid, *adj.* muaj tsos zoo li neeg lawm; zoo li tib neeg
humble, *adj.* 1. txo hwj chim qes qes heev; tsis cov nyom; muaj kev sib hwm; 2. coj tus cuj pwm uas yuav taus; 3. tsis phem phem heev, tsis zoo zoo heev, nyob nruab nrab
humbug, *n.* tsis muaj qab hau
humerus, *n.* txha caj npab ntu npuab rau xub pwg; txha npab ntug
humid, *adj.* vaum; vaum vaum (xws li kub kub vaum vaum); muaj muaj hws
humidify, *v.* 1. ua kom muaj hws; 2. ua kom noo
humidity, *n.* 1. hws; fws; 2. noo
humidor, *n.* lub thawv rau khoom kom txhob hws
humiliate, *v.* rhuav ntsej muag; ua kom txaj qhov muag; ua kom poob ntsej muag
humiliation, *n.* kev sib rhuav ntsej muag
humility, *n.* kev txo hwj chim
hummingbird, *n.* ib hom noog me me
humor, *n.* dab ros; qhov txaus luag; qhov tuaj dab ros
humorous, *adj.* txaus luag; txaus tuaj

dab ros
hump, *n*. thooj; pob; pob thooj; -*v*. xoom; nthawv
humpback, *n*. khoov pob
humus, *n*. av dub
hunch, *v*. ua pob; su
hunchback, *n*. 1. khoov pob; 2. tus neeg khoov pob
hundred, *n*. ib puas; pua; 100
hundred legged worm, *n*. kab txws
hundredth, *adj*. thib ib puas; thib 100th
hung, *v*. khuam (see *hang*); -*adj*. tsis muaj peev xwm txiav txim
hunger, *n*. kev tshaib nqhis; kev tshaib plab; -*v*. tshaib nqhis
hunger strike, *n*. kev zoo siab hlo yoo mov ua chaw tawm tsam txoj kev chim siab
hungry, *adj*. tshaib plab
hunk, *n*. ib thooj loj loj
hunker, *v*. 1. zaum khooj ywb; 2. pom zoo ncua ib ntus
hunt, *v*. 1. raws tsiaj; tua tsiaj qus; raws; 2. taug; caum; 3. nrhiav
hurdle, *n*. kev daig; pob caus; qhov thaiv txoj hau kev
hurl, *v*. 1. txawb los yog cuam siv zog heev; 2. ntaus los yog sib tua hnyav heev los yog sib zog heev; 3. cem yam chim heev; 4. mus ceev heev; txav ceev heev
hurrah, *int*. lo lus zoo siab los yog pom zoo
hurricane, *n*. cua daj cua dub; nag xob nag cua
hurriedly, *adv*. tsuag tsuag; nrawm nrawm; ceev ceev; kav zeeg
hurry, *v*. maj; maj maj; -*n*. kev maj kev rawm
hurt, *v*. 1. ua mob; 2. ua puas; 3. tu siab; -*adj*. mob mob
hurtle, *v*. 1. txav ceev heev; mus ceev heev; 2. txawb siv zog heev
husband, *n*. tus txiv
husbandry, *n*. 1. kev ua zoo siv; 2. qoob loo
hush, *v*. txhob hais lus; ua twb ywm; -*n*. ntsiag to; twb ywm
husk, *n*. plhaub; daim tawv; qhov qhwv sab nraud; -*v*. tev plhaub tawm
husky, *n*. dev; ib co dev los yog aub nyob puag pem qaum teb
hussy, *n*. tus poj niam uas tsis paub txaj muag li; poj niam muaj plhus
hustle, *v*. dhia mus dhia los; pliag ub pliag no
hustler, *n*. 1. tus neeg uas tau nyiaj txiag tsis raug cai; 2. niam ntiav
hut, *n*. tsev pheeb suab
hutch, *n*. 1. thawv rau khoom; 2. cooj qaib
hyacinth, *n*. ib hom nroj tsuag; ib hom paj
hybrid, *n*. 1. tsuam tsoov; 2. me nyuam tsiaj los yog ntsuag ntoo uas yog muab ob yam tsiaj los yog ob yam ntoo txawv txawv los sib tov muaj
hybridize, *v*. 1. tsuam tsoov; 2. sib tov (ob hom tsiaj kom yug me nyuam txawv)
hydrant, *n*. pob dej tua hluav taws; tus raj dej uas txuas hlua dej tua hluav taws rau
hydroelectric, *adj*. ntsig txog kev tua hluav taws xob
hydrogen, *n*. ib hom pa roj uas tsis pom thiab tsis hnov tsw li; *hais daus cees*
hydrogen bomb, *n*. *npoos* loj uas muaj *khes mis*
hydroplane, *n*. 1. nkoj uas khiav tau saum nplaim dej ceev heev; 2. dav hlau dej; lub dav hlau uas tsaws hauv hav dej
hydrous, *adj*. ntim dej
hyena, *n*. hma; ib hom tsiaj zoo li hma
hygiene, *n*. kev tu ib ce du lug kom txhob muaj mob muaj nkeeg; kev noj qab haus huv
hymen, *n*. daim npluag thaiv poj niam lub qhov paum thaum tsis tau deev txiv neej
hymn, *n*. nkauj hais txog kev ntseeg ntuj
hymnal, *n*. phau ntawv nkauj hais txog kev ntseeg ntuj
hyoid bone, *n*. txha pob qa; txha pob yeeb
hype, *v*. tshaj tawm ua lwj ua liam
hyper, *prefix*. 1. dhau; 2. tshaj
hyperactive, *adj*. cus heev; muaj zog dhia heev
hyperbole, *n*. cuab tshaj dhau
hyperglycemia, *n*. kev muaj piam thaj ntau heev nyob hauv cov ntshav

hypertension, *n.* 1. ntshav siab; 2. kub siab
hyperventilate, *n.* pa yuav tu thaum muaj kev chim siab; kev ua tsis taus pa
hyphen, *n.* ib txoj kab li no - nyob hauv kev sau ntawv uas yog cais kom meej los yog muab lus sib txuas (xws li *651-338-7443* los yog *ice-cream cone*)
hyphenate, *v.* khij ib txoj kab li no - rau; khij kab rau
hypnosis, *n.* kev mooj; kev ua kom looj thiab ua raws li tus coj
hypnotize, *v.* mooj; ua kom looj los yog kom tsis nco tom ntej tom qab li lawm
hypocrisy, *n.* kev khav theeb xwb tsis ua li hais; hais tau ua tsis tau; kev tsab ntse; kev khav ntawm ntug cub xwb
hypocrite, *n.* neeg khav theeb; neeg tsab ntse
hypocritical, *adj.* tsab ntse; khav theeb
hypodermic, *adj.* 1. ntsig txog txheej qab ntawv nqaij sab hauv daim tawv nqaij; 2. txhaj tshuaj; hno tshuaj rau nqaij; *-n.* 1. kev txhaj tshuaj; kev nkaug tshuaj
hypoglossal nerve, *n.* leeg hlwb tswj nplaig; ib txoj leeg ntawm lub hlwb uas tswj tus nplaig
hypothesis, *n.* niam tswv yim; ib qho kev xav los yog ib lub niam tswv yim uas tseem yuav sim saib puas yog
hysterectomy, *n.* kev phais tsev me nyuam
hysteria, *n.* kev lam ntshai ub ntshai no
hysterics, *n.* kev luag los yog quaj uas tswj tsis tau li
hysterotomy, *n.* kev phais tsev me nyuam vim yug tsis tau

I

i, *n.* tus tsiaj ntawv As Kiv thib cuaj
I, *pron.* kuv; tus hais lus
ibis, *n.* ib hom noog
ibuprofen, *n.* tshuaj mob taub hau; tshuaj kub tau hau
ice, *n.* daus; dej khov; dej nkoog
iceberg, *n.* ib thooj daus los yog dej nkoog ntab nyob saum nplaim dej
icebox, *n.* thawv txias
icebreaker, *n.* lub nkoj tho dej nkoog
ice cream, *n.* mis nyuj nkoog
ice-skate, *v.* rau khau daus; *-n.* kev rau khau daus
ichthyology, *n.* kev kawm txog ntses
icicle, *n.* daus dai; ib thooj los yog ib tug daus dai ntawm tej
icing, *n.* khoom qab zib pleev ncuav noj
icon, *n.* 1. duab; 2. ntsej muag (rau tib neeg nco); 3. cim; qauv
iconoclast, *n.* tus neeg tawm tsam los yog rhuav tshem ib txoj kev ntseeg los yog koom haum
icy, *adj.* nkoog ua daus tag lawm; khov tag lawm
id, *n.* ib ceg ntawm txoj kev ua saub uas muaj peev xwm paub txog tus neeg thaum pom dheev
ID card, *n. ais dis*; cim thawj; ntawv keeb cev; ntawv nrog cev; ntaub ntawv txog tus kheej xws li ntawv tsav tsheb thiab lwm yam
idea, *n.* tswv yim
ideal, *adj.* 1. zoo heev; 2. zeem muag; *-n.* 1. qauv; 2. hom phiaj
idealism, *n.* kev npau suav; kev cia siab rau qhov zoo
idealist, *n.* tus neeg muaj npau suav los yog muaj laj lim; neeg laj lim
idealize, *v.* xav txog; muab coj los xav
identical, *adj.* zoo sib xws; zoo ib yam; tsis txawv li
identifiable, *adj.* 1. muaj hom thawj; 2. muaj peev xwm txheeb tau; muaj peev xwm paub zoo
identification, *n.* cim thawj; hom thawj; kev txheeb kom paub; kev qhia ib qho zuj zus
identify, *v.* txheeb xyuas; qhia; taw qhia
identity, *n.* 1. keeb neeg (lo lus *keeb* yog los ntawm *keeb kwm*); caj ceg; 2. cim thaw; hom thawj (lo lus *thawj* yog los ntawm *pov thawj*); 3. tus kheej
ideology, *n.* ib co tswv yim los yog kev ntseeg
idiom, *n.* tej lo lus uas siv nyob hauv

tej pawg neeg uas lwm pab los yog lwm qhov tsis siv
idiosyncrasy, *n.* qhov txawv ntawm tus kheej li cuj pwm
idiot, *n.* tus neeg hlwb qeeb; tus neeg ruam tsis paub dab tsi; neeg npub
idle, *adj.* tub nkeeg; tsis ua dab tsi
idol, *n.* 1. mlom; 2. yam yus cia siab rau; yam yus hawm
idolater, *n.* tus neeg teev hawm mlom
idyll, *n.* lub sij hawm uas muaj kev thaj yeeb nyab xeeb tsis muaj tsov muaj rog
if, *conj.* yog tias
igloo, *n.* tsev daus tsev npu
ignite, *v.* zes (kom cig); tis (taws rau); ua kom cig
ignition, *n.* 1. txoj kev ua kom cig los yog kom kub hnyiab; 2. qhov yawm sij tsheb
ignoble, *adj.* rhuav ntsej muag; tsis zoo rau lub koob lub npe
ignominious, *adj.*1. rhuav ntsej muag; poob ntsej muag; 2. txaj muag heev
ignoramus, *n.* tus neeg tsis paub tom ntej tom qab; tus neeg twm xeeb; tus neeg tsis paub qab hau
ignorant, *adj.* 1. tsis paub qab hau; twm xeeb; 2. tsis muaj tswv yim; 3. tsis ras txog li
ignore, *v.* 1. puam chawj; kav liam; 2. tsis thab; tsis lis; tsis saib xyuas; 3. ua ntsej lag muag dig; tsis quav ntsej
iguana, *n.* nab qa; nab qas dev; nab qas dev nqhuab
ileocecal valve, *n.* tom xib hnyuv
ileum, *n.* hnyuv me ntu xaus
iliacus muscle, *n.* nqaij ntshiv ntawm ntsag mus cob rau tus txha ncej puab
ilk, *n.* hom; yam
ill, *adj.* 1. mob; 2. phem
illegal, *adj.* txhaum cai lij choj; tsis raug cai; — **illegally** *adv.*
illegible, *adj.* tsis pom zoo (xws li daim ntawv sau tsis pom zoo); nyeem tsis tau vim tsis pom zoo los yog sau phem heev
illegitimate, *adj.* 1. tsis raug cai; 2. tsaub; me nyuam yug los ntawm ob tus neeg tsis tau sib yuav raws txoj cai
illicit, *adj.* tsis raug cai; txhaum cai
illicit drug, *n.* tshuaj txhaum cai; cov tshuaj uas tsis raug cai siv
illimitable, *adj.* tsis muaj nrim; tsis muaj ciam
illiterate, *adj.* tsis paub ntawv; tsis txawj ntawv; — **illiterately** *adv*; — **illiterateness** *n.*
illness, *n.* 1. kev mob nkeeg; 2. kab mob; 3. qhov phem
illogical, *adj.* tsis txaus ntseeg; tsis muaj phim thawj
ill started, *adj.* tsis muaj hmoo
illuminate, *v.* 1. cig; pom kev; 2. qhia kom meej; ua kom pom tseeb; — **illumination** *n.*
ill use, *v.* siv yuam kev; lam tau lam siv
illusion, *n.* 1. yog toog; zeeg muag; 2. kev xav yuam kev; kev feeb tsis meej
illusory, *adj.* ntsig txog kev ua yog toog los yog nraug zeeg muag
illustrate, *v.* 1. kos duab; 2. tso saib; taw qhia
illustration, *n.* 1. duab kos; 2. kev tso saib; kev taw qhia
illustrious, *adj.* zoo tshaj plaws li; tshaj lij heev
ill will, *n.* kev xav txog qhov phem; kev txhawj xeeb txog yam phem
image, *n.* 1. duab; 2. yam ntxwv; 3. qauv
imagery, *n.* 1. duab; 2. qhov piav txog ib yam dab tsi saib zoo li cas
imaginary, *adj.* ntsig txog kev ua yog toog
imagination, *n.* yog toog; kev xav txog; kev npau suav
imagine, *v.* 1. ua yog toog; 2. ua npau suav; xav txog
imbalance, *n.* tsis hnyav sib luag; tsis sib txig sib luag
imbecile, *n.* neeg npub; neeg puas hlwb; neeg ruam (tsis ntse)
imbibe, *v.* haus
imbroglio, *n.* lub sij hawm los yog qhov chaw uas ntxhov heev uas tsis to taub los yog kho yooj yim
imbue, *v.* ntxiv rau; txhab rau
imitate, *v.* 1. qog; raws qab; 2. xyaum raws
imitation, *n.* kev qog los yog ua raws qab
immaculate, *adj.* tsis muaj qhov dub los yog qhov phem li
immaterial, *adj.* 1. tsis tseem ceeb; 2. sab ntsuj plig

immature, *adj.* tsis tau loj hlob txaus; tsis tau qoos
immeasurable, *adj.* 1. dav heev; loj heev; 2. xam tsis tau
immediacy, *n.* qhov uas yuav tsum tau ua sai sai heev
immediate, *adj.* 1. tam sim ntawd; sai sai heev; 2. ncaj qha; 3. txuas kiag
immediately, *adv.* tam sim ntawd; sai sai
immemorial, *adj.* qub dhau qhov nco tau lawm; ntev dhau tsis nco lawm
immense, *adj.* dav heev; loj heev; ntau heev
immensely, *adv.* heev; kawg nkaus
immerse, *v.* 1. raus; raus laum hauv qab thu dej; 2. nkag hauv qab; 3. nqos
immersible, *adj.* ntub dej los yog poob hauv hav dej los yeej tsis puas
immersion, *n.* kev raus nyob hauv dej xws li kev ntxuav plig; kev tsau dej
immigrant, *n.* neeg khiav teb chaws; tus neeg uas khiav mus nyob rau lwm lub teb chaws
immigrate, *v.* khiav tuaj nyob rau lub teb chaws tshiab
immigration, *n.* kev khiav mus nyob ib lub teb chaws tshiab; kev hla teb chaws
imminent, *adj.* yuav tshwm sim sai sai; npaj yuav tawm sai sai
immobile, *adj.* mus los tsis yooj yim
immobilize, *v.* txav tsis tau
immoderate, *adj.* tsis ncaj nruab nrab; koob mus tsis yoj xov los tsis nyog; — **immoderation** *n.*
immodest, *adj.* twm xeeb; coj tsis tog
immolate, *v.* 1. pauj yeem; tua tsiaj ua tsaug rau; 2. ua kom puas; rhuav; — **immolation**; — **immolator** *n.*
immoral, *adj.* tsis muaj cuj pwm los yog yam ntxwv zoo; tsis muaj kev dawb huv
immortal, *adj.* tsis paub tuag; *-n.* tus neeg uas tsis paub tuag; — **immortality** *n.*
immovable, *adj.* 1. tshem tsis tau; 2. hloov tsis tau; kho tsis tau lawm
immune, *adj.* 1. khoos (mos txwv tua tsis to); 2. kab mob nkag tsis tau
immunization, *n.* kev txhaj tshuaj tiv thaiv kab mob los yog khaub thuas
immunology, *n.* kev kawm txog kev tiv thaiv kab mob
immutable, *adj.* hloov tsis tau lawm
imp, *n.* 1. dab; 2. tus me nyuam uas tsis mloog lus li
impact, *n.* 1. qhov pab tau; 2. qhov txawv; qhov hloov; *-v.* pab tau; hloov tau
impair, *v.* 1. ua puas; puas; 2. tsis zoo li qhov qub lawm; — **impairment** *n.*
impala, *n.* ib hom mos lwj loj loj nyob teb chaws As Fiv Kas
impale, *v.* tho qhov
impalpable, *adj.* 1. mloog tsis raug li; 2. loog tag lawm
impanel, *v.* nyob ntawm rooj sib tham
impart, *v.* 1. muaj rau; 2. qhia
impartial, *adj.* 1. ncaj nruab nrab; ncaj ncees; 2. tsis xaiv ntsej muag
impassable, *adj.* hla mus tsis tau lawm; mus tsis tau lawm
impasse, *n.* qhov uas tsis muaj kev tawm li lawm
impassioned, *adj.* muaj kev hlub tshua
impassive, *adj.* tsis muaj qhov txaus siab rau; tsis nyiam
impatiens, *n.* ib hom nroj tsuag uas tawg paj
impatient, *adj.* 1. siab luv; 2. maj maj; rawm rawm
impeach, *v.* muab rho tawm (kev ua nom)
impeachment, *n.* kev muab nom tswv rho tawm nws txoj hauj lwm (vim nws ua txhaum cai lawm)
impeccable, *adj.* tsis txhaum li; tsis muaj qhov txhaum
impecunious, *adj.* tawg
impede, *v.* cuam tshuam; thaiv; tav kev
impediment, *n.* 1. qhov thaiv kev; qhov cuam tshuam; 2. lus yuam kev
impel, *v.* 1. yuam kom mus; 2. thawb; 3. txhawb
impend, *v.* 1. yuav tshwm sim sai sai; yuav tawm; 2. hem
impenetrable, *adj.* nkag tsis txeem
impenitent, *adj.* tsis tu siab; tsis mluas
imperative, *adj.* 1. tseem ceeb heev; 2. maj sai
imperceptible, *adj.* tsis muaj peev xwm pom tshab; pom tsis tshab
imperfect, *adj.* tsis zoo tag tag
imperial, *adj.* 1. ntsig txog huab tais; 2. huab tais

imperialism, *n*. kev ib lub teb chaws kav lwm lub teb chaws
imperil, *v*. 1. ua tau txaus ntshai; nyob rau qhov txaus ntshai; 2. tsis muaj qhov tiv thaiv
imperious, *adj*. muab hlob; khav theeb
imperishable, *adj*. tsis lwj; lwj tsis taus
impermanent, *adj*. tsis nyob ib txhis; tsis khov
impermeable, *adj*. tsis thawm
impermissible, *adj*. tso cai tsis tau
impersonal, *adj*. tsis hais txog tus kheej
impersonate, *v*. 1. qog; 2. ua raws; 3. dag ua lwm tus neeg; tsab ua lwm tus neeg
impertinent, *adj*. 1. tsis tseem ceeb; tsis muaj nuj nqis; 2. tsis txheeb ze; 3. tsis paub cai
imperturbable, *adj*. siab txias txias; nyob twj ywm
impervious, *adj*. tsis muaj peev xwm txeem nkag tau
impetigo, *n*. mob pob khaus; mob kav lis
impetuous, *adj*. tsis xyuam xim; ua dog ua dig
impetus, *n*. lub zog txhawb
impiety, *n*. kev txhaum txheej; kev ua phem
impinge, *v*. 1. txeeb; txhav; 2. cuam tshuam; 3. nam rau lwm tus neeg qhov
impious, *adj*. 1. tsis zoo; tsis dawb huv; 2. txhaum
impish, *adj*. tsis mloog lus; ua dog ua dig
implacable, *adj*. tsis muaj ncauj ke cheem los yog hloov
implant, *v*. cog rau; nruab rau; — **implantation** *n*.
implausible, *adj*. tsis txaus ntseeg
implement, *v*. raus tes ua; ua kiag; siv; -*n*. twj
implementation, *n*. qhov coj mus ua los yog sim kiag
implicate, *v*. 1. zuag; rub; 2. cuam tshuam; 3. liam
implication, *n*. 1. qhov cuam tshuam; qhov muaj feem xyuam; 2. kev rub; kev cuam tshuam
implicit, *adj*. 1. tsis hais ncaj qha tab sis kuj to taub lawm; hais lug lug; 2. yeej muaj tab sis tsis pom kiag; 3. tsis muaj kev poob siab txog; tsis txhawj li
implore, *v*. taij; thov; — **imploration** *n*.
impolite, *adj*. tsis paub cai; chawv
imponderable, *adj*. tsis muaj peev xwm yuav paub meej meej
import, *v*. yuav lwm lub teb chaws tuaj; xa txawv teb chaws tuaj; -*n*. 1. ntsiab lus; 2. qhov tseem ceeb; 3. yam xa txawv teb chaws tuaj
important, *adj*. tseem ceeb; muaj nuj nqis
importation, *n*. 1. kev nqus lag luam txawv teb chaws tuaj; 2. qhov khoom uas tuaj txawv teb chaws tuaj
importunate, *adj*. thov mus thov los yam tsis paub cai; taij tas taij thiab; — **importunateness** *n*.
importune, *v*. taij los yog thov tsis so; thov tas zog
impose, *v*. yuam (kom ua raws); — **imposition** *n*.
imposing, *adj*. 1. txaus siab; 2. loj heev; zoo heev; 3. txaus ntshai; rhiab heev
impossible, *adj*. 1. mus tsis taus; tsis muaj chaw mus; 2. tsis yooj yim
impost, *n*. se
imposter, *n*. tus neeg uas siv nws lub meej mom mus dag tib neeg
impotence, *n*. kev tsis muaj zog txiv neej; qau tawv tsis taus
impotent, *adj*. tsis muaj zog (txiv neej); tsis xav sib deev; qau tawv tsis taus
impound, *v*. txeeb coj mus ceev tseg rau tom nom tswv chaw
impoverish, *v*. ua rau txom nyem
impracticable, *adj*. tsis ua hauj lwm zoo
impractical, *adj*. tsis zoo siv; tsis yooj yim siv; tsis ua hauj lwm zoo
imprecise, *adj*. tsis meej tseeb; tsis ncaj nraim rau ib qho xwb; tsis tsi ntsees; dav heev
impregnable, *adj*. muaj peev xwm tiv thaiv
impregnate, *v*. 1. ua muaj me nyuam; ua kom xeeb me nyuam; 2. ua kom puv; —**impregnation** *n*.
impresario, *n*. tus tswv cuab kev lom zem
impress, *v*. 1. ua kom qhuas los yog nco ntsoov txog; ua kom nyiam; ua

kom deev siab; 2. tso zog nias; 3. luam los yog ntaus ntawv rau; 4. yuam mus ua tub rog hav dej
impression, *n.* 1. qhov nco qab ntsoov txog; kev nco qab; 2. daim ntawv luam
impressive, *adj.* 1. txaus siab; tsim nyog paub los yog pom; 2. tseem ceeb; muaj nqis
imprimatur, *n.* qhov kev tso cai los yog pom zoo los ntawm nom tswv
imprint, *v.* luam; luam ntawv rau ntawm daim plhaub
imprison, *v.* kaw; muab kaw; muab loj cuj
imprisonment, *n.* kev raug kaw qhov taub
improbable, *adj.* tsis ntxim muaj tseeb
impromptu, *adj.* tsis npaj ua ntej li
improper, *adj.* 1. tsis raug cai; 2. tsis raug ntsej muag; 3. tsis zoo nkauj
impropriety, *n.* qhov tsis raug kev raug cai
improve, *v.* txhim kho kom zoo dua qhov qub; kho; — **improvement** *n.*
improvident, *adj.* 1. tsis npaj rau yav pem suab los yog yav tom hauv ntej; 2. tsis ceev faj; 3. luam thuam
improvise, *v.* 1. ua; tsim; 2. npaj
imprudent, *adj.* 1. tsis xyuam xim; tsis ua zoo saib; tsis saib meej meej; 2. siab phem; 3. tsis hwm
impugn, *v.* tawm tsam; liam; cem; — **impugnable** *adj.*
impulse, *n.* 1. qhov kev xav (tam sim ntawd); qhov kev ntshaw; 2. lub zog; 3. mem ntoj ceeb ras
impulsion, *n.* 1. kev yuam; kev thawb; 2. kev txhawb; 3. lub zog thawb los yog lub zog txhawb
impulsive, *adj.* 1. coj raws siab nyiam; 2. tsis xyuam xim
impunity, *n.* kev zam tsis muab rau txim
impure, *adj.* tsis dawb huv; tsis ncaj ncees
impute, *v.* 1. ua tsaug rau los yog muab nuj nqis rau; 2. liam
in, *prep.* hauv; nyob hauv
in-, *prefix.* 1. tsis; tsis yog; 2. tsis muaj; tsis txawm peem

inability
inaccessibility
inaccessible
inaccuracy
inaccurate
inaction
inactive
inactivity
inadequacy
inadequate
inadmissibility
inadmissible
inadvisability
inadvisable
inapparent
inapplicable
inapposite
inappositely
inappositeness
inappreciative
inapproachable
inappropriate
inappropriately
inappropriateness
inapt
inarguable
inartistic
inartistically
inattentive
inattentively
inattentiveness
inaudible
inaudibly
inauspicious
inauthentic
incapability
incapable
incautious
incoherence
incoherent
incoherently
incombustible
incommensurate
incommodious
incommunicable
incompatibility
incomplete
incompletely
incompleteness
incomprehensible
inconclusive
incongruent
inconsecutive
inconsiderate
inconsiderately
inconsiderateness
inconsistency
inconsistent
inconsistently
inconspicuous
inconspicuously
inconstancy
inconstant
inconstantly
inconsumable
incontestable
incontestably
incorporeal
incorporeally
incorrect
incorrectly
incorrectness
incorruptible
inculpable
incurable
incurious
indecency
indecent
indecently
indecipherable
indecisive
indecisively
indecisiveness
indecorous
indecorously
indecorousness
indefensible
indefinable
indescribable
indescribably
indestructibility
indestructible
indigestible
indiscernible
indiscreet
indiscreetly
indiscretion
indisputably
indistinct
indistinctly
indistinctness
indivisibility
indivisible
ineducable
ineffective
ineffectively
ineffectiveness
ineffectual
ineffectually
ineffectualness
inefficiency
inefficient
inefficiently
inelastic

inelasticity
inelegance
inelegant
ineligibility
ineligible
ineradicable
inessential
inexact
inexactly
inexpedient
inexpensive
inexperience
inexperienced
inexpert
inexpertly
inexpertness
inexplicable
inexplicably
inexplicit
inexpressible
inexpressibly
inextinguishable
inextricable
infeasibility
infeasibility
infeasible
infelicitous
infelicity
infertile
infertility
inflexibility
inflexible
inflexibly
infrequent
infrequently
inglorious
ingloriously
ingratitude
inhumane
inhumanely
injudicious
injudiciously
injudiciousness
inoffensive
inoperable
inoperative
insalubrious
insensitive
insensitivity
inseparable
insignificant
insincere
insincerely
insincerity
insolubility
insoluble
instability
insubstantial
insufficiency
insufficient
insufficiently
insupportable
intangibility
intangible
intangibly
intolerable
intolerably
intolerance
intolerant
intractable
invariable
invariably
inviable
invisibility
invisible
invisibly
involuntarily
involuntary
invulnerability
invulnerable
invulnerably

inability, *n.* kev tsis muaj peev xwm
inaccessible, *adj.* 1. nkag tsis tau; 2. cuag tsis tau; 3. ntsib tsis tau
inaccuracy, *n.* qhov tsis yog los yog tsis raug
inaccurate, *adj.* tsis raug; tsis yog; yuam kev lawm
inaction, *n.* kev tsis ua dab tsi li; nyob twj ywm
inactive, *adj.* tsis dhia hauj lwm
inadequacy, *n.* qhov tsis txaus
inadequate, *adj.* tsis txaus; tu ncua
inadmissible, *adj.* nkag tsis tau; txwv; tsis pub
inadvertent, *adj.* tsis txhob txwm; tsis yog txhob txwm
inadvisable, *adj.* tsis mloog hais
inalienable, *adj.* tso tseg tsis tau; tshem tawm tsis tau
inane, *adj.* ruam heev
inapparent, *adj.* 1. pom tsis tau; 2. pom tsis yooj yim; 3. tsis meej; tsis pom tseeb
inapplicable, *adj.* tsis muaj qhov cuam tshuam txog; tsis muaj qhov haum
inappreciable, *adj.* 1. me me xwb; 2. tsis raug ntsej muag li; 3. tsis tseem ceeb heev
inappreciative, *adj.* tsis ua tsaug li; tsis ris txiaj ris ntsig li; mom txheej
inappropriate, *adj.* tsis raug cai; tsis raug ntsej raug muag
inapt, *adj.* tsis haum; tsis phim; tsis raug ntsej raug muag
inarticulate, *adj.* hais tsis muaj kuab; hais tsis muaj paus muaj ntsis; hais tsis muaj laj thawj
inattention, *n.* kev tsis nco qab tswm seeb mloog
inaugural, *adj.* ntsig txog kev tsa tes yuav pib tuav txoj hauj lwm mus; *-n.* 1. kev tsa tes yuav pib tuav hauj lwm mus; 2. cov lus hais thaum tsa tes yuav pib tuav txoj hauj lwm mus
inaugurate, *v.* 1. txais lub luag hauj lwm; 2. pib lub luag hauj lwm
inauguration, *n.* 1. kev tsa tes txais hauj lwm; kev txais lub luag hauj lwm; 2. kev pib lub luag hauj lwm
inauspicious, *adj.* tsis zoo caij nyoog; caij nyoog phem
inboard, *adv.* nyob hauv tsheb los yog nkoj
inborn, *adj.* muaj nruab thiab los; yug los yeej muaj lawm
inbred, *adj.* 1. cog tob heev rau hauv yus tus cuj pwm; 2. raws caj ceg; raws keeb; 3. yug los yeej zoo li
incalculable, *adj.* xam tsis tau vim ntau heev lawm; suav tsis tawm
incandescent, *adj.* ci ci
incantation, *n.* kev seev suab hais xws li hais khawv koob tej
incapable, *adj.* tsis muaj peev xwm
incapacitate, *v.* 1. ua kom txhob ua hauj lwm; 2. rhuav; 3. tshem tawm; —**incapacitation** *n.*

incarcerate, *v.* kaw; muab kaw; muab kaw qhov taub; muab loj cuj; — **incarceration** *n.*
incarnate, *adj.* 1. thawj thiab; 2. hloov ua lwm tus neeg; 3. tshwm sim
incarnation, *n.* kev thawj thiab
incense, *n.* xyab; -*v.* ua rau chim heev
incentive, *n.* 1. kev cia siab; kev muaj siab; 2. kev mob siab; kev rau siab ua
inception, *n.* qhov pib; qhov chiv keeb; lub hauv paus
incessant, *adj.* txuas zws yam tsis tu ncua
incest, *n.* kev sib deev los ntawm cov neeg sib sib txheeb los yog sib sib ze heev
inch, *n.* yas tes; ib yas tes
inchoate, *adj.* tsis tau meej; tsis tau tiav
incidence, *n.* 1. kev tshwm sim; 2. qhov tshwm sim
incident, *n.* qhov uas tshwm sim; xwm txheej
incidental, *adj.* 1. muaj hmoo sib ntsib; 2. tsis tseem ceeb heev; — **incidentally** *adv.*
incinerate, *v.* hlawv ua tshauv; — **incineration** *n.*
incipient, *adj.* pib tawm tuaj; pib pom
incise, *v.* 1. kos; 2. txiav; 3. txaug
incision, *n.* phais; kev phais
incisive, *adj.* ntse; pom deb; muaj tswv yim
incisive foramen, *n.* qhov to ntug qab yiag thom hniav saud
incisor, *n.* hniav tab meej
incite, *v.* thab los yog txhaub kom ua
incivility, *n.* kev phem
inclement, *adj.* 1. phem; 2. nag xob nag cua
inclination, *n.* 1. cuj pwm los yog kev nyiam rau ib qhov twg; 2. qhov uas feem coob nyiam dua; 3. yam uas yus nyiam dua
incline, *v.* 1. ntxiav; qhib kev qiag rau neeg ntxias; 2. vau rau ib sab; qaij; tuaj seem ntawd; 3. nyo los yog khoov
inclined, *adj.* ntxiav rau ib yam twg; nyiam ib yam twg
include, *v.* suav nrog; xam nrog
included, *adj.* nrog
incogitant, *adj.* tsis txawj xav; twm xeeb
incognita, *adj.* zais roj zais hneev
incognito, *adj.* zais roj zais hneev
incognizant, *adj.* tsis paub meej; tu ncua kev paub
incoherence, *n.* 1. kev tsis sib dhos los yog tsis sib haum; kev tsis zoo sib xws; 2. qhov tsis sib dhos; qhov tsis zoo sib xws; — **incoherency** *n.*
incoherent, *adj.* 1. tsis sib haum; tsis ua ke; 2. tsis meej pem; ua tom ntej tom qab
income, *n.* nyiaj tau los; nyiaj los rau lub cuab lub yig
incoming, *adj.* tab tom yuav los
incommunicado, *adj.* tsis muaj kev sib tham tau
incomparable, *adj.* sib piv tsis tau
incompatible, *adj.* tsis sib nkag; tsis sib haum
incompetence, *n.* kev tsis muaj peev xwm; kev tsis khab seeb rau tes hauj lwm
incompetent, *adj.* tsis muaj peev xwm
incomplete, *adj.* tsis tiav
inconceivable, *adj.* tsis muaj peev xwm to taub; dhau qhov to taub lawm
inconclusive, *adj.* tsis muaj chaw xaus; tsis paub qhov tseeb
incongruous, *adj.* tsis sib haum; tsis sib thooj
inconsequential, *adj.* tsis tseem ceeb
inconsiderable, *adj.* me me; tsis tseem ceeb
inconsistent, *adj.* 1. tsis xwm yeem; tu ncua; tsis cuag ncua; 2. kaug pev kaug nrav; tsis meej pem
inconvenience, *n.* kev tab kaum; kev tsis yooj yim; — **inconvenient** *adj.*
incorporate, *v.* 1. sib koom; 2. teeb tsa ua ib lub lag luam los yog koom haum raug cai; — **incorporation** *n.*
incorrect, *adj.* tsis yog; tsis raug
incorrigible, *adj.* tsis muaj peev xwm yuav kho tau los yog hloov tau
increase, *v.* 1. nce; 2. ua kom loj los yog ntau dua
incredible, *adj.* 1. tsis txaus ntseeg; 2. heev kawg nkaus li
incredulous, *adj.* tsis tshua txaus ntseeg; poob siab
increment, *n.* qhov nce; kev nce npaum li cas
incriminate, *v.* 1. rau txim rau; 2. zuag

txim rau lwm tus neeg; — **incrimination** *n.*
incubate, *v.* 1. puag (li qaib puag qe); pov puag zoo; 2. tsim; ua; — **incubation**; — **incubator** *n.*
inculcate, *v.* qhia tas qhia thiab
incumbent, *n.* tus neeg uas tseem tuav txoj hauj lwm; tus haud; tus tseem zaum rooj
incur, *v.* 1. tsim tawm los; 2. zuag yus rau; 3. tau los; nqa los; 4. caw los
incurable, *adj.* 1. kho tsis tau; 2. pab tsis tau
incursion, *n.* kev nam nrim
incus, *n.* qws qhov ntsej (sab hauv)
indebted, *adj.* tshuav nqe; tiv nqe; tiv nuj nqe
indecent, *adj.* tsis zoo; tsis paub cai
indecision, *n.* kev tsis muaj peev xwm txiav txim siab
indecisive, *adj.* tsis muaj kev txiav txim siab
indeed, *adv.* tiag tiag; qhov tseeb
indefatigable, *adj.* nquag
indefensible, *adj.* 1. tiv thaiv tsis tau; tiv thaiv tsis yooj yim; 2. tsis muaj zog
indefinite, *adj.* 1. tsis paub kawg; tsis paub tag; 2. tas li; ib sim; — **indefinitely** *adj.*
indelible, *adj.* 1. rhuav tshem tsis tau; 2. so tsis tawm; so tsis ploj
indelicate, *adj.* 1. tsis ntxim nyiam; tsis raug cai; 2. tsis muaj qhov xav txog lwm tus; — **indelicately** *adv*; — **indelicateness** *n.*
indemnification, *n.* 1. kev them nyiaj rau kev txhaum; 2. kev tiv thaiv kom txhob raug teeb meem
indemnify, *v.* 1. them nyiaj rau kev txhaum; 2. tiv thaiv kom txhob raug teeb meem; yuav nyiaj pov hwm; yuav *is saws las*
indemnity, *n.* 1. kev tiv thaiv kom txhob raug luag foob los yog raug teeb meem; 2. ntaub ntawv cais meej meej raws txoj cai lij choj kom txhob raug teeb meem; 3. qhov nyiaj them rau kev txhaum
indent, *v.* rhais; txav me me (thawj thawj kab ntawv); — **indentation** *n.*
indenture, *n.* ntawv cog lus ib leeg ua hauj lwm rau ib leeg
independence, *n.* 1. kev twj lij; kev ywj pheej; 2. kev muaj teb chaws uas yus kav yus
Independence Day, *n.* hnub Mes Kas tau kev twj lij thaum lub 7 hli ntuj tim 4, xyoo 1776
independent, *adj.* 1. twj lij; 2. twm zeej; tsis tos leej twg
indestructible, *adj.* tsoo tsis tawg; ua li cas los tsis puas; — **indestructibly** *adv.*
indeterminate, *adj.* txiav txim siab tsis tau; — **indetermination** *n.*
index, *n.* kev teeb txheeb ntaub ntawv raws ABC; *-v.* teeb txheeb
indexfinger, *n.* ntiv tes taw; ntiv taw; tus ntiv tes uas npuab ntawm tus ntiv tes xoo
India, *n.* teb chaws Is Dias; Is Dias
Indian, *n.* 1 neeg Is Dias; 2 Qhab nyob teb chaws Mes Kas; *-adj.* ntsig txog neeg Is Dias
indicate, *v.* 1. qhia; qhia lw; taw qhia rau; 2. piav txog; hais txog; — **indicator** *n.*
indication, *n.* 1. kev taw qhia; 2. qhov qhia tau; qhov taw qhia
indict, *v.* rau txim rau neeg raug plaub; liam txim rau tus neeg raug plaub
indictment, *n.* kev rau txim los yog liam txim rau tus neeg raug plaub
indifferent, *adj.* 1. tsis ntab ntws li; 2. tsis hais dab tsi li; 3. tsis txawv; pauv tsis ntxiv
indigence, *n.* kev txom nyem
indigenous, *adj.* txum tim; ib txwm nyob rau thaj chaw ntawd; tswv teb tswv chaw
indigenous people, *n.* neeg txum tim; neeg ib txwm nyob rau thaj chaw ntawd; tswv teb tswv chaw
indigent, *adj.* txom nyem; xav tau kev pab
indigested, *adj.* 1. tsis ua zoo xav; 2. ntxhov quav niab; puas tsus
indigestible, *adj.* 1. tsis yooj yim to taub; 2. ntxhib; 3. tawv heev
indigestion, *n.* kem plab
indignation, *n.* kev chim siab los ntawm tej yam tsis ncaj ncees
indignity, *n.* 1. kev sib saib tsis taus; kev tsis sib hwm; 2. kev ntxub ntxaug
indigo, *n.* nkaj; nkaj zas ntaub
indirect, *adj.* xu; sis; tsis ncaj nraim; — **indirectly** *adv.*

indiscernible, *adj.* 1. tsis meej; 2. tsis pom tseeb
indiscriminate, *adj.* 1. tsis xaiv ntsej xaiv muag; 2. ntxhov heev; tsis teeb zoo zoo; 3. cov heev; tsis paub meej li; — **indiscrimination** *n.*
indispensable, *adj.* tseem ceeb heev li
indisposed, *adj.* 1. mob me me; 2. tsis pom zoo
indissoluble, *adj.* 1. tawg tsis taus; 2. yaj tsis taus; 3. xam tsis taus
individual, *n.* 1. tus kheej; 2. tib neeg
individualist, *n.* tus kheej; tus neeg uas tsis tos leej twg; tus neeg uas ntseeg nws tus kheej
individualistic, *adj.* ntsig txog txoj kev nyias pab nyias tus kheej los yog nyias ntseeg nyias tus kheej
individuality, *n.* 1. tus kheej; kev hais txog nyias tus kheej; 2. txoj kev saib ib tus zuj zus
individualize, *v.* 1. cais nyias rau nyias; 2. ua kom haum raws tus kheej siab nyiam
Indochina, *n.* teb chaws Is Dos Tshais Nas; teb chaw Nyab Laj; Qhab Meem; thiab Nplog ua ke
Indochina War, *n.* tsov rog nyob rau teb chaws Nplog, Nyab Laj thiab Qhab Meem
indoctrinate, *v.* qhia tus keeb cag los yog lub niam tswv yim rau; muab ntxuav hlwb; — **indoctrination** *n.*
indolence, *n.* kev tub nkeeg; kev tsis tuaj yeem ua
indolent, *adj.* tub nkeeg
indomitable, *adj.* 1. khov; muaj zog; 2. tsis ntshai dab tsi li
indoor, *adj.* hauv tsev; sab hauv tsev
indubitable, *adj.* meej heev; zoo heev; tsis muaj lus nug li
induce, *v.* ntxias; deev siab; yaum; txw; — **inducement** *n.*
induct, *v.* 1. muab hauj lwm rau ua; 2. txais los ua npoj yaig; 3. rau npe ua tub rog
induction, *n.* kev muab qhov nqaim nqaim nthuav mus xaus rau qhov dav dav
inductive, *adj.* nthuav tswv yim qhov me mus rau qhov loj
indulge, *v.* tshwj rau txoj kev ntshaw; nyiam ib qho twg heev dhau; quav los yog vwm rau ib qho twg
indulgence, *n.* kev quav los yog vwm rau ib qho twg ntau heev; kev nyiam ib yam dab tsi heev; — **indulgent** *adj.*
industrial, *adj.* 1. ntsig txog chaw ua hauj lwm (ua tooj ua hlau); 2. khov heev
industrious, *adj.* mob siab heev; kub siab heev
industry, *n.* 1. chaw ua hauj lwm; 2. kev mob siab
inebriated, *adj.* qaug cawv
ineffable, *adj.* dhau qhov lo lus yuav piav tau lawm; lo lus hais tsis tau kom to taub
inept, *adj.* 1. tsis raug cai; tsis raug ntsej muag; 2. tsis muaj peev xwm
inequality, *n.* kev tsis sib txig sib luag; kev tsis sib xws
inert, *adj.* tsis muaj zog ua tau li cas
inertia, *n.* 1. kev nyob twb ywm tsis ua dab tsi li; 2. kev tsis pauv hloov li; 3. tsis txav li
inescapable, *adj.* 1. tsis muaj chaw tawm; 2. tsis muaj peev xwm khiav tawm tau
inestimable, *adj.* tsis muaj peev xwm xam tawm
inevitable, *adj.* zam tsis tau li lawm; tsis muaj chaw zam lawm
inexcusable, *adj.* tsis muaj chaw daws
inexhaustible, *adj.* tsis paub nkees; tsis paub tag; tsis paub tsuag; tsis paub qaug zog
inexorable, *adj.* nruj heev; tsis so li
inexpensive, *adj.* pheej yig; tsis kim
infallible, *adj.* tsis muaj qhov yuam kev; tsis yuam kev li
infamous, *adj.* 1. muaj koob muaj npe; nto npe heev; 2. phem heev
infamy, *n.* koob npe phem
infancy, *n.* 1. thaum mos; thaum me; 2. thaum nyuam qhuav pib
infant, *n.* mos ab; me nyuam mos
infanticide, *n.* kev tua me nyuam mos liab
infantile, *adj.* 1. ntsig txog me nyuam mos; 2. zoo li me nyuam
infantry, *n.* tub rog nruab nqhuab (taug kev mus nrhiav sib tua)
infatuate, *v.* 1. deev siab los ntawm txoj kev sib hlub los yog kev nyiam uas tsis muaj qab hau dab tsi; 2. ua rau coj tsis tus li; ua rau coj ua dog ua

dig; — **infatuation** *n.*
infatuated, *adj.* raug deev siab los ntawm ib txoj kev mob siab los yog ntxim nyiam uas tsis tsim nyog
infect, *v.* 1. kis mob; 2. kam paug; ua paug
infection, *n.* kev muaj mob; kev kis mob; mob voos ua paug
infectious, *adj.* 1. kis yooj yim; 2. kam paug lawm
infer, *v.* 1. xav; 2. txhais; 3. to taub; 4. ntaus nqi
inferior, *adj.* 1. poob qes; poob qab; 2. zoo tsis cuag luag
inferior jugular vein, *n.* leeg ntshav dub loj ntawm caj dab
interior mesenteric artery, *n.* leeg ntshav liab rau cov hnyuv theem hauv qab
inferior mesenteric ganglion, *n.* cov leeg xa xov rau plab hnyuv theem hauv qab
inferior vena cava, *n.* txoj hlab ntshav dub loj nyob sab hauv qab lub plawv
infernal, *adj.* ntsig txog ntuj txiag teb tsaus (hais piv ua lus tsis pom zoo rau tej yam dab tsi)
inferno, *n.* ntuj txiag teb tsaus los yog tej qhov chaw phem
infertile, *n.* kev lub cev xeeb tsis taus me nyuam; kev tshob
infest, *v.* 1. ntws los coob heev; nkag los coob heev; 2. puv sai heev
infestation, *n.* kev nkag los coob heev
infidel, *n.* tus neeg tsis ntseeg ib hom dab qhuas twg li
infidelity, *n.* kev tsis muaj kev ntseeg; kev tsis ntseeg dab qhuas li
infield, *n.* chaw ntaus pob tog qws
infiltrate, *v.* nyiag nkag (rau ib lub teb chaws los rau ib pawg neeg)
infiltration, *n.* kev nyiag nkag (rau ib lub teb chaws)
infinite, *adj.* 1. tsis muaj nrim; tsis paub kawg; 2. dav heev; — **infinitely** *adv.*
infinitesimal, *adj.* me heev; me tiag tiag
infinity, *n.* qhov uas loj heev yam tsis paub kawg thiab tsis paub tag li
infirm, *adj.* mob los yog tsis muaj zog (vim hnub nyoog laus lawm)
infirmary, *n.* chaw tu cov muaj mob
inflame, *v.* 1. zes los yog thab kom sawv tuaj; 2. zes kom cig
inflammable, *adj.* kub hnyiab yooj yim; txais taws yooj yim; txais taws zoo
inflammation, *n.* 1. kev o los yog voos tuaj; 2. kev mob cuag kub hnyiab
inflate, *v.* 1. tshuab pa rau; 2. su; o; voos
inflation, *n.* 1. khoom nce nqi; nyiaj poob nqi; 2. kev tshuab pa rau kom su
inflection, *n.* 1. lub suab hloov siab qes; 2. lus hloov; 3. qhov sib txawv; kev sib txawv
inflexible, *adj.* tsis yooj yim; nruj heev; tsis yog ua li cas los tau; — **inflexibility**; **inflexibleness** *n*; — **inflexibly** *adv.*
inflict, *v.* ua raug mob
infliction, *n.* kev ua raug mob
influence, *n.* 1. kev lwm tus hwm yus los yog mloog yus hais; 2. qhov yus hais luag mloog; -*v.* 1. haub; hais kom lwm tus neeg mloog; 2. hloov tau lwm tus neeg lub neej; 3. ntxooj
influenza, *n.* khaub thuas uas ua npaws thiab hnoos; ib hom mob uas kis tau yooj yim
influx, *n.* kev nchuav ntws los (xws li dej nyab)
inform, *v.* qhia; ceeb tom
informal, *adj.* 1. dog dig; 2. tsis nruj; 3. tsis raws cai
information, *n.* 1. xov xwm; lus qhuab qhia; 2. ntaub ntawv
informative, *adj.* muaj lus qhuab qhia zoo; muaj ntau yam zoo
infrared, *adj.* ntsig txog ib yam uas siv duab teeb ci los yog duab hluav taws xob
infraorbital foramen, *n.* qhov to rau xov qhov muag sab hauv
infraspinatus, *n.* nqaij ntshiv caj qaum ntawm qab duav pu
infrastructure, *n.* hauv paus ntawm txoj kev txhim kho xws li choj, vaj tse, thiab kev sib tham
infringe, *v.* cuam tshuam; hla; — **infringement** *n.*
infundibulum, *n.* hlab raj zuas qe uas cob kiag rau ntawm lub zuas qe
infuriate, *v.* ua rau chim; — **infuriation** *n.*
infuse, *v.* cog lub niam tswv yim los yog qhov zoo rau
ingenious, *adj.* ntse heev

ingénue, *n.* tus poj niam hluas uas tsis paub qab hau dab tsi li
ingenuity, *n.* tswv yim los yog kev txawj ntse hauv txoj kev tsim ub tsim no
ingenuous, *adj.* 1. ncaj ncees; 2. dawb huv; 3. tsis muaj txim
ingest, *v.* 1. noj; nqos; 2. nqa los; — **ingestion** *n.*
inglenook, *n.* ces kaum ntawm qhov cub
ingot, *n.* thooj hlau
ingrained, *adj.* cog tob heev
ingrate, *n.* tus neeg mom txheej
ingratiate, *v.* tau qhov zoo rau yus tus kheej
ingredient, *n.* cov khoom sib tov uas coj los ua ib yam (xws li zaub los yog tshuaj)
ingrown, *adj.* hlav; nqaij hlav yam tsis yog chaw hlav
inguinal, *n.* puab tais; ob ceg (saib *groin*)
inguinal canal, *n.* kwj hlab noob qes; lub qhov hlab noob qes
inhabit, *v.* nyob; nyob txum tim (xws li tib neeg nyob rau tej cheeb tsam twg); —**inhabitable** *adj*; — **inhabitation** *n.*
inhabitant, *n.* tus neeg nyob rau thaj chaw ntawd
inhale, *v.* nqus; nqus pa
inhere, *v.* coj raws qhov qub; — **inherence**; **inherency** *n.*
inherent, *adj.* ib txwm; yeej ib txwm zoo li
inherently, *adv.* ib txwm; yeej ib txwm zoo li
inherit, *v.* tau los ntawm niam thiab txiv los yog tej laus; txais tuav tej laus lub neej mus; — **inheritable** *adj*; — **inheritance** *n.*
inhibit, *v.* 1. cheem; 2. thaiv; 3. tuav tos; — **inhibition** *n.*
inhuman, *adj.* 1. phem; lim hiam; 2. dhau qhov tib neeg yuav tau lawm
inimical, *adj.* nruj; tsis zoo
inimitable, *adj.* qog tsis tau
iniquity, *n.* phem; tsis zoo
initial, *adj.* 1. thaum pib; 2. thawj qhov; 3. xub xub
initiate, *v.* pib; xub pib; rhawv
initiation, *n.* 1. kev pib; kev rhawv; 2. qhov xub pib; qhov rhawv
initiative, *n.* 1. thawj kauj ruam; 2. kev pib ua los yog tsim ib yam dab tsi
inject, *v.* txhaj; hno; — **injection** *n.*
injunction, *n.* cai los ntawm tsev hais plaub uas txwv tsis pub ua tej yam dab tsi
injure, *v.* ua raug; ua rau raug mob
injured, *adj.* raug mob
injury, *n.* kev raug mob raug nkeeg; qhov raug mob
ink, *n.* kua mem; kob
inkling, *n.* tswv yim los yog kev qhia me me pub rau saib puas paub
inland, *n.* nyob rau hauv lub teb chaws (tsis yog sab nraud)
in-law, *n.* neej tsa
inlay, *v.* txawb rau ntawd kom zoo nkauj
inlet, *n.* ib ceg dej me me
inmate, *n.* neeg raug txim nyob qhov taub
inmost, *adj.* 1. puag hauv lub siab tuaj; 2. tob heev
inn, *n.* chaw so; tsev tos qhua
innards, *n.* khoom nruab nrog; khoom sab hauv
innate, *adj.* 1. yug nrog los; txawm nruab thiab los; 2. ib txwm zoo li
inner, *adj.* sab hauv; hauv nruab nrog
inner cell mass, *n.* cov keeb me nyuam nyob hauv lub qe me nyuam
innermost, *adj.* puag hauv lub plawv; puag hauv nruab nrog
innersole, *adj.* ntsig txog daim qab xib khau uas ua kom zooj
innkeeper, *n.* tswv chaw so; tus tswv chaw tos qhua
innocence, *n.* kev tsis txhaum txim; kev dawb huv
innocent, *adj.* tsis txhaum; dawb huv
innocuous, *adj.* tsis thab plaub; tsis phem
innovation, *n.* tswv yim tshiab; ncauj ke tshiab
innumerable, *adj.* suav tsis txheeb; ntau heev
inoculate, *v.* txhaj tshuaj (tiv thaiv mob nkeeg); — **inoculation** *n.*
inopportune, *adj.* tsis yooj yim
inordinate, *adj.* dhau cai; tshaj heev lawm; txawv txhua zaus
inpatient, *n.* tus neeg mob uas pw hauv tsev kho mob
input, *n.* tswv yim txhab ntxiv (rau tej qhov dab tsi); tswv yim pab

inquest, *n.* lus nug xov
inquire, *v.* 1. nug; 2. soj
inquiry, *n.* 1. kev nug; kev xav paub txog; 2. cov lus nug; lus nug; qhov xav paub txog
inquisition, *n.* lus nug los ntawm nom tswv
inquisitive, *adj.* xav paub txog; lam nug
insane, *adj.* vwm; tsis meej pem; puas hlwb
insatiable, *adj.* 1. npaum twg los tsis txaus siab li; 2. hu loj heev
inscribe, *v.* 1. sau; 2. kos; 3. cob rau ib tus tib neeg
inscrutable, *adj.* txawv heev yam tsis paub meej txog li
inseam, *n.* txoj kab ntaub sib txuas nyob sab hauv
insect, *n.* yoov; kab
insecticide, *n.* tshuaj tua yoov los yog kab
insecure, *adj.* 1. tsis paub meej xyov yuav zoo li cas; 2. txaus ntshai; 3. tsis muaj dab tsi nias (xws li nuj nqi); 4. tsis khab seeb; tsis nyab xeeb; — **insecurity** *n.*
insensible, *adj.* 1. tsis lees paub; 2. tsis ras txog
insentient, *adj.* tsis muaj qhov hlub tshua txog; tsis khaus tawv li; tsis pab mob siab
insert, *v.* 1. ntxig; ntxiv rau; 2. tso rau hauv nruab nrab; — **insertion** *n.*
inset, *v.* cog rau
inshore, *adj.* 1. nyob ze ntug; 2. mus rau ntawm ntug
inside, *prep.* hauv; sab hauv; hauv nruab nrog; *-n.* sab hauv
insider, *n.* tus neeg sab haud
insidious, *adj.* 1. siab phem; 2. tsis ncaj ncees; 3. rov taw tuam ntuj
insight, *n.* tswv yim; kev to taub
insignia, *n.* cim; yeem; *kas* (L)
insincere, *adj.* 1. tsis ncaj ncees; 2. tsis qhia siab dawb paug
insinuate, *v.* 1. taw qhia; qhia rau; 2. qhia txog tus kheej me me thiab lug lug; 3. qhia me me lw rau kom paub; — **insinuation** *n.*
insipid, *adj.* 1. tsis qab dab tsi li; 2. tsis deeg qhov twg li
insist, *v.* 1. nias tas zog; yuam tas zog; 2. hais heev; — **insistence**, **insistency** *n.*
insistent, *adj.* 1. nias qees; yuam qees; 2. hais heev; tsib heev
insolent, *adj.* saib tsis taus; tsis paub cai
insolvent, *adj.* them tsis taus nuj nqes
insomnia, *n.* kev tsaug tsis taus zog; kev pw tsis tuaj dab ntub
inspect, *v.* tshuaj ntsuam; tshawb xyuas
inspection, *n.* kev tshuaj ntsuam; kev tshawb xyuas
inspiration, *n.* 1. kev deev siab; 2. kev txhawb siab ntsws; kev txhawb dag zog; 3. kev ua rau ras xeev
inspire, *v.* 1. deev siab; 2. txhawb; 3. ua rau ras xeev; — **inspired** *adj.*
install, *v.* 1. muab ua nom; 2. tsa ua nom; 3. cog rau; tso rau; dhos rau; — **installation** *n.*
installment, *n.* 1. kev ua ob peb zaug lis (xws li them nuj nqes); 2. kev ua tej thooj tej thooj
instance, *n.* piv txwv
instant, *adj.* ntawg ntiag; tam sim ntawd; sai sai; *-n.* lub caij nyoog; lub sij hawm
instead, *adv.* hloov; theej; sawv cev; tam
instead of, *prep.* txhob ua li ntawd tab sis; 2. tso rau qhov chaw ntawd; sawv qhov ntawd cev
instep, *n.* qhov nkhaus ntawm txhais ko taw; *-adv.* 1. raws caij nyoog; 2. sib haum xeeb
instigate, *v.* 1. pib; chiv; 2. txob; thab; 3. ntxias; — **instigation** *n.*
instill, *v.* 1. cog; 2. deev siab; txhawb siab; 3. qhia rau
instinct, *n.* 1. tus cuj pwm uas ib txwm muaj nyob hauv siab; 2. cum pwm muaj nruab thiab los; 3. kev ua yam tsis tas xav; *-adj.* 1. tawm hauv siab tuaj; 2. tsis tas xav
instinctive, *adj.* tsis tas xav ntev xav ntau li; tam sij ntawd; ntawg ntiag
institute, *n.* tsev hauj lwm los yog tsev ceev teej tug; *-v.* tsim; pib
institution, *n.* tsev hauj lwm los tsev ceev teej tug los yog neeg
instruct, *v.* qhia; cob qhia
instruction, *n.* 1. kev cob qhia; 2. daim ntawv qhia ua ib yam dab tsi
instrument, *n.* 1. twj paj nruas; 2. txoj

kev; ncauj ke; 3. daim ntawv tseem ceeb
instrumental, *adj.* tseem ceeb heev
insubordinate, *adj.* tsis mloog lus
insufferable, *adj.* thev tsis taus lawm; uv tsis taus lawm
insufficient, *adj.* tsis txaus; tu ncua
insular, *adj.* 1. ntsig txog kev nyob hauv pov txwv; 2. siab me; twm xeeb
insulate, *v.* tso rwb rau tsev kom txhob dim pa
insulation, *n.* kev tso rwb rau tsev kom txhob dim pa
insulin, *n.* tshuaj kua mis; tshuaj ntxiv ntshav; tshuaj kho ntshav qab zib
insult, *v.* 1. thuam; saib tsis taus; 2. rhuav; 3. ua kom txaj muag
insuperable, *adj.* nyuaj heev; tsis yooj yim
insurance, *n.* faj seeb; nyiaj faj seeb; nyiaj pov hwm; nyiaj tuav pov hwm; *is saws las* (E); *pab kas phais* (L)
insure, *v.* 1. yuav *is saws las*; yuav nyiaj tuav pov hwm; 2. tab los ntawm cov nyiaj tuav pov hwm; 3. roos los ntawm cov nyiaj tuav pov hwm
insurgency, *n.* kev sawv tawm tsam tseem fwv
insurgent, *n.* tus neeg tawm tsam tseem fwv
insurmountable, *adj.* 1. tua tsis yeej; 2. nyuaj heev
insurrection, *n.* kev ntxeev tseev; kev sawv tawm tsam tseem fwv
intact, *adj.* 1. tsis tau puas; 2. tseem sib tuav; tseem nyob ua ke; 3. tseem zoo
intake, *n.* 1. kev txais tos thiab lis yam hauj lwm uas los rau ntawm yus; 2. cov khoom uas ntws los
integral, *adj.* tseem ceeb heev
integrate, *v.* 1. sau los ua ke; loos ua ke; koom ua ke; 2. tsis pub sib cais; — **integration** *n.*
integrity, *n.* meej mom; sam xeeb
intellect, *n.* lub zog los ntawm txoj kev paub thiab txoj kev xav
intellectual, *n.* cov neeg uas muaj kev txawj ntse; *-adj.* ntsig txog cov neeg muaj kev txawj ntse
intelligence, *n.* 1. laj lim tswv yim; 2. xov; xov xwm nyiag los ntawm yus tus yeeb ncuab
intelligent, *adj.* ntse; muaj hlwb hau zoo
intelligible, *adj.* muaj peev xwm sib to taub
intemperance, *n.* 1. kev khav theeb; 2. kev coj tsis tus
intend, *v.* npaj; npaj siab
intense, *adj.* 1. nruj; nyaum; tsiv; 2. muaj zog; khov; ntxaws; txhij; 3. mob siab heev
intensely, *adv.* 1. heev; 2. mob siab heev
intensity *n.* kev lub zog loj heev; kev ntom los yog tuab heev
intensive, *adj.* sib zog heev; ntxaws heev; txhua heev; txhij txhua
intent, *n.* 1. hom phiaj; 2. kev xav; siab xav
intention, *n.* 1. hom phiaj; 2. tswv yim; 3. kev xav; siab xav
intentional, *adj.* txhob txwm; tab meeg
intentionally, *adv.* txhob txwm
inter, *v.* faus; log
inter-, *prefix.* ntawm ib pawg; nruab nrab ntawm

interagency	**intergroup**
interatomic	**interhemispheric**
interbank	**interindustry**
interborough	**interinstitutional**
intercampus	**interisland**
interchurch	**interlibrary**
intercity	**intermolecular**
interclass	**intermountain**
intercoastal	**interoceanic**
intercollegiate	**interoffice**
intercolonial	**interparticle**
intercommunal	**interparty**
intercommunity	**interpersonal**
intercompany	**interplanetary**
intercontinental	**interpopulation**
intercounty	**interprovincial**
intercultural	**interracial**
interdenominational	**interregional**
interdepartmental	**interreligious**
interdivisional	**interscholastic**
interelectronic	**intersectional**
interethnic	**interstate**
interfaculty	**interstellar**
interfamily	**intersystem**
interfiber	**interterm**
interfraternity	**interterminal**
intergalactic	**intertribal**
intergang	**intertroop**
intergovernmental	**intertropical**

interuniversity
interurban
intervalley
intervillage
interwar
interzonal
interzone

interbreed, *v*. muab tsiaj sib tov kom ua tau me nyuam txawv
intercalate, *v*. ntxiv hnub thiab hli rau daim nib toos (calendar); 2. ntxiv dab tsi rau hauv nruab nrab; —**intercalation** *n*; —**intercalative** *adj*.
intercede, *v*. 1. pab daws; pab kho; 2. cuam tshuam
intercept, *v*. 1. cuam tshuam; 2. txais tau
interception, *n*. 1. kev cuam tshuam; 2. kev txais tau; kev hnov (xws li nyiag hnov yeeb ncuab li xov tooj)
interchange, *v*. sib pauv; sib hloov; *-n*. 1. kev tsheb sib tshuam; 2. kev sib pauv
intercostal artery, *n*. leeg ntshav liab ntawm ntoos tav
intercostal muscle, *n*. nqaij ntshiv ntawm tej nkhib mis
intercourse, *n*. 1. kev sib raug zoo; kev ua phooj ywg los ntawm tib neeg los yog teb chaws; 2. kev sib deev sib tsoob
interdependence, *n*. kev sib txuam ntawm txoj kev sib pab
interdependent, *adj*. sib tos sib pab; ib leeg pab ib leeg los yog ib leeg tos ib leeg txoj kev pab cuam
interdict, *v*. 1. txwv; 2. txiav (yeeb ncuab txoj kab); — **interdiction** *n*.
interest, *n*. 1. kev txaus siab; kev nyiam; 2. paj laum; 3. cai; *-v*. 1. txaus siab; 2. txhawj
interested, *adj*. muaj siab; txaus siab
interface, *n*. 1. kev sib tshuam; 2. ciaj ciam; 3. ntug
interfere, *v*. cuam tshuam; thab
interference, *n*. kev cuam tshuam; kev thab
interferon, *n*. cov tshuaj pab tswj kom kab mob txhob nthuav tawm
interim, *n*. lub sij hawm hauv nruab nrab; ncua caij nyoog nruab nrab
interior, *adj*. sab hauv; *-n*. 1. sab hauv; 2. hauv daim av
interloper, *n*. tus neeg uas nyiag nkag rau ib qhov chaw twg
interlude, *n*. lub caij cuam tshuam
intermarry, *v*. sib yuav nrog lwm xeem los yog lwm haiv neeg; yuav lwm haiv neeg
intermediary, *n*. kws kho plaub; tus neeg nruab nrab; tus kho xaiv kho lus
intermediate, *adj*. nruab nrab ntawm ob tog
interment, *n*. kev faus; kev log
interminable, *adj*. tsis paub kawg; tsis paub xaus
intermingle, *v*. sib txuam; sib xyaws; ua ke
intermission, *n*. so ib pliag thaum ua yeeb yam; so ib pliag mam rov pib ua txuas mus
intermittent, *adj*. tu, nres, los yog ncua ib pliag mam rov txuas mus ntxiv
intermix, *v*. sib tov ua ke
intern, *n*. tus neeg xyaum ua hauj lwm; *-v*. 1. ua tus neeg xyaum ua hauj lwm; 2. kaw tseg (thaum muaj rog)
internal, *adj*. 1. sab hauv; hauv nruab nrog; 2. hauv pab pawg; — **internally** *adv*.
internal carotid artery, *n*. leeg ntshav liab ntawm taub hau hauv nruab nrog
internal iliac artery, *n*. leeg ntshav liab ntawm pawj thiab ntsag
internal iliac vein, *n*. leeg ntshav dub ntawm pawj thiab ntsag
internal intercostal muscle, *n*. nqaij ntshiv ntawm nkhib tav sab nruab nrog
internal jugular vein, *n*. hlab ntshav dub ntawm caj dab
internal oblique muscle, *n*. nqaij ntshiv ntawm ntha los yog ntawm duav txheej nruab nrab
international, *adj*. 1. tsig txog ob los yog ntau lub teb chaws; 2. ntsig txog txawv teb chaws
internet, *n*. *is taws nej*; kev siv vas sab
internist, *n*. kws kho nrog cev
internship, *n*. txoj kev xyaum ua hauj lwm thaum tseem tab tom kawm ntawv kom paub ua hauj lwm
interpolate, *v*. ntxiv rau; — **interpolation** *n*.
interpose, *v*. 1. tso rau hauv nruab nrab; 2. txim nkag rau; cuam tshuam
interpret, *v*. 1. txhais; txhais lus; 2. twv

interpretation, *n*. 1. kev txhais; kev txhais lus; 2. kev twv
interpretation of sensory experiences, memory of visual and auditory patterns, *n*. thooj hlwb tswj kev tshab txhais yam ua dhau los lawm, kev tau pom thiab tau hnov dhau los lawm
interrelate, *adj*. 1. sib txheeb; 2. sib txuas; 3. sib koom tes; —**interelation**, **interrelationship** *n*.
interrogate, *v*. nug; xaub nug; thom; —**interrogation** *n*.
interrupt, *v*. 1. tshuam; cuam tshuam; 2. tu ncua
interruption, *n*. kev cuam tshuam; 2. kev tu ncua
intersect, *v*. 1. tshuam; hla; 2. phais los yog phua
intersection, *n*. kev tshuam; kev sib tshuam
interstate, *n*. kev loj uas hla ntau lub xeev; -*adj*. ntsig txog ob lub xeev los yog ntau tshaj rov saud
intertrigo, *n*. ntse; tawv nqaij ntse (mob)
intertwine, *v*. sib qhaib; ntswj ua ke
interval, *n*. 1. lub caij nyoog nruab nrab ntawm ob lub caij; 2. qhov chaw nruab nrab ntawm ob qhov chaw
intervene, *v*. cuam tshuam
intervention, *n*. kev cuam tshuam
interventricular septum, *n*. nreej nqaij ntshiv cais kem plawv
interventricular sulcus, *n*. kis leeg kem lub plawv
intervertebral disk, *n*. cov voj txha mos nyob nruab nrab ntawm cov yas txha nqaj qaum
intervertebral foramina, *n*. cov kis khoob nyob ntawm tus txha nqaj qaum sab saud
interview, *v*. 1. nug; tham nrog; 2. ntsuam xyuas; *xam phaj* (L)
interviewee, *n*. tus raug nug; tus teb
interviewer, *n*. tus nug
interweave, *v*. ntxias ua ke; hiab ua ke
intestate, *adj*. tsis nco tshwj khoom tseg rau cov nyob tom qab; -*n*. tus neeg tuag uas tsis muaj ntaub ntawv tso nws tej cuab tam thiab nyiaj txiag rau leej twg li
intestine, *n*. hnyuv
intimacy, *n*. kev sib raug zoo
intimate, *adj*. sib ze heev (xws li hluas nkauj hluas nraug); sib hlub heev; -*v*. 1. piav qhia me me rau; 2. tshaj tawm; —**intimation** *n*.
intimidate, *v*. 1. rhuav; 2. hais lus ntsw; hais saib tsis taus; 3. ua kom txaj muag; 4. hem; hawv; —**intimidation** *n*.
into, *prep*. rau hauv
intonation, *n*. lub suab hu nkauj los yog hais lus
intone, *v*. seev suab
intoxicant, *n*. dej cawv
intoxicate, *v*. txhaus cawv; ua kom qaug cawv
intoxicated, *adj*. qaug cawv
intoxication, *n*. kev qaug dej qaug cawv
intramural, *adj*. nyob hauv tsev kawm ntawv
intramuscular, *adj*. nyob hauv cov leeg los yog cov nqaij leeg
intransigent, *adj*. 1. tsis sib haum; 2. siab me; 3. twm xeeb; —**intransigence**, **intransigency** *n*.
intrauterine, *adj*. nyob hauv tsev xeeb me nyuam
intrauterine device, *n*. txoj roj hmab siv ntsaws poj niam txoj hnyuv zuas qe kom txhob xeeb taus me nyuam
intravenous, *adj*. raws leeg; nyob hauv cov leeg ntshav los yog hlab ntshav
intrepid, *adj*. tawv heev; siab tawv heev; tsis paub ntshai li
intricate, *adj*. cov nyom heev; sib rig heev; —**intricately** *adv*; —**intricateness** *n*.
intrigue, *n*. tswv yim dag; -*v*. 1. dag ntxias; 2. ua kom xav paub txog
intrinsic, *adj*. tseem ceeb
introduce, *v*. qhia; taw qhia
introduction, *n*. 1. kev qhia; kev taw qhia; 2. qhov pib (xws li thawj thawj tshooj ntawm ib phau ntawv)
introspect, *v*. xav txog yus tus kheej
introspection, *n*. kev saib txog tus kheej txoj kev xav
introvert, *n*. neeg txaj muag
intrude, *v*. 1. nam nkag; txim; 2. cuam tshuam
intrusion, *n*. 1. kev nam nkag rau lwm tus neeg chaw; kev txim nkag los; 2 kev cuam tshuam
intuition, *n*. txoj kev xav tam sij ntawd
intussusception, *n*. hnyuv txoom los

yog hnyuv caws
inundate, *v*. nyab (dej nyab); phwj; — **inundation** *n*.
inure, *v*. xyaum nyiam
invade, *v*. nam los txeeb; nkag los txeeb los txhav
invalid, *adj*. 1. tsis raws cai; tsis yog; 2. tsis tseeb
invalidate, *v*. ua tsis raws cai; — **invalidation** *n*.
invaluable, *adj*. tseem ceeb heev
invasion, *n*. kev nam rau luag nrim teb nrim chaw
invasive, *adj*. 1. khaus tes heev; 2. nam rau luag chaw yam tsis paub cai
invective, *n*. lus dev; lus phem
inveigh, *v*. tawm tsam; cem
inveigle, *v*. yeej los yog tau los ntawm lo lus zoo
invent, *v*. tsim (xws li tsim ib yam dab tsi tshiab); ua; txua; — **invention** *n*.
inventory, *n*. tej khoom muag
inverse, *adj*. rov qab
invert, *v*. 1. ntxeev; muab ntxeev; tig; muab tig; 2. tig rov qab
invertebrate, *adj*. tsis muaj txha nqaj qaum
invest, *v*. 1. tso nyiaj ua lag luam; muab nyiaj rau lwm tus coj mus ua lag luam kom tau ntau rov los; 2. twv nyiaj twv txiaj; —**investment** *n*.
investigate, *v*. 1. soj qab taug lw; 2. tshuaj xyuas; tshawb xyuas; nug xyuas; xam
investigation, *n*. 1. kev soj qab taug lw; 2. kev tshuaj xyuas
investment, *n*. 1. kev tso nyiaj ua lag luam; 2. kev khwv kev mob siab rau (vim cia siab tias thaum kawg yuav tau rov los)
invidious, *adj*. txaus ntshai; ua phem tau
invigorate, *v*. muab siav muab zog rau; — **invigoration**, **invigorator** *n*.
invincible, *adj*. swb tsis taus; tsis muaj qhov ntshai
inviolable, *adj*. tsis muaj qhov ua txhaum
inviolate, *adj*. tsis txhaum
invisible, *adj*. qhov muag saib tsis pom vim me heev
invitation, *n*. 1. kev caw; 2. kev nqua hu; 3. kev txheev
invite, *v*. caw; nqua hu; txheev
invocation, *n*. kev thov ntuj
invoice, *n*. daim ntawv qhia nqe; daim ntawv uas teev cov khoom thiab cov nqe khoom
invoke, *v*. thov pab; hu
involve, *v*. raus tes; koom tes
involved, *adj*. cov; nyuaj; tsis yooj yim
involvement, *n*. kev raus tes; kev koom tes
inward, *adj*. hauv; sab hauv; -*adv*. rau sab hauv
iota, *n*. ib qho me me
IOU, *n*. kev lees paub tias muaj nuj nqes
irascible, *n*. siab luv
irate, *adj*. 1. chim siab heev; 2. siab luv heev
ire, *n*. kev chim siab
iridescence, *n*. qhov tshiab tshiab los yog ci ntsa iab; kev zoo nkauj
iridescent, *adj*. 1. ci ntsa iab; 2. kaj siab heev
iris, *n*. 1. ntsiab muag liab dub doog; ntug ntawm lub ntsiab muag; 2. ib hom nroj tsuag uas muaj nplooj ntev ntev thiab muaj paj loj loj
irk, *v*. meem txom
iron, *n*. 1. kab; kab ntaus hlau; 2. *taub liv* khaub ncaws; 3. kua hlau hauv lub cev; -*v*. *liv* khaub ncaws; luam khaub ncaws
ironwood, *n*. ib hom ntoo
ironic, *adj*. ntsig txog kev hais ib yam tab sis ua ib yam lawm; ntsig txog kev tshwm sim yam xav tsis txog; txawv qhov hais; txawv qhov xav; — **ironically** *adv*.
irony, *n*. 1. kev hais ib yam tab sis qhov tiag tiag yog dua lwm yam; kev txawv qhov hais; 2. kev xav tsis txog tab sis ho tshwm sim li ntawd; kev txawv qhov xav; 3. qhov npaj npaj tos thiab qhov muaj tiag tiag
irradiate, *v*. muab hluav taws xob hlawv mob; — **irradiation** *n*.
irrational, *adj*. 1. tsis txaus ntseeg; 2. tsis muaj kuab; 3. tsis muaj paus ntsis; tsis muaj laj thawj
irreconcilable, *adj*. kho tsis tau los ua ke lawm; sib tawg tsheej
irrecoverable, *adj*. tsis muaj peev xwm nrhiav tau lawm
irredeemable, *adj*. tsis muaj peev xwm cawm los yog tso tau lawm

irreducible, *adj.* txo tsis tau; nqes tsis tau

irrefutable, *adj.* cam tsis tau lawm; yog lawm

irregular, *adj.* 1. tsis yog cov tiag tiag; tsis yog qhov tseeb; tsis xws cov coob; 2. tsis raws cai; 3. tsis sib txig; tsis sib luag; tsis xwm yeem; 4. hloov mus mus los los; tsis nyob tib qho; —**irregularly** *adv.*

irregularity, *n.* 1. kev mob tsis muaj caij los yog tsis muaj ib qhov chaw li; 2. kev tsis xwm yeem

irrelevant, *adj.* tsis tseem ceeb; tsis sib thooj

irreligious, *adj.* tsis ntseeg ntuj li

irreparable, *adj.* tsis muaj peev xwm kho tau lawm

irreplaceable, *adj.* hloov tsis tau lawm

irrepressible, *adj.* tswj tsis tau lawm

irreproachable, *adj.* tsis txhaum

irresistible, *adj.* 1. cheem tsis tau lawm; 2. thaiv tsis tau lawm

irresolute, *adj.* 1. tsis paub tseeb; 2. tsis pom qab txiav txim siab li cas; —**irresoluteness, irresolution** *n.*

irresponsible, *adj.* 1. luam thuam; 2. tsis tau hauj lwm

irretrievable, *adj.* thau tsis tau los lawm

irreverence, *n.* tsis muaj kev sib hwm

irreversible, *adj.* tig rov qub qab tsis tau lawm; thim tsis tau lawm

irrevocable, *adj.* thim tsis tau rov qab lawm; hloov tsis tau lawm

irrigate, *v.* 1. tso dej rau liaj; 2. toov pas dej rau liaj; 3. ntxuav mob

irrigation, *n.* 1. kev tso dej ywg; 2. hlua dej ywg nyom los yog ywg zaub

irritation, *n.* 1. kev meem txom; 2. kev lub qhov muag; qhov meem txom

irritate, *v.* meem txom; thab; lub; —**irritation** *n.*

Islam, *n.* dab qhuas Iv Xas Las; ib hom kev cai dab qhuas

island, *n.* pov txwv; thooj av hauv plawv dej

isolate, *v.* cais; faib

isolated, *adj.* nrug

isolation, *n.* kev cais rau ib qho; kev nrug; kev sib nrug

isonizid, *n.* tshuaj mob ntsws qhuav

Israel, *n.* teb chaws Is Xas Lias

Israeli, *adj. n.* neeg Is Xas Lias

issue, *n.* qhov daig; qhov teeb meem; -*v.* 1. muab; 2. tso tawm

it, *pron.* nws

italic, *adj.* ntsig txog qhov sau tus tsiaj ntawv qaij qaij xws li *qhov no*; pheeb pheeb

italicize, *v.* sau kom qaij qaij li *lo lus no*; sau pheeb pheeb

itch, *v.* khaus; txob (M)

itching, *n.* khaus; kev khaus tawv nqaij

itchy, *adj.* khaus khaus

item, *n.* hom; yam

itinerant, *adj.* taug kev ib qho dhau qho

itinerary, *n.* chaw ncig caij; cov chaw ncig uas teev tseg tias hnub twg yuav mus qhov twg rau qhov twg

its, *adj.* nws li

itself, *pron.* nws tus kheej

ivory, *n.* kaus ntxhw

ivy, *n.* zaub kig; ib hom ntoo uas tom los yog plev neeg

J

j, *n.* tus tsiaj ntawv As Kiv thib 10

jab, *v.* 1. ntaus; 2. nkaug; tshum

jabber, *v.* sib tham ceev ceev tsis muaj qab hau dab tsi

jack, *n.* 1. tus tshoom tsheb; tus txheem tsheb; 2. lub pob nruab xov tooj los yog nruab hluav taws xob

jackal, *n.* hma; ib hom hma nyob rau Es Xias thiab As Fiv Kas

jackass, *n.* 1. ib hom nees; 2. neeg npub los yog ruam; tsis paub qab hau; 3. txiv neej lub pob tw

jackdaw, *n.* ib hom uab lag nyob rau Yus Luv

jacket, *n.* tsho tiv cua; tsho hnav sab nraud; tsho loj

jackfruit, *n.* txiv plab nyug; txiv plab nyuj; ib hom txiv ntoo

jackhammer, *n.* twj tshau pob zeb

jack-in-the-box, *n.* lub thawv ua si uas muaj ib tus roj hmab nyob hauv lub thawv thiab nws muaj ib tus laus xaus ntiab tus roj hmab tawm plaws thaum lub hau qhib ua kom neeg ceeb

jack knife, *n*. ib hom chais uas coj ntawm hnab ris; -*v*. muab nkhaus hauv nruab nrab
jack-o'-lantern, *n*. taub dab roog; taub muag teeb; lub taub dag khoob plawv uas muab tho ua lub ntsej muag thiab taws tswm ciab rau hauv thaum lub caij *Has Laus Vees* (*Halloween*)
jackpot, *n*. pob nyiaj uas twv yeej (xws li ua *khas xib naum* yeej)
jackrabbit, *n*. ib hom luav loj loj nyob teb chaws Mes Kas
jade, *n*. 1. zeb nuj; ib hom pob zeb muaj nqis ntsuab ntsuab thiab tawv heev uas neeg nyiam coj; 2. tus nees uas nkees heev los yog sab dhau lawm; 3. tus poj niam uas nyob tsis muaj chaw; -*v*. nkees; sab
jaded, *adj*. dhuav (vim muaj ntau heev los yog noj ntau heev)
jade plant, *n*. ib hom nroj nyob hauv tsev uas cov nplooj tuab tuab
jagged, *adj*. zuag heev; ntse heev; tuaj kub rhib
jaguar, *n*. 1. ib hom tsov; 2. ib hom npe tsheb
jai alai, *n*. ib hom kev lom zem nrog lub pob
jail, *n*. tsev loj cuj; tsev kaw neeg; qhov taub; -*v*. muab kaw; muab loj cuj
jalapeno, *n*. kua txob Mev
jalopy, *n*. tsheb qub qub
jalousie, *n*. ntxaij qhov rooj los yog qhov rais
jam, *v*. 1. ntsaws; ntsia; 2. sib txiv; sib ti; sib thaiv tag
jamb, *n*. pas xiab qhov rooj
jamboree, *n*. ib lub rooj sib ntsib los yog noj haus uas neeg tuaj coob heev
jangle, *v*. ua nrov li ib lub suab tswb
janitor, *n*. neeg tu tsev
January, *n*. Ib Hlis Ntuj; Ib Hlis
Japan, *n*. teb chaws Nyiv Pooj
Japanese, *n*. 1. neeg Nyiv Pooj; 2. lus Nyiv Pooj
Japanese beetle, *n*. ib hom kab
jar, *n*. hub; hwj; fwj
jargon, *n*. cov lus uas ib pawg neeg tsawg tsawg siv uas lwm tus tsis to taub
jasmine, *n*. ib hom nroj cab cab hmab thiab tawg paj uas neeg siv los ua dej tsw qab
jasmine tea, *n*. ib hom *this*; ib hom nplooj tsau dej haus
jasper, *n*. zeb nuj; ib hom pob zeb muaj nuj nqis uas muaj tsos liab doog txuam daj
jaundice, *n*. kev mob ua rau tawv nqaij los yog kua dej hauv nrog cev daj tuaj
jaundiced, *adj*. 1. tsis txaus siab; 2. poob siab; 3. tsis tshua ntseeg; 4. ua rau tawv nqaij daj tuaj
jaunt, *n*. kev tawm rooj tib pliag xwb
jaunty, *adj*. ntxim nyiam; ua tau haum siab
javelin, *n*. rab hmuv sib sib
jaw, *n*. puab tsaig; pob tsaig
jawbone, *n*. puab tsaig hauv qab; -*v*. siv yus txoj hauj lwm nyob qhov siab los ntxias lwm tus kom ua li yus nyiam; siv hwj chim; siv meej mom
jawbreaker, *n*. ib co khoom noj qab zib tawv tawv heev
jay, *n*. 1. ib hom noog; 2. npe txiv neej
jaybird, *n*. ib hom noog
jaywalk, *v*. hla kev tsis yog chaw hla; hlav kev yam tsis ceev faj
jazz, *n*. ib hom suab paj nruas nyob teb chaws Mes Kas
jealous, *adj*. khib; khib siab; mob siab
jealousy, *n*. kev khib siab; kev sib khib; kev mob siab
jeans, *n*. ris tsho txhav; ris tsho ntaub *ntsis*
jeep, *n*. tsheb tub rog; tsheb *ntsiv*
jeer, *v*. luag; thuam
Jehovah, *n*. Yawm Saub; Tswv Ntuj; Huab Tais Ntuj
jejune, *adj*. coj li me nyuam yaus; zoo li me nyuam yaus
jejunum, *n*. hauv nruab nrab ntawm cov hnyuv me; hnyuv me ntu nruab nrab
jell, *v*. nkoog; khov
jelly, *n*. ib hom khoom noj uas nkoog khov kho
jellyfish, *n*. ib hom ntses nyob hauv hiav txwv uas muag liv muag luav
jenny, *n*. 1. maum noog; 2. maum nees
jeopardize, *v*. 1. rau txim rau; ua kom raug txim; 2. ua kom raug teeb meem; thau
jeopardy, *n*. teeb meem; kev nyuaj

siab; kev ntxhov siab
jerk, *n.* 1. chua; 2. chua leeg; 3. tus neeg uas hais lus nyuaj heev; -*v*. 1. chua; 2. ntswj
jerkin, *n.* hom tsho hnav tuaj sab nraud uas tsis muaj tes tsho li
jerky, *n.* nqaij qhuav
jerrybuilt, *adj.* ua tau dab tuag heev; ua tau phem heev; ua tsis zoo li
jersey, *n.* ib hom ntaub mos mos
jest, *v.* 1. dag; tso dag; 2. luag; thuam
jester, *n.* tus neeg ua hauj lwm kom txaus suav daws luag; neeg tso dag
Jesus Christ, *n.* Yes Xus
jet, *n.* dav hlau loj
jetlag, *n.* sab sab lim lim vim caij dav hlau ntev heev
jetliner, *n.* dav hlau loj thauj neeg
jetsam, *n.* khoom qub uas muab pov tseg; khoom pov tseg
jettison, *v.* 1. pov khoom qub pov tseg; 2. pov tseg
jetty, *n.* sam thiaj; chaw sawv
Jew, *n.* 1. neeg Is Xas Lias; neeg Ntsuj; 2. tus neeg uas ntseeg kev cai *Ntsus Des* (*Judaism*)
jewel, *n.* ib hom pob zeb muaj nqis uas neeg nyiam coj; zeb nuj
jeweler, *n.* tus neeg ua lag luam nyiaj kub thiab pob zeb nuj
jewelry, *n.* 1. nyiaj kub; 2. khoom coj
jib, *n.* lub nkoj cua uas ua peb fab
jibe, *v.* sib koom tes; sib to taub; sib haum xeeb
jiffy, *n.* sij hawm luv luv; sij hawm tsawg tsawg
jig, *n.* ib hom kev seev cev
jigger, *n.* kev ntsuas cov cawv los sib tov haus; kev muab cawv sib tov haus
jiggle, *v.* co; muab co co
jigsaw, *n.* kaw; rab kaw
jilt, *v.* tso (tus hlub pov tseg yam tsis nco txog li); tso tseg
jimmy, *n.* pas hlau nkhaus qab uas siv nyom los yog dawj ub dawj no xws li dawj phab ntsa tsev; -*v*. 1. dawj; nyom; 2. qhib
jimsonweed, *n.* ib hom nroj
jingoism, *n.* kev ras xeev ntawm haiv neeg loj heev; kev mob siab txog haiv neeg loj heev
jingoist, *n.* tus neeg hlub haiv neeg
jingoistic, *adj.* ntsig txog haiv neeg
jinx, *n.* tus neeg uas muaj txoj hmoo phem
jitney, *n.* lub tsheb *npav* me me
jitters, *n.* kev tshee tshee heev
job, *n.* hauj lwm; dej num
jobber, *n.* tus neeg dhia hauj lwm nyob hauv nruab nrab ntawm ob tog
jockey, *n.* tus neeg caij nees sib tw; -*v*. lem; tig; ntswj
jock itch, *n.* khaus raws ob ceg ntawm puab tais
jog, *v.* 1. dhia; maj mam dhia; 2. ib nyuag thawb; -*n*. 1. ib nyuag thawb; 2. maj mam dhia; 3. hloov kev
jogger, *n.* tus neeg dhia taug kev
jogging, *n.* kev dhia kom ib ce nyob zoo
join, *v.* 1. koom; koom tes; 2. txuas
joint, *n.* 1. chaw txuas; 2. pob; yas; qej txha
jointly, *adv.* nplawg ntia; ua ke; zom zaws
joist, *n.* nqaj tsev
joke, *v.* tso dag; -*n*. 1. kev tso dag tso luag; 2. lus tso dag
jollity, *n.* kev zoo siab; kev lom zem
jolly, *adj.* siab puv; siab tawv
jolt, *v.* 1. phoom; mus phoom los yog ntsib; 2. tsoo; 3. thawb; diaj; co; -*n*. 1. kev deeg los yog tsoo; 2. kev ceeb
jonquil, *n.* ib hom nroj uas muaj paj dawb los yog daj
josh, *v.* thab; dag ua si
jostle, *v.* thawb
jot, *v.* sau qhov tseem ceeb tseg kom nco qab; -*n*. ib qhov nyuag me me
jounce, *v.* thawb
journal, *n.* 1. keeb kem hauj lwm; tej hauj lwm niaj hnub ua uas sau tseg rau hauv phau ntawv; 2. ntawv xov xwm uas ib sij tawm ib zaug
journalism, *n.* 1. kev kawm sau xov xwm; 2. kev sau xov xwm
journey, *n.* txoj kev mus ib qho rau ib qho; txoj kev hla chaw
journeyman, *n.* 1. tus neeg xyaum ua lag luam; 2. tus neeg uas ua hauj lwm rau lwm tus neeg
joust, *n.* kev caij nees sib tua
jovial, *adj.* 1. txaus luag; tuaj dab ros; 2. zoo siab
jowl, *n.* 1. puab tsaig; 2. caj pas
joy, *n.* 1. kev zoo siab; 2. qhov ua yus zoo siab

joyfully, *adj.* zoo siab hlo; kaj siab lug
joyride, *n.* caij ub no ua kev zoo siab
jubilant, *adj.* qhia txoj kev zoo siab; zoo siab
jubilee, *n.* 1. 50 xyoo rov los txog; 2. lub caij nyoog muaj kev zoo siab
Judaism, *n.* ib txoj kev dab qhuas qub qub ntawm cov neeg Ntsuj; *Ntsus Des*
judge, *v.* txiav txim; *-n.* kws tu plaub
judgment, *n.* 1. kev txiav plaub; 2. lub txim; qhov txhaum
judicare, *n.* lub tuam tsev hauj lwm txog kev tu plaub ntug
judicial, *adj.* 1. ntsig txog plaub ntug; ntsig txog lij choj; 2. ua zoo xav
judiciary, *n.* ib tus txhooj hais txog tsev hais plaub los yog kws hais plaub
judicious, *adj.* raws li kev tu plaub
judo, *n.* ib hom taw tes (sib ntaus)
jug, *n.* hub rau dej (hom uas muaj lub ncauj me me)
juggernaut, *n.* 1. lub npe ntawm ib tus tim tswv los yog ntsuj plig hu ua *Krishna* ntawm cov neeg ntseeg dab qhuas *Hindu* uas cov mus pe hawm tsheej pab; 2. ib lub zog los yog kev sawv ua ib yam dab tsi uas muaj zog heev yam cheem tsis tau
juggle, *v.* sib hloo pov, sib hloo txais; pov sib hloov
jugular, *adj.* nyob rau ntawm caj dab
jugular foramen, *n.* qhov to txha leeg ntshav dub caj dab thiab taub hau
juice, *n.* kua txiv; kua txiv ntoo
juicy, *adj.* muaj kua heev
jujube, *n.* 1. ib hom khoom qab zib; 2. ib hom txiv ntoo
jukebox, *n.* lub thawv uas muaj suab paj nruas
julep, *n.* ib hom dej qab zib; ib hom kua tshuaj
July, *n.* Xya Hli Ntuj; Xya Hli
jumbo, *adj.* loj heev
jump, *v.* 1. dhia; ua paj paws; 2. txuas
jumper, *n.* 1. tus neeg dhia; 2. tiab (hom uas tib daim thoob plaws ib ce)
jumper cable, *n.* hlua txuas roj teeb; hlua *tshaj* tsheb
jumpy, *adj.* ceeb ceeb sob
junction, *n.* 1. chaw txuas; 2. chaw sib tshuam; 3. kev sib tshuam
juncture, *n.* 1. pob; lub pob los yog qhov chaw sib txuas; 2. lub sij hawm uas ntxhov heev
June, *n.* Rau Hli Ntuj; Rau Hli
jungle, *n.* hav zoov; zoov nuj xiab
jungle fowl, *n.* qaib qus
junior, *adj.* 1. hluas zog; 2. qes zog (xws li tau nom qes); *-n.* tus neeg kawm ntawv nyob xyoo ob hauv tsev kawm ntawv qeb nrab thiab qeb siab
junior college, *n.* tsev kawm ntawv qeb siab uas muaj kawm ob xyoo tom qab dhau *high school*
juniper, *n.* ib hom ntoo me me zoo li thuv
junk, *n.* 1. khoom qub, tsis zoo siv lawm; 2. neeg Suav ib hom nkoj uas lub qab plab tiaj tiaj; 3. yam tsis muaj nqis; yam tsis tseem ceeb; *-v.* pov tseg
junker, *n.* tsheb qub
junket, *n.* 1. kev tawm rooj ua si; 2. mis nyuj nkoog
junkie, *n.* neeg quav yeeb
junky, *n.* neeg quav yeeb
junta, *n.* pawg tub rog uas txeeb kav lub teb chaws
jurisdiction, *n.* ciaj ciam ntawm lub luag hauj lwm
jurisprudence, *n.* 1. niam tswv yim ntawm cai lij choj; 2. kev cai lij choj
jurist, *n.* tus neeg uas paub txog lij choj zoo heev
juror, *n.* tus neeg uas pab txiav txim rau kws tu plaub
jury, *n.* ib pawg neeg uas pab txiav txim rau kws tu plaub
just, *adj.* 1. haum siab; 2. ncaj ncees; 3. ncaj nruab nrab; *-adv.* 1. yog kiag; 2. xwb; 3. yuav luag; 4. nyuam qhuav
justice, *n.* kev ncaj ncees
justifiable, *adj.* daws tau; muaj chaw daws
justification, *n.* 1. paus ntsis; laj thawj; cai; 2. kev muaj laj thawj los yog paus ntsis zoo; kev muaj cai
justify, *v.* daws; teev muaj laj thawj zoo; hais tau muaj laj thawj tim khawv; muaj cai
jut, *v.* tawm rau sab nraud; tshwm rau sab nraud
jute, *n.* 1. ib hom ntoo uas cov tawv ntoo khov heev siv ua hlua; 2. ib pawg neeg nyob rau teb chaws

Ntsaws Mes Nis
juvenescent, *adj*. rov hluas tuaj; — **juvenescence** *n*.
juvenile, *adj*. hluas; yau; mos; -*n*. me nyuam hluas
juvenile court, *n*. tsev hais plaub rau me nyuam hluas uas hnub nyoog qes tshaj 18 xyoo
juvenility, *n*. 1. txoj kev hluas uas tsis paub tab dab tsi li; 2. cov neeg hluas
juvenocracy, *n*. cai los yog yam ntxwv ntawm cov neeg hluas
juxtapose, *v*. 1. tso ua ke sib piv; 2. muab sib piv
juxtaposition, *n*. kev tso plhuav ua ke es zoo muab sib piv

K

k, *n*. tus tsiaj ntawv As Kiv thib 11
kaddish, *n*. cov lus thov ntuj ntawm cov neeg Ntsuj
Kaiser, *n*. ib lub npe nom ntawm cov neeg Auv Tas Lias thiab Ntsaws Mes Nis
kale, *n*. zaub qhwv; ib hom zaub qhwv muaj nplooj caws caws
kaleidoscope, *n*. ib lub nyuag khoom ua si me me
kangaroo, *n*. ib hom tsiaj nyob rau Auv Tas Lias uas muaj ib qhov chaw rau me nyuam nyob ntawm plab; *khees nkas lus*
kaolin, *n*. av dawb siv puab twj taig
kapok, *n*. rwb ntoo siv ua tog hau ncoo
kaposi's sarcoma, *n*. ib hom *kheeb xawm* uas yog mob los ntawm cov kab mob AIDS
kaput, *adj*. puas lawm; tsis zoo lawm
karakul, *n*. plaub yaj
karat, *n*. lub tswv yim luj kub; 1/24
karate, *n*. ib hom taw tes uas yog tsim los ntawm haiv neeg Nyij Poom
karma, *n*. hmoo; txoj hmoo
katydid, *n*. in hom kab zoo li kooj
kayak, *n*. nkoj; lub nkoj ntawm cov neeg *Ev Kis Maus* (*Eskimos*)
kazoo, *n*. khoom paj nruas ua si; twj paj nruas
kebab, *n*. sawb nqaij uas muab chob rau ib tus pas ci
keel, *n*. txoj kab ncaj ncaj hauv lub qab plab nkoj
keen, *adj*. 1. ntse; 2. nyiam; -*n*. kev nyiav; kev quaj vim muaj neeg tuag
keep, *v*. 1. khaws; 2. txuag; 3. ceev
keeping, *n*. kev ua zoo tib yam
keepsake, *n*. khoom khaws cia saib dab muag
keg, *n*. pob tawb me me
kelp, *n*. ib co nroj nyob hauv hav dej
ken, *n*. 1. kev ntaus nqi; 2. kev to taub; kev pom txog; 3. zeem muag; kev xav; -*v*. 1. paub; 2. nco tau
kennel, *n*. tsev aub; tsev rau dev
kerchief, *n*. 1. phuam vas taub hau los yog vas caj dab; 2. phuam so ntswg
kernel, *n*. 1. noob; 2. qhov muag nyob sab hauv lub noob
kerosene, *n*. roj av; ib hom roj
kerosine, *n*. roj av; ib hom roj
kestrel, *n*. ib hom liaj nyob rau Yus Luv
ketch, *n*. nkoj
ketchup, *n*. kua txiv lws
kettle, *n*. 1. qhws; qhws rhaub dej; 2. qhws rau dej kub
kettledrum, *n*. ib hom nruas uas muab tooj ua
key, *n*. 1. yawm sij; 2. tes *phias ab naum*; 3. qhov tseem ceeb; 4. txoj kev los yog lub ncauj ke mus rau ib qhov tseem ceeb
keyboard, *n*. *phias ab naum*; ib hom twj paj nruas
keynote, *n*. 1. lub suab paj nruas laus laus nyob kawg nkaus hauv qab; 2. lub ntsiab
keynote address, *n*. cov lus tshwj xeeb hais rau roob sib tham loj
keynote speaker, *n*. tus neeg tshwj xeeb hais lus rau rooj sib tham loj
keystone, *n*. qhov hauv plawv los yog qhov siab tshaj ntawm tus ncej pob zeb
khaki, *n*. khaub ncaws tub rog; khaub ncaws txaij
Kha, *n*. xeem Khab; ib xeem ntawm ntau ntau xeem Hmoob (saib *Khang*)
Khan, *n*. tus nom cov neeg Moos Nkaus Lias
Khang, *n*. xeem Khab; ib xeem ntawm ntau ntau xeem Hmoob

kibbutz, *n.* liaj teb sib koom ntawm cov neeg Is Xas Lias
kibitzer, *n.* tus neeg hais cov lus uas neeg tsis xav hnov los yog tsis xav tau
kibosh, *n.* tag; kawg
kick, *v.* 1. ncaws; 2. tuam
kickback, *n.* 1. kev nti; kev teb rov qab; 2. nyiaj qab rooj; -*v.* ncaws rov qab; thim rov qab
kickoff, *n.* 1. ncaws lub pob thaum pib kiag; 2. qhov pib tshiab
kickstand, *n.* tus ceg txheem nees zab
kid, *n.* 1. me nyuam mes es; 2. me nyuam yaus; -*v.* 1. tso dag; 2. thab
kidded, *v.* dag; tso dag
kiddie, *n.* me nyuam yaus
kidding, *adj.* dag; tso dag; -*v.* dag; tso dag
kiddy, *n.* me nyuam yaus
kidnap, *v.* zij; nyiag mus zais kom luag txhiv nyiaj
kidney, *n.* raum; lub raum
kidney bean, *n.* noob taum
kidney disease, *n.* kab mob raum
kidney failure, *n.* raum tsis muaj zog; raum tuag
kidney infection, *n.* raum mob; raum ua paug
kidneystone, *n.* mob txeeb zis; pob zeb nyob hauv raum
kielbasa, *n.* hnyuv ntxwm ntawm cov neeg Phaus Lis (*Polish*)
kill, *v.* tua; ua kom tuag
killing, *n.* kev sib tua
killjoy, *n.* tus neeg uas ua kom lwm tus puas siab, tsuag siab, poob siab
kiln, *n.* qhov cub ci av (ua tsev)
kilo, *n. kis lus*; -*pref.* ib txhiab; 1,000
kilobyte, *n.* 1,024 *npaij* (*bytes*); *kis lus npaij*
kilocycle, *n. kis lus hawj* (*kilohertz*)
kilogram, *n. kis lus*; 1,000 *nkas* (*grams*)
kilohertz, *n. kis lus hawj*; 1,000 *hawj* (*hertz*)
kilometer, *n. kis lus mev*; 1,000 *mev* (*meter*)
kilovolt, *n. kis lus vauj*; 1,000 *vauj* (*volts*)
kilowatt, *n. kis lus vuaj*; 1,000 *vuaj* (*watts*)
kilt, *n.* daim tiab rau cov txiv neej nyob Xaws Kaj Lias (*Scotland*) hnav
kilter, *n.* tsis ua hauj lwm lawm
kimono, *n.* tsho Nyiv Pooj
kin, *n.* txheeb ze; kwv tij; tsev neeg
kind, *adj.* siab zoo; -*n.* hom; yam
kindergarten, *n.* me nyuam kawm ntawv ua ntej mus xyoo ib; me nyuam kawm ntawv uas muaj hnub nyoog thaj tsam li plaub mus txog rau xyoo
kindhearted, *adj.* siab zoo; siab dawb
kindle, *v.* 1. txhawb; 2. ua kom ras; ua kom muaj siab; 3. zes taws rau; ua kom cig; 4. ua kom cig; 5. yug me nyuam (siv rau tsiaj xws li luav)
kindling, *n.* ntshiv taws; nplais taws me me siv zes cub tawg
kindly, *adv.* zoo siab hlo; siab dawb; paub cai
kindred, *n.* txheeb ze; kwv tij
kine, *n.* nyuj
kinetic, *adj.* los ntawm kev txav mus los, los yog ua zog
kinfolk, *n.* tsev neeg; txheeb ze
king, *n.* huab tais
kingdom, *n.* teb chaws uas huab tais ua tus kav
kingfisher, *n.* noog noj ntses
king-size, *adj.* loj pes nrab
kink, *n.* nkhaus; ntswj
kinship, *n.* 1. txheeb ze los ntawm kev neej kev tsav; 2. kev sib hlub sib raug zoo
kinsman, *n.* kwv tij
kinswoman, *n.* viv ncaus
kiosk, *n.* chaw rau ntawv xov xwm
kipper, *n.* ntses qhuav
kirk, *n.* tsev teev ntuj
kismet, *n.* hmoo; txoj hmoo
kiss, *v.* nwj; hnia; -*n.* kev sib nwj sib hnia
kiss of life, *n.* kev xuas qhov ncauj nqus thiab ua pa cawm tus neeg mob uas pa tu lawm
kit, *n.* ib pawg twj los yog lwm yam uas ntim ua tib ke thiab siv ua ke
kitchen, *n.* chav ua noj; chaw ua mov; chav ua mov; tsev mov
kitchenet, *n.* chaw ua mov me me los yog nqaim nqaim heev (saib *kitchenette*)
kitchenette, *n.* chaw ua mov me me los yog nqaim nqaim heev
kitchenware, *n.* twj taig; twj tais; tais

diav
kite, *n.* vauj; tus tsiaj muab ntawv ua uas tis hlua rau thiab rub rau cua tshuab ya siab siab saum ntuj
kith, *n.* phooj ywg
kith and kin, *n.* phooj ywg thiab kwv tij neej tsa
kitten, *n.* me nyuam miv
kittenish, *adj.* txaj muag
kitty, *n.* me nyuam miv
kiwi, *n.* ib hom noog nyob rau teb chaws Nus Zias Lias (*New Zealand*) uas tsis nyob ua pab ua pawg li
kleenex, *n.* ntaub so ntswg; ntawv so ntswg
kleptomania, *n.* siab ntxhi chiv qhov ua tub sab
knack, *n.* 1. lub tswv yim ntse ntse ua ib yam dab tsi tau zoo thiab sai heev; 2. lub peev xwm txawv txawv
knackwurst, *n.* ib hom hnyuv ntxwm tawv tuab tuab thiab ntsim ntsim
knapsack, *n.* hnab ev khoom
knave, *n.* neeg tsis ncaj ncees
knavery, *n.* kev tsis ncaj ncees
knead, *v.* zuaj thiab nias
knee, *n.* caug; hau caug; hauv caug (suab hloov los ntawm *hau caug*)
kneecap, *n.* pob hau caug; pob hauv caug (suab hloov los ntawm *hau caug*)
knee-deep, *adj.* raus tes koom mus deb heev; koom tes loj heev
knee immobilized, *n.* daim ntaub qhwv hauv caug
knee-jerk, *adj.* ua tam sim ntawd; ua yam tsis tas xav li
knee joint, *n.* pob qej txha hauv caug; pob roob qhib
kneel, *v.* txhos caug; kem caug; pe
knell, *n.* lub suab tswb ceeb toom xwm txheej; -*v.* taus tswb ceeb toom suav daws thaum muaj xwm txheej
knelt, *v.* txhos caug; kem caug; pe (saib *kneel*)
knew, *v.* paub; hnov txog (saib *know*)
knickers, *n.* ib hom khau
knickknack, *n.* tej yam khoom me tseem tseem ceeb
knife, *n.* 1. riam; rab riam; 2. chais
knight, *n.* tub rog txheej thaum ub (uas siv ntaj siv hmuv sib tua xwb)
knit, *v.* xaws; tis
knitwear, *n.* khaub ncaws
knives, *n.* 1. riam (ntau rab); 2. chais
knob, *n.* pob; pob qhov rooj
knock, *v.* khob; tsoo; ntaus
knocker, *n.* tus tes siv khob qhov rooj; qhov uas dai nyob ntawm qhov rooj es siv khob qhov rooj
knockout, *n.* 1. ntaus ntog; 2. tus neeg los yog yam khoom uas zoo zoo nkauj heev
knoll, *n.* me nyuam pob roob
knot, *n.* pob; pob cos; pob thooj
knotty, *adj.* muaj muaj pob cos
know, *v.* paub; hnov txog
know-how, *n.* kev txawj ua hauj lwm
knowing, *adj.* 1. muaj laj lim tswv yim; 2. ntse
knowledge, *n.* kev txawj ntse; kev paub txog
knowledgeable, *adj.* paub qab hau; paub tab
knuckle, *n.* khauj tsiav; pob tes; pob ntiv tes
knuckle down, *v.* rau siab heev; mob siab heev
knuckle up, *v.* zeem; lees swb; tso tseg
koala, *n.* ib hom tsiaj muaj muaj plaub nyob rau teb chaws Auv Tas Lias
kohlrabi, *n.* ib hom zaub qhwv; zaub qhwv
komodo dragon, *n.* ib hom nab qas dev
kook, *n.* neeg tsis mloog hais; neeg yuav li nws siab nyiam xwb
kookaburra, *n.* ib hom noog nyob raws hav dej uas muaj nyob rau teb chaws Auv Tas Lias
Koran, *n.* phau ntawv teev ntuj rau cov neeg Mav Xaws Lis (*Muslims*)
kosher, *adj.* noj tau tej nqaij raws li cov neeg Ntsuj txoj cai hais
kowtow, *v.* pe; txhos caug thiab nyo taub hau
Krishna, *n.* ib tus tim tswv los yog ntsuj plig rau cov neeg ntseeg dab qhuas His Dus (*Hindu*)
krypton, *n.* ib hom roj siv rau teeb taws
kuchen, *n.* khoom noj
kudos, *n.* nrov npe; muaj koob muaj npe
kudzu, *n.* ib hom hmab nplooj loj loj uas hlob sai heev
Kue, *n.* xeem Kwm; ib xeem ntawm ntau ntau xeem Hmoob
kumquat, *n.* ib hom txiv ntoo zoo xws txiv kab ntxwv
kungfu, *n.* ib hom taw tes tsim tawm

los ntawm haiv neeg Suav; *koos fus*
Kurdish, *n.* cov lus ntawm cov neeg Khawj (*Kurds*) uas nyob teb chaws Is Las (*Iran*), Rhawb Kim (*Turkey*), Is Lav (*Iraq*), thiab Xib Lias (*Syria*)
Kurds, *n.* cov neeg Khawj

L

l, *n.* tus tsiaj ntawv As Kiv thib 12
lab, *n.* 1. chaw tov tshuaj; 2. chaw sim tswv yim tshiab
label, *n.* 1. ntawv nplaum; daim ntawv sau lo rau tej yam xws li *kab xev*; 2. ntawv lo nqi
labia, *n.* daim di paum; di paum
labial, *adj.* ntsig txog di ncauj
labium minus, *n.* di paum me; daim di paum mos mos sab hauv plawv uas tsis tuaj plaub
labium majus, *n.* di paum loj; daim di paum sab nraud uas tuaj taus plaub lawm
labor, *n.* 1. dag zog; 2. hauj lwm; 3. neeg ua hauj lwm; 4. caij los so; caij daws cev; caij yug me nyuam; *-v.* ua hauj lwm hnyav
laboratory, *n.* 1. chaw tov tshuaj; 2. chaw tshuaj ntsuam kab mob; 3. chaw sim tswv yim tshiab
Labor Day, *n.* thawj thawj Hnub Ib thaum lub Cuaj Hlis Ntuj yog hnub so ua kev zoo siab rau cov neeg ua hauj lwm
laborious, *adj.* siv dag siv zog heev
lace, *n.* hlua (xws li hlua khau); *-v.* khi
lacerate, *v.* 1. dua; muab dua ua dog ua dig; muab ua ntuag; 2. ua rau mob siab; *-adj.* 1. ntuag; tu; 2. raug mob; —**laceration** *n.*
lachrymose, *adj.* tu siab kua muag poob; quaj zaws
lack, *v.* tu ncua; tsis muaj
lackadaisical, *adj.* tsis muaj siab; poob plig tag
lackey, *n.* tus qhev
lackluster, *adj.* dhuav neeg; tsis ntxim siab
laconic, *adj.* luv luv; tseem tseem ntsiab
lacquer, *n.* kua pleev rooj tog kom ci; kua ci
lacrimal bone, *n.* qhov to txha kua muag
lacrimal gland and nasal septum, *n.* taub qog kua muag thiab txheej cais qhov ntswg
lacrosse, *n.* ib hom kev ua si nrog lub pob
lactate, *v.* los kua mis; muaj kua mis
lactation, *n.* kua mis los; kua mis nrog
lactic, *adj.* ntsig txog kua mis
lactiferous duct, *n.* qhov kua mis
lacuna, *n.* 1. qhuav qhawv los yog dawb paug xwb tsis muaj dab tsi; 2. ploj ib yam lawm
lad, *n.* me nyuam tub
ladder, *n.* ntaiv; tus ntaiv
laden, *adj.* 1. puv; puv puv; 2. hnyav heev; 3. ntim tag lawm; ntim puv lawm; 4. puv dhau
ladle, *n.* diav tshob; rab diav uas loj thiab tob tob
lady, *n.* poj niam
ladybird, *n.* kab
ladybug, *n.* kab; ib hom kab zoo li kab raus
lag, *v.* poob qab; caum tsis cuag
lager, *n.* *npias*; cawv
laggard, *adj.* qeeb qeeb; *-n.* tus neeg qeeb
lagniappe, *n.* khoom plig (vim ua hauj lwm zoo)
lagoon, *n.* ceg dej; ib ceg dej me uas txuas rau ceg dej loj
laid, *v.* tso; txawb; teeb (saib *lay*)
lair, *n.* 1. chaw los yog tsev; 2. qhov; 3. zes; 4. chaw nkaum
laissez-faire, *n.* lub tswv yim uas tsis pub tseem fwv cuam tshuam pej xeem txoj kev ua noj ua haus los yog txoj kev ua neej
laity, *n.* neeg ntseeg ntuj tab sis tsis koom nyob rau hauv tsev teev ntuj
lake, *n.* pas dej teev; pas dej loj
lama, *n.* hauj sam
lamb, *n.* 1. me nyuam yaj; 2. nqaij yaj
lambaste, *v.* 1. ntaus; 2. txwv
lambdoidal suture, *n.* kis txha cob xwb qwb
lame, *adj.* 1. tsis muaj zog; qaug zog; 2. muab ib tus ceg txiav lawm; *-v.* ceg tawv
lamé, *n.* ib hom ntaub
lamebrain, *n.* neeg npub; neeg ruam

lament, *v*. 1. quaj; 2. nyiav; -*n*. 1. kev quaj kev nyiav; 2. cem; — **lamentation** *n*.
laminate, *v*. plooj roj hmab rau; luam roj hmab rau; luam *yas* rau; — **lamination** *n*.
lamp, *n*. teeb txawb
lampoon, *n*. ib hom paj lus siv cem los yog thuam tib neeg
lamprey, *n*. ib hom tsiaj zoo li tus ntses nab
lance, *n*. hmuv; -*v*. qhib los yog phais
lance corporal, *n*. npe nom nyob hauv tub rog
lancet, *n*. ciaj phais neeg
land, *n*. 1. av; thooj av; 2. teb chaws
landfill, *n*. chaw pov khoom qias; chaw pov khoom vuab tsuab
landing, *n*. 1. qhov tsaws; 2. chaw ntim neeg los yog ntim khoom; 3. theem ntaiv
landlady, *n*. tus tswv tsev los yog tswv av uas yog poj niam
landlocked, *adj*. av puag ncig thoob plaws; raug puag ncig rau hauv plawv
landlord, *n*. 1. tswv tsev; 2. tswv av
landlubber, *n*. tus neeg uas tsis paub txog hiav txwv zoo
landmark, *n*. 1. ib qhov chaw los yog qhov khoom uas muaj keeb kwm zoo; 2. lub caij tseem ceeb hauv keeb kwm
landscape, *n*. toj roob hauv pes; chaw nuam yaj
landslide, *n*. 1. av swb; av tu; av nphau; toj pob; 2. kev yeej loj heev hauv txoj kev sib tw ua nom
landward, *adj*. rau tim av; mus rau tim av; mus rau tim ntug
lane, *n*. 1. kev; txoj kev; 2. txoj kab kev; txoj kab khiav tsheb
language, *n*. lus; lus hais; moj kuab
languid, *adj*. 1. tsis muaj zog; muag; 2. qaug qeb
languish, *v*. cia li tsis muaj zog los yog tsis muaj siab li lawm
languor, *n*. tub nkeeg; kev nyob dawb tsis ua dab tsi
lank, *adj*. 1. yuag yuag; 2. tsis khov; tsis muaj zog
lanky, *adj*. siab siab thiab yuag yuag
lanolin, *n*. roj yaj
lantern, *n*. teeb nyob hauv lub taub kheej kheej
Lao, *n*. 1. Nplog; neeg Nplog los yog tus Nplog; 2. xeem Lauj (ib txhia sau li no)
Lao Loum, *n*. Nplog; Nplog chaw qes
Laos, *n*. Nplog teb; teb chaws Nplog, nyob rau Es Xias qab teb sab hnub tuaj, muaj nrim teb chaws dav 236,800 kis lus mev ncig lees thiab muaj 6,368,481 tus pej xeem nyob rau xyoo 2006; Hmoob Nplog muaj thaj tsam li 500,000 leej
Lao Suong, *n*. lub npe rau cov Hmoob thiab lwm haiv neeg toj siab nyob hauv teb chaws Nplog; Nplog saum roob
Lao Theung, *n*. Phub Thawj; Nplog ntav toj
lap, *n*. 1. ncej puab; 2. ib ncig; ib lwm; 3. kev sib hla
lapdog, *n*. tus aub (dev) me me; hom aub me me
lapel, *n*. lub ntsej tsho ntawm xub ntiag
lapidary, *n*. 1. tus neeg txiav los yog txhuam cov pob zeb nuj; 2. tus neeg muag nplhaib pob zeb
lap joint, *n*. qhov chaw sib txuas ntawm ob tog tw; qhov muab ob tog tw los sib txuas ua ke
lapse, *n*. 1. ib qho yuam kev me me; 2. tso tseg; 3. lwm; zeeg; -*v*. 1. plam; dim; 2. tsuag zuj zus; 3. tso tseg; nres; tsum
laptop, *adj*. tsis loj heev uas tso tau rau saum ncej puab; -*n*. lub *koos pis tawj* me me uas nqa tau mus los yooj yim
larboard, *adj*. nyob sab laug ntawm lub nkoj los yog lub dav hlau; -*n*. sab laug ntawm lub nkoj los yog lub dav hlau uas saib ntsoov rau pem hauv ntej
larceny, *n*. kev nyiag khoom; kev ua tub sab tub nyiag
larch, *n*. ib hom ntoo zoo li thuv
lard, *n*. roj npuas; roj npua
larder, *n*. chaw rau khoom noj
large, *adj*. loj; dav
large intestine, *n*. hnyuv laus; hnyuv loj
largely, *adv*. qhov loj; qhov dav
lariat, *n*. voj hlua
lark, *n*. 1. ib hom noog me me; 2. kev tso daj tso luag; kev ua si
larva, *n*. tus kab zoo li kab lia uas tseem tsis tau hloov mus ua tus kab

npauj uas tseem nyob hauv lub plhaub; vaim
larvae, *n.* cov kab zoo li kab lia uas tseem tsis tau hloov mus ua kab npauj uas tseem nyob hauv lub plhaub; vaim
laryngitis, *n.* mob qa; mob raj pas
laryngopharynx, *n.* npluag thaiv ncauj raj pas
larynx, *n.* raj pas; qa hais lus; tus qa hais lus
lasagna, *n.* ib hom khoom noj uas muaj mij nrog kua txiv lws
lascivious, *adj.* ntxhib ntxhib; phem phem
laser, *n.* nplaim xob; duab teeb hluav taws xob; *leb zawm*
lash, *n.* rab nplawm; *-v.* 1. nplawm; 2. pav; khi
lashes, *n.* plaub muag
lass, *n.* hluas nkauj; me nyuam ntxhais
lassie, *n.* hluas nkauj; me nyuam ntxhais
lassitude, *adj.* sab sab; lim lim; nkees nkees
lasso, *n.* voj hlua (siv soo tsiaj); *-v.* cuab
last, *adj.* 1. tom qab kawg nkaus; 2. kawg; yuav kawg; 3. zaum kawg; *-n.* tus kawg; *-v.* kav; 2. ntev; *-adv.* thaum kawg; tom qab
last name, *n.* xeem; lub xeem
last year, *n.* xyoo tas; xyoo dhau los
latch, *n.* ntsia liaj rooj; ntsia liaj qhov rooj; *-v.* tuav los yog txhom
late, *adj.* 1. lig; qeeb (tuaj txog lig los yog tuaj qeeb lawm); 2. lig (sij hawm yuav tag); 3. nyuam qhuav dhau; *-adv.* tom qab tshaj plaws
latent, *adj.* muaj lawm (xws li kab mob) tab sis tsis tau pom kiag ntawm qhov muag; nyob rau ntawd tab sis tsis pom xwb
later, *adj.* 1. tom qab ntawd; 2. sai sai; tib pliag
lateral, *adj.* nyob rau ib sab los yog mus rau ib sab
lateral pterygoid, *n.* pluaj nqaij ntshiv nyob ntawm qia ntsej los rau tom qhov muag siv qoj hniav
lateral sulcus, *n.* kis hlwb hauv plawv
latex, *n.* 1. cov kua mis ntawm tej hom ntoo uas khov ua roj hmab; kua roj hmab; 2. kob pleev tsev
latex paint, *n.* ib hom kob pleev tsev
lath, *n.* nplais ntoo ua tsev
lathe, *n.* tshuab txua ntoo
lather, *n.* npuas (siv xiab khoom); daim ntaub roj hmab ua ua npuas siv xiab khoom; *-v.* ua npuas los yog tsim npuas
latissimus dorsi, *n.* nqaij ntshiv nraub qaum
latissimus dorsi muscle, *n.* nqaij ntshiv nraub qaum
latitude, *n.* 1. qhov deb mus rau sab qab teb los yog sab qaum teb uas pib ntawm txoj kab lig ntuj hauv plawv; 2. kev ywj pheej (yuav ua li cas los tau)
latrine, *n.* 1. tog tso quav; 2. lub chaw tso quav
latter, *adj.* 1. tshiab zog; tom qab zog; 2. qhov thib ob ntawm ob qho; qhov tom qab
lattice, *n.* 1. ntxaij ntoo los yog ntxaij hlau; 2. qhov rais los yog qhov rooj uas muaj ntxaij
laud, *v.* qhuas; *-n.* kev qhuas
laugh, *v.* luag
laughingstock, *n.* chaw rau neeg luag los yog rau neeg hais
laughter, *n.* 1. suab luag; 2. kev luag
launch, *v.* 1. xa; 2. tshoob (phom); 3. pib (sib tua); *-n.* lub me nyuam nkoj
launder, *v.* 1. ntxhua khaub ncaws; 2. liv khaub ncaws
Laundromat, *n.* chaw ntxhua khaub ncaws
laundry, *n.* 1. chaw ntxhua khaub ncaws; 2. khaub ncaws ntxhua
laundryman, *n.* neeg ntxhua khaub ncaws
laureate, *n.* tus neeg uas tau txais kev txhawb siab; **—laureateship** *n.*
laurel, *n.* 1. ntsuag ntoo thuv; me nyuam ntoo thuv; 2. ib hom paj; 3. meej mom
lava, *n.* kua av kub
lavatory, *n.* chav dej; chav plob
lavender, *n.* 1. paj yeeb; tsos paj yeeb; 2. ib hom paj ntoos
lavish, *adj.* xyob txhiaj; *-v.* siv nyiaj lwj liam; siv nyiaj luam thuam; tsis txuag nyiaj
law, *n.* kev cai lij choj; cai lij choj
lawbreaker, *n.* tus neeg hla cai lij choj
lawless, *adj.* tsis muaj cai lij choj li
lawmaker, *n.* tus neeg tsim cai lij choj
lawn, *n.* nyom; cov nyom ntawm tog

tsev
lawn mower, *n*. tshuab txiav nyom
lawsuit, *n*. kev sib foob
lawyer, *n*. kws hais plaub
lax, *adj*. yooj yim; tsis nyaum; tsis nruj
laxative, *n*. tshuaj ua kom raws plab; tshuaj yaug plab
lay, *v*. 1. pw; 2. nteg (qe); 3. tso
layer, *n*. txheej; tej txheej; tej daim
layoff, *v*. tso tawm hauj lwm
layout, *v*. 1. teeb los yog dhos; 2. npaj; -*n*. kev npaj
lazy, *adj*. tub nkeeg
lazybones, *n*. neeg tub nkeeg
lazy tongs, *n*. ib hom ciaj siv tais khoom nyob deb ntawm yus
lea, *n*. tiaj nras; tiaj nrag; nras
leach, *v*. 1. nrog (dej); 2. tshau; 3. txim los yog nkag
lead, *v*. 1. coj; 2. ntaus ntej; -*n*. 1. hauv paus; 2. txhuas los yog hlau nyob hauv tej dej los yog ntawm tej kob pleev tsev
leader, *n*. tus coj; thawj coj; nom
leadership, *n*. kev coj; kev coj noj coj ua
leaf , *n*. nplooj ntoos
leaflet, *n*. phau ntawv me me los yog nyias nyias
leafmonkey, *n*. nyaj; ib hom tsiaj zoo li liab
leaf spring, *n*. ntas tsheb
league, *n*. 1. koom haum; 2. ib yam kev ntsuas qhov deb uas muaj li peb *mais*
leak, *v*. 1. xau; xau dej; xau nag; 2. nrog; txeej; 3. paim; paim quav; huaj laim
lean, *v*. 1. ib (xws li ib phab ntsa); eb; pheeb; 2. tso siab rau; cia siab rau; 3. qaij; nkhaus; -*adj*. 1. ntshiv ntshiv; 2. tsis muaj qhov khov li
leap, *v*. dhia; caws qia
leap year, *n*. xyoo uas muaj 366 hnub; xyoo uas tshaj ib hnub
learn, *v*. kawm; xyaum
learned, *adj*. 1. muaj txuj ci zoo; muaj kev kawm; 2. paub tab
learning, *n*. txuj ci; kev kawm; kev paub tab
lease, *v*. 1. pob; pob tsev; ntiav; ntiav tsev nyob; 2. *xauj* (L); -*n*. ntaub ntawv ntiav tsev
leash, *v*. hlua khi tsiaj
least, *adj*. 1. me tshaj plaws; tsawg tshaj plaws; 2. hauv qab tshaj plaws; -*n*. tus neeg tom kawg
leather, *n*. tawv; tawv tsiaj; ntaub tawv tsiaj
leatherback, *n*. ib hom vaub kib dej uas loj heev
leave, *v*. sawv kev; mus; tawm mus
leaven, *n*. 1. poov xab; keeb; 2. qhov uas ua rau txhua qhov zoo tib si; -*v*. 1. muab poov xab rau; 2. ua kom huam tuaj; 3. nthuav tawm los yog tseb txoj kev deev siab
leaves, *n*. nplooj; nplooj ntoos (see *leaf*)
lechery, *n*. txoj kev nyiam kev sib deev tshaj plaws
lecture, *n*. lus qhuab qhia; lus qhuab ntuas; -*v*. qhuab qhia; hais lus rau tib neeg mloog
led, *v*. 1. coj; 2. ntaus ntej (saib *lead*)
ledge, *n*. 1. txee; 2. laj; laj roob; nraub qaum
ledger, *n*. phau ntawv ceev nyiaj txiag
lee, *n*. sab uas tsis raug cua
Lee, *n*. xeem Lis; ib xeem ntawm ntau ntau xeem Hmoob
leech, *n*. hiab; ib hom kab me me nyob rau chaw noo noo thiab muaj muaj nag
leechee, *n*. lwm tsib; txiv lwm tsib
leek, *n*. ib hom zaub zoo li dos
Lee Lue, *n*. Hmoob tus cawm seej tsav dav hlau T-28 tua rog nyob rau teb chaws Nplog thaum xyoo 1967 txog rau 1969. Lis Lwm tua ntau tshaj 5,000 fij ua ntej nws raug yeeb ncuab txais poob tuag rau lub Xya Hlis tim 11 xyoo 1969 nyob rau ib cheeb tsam ntawm Moos Xwm (Mong Suei). Lis Lwm yog tus tub tsav dav hlau tua rog uas tua ntau fij tshaj txhua txhua tus tub tsav dav hlau tua rog tib si nyob hauv lub qab ntuj no
leer, *adj*. 1. saib li muaj dab tsi xav qhia tawm; saib li xav hais dab tsi; 2. saib li muaj dab tsi zais
leery, *adj*. 1. poob siab; txhawj; 2. tsis txaus ntseeg
lees, *n*. qhov seem; qhov pov tseg
Lee Tian-bao, *n*. a Hmong king in South Western Hunan in the fifteen century
leeward, *adj*. nyob deb tsis raug cua; -*n*. sab tsis raug cua

leeway, *n.* qhov chaw tseg sib nyom; chaw nyom
left, *adj.* lauj; sab lauj; sab laug (tone change from *sab lauj*); *-adv.* nyob rau sab laug; *-v.* mus lawm; sawv kev mus dhau lawm
left atrium, *n.* taub plawv sab laug
left auricle, *n.* taub ncauj plawv sab laug
left brachiocephalic vein, *n.* hlab ntshav dub ntawm taub hau thiab caj npab sab laug
left common iliac artery, *n.* leeg ntshav liab ntawm ntsag sab laug
left common iliac vein, *n.* leeg ntshav dub ntawm ntsag sab laug
left coronary artery, *n.* leeg ntshav plawv liab sab laug
left gonadal vein, *n.* leeg ntshav dub ntawm chaw mos sab laug
left lung, *n.* lub ntsws sab laug
leftover, *adj.* seem; *-n.* qhov seem; qub zaub qub mov
left primary bronchus, *n.* hlab ntsws sab laug
left pulmonary artery, *n.* raj ntshav liab mus rau lub ntsws sab laug
left pulmonary vein, *n.* raj ntshav dub mus rau lub ntsws sab laug
left subclavian artery, *n.* hlab ntshav liab ntiag pwg sab laug
left ventricle, *n.* kem plawv sab laug
leg, *n.* ceg; sab ceg
legacy, *n.* txiaj ntsim; puav pheej; qhov tsim tau tseg; qhov neeg nco ntsoov tseg
legal, *adj.* raug cai; — **legally** *adv.*
legate, *n.* tus kis; tus sawv cev
legation, *n.* 1. hauj lwm rau tseem fwv; 2. chaw nyob rau tseem fwv
legend, *n.* 1. dab neeg uas ib txheej hais rau ib txheej; 2. cawm seej; keeb neeg
legendary, *adj.* tseem ceeb nyob hauv dab neeg; muaj dab neeg zoo txog
legging, *n.* thom khwm; nrhoob
legion, *n.* 1. ib pab tub rog; 2. koom haum rau cov qub tub rog; 3. ntau ntau; coob coob
legislate, *v.* tsim cai lij choj
legislation, *n.* cai lij choj
legislative, *adj.* ntsig txog tiam lis pej xeem
legislator, *n.* tus neeg tsim cai lij choj; tus tiam lis pej xeem
legislature, *n.* lub koom txoos uas muaj cai tsim cai lij choj
legitimate, *adj.* raug cai; tsim nyog; —**legitimately** *adv*; —**legitimation** *n.*
legume, *n.* 1. ib hom noob nroj los yog noob zaub zoo li taum uas lub noob los yog cov noob muaj ib daim plhaub qhwv; 2. ib hom nroj los yog zaub uas lub noob muaj daim plhaub qhwv
lei, *n.* lub caj dab ntawm lub paj
leisure, *n.* 1. sij hawm nyob dawb; 2. kev ywj siab
lemming, *n.* ib hom nas uas muaj ko tw luv luv
lemon, *n.* txiv qaub; txiv lws zoov; *maj naus* (L)
lemonade, *n.* dej qaub; kua txiv lws zoov; kua *maj naus*
lemon grass, *n.* tauj dub; tauj qaib
lemur, *n.* ib hom tsiaj zoo li mab uas muaj plaub dawb txuam dub
lend, *v.* txais (xws li txais nyiaj)
length, *n.* qhov ntev; —**lengthy** *adj.*
leniency, *n.* txoj kev ua yooj yim; txoj kev coj tsis nruj
lenient, *adj.* 1. tsis hnyav; sib; 2. yooj yim; tsis nruj; 3. muag muag
lenity, *n.* kev ua yooj yim tsis coj nruj nruj
lens, *n.* 1. lub tsom iav (ntawm lub twj yees duab); 2. lub tsom ntsiab muag; tsom ntsiab muag uas ua rau yus pom kev deb ze tau
lentil, *n.* ib hom ntoo uas cov noob noj tau
leonine, *adj.* zoo xws tsov ntxhuav
leopard, *n.* pos teev; tsov pos teev
leopard cat, *n.* plis
leotard, *n.* hom khaub ncaws uas lo kiag raws yus cov tawv nqaij xws li poj niam cov ris tsho da dej
leper, *n.* neeg mob ruas
leprosy, *n.* mob ruas
lesbian, *n.* poj niam nyiam poj niam
lesion, *n.* thaj chaw txawv ntawm lub cev uas yog raug mob los yog tau mob; qhov chaw raug mob; qhov chaw mob
less, *adj.* tsawg dua; tsis ntau npauv; *-adv.* tsawg zog; *-prep.* rho tawm; tshem tawm
lessee, *n.* tus neeg ntiav tsev nyob
lessen, *v.* ua kom tsawg

lesser, *adj.* tsawg zog
lesson, *n.* 1. qhov kawm tau los ntawm kev yuam kev; kev kawm; 2. ntaub ntawv rau me nyuam kawm ntawv kawm
lessor, *n.* tus neeg uas muab nws cov tsev rau tib neeg ntiav nyob; tus tswv tsev
lest, *conj.* ntshai tsam; tsam
let, *v.* cia; tso; *-n.* qhov daig; qhov teeb meem
let down, *v.* tso tseg; ua rau tu siab; *-n.* kev tu siab
lethal, *adj.* txaus ntshai heev; tuag taus
lethargic, *adj.* 1. nkees heev; mob heev; sab heev; 2. tub nkeeg heev
lethargy, *n.* 1. txoj kev nkees los yog tub nkeeg; 2. qaug qaug
letter, *n.* tsab ntawv; daim ntawv
lettuce, *n.* zaub qhwv
leukemia, *n.* *lus khib mias*; mob *kheeb xawm lus khib mias*; ib hom mob rau cov ntshav uas kho tsis yooj yim
levator scapulae muscle, *n.* nqaij ntshiv ntawm ib sab caj dab
levee, *n.* kev thaiv ntsa kom dej txhob nyab
level, *n.* 1. tus twj ntsuas kom sib txig; 2. theem; kab theem; qib; txheej; 3. tej plag tiaj tiaj (xws li tej plag tsev); 4. qib hauj lwm (*rank*); *-adj.* tiaj; ncaj; xwm yeem; 2. sib txig; *-v.* 1. ua kom tiaj, kom sib txig, kom xwm yeem; 2. tsoo pov tseg; nrau pov tseg
lever, *n.* tus tes; tus ko
leviathan, *n.* 1. ib hom tsiaj hiav txwv loj loj; 2. tej yam uas loj loj heev
levity, *n.* kev zoo siab; kev tso daj tso luag
levy, *v.* sau los yog kee; *-n.* kev sau se los yog kee ub kee no
lewd, *adj.* 1. tsis xwb lawm; tsis dawb huv (xws li sib deev dua lawm); 2. liam; phem; tsis raug ntsej raug muag
lexicography, *n.* kev txhais lus los yog nrhiav lus tshiab
lexicon, *n.* lus txhais
liable, *adj.* raug saib xyuas
liaison, *n.* 1. kev sib txuas lus (los sib tham) ntawm tej pawg tub rog; 2. kev plees kev yi yam tsis raug cai
liaison person, *n.* tus neeg txuas lus; tus neeg nruab nrab
liar, *n.* neeg dag
libel, *n.* kev rhuav los yog ua txhaum rau lwm tus neeg lub koob meej
liberal, *adj.* 1. tsis nruj; tsis nqaim; 2. tsis coj li qhov qub
liberate, *v.* daws tso; tso dim
liberation, *n.* kev daws tso; kev tso dim
liberator, *n.* cawm seej; tus cawm seej; tus daws tso
libertine, *n.* tus neeg uas coj lub neej phem
liberty, *n.* 1. kev ywj pheej; 2. txoj cai
libido, *n.* kev khaus (xws li xav sib deev)
library, *n.* tsev ntawv; chaw cia ntawv
Libya, *n.* teb chaws Lis Npis Yas
lice, *n.* ntshauv
license, *n.* 1. daim ntawv tso cai; 2. ntawv pov thawj
licentious, *adj.* tsis paub txaj muag; plhu tuab heev; qias neeg heev
licit, *adj.* raug cai lij choj
lick, *v.* yaim
licorice, *n.* cag qhuav
lid, *n.* 1. hau; lub hau; 2. plaub muag
lie, *v.* 1. dag; xev; 2. pw; da; *-n.* lus dag
liege, *n.* 1. tus nom tswv los yog huab tais yav puag thaum ub; 2. tus nom me los yog lub teb chaws me uas nce rau lub teb chaws loj; 3. tus pej xeem uas siab ncaj ncees rau nws tus huab tais
lien, *n.* nqe; nuj nqes
lieutenant, *n.* 1. ib qeb ntawm nom tswv tub rog; 2. tus sawv cev; tus hloov chaw
lieutenant colonel, *n.* ib qeb ntawm nom tswv tub rog uas yau zog tus *kaus laus nias*
lieutenant general, *n.* tus yau ntawm tus *nai phoo* (L); tus tom hau rog
life, 1. lub neej; neej; 2. txoj sia; 3. lub sij hawm tseem muaj sia nyob
lifeblood, *n.* txoj kev pab rau lub dag lub zog los yog qhov tseem ceeb
lifeboat, *n.* nkoj cawm neeg tom hiav txwv
lifeguard, *n.* neeg saib xyuas cov neeg da dej
lifeless, *adj.* 1. tsis muaj sia lawm; tuag lawm; 2. tsis muaj neej
lifelong, *adj.* tag sim neej; mus ib txhis
lifesaving, *n.* kev xyaum cawm neeg txoj sia

lifestyle, *n*. txoj kev ua ib lub neej; cuj pwm lub neej
lifetime, *n*. sim neej; ib sim neej; tas lub neej
lift, *v*. 1. tsaws; 2. nqa
liftoff, *n*. kev ya tawm mus rau saum ntuj
ligament, *n*. 1. cov nqaij los yog leeg uas tuav cov pob txha ua ke los yog tuav cov khoom hauv lub cev kom nyias nyob rau nyias chaw
ligamentum arteriosum, *n*. npluag xov uas tuav raj ntshav ua ke
ligature, *n*. 1. yam uas muab lo ua ke; 2. txoj hluas xaws qhov nqaij to; 3. txoj hlua khi los yog txuas tej yam dab tsi
light, *n*. 1. duab ci (los ntawm lub hnub los yog teeb); 2. teeb; 3. kev tshav ntuj; *-adj*. ci ci; 2. sib sib; tsis hnyav; *-v*. rauv taws; zes taws
lighten, *v*. 1. ua kom sib; 2. ua kom txhob nyuaj nyuaj; 3. ua kom sib zog
lighthearted, *adj*. zoo siab; tsis muaj kev khuam dab tsi
lighthouse, *n*. tsev taws teeb qhia kev rau nkoj kom txhob mus tsoo ntug
lightning, *n*. xob laim; xob laig; xob tua
lightning strike, *n*. 1. xob tua; 2. tsoo
lignite, *n*. ib hom thee av
like, *v*. nyiam; *-adj*. zoo li; zoo sib xws
likeable, *adj*. ntxim nyiam
likelihood, *n*. qhov tej zaum
likely, *adj*. 1. ntxim; 2. tej zaug; tej ziag; 3. phim; *-adv*. tej zaug; tej ziag
like-minded, *adj*. muaj tib lub tswv yim; xav tau tib yam nkaus; zoo ib yam
liken, *v*. piv
liking, *n*. kev nyiam
lilac, *n*. ib hom nroj tsuag uas tawg paj
lilt, *n*. lub suab nkauj los yog lub suab hais lus uas mos thiab zoo siab heev; *-v*. 1. hais lus yam zoo siab thiab lom zem heev; 2. hu nkauj tau zoo heev
lily, *n*. ib hom nroj tsuag
lima bean, *n*. kaus taum
limb, *n*. ceg; caj ceg
limber, *adj*. 1. muag muag; 2. ua li cas los tau
limbo, *n*. 1. chaw khuam ntab khuam ntuv; kev tsis ntab ntws qhov twg li; 2. lub tsev nyob nrab ke; 3. nrab ke; 4. ib hom seev cev nyob teb chaws Is Dias sab hnub poob
lime, *n*. txiv qaub; txiv lws zoov (hom ntsuab)
limelight, *n*. qhov chaw suav daws xav mloog
limerick, *n*. cov paj huam uas muaj tsib kab
limestone, *n*. pob zeb qaub; zeb qaub
limit, *n*. ciaj ciam; txoj kab uas hla tsis dhau rau sab tod; —**limited** *adj*.
limitation *n*. 1. ciam; nrim; 2. kev txwv; qhov tsis pub hla los yog ua dhau
limousine, *n*. tsheb thauj nom tswv
limp, *v*. ceg tawv
limpid, *adj*. tseeb; pom tshab
linden, *n*. ib hom ntoo uas daim nplooj zoo li lub plawv
line, *n*. 1. kab; txoj kab; 2. hlua; txoj hlua; 3. ciam; ciaj ciam
linea alba, *n*. txoj hlab sawv ntsug ntawm puab tais mus rau caj pas
lineage, *n*. caj ceg tsev neeg; caj ceg los ntawm tib tus pog yawg; ib pawg kwv tij
lineal, *adj*. 1. ncaj qha; 2. los ntawm tib tug pog yawg
lineaments, *n*. ib qho txawv txawv nyob ntawm lub ntsej muag xws tej txoj kab los lwm yam
linear, *adj*. 1. ncaj qha; 2. ib kab ntev ntev thiab nqaim nqaim
linen, *n*. ntaub; ib hom ntaub
liner, *n*. 1. tus uas cab kab los yog kos kab; 2. nkoj los yog dav hlau uas nyob ua ib pawg
lineup, *n*. neeg sawv ua ib kab; *-v*. sawv ua kab sab
linger, *v*. laug; laug caij nyoog
lingerie, *n*. poj niam lub ris hauv qab
lingo, *n*. ib hom lus txawv txawv
lingual artery, *n*. leeg ntshav liab ntawm nplaig
lingual tonsils, *n*. cos nplaig
linguist, *n*. kws lus; tus neeg kawm txog tib neeg li lus
linguistics, *n*. kev kawm txog lus
liniment, *n*. tshuaj pleev tawv nqaij
lining, *n*. meem hauv; daim npog tuaj sab nraud
link, *n*. 1. txuas; qhov txuas; pob txuas; 2. kev phooj ywg; *-v*. txuas; muab khi ua ke

linoleum, *n.* plag tsev uas pua tej yam tawv tawv
lintel, *n.* ib thooj tav toj nyob sab saum lub qhov rooj los qhov rais
lion, *n.* ntxhuav; tsov ntxhuav
lionize, *v.* saib muaj nuj nqis heev; saib tseem ceeb heev
lip, *n.* di ncauj; tawv ncauj
liposuction, *n.* kev phais pav ywj los yog roj pov tseg
lipstick, *n.* tshuaj pleev di ncauj
liquefy, *v.* ua dej; rais ua dej
liqueur, *n.* cawv qab zib
liquid, *n.* yam khoom ua ua kua; *-adj.* kua; ua kua
liquidate, *v.* 1. kaw (khw lag luam); 2. tshem tawm los yog muag kom tag txhua yam; — **liquidation** *n.*
liquor, *n.* cawv; dej cawv; dej caw (suab hloov los ntawm *cawv*)
list, *n.* daim ntawv teev npe; daim ntawv sau npe; *-v.* sau npe; teev npe
listen, *v.* mloog; cuab pob ntseg
listless, *adj.* tsis muaj siab rau
lit, *v.* 1. taws; ua cig; 2. cig
litany, *n.* kev thov ntuj
litchi, *n.* txiv lwm tsib
liter, *n.* ib lub tswv yim ntsuas yam ua kua; *liv*
literal, *adj.* raws nraim li hais
literally, *adv.* raws nraim li sau tseg
literate, *adj.* txawj ntawv; paub ntaub paub ntawv
literature, *n.* 1. tej ntawv tib neeg sau tseg; 2. phau ntawv
lithe, *adj.* 1. muag muag; 2. zoo nkauj
lithograph, *n.* kev luam ntawv los ntawm thooj hlau los yog pob zeb
litigate, *v.* rob plaub; foob
litigation, *n.* kev plaub kev ntug
litmus, *n.* ib txoj kev sim kua tooj kua hlau los yog *ev xem* (*acid*)
litmus paper, *n.* daim ntawv sim ntsuas kua tooj kua hlau los yog *ev xem*
litter, *n.* khoom pov tseg; khoom qias
little, *adj.* me; me me; tsawg; tsawg tsawg
little finger, *n.* ntiv tes rwg qab; ntiv rwg
liturgy, *n.* kev lis kev cai hauv lub nkoj tua rog
livable, *adj.* nyob nyog; nyob taus
live, *v.* 1. nyob; 2. ua neej; *-adj.* 1. muaj sia; 2. muaj dag muaj zog; 3. tshaj tawm thaum tab tom kub ntxhov; tam sij no
livelihood, *n.* 1. kev txhawb nqa tus kheej; 2. kev noj kev nyob; kev ua neej
livelong, *adj.* ntev heev, ib sim neej; tas sim neej
lively, *adj.* 1. muaj sia; 2. lom zem; 3. zoo siab
liver, *n.* siab; lub siab
lives, *n.* 1. lub neej; neej; 2. txoj sia; 3. lub sij hawm tseem muaj sia nyob
livestock, *n.* tsiaj txhu
livid, *adj.* 1. doog; tsoo doog; 2. daj (xws li ntsej muag daj)
living, *adj.* 1. muaj sia; 2. tseem ua hauj lwm; 3. tiag tiag; 4. txog lub neej; *-n.* 1. kev noj kev nyob; 2. kev ua neej
living room, *n.* chav nyob; chav txais qhua
lizard, *n.* nab qa
llama, *n.* ib hom tsiaj loj nyob rau Mes Kas Qab Teb
Lo, *n.* xeem Lauj; ib xeem ntawm ntau ntau xeem Hmoob (saib *Lor* thiab *Lau*)
load, *v.* 1. ntim; 2. teeb khoom; *-n.* 1. cov khoom; 2. pob khoom
loaf, *n.* mog; ib thooj mog; tej thooj *nplem*; *-v.* pov tseg caij nyoog; poob caij nyoog; poob sij hawm
loam, *n.* av; av ua teb
loan, *n.* nyiaj txais; *-v.* txais; qev
loath, *adj.* yig heev; xyeej; ua siab deb
loathe, *v.* ntxub
loathing, *n.* tsis nyiam li
loathsome, *adj.* dhuav heev; ntxub heev
lob, *v.* txawb (xws li pob zeb) los yog ntaus (xws li pob) ua rau ya nkhaus vos los yog nkoov zim
lobbist, *n.* kws haub ntxias
lobby, *n.* 1. chaw tos; chav tos nyob hauv tsev; 2. tus neeg deev lwm tus neeg siab; *-v.* deev lwm tus siab
lobe, *n.* yam kheej kheej
lobes of left lung, *n.* nplooj ntsws sab laug
lobes of liver, *n.* nplooj siab
lobes of right lung, *n.* nplooj ntsws sab xis
lobotomy, *n.* kev phais hlwb
lobster, *n.* cw loj; cw hiav txwv
local, *adj.* hauv zos; ib ncig; tsis deb tsis ze

locale, *n*. 1. ib ncig; 2. tej yam npaj teeb los yog txawb rau kom zoo nkauj
locality, *n*. ib qhov chaw; chaw ntawm ib ncig
localize, *v*. ceev los yog tswj rau ib qhov chaw
locate, *v*. 1. nyob; 2. nrhiav (qhov chaw)
location, *n*. chaw; qhov chaw
lock, *v*. xauv; ntsug; liaj; *-n*. ntsug phoo; tus liaj qhov rooj
locker, *n*. chaw xauv khoom; chaw rau khoom uas muab xauv cia
lockjaw, *n*. mob puab tsaig daig; mob kaw puab tsaig
lockout, *n*. kev muab chaw ua hauj lwm kaw thaum cov neeg tom hauj lwm tsis txaus siab
locksmith, *n*. kws ua yawm sij thiab ua ntsug phoo
locomotion, *n*.1. kev txav los yog khiav ib qho chaw rau ib qho chaw; 2. kev tawm rooj taug kev mus ib qho rau ib qho
locomotive, *n*. lub taub hau tsheb ciav hlau
locoweed, *n*. ib hom nroj uas lom tsiaj txhu
locust, *n*. 1. kooj; kooj tshuab; 2. ib hom ntoo
locution, *n*. kev hais lus
lodestone, *n*. pob zeb hlau nplaum
lodge, *v*. 1. nrhiav chaw so rau; 2. los so; los pw; 3. muab khaws cia; *-n*. 1. tsev so; 2. chaw rau tsiaj
loft, *n*. nthab
lofty, *adj*. 1. muaj koob; muaj npe; 2. zoo siab heev; 3. siab thiab zoo heev
log, *n*. 1. tog ntoo; thooj ntoo; 2. cov hauj lwm ntawm cov neeg ua hauj lwm hauv nkoj thiab dav hlau uas teev tseg tias lawv ua dab tsi txhua txhua hnub
loggerhead, *n*. ib hom vaub kib hiav txwv uas loj heev
logic, *n*. kev xav uas raug chuav los yog muaj chaw txawb chaw rau
logical, *adj*. muaj phim thawj; raug chua; muaj kuab
logistics, *n*. kev xa tub rog los yog zaub mov rau ub rau no
logo, *n*. cim; lub cim rau koom haum los yog lag luam ; *laub nkaum*
loin, *n*. plab mog
loincloth, *n*. thav ntxwv
loiter, *v*. laug tos; nyob tos
loll, *n*. chaw zaum tos
lollipop, *n*. khoom qab zib rau me nyuam yaus
lone, *adj*. twm zeej
loner, *n*. neeg twm zeej
lonely, *adj*. kho siab (vim tsis muaj tus nrog nyob)
lonesome, *adj*. kho siab vim tsis muaj phooj ywg
long, *adj*. 1. ntev (caij nyoog ntev); 2. ntev (khoom ntev); *-v*. 1. tos tau ntev heev lawm; 2. ntshaw heev; xav tau
longevity, *n*. sia ntev; kev nyob ntev ntev yam tsis ploj tsis tuag; — **longevous** *adj*
longhand, *n*. xuas tes sau
long head biceps brachii muscle, *n*. ib ntswj nqaij ntshiv sawv ntsug nyob ntawm npab ntug
longhorn, *n*. nyuj kub ntev
Longhorn Miao, *n*. ib hom Hmoob nyob rau xeev Kim Tsawb, teb chaws Suav
longitude, *n*. kab lig ntuj uas dhia hnub tuaj rau hnub poob
longitudinal, *adj*. ntsig txog qhov ntev
longshoreman, *n*. tus neeg ntim khoom thiab thau khoom ntawm nkoj
look, *v*. 1. saib; ntsia; 2. nrhiav; tshawb
lookout, *n*. 1. tus neeg saib; 2. kev saib zoo zoo; *-v*. 1. saib zoo zoo; saib ntsoov; 2. ceev faj
loom, *n*. ntos; tshuab ua ntaub; *-v*. tawm tuaj; tawm los
loon, *n*. ib hom noog uas nyiam dhia los yog tso cev poob rau hauv hav dej; hom noog zoo li os
loony, *adj*. vwm
loop, *n*. 1. kev khaub zig; 2. voj voog
loophole, *n*. qhov dim; qhov chaw khiav; chaw zam
loose, *adj*. 1. ywj pheej; dim; 2. xoob, tsis ceev; 3. tsis yog; tsis chwv; *-v*. 1. tso; 2. daws kom xoob zog; thim kom xoob
loosen, *v*. daws; xoob
loot, *v*. 1. huab (fuab); txhav; txeeb; 2. nyiag
lop, *v*. 1. txiav tawm; txhem tawm; 2. khuam tseg
lope, *v*. khiav; dhia; *-n*. tej kauj ruam

yooj yooj yim thiab sib luag zos
lopsided, *adj.* qaij rau ib sab
loquacious, *adj.* nyiam tham heev
loquat, *n.* ib hom txiv ntoo
Lor, *n.* Lauj; xeem Lauj; ib xeem ntawm ntau ntau xeem Hmoob (saib *Lo* thiab *Lao*)
lord, *n.* 1. tswv ntuj; 2. nom los yog huab tais; 3. tus neeg txawj ntse nyob teb chaws As Kiv
lore, *n.* tej tswv yim ib txwm muaj los
lose, *v.* 1. ploj; poob; 2. swb
lose face, *v.* poob ntsej muag
loss, *n.* 1. yam uas ploj los yog poob lawm; 2. kev swb; 3. cov tub rog uas raug mob, raug ntes, los yog raug tuag
loss of libido, *n.* kev tsis xav nrog txiv neej pw los yog sib deev vim tsis muaj kua lawm
lost, *adj.* 1. ploj lawm; poob lawm; 2. swb lawm
lot, *n.* 1. txoj hmoo; 2. ib nyuag qhov av; 3. ntau ntau
lotion, *n.* tshuaj tawg pleb; tshuaj tawv ntxhib; tshuaj pleev tawv nqaij kom mos
lottery, *n.* kev yuav *lej* (L)
lotus, *n.* paj hav dej
loud, *adj.* 1. nrov; 2. toog ntsej
loudly, *adv.* nrov nrov
loudspeakers, *n.* paj taub; twj nrov
lounge, *v.* ua los yog txav yam niag tub tub nkeeg; -*n.* chaw so uas muaj rooj tog zoo zoo (tom tshav dav hlau)
louse, *n.* ntshauv (ib tus)
lousy, *adj.* 1. tsis zoo; qias neeg; 2. kis ntshauv ntau heev
lout, *n.* neeg ruam; neeg npub
louver, *n.* daim ntxaij thaiv duab hnub (nyob ntawm tsheb)
love, *v.* hlub; -*n.* kev hlub
lovelorn, *adj.* tu ncua kev hlub; nrug txoj kev hlub
lovely, *adv.* 1. ntxim hlub; 2. zoo nkauj heev
low, *adj.* 1. qis; 2. laus (xws li suab laus); tsis soob
lowbrow, *n.* tus neeg uas tsis txhawj txog dab tsi li
lower, *v.* 1. txo (kom qis zog); 2. dauv (qhov muag)
lowland, *n.* 1. tiaj nrag; 2. chaw qes
lowly, *adv.* 1. qes qes; 2. tsis muab hlob
loyal, *adj.* ncaj ncees (xws li tsis ntxeev siab); ua saib dawb paug los yog ncaj ncees
lozenge, *n.* lub me nyuam tshuaj qab qab zib
lubricant, *adj.* nplua nplua; -*n.* roj nplua
lubricate, *v.* pleev roj kom nplua, ua kom txhob xem; —**lubrication** *n.*
lucid, *adj.* 1. to taub yooj yim; 2. zoo; meej
luck, *n.* hmoo; txoj hmoo
lucky, *adj.* muaj hmoo
lucrative, *adj.* tau nyiaj zoo; tau nyiaj ntau heev
lucre, *n.* nyiaj txiaj; nyiaj txiag (suab sis los ntawm *nyiaj txiaj*)
lucubrate, *v.* rau siab ua hauj lwm los yog rau siab kawm ntawv (mus txog ntuj teb tag hmo); —**lucubration** *n.*
ludicrous, *adj.* txaus luag
luff, *v.* tsav nkoj ncaj qha mus rau hav cua
lug, *v.* luag; cab; hai; rub
luggage, *n.* thawv khoom; thawv nqa khoom
lugubrious, *adj.* 1. quaj lwj quaj liam; 2. tu siab heev
lukewarm, *adj.* 1. sov nyuag tsiam tsawv; 2. tsis muaj siab li
lull, *v.* ua kom nyob twj ywm
lullaby, *n.* nkauj hu kom me nyuam tsaug zog
lumbago, *n.* mob duav
lumbar, *n.* txha nqaj qaum ntu ntawm duav; duav
lumbar artery, *n.* leeg ntshav liab ntu ntawm nraub qaum
lumbar curvature, *n.* txha nqaj qaum ntu ntawm duav
lumbar enlargement, *n.* hlwb txha nqaj qaum ntu ntug (los yog su loj) nyob ncaj rau ntawm ntsag)
lumbar vertebra, *n.* yas txha duav
lumber, *n.* ntoo kaw; cov ntoo uas twb muab kaw tas lawm
lumberjack, *n.* tus neeg txiav ntoo rau chaw kaw ntoo
lumberman, *n.* neeg ua luam ntoo
lumina, *n.* ceg voj txha caj qwb
luminary, *n.* neeg muaj koob muaj npe; neeg nto npe
luminescence, *n.* cov teeb los yog cov duab teeb ci uas tsis kub heev

luminous, *adj*. 1. cig; ci; 2. muaj tso duab ci; 3. ntse
lump, *n*. 1. pob thooj; 2. su; o
lump sum, *n*. ib teg nyiaj (uas muab them ib qho dab tsi kom tag nrho)
lunacy, *n*. nyob rau lub caij vwm vwm los yog chim chim heev
lunar, *adj*. hli Hmoob; nib toos Hmoob
lunar calendar, *n*. nib toos Hmoob (*nib toos* yog lus Hmoob Suav); hli Hmoob
lunatic, *adj*. 1. vwm; 2. tsis muaj lub muaj log; -*n*. neeg vwm
lunch, *n*. su; pluas su; pluas hno thaum tav su
luncheon, *n*. ib pluas su tseem ceeb
luncheonette, *n*. 1. khw muag khoom noj tej yam me me; 2. khw muag tej yam khoom noj txom ncauj
lung, *n*. ntsws
lunge, *n*. kev nias ceev ceev los yog thawb ceev ceev; -*v*. thawb los yog nias ceev ceev heev
lurch, *v*. 1. ceg tawv; 2. qaij; -*n*. 1. kev qaij los yog vau ua yuj yees tsis khov li; 2. ib hom kev twv txiaj
lure, *v*. ntxias; daj (xws li daj deev); dib; -*n*. w (xws li *rau w*); 2. kab nuv ntses
lurid, *adj*. 1. ceeb; ntshai
lurk, *v*. nkaum zoo zoo tos tua; zov zoo zoo tos tua
luscious, *adj*. 1. qab heev; 2. txaus siab heev
lush, *adj*. muaj kev loj hlob zoo heev
lust, *n*. siab hlob; -*v*. 1. nyiam kev plees kev yi los yog kev sib deev heev; 2. ntshaw ua nom ua tswv heev
luster, *n*. duab teeb uas ntsa ci rov tuaj; duab ci
lusty, *n*. 1. muaj zog heev; khov heev; 2. nyob zoo xws li tsis muaj mob nkeeg
lute, *n*. ib lub twj paj nruas uas muaj hlua li lub nkauj nog ncas
lutist, *n*. tus neeg ntaus lub twj paj nruas muaj hlua li lub nkauj nog ncas
luxate, *v*. dhas; plam (ntawm qhov txuas lawm)
luxuriant, *adj*. 1. nplua nuj heev; 2. lub neej muaj nyiaj muaj txiaj ntau heev
luxuriate, *v*. nyob rau lub neej nplua nuj heev
luxurious, *adj*. 1. nyiam lub neej nplua nuj heev; 2. nplua nuj heev
luxury, *n*. lub neej nplua nuj uas noj seem noj so
lyceum, *n*. chaw hais lus rau neeg coob coob mloog
lying, *v*. dag
lymph nodes, *n*. qhov qog ntshav hauv lub cev
lynch, *v*. tua neeg yam tsis tas hais plaub li (tua neeg xws li muab hlua dai)
lynx, *n*. plis nyob rau sab Mes Kas Qaum Teb; ib hom plis
lyonnaise, *adj*. yam ua xyaw dos kib
lyre, *n*. ib hom twj tshuab qub qub puag thaum ub uas zoo li ncas
lyrebird, *n*. ib hom noog uas tw ntev ntev nyob rau teb chaws Auv Tas Lias
lyric, *adj*. 1. phim seev suab hu nkauj; -*n*. 1. kwv huam; 2. cov ntsiab nkauj
lyrical, *adj*. 1. phim seev suab hu nkauj; 2. muaj siab heev; zoo siab heev
Lysol, *n*. ib hom tshuaj tua kab

M

m, *n*. tus tsiaj ntawv As Kiv thib 13
ma, *n*. niam
maam, *n*. 1. ib lo lus saib siab rau tus poj niam thaum yus hu nws tab sis tsis paub nws lub npe; 2. yog zoo tib yam li lo "*madam*"
macadam, *n*. 1. cov ntsiav pob zeb me me uas siv ua kev (yog tsoo tawg los ntawm tej lub pob zeb loj loj); 2. tej txoj kev uas pua cov ntsiav pob zeb me me
macaroni, *n*. ib hom khoom noj
macaroon, *n*. ib hom khoom noj qab zib uas siv txiv *maj phaub* ua
macaw, *n*. hom noog leeb nkaub loj
mace, *n*. ib cov qws hnyav hnyav uas ib tog mas ncau ceg ras siv sib ntaus sib tua txheej thaum ub
macerate, *v*. muab tsau dej ces muag los yog zooj lawm; ua kom muag ces muab tsau dej; —**maceration** *n*.
machete, *n*. txuas
machination, *n*. 1. tswv yim phem; 2. kev npaj txov ib qhov dab tsi los

yog txov leej twg
machine, *n.* 1. tshuab ua hauj lwm; 2. pab neeg tseem ceeb uas tuav ib pawg neeg txoj cai tswj hwm
machine gun, *n.* phom luaj zaj; phom qhau fawj
machinery, *n.* 1. tshuab 2. tej yam ntawm lub tshuab
machinist, *n.* tus neeg dhia tshuab; tus neeg khiav tshuab
mackerel, *n.* ib hom ntses hiav txwv
mackinaw, *n.* tsho loj
macramé, *n.* txoj hlua ntxias ua saw coj
macro-, *pref.* loj heev
macrocosm, *n.* lub qab ntuj khwb
macron, *n.* tus cim lub suab
mad, *adj.* 1. chim; 2. vwm; 3. hais tsis mloog li
madam, *n.* lo lus Fab Kis uas saib siab rau tus poj niam muaj txiv thaum hu nws
madame, *n.* lo lus Fab Kis uas saib siab rau tus poj niam muaj txiv thaum hu nws
madcap, *adj.* 1. qus; 2. vwm; *-n.* tus neeg vwm los yog quav quav ib yam dab tsi heev
made, *v.* 1. ua ; 2. tsim (saib *make*)
Madeira, *n.* ib hom cawv qab zib
mademoiselle, *n.* 1. lus Fab Kis hu tus poj niam uas tsis tau muaj txiv; 2. hluas nkauj
made-up, *adj.* 1. txua; tsis muaj tseeb; 2. phim rau; puab ciab rau
madhouse, *n.* 1. chaw so rau cov neeg puas hlwb; 2. lub chaw uas ntxhov quav niab
madman, *n.* neeg vwm; yawg vwm
madras, *n.* ntaub xuas rwb ua
madrigal, *n.* ib zaj nkauj ntev ntev uas muaj ob peb lub suab hu sib xyaws
madwoman, *n.* poj niam vwm; poj vwm
maelstrom, *n.* 1. khaub zeeg cua los yog tej yam uas ntaus khaub lig uas loj heev; 2. qhov teeb meem uas heev npaum lub khaub zeeg cua
maestro, *n.* tus neeg sau nkauj los yog coj neeg hu nkauj uas nrov npe heev
mafia, *n.* koom haum ntawm cov neeg phem; tej pawg neeg nplua nuj tab sis ua siab phem (pib nyob rau teb chaws Iv Lis)
mafioso, *n.* tus neeg uas koom tes nyob hauv lub koom haum *Mafia*
magazine, *n.* 1. phau ntawv nrog duab uas ib sij tawm ib zaug; *mes nkas zee*; 2. chaw rau khoom; 3. xav xaws phom
magenta, *n.* liab tsam xem; 2. tsos paj yeeb
maggot, *n.* 1. ib hom kab zoo li kab lia; 2. kas
magic, *n.* 1. yees siv; 2. khawv koob
magisterial, *adj.* 1. nom tswv; 2. ntsig txog kws tu plaub
magistrate, *n.* kws tu plaub; kws txiav plaub
magma, *n.* pob zeb lwj
magnanimous, *adj.* tseem ceeb heev; zoo heev
magnesia, *n.* ib hom hmoov tshuaj dawb dawb
magnesium, *n.* ib hom hmoov tshuaj dawb dawb
magnet, *n.* hlau nplaum
magnetic, *adj.* 1. nqus; nplaum; 2. ntsig txog hlau nplaum
magnetite, *n.* thee av dub; pob zeb thee
magnetize, *v.* 1. sib nqus li hlau nplaum; 2. muab hlau nplaum tso rau
magnificent, *adj.* zoo heev; tshaj lij heev
magnify, *v.* 1. tsub (rau kom haj yam heev); 2. rub kom loj tuaj thiaj pom tseeb; ua kom pom loj
magnifying glass, *n.* daim iav rub loj; daim iav rub kom muab tej qhov me me ua pom loj loj
magnitude, *n.* 1. qhov loj ntawm tej yam dab tsi; 2. qhov ntau
magnolia, *n.* ib hom nroj tsuag uas muaj paj tsw tsw qab
magpie, *n.* ib hom noog dub dawb thiab muaj tw ntev ntev
mahogany, *n.* ib hom ntoo zoo heev uas muaj tsos liab dub doog
maid, *n.* ntxhais txib; tus qhev uas feem ntau yog poj niam tsis muaj txiv
maiden, *n.* tus poj niam hluas uas tsis tau yuav txiv; nkauj xwb; *-adj.* 1. tsis tau yuav txiv; 2. ua ntej; thib ib
mail, *n.* ntawv (tsab ntawv ib leeg xa rau ib leeg); *-v.* xa ntawv
mailbox, *n.* chaw xa ntawv
mailman, *n.* neeg xa ntawv

maim, *v.* raug mob sab heev ua rau puas tag
main, *adj.* 1. tseem ceeb; 2. loj; *-n.* 1. tub rog; lub zog; 2. hiav txwv; 3. tus raj los yog tus kav tseem ceeb
main character, *n.* tuam hau thawj
mainframe, *n.* lub *koos pis tawj* loj loj uas ua hauj lwm ceev ceev
mainland, *n.* 1. av loj; thooj av loj; 2. lub teb chaws loj
mainstay, *n.* 1. lub hauv paus; 2. qhov khov; 3. lub dag zog tseem ceeb; 4. qhov txhawb loj
mainstream, *n.* 1. qhov loj; qhov coob; qhov dav dav; 2. suav daws; feem coob; *-adj.* cov coob
maintain, *v.* 1. khaws cia; tuav cia; txuag; 2. tuav rawv qub lus; 3. txhawb; **—maintenance** *n.*
maitre d'hôtel, *n.* tus thawj ntawm cov neeg ua hauj lwm hauv chav noj mov
major, *n.* 1. ib qeb npe nom tub rog; *kaus maus das*; 2. sab kev kawm; qhov kev kawm; *-adj.* 1. tseem ceeb; 2. loj
major calyx, *n.* taub raum loj
major general, *n.* thawj hau rog; *nai phoo* (L)
majority, *n.* feem coob
make, *v.* ua; tsim
make-believe, *v.* lam ua tias yog tiag; dag; *-adj.* ua txuj; lam dag
makeshift, *n.* kev sib hloov
makeup, *n.* 1. kev muab sib hloov; 2. khoom pleev plhu
maladjusted, *adj.* hloov ua dog ua dig; kho ua dog ua dig
maladroit, *adj.* phem; dog dig
malady, *n.* 1. kab mob; 2. kev puas tsuaj
malaise, *n.* kev paub tias tsis xis nyob
malamute, *n.* ib hom aub los yog dev uas tsiv heev
malapropism, *n.* kev siv ib lo lus yuam kev uas ua tau txaus luag heev
malaria, *n.* ua npaws; mob npaws; ua daus no
malarkey, *n.* ib qho uas ruam heev; tsis muaj qab hau dab tsi
malcontent, *n.* neeg tsis meej pem; tus neeg uas ua qhov twg los tsis tsheej
male, *n.* 1. txiv; yawg; txiv neej; 2. phaw; heev; 3. lau; 4. taw; 5. quab
malediction, *n.* 1. lus foom; 2. kev npam
malefactor, *n.* tus neeg txhaum cai lij choj
maleficence, *n.* kev txaus ntshai; kev ua phem
maleficent, *adj.* 1. txaus ntshai; 2. ua phem tau
malevolence, *n.* kev phem; kev muaj qhov siab phem
malevolent, *adj.* 1. phem heev; 2. qias heev
malfeasance, *n.* kev ua yuam kev los yog ua txhaum los ntawm tseem fwv ib tus tib neeg
malformation, *n.* kev tsis ua raws qhov qub; kev muab ua li ub li no
malfunction, *v.* tsis ua hauj lwm
malice, *n.* kev nyiam ua phem rau lwm tus neeg
malicious, *adj.* siab phem
malign, *adj.* 1. phem; 2. txaus ntshai; *-v.* hais phem txog
malignant, *adj.* 1. txaus ntshai; 2. ua phem tau; 3. ntxim muaj teeb meem txog qhov tuag
malinger, *v.* ua txuj mob kom txhob tau ua hauj lwm
mall, *n.* chaw muag khoom loj; *mos*
mallard, *n.* os qus
malleable, *adj.* 1. lem yooj yim; ntswj yooj yim; 2. hloov yooj yim
mallet, *n.* pam thawj
malleus, *n.* qws txais suab (nyob npuab rau lub nruas ntsej)
malnourished, *adj.* tu phem phem; saib xyuas tsis zoo
malnutrition, *n.* tsis muaj khoom noj haus txaus; khoom noj tsis txaus; kev noj zaub mov tsis txaus
malpractice, *n.* kev ua tsis yog li qhov kawm los; kev ua tsis raws li qhov kawm los yog tsis raws txoj cai
malt, *n.* cov qoob los yog nplej uas muab tsau kom tuaj cag es coj los cub ua cawv
maltreat, *v.* tsim txom; ua phem rau
maltreatment, *n.* kev tsim txom los yog ua phem rau
mama, *n.* niam; leej niam
mamma, *n.* niam; leej niam
mammal, *n.* hom tsiaj uas pub mis rau lawv cov me nyuam
mammary, *adj.* ntsig txog lub mis los yog leej niam; *-n.* mis
mammary gland, *n.* qog mis; tej lub

tej lub qog nyob thoob plaws lub mis
mammogram, *n.* duab xob tsom mob ntawm poj niam lub mis
mammoth, *n.* ib hom ntxhw uas muaj muaj plaub heev
man, *n.* 1. txiv neej; 2. tib neeg; -*v.* muab txiv neej mus ua hauj lwm
manacle, *v.* xauv tes
manage, *v.* 1. tswj; coj; 2. muaj peev xwm
management, *n.* kev tswj; kev coj; kev saib xyuas
manager, *n.* 1. kav xwm; 2. tus saib xyuas hauj lwm
Manchu, *n.* cov neeg Mees Tshus uas thaum ub tau kav lub teb chaws Suav txij xyoo 1644 txog rau xyoo 1911
mandarin, *n.* 1. nom Suav thaum uas Suav teb tseem muaj huab tais; 2. lus Suav (hom lus nruab nrab)
mandate, *v.* 1. ntswj; 2. yuam; 3. tso cai; -*n.* kev tso cai los ntawm nom tswv
mandate of heaven, *n.* 1. kee; lub kee; 2. zim txwv; 3. hwj chim; meej mom
mandatory, *adj.* 1. yuam kiag; 2. yuav tsum; 3. tau cai kav ib ntsuj teb chaws
mandible, *n.* puab tsaig sab hauv; txha kauj tsaim
mandibular condyle, *n.* txha puab tsaig cob txha qia ntsej
mandibular fossa, *n.* qhov zawj txha qia ntsej sab haud
mandolin, *n.* ib hom twj paj nruas uas muaj hlua li nkauj nog ncas
mandrake, *n.* ib hom nroj tsuag uas cov cag ncau tau zoo li tib neeg lub cev
mane, *n.* txoob; txoob nees; tsiaj cov plaub caj dab
maneuver, *n.* 1. lub tswv yim tswj ib yam dab tsi kom mus taus zoo; 2. lub tswv yim tig cev; 3. tswv yim coj tub rog; kev qhia tub roj; 4. kev tswj nkoj; -*v.* lem; txav raws laj lim tswv yim
manful, *adj.* tawv; muaj peev xwm
manganese, *n.* ib hom txhuas tooj hlau
mange, *n.* kab mob tawv nqaij rau tsiaj txhu
manger, *n.* dab zaub; qhov chaw tsiaj noj zaub
mangle, *v.* ua phem; rhuav pov tseg
mango, *n.* txiv nkhaus taw; txiv raum npua; txiv txhais
mangosteen, *n.* txiv nplai qij
mangrove, *n.* ib hom ntoo tuaj nyob rau qhov chaw muaj dej qab ntsev
manhandle, *v.* saib xyuas ua dog ua dig; tuav ua dog ua dig
manhole, *n.* lub qhov los yog chaw nkag rau hauv cov kav raj dej
mania, *n.* 1. kev vwm uas tswj tsis tau; 2. kev zoo siab heev uas dhau cai zog lawm
manicure, *n.* kev tu rau tes; kev kho cov rau tes; -*v.* tu rau tes
manicurist, *n.* neeg tu rau tes
manifest, *v.* 1. nthuav tawm; 2. tshaj tawm; 3. muab pov thawj; -*adj.* ua kom meej tseeb los yog kom pom tseeb; -*n.* daim ntawv uas teev tej khoom los yog cov neeg nyob hauv lub nkoj
manifestation, *n.* 1. qhov uas tawm plaws rau neeg pom ntawm qhov muag; 2. qhov nthuav tawm
manifesto, *n.* ib daim ntawv plov meej los yog tshaj tawm tej yam hauj lwm tseem ceeb
manifold, *adj.* muaj ntau ntau yam los yog ntau ntau hom; -*n.* lub pob los yog tus kav uas ntau ntau qhov tuaj xaus los yog sib txuas rau ntawd
manila paper, *n.* ib hom ntawv uas ruaj heev
manipulate, *v.* 1. tswj; 2. lem; ntswj; 3. ntxias; 4. ntxooj; 5. kho rau; phim rau; — **manipulation** *n.*
mankind, *n.* tib neeg; noob neej
manna, *n.* tej yam tseem ceeb uas cia li tau yam xav tsis txog
manned, *adj.* neeg ua; neeg tsim
mannequin, *n.* neeg roj hmab (uas muab hnav tsoos tsho kom neeg pom)
manner, *n.* 1. kev ua siab zoo; 2. kev coj nrog cai; 3. cuj pwm; xeeb ceem
mannered, *adj.* 1. paub cai; coj ib tus cuj pwm txawv; 2. cuav
mannerism, *n.* tus kheej li cuj pwm los yog kev ua ub ua no
mannerly, *adj.* paub cai
manners, *n.* 1. cai; 2. haiv neeg li cuj pwm
man-of-war, *n.* nkoj tua rog; nkoj ua rog

manor, *n.* vaj tse; tsev
manpower, *n.* lub zog ntawm tib neeg uas yuav sib pab tau (xws li pab ua tsov ua rog)
mansard, *n.* ru tsev
manse, *n.* tsev; tsev teev ntuj
manservant, *n.* tub txib
mansion, *n.* lub tsev uas zoo nkauj thiab loj heev; tsev nom
manslaughter, *n.* 1. kev tua ib tus tib neeg uas tsis yog txhob txwm tua; 2. kev yuam kev tua neeg tuag; kev tua neeg yuam kev
mantel, *n.* lub txee nyob ntawm qhov cub saud
mantis, *n.* ntsuas; ib hom kab hu ua ntsuas
mantle, *n.* 1. daim ntaub vas ib ce; 2. tej yam uas siv coj los npog los yog qhwv ib yam dab tsi
mantra, *n.* suab seev; suab nkauj
manual, *n.* phau qhia dhos; phau ntawv qhia ua tej yam dab tsi (xws li qhia dho khoom ua si); *-adj.* ntsig txog yam xuas tes los yog lub dag zog ua tawm
manubrium of sternum, *n.* paus pob txha hauv siab
manufacture, *n.* chaw ua khoom; chaw ua khoom muag (xws li tsheb)
manure, *n.* chiv; quav siv ua chiv
manuscript, *n.* 1. cov ntawv uas sau los yog ntaus tau tag tab sis tsis tau luam ua ib phau; 2. cov ntaub ntawv uas tab tom npaj yuav muab luam tawm
many, *adj.* ntau heev; coob
map, *n.* daim nrim chaw; daim qhia kev; daim qhia chaw
maple, *n.* ib hom ntoo
mar, *v.* ua puas
marasca, *n.* ib hom ntoo nyob teb chaws Yus Luv uas txi txiv liab liab
maraschino, *n.* 1. cov txiv ntoo uas muab txuag tseg zoo zoo; 2. cov cawv uas ua los ntawm cov txiv ntoo *marasca*
marathon, *n.* kev sib tw khiav los yog sib tw dhia
maraud, *v.* ncig xyuas; soj
marble, *n.* 1. ib hom pob zeb ci ci zoo zoo nkauj; 2. qe zeb (rau me nyuam ua si)
marble worm, *n.* kab txws
marbling, *n.* kev muab nqaij rog thiab nqaij ntshiv sib xyaws ua ke
march, *v.* taug kev mus rau ib qhov chaw (xws li neeg ua npoj taug kev mus tawm tsam ib yam dab tsi); taug kev npoj; *-n.* 1. ncua kev uas cov neeg tau taug; 2. cov suab paj nruas thaum neeg taug kev
March, *n.* Peb Hlis Ntuj; Peb Hlis
marchioness, *n.* tus poj niam ua nom yav thaum ub
mare, *n.* maum nees
margarine, *n.* ib hom mis roj los yog *npav daws* uas muab zaub ua
margin, *n.* 1. ntug; qhov tom ntug; 2. qhov tu; qhov seem
marginal, *adj.* 1. ntug; 2. yuav luag nyob hauv qab kawg kiag; yuav luag tom ntug kawg kiag
marigold, *n.* paj cog raws vaj tse uas tawg pawg pes lug
marijuana, *n.* tshuaj maj; nplooj maj; ib hom tshuaj haus muaj yees li luam yeeb
marina, *n.* chaw nres nkoj
marinate, *v.* muab kua qaub ywg; muab tsau kua qaub
marine, *n.* cov tub rog uas xub xub mus tua ua ntej; *-adj.* 1. ntsig txog hiav txwv; 2. ntsig txog tub rog
mariner, *n.* neeg tsav nkoj
marionette, *n.* 1. tus me nyuam roj hmab uas muab hlua rub nws ua yeeb yam; 2. tus cuav; tus qauv
marital, *adj.* ntsig txog kev sib yuav los yog kev ua txwj nkawm
marital affairs, *n.* kev plees ntawm tus neeg muaj txwj nkawm
maritime, *adj.* ntsig txog tom hiav txwv los yog kev ua lag luam tom hiav txwv; *-n.* kev ua lag luam tom hiav txwv
mark, *n.* 1. cim; lub cim; 2. hom thawj; 3. phiaj; hom phiaj; *-v.* 1. ntaus cim; kos cim; 2. hom
mark down, *n.* nqi poob (los yog poob nqi); nqi qes
marked, *adj.* 1. muaj cim; 2. raug qhov muag; 3. paub yooj yim; paub zoo txog; pom tseeb
market, *n.* 1. lag (HC); 2. chaw muag khoom; 3. kev lag kev luam; 4. neeg xav tau yam khoom; *-v.* muag; muag rau

marketplace, *n.* lag; chaw muag khoom nraum zoov
marksman, *n.* tus neeg tua phom ncaj
marlin, *n.* ib hom ntses hiav txwv loj loj
marmalade, *n.* ib co khoom noj uas yog txiv hmab txiv ntoo; txiv ntoo qhuav
marmoset, *n.* ib hom liab me me
marmot, *n.* ib hom nas muaj plaub ntxhov ntxhov
maroon, *n.* tsos liab dub doog; -*v.* cais los yog muab cais yam tsis muaj kev tawm tau
marquee, *n.* lub tsev kaus los yog tsev thoob thaj tsis muaj phab ntsa tsev uas siv ua kev lom zem
marquess, *n.* ib lub npe nom nyob cov teb chaws uas muaj huab tais
marquis, *n.* ib lub npe nom nyob cov teb chaws uas muaj huab tais
marquise, *n.* 1. tus poj niam ntawm tus nom *marquis*; 2. lub tsev kaus los yog tsev thoob thaj tsis muaj phab ntsa tsev uas siv ua kev lom zem; 3. ntiv nplhaib uas txhim pob zeb
marriage, *n.* kev siab yuav; kev ua txwj ua nkawm
marriageable, *adj.* 1. tiav nkauj tiav nraug; 2. sib yuav los tau nyog lawm; sib yuav los raug cai lawm
marrow, *n.* hlwb txha
marry, *v.* 1. yuav txwj yuav nkawm; yuav poj niam los yuav txiv; 2. sib sau ua neej; 3. saws; 4. qua (saib *marry off*)
marry off, *v.* qua; qua ntxhais rau lwm tus neeg
marsh, *n.* hav iav; thaj av uas muaj muaj dej
marshal, *n.* 1. tus coj ntawm ib qho txheej txheem; 2. tus nom hauv tub rog los hauv tseem fwv
marshmallow, *n.* ib hom khoom noj qab zib
mart, *n.* khw; chaw lag luam
marten, *n.* ib hom tsiaj
martial, *adj.* 1. ntsig txog kev ua rog los yog tub rog; 2. ntsig txog txuj ci taw tes
martial art, *n.* tes taw; txuj ci tes taw
martin, *n.* ib hom noog me me zoo li noog tsev
martinet, *n.* tus neeg nruj nruj tsiv tsiv; tus neeg uas coj raws nraim txoj cai
martyr, *n.* tus neeg uas tuag rau ib lub hom phiaj tseem ceeb thiab loj heev
martyrdom, *n.* txoj kev tuag rau ib lub hom phiaj tseem ceeb thiab loj heev
marvel, *v.* laj xav; ceeb laj xav
marvelous, *adj.* zoo heev
Marxism, *n.* cov tswv yim txoj kev cai Kooj Tsham los yog Koos Mus Niv uas tsim los ntawm yawg Karl Marx
mascara, *n.* tshuaj pleev qhov muag
mascot, *n.* 1. pov haum; pov khoos; 2. tus neeg muaj hmoo; 3. tus qauv rau tsev kawm ntawv pab tub ntxhais rag txuj
masculine, *adj.* txiv neej; ntsig txog txiv neej
mash, *n.* mos mos (xws li muab tuav mos mos); -*v.* tuav kom mos mos
mask, *n.* ntsej muag looj; ntsej muag roj hmab; ntsej muag cuav; -*v.* looj ntsej muag cuav
masochism, *n.* kev zoo siab los ntawm txoj kev raug tsim txom los yog raug mob
mason, *n.* tus neeg muab pob zeb ua vaj ua tsev
masquerade, *n.* 1. lub chaw lom zem los yog *phav dim* uas suav daws hnav cov tsoos tsho muaj looj ntsej muag; 2. cov tsoos tsho uas muaj looj ntsej muag; 3. kev dag los yog hloov ua neeg cuav; 4. kev koom tes dag kaus ib yam dab tsi; -*v.* 1. looj ntsej muag; 2. hloov ua tus neeg txawv
mass, *n.* 1. pawg; 2. coob coob; 3. loj loj; -*v.* sib sau los ua ib pawg
massacre, *n.* kev tua neeg tuag tsheej pab ua ke; kev tua pej xeem tuag tsheej pab
massage, *n.* kev zuaj; kev zuaj ib ce; kev zaws; -*v.* zuaj; zaws; zuaj ib ce; zaws ib ce
masseter, *n.* nqaij ntshiv puab tsaig
masseter muscle, *n.* nqaij ntshiv puab tsaig
masseur, *n.* tus neeg zuaj ib ce uas yog tus txiv neej; tus txiv neej zuaj neeg ib ce
masseuse, *n.* tus neeg zuaj ib ce uas

yog tus poj niam; tus poj niam zuaj neeg ib ce
massive, *adj.* loj heev; ntau heev
mast, *n.* tus ncej siab siab uas dai daim ntaub cua nyob hauv lub nkoj
mastectomy, *n.* kev phais mis; kev phais lub mis
master, *n.* 1. tswv; 2. xib fwb; 3. qib kev kawm ua ntej txog Ph.D.; *-v.* paub zoo heev txog ib yam dab tsi; kawm tau lawm
master chief petty officer, *n.* ib tus nom nyob hauv tub rog hav dej
master gunnery sergeant, *n.* ib tus nom hauv tub rog
masterpiece, *n.* 1. qhov hauj lwm uas tseem ceeb heev; 2. phau ntawv uas sau tau zoo heev
master sergeant, *n.* ib tus nom tub rog
masterwork, *n.* 1. qhov hauj lwm uas tseem ceeb heev; 2. phau ntawv uas zoo heev
mastic, *n.* kua nplaum
masticate, *v.* ntsuas; zom; —**mastication** *n*
mastiff, *n.* aub los yog dev uas loj heev
mastodon, *n.* ib hom tsiaj zoo li ntxhw uas twb tsis muaj lawm
mastoid, *n.* pob txha nyob ntawm lub pob ntseg
mastoid process, *n.* qia txha taub hau
masturbation, *n.* 1. kev xuas tes kov los yog rhoob chaw mos kom phev tawm; 2. kev hlob phev
mat, *n.* 1. lev; daim lev; 2. ntug thaiv duab; *-v.* 1. hiab lev; 2. ua ntug xiab daim duab
matador, *n.* 1. tus neeg cug ntaub rau nyuj nrau; 2. ib qho kev twv txiaj uas yeej loj heev
match, *n.* 1. ntais ntawv; txheeb ntais ntawv; yaj hauv; 2. zoo sib phim; 3. lub zog sib luag; *-v.* 1. piv; muab sib piv; 2. txis; 3. dhos; haum; yoj
mate, *n.* 1. npoj yaig kwv luag; phooj ywg; 2. tus neeg uas nrog yus nyob ua ke tau ntev
material, *n.* khoom; tej khoom
materialism, *n.* lub tswv yim uas ntseeg tias txhua yam yog hais txog yam khoom uas yus pom ntawm qhov muag thiab tuav tau ntawm tes
materialize, *v.* tshwm sim; ua tshwm sim; —**materialization** *n.*
materiel, *n.* khoom siv rau tub rog; khoom ua tsov ua rog
maternal, *adj.* niam li; ntsig txog niam
maternity, *n.* 1. lub caij nyoog uas ua ib leej niam; 2. lub caij daws cev; 3. chaw yug me nyuam nyob tsev kho mob; *-adj.* 1. hnav thaum xeeb me nyuam; 2. ntsig txog lub caij uas yuav luag los so los yog daws cev
math, *n.* zauv; *lej* (L)
mathematics, *n.* kev kawm txog zauv; *lej* (L)
matinee, *n.* kev ua yeeb yam ntawm sam thiaj thaum yav tsaus ntuj
matins, *n.* kev thov ntuj thaum sawv ntxov
matriarch, *n.* tus niam tsev uas yog tus coj lub cuab yig
matriarchal, *adj.* poj niam yog tus tswv tsev; poj niam yog tus coj
matriarchy, *n.* lub neej uas poj niam yog tus tswv tsev los yog tus coj lub cuab yig
matricide, *n.* kev tua yus niam; kev muab yus niam tua
matriculate, *v.* rau npe kawm ntawv; — **matriculation** *n.*
matrimony, *n.* 1. kev sib yuav; 2. tshoob kos
matrix, *n.* txhoj; lub txhoj uas nchuav tau tej yam los
matron, *n.* 1. tus poj niam muaj koob muaj npe los yog tseem ceeb heev; 2. tus thawj kav xwm uas yog poj niam
matte, *adj.* nphob nphob; tsis ci
matter, *n.* 1. xwm; 2. dab tsi; 3. qhov tseem ceeb; 4. teeb meem; *-v.* 1. ua cas; 2. tseem ceeb
mattock, *n.* choj txhwj; hlau choj txhwj
mattress, *n.* txaj (daim sab saud); txum zooj
maturate, *v.* 1. ua kom qoos; ua kom txog caij; 2. tawm paug
mature, *adj.* 1. qoos los yog loj hlob txaus lawm; 2. ua zoo xav; 3. txog caij them nqe; *-v.* ua kom qoos; —**maturity** *n.*
maturing follicle, *n.* lwg qe me nyuam; lub qe uas mus txog rau tsev zuas qe me nyuam
maudlin, *adj.* 1. tu siab heev; 2. quaj heev

maul, *n.* rab rauj hnyav hnyav

mausoleum, *n.* lub ntxa; lub pob luaj ntawm lub ntxa

mauve, *n.* tsos xiav doog; txiav doog li paj yeeb

maven, *n.* kws txuj; tus neeg uas paub txog ib yam twg zoo heev

maverick, *n.* 1. tus neeg twm zeej; 2. tus neeg uas muaj nws tib leeg thiab xav li ntawd los yog coj li nws tib leeg; 3. tus neeg uas txawv lwm tus tag nrho

mavin, *n.* kws txuj; tus neeg uas paub txog te yam zoo heev

maw, *n.* 1. plab; 2. caj pas los yog puab tsaig

mawkish, *adj.* tu siab heev; quaj heev

maxilla, *n.* txha hniav sab saud

maxillary artery, *n.* leeg ntshav liab ntawm cov hniav

maxim, *n.* paj lus; lus hais

maximum, *n.* 1. qhov siab kawg nkaus; 2. qhov loj kawg nkaus

may, *v.* tej zaum

May, *n.* Tsib Hlis Ntuj; Tsib Hlis

may apple, *n.* ib hom nroj tsuag uas txi txiv noj tau

maybe, *adv.* 1. tej zaum; 2. hais tsis tau

mayflower, *n.* 1. ib hom nroj tsuag uas tawg paj thaum lub caij ntuj so; 2. lub nkoj uas thauj neeg khiav tuaj rau teb chaws Mes Kas xyoo 1620

mayfly, *n.* ib hom kab los yog yoov

mayhem, *n.* 1. kev raug mob xws li tu tes tu taw; 2. kev puas tsuaj; teeb meem

mayonnaise, *n.* ib hom kua txuj lom nyeem nyeem dawb dawb

mayor, *n.* hau nroog; tus nom kav nroog

maze, *n.* 1. kev cov nyom; kev tsis sib to taub; 2. kev sib hla sib rig; 3. tsev kab laug sab

mazurka, *n.* ib hom seev cev ntawm cov neeg Phaus Lees

me, *pron.* kuv

mead, *n.* cov cawv uas xuas zib ua

meadow, *n.* tiaj nras; tiaj nyom

meadowlark, *n.* ib hom noog uas hauv siab daj daj

meager, *adj.* 1. ntiav ntiav (hais txog lub tswv yim); 2. tsawg tsawg; me me; 3. dog dig; phem phem

meagre, *adj.* 1. ntiav ntiav (hais txog lub tswv yim); 2. tsawg tsawg; me me; 3. dog dig; phem phem

meal, *n.* 1. mov; 2. pluas mov; 3. rooj mov; hno; kav

mean, *v.* 1. txhais; 2. ntaus nqi; muaj ntsiab; 3. piv tias; *-adj.* siab phem; lim hiam; *-n.* 1. qhov nruab nrab; 2. *pl.* nplua nuj muaj nyiaj muaj txiaj; 3. ncauj ke; txoj kev mus rau lub hom phiaj

meander, *v.* 1. mus raws seem cua; 2. mus yam tsis muaj hom phiaj

meaning, *n.* ntsiab; lub ntsiab; ntsiab lus

meaningful, *adj.* muaj ntsiab zoo; muaj nuj nqis; muaj kuab

meantime, *n.* nyob rau lub sij hawm no; lub caij no; thooj txhij no

meanwhile, *n.* 1. nyob rau lub caij nyoog no; lub caij no; 2. tib lub caij nyoog no; thooj txhij no

measles, *n.* qhua pias; ib hom mob nkeeg

measly, *adj.* 1. me me; me nyuam; 2. kis qhua pias

measure, *v.* 1. ntsuas; 2. luj; *-n.* 1. qhov loj; qhov dav; qhov siab, los yog lwm yam; 2. kev saib xyuas; kev tiv thaiv; kev tsom kwm

meat, *n.* nqaij

meat cracklings, *n.* kiav nqaij

Meau, *n.* lub npe rau Hmoob uas ib txhia neeg sau ntawv sau li no. Lawv sau raws lo lus *Miao* uas haiv neeg Suav hu Hmoob

mechanic, *n.* kws kho tsheb los yog kho tshuab

mechanical, *adj.* ntsig txog tshuab hlau los yog kev kho tshuab hlau

mechanism, *n.* 1. tswv yim los yog ncauj ke uas yuav ua tau hauj lwm; 2. txoj kev ua ib yam dab tsi

medal, *n.* kib; lub kib muab rau tus neeg uas ua tau ib yam tseem ceeb; *mev daum*

medalist, *n.* tus neeg uas tau txais lub kib

medallion, *n.* lub kib loj heev

meddle, *v.* cuam tshuam

media, *n.* chaw muab xov xwm; chaw sau xov xwm

medial pterygoid, *n.* pluaj nqaij ntshiv nyob ntawm puab tsaig mus rau saum qhov muag

median, *n.* qhov nruab nrab ob tog (xws li kev sib piv txog nyiaj txiag)
median cubital vein, *n.* leeg ntshav dub ntawm quas npab
mediate, *v.* kho kom haum xeeb; kho plaub ntug los yog xaiv lus
mediation, *n.* kev sib kho kom haum xeeb; kev sib kho plaub ntug yam tsis tas mus hauv tsev hais plaub
medic, *n.* tus neeg ua hauj lwm rau chaw kho mob (xws li nyob hauv tub rog)
medicable, *adj.* kho tau; muaj peev xwm kho tau
medicaid, *n.* tseem fwv kev pab cuam nyiaj kho mob rau cov neeg txom nyem
medical, *adj.* ntsig txog tshuaj los yog kev kho mob
medical record, *n.* ntaub ntawv mob nkeeg
medicare, *n.* tseem fwv kev pab cuam nyiaj kho mob rau cov laus
medicate, *v.* kho mob; muab tshuaj kho tus mob
medication, *n.* 1. tshuaj; 2. kev kho mob
medicine, *n.* 1. tshuaj; 2. kev tshawb nrhiav ncauj ke kho mob nkeeg
medieval, *adj.* ntsig txog ib lub caij nyoog nyob hauv keeb kwm yav puag thaum ub nyob rau suam teb chaws Nruab Nrab Hnub Tuaj (Middle East) thaj tsam xyoo 700 txog rau 1500
mediocre, *adj.* nruab nrab; dog dig; tsis zoo heev; pes nrab
meditate, *v.* zaum twb ywm li hauj sam txhob xav txog dab tsi li los yog xav txog tib qhov xwb; tswj lub siab kom tus
meditation, *n.* kwv zaum twb ywm puag tes puag taw li hauj sam es tswj lub siab kom tus
medium, *n.* 1. qhov nruab nrab; 2. ncauj ke (ua los yog hais txog ib yam dab tsi); 3. qauv
medley, *n.* ib co nkauj muab coj los hais ua ke los yog ua ib zaj
medulla, *n.* yam nyob hauv plawv nruab nrog xws li cov hlwb txha nqaj qaum
medulla oblongata, *n.* hauv paus qia hlwb nyob hauv qab thooj hlwb uas yus mus rau nram tus txha nqaj qaum
meek, *adj.* 1. txo hwj chim; 2. mloog lus; 3. coj zoo; 4. tsis muaj plhus
meerschaum, *n.* yeeb nkab; ib hom yeeb nkab
meet, *v.* 1. ntsib; sib ntsib; 2. sib sau ua ke; 3. zoo txaus; dhau qhov poob lawm; 4. yeej; ncav
meeting, *n.* 1. kev sib ntsib; 2. rooj sib ntsib; rooj sab laj; rooj koom txheej
megabyte, *n.* ib txoj kev suav saib lub *koos pis tawj* qhov chaw rau khoom loj li cas
megahertz, *n.* ib txoj kev suav saib qhov dhia ceev ntawm lub *koos pis tawj* yog li cas
megaphone, *n.* lub paj taub hais lus kom nrov loj
Mekong River, *n.* Dej Nab Qhoom
melancholy, *n.* kev tu siab; kev chim siab; *-adj.* 1. tu siab; 2. kho siab
melanoma, *n.* ib hom mob qog nyob ntawm tawv nqaij
melee, *n.* 1. kev sib ntaus; kev sib tsoo; 2. teeb meem
meliorate, *v.* 1. txhim kho; 2. ua kom zoo dua; — **melioration** *n*
mellifluous, *adj.* qab zib (xws li hais lus qab zib); mos mos
mellow, *adj.* 1. puv; zoo; 2. du du los yog mos mos; 3. nyab xeeb; twb ywm; *-v.* loj hlob; qoos
melodrama, *n.* kev ua yeeb yam saum sam thiaj
melody, *n.* lub suab paj nruas
melon, *n.* dib pag
melt, *v.* yaj; ua kua
member, *n.* 1. tub tes tub taw; 2. tswv koom; tswv cuab; tus neeg koom tes nyob hauv ib pawg neeg los yog ib lub koom haum
membrane, *n.* ib daim nyias nyias (xws li daim tawv npog pob ntseg)
memento, *n.* khoom saib dab muag
memo, *n.* daim ntawv sau kom nco qab txog tej hauj lwm
memoirs, *n.* cim xeeb; phau ntawv sau txog tus kheej lub neej
memorabilia, *adj.* yam khoom uas pab yus nco txog yav tag; khoom plig
memorable, *adj.* tsim nyog nco qab txog
memorandum, *n.* daim ntawv sau

kom nco qab txog tej hauj lwm
memorial, *n.* tej yam tau ua tas li kom txhob hnov qab
Memorial Day, *n.* Hnub Ib (Monday) tom kawg hauv lub Tsib Hlis yog hnub nco txog cov tub rog uas tau muab roj muab ntshav pua lub teb lub chaw
memorization, *n.* kev nco ntsoov rau hauv hlwb; kev cim tseg
memorize, *v.* 1. nco; nco rau hauv siab; 2. cim; cim tseg rau hauv siab
memory, *n.* 1. kev nco txog; kev nco qab txog; 2. yam nco qab txog; 3. daim hlwb *koos pis tawj* uas siv dhia hauj lwm
men, *n.* txiv neej (coob tshaj ob leeg rov saud)
menace, *v.* 1. nam pes zog rau; 2. hem; ua phem rau; -*n.* kev hem; kev ua phem
menagerie, *n.* kev sau cov tsiaj qus los ua ke
Mena Xiong, *n.* Miv Nas Xyooj uas yog Ywj Pheej thiab Sua V. Xyooj tus ntxhais hlob
mend, *v.* 1. ntxiv; xaws; 2. txhim kho; 3. ua kom zoo; ua kom nqawm
mendacious, *adj.* tsis ncaj ncees; siab nkhaus
mendicant, *n.* neeg thov khawv
menhaden, *n.* ib hom ntses
menial, *adj.* 1. ntsig txog tub txib los neeg tes neeg taw, los yog qhev; 2. nyob twb ywm; txo hwj chim heev
meninges, *n.* daim npluag qhwv cov hlwb saum taub hau thiab txha nqaj qaum (saib *meninx*)
meningitis, *n.* kab mob rau ntawm lub hlwb los yog ntawm tus txha nrab qaum
meninx, *n.* daim npluag qhwv cov hlwb saum taub hau thiab txha nqaj qaum
menopause, *n.* lub caij cev ntas twb tus lawm; lub caij tom qab yaug cev tag lawm; lub caij tsis coj khaub ncaws lawm
menstruate, *v.* cev ntas; coj khaub ncaws; yaug cev
menstruation, *n.* cev ntas; kev coj khaub ncaws; kev yaug cev
mental, *adj.* ntsig txog lub hlwb los yog txog kev tsis meej pem; -*n.* kauj tsaig; puab tsaig
mental foramen, *n.* qhov to txha kauj tsaim
menthol, *n.* ib hom tshuaj muab ntawm roj ntoo los
mention, *v.* hais me ntsis txog; hais tawm me ntsis txog; cuam tshuam txog
mentor, *n.* 1. tus xib fwb; tus coj; 2. tus qauv
menu, *n.* 1. phau teev kav; daim ntawv uas teev cov npe khoom noj (nyob hauv chaw noj mov); 2. qhov chaw qhia kev rau yus tig rau ub rau no
Meo, *n.* lub npe haiv neeg Nyab Laj, Nplog, thiab Thaib hu Hmoob nyob rau lawv cov teb chaws (tab sis Hmoob yeej tsis nyiam lub npe *Meo* no)
meow, *n.* lub suab miv
mercantile, *adj.* ntsig txog kev ua lag ua luam
mercenary, *n.* tub rog ntiav; -*adj.* ntshaw nyiaj; mob siab vim ntshaw nyiaj
merchandise, *n.* khoom muag
merchant, *n.* neeg ua lag luam; tub luam
merchant marine, *n.* nkoj lag luam
mercurial, *adj.* twv tsis tau; tsis paub
mercury, *n.* 1. tus Yawm Sub saib lag luam, txoj kev mus los, thiab kev tub sab; 2. ib hom tshuaj kua hlau uas nyaum heev siv nyob hauv tej yam khoom xws li roj teeb; 3. tus ntsuas kub no; 4. ib hom nroj; 5. lub *plhias nem* (*planet*) uas me tshaj cov thiab ho nyob ze rau lub hnub tshaj cov
mercy, *n.* 1. kev hlub; kev hlub tshua; 2. siab zoo; 3. kev zam txim
mere, *adj.* tsis tshaj
merely, *adv.* 1. tsuas yog; 2. yuav luag
merge, *v.* 1. tshuam; sib tshuam; 2. ob qho sib sau los ua ke ua ib qho lawm xwb
merger, *n.* qhov sib sau los ua ke; kev sau los ua ke; los ua ke
meridian, *n.* txoj kab lig ntuj kheej kheej uas dhia puag ncig qaum teb rau qab teb thiab hla lub qab ntiaj teb thiab lub hau ntiaj teb
meringue, *n.* khoom qab zib uas muaj qe nyob txheej saum toj

merino, *n.* 1. ib hom yaj; 2. ib co xov mos mos
merit, *n.* 1. txoj kev ua zoo uas tsim nyog qhuas; 2. qhov yog thiab tsis yog hauv ib rooj plaub; *-v.* tsim nyog; saib rau nqi
mermaid, *n.* tus poj niam uas lub cev yog ntses hais nyob hauv dab neeg
meropia, *n.* pom kev tsis zoo heev lawm
merry, *adj.* zoo siab
Merry Christmas, *n.* hnub nco txog Yes Xus hnub yug
merry-go-round, *n.* chaw caij nees cuav los yog lwm yam uas kiv mus kiv los
mesa, *n.* lub rooj ntseg ntseg uas saum ncov tiaj tiaj
mesdames, *n.* cov poj niam; lub npe cov neeg Fab Kis hu cov poj niam tseem ceeb uas muaj txiv lawm
mesdemoiselles, *n.* cov hluas nkauj; lub npe neeg Fab Kis hu cov hluas nkauj los yog poj niam tseem ceeb uas tsis muaj txiv
mesentery, *n.* pav ywj; nre tiab
mesh, *n.* 1. qhov vas; 2. xov vas; 3. kev sib cuag
mesmerize, *v.* mooj; ua rau tsis nco qab
mess, *n.* 1. ib niag pawg; 2. teeb meem; 3. ib qho chaw qias neeg heev; 4. pluas mov uas suav daws tuaj noj tib qho chaw, xws li nyob hauv tub rog; *-v.* 1. ua kom qias neeg; 2. muab pov ua tej niag pawg tseg
message, *n.* 1. xov; 2. tswv yim tseem ceeb
messenger, *n.* tus neeg xa xov
messiah, *n.* saub; tus neeg hnov ntuj lus; xov khawm
messianic, *adj.* ntsig txog saub los yog txoj kev ua saub
messianism, *n.* kev ntseeg saub; kev ntseeg saub nruj heev
messieurs, *n.* lo lus Fab Kis rau cov txiv neej tseem ceeb thaum hu lawv
messy, *adj.* sw; ntxhov; vuab tsuab
mestizo, *n.* tus neeg uas niam thiab txiv tsis yog ib haiv neeg
met, *v.* ntsib (dhau lawm)
metabolism, *n.* ntsig txog yus lub cev txais tos thiab zom tej khoom noj khoom haus
metacarpals, *n.* txha ntiv tes; txha yas tes
metacarpus, *n.* cov txha yas tes los yog yas taw uas nyob hauv lub xib teg los yog hauv xib taws uas twb ncau ua tsib yag lawm
metatarsals, *n.* txha yas taw; txha ntiv taw
metal, *n.* hlau
metallurgy, *n.* kev kawm txog hlau
metamorphosis, *n.* 1. kab npauj uas twb daug tawm hauv lub plhaub thiab ya taus lawm; 2. tej yam kev pauv hloov ceev heev; kev hloov tam sim ntawd
metaphor, *n.* lus piv; lus sib piv
metaphysician, *n.* tus neeg uas paub zoo txog txoj kev noj qab haus huv ntawm tib neeg uas muaj feem cuam tshuam nrog lub ntuj lub teb los yog sab ntsuj plig
metaphysics, *n.* kev kawm txog txoj kev noj qab haus huv ntawm tib neeg uas muaj feem cuam tshuam nrog lub ntuj lub teb los yog sab ntsuj plig
mete, *v.* tso rau; muab rau
meteor, *n.* ntsig txog tej lw los yog kab uas sawv nyob saum ntuj li duab zaj (*rainbow*); tej yam uas huab cua los yog dej nag sib tov es pom muaj lw los yog muaj kab txawv txawv
meteorology, *n.* kev kawm txog huab cua
meter, *n.* 1. *mev*; ib txoj kev ntsuas ncua deb ze; 2. ntev 39.37 yas tes los yog *inches*; 3. lo lus sib dhos ntawm tej paj lus los yog tej nkauj
methadone, *n.* tshuaj txiav yeeb
methane, *n.* ib hom roj uas saib tsis pom thiab hnia tsis hnov tsw
methanol, *n.* cawv 90; kua tshuaj uas siv ua dej ntxuav iav tsheb los yog ntxuav qhov txhab
method, *n.* 1. txheej txheem; 2. tob fab; niam tswv yim; 3. ncauj kev ua ib yam dab tsi
methodize, *v.* muab teeb kom raws txheej txheem; —**methodization** *n.*
methodology, *n.* txheej txheem kev teeb txheeb xws li kev tshawb fawb los yog kev sau ntawv; kev teeb tum

meticulous, *adj*. 1. ceev faj heev; 2. saib ntxaws heev; xyuam xim heev
metric, *adj*. ntsig txog txoj kev ntsuas ncua deb ze
metric system, *n*. txoj kev ntsuas qhov hnyav los yog qhov deb; kev ntsuas hnyav deb
metropolis, *n*. nroog loj
mettle, *n*. kev siab tawv los yog ntsuj plig puab cev
Mexico, *n*. teb chaws Mev; Mev teb
mezzanine, *n*. 1. theem tsev nyob nruab nrab; 2. lub maum kaum nyob theem hauv qab kawg kiag
Miao, *n*. Hmoob; lub npe haiv neeg Suav hu Hmoob uas muaj nyob hauv keeb kwm Suav los tau li 4,000 xyoo lawm
Miaology, *n*. kev kawm txog Hmoob cov lus
Miao-tse, *n*. neeg Hmoob; lub npe haiv neeg Suav hu Hmoob nyob rau teb chaws Suav uas txhais tias haiv neeg tsawg Hmoob
Miao-zu, *n*. haiv neeg Hmoob; lub npe haiv neeg Suav hu Hmoob nyob rau teb chaws Suav uas txhais tias haiv neeg tsawg Hmoob
miasma, *n*. ib qho kev yaum lwm tus uas phem heev
mice, *n*. nas tsuag (coob tshaj ob tus rov saud)
micro, *adj*. me heev; me me
microbe, *n*. ib hom kab mob
microbiology, *n*. kev kawm txog lub cev tej yam me me uas qhov muag saib tsis pom
microcomputer, *n*. lub *koos pis tawj* me me
microcosm, *n*. qhov piv txwv los yog qhov sawv cev ntawm qhov loj (e.g. *The town meeting is a microcosm of American democracy*)
microfilm, *n*. cov duab uas siv kaw tej ntaub ntawv tseem ceeb tseg kom txhob paub puas
micrometer, *n*. tus twj ntsuas tej qhov me me
microminiaturization, *n*. kev muab ib yam dab tsi ua kom me me
microminiaturized, *adj*. ntsig txog qhov muab ua kom me me
micron, *n*. kev ntsuas qhov ntev uas muaj ib feem ntawm ib roob (*lab*) ntawm ib mev; qhov me heev li
microorganism, *n*. yam kab me me uas qhov muag saib tsis pom
microphone, *n*. *maiv kaus foos*; lub *maiv kaus foos*
microscope, *n*. tsom me loj; rub me loj; lub twj uas rub tej qhov me me kom pom loj loj
microtubule, *n*. saw npluag tuav keeb xa xov (*keeb* yog *cell*)
mid, *adj*. nruab nrab
midair, *n*. nta ntuj; nrab ntuj; nyob saum ib nta ntuj; nruab nrab ntug
midbrain, *n*. ib ntu hlwb nyob nruab nrab ntawm thooj hlwb loj thiab tus hlwb txha nqaj qaum
midday, *n*. tav su
middle, *adj*. hauv nruab nrab; hauv plawv; *-n*. nruab nrab; plawv
middle-aged, *adj*. ib nrab neej
Middle Ages, *n*. lub sij hawm thaj tsam thaum xyoo A.D. 476 txog rau xyoo 1450
middle finger, *n*. ntiv tes nta; ntiv nta
middleman, *n*. 1. tus neeg nyob nruab nrab ntawm ob tog; 2. tus neeg ua lag luag, xws li yuav khoom los muag rau lwm tus
middle school, *n*. tsev kawm nrab; tsev kawm ntawv xyoo xya txog xyoo yim
middling, *adj*. ntsig txog qhov nruab nrab ntawm tej yam dab tsi
midge, *n*. ib yom yoov me me heev
midget, *n*. ib hom neeg me me heev
midland, *n*. plawv teb chaws; nruab nrab ntawm lub teb chaws
midmost, *adj*. ze rau hauv nruab nrab tshaj plaws
midnight, *n*. ib tag hmo; thaum 12 teev tsaus ntuj
midshipman, *n*. 1. tus neeg kawm nyob hauv nkoj ua rog; 2. ib hom ntses
midst, *n*. plawv; nruab nrab; qhov chaw nyob hauv plawv los yog raug puag ncig rau hauv plawv
midway, *adv*. nruab nrab ke; nrab ke; *-adj*. hauv plawv; nruab nrab
midwife, *n*. tus neeg (los yog tus poj niam) uas pab poj niam yug me nyuam
mien, *n*. yam ntxwv; qhov neeg pom
Mien, *n*. Co; neeg Co
miff, *v*. chim

might, *v.* tej zaum; -*n.* lub zog; dag zog; peev xwm
mighty, *adj.* 1. muaj zog; 2. zoo; heev
migraine, *n.* mob taub hau thiab xeev siab (feem ntau yog mob rau ib sab taub hau xwb)
migraine headache, *n.* mob taub hau thiab xeev siab (feem ntau yog mob rau ib sab taub hau xwb)
migrant, *n.* tus neeg ib sij khiav rau ib qho; tus neeg uas ib sij khiav mus nrhiav kev ua noj rau ib qho
migrate, *v.* khiav teb tsaws chaw; khiav ib qho rau ib qho los yog ib lub teb chaws rau lwm lub teb chaws
migration, *n.* kev tsiv teb tsaws chaw; kev khiav teb khiav chaw
Mihoko Kuatuknue Xiong, *n.* Mis Haub Kaum Kuab Tu Hnyuv Xyooj uas yog Ywj Pheej thiab Sua V. Xyooj tus ntxhais yau
mild, *adj.* 1. nruab nrab; 2. tab tom haum; 3. tsis zoo tsis phem
mildew, *n.* pwm; -*v.* tuaj pwm
mile, *n. mais*; ib lub ncauj ke ntsuas ncua kev; 1.61 *kis laus mev*
mileage, *n.* 1. nqi dhia kev; nyiaj them nqi dhia kev; 2. qhov dhia tau zoo li cas tuaj ib *mais*
milestone, *n.* ib qhov chaw tiag taw tseem ceeb (hauv txoj kev txhim kho)
milieu, *n.* ib cheeb tsam los yog ib puag ncig
militant, *n.* 1. siab kub heev; siab tawv heev; 2. tub rog
militarism, *n.* tswv yim txhawb nqa tsoom tub rog; txoj kev uas muab tsoom tub rog saib tseem ceeb heev
military, *adj.* ntsig txog tub rog los yog tsov rog; -*n.* tub rog; peeb zeej
militate, *v.* muaj feem ua rau pom txawv los yog xav txawv; hloov tau txoj kev xav
militia, *n.* tub rog zos; tub rog pej xeem; tub rog thaiv zej zog
milk, *n.* mis; mis nyuj; -*v.* 1. tso mis; 2. nqus
milkman, *n.* tus neeg muag mis nyuj
milkweed, *n.* cov nroj uas muaj kua mis
milky way, *n.* kab lig ntuj
mill, *n.* 1. chaw zom qoob loo mus ua hmoov; 2. chaw ua hauj lwm; 3. 1/10 npib liab
millepede, *n.* kab luag nees; kab laug nees (saib *millipede*)
millet, *n.* pias
milligram, *n. mis lis nkas las*; 1/1000 *nkas las*
milliliter, *n. mis lis liv*; 1/1000 *hwj*; 1/1000 *liv*
millimeter, *n. mis lis mev*; 1/1000 *mev*
milliner, *n.* tus neeg ua los yog muag kaus mom poj niam
million, *n.* sawm; ib sawm (*sawm* yog muab los ntawm Hmoob zaj lus hais tias *qhoov*, *caum*, *pua*, *txheeb*, *vam*, *nyeej*, *sawm*); ib taw (lo lus no tsim los ntawm cov Caub Fab thaum xyoo 1960 tawm); 1,000,000; kaum pua txhiab; ib *lab* (L)
millionaire, *n.* tus neeg uas muaj nyiaj txog ib sawm (1,000,000) los yog tshaj
millipede, *n.* kab luag nees; kab laug nees
millstone, *n.* txhib zeb; ib daim txhib zeb
mime, *n.* kev qog raws qab; -*v.* qog qab
mimic, *n.* tus neeg uas qog raws qab; -*v.* qog qab; raws qab
minaret, *n.* lub tsev siab uas txuas rau lub tsev teev ntuj
mince, *v.* 1. tsuav; 2. ua zoo xav mam hais; mam xav mam hais
mind, *n.* 1. lub hlwb; 2. lub siab; 3. kev quav ntsej; -*v.* 1. soj ntsuam; 2. saib xyuas; 3. quav ntsej
mindful, *adj.* saib meej meej
mine, *pron.* kuv li; -*n.* 1. chaw khawb tooj khawb hlau; 2. nplaum (khoom tawg); -*v.* 1. khawb tooj khawb hlau; 2. caws nplaum; cuab nplaum
miner, *n.* tus neeg khawb tooj khawb hlau
mineral, *n.* tooj hlau los yog nyiaj kub tshawb hauv av los
mineralogy, *n.* kev kawm txog qhov tooj qhov hlau los yog qhov nyiaj qhov kub
mingle, *v.* tov ua ke; sib xyaws; coj los ua ke
miniature, *n.* ib qho me me ntawm qhov loj; ib zaj luv luv los yog me me

minibike, *n.* lub *maus taus* me me; nees zab me me
minibus, *n.* tsheb *npav* me
minicomputer, *n.* lub *koos pis tawj* me me
minimal, *adj.* me me heev; tsawg heev
minimize, *v.* 1. txo; 2. ua kom me; 3. ua kom tsawg; —**minimization** *n.*
minimum, *n.* qhov tsawg kawg nkaus; qhov qes kawg nkaus
minion, *n.* tus nom txheej hauv qab; nom me
miniseries, *n.* zaj dab neeg nyob hauv *this vis* uas muaj ntau ntau toom
miniskirt, *n.* daim tiab luv luv heev
minister, *n.* 1. tseem fwv; nom tswv tuav hauj lwm hauv lub teb chaws; 2. xib fwb hauv tsev teev ntuj
ministry, *n.* 1. lub luag hauj lwm ntawm tus xib fwb; 2. ib pab thawj nom; 3. tuam chav hauj lwm
minivan, *n.* ib hom tsheb loj pes nrab uas thauj taus li 8 leej; tsheb *vees*
mink, *n.* ib hom tsiaj
minnow, *n.* ib hom ntses me me nyob tej dej ntshiab ntshiab
minor, *adj.* 1. me zog; qes zog; yau zog; 2. lub suab paj nruas me; -*n.* 1. me nyuam yaus tsis tau txog hnub nyoog; 2. fab ntaub ntawv kawm faj seeb
minor calyx, *n.* taub raum me
minority, *n.* 1. cov neeg tsawg; haiv neeg tsawg; 2. feem tsawg; pab tsawg; pawg tsawg
minstrel, *n.* tus neeg hu nkauj los yog ua yeeb yam
mint, *n.* 1. puam hub; pum hub; 2. chaw ua nyiaj npib; 3. ib pob ntau ntau
minuet, *n.* ib yam kev seev cev uas maj mam dhia
minus, *prep.* 1. ploj mus; 2. tsawg; -*n.* qhov poob dhau rau hauv qab lawm
minuscule, *adj.* me me heev
minute, *n.* 1. feeb; ntiag tiv; 2. cov lus sib tham (nyob hauv rooj sib tham); -*adj.* me me
miracle, *n.* cawm seej; kev tshwm sim yam tsis txaus ntseeg
mirage, *n.* zeeg muag; yog toog
mire, *n.* av nkos
mirror, *n.* iav; daim iav; tsom iav
mirth, *n.* kev zoo siab; suab luag
misanthrope, *n.* tus neeg uas ntxub tib neeg
misapprehend, *v.* to taub yuam kev
misappropriate, *v.* nyiag siv
misbegotten, *adj.* tsis raug cai
misbehave, *v.* coj tsis raug cai
miscalculate, *v.* xav yuam kev; xav tsis raug; —**miscalculation** *n.*
miscarriage, *n.* nchuav me nyuam; kev nchuav me nyuam; nchuav cev
miscarry, *v.* 1. nchuav me nyuam; nchuav cev; 2. mus yuam kev
miscegenation, *n.* kev sib yuav ntawm cov neeg uas ib leeg yog ib haiv neeg txawv; neeg txawv haiv sib yuav ua txij ua nkawm
miscellaneous, *adj.* ntsig txog tej yam uas me me tab sis muaj ntau ntau yam nyob ua ke sib xyaws pes daws; ntsig txog yam uas suav tsis tau
miscellany, *n.* kev khaws ntau ntau yam khoom ua ke
mischance, *n.* hmoov phem; hmoov tsis zoo
mischief, *n.* cuj pwm me nyuam yaus
mischievous, *adj.* 1. tsim teeb meem; thab plaub; 2. meem txom; 3. rhuav ntsej muag
misconceive, *v.* txhais yuam kev
misconduct, *n.* 1. cuj pwm phem; 2. kev tswj tsis zoo
misconstrue, *v.* txhais yuam kev; txhais tsis yog
miscreant, *n.* tus neeg ua phem
misdeed, *n.* kev ua phem
misdemeanor, *n.* txim me; lub txim txhaum uas tsis loj heev
miser, *n.* neeg qia dub
miserable, *adj.* 1. phem heev; 2. txom nyem heev; 3. txaj muag heev
misery, *n.* kev txom nyem
misfire, *v.* 1. npliv; tsis nrov; 2. tsis raws siab nyiam
misfit, *n.* 1. tus neeg uas nyob tsis haum nws cheeb tsam los yog cov neeg nws nrog; 2. yam khoom uas tsis haum rau nws lub hom phiaj
misfortune, *n.* hmoov phem; hmoov tsis zoo
misgiving, *n.* kev txhawj xeeb
misguide, *v.* dag; ua yuam kev
misguided, *adj.* 1. yuam kev; 2. raug dag
mishap, *n.* teeb meem

misinform, *v*. qhia yuam kev rau; hais tsis yog rau
misinterpret, *v*. 1. txhais yuam kev; txhais tsis yog; 2. to taub yuam kev; —**misinterpretation** *n*.
misjudge, *v*. 1. txiav txim yuam kev; txiav txim tsis yog; 2. xav yuam kev rau; saib txhaum; twv tsis tawm; saib tsis tawm; —**misjudgement** *n*.
mislay, *v*. tso yuam kev rau ib qhov chaw lawm
mislead, *v*. coj mus yuam kev; coj mus rau qhov tsis yog
misleading, *adj*. tsis tseeb; yuam kev
mismanage, *v*. 1. tuav tsis zoo; coj tsis zoo; 2. tsis paub coj; —**mismanagement** *n*.
misnomer, *n*. npe yuam kev
misogynist, *n*. tus neeg uas tsis ntseeg poj niam los yog ntxub poj niam
misplace, *v*. tso yuam kev rau ib qhov chaw twg; hnov qab rau qhov twg lawm; — **misplacement** *n*.
misprint, *n*. lo lus ntaus yuam kev rau hauv daim ntawv
mispronounce, *v*. hais tsis meej; hais tsis yog lub suab
misquote, *v*. hais tsis raws lo lus uas tau hais muaj tseg; hais yuam kev
misread, *v*. nyeem yuam kev
misrepresent, *v*. 1. ua tsis raws txoj cai; 2. ua tsis raws kis; 3. ua cuav tsab
misrule, *v*. coj tsis zoo; coj tsis yog
miss, *v*. 1. nco; xav txog; 2. npeeg; -*n*. leej muam; nkauj xwb; ib lo lus hu tus neeg uas yus tsis paub tias muaj txiv los tsis muaj
misshapen, *adj*. raug rhuav
missile, *n*. mos txwv phom loj uas tua ib lub teb chaws mus txog rau ib lub teb chaws
missing, *adj*. ploj; tsis pom lawm
mission, *n*. 1. luag hauj lwm; 2. ib pab neeg hauv tseem fwv mus ua hauj lwm nyob txawv teb chaws; 3. kev mus tshaj txoj kev ntseeg ntuj rau lwm pawg neeg
missionary, *n*. tus neeg uas raug xa mus tshaj kev ntseeg ntuj nyob txawv teb chaws los yog nyob lwm qhov chaw; -*adj*. ntsig txog kev tshaj tawm txoj kev ntseeg ntuj
missive, *n*. tsab ntawv
misspell, *v*. sau yuam kev; sau tsis yog; sau tsis raug
misstate, *v*. 1. hais tsis yog; 2. teev tsis yog
misstep, *n*. kev yuam kev
mist, *n*. nag tshauv
mistake, *v*. ua yuam kev; ua txhaum; -*n*. qhov yuam kev; qhov txhaum; qhov tsis yog
mistaken, *adj*. yuam kev
mister, *n*. yawg hlob; lo lus hu tus txiv neej uas yus tsis paub nws npe tab sis muab nws saib hlob
mistletoe, *n*. ib hom nroj tsuag
mistreat, *v*. tsim txom; ua phem rau
mistress, *n*. 1. tus poj niam uas nrog tus txiv neej sib raug zoo tab sis tsis yog niam txiv; 2. tus poj niam uas raug lwm tus neeg siv nws
mistrial, *n*. rooj plaub uas cia li muab tso tseg
mistrust, *v*. tsis ntseeg; -*n*. 1. kev tsis ntseeg; 2. qhov tsis ntseeg
misty, *adj*. 1. pos huab nti; tsaus huab nti; 2. tsis meej pem; 3. tu siab
misunderstand, *v*. to taub yuam kev; nkag siab yuam kev
misunderstanding, *n*. kev to taub yuam kev; kev nkag siab yuam kev
misuse, *v*. 1. siv yuam kev; siv tsis raug cai; 2. tsim txom
mite, *n*. 1. ib hom kab me me li kab laug sab; 2. ib qho me me
miter, *n*. 1. lub kaus mom rau tus txiv plig; 2. ob lub ceg kaum ntoo uas muab txiav los sib cob xws li ntug rau duab; 3. tus khawm plaub hau rau cov poj niam txheej thaum ub nyob teb chaws Nkij (*Greece*)
mitigate, *v*. txo (kom me los yog kom sib); ua kom txhob hnyav hnyav
mitigation, *n*. kev txo kom me los yog kom sib; kev ua kom txhob hnyav hnyav
mitre, *n*. 1. lub kaus mom rau tus txiv plig; 2. ob lub ceg kaum ntoo uas muab txiav los sib cob xws li ntug rau duab; 3. tus khawm plaub hau rau cov poj niam txheej thaum ub nyob teb chaws Nkij (*Greece*)
mitt, *n*. hnab tes txhom pob; hnab looj tes ntes pob
mitten, *n*. hnab tes; hnab looj tes
mix, *v*. do; tov; sib txuam; sib xyaws

mixer, *n.* lub tov suab; tshuab tov suab; twj tov suab
mixture, *n.* kev sib tov sib xyaws ua ke
mixup, *v.* 1. tsis to taub qhov tseeb; tsis paub paus ntsis; 2. ntxhov siab; *-n.* kev tsis to taub qhov tseeb
mnemonic, *adj.* ntsig txog txoj kev nco qab
moan, *v.* 1. ntsaj; 2. nroo; 3. quaj
moat, *n.* kwj hoob
mob, *n.* ib pawg neeg phem uas tus yuav ua li cas los muaj; *-v.* tsoo los ntawm pawg neeg phem
mobile, *adj.* mus qhov twg los tau; txav tawm tau; *-n.* foos ntawm tes; xov tooj tes
mobility, *n.* kev mus mus los los; kev mus ib qho rau ib qho
mobilize, *v.* 1. rub neeg los koom siab; 2. coj neeg sawv rog; — **mobilization** *n.*
moccasin, *n.* 1. hom khau tsis muaj luj; 2. ib hom nab uas muaj taug heev nyob Mes Kas teb
mocha, *n.* 1. *kas fes* thiab *tshov kaus lev* sib tov ua ke; 2. dub nkhawb
mock, *v.* 1. thuam; 2. qog qab (yam niag dag ntsuav)
mockingbird, *n.* ib hom noog uas qog lwm cov noog lub suab quaj
mode, *n.* ncauj ke; niam tswv yim
model, *n.* 1. qauv; 2. tus neeg hnav khaub ncaws rau neeg saib; *-v.* 1. ua qauv; 2. hnav khaub ncaws rau neeg saib; 3. qog (qab); xyaum raws
modem, *n.* ib qhov khoom tso rau hauv *koos pis tawj* kom sib tham tau nrog lwm lub *koos pis tawj*; *mauv doom*
moderate, *adj.* 1. hauj sim; 2. nruab nrab; *-v.* tswj; kav; — **moderately** *adv*; — **moderation** *n.*
moderator, *n.* tus neeg tswj los yog kav lub rooj sib tham
modern, *adj.* 1. lub sij hawm tam sij no; niaj hnub niam no; 2. qhov tshiab
modernization, *n.* txoj kev vam meej
modernize, *v.* ua kom vam meej; ua kom haum rau tam sij no
modest, *adj.* 1. coj tus; 2. haum nruab nrab
modicum, *n.* ib qho me me
modification, *n.* kev hloov; kev kho; kev pauv
modify, *v.* 1. kho; 2. hloov; pauv
modular, *adj.* ntsig txog yam khoom uas yeej ua haum haum los sib dho tsuag tsuag xwb
modulate, *v.* 1. hloov me me; kho me me; 2. hloov suab nkauj los suab paj nruas; 3. hloov tshooj xws li xov tooj cua; —**modulability** *n*; — **modulation** *n*; —**modulative**, **modulatory** *adj.*
module, *n.* 1. kev ntsuas ua khoom xws li khoom ua vaj tsev los lwm yam kom haum rau txhua qhov chaw uas yeej yog npaj rau nws; 2. yam khoom uas yeej ua tau haum haum qhov chaw dhos lawm
mogul, *n.* neeg tseem ceeb
mohair, *n.* ib hom ntaub uas muab plaub mes es (tshis) ua
moist, *adj.* noo noo
moisture, *n.* hws los yog lwg uas ua rau noo noo
molar, *n.* hniav pua; hniav puas (tus tom kawg kiag); hniav kawg
molasses, *n.* kua suab thaj
mold, *v.* 1. puab; 2. tuaj pwm; *-n.* 1. txhoj (nchuav khoom); 2. pwm
molder, *v.* 1. lwj; puas; tawg; 2. pluam
mole, *n.* 1. tshwj liag; ib hom tsiaj dub dub me me uas nkag raws hauv qab daim npoo av; 2. tias; tej qhov hiav hiav nyob ntawm tawv nqaij; 3. ntsa zeb thaiv dej
molecule, *n.* 1. ib qhov qauv los yog kev teeb txheeb ntawm lub nruab nrog ntawm cov *as tas miv* (*atomic*) thiab cov *is lev tas* (*electron*) los sib txuas ua ke; 2. ib cov lwg me me
moleskin, *n.* ntaub paj (hom tuab tuab)
molest, *v.* 1. yuam deev; mos deev; yuam ua dev ua npua; 2. thab; — **molestation** *n.*
molester, *n.* tus neeg mos deev; tus neeg yuam deev
moll, *n.* 1. niam ntiav; nkauj muag cev; 2. tus poj niam nrog tus neeg phem
mollify, *v.* ua kom siab txias; — **mollification** *n.*
mollycoddle, *v.* 1. nplig; yoog; 2. ywj; 3. tiv thaiv; *-n.* tus neeg uas yus ywj raws nws siab xwb
molt, *v.* hle plaub, tawv, los yog kub

(uas nyob nyob hle ib zaug)
molten, *adj*. yaj ua kua (vim yog kub kub)
mom, *n*. niam; leej niam; tus yug yus
moment, *n*. 1. ib pliag; ib pliag ntshis; 2. lub caij nyoog; 3. ib ntsais muag
momentarily, *adj*. ib pliag ntshis
momentary, *adj*. tib pliag
momentous, *adj*. tseem ceeb heev
momentum, *n*. 1. dag zog; kev cuab zog; 2. kev muaj siab uas ua rau yus nquag nquag mob mob siab
monarch, *n*. huab tais; vaj; tus coj ib lub teb chaws
monarchist, *n*. tus neeg uas ntseeg txoj kev kav los ntawm huab tais
monarchy, *n*. txoj kev kav los yog lub teb chaws uas muaj huab tais
monastery, *n*. tsev hauj sam
monastic, *adj*. ntsig txog hauj sam los yog tsev hauj sam
Monday, *n*. Hnub Ib; *vas cas* (L)
monetary, *adj*. ntsig txog nyiaj txiag; txiaj
money, *n*. txiaj; nyiaj txiaj; nyiaj txiag (suab sis los ntawm *txiaj*); pib xeb (HC)
money order, *n*. txiaj ntawv; nyiaj ntawv; *tshev*
monger, *n*. 1. tus neeg uas muaj ib yam khoom muag; 2. tus neeg uas txhawb ib yam khoom uas tib neeg tsis nyiam yuav
Mongol, *n*. neeg Moos Nkaus Lias; Moos Nkaus Lias tau kav teb chaws Suav thaum xyoo 1279 txog rau xyoo 1368
Mongolia, *n*. teb chaws Moos Nkaus Lias
mongolism, *n*. txoj kev tsis meej pem uas ib txwm muaj nruab thiab los
Mongoloid, *n*. ntsig txog ib haiv neeg uas cov tawv nqaij daj doog mus rau dawb txaij, plaub hau dub, qhov muag tsaus tsaus, thiab pob txig siab siab
mongoose, *n*. luj (ib hom tsiaj tom tom qaib)
mongrel, *n*. tus tsiaj los yog tsob ntoo uas tsuam tsoov; tus me nyuam tsiaj uas muaj los ntawm ob tus tsiaj sib txawv
monitor, *v*. 1. saib xyuas; 2. soj qab; taug lw; 3. tsom kwm; -*n*. 1. lub *this vis* (TV); 2. tus pab me nyuam kawm ntawv
monk, *n*. hauj sam
monkey, *n*. liab; ib hom tsiaj hu ua liab
monkeyshines, *n*. kev dag; kev tso dag tso luag
monkshood, *n*. ib hom nroj tsuag
monocle, *n*. iav qhov muag rau ib sab qhov muag
monogamy, *n*. txoj kev sib yuav uas tsuas muaj ib tug kav tug xwb; txoj kev sib yuav tug kav tug xwb; —**monogamous** *adj*.
monogram, *n*. tus qauv tsiaj ntawv uas tsim los ntawm ib tus los yog ob tus tsiaj ntawv
monograph, *n*. phau ntawv sau txog kev tshawb fawb tawm los uas hais txog tej yam
monogyny, *n*. txoj kev muaj ib tus poj niam xwb (tsis pub muaj niam hlob niam yau); —**monogynous** *adj*.
monolingual, *adj*. siv tib hom lus xwb
monolith, *n*. 1. ib thooj loj loj; 2. ib thooj pob zeb loj loj
monologue, *n*. zaj lus uas ntev ntev heev
mononucleosis, *n*. ib hom kab mob uas sawv hlwv
monopoly, *n*. 1. kev kav khee; txoj kev uas ib leeg ua tswv kav tag nrho; 2. tus neeg uas kav kheej tag nrho
monorail, *n*. txoj kab kev tsheb uas muaj tib txoj xwb
monosyllabic, *adj*. ntsig txog cov lus uas tej lo lus mas ib lo nyias nyob nyias yam tsis sib txuas
monosyllable, *n*. cov lus uas tej lo lus mas ib lo nyias nyob nyias uas ua tau suab meej thiab muaj ntsiab lus
monotheism, *n*. txoj kev ntseeg uas muaj tib tus tswv xwb
monsieur, *n*. yawg hlob; lub npe uas cov neeg Fab kis siv rau tus txiv neej
monsoon, *n*. caij ntuj nag; lub caij uas ntuj los nag xya hnub xya hmo tsis tu
mons pubis, *n*. pawj chaw mos; pawj paum; ntsov paum
monster, *n*. dab
month, *n*. 1. hli; hlis (suab sis los ntawm *hli*); 2. ib hlis; peb caug hnub
monument, *n*. phiaj nco; ib daim phiaj

zeb uas ua nco txog ib qho dab tsi
monumental, *adj.* 1. ua chaw nco; 2. tseem ceeb heev
moo, *n.* suab nyuj nqov; *-v.* nqov
mood, *n.* tus kheej lub siab tus los tsis tus raws lub caij nyoog; cuj siab (*cuaj siab* yog los ntawm *cuj pwm*)
moody, *adj.* 1. chim; chim siab; 2. hloov siab mus mus los los tau
moon, *n.* hli; lub hli
moonlight, *n.* nruab qaim hli. *-v.* ua ob txoj hauj lwm
moonshine, *n.* 1. nruab qaim hli; 2. lus tham tsis muaj dab tsi tseem ceeb; 3. cov cawv uas yus cub tom vaj tom tsev
moor, *n.* tiaj nrag; *-v.* khi los yog pav cia
mooring, *n.* chaw khi nkoj; chaw nres nkoj
moose, *n.* hom mos lwj loj loj
moot, *adj.* 1. qhib rau neeg nug; 2. cov nyom; 3. tsis muaj chaw xaus
mop, *v.* txhuam (tsev); *-n.* pas txhuam tsev
mope, *adj.* chim siab; tu siab; *-n.* tus neeg uas raug kev chim siab los yog tu siab
moped, *n.* ib hom *maus taus* me me
moraine, *n.* qhov chaw uas pob zeb thiab av swb los nyob ua ke; tej pawg pob zeb, av thiab lwm yam uas raug kuav los ua ib pawg
moral, *adj.* ntsig txog tus cuj pwm zoo uas paub qhov yog thiab qhov tsis yog; *-n.* 1. cuj pwm zoo; 2. kev paub tab
morale, *n.* 1. cuj siab; 2. ntsuj plig
morass, *n.* 1. ib plag; 2. ib pob; ib pawg; 3. teeb meem
moratorium, *n.* kev ncua tej hauj lwm
moray, *n.* ib hom ntses nab
morbid, *adj.* 1. ntsig txog kab mob; 2. dub nciab; tsaus nti
mordant, *adj.* 1. saib qaij; saib nqes; 2. mob phem heev; 3. ntsig txog kev kho cov tsos ntaub thaum muab raus nkaj
more, *adj.* 1. ntau dua; ntau zog; 2. ntxiv; *-adv.* tshaj
morel, *n.* ib hom nceb
moreover, *adv.* 1. ntxiv mus; 2. dhau li ntawd; 3. thiab; 4. kuj
mores, *n.* kev lis kev cai
morgue, *n.* chaw rau neeg tuag (ua ntej coj mus rau lwm qhov)
moribund, *adj.* tuag; pib tuag
morn, *n.* sawv ntxov; thaum sawv ntxov
morning, *n.* thaum sawv ntxov; sawv ntxov
morning sickness, *n.* qaug me nyuam; qaug qav
moron, *n.* 1. neeg tsis meej pem; 2. neeg ruam qauj
morose, *adj.* 1. kho siab; ntxhov siab; 2. txom nyem
morphine, *n.* tshuaj loog mob; tshuaj noj kom txhob mob mob
morrow, *n.* tag kis; hnub tom ntej
Morse code, *n.* cov lus zais uas siv suab los yog duab teeb qhia lub ntsiab rau
morsel, *n.* ib thooj me me; ib qho me me
mortal, *adj.* 1. txawj tuag; 2. heev; dhau heev
mortality, *n.* kev ploj tuag; kev tuag
mortar, *n.* 1. tshuaj khib; tais tuav kua txob; 2. phom loj; 3. *xis mas*
mortgage, *n.* kev yuav vaj yuav tsev
mortification, *n.* kev txaj muag; kev poob tsim poob ntsej muag
mortify, *v.* 1. txo; txo hwj chim; 2. tiv kev txaj muag; 3. txaj muag; poob tsim; poob ntsej muag
mortuary, *n.* chaw cia neeg tuag ua ntej coj mus faus
morula, *n.* keeb qe me nyuam sib zwm
mosaic, *n.* 1. daim duab los yog qauv duab zoo zoo nkauj; 2. ib hom kab mob noj nplooj ntoos; 3. kev muab duab tso ua ke
Moslem, *n.* cov neeg ntseeg dab qhuas Iv Xas Las (saib *Muslim*)
mosque, *n.* tsev teev ntuj rau cov neeg Mav Xis Loos
mosquito, *n.* yoov tshaj cum; yoov qaib
mosquito net, *n.* vij tsam (thaiv yoov tshaj cum)
moss, *n.* ntxhuab
mossy, *adj.* muaj ntxhuab
most, *adj.* tshaj plaws; coob los yog ntau tshaj plaws; *-n.* qhov coob los yog qhov ntau tshaj plaws; *-adv.* feem ntau; yuav luag tas
mostly, *adv.* qhov loj tshaj; qhov tseem ceeb tshaj

mote, *n.* tej qho me me uas qhov muag saib tsis pom; -*v.* tej zaum
motel, *n.* tsev tos qhua; tsev ntiav (hom me); chaw ntiav pw
moth, *n.* npauj; kab npauj
mother, *n.* niam; leej niam; tus yug yus
mother-in-law, *n.* 1. niam tais; poj niam niam; 2. niam pog; tus txiv niam
motif, *n.* 1. qauv (paj ntaub); 2. ntsiab; ntsiab lus; 3. qhov tseem ceeb
motion, *n.* 1. duab los yog tej yam uas txawj mus kev; 2. kev hais kom ua raws; -*v.* taw tes; tawm suab
motion picture, *n. mauv vim*; duab mus kev
motivate, *v.* deev siab; ua kom mob siab; ua rau mob siab
motivation, *n.* kev mob siab; kev deev siab
motive, *n.* 1. qhov chiv; 2. qhov deev siab ua ib yam dab tsi; qhov mob siab
motley, *adj.* muaj ntau ntau yam tsos los yog ntau ntau yam khoom
motor, *n.* tshuab; lub zog
motor areas involved with the control of voluntary muscle, *n.* thooj hlwb tswj saw leeg nqaij ntshiv
motorbike, *n. maus taus*
motorboat, *n.* nkoj muaj tshuab; nkoj tshuab
motorcar, *n.* tsheb
motorcycle, *n. maus taus*; *maus taus xais*
motor neuron, *n.* qhov hlwb uas xa xov rau lwm qhov
motor writing center, *n.* thooj hlwb tswj kev sau ntawv
mottle, *v.* pleev tej tee tej tee uas nyias muaj nyias tsos
motto, *n.* ib zaj lus; ib kab paj lus; txoj cai coj uas tsawg tsawg
Moua, *n.* xeem Muas; ib xeem ntawm ntau ntau xeem Hmoob
moulmein train worm, *n.* kab hluas nees; kab laug nees
mound, *n.* ib pawg av
mount, *n.* 1. kev txhawb; hauv paus; qhov tiag taw; 2. nees; -*v.* 1. nce siab zuj zus; 2. nce mus caij; 3. tso rau qhov chaw
mountain, *n.* roob; lub roob
mountaineer, *n.* 1. neeg nyob saum roob; 2. tus neeg nce roob
mountain goat, *n.* sai; ib hom tsiaj zoo li tus tshis uas nyob rau tej roob zeb tsua
mountainous, *adj.* cuam kawb; muaj roob muaj hav heev
mountain ridge, *n.* laj roob; nqaj roob
mountaintop, *n.* ncov roob; hau roob
mourn, *v.* nyiav; quaj vim kev tu siab
mouse, *n.* tsuag; nas tsuag
moussaka, *n.* ib taig zaub noj ntawm cov neeg Nkij (*Greek*) uas yog nqaij nrog txiv lws
mousse, *n.* 1. ib cov khoom qab zib; 2. ib taig zaub noj
mousseline, *n.* ib hom ntaub paj uas tsim tawm teb chaws Is Lav (*Iraq*) tuaj
moustache, *n.* hwj txwv; fwj txwv (saib *mustache*)
mouth, *n.* ncauj; qhov ncauj
mouthful, *adj.* ib qhov ncauj; ib los
mouthpiece, *n.* 1. qhov chaw tshuab; qhov tshuab; 2. tus neeg cev lus
mouth to mouth, *n.* kev xuas qhov ncauj tshuab pa thiab nqus pa kom tus mob uas pa tu lawm rov ua taus pa thiab ciaj los
mouth wash, *n.* tshuaj ntxuav qhov ncauj
mouton, *n.* tawv yaj
move, *v.* tshais; txav; tsiv; khiav; -*n.* kev txav; kev khiav
movie, *n.* 1. *mauv vim*; 2. duab mus kev
movie theater, *n.* tsev saib *mauv vim*; chaw saib *mauv vim*
mow, *n.* chaw rau quav nyab los yog zaub nyuj; -*v.* txiav nyom
Mr., *n.* lub npe hais rau tus txiv neej; yawg hlob
Mrs., *n.* lub npe hais rau tus poj niam uas muaj txiv
Ms., *n.* lub npe hais rau tus poj niam tsis tau muaj txiv
much, *adj.* ntau; tshaj; -*adv.* heev
mucilage, *n.* kua nplaum
muck, *n.* 1. quav; 2. qias neeg; 3. av nkos
mucous membrane, *n.* txheej npluag nqaij uas cais tej nrog cev uas muaj feem cuam tshuam nrog cua xws li kis ua pa thiab kis noj zaub mov, thiab lub qog hnoos qeev los yog

auv ncaug
mucus, *n.* hnoos qeev; auv ncaug
mud, *n.* av nkos
muddle, *v.* 1. ua rau tsis to taub; ua rau sib cov sib daig; 2. sib tov; sib xyaws
muddy, *adj.* 1. nkos nkos; 2. nro; nro nro
mudslide, *n.* av nkos nphau; av nkos swb; toj pob; toj nphau
muff, *n.* ib hom hnab looj tes; *-v.* 1. ua puas; 2. ua yuam kev
muffin, *n.* ib co khoom noj ci nyob hauv lub khob ntawv
muffle, *v.* 1. qhwv; 2. kaw kom nrov yau; ua kom suab yau
mufti, *n.* khaub ncaws pej xeem
mug, *n.* khob haus *kas fes*; *-v.* xav nyiag
muggy, *adj.* kub thiab vaum heev; kub kub vaum vaum
Muhammadan, *n.* dab qhuas Mav Xis Loos
mulatto, *n.* tus neeg uas tsuam tsoov neeg Dub thiab neeg Dawb
mulberry, *n.* ib hom ntoo uas muaj txiv noj tau
mulch, *n.* daim ntaub los yog lub pob tawb khwb zaub los yog ntsuag ntoo kom txhob raug te hlab los yog raug nroj laum
mulct, *v.* 1. rau txim; 2. nplua nyiaj; *-n.* 1. nyiaj nplua; 2. txim
mule, *n.* 1. zag; luj txwv; ib hom nees; 2. neeg twm xeeb; 3. khau khiab
mull, *v.* xav; xav txog
mullet, *n.* ib hom ntses uas nyob dej ntshiab ntshiab
multi-, *prefix.* 1. ntau ntau; 2 ntau ntau npaug; ntau heev

multiarmed
multibarreled
multibillion
multibranched
multibuilding
multicenter
multichambered
multichannel
multicolored
multicounty
multicultural
multidimensional
multidirectional
multidisciplinary
multidiscipline
multidivisional
multifaceted
multifamily
multifilament
multifunction
multifunctional
multigrade
multiheaded
multihospital
multihued
multilane
multilevel
multimedia
multimember
multimillion
multimillionaire
multipart
multipartite
multiparty
multiplant
multipolar
multiproblem
multiproduct
multipurpose
multiracial
multiroom
multisense
multiservice
multisided
multispeed
multistage
multistep
multistory
multisyllabic
multitalented
multitrack
multiunion
multiunit
multiuse
multivitamin
multiwarhead
multiyear

multifarious, *adj.* ntau caj ceg; sib xyaws dhaws
multilateral, *adj.* muaj ntau sab los yog ntau tus neeg koom ua ke
multilingual, *adj.* paub los yog siv ntau ntau hom lus
multinational, *adj.* muaj ntau ntau lub teb chaws ua ke
multiple, *adj.* 1. ntau ntau; 2. txhua txhua
multiple sclerosis, *n.* mob hlwb, mob tus txha nqaij qaum, los yog mob ob qho tib si
multiplication, *n.* 1. kev nce; 2. npaug; ib lub tswv yim xam xauv
multiply, *v.* npaug
multitude, *n.* loj heev; ntau heev; coob heev
mum, *adj.* ntsiag to; tsis hais lus li
mumble, *v.* 1. hais lus tsuag plig; hais lus paj paws; 2. ntxhi
mumbling, *adj.* ntsig txog kev hais lus yam tsis muaj lub muaj log
mummer, *n.* tus neeg ua yeeb yam
mummy, *n.* tus neeg tuag ntev heev tsis lwj
mumps, *n.* mob tuv dev; ib hom kab mob
munch, *v.* zom; xo
mundane, *adj.* 1. ntsig txog lub ntiaj teb; 2. tsis txhawj txog sab ntsuj plig
municipal, *adj.* ntsig txog hauv zos; zej zog
munificence, *n.* kev siab dawb siab zoo
munificent, *adj.* siab dawb siab zoo
munition, *n.* riam phom mos txwv; cuab yeej
mural, *n.* daim duab loj loj uas kos rau ntawm phab ntsa; duab phab ntsa; *-adj.* ntsig txog phab ntsa

murder, *v*. tua; tua neeg; -*n*. kev tua neeg
murderer, *n*. tus neeg tua neeg
murk, *n*. kev tsaus ntuj nti; tsaus ntuj; dub nciab
murky, *adj*. nro nro
murmur, *v*. yws; yws daws dom; -*n*. lus yws
muscatel, *n*. cawv qab zib
muscle, *n*. 1. thooj leeg; thooj nqaij leeg; 2. zog
muscular dystrophy, *n*. kev mob nkeeg uas cia li sem nqaij sem tawv los yog cia li yuag zuj zus
musculature, *n*. cev nqaij daim tawv
muse, *v*. xav; xav txog; -*n*. txoj kev muaj siab; txoj kev cia siab
museum, *n*. tsev ceev teej tug; tsev teej tug; tsev khaws khoom qub; tsev puav pheej
mush, *n*. 1. mov pob kws los yog tej yam khoom noj zoo li ntawd; 2. tej yam tsis tseem ceeb los yog tsis muaj qab ntxhiab
mushroom, *n*. nceb; ib yam khoom noj; -*v*. loj hlob sai sai
music, *n*. suab paj nruas; nkauj
musical, *adj*. ntsig txog paj nruas los yog nkauj
musician, *n*. kws paj nruas; kws ntaus nkauj
musk, *n*. ib hom tshuaj tsw qab uas muab los ntawm ib hom mos lwj nyob teb chaws Es Xias
muskellunge, *n*. ib hom ntses loj nyob rau Mes Kas Qaum Teb
musket, *n*. phom leej hauv; phom Hmoob
muskmelon, *n*. ib hom dib
musk-ox, *n*. ib hom nyuj qus
muskrat, *n*. ib hom nas uas tib neeg nyiam muab lawv cov plaub coj los ua tsho; ib hom nas tsuag nyob Mes Kas Qaum Teb
Muslim, *n*. cov neeg ntseeg dab qhuas Iv Xas Loos
muslin, *n*. ntaub paj
muss, *n*. kev ntxhov quav niab; teeb meem; -*v*. muab rhuav; ua ntxhov quav niab
must, *v*. 1. yuav tsum; 2. yuav tau; -*n*. qhov yuav tsum ua los yuav tsum lis
mustache, *n*. hwj txwv; fwj txwv; plaub hwj txwv
mustang, *n*. nees qus nyob rau teb chaws Mes Kas sab hnub poob
mustard, *n*. 1. ib hom kua rau khoom noj uas muaj tsos daj tseb; 2. ib hom nroj
mustard greens, *n*. zaub ntsuab
muster, *v*. 1. sib sau; tuaj ua ke; tuaj sib koom; 2. txhib los yog txhawb kom muaj siab; -*n*. pawg neeg uas sib sau ua ke
musty, *adj*. qub; tsis zoo lawm
mutable, *adj*. hloov tau; hloov yooj yim
mutant, *n*. tsiaj los yog nroj tsuag uas zoo txawv lawv niam lawv txiv los yog zoo tsis raws keeb cag
mutate, *v*. hloov mus ua ib yam txawv yam uas tsis raws keeb cag ib txwm muaj los
mutation, *n*. txoj kev pauv hloov mus ua ib yam txawv zog uas tsis thooj keeb cag los yog caj ces
mute, *adj*. 1. ntsiag to; 2. tsis hais lus; 3. tsis paub hais lus; -*n*. 1. tus neeg uas tsis paub hais lus; 2. lub tua suab; -*v*. kaw suab kom yau los yog kom ntsiag
mutilate, *v*. txiav pov tseg los yog ua kom puas; —**mutilation** *n*.
mutiny, *n*. kev tawm tsam los yog ntxeev tus hlob; -*v*. tawm tsam los yog ntxeev tua tus coj
mutt, *n*. 1. tus tsiaj tsuam tsoov; 2. neeg ruam
mutter, *v*. 1. hais tsuag plig; hais lus ntxhi; 2. nyooj nyooj; yws yws; nroo nroo
mutton, *n*. nqaij yaj
mutual, *adj*. rau suav daws; los ntawm suav daws
muzzleloader, *n*. phom Hmoob; phom leej hauv
my, *adj*. kuv li
myalgia, *n*. mob raws tej leeg los yog leeg nqaij
Myanmar, **Myarmar**, *n*. teb chaw Phab Mab nyob ze rau teb chaws Suav, Nplog thiab Thaib. Lub npe qub yog Burmar; teb chaws Phab Mab muaj nrim teb chaws dav 678,500 kis lus mev ncig lees thiab muaj 47,382,633 tus pej xeem nyob rau xyoo 2006; Hmoob Phab Mab muaj thaj tsam li ntawm 50,000 leej

myasthenia, *n.* tej leeg nqaij cia li tsis muaj zog los yog tsaug tsaug heev
mycobacterium, *n.* ib cov kab mob xws li cov kab mob ntsws
myelin, *n.* npluag leeg qhwv ceg keeb (*keeb* yog *cell*)
myna, *n.* ib hom noog nyob teb chaws Es Xias (saib *mynah*)
mynah, *n.* ib hom noog nyob teb chaws Es Xias (saib *myna*)
myometrium, *n.* nqaij ntshiv ntawm lub tsev me nyuam
myopia, *n.* kev pom ze ze los yog pom nqaim nqaim; tsis pom deb
myriad, *adj.* ntau heev; coob heev; loj heev; -*n.* ntau ntau heev; tej thooj; tej pawg
myrtle, *n.* ib hom ntoo nyob rau sab Es Xias hnub poob
myself, *pron.* kuv tus kheej
mystery, *n.* yam uas paub tsis meej txog; dab neeg los yog teeb meem uas tshawb tsis tau qhov tseeb li
mystic, *adj.* tsis paub meej
mystical, *adj.* 1. dab qhuas li; 2. ntsig txoj kev ntseeg ntuj
mystification, *n.* kev ua kom tsis paub qhov tseeb; kev to taub nyuaj
mystify, *v.* to taub nyuaj; tsis paub meej
mystique, *n.* lub cheeb tsam uas to taub tsis meej txog tej yam dab tsi
myth, *n.* 1. dab neeg; 2. tus neeg los yog yam uas tsis muaj tshwm sim
mythology, *n.* 1. kev kawm txog dab neeg; 2. dab neeg ntawm tej haiv neeg

N

n, *n.* tus tsiaj ntawv As Kiv thib 14
nab, *v.* txhom; ntes
nadir, *n.* qhov qes tshaj plaws
nag, *n.* nees laus; tus txiv nees uas laus laus lawm; -*v.* 1. yws; 2. cem; 3. kus kes
naiad, *n.* 1. tus poj dab uas nyob raws kwj deg, pas dej, thiab qhov dej txhawv; 2. tus kab uas peem tsis tsheej mus ua npauj; 3. lub hnub qub nyeg uas nyob ze rau lub *plhiab nem Neptune*
nail, *n.* 1. ntsia thawv; ntsia hlau; 2. rau; rau tes; -*v.* 1. ntsia; 2. kaw; npog
naïve, *adj.* 1. ncaj ncees; 2. tswv yim ntiav heev; tsis muaj tswv yim li; 3. tsis meej pem li; 4. raug dag yooj yim
naiveté, *n.* tus xeeb ceem ntiav heev los yog raug dag tau yooj yim
naked, *adj.* 1. liab qab; tsis hnav ris tsho; 2. qhuav qhawv; tsis muaj dab tsi li
namby-pamby, *adj.* 1. muag heev; 2. tsis muaj kev txiav txim siab
name, *n.* 1. npe; lub npe; 2. koob meej; -*v.* 1. tis npe; 2. hais txog; 3. teev npe los yog xaiv
namely, *adv.* hais txog
namesake, *n.* tus neeg los yog tej yam khoom uas muab tis npe raws lwm tus
nap, *v.* 1. tso dab ntub; tsaug zog ib nyuag pliag; 2. tsis ras txog qhov teeb meem uas muaj peev xwm tshwm sim sai sai; -*n.* 1. dab ntub; kev tsaug zog ib nyuag tsig; 2. sab mos mos ntawm daim ntaub
napalm, *n.* *npoos*; foob pob roj
nape, *n.* caj qwb; xwb qwb
naphtha, *n.* ib hom roj ntshiab ntshiab uas cig yooj yim heev, siv ntxuav los yog tshem tawm tej yam dab tsi
napkin, *n.* ntawv so tes; ntaub so tes
narcissism, *n.* txoj kev hlub tus kheej; yus hlub yus
narcissus, *n.* ib hom paj nroj
narcotic, *n.* yaj yeeb (tshuaj) uas ua yus tsaug tsaug zog thiab ua kom tsis hnov mob; tshuaj muaj yees
narrate, *v.* piav zaj keeb kwm; hais lus rau hauv daim *mauv vim*
narration, *n.* kev piav keeb kwm
narrative, *adj.* raws kev piav; -*n.* zaj lus piav tseg
narrator, *n.* tus piav zaj keeb kwm
narrow, *adj.* 1. nqaim; tsis dav; 2. siab luv; chim taus; 3. me; -*v.* ua kom nqaim; ua kom me
narrow-minded, *adj.* 1. siab nqaim; twm xeeb; 2. pom nqaim; pom tsis deb tsis dav
narrows, *n.* kev me me; kev nqaim nqaim

narwhal, *n.* ib hom tsiaj nyob hauv hiav txwv
nasal, *adj.* ntsig txog qhov ntswg; *-n.* qhov ntswg
nasal bone, *n.* txha caj ntswm
nasal cavity, *n.* qhov ntswg
nasal congestion, *n.* txhaws qhov ntswg
nasopharynx, *n.* taub qhov ntswg ntawm qaum qa
nasturtium, *n.* ib hom nroj tsuag uas tawg paj
nasty, *adj.* 1. vuab tsuab; qias neeg; 2. ntxim ntxub; 3. tsis yooj yim; 4. tsis ncaj nruab nrab
natal, *adj.* ntsig txog txoj kev yug me nyuam
nation, *n.* 1. haiv neeg uas koom keeb kwm, koom lus, thiab koom dab qhuas; 2. pawg neeg uas koom ib tus tseem fwv; 3. ib lub teb chaws uas nws muaj nws nrim thiab nws li tseem fwv
national, *adj.* haiv; tag nrho lub teb chaws; *-n.* pej xeem; cov neeg hauv lub teb chaws; —**nationally** *adv.*
nationalism, *n.* 1. kev ras haiv; txoj kev uas nyias hais txog thiab hlub tshua nyias haiv neeg los yog hais txog txoj kev twj lij; 2. lub xeev xav ntawm ib haiv neeg
nationality, *n.* 1. haiv neeg uas koom chaw yug los yog koom haiv; 2. txoj kev twj lij; 3. haiv neeg tsawg
nationalize, *v.* 1. ua raws haiv neeg los yog lub teb chaws tag nrho; 2. tso rau haiv; muab tso rau qab tswj hwm ntawm tseem fwv
native, *n.* neeg teb neeg chaw; tus neeg uas ib txwm nyob rau cheeb tsam ntawd; *-adj.* 1. hais txog ib tus neeg li chaw yug nws; 2. yug los yog tsim los ntawm ib thaj chaw
Nativity, *n.* 1. Yes Xus hnub yug; 2. kev yug me nyuam
natty, *adj.* 1. qub heev; 2. puas tag lawm
natural, *adj.* 1. raws kab lis; raws kis; raws lw; ntsig txog yam uas ib txwm muaj los; 2. tseeb tseeb; tsis cuav; 3. yooj yim thiab ncaj ncees; 4. muaj sia zis
naturalize, *v.* 1. ua haiv neeg; ua pej xeem lub teb chaws; 2. ua kom tshwm sim; —**naturalization** *n.*
naturally, *adv.* 1. ib txwm muaj los; 2. li xav tau los yog xav pom
nature, *n.* 1. kab lis; kis; lw; yam ntuj tsawb teb tsim; 2. yam uas ib txwm muaj los; 3. hom; yam; 4. toj roob hauv pes
naught, *n.* tsis muaj dab tsi
naughty, *adj.* 1. txhoj puab; tawv ncauj; tsis mloog lus; 2. tsis zoo
nausea, *n.* xeev siab; xav ntuav
nauseate, *v.* xeev siab; ua rau xeev siab
nautical, *adj.* ntsig txog nkoj los yog tsav nkoj
nautilus, *n.* ib hom tsiaj hiav txwv
naval, *adj.* ntsig txog tub rog hav dej los yog tub rog nkoj
nave, *n.* qhov chaw nruab nrab ntawm lub tsev teev ntuj
navel, *n.* 1. pooj ntaws; puj ntaws; ntaws ntiv
navigable, *adj.* 1. tsav tau; 2. lem tau
navigate, *v.* 1. tsav (nkoj); 2. taw kev; — **navigation** *n.*
navy, *n.* nkoj ua rog
nay, *adv.* tsis pom zoo (siv thaum tawm suab); *-n.* suab tsis pom zoo
Nazi, *n.* cov neeg Ntsaws Mes Nis uas koom tes nrog Hiv Lawj xyoo 1933 txog 1945
near, *adv.* ze; tsis deb; *-prep.* ze ze rau; *-adj.* 1. tsis deb; 2. zoo sib xws; *-v.* yuav txog; mus ze ze lawm
nearby, *adv.* 1. ze tsawv; sib ze; 2. npuab kiag; *-adj.* ze ze; tsis deb
nearly, *adv.* ze rau; thaj tsam; yuav luag
nearsighted, *adj.* pom ze ze xwb; saib tsis pom kev deb
neat, *adj.* 1. zoo heev; 2. du lug
neatness, *n.* quag; kev ua tau zoo los yog teeb tau zoo
necessarily, *adv.* tas; tsim nyog; yuav tsum
necessary, *adj.* 1. tsim nyog; 2. yuav tsum; 3. zam tsis dhau; kawg tswv yim; tsis pom qab hais
necessitate, *v.* ua rau tsim nyog; — **necessitation** *n.*
necessity, *n.* 1. qhov yuav tsum tau muaj; yam tsim nyog muaj; 2. kev txom nyem
neck, *n.* caj dab
neckerchief, *n.* phuam khuam caj dab; phuam caj dab
necklace, *n.* saw caj dab; xauv

necktie, *n.* paj ntaub coj ntawm caj dab
nectar, *n.* 1. yawm saub khob dej haus; 2. ib khob dej haus los yog cawv uas qab heev; 3. cov kua paj qab qab zib uas ntab muv nqus mus ua zib
nectarine, *n.* txiv duaj hom tsis muaj plaub; duaj
need, *v.* xav tau; -*n.* 1. qhov xav tau; 2. kev txom nyem; 3. qhov tsis muaj
needle, *n.* koob; rab koob
needlework, *n.* 1. paj ntaub; 2. yam muab koob xaws
nefarious, *adj.* phem heev
negate, *v.* tsis lees; cov nyom
negation, *n.* 1. kev tsis lees; kev cov nyom; 2. qhov cov nyom
negative, *adj.* 1. tsis zoo; phem; 2. tsawg tshaj tag; -*n. feej*; daim *feej*
neglect, *v.* 1. tso tseg; xyeeb pov tseg; 2. tsis saib zoo; tsis tu; 3. hnov qab; puam chawj; kav liam; -*n.* kev tsis saib xyuas zoo; kev muab pov tseg rau ub rau no; —**neglectful** *adj*; —**neglectfully** *adv.*
negligee, *n.* tiab tsho poj niam; khaub ncaws poj niam
negligence, *n.* txoj kev tsis saib xyuas zoo
negligent, *adj.* ntsig txog txoj kev tsis saib xyuas zoo
negligible, *adj.* tsis tseem ceeb
negotiable, *adj.* muaj chaw khom haum; hais haum nyog
negotiate, *v.* 1. khom; 2. tham; sib hais; nrhiav kev hais kom haum rau ob tog
negotiation, *n.* kev khom los yog sib tham kom muaj chaw haum xeeb
Negro, *n.* neeg dub; neeg tawv dub
neigh, *n.* suab hee; suab nees quaj; suab nees hee; -*v.* hee
neighbor, *n.* neeg zej zos; neeg nyob sib ze; -*v.* nyob ua ke; nyob sib ze
neither, *adj.* qhov twg los tsis yog; puav leej tsis yog
nemesis, *n.* 1. qub yeeb ncuab; 2. kev sib pauj kua zaub ntsuab
neologism, *n.* lus tshiab; lo lus tshiab
neon, *n.* 1. ib hom roj uas muaj tsawg heev; 2. cov roj uas siv nyob hauv cov teeb uas cig tau liab kab ntxwv zoo li daim teeb taws qhia tias lub khw ntawd qhib lawm
neonate, *n.* me nyuam mos yug tshiab
neophyte, *n.* tus neeg pib tshiab tshiab; tus nyuam qhuav pib
nephew, *n.* 1. tub xeeb ntxwv; tus tub tus tub; 2. tij laug thiab kwv tus tub
nephritis, *n.* kab mob raum; mob raum
nephrologist, *n.* kws kho raum
nephrology, *n.* kev kawm txog kev kho raum
nephrons, *n.* chaw lim ntshav ntawm lub raum kom tshem tej txo phem tawm
nepotism, *n.* lub tswv yim xaiv kwv xaiv tij
nerd, *n.* tus neeg tsis cuab zam; neeg tsis tsab zam
nerve, *n.* 1. hlab ntsha; hlab ntshav; xov ntshav; 2. cuab kav; peev xwm
nerve fiber, *n.* xov leeg; hlab leeg
nervous, *adj.* ntshai; tshee; poob siab
nervous breakdown, *n.* mob nkeeg los ntawm txoj kev tu siab los yog tag kev cia siab; puas siab; puas hlwb
nervousness, *n.* kev ntshai; kev tshee; kev poob siab
nervy, *adj.* ntshai; tshee; poob siab
nest, *n.* zes; lub zes; noog lub chaw nyob los yog chaw nteg qe
nestle, *v.* 1. nyob twb ywm sov so; 2. txawb twb ywm tseg; 3. nyob ti ti; 4. puag
net, *n.* 1. vij tsam; 2. qhov tau; qhov seem
nether, *adj.* hauv qab; nyob hauv qab
netherworld, *n.* dab tuag teb
nettle, *n.* ib hom ntoo uas cov nplooj muaj kaus hniav thiab tuaj tuaj plaub uas plev neeg mob; -*v.* thab; ua kom chim
network, *n.* kev sib koom tes; kev sib rig los yog sib khaub zig
neural, *adj.* ntsig txog cov hlab ntsha los yog leeg
neuralgia, *n.* mob raws cov hlab ntsha los yog leeg
neurilemmal sheath, *n.* txheej tawv qhwv ceg keeb ((*keeb* yog *cell*)
neurofibrils, *n.* xov plawv ceg keeb (*keeb* yog *cell*)
neurologist, *n.* kws kho hlab ntshav los yog sab ntshav
neurology, *n.* kev kawm txog cov hlab ntshav los yog sab ntshav
neuron cell body, *n.* cev keeb (*keeb*

yog *cell*)
neuron nucleus, *n.* nkaub keeb xa xov (*keeb* yog *cell*)
neurosis, *n.* hlwb puas; hlwb tsis meej pem
neurotic, *adj.* ntsig txog kev puas hlwb
neuter, *adj.* tsis yog poj niam los txiv neej; -*v.* sam
neutral, *adj.* 1. nyob nruab nrab; nyob hauv plawv; 2. tsis tuaj tog twg; -*n.* 1. tus nyob hauv plawv los yog nruab nrab; 2. *cias* qhuav (xws li lub tsheb thaum tsis nyob rau cias twg li)
neutrality, *n.* kev nyob nruab nrab tog twg los tsis npuab
neutron, *n.* ntsig txog ib cov zog hluav taws xob muaj zog heev uas siv ua foob pob *as thas miv*
never, *adv.* tsis muaj hnub; tsis muaj qhov
nevermore, *adv.* tsis muaj ntxiv lawm
nevertheless, *adv.* li los xij peem; li ntawv los kav liam; txawm li los xij
new, *adj.* 1. tshiab; 2. ua ntej; xub xub
newborn, *n.* mos liab; mos ab; me nyuam yug tshiab
newcomer, *n.* neeg tshiab; tus neeg uas nyuam qhuav khiav ib qho los
newly, *adv.* sai sai no; tshiab tshiab heev
news, *n.* xov xwm; xov
newsboy, *n.* tub hluas muag los yog xa ntawv xov xwm
newsbreak, *n.* qhov xov xwm tseem ceeb uas tsim nyog tshaj tawm nyob hauv *this vis* los yog ntawv xov xwm
newscast, *n.* xov xwm tshaj ntawm hauv *this vis* los yog xov tooj cua
news conference, *n.* rooj tshaj xov rau cov neeg xov xwm
newsletter, *n.* ntawv tshaj xov; ntawv xov xwm koom haum los yog chaw hauj lwm
newsman, *n.* neeg sau xov xwm (uas yog txiv neej)
newsmonger, *n.* tus neeg ceev tseg thiab rov hais txog tej qub xov xwm; taug xaiv
newspaper, *n.* ntawv xov xwm uas tawm txhua txhua hnub los yog ib sij tawm ib zaug
newsperson, *n.* neeg muab xov xwm
newsreel, *n.* ib qhov duab mus kev luv luv hais txog xov xwm tshiab
newsroom, *n.* chav npaj thiab sau xov xwm
newsstand, *n.* ib lub chaw me me muag ntawv xov xwm thiab phau ntawv *mes nkas zis*
newswoman, *n.* neeg sau xov xwm (uas yog poj niam)
newsworthy, *adj.* tsim nyog muab tshaj rau suav daws paub txog
newsy, *adj.* xov xwm ntau heev
New Year, *n.* xyoo tshiab
New Year's Day, *n.* ib hlis ntuj tim ib
New Year's Eve, *n.* hmo ua ntej xyoo tshiab
next, *adj.* ze ze; ntawm ib sab; -*adv.* tom ntej
nexus, *n.* kev sib txuas; kev sib raug zoo
Nhia Blia Xiong (1935-2002), *n.* Nyiaj Npliam Xyooj, ib tus hau rog (Captain) nyob rau teb chaws Nplog. Nws pib ua rog xyoo 1960 txog ntua rau xyoo 1978 mam li coj nws tsev neeg khiav los rau Thaib teb. Xyoo 1979 nws thiaj coj nws tsev neeg tuaj rau teb chaws Mes Kas. Nyiaj Npliam yog Ywj Pheej Xyooj txiv
nib, *n.* 1. hau mem; 2. lub hau zuag zuag; 3. kaus ncauj noog
nibble, *v.* 1. maj mam tom thiab ib sij tom ib zaug; 2. noj ib qho me me
nice, *adj.* 1. zoo; zoo nkauj; 2. siab zoo
nicety, *n.* tej yam uas ua tau zoo zoo nkauj heev
niche, *n.* 1. kis nrug me me; qhov qiag; qhov tawg; 2. kis seem rau yus qhov lag luam; 3. qhov tseem ceeb heev
nickel, *n.* 1. tsib *xees* txiaj npib; tsib npib; 2. ib hom hlau uas tsis paub xeb
nickname, *n.* npe luv; lub npe uas yooj yim rau neeg hu; lub npe uas cov neeg sib paub zoo zoo nyiam hu
nicotine, *n.* cov tshuaj nyob hauv cov luam yeeb uas ua kom yus muaj yees
niece, *n.* ntxhais xeeb ntxwv
niggardly, *adj.* qia dub
niggling, *adj.* 1. xav paub kom ntxaws ntxaws; 2. ib sij nug ib lwm
night, *n.* hmo; hmo ntuj; yav tsaus ntuj
nightclothes, *n.* khaub ncaws hnav pw
nightclub, *n.* chaw ua si haus dej haus

caw yav tsaus ntuj
night crawler, *n.* cua nab
nightfall, *n.* tsaus ntuj ntais
nightgown, *n.* ris tsho hnav pw
nightingale, *n.* ib hom noog uas quaj zoo mloog heev
nightmare, *n.* npau suav phem; tsog tsuam
nightshade, *n.* ib hom nroj tsuag uas ib nrab mas noj tuag
nighttime, *n.* hmo ntuj; thaum tsaus ntuj
nil, *n.* tsis muaj dab tsi
nimble, *adj.* 1. ntse; 2. siab sib
nine, *n.* cuaj; 9
nineteen, *n.* kaum cuaj; 19
nineteenth, *n.* thib kaum cuaj; 19th
ninety, *n.* cuaj caum; 90
ninety nine, *n.* cuaj caum cuaj; 99
ninny, *adj.* ruam; npub
nip, *v.* 1. tuav ruaj ruaj; nyem ruaj ruaj; 2. de los yog tom; 3. txov los yog ua kom puas; *-n.* ib qho cawv me me
nipper, *n.* 1. tus neeg uas tuav los yog nyem ruaj ruaj; 2. me nyuam tub
nipple, *n.* txiv mis; lub txiv mis
nippy, *adj.* no no; txias txias
nirvana, *n.* ntuj kag (rau cov coj dab qhuas *Npus Das*)
nit, *n.* qe kab
niter, *n.* ib co tshuaj los yog hmoov uas siv ua tshuaj phom
nitrate, *n.* ib hom tshuaj ntsev xws li tej tshuaj ywg zaub
nitric acid, *n.* ib hom kua tshuaj siv ua tshuaj tua kab los yog ua foob pob
nitrite, *n.* ib hom tshuaj ntsev siv las nqaij thiab kho mob
nitrogen, *n.* ib hom pa roj uas tsis hnov tsw thiab tsis pom li uas siv ua tshuaj tua kab thiab lwm yam
nitroglycerin, *n.* ib hom kua roj nyeem nyeem siv ua foob pob los yog siv zuaj ib ce
nitwit, *n.* neeg ruam; neeg npub
no, *adv.* tsis; tsis yog; *-adj.* tsis muaj; *-n.* suab tsis pom zoo
nobility, *n.* txoj kev ua neeg muaj koob muaj meej los yog ua nom ua tswv
noble, *adj.* muaj koob meej; muaj hwj chim; muaj meej mom
nobleman, *n.* tus neeg uas muaj koob meej heev; yawg nom
noblewoman, *n.* tus poj niam uas muaj koob meej heev; poj nom
nobody, *pron.* tsis muaj neeg; tsis muaj leej twg; *-n.* tus neeg tsis muaj koob muaj npe; tus neeg tsis tseem ceeb
nocturnal, *adj.* ua los yog tshwm sim thaum yav tsaus ntuj
nocturne, *n.* lub suab paj nruas uas ua rau yus xav txog ntau yam
nod, *v.* ncaws hau
noddy, *n.* 1. neeg ruam; 2. ib hom noog hiav txwv
node, *n.* 1. chaw hlav; pob hlav; ib thooj; ib pob; 2. kev tshuam; 3. chaw txuas
nodule, *n.* ib lub me nyuam pob su su los yog o o
noel, *n.* 1. ntsig txog lub caij yug Yes Xus los yog Christmas; 2. nkauj *Christmas*; nkauj hu lub caij yug Yes Xus
noes, *n.* cov suab tsis pom zoo; cov suab hais tias tsis yog
noggin, *n.* 1. lub khob me me; 2. ib qhov kua los yog dej uas muaj li plaub *auj* (ounces); 3. taub hau neeg
nohow, *adv.* tsis muaj kev; tsis yog tag nrho li
noise, *n.* suab; suab sab; suab nrov
noisome, *adj.* muaj peev xwm ua yus mob taus; phem heev; tsis zoo
noisy, *adj.* toog ntsej; nrov heev
nomad, *n.* tus neeg uas nyob tsis muaj zos los yog tsis muaj chaw (uas ib sij khiav rau ib qhov chaw tshiab)
nomadic, *adj.* khiav rau ub rau no nyob tsis muaj chaw
nomenclator, *n.* tus neeg uas tsim npe tshiab los siv rau tej yam uas tshawb nrhiav tau
nomenclature, *n.* ib co npe tsim los siv nyob rau hauv kev tshawb fawb los yog tej yam txuj ci
nominal, *adj.* 1. tsuas muaj lub npe xwb; 2. me me
nominate, *v.* xaiv neeg npe mus sib tw saib puas yeej kev xaiv tsa los yog yeej dab tsi
nomination, *n.* kev xaiv neeg npe mus sib tw
nominee, *n.* tus neeg raug xaiv mus sib tw
non-, *prefix.* 1. tsis yog; tsis muaj; 2. tsis tseem ceeb

nonabrasive
nonabsorbent
nonacademic
nonaccredited
nonacid
nonaddictive
nonadhesive
nonadjacent
nonadjustable
nonaffiliated
nonaggression
nonalcoholic
nonaligned
nonappearance
nonautomatic
nonbeliever
nonbinding
nonbreakable
noncancerous
noncandidate
non-Catholic
non-Christian
nonchurchgoer
noncitizen
nonclassical
nonclassified
noncombat
noncombatant
noncombustible
noncommercial
noncommunist
noncompliance
nonconflicting
nonconforming
nonconsecutive
nonconstructive
noncontagious
noncontrollable
noncontroversial
noncorrosive
noncriminal
noncritical
noncumulative
noncurrent
nondeductible
nondeferrable
nondegradable
nondelivery
nondemocratic
nondenominational
nondestructive
nondiscrimination
nondiscriminatory
noneducational
nonelastic
nonelected
nonelective
nonelectric
nonelectronic
nonemotional
nonenforcement
nonessential
nonexclusive
nonexistence
nonexistent
nonexplosive
nonfat
nonfatal
nonfattening
nonfictional
nonflammable
nonflowering
nonfunctional
nongovernmental
nongraded
nonhazardous
nonhereditary
nonindustrial
nonindustrialized
noninfectious
noninflationary
nonintegrated
nonintellectual
noninterference
nonintoxicating
noninvasive
non-Jewish
nonlegal
nonlethal
nonliterary
nonliving
nonmagnetic
nonmalignant
nonmedical
nonmember
nonmetal
nonmetallic
nonmilitary
nonmusical
nonnative
nonnegotiable
nonobjective
nonobservance
nonorthodox
nonparallel
nonparticipant
nonparticipating
nonpaying
nonpayment
nonperformance
nonperishable
nonphysical
nonpoisonous
nonpolitical
nonpolluting
nonporous
nonpregnant
nonproductive
nonprofessional
nonprofit
nonracial
nonradioactive
nonrated
nonrealistic
nonrecurring
nonrefillable
nonrefundable
nonreligious
nonrenewable
nonrepresentative
nonresident
nonresponsive
nonrestricted
nonreversible
nonsalable
nonscientific
nonscientist
nonsegregated
non-self-governing
nonsexist
nonsexual
nonsignificant
nonskier
nonsmoker
nonsmoking
nonspeaking
nonspecialist
nonspecific
nonstandard
nonstick
nonstop
nonstrategic
nonstudent
nonsugar
nonsurgical
nonswimmer
nontaxable
nonteaching
nontechnical
nontoxic
nontraditional
nontransferable
nontropical
nontypical
nonunion
nonuser
nonvenomous
nonverbal
nonvoter
nonwhite
nonworker

nonage, *n.* lub caij thaum hluas

nonce, *n.* lub caij tam sij no; *-adj.* tshwm sim ib zaug xwb

nonchalant, *adj.* tsis muaj qhov txawv dab tsi li

noncommissioned officer, *n.* tus nom me nyob hauv tub rog uas raug tsa los ua ib yam hauj lwm dab tsi

noncommittal, *adj.* tsis tawm suab qhov twg; tsis hais tias pom zoo los tsis pom zoo li

nonconformist, *n.* tus neeg uas tsis yeem ua raws feem coob los yog raws yam uas ib txwm ntseeg los yog ua los

nondescript, *adj.* tsis muaj qhov tseem ceeb

none, *pron.* tsis muaj ib qho li; *-adv.* tsis yog ib qho li

nonetheless, *adv.* li ntawv los xij; tsis ua li cas

nonoxynol-9, *n.* ib hom tshuaj uas siv

pab kho tus kab mob AIDS
nonpareil, *adj*. tsis muaj qhov piv tau
nonpartisan, *adj*. 1. tsis cais pab pawg; 2. pawg twg los txhawb tib si
nonperson, *n*. tus neeg tsis muaj npe dab tsi li
nonplus, *v*. ua kom to taub tsis yooj yim
nonprescription, *n*. tshuaj tom khw uas tsis tas tau ntawv ntawm kws kho mob los yeej yuav tau
nonproliferation, *adj*. ua kom txhob tsim riam phom *nus qhias* ntxiv lawm
nonsense, *n*. tsis muaj qab hau; tsis muaj paus ntsis
nonsupport, *n*. kev tsis pab cuam lwm tus neeg raws txoj cai
nonviolence, *n*. kev tawm suab los yog tawm tsam yam tsis pub muaj kev sib cav sib ntaus
noodle, *n*. 1. peev choj; 2. mij; 3. fawm
nook, *n*. 1. ces kaum tsev (sab hauv); 2. chaw zais npog uas tsis muaj neeg pom
noon, *n*. tav su; 12 teev nruab hnub
noonday, *n*. tav su
no one, *pron*. tsis muaj neeg
noontime, *n*. tav su
noose, *n*. txoj hlua uas khi ua ib lub voj
nor, *conj*. kuj tsis; tsis
norm, *n*. 1. cai; qauv cai uas suav daws coj raws; 2. qhov uas feem coob coj raws
normal, *adj*. 1. li qub; zoo li qhov qub; xws li yav tas los; tsis muaj dab tsi txawv; 2. nruab nrab (tsis zoo tsis phem); *-n*. qhov qub
north, *n*. sab qaum teb; *-adj*. qaum teb; pem qaum teb; *-adv*. sab qaum teb
northeast, *n* qaum teb sab hnub tuaj; *-adj*. sab qaum teb hnub tuaj
northerly, *adv*. qaum teb; pem qaum teb
northern, *adj*. qaum teb; sab qaum teb
northerner, *n*. neeg qaum teb
northwest, *n* qaum teb sab hnub poob; *-adj*. sab qaum teb hnub poob
nose, *n*. txiv ntswg; qhov ntswg; *-v*. nrhiav; taug qab; soj qab taug lw
nose bleed, *n*. qhov ntswg los ntshav
nosegay, *n*. ib pob paj tsawg tsawg
nostalgia, *n*. kev xav txog yav tag los; kev nco txog yav dhau los; kev nco txog vaj tse
nostril, *n*. qhov ntswg; lub qhov ntswg
nostrum, *n*. qhov kev cawm seej los yog yam tshuaj uas tseem muaj qhov txhawj xeeb txog
nosey, *adj*. nug tw dais; tshawb nrhiav heev
nosy, *adj*. nug tw dais; tshawb nrhiav heev
not, *adv*. tsis
notable, *adj*. 1. tsim nyog paub txog; 2. tseem ceeb; zoo heev; *-n*. neeg tseem ceeb; — **notably** *adv.*
notarize, *v*. nias thwj ua pov thawj rau; ntau thwj rau daim ntawv
notary public, *n*. tus neeg nias thwj rau tej ntaub ntawv kom yog ib daim ntawv muaj pov thawj tim khawv tseeb
notate, *v*. rau cim rau; ntaus cim rau; tso cim rau
notation, *n*. 1. kev rau cim rau xws li cov cim ntaus suab paj nruas; 2. kev teev tej ntaub ntawv yus saib tseg; kev teev tseg tej yam tseem ceeb kom muaj paus muaj ntsis
notch, *n*. theem; thais theem; duas; khem
note, *n*. 1. cov lus sau tseg kom nco qab; 2. tsab ntawv qhia txog; 3. daim ntawv cog lus txais nyiaj; 4. cov lus suab nkauj; *-v*. 1. sau tseg; 2. nco tseg
notebook, *n*. 1. phau ntawv sau; 2. lub koos pis tawj me
noted, *adj*. muaj koob meej; tseem ceeb
noteworthy, *adj*. tsim nyog paub txog; tsim nyog hais rau suav daws hnov
nothing, *pron*. 1. tsis muaj dab tsi; tsis muaj qab hau; 2. tsis muaj nuj nqis; 3. tsis tshwm sim
notice, *n*. 1. lus ceeb toom; lus tshaj tawm kom nco qab; 2. lus faj seeb; *-v*. pom (los ntawm kev soj ntsuam); ras pom; ras xeev
noticeable, *adj*. 1. tsim nyog pom; tsis nyog paub txog; tseem ceeb; 2. saib tawm yooj yim
notification, *n*. 1. xov qhia; lus ceeb toom; lus qhia kom paub; 2. kev qhia kom paub txog ib yam dab tsi
notify, *v*. qhia; ceeb toom
notion, *n*. tswv yim; kev xav
notorious, *adj*. suav daws paub txog; nrov npe heev
notwithstanding, *prep*. li ntawv los xij

nougat, *n.* noob los yog txiv ntoo xyaw piam thaj
nought, *n.* tsis muaj dab tsi (saib *naught*)
noun, *n.* npe; yam (xws li npe), khoom los yog chaw
nourish, *v.* tu kom loj hlob
nourishment, *n.* kev tu los yog pab cuam kom loj hlob
nova, *n.* lub hnub qub saum ntuj uas nws txawj ci ci ces maj mam qaus zuj zus
novel, *n.* dab neeg uas neeg tsim los ntawm tswv yim; phau ntawv hais txog kev sib hlub; *-adj.* tshiab thiab txawv heev
novelty, *n.* tej yam tshiab thiab txawv
November, *n.* Kaum Ib Hlis Ntuj; Kaum Ib Hlis
novice, *n.* 1. tus neeg uas tab tom yuav npaj cog lus los yog ntxuav plig mus coj ib tug dab qhuas; 2. tus neeg uas tsis tau paub tab heev los yog tsis tau muaj kev kawm ntau
novitiate, *n.* lub caij nyoog uas yus tab tom ua tus neeg ntseeg dab qhuas los yog tab tom ua hauj sam
now, *adv.* 1. tam sij no; 2. lub caij no
nowadays, *adv.* niaj hnub niam no; lub caij no
nowhere, *adv.* tsis pom qhov twg li
noxious, *adj.* liam sim; phem
nozzle, *n.* tus kais roj los yog kais dej; tus kav roj los yog kav dej
nuance, *n.* qhov sib txawv mas me me kawg nkaus
nub, *n.* lub pob
nubble, *n.* ib lub pob; ib thooj su su
nubile, *adj.* 1. tiav niam los yog tiav txiv lawm; 2. ntxim hlub heev
nuclear, *adj. nus qhias*; hom foob pob uas muaj peev xwm ua neeg tuag txhiab txhiab leej
nucleus, *n.* keeb (*cell*); qhov hauv plawv; qhov tseem ceeb
nude, *adj.* liab qab; tsis hnav ris tsho
nudge, *v.* maj mam kov los yog thawb
nudism, *n.* kev xyaum liab qab
nugget, *n.* ib pawg kub
nuisance, *n.* yam uas xeeb txob heev
null, *adj.* tsis raug cai
nullify, *v.* ua kom tuag mus; ua kom txhob muaj nuj nqis ntxiv lawm; —**nullification** *n.*
numb, *adj.* loog; loog loog; *-v.* ua kom loog
number, *n.* 1. *nab npawb*; 2. zauv; *-v.* 1. suav; 2. txheeb
numbness, *n.* loog; kev loog yam tsis hnov mob
numeral, *n.* tsiaj ntawv sau ua zauv
numerator, *n.* tus zauv nyob sab saum txoj kab
numerical, *adj.* ntsig txog zauv los yog *nab npawb*
numerology, *n.* kev kawm txog zauv los yog *nab npawb*
numerous, *adj.* ntau ntau heev
numismatics, *n.* kev kawm txog los kev khaws tej nyiaj ntawv los yog nyiaj npib
numskull, *adj.* neeg ruam; neeg npub
nun, *n.* poj hauj sam; tus poj niam uas ntseeg ib yam dab qhuas uas ua rau nws tsis yuav txiv li
nuptial, *adj.* ntsig txog kev sib yuav los yog kev noj tshoob; *-n.* kev sib yuav los yog kev ua tshoob ua kos
nurse, *n.* neeg tu mob; kws tu mob; tus neeg saib neeg mob; *-v.* 1. ntxais los yog noj; 2. tu
nurseries, *n.* 1. chaw zov me nyuam yaus; 2. chaw yug yub nroj los yub ntoo muag
nursery, *n.* 1. chaw zov me nyuam yaus; 2. chaw yug yub nroj los yub ntoo muag
nursery school, *n.* tsev kawm ntawv rau cov me nyuam yaus hnub nyoog li peb txog tsib xyoos
nursing home, *n.* tsev laus; tsev rau cov neeg laus nyob uas muaj neeg tu lawv tib si
nurture, *v.* 1. tu; 2. cob qhia; *-n.* kev cob qhia; kev tu
nut, *n.* 1. txiv ntoo; 2. noob (txiv); 3. pob hlau nreej (siv ntswj tuav khoom); 4. neeg ruam qauj
nuthatch, *n.* me nyuam noog mos mos
nutmeg, *n.* ib hom noob txiv ntoo
nutrient, *n.* yam uas muab pab cuam rau kom loj hlob xws li khoom noj; *-adj.* muab kev pab cuam rau
nutriment, *n.* 1. yam uas pab cuam kom loj hlob tau xws li zaub mov; 2. yam uas txhawb txoj kev loj hlob thiab txoj kev vam meej
nutrition, *n.* khoom noj khoom haus (kom muaj kev loj hlob zoo)

nutritional, *adj*. zoo heev rau txoj kev loj hlob thiab muaj zog
nutritious, *adj*. muaj *viv tas mees* zoo; muaj tshuaj zoo rau lub cev heev
nuts, *adj*. 1. zoo siab heev; 2. vwm
nuzzle, *v*. 1. muab lub qhov ntswg maj mam thawb los yog tshom; 2. muab qhov ntswg khawb los yog tshom
nyct, *n*. hmo ntuj; tsaus ntuj
nyctalgia, *n*. mob rau yav tsaus ntuj; tus mob uas mob heev rau thaum tsaus ntuj
nylon, *n*. ntaub lis loos
nymph, *n*. 1. tus tswv teb chaws los yog ntsuj plig nyob hauv dab neeg; 2. me nyuam ntxhais; 3. tus kab uas tseem tsis tau hlob tiav mus ua npauj los yog peem tsis tau mus ua npauj

O

o, *n*. tus tsiaj ntawv As Kiv thib 15
oaf, *n*. neeg ruam; neeg npub; neeg tsis meej pem
oak, *n*. qheb; ntoo qheb
oar, *n*. duav nquam nkoj; tus khaub lig nquam nkoj
oarlock, *n*. tus tuav rab duav nquam nkoj
oasis, *n*. 1. chaw so; chaw nkaum; chaw nraim cev; 2. thaj av zoo nyob tom hav suab puam
oat, *n*. ib yam khoom noj (uas me nyuam nyiam muab ntse mis nyuj noj)
oath, *n*. 1. lus cog tseg; 2. kev cog lus
obdurate, *adj*. 1. twm xeeb; 2. tsis mloog hais; 3. tawm tsam niag ruam zis
obedient, *adj*. mloog lus; yuav hais; ua raws tus hlob txib
obeisance, *n*. kev nyo hau rau txoj kev sib hwm; txo hwj chim
obelisk, *n*. tus ncej pob zeb siab siab uas muaj plaub fab thiab zuag mus rau saum lub ntsis
obese, *adj*. rog rog; rog heev
obesity, *n*. kev rog
obey, *v*. mloog lus; mloog hais; ua raws tus hlob txib
obfuscate, *v*. 1. ua kom tsis to taub; 2. ua kom cov; —**obfuscation** *n*.
obituary, *n*. kev tshaj tawm txog tib neeg tuag
object, *n*. 1. khoom; tej yam khoom uas qhov muag pom thiab tes kov tau; 2. hom phiaj; -*v*. 1. cov nyom; cuam tshuam; 2. tsis pom zoo
objection *n*. kev cov nyom; kev tsis pom zoo
objective, *adj*. 1. ntsig txog lub hom phiaj; 2. tsis muaj qhov zais npog; 3. hais raws qhov tseeb yam tsis muab pauv hloov; hais li qhov muaj; -*n*. hom phiaj; daim phiaj
obligate, *v*. khi; tuav; khuam
obligation, *n*. feem xyuam; hauj lwm; luag hauj lwm
oblige, *v*. 1. yuav tsum; 2. pab
oblique, *adj*. 1. lug lug; tsis ncaj nraim los yog ncaj qha; 2. qaij; pheeb
obliterate, *v*. puas tsuaj tag nrho; ploj tag nrho; puas tag nrho; pawv tag nrho; —**obliteration** *n*.
oblivion, *n*. lub caij uas qhov twg los tsis nco li lawm; kev tsis nco tom ntej tom qab li lawm; kev tsis nco ras txog
oblivious, *adj*. tsis ras txog; tsis nco txog
oblong, *adj*. 1. muaj plaub fab; 2. ntev tshaj dav
obloquy, *n*. lus phem; npe phem; cuj pwm phem
obnoxious, *adj*. ntxim ntxub heev; phem heev; tsis haum siab; tsis zoo raws siab xav
oboe, *n*. ib hom twj paj nruas
obscene, *adj*. qias neeg (ntsig txog tej kev liab qab ua plees ua yi); kev tsis zoo saib
obscure, *adj*. 1. zem zuag; tsis meej; tsis tseeb; 2. tsis muaj neeg paub zoo txog
obscurity, *n*. 1. kev tu ncua; kev tsaus ntuj; 2. qhov tsis paub meej txog
obsequies, *n*. ntees tuag; kev faus tuag
obsequious, *adj*. 1. qhuas heev; 2. hais qab zib heev; hais raug siab heev
observation, *n*. keb soj ntsuam
observe, *v*. soj ntsuam; saib; xam saib
obsess, *v*. 1. lo; 2. muaj yees; 3. quav
obsolescent, *adj*. 1. siv tsis txog lawm; 2. dhau caij siv lawm

obsolete, *adj*. 1. tsis muaj nqis lawm; 2. tsuag lawm; 3. dhau caij siv lawm; —**obsoletely** *adv*; —**obsoleteness** *n*.
obstacle, *n*. 1. teeb meem; 2. kev cuam tshuam; 3. rooj vag thaiv
obstetrician, *n*. kws kho cov poj niam uas cev xeeb tub, pab lawv yug me nyuam, thiab pab saib xyuas lawv tom qab tau me nyuam tag; kws kho yug me nyuam
obstetrics, *n*. cov tshuaj uas pab cuam kev yug me nyuam
obstinate, *adj*. 1. twm xeeb; 2. yuav li tus kheej hais xwb; tsis mloog lwm tus hais; —**obstinately** *adv*; —**obstinateness** *n*.
obstreperous, *adj*. 1. toog ntsej heev; 2. phem heev; siab phem heev
obstruct, *v*. 1. thaiv; 2. cuam tshuam; 3. ua kom mus tsis taus
obstruction, *n*. kev txhaws; kev txhaws qhov; kev thaiv
obtain, *v*. 1. tau; tau txais; 2. khaws tseg; 3. hloov; —**obtainable** *adj*.
obtrude, *v*. 1. thawb tawm; tsoo tawm; plhe; 2. txim nkag mus rau; 3. cuam tshuam; 4. txhav
obturator foramen, *n*. qhov khoob ntawm tus txha pawj thiab txha duav theem qis
obtuse, *adj*. 1. ruam; hlwb tsawg; 2. tshaj 90° tab sis tsawg dua 180°
obverse, *n*. sab ntsej muag (xws li lub nyiaj npib); sab hau; sab taub hau
obviate, *v*. ua kom ploj mus; ua kom txhob muaj tshwm sim; —**obviation** *n*.
obvious, *adj*. pom tseeb; saib tawm yooj yim; saib pom tshab
occasion, *n*. 1. sij hawm; caij nyoog; 2. caij nyoog tseem ceeb; ib qhov chaw tseem ceeb; 3. zaus; -*v*. tsim; ua kom sawv
occident, *n*. 1. sab hnub poob; tej chaw nyob sab hnub poob; 2. cov teb chaws nyob sab Yus Luv thiab sab hnub poob tag nrho ua ke xws li sab cov neeg tawv dawb nyob
occidental, *adj*. ntsig txog cov teb chaws thiab cov neeg nyob rau sab hnub poob los yog sab neeg tawv dawb
occipital, *n*. xwb qwb
occipital artery, *n*. leeg ntshav liab ntawm xwb qwb
occipital bone, *n*. txha xwb qwb
occipitalis, *n*. nqaij ntshiv ntawm xwb qwb
occipital lobe, *n*. thooj hlwb xwb qwb
occult, *adj*. 1. zais npog heev; 2. paub tsis tseeb; 3. ntsig txog kev ua saub los yog kev ntseeg sab ntsuj plig
occupancy, *n*. 1. kev nyob puv ntoob; 2. kev siv uas tsis xyeej lawm
occupant, *n*. tus neeg uas nyob hauv lub tsev los yog qhov chaw
occupation, *n*. 1. hauj lwm; txoj hauj lwm; 2. txoj kev mus ua tswv rau lwm haiv neeg lub teb chaws
occupied, *adj*. puv lawm; muaj neeg nyob lawm; tsis seem lawm
occupy, *v*. 1. nyob (xws li nyob lub tsev); 2. txeeb tau los yog tuav tau
occur, *v*. 1. tshwm sim; 2. tawm tuaj; tawm los; 3. ntsib
occurrence, *n*. 1. qhov tshwm sim; 2. qhov tawm los
ocean, *n*. hiav txwv; dej hiav txwv
oceanographer, *n*. kws hiav txwv; tus neeg kawm txog hiav txwv
oceanography, *n*. txoj kev kawm txog hiav txwv
ocelot, *n*. ib hom plis nyob rau Mes Kas teb
ocher, *n*. tsos liab los yog daj
o'clock, *adv*. teev; moo (L)
octagon, *n*. yim fab; yim ces
octave, *n*. 1. suab paj nruas uas muaj yim lub suab; 2. paj huam uas muaj yim kab
October, *n*. Kaum Hli Ntuj; Kaum Hli
octopus, *n*. ib hom tsiaj nyob hiav txwv uas muaj yim txhais tes los yog caj npab
ocular, *adj*. ntsig txog lub qhov muag
oculist, *adj*. tus neeg kho qhov muag
oculomotor nerve, *n*. ib txoj leeg ntawm lub hlwb uas tswj lub ntsiab muag
odd, *adj*. 1. tab; zauv tab; *khib* (L); 2. txawv txawv
oddity, *n*. qhov txawv txawv; yam txawv txawv
odd number, *n*. zauv tab
ode, *n*. paj lus; ib hom paj lus
odious, *adj*. ntxub; ntsig txog kev ntxub
odium, *n*. kev poob ntsej muag; kev

rhuav plhu
odor, *n*. ntxhiab; tsw ntxhiab
odorless, *adj*. tsis tsw ntxhiab; tsis muaj ntxhiab
odorous, *adj*. tsw ntxhiab
odyssey, *n*. txoj kev pla uas tsis muaj chaw poob; kev ri
oesophagus, *n*. hlab pas (saib *esophagus*)
o'er, *prep*. saud; sab saud; *-adv*. dhau; tshaj
of, *prep*. 1. los ntawm; 2. txog; ntsig txog; hais txog; 3. uas yog
off, *adv*. 1. nrug; ncaim; 2. tshem tawm; 3. tsis siv lawm
offal, *n*. qhov pov tseg; qhov tsis zoo siv lawm
offence, *n*. qhov ua txhaum; qhov ua rau tu siab; lub txim txhaum
offend, *v*. 1. ua txhaum; 2. ua raug; ua nphav; 3. ua tu siab
offended, *adj*. tu siab; chim
offender, *n*. tus neeg uas tsim kev tu siab; tus neeg uas ua txhaum; tus txhaum; tus phem
offense, *n*. qhov ua txhaum; qhov ua rau tu siab; lub txim txhaum
offensive, *adj*. 1. tsiv heev; 2. nias; tsaus
offer, *v*. 1. muab; 2. tawm suab; pom zoo; *-n*. kev muab; qhov muab
offertory, *n*. txoj kab ke ua pab rau
offhand, *adj*. 1. tsis tau npaj; 2. tsis tau xav txog
office, *n*. chaw ua hauj lwm; chav hauj lwm; chav fai
officer, *n*. 1. tus neeg dhia hauj lwm rau tseem fwv; 2. tub ceev xwm
official, *adj*. 1. raug cai; 2. muaj qab muaj hau; muaj paus ntsis; *-n*. tus neeg uas raug cai tuav ib txoj hauj lwm
officiant, *n*. tus txiv muam; tus neeg coj dab qhuas uas lis hauj lwm kom raug cai
officiate, *v*. ua kom raug cai; lis ntaub ntawv rau raws txoj cai; — **officiation** *n*.
officious, *adj*. pab dag zog
offing, *n*. lub neej pem suab; lub neej tom ntej
offset, *v*. pab txhawb; txhawb nqa kom txhob hnyav rau ib tog; pab rub kom sib txig sib luag
offshoot, *n*. 1. qhov xaus; qhov kawg; 2. qhov tshwm sim; qhov hauv qab
offshore, *adv*. tim ntug; *-adj*. ntsig txog tim ntug dej los yog ntug hiav txwv
offspring, *n*. 1. me nyuam; 2. ntsuag; kaus
often, *adv*. ntau ntau zaus; ib sij ib zaug
ogle, *v*. saib nruj nruj
ogre, *n*. 1. dab; 2. neeg phem
oh, *int*. auj; ua li lod
ohm, *n*. ib txoj kev suav hluav taws xob
oil, *n*. roj nyeem
oilcan, *n*. hwj hliv roj; hwj txhab roj
oilcloth, *n*. ntaub pleev roj los yog pleev kob uas siv npog ub npog no
oilskin, *n*. ntaub pleev roj uas tsis thawm dej
oily, *adj*. muaj muaj roj; muaj roj heev
oink, *n*. suab npua; suab npua quaj
ointment, *n*. tshuaj pleev tawv nqaij
OK, *adv*. tau zoo; *-adj*. 1. zoo; 2. haum siab; 2. nyob zoo; *-v*. pom zoo
okapi, *n*. ib hom tsiaj zoo li nees
okra, *n*. ib hom nroj tsuag uas noj tau
old, *adj*. 1. laus; 2. qub; khaub
olden, *adj*. ntsig txog yav thaum ub
older, *adj*. hlob; laus dua
older brother, *n*. tij; tij laug
older sister, *n*. viv; niam laus (lo lus *niam laus* yog siv thaum muaj txiv lawm xwb)
old-fashioned, *adj*. 1. poob qab; 2. qub lawm; 3. dhau caij lawm; qhov qub
old maid, *n*. nkauj laug
old-timer, *n*. 1. neeg laus; 2. tus neeg uas tau ua dhau los lawm
oleander, *n*. ib hom zaub kig
oleomargarine, *n*. mis roj; *npav dawm*
olfactory, *adj*. ntsig txog tus ntxhiab tsw
olfactory bulb, *n*. lub paj hnov ntxhiab
olfactory nerve, *n*. ib txoj leeg ntawm hlwb uas ua rau qhov ntswg hnov ntxhiab; leeg hnov txhiab
olfactory tract, *n*. txoj kab txais ntxhiab
oligarchy, *n*. tus tseem fwv uas tsuas muaj leej puav ua cov tswj
olive, *n*. 1. txiv ntseej; ntoo ntseej; 2. tsos daj ntsuab
ombudsman, *n*. tus tshiab uas tshuaj teeb meem; tus neeg tshuaj ntsuam

teeb meem
omelet, *n.* qe kib
omelette, *n.* qe kib
omen, *n.* npog; ua npog
ominous, *adj.* tsis zoo; phem
omit, *v.* 1. tshem tawm; rho tawm; 2. ua tsis tau; tsis ua; hla
omnipotent, *adj.* muaj hwj chim; muaj zog; heev kawg nkaus
omnipresent, *adj.* nyob tas mus li; muaj nyob thoob plaws
omniscient, *adj.* paub txhua yam
omnivorous, *adj.* noj nqaij thiab noj zaub tib si
on, *prep.* 1. saud; 2. ntawm; 3. ntsig txog; 4. txij
once, *adv.* 1. ib zaug xwb; 2. nyob rau ib zaug twg; 3. dhau los lawm; *-n.* ib zaug; *-conj.* sai li sai tau; tam sim ntawd
once-over, *n.* soj ntsuam tib muag; saib tib muag dhau
oncology, *n.* kev kawm txog qog nqaij hlav
oncology unit, *n.* chav chaw kawm txog qog nqaij hlav
oncoming, *adj.* tab tom los; los yuav txog
one, *n.* ib; 1; *-adj.* ib yam; ib qho; *-pron.* yus; neeg
oneself, *pron.* tus kheej
one-sided, *adj.* 1. ib tog; ib tog xwb; 2. tsis koob pheej
onetime, *adj.* ib zaug
one-way, *adj.* 1. mus tsis rov; 2. muaj mus ib seem xwb
on-going, *adj.* ua ntuv zus; tsis tu ncua
onion, *n.* dos; ib hom txuj lom
only, *adj.* 1. tib; 2. xwb; nkaus xwb; *-adv.* 1. xwb; 2. tsuas
onset, *n.* qhov pib
onshore, *adj.* 1. txav mus rau tim ntug dej; 2. nyob ntawm ntug dej
onslaught, *n.* kev tawm tsam; kev tua
onto, *prep.* rau ntawd
onus, *n.* 1. hauj lwm; 2. feem xyuam; 3. kev ntxhov siab
onward, *adv.* tom hauv ntej; tom ntej
oophorectomy, *n.* kev phais zuas qe
oophoritis, *n.* mob lub tsev zuas qe; mob tsev me nyuam
ooze, *v.* ntws tawm; nrog tawm; *-n.* kua av
opacity, *n.* tsaus tsaus; pos pos
opal, *n.* zeb nuj; ib hom pob zeb nplhaib
opaque, *adj.* 1. tsis to taub yooj yim; tsis yooj yim; 2. tuab; khov
open, *v.* 1. qhib; 2. nthuav; 3. rua; cem
openhanded, *adj.* siab dawb paug; siab zoo
opening, *n.* 1. txoj kev ua kom qhib; 2. yam ua qhib; 3. lub caij; lub cib fim
opening of auditory tube, *n.* ncauj qhov ntsej hauv nruab nrog
opening of vestibular gland, *n.* taub kua nplua ntawm ncauj paum
openly, *adv.* tab meeg lug; tso tshav plhuav
opera, *n.* suab hu nkauj xws hu soob soob thiab ya ya
operable, *adj.* 1. siv tau; 2. tseem ua hauj lwm
operate, *v.* 1. tsav; 2. dhia (xws li dhia tshuab txiav hlau); 3. tuav; lis; 4. phais
operating room, *n.* chav phais neeg; chav phais mob
operation, *n.* 1. kev ua hauj lwm; 2. lub luag hauj lwm; 3. kev phais mob; kev phais neeg mob
operative, *adj.* ua hauj lwm; muaj txiaj ntsig
operator, *n.* 1. tus neeg dhia tshuab; 2. tus neeg txuas xov tooj; 3. tus tsav tsheb
ophthalmic artery, *n.* leeg ntshav liab ntawm kaum muag thiab caj ntswm
ophthalmologist, *n.* kws kho qhov muag
ophthalmology, *n.* kev kawm txog kho qhov muag
ophthalmoscope, *n.* lub teeb tsom saib qhov muag
opiate, *n.* yam los ntawm yeeb; npaj los ntawm yeeb
opine, *v.* tawm tswv yim; nthuav tswv yim
opinion, *n.* 1. tswv yim; 2. kev xav; txoj kev xav
opinionated, *adj.* 1. ua raws tus kheej siab los yog xav; 2. tsis mloog lwm tus hais
opium, *n.* yeeb; yaj yeeb
opium den, *n.* chaw haus yeeb
opossum, *n.* ib hom nas
opponent, *n.* 1. tus yeeb ncuab; 2. tus neeg uas nrog yus sib tw los yog sib

ntaus; 3. tus tawm tsam
opportune, *adj.* 1. zoo sij hawm; 2. txog caij nyoog
opportunism, *n.* txoj kev ntsiab lub caij thaum los txog tes
opportunity, *n.* 1. hwv tsam; fwv tsam; zoo caij; 2. caij chaw (los ntawm lub tswv yim tias nws yog caij thiab yog chaw ces thiaj yog *opportunity*); caij nyoog; 3. kis; 4. ncauj ke; kev
oppose, *v.* 1. txwv; 2. tsis pom zoo; 3. tav; tav kev; 4. tiv; 5. thaiv
opposite, *adj.* rov; rov qab; ntxeev; *-n.* 1. qhov rov qab; 2. lo rov qab; 3. qhov ntxeev; qhov rov quav
opposition *n.* 1. qhov rov qab; qhov ntxeev; qhov cov nyom; 2. txoj kev los yog qhov chaw nyob tig sib ntsia los yog ib qho nyob ib sab; 3. kev ua pab ua pawg; pawg sab tod
oppress, *v.* 1. tsim txom; txov; 2. nias rau hauv qab
oppression, *n.* kev tsim txom; kev ntxub ntxaug
opprobrious, *adj.* tsim nyog tau txais txoj kev txaj muag
opprobrium, *n.* yam uas yuav ua kom poob ntsej muag
opt, *v.* xaiv
optic, *adj.* ntsig txog qhov muag
optical, *adj.* ntsig txog qhov muag
optic disk, *n.* ib yam nyob rau ntawm qab lub pob qhov muag uas tej hlab ntshav thiab xov ntshav ntawm lub pob qhov muag nkag mus rau tom lub hlwb thiab lub nrog cev
optician, *n.* 1. kws txiav tsom qhov muag; 2. neeg muag iav qhov muag
optic nerve, *n.* ib txoj leeg ntawm lub hlwb uas tswj qhov muag; leeg pom kev
optics, *n.* txoj kev kawm txog qhov muag thiab duab teeb
optic tract, *n.* txoj kab pom kev
optimal, *adj.* zoo heev
optimism, *n.* txoj kev cia siab rau qhov zoo
optimum, *n.* qhov zoo uas zoo txog thaum kawg
option, *n.* 1. ncauj ke; 2. kev xaiv; 3. lwm txoj kev
optometrist, *n.* kws kho qhov muag
optometry, *n.* kev tshuaj ntsuam qhov muag
opulent, *adj.* nplua nuj; muaj nyiaj; muaj nplua mias
opus, *n.* qhov uas ib tus neeg tsim tawm xws li kev sau ntawv los yog kev teeb txheeb nkauj los yog paj nruas
or, *conj.* los yog
oracle, *n.* saub; tus neeg muaj laj lim
oral, *adj.* 1. hais lus qhuav; ncauj dawb hais ncauj lus; 2. qhov ncauj hais xwb tsis muab sau; 3. ntsig txog lub qhov ncauj; *-n.* qhov ncauj
oral cavity, *n.* qhov ncauj; lub qhov ncauj
oral sex, *n.* kev siv qhov ncauj sib yaim sib npuav
orange, *n.* 1. txiv kab ntxwv; 2. tsos txiv kab ntxwv; tsos daj liab
orangutan, *n.* ib hom liab loj loj
oration, *n.* zaj lus hais uas hais ntxaws heev
orator, *n.* tus neeg uas hais lus rau suav daws mloog
oratory, *n.* tswv yim hais lus rau neeg mloog
orbicularis oculi, *n.* nqaij ntshiv ntawm ntug qhov muag
orbicularis oris, *n.* nqaij ntshiv ntawm di ncauj
orbit, *n.* 1. txoj kab nyob puag saum ntuj uas khiav puag ncig lub ntiaj teb; 2. ib cheeb tsam puag ncig ntawm yus tus kheej txij qhov yus paub thiab kav tau los
orbital, *n.* voj qhov muag; qhov muag
orchard, *n.* tiaj cog txiv ntoo
orchestra, *n.* 1. pab neeg ntaus paj nruas; ib pawg neeg coob coob uas ntaus paj nruas ua ib tsaug; 2. chav loj ntawm lub tsev saib *mauv vim*
orchestrate, *v.* 1. teeb cov suab paj nruas rau cov neeg ntaus paj nruas; 2. tswj; teeb; 3. qhia ua; —**orchestration** *n.*
orchid, *n.* ib hom paj
ordain, *v.* 1. plov meej; 2. txib; hais kom ua raws; 3. tsim tsa; 4. lees rau txiv plig
ordeal, *n.* ib qho teeb meem uas hla dhau los lawm; kev txom nyem
order, *v.* 1. teeb kom muaj quag; teeb kom nyias nyob muaj nyias chaw; 2. txib; nthe; 3. nqus (xws li nqus

khoom); yuav; *-n.* 1. lub caij uas muaj kev nyab xeeb; 2. kev txib; kev nthe; 3. yam nqus tuaj; yam yuav tuaj
orderliness, *n.* quag; kev xwm yeem
orderly, *adj.* 1. muaj muaj quag; 2. kho tau zoo heev; tu tau zoo heev; teeb tau zoo heev; 3. coj zoo heev; mloog lus heev; *-n.* 1. tus tub rog uas ua qhev rau ib tus thawj hau rog; 2. tus txiv neej uas zov tsev kho mob
ordinal, *n.* tus zauv qhia tias qhov twg ua ntej ua qab
ordinance, *n.* cai lij choj hauv tej zej zos
ordinary, *adj.* 1. dog dig; 2. qhuav qhuav; 3. li feem coob
ordination, *n.* txoj kev plov meej tej yam dab tsi (feem ntau yog ntsig txog dab qhuas)
ordnance, *n.* cuab yeej; riam phom mos txwv
ore, *n.* ib hom pob zeb uas muaj quav tooj quav hlau
oregano, *n.* ib hom txuj lom
organ, *n.* 1. *aus nkees*; *phias ab naum*; ib hom twj paj nruas; 2. tej yam khoom tseem ceeb hauv nrog cev xws li raum, plawv, siab, thiab lwm yam
organic, *adj.* 1. ntsig txog tej plab plawv; 2. ntsig txog tej zaub uas tsis siv chiv li
organism, *n.* tej yam uas muaj sia
organist, *n.* tus neeg ntaus lub *aus nkees*
organization, *n.* 1. koom haum; 2. ib pawg neeg uas koom ib lub hom phiaj
organize, *v.* 1. lis; coj; dhia (hauj lwm); 2. teeb kom muaj paus muaj ntsis; 3. sib sau ua pab ua pawg
orgasm, *n.* lub caij thaum zoo zoo nyob tshaj plaws; lub caij nyoog zoo zoo nyob heev ntawm txoj kev sib tsoob
orgy, *n.* ib txoj kev cai teev hawm dab qhuas zais zais ntawm cov neeg Nkij (*Greek*) thiab Loos (*Roman*) puag thaum ub uas lawv hu nkauj, seev cev, thiab muaj kev sib daj sib deev
orient, *v.* 1. taw qhia kom paub; 2. cog rau ib qhov chaw
oriental, *adj.* 1. sab hnub tuaj; 2. ntsig txog cov neeg nyob sab hnub tuaj; *-n.* 1. neeg nyob sab hnub tuaj; 2. neeg tawv daj
orientation, *n.* txoj kev taw qhia kom paub txog ib yam dab tsi
orifice, *n.* 1. qhov ncauj; qhov qhib; qhov nrug; 2. tus neeg txua khoom rau cov mob yas tes yas taw siv
orifice of appendix, *n.* ncauj hnyuv tws
origin, *n.* 1. lub hau paus; chiv keeb huam yuaj; 2. chaw tshwm sim
original, *adj.* 1. xub xub; 2. tseem tseem; *-n.* 1. hauv paus; 2. qhov uas xub xub pib; 3. qhov tseem tseem
originate, *v.* pib tshwm sim; pib sawv; pib muaj; —**origination** *n.*
oriole, *n.* ib hom noog nyob Mes Kas teb
ornament, *n.* khoom dai saib zoo nkauj; *-v.* dai khoom rau kom zoo nkauj; —**ornamental** *adj*; —**ornamentation** *n.*
ornate, *adj.* dai tau zoo nkauj heev; —**ornately** *adv*; —**ornateness** *n.*
ornery, *adj.* txob siab; ntxhov siab
ornithology, *n.* kev kawm txog noog
oropharynx, *n.* phab nqaij npuab ntawm lub qa
orphan, *n.* ntsuag; me nyuam ntsuag; neeg ntsuag
orphanage, *n.* chaw pab cuam me nyuam ntsuag
orthodontics, *n.* kev kho kom cov kaus hniav sib ncag
orthodox, *adj.* 1. raws li poj ua cia yawg ua tseg; 2. raws li txoj kev ntseeg Yes Xus thaum ub
orthography, *n.* kev txhais lo ntawv
orthopedics, *n.* kev kho los yog rub pob txha kom sib ncaj
orthopedist, *n.* kws kho pob txha
orthoptics, *n.* kev kawm thiab kho lub qhov muag uas qaus los yog zij
orthotics, *n.* kev pab cuam rau cov uas mob tej qej txha los yog yas txha
oryx, *n.* ib hom tsiaj zoo li mos lwj tab sis ob tus kub yiag yiag ntseg loo xwb tsis ncau ceg li
os, *n.* 1. qhov ncauj; qhov qhib (saib *ora*); 2. pob txha (saib *ossa*)
oscillate, *v.* 1. txav mus txav los; 2. hloov mus hloov los; 3. ua viav vias mus mus los los; —**oscillation** *n.*
osmosis, *n.* dej los yog tej yam kua nkag los yog txheem ib sab mus rau ib sab kom thawm ob sab muaj kua sib npaug zos
osprey, *n.* ib hom noog noj ntses

ossify, *v*. 1. khov ua pob txha; 2. ua kom khov; ua kom ruaj; — **ossification** *n*.
ostensible, *adj*. pom tseeb; paub meej; saib pom
ostentation, *n*. kev ua txuj
osteopathy, *n*. kev kho mob uas yog tig tej pob txha
ostracism, *n*. kev cais tawm tsis yuav nyob rau pab pawg lawm
ostracize, *v*. cais tawm; ncaws tawm
ostrich, *n*. ib hom noog loj loj nyob teb chaws Auv Tas Lias uas khiav ceev heev
other, *adj*. 1. lwm; 2. ntxiv; *-pron*. 1. qhov seem; 2. qhov txawv
otherwise, *conj*. tsam; *-adv*. tsis li; tsis li ces; tsis yog li ntawd ces
otic, *n*. pob ntseg (saib *ear*)
otitis, *n*. mob pob ntseg; mob qhov ntsej
otologist, *n*. kws kho pob ntseg
otology, *n*. kev kawm txog los yog kawm kho pob ntseg
otomy, *n*. kev phais mob tej qhov yooj yim
otoplasty, *n*. kev phais pob ntseg rau me nyuam yaus
otopyorrhea, *n*. mob ntsej rag los paug
otorrhea, *n*. cov paug uas paim hauv pob ntseg los
otorhinolaryngology, *n*. kev kawm txog cov mob nyob rau ntawm pob ntseg, qhov ntswg, thiab raj pas
otoscope, *n*. lub teeb tsom saib qhov ntsej
otter, *n*. ntshuab; ib hom tsiaj noj ntses
ottoman, *n*. 1. rooj tiag taw; 2. lub rooj zaum *xaus fas* uas tsis muaj qhov tiag nraub qaum thiab tiag tes li; 3. ib hom ntaub uas siv ua tsho loj
ought, *v*. yuav tsum; tsim nyog
ounce, *n*. ib lag; ib lub ncauj ke ntsuas saib hnyav li cas; 1/16 *phaus*; 28.3495 *kas las* (*gram*)
our, *adj*. peb li
ours, *pron*. peb li
ourselves, *pron*. 1. peb tus kheej; 2. wb tus kheej
oust, *v*. tshem tawm; rho tawm; ncaws tawm
ouster, *n*. kev tshem tawm; kev rho tawm
out, *adv*. 1. tawm rau sab nraud; 2. dhau; 3. tag lawm
outage, *n*. lub caij uas tsis muaj hluav taws xob
outboard, *adv*. sab nraum lub nkoj
outbreak, *n*. 1. qhov kev tshwm sim uas tsis nco ras txog li; 2. teeb meem tshwm sim
outburst, *n*. lus sib cav sib ceg
outcome, *n*. 1. qhov tshwm sim; 2. qhov kawg; 3. qhov xaus
outcrop, *n*. yav pob zeb uas tshwm saum npoo av
outcry, *n*. suab quaj nrov nrov; suab quaj qw
outdated, *adj*. 1. qub lawm; 2. dhau caij nyoog lawm; 3. tsis muaj nqis lawm; 4. tsis zoo siv lawm
outdistance, *v*. mus ua ntej deb tshaj
outdo, *v*. ua kom yeej; ua kom zoo dua lwm tus
outdoors, *adv*. sab nraum zoov; *-n*. nraum zoov
outer, *adj*. 1. sab nraud; 2. ib ncua deb zog
outfield, *n*. ntug chaw ntaus pob *npev xas npos*
outfit, *n*. 1. ib co twj los yog khoom uas siv rau ib yam dab tsi; 2. ib cov tsoos tsho los yog khaub ncaws uas muaj txhua yam nrog xws li hlab se thiab lwm yam txhua nrho ua ke
outgo, *n*. yam xav tawm xws li nuj nqis; *-v*. ua dhau; ua tshaj
outgoing, *adj*. 1. tawm tsis ua hauj lwm lawm; 2. siab zoo heev los yog nyiam phooj ywg heev; nyiam tawm rooj heev
outgrow, *v*. hlob yeej; loj sai dua
outgrowth, *n*. 1. qhov loj hlob; 2. kev loj hlob; 3. qhov kawg; qhov tshwm sim
outing, *n*. ncig teb ncig chaw
outlandish, *adj*. txawv heev; txawv txawv
outlast, *v*. kav ntev dua; siav ntev dua
outlaw, *n*. neeg hla cai; tus neeg yuam cai lij choj; tus neeg tsis ua raws txoj cai lij choj; *-v*. ua cai lij choj txwv tsis pub ua tej yam; tsim cai lij choj thaiv
outlay, *n*. nuj nqe; qhov them nyiaj rau
outlet, *n*. 1. qhov hluav taws xob; 2. chaw tawm; 3. chaw tso pa; 4. chaw muag khoom pheej yig
outline, *n*. cov ntsiab tseem ceeb; hau

lus; -*v*. teeb cov ntsiab tseem ceeb
outlive, *v*. nyob ntev dua
outlook, *n*. 1. kev xam pom; kev xav; 2. lub neej tom ntej
outlying, *adj*. deb ntawm lub plawv los yog hauv nruab nrab
outmaneuver, *v*. tua yeej vim muaj tswv yim zoo dua; yeej
outmoded, *adj*. 1. dhau caij nyoog siv lawm; 2. tsis muaj nqis lawm; 3. qub lawm
outnumber, *v*. muaj neeg coob dua
out of, *prep*. 1. dhau; dhau ntawm ib cheeb tsam; 2. nyob rau ntawm pab pawg ntawd
out-of-date, *adj*. 1. qub lawm; 2. dhau caij nyoog siv lawm; 3. tsis muaj nqis lawm
outpatient, *n*. tus neeg tuaj kho mob uas tsis pw hauv tsev kho mob
outpost, *n*. yeej tub rog uas nyob deb heev los yog nyob kiag puag tom ntug
output, *n*. qhov tsim tawm los; -*v*. luam tawm; tsim tawm
outrage, *v*. 1. ua rau neeg chim heev; 2. ua rau puas tsuaj. -*n*. 1. ib yam teeb meem uas txaj muag heev; 2. kev raug mob los raug thuam; 3. kev chim siab
outrageous, *adj*. 1. rhuav ntsej muag heev; 2. phem heev
outreach, *v*. 1. nthuav tawm kom deb; 2. tawm mus cuag; -*n*. kev nthuav tawm
outright, *adv*. 1. tag nrho; tiav log; 2. tam sim ntawd; -*adj*. tiav lawm
outset, *n*. qhov pib
outside, *n*. 1. qhov chaw nyob nraum zoov; sab nraum zoov; 2. tom ntug; -*prep*. 1. sab nraud; 2. dhau ntawd mus; -*adj*. sab nraud
outsider, *n*. tus neeg sab nraud; tus qhua
outskirts, *n*. ntug; tom ntug (xws li ntug zos); sab nraud
outsmart, *v*. ntse dua cov; ua tau zoo dua cov
outspoken, *adj*. hais taus; hais ncaj qha
outstanding, *adj*. 1. tsis tau them; 2. zoo heev
outstrip, *v*. 1. mus ceev dua; 2. hla dhau
outward, *adj*. mus rau sab nraum ntug; -*adv*. rau tom ntug; rau sab nraud
outwit, *v*. 1. ntse dua; 2. ua tau zoo dua vim txoj kev ntse
ova, *n*. cov qe xeeb me nyuam ntawm cov maum tsiaj
oval, *adj*. kheej li lub qe
oval window, *n*. qhov rais ntsej; qhov rais pob ntseg (uas txais suab mus rau lub qhov ntsej nyob sab hauv
ovarian ligament, *n*. leeg tuav zuas qe
ovariectomy, *n*. kev phais tsev me nyuam; kev phais lub zuas qe
ovaritis, *n*. mob lub tsev zuas qe; mob tsev me nyuam
ovary, *n*. 1. zuas qe; chaw xeeb noob; 2. qhov ua yub
ovation, *n*. kev sawv ntsug npuaj teg rau tus neeg hais lus vim nws hais tau zoo heev
oven, *n*. qhov txos; chaw ci nqaij
over, *prep*. 1. saud; 2. nyob sab saud; 3. hla; 4. ncua caij nyoog; 5. ntau tshaj; 6. thaj tsam; -*adv*. 1. saud; hla; 2. ntau dua; 3. nqes; 4. dua (ntxiv dua); -*adj*. 1. dua lawm; tas lawm; dhau lawm; 2. nyob tim ub; nyob sab tid
over-, -*prefix*. tshaj; dhau

overabundance
overabundant
overachiever
overactive
overaggressive
overambitious
overanalyze
overanxiety
overanxious
overarousal
overassertive
overbake
overbid
overbill
overbold
overborrow
overbright
overbroad
overbuild
overburden
overbusy
overbuy
overcapacity
overcapitalize
overcareful
overcautious
overcharge
overcivilized
overclean
overcommit
overcompensate
overcomplicate
overconcern
overconfidence
overconfident
overconscientious
overconsume
overconsumption
overcontrol
overcook
overcorrect
overcritical
overcrowd
overdecorate
overdependence
overdependent
overdevelop
overdose
overdramatic
overdramatize
overdress
overdrink

overdue
overeager
overeat
overeducated
overelaborate
overemotional
overemphasis
overemphasize
overenergetic
overenthusiastic
overestimate
overexaggerate
overexaggeration
overexcite
overexcited
overexercise
overexert
overexertion
overexpand
overexpansion
overexplain
overexploit
overexpose
overextend
overextension
overexuberant
overfamiliar
overfatigued
overfeed
overfertilize
overfill
overfond
overgeneralization
overgenerlize
overgenerous
overglamorize
overgraze
overharvest
overhasty
overheat
overidealize
overimaginative
overimpress
overindebtedness
overindulge
overindulgence
overindulgent
overinflate
overinsistent
overintense
overintensity
overinvestment
overladen
overlarge
overland
overload
overlong
overloud
overmedicate
overmodest
overmuch
overobvious
overoptimistic
overorganize
overparticular
overpay
overpayment
overplay
overpopulated
overpraise
overprescribe
overpressure
overprice
overprivileged
overproduce
overproduction
overpromise
overprotect
overprotective
overqualified
overrate
overreact
overreaction
overrefined
overregulate
overregulation
overreliance
overrepresented
overrespond
overripe
oversaturate
oversell
oversensitive
overserious
oversexed
oversimple
oversimplify
oversolicitous
overspecialize
overspend
overstaff
overstimulation
overstock
overstrain
overstress
overstretch
oversubtle
oversupply
oversuspicious
oversweeten
overtax
overtighten
overtip
overtired
overtrain
overtreat
overuse
overutilize
overvalue
overweight
overwork
overzealous

overactive, *adj.* 1. mob siab dhau; 2. siv zog dhau

overage, *adj.* laus heev lawm; *-n.* khoom seem uas siv tsis tag

overaggressive, *adj.* siab ceev dhau

overall, *adj.* tag nrho tib si; ua ke tag nrho

overalls, *n.* lub ris uas hnav thoob plaws ib ce

overawe, *v.* 1. hem; ua kom ntshai; 2. ua kom txaus siab

overbake, *v.* ci siav dhau zog lawm; siav zog lawm

overbearing, *adj.* muab hlob heev; coj hwj chim

overblown, *adj.* 1. cuab siab heev; cuab tshaj; 2. dag loj heev

overboard, *adv.* nyob ib sab ntawm lub nkoj

overcast, *adj.* huab roos; huab ntis

overcharge, *v.* sau nyiaj tshaj zog lawm; noj ntau zog (hais txog nyiaj); yuav ntau zog

overcoat, *n.* tsho loj; tsho sab nraud

overcome, *v.* 1. yeej; ua yeej; 2. hla dhau mus

overconfident, *adj.* tso siab dhau; khav theeb dhau

overcook, *v.* ua siav dhau zog lawm; **—overcooked**, *adj.*

overdo, *v.* ua ntau dhau heev lawm; ua tshaj qhov tsim nyog lawm

overdraft, *n.* kev rho nyiaj tawm ntau tshaj qhov muaj nyob hauv txhab nyiaj lawm

overdraw, *v.* rho nyiaj tawm ntau tshaj cov nyiaj muaj nyob hauv txhab cia nyiaj; siv nyiaj tshaj qhov muaj lawm

overdue, *adj.* 1. dhau caij them lawm; tsis tau them; ntxee; 2. lig lawm; dhau ntev lawm

overeat, *v.* noj tsau dhau lawm; noj ntau tshaj qhov noj tau lawm

overemphasize, *v.* hais ntau dhau rau ib qho lawm; hais ntau heev

overestimate, *v.* cuab siab zog lawm;

kwv yees siab zog lawm
overflow, *v*. 1. phwj; nyab; 2. los tsis paub tu
overgrow, *v*. loj yeej; hlob yeej
overhaul, *v*. 1. kho; 2. txhav; txeeb yuav
overhead, *adv*. 1. ncaj saum taub hau; 2. saum ntuj uas yog ncaj ncaj yus taub hau lawm saud; -*n*. 1. nuj nqe ntawm txoj kev ua lag luam; 2. lub tso duab *xas lais*
overhear, *v*. hnov; nyiag hnov (lwm tus neeg sib tham)
overheat, *v*. kub dhau qhov zoo lawm
over hydration, *n*. kev muaj kua faj siv tawm hauv lub cev los
overjoyed, *adj*. zoo siab heev
overkill, *n*. kev muab ua ntau tshaj qhov tsim nyog lawm; ntau tshaj qhov yuav zoo lawm
overland, *adv*. saum nruab nqhuab; saum av
overlap, *v*. 1. sib tshooj; 2. sib chab sib chaws
overlay, *v*. tshooj; sib tshooj; tuaj sab saud
overload, *v*. ntim puv dhau; tsub ntau dhau
overlook, *v*. 1. tsis pom; 2. saib tsis taus; saib qaij; 3. las mees; 4. thov txim; 5. pab saib xyuas
overly, *adv*. 1. dhau; 2. siab heev; 3. loj heev; 4. ntau heev
overnight, *adv*. 1. ib hmo; dhau ib hmo; 2. tam sij ntawd; ntawg ntiag
overoptimistic, *adj*. zoo siab dhau
overpass, *n*. tus choj hla sab saud; -*v*. hla; hla sab saud
overpay, *v*. them ntau dhau; them tshaj lawm
overplay, *v*. 1. cuab tshaj tshaj; 2. ua dhau cai
overpopulated, *adj*. neeg nyob coob heev; neeg nyob tuab heev
overpower, *v*. 1. yeej; 2. kav; tswj tau; 3. rhuav
overpraise, *v*. qhuas dhau cai heev
overprice, *v*. tso nqi siab heev
over promise, *v*. cog lus tshaj qhov ua tau lawm
overqualified, *adj*. paub ntau tshaj qhov xav tau lawm; txawj tshaj qhov nyiaj them taus lawm
overreach, *v*. 1. sim los yog nrhiav siv zog heev; 2. ncav
overreact, *v*. 1. maj dhau zog lawm; 2. mob siab ceev zog lawm; 3. siab kub zog lawm
override, *v*. 1. yuam; 2. hla cai
overrule, *v*. 1. kav; tswj; 2. txwv; thaiv; tsis pub; 3. txiav txim poob rau; 4. plov meej tias tsis raug cai lij choj
overrun, *v*. 1. luam (xws li tsheb luam neeg); 2. nyab (xws li dej nyab); 3. txeeb tau; tua yeej; 4. kis rau txhua qhov; 5. mus dhau nrim los yog dhau txoj cai; 6. luam ntawv tau ntau tshaj qhov neeg hais kom luam
overseas, *adv*. 1. sab ntug hiav txwv nraum ub (xws li hais txog sab ntuj nraum ub); 2. txawv teb chaws; -*adj*. 1. ntsig txog sab ntuj puag nraum ub; 2. txawv teb chaws
oversee, *v*. saib xyuas; tsom kwm
overshadow, *v*. 1. muaj nuj nqis dua; tseem ceeb dua; 2. roos; npog
overshoes, *n*. nkawm khau sab nraud
overshoot, *v*. hla; hla dhau
oversight, *n*. 1. qhov yuam kev; 2. qhov tsis pom; 3. qhov tsis nco txog
oversize, *adj*. 1. loj dhau lawm; 2. loj dhau qhov qub lawm
oversleep, *v*. tsaug zog dhau caij sawv lwm (tab sis tsis hnov li); tsaug zog ntev heev
overspread, *v*. pleev rau sab saud
overstate, *v*. 1. hais tshaj heev; 2. cuab siab heev
overstay, *v*. nyob ntev heev
overstep, *v*. tshaj; hla dhau nrim
overt, *adj*. tsis zais; tsis npog
overtake, *v*. caum cuag
overtax, *v*. tsub se siab dhau zog lawm
overthrow, *v*. 1. ntxeev; 2. tshem tawm; 3. chim; chim siab
overtime, *n*. 1. kev dhau caij nyoog; tshaj sij hawm; 2. nyiaj them rau cov ua hauj lwm tshaj uas ua tshaj lub caij nyoog
overtone, *n*. 1. lub suab soob; 2. kev xav; 3. lus txhawb; 4. tswv yim
overture, *n*. 1. qhov qhib los yog qhov cuab ntawm ib zaj nkauj paj nruas los yog ib zaj yeeb yam saum sam thiaj; 2. qhov qhib los yog chiv ntawm zaj paj huam; -*v*. qhib; pib; chiv
overturn, *v*. 1. ntxeev; tig; 2. rhuav tsis yuav lawm; rhuav pov tseg

overview, *n.* saib ib muag; soj xyuas me me
overuse, *v.* siv ntau dhau lawm; siv heev dhau
overweening, *adj.* twm xeeb
overweight, *adj.* 1. hnyav dhau lawm; 2. rog dhau lawm
overwhelm, *v.* 1. yeej; ntaus; tsoo; 2. npog; —**overwhelmed** *adj*
overwork, *v.* ua hauj lwm ntau heev
overwrought, *adj.* zoo siab heev
overzealous, *adj.* zoo siab heev
ovoid, *adj.* kheej li lub qe
ovulate, *v.* ua qe; tso qe tawm
ovulation, *n.* kev tso qe me nyuam tawm
ovum, *n.* cov qe xeeb me nyuam; cov noob zuas qe
owe, *v.* tshuav nqe; tiv nqe
owing to, *prep.* vim tias
owl, *n.* plas; plas taub
owlet, *n.* me nyuam plas
own, *v.* 1. muaj; 2. ua tswv; yog tus tswv rau; -*adj.* yus tus kheej li
owner, *n.* tswv; tus tswv
ox, *n.* 1. nyuj; ib hom tsiaj zoo li nyuj; 2. sam nyuj
oxblood, *n.* tsos liab tshiab tshiab
oxen, *n.* 1. nyuj; ib hom tsiaj zoo li nyuj; 2. sam nyuj
oxford, *n.* 1. ib hom khau luj qes uas khov heev; 2. ntaub paj rwb
oxide, *n.* ib co ntsig txog *auv xis ntsws*
oxidize, *v.* tov nrog *auv xis ntsws*
oxygen, *n.* *auv xis ntsws*; cua
oyster, *n.* piag deg; ib hom tsiaj hiav txwv
oystercatcher, *n.* ib hom noog nyob raws ntug dej uas muaj plaub dub txuam dawb thiab muaj kaus ncauj ntev ntev
ozone, *n.* 1. ib hom roj cua xiav xiav siv coj los tu dej thiab tu cua kom huv thiab txhob tsw phem
ozonosphere, *n.* daim ntaub roj cua nyob puag saum ntuj uas pab thaiv duab hnub ci kom txhob ua mob rau tib neeg. Niaj hnub no cov neeg tshawb fawb pom tias tej pa qias nyob ntiaj teb yuav ua rau daim ntaub roj cua no puas los yog ntuag ces lub ntiaj teb no yuav kub heev tshaj niaj hnub niam no thiab yuav muaj mob ntau yam tuaj

P

p, *n.* tus tsiaj ntawv As Kiv thib 16
pa, *n.* txiv; leej txiv
pace, *n.* 1. hneev taw; 2. qhov ceev qeeb; qhov ceev los yog qeeb; -*v.* 1. mus mus los los; 2. ntsuas saib ceev los yog qeeb li cas
pacemaker, *n.* 1. tus coj kev; tus taw kev; 2. lub twj ntsuas plawv
pachyderm, *n.* cov tsiaj loj loj thiab muaj tawv tuab tuab xws li ntxhw
pacific, *adj.* nyab xeeb; tus yees
Pacific Ocean, *n.* Hiav Txwv Pas Xis Fiv
pacifier, *n.* 1. tus neeg cheem rog; tus tsim kev tiaj tus thiab kev nyab xeeb; 2. lub txiv mis ntxais qhuav
pacifism, *n.* lub niam tswv yim uas tsis nyiam ua tsov rog los yog tsis nyiam muaj kev kub ntxhov
pacifist, *n.* tus neeg uas ntxub kev ua tsov ua rog
pacify, *v.* 1. ua kom thaj yeeb nyab xeeb; 2. ua kom tiaj tus; tswj kom txhob muaj kev sib ntaus sib tua; 3. tus rog; ua kom rog tus
pack, *n.* 1. pob khoom; thawv khoom; 2. ib pawg tsiaj; -*v.* ntim khoom; ntim khoom rau hauv thawv; 2. txim; txiv (suab sis los ntawm lo lus *txim*); ti; 3. xa (khoom)
packed, *adj.* puv lawm
package, *n.* pob khoom uas ntim tau lawm; thawv khoom; -*v.* ntim khoom rau hauv thawv
packet, *n.* ib pob khoom me me; ib thawv khoom me me
packing house, *n.* chaw ntim khoom (coj mus muag)
pact, *n.* 1. kev cog lus; 2. kev pom zoo
pad, *n.* 1. ntaub qhwv to; 2. ntaub thaiv tes taw thaum sib ntaus; 3. ib tum ntawv sau uas muab ib sab ntug lo ua ke; 4. daim ntaub rau kua mem uas muab lub thwj lub yeem coj los tub kua mem ua ntej ntaus rau daim ntawv; 5. daim nroj hav dej; -*v.* 1. qhwv mob; 2. taug ko taw mus
paddle, *n.* duav; duav nquam nkoj; -*v.* nquam

paddock, *n.* chaw tso nees sib tw dhia txha
paddy, *n.* liaj; hav liaj
padlock, *n.* ib hom ntsug phoo; *-v.* xauv; ntsug
paean, *n.* nkauj txhawb siab; nkauj qhuas
pagan, *adj.* phem; siab phem; *-n.* tus neeg uas tsis ntseeg Yawm Saub; tus neeg uas tsis ntseeg ntuj; neeg phem
page, *n.* 1. phab (ntawv); nplooj (ntawv); 2. me nyuam tub txib; *-v.* 1. sau nplooj ntawv rau; 2. hu xov tooj rau ib tus neeg yog xav tau nws sai; nqua; nqua hu
pageant, *n.* 1. ib qho ntsig txog keeb kwm los kab lis kev cai uas qhib rau suav daws saib; 2. neeg taug kev ib pab ua ke vim muaj kev zoo siab rau ib yam dab tsi; 3. ib qhov kev nthuav tawm txuj ci uas zoo nkauj heev
pagoda, *n.* 1. tsev hauj sam; 2. tsev kheej
paid, *v.* them; them tag lawm
pail, *n.* thoob
pain, *n.* qhov mob; *-v.* ua rau mob; mob
painful, *adj.* mob mob
painless, *n.* tsis mob li
painstaking, *adj.* tiv mob; nyiaj mob
paint, *v.* sam (xws li *sam txhim*); foo (xws li foo ntsej muag); pleev (xws li pleev duab, pleev tsev); *-n.* txhim (los ntawm lo lus *sam txhim*); kob; kua kob; *xim* (C & L)
pair, *n.* nkawm; nkawg (suab sis los ntawm *nkawm*); txwm; txwg (suab sis los ntawm *txwm*); *khub* (L); *-v.* muab ua nkawm; muab ua txwg
pajamas, *n.* ris tsho hnav pw
pal, *n.* phooj ywg zoo
palace, *n.* 1. tsev huab tais; 2. ib lub tsev loj thiab zoo nkauj heev
palatable, *adj.* qab; xis ncauj
palate, *n.* 1. qab yiag (hauv qhov ncauj); 2. qhov hnov qab los tsis qab
palatine bone, *n.* txha qab yiag thiab qab qhov ntswg
palatine tonsils, *n.* cos qa foob
palaver, *n.* kev sib tham; *-v.* tham
pale, *adj.* 1. tsos dawb daj lias; 2. ntsej muag daj lis (vim yog muaj mob); daj ntseg; *-n.* 1. ncej laj kab; 2. qhov chaw uas xov zoo zoo; *-v.* tig ua ntsej muag daj lias
paleontology, *n.* kev kawm txog pob txha
palette, *n.* daim txiag uas kws kos duab tov nws cov txhim rau
palisade, *n.* 1. laj kab; phab ntsa; 2. laj tsua; 3. phab roob tsuas
pall, *n.* 1. ntaub npog lub hleb; 2. yam ua rau tsaus, dub los yog phem; *-v.* tsis txaus siab rau
pallbearer, *n.* tus neeg uas zov lub hleb thiab tus tuag
pallet, *n.* 1. daim txiag ntoo teem khoom thiab nqa khoom; 2. ib hom txaj nqaim nqaim thiab tawv tawv
palliate, *v.* 1. tso tseg yam tsis muaj chaw xaus; xaus yam kho tsis tau li; 2. zais; muab zais; zam kom dim
pallid, *adj.* 1. daj daj ntseg; 2. tsis muaj qhov khov qhov ruaj
pallor, *n.* dawb paug
palm, *n.* 1. xib tes; xib teg; 2. kuj yem uas nplooj loj loj; 3. qhov qauv ntawm txoj kev yeej; *-v.* 1. zais rau hauv txhais tes; 2. nyiag; 3. them; xiab; 4. ntshaw nyiaj heev
palmar, *n.* xib tes; xib teg (saib *palm*)
palmistry, *n.* kev saib tes; kev saib hmoo
palm tree, *n.* kuj yem; ib hom ntoo uas neeg siv cov nplooj los vov tsev
palmy, *adj.* 1. loj hlob; huam vam; 2. ntsig txog ntoo kuj yem; 3. muab kuj yem vov
palomino, *n.* nees txheeb
palpable, *adj.* 1. meej; pom tseeb; 2. muaj peev xwm tuav tau los yog saib pom; 3. mloog raug; mloog tau
palpitate, *v.* 1. dhia siv zog heev; ntoj ceev heev; 2. ntaus siv zog heev; co ceev ceev
palpitation, *n.* 1. kev lub plawv siv zog dhia heev; 2. kev co los yog tshee
palsy, *n.* 1. kev tuag tes tuag taw; kev txav mus los tsis tau lawm; 2. kev tsis muaj hwj chim; *-v.* 1. ua kom tsis muaj zog; txo lub zog; 2. ua kom tuag tes tuag taw
paltry, *adj.* tsis tseem ceeb; me me; tsis muaj qab hau
pamper, *v.* hlub hlub es cia ua raws siab nyiam; *-n.* dais pawm; ib hom dais pawm
pamphlet, *n.* phau ntawv me me (uas tsis lo ua ke los yog tsis muab koob tom)

pan, *n*. lauj kaub; yias; -*v*. 1. yawm kub; 2. thuam; cem
panacea, *n*. tshuaj kho mob (xws li tshuaj kua mis)
pancake, *n*. ib hom ncuav nthee (nyob Mes Kas); *phee khej*
pancreas, *n*. txiav; tus txiav
pancreatalgia, *n*. mob txiav
pancreatectomy, *n*. kev phais tus txiav
pancreatic duct, *n*. raj hlab kua txiav
pancreatitis, *n*. mob txiav
pancreatolith, *n*. kev muaj pob zeb nyob hauv tus txiav
panda, *n*. dais; dais hmob; hmob; ib hom dais uas muaj plaub dub txuam dawb
pandemic, *adj*. dav heev; thoob plaws qhov txhia chaw; -*n*. kev mob nkeeg uas kis thoob plaws qhov txhia chaw
pandemonium, *n*. 1. suab quaj qw; suab nqov ntuj; 2. kev ntxhov quav niab
pander, *n*. tus neeg nyob nruab nrab uas nrhiav kev hlub rau lwm tus
pane, *n*. iav; daim iav
panegyric, *n*. cov lus hais qhuas tus neeg tuag
panel, *n*. 1. ib pab neeg (xws li cov neeg mloog plaub); 2. pawg neeg nyob ntawm sam thiaj hais lus rau suav daws mloog; 3. ib qhov chaw tiaj tiaj; 4. ib qho nyob ntawm lub twj paj nruas
pang, *n*. 1. mob ib zag tob tob; 2. lub npe hu ua Paj
pangolin, *n*. kum zaug
panhandle, *n*. 1. ko yias; 2. ib ntsug av nqaim nqaim ntev ntev zoo li ko yias; -*v*. 1. thov khawv tom kev; 2. tau los ntawm txoj kev thov khawv
panic, *n*. kev ceeb; kev tau ib plhaw; kev ntshai; -*v*. ceeb
pannier, *n*. 1. lub pob tawb loj loj; 2. lub pob tawb uas tej haiv neeg ua ntas kwv ib lub nyob ib tog ntas
panoply, *n*. 1. tsoos tsho thiab cuab yeej ua rog rau tub rog; 2. yam uas looj los yog thaiv tag nrho ib ce
panorama, *n*. kev saib txhua kis tuaj
pansy, *n*. hom nroj tsuag qes qes uas tawg paj zoo zoo nkauj
pant, *v*. 1. txog siav; 2. rua lo; -*n*. suab rua lo
pantaloons, *n*. ris
pantheon, *n*. 1. cov tim tswv los yog cov Yawm Saub ntawm ib pawg neeg; 2. cov neeg nrov npe; cov neeg tseem ceeb
panther, *n*. tsov dub; tsov pos txwv
panties, *n*. ris luv rau poj niam thiab me nyuam yaus
pantile, *n*. ib hom vuas pob zeb vov tsev uas koov koov
pantomime, *n*. 1. kev ua si yam tsis hais lus li; 2. tus yam ntxwv los yog lub ntsej muag qhia tias yog dab tsi
pantry, *n*. chaw rau khoom noj
pants, *n*. ris; lub ris
pantsuit, *n*. ib ce ris tsho rau poj niam
pap, *n*. khoom noj uas muag muag heev
papacy, *n*. 1. chav fai ntawm tus tuam thawj txiv plig; 2. tuam thawj txiv plig lub luag nom
papal, *adj*. ntsig txog tuam thawj txiv plig
papaw, *n*. ib hom ntoo nyob teb chaws Mes Kas uas txi txiv thiab noj tau
papaya, *n*. txiv taub ntoos; taub ntoos
paper, *n*. ntawv; daim ntawv
paperback, *n*. plhaub muag; -*adj*. plhaub muag; ntsig txog phau ntawv daim plhaub muag muag
paperboard, *n*. txiag ntawv
paper clip, *n*. koob tais ntawv
paper towel, *n*. ntawv so dej; ntawv so tes
papilla, *n*. ntug zawj ntawm cov qog xa xov nyob ntawm cov hauv paus plaub ntawm daim tawv nqaij
papillae, *n*. pob tawv nplaig
papillary muscle, *n*. nqaij ntshiv ntxaij taub plawv
papoose, *n*. me nyuam Qhab
paprika, *n*. ib hom kua txob; hom kua txob loj uas tsis tshua ntsim
pap smear, *n*. kev tshuaj ntsuam ib co kua ntawm poj niam chaw mos
papyrus, *n*. ib hom nroj tsuag
par, *n*. 1. nqi; tus nqi; 2. kev sib txig sib luag; kev nyob siab ib yam; kev nyob rau ib theem; 3. qhov neeg suav daws pom zoo los yog nyiam
parable, *n*. lus piv txoj lus; paj lus; -*v*. piv
parachute, *n*. kaus; -*v*. dhia kaus
parade, *v*. 1. nthuav tawm los yog cia rau neeg pom; 2. taug kev tsheej pab

ua kev lom zem los yog tawm tsam ib yam dab tsi; *-n.* kev taug kev tsheej pab ua kev lom zem los yog tawm tsam ib yam dab tsi
paradigm, *n.* qauv; ib lub niam tswv yim uas ua qauv rau neeg taug
paradise, *n.* 1. qhov chaw uas nyob kaj siab lug; 2. ntuj kag; ntuj ceeb tsheej
paradox, *n.* cov lus uas cov nyom rau neeg txoj kev xav tab sis tej zaum kuj yog qhov tseeb; kev cov nyom; lub tswv yim uas pheej hloov mus hloov los
paraffin, *n.* roj ntoos los yog ciab ntab uas siv ua tswm ciab
paragon, *n.* qauv zoo; tus qauv rau cov xyaum ua zoo
paragraph, *n.* sob lus; nqe lus; ib koog lus uas sau ua ib pawg; *-v.* faib ua pawg
parakeet, *n.* leeb nkaub; ib hom noog
parallel, *adj.* sib raws; mus sib raws; mus ib seem; *-n.* txoj kab uas mus ib seem; *-v.* 1. piv; sib piv; 2. dhos rau
parallelogram, *n.* daim txiag uas muaj plaub fab thiab ob sab nyob sib ncag mus sib raws ua ib seem
paralysis, *n.* ib ce tsis muaj zog li; tes taw tsis muaj zog; tuag tes tuag taw
paralyze, *v.* tuag tes tuag taw; tes taw tsis ua hauj lwm li
paramedic, *n.* tus neeg xyaum pab daws kev mob nkeeg lub caij ti tes ti taw
parameter, *n.* 1. ciam; nrim; 2. qhov yus ua tau txij twg los
paramount, *adj.* 1. siab tshaj lwm qhov los yog lwm tus; 2. zoo tshaj plaws; tseem ceeb tshaj plaws
paramour, *n.* tus hlub uas nyiag ua yam tsis raug txoj cai; tus hlub tsaub
paranoia, *n.* kev vwm vim muaj kev poob siab los yog ntshai
paranoid, *adj.* vwm los yog ntshai heev li
paraphernalia, *n.* twj siv; khoom siv
paraphrase, *v.* ua lwm zaj lus hais; hais txawv zog qhov qub kom yooj yim to taub; *-n.* cov lus uas muab hais sib piv txawv zog thawj thawj zaug kom lwm tus to taub
paraplegia, *n.* kev tuag ceg
parasite, *n.* 1. cab los yog kab uas nyob hauv lwm yam lub cev, xws li cab nyob hauv neeg plab los yog nyob hauv tsiaj plab; 2. tus neeg khaws xyeem los yog khaws noj lwm tus li
parasitology, *n.* kev kawm txog cov cab los yog cov kab nyob hauv tej plab tej hnyuv
parasol, *n.* lub kaus tiv tshav
paratroops, *n.* tub rog dhia kaus
paravertebral chain ganglion, *n.* qhov su ntawm txoj leeg xa xov ntawm txha nqaj qaum
parboil, *v.* 1. muab rhaub ib nyuag pliag; 2. nyob rau qhov chaw tsis nyab xeeb
parcel, *n.* pob; thawv; *-v.* cais los yog txheeb nyias rau nyias
parch, *v.* 1. qha; muab qha; 2. ci; 3. nqhis dej heev
parched, *adj.* qhuav; qhuav qhuav
parchment, *n.* daim tawv tsiaj uas cia sau ntawv rau
pardon, *v.* 1. zam txim rau; 2. rho lub txim tawm; *-n.* kev zam txim
pare, *v.* tshib me me sab nraud tawm; txhuam me me tawm
paregoric, *n.* 1. kev noj yeeb mus pab kom txhob raws plab los yog txhob mob plab; 2. tsos zoo li yeeb
parent, *n.* 1. niam los yog txiv; 2. cag; hauv paus
parenthesis, *n.* ob tus ntug thaiv zaj lus zoo li no "(…)"
parents, *n.* niam thiab txiv
parfait, *n.* ib co khoom qab zib noj tom qab noj mov uas muab mis, qe, suab thaj thiab lwm yam los ua
pariah, *n.* 1. neeg sab nraud; 2. tus neeg uas raug muab tshem tawm
parietal bone, *n.* txha pob kub
parietal lobe, *n.* thooj hlwb tiaj hau
parietal pericardium, *n.* npluag qhwv plawv
parietal pleura, *n.* npluag qhwv ntsws
parish, *n.* ib pawg neeg teev ntuj nyob hauv zej zos
parishioner, *n.* tus neeg uas nyob rau hauv ib pab pawg neeg teev ntuj
parity, *n.* 1. kev sib txig sib luag; 2. kev yug pes tsawg tus me nyuam los ntawm tus poj niam
park, *n.* tshav ua si; tiaj ua si; chaw ua si; *-v.* nres (xws li nres tsheb los yog dav hlau)
parka, *n.* tsho loj

parking, *n.* chaw nres tsheb
parkway, *n.* kev dav; kev loj
parlance, *n.* cuj pwm hais lus
parlay, *v.* muab tag nrho peev thiab qhov tau los ua ib zaug twv dua ntxiv
parley, *n.* rooj sib tham ntsig txog kev cov nyom los yog kev tsis sib haum xeeb
parliament, *n.* tsev tiam lis; tsev tseem fwv
parlor, *n.* 1. chav tos qhua; 2. chaw ua lag luam
parochial, *adj.* 1. los ntawm kev teev ntuj; 2. tu ncua; nqaim
parochial school, *n.* tsev teev ntuj lub tsev qhia ntawv
parody, *n.* 1. kev qog qab yam niag dag ntsuav; 2. kev muab ua txawv tus qauv qub
parodynia, *n.* mob plab yug me nyuam uas mob tau txawv heev
parole, *n.* kev tawm qhov taub lawm tab sis yuav tau ua raws qhov txoj cai pub ua xwb; cai soj ntsuam
parotid duct, *n.* hlab auv ncaug; hlab qaub ncaug
parotid salivary gland, *n.* taub qog auv ncaug ntawm qab pob ntseg
paroxysm, *n.* 1. kev qaug dab peg; 2. kev nriaj tes nriaj taw
parquet, *n.* 1. lub plag tsev hauv lub tsev saib yeeb yam; 2. plag tsev uas pua txiag ntoo; *-v.* pua txiag ntoo rau plag tsev
parquetry, *n.* cov ntoo pua plag tsev uas muaj ntau ntau tsos
parrot, *n.* 1. leeb nkaub; 2. lom kaub; *-v.* qog qab los yog ua raws qab yam tsis to taub meej
parry, *v.* 1. thaiv; 2. zam; txav kev
parse, *v.* tshuaj xyuas cov lus saib puas raug kev cai lus
parsimony, *n.* kev qia dub heev; kev khuv xim heev
parsley, *n.* zaub txhwb qaib
parsnip, *n.* zaub ntug hauv paus
parson, *n.* 1. txiv plig; 2. hauj sam; 3. tus neeg teev ntuj
parsonage, *n.* 1. txiv plig lub tsev; 2. hauj sam lub tsev
part, *n.* 1. qhov; thooj; li; 2. txoj hauj lwm; 3. feem xyuam; 4. lus paj nruas; 5. cheeb tsam; ib thaj chaw dav; 6. kab ntsis plaub hau; kab faib plaub hau; *-v.* 1. faib; cais; 2. ib leeg ncaim ib leeg; *-adj.* ib nrab; ib feem
partake, *v.* 1. tuaj ib qho; 2. koom tes nrog
partial, *adj.* 1. saib ntsej saib muag; xaiv ntsej muag; 2. tuaj ib tog xwb; 3. ib nrab; —**partially** *adv.*
participant, *n.* 1. tus neeg koom tes; 2. tus neeg uas tuaj saib
participate, *v.* koom tes; nrog
participation, *n.* kev koom tes; kev sib pab
participle, *n.* kev hais lus los yog cais lus saib lo lus ua yog nyob rau lub caij twg lawm
particle, *n.* ib qhov me me
particular, *adj.* 1. hais ncaj nraim txog ib qho twg los yog ib tus neeg twg; 2. tus kheej; 3. laj nplig haum siab
partisan, *n.* tus txhawb nqa; tus npoj yaig; tus neeg koom siab; *-adj.* 1. ib tog xwb; 2. saib ntsej saib muag; 3. ua raws pab pawg; 4. txhawb nqa
partisanship, *n.* txoj kev ua raws pab raws pawg
partite, *adj.* faib ua pab pawg
partition, *n.* 1. kev cais los yog kem; 2. kev faib
partly, *adv.* ib feem; ib nrab
partner, *n.* 1. tswv koom; tus neeg koom tes ua ke; 2. npoj yaig
partnership, *n.* kev koom ua lag luam ua ke; kev ua tswv koom
partridge, *n.* ib hom noog zoo li w
party, *n.* 1. ib pawg neeg uas ntseeg ib txoj kev tswj hwm, xws li Democratic los yog Republican; 2. koom haum kav pej xwm; 3. tus neeg koom tes los yog muaj feem xyuam; 4. ib pab neeg uas sib koom tes rau ib lub hom phiaj; 5. kev lom zem; kev sib ntsib; *-v.* ua kev lom zem
parvenu, *n.* tus neeg uas cia li nce qeb ceev ceev hauv txoj kev ua hauj lwm thiab kev vam meej siab tshaj li qhov nws npaj tau los yog tsim nyog tau
pass, *v.* 1. dhau; hla; dua; chaws; 2. khiav mus los yog tuag lawm; 3. mus dhau yam tsis muaj dab tsi cuam tshuam; 4. xa los yog pov rau lwm qhov los yog lwm tus neeg; 5. txiav txim; 6. yeej lawm, xws li twv ntaub ntawv yeej; 7. tsis txais, tsis yuav; *-n.*

1. dawm; txoj kev los yog qhov chaw hla ib lub nqaj roob; 2. daim ntawv tso cai tawm thiab nkag mus los
passage, *n.* 1. kev tso cai hla; 2. zaj lus; 3. dawm; chaw hla
passbook, *n.* 1. phau ntawv hauv txhab nyiaj; 2. phau ntawv teev txiaj los ntawm cov khoom muag tawm
passé, *adj.* 1. dhau caij siv lawm; 2. qub lawm
passenger, *n.* tus neeg caij tsheb los yog caij dav hlau
passing, *n.* 1. tuag; kev tuag; 2. ploj; *-adj.* 1. ib vuag; tib pliag; 2. dhau
passion, *n.* 1. kev mob siab (txog ib yam dab tsi); kev hlub tshua; 2. kev ntshaw
passionate, *adj.* mob siab heev
passive, *adj.* 1. siab qeeb; tsis npaj ua ntej; 2. nyo hau rau; ua siab swb
Passover, *n.* cov neeg Ntsuj ib hnub caiv nyob rau lub peb los yog plaub hlis ntuj
passport, *n.* ntawv hla nrim; phau ntawv mus txawv teb chaws; *phav xes poj*
password, *n.* zauv zais; lo lus zais; cov zauv los yog cov tsiaj ntawv zais uas siv qhib tej yam khoom tseem ceeb li *koos phis tawj*
past, *adj.* 1. dhau los lawm; dua los lawm; 2. nyuam qhuav dhau plaws lawm; *-n.* 1. yav tag; 2. lub neej dhau los
pasta, *n.* ib hom khoom noj uas muab hmoov nplej ua
paste, *v.* dhos (xws li txiav ib co lus coj mus dhos rau lwm qhov chaw); tso rau; *-n.* 1. ib co khoom noj; 2. ib co kua nplaum
pasteboard, *n.* 1. daim ntawv txhav txhav uas siv ua plhaub phau ntawv; 2. daim thib kem; 3. daim phaib los yog khaj ua si
pastel, *n.* tsos sib sib (xws li tsis tsaus heev)
pasteurize, *v.* rhaub; muab rhaub kom kab mob tuag
pastime, *n.* 1. kev laug hnub nyoog; kev laug lub caij lub nyoog; 2. kev lom zem
pastor, *n.* xib fwb; kws thov ntuj
pastoral, *adj.* 1. yaj sab; ntsig txog lub neej nyob yaj sab; 2. ntsig txog txoj kev qhuab qhia ntawm tus xib fwb
pastry, *n.* khoom qab zib
pasture, *n.* 1. tiaj nroj; tiaj zaub rau tsiaj noj; 2. cov zaub los yog nroj rau tsiaj noj; 3. kev muab zaub pub tsiaj noj; *-v.* tso tsiaj mus noj zaub
pat, *n.* 1. ib nyuag kov; 2. ib thooj me me; *-v.* tuav los yog kov
patch, *v.* plia; plooj me me rau; ntxiv los yog txuas rau; kho; *-n.* 1. ntaub qhwv; 2. ib qho me me uas tsis thooj qhov loj
patchwork, *n.* tej yam uas ib qho tsis thooj ib qho uas nyias muaj nyias tsos los yog nyias muaj nyias ntaub; ntaub ntxiv
pate, *n.* 1. taub hau; saum tiaj taub hau; 2. hlwb; kev txawj ntse
patella, *n.* 1. pob hauv caug; log txiv tob; 2. ntaub thaiv hauv caug
patent, *n.* daim ntawv tswv (xws tias yam khoom ntawd muaj tswv tsim tawm) uas tseem fwv yeej pab tiv thaiv tus tswv txoj cai; *-adj.* 1. tiv thaiv los ntawm txoj cai ntawv tswv; 2. pom tseeb
paternal, *adj.* txiv sab; txiv caj ceg; ntsig txog leej txiv caj ceg
paternity, *n.* kev ua txiv tsev
path, *n.* kev; txoj kab; txoj kev; txoj lw
pathetic, *adj.* 1. tu siab heev; ntxhov siab; 2. tsis muaj zog; tsis khov
pathology, *n.* 1. kev kawm txog kab mob; 2. lub cev tsis nyob zoo
pathos, *n.* yam ua muaj kev tu siab los yog ntxhov siab
patience, *n.* kev ua siab ntev
patient, *n.* neeg mob; tus neeg mob; *-adj.* siab ntev; siab loj
patina, *n.* ib daim hlau
patio, *n.* 1. mom kaum; 2. ib qhov chaw nyob ntawm tog tsev
patriarch, *n.* 1. tus txiv neej uas neeg hwm los yog hawm li nws yog leej txiv los yog tus tswv tsim; 2. tus neeg laus uas tib neeg hwm heev; kev txheeb caj ceg raws leej txiv sab
patriarchal, *adj.* leej txiv yog tus tswv tsev los yog tus tswv cuab; raws leej txiv caj ceg
patriarchy, *n.* 1. kev coj hauv tsev neeg uas leej txiv yog tus tswv tsev los yog tus tswv cuab; 2. caj ceg taug los ntawm leej txiv sab

patrician, *n.* 1. tus neeg ntawm ib tsev neeg nom puag thaum ub nyob rau Loos; 2. neeg nom (hom nom tswv qub qub thaum ub uas kav raws hwj chim); 3. tus neeg uas muaj me nyuam tuab tuab
patrimony, *n.* 1. yam uas yug nrog los (xws tias yog keeb); yam uas muaj nruab thiab los; 2. caj ceg
patriot, *n.* tus neeg uas hlub nws lub teb chaws heev; neeg hlub haiv
patriotic, *adj.* mob siab haiv; hlub haiv heev
patriotism, *n.* kev hlub haiv; kev hlub tus kheej lub teb chaws; kev ras haiv
patrol, *v.* ncig saib xyuas; *-n.* 1. kev mus ncig saib xyuas hauj lwm; 2. pab neeg uas ncig saib xyuas hauj lwm (xws li tub rog)
patrolman, *n.* 1. tub ceev xwm; tub soj ntsuam; 2. tus neeg uas ncig saib puas muaj yeeb ncuab tuaj ze
patron, *n.* 1. tus neeg tiv thaiv; 2. tus neeg txhawb nqa; 3. tub yuav khoom; tus neeg pab txhawb lag luam
patronage, *n.* 1. kev txhawb nqa los yog kev pab cuam; 2. tus neeg pab yuav khoom
patroness, *n.* tus poj niam uas txhawb nqa
patronize, *v.* 1. ua tus neeg txhawb nqa; pab txhawb nqa; 2. ua tus tub yuav luam; pab yuav lag luam
patter, *v.* 1. hais; tham; 2. ua nrov zem zuag; 3. txav los yog tsoo nrov me me
pattern, *n.* qauv; sab; sab qauv; *-v.* 1. xyaum ua raws; 2. caum qab
patty, *n.* cov khoom noj qab zib uas pluav pluav
paucity, *n.* kev tu ncua; kev muaj tsis txaus
paunch, *n.* plab loj
pauper, *n.* neeg pluag; neeg txom nyem
pause, *v.* nres ib nyuag pliag; *-n.* kev nres ib pliag, theem ib pliag
pave, *v.* 1. leem; 2. pua los yog plooj rau kom tus; 3. pua kev
pavement, *n.* 1. kev pua; kev leem; 2. khoom pua kev
pavilion, *n.* 1. chaw nyob; 2. chaw siv ua kev lom zem
paw, *n.* ko taw ntawm cov tsiaj uas muaj plaub txhais tes taw thiab muaj rau
pawn, *n.* 1. khoom coj mus nias nqi los yog yuam nqi; 2. tej tus neeg los yog tej pawg neeg uas raug lwm tus los yog lwm pab neeg siv mus txhawb lawv lub hom phiaj xwb
pay, *v.* 1. them; them nyiaj; 2. ntxiv nyiaj
PC, *n. koos phis tawj*
pea, *n.* taum mog
peace, *n.* 1. kev thaj yeeb nyab xeeb; 2. kev tsis muaj tsov muaj rog
peaceful, *adv.* thaj yeeb
peach, *n.* txiv duaj
peacock, *n.* yaj yuam
peak, *n.* 1. ncov; ncov roob; 2. qhov siab tshaj plaws; 3. qhov heev tshaj plaws
peaked, *adj.* mob ntsuav
peal, *n.* lub suab nrov nrov heev (xws li lub tswb); *-v.* ua suab nrov nrov
peanut, *n.* tawj qas tas (HC); huab xeeb (C); txiv laum huab xeeb
pear, *n.* txiv zuaj (hom loj)
pearl, *n.* hlaws; hlaws piag deg; ib hom hlaws dawb dawb uas muab ntawm piag deg los
peasant, *n.* neeg ua liaj ua teb; tub roob tub loo
peasantry, *n.* txoj kev ua neeg ua liaj ua teb noj
peat, *n.* roj ntoos
pebble, *n.* me nyuam pob zeb; qe zeb; xuab zeb
pecan, *n.* txiv daw; ib hom ntoo uas cov noob qab qab rog
peccadillo, *n.* kev txhaum me me
peccary, *n.* npua; ib hom tsiaj zoo li npua
peck, *n.* 1. ib txoj kev ntsuas khoom los yog luj khoom; 2. *-v.* 1. tom los yog muab kaus ncauj nqa mus; 2. nkaug; muab tej yam hau ntse ntse nkaug; tho qhov
pectoral, *adj.* ntsig txog lub mis los yog lub hauv siab
pectoralis major, *n.* 1. nqaij hauv nrob; nqaij hauv siab; 2. nqaij ntshiv ntawm nyom mis
pectoralis major muscle, *n.* nqaij ntshiv ntawm nyom mis los yog ntawm qaum mis
pectoralis minor, *n.* nqaij ntshiv nyob ntawm nyom mis
pectoralis minor muscle, *n.* ib pluaj

nqaij ntshiv nyob ntawm nyom mis
pectoral region, *n.* hauv siab
peculiar, *adj.* txawv txawv heev; txawv tshaj txhua qhov los yog txhua tus
peculiarity, *n.* qhov txawv tshaj plaws
pecuniary, *adj.* ntsig txog txiaj
pedagogy, *n.* lub niam tswv yim qhia ntawv; txoj kev qhia ntawv
pedal, *v.* tuam; *-n.* 1. qhov chaw tuam; 2. tus tsuj roj; 3. ko taw; *-adj.* ntsig txog ko taw
pedant, *n.* 1. tus neeg uas saib ntawv ntau heev tab sis coj los siv tsis tau li; 2. tus neeg uas khav txog nws txoj kev kawm los yog kev tshawb fawb heev
pedantic, *adj.* khav txog qhov kawm ntawv thiab txoj cai nkaus xwb
peddle, *v.* thab muag
pedestal, *n.* taw tiag; lub qab txheem
pedestrian, *n.* neeg hla kev; *-adj.* 1. taug kev; 2. ntsig txog los yog ua rau cov neeg taug kev; 3. tsis tseem ceeb heev; tsuas xws teb xws chaw
pediatrics, *n.* ceg tshuaj los yog kev kho mob rau me nyuam yaus
pediatrician, *n.* kws kho me nyuam yaus
pedigree, *n.* caj ceg ntawm poj koob yawg koob
pediment, *n.* cov duab pob zeb puab los yog txaug nyob rau saum lub qhov muag tsev los yog maum kaum tsev, los yog nyob rau ntawm ib sab qhov rooj
peek, *v.* 1. xauj; saib ib muag; 2. nuam
peel, *v.* 1. tev; 2. laws
peen, *n.* rauj; hom rauj uas tog qwb ua lub pob xwb tsis muaj kub tshis
peep, *v.* 1. nyiag saib; 2. pib tawm tuaj; 3. nyem tswb; 4. ua suab nrov; *-n.* 1. kev nyiag saib ib muag; 2. kev xub xub pom thawj muag
peer, *n.* 1. neeg ib phaum zoo li yus; 2. phooj ywg; *-v.* tsom; saib nruj nruj
peerless, *adj.* tsis sib txig sib luag; tsis sib xws; tsis zoo ib yam
peeve, *v.* 1. cov nyom; 2. thab; 3. txob; *-n.* kev tsis txaus siab; kev tawm tsam
peg, *n.* 1. tus ntsia kheej kheej uas siv ntsaws rau tej qhov; 2. tus tes ntswj hlua nkauj nog ncas los yog hlua kib tas; 3. nqe lauj; 4. ib khob cawv; 5. kev tua hneev tim toj los yog ua txuj ua ib yam tab sis tsis yog li; *-v.* 1. muab khuam ntawm nqe lauj; 2. txho pas cim tseg; 3. kho nqi rau ib yam dab tsi kom txhob hloov mus mus los los; 4. teeb txheeb kom muaj chaw txawb chaw rau; 5. txawb; txawb pob
peignoir, *n.* daim tiab poj niam uas hnav tau xoob thuav
pejoration, *n.* 1. kev uas tsuas muaj phem zuj zus los yog puas zuj zus mus; 2. lo lus uas hloov mus rau lo phem dua
pejorative, *adj.* 1. tsuas muaj phem zuj zus los yog puas zuj zus mus; 2. muaj qhov hais tsis zoo; muaj qhov phem; *-n.* lo lus los yog kab lus uas ntxub ntxaug; —**pejoratively** *adv.*
pelican, *n.* ib hom noog loj nyob raws hiav txwv
pellagra, *n.* ib hom mob nkeeg uas mob tawv nqaij, zom tsis taus zaub mov, thiab muaj kev ntshai uas thaum kawg ua rau puas hlwb
pellet, *n.* ib lub pob me me
pell-mell, *adv.* 1. tsis to taub; paub tsis meej; 2. maj ntug maj teb dawm tes dawm taw
pellucid, *adj.* pom tseeb tseeb; meej heev
pelt, *n.* tawv tsiaj ntawm cov tsiaj uas muaj plaub
pelvic, *adj.* ntsig txog lub ntsag los yog cov txha ntsag
pelvic curvature, *n.* txha nqaj qaum ntu ntawm caj tw; yas txha kaus tw
pelvis, *n.* txha pob ntsag; qhov to nyob hauv cov pob txha ntawm ntsag
pen, *n.* 1. mem; cwj mem; 2. nkuaj tsiaj; vaj tsiaj; *-v.* 1. sau; sau ntawv; 2. kaw rau hauv nkuaj
penal, *adj.* ntsig txog txim txhaum
penalize, *v.* nplua; rau txim rau
penalty, *n.* txim; txim txhaum; lub txim txhaum; qhov raug nplua
penance, *n.* kev ua qhia tias nws tu siab los yog xav txog lig
pence, *n.* txiaj npib liab; txiaj xees liab
penchant, *n.* nyiam heev; txaus siab heev
pencil, *n.* cwj mem qhuav; mem qhuav
pencil sharpener, *n.* twj hliav mem qhuav; lub hliav mem qhuav

pendant, *n.* kib; kib coj (ntawm caj dab); *-adj.* dai
pendent, *adj.* dai
pending, *prep.* tab tom tos; tseem tos; *-adj.* tsis tau txiav txim siab
pendulous, *adj.* sib tuav tsis tshua khov
pendulum, *n.* pob khoom dai uas yuav fiav mus twg los tau ywj siab
penetrate, *v.* 1. nkag mus rau; txim mus rau hauv; 2. saib xyuas; —**penetration** *n.*
penguin, *n.* ib hom noog dub dub thiab ceg luv luv nyob raws ntug hiav txwv
penicillin, *n.* tshuaj kua mis; tshuaj kiav txhab; tshuaj rau kiav txhab kom txhob voos
peninsula, *n.* ceg av mus rau tom hav dej
penis, *n.* qau; noov; chaw mos txiv neej
penitent, *adj.* tu siab rau txoj kev txhaum
penitentiary, *n.* qhov taub; qhov loj cuj
penmanship, *n.* tes ntawv; kev sau ntawv
pennant, *n.* chij yeej; tus chij uas yeej
penny, *n.* ib xees; ib xees liab; txiaj xees liab
pension, *n.* peev nyiaj so hauj lwm; cov nyiaj uas tau thaum laus tsis ua hauj lwm lawv; *-v.* them nyiaj so hauj lwm rau
pensive, *adj.* zoo tswv yim
pent, *adj.* kav tseg; thaiv tseg; puav cia; *-v.* 1. muab mem sau tseg; 2. tuav tseg; *-n.* tus maum os dej
pentagon, *n.* 1. tsib ceg; 2. tseem fwv Mes Kas lub tuam tsev tub rog
penthouse, *n.* chav tsev nyob tshooj kawg kiag
penury, *n.* 1. kev txom nyem; 2. kev qia dub; kev cuaj khaum
peon, *n.* tus neeg ua zog noj
peony, *n.* teb paj; ib co paj
people, *n.* neeg; tib neeg
pep, *n.* zog; *eb naws ntsis*; *-v.* muab zog rau
pepper, *n.* 1. kua txob; 2. fwj txob; hwj txob; *-v.* tso kua txob rau
peppermint, *n.* 1. ib hom nroj uas muaj ib co paj me me dawb dawb los yog liab doog thiab cov nplooj muaj ib co roj; 2. cov roj muab los ntawm hom nroj no; 3. ib cov khoom qab zib uas muaj tsos qab thiab tsw li hom nroj no
pepperoni, *n.* hnyuv ntxwm
peppery, *adj.* ntsim
peptic, *adj.* ntsig txog kev pab zom los yog nqos tej zaub mov
per, *prep.* 1. los ntawm; 2. rau ib yam; 3. raws li
perambulate, *v.* taug kev; mus ko taw
percale, *n.* ntaub paj; ntaub rwb
perceive, *v.* 1. ntaus nqi; 2. saib pom; saib tawm; 3. paub; ras
percent, *n.* feem pua; ib feem ntawm ib puas; *paws xees*
percentage, *n.* qhov feem pua
percentile, *n.* qhov nyob hauv tus ntsuas ntawm 0 -100
perceptible, *adj.* muaj feem to taub tau; muaj qhov ntaus nqi tau
perception, *n.* 1. qhov to taub; qhov kev xav; qhov xam pom; 2. lub peev xwm to taub; 3. kev zoo kawg nkaus
perceptive, *adj.* to taub sai; saib tawm sai
perch, *n.* 1. ceg; ceg tsaws; 2. ib hom ntses; *-v.* tsaws
percolate, *v.* lim; tshau; —**percolation** *n.*
percussion, *n.* 1. kev ntaus (xws li ntaus kom nrov); 2. suab twj paj nruas
peremptory, *adj.* 1. tseem ceeb heev; 2. nruj heev; tsiv heev; 3. ua thawj heev
perennial, *adj.* 1. nyob txhua lub caij ntuj; 2. muaj nyob ib xyoo dhau xyoo; muaj thawm xyoo; 3. ib sij rov tshwm sim ib zaug
perfect, *adj.* 1. zoo kawg nkaus; 2. tsis muaj qhov tsis zoo li; 3. zoo raws nraim siab nyiam; *-v.* ua kom zoo kawg nkaus
perfection, *n.* kev ua kom tau zoo tshaj plaws yam tsis muaj qhov thuam tau
perfectly, *adv.* haum nkaus; zoo heev
perfidious, *adj.* dag ntxias
perforate, *v.* tho qhov; tho kom tshab; —**perforation** *n.*
perforce, *adv.* 1. ti tes ti taw; 2. tws kev lawm (thiaj yuav tau ua tej yam)
perform, *v.* 1. ua yeeb yam; nquam paj nquam nruas; 2. dhia hauj lwm; ua hauj lwm; nqes tes ua
performance, *n.* 1. kev ua yeeb yam; kev nquam paj nquam nruas; 2. kev

dhia hauj lwm; kev nqes tes ua
perfume, *n*. 1. ha; dej tsw qab; 2. pa tsw qab
perfunctory, *adj*. ua tiav raws lub luag hauj lwm
perhaps, *adv*. tej zaug; tej ziag
pericardial cavity, *n*. kem khoob npluag ntim plawv
pericardial sac, *n*. npluag ntim plawv; npluag qhwv plawv
peril, *n*. 1. kev txaus ntshai; 2. kev txov siav
perimeter, *n*. nrim; ntug nrim; ciaj ciam sab nraud
perimetrium, *n*. ntug tsev me nyuam
perineal, *n*. di qhov quav; *-adj*. ntsig txog di qhov quav
perineum, *n*. cov tawv nqaij nyob ib cheeb tsam ntawm chaw mos thiab qhov quav
period, *n*. 1. lub cim kawg, uas siv tso rau tom qab kab ntawv; 2. zwj ceeb; ncua caij nyoog; lub sij hawm; 3. lub caij coj khaub ncaws los yog yaug cev
periodic, *adj*. ib sij ib zaug; tshwm sim tas li
periodical, *n*. ntawv xov xwm los yog *mes nkas zees*
periodontal ligament, *n*. cov npluag leeg uas tuav lub hauv paus hniav rau ntawm lub qhov hniav
periphery, *n*. ntug nrim; tus ciaj ciam sab nraum ntug
periscope, *n*. twj tsom deb hauv nkoj qab deg
perish, *v*. tuag; ploj tuag
perishable, *adj*. 1. lwj; 2. puas yooj yim
peritonitis, *n*. hom mob uas ua rau lub plab su los yog o tuaj
perjury, *n*. kev dag tom qab twb tsa tes rau ntuj tag
perk, *v*. 1. tsoo; thawb; 2. hloov tshiab; ua tshiab; 3. tau zog; muaj sim; 4. lim; tshau; *-n*. qhov pub dawb ntxiv rau qhov niaj hnub tau
permanent, *adj*. 1. ruaj; khov; 2. nyob mus ib txhis; kav; —**permanently** *adv.*
permeable, *adj*. los dej
permeate, *v*. 1. nkag dhau; 2. paim (dej); —**permeable** *adj.*
permissible, *adj*. tso cai tau nyog; pom zoo nyog
permission, *n*. kev tso cai; kev pom zoo
permissive, *adj*. tso cai yooj yim; siab zoo
permit, *v*. tso cai rau; *-n*. daim ntawv tso cai los yog pom zoo
pernicious, *adj*. txaus ntshai (vim yuav ua raug mob los yog muaj teeb meem)
peroneal artery, *n*. leeg ntshav liab ntawm plab hlaub uas los xaus rau ntawm dab taws
peroneal vein, *n*. leeg ntshav dub ntawm plab hlaub uas los xaus rau ntawm dab taws
peroneus longus, *n*. nqaij ntshiv plab hlaub
parotid gland, *n*. taub qog auv ncaug ntawm qab pob ntseg
peroxide, *n*. ntsig txog cua los yog *auv xis ntsws*
perpendicular, *adj*. ncaj ncaj saud los; ceg kaum 90°
perpetrate, *v*. ua txhaum; ua phem; —**perpetration** *n.*
perpetrator, *n*. tus neeg ua phem; tus neeg phem
perpetual, *adj*. 1. tsis tu ncua; 2. tas ib txhis
perpetuate, *v*. 1. nyob tas ib txhis; 2. muaj tsis tu ncua; 3. ua kom txhob ploj mus; —**perpetuation** *n.*
perpetuity, *n*. kev nyob mus ib txhis
perplex, *v*. 1. tsis to taub; 2. hlwb ua ib thooj; 3. xav tsis tawm; —**perplexity** *n.*
persecute, *v*. 1. tsim txom; 2. tua
persecution, *n*. 1. kev tsim txom; 2. kev raug tua
persevere, *v*. 1. ua siab ntev; 2. ntxeem; nyiaj ntxeem; 3. tiv tiag
persist, *v*. 1. nyiaj ntxeem tiag tiag; 2. tsis thau hau; tsis thim tawm; 3. tsis pub ploj mus
persistence, *n*. 1. kev nyiaj ntxeem tiag tiag; 2. kev tsis thau hau los yog tsis thim li; 3. kev tsis pub ploj mus
persistent, *adj*. tiv tiag tiag; tsis zeem li
person, *n*. neeg; tib neeg; leej
personable, *adj*. muaj cuj pwm zoo
personage, *n*. tus neeg muaj meej mom los yog muaj koob muaj npe

personal, *adj.* 1. tus kheej; 2. ntsig txog ib tus tib neeg xwb
personalism, *n.* lub tswv yim uas hais txog tus kheej los yog cuj pwm ntawm tus kheej
personality, *n.* 1. cuj pwm ntawm tus kheej; 2. xom lees; 3. tus neeg muaj koob meej
personalize, *v.* ua raws tus kheej nyiam; ua rau yus tib leeg muaj xwb; —**personalization** *n.*
personification, *n.* 1. kev hloov ua li lwm tus neeg ua; 2. kev sawv cev
personify, *v.* 1. ua tus qauv; ua yam ntxwv; 2. sawv cev; 3. hloov ua li lwm tus neeg ua
personnel, *n.* cov neeg ua hauj lwm
perspective, *n.* 1. kev xam pom; kev xav; 2. qhov pom tob thiab pom dav ntawm daim duab
perspicacious, *adj.* 1. to taub zoo; 2. pom deb; 3. ntse
perspiration, *n.* 1. kev tawm hws; kev nto hws; 2. hws; fws
perspire, *v.* tawm hws; tawm fws; nto hws
persuade, *v.* ntxias; haub; yaum
persuasion, *n.* kev ntxias; kev haub; kev yaum
pert, *adj.* 1. muaj siab heev; lom zem heev; 2. ua dog ua dig; tsis paub cai; siab phem; txhoj puab heev
pertain, *v.* 1. hais txog; ntsig txog; 2. muaj feem xyuam txog; cuam tshuam txog
pertinent, *adj.* 1. tseem ceeb; 2. muaj feem txog
perturb, *v.* 1. ua ntxhov siab; 2. thab
pertussis, *n.* hnoos thiab mob caj pas uas kis tau rau lwm tus neeg; hnoos qhuj qhem
peruse, *v.* nyeem; twm
pervade, *v.* kis rau qhov txhia chaw
pervasive, *adj.* 1. dav heev; 2. qhov txhia chaw; thoob plaws
perverse, *adj.* 1. phem; 2. twm xeeb; ruam; 3. tsis mloog hais
pervert, *adj.* 1. siab phem; 2. txawj dag; -*n.* tus neeg dag; neeg siab phem
peso, *n.* txiaj nyob Mev Xis Kaum teb; nyiaj Mev
pessimism, *n.* 1. kev xav txog qhov phem ntau tshaj qhov zoo; kev xav txog sab phem xwb; 2. kev txhawj xeeb
pessimistic, *adj.* xav txog sab phem xwb
pest, *n.* 1. kab noj qoob loo; 2. kev ntxhov siab; teeb meem
pester, *v.* thab los yog txob tej nyuag teeb meem me me
pestilence, *n.* kab mob uas ua rau cov neeg nyob rau ib thaj chaw mob thiab tuag coob; —**pestilent** *adj.*
pestle, *n.* 1. tais tshuaj khib; 2. qws tuav txob; -*v.* tuav; tuav kua txob
pet, *n.* tsiaj tu saib; tsiaj yug nyob hauv tsev
petal, *n.* nplaim paj
petite, *adj.* me; me me
petition, *n.* kev sau ntawv hais txog ib yam dab tsi los yog tawm tsam ib yam dab tsi; -*v.* hais txog ib qho hauj lwm
petitioner, *n.* tus neeg hais qhov hauj lwm los yog tawm tsam qhov teeb meem
petrify, *v.* 1. khov ua pob zeb; 2. ua kom nruj; tsis ua hauj lwm lawm; —**petrified** *adj.*
petroleum, *n.* roj av
petticoat, *n.* tiab hauv qab
petty, *adj.* 1. me me; 2. tsis tseem ceeb; 3. siab phem; siab me
petty cash, *n.* nyiaj ntawm tes; txiaj ntawm tes tau siv rau tej qhov me me
petty officer, *n.* me nyuam nom tub rog (txheej me hauv qab)
petulant, *adj.* 1. txob siab; ntxhov siab; 2. siab luv
petunia, *n.* ib hom paj
pew, *n.* rooj zaum (zoo li cov nyob tom tsev teev ntuj)
pewter, *n.* txhuas uas siv ua tais diav
Pha, *n.* xeem Phab; ib xeem ntawm ntau ntau xeem Hmoob
phalanges, *n.* txha yas ntiv tes ntiv taw
phalanx, *n.* 1. ib pab tub rog tua hmuv uas nyob sib sib ti ua ke; 2. ib pab neeg nyob ti ti ua ke; 3. cov pob txha yas tes yas taw
phallus, *n.* qau; noov
phantasy, *n.* kev npau suav hauv hlwb; txoj kev xav txog ib yam dab tsi zoo (saib *fantasy*); kev npau suav hauv txoj kev xav
phantom, *n.* 1. tej yam uas zoo li tiag

tiag; 2. dab; ntsuj plig
pharaoh, *n.* tus thawj coj nyob rau teb chaw Is Ntsiv puag thaum ub
pharmaceutical, *adj.* ntsig txog kev ua tshuaj los yog muag tshuaj
pharmacist, *n.* kws muab tshuaj
pharmacology, *n.* kev kawm txog tshuaj los yog txog kev siv tshuaj
pharmacy, *n.* chaw yuav tshuaj; chaw muag tshuaj
pharyngeal tonsils, *n.* pob cos ntawm qaum qa
pharyngitis, *n.* mob hlab raj pas ua rau raj pas o
pharyngscope, *n.* lub teeb tsom saib tom raj pas los yog caj pas
pharynx, *n.* 1. txoj raj pas uas mus ntawm qhov ncauj rau qhov ntswg, pob ntseg thiab lub qa
phase, *n.* 1. vuag; theem; 2. lub caij nyoog
phase in, *v.* nkag los; muab tso nkag los
phase out, *v.* tawm mus; muab txiav tawm mus
pheasant, *n.* nraj; ib hom noog loj li tus qaib
phenomenon, *n.* 1. kev tshwm sim; 2. qhov tseeb; 3. kev pom dua; 4. kev hloov
philanderer, *n.* tus neeg uas lam deev xwb nws yeej tsis muaj siab
philanthropic, *adj.* ntsig txog txoj kev pab dawb pub rau lwm tus neeg
philanthropist, *n.* tus neeg uas pab cuam dawb dawb pub rau lwm tus neeg
philanthropy, *n.* 1. kev pab cuam pub dawb rau lwm tus neeg; 2. txoj kev ntseeg txog kev sib pab
philately, *n.* kev khaws los yog kawm txog cov *xas tias* xa ntawv
Philippine Islands, *n.* teb chaws Fis Liv Pis uas muaj 116,000 *mais* ncig lees (*sq. miles*)
Philippines, *n.* teb chaws Fis Liv Pis uas muaj 116,000 *mais* ncig lees (*sq. miles*)
Philippino, *n.* neeg Fis Liv Pis
philistine, *n.* 1. tus neeg puag thaum ub nyob rau *Philistia*; 2. tus neeg twm xeeb uas tsis muaj kev nyiam tej duab kos thiab tej kab li kev cai; 3. tus neeg uas tsis paub dab tsi li txog tej yam twg
philodendron, *n.* ib hom nroj tsuag
philosopher, *n.* tub laj lim; tus neeg xav tob; neeg ntse; tub kob xwb
philosophy, *n.* laj lim
phlebitis, *n.* leeg huam; leeg mob
phlegm, *n.* hnoos qeev
phlox, *n.* ib hom nroj tsuag uas tawg paj
phobia, *n.* kev lam tau lam ntshai yam tsis muaj qab hau
phoenix, *n.* xob; ib hom noog hais nyob hauv tej dab neeg uas muaj tsos zoo li tus yaj yuam thiab muaj hwj chim heev; tus noog uas hais muaj nyob hauv dab neeg ib yam li tus zaj tab sis tsis muaj neeg pom li; nyooj (HC)
phone, *n.* xov tooj; *foos*; -*v.* ntaus xov tooj
phone book, *n.* phau xov tooj
phoneme, *n.* suab lus; suab hais lus
phone number, *n.* tus xov tooj; *npawb* xov tooj; *nab npawb* xov tooj
phonetics, *n.* kev kawm txog lo lus lub suab; suab lus
phoney, *adj.* 1. tsis ncaj ncees; 2. tsis txaus ntseeg
phonics, *n.* kev qhia nyeem ntawv uas kawm hais lub suab tus tsiaj ntawv thiab lo lus; suab lus
phonograph, *n.* lub tshuab tso paj nruas (rau hom CD qub qub thaum ub)
phonograph record, *n.* hom CD qub thaum ub
phony, *adj.* 1. tsis ncaj ncees; 2. tsis txaus ntseeg
phosphate, *n.* ib hom ntsev *khes mis* siv nyob hauv cov chiv
phosphor, *n.* tsaus tsiav
phosphorescence, *n.* duab ci los ntawm tsaus tsiav
phosphorescent, *adj.* ntsig txog tsaus tsiav los tej yam cig li tsaus tsiav
phosphorus, *n.* tsaus tsiav; -*adj.* ntsig txog tej yam uas cig li tsaus tsiav
photo, *n.* duab; duab yees
photo album, *n.* phau duab
photocopy, *v.* theej; luam ntawv; -*n.* daim ntawv luam los
photogenic, *adj.* tsim nyog yees duab
photograph, *n.* duab; -*v.* yees duab
photographer, *n.* kws yees duab; tus

yees duab
photography, *n*. kev yees duab; lub tswv yim uas yees tau duab
phrase, *n*. kab lus; zaj lus; *-v*. hais; tso zaj lus
phraseology, *n*. kev hais zaj lus; kev teeb cov lus hais
physical, *adj*. 1. ntsig txog lub cev; 2. ntsig txog yam uas pom thiab tuav tau, tsis yog li sab ntsuj plig
physical examination, *n*. kev tshuaj ntsuam ib ce saib puas nyob zoo
physical therapy, *n*. kev kho ib qho ntawm lub cev kom rov zoo
physician, *n*. kws kho mob
physician's assistant, *n*. tus pab kws kho mob
physicist, *n*. tus kws tshawb fawb txog tej yam uas kov tau xws li cua, dej, thiab lwm yam, thiab kawm txog lawv tej zog
physics, *n*. kev kawm txog tej yam uas kov tau xws li cua, dej, roj, thiab lwm yam, thiab kawm txog lawv tej zog
physiognomy, *n*. lub ntsej muag qhia tias lub siab zoo li cas
physiology, *n*. kev kawm txog yam uas muaj sia thiab lawv tej cev uas ua rau lawv ciaj sia thiab ua hauj lwm tau
physique, *n*. tib neeg lub cev ntaj xib ntsug
pi, *n*. π; tus number π uas muaj 3.14159
pianist, *n*. kws ntaus *phias ab naum*
piano, *n*. *phias ab naum*; ib lub twj paj nruas
piazza, *n*. lub tshav puam nyob hauv zos rau neeg tuaj ncig ua si
picayune, *adj*. 1. me me; 2. tsis tseem ceeb heev
piccolo, *n*. ib hom raj me me
pick, *v*. 1. xaiv; 2. de; thab; 3. lob; yos; khaws; *-n*. tuam txhob; ib rab twj khawb qhov av
pickax, *n*. tuam txhob; twj khawb qhov av
pickerel, *n*. me nyuam roob
picket, *n*. 1. ncej vaj (tus muaj lub hau ntse ntse); 2. neeg ua hauj lwm kwv ntawv tawm tsam lub chaw hauj lwm; *-v*. kwv ntawv tawm tsam chaw ua hauj lwm
pickle, *n*. 1. dib qaub; 2. khoom pos nyob hauv hwj; 3. tsis yooj yim; 4. caij phem
pickled, *adj*. 1. qaub; 2. pos
pickpocket, *n*. tus tub sab uas nyiag nyiaj hauv luag tej hnab ris hnab tshos
pick up, *v*. 1. khaws; 2. nqa hlo; saws; sau zog; 3. ua txuas mus ntxiv; 4. tos (xws li caij tsheb tos tib neeg); *-n*. tsheb *phiv kav*
picky, *adj*. 1. cuaj khaum; 2. xaiv heev
picnic, *n*. noj mov ua si tom tshav puam
pictorial, *adj*. ntsig txog duab
picture, *n*. duab; daim duab; *-v*. saib pom nyob hauv yus lub hlwb
picture album, *n*. phau duab; phau rau duab
picturesque, *adj*. zoo txaus yees duab tseg
pie, *n*. taub ci; khoom noj qab zib
piebald, *adj*. muaj tej tee los yog tej thaj dub thiab dawb; dub dawb
piece, *n*. 1. thooj; 2. daim; dwb daim; *-v*. puab; muab los sib puab los yog sib dho ua ke
piecemeal, *adv*. 1. zuj zus; 2. maj mam
pied, *adj*. muaj tej tee los yog tej thaj dub thiab dawb; dub dawb
pier, *n*. 1. ncej choj; 2. sam thiaj nyob saum npoo dej (xws li hav dej nyob hauv qab); 3. ncej; tus ncej
pierce, *v*. 1. tho; chob; nkaug; 2. tshab; 3. pom tshab
piety, *n*. ntseeg dab qhuas tuag nthi
pig, *n*. 1. npua; 2. tus neeg qias neeg thiab hu loj
pigeon, *n*. nquab
pigeonhole, *n*. qhov chaw uas muaj lub qhov me me cia ntawv los yog khoom tseem ceeb
piggyback, *adv*. nyob ntawm nraub qaum thiab xub pwg; *-adj*. ntsig txog qhov nyob ntawm nraub qaum thiab xub pwg
piggy bank, *n*. txhab npua rau txiaj (nyiaj)
pigheaded, *adj*. twm xeeb; ruam
piglet, *n*. me nyuam npua
pigment, *n*. tsos tsuas; tee dub
pig pen, *n*. nkuaj npuas
pigtail, *n*. 1. moj tuam; tus plaub hau uas muab ntxias ua ib tug tw ntev ntev
pike, *n*. 1. ib hom ntses loj uas nyob

cov dej ntshiab ntshiab xwb; 2. hmuv; 3. chaw tawm

pilaf, *n.* mov cub xyaw ntses, nqaij thiab kua zaub

pilaff, *n.* mov cub xyaw ntses, nqaij thiab kua zaub

pile, *v.* teeb; tum; -*n.* 1. pawg; ib pawg dab tsi; 2. tus ncej uas txhos rau hauv av

pilfer, *v.* nyiag me me; nyiag muab ib qho me me; nyiag qee

pilgrim, *n.* 1. tus neeg uas taug kev deb heev mus thov ntuj hauv tsev teev ntuj; 2. cov neeg As Kiv uas thaum ub khiav tuaj ua neej tshiab nyob rau Mes Kas thaum xyoo 1620

pilgrimage, *n.* txoj kev khiav ntawm tus neeg mus ntseeg ntuj

pill, *n.* tshuaj lub; tshuaj ntsiav

pillage, *v.* txhav; txeeb; tua txeeb tej khoom

pillar, *n.* ncej zeb; ncej txheem; ceg

pillory, *n.* tus cuab khi neeg raug txim uas muaj lub qhov rau taub hau thiab ob txhais tes tawm; -*v.* muab cuab rau coj

pillow, *n.* hau ncoo; hauv ncoo; tog hauv ncoo

pillowcase, *n.* hnab tog hauv ncoo; hnab hauv ncoo; hnab hau ncoo

pilot, *n.* 1. kws dav hlau; kws tsav dav hlau; 2. kev sim tej yam ua ntej yuav ua kom loj; -*v.* tsav

pimento, *n.* txuj lom

pimiento, *n.* kua txob (hom qab zib liaj)

pimp, *n.* tus txiv neej uas nrhiav neeg rau niam ntiav

pimple, *n.* ntxau; pob kab ntxau

pin, *n.* 1. koob; koob khawm; 2. kib dai tsho; 3. cov hwj *npaus lees*; 4. tej yam uas tsis muaj nqis dab tsi; 5. koob tais ntawv; -*v.* 1. khawm; 2. tuav khov khov tseg; 3. kho tau

pinafore, *n.* daim tiab uas tsis muaj tes tsho li los yog daim sev npog nrob qaum

pincer, *n.* ciaj tais khoom

pinch, *v.* 1. npaws; 2. li (xws li *li pob*); nias; 3. txwv; 4. nyiag

pincushion, *n.* pob rhais koob

pine, *n.* thuv; ntoo thuv; -*v.* muaj mob vim yog kev ntxhov siab

pineapple, *n.* txiv poov luj; poov luj

pinfeather, *n.* plaub mos

pinion, *v.* 1. xauv tes; 2. tuav tseg; kav; 3. muab cov tis txiav los yog dob; -*n.* 1. phab tis noog; 2. cov tis noog tom ntug; 3. cov tis tseem ceeb ntawm noog

pink, *n.* 1. paj yeeb; tsos paj yeeb; tsos liab dawb muag lias; 2. ib hom nroj tsuag uas tawg paj; 3. qeb siab kawg nkaus

pinkeye, *n.* mob muag liab

pinkish, *adj.* liab dawb muag lias

pinnacle, *n.* qhov siab tshaj plaws

pinochle, *n.* ib hom kev twv *phaib*

pinpoint, *v.* 1.taw tes rau; taw qhia; 2. nrhiav los

pint, *n.* 1. ib lub ncauj ke ntsuas dej; 2. muaj 0.47 *liv*

pinto, *n.* nees txaij plaub

pinworm, *n.* cab hauv hnyuv; cov cab uas nyob hauv cov hnyuv; mob cab nyob hauv hnyuv

pioneer, *v.* rhawv; tsim; -*n.* tus neeg rhawv ua ntej

pious, *adj.* 1. ncaj ncees; 2. ntseeg ntuj heev

pipe, *n.* 1. raj hlau; raj dej; 2. tej yam uas khoob plawv; 3. yeeb thooj; yeeb nkab; -*v.* 1. hais lus soob soob; 2. xuav kauv; 3. tshuab raj hu; 4. txuas raj ua ke

pipeline, *n.* 1. raj dej; 2. kev sib xa xov

piping, *n.* 1. raj dej; kav dej; 2. suab raj; kev tshuab raj; 3. lub suab soob soob; 4. ntug leej leeg; leej leeg ntaub

piquant, *adj.* 1. muaj xom lees; ntxim nyiam; 2. khov; 3. ntsim; 4. qab

pique, *n.* kev fee; kev chim; kev tsis nyiam; -*v.* 1. ua rau chim los yog tu siab; 2. thab; ua rau chim; 3. fee

piqué, *n.* ib hom ntaub uas khov heev

piracy, *n.* 1. kev ua tub sab nyiag khoom ntawm cov nkoj nyob tom hiav txwv; 2. kev nyiag neeg tej khoom los rau yus siv

piranha, *n.* ib hom ntses me me nyob Mes Kas Qab Teb uas muaj kaus hniav ntse heev

pirate, *n.* tus neeg phem nyiag khoom los yog nyiag tib neeg nyob tom hiav txwv; -*v.* nyiag; tub sab

pirouette, *n.* kev seev cev *npias les*

pistachio, *n.* ib hom ntoo me me uas muaj txiv noj tau

pistil, *n.* paj ntoos lub tsev me nyuam

los yog qhov chaw ua noob
pistol, *n.* yaj phom; phom tes; phom me
piston, *n.* 1. tus *xuj* (L) ntawm lub tshuab tsheb; 2. tus tes kho suab kom nrov txawv
pit, *n.* 1. qhov av; qhov zawj; 2. ib hom noob txiv; 3. ntuj tsaus; dab teb; *-v.* ua qhov zawj
pit bull, *n.* ib hom dev los yog aub uas tsiv heev los yog nyiam sib tog heev
pitch, *n.* 1. lub suab qhov soob thiab laus; 2. kev hais lag luam; *-v.* tsa los yog kho tau zoo zoo; 2. txawb; cuam; pov; 3. kho suab
pitcher, *n.* 1. tus neeg txawb lub pob; 2. lub taub hliv dej
pitchfork, *n.* rawg dig quav nyab
piteous, *adj.* tu siab
pitfall, *n.* 1. qhov teeb meem uas xam tsis pom; qhov qiag; 2. qhov cuab tsiaj; qhov hmuv
pith, *n.* 1. cov thoob huab nyob hauv lub plawv ntoo; 2. qhov tseem ceeb tshaj; lub plawv; 3. tus cag; hauv paus; 4. lub zog
pithy *adj.* muaj ntsiab zoo los yog muaj zog heev
pitiable, *adj.* txaus tu siab; tsim nyog tu siab
pitiful, *adj.* txaus tu siab; tsim nyog tu siab
pittance, *n.* ib qhov me me; ib feem me me
pituitary, *adj.* lub qog me me nyob ntawm lub hlwb uas tswj txoj kev loj hlob ntawm tus tib neeg
pity, *n.* 1. kev tu siab; 2. kev hlub tshua; 3. kev txaj muag; *-v.* pab tu siab; pab hlub tshua
pivot, *n.* nqe lauj; lub pob sib tuav los yog sib nqe
pixie, *n.* ib hom neeg hais muaj nyob hauv tej dab neeg tias lawv muaj hwj huaj heev
pixy, *n.* ib hom neeg hais muaj nyob hauv tej dab neeg tias lawv muaj hwj huaj heev
pizza, *n. phij txam*; ib yam khoom noj uas yog daim *nplem* xyaw nqaij, zaub, thiab kua txiv lws
pizzazz, *n.* 1. kev txaus siab; kev muaj siab; 2. kev zoo siab; kev mob siab; 3. txuj lom; 4. xis ncauj
pizzeria, *n.* chaw ua thiab muag *phij txam*
pizzicato, *v.* ntaus paj nruas los ntawm qhov muab tes rub cov hlua tso ces nrov lub suab
pizzle, *n.* 1. qau tsiaj; 2. tus nplawm qau tsiaj
placard, *n.* duab loj
placate, *v.* 1. tswj; ua kom nyob tus; 2. ua kom zoo siab; —**placater** *n*; —**placation** *n*; —**placative** *adj*; —**placatory** *adj.*
place, *n.* 1. qhov chaw; 2. rooj zaum; *-v.* tso rau
placebo, *n.* cov tshuaj cuav siv rau kev tshuaj ntsuam saib cov tshuaj tiag puas ua hauj lwm zoo
placement, *n.* 1. kev muab tso rau chaw ua hauj lwm; 2. chaw nrhiav hauj lwm
placenta, *n.* tsho me nyuam (uas yug nrog tus me nyuam los)
placid, *adj.* ntsiag to; tsis muaj teeb meem li
placket, *n.* qhov ntshi ntawm daim tiab los yog lub tsho kom hnav thiab hle yooj yim
plagiarism, *n.* txoj kev nyiag lwm tus neeg cov lus los yog tswv yim los ua yus li
plagiarize, *v.* nyiag lus; nyiag lwm tus neeg cov lus los yog tswv yim los ua yus li; —**plagiarization** *n.*
plague, *n.* 1. kev phem; kev puas tsuaj; 2. tus kab mob uas kis neeg thiab txaus ntshai heev
plaid, *n.* ib hom ntaub uas muaj kab sib hla
plain, *n.* tiaj nras; chaw tiaj chaw tus; *-adj.* 1. qhuav qhawv; 2. dawb paug yam tsis muaj qhov zais; 3. yooj yim to taub; 4. ncaj ncees; 5. tsis zoo nkauj heev
Plain of Jars, *n.* Tiaj Rhawv Zeb nyob hauv Xeev Khuam, Nplog Teb
plaintiff, *n.* tus xyuam phaj; tus foob
plaintive, *adj.* piav tau lub ntsiab qhov kev chim siab
plait, *n.* kev ntxias plaub hau; *-v.* ntxias; muab ntxias ua ke
plan, *v.* npaj; *-n.* 1. tswv yim; 2. qauv
plane, *n.* 1. dav hlau; nyooj hoom (L); 2. chaw tiaj tus; *-adj.* tiaj tiaj
planet, *n.* ib thooj av hu ua *plheb nem*

nyob hauv lub qab ntuj no. Kws tshawb fawb nrhiav pom tias nws muaj cuaj thooj av *plheb nem* nyob rau hauv lub qab ntuj khwb no. Lub ntiaj teb *Earth* uas peb nyob no yog ib lub ntawm cuaj lub no. Cuaj thooj av no muaj npe As Kiv li no: *Mercury*, *Venus*, *Earth*, *Mars*, *Jupiter*, *Saturn*, *Uranus*, *Neptune*, thiab *Pluto*

planetarium, *n.* 1. ib qhov chaw los yog ib qho qauv uas sawv cev los yog ua piv txwv rau lub qab ntuj khwb; 2. lub tsev los yog qhov chaw rau tib neeg zaum uas zoo li yog nyob puag saum ntuj nrog hnub qub sib xyaws daws

plank, *n.* 1. daim txiag ntoo; 2. qhov tiag taw; qhov txhawb los yog lub hauv paus; *-v.* 1. muab txiag ntoo pua rau los yog npog rau; 2. muab nqaij los yog zaub mov tso rau ntawm txiag ntoo rau neeg noj

plankton, *n.* cov kab me me uas tshoob raws dej

plant, *n.* 1. nroj tsuag; ntoo; 2. chaw ua hauj lwm; *-v.* cog

plantain, *n.* ib hom nroj tsuag zoo li tsawb

plantar, *n.* xib taws (saib *sole*)

plantation, *n.* liaj teb uas yog tej pej xeem li

planter, *n.* 1. tub qoob; neeg liaj teb; 2. thoob nroj

plaque, *n.* 1. ib daim *xaws thib fis khem* uas yog muab cov lus sau los yog kos zoo zoo rau ntawm daim ntoo, daim tooj, los yog daim hlau; 2. ib qhov khoom plig rau kev zoo siab los yog ua tsaug uas cov lus sau los yog kos rau ntawm daim ntoo los yog daim tooj uas zoo zoo nkauj

plasma, *n.* kua ntshav; kua dej ntshav

plaster, *n.* 1. ib cov hmoov sib siv ua phab ntsa tsev thiab qab nthab tsev; 2. ntaub qhwv tes

plastic, *n.* roj hmab

plate, *n.* 1. phiab; tais; 2. daim *paib* tsheb; 3. daim hlau luam ntawv

plateau, *n.* tiaj nras nyob toj siab; ib lub tiaj nras loj uas nyob rau pem toj siab

platform, *n.* 1. sam thiaj; lawj; 2. cov tswv yim coj pej xeem

platinum, *n.* kub dawb; ib hom kub muaj tsos dawb uas tseem muaj nuj nqis tshaj kub daj

platitude, *n.* 1. ib co lus tsis tseem ceeb; 2. yam uas tsis muaj paus ntsis los yog tsis muaj chaw txawb chaw rau li

platoon, *n.* ib nceeg tub rog tsawg tsawg li 20 tawm leej; ib pawg tub rog tsawg tsawg

platoon sergeant, *n.* ib tus nom tub rog me

platter, *n.* 1. lub phaj loj loj; 2. tais kav (zaub mov) uas tso rau hauv lub phaj loj loj

platypus, *n.* ib hom tsiaj

platysma, *n.* nqaij ntshiv ntawm caj pas thiab puab tsaig

plaudit, *n.* txoj kev txaus siab; txoj kev pom zoo

plausible, *adj.* 1. txaus ntseeg; ntseeg tau; 2. muaj qab hau

play, *v.* 1. ua si; mus ua si los yog ua loj leeb; 2. tshuab (qeej); 3. ntaus (pob); *-n.* 1. ib zaj yeeb yam ua nyob saum sam thiaj; 2. kev ua yeeb yam

player, *n.* tus ua; tus neeg uas lis qhov hauj lwm

playground, *n.* chaw ua si rau me nyuam yaus; chaw ua viav vias

playhouse, *n.* 1. tsev ua si rau me nyuam yaus; 2. chaw saib *mauv vim*

playmate, *n.* phooj ywg ua si ua ke

play-off, *n.* kev sib tw npaj mus rau qhov kawg (xws li muab cov swb tshau tawm mus)

playwright, *n.* tus neeg sau zaj yeeb yam

plaza, *n.* 1. chaw neeg ncig ua si; 2. chaw yuav khoom

plea, *n.* 1. lo lus teb ntawm tus neeg raug foob; 2. kev thov kev pab cuam

plead, *v.* 1. thov; taij; 2. teb cov lus foob

pleasant, *adj.* 1. kaj siab; nyab xeeb; 2. zoo saib; 3. lom zem

pleasantries, *n.* kev sib tham uas raug siab heev

please, *v.* ua kom txaus siab los yog kom zoo siab; *-adj.* txaus siab; zoo siab heev

pleasing, *adj.* txaus siab; haum siab

pleasurable, *adj.* haum siab; txaus siab

pleasure, *n.* 1. kev ntshaw; kev xav

tau; 2. kev zoo siab
pleat, *v*. ua nre (tiab); tais nre; *-n*. nre
plebeian, *n*. tus neeg dog dig li teb li chaw; tus neeg uas zoo xws teb xws chaw; *-adj*. dog dig; xws feem coob
pledge, *n*. 1. kev cog lus; 2. yam uas muab ntaus nqi; *-v*. 1. tuaj yeem; 2. cog lus; 3. pom zoo
plenary, *adj*. puv ntoob
plenipotentiary, *n*. tus neeg cev lus rau tseem fwv uas muaj cai puv ntoob
plenteous, *adj*. muaj ntau heev; nplua mias
plentitude, *n*. 1. kev muaj puv ntoob; 2. kev muaj txaus nkaus
plenty, *n*. kev muaj ntau tshaj qhov siab xav
plethora, *n*. kev tshaj qhov xav tau
pleural cavity, *n*. kem khoom npluag ntsis ntsws
pleurisy, *n*. mob npluag ntsws; mob caj pas thiab mob ntsws (xws li ntsws muaj dej)
pliable, *adj*. 1. siab dav; 2. hloov tau
pliant, *adj*. 1. muaj peev xwm muab nyom los yog nkhaus tau; 2. muaj peev xwm hloov tau los yog kho tau; 3. muaj kis ntxias tau yooj yim
pliers, *n*. ciaj; rab ciaj
plight, *v*. tuaj yeem; cog lus; *-n*. 1. lub caij phem; 2. teeb meem; kev ntxhov siab; kev khiav
plod, *v*. 1. mus maj mam los yog mus li hnyav heev; 2. ua hnyav heev; sib zog heev
plot, *n*. 1. ib thaj av me me; 2. kev txov; kev thau; 3. qhov tseem ceeb ntawm zaj dab neeg; *-v*. txov; thau; rhuav
plover, *n*. ib hom noog
plow, *v*. laij (liaj); tshom; *-n*. khais; rab khais
plowshare, *n*. hniav khais
ploy, *n*. tswv yim zoo; kev tig cev los yog hloov rau ub rau no zoo heev
pluck, *v*. 1. dob; 2. rho; rub; *-n*. kev ua siab tawv
plucky, *adj*. siab tawv heev; muaj peev xwm heev
plug, *v*. 1. txhaws; daig; 2. tshaj tawm; *-n*. 1. pob ntsaws; yam uas siv txhaws lub qhov; 2. pob sib txuas rau hluav taws xob
plum, *n*. 1. ib hom txiv ntoo; 2. khoom plig uas ua tau hauj lwm zoo
plumage, *n*. plaub noog; tis noog
plumb, *n*. 1. lub pob hlau uas muaj lub hau zuag zuag uas lub qab mas khi rau ib txoj hlua ntev ntev siv ntsuas saib pas dej tob npaum li cas; 2. lub pob hlau uas muaj lub hau zuag zuag uas lub qab mas khi rau ib txoj hlua ntev ntev siv dauv qhov siab los rau qhov qes kom paub txoj kab ntseg ntseg; *-adj*. ntseg ntseg; *-v*. 1. ntsuas qhov tob; 2. teeb kom ntseg ntseg; tsa kom ntseg ntseg
plumber, *n*. kws kho kav dej
plumbing, *n*. kav dej
plume, *v*. 1. khav theeb; qhuas tus kheej; 2. coj tis noog; rhais tis noog; *-n*. 1. plaub noog los yog tis noog loj loj; 2. cov tis noog uas coj nyob ntawm kaus mom; 3. qhov khoom plig rau txoj kev ua tshwm sim ib yam tseem ceeb
plummet, *v*. poob ntseg ntseg rau hauv
plump, *v*. 1. poob tam sim; poob nthav; 2. poob hnyav heev; poob ceev heev; 3. txhawb siv zog heev; *-adv*. 1. ntseg loo rau hauv; 2. ncaj qha; *-adj*. 1. kheej kheej; puv puv; rog rog; 2. ntau heev
plunder, *v*. 1. huab; nyiag; txeeb; 2. dhia rau hauv dej; 3. pib nqes tes tam sim; 4. tsaus tsi rau tom hauv ntej
plunger, *n*. tus tswm qhov dej daig
plural, *adj*. tshaj ob qho rov sauv
plurality, *n*. feem ntau ntawm cov suab xaiv
plus, *prep*. ntxiv rau; *-n*. tus cim +; *-adj*. tsav; tsam; tsub; *-conj*. thiab
plush, *n*. hom ntaub muaj muaj plaub thiab mos mos; *-adj*. 1. nplua nuj; 2. muab ntaub ua los yog muab ntaub npog
plutocracy, *n*. 1. tus tseem fwv uas kav los ntawm cov neeg nplua nuj; 2. cov neeg muaj txiaj
plutonium, *n*. *plhu thaub niam*; ib hom duab ci hluav taws xob muaj zog heev uas siv ua foob pob
ply, *v*. 1. txhawb qab tas zog rau; 2. tawm rooj mus ncig tas li (feem ntau yog caij nkoj mus); *-n*. daim; ib daim dab tsi
plywood, *n*. txiag ntoo
pneumatic, *adj*. 1. cua tshuab txav; cua

tua tawm; 2. muab cua ntim rau hauv
pneumonia, *n.* mob ntsws txham dej; mob ntsws kam paug
poach, *v.* 1. tua tsiaj los yog nuv ntses yam tsis raug cai; 2. hau
pock, *n.* pob nyob ntawm tawv nqaij; caws pliav
pocket, *n.* hnab tshos los yog hnab ris; -*v.* muab cia rau hauv hnab tshos los hnab ris
pocketbook, *n.* 1. hnab nqa ntawm tes; 2. nyiaj txiag
pocketknife, *n.* riam hlais khoom
pod, *n.* 1. ib hom txiv ntoo uas thaum qhuav ces tawg pleb ua ob sab; 2. ib qhov chaw rau khoom nyob saum nkoj los yog dav hlau
podiatry, *n.* tshuaj kho ko taw; kev kho ko taw
podium, *n.* 1. sam thiaj hais lus; 2. lub rooj tiag ntawv rau neeg hais lus; rooj hais lus
poem, *n.* paj huam
poet, *n.* kws paj huam
poetry, *n.* paj huam
pogrom, *n.* kev tua neeg (uas yeej txhob txwm npaj tua kom tuag tag)
poignant, *adj.* 1. mob siab heev; tu siab heev; 2. deeg siab heev; chob siab heev
poinsettia, *n.* ib hom nroj tsuag nyob teb chaws Mes Kas thiab nyob teb chaws Es Xias qab teb sab hnub tuaj
point, *v.* 1. taw (tes rau); qhia rau; 2. hov kom ntse; -*n.* 1. qhov tseem ceeb; 2. lub hom phiaj; 3. ib qhov chaw los yog lub sij hawm tseem ceeb; 4. lub ntsis los yog qhov ntse ntse; 5. lub cim dub dub "."
point-blank, *adj.* 1. twb nkaus; 2. ncaj qha rau
pointer, *n.* 1. tus neeg uas taw qhia; 2. dev raws nqaij; 3. kev qhia
point of view, *n.* kev nuam pom
poise, *v.* 1. yoog kom sib txig; 2. nyob twb ywm; -*n.* kev nyob twb ywm
poised, *adj.* 1. tus yees; twb ywm; 2. npaj tau; khov kho
poison, *v.* lom; -*n.* 1. taug; 2. tshuaj lom neeg; kuab
poisonous, *adj.* 1. tshuaj lom; kuab; 2. muaj taug (xws li nab muaj taug)
poke, *v.* 1. hno; nkaug; chob; 2. khawb; dig
poker, *n.* 1. tus pas kho hluav taws; 2. *phaib*; ib hom kev ua *phaib*
polar, *adj.* ntsig txog saum hau lub ntiaj teb los yog hauv qab ntiaj teb
polar bear, *n.* dais dawb uas nyob puag saum qaum teb
polarize, *v.* 1. tawg ua ob pawg; 2. ua kom sib nrug ib pab rau ib sab; —**polarization** *n.* —**polarized** *adj.*
pole, *n.* 1. ncej; 2. saum hau lub ntiaj teb los yog puag hauv lub qab ntiaj teb
polecat, *n.* ib hom tsiaj zoo li tus miv thiab ho muaj tsos zoo li tus nas
polemic, *n.* kev sib cav los yog sib cov nyom ntsig txog ib lub tswv yim los yog ib txoj kev ntseeg
polemics, *n.* 1. tswv yim sib cav los yog sib cov nyom; 2. lub tswv yim daws cov lus sib cav los yog lus cov nyom; 3. tus neeg uas nrog sib cav
police, *n.* 1. neeg ceev xwm; tub ceev xwm; 2. nom tswv qhov chaw ceev xwm; -*v.* tiv thaiv; saib xyuas
policeman, *n.* tub ceev xwm
police officer, *n.* neeg ceev xwm
police station, *n.* chaw ua hauj lwm ceev xwm; tsev ceev xwm
policewoman, *n.* poj ceev xwm
policy, *n.* txhooj; txhooj cai; txoj cai los yog txhooj; kab ke teev tseg yuav ua raws
polio, *n.* mob tuag tes tuag taw; *pees piab* (L)
poliomyelitis, *n.* mob tuag tes tuag taw; *pees piab* (L)
polish, *v.* txhuam; kho kom du du los yog kom zoo zoo
polite, *adj.* paub cai; paub tab
politic, *adj.* ntse heev; tswv yim ntse heev
politically correct, *adj.* zam txhob ua siab los yog ua txhaum lwm haiv neeg
politics, *n.* 1. kev kav teb kav chaw los yog ua nom ua tswv; 2. kev sib txeeb saib leeg twg tau qhov twg
polka, *n.* ib hom kev seev cev
polkadot, *n.* 1. tej tee tej tee ntawm daim ntaub; 2. ib tus qauv uas muaj tej tee; daim ntaub uas muaj tej tee
poll, *n.* 1. taub hau; 2. chaw xaiv tsa; 3. kev tawm suab; -*v.* 1. txiav tawm; 2. txais los yog kaw cov suab xaiv

tsa; 3. nug saib neeg kev tawm suab zoo li cas
pollen, *n.* ib cov hmoov uas nyob ntawm lub paj ntoos
pollinate, *v.* coj hmoov paj ntawm ib lub paj mus rau lwm lub paj (los ntawm cua, noog los yog kab)
pollination, *n.* kev uas cua, noog, los yog kab xws li ntab hmuv coj hmoov paj ntoos ntawm ib lub paj mus rau lwm lub paj es paj ntoos thiaj loj hlob
polliwog, *n.* qav taub; me nyuam qav
pollute, *v.* 1. ua tsuas; 2. ua qias rau
pollution, *n.* 1. pa phem; 2. khoom qias; khoom vuab tsuab
pollywog, *n.* qav taub; me nyuam qav
polo, *n.* ib hom kev ntaus pob uas yog caij nees ntaus
poltergeist, *n.* poj ntxoog phem; dab phem
poltroon, *n.* neeg tais caus; neeg siab muag; *-adj.* tais caus; ntshai
polyester, *n.* ntaub lis loos; ib hom ntaub uas ci ci thiab ntaug ntaug
polygamy, *n.* kev muaj ntau tus poj niam; kev muaj niam loj niam yau
polytheism, *n.* kev teev hawm ntau ntau tus tswv ntuj los yog Yawm Saub
pomegranate, *n.* ib hom txiv ntoo uas muaj noob ntau ntau
pomelo, *n.* txiv lws zoov
pommel, *n.* 1. pob tuav; tes tuav; 2. lub hau eeb nees; txheej sab saum lub eeb nees; 3. cov pob ntawm tus kos cuab yeej kom tuav tau khov; *-v.* ntaus
pomp, *n.* 1. kev nthuav tawm tau zoo heev; 2. kev zoo ci ntsa iab
pompous, *adj.* khav txiv; khav theeb; tsab hwj chim
poncho, *n.* pam; daim pam; daim choj (M)
pond, *n.* pas dej; me nyuam pas dej
ponder, *v.* txiav txim siab
ponderous, *adj.* 1. hnyav heev; 2. dhuav neeg; 3. nkees
pons, *n.* hauv paus qia hlwb ntug nyob nruab nrab ntawm thooj hlwb loj thiab txha hlwb nqaj qaum
pontiff, *n.* thawj txiv plig ntawm cov ntseeg Kav Taus Liv
pontoon, *n.* hom nkoj uas qab plab tiaj tiaj
pony, *n.* zag; hom nees me me
ponytail, *n.* moj tuam; plaub hau ntxias
poodle, *n.* hom aub los yog dev uas ntawm taub hau muaj plaub caws caws
pool, *n.* 1. *phus*; pas dej txua; 2. cov nyiaj uas suav daws tso tuaj ua ke; 3. pob tshum; *phus*; *-v.* koom tso nyiaj ua ke
poor, *adj.* pluag; txom nyem; tsis muaj nyiaj; tsis muaj txiaj
poorly, *adv.* phem heev; tsis zoo
pop, *v.* 1. tawg; 2. txav tawm tam sim; *-n.* 1. lub suab tawg; 2. dej qab zib; *-adj.* muaj npe; nrov npe
popcorn, *n.* paj kws; paj pob kws
pope, *n.* thawj txiv plig ntawm cov ntseeg Kav Taus Liv
poplar, *n.* ib hom ntoo uas loj hlob sai heev
poplin, *n.* ib hom ntaub
popliteal, *n.* qhov raws
popliteal artery, *n.* leeg ntshav liab ntawm qhov raws
popliteal vein, *n.* leeg ntshav dub ntawm qhov raws
popover, *n.* ib hom khoom noj uas muab qe, hmoov nplej thiab mis nyuj ua
poppy, *n.* yeeb; yaj yeeb; tsob yeeb
poppy field, *n.* teb yeeb
populace, *n.* pej xeem; laj mej pej xeem
popular, *adj.* 1. nto koob nto npe; muaj koob meej; 2. lees tos txais; zoo siab yuav; 3. suav daws puav leej nyiam
popular culture, *n.* qauv pwm haiv
populate, *v.* 1. nyob (rau thaj tsam ntawd); 2. ua kom muaj ntau tuaj
population, *n.* pej xeem neeg (nyob rau ib qho chaw); tej pej xeem
populist, *n.* tus neeg hais pej xeem txoj cai
populous, *adj.* muaj neeg coob heev
porcelain, *n.* 1. ib hom pob zeb los yog av nplaum uas siv puab ua twj tais thiab lwm yam; 2. cov twj tais uas muab pob zeb puab
porch, *n.* 1. mom kaum; 2. qhov chaw nyob ua si uas txuas kiag lub tsev; tog tsev
porcupine, *n.* 1. tsaug; 2. nploos
pore, *v.* nyeem; *-n.* qhov me me (xws

li tej qhov ntawm tawv nqaij)
pork, *n.* nqaij npuas
pork barrel, *n.* hauj lwm tseem fwv uas muaj nuj nqis rau cov uas koom tes
porno, *n.* duab liab qab
pornography, *n.* duab liab qab; — **pornographic** *adj.*
porous, *adj.* dej txeem tau; dej nkag tau; xau dej
porpoise, *n.* ib hom ntses hiav txwv
porridge, *n.* kua dis; ib hom khoom noj
porringer, *n.* khob los yog tais uas muaj tes tuav
port, *n.* 1. chaw nres nkoj; 2. chaw ua lag ua luam uas nyob ntawm ntug dej; 3. qhov chaw tawm mus los; 4. cawv qab zib
portable, *adj.* yooj yim nqa mus los
portage, *n.* kev thauj nkoj mus saum nruab nqhuab
portal, *n.* chaw nkag; qhov rooj
portend, *v.* hais ua ntej kom ceev faj los yog xyuam xim
portent, *n.* kev taw qhia; taw kev
porter, *n.* 1. neeg nqa khoom; 2. dav hlau kab tsawb
portfolio, *n.* 1. hnab rau ntaub ntawv; 2. chaw hauj lwm ntawm tus neeg sawv cev
porthole, *n.* qhov rais dav hlau los yog nkoj
portion, *n.* 1. feem; ib feem; ib pawg; -*v.* muab cais ua tej pawg
portly, *adj.* loj heev; tawv heev
portrait, *n.* duab tib neeg
portray, *v.* 1. piav ntsig txog; 2. yees daim duab; 3. xyaum lwm tus neeg tus yeeb yam thiab cuj pwm
portulaca, *n.* ib hom nroj tsuag
pose, *v.* 1. tawm suab; tawm tswv yim; 2. xyaum raws; 3. looj ntsej muag ua li lwm tus neeg; 4. dag ua lwm tus neeg
posh, *adj.* 1. muaj xom lees heev; 2. raug ntsej muag zoo heev
position, *n.* 1. qhov chaw; 2. lub luag hauj lwm; 3. qhov kev ntseeg ntawm tus kheej; hneev taw
positive, *adj.* 1. sab zoo; sab muaj kev cia siab; 2. tiag tiag; tseeb tseeb; muaj tseeb
posse, *n.* tus pab cuam tub ceev xwm
possess, *v.* 1. tswj; kav; 2. txhav los ua yus li
possessed, *adj.* 1. raug (dab)
possessive, *adj.* ntsig txog tus tswv; 2. khib; khib siab
possible, *adj.* 1. muaj peev xwm ua tau; 2. ntxim yuav ua tau; ua tau
post, *n.* 1. ncej; tswg; 2. chaw nyob; 3. yeej tub rog; -*v.* 1. tiv ntawv los yog tshaj tawm kom neeg paub; 2. xa ntawv; 3. qhia
post-, *prefix.* tom qab ntawd los yog txuas qhov ntawd mus

postadolescent	**postinoculation**
postattack	**postmarital**
postbaccalaureate	**postmenopausal**
postbiblical	**postnatal**
postcollege	**postnuptial**
postcolonial	**postproduction**
postexercise	**postpuberty**
postflight	**postrecession**
postgame	**postretirement**
postgraduate	**postrevolutionary**
postgraduation	**postseason**
postharvest	**postsecondary**
posthospital	**postsurgical**
postimperial	**posttrial**
postinaugural	**postvaccination**
postindustrial	**postwar**

postage, *n.* nqe xa (ntawv los yog khoom)
postal, *adj.* ntsig txog kev xa ntawv
post anesthesia recovery, *n.* chaw pw tos xeev rov los (tom qab raug hno tshuaj loog thiab raug phais mob tag)
postcard, *n.* duab xa moo
postdate, *v.* ncua hnub; rau hnub lig zog rau
poster, *n.* 1. daim duab loj loj; 2. daim ntawv loj loj kom neeg nyob deb saib pom
posterior, *adj.* 1. tom qab; 2. qab rooj; 3. sab nrob qaum
posterior auricular artery, *n.* leeg ntshav liab ntawm pob ntseg
posterior chamber, *n.* chav dej uas nyob npuab rau lub tsom qhov muag
posterior fornix, *n.* qab ncauj tsev me nyuam
posterior tibial artery, *n.* leeg ntshav liab ntawm plab hlaub
posterior tibial vein, *n.* leeg ntshav dub ntawm plab hlaub
posterity, *n.* xeeb leej xeeb ntxwv; tub

ki yav pem suab
posthaste, *adv*. maj heev; nrawm heev
posthumous, *adj*. tshwm sim tom qab tuag lawm
postman, *n*. tub xa ntawv
postmark, *n*. kev ntaus thwj hnub xa r(au daim ntawv los yog pob khoom); -*v*. ntaus thwj hnub xa
postmaster, *n*. tus thawj hauv chaw xa ntawv
post meridian, *adj*. tom qab tav su; tav su dua
post meridiem, *adj*. tom qab tav su; tav su dua
postmortem, *adj*. tshwm sim tom qab tuag lawm; -*n*. 1. kev tshuaj ntsuam tus neeg tuag; 2. kev tshuaj ntsuam tom qab qhov xwm txheej
post office, *n*. chaw xa ntawv; chaw xa khoom
postoperative, *adj*. phais mob ntxiv (xws li phais zaum ob los zaum peb)
postpaid, *adv*. them nqe xa ntawv ua ntej
post partum, *n*. qhov chaw pw thaum nyuam qhuav yug me nyuam tag nrho
postpone, *v*. ncua; tso tseg mus ib ntus; —**postponement** *n*.
postscript, *n*. lus ntxiv
postulant, *n*. 1. tus neeg uas tab tom tso npe rau ib yam dab tsi; 2. tus neeg uas tso npe yuav mus ua hauj lwm rau ib txoj dab qhuas
postulate, *v*. 1. yuam; hais tias yog nws li yam tsis muaj pov thawj; 2. xav tias muaj tseeb; -*n*. 1. kev yuam tias yog yus li; 2. kev xav tias muaj tseeb; —**postulation** *n*; —**postulator** *n*.
posture, *n*. 1. chaw sawv; 2. cuj pwm
posy, *n*. paj; rev paj
pot, *n*. 1. kaub; lauj kaub; 2. hub
potable, *adj*. haus tau
potash, *n*. hmoov tshauv seem los ntawm ntoo kub hnyiab; hluav ntoo kub hnyiab
potassium, *n*. ib hom poov hlau uas pab kom yus lub cev loj hlob zoo; poov tshuaj siv tov ua tshuaj ntxhua khaub ncaws, tshuaj ntxuav ib ce, tshuaj ntxuav tu vaj tse, ua roj teeb, thiab ua lwm yam
potato, *n*. qos; qos yaj ywm
potbelly, *n*. 1. plab; lub plab; 2. qhov txos; qhov cub
potent, *adj*. 1. muaj zog; 2. ua hauj lwm zoo
potentate, *n*. tus coj uas muaj zog heev
potential, *adj*. muaj feem ua qhov tseeb; -*n*. qhov uas muaj feem tig mus ua qhov tseeb
pother, *n*. 1. kev tawm tsam; 2. kev sib cav sib ceg; 3. kev zoo siab
pothole, *n*. qhov zawj (uas nyob hauv plawv kev)
potion, *n*. tshuaj; tshuaj lom neeg
potluck, *n*. zaub mov nqa tuaj noj ua ke
potpourri, *n*. tshuaj sib tov ua pa tsw qab
potter, *n*. tus neeg ua twj tais los yog lauj kaub
pottery, *n*. twj tais uas yog muab av puab
pouch, *n*. hnab sia
pound, *n*. 1. *phaus*; ib lub ncauj ke luj khoom hnyav sib; 2. muaj 16 *ooj* (*ounces*); -*v*. 1. ntaus; tsoo; 2. tuav (txhuv)
pour, *v*. hliv; nchuav; laub
pout, *v*. saib zoo li chim chim; ua dub txig
poverty, *n*. kev txom nyem; kev tsis muaj nyiaj muaj txiaj
powder, *n*. 1. hmoov; hmoov tshuaj; 2. yam ua hmoov
power, *n*. 1. zog; lub zog; 2. txoj cai; 3. hwj chim; fwj chim; 4. hwj huaj
powerhouse, *n*. tus neeg uas muaj dag zog heev los yog nquag heev
pow wow, *n*. cov neeg Qhab ib lub nquam toj
pox, *n*. tawv nqaij ua pob; tawv nqaij xoo pob
practicable, *adj*. 1. siv tau; 2. zoo siv
practical, *adj*. 1. siv tau; zoo siv; 2. ua hauj lwm zoo
practice, *v*. 1. xyaum; 2. kawm; -*n*. txoj kev xyaum
practitioner, *n*. tus neeg uas txawj ua ib yam hauj lwm zoo heev (xws li ib tus txiv qeej los yog txiv xaiv)
pragmatic, *adj*. siv tau; zoo siv
pragmatism, *n*. ncauj ke zoo los yog tswv yim zoo (uas hais tau thiab ua tau)
prairie, *n*. nras tiaj; tiaj nyom

praise, *v*. 1. qhuas; 2. pom zoo
praiseworthy, *adj*. txaus qhuas
prance, *v*. 1. tuam yas dhia; tuam yas khiav rau tom hau ntej; 2. caij nees dhia tuam yas; -*n*. kev tuam yas dhia
prank, *n*. kev tso dag tso luag; -*v*. 1. hnav tsoos tsho txawv txawv txaus txaus luag; 2. ua tau txaus luag
prate, *v*. tham tsis muaj qab hau dab tsi; tham ntev tham ntau yam tsis muaj qab hau li
pratfall, *n*. 1. ntog tsoo pob tw; 2. qhov kev txaj muag los yog poob ntsej muag
pray, *v*. thov ntuj; thov Tswv Ntsuj; thov Yawm Saub
prayer, *n*. cov lus thov ntuj; kev thov ntuj
praying mantis, *n*. ntsuas; ib hom kab
pre-, *prefix*. ua ntej; ua ntej lawm

preadmission
preadolescence
preadolescent
preadult
preanesthetic
prearrange
prearrangement
preassembled
preassign
prebattle
prebiblical
prebreakfast
precalculus
precancel
precancellation
preclear
preclearance
precollege
precolonial
precombustion
precompute
preconceive
preconception
preconcert
precondition
preconstructed
preconvention
precook
precool
precut
predawn
predefine
predeparture
predesignate
predetermine
predischarge
predrill
preelection
preelectric
preemployment
preestablish
preexist
preexistence
preexistent
preflight
perform
pregame
preheat
preinaugural
preindustrial
preinterview
prejudge
prekindergarten
prelaunch
prelife
premarital
premenopausal
premenstrual
premix
premodern
premodify
premoisten
premold
prenatal
prenotification
prenotify
prenuptial
preopening
preoperational
preoperative
preordain
prepackage
prepay
preplan
preprocess
preproduction
preprofessional
preprogram
prepubertal
prepublication
prepunch
prepurchase
prerecorded
preregister
preregistration
prerehearsal
prerelease
preretirement
prerevolutionary
prerinse
presale
preschool
preseason
preselect
preset
preshrink
preshrunk
presoak
presort
prestamp
presterilize
prestrike
presurgery
presweeten
pretape
pretelevision
pretournament
pretreat
pretreatment
pretrial
prewar
prewrap

preach, *v*. qhuab qhia; qhuab ntuas
preacher, *n*. xib fwb; tus neeg qhuab qhia
preachings, *n*. cov lus qhuab qhia
preamble, *n*. zaj lus pib; zaj lus qhib
precancerous, *adj*. yuav hloov mus ua *kheeb xawm*
precarious, *adj*. 1. tsis khov; tsis ruaj; 2. txaus ntshai
precaution, *n*. kev npaj zoo zoo ua ntej ti tes ti taw
precede, *v*. 1. ua ntej; ntaus ntej; 2. tawm ua ntej; —**precedence** *n*.
precedent, *n*. qauv; piv txwv; yam uas muaj dhau los lawm
precept, *n*. 1. txoj cai; 2. kev qhuab qhia
precinct, *n*. ib thooj chaw; ib qhov chaw
precious, *adj*. 1. muaj nuj nqis heev; 2. zoo tshaj plaws li
precipice, *n*. phab ntsa tsua uas ntseg heev
precipitate, *v*. 1. ua tshwm sim sai sai; 2. los nag; 3. los npu; —**precipitation** *n*.
precise, *adj*. 1. ncaj heev; raug kiag lub hom phiaj; 2. meej heev
precision, *n*. 1. qhov uas ua tau ncaj heev (xws li tsis xu kiag li); 2. lub peev xwm uas tsim tau zoo nkaus li qhov qub yam tsis txawv ib qho li;

-*adj*. tsis xu; tsi ntsees
preclude, *v*. cais; txwv; ua kom tshwm sim tsis taus
precocious, *adj*. vam meej heev; tsim nuj; zoo heev
precursor, *n*. 1. tus tsim; tus pib; 2. poj koob yawg koob; 3. hauv paus; chaw tiag taw
predator, *n*. 1. tus tsiaj phem uas noj lwm tus; 2. tus neeg phem uas tsim txom los yog tua lwm tus neeg
predatory, *adj*. 1. siab phem rau lwm tus neeg; 2. huab noj huab haus
predecessor, *n*. tus ua ntej; tus tuav txoj hauj lwm ua ntej lawm
predestination, *n*. kev txiav txim ua ntej lawm
predestine, *v*. txiav txim ua ntej lawm; npaj tag ua ntej lawm
predicament, *n*. qhov teeb meem uas ua txoj twg los nyuaj heev; txoj twg los tsis yooj yim
predicate, *v*. 1. plov meej; 2. ua raws; muab los ntawm; 3. ntaus nqi; -*n*. ib txoj cai siv ntawv As Kiv
predict, *v*. twv; twv yees; kwv yees
prediction, *n*. kev twv yees; kev kwv yees txog yav pem suab; faj lem
predilection, *n*. qhov nyiam; qhov nyiam tshaj plaws
predispose, *v*. 1. tho kev rau; qhib kev rau; 2. ntxiav; ntxim raug
predominant, *adj*. 1. qhov ntau; feem ntau; 2. qhov siab tshaj
predominate, *v*. ua tau siab tshaj; siab dua; siab tshaj
preeminent, *adj*. tau theem (nom) siab tshaj plaws
preempt, *v*. 1. txeeb rau yus tus kheej; txhav ua yus li; 2. hloov qhov chaw
preemptive strike, *n*. lub tswv yim ua rog uas tua ua ntej kom yeeb ncuab ntsoog tag nrho
preen, *v*. kho rau kom du lug los yog kom zoo
preface, *n*. qhov qhia txog keeb kwm ntawm phau ntawv; keeb kwm ntawm phau ntawv
prefect, *n*. thawj nom los yog kws tu plaub ntug
prefer, *v*. nyiam dua; xav tau dua
preference, *n*. kev nyiam dua; qhov nyiam dua
preferment, *n*. kev txhawb nqa; kev txhawb rau theem siab zog
prefix, *n*. qhov nyob tom hau ntej (ntawm lo lus); -*v*. tso rau tom hau ntej
pregnancy, *n*. kev xeeb tub; kev xeeb me nyuam; kev suab me nyuam
pregnant, *adj*. xeeb tub; xeeb me nyuam; cev xeeb tub; suab me nyuam
prehistoric, *adj*. ntsig txog lub caij nyoog ua ntej thaum muaj keeb kwm sau tseg rau hauv phau ntawv; puag txheej thaum ub ua ntej muaj keeb kwm sau tseg
prehistory, *n*. lub caij nyoog ua ntej thaum muaj keeb kwm sau tseg rau hauv phau ntawv
prejudice, *n*. kev ntxub ntxaug lwm tus neeg; —**prejudicial** *adj*.
prelate, *n*. txiv plig los yog kws teev ntuj
preliminary, *n*. qhov ua ntej; qhov taw qhia ua ntej; qhov pib; qhov xub thawj
preliterate, *adj*. ntsig txog ib pawg neeg tsis muaj ntaub ntawv
prelude, *n*. qhov qhib ua ntej; qhov xub pib
premature, *adj*. 1. tshwm sim ua ntej txog caij; 2. tseem mos mos; 3. tsis tau qoos
premature baby, *n*. me nyuam uas yug ntxov lawm
premature birth, *n*. yug ua ntej txog caij
premeditate, *v*. npaj ua ntej; cuab tos ua ntej lawm; —**premeditated** *adj*; —**premeditation** *n*.
premier, *adj*. xub xub thawj; ua ntej tshaj plaws; -*n*. tus hau tseem fwv hauv lub teb chaws
premiere, *n*. thawj zeeg ntawm txoj kev ua yeeb yam; -*v*. ua yeeb yam thawj thawj zeeg
premise, *n*. 1. ncauj lus; paus ntsis lus; ntsiab lus; 2. thaj av thiab tsev nyob rau ntawd; ib lub tsev los yog ib tog tsev
premium, *n*. 1. qhov nyiaj them tuav pov hwm; 2. khoom plig; qhov muab pub tsub ntxiv rau; 3. muaj nqis siab
premolar, *n*. hniav puas uas nyob nruab nrab ntawm cov hniav kaus dev thiab tus hniav kawg
premonition, *n*. kev xav tias zoo li yuav muaj dab tsi tshwm sim sai sai

prenatal care, *n.* kev ntsib nrog kws kho mob lub caij nyoog hai me nyuam hauv plab kom thiaj paub tias tus me nyuam loj hlob li cas
preoccupied, *adj.* 1. tsis xyeej; tab kaum lawm; 2. xav txog lwm yam lawm
preoccupy, *v.* xav txog lwm yam los yog muaj lwm yam ua ntej lawm; puv lawm
preparation, *n.* kev npaj
prepare, *v.* 1. npaj; 2. muab tso ua ke
preponderance, *n.* kev ua kom txhuam yam mas heev tshaj; kev tsis pub swb rau leej twg
preponderant, *adj.* 1. muaj zog heev; 2. tseem ceeb heev; 3. muaj nuj nqis heev
preponderate, *v.* ua kom heev tshaj; tswj; kav
preposition, *n.* ib lo lus los yog ib kab lus uas qhia meej txog cov ntsiab lus xws li cov lo lus *at*, *by*, *from* thiab *with*; *-v.* npaj chaw ua ntej; nyob txum chaw ua ntej
prepossessing, *adj.* ua kom ntxim nyiam
preposterous, *adj.* 1. txaus luag; 2. tsis txaus ntseeg; 3. ruam
prepuce, *n.* 1. tawv qau; daim tawv qau; 2. daim tawv ple (saib *foreskin*)
prerequisite, *n.* 1. yam uas yuav tsum tau muaj ua ntej ua tau lwm yam; 2. yam uas kawm ua ntej mam kawm tau lwm yam
prerogative, *n.* cai los yog hwj chim tseem ceeb; kev pom zoo
presage, *v.* 1. muab kev qhuab qhia rau; 2. twv los yog hais txog qhov yuav tshwm sim rau pem suab
presbyter, *n.* txiv plig los yog kws teev ntuj
Presbyterian, *n.* ib pawg dab qhuas (Protestant) uas tswj los ntawm ib co txwj laug
prescience, *n.* kev paub ua ntej qhov teeb meem los yog xwm txheej tshwm sim
prescribe, *v.* 1. taw qhia; 2. qhia kev noj tshuaj
prescription, *n.* daim ntawv yuav tshuaj (uas kws kho mob muab)
presence, *n.* 1. kev nyob rau ntawd; kev tshwm sim; 2. kev koom tes; 3. tus neeg uas tuaj koom; 4. hwj chim; 5. kev khab seeb los yog tso siab rau tus kheej
present, *n.* 1. khoom plig; 2. lub sij hawm tam sim no; *-adj.* tuaj; nyob ua ke rau ntawd; *-v.* 1. qhib (kev sib tham); 2. qhia rau suav daws paub; 3. cob khoom plig rau; —**presentation** *n.*
presently, *adv.* sam sim; tab tom
preserve, *v.* txuag cia; khaws cia
preside, *v.* tswj rooj sib tham
president, *n.* 1. hau teb chaws; 2. thawj tswj; thawj kav; *pab tha* (L)
press, *n.* 1. xov xwm; 2. tshuab luam ntawv; 3. chaw luam ntawv; *-v.* 1. nias; 2. yuam; quab yuam
pressing, *adj.* 1. maj heev; rawm heev; 2. ntxhov heev; 3. kub heev (xws li muaj teeb meem loj heev)
pressure, *n.* 1. kev ntxhov siab; 2. zog cua; cua puv puv
prestige, *n.* hwj chim; meej mom
prestigious, *adj.* muaj hwj chim heev; muaj meej mom heev
presto, *adv.* sai sai; nrawm nrawm
presume, *v.* kwv yees; xav; lam xav
presumption, *n.* kev xav (uas tsis muaj pov thawj zoo)
presumptuous, *adj.* tuam yim; khav txiv
presuppose, *v.* khaws dawb; cia li yuav yam tsis xav txog li
pretend, *v.* ua txuj; tsab
pretense, *n.* kev ua txuj; kev tsis ncaj ncees; kev dag; kev tsab
pretentious, *adj.* khav theeb; ua txuj heev
preternatural, *adj.* tsis xws qhov qub
pretext, *n.* kev ua txuj; kev ua yam ntxwv dag
pretty, *adj.* zoo nkauj heev
pretzel, *n.* ib hom khoom noj txom ncauj
prevail, *v.* 1. yeej; 2. ua tau dav thiab loj heev
prevalent, *adj.* dav heev; loj heev
prevaricate, *v.* txawv qhov tseeb; hla qhov tseeb; —**prevarication** *n*
prevent, *v.* thaiv; tiv thaiv; —**preventive** *adj.*
prevention, *n.* 1. kev xyuam xim ua ntej; 2. kev tiv thaiv
preview, *v.* saib; saib ua ntej
previous, *adj.* dhau; dhau los; —

previously *adv*

prey, *n*. 1. nqaij (tsiaj uas raug lwm tus noj); 2. tus raug tsim txom; tus raug noj; -*v*. tom noj

price, *n*. nqi; -*v*. tis nqi rau; muab nqi rau

priceless, *adj*. zoo heev li; tso tsis tau nqi rau (vim muaj nqi heev)

pricey, *adj*. kim heev; tsis pheej yig li

prick, *n*. 1. kos (xws li raug pos kos); 2. hau koob; -*v*. tho; tho qhov

prickle, *n*. koob los yog pos

pride, *n*. 1. kev zoo siab rau tus kheej; kev zoo siab; 2. nuj nqis

priest, *n*. 1. hauj sam; 2. txiv plig; 3. xib fwb

priestess, *n*. poj plig; poj niam hauj sam; poj hauj sam

prig, *n*. 1. neeg cam thawj; neeg twm xeeb; 2. tub sab; -*v*. nyiag

prim, *adj*. 1. zoo; zoo heev; 2. haum nkaus; dhos dhaws; 3. coj nruj heev; -*v*. 1. kho kom zoo zoo (xws li kho qhov ncauj los yog ntsej muag); 2. hnav zoo zoo nkauj

primal, *adj*. 1. qub; laus; 2. tseem ceeb heev

primary, *adj*. 1. xub xub; thawj; hau; ua ntej tshaj plaws; 2. tseem ceeb

primary school, *n*. tsev kawm qes; tsev kawm ntawv qeb qes

primate, *n*. 1. tus txiv plig uas siab tshaj plaws; 2. hom tsiaj uas muaj tes muaj taw zoo li liab

prime, *n*. qhov zoo tshaj; lub caij zoo tshaj plaws; -*adj*. ua ntej tshaj plaws; zoo tshaj plaws

prime minister, *n*. 1. thawj hau tseem fwv rau cov teb chaws uas muaj huab tais; 2. thawj hau tseem fwv uas sawv cev rau txawv teb chaws; thawj pwm tsav

primer, *n*. phau pib qhia; phau xyaum nyeem

primeval, *adj*. ntsig txog lub caij nyoog ntxov ntxov puag thaum ub

primitive, *adj*. 1. ntsig txog txoj kev poob qab uas tsis muaj kev vam meej; 2. ntsig txog cov neeg uas tsis muaj nom muaj tswv; -*n*. tus neeg poob qab los yog tsis muaj kev txhim kho

primordial, *adj*. ntsig txog lub caij nyoog ntxov ntxov puag thaum ub

primp, *v*. tu tus kheej zoo heev; hnav zoo zoo

primrose, *n*. ib hom nroj tsuag

prince, *n*. tub huab tais

princess, *n*. 1. ntxhais huab tais; 2. tub huab tais tus poj niam

principal, *n*. 1. tus coj tsev kawm ntawv; 2. tus neeg coj; -*adj*. tseem ceeb tshaj plaws

principality, *n*. nrim teb nrim chaw ntawm tus tub huab tais

principle, *n*. txoj cai tswj kom ua zoo; kev cai

print, *v*. luam (ntawv); -*n*. 1. daim duab los yog daim ntawv luam tawm; 2. hneev (xws li hneev taw)

printer, *n*. 1. tus neeg luam ntawv; 2. chaw luam ntawv

printing, *n*. lub tswv yim los yog lag luam luam ntawv

printout, *n*. daim ntawv los yog daim duab luam tawm hauv *koos pis tawj* los

prior, *adj*. ua ntej; -*n*. hau tsev teev ntuj; tus coj ntawm lub tsev teev ntuj

prioress, *n*. tus poj niam uas tuav lub tsev teev ntuj los yog dab qhuas

prism, *n*. ib thooj khoom (xws li iav) uas cais cov tsos ua tej tsos liab ntsuab xiav tej

prison, *n*. tsev kaw neeg; tsev loj cuj (C); tsev rau txim; qhov taub

prisoner, *n*. tus neeg raug kaw nyob hauv tsev kaw neeg

pristine, *adj*. dawb huv; dawb paug

privacy, *n*. 1. kev ywj pheej; 2. txoj kev los yog yam uas tsis yog lwm tus neeg li feem xyuam

private, *adj*. 1. muaj tswv li; 2. ua raws tus kheej nyiam

privateer, *n*. nkoj ua rog

private first class, *n*. ib qeb nom nyob hauv tub rog

privation, *n*. kev tu ncua; kev txom nyem

privatism, *n*. lub tswv yim uas muab kev ywj pheej rau pej xeem dhia raws lawv lub peev xwm yam tsis kav los ntawm tseem fwv

privatization, *n*. kev ywj pheej uas pej xeem dhia raws lawv lub peev xwm yam tsis kav los ntawm tseem fwv

privatize, **v**. tso rau pej xeem tes (yam tsis kav los ntawm tseem fwv)

privies, *n.* chaw tso quav tso zis uas nyob sab nraum zoov
privilege, *n.* 1. sam xeeb; meej mom; 2. cai
privy, *adj.* 1. zais npog; 2. muaj kev pom tej xov
prize, *n.* 1. yam khoom muaj nqis; 2. nqi tes; nqi zog; *-v.* 1. tso nqi rau yam khoom; tis nqi rau; 2. muab saib siab los yog muab saib muaj nqi heev
prizefight, *n.* kev sib ntaus nyob saum sam thiaj
pro, *n.* 1. qhov zoo; 2. tus txawj; tus paub; *-adv.* pom zoo; *-adj.* paub qab hau heev (txog nws txoj hauj lwm); txawj heev
probable, *adj.* muaj tseeb feem ntau; qhov tseeb muaj ntau dua
probably, *adv.* 1. tej zaug; tej ziag; 2. nyaj; 3. ntshai (xws li *ntshai tsis tseeb*)
probate, *n.* tsev hais plaub txoj kev txiav txim tias cov nyob ne leej twg tau qhov twg
probation, *n.* 1. kev txwv ua; txoj kev ua tau thiab ua tsis tau ntawm tus neeg raug txim; 2. ncua caij nyoog uas yuav tau ua raws kom dhau mus
probe, *v.* 1. tshuaj ntsuam; ntsuas; 2. xaub nug; 3. soj
probity, *n.* kev ncaj ncees; cuj pwm ncaj ncees
problem, *n.* teeb meem
proboscis, *n.* 1. tej yam muag muag thiab ntev ntev li cov txwv ntxhw; 2. caj ntswg ntev ntev
procedure, *n.* 1. txheej txheem; 2. txoj hauj lwm uas ua ib qho zuj zus, pib hauv paus mus rau lub ntsis
proceed, *v.* 1. pib; 2. ua mus; ua mus yam sib raws zaws; 3. mus rau
proceeding, *n.* 1. txheej txheem; 2. qauv; yam ua dhau los lawm
proceeds, *n.* nyiaj tau los; nyiaj tshaj thawj
process, *n.* 1. yam uas muaj mus tsis paub kawg; 2. tej yam uas nws maj mam pauv hloov raws lub ntuj lub teb; 3. txheej txheem; *-v.* tab tom lis
procession, *n.* ib pab neeg taug kev sib raws ntsaws
processional, *adj.* suab paj nruas rau cov neeg taug kev
proclaim, *v.* plov meej; tshaj tawm
proclamation, *n.* kev plov meej; kev tshaj tawm; lus tshaj tawm
proclivity, *n.* 1. kev nyiam; kev ib txwm coj li
procrastinate, *v.* laug; laug caij nyoog; sej; ncua
procrastination, *n.* kev laug lub caij nyoog; kev ncua; kev sej
procreate, *v.* 1. ua me nyuam; 2. tsim; ua; ua tawm; —**procreation** *n*; —**procreative** *adj.*
proctor, *n.* tus saib me nyuam kawm ntawv
procure, *v.* 1. yuav (ib yam dab tsi los ua yus tug); 2. muab los; 3. tau los; —**procurance**, **procurement** *n.*
prod, *v.* thawb
prodigal, *adj.* 1. luam thuam; tsis txuag; 2. tsis ceev faj; tsis xyuam xim
prodigious, *adj.* loj heev
prodigy, *n.* neeg zoo los yog khoom zoo
produce, *v.* 1. tsim tawm; ua tawm los; 2. cog; *-n.* qoob loo; khoom noj uas yus cog
producer, *n.* tswv pheev tawm
product, *n.* 1. khoom; 2. yam khoom tsim tawm los yog cog tau
production, *n.* kev ua los yog tsim ib yam khoom
profane, *v.* 1. muab tso rau qhov chaw phem los yog tsis tsim nyog; 2. tsim txom; *-adj.* 1. tsis zoo; phem; 2. qias neeg; 3. tsis haum siab
profess, *v.* 1. qhia tawm dawb paug; 2. lees
profession, *n.* 1. txoj hauj lwm; hom hauj lwm; 2. kev ntseeg uas qhib rau suav daws nrog hnov nrog pom; kev plov meej rau ib txoj kev ntseeg
professional, *adj.* ua nws txoj hauj lwm zoo heev; tshaj lij heev
professor, *n.* xib fwb qhia ntawv qeb siab
proffer, *v.* muab rau; pub rau; pab rau
proficiency, *n.* kev ua tau zoo heev rau tej yam los yog tej suam
proficient, *adj.* ua tau zoo heev rau tej suam los yog tej yam
profile, *n.* 1. sab uas saib pom (xws li sab taub hau); 2. qhov uas teev muaj ntawm ib yam khoom; 3. qhov uas zej zog hnov los yog pom; *-v.* qhib rau zej zog hnov los yog pom
profit, *n.* 1. tshaj peev; tshaj thawj;

qhov tau rov los tom qab qhov peev; 2. *ka nplai* (L); -*v*. tsav; tsam; tau tshaj
profiteer, *n*. tus neeg uas tau tshaj thawj ntau heev
profligate, *adj*. ua lwj liam yam tsis paub txaj muag li; —**profligacy** *n*; —**profligately** *adv*.
profound, *adj*. 1. tob heev; loj heev; 2. zoo heev; —**profoundly** *adv*.
profuse, *v*. nchuav liam lug
progenitors, *n*. poj koob yawg koob; poj koob yawm txwv
progeny, *n*. tub ki; me nyuam
progesterone, *n*. kev muab kab me nyuam los tso rau hauv tsev me nyuam kom xeeb tau me nyuam; tshuaj muaj me nyuam
prognosis, *n*. qhov yuav dim ntawm tus mob rov los; —**prognostic** *adj*.
prognosticate, *v*. twv los yog paub los ntawm tus yam ntxwv los yog tus mob; —**prognostication** *n*.
program, *n*. 1. txheej xwm; laj txheej; txheej txheem ntawm tes hauj lwm; 2. kom tswj; 3. kev pab cuam; -*v*. 1. teeb los yog lis tes hauj lwm; 2. qhia *koos pis tawj* ua hauj lwm
progress, *n*. kev vam meej; qhov ua tau zoo zog qhov qub los yog yav tag lawm; -*v*. 1. ua tau zoo dua qub; 2. vam meej
progression, *n*. 1. qhov vam meej; 2. qhov loj hlob; 3. qeb duas ib theem ib qho zuj zus
progressively, *adv*. tswv zws; zuj zus
prohibit, *v*. txwv; thaiv; tsis pub
prohibition, *n*. 1. kev txwv; 2. cai lij choj txwv kev ua los yog muag cawv
project, *v*. 1. npaj; 2. kwv yees; -*n*. yam yus ua ib ncua caij nyoog ces tiav
projection *n*. kev tsom rau tom ntej; kev xam pom rau tom hau ntej; kev kwv yees
projector, *n*. twj tsom teeb (kom pom duab rau tim phab ntsa); tsom tawm
prolapsed uterus, *n*. tsev me nyuam txawv txav los yog poob lawm
proletarian, *n*. 1. tus neeg uas siv dag zog khwv noj khwv haus xwb; 2. neeg pluag
proletariat, *n*. tsoom neeg pluag
proliferate, *v*. 1. nthuav tawm; 2. loj hlob; —**proliferation** *n*.
prolific, *adj*. 1. huam vam; loj hlob zoo; 2. ua tau zoo heev; muaj tswv yim heev
prologue, *n*. lus qhib (phau ntawv)
prolong, *v*. laug (caij nyoog); ncua lub caij nyoog; sej caij nyoog
prom, *n*. kev seev cev nyob hauv tsev kawm ntawv; *phav dim* rau me nyuam kawm ntawv
promenade, *n*. kev taug ua si; kev taw
prominence, *n*. 1. kev muaj koob muaj npe; 2. yam uas zoo tshaj cov
prominent, *adj*. nrov npe; muaj koob muaj npe
promiscuous, *adj*. 1. liam heev; 2. siab hlob; deev txhua leej; 3. nyias muaj nyias
promise, *v*. 1. cog lus; 2. lees tseg; -*n*. lus cog tseg; lus yeem
promising, *adj*. 1. cia siab tau rau; 2. muaj paus ntsis
promissory note, *n*. daim ntawv cog lus them nyiaj txais rov qab
promontory, *n*. lub caj roob uas laug mus rau nram ntug dej; lub tsag roob nyob kiag ntawm ntug dej
promote, *v*. txhawb; pab
promotion, *n*. kev txhawb; kev pab cuam kom neeg paub; kev tshaj tawm kom neeg paub txog
prompt, *v*. taw qhia; caw kom ua raws; -*adj*. sai; ceev
promptly, *adv*. 1. ntawg ntiag; sai sai; ceev ceev; 2. raws caij nyoog; raws sij hawm
prone, *adj*. 1. nyiam; ntxiav; 2. pw khwb rwg
prong, *n*. hniav rawg
pronoun, *n*. lub npe uas hloov tus neeg los yog yam khoom lub npe xws li *he*, *whom*, los yog *I*
pronounce, *v*. hais (ua lub suab tawm plaws); seev suab hais
pronunciation, *n*. suab; suab hais lus (saib meej los tsis meej)
proof, *n*. pov thawj; tim khawv
proofread, *v*. nyeem saib puas muaj qhov yuam kev
prop, *v*. txhawb; nqa
propaganda, *n*. lus dag ntxias
propagandize, *v*. dag ntxias (kom tau neeg tuaj yus tog); haub ntxias
propagate, *v*. tshaj tawm; nthuav tawm; hais tawm; —**propagation** *n*.

propane, *n.* roj; roj qhov cub
propane gas, *n.* roj; roj qhov cub
propel, *v.* kiv; ncig
propeller, *n.* khaub lig
propensity, *n.* kev nyiam los yog txaus siab rau
proper, *adj.* 1. zoo; 2. raug; haum; 3. raws kev cai
property, *n.* 1. tug; teej tug; li; 2. vaj tse; 3. av
prophecy, *n.* kev ua saub; kev hnov ntuj lus
prophesy, *v.* twv lub neej tom ntej; hais lus saub
prophet, *n.* saub; tus neeg uas twv yav tom ntej
propinquity, *n.* ze ze; tsis deb
propitiate, *v.* 1. kho kom haum xeeb; 2. ua kom zoo siab; —**propitiation** *n*; —**propitiatory** *adj.*
propitious, *adj.* 1. zoo caij nyoog; 2. zoo hmoov
proponent, *n.* tus neeg txhawb ib yam dab tsi; tus txhawb; tus pab
proportion, *n.* 1. kev xwm yeem; kev teeb tim; 2. ib tog los yog ib feem ntawm qhov tag nrho; 3. qhov loj, qhov me, thiab qhov dav; -*v.* teeb kom xwm yeem los yog kom teeb tim
propose, *v.* 1. tawm tswv yim; 2. thov; 3. hais tawm
proposal, *n.* 1. tsab ntawv thov; 2. lub tswv yim uas nthuav tawm
proposition, *n.* lub tswv yim uas muab qhia lwm tus neeg; lub tswv yim muab tso tawm saib suav daws xav li cas
propound, *v.* 1. tso plhuav rau neeg xav los yog txiav txim siab; 2. hais tawm kom neeg paub; 3. pab tswv yim rau
proprietor, *n.* tus tswv; tswv luam
propriety, *n.* tus qauv los yog yam ntxwv uas suav daws nyiam
propulsion, *n.* 1. lub zog; 2. txoj kev ua kom kiv
prosaic, *adj.* li qub; zoo li tej niaj hnub pom
proscribe, *v.* 1. txwv; thaiv; 2 txo; thuam; tsis nyiam; 3. tshaj tawm tus neeg hla cai rau suav daws paub
proscription, *n.* 1. kev txwv, kev thaiv; 2. kev thuam, thau, thiab kev tsis txhawb
prose, *n.* tej lus uas niaj hnub siv (nyob hauv kev sau ntawv)
prosecute, *v.* 1. rub mus hais plaub; 2. nug los yog caum mus kom kawg; —**prosecution**, **prosecutor** *n.*
proselyte, *n.* tus neeg uas nyuam qhuav tig los ntseeg ib tus dab qhuas
prospect, *n.* 1. zeem muag; kev pom deb pom dav; 2. yam uas yus tos tos; 3. tub lag luam uas yuav pab yuav khoom ntawm yus hnub tom ntej; —**prospective** *adj*; —**prospectively** *adv.*
prospectus, *n.* qhov qhia txog txoj kev lag luam
prosper, *v.* vam meej; ua tau zoo
prosperity, *n.* kev vam meej; kev muaj noj muaj haus txaus
prosperous, *adj.* vam meej; loj hlob
prostate, *n.* taub kua phev; taub kua xoo
prostate cancer, *n.* mob *kheeb xawm* rau taub kua phev; mob taub kua xoo
prostatectomy, *n.* kev phais lub taub kua phev
prostate gland, *n.* taub qog phev; taub qog kua phev
prosthesis, *n.* yam khoom cuav uas coj los txuas rau tib neeg lub cev xws li tes taw roj hmab los yog hlau, qhov muag roj hmab, kaus hniav tooj, thiab lwm yam
prostitute, *n.* niam ntiav; nkauj muag cev; -*v.* muag cev
prostitution, *n.* kev ua niam ntiav; kev muag cev
prostrate, *v.* pe hawm; pe; nyo hau; —**prostration** *n.*
protagonist, *n.* tus neeg ua yeeb yam tseem ceeb nyob hauv ib zaj dab neeg los yog duab
protect, *v.* 1. tiv thaiv; thaiv; 2. pov hwm; pov fwm; 3. pov puag
protection, *n.* kev tiv thaiv
protectorate, *n.* lub teb chaws uas nyob hauv qab tswj hwm ntawm lwm lub teb chaws
protégé, *n.* tus neeg uas raug lwm tus pab los yog tiv thaiv
protein, *n.* *plhaus thees*; ib hom tshuaj nyob ntawm tej nqaij, ntses, qe, mis nyuj, thiab lwm yam uas zoo rau tib neeg lub cev

protest, *v*. 1. tawm tsam; 2. cem; 3. tsis txaus siab; -*n*. qhov tsis txaus siab; qhov tawm tsam
Protestant, *n*. ib pawg neeg ntseeg ntuj uas tsis koom nrog cov Kav Taus Liv
protocol, *n*. kev cai sib ntsib sib hwm
proton, *n*. lub plawv los yog lub hauv paus ntawm tej yam xws li roj, kub, cua thiab lwm yam uas muaj qhov + and – (see *electron*)
prototype, *n*. qhov xub xub muaj; qhov qauv qub thaum ub; qhov chiv keeb
protozoan, *n*. ib hom lwg kab me me
protract, *v*. ncua; laug; sej; —**protraction** *n*.
protractor, *n*. tus pas kos los yog ntsuas ces kaum
protrude, *v*. tshwm; tawm rau sab nraud; plhe
protrusion, *n*. kev paim tawm los; kev ntws tawm los
protuberance, *n*. yam uas tawm rau sab nraud; yam uas tshwm tuaj
proud, *adj*. zoo siab; txaus siab
prove, *v*. 1. qhia tau qhov tseeb; 2. muaj pov thawj tim khawv; 3. phua qhov tseeb
provender, *n*. zaub qhuav rau tsiaj noj
proverb, *n*. paj lus; paj lug
provide, *v*. pub rau; muab rau; pab rau; nrhiav rau
provided, *conj*. yog tias
providence, *n*. 1. kev taw qhia (los ntawm lub ntuj); 2. Yawm Saub
provident, *adj*. npaj khoom noj rau hnub tom ntej
province, *n*. xeev
provincial, *adj*. ntsig txog lub xeev
provision, *n*. 1. kev pab cuam; 2. kev npaj zaub mov
provisional, *adj*. pab ib vuag
proviso, *n*. lus teem tseg; lus sib khi; sob lus nyob hauv ib daim ntawv tseem ceeb uas muaj ntau nqe lus pom zoo thiab cog tseg
provocation, *n*. kev thab los yog zes kom chim; —**provocative** *adj*.
provoke, *v*. 1. thab; 2. ua kom chim
prow, *n*. tog hau nkoj
prowess, *n*. 1. kev tawv; kev siab tawv; 2. peev xwm
prowl, *v*. nyob los yog laug rau ub rau no
proximate, *adj*. ze heev; tsis deb
proximity, *n*. ze ze
proxy, *n*. kev tso cai rau ib tus neeg ua hauj lwm rau lwm tus neeg
prude, *n*. 1. tus neeg uas coj dav heev los yog txo hwj chim heev; 2. tus neeg coj ncaj coj zoo
prudence, *n*. kev paub tab thiab muaj kev txiav txim siab zoo
prudent, *adj*. 1. ntse; pom deb; paub tab; 2. siab loj siab dav; 3. ceev faj heev
prune, *n*. ib hom txiv ntoo qhuav; -*v*. txiav tawm qhov tsis yuav pov tseg
prurient, *adj*. phem; siab phem
pry, *v*. 1. saib zoo zoo; saib nruj nruj; 2. tsa sawv; rub
psalm, *n*. nkauj los yog paj huam
pseudonym, *n*. npe cuav
psoas major muscle, *n*. nqaij ntshiv txuas duav thiab ncej puab
psoriasis, *n*. kab mob tawv nqaij uas ua rau tawv txaij zees
psyche, *n*. 1. plig; ntsuj; 2. lub hlwb
psychiatrist, *n*. kws kho neeg puas hlwb; tus neeg kho mob rau sab puas hlwb los yog kev ntxhov siab
psychiatry, *n*. kev kho mob rau sab puas hlwb, kev ntxhov siab, los yog kev vwm
psychic, *n*. tus neeg ua saub los yog paub saib yaig; -*adj*. ntsig txog sab ntsuj plig los yog txoj kev ntseeg
psychoanalysis, *n*. kev kawm txog tib neeg txoj kev xav los yog ua dhau los lawm
psychologist, *n*. kws npliag neeg lub siab
psychology, *n*. txoj kev kawm txog lub hlwb los yog kev xav ntawm tej tus tib neeg
psychopath, *n*. tus neeg uas puas hlwb los yog tsis meej pem
psychosis, *n*. kev puas hlwb; kev tsis meej pem
psychosomatic, *adj*. ntsig txog tus mob uas yog mob los ntawm txoj kev puas hlwb los yog ntxhov siab
psychotherapy, *n*. kev kho cov neeg puas hlwb los yog ntxhov siab
P.T.A., *n*. koom haum niam txiv thiab xib fwb qhia ntawv
ptomaine, *n*. yam khoom uas lwj los

yog puas lawm vim muaj kab mob
Puapheng Xiong, *n.* Puav Pheej Xyooj uas yog Ywj Pheej thiab Sua V. Xyooj tus tub thib ob
puberty, *n.* lub caij nto nkauj nto nraug uas plhis suab lawm
pubic, *adj.* ntsig txog lub plab mog
pubic arch, *n.* ntu txha koov koov nyob rau ntawm pawj
pubic lice, *n.* kab mob kas cees tuv
pubis, *n.* txha pawj
public, *adj.* 1. zej tsoom li; suav daws li; tsis yog leej twg li; 2. qhib rau suav daws; 3. suav daws paub txog; -*n.* zej tsoom; pej xeem suav daws
publication, *n.* 1. kev luam ntaub ntawv; 2. phau ntawv uas tawm rau neeg saib lawm
publicity, *n.* xov xwm tso rau suav daws hnov kom suav daws pab txhawb nqa
publicize, *v.* nthuav rau suav daws paub; qhia rau suav daws hnov
public library, *n.* tsev ntawv; tsev saib ntawv; txhab ntawv
public school, *n.* tsev kawm ntawv dawb
publish, *v.* luam tawm; pheev tawm; tso tawm rau suav daws pom
publisher, *n.* tswv pheev ntawv
pucker, *v.* 1. muab tais; tais; 2. muab zuaj; zuaj; -*n.* ntsws ntsws; caws caws
puckery, *adj.* 1. pluas; pluas pluas; 2. hob hob
pudding, *n.* khoom qab zib zoo li *khej*
puddle, *n.* pas dej teev; dej teev
pudgy, *adj.* pham pham; npag npag
puerile, *adj.* xws me nyuam yaus; ua si xwb
puff, *v.* 1. tawg; 2. tshuab kom su; -*n.* 1. ib ncua kev luv luv; 2. o me me; su me me
puffed rice, *n.* paj npleg
pug, *n.* ib hom aub los yog dev
pugilism, *n.* kev ntaus nrig uas yog looj hnab tes sib ntaus
pugnacious, *adj.* nyiam sib ntaus
puke, *v.* ntuav (xws li qias es ntuav)
pulchritude, *n.* kev zoo nkauj
pull, *v.* 1. rub; 2. thws (xws li thws ceg ris); 3. nqus (xws li cua nqus); 3. nta (xws li nta hneev)
pullet, *n.* nkauj qaib
pulley, *n.* thob log hlau uas txoj hlua los yog txoj siv khiav raws (xws li lub thob log rau txoj hlua rub thoob dej)
pullman, *n.* thawv thauj khoom ntawm tsheb nqaj hlau
pullout, *v.* 1. thau; thau hau; 2. rho; rho tawm; 3. dob
pullover, *adj.* 1. cab tawm; 2. rub tawm; -*v.* tawm rau tim ntug kev
pulmonary, *adj.* ntsig txog lub ntsws
pulmonary artery, *n.* hlab ntshav dub uas nkag mus lim hauv lub ntsws
pulmonary semilunar valve, *n.* tom xib ncauj raj ntshav liab mus rau lub ntsws
pulmonary trunk, *n.* hauv paus raj ntshav liab ntawm lub ntsws
pulmonary vein, *n.* hlab ntshav liab uas tawm hauv lub ntsws los
pulp, *n.* qhov muag muag ntawm tej txiv ntoo los yog zaub
pulp cavity, *n.* hlwb hniav
pulpit, *n.* rooj hais lus
pulsate, *v.* dhia (xws lis plawv dhia)
pulse, *n.* mem tes; -*v.* 1. dhia; 2. ntsuas mem tes; xuas mem tes
pulseless, *adj.* tsis muaj mem tes lawm; mem tes tsis dhia lawm
pulverize, *v.* zom kom mos mos los yog ua hmoov; tsoo kom ua hmoov; —**pulverization** *n.*
puma, *n.* ib hom tsov
pumice, *n.* ib hom pob zeb iav dawb dawb thiab ntxhib tau mos mos uas siv txhuam rau tes kom du
pummel, *v.* ntaus
pump, *v.* 1. nqus; tshem dej los yog kua tawm; 2. txhuav; -*n.* tus twj uas nqus dej los yog kua
pumpkin, *n.* taub daj; taub dag (suab sis los ntawm *taub daj*)
pun, *n.* lo lus txaus txaus luag uas muaj ob lub ntsiab los yog ntau tshaj
punch, *v.* ntaus; xuas nrig ntaus; -*n.* 1. nrig; 2. ib yam twj tho qhov los yog nias npe ntawv; 3. ib cov dej haus qab zib
punctual, *adj.* 1. sai sai; 2. raws caij nyoog; raws sij hawm
punctuate, *v.* 1. tso cim cais lus rau; 2. cuam tshuam tas li; cuam tshuam ib sij ib zaug; 3. saib rau nqi
punctuation, *n.* 1. cim ntawv; 2. kev tso cim cais lus; 3. kev cais zaj lus

puncture, *n.* 1. qhov to; lub qhov to; 2. kev tho qhov; -*v.* 1. tho qhov; 2. ua kom ntog; 3. ua kom nqig
pundit, *n.* tus neeg txawj los yog paub ib yam dab tsi zoo heev; kws txuj
pungent, *adj.* 1. tsw phem heev; txhub txhub; 2. zuag; lub hau zuag zuag los yog ntse ntse; 3. raug kiag lub ntsiab
punish, *v.* rau txim; muab rau txim
punishable, *adj.* tsim nyog rau txim
punishment, *n.* 1. kev rau txim; 2. lub txim
punitive, *adj.* raug txim; ntsig txog kev raug txim
punkin, *n.* taub daj; taub dag (saib *pumpkin*)
punt, *n.* hom nkoj uas lub qab tiaj tiaj; -*v.* nquam nkoj uas xuas ib tus pas ntev ntev thawb; 2. ncaws pob (uas tso ntawm tes los)
puny, *adj.* 1. tsis muaj zog; tsis khov; 2. poob qab; tsis cuag luag
pup, *n.* me nyuam aub los yog dev
pupa, *n.* tus kab npauj uas tseem nyob hauv lub plhaub tsis tau daug
pupil, *n.* 1. me nyuam kawm ntawv; 2. ntsiab muag; lub ntsiab muag dub
puppet, *n.* 1. me nyuam roj hmab siv ua yeeb yam li ciaj sia; 2. moj zeej
puppy, *n.* me nyuam dev; me nyuam aub
purchase, *v.* yuav; muas; -*n.* yam khoom yus yuav
pure, *adj.* 1. ntshiab; dawb huv; 2. tshiab tshiab
puree, *n.* 1. cov khoom noj uas muab tov ua ke; 2. kua zaub uas nyeem nyeem heev; -*v.* muab zom los yog muab do sib tov
purgatory, *n.* lub caij cov tuag mus txog rau pem nyuj vag teem uas lawv mus thov kev zam txim rau txoj kev txhaum txheej
purge, *v.* 1. muab tshem tawm; 2. tshau los yog lim kom txhob muaj qhov phem nyob
purification, *n.* kev lim kom tshiab los yog kom ntshiab
purify, *v.* lim kom tshiab los yog kom ntshiab; tshau kom zoo
Purim, *n.* hnub caiv rau cov neeg Ntsuj nyob rau lub ob hlis los yog peb hlis ntuj
puritan, *n.* tus neeg uas coj nruj heev txog txoj kev dawb huv los yog ncaj ncees
purity, *n.* kev dawb huv los yog ntshiab huv si
purl, *v.* ntws nrov liv lauv li dej; -*n.* lub suab nrov li dej ntws
purloin, *v.* nyiag
purple, *n.* paj yeeb; tsos paj yeeb ntshav; liab doog
purport, *v.* qhia dawb paug txog lub ntsiab; -*n.* lub ntsiab
purpose, *n.* 1. lub ntsiab; 2. hom phiaj
purposely, *adv.* txhob txwm
purr, *v.* hawb pob
purse, *n.* hnab (poj niam); hnab khuam; -*v.* muab tso ua ke; muab tais
pursuance, *n.* 1. kev ua kom tiav; 2. kev taug mus kom kawg
pursuant to, *prep.* raws li
pursue, *v.* 1. caum; 2. raws qab; taug qab
pursuit, *n.* 1. kev caum; 2. kev raws qab; kev taug qab
purvey, *v.* muab khoom noj khoom siv rau; pub rau
pus, *n.* 1. paug; kua paug; 2. kua lwj
push, *v.* 1. thawb; xyeeb; xyob; 2. ntsub; 3. txhib; 4. yuam
push away, *v.* 1. thawb; 2. xyeeb; xyob
pushy, *adj.* nyaum nyaum; tsiv tsiv; yuam taus; txhib heev
pusillanimous, *adj.* tais caus
pussy, *n.* 1. miv; 2. ib hom nroj tsuag; 3. paum; pim; 4. tus txiv neej uas qaug qeb heev
pustule, *n.* kiav txhab; pob xoo
put, *v.* tso; muab cia
put away, *v.* cia tseg; tso tseg
put forth, *v.* tuaj
put in, *v.* tso rau hauv; ntim
put off, *v.* laug; ncua
put on, *v* hnav
putrefy, *v.* lwj; ua kom lwj
putrid, *adj.* lwj lwj
puttee, *n.* nrhoob
putty, *n.* hmoov av kho tsev
put up, *v.* 1. txhawb; 2. ua siab ntev pab
puzzle, *v.* 1. tsis to taub; 2. xav tsis tawm; -*n.* 1. yam uas muab los sib dho ua ke tau ib daim; 2. qhov uas xav tsis tawm
puzzled, *adj.* yoob; xawb

pygmy, *n.* 1. tus neeg qeg qeg taub los yog teem teem taub; 2. tus neeg uas tsis muaj nuj nqis; 3. ib hom neeg teem teem taub; *-adj.* 1. me me; qes qes; 2. tsis tseem ceeb
pylon, *n.* 1. ncej; tus ncej siab siab; 2. lub sam thiaj siab siab
pyramid, *n.* 1. lub pob zeb uas muaj plaub ceg ntawm hauv paus thiab lub hau zuag zuag; cov pob zeb uas neeg puab nyob teb chaws Is Ntsiv; 2. hom lag luam ib leeg nrhiav peb leeg
pyrazinamide, *n.* tshuaj mob ntsws
pyre, *n.* khoom hlawv rau neeg tuag
pyromania, *n.* kev xav muab hlawv kom kub hnyiab
pyrotechnics, *n.* 1. tswv yim tsim paj taws; 2. kev tua paj taws; 3. paj taws; 4. kev ua ib yam dab tsi tau zoo heev
pyrrhic, *adj.* tshwm sim los yog ua tau tom qab uas siv dag zog thiab nyiaj txiag ntau heev
python, *n.* ib hom nab loj heev

Q

q, *n.* tus tsiaj ntawv As Kiv thib 17
quack, *n.* tus neeg uas dag tias muaj tshuaj los yog paub kho mob; *-v.* ua lub suab li os quaj
quadrangle, *n.* 1. ib thaj chaw uas muaj tsev nyob puag ncig rau plaub sab tib si; 2. cov tsev uas nyob puag ncig ib thaj chaw rau hauv plawv
quadrant, *n.* ib feem plaub (1/4) ntawm lub yeej yeem
quadrilateral, *n.* plaub sab; *-adj.* muaj plaub sab
quadrille, *n.* ib hom seev cev uas plaub nkawm neeg dhia ua ke
quadruped, *n.* cov tsiaj uas muaj plaub txhais tes taw
quadruple, *adj.* loj tshaj plaub npaug; *-v.* muab plaub npaug ntxiv
quadruplet, *n.* me nyuam ntxaib uas yug ua ke nrog peb tug
quaff, *v.* haus ntau heev los yog ib sij haus ib zaug
quagmire, *n.* hav iav los yog av mos
quahog, *n.* ib hom piag deg
quail, *n.* w; noog w; *-v.* caws; chev; nkaum rov qab
quaint, *adj.* 1. qub qub; 2. txawv txawv; 3. zoo heev
quake, *v.* qeeg; ua zog koog
qualification, *n.* kuab lis fai (*kuab* yog los ntawm lo lus *muaj kuab*; *lis* yog los ntawm lo lus *lis hauj lwm*; hos *fai* yog los ntawm lo lus *laj fai*); peev xwm; peev xwm ua tau
qualified, *adj.* 1. kuab lis fai (*kuab* yog los ntawm lo lus *muaj kuab*; *lis* yog los ntawm lo lus *lis hauj lwm*; hos *fai* yog los ntawm lo lus *laj fai*); tsim nyog ua tau; 2. muaj peev xwm; 3. txawj ntse
qualify, *v.* ua kom kuab lis fai (*kuab* yog los ntawm lo lus *muaj kuab*; *lis* yog lis ntawm lo lus *lis hauj lwm*; hos *fai* yog los ntawm lo lus *laj fai*); ua kom haum rau los yog tau txoj hauj lwm; ua tau
quality, *n.* qhov zoo; qhov ua hauj lwm zoo; qhov khov; qhov tsis puas yooj yim
qualm, *n.* kev poob siab ceev ceev tam sim ntawd; kev txhawj xeeb
quandary, *n.* txoj kev poob siab; kev ua qhov twg los tsis zoo
quantity, *n.* 1. qhov ntau; 2. qhov npaum li cas
quaranteed, *adj.* caiv
quarantine, *n.* 1. kev saib xyuas los yog ceev kev xa khoom ib qho rau ib qho tsam xa tau kab mob los yog nroj tsuag nrog; 2. kev muab tus neeg mob cais tawm rau ib qho tsam kis rau cov
quarrel, *v.* sib cav; sib ceg; *-n.* kev sib cav sib ceg; chawj; chawj chim
quarry, *n.* 1. tus tsiaj uas lwm tus muab tom noj; nqaij; 2. qhov khawb; lub qhov pob zeb uas muab khawb cuab lug tseg; 3. qhov chaw tseem ceeb; *-v.* 1. muab los ntawm txoj kev khawb los yog tho tau los; 2. tshawb tawm los
quart, *n.* ib hom kev ntsuas kua uas muaj li .95 *liv*
quarter, *n.* 1. txiaj npib nees nkaum tsib xees; $0.25; 2. ib feem plaub (1/4); 3. ib koog; ib tog; 4. chaw

nyob ib nyuag ncua

quarterly, *adj.* 1. peb hlis ntawm ib lub xyoos; ib feem plaub ntawm ib lub xyoos; 2. ib tsab ntawv xov xwm uas peb hlis tawm ib zaug

quartermaster, *n.* 1. tus nom xa khoom raws tub rog qab; 2. tus neeg tsav nkoj

quartet, *n.* 1. ib hom seev cev uas muaj plaub leeg dhia ua ke; 2. ib pab plaub leeg neeg

quarto, *n.* 1. daim ntawv uas quav ua plaub tsem; 2. phau ntawv uas luaj li daim ntawv muab quav ua plaub tsem

quartz, *n.* 1. ib hom pob zeb dawb dawb lam lug thiab tawv heev; 2. ib hom teev caij (*moo*)

quash, *v.* 1. rhuav; ntxeev; thim; 2. yuam los yog tsuj tuag nthi

quasi, *adj.* yuav luag zoo li; yuav luag zoo sib xws

quatrain, *n.* ib txwm uas muaj plaub kab lus

quaver, *v.* tshee

quay, *n.* ntug los yog tsag uas puab ua chaw tsaws khoom los yog ntim khoom rau hauv nkoj

queasy, *adj.* xeev siab; mej ntsis xav ntuav

queen, *n.* niam huab tais; poj huab tais; poj vaj ntxwv

queer, *adj.* 1. txawv txawv; 2. tsis zoo li qub

quell, *v.* 1. siv dag zog yuam yeej; nias; 2. tswj tau; kav tau

quench, *v.* 1. tso tawm; 2. ua rau txaus siab; txaus siab

querulous, *adj.* cov nyom heev; tsis yooj yim li; muaj teeb meem heev

query, *n.* lus nug; *-v.* nug

quest, *n.* lub hom phiaj; txoj kev nrhiav; kev ntshaw; *-v.* 1. nrhiav; 2. caum

question, *n.* 1. lus nug; 2. lus sib cav; *-v.* nug

questionable, *adj.* tsis tau meej; tseem qiag; tseem muaj lus nug

question mark, *n.* tus cim nug (?) uas siv tig ua lus nug

questionnaire, *n.* lus nug; cov lus nug rau txoj kev tshawb ntsuas; lus nug tshawb

queue, *n.* 1. moj tuam; tus plaub hau uas muab ntxias ua ib kaj; 2. txoj kab; txoj kab tos

quibble, *n.* ib qhov lus cov nyom me me; lus tsis txaus siab

quick, *adj.* ceev; sai; nrawm

quicken, *v.* 1. ua kom ceev dua qhov qub; 2. cawm kom ciaj sia; 3. ua kom txaus siab

quickly, *adv.* ceev ceev; ceev heev; nrawm heev; sai heev

quicksand, *n.* 1. hav xuab zeb uas ntub dej thiab zom zom; 2. qhov chaw uas txaus ntshai heev

quicksilver, *n.* kua txhuas dawb; *-adj.* twv tsis tau (xyov yuav zoo li cas)

quiescent, *adj.* so lawm; ntsiag to; tsis ua dab tsi li

quiet, *adj.* 1. twb ywm; twj ywm; 2. ntsiag to; *-v.* nyob (los yog ua) twj ywm; nyob (los yog ua) ntsiag to; txhob hais lus

quietly, *adv.* ntsiag twb to; twj ywm

quietude, *n.* kev nyob ntsiag to; kev so

quill, *n.* 1. plaub noog; tis noog; 2. koob tsaug; 3. mem tis noog; 4. koob ntos ntaub

quilt, *n.* pam paj ntaub; pam rwb

quince, *n.* kua txiv *ev paum*

quinine, *n.* tshuaj npaws; tshuaj ua npaws

quintessence, *n.* 1. qhov tseem ceeb tshaj plaws ntawm ib yam dab tsi; 2. ib qho piv txwv zoo

quintet, *n.* 1. suab paj nruas rau tsib tus neeg dhia seev cev; 2. ib pawg neeg uas muaj tsib leeg

quintuplet, *n.* ib tus ntawm tsib tus me nyuam ntxaib uas ib plab yug

quip, *v.* hais tau ntse ntsuav; tso dag tau zoo heev

quire, *n.* 24 los yog 25 daim ntawv uas loj ib yam los yog zoo ib yam

quirk, *n.* kev ua los yog tus cuj pwm txawv txawv; cuj pwm; yam ntxwv

quit, *v.* 1. tsum; tso tseg; 2. tawm

quite, *adv.* tsawv; tsiam tsawv; hauj sim

quits, *adj.* sib xws los yog sib txig sib luag

quiver, *n.* hnab rau xub; hnab xub; *-v.* tshee; co co

quixotic, *adj.* 1. npau suav xwb; tsis yog tiag tiag; 2. ntsig txog txoj kev xav uas tsis muaj tseeb

quiz, *n.* kev twv; kev ntsuas (saib paub

npaum twg); kev sim; kev *xeem* (L)
quizzical, *adj*. 1. thab; dag; 2. xav paub; lam xav paub
quoit, *n*. lub kauj uas pov kom khaub zig ib qho khoom (xws li kev sib twv)
quondam, *adj*. ua ntej; dhau los; thaum ub
quota, *n*. ib feem; kev sib faib
quotation, *n*. 1. lus qev; cov lus muab ntawm lwm tus neeg los; 2. tej laus cov lus hais; niaj txhis piv lus
quotation mark, *n*. tus cim lus qev ntawm lwm tus neeg los hais, uas zoo li no "…"
quote, *v*. 1. qhia; muab tau; 2. hais raws qab; 3. xam (saib raug nqe li cas); *-n*. qhov nqe xam tawm
quotient, *n*. tus zauv uas faib tawm los

R

r, *n*. tus tsiaj ntawv As Kiv thib 18
rabbet, *n*. qhov thais los sib dhos (xws li ntawm tej ceg kaum rooj); *-v*. thais rau kom dhos zoo
rabbi, *n*. neeg Ntsuj tus kws teev ntuj
rabbinate, *n*. lub chaw ua hauj lwm ntawm cov neeg Ntsuj tus kws teev ntuj
rabbit, *n*. luav; ib hom tsiaj
rabble, *n*. neeg phem
rabid, *adj*. 1. tsiv heev; phem heev; 2. tau ib hom kab mob vwm
rabies, *n*. kab mob dev vwm
raccoon, *n*. 1. mab; 2. ib hom tsiaj nyob saum ntoo
race, *v*. sib tw; sib twv; sib txeeb; *-n*. 1. kev sib tw; 2. haiv neeg; haiv neeg cev nqaij daim tawv
racehorse, *n*. nees sib tw dhia
racism, *n*. lub tswv yim ntxub ntxaug lwm haiv neeg vim lawv nqaij tawv txawv; txoj kev ib haiv neeg saib tsis tau lwm haiv neeg
rack, *n*. 1. nqaj teeb khoom rau neeg saib; 2. ib hom cuab uas siv cuab neeg raug txim; 3. khib (ev taws)
racket, *n*. 1. duav ntaus pob; 2. lub suab uas mloog tsis raug li; 3. lub tswv yim nyiag noj nyiag haus
raconteur, *n*. tus neeg hais dab neeg; kws hais dab neeg
racy, *adj*. 1. txawv heev (xws li zoo txawv heev los yog qab txawv heev); 2. lom zem heev; 3. ntxim nyiam heev
radar, *n*. *les das*; twj nyiag soj
radial, *adj*. 1. ntsig txog txoj sab los yog txoj kab; 2. ntsig txog duab hnub los yog duab teeb; 3. tawm hauv plawv mus los yog sib sau ua ib ke rau hauv plawv; *-n*. ib hom npe log tsheb
radial artery, *n*. leeg ntshav liab ntawm npab nqia
radial vein, *n*. leeg ntshav dub ntawm npab nqia
radiant, *adj*. 1. ci ci; 2. zoo siab; 3. muaj duab ci
radiate, *v*. 1. tso nplaim xob rau; muab nplaim xob tua; 2. nthuav tawm hauv plawv mus; — **radiation** *n*.
radiation therapy, *n*. kev kho mob los ntawm nplaim xob
radiator, *n*. taub dej tsheb
radical, *adj*. tshaj dhau; dhau cai heev; *-n*. tus neeg uas nyiam ua qhov dhau cai tshaj plaws
radii, *n*. ib voos ncig lees (saib *radius*)
radio, *n*. xov tooj cua; *-v*. xa xov tooj cua tawm; hu xov tooj
radioactivity, *n*. sab hluav taws xob
radiology, *n*. kev kho mob uas siv sab hluav taws xob
radish, *n*. zaub looj pwm; ib hom zaub ntug hauv paus
radium, *n*. ib hom duab ci hluav taws xob uas muaj zog heev siv ua foob pob thiab siv kho mob
radius, *n*. 1. ib voos ncig lees; 2. txha caj npab yav loj zog uas nyob nruab nrab ntawm lub luj tshib thiab yas tes
radon, *n*. ib hom cua roj
raffish, *adj*. 1. pheej yig; dog dig; 2. ua raws lub caij nyoog (xws li hnav tsoos tsho zoo heev); 3. tsis xws teb xws chaw; txawv heev
raffle, *n*. kev rho hmoov; kev rho npe saib leej twg tau khoom dawb
raft, *n*. 1. phuaj; 2. ib qho khoom loj loj los yog ib tus *nab npawb* loj loj
rafter, *n*. qhab tse; qhab tsev

rag, *n.* khaub hlab
ragamuffin, *n.* neeg qias neeg
rage, *n.* 1. kev chim siab heev; 2. kev ntshaw ib yam dab tsi heev heev; 3. kev xyaum ua raws ib yam dab tsi ceev heev; *-v.* ua rau chim siab heev; ua rau tswj tsis tau
ragged, *adj.* khaub khaub hlab; ntuag ntuag
ragout, *n.* nqaij xwv los yog nqaij nyoj
ragtime, *n.* ib hom paj nruas
ragweed, *n.* ib hom nroj tsuag
raid, *v.* 1. tua; tua zej tua zos txeeb khoom; 2. huab; txhav
rail, *n.* 1. pas tuav; 2. kev tsheb nqaj hlau; *-v.* cem lwm tus neeg
railing, *n.* pas thaiv ntug
railroad, *n.* kev tsheb nqaj hlau
railroad station, *n.* chaw nres tsheb nqaj hlau
railway, *n.* kev tsheb nqaj hlau
raiment, *n.* khaub ncaws
rain, *n.* nag; *-v.* los nag
rainbow, *n.* nag nyo; duab zaj
raincoat, *n.* tsho tiv nag
raindrop, *n.* lwg nag; lub nag
rainfall, *n.* dej nag
raise, *v.* 1. tsa (tes); 2. tu (me nyuam los yog tsiaj txhu); 3. tshem; 4. nce ntxiv; tsub siab zog ntxiv
raisin, *n.* txiv quav ntswg qhuav
rake, *v.* sua; kaus (nplooj); *-n.* 1. khaub rhuab kaus nplooj; 2. neeg twm xeeb
rakish, *adj.* 1. ntse; 2. muaj xom lees; 3. tsis ntshai
rally, *v.* 1. nqua hu suav daws tuaj ua ke; 2. cawm; ua kom zoo rov los; *-n.* kev sib sau ua ib pawg
ram, *n.* txiv yaj; laug yaj; *-v.* yuam; nias; tsoo
RAM, *n.* hlwb *koos pis tawj*; hlwb koos tawj
ramble, *v.* pla; mus rau ub rau no yam tsis muaj hom phiaj
rambunctious, *adj.* ntxhov quav niab
ramification, *n.* 1. qhov tshwm sim los ntawm qhov teeb meem; 2. ceg ncau tawm; ib ceg ntawm qhov loj
ramify, *v.* ncau tawm; cais
ramp, *n.* 1. kev tawm; 2. kev nkag
rampage, *v.* 1. tsoo; dua; 2. dhia lwj liam
rampant, *adj.* dav heev
rampart, *n.* ntug ntsa yeej
ramrod, *n.* pas nrws phom; kav nrws phom
ramshackle, *adj.* tsis khov; tsis ruaj
ran, *v.* dhia; khiav khiav; tso sas (saib *run*)
ranch, *n.* 1. tshav yug tsiaj; 2. teb; hav teb
rancid, *adj.* tsw los yog qab li lwj lawm
rancor, *n.* kev ntxub; kev tsis nyiam
random, *adj.* 1. raws txoj hmoo los ncaj; 2. cia li ntsiab ncaj; — **randomly** *adv.*
randomize, *v.* 1. xaiv los yog muab raws txoj hmoo saib rho tau leej twg; 2. muab sib tov ua ke; — **randomization** *n.*
rang, *v.* nrov (saib *ring*)
range, *n.* 1. ib kab sab sib raws zaws; 2. ib thaj av; ib thaj chaw; 3. qhov cub (hlau li cov nyob rau teb chaws Mes Kas); 4. ib ncua; 5. chaw sim hneev los yog sim phom; *-v.* 1. teeb txheeb; 2. pla raws siab nyiam; 3. sib txawv
ranger, *n.* neeg saib hav zoov
rank, *n.* 1. qeb duas; 2. theem nom tub rog; 3. ib kab sab tub rog; 4. kev teeb ua ib kab los yog sib sib raws; *-v.* muab teeb sib raws; *-adj.* 1. kawg nkaus; 2. tsw phem heev
rank and file, *n.* 1. cov coob ntawm ib pawg neeg; 2. tej pej xeem los yog tej neeg uas koom tes rau tej koom haum (uas tsis yog cov coj); 3. ib pawg tub rog
rankle, *v.* ua kom chim
ransack, *v.* nyiag; tshawb
ransom, *n.* pob nyiaj tso tus neeg uas raug neeg phem tuav tseg lawm
rant, *v.* hais phem heev; cem hnyav heev
rap, *v.* 1. tsoo; 2. hais tso tshav lug; *-n.* kev tsoo los yog ua raug mob
rapacious, *adj.* 1. hu loj heev; 2. xav tau ntau heev; npaum li cas los tsis txaus
rape, *v.* yuam deev; mos deev; *-n.* ib hom nroj tsuag
rapid, *adj.* ceev ceev; ceev heev
rapids, *n.* dej ceev; ntu uas dej ceev heev
rapier, *n.* rab ntaj ob sab ntse
rapine, *n.* khoom nyiag los; yam

khoom uas nyiag los
rapport, *n*. 1. kev sib raug zoo; 2. phooj ywg zoo
rapt, *adj*. nyiam heev; txaus siab heev rau; zoo siab heev
rapture, *n*. kev zoo siab
rare, *adj*. 1. muaj tsawg heev; tsis tshua muaj; 2. nyoos; tsis tau siav
rarefy, *v*. ua rau tsawg zuj zus los yog me zuj zus
raring, *adj*. zoo siab heev
rascal, *adj*. siab phem; siab tsis ncaj ncees; *-n*. neeg siab phem
rash, *adj*. maj maj; rawm rawm; *-n*. 1. kev ua pob liab vog nyob ntawm ib ce; kev xoo pob; pob xoo; 2. ntse; 3. xua; ua xua
rasp, *v*. 1. txhuam; 2. hais lus hnyav
raspberry, *n*. txiv pos nphuab
rat, *n*. ntsuag (hom loj loj); nas tsuag
ratchet, *n*. tus ciaj ntswj ub no uas ntswj tau mus ib seem xwb; *-v*. maj mam mus rau ib seem
rate, *n*. 1. nqi; tus nqi; 2. tshooj; kab theem; *-v*. 1. xam; soj ntsuam xyuas; 2. tsim nyog
rather, *adv*. 1. tsawv; tsiam tsawv; 2. tej zaum; 3. tuaj yeem; xum; 4. yog dua
ratification, *n*. kev pom zoo nrog; kev koom tes nrog
ratify, *v*. pom zoo nrog; koom tes nrog
rating, *n*. kev teeb tum ua pab pawg
ratio, *n*. kev sib piv ntawm ob yam dab tsi
ration, *n*. kev faib khoom noj los khoom siv
rational, *adj*. 1. muaj pov thawj; muaj puav pheej, 2. muaj kuab; 3. muaj laj thawj
rationale, *n*. kev piav uas muaj kuab los yog muaj pov thawj los yog laj thawj
rationalize, *v*. daws los yog qhuas (yus tus kheej); piav txog yus tej pov thawj; —**rationalization** *n*.
ratios, *n*. kev sib piv ntawm ob yam dab tsi
rattan, *n*. kav theej
rattle, *v*. 1. co tswb nrov; ua nrov cuag tswb neeb; 2. hais nrawm nrawm; 3. tsis to taub los yog chim chim
rattler, *n*. ib hom nab uas tus tw nrov nrov li co tswb
rattlesnake, *n*. ib hom nab uas tus tw nrov nrov li co tswb
ratty, *adj*. 1. sab sab; 2. khaub khaub hlab; 3. puas tag; tsis zoo lawm
raucous, *adj*. nyaum; tsiv heev; nruj heev; chawv
ravage, *n*. kev puas tsuaj; kev liam sim; *-v*. ua puas; cia puas mus
rave, *v*. 1. hais mas phab mas lis; 2. hais yam zoo siab heev
ravel, *v*. rhuav; daws
raven, *n*. ib hom noog dub dub zoo li tus dav
ravenous, *adj*. tshaib plab heev
ravine, *n*. kwj ha ti ti
ravish, *v*. 1. txeeb; txhav; 2. yeej thiab zoo siab heev; 3. yuam deev
raw, *adj*. 1. nyoos; 2. tsis tau muab tu los yog muab teeb kom zoo zoo; 3. tsis muaj kev kawm; 4. muab daim tawv txhuam tawm; 5. no no thiab noo noo
rawhide, *n*. 1. tawv nyuj; daim tawv nyuj uas tsis tau tu los yog tsis tau muab npaj ua lwm yam; 2. hlua tawv nyuj los yog tawv tsiaj; *-v*. muab hlua tawv tsiaj nplawm
ray, *n*. 1. sab; 2. duab hnub
rayon, *n*. ib hom ntaub
raze, *v*. muab tsoo kom puas los yog rhuav pov tseg
razor, *n*. chais (hwj txwv)
re-, *prefix*. rov; rov qab; dua

reaccelerate	**reapply**
reaccept	**reappoint**
reacclimatize	**reapportion**
reaccredit	**reappraisal**
reacquaint	**reappraise**
reacquire	**reapprove**
reactivate	**reargue**
reactivation	**rearrange**
readdress	**rearrest**
readjust	**reassemble**
readjustment	**reassert**
readmit	**reassess**
readopt	**reassessment**
reaffirm	**reassign**
realign	**reassignment**
realignment	**reattach**
reallocate	**reattain**
reanalysis	**reawaken**
reanalyze	**rebalance**
reappear	**rebaptize**
reappearance	**rebid**

rebind
reborn
rebroadcast
rebuild
rebury
recalculate
recapture
recast
recertification
recertify
rechannel
recharge
rechargeable
recheck
rechristen
recirculate
recirculation
reclassification
reclassify
recolonize
recombine
recomputed
reconceive
reconnect
reconquer
reconquest
reconsider
reconsideration
reconsolidate
reconstruct
recontiminate
reconvene
reconvict
recopy
re-create
recross
redecorate
rededicate
rededication
redefine
redeposit
redesign
redevelop
rediscover
rediscovery
redissolve
redistribute
redraft
redraw
reemerge
reemergence
reemphasize
reenergize
reengage
reenlist
reenlistment
reenroll
reenter
reequip
reestablish
reestablishment
reestimate
reevaluate
reexamination
reexamine
refinance
refire
refloat
refocus
refold
reformulate
refreeze
refuel
regain
regrow
regrowth
rehear
reheat
rehire
rehospitalization
rehospitalize
reidentify
reignite
reimplant
reimpose
reincorporate
reindict
reinfection
reinflate
reinject
reinjection
reinoculate
reinsert
reinsertion
reinspect
reinstall
reinstitute
reintegrate
reintegration
reinter
reintroduce
reinvent
reinvestigate
reinvestigation
reinvigorate
rejudge
rekindle
reknit
relabel
relandscape
relaunch
relearn
relight
reline
reload
remarriage
remarry
rematch
remelt
remobilize
remoisten
remold
remotivate
rename
renegotiate
reoccupy
reoccur
reoccurrence
reoperate
reorchestrate
reorganization
reorganize
reorient
repack
repave
rephotograph
replan
replaster
replay
replot
repolish
repopulate
repressurize
reprice
reprint
reprocess
reprogram
reread
rereading
rerecord
reregister
reroof
reroute
resalable
resale
reschedule
reseal
resegregate
resell
resentence
reset
resettle
resew
reshoot
reshow
resocialization
resod
resolidify
restage
restart
restate
restatement
restimulate
restock
restructure
restudy
restyle
resubmit
resupply
resurface
resurvey
resynthesis
resynthesize
retarget
reteach
retell
retest
rethink
retighten
retrain
retranslate
retransmit
retry
retune
retype
reupholster
reusable
reuse
reutilize
revaccination
revisit
rewash
reweave

reach, *v*. 1. cuag; ncav cuag; tuav cuag; 2. txog; mus txog; tuaj txog; 3. tham tau rau

react, *v*. 1. nti; tig cev; 2. xav; xam pom

reaction, *n*. 1. kev xav; kev xam pom;

2. kev tig cev; kev nti
reactionary, *adj*. nyiam nyob li yav thaum ub
reactor, *n*. 1. tus neeg uas nti los yog hais ub hais no; 2. tus liaj foob pob
read, *v*. nyeem; twm
ready, *adj*. npaj meej lawm; npaj tau lawm; -*v*. tos ntsoov
real, *adj*. tseeb; tiag tiag
real estate, *n*. 1. teej tug ntsig txog vaj tse thiab av; 2. lag luam vaj tse thiab av
realism, *n*. txoj kev ntseeg qhov tseeb
reality, *n*. qhov tseeb
realize, *v*. 1. ras; ras txog; 2. xeev; 3. pom; —**realization** *n*.
really, *adv*. 1. tiag tiag; 2. heev; 3. kawg; 4. yeej; 5. twb
realm, *n*. 1. chaw; teb chaws; cheeb tsam; 2. ntiag tug
ream, *n*. 1. ib tum ntawv uas muaj 516 daim; 2. ib qho dab tsi uas ntau heev; -*v*. 1. txim los yog ua kom loj; 2. tso kua tawm
reap, *v*. sau (qoob loo); nruam (nplej)
rear, *n*. 1. qab; nram qab; 2. nrob qaum; -*adj*. nyob nram qab; -*v*. yug; tu
rear admiral, *n*. ib tus hau rog hauv nkoj
reason, *n*. 1. laj thawj; 2. phim thawj; 3. haj tom; 4. kev ntseeg; 5. txoj cai; -*v*. ntxias; deev siab
reasonable, *adj*. 1. haum siab; 2. ncaj nruab nrab; 3. tsis kim heev; 4. muaj phim thawj; muaj laj thawj; muaj haj tom
reasonably, *adv*. 1. tsawv; tsiam tsawv; nyog; 2. haum; zoo
reassure, *v*. 1. rov qab lav los yog lees lus kom meej kom tso siab
rebate, *n*. nyiaj them rov qab rau tus yuav khoom
rebel, *v*. 1. ntxeev teb chaw; 2. tawm tsam nom tswv; -*n*. 1. neeg ntxeev teb chaws; neeg tawm tsam tseem fwv; 2. neeg phem
rebellion, *n*. kev ntxeev teb chaw los yog ntxeev nom tswv
rebellious, *adj*. nyiam ntxeev teb chaw
rebirth, *n*. 1. rov yug tshiab los yog yug zaum ob; 2. kho tau coj los siv dua
rebound, *v*. 1. thaws; 2. txeeb tau los
rebuff, *v*. 1. tsis lees; 2. cam heev
rebuke, *v*. 1. thuam tsw quav txhi; 2. cem
rebus, *n*. txhiaj txhais nrog lus thiab duab
rebut, *v*. qhia tias tsis yog lawm; taw tias tsis yog lawm; cov nyom
rebuttal, *n*. lus cov nyom
recalcitrant, *adj*. tawm tsam nom tswv los yog tsis yuav nom tswv lus
recall, *v*.1. nco qab; 2. rhuav; rov ua dua; 3. hu rov qab; thim
recant, *v*. thim; rhuav
recapitulate, *v*. hais qhov tseem ntsiab; hais luv luv
recede, *v*. 1. nkaum; 2. thaub; thim rov qab; 3. hmlos
receive, *v*. 1. txais; txais tau; 2. tos txais; 3. pom zoo
receipt, *n*. daim ntawv yuav khoom; ntawv txais khoom
receiver, *n*. 1. lub txais; lub tshuab txais xov; 2. tus txais
recent, *adj*. tsis ntev los no; sai sai no
recently, *adv*. sai sai no; tsis ntev dhau los no
receptacle, *n*. thawv; lub thawv
reception, *n*. 1. kev tos txais; 2. rooj sib ntsib; rooj txais tos
receptionist, *n*. tus neeg txais xov los yog tos txais
receptive, *adj*. 1. qhib siab tos txais; 2. pom zoo; ua siab loj siab dav
receptor, *n*. chaw txais xov nyob ntawm tawv nqaij (uas mam li xa mus rau lub hlwb)
recess, *n*. 1. caij so; 2. qhov qiag los yog tu ncua; 3. qhov khoob; -*v*. so; nres; tso tseg
recession, *n*. 1. lub caij uas lub teb chaws txom nyem; lub caij uas kev nrhiav noj nrhiav haus poob qes; 2. lub caij so
recipe, *n*. daim qauv qhia ua khoom noj
recipient, *n*. tus tau txais; tus txais
reciprocal, *adj*. 1. sib pauv; 2. sib koom; 3. sib txig sib luag
reciprocate, *v*. pauj rov qab; sib pauv khoom los yog dag zog
recital, *n*. 1. lus nyeem los yog hais rau suav daws mloog; 2. paj nruas los yog kev seev cev uas yog me nyuam kawm ntawv ua
recitation, *n*. cov lus hais los yog nyeem rau neeg mloog

recite, *v*. hais raws qab; hais raws
reckless, *adj*. 1. tsis xyuam xim; 2. lwj liam; 3. luam thuam; 4. plhom moj
recklessly, *adv*. ua lwj ua liam
reckon, *v*. 1. kaj; xam; suav; 2. xav; txiav txim siab
reckoning, *n*. kev xav los yog txiav txim siab
reclaim, *v*. 1. muab rov los; rub rov los; txhiv rov los; 2. hloov mus rau qhov zoo; —**reclamation** *n*.
reclamation *n*. kev muab rov los; kev txhiv rov los
reclinate, *v*. khoov; nyo (mus rau hauv taw)
recline, *v*. pw los yog pheeb nrob qaum
recluse, *n*. tus neeg twm zeej uas nws nyob nws ib leeg rau ib qho
recognition, *n*. kev lees paub; kev nco txog
recognizance, *n*. kev cog lus nyob hauv tsev hais plaub
recognize, *v*. 1. nco tau; 2. lees paub
recoil, *v*. thim; thaub
recollect, *v*. nco qab
recollection, *n*. 1. kev nco qab; 2. qhov nco qab; qhov nco tau
recommend, *v*. taw rau; qhia rau
recommendation, *n*. kev taw qhia rau
recompense, *n*. nqi zog; -*v*. them nqi zog
reconcile, *v*. 1. kho kom haum xeeb; 2. coj los ua ke
recondite, *adj*. 1. to taub tsis yooj yim; 2. tsis paub zoo txog
recondition, *v*. kho kom rov zoo; rov kho kom zoo
reconnaissance, *n*. kev soj ntsuam thiab nyiag muab xov
reconnoiter, *v*. soj thiab nyiag muab xov
record, *v*. 1. kaw suab los yog kaw duab; 2. sau los yog teev tseg; -*n*. 1. ntaub ntawv tseem ceeb; 2. keeb kwm uas teev tseg; 3. ib hom *kab xev* kaw suab
recorder, *n*. 1. lub kaw suab; 2. tus neeg teev lus tseg
recount, *v*. piav; qog qhia
recoup, *v*. tau rov qab; tau rov los
recourse, *n*. 1. chaw pab cuam; chaw pab; 2. lwm txoj kev taug; 3. kev xaiv
recover, *v*. 1. nrhiav tau rov los; 2. txeeb tau rov los; 3. xeev rov qab los; 4. nquag lawm
recovered, -*adj*. 1. nquag; zoo lawm; 2. tau rov los
recreation, *n*. chaw ua si; chaw tsim rau neeg ncig
recrimination, *n*. kev sib liam sib ntxo
recruit, *v*. nrhiav neeg los koom tes; rub los koom; -*n*. tus neeg uas nyuam qhuav los koom tes
rectangle, *n*. plaub fab ntev (xws li ob fab ntev dua ob fab)
rectification, *n*. kev kho kom zoo los yog kom yog
rectify, *v*. kho; daws; ua kom haum los yog kom yog
rectitude, *n*. kev coj zoo; cuj pwm zoo
rector, *n*. xib fwb; kws teev ntuj
rectory, *n*. xib fwb teev ntuj lub tsev nyob
rectum, *n*. hnyuv qhov quav; hnyuv quav uas txuas kiag rau ntawm lub qhov quav
rectus abdominis, *n*. nqaij npluag plab; nqaij ntshiv sawv plab
rectus abdominis muscle, *n*. nqaij ntshiv ntawm sawv plab
rectus femoris, *n*. nqaij ntshiv qhwv txha ncej puab
rectus femoris muscle, *n*. thooj nqaij ntshiv ntawm ncej puab
recumbent, *adj*. 1. pw; 2. xyab hauv av; so; 3. nyob twb ywm
recuperate, *v*. zoo rov los (xws li zoo los ntawm kev muaj mob); —**recuperation** *n*.
recur, *v*. 1. rov xav txog los yog tham txog; 2. rov tshwm sim dua
recurrent, *adj*. rov tshwm sim; rov tawm tuaj
recycle, *v*. rov nchuav dua; muab qhov khoom qub coj mus ua dua tshiab; siv mus mus los los dua
red, *n*. liab; tsos liab
redden, *v*. ua kom liab
reddish, *adj*. liab tseb
redeem, *v*. 1. txhiv; 2. dim; cawm; tso; 3. hloov mus ua tej yam uas muaj nuj nqis
redeemer, *n*. cawm seej; tus cawm seej
redemption, *n*. kev dim ntawm ib yam dab tsi; kev daws tso
redhead, *n*. tus neeg uas muaj plaub hau liab
redolent, *adj*. 1. muaj ntxhiab; 2. muaj

qhov taw qhia
redouble, *v*. 1. ua kom loj ob npaug ntxiv; 2. tsub kom loj tuaj
redoubt, *n*. 1. ib qho nyuag chaw tiv thaiv me me; yeej loog; 2. ib lub roob dej kub hnyiab nyob As Lav Xam Kas
redound, *v*. ua hauj lwm
red pepper, *n*. kua txob; kua txob liab
redress, *v*. kho; *-n*. kev sib kho; kev pab cuam
red tape, *n*. kev khuam los yog daig nyob hauv tej rooj nom rooj tswv los yog chaw ua hauj lwm
reduce, *v*. 1. txo; 2. txiav kom tsawg
reduction, *n*. 1. kev txo; 2. kev ua kom tsawg
redundant, *adj*. 1. sib tshooj lus mus mus los los; 2. hais mus hais los qhov qub; —**redundancy** *n*.
redwood, *n*. ib hom ntoo liab
reed, *n*. 1. nplaim; 2. ib hom nroj tsuag
reef, *n*. nqaj roob pob zeb uas nyob ze hav dej
reek, *n*. ib tus ntxhiab tsw nyaum heev; *-v*. ua tau tsw nyaum heev
reel, *n*. 1. kauj (xws li lub log kheej kheej); 2. kev seev cev; *-v*. mus qaug dab qaug de
refer, *v*. xa rau lwm tus neeg los yog lwm qhov chaw; taw rau lwm qhov
referee, *n*. tus neeg saib xyuas ob tog (xws li kev sib tw)
reference, *n*. 1. qhov ncau los; muab qhov twg los hais; 2. pov thawj
referendum, *n*. tej yam kev txiav txim siab uas nom tswv muab rau pej xeem xaiv
refill, *v*. txhab; ntim rau; rov ntim dua
refine, *v*. 1. lim; tshau; 2. rhw; ua kom zoo zoo
refinery, *n*. chaw hauj lwm uas lim los yog tshau tej yam khoom kom zoo dua qhov qub
reflect, *v*. 1. thaws rov los; 2. ci rov tuaj; 3. rov xav txog; 4. qog; qog qab; —**reflection** *n*.
reflex, *n*. 1. qhov nws cia li ua nws; 2. kev ua taus zog los yog txav taus (los ntawm tus neeg mob); *-adj*. nkhaus rov qab
reflexive, *adj*. rov raug tus kheej
reform, *v*. kho kom zoo zog; kho kom txawv qhov qub; —**reformation** *n*.
reformatory, *n*. chaw qhuab qhia cov hluas uas ua txhaum cai
reformer, *n*. tus hloov; tus nrhiav kev hloov kom muaj kev vam meej
refract, *v*. 1. lem; nkhaus; 2. thaws rov qab; 3. hloov ntawm qhov qub lawm
refraction, *n*. qhov lem los yog qhov nkhaus ntawm lub suab thaum hla ib qhov chaw rau lwm qhov
refrain, *v*. 1. zam; 2. tswj tus kheej txhob ua; *-n*. kab lus uas hais mus hais los nyob hauv zaj nkauj
refresh, *v*. ua dua tshiab; pib tshiab
refreshment, *n*. khoom txom ncauj
refrigerate, *v*. muab tso hauv thawv txias; —**refrigeration** *n.*
refrigerator, *n*. thawv txias; thoob txias; *tub yees* (L)
refuel, *v*. sam roj; txhab roj
refuge, *n*. 1. kev tiv thaiv kom txhob raug teeb meem; 2. chaw tiv thaiv kom txhob raug teeb meem
refugee, *n*. neeg thoj nam; neeg tawg rog
refugee camp, n. yeej thoj nam; yeej tawg rog
refund, *v*. thim nyiaj rov qab; *-n*. qhov nyiaj thim rov qab
refurbish, *v*. kho; kho tshiab (xws li kho tsev)
refusal, *n*. kev yig; kev tsis lees
refuse, *v*. yig; xyeej; tsis lees; *-n*. tej yam uas tsis muaj nuj nqis li
refute, *v*. 1. tsis pom zoo; qhia tias tsis yog lawm; 2. tsis lees yuav ua qhov tseeb; —**refutable** *adj*; —**refutation** *n.*
regain, *v*. rov tau los; tau rov los
regal, *adj*. 1. haum rau huab tais; 2. ntsig txog lub teb chaws
regale, *v*. 1. ua kev lom zem yuav zoo nkauj heev los yog muaj nyiaj heev; 2. ua tau zoo siab heev
regard, *v*. suav; xam; ntaus nqi; *-n*. 1. kev ntaus nqi zoo; 2. kev hwm; 3. kev hmov tshua
regarding, *prep*. ntsig txog; cuam tshuam txog
regardless, *adj*. tsis hais txog; tsis tas hais; tsis thab
regardless of, *prep*. 1. li cas los xij peem; 2. tsis thab txog; tsis quav ntsej txog; tsis hais txog li
regenerate, *v*. 1. rov tsim muaj tuaj; 2. rov yug dua; 3. hloov tag txhua

yam; —**regeneration** *n*; —**regenerative** *adj*.
regent, *n*. tus neeg uas pab tuav lub teb chaws thaum tub huab tais tseem me thiab tsis tau paub tab
regime, *n*. tus tseem fwv uas tab tom tuav lub teb chaws; tseem fwv
regimen, *n*. txoj kev kawm los yog ua hauj lwm uas muaj txheej txheem zoo
regiment, *n*. ib pab tub rog; -*v*. 1. muab rub los ua chaw tswj; 2. ua kom muaj qeb duas
region, *n*. ib cheeb tsam; thaj chaw; thaj av
regional, *adj*. cheeb tsam
register, *v*. sau npe; rau npe cia
registered mail, *n*. tsab ntawv uas yuav tau kos npe mam txais tau; ib tsab ntawv tseem ceeb
registrar, *n*. neeg ceev ntaub ntawv (nyob hauv tsev kawm ntawv)
registration, *n*. kev sau npe cia
registry, *n*. 1. cov neeg uas rau npe tseg; 2. chaw rau npe; 3. phau ntawv khaws neeg cov npe
regress, *v*. tig rov qab mus rau lub neej zoo li thaum ub los yog phem dua thaum ub lawm; — **regression** *n*.
regressive, *adj*. ntsig txog txoj kev ua neej rov qab mus rau yav tsis vam meej
regret, *v*. khuv xim; xav txog lig; -*n*. 1. kev xav txog lig; kev khuv xim; 2. qhov khuv xim; qhov xav txog lig; —**regretable**, **regretful** *adj*; —**regretfully** *adv*.
regular, *adj*. 1. li qub; 2. nruab nrab; 3. li feem coob; 4. *tha mab das* (L)
regularly, *adv*. ib sij; tsis tu ncua
regulate, *v*. tswj; kav
regulation, *n*. cai; kev cai; cai tswj kav
regurgitate, *v*. 1. ua dua; xyaum dua; qog; raws qab; 2. ntuav; ntuav tawm rov los; nti tawm rov los; —**regurgitation** *n*.
rehab, *v*. 1. ua kom rov zoo los; 2. ua kom rov siv tau (saib *rehabilitate*)
rehabilitate, *v*. 1. ua kom rov zoo los; 2. ua kom rov siv tau; —**rehabilitation** *n*.
rehearsal, *n*. kev xyaum (xws li xyaum ua yeeb yam nyob sam thiaj rau tib neeg saib)
rehearse, *v*. xyaum; kawm
reign, *n*. hwj chim los yog kev kav teb chaws ntawm huab tais; -*v*. kav li huab tais
reimburse, *v*. ntxiv nyiaj; them nyiaj rau tus neeg uas nws siv nws li ua ntej lawm
reimbursement, *n*. 1. kev ntxiv nyiaj rov qab; kev them rov qab; 2. yam them rov qab
rein, *n*. 1. txoj hlua tawv uas khi rau tsiaj los yog tswj tsiaj; 2. qhov siv ua lub zog los tswj los yog kav suav daws; 3. kev tswj, kev coj, los yog kev txwv; -*v*. tswj; kav
reincarnate, *v*. thawj thiab; yug dua
reincarnation, *n*. kev thawj thiab
reindeer, *n*. ib hom mos lwj loj loj nyob puag sab qaum teb
reinforce, *v*. 1. rov txhawb zog; txhawb qab (xws li xa tub rog mus ntxiv rau cov tom hau ntej); 2. kho kom haj yam khov tuaj
reinforcement, *n*. 1. kev txhawb qab; 2. kev kho kom khov tuaj
reinstate, *v*. 1. kho kom rov zoo li qub; 2. rov hais dua; 3. rov zuag qhov qub; —**reinstatement** *n*.
reiterate, *v*. rov hais dua; —**reiteration** *n*.
reject, *v*. 1. xyeej; tsis txais; yig; 2. thawb tawm; thau tawm
rejection, *n*. kev tsis txais; kev xyeej
rejoice, *v*. zoo siab
rejoin, *v*. 1. koom dua; 2. teb (lus)
rejoinder, *n*. lus teb
rejuvenate, *v*. ua kom hluas rov tuaj; ua kom hluas; —**rejuvenation** *n*.
relapse, *v*. rov mob dua; rov mob tuaj; -*n*. tus qub mob rov sawv tuaj; tus qub mob rov ciaj tuaj
relate, *v*. 1. piav rau; qog qhia rau; 2. qhia caj ceg ntawm ob tog; 3. muaj kev txheeb ze
relation, *n*. 1. kev raug zoo; 2. kev txheeb ze; kev sib paub
relationship, *n*. kev txheeb ze
relative, *n*. 1. txheeb ze; 2. kwv tij neej tsa
relatively, *adv*. 1. tsawv; tsiam tsawv; 2. nyob rau qhov nruab nrab
relax, *v*. 1. so; 2. xoob ib ce
relaxation, *n*. 1. kev ua kom ib ce xoob; 2. kev so nyob twb ywm yam

tsis xav txog dab tsi li
relay, *n*. khoom pab cuam los yog kev pab cuam (xws li tub rog tuaj txhawb); *-v*. hla dhau tej theem tej theem mus
release, *v*. 1. tso tawm; 2. daws; 3. xoob
relegate, *v*. muab txo qeb duas mus tuav qhov me dua; muab hloov mus rau lwm qhov los yog lwm pawg; —**relegation** *n*.
relent, *v*. ua kom xoob me me; thim me me; tso tseg
relentless, *adj*. tsis xoob ib qho li; nruj los yog phem npaum qub
relevance, *n*. kev sib nqe los yog cuam tshuam txog qhov hauj lwm; qhov tseem ceeb rau qhov hauj lwm; —**relevancy** *n*.
relevant, *adj*. tseem ceeb rau qhov teeb meem; muaj feem sib txuam
reliability, *n*. kev ntseeg tau; kev meej tseeb; kev txaus ntseeg
reliable, *adj*. 1. ntseeg tau; txaus ntseeg; 2. tso siab tau rau
reliance, *n*. kev tso siab rau; los ntawm txoj kev tso siab rau
reliant, *adj*. tos lwm tus pab xwb; ua tsis tau tus kheej
relic, *n*. 1. yam uas suav daws tseem hais nco ntsoov; 2. txoj lw uas suav daws tseem pom
relief, *n*. 1. kev pab cuam; 2. kev tshem qhov hnyav tawm
relieve, *v*. 1. pab cawm; pab cuam kom dim; 2. tshem tawm; rho tawm
religion, *n*. dab qhuas; kev ntseeg
religious, *adj*. ntsig txog dab qhuas los yog kev ntseeg
relinquish, *v*. 1. rhuav tshem; rho tawm; 2. tso tseg mus; —**relinquishment** *n*.
relish, *v*. nyiam; *-n*. 1. kev nyiam los yog txaus siab rau; 2. cov kua txuj lom uas qab heev
relive, *v*. 1. rov ua lub neej dua; 2. rov xav txog
relocate, *v*. rhais chaw; khiav chaw rau qhov tshiab; —**relocation** *n*.
reluctant, *adj*. xom phij; tsis tshua yeem; yig; —**reluctancy** *n*; —**reluctantly** *adv*.
rely, *v*. cia siab rau; vam; tos lwm tus neeg xwb
remain, *v*. 1. nyob; 2. tshuav; 3. seem
remainder, *n*. qhov seem; qhov tshuav
remains, *n*. 1. qhov seem los yog txoj lw; 2. neeg tuag lub cev; qhov seem ntawm tus neeg tuag
remark, *n*. lus ntsig txog ib qho dab tsi (xws li lus qhib los yog kaw rooj sib tham); *-v*. hais txog qhov yus xav los yog pom
remarkable, *adj*. zoo heev li; zoo tshaj plaws li
remedial, *adj*. npaj kho kom zoo dua qub
remedy, *n*. 1. tshuaj; 2. yam uas yuav kho kom zoo; *-v*. kho
remember, *v*. nco qab; nco ntsoov; nco txog
remembrance, *n*. 1. dab muag; qhov ua rau yus nco qab txog; 2. kev nco qab txog ib qho dab tsi
remind, *v*. hais kom nco qab
reminisce, *v*. nyiam nco txog los yog hais txog yav dhau los
reminiscence, *n*. 1. kev xav txog yav dhau los; 2. tej yam uas nco ntsoov txog yam dhau los
reminiscent, *adj*. ntsig txog yav dhau los
remiss, *adj*. tsis xyuam xim thaum ua hauj lwm; tsis ua zoo xyuas
remission, *n*. 1. kev zam txim rau txoj kev ua txhaum; 2. qhov nyiaj xa mus them neeg; 3. kev nqes rau qhov qes zog los yog me zog lawm (xws li mob nkeeg zoo zog lawm)
remit, *v*. 1. zam txim; 2. them nyiaj rau
remittance, *n*. cov nyiaj them nqe
remnant, *n*. ib qhov me me; qhov seem me me
remodel, *v*. kho los yog hloov tshiab rau (xws li kho tsev)
remonstrance, *n*. kev tawm tsam; kev tsis pom zoo
remonstrate, *v*. 1. tawm tsam; 2. tsis pom zoo; cav; 3. txwv
remorse, *n*. 1. mluas; ntsoos; 2. tu siab; —**remorseful** *adj*; —**remorseless** *adj*.
remote, *adj*. 1. nrug deb heev (xws li nyob deb nroog loj heev); 2. mus tsis txog los yog nrhiav tsis pom; 3. nyob deb deb tswj los yog tsav
removal, *n*. kev muab tshem los yog rho tawm
remove, *v*. tshem; hle; rho; thau

remunerate, *v.* them; them nyiaj rau; —**remuneration** *n.*
remunerative, *adj.* tau ntau los
renaissance, *n.* 1. kev yug dua los yog rov sawv los dua; 2. pib dua tshiab
renal, *adj.* ntsig txog lub raum
renal artery, *n.* txoj hlab ntshav liab uas yug ob lub raum
renal capsule, *n.* tawv raum
renal column, *n.* nreej raum
renal corpuscle, *n.* hnab xov ntshav raum
renal cortex, *n.* nqaij ntshiv raum
renal medulla, *n.* ntxaij raum
renal pelvis, *n.* ncauj cug zis raum
renal papilla, *n.* pob ntshuas ntxaij raum
renal pyramid, *n.* ntshuas ntxaij raum
renal tubule, *n.* xov xau kua zis
renal vein, *n.* txoj hlab ntshav dub los rau hauv ob lub raum
rend, *v.* muab dua; dua ua ntuag tag
render, *v.* 1. muab cob rau los yog muab tso tseg; 2. ua hauj lwm pub rau lwm tus neeg; 3. ua kom peem tsheej; 4. hloov mus ua
rendezvous, *n.* 1. chaw teem sib tham; 2. kev sib tham nyob rau qhov chaw uas teem tseg
rendition, *n.* daim (xws li daim tshiab, daim ib); lawj
renegade, *n.* tus neeg ntxeev siab mus koom nrog ib pab tshiab; tus khiav tawm mus
renege, *v.* thau tawm ntawm txoj kev cog lus; hla kev cog lus
renew, *v.* 1. ua tshiab los yog hloov tshiab; pib tshiab; 2. txuas mus ntxiv
renounce, *v.* thim; zeem; thau tawm
renovate, *v.* ua dua tshiab; hloov dua tshiab; kho tshiab
renovation, *n.* kev ua dua tshiab los yog kho dua tshiab
renown, *n.* neeg paub ntau heev los yog hwm heev; neeg muaj koob muaj npe
renowned, *adj.* nrov npe heev; muaj npe heev
rent, *v.* pob; ntiav; qhwv (used by Hmong Yunnan); *xauj* (L); *-n.* 1. nqe tsev; 2. kab ntuag nyob ntawm tsoos tsho
renunciation, *n.* kev thim; kev zeem los yog thau tawm
reorganize, *v.* pib dua; rov teeb dua; rov npaj dua
repair, *v.* 1. ntxiv (xws li ntxiv khaub ncaws); 2. kho (xws li kho qeej); 3. hloov (xws li hloov ru tsev)
repairman, *n.* tus kho; tus kws kho ub kho no
reparation, *n.* nyiaj them los kho ib yam dab tsi
repartee, *n.* cov lus teb uas teb tau zoo heev los yog ntse heev
repast, *n.* rooj mov noj; ib pluag noj
repay, *v.* them rov qab
repeal, *v.* 1. tso tseg; 2. rhuav
repeat, *v.* hais dua; ua dua
repeatedly, *adv.* pheej; rov; dua; ib sij
repel, *v.* 1. tshem tawm; caum tawm; 2. tiv thaiv; tawm tsam; 3. yig; xyeej; tsis yeem
repent, *v.* 1. lees txim txhaum; 2. xav txog lig; khuv xim
repercussion, *n.* qhov tshwm sim los ntawm yam yus ua los yog hais
repertoire, *n.* qhov yeeb yam uas lub chaw hauj lwm los yog tus neeg ua yeeb yam yuav ua tau
repertory, *n.* 1. yeeb yam; 2. chaw ua yeeb yam
repetition, *n.* kev ua los yog hais mus mus los los qhov qub; zaj qub
repetitious, *adj.* qhov qub xwb; mus mus los los qhov qub xwb
repetitive, *adj.* qhov qub xwb; mus mus los los qhov qub xwb
repine, *v.* qhia tawm txoj kev tsis zoo siab
replace, *v.* hloov; pauv; txauv
replenish, *v.* 1. txhab ntxiv rau; 2. nrhiav qhov tshiab los ntxiv; —**replenishment** *n.*
replete, *adj.* puv puv
replica, *n.* qhov qog qab los yog ua zoo tib yam
replicate, *v.* qog qab; raws qab; —**replication** *n.*
reply, *v.* teb; teb rov qab; *-n.* lus teb
report, *v.* thoob xo; fi xov; tshaj tawm; qhia rau lwm tus hnov; *-n.* 1. daim ntawv qhia tes hauj lwm; daim xov xwm; 2. qhov xov xwm
report card, *n.* daim ntawv qhia saib me nyuam kawm ntawv tau zoo li cas
repose, *v.* so; tsis ua dab tsi; *-n.* 1. kev

so; 2. kev nyab xeeb; kev nyob twb ywm
repository, *n.* chaw cia khoom
repossess, *v.* 1. rov tau ua tus tswv; 2. tau rov los
reprehend, *v.* 1. txwv, 2. cem; 3. rau txim rau
reprehensible, *adj.* tsim nyog raug cem
represent, *v.* 1. sawv cev; 2. tam; 3. ua kis rau
representation, *n.* kev sawv cev; kev ua qauv los yog yam ntxwv
representative, *n.* kis; tus kis; tus neeg sawv cev los yog ua hauj lwm tam suav daws
repress, *v.* 1. thaiv tseg; tuav tseg; 2. yuam; nias; txov
repression, *n.* 1. kev yuam; kev txov kom sawv tsis taus; 2. kev thaiv tseg los yog tuav tseg
repressive, *adj.* siab phem quab yuam heev; tsiv heev
reprieve, *n.* 1. kev zam tsis muab rau txim; 2. laug lub caij mus tsis muab rau txim
reprimand, *v.* 1. cem; yws; 2. rau txim rau
reprisal, *n.* kev tawm tsam los yog pauj kua zaub ntsuab
reprise, *n.* 1. kev hais qhov qub ntau zaug; 2. kev rov hais txog qhov qub; 3. suab paj nruas uas hais mus hais los kab qub; -*v.* 1. rov ua qhov qub; 2. rov hais qhov qub
reproach, *n.* 1. kev poob ntsej muag; 2. kev cem; kev thuam; 3. kev tsis pom zoo; -*v.* tsis pom zoo; —**reproachful** *adj.*
reprobate, *n.* neeg phem; neeg tsis zoo
reprobation, *n.* kev tsis pom zoo
reproduce, *v.* 1. rov muab tsim tawm dua; rov muab ua tshiab; 2. ua me nyuam
reproduction, *n.* kev muaj me nyuam muaj tub muaj ki; kev tsim noob tseg kom txhob tu ncua
reproof, *n.* kev liam los yog muab txim txhaum rau ris
reprove, *v.* 1. tsis pom zoo; 2. qhia tawm tias tsis txaus siab
reptile, *n.* ib hom puam coos khem; ib hom nab qas dev
republic, *n.* lub teb chaws uas tus thawj hau teb chaws thiab cov nom tswv yog pej xeem xaiv; lub teb chaws uas tsis muaj huab tais
republican, *adj.* 1. ntsig txog tus tseem fwv uas xaiv los ntawm pej xeem; 2. ib pawg fai nroog nyob teb chaws Mes Kas
repudiate, *v.* tsis kam raus tes rau; tsis lees; tsis thab; —**repudiation** *n.*
repugnant, *adj.* 1. cov nyom tus kheej txoj kev ntseeg los yog kev coj; 2. phem; qias neeg; —**repugnance** *n.*
repulse, *v.* 1. ntaus rov qab; thawb tawm; tiv thaiv; 2. tsis lees; tsis txais
repulsive, *adj.* tsim kev phem kev tsis zoo; nrhiav teeb meem
reputable, *adj.* muaj koob muaj npe zoo
reputation, *n.* koob meej; suab npe
repute, *v.* 1. saib; tso; 2. txiav txim siab; ntaus nqi tias; -*n.* npe; koob meej
request, *v.* thov; tim tsum; -*n.* kev thov; kev tim tsum
requiem, *n.* 1. ib pawg neeg mus saib tus tuag; 2. zaj nkauj cov neeg hais rau tus tuag; 3. tej yam uas ua rau tus neeg tuag
require, *v.* 1. yuav tsum muaj (thiaj dhau); 2. xav tau
requirement, *n.* qhov yuav tsum muaj thiaj dhau tau
requisite, *adj.* yuav tsum muaj ua ntej
requisition, *n.* qhov yuav tsum muaj ua ntej
requite, *v.* 1. tawm tsam; 2. pauj kua zaub ntsuab
rescind, *v.* 1. muab tso tseg; 2. thim tawm
rescue, *v.* cawm; pab; -*n.* kev pab cuam
rescuer, *n.* cawm seej; tus cawm seej; tus pab cawm
research, *v.* tshawb fawb; nrhiav; -*n.* kev tshawb fawb
resemblance, *n.* kev zoo sib xws; qhov zoo ib yam
resemble, *v.* muaj ntsis xws; zoo xws
resent, *v.* 1. tsis nyiam; ntxub; 2. meem txom; —**resentful** *adj*; —**resentment** *n.*
reservation, *n.* 1. kev tshwj tseg; 2. kev muaj tej yam qhia tsis tau; qhov qiag
reserve, *v.* tshwj tseg; -*n.* 1. yam tshwj

tseg; 2. cov tub rog uas nyob tom qab tos
reserved, *adj*. 1. dub muag; 2. tsis tshua hais lus
reservoir, *n*. 1. pas dej uas toov tseg; 2. chaw rau khoom
reset, *v*. rov qhib dua; rov pib dua; rov caws dua
resettle, *v*. khiav mus nyob rau
resettlement, *n*. kev khiav mus nyob rau lwm qhov chaw
reside, *v*. nyob; nyob rau ntawd
residence, *n*. chaw nyob; vaj tse
resident, *n*. neeg nyob ntawm ib qhov chaw los yog ib lub tsev
residue, *n*. qhov seem
resign, *v*. tawm hauj lwm
resignation, *n*. kev tawm hauj lwm
resilience, *n*. lub peev xwm ua tau los yog hloov tau yam yooj yim; muaj peev xwm rov nyob tus yees zoo li qhov qub
resilient, *adj*. muaj peev xwm nyob tus yees zoo li qhov qub (cuag yeej tsis muaj teeb meem li); muaj teeb meem dhau los rov nyob khov kho li qub
resin, *n*. roj ntoo nyoos
resist, *v*. 1. tiv; nres; 2. nyom; tawv; kwv
resistance, *n*. 1. kev tiv thaiv; 2. kev tawm tsam txheej siab los yog tseem fwv
resistant, *adj*. pov puag zoo; thaiv zoo
resolute, *adj*. khov kho; txiav txim siab tuag nthi; —**resolutely** *adv.*
resolution, *n*. 1. hom phiaj los yog tswv yim daws teeb meem; 2. txheej txheem daws teeb meem; 3. kev txiav txim siab khov kho txog lub hom phiaj
resolve, *v*. daws teeb meem; nrhiav kev tawm; —**resolvable** *adj.*
resonant, *adj*. sab ntev; ntsig txog suab sab ntev; —**resonance** *n.*
resort, *n*. 1. kev pab cuam; 2. chaw ncig ua si; 3. chaw so; chaw pw; -*v*. ib sij mus ib zaug
resound, *v*. muaj suab puv nkaus
resounding, *adj*. txaus qhuas; txaus nyiam kawg
resource, *n*. 1. kev pab; 2. nyiaj txiag; 3. peev xwm mus daws qhov teeb meem; lub zog; peev txheej
respect, *v*. saib taus; saib rau lub sam xeeb; hwm; fwm; -*n*. 1. kev sib nqe los yog sib cuam tshuam txog lwm yam; 2. kev saib rau lub sam xeeb; 3. txhua txhua yam
respectable, *adj*. tsim nyog hwm los yog muab saib rau lub sam xeeb
respectful, *adj*. tsim nyog hwm los yog muab saib rau lub sam xeeb; —**respectfully** *adv*.
respective, *adj*. 1. tus kheej; 2. tsi ntsees rau ib qho twg
respectively, *adv*. 1. ntsig txog txhua txhua tus; 2. ib tus zuj zus sib raws zaws
respiration, *n*. kev ua pa; pa
respirator, *n*. lub tshuab pab ua pa; twj rau pa
respite, *n*. kev ncua los yog so ib pliag; kev so
resplendence, *n*. kev ci ntsa iab
resplendent, *adj*. ci ntsa iab
respond, *v*. 1. teb; 2. nti; tawm tsam
response, *n*. 1. cov lus teb; 2. kev teb; kev nti los yog tawm suab
responsibility, *n*. 1. feem xyuam; 2. hauj lwm; 3. ntiag tug
responsible, *adj*. saib xyuas; lis
responsive, *adj*. teb sai; lis sai heev; siab sib
rest, *v*. 1. so; 2. theem; nres; 3. nyob; zaum; -*n*. qhov seem
restaurant, *n*. khw noj mov
restitution, *n*. 1. kev kho ib yam dab tsi kom rov zoo li qub; 2. nyiaj them kev txhaum rau ib tus neeg
restive, *adj*. tsis kaj siab; nyob tsis tsheej; nyob tsis tswm
restless, *adj*. 1. tsis so li; 2. mus tas li; 3. nyob tsis tswm; nyob tsis tsheej
restore, *v*. 1. muab rov qab; 2. kho kom zoo li qhov qub
restrain, *v*. 1. khuam tes khuam taw; 2. tuav tseg; kaw; 3. caiv; txav tsis tau
restraining order, *n*. cai lij choj txwv tsis pub ib tus neeg txav ze lwm tus neeg
restraint, *n*. kev khuam los yog tuav tseg; kev tswj tsis pub ua tau yooj yim
restrict, *v*. txwv; txwv tsis pub hla dhau nrim
restroom, *n*. chav dej; tsev dej; chaw plob; tsev plob; chaw tawm rooj

result, *n.* qhov kawg; qhov xaus; thaum xaus; -*v.* 1. xaus; 2. tsim tawm
resume, *n.* daim ntawv qhia txog tus kheej; tus kheej lub neej; -*v.* rov pib dua; rov ua dua tom qab uas muaj kev khuam me ntsis
résumé, *n.* daim ntawv qhia txog tus kheej; tus kheej lub neej
resurgence, *n.* kev sawv rov los
resurgent, *adj.* sawv; rov sawv los; rov sawv tuaj
resurrect, *v.* 1. sawv hauv qhov tuag rov los; 2. coj rov los siv dua
resurrection, *n.* kev sawv hauv qhov tuag rov los
resuscitate, *v.* cawm dim txoj kev tuag rov los; cawm kom ciaj sia rov los
resuscitation, *n.* kev pab cawm kom ciaj sia rov los
retail, *n.* khw muag khoom; -*v.* muag ib qho me ntsis los yog muag ncaj qha rau tus siv (tsis yog muag tsheej thooj)
retain, *v.* khaws; tuav rawv
retainer, *n.* 1. tus neeg ua hauj lwm rau lwm tus neeg; 2. nuj nqes them ua ntej rau qhov hauj lwm uas kom lwm tus neeg pab ua; 3. tus neeg tu tsev; 4. cov xov tuav cov kaus hniav kom txhob txav
retaliate, *v.* pauj kua zaub; ua pauj; rov caub; rob caub
retaliation, *n.* kev pauj kev chim siab; kev pauj kua zaub ntsuab
retard, *v.* tuav tseg
retardation, *n.* 1. kev ruam tsis paub hais lus; 2. kev poob qab; 3. kev ua kom qeeb
retarded, *adj.* qeeb los yog tsis meej pem
retch, *v.* sim ntuav tawm; ntuav
retention, *n.* kev ceev tseg los yog tuav tseg (yam txhob pub tawm mus)
reticent, *adj.* 1. tsis hais lus li; tsis npaj yuav tham los yog hais lus; 2. dub muag; dub muag nciab; dub muag txig; —**reticence** *n.*
retina, *n.* cov xov ntshav los yog npluag hlab ntsha hauv lub qhov muag
retinue, *n.* cov pej xeem los yog cov neeg uas nyiam raws tej tus neeg uas muaj koob meej heev
retire, *v.* so tsis ua hauj lwm lawm; tawm hauj lwm lawm; tso tseg tsis ua hauj lwm lawm; so dej num lawm; —**retirement** *n.*
retiring, *adj.* txaj muag
retort, *v.* teb chim nyov; -*n.* lus teb yam chim tsawv
retrace, *v.* taug qab dua; rov taug dua los yog hais dua
retract, *v.* 1. thim; 2. thau tawm; thau hau; 3. thaub
retreat, *v.* thim rov los (xws li tub rog thim rov qab); -*n.* ib qhov chaw nyob ntsiag to zoo kawm ntawv los yog zoo kawm txuj ci
retrench, *v.* txiav tawm (xws li txiav nuj nqes); —**retrenchment** *n.*
retribution, *n.* kev ua pauj; kev pauj kev chim
retrieve, *v.* 1. tshawb los; 2. muab los; tau los
retriever, *n.* dev raws nqaij; dev khaws nqaij
retroactive, *adj.* 1. suav yav dhau los tib si; 2. muab hnub pib ua hauj lwm los yog hnub pib txoj cai thaub qab rov mus rau lub caij nyoog dhau los
retrograde, *adj.* 1. thaub qab; thaub rov qab; 2. phem tshaj qhov qub lawm
retrogress, *v.* mus rov qab; tig rov qab
retrospect, *n.* kev saib rau yav dhau los; kev xav txog qub qab
return, *v.* 1. rov qab mus; 2. rov qab tuaj; 3. rov qab los; -*n.* 1. kev tig rov qab; 2. cov suab xaiv nom; 3. cov nyiaj tau los
reunify, *v.* rov qab los ua ke dua; sau ua ke dua; —**reunification** *n.*
reunion, *n.* kev rov sib ntsib ntawm tej neeg uas sib ncaim ntev lawm
revamp, *v.* kho; kho kom zoo los yog kom ua hauj lwm
reveal, *v.* 1. nthuav tawm; 2. qhia; 3. cem los yog qhib rau suav daws pom; thws
reveille, *n.* suab tswb tsa tub rog sawv
revel, *v.* 1. koom kev lom zem; 2. muaj kev zoo siab heev; -*n.* ib lub rooj lom zem los yog rooj zoo siab
revelation, *n.* kev zoo siab; tej yam uas ua tau zoo siab heev
revenge, *v.* pauj kev chim siab; pauj kua zaub ntsuab; ua pauj; rov caub;

-*n*. kev sib pauj
revenue, *n*. nyiaj uas tseem fwv sau los
reverberate, *v*. ntxhe; suab ntxhe (suab zab) nrov rov tuaj; —**reverberation** *n*.
revere, *v*. 1. hwm; 2. hawm; 3. pe; txhos caug thov
reverend, *adj*. tsim nyog hwm
reverie, *n*. npau suav nruab hnub
reverse, *v*. 1. thim rov qab; thaub; 2. ntxeev; -*adj*. sab nraud; ntxeev; -*n*. 1. qhov uas sib cov nyom; 2. hloov mus rau qhov phem dua
reverse appliqué, *n*. paj ntaub txiav
revert, *v*. tig los yog hloov rov mus rau qhov qub; rov qab mus rau qhov qub; —**reversion** *n*; —**revertible** *adj*
review, *v*. 1. saib xyuam dua; 2. tshuaj ntsuam; -*n*. kev tshuaj ntsuas; kev saib xyuas ib zaug dua
revile, *v*. cem; hais lus phem heev; —**revilement** *n*.
revise, *v*. 1. kho ntaub ntawv; kho kev sau ntawv; 2. ua ib qho tshiab
revision, *n*. 1. kev kho dua tej ntaub ntawv yuav rov luam dua; 2. qhov tshiab; qhov kho tshiab
revival, *n*. kev cawm tau ciaj rov los
revive, *v*. 1. cawm ciaj sia rov los; 2. kho tau zoo rov los siv dua
revocation, *n*. kev rho tawm; kev thim dab tsi tawm
revoke, *v*. 1. rho tawm; 2. thim tawm; 3. rhuav pov tseg
revolt, *v*. 1. sawv ntxeev; 2. sawv tawm tsam; 3. sawv ua rog; -*n*. kev sawv rog tawm tsam tseem fwv
revolting, *adj*. txaus chim siab heev
revolution, *n*. 1. kev sawv rog tawm tsam tseem fwv; 2. kev pauv hloov loj heev ntawm ib yam dab tsi; 3. kev kiv ncig los yog kiv puag ncig
revolutionize, *v*. hloov ceev heev; hloov loj heev thoob plaws haiv neeg los yog lub teb chaws
revolve, *v*. tig; kiv
revolver, *n*. yaj phom
revulsion, *n*. kev tsis nyiam ib qho li
reward, *n*. 1. nqi zog; 2. kev txhawb siab; 3. kev yeej ib yam dab ti; 4. khoom txhawb siab; -*v*. muab nqi tes rau
rewind, *v*. kiv rov qab; rov pib dua; -*n*. kev kiv rov qab mus rau tom hau paus
rewrite, *v*. sau dua; kho dua (kev sau ntawv)
rhapsody, *n*. kev mob siab; kev zoo siab
rhetoric, *n*. tswv yim hais lus los yog sau ntawv
rhesus, *n*. liab; ib hom liab
rhesus factor, *n*. ib cov kua nyob xyaw cov ntshav uas tej zaum ua rau muaj tsis taus me nyuam
rheumatic fever, *n*. mob npaws thiab o yas tes yas taw nrog
rheumatism, *n*. mob raws tej pob qij txha
rhinestone, *n*. ib hom pob zeb uas muaj nqis; zeb nuj
rhino, *n*. twj kum; twm kum
rhinoceros, *n*. twj kum; twm kum
rhinoceros beetle, *n*. kab pij nyug
rhinology, *n*. kev kawm txog txhua yam ntawm lub qhov ntswg
rhinopharyngitis, *n*. mob qhov ntswg
rhinoplasty, *n*. kev muab roj hmab kho rau lub qhov ntswg
rhinoscopy, *n*. lub teeb tsom saib qhov ntswg; kev tshuaj ntsuam lub qhov ntswg
rhododendron, *n*. ib hom nroj tsuag muaj paj
rhomboideus, *n*. nqaij ntshiv ntawm nplooj nrob qaum hauv nruab nrog
rhombus, *n*. plaub fab sib luag zos thiab mus sib raws ntsaws
rhubarb, *n*. ib hom zaub los yog nroj uas cov kav noj tau
rhyme, *n*. lus sib dho
rhythm, *n*. lub suab uas nrov sib luag zos mus
rhythm and blues, *n*. ib hom suab paj nruas ntawm cov neeg Dub
rib, *n*. 1. tav; txha tav; 2. yam uas nkhaus li tav; -*v*. thab; tso dag nrog
ribald, *adj*. 1. phem; qias neeg; 2. tsis du; tsis zoo
ribbon, *n*. 1. lub paj ntaub; lub paj uas muab ntaub muab xov ua; 2. lub txhim ntaub rau tshuab ntaus ntawv (*txhim* yog *ink*)
rib facet, *n*. cov qhov zawj ntawm yas txha nqaj qaum
riboflavin, *n*. ib hom tshuaj muaj zog
ribs, *n*. tav; cov tav

rice, *n*. 1. mov; 2. txhuv; 3. nplej
rice bowl, *n*. ntim; tais
rice gruel, *n*. kua dis
rice noodles, *n*. fawm; mij
rice water, *n*. kua ntxhai
rich, *adj*. nplua nuj; muaj nyiaj heev; muaj txiaj heev
riches, *n*. 1. nyiaj; txiaj; 2. kev nplua nuj
rickets, *n*. kab mob txha ntawm cov me nyuam yaus
rickety, *adj*. tshee tshee; tsis khov; tsis ruaj
ricksha, *n*. lub ki muaj log uas siv ib tus neeg cab
richshaw, *n*. lub ki muaj log uas siv ib tus neeg cab
ricochet, *v*. thaws rov los; tsoo thaws rov los; *-n*. kev tsoo thaws rov los
rid, *v*. tshem tawm; muab pov tseg
ridden, *adj*. 1. qhov loj; qhov ntau; 2. quab yuam; tsim txom; *-v*. caij (saib *ride*)
riddle, *n*. lus txhiaj txhais; txhiaj txhais
ride, *v*. 1. caij; 2. tsav; 3. thab; ua chim siab
rider, *n*. 1. tus caij los yog tus tsav; 2. kab lus uas muab txuas nrog
ridge, *n*. laj roob; nqaj roob
ridgepole, *n*. nqaj ru
ridicule, *v*. luag; thuam; saib tsis taus
ridiculous, *adj*. txaus luag; ruam
rife, *adj*. pawg pes lug; dav heev
riffraff, *n*. 1. neeg phem; neeg tsis muaj nqis; 2. kev vuab tsuab; kev qias neeg
rifle, *n*. phom; *-v*. nkag los tshawb, los txeeb los yog los nyiag
rift, *n*. kev sib nrug
rig, *v*. 1. dag; muab lwm tus neeg lem los ntawm txoj kev dag; 2. npaj ub no rau kom muaj txhij muaj txhua; 3. tsheb laij teb; tsheb thauj khoom; *-n*. twj ua ub ua no (xws li twj nuv ntses los yog twj tshau qhov av)
rigging, *n*. txoj hlua rub ntaub pus nkoj
right, *adj*. 1. yog; raug; 2. sab xis; *-n*. 1. cai; txoj cai; 2. sab xis
right atrium, *n*. taub plawv sab xis
right auricle, *n*. taub ncauj plawv sab xis
right brachiocephalic vein, *n*. raj ntshav dub sab xis ntawm hauv siab thiab taub hau
right bronchus, *n*. hlab ntsws sab xis
right coronary artery, *n*. leeg ntshav plawv liab sab xis
righteous, *adj*. ncaj ncees; dawb huv
righteousness, *n*. kev ncaj ncees; kev dawb huv
rightful, *adj*. raug cai
right gonadal vein, *n*. leeg ntshav dub ntawm chaw mos sab xis
right lung, *n*. ntsws sab xis
rightly, *adv*. yog heev; raug heev; zoo heev
right primary bronchus, *n*. hlab ntsws sab xis
right pulmonary artery, *n*. raj ntshav liab mus rau lub ntsws sab xis
right pulmonary vein, *n*. raj ntshav dub mus rau lub ntsws sab xis
right subclavian artery, *n*. hlab ntshav liab ntiag pwg sab xis
right ventricle, *n*. kem plawv sab xis
rigid, *adj*. nruj heev; nkhaus heev
rigmarole, *n*. kev tham tsis muaj lub muaj log; kev hais lus tsis muaj qab ntxhiab
rigor, *n*. 1. qhov tsis yooj yim; 2. kev tsis yooj yim; 3. qhov nruj; qhov tsiv
rigorous, *adj*. nyuaj kaug nkaus; tsis yooj yim kiag
rile, *v*. chim; ua rau chim siab; npau; npau taws; —**riley** *adj*.
rill, *n*. me nyuam kwj deg
rim, *n*. npoo (xws li npoo ntim)
rime, *n*. te
rind, *n*. txheej tawv tawv sab nraud
ring, *n*. 1. nplhaib; 2. kauj kheej kheej; 3. lub suab xov tooj nrov; *-v*. 1. nrov; 2. khij voj voog rau
ringer, *n*. 1. suab xov tooj; 2. tus neeg hloov lwm tus qhov chaw yam tsis raug cai; 3. tus neeg uas zoo li lwm tus neeg
ring finger, *n*. ntiv tes nplhaib; ntiv nplhaib
ringleader, *n*. tus thawj coj ntawm cov neeg phem
ringlet, *n*. 1. cov plaub hau ntev ntev, ntswj ntswj, thiab caws caws; 2. lub voj voog; luv yeej; lub nplhaib
ringworm, *n*. kab mob tawv nqaij uas sib kis tau

rink, *n.* chaw caij khau log
rinse, *v.* yaug; tsaug; -*n.* cov dej los yog cov kua uas siv yaug
riot, *n.* kev sib ntaus tawm tsam tseem fwv; sib ntaus nyob tom tej chaw muaj neeg coob coob
rip, *v.* dua; ua kom ntuag
ripe, *adj.* 1. siav; zoo noj lawm; 2. loj txaus lawm
ripen, *v.* ua kom siav los yog ua kom loj
ripoff, *n.* kev tub sab; kev dag noj; kev kaus noj; -*v.* nyiag; kaus; dag ntxias
ripple, *v.* 1. ntas; sawv sawv nqes nqes (xws li nthwv dej); nce nce nqes nqes; 2. ua kom muaj tej qhov su tej qhov saus; -*n.* 1. ntas; kev ntas; qhov su su saus saus; 2. kev nce nce nqes nqes
rise, *v.* 1. sawv; 2. nce; 3. su; -*n.* 1. qhov sawv siab; 2. hauv paus; 3. qhov siab; 4. ntau tuaj; 5. nce toj; 6. chaw siab
risk, *v.* pheej hmoo ua; -*n.* kev pheej hmoo
risky, *adj.* pheej hmoo heev; txaus ntshai heev
risqué, *adj.* 1. qhia tias muaj qhov tsiv saib los yog tsis raug ntsej raug muag; 2. ze rau txoj kev phem
rite, *n.* kab ke; kab lis kev cai
ritual, *n.* kab ke; kab lis kev cai
rival, *n.* yeeb ncuab; neeg sib twv nrog lwm pab
river, *n.* hav dej; dej
riverbank, *n.* ntug dej; ntug hav dej
riverbed, *n.* qhov av nyob nruab nrab ntawm ob sab ntug dej (uas feem ntau yog nyob hauv qab thu dej); thaj av nyob hauv qab thu dej
rivet, *n.* ib hom ntsia hlau
rivulet, *n.* me nyuam kwj deg
roach, *n.* kab laum
road, *n.* kev; kev loj; kev tsheb
roadblock, *n.* kev thaiv txoj kev tsis pub neeg los tsheb mus dhau
roadrunner, *n.* ib hom noog loj uas khiav ceev heev
roam, *v.* ncig rau ub rau no; ncig
roan, *adj.* liab doog uas muaj tej tee dawb los yog txho (feem ntau yog hais txog nees); tsos liab doog; -*n.* tawv yaj; tawv tsiaj
roast, *v.* 1. ci; ci nqaij; 2. thuam hnyav heev
rob, *v.* nyiag; huab
robber, *n.* tub nyiag; tub sab
robbery, *n.* kev nyiag lwm tus li khoom los ntawm txoj kev hem los yog ua phem rau; kev tu sab
robe, *n.* tsho tshaj sab; tsho ntev
robin, *n.* ntxias zoov; noog ntxias zoov nyob teb chaws Mes Kas
robot, *n.* neeg hlau
robust, *adj.* muaj zog heev thiab tsis muaj mob li; khov heev
rock, *n.* 1. zeb; pob zeb; tsua; pob tsuas; 2. ib hom nkauj uas nrov ceev ceev; -*v.* co; diaj
rocker, *n.* 1. lub rooj zaum uas diaj mus diaj los tau; 2. qhov nkhaus uas ua kom lub rooj diaj mus los tau
rocket, *n.* 1. foob pob hluav taws; 2. *cuaj luaj* (L); -*v.* sawv los yog ya mus rau saum ntuj
rod, *n.* 1. pas nrig; cwj nrig; 2. kev ntsuas uas ntev li 15 *yaj*
rode, *v.* caij; tsav (saib *ride*)
rodent, *n.* nas; nas tsuag; tsuag
rodeo, *n.* kev sib tw caij nees; cov neeg caij nees sib tw
roe, *n.* qe ntses
rogue, *n.* tus neeg tsis ncaj; neeg tsis zoo
roil, *v.* 1. ua rau tsaus huab los yog nkos nkos; 2. ua rau chim
role, *n.* lub luag hauj lwm; feem xyuam
roll, *v.* 1. dov; 2. kauv; -*n.* 1. kauj; pob; 2. npe neeg (xws li cov npe nyob hauv tsev kawm); 3. ib pob khoom noj los yog *nplem* ci
roller, *n.* 1. tus pas los yog tus hlau kheej kheej uas kiv mus los; 2. tus pas uas siv kauv dab tsi; 3. ntsawg dej hiav txwv
roller-blade, *v.* caij khau log (hom ua ib daig)
roller blades, *n.* khau log (hom ua ib daig)
roller-skate, *v.* caij khau log (hom ua log)
roller skates, *n.* khau log (hom ua log)
rollicking, *adj.* siab puv heev; zoo siab heev
Roman Catholic, *n.* kev ntseeg Kav Taus Liv; ib hom kev ntseeg ntuj
romance, *n.* 1. kev sib hlub; kev nkauj kev nraug; 2. dab neeg sib hlub

romantic, *adj*. 1. ntsig txog kev sib hlub; 2. ntxim muaj kev hlub heev
Rome, *n*. nroog Loos nyob teb chaws Iv Tas Lis
romp, *v*. ua siv zog heev los yog nrov heev
roof, *n*. ru tsev; ruv tsev; -*v*. vov tsev
rook, *n*. ib hom noog dub zoo li uab lag; -*v*. nyiag
rookie, *n*. tus neeg pib tshiab
room, *n*. chav; kem
roomful, *n*. 1. ntau npaum li lub chav ntim taus; 2. cov neeg nyob hauv lub chav
roommate, *n*. npoj yaig nyob ua ke ib chav tsev; tus neeg uas nyob tib chav tsev ua ke; neeg koom tsev los yog neeg koom chav
roomy, *adj*. chav dav heev; chaw dav heev
roost, *n*. tus nqaj los yog tus ceg rau noog tsaws; -*v*. tsaws ntawm tus nqaj los yog ceg
rooster, *n*. lau qaib
root, *n*. 1. cag; 2. caj ceg; 3. hauv paus; 4. qhov tseem ceeb; 5. cag hniav; hauv paus hniav; 6. hauv paus nplaig; -*v*. 1. khawb; dawj; rho; 2. pom zoo heev; txhawb qw ua tsoj ua tsaug
root canal, *n*. kwj cag hniav; plawv kwj hniav
rope, *n*. hlua
rosary, *n*. 1. txoj saw hlaws uas hauj sam siv thaum thov ntuj; 2. Kav Taus Liv li kev ntseeg
rose, *n*. paj ntshua nplaim; ib cov paj liab liab; -*v*. sawv (saib *rise*)
rosemary, *n*. ib hom paj tsw tsw qab
rosette, *n*. lub paj uas muab ntaub ua uas zoo li paj ntshua nplaim
Rosh Hashanah, *n*. cov neeg Ntsuj lub tsiab peb caug thaum lub 9 hlis los yog 10 hli ntuj
rosin, *n*. roj ntoos; roj ntoo siav
roster, *n*. ib leej npe neeg; ib kab npe neeg
rostrum, *n*. sam thiaj hais lus; rooj hais lus
rosy, *adj*. 1. liab li paj ntshua nplaim; 2. cia siab heev; ntxim nyiam heev
rot, *v*. lwj
rotary, *adj*. kiv; ncig
rotate, *v*. tig los yog kiv ncig lees; ntxeev
rotation, *n*. ntxeev; ncig
rote, *n*. qhov uas ua mus ua los ces txog caij thaum twg ces cia li nco qab txog li lawm
rotor, *n*. lub kiv los yog tig
rotten, *adj*. lwj; lwj lwj
rotund, *adj*. rog rog; kheej kheej
rotunda, *n*. 1. tsev kheej; lub tsev kheej kheej; 2. chav uas kheej kheej; 3. chav uas lub nthab los yog ru tsev nyob siab siab heev (xws li ntawm tej tsev ntiav pw)
roué, *n*. tus txiv neej uas tsis paub cai; tus txiv neej liam
rouge, *n*. tshuaj pleev plhu
rough, *adj*. 1. ntxhib; tsis du; 2. phem; tsiv; nruj; 3. chawv
roughage, *n*. khoom noj uas ntxhib ntxhib
roughen, *v*. ua kom ntxhib los yog kom txhob du
rough endoplasmic reticulum, *n*. txheej zas siv tuav cov keeb (*keeb* yog *cell*)
roughneck, *n*. tus neeg tsis paub cai; neeg liam
roulette, *n*. ib hom kev twv txiaj
round, *adj*. 1. kheej kheej; 2. kawg kawg; kwv yees; 3. nceeg (xws li tawg qeej ib nceeg); 4. cau; cau cau (xws li cau pliaj); -*v*. 1. kwv yees; 2. mus ib nceeg; mus ib ncig; 3. ua tag; 4. puag nceeg; puag ncig; -*prep*. puag ncig; ib lwm
roundabout, *adj*. lug lug; tsis ncaj nraim
round ligament, *n*. leeg tuav tsev me nyuam
round ligament of uterus, *n*. txoj leeg tsev me nyuam
roundtrip ticket, *n*. daim *pib* mus rov; daim *thiv kem* mus rov
roundup, *v*. 1. sau; muab coj los ua ke; 2. muab xam kiag ua ke; zuag
round window, *n*. qhov rais kheej kheej
rouse, *v*. 1. sawv hauv dab ntub los; 2. tsim kom sawv tuaj
rout, *n*. 1. lub caij ntxhov quav niab; 2. cov neeg poob qab los yog neeg pluag; 3. ib pawg neeg los yog tsiaj; 4. kev swb loj heev; 5. ib qho teeb meem uas yog ib pab neeg sawv

tawm tsam ib yam dab tsi thiab tsoo ub tsoo no; -*v*. 1. yeej loj heev; 2. sib tw khiav

route, *n*. kev; txoj kev

routine, *n*. 1. qhov niaj hnub ua; qhov qub; 2. kab ke; —**routinely** *adv*.

routinize, *v*. ua kom muaj caij; ua kom swm caij

rove, *v*. laij rau ub rau no; ncig rau ub rau no

row, *v*. nquam (li nquam nkoj); -*n*. 1. kab; txoj kab; leej; ib leej ib leej; 2. leej rooj; 3. kev sib ceg nrov heev

rowdy, *adj*. lwj liam; phem; -*n*. neeg liam; neeg tsis nyiam huv

royal, *adj*. ntsig txog tsev neeg huab tais; -*n*. noob huab tais

royalty, *n*. 1. kev uas raws huab tais; 2. noob huab tais; 3. nyiaj them rau tus tsim los yog tus sau

rub, *v*. zuaj; mos; plhws

rubber, *n*. roj hmab; cob (li ntoo cob)

rubbish, *n*. khoom qias; khoom pov tseg; khoom vuab tsuab

rubble, *n*. pob a los yog tej yam me me uas tawg los ntawm lub tsev uas muab tsoo tag

rubella, *n*. qhua taum; mob qhua taum; ib hom mob uas tsis zoo rau cov poj niam cev tsis tab seeb

ruble, *n*. txiaj Lav Xias; txiaj teb chaws Lav Xias

ruby, *n*. zeb nuj; ib hom pob zeb liab uas muaj nqis heev

rudder, *n*. tus tig los yog lem ko tw dav hlau los yog tw nkoj

ruddy, *adj*. liab tseb

rude, *adj*. 1. tsis paub cai; 2. phem; siab phem

rudiment, *n*. 1. yam uas tsis tau loj hlob txaus los yog tsis tau zoo txaus; 2. qhov qes qes los yog theem pib; qhov pib ntawm ib qho kev kawm dab tsi; —**rudimentary** *adj*.

rue, *v*. xav txog lig; tu siab

ruffian, *n*. neeg siab phem

ruffle, *n*. 1. ib txoj saw hlab coj ntawm caj dab; 2. noog kab plaub txaij txaij ncig ntawm caj dab; 3. qhov saus los yog su me me ntawm daim npoo; -*v*. 1. ua rau tsis du du lawm; 2. ntxias txoj saw hlab coj ntawm caj dab; 3. nthuav phau ntawv; 4. tov *phaib* los yog *xav phaib* (L)

rug, *n*. ntaub pua taw rooj

rugged, *adj*. 1. ntxhib heev; tsis du li; 2. phem heev; 3. khov heev

ruin, *v*. ua puas; rhuav; -*n*. 1. qhov seem ntawm txoj kev puas tsuaj; 2. kev puas tsuaj; —**ruinous** *adj*.

rule, *v*. kav; tswj; -*n*. 1. cai; 2. txoj kab ke; 3. tseem fwv

ruled, *n*. tus raug kav; tus pej xeem

ruler, *n*. 1. tus kav; tus tswj; tus nom; 2. pas ntsuas

rum, *n*. cawv kab tsib

rumble, *v*. 1. xyu; nroo; ua lub suab laus laus; 2. muab khoom sib tov nyob hauv lub thawv kiv; 3. neeg phem sib ntaus; -*n*. 1. suab xyu; suab nroo; 2. lub thawv tov khoom; 3. chaw rau khoom nyob ntawm qab tsheb

ruminant, *n*. hom tsiaj muaj rau xws li nyuj los yog mos lwj

ruminate, *v*. 1. xav txog; 2. npaj; —**rumination** *n*.

rummage, *v*. tshawb zoo zoo; tshawb txhij txhua

rummy, *n*. ib hom kev ua *phaib*

rumor, *n*. lus xaiv; lus cua; lus moo cua; lus tsis tseeb

rump, *n*. tog pob tw ntawm tus tsiaj

rumple, *v*. muab ua caws; ua caws

rumpus, *n*. 1. kev ua meem txom lwm tus neeg; 2. kev tsim teeb meem

run, *v*. 1. dhia; khiav; hom khaj; 2. sib tw (xws li ua nom); 3. dhia tshuab los yog siv lub tshuab ua hauj lwm

runaround, *n*. kev hais lug ub lug no kom dhau

runaway, *v*. khiav mus tsis los tsev; -*n*. 1. kev khiav niam khiav txiv mus tsis los tsev; 2. tus neeg khiav kev txhaum

rundown, *adj*. puas puas; qub qub lawm

rung, *v*. nrov (saib *ring*); -*n*. qhov tiaj tiaj ntawm lub rooj zaum los yog tus ntaiv

runner, *n*. tus neeg sib tw khiav

runnerup, *n*. tus neeg uas sib tw tau thib ob

running, *adj*. 1. los los (xws li dej los); 2. tsis tu ncua

runny nose, *n*. los ntswg ntshiab

run off, *v*. luam (luam ntawv)

runt, *n*. tus neeg me me los yog tus tsiaj me me

runway, *n.* tshav dav hlau
rupee, *n.* txiaj Is Dias; txiaj teb chaws Is Dias
rupture, *v.* 1. tawg; 2. pluam
rural, *adj.* ntug zos; ntsig txog tom ntug zos los yog liaj teb
ruse, *n.* tom txwv; kev dag ntxias
rush, *v.* maj; nrawm nroos; *-n.* 1. kev maj; 2. ib hom nroj
rush hour, *n.* sij hawm maj; lub caij nyoog neeg coob coob caij tsheb thaum sawv ntxov los yog thaum yuav tsaus ntuj
russet, *n.* 1. tsos liab tseb; 2. qos yaj ywm ci
Russia, *n.* Lav Xias; teb chaw Lav Xias
rust, *n.* xeb
rustic, *adj.* 1. ntsig txog ntug nroog los yog tom hav teb; 2. tsim nyog nyob rau tom hav teb
rustle, *v.* 1. mus kev nrov xuj xuav; 2. ua ceev ceev; mus nrawm nroos; 3. nyiag tsiaj; ua tub sab nyiag tsiaj; 4. nyiag zaub mov
rut, *n.* 1. txoj kab uas log tsheb los yog hneev taw ua qawj; 2. txoj kab qub los yog hauj lwm qub
ruth, *n.* 1. kev sib hlub sib tshua; 2. kev tu siab rau tus kheej txoj hmoo
ruthful, *adj.* txawj tu siab heev; paub hlub paub tshua heev
ruthless, *adj.* siab phem heev; siab txia ntshav; tsis paub hlub lwm tus neeg li
rye, *n.* 1. mog; ib hom qoob; 2. cawv mog; cawv uas muab mog ua; 3. tus txiv neej uas nyob tsis muaj chaw

S

s, *n.* tus tsiaj ntawv As Kiv thib 19
sabbath, *n.* hnub so, xws li hnub rau thiab hnub xya (ntsig txog txoj kev npe hawm Yawm Saub)
saber, *n.* ntaj; rab ntaj zoo li huab tais Vwj Paj Yias rab
sable, *n.* 1. dub; tsos dub; 2. hom tsiaj uas dub doog
sabotage, *v.* 1. txov; rhuav kom lub luag hauj lwm puas; 2. tua los yog ua kom puas kom txhob tshwm sim taus
saboteur, *n.* tus neeg uas txov los yog rhuav txoj hauj lwm kom puas mus
saccharin, *n.* ib co khoom qab zib uas tseem qab zib tshaj piam thaj lawm
saccharine, *adj.* qab zib heev dhau; qab zib yam tsis haum siab li
sacharin, *n.* cov khoom qab zib uas tsis tshua muaj roj kom yus txhob rog
sachet, *n.* hnab rau hmoov tsw qab
sack, *n.* hnab; *-v.* 1. cia li nqa los yog nyiag luag tej khoom; huab luag tej khoom lub caij ua tsov ua rog; 2. tshem tawm (hauj lwm)
sackcloth, *n.* khaub ncaws qub los yog khaub ncaws hnav ua chaw tu siab
sacral, *n.* caj tw
sacred, *adj.* 1. tsim nyog hwm los yog hawm; 2. zoo txaus ntseeg; 3. ntsig txog kev ntseeg; 4. tshwj xeeb
sacrifice, *n.* 1. txoj kev muab tej yam tseem ceeb cob rau, fij rau, los yog tua rau lub ntuj, dab teb dab chaw, los yog rau poj koob yawg koob; 2. kev pauj yeem; 3. kev pheej hmoo; *-v.* 1. muab ib yam coj mus pauv lwm yam; 2. tso ib qho tseg thiaj ua tau lwm yam; 3. muab lub neej los txoj sia pauv; pheej hmoo
sacrilege, *n.* kev ua txhaum txoj kev ntseeg
sacroiliac joint, *n.* txha duav ntsag cob rau txha caj tw
sacrosanct, *adj.* tsim nyog hwm los yog hawm; zoo txaus ntseeg
sacrum, *n.* 1. ntsag tw; ntsag caj tw; 2. txha nqaj qaum ntu ntawm ntsag caj tw; txha caj tw
sad, *adj.* tu siab; chim siab; nyuaj siab
saddle, *n.* eeb; eeb nees
sadism, *n.* kev zoo siab los ntawm txoj kev siab phem
sadness, *n.* kev tu siab; kev chim siab; kev nyuaj siab
safari, *n.* kev mus tua tsiaj nyob rau teb chaws As Fiv Kas
safe, *adj.* tso siab; nyab xeeb; — **safely** *adv.*
safeguard, *v.* tiv thaiv; pov hwm
safety, *n.* 1. kev kaj siab, nyab xeeb; 2. kev xyuam xim
safety pin, *n.* koob liaj foob pob los

yog liaj phom
safflower, *n.* ib hom nroj tsuag uas cov noob ua tau roj noj
saffron, *n.* ib co hmoov tsos kab ntxwv muab ntawm ib hom paj ntoos los ua xyaw zaub noj
sag, *v.* tog; poob rau hauv qab pas dej
saga, *n.* dab neeg hais txog kev cawm seej los yog pab cuam
sagacious, *adj.* ntse
sage, *n.* 1. neeg zoo; neeg ntse; 2. ib hom txuj lom; *-adj.* ntse; pom deb
sagebrush, *n.* ib hom nroj tsuag nyob teb chaws Mes Kas sab hnub poob
said, *v.* hais (saib *say*)
sail, *n.* 1. daim ntaub nquam nkoj; 2. kev caij nkoj mus ncig chaw; *-v.* 1. caij nkoj mus ncig chaw; 2. mus yam tso siab lug
sail boat, *n.* hom nkoj uas cua tshuab daim ntaub thawb lub nkoj mus
sailfish, *n.* ib hom ntses loj loj
sailor, *n.* neeg tsav nkoj
saint, *n.* txiv plig; tus neeg ntseeg ntuj
sake, *n.* 1. hom phiaj; 2. qhov zoo rau tus kheej; 3. neeg Nyiv Pooj cov mov cawv
saki, *n.* neeg Nyiv Pooj cov mov cawv
salacious, *adj.* plees heev; thab xub heev; nkais heev
salad, *n.* zaub xam lav
salamander, *n.* nab qas tsiav
salami, *n.* ib hom hnyuv ntxwm qhuav
salary, *n.* nyiaj hli; txiaj hli
sale, *n.* 1. kev muag khoom; 2. qhov khoom muag; 3. khoom txo nqi pheej yig
salient, *adj.* tseem ceeb heev; zoo heev
saline, *adj.* muaj ntsev
saliva, *n.* auv ncaug; oob ncaug (*auv* yog *dej* los yog *kua*)
salivary gland, *n.* taub auv ncaug
sallow, *adj.* 1. daj ntseg; 2. daj zias
sally, *n.* ntaus los yog tua ceev ceev; ib npluav kev sib tua
salmon, *n.* 1. ib hom ntses uas cov nqaij liab daj tseb; 2. tsos daj tseb
salon, *n.* 1. chaw zaum ua si; chav nyob nuam yaj; 2. khw lag luam; 3. khw txiav plaub hau
saloon, *n.* 1. chaw nyob nuam yaj saum lub nkoj; 2. chav zaum haus cawv
salpingitis, *n.* mob txoj hnyuv me nyuam los yog txoj hnyuv zuas qe
salsa, *n.* kua txiv lws nrog rau kua txob thiab dos
salt, *n.* ntsev; *-v.* las ntsev; rau ntsev rau; pleev ntsev rau
saltless, *adj.* tsuag; tsuag tsuag; tsis qab ntsev
saltwater, *n.* dej qab ntsev; *-adj.* ntsig txog dej qab ntsev
salty, *adj.* daw heev; daw daw ntsev; qab qab ntsev heev
salubrious, *adj.* zoo rau lub cev; zoo tshuaj
salutary, *adj.* zoo heev; pab tau zoo
salutation, *n.* kev tos txais; kev lees paub txog
salute, *v.* 1. hwm; tsaws rau lub sam xeeb; 2. tsa tes hwm; tsa tes nuv
salvage, *n.* yam uas khaws tau tseg tsis pub ploj; khoom qub; *-v.* cawm; khaws; txuag tseg; ceev tseg
salvation, *n.* 1. kev cawm ib tus neeg los ntawm txoj kev txhaum txheej, txoj kev txom nyem, los yog txoj kev raug teeb meem; 2. chaw muag khoom qub
salve, *v.* roj pleev ib ce; roj zuaj ib ce; *-v.* ua kom nyob twb ywm; ua kom zoo
salver, *n.* lub phaj me me
salvo, *n.* phom nrov ib zag zag; suab phom nrov luaj zaj
same, *adj.* 1. ib yam; tib yam; 2. sib xws; 3. pauv tsis ntxiv; *-pron.* zoo tib yam; yog tib yam
sample, *n.* piv txwv; qauv; qhov me me uas muab rau neeg saib
sampler, *n.* qauv paj ntaub
sanatorium, *n.* tsev kho mob rau cov neeg uas mob tsis paub zoo, los yog mob ntev heev lawm
sanctify, *v.* 1. foom koob hmoov rau; 2. pom zoo rau; 3. ua kom muaj kev ncaj ncees
sanctimonious, *adj.* siab zoo heev; ncaj ncees
sanction, *n.* 1. kev pom zoo ntawm tseem fwv; 2. kev rau txim rau (ib tus neeg los ib lub teb chaws); *-v.* pom zoo
sanctity, *n.* qhov uas tseem ceeb los yog tshwj xeeb; lub caij nyoog tshwj xeeb
sanctuary, *n.* 1. chaw cawm txoj sia; 2. chaw so rau tus neeg uas ntsib

teeb meem
sand, *n.* xuab zeb; hmoov pob zeb
sandals, *n.* khau khiab
sandpaper, *n.* ntawv txhuam ntoo; ntawv txhuam kom du
sandpiper, *n.* ib hom noog uas muaj kaus ncauj ntev ntev
sandstone, *n.* pob zeb toob txuab; pob zeb hmoov
sandwich, *n.* khoom noj uas muaj ob daim *nplem* cuam daim nqaij thiab zaub rau hauv nruab nrab; *-v.* txim rau hauv plawv; zuaj rau hauv plawv
sane, *adj.* meej pem; ntse
sang, *v.* hu nkauj (saib *sing*)
sanguinary, *adj.* liab ntshav tsuas; muaj ntshav
sanguine, *adj.* 1. liab tseb; 2. zoo siab heev
sanitarium, tsev kho mob rau cov neeg uas mob tas li
sanitary, *adj.* 1. ntsig txog kev noj qab haus huv; 2. tsis muaj kab mob; tsis qias neeg
sanitation, *n.* tiv thaiv kev mob nkeeg los ntawm txoj kev tu huv siv
sanity, *n.* lub hlwb kev meej pem; txoj kev meej pem
sank, *v.* tog (saib *sink*)
sap, *n.* 1. txab; kua nroj tsuag; kua ntoo; 2. neeg hlwb tsawg; neeg npub; tus neeg uas raug dag yooj yim; *-v.* 1. txov; rhuav tshem; 2. ua kom tsis muaj zog zuj zus
sapient, *adj.* paub tab; muaj tswv yim zoo
sapling, *n.* ntsuag ntoo; me nyuam ntoo
sapphire, *n.* ib hom pob zeb ci ci (uas muaj nuj nqis) thiab feem ntau yog tsos xiav
sappy, *adj.* 1. muaj kua heev; 2. ntxim hlub heev
sapsucker, *n.* ib hom noog txaug ntoo nyob Mes Kas teb
sarcasm, *n.* lus ntxub ntxaug; lus saib tsis taus; lus tua twm rau cab
sarcastic, *adj.* tua twm rau cab; saib tsis taus
sarcophagus, *n.* hleb pob zeb
sardine, *n.* ib hom ntses me me; ntses kos poom
sardonic, *adj.* tso luag yam saib tsis taus
sarong, *n.* ib hom tsho loj
sarsaparilla, *n.* ib hom cag ntoo qhuav siv tsau dej haus
sartorial, *adj.* ntsig txog ris tsho txiv neej los yog tus neeg txiav ris tsho
sartorius, *n.* nreej nqaij ntshiv ntawm ncej puab
sartorius muscle, *n.* cov nqaij ntshiv ntawm qaum ncej puab
sash, *n.* 1. hlab se; sev; 2. siv rau txiv neej; 3. ntug qhov rais los yog qhov rooj
sassafras, *n.* ib hom ntoo nyob teb chaws Mes Kas
sassy, *adj.* 1. siab phem; tsis paub cai; tsis hwm lwm tus; 2. lom zem; muaj siab; kub siab; 3. muaj xom lees; muaj phim thawj
sat, *v.* zaum (saib *sit*)
satan, *n.* dab; dab ntxwg nyoog
satchel, *n.* lub hnab me me
sate, *v.* ua tau zoo siab heev; ua tau zoo siab kawg nkaus
satellite, *n.* hnub qub nyeg
satiate, *v.* ua tau zoo siab heev
satin, *n.* ntaub ci
satire, *n.* lus tso dag
satisfaction, *n.* kev zoo siab; kev txaus siab
satisfy, *v.* zoo siab; txaus siab; haum siab
saturate, *v.* ntxaum; thawm; thoob tag; puv tag
Saturday, *n.* Hnub Rau; v*as xaum* (L)
saturnine, *adj.* chim; chim siab
satyr, *n.* ib hom Yawm Saub nyob hauv dab neeg hauv lub teb chaws Nkij (Greece)
sauce, *n.* kua rau zaub mov
sauce pan, *n.* luaj kaub; lauj kaub
saucer, *n.* phaj tiag khob
saucy, *adj.* phem; siab phem; tsis paub cai
sauerkraut, *n.* zaub qhwv mos ntsev thiab qaub
sauna, *n.* tsev cub neeg; chaw cub neeg
saunter, *v.* taug kev ua si; ncig ua si
sausage, *n.* hnyuv ntxwm
sauté, *v.* kib roj; muab roj kib; *-n.* nqaij kib; nqaij kib roj
savage, *adj.* 1. qus; qus qus; 2. phem; phem phem; *-n.* cov neeg uas poob qab heev
save, *v.* 1. cawm; 2. txuag; khaws cia; khaws tseg; 3. ceev

savior, *n.* tus cawm seej
saviour, *n.* tus cawm seej
savor, *n.* 1. ib qho uas qab los yog tsw tau txawv txawv; 2. qhov qab los yog qhov tsw; -*v.* qab; saj
saw, *v.* 1. pom (saib *see*); 2. kaw; txiav -*n.* kaw; rab kaw
sawhorse, *n.* rooj tiag txiav ntoo
saxophone, *n.* raj paj taub; ib hom twj paj nruas
say, *v.* hais; -*n.* suab; lub suab
saying, *n.* zaj lus; kab lus; niaj txhis piv txoj lus
scab, *n.* kaub puab; tawv kiav txhab
scabbard, *n.* hnab cuab yeej; hnab ntaj hnab riam
scabies, *n.* kab mob *khib kaj* (L)
scaffold, *n.* 1. sam thiaj; lawj; 2. chaw dai neeg; 3. ntaiv lawj kho tsev
scald, *v.* 1. hlab (dej hlab); 2. rhaub
scale, *n.*1. teev; tsi; 2. nplai ntses; 3. txheej uas pleev rau sab nraud; 4. qhov ntsuas qes thiab siab
scallion, *n.* dos; ib hom dos
scallop, *n.* 1. ib hom piag deg; 2. daim nqaij nyias nyias uas tsis muaj txha li; -*v.* 1. txiav nqaij ua tej daim nyias nyias; 2. kauv ua ntug; muab kauv ua ntug; 3. ci
scalp, *n.* tawv taub hau; -*v.* 1. tev tawv taub hau tawm; 2. muag nce nqi siab heev
scalpel, *n.* riam phais neeg
scam, *n.* tom txwv; tswv yim dag noj
scamp, *n.* neeg phem
scamper, *v.* dhia ceev ceev; -*n.* kev dhia ceev ceev
scan, *v.* 1. saib ib muag dhau plaws; 2. theej los yog rub (rau hauv *koos pis tawj*)
scandal, *n.* kev txaj muag; kev poob ntsej muag
scant, *adj.* 1. tsawg heev; 2. tsis txaus; -*v.* 1. muab tsawg tsawg rau; 2. saib tsis rau nqi
scanty urine, *n.* tso zis tawg tawg xws li tsis ua ib tug tab sis tsuag ua ceg ub ceg no
scapegoat, *n.* tus ris lub txim txhaum; -*v.* pov lub txim rau lwm tus ris
scapula, *n.* txha nplooj pus
scar, *n.* caws pliav; pliav
scarab, *n.* ib hom kab uas thaum ub muab saib tseem ceeb heev nyob rau teb chaws Is Ntsiv
scarce, *adj.* tsawg tsawg; tsis muaj txaus
scarcely, *adv.* yuav luag tsis txaus; tsawg heev
scare, *v.* hem; ua kom ntshai; ua kom ceeb; —**scary** *adj.*
scarecrow, *n.* moj zeej; tus quav nyab neeg uas muab ris tsho rau hnav tso tom tej teb hem tej tsiaj qus kom txhob los noj yus tej qoob loo
scared, *adj.* ntshai
scarf, *n.* phuam; phuam vas caj dab
scarlet, *n.* tsos liab tshiab tshiab
scarlet fever, *n.* ib hom kab mob uas kis tau rau lwm neeg uas yog muaj mob xws li kub kub, mob qa, thiab xoo pob; npaws nrog ntuav
scary, *adj.* txaus ntshai heev
scathing, *adj.* 1. phem heev; ua phem heev rau; 2. mob heev; tsis zoo li
scatter, *v.* 1. ri; tawg; nyob ub nyob no; 2. plia; plooj rau sab saud
scavenger, *n.* 1. tus neeg uas xawb khoom qub los yog khoom qias; 2. tus tsiaj uas noj tej khoom qias qias neeg
scenario, *n.* 1. qhov tseem ceeb ntawm zaj dab neeg; 2. qhov pib zaus
scene, *n.* 1. ib zaj dab neeg los yog *mauv vim*; 2. sam thiaj; chaw ua yeeb yam; 3. qhov chaw uas ib yam dab tsi tshwm sim; 4. qhov neeg pom; 5. ib qhov me me los yog ib ntsais muag ntawm ntau ntau qhov uas muaj txuas mus ntxiv
scenery, *n.* 1. toj roob hauv pes (hais txog qhov zoo nkauj); 2. qhov uas lub qhov muag pom; 3. daim duab ntawm qab sam thiaj
scent, *n.* ntxhiab; pa
scepter, *n.* 1. cwj; qws; 2. lub hwj chim los yog zog ntawm tus tswv teb chaws los yog tus huab tais
sceptic, *n.* tus tsis ntseeg (saib *skeptic*); tus neeg uas muaj qhov poob siab
schedule, *v.* teem caij; teem sij hawm; -*n.* caij; caij nyoog; sij hawm
scheme, *n.* tswv yim dag neeg; kev dag noj; kev ntxias noj
schism, *n.* tawg; kev tawg; kev sib cais
schizophrenia, *n.* mob puas hlwb; kev tsis meej pem; kev vwm vim puas hlwb lawm
scholar, *n.* kws tshawb fawb; kws sau

ntawv
scholarship, *n*. 1. kev kawm ntawm tus neeg kawm ntawv; 2. nyiaj pab rau tus neeg kawm ntawv
scholastic, *adj*. ntsig txog tus neeg kawm, txoj kev kawm, los yog tsev kawm ntawv
school, *n*. 1. tsev kawm ntawv; 2. ib pab ntses coob coob nyob ua ke
schoolmate, *n*. phooj ywg kawm ntawv nyob ib lub tsev kawm ntawv
schooner, *n*. nkoj
schwann cell nucleus, *n*. nkaub keeb *Schwann* (*keeb* yog *cell*)
science, *n*. 1. kev tshawb tawm los; 2. kev kawm txog txhua yam nyob hauv lub ntiaj teb; 3. *xaij*
scientific, *adj*. ntsig txog txoj kev tshawb tawm los *xais tis fiv*
scientist, *n*. tus neeg kawm txog *xaij*; kws tshawb fawb los ntawm txoj kev tshuaj ntsuam
scintillate, *v*. laim; ci
scion, *n*. 1. xeeb ntxwv; caj ceg; 2. ib hom tsheb
scissors, *n*. txiab
sclera, *n*. daim plhaub txheej sab nraum lub qhov muag
scoff, *v*. luag; saib tsis taus
scold, *v*. cem; thuam; -*n*. tus cem
scoop, *v*. daus; hais (xuas diav hais)
scoot, *v*. txav nrawm nroos
scooter, *n*. lub *maus taus* me me
scope, *n*. 1. qhov uas qhov muag pom; 2. chaw txhim kho; nrim; 3. lub raj tsom deb
scorch, *v*. hlawv (sab nraud)
score, *n*. 1. kos; khij; 2. *qhab nia* (L); 3. *puaj* (E); -*v*. tua nkag
scorn, *n*. kev chim siab; kev ntxub ntxaug; -*v*. saib tsis taus; saib qaij
scorpion, *n*. roob ris teb; raub ris teb
scoundrel, *n*. neeg phem; neeg txhaum cai
scour, *v*. 1. saib xyuas zoo zoo; tshuaj meej meej; 2. txhuam kom ntxuav tawm
scourge, *n*. kev rau txim; -*v*. rau txim rau
scout, *v*. soj los yog tshuaj kom tau xov; -*n*. tus neeg muab xov
scow, *n*. ib hom nkoj
scowl, *v*. hnya
scraggly, *adj*. 1. ntxhov quav niab; 2. ua lauj vaub; ua quav miv; 3. tsis huv; qias neeg
scram, *v*. khiav mus lawm; mus nrawm nroos
scramble, *v*. 1. sib tov; 2. nthee; nthee qe; 3. sib txeeb
scrap, *n*. 1. tw khoom; qhov seem; 2. khoom pov tseg; -*v*. 1. muab pov tseg; 2. tua; ntaus tua
scrapbook, *n*. phau ntawv khaws keeb kwm (xws li xov xwm los yog duab)
scrape, *v*. 1. kuam; 2. txhuam; tshiav
scratch, *v*. 1. khawb; kos; 2. rheeb (li *qaib rheeb*); 3. khij los yog tua tawm; -*n*. qhov to; qhov kos
scrawl, *v*. sau maj maj los yog tsis xyuam xim; kos ua lwj ua liam
scrawny, *adj*. nyias heev; yuag heev
scream, *v*. qw; quaj qw
screech, *v*. qw; -*n*. kev qw; suab qw
screen, *n*. ntxaij; daim ntxaij; -*v*. tshau; lim
screw, *n*. ntsia hlau (hom ntswj); ntsia thawv; -*v*. ntsia ntsia hlau
screwdriver, *n*. tus ntswj ntsia hlau; tus tsav ntsia
scribble, *v*. sau ua lwj ua liam; sau nrawm nrawm
scribe, *n*. tus sau los yog tus theej daim ntawv
scrimp, *v*. 1. ua tau kom pheej yig; 2. ua kom tsawg los yog kom me; 3. txuag heev
scrip, *n*. 1. nyiaj ntawv uas me dua ib duas; 2. daim ntawv qhia tias leej twg yog tus tswv; ntawv
script, *n*. 1. cov lus ntawm zaj dab neeg; 2. tus ntawv sau
scripture, *n*. ntaub ntawv hais txog dab qhuas
scroll, *n*. thooj ntawv los yog daim ntawv uas kauv kheej kheej
scrotum, *n*. plhaub noob qes; daim plhaub uas qhwv lub noob qes
scrounge, *v*. 1. thov khawv; thov dawb; 2. qev tab sis yeej tsis npaj them rov qab
scrub, *v*. 1. zawv; ntxuav; 2. ntxhua; 3. txhuam; tshem tawm; 4. tso tseg; -*n*. 1. nroj tsuag; 2. kev txhuam; kev ntxuav
scruff, *n*. xwb qwb; caj dab sab nraum xwb qwb
scrumptious, *adj*. qab heev; —

scrumptiously *adv.*
scruple, *n.* kev tsis tshua pom zoo (vim tsis muaj kev ncaj ncees)
scrutiny, *n.* kev tshuaj ntsuam los yog tshawb xyuas kom zoo zoo
scud, *v.* txav ceev heev
scuff, *v.* 1. nti tawm; tev tawm; 2. yaig
scuffle, *v.* sib ntaus; sib tawm tsam; *-n.* ib hom hlau
scull, *n.* 1. duav nquam nkoj; 2. lub nkoj sib tw me me; *-v.* nquam nkoj
scullery, *n.* chav ntxuav tais diav
sculpt, *v.* puab neeg pob zeb; muab moj zeej; muab av hmoov sib puab khoom
sculptor, *n.* tus neeg puab moj zeej; tus neeg puab neeg pob zeb
sculpture, *n.* khoom puab; neeg puab; moj zeej
scum, *n.* 1. neeg phem; neeg liam; 2. cov npuas dej los yog npuas roj; 3. khoom vuab tsuab; khoom pov tseg
scurrilous, *adj.* siv lus phem lus qias neeg; hais lus phem
scurry, *v.* khiav; dhia; *-n.* 1. kev khiav los yog dhia; 2. lub suab dhia los yog khiav
scurvy, *n.* ib hom kab mob
scuttle, *n.* 1. thoob rau thee; thoob rau khoom; 2. qhov qhib los qhov npog uas mus rau lwm qhov xws li mus saum ru tsev; *-v.* 1. tog (xws li nkoj tog); 2. tho qhov; 3. dhia; khiav
scythe, *n.* tshuab txiav nyom
sea, *n.* hiav txwv; dej hiav txwv
seabird, *n.* noog hiav txwv
seaboard, *n.* ntug hiav txwv
seafarer, *n.* neeg ua hauj lwm nyob tom hiav txwv; neeg tsav nkoj
seafood, *n.* nqaij hav dej; nqaij hiav txwv
sea horse, *n.* nees hiav txwv; ib hom ntses me me uas lub taub hau zoo li nees
seal, *v.* lo; xaws; kaw; *-n.* 1. ib hom tsiaj hiav txwv; 2. hom thawj; thwj; yeem; cim
sea lion, *n.* ib hom tsiaj hiav txwv
seam, *n.* 1. kab sib tshuam; kab sib txuas; 2. ntug; taw; ces kaum; leej leeg
seaman, *n.* neeg tsav nkoj
seaman apprentice, *n.* tub rog hav dej
seaman recruit, *n.* tub rog hav dej uas nyuam qhuav pib
seamstress, *n.* tus poj niam xaws tshuab
seamy, *adj.* tsis haum siab; tsis zoo; phem
séance, *n.* kev sib tham nrog tej ntsuj plig (xws li txiv neeb nrog tsuj plig tham)
seaplane, *n.* dav hlau uas tsaws tau hauv dej
sear, *v.* 1. ua rau qhuav qhuav nkig nkig; 2. kub los yog cig zoo; 3. cia li qhuav; *-n.* kev kub ua rau qhuav thiab nkig; *-adj.* qhuav qhuav; nkig nkig
search, *v.* tshawb; nrhiav
seashore, *n.* ntug hiav txwv; ntug dej hiav txwv
seasick, *v.* qaug nkoj; xeev siab vim qaug nkoj
season, *n.* 1. cim (xws li cim ntuj no); 2. caij ntuj (xws li caij ntuj qhua); *-v.* rau txuj lom rau
seasonable, *adj.* tshwm sim thaum zoo caij nyoog
seat, *n.* rooj zaum; chaw zaum
seatbelt, *n.* siv pav duav; siv khi duav
seaweed, *n.* ib hom zaub los yog nroj hav dej
seaworthy, *adj.* khov txaus caij nkoj los yog muaj peev xwm caij tau nkoj mus kev deb
sebaceous gland, *n.* qog hws roj; qog roj (nyob hauv qab daim tawv nqaij)
secede, *v.* thim tawm; tawg
secession, *n.* kev thim tawm; ke sib tawg ntawm pab pawg
seclude, *v.* cais tawm; nkaum; khiav nkaum
second, *adj.* thib ob; zaum ob; *-n.* 1. ib pliag; tib pliag; 2. chib; 60 chib muaj ib feeb
secondary, *adj.* qub zog; tom qab zog
secondary oocyte, *n.* hli qe
secondhand, *adj.* qub; siv dua los lawm
secret, *adj.* npog heev; zais heev; qhia tsis tau; *-n.* yam uas npog heev los yog zais heev
secretariat, *n.* chav hauj lwm ntawm tsoov fwv uas tuav ntaub ntawv
secretary, *n.* teev ntawv; tus teev ntawv; tus neeg tuav ntaub ntawv; tus sau ntawv
secrete, *v.* 1. nyiag; 2. zais; npog; 3. tso tawm; nrog tawm; ntws tawm

secretly, *adv*. nyiag; zais ntsiag to
sect, *n*. pawg ntseeg; ib pawg ntseeg me me
sectarian, *adj*. 1. ntsig txog ib pawg ntseeg; 2. siab me; siab nqaim; *-n*. 1. tus neeg ntawm ib pawg ntseeg; 2. tus neeg uas tsis nyiam lwm tus
section, *n*. 1. pawg; koog; 2. tog; ntu
sector, *n*. nplais; ib ceg; ib qho ntawm qhov loj
secular, *adj*. tsis ntsig txog kev ntseeg; tsis hais txog dab qhuas
secure, *adj*. nyab xeeb; tsis muaj teeb meem; *-v*. 1. khi; pav; zoj; 2. muab; ua kom tau los
security, *n*. 1. kev nyab xeeb; kev kaj siab; 2. khoom nias nqe; khoom tab nqe
sedan, *n*. 1. rooj kwv neeg; 2.. lub tsheb uas muaj iav thaiv zoo zoo
sedate, *adj*. 1. nyob tus; nyob twb ywm; 2. ua kom nyob tus los yog nyob twb ywm; *-adj*. 1. siab tus tus; coj zoo zoo; 2. mob siab heev
sedative, *adj*. ua tau laj laj siab los yog kaj kaj siab; *-n*. qhov tshuaj uas ua tau laj laj siab los yog kaj kaj siab
sedentary, *adj*. nyob ruaj chaw tsis txav mus mus los los
sedge, *n*. ib hom nroj tsuag
sediment, *n*. cov txo los yog khoom uas tog rau hauv qab
sedition, *n*. kev tawm tsam tseem fwv
seduce, *v*. 1. coj mus ua neeg phem; coj mus yuam kev; 2. ntxias ua phem rau los yog ntxias deev; ntxias; yuam; haub
sedulous, *adj*. nquag heev; mob siab heev
see, *v*. 1. pom; 2. saib; xyuas
seed, *n*. 1. noob; 2. ntsiav; *-v*. cog
seedling, *n*. yub
seedy, *adj*. 1. noob ntau heev; 2. phem heev; tsis zoo
seek, *v*. nrhiav; tshawb; xam
seem, *v*. yam li; zoo li; xws li
seemly, *adj*. haum
seep, *v*. nrog dej (ntawm kab tawg pleb); txia dej
seer, *n*. saub; tus neeg twv lub neej tom ntej
seersucker, *n*. ib hom ntaub
seesaw, *n*. 1. kev caij cav uas ib leeg nyob ib tog tw cav; kev caij tw cav; 2. kev mus mus los los qhov qub tsis yeej tsis swb; *-v*. 1. caij cav; caij tw cav; 2. muab txav mus mus los los
seethe, *v*. 1. chim ua lwj ua liam; 2. npau (li npau npuas)
segment, *n*. 1. feem; kuag; 2. nplais; ib ceg; 3. ntu; ntus
segregate, *v*. cais; cais pab cais pawg; faib nyias nyob nyias
segregation, *n*. kev cais pab cais pawg
seine, *n*. 1. moo cuab ntses; 2. tus dej nyob Fab Kis teb; *-v*. muab moo cuab ntses
seismic, *adj*. ntsig txog av qeeg
seismograph, *n*. twj ntsuas av qeeg
seize, *v*. 1. txeeb (yam siv dag zog yuam); txhav; 2. txhom
seizure, *n*. 1. qaug dab peg; 2. mob chua leeg; mob ntswj
seldom, *adj*. tsawg tsawg; tsawg zaus
select, *v*. xaiv; *-adj*. 1. nyiam; 2. xaiv tawm
selection, *n*. 1. kev xaiv; 2. yam xaiv tau
selective, *adj*. 1. cuaj khaum; 2. xaiv heev
selectman, *n*. tus nom hauv zos nyob rau Mes Kas hnub tuaj
self, *n*. tus kheej
self-, *prefix*. 1. tus kheej; yus tus kheej; 2. ntsig txog tus kheej; 3. los ntawm tus kheej; 4. rau tus kheej; rau yus tus kheej

self-addressed
self-administered
self-analysis
self-appointed
self-assertive
self-assurance
self-assured
self-awareness
self-cleaning
self-closing
self-complacent
self-conceit
self-confessed
self-confidence
self-confident
self-contained
self-contradiction
self-contradictory
self-control
self-created
self-criticism
self-defeating
self-defense
self-denial
self-denying
self-destruction
self-destructive
self-determination
self-determined
self-discipline
self-doubt
self-educated
self-employed
self-employment
self-esteem
self-evident
self-explanatory
self-expression
self-fulfilling
self-fulfillment
self-governing

self-government
self-help
self-image
self-importance
self-important
self-imposed
self-improvement
self-indulgence
self-indulgent
self-inflicted
self-interest
self-love
self-operating
self-pity
self-portrait
self-possessed
self-possession
self-preservation
self-proclaimed
self-propelled
self-propelling
self-protection
self-reliance
self-reliant
self-respect
self-respecting
self-restraint
self-sacrifice
self-satisfaction
self-satisfied
self-service
self-serving
self-starting
self-styled
self-sufficiency
self-sufficient
self-supporting
self-taught
self-winding

self-centered, *adj*. hais txog tus kheej ua ntej xwb
self-conscious, *adj*. ceev faj txog tus kheej
self-esteem, *n*. kev zoo siab rau tus kheej
selfish, *adj*. qia dub; cuaj khaum
selfishness, *n*. kev qia dub; kev cuaj khaum
selfless, *adj*. tsis qia dub; tsis cuaj khaum
self-made, *adj*. tus kheej ua; tus kheej tsim tawm
self-righteous, *adj*. qhuas tus kheej nkaus nkaus xwb
selfsame, *adj*. tib yam nkaus
sell, *v*. muag
selves, *n*. tus kheej tab sis hais txog coob leej (saib *self*)
semantic, *adj*. ntsig txog lub ntsiab lus
semaphore, *n*. kev qhia cim
semblance, *n*. 1. qhov pom kiag; 2. qhov zoo sib xws
semen, *n*. phev txiv neej
semester, *n*. ib nrab caij nyoog ntawm kev kawm ntawv tuaj lub xyoo uas muaj li 15 mus rau 18 kiab (*kiab* yog *week* los yog *as thiv*)
semi-, *prefix*. ib nrab
semicolon, *n*. lub cim cais lus zoo li no ";"
semiconductor, *n*. tej yam ntsig txog hluav taws xob uas thaum kub kub ces nws xa hluav taws xob dhau mus tau hos thaum txias txias ces nws cheem tsis xa hluav taws xob tawm
semifinal, *adj*. yuav luag yog qhov kawg nkaus; ua ntej qhov kawg ntawm ib yam dab tsi (xws li kev sib tw ncaws pob tej)
semiformal, *adj*. zoo hauj sim; zoo pes nrab; tsis zoo zoo tsis phem phem
semimenbranosus, *n*. npluag nqaij ntshiv ntawm qhov raws
seminal, *adj*. 1. ntsig txog noob los yog lub hauv paus; 2. ntsig txog lub zog los yog txoj cai los pib ib yam dab tsi; 3. muaj chaw tiag taw los yog hauv paus zoo uas yuav muaj kev txhim kho mus ntxiv
seminal vesicle, *n*. taub kua phev
seminar, *n*. rooj cob qhia
seminary, *n*. tsev kawm ntawv (txog kev cai dab qhuas)
semitendinosus, *n*. nqaij ntshiv ntawm ncej puab los rau ntawm qhov raws
senate, *n*. pawg siab ntawm cov kis xeev; lub tsev siab ntawm cov kis xeev
senator, *n*. kis xeev
send, *v*. xa
senile, *adj*. tem toob; hnov hnov qab vim laus lawm
senior, *adj*. 1. laus; 2. siab dua; -*n*. neeg laus
seniority, *n*. kev muaj hnub nyoog ntev (xws li ua hauj lwm rau qho chaw ntawd ntev dua); kev ua hauj lwm ntev heev rau ib qho chaw twg
sensation, *n*. 1. kev zoo siab; 2. kev lom zem
sense, *v*. hnov; ntsuas; mloog; -*n*. 1. ntsiab lus; 2. kev xav; 3. qhov yus lub cev hnov
sensibility, *n*. kev mloog raug los yog to taub zoo zoo
sensible, *adj*. yuav nyog; ncaj nruab nrab; koob mus yoj xov los nyog
sensitive, *adj*. 1. rhiab heev; 2. nyias ntsais; 3. puas yooj yim heev; tsis zoo tham
sensitivity, *n*. 1. kev hnov los yog mloog tau; 2. qhov uas rhiab heev
sensor, *n*. qhov muag iav; lub pob uas pom los yog tsom rau tej qhov chaw, los yog quaj thaum muaj neeg hla los yog ua txhaum

sensory, *adj.* 1. ntsig txog qhov yus hnov los yog qhov lub siab xav; 2. ntsig txog kev xa xov qhov yus hnov mus rau yus lub siab xav

sensory areas involved with cutaneous and other senses, *n.* thooj hlwb tswj tawv nqaij thiab lwm yam sab hnov

sensory neuron, *n.* sab leeg xa xov mus rau saum hlwb

sensual, *adj.* 1. ntsig txog txoj kev xav los yog txoj kev xis; 2. muaj qhov nyiam kev plees los yog kev sib deev; 3. ntsig txog cev nqaij daim tawv tsis yog sab ntsuj plig los yog sab kev tsawb fawb

sensuous, *adj.* ntsig txog los yog los ntawm txoj kev hnov los yog lub siab xav

sent, *v.* xa (saib *send*)

sentence, *n.* 1. kab lus; 2. lub txim nplua; -*v.* teem txim

sententious, *adj.* muaj kuab; raug chua

sentient, *adj.* muaj peev xwm mloog raug (txoj kev xav)

sentiment, *n.* 1. kev ntseeg; 2. kev xav

sentimental, *adj.* 1. siab muag los ntawm lub siab zoo; 2. los ntawm txoj kev mob siab (tsis yog los ntawm txoj kev yog los yog qhov muaj laj thawj zoo)

sentinel, *n.* tus neeg tiv thaiv los yog saib xyuas

sentry, *n.* tus neeg tiv thaiv los yog saib xyuas; tus saib kev ruaj ntseg

separate, *v.* 1. cais; kem; 2. ncaim; sib ncaim; nrug; sib nrug

separation, *n.* kev sib cais; kev sib ncaim

separator, *n.* tus cais; qhov cais

sepia, *n.* tsos dub liab tseb

September, *n.* Cuaj Hlis Ntuj; Cuaj Hlis

sepulcher, *n.* lub hleb pob zeb nyob sab nraud

sepulchre, *n.* lub hleb pob zeb nyob sab nraud

sequel, *n.* 1. qhov txuas mus ntxiv; qhov txuas ntawm zaj dab neeg; 2. qhov kawg; qhov xaus

sequence, *n.* zaj (xws li ib zaj txuas rau ib zaj); ntu zus; —**sequent, sequential** *adj.*

sequester, *v.* muab sib cais; muab nyias tso nyias rau ib qho

sequin, *n.* hnub qub uas xaws rau ntawm tsho; lub cim xaws rau ntawm tsho

sequoia, *n.* ib hom ntoo loj loj nyob xeev Khas Lis Faus Nias

seraph, *n.* ntsuj plig

sere, *adj.* qhuav

serenade, *n.* zaj nkauj hu los yog ntaus rau tus poj niam uas yus tham

serendipity, *n.* txoj hmoo zoo uas pom yam uas yus yeej tsis npaj nrhiav li

serene, *adj.* 1. tsis ntsib teeb meem; 2. nyob ntsiag to; nyob tus yees; 3. nyab xeeb lug

serf, *n.* 1. tus neeg ua qhev rau nom nyob rau yav thaum ub es nws thiaj muaj cai rau tej yam dab tsi; 2. neeg liaj neeg teb; 3. neeg ua hauj lwm pauj nuj nqes

serge, *n.* ib hom ntaub

sergeant, *n.* ib lub npe nom hauv tub rog

serial, *adj.* ntsig txog ib zaj los yog ib kab (uas ib qho txuas rau ib qho); -*n.* zaj dab neeg uas ua ib zaj txuas rau ib zaj

serial number, *n.* npawb qhia yam khoom; zauv qhia txog yam khoom

series, *n.* cov zauv uas teeb muaj paus ntsis

serious, *adj.* 1. tiag tiag; 2. tsis dag; 3. tseem ceeb

seriously, *adv.* tiag tiag; heev; kawg kiag

sermon, *n.* kev cob qhia txog dab qhuas los yog cuj pwm

serpent, *n.* nab

serrate, *adj.* muaj hniav kaw; muaj hniav li rab kaw; -*v.* txiav ua hniav kaw

serrated, *adj.* muaj hniav kaw; muaj hniav li rab kaw

serratus anterior, *n.* nqaij qhov tsos; nqaij ntawm cov tav ntawm qhov tsos

serratus anterior muscle, *n.* cov nqaij ntshiv ntawm tav

serum, *n.* ntshav dej; cov dej uas nyob xyaw cov ntshav

servant, *n.* tus neeg ntiav ua hauj lwm hauv tsev; qhev

serve, *v.* 1. pab; 2. muab rau; cev rau; 3. ua hauj lwm rau

service, *n.* 1. txoj kev pab; yam kev

pab cuam; 2. kev teev ntuj ua ke; *-v.* 1. ua hauj lwm rau; 2. pab
servile, *adj.* coj li tus neeg qhev
serving, *n.* kev pab cuam
servitude, *n.* kev ua qhev (yam ua dawb dawb)
sesame, *n.* noob hnav; ib hom noob uas siv ua txuj lom
session, *n.* 1. kev sib ntsib (uas ntsib ntau ntau zaug); 2. ncua caij nyoog uas siv los sib ntsib (xws li kev kawm ntawv)
set, *v.* 1. tso; txhos; txawb; 2. teeb; 3. teem caij; *-n.* ib nkawm; ib txwm; ib pawg; fwm; ib fwm
set aside, *v.* tshwj tseg; qee tseg; cia
setback, *n.* 1. kev thim rov qab; 2. qhov daig; qhov khuam
settee, *n.* rooj zaum; *xaus fas*
setter, *n.* dev raws nqaij; hom dev raws nqaij uas muaj plaub ntev ntev
settle, *v.* 1. pom zoo; 2. tham haum; hais haum; kho haum; 3. nyob tus; 4. tog; tog zuj zus; —**settlement** *n.*
seven, *n.* xya; 7
seventeen, *n.* kaum xya; 17
seventeenth, *n.* thib kaum xya; 17th
seventh, *n.* thib xya; 7th
seventieth, *n.* thib xya caum; 70th
seventy, *n.* xya caum; 70
sever, *v.* txiav tawm
several, *adj.* ntau; ntau ntau
severe, *adj.* 1. sab heev; 2. loj heev; 3. heev; 4. nruj
sew, *v.* xaws
sewage, *n.* dej phem (uas twb siv dhau lawm); dej qias neeg
sewer, *n.* 1. tus neeg xaws; 2. raj dej
sex, *n.* poj txiv (lo lus no tshwm los ntawm lub tswv yim li tej lo lus xws li *kwv tij* los yog *viv ncaus*); *-v.* tsoob; ua; deev
sexism, *n.* kev ntxub ntxaug, saib tsis taus, los yog cais poj niam; poj niam cais txiv neej los yog txiv neej cais poj niam
sexual contact, *n.* kev nqaij tawv sib ti ntawm ob tus neeg
sexual intercourse, *n.* kev sib ua sib tsoob; kev sib deev
sexual transmitted disease, *n.* mob kas cees (los ntawm kev sib tsoob)
sextant, *n.* lub twj qhia tsav ib yam dab tsi
sextet, *n.* 1. suab paj nruas uas 6 tus neeg ua yeeb yam; 2. ib pawg neeg uas muaj 6 leej
sexton, *n.* tus neeg tu tsev teev ntuj
sexy, *adj.* 1. ntxiav siab; deev siab; 2. ntxim hlub; ntxim nyiam; 3. zoo nkauj; zoo cev; cev zoo nkauj; 4. muaj xom lees
shabby, *adj.* 1. yaig los yog qub; 2. hnav cov khaub ncaws qub qub; 3. tsis ncaj ncees
shack, *n.* tsev pheeb suab
shackle, *n.* cuab xauv taw
shad, *n.* ib hom ntses hiav txwv
shade, *n.* ntxoov ntxoo; *-v.* thaiv ntxoov ntxoo
shadow, *n.* 1. duab ntxoov ntxoo; 2. lw; txoj lw
shady, *adj.* 1. muaj ntxoov ntxoo; 2. tsis ncaj ncees; siab tsis ncaj
shaft, *n.* 1. ib tus kheej kheej ntev ntev; 2. ib lub qhov tob tob
shag, *n.* 1. lev; ntaub pua tsev los yog so ko taw; 2. cov luam yeeb uas muab zom laus laus; 3. ib hom seev cev thaum xyoo 1930 tawm; 4. kev tso dab ntub uas pw ntawm daim lev; 5. kev sib deev; kev sib tsoob; 6. ib hom noog nyob raws hav dej; *-v.* 1. caum qab thiab muab rov los; 2. sib tsoob; sib deev
shaggy, *adj.* 1. muaj muaj plaub ntev ntev; 2. tsis zoo; phem phem
shake, *v.* 1. co; diaj; 2. tshee; 3. ua zog koog
shake hands, *v.* tuav tes
shake-up, *n.* kev teeb txheeb dua; kev kho duab
shakiness, *n.* kev tshee tshee
shaky, *adj.* 1. tsis khov; tsis ruaj; 2. tsis zoo; phem
shale, *n.* ib hom pob zeb uas muaj tej txheej hmoov zeb nyob nruab nrab
shall, *v.* yuav; yuav tsum
shallow, *adj.* 1. ntiav ntiav; tsis tob; 2. tsis txawj ntse
shallows, *n.* qhov chaw uas dej ntiav ntiav
sham, *v.* ua cuav; dag; *-n.* kev txaj muag
shaman, *n.* txiv neeb; kws ua neeb
shamble, *v.* 1. mus kev tau qaug qaug qib; mus suab taw yeev; 2. mus ko taw; taug kev

shambles, *n.* kev ntxhov quav niab; kev sib xyaws yam tsis muaj paus muaj ntsis
shame, *n.* kev txaj muag; kev poob koob poob npe; kev rhuav ntsej muag
shamefaced, *adj.* txaj muag
shameful, *adj.* txaus txaj muag; ntxim poob ntsej muag
shampoo, *n.* tshuaj zawv plaub hau; *sias phus*
shamrock, *n.* hom ntoo uas daim nplooj ua peb ceg
shank, *n.* ceg; plab hlaub
shanty, *n.* tsev pheeb suab
shape, *v.* 1. puab; txua; 2. lem; nyom; *-n.* cev (lub cev); yam ntxwv; khauj khaum; qauv
shard, *n.* txhais; daim txhais; nplai
share, *v.* faib; koom nrog
sharecropper, *n.* tus neeg uas ua lwm tus neeg daim teb es sib faib qoob noj
shark, *n.* ib hom ntses hiav txwv uas loj thiab muaj kaus hniav ntse heev
sharp, *adj.* ntse; zuag
sharpen, *v.* hliav; hov
sharpening stone, *n.* zeb ho
sharpshooter, *n.* tus neeg uas tua phom ncaj heev
shatter, *v.* tawg; ntsoog; puas ntsoog tas; **—shattered** *adj.*
shave, *v.* chais; txiav (hwj txwv)
shawl, *n.* daim ntaub npog xwb pwg los yog npog taub hau
she, *pron.* nws (tus poj niam)
sheaf, *n.* pob (xws li ib pob quav nyab)
shear, *v.* txiav (xws li xuas txiab txiav)
shears, *n.* txiab
sheath, *n.* 1. hnab riam; 2. duas yuaj; 3. cev tsoos tsho hnav rau lub caij nyoog tseem ceeb
sheathe, *v.* ntxig rau hauv hnab; muab ntxig rau hauv hnab
shed, *v.* 1. hle; plhis; 2. ntws; los (xws li los kua muag); 3. poob; 4. tsis thawm dej; 5. taw qhia; tshab txhais; ua kom to taub yooj yim; *-n.* ib lub me nyuam tsev rau khoom
shed tears, *v.* los kua muag
sheen, *n.* qhov ci ci nyob ntawm tej ntaub los yog lwm yam
sheep, *n.* yaj; ib hom tsiaj zoo li tshis los yog mes es
sheepish, *adj.* 1. txaj muag thaum paub qhov yuam kev; 2. ruam qauj; npub
sheer, *adj.* 1. tob tob; 2. ntxhab ntxhab; 3. dawb huv; tshiab heev; 4. nyias lam thab; pom lam lug
sheet, *n.* daim; nplooj
sheik, *n.* tus thawj ntawm cov neeg As Lav
sheikh, *n.* tus thawj ntawm cov neeg As Lav
shelf, *n.* txee; *-v.* teeb khoom rau saum txee
shell, *n.* 1. khauj khaum; plhaub; 2. plav; plav tooj mos txwv
shellac, *n.* daim tawv lo rau txheej sab nraud; *-v.* 1. lo daim tawv rau sab nraud; 2. ua kom yeej
shellfish, *n.* hom ntses uas muaj khauj khaum li piag deg thiab cw
shelter, *n.* 1. tsev; chaw nyob; chaw txoos; 2. qhov tiv thaiv; 3. kev tiv thaiv; *-v.* roos; tiv thaiv
shelve, *v.* 1. muab cia rau saum txee (xws li txee ntawv); 2. muab pov tseg los yog tso rau ib qho
shenanigans, *n.* 1. kev dag neeg; 2. kev coj tsis zoo los yog tsis ncaj ncees
shepherd, *n.* neeg yug yaj; *-v.* ua tus saib xyuas; ua tus tsom kwm lwm tus neeg
shepherdess, *n.* tus poj niam yug yaj
sherbet, *n.* ib hom khoom noj qab zib
sheriff, *n.* tub ceev xwm saib nroog; tub ceev xwm saib kev loj
sherry, *n.* ib hom cawv
shield, *n.* daim thaiv ntaj riam
shiest, *adj.* txaj muag tshaj plaws (saib *shyest*)
shift, *v.* 1. hloov; 2. txav; *-n.* 1. caij hauj lwm; 2. kev hloov; 3. ib hom tiab uas hnav yam xoob xoob
shiftless, *adj.* tub nkeeg
shifty, *adj.* 1. txawj dag; ntseeg tsis tau; 2. tig zoj ub tig zoj no
shillelagh, *n.* qws; pam thawj
shilling, *n.* cov nyiaj npib As Kiv qub qub thaum ub
shilly-shally, *v.* 1. ua xyem xyav; tsis tshua yeem; 2. laug caij nyoog; 3. siv caij nyoog rau tej yam tsis tseem ceeb
shimmer, *n.* ci ci; laim laim; ntsais ntsais
shin, *n.* roob hlaub; roob qheb; roob

qhib; kav hlaub
shine, *v.* 1. ci ci; 2. ua tau zoo heev; 3. ua kom ci ci
shingle, *n.* vuas; vuas tsev; vuas vov tsev
shingles, *n.* ib hom kab mob uas sawv hlwv los yog xoo pob rau ib sab ntawm lub cev
shinny, *v.* ci ci; ua ci ci
shiny, *adj.* ci ci
ship, *n.* nkoj; -*v.* xa (khoom) tawm mus
shipment, *n.* 1. kev xa khoom; 2. pob khoom xa tawm
shipping, *n.* 1. cov nkoj uas nyob rau ib qhov chaw los yog ib lub lag luam; 2. kev thauj khoom; lag luam thauj khoom; 3. cov khoom thauj tawm
shipshape, *adj.* 1. zoo; 2. muaj quag; 3. nyob zoo zoo; cais zoo zoo muaj muaj quag
shirk, *v.* 1. zam; 2. khiav nkaum
shirr, *v.* 1. ci qe nrog plhaub qe; 2. tawm laug; tawm paj ntaub ua ib kab ib kab
shirt, *n.* tsho
shiver, *v.* tshee (vim no heev)
shoal, *n.* qhov dej ntiav ntiav
shock, *v.* 1. tom (xws li hluav taws xob tom); 2. ua ceeb; ua poob siab; 3. ua rau xav tsis thoob; ua rau tswv yim ploj tag; -*n.* 1. kev ceeb los yog poob siab loj heev; 2. plaub hau ua lauj vaub
shocked, *adj.* ceeb; hab nuv; xav tsis thoob li; tswv yim ploj tag
shoddy, *adj.* dog dig; dab dab tuag
shoe, *n.* khau
shoe store, *n.* khw muag khau
shoestring, *n.* hlua khau
shone, *v.* ci; ntsa (saib *shine*)
shook, *v.* co; muab co co (saib *shake*)
shoot, *v.* 1. tua; 2. hlav; -*n.* ntsuag; kaus
shop, *n.* khw; chaw muag khoom; -*v.* yuav khoom
shopkeeper, *n.* neeg zov khw
shoplift, *v.* nyiag khoom tom khw; ua tub sab tom khw muag khoom
shore, *n.* ntug; ntug dej
shorebird, *n.* hom noog nyob taug ntug dej
short, *adj.* 1. luv; 2. qis taub; qes taub
shortage, *n.* kev tu ncua; kev tsis txaus siv
shortcake, *n.* ib hom khoom noj qab zib
shortchange, *v.* 1. ntxiv nyiaj tsawg rov qab; 2. dag
shortcircuit, *n.* xov hluav taws xob tsis sib txuas zoo
shortcoming, *n.* 1. qhov qiag; 2. qhov ua tsis tau; 3. qhov phem; qhov tsis zoo
shortcut, *n.* 1. kev ncaj; kev txiav; 2. qhov sai dua
shorthand, *n.* 1. kev sau ntawv luv luv; 2. ntawv luv; ntawv txiav (xws li sau tsawg tsawg tab sis yeej paub tias nyeem li cas lawm)
short head biceps brachii muscle, *n.* thooj nqaij ntshiv sawv ntsug ntawm caj npab ntug
shortlived, *adj.* sia luv; siav luv (sis suab los ntawm *sia*); nyob luv heev
shorts, *n.* ris luv
shortsighted, *adj.* 1. pom kev ze ze xwb; pom kev tsis deb; 2. tsis ntse; npub
shot, *n.* 1. suab phom; 2. qhov deb ntawm qhov chaw tua mus rau ntawm daim phiaj; 3. qhov tua; kev tua phom; 4. qhov sim ua; 5. txhaj tshuaj; koob tshuaj; 6. khob cawv
Shoua V. Xiong, *n.* Sua Vaj Xyooj uas yog niam Ywj Pheej Xyooj. Nkawv yog tus tswv ntawm lub khw Hmong Arts, Books & Crafts (los yog Hmong ABC), uas yog thawj thawj lub khw Hmoob muag ntawv pib thaum lub Rau Hli 15, 1995
should, *v.* yuav tsum
shoulder, *n.* xub pwg; xwb pwg; -*v.* 1. kwv; 2. ris; ev; 3. lees; tab
shoulder blades, *n.* duav pu; nplooj pus
shout, *v.* qw; nthe
shove, *v.* thawb; xyob; xyeeb
shovel, *v.* kaus; -*n.* duav; rab duav
show, *v.* 1. ua yeeb yam; nthuav txuj ci; 2. qhia; 3. muab pov thawj; 4. tawm ntsej muag; -*n.* yeeb yam; txuj ci; kev lom zem
showdown, *n.* kev sib tawm tsam
shower, *n.* 1. nag tshauv; 2. dej los ntawm kav dej los; 3. kev suav daws nqa khoom plig rau ib tus neeg (xws li tus neeg uas muaj ib plab me nyuam); -*v.* 1. da dej; 2. los nag tshauv
showy, *adj.* 1. khav heev; 2. dhau cai

heev; 3. pom tseeb heev
shrapnel, *n.* 1. txhais npoos; 2. txhais mos txwv
shred, *n.* ib nyuag ceg me me (xws li muab txiav tawm); ib nyuag qhov; ib nyuag daim; -*v.* dua; txiav
shrew, *n.* 1. tus poj niam uas cem taus heev; 2. ib hom tsiaj uas zoo li tus nas
shrewd, *adj.* ntse; tsis ruam
shriek, *n.* lub suab quaj uas mob pob ntseg heev los yog nkag pob ntseg heev
shrill, *adj.* suab siab los yog nkig heev (uas nkag pob ntseg tshab plaws)
shrimp, *n.* cw; cw hom me; xyuab (C)
shrine, *n.* 1. chaw teev hawm; 2. chaw nco txog tej yam los tej tus neeg tseem ceeb
shrink, *v.* 1. ua kom me; ua kom caws; 2. caws
shrinkage, *n.* qhov uas muab ua tau me lawm
shrivel, *v.* 1. zuaj kom me; 2. caws; ntsws
shroud, *n.* 1. daim ntaub npog tus tuag; 2. daim khwb los yog npog; -*v.* npog; vov
shrub, *n.* nroj tsuag
shrubbery, *n.* 1. ib koog nroj tsuag; 2. qhov chaw uas cog ib koog nroj tsuag
shrug, *v.* doog pwg; tshoom xub pwg vim tsis paub los yog tsis quav ntsej
shuck, *v.* tev lub plhaub tawm
shudder, *v.* tshee
shuffle, *v.* sib tov; muab sib tov; muab sib xyaws
shuffleboard, *n.* ib hom kev sib tw ua si uas yog xuas ib tus tog pas dig lub pob
shun, *v.* 1. zam kev; 2. khiav nkaum
shunt, *v.* 1. zam; hla; 2. tig rau lwm qhov; hloov; pauv; 3. hnov qab; tso tseg; -*n.* kev hloov rau qhov tshiab es tso qhov qub tseg
shut, *v.* 1. kaw; npog; qos; 2. qi (xws li qi qhov muag)
shut-in, *n.* tsis raug cai
shut out, *v.* 1. tshem tawm; 2. txwv; cais
shutter, *n.* 1. qhov nias yees duab; 2. daim npog qhov rais uas tshem tau mus mus los los
shuttlecock, *n.* pob tis qaib; lub pob muaj tis los yog muaj ntxaij uas xuas duav ntaus
shut up, *v.* txhob qw qw; txhob hais hais lus
shy, *adj.* txaj muag
shyer, *adj.* txaj muag zog
shyest, *adj.* txaj muag tshaj plaws
sibilant, *adj.* muaj lub suab *s* los yog lub suab *sh* (xws li lo lus *sash*)
sibling, *n.* nus muag (suab sis los ntawm *nus muam*); nus muam
sick, *adj.* mob; tsis xis nyob
sickle, *n.* liag; liag hlais nplej
sickness, *n.* mob nkeeg
sick of, *v.* 1. dhuav; 2. pov khawv heev
side, *n.* 1. sab; 2. tog (li ib leeg tuaj ib tog); 3. phab tav
sideboard, *n.* 1. rooj rau twj tais; 2. daim txiag uas siv rau ib txoj hauj lwm dab tsi
sideburns, *n.* cov plaub hau ntawm pob ntseg ib sab
side effect, *n.* qhov tsis zoo los ntawm tej yam tshuaj; qhov ua rau yus puas los ntawm tej yam tshuaj
sidelong, *adv.* raws raws ib sab
sideshow, *n.* qhov yeeb yam me me (uas ua puab ntxiv rau qhov loj)
sidestep, *v.* 1. txav rau ib sab; 2. zam kev
sideswipe, *v.* ntaus los yog tsoo ntawm ib sab; -*n.* 1. qhov tsoo ntawm ib sab; 2. cov lus phem rau
sidetrack, *v.* coj mus yuam kev; coj tsis raws kis; tsis nkag kis
sidewalk, *n.* kev taug (uas raws txoj kev tsheb)
sideways, *adj.* ntawm ntug kev
siding, *n.* 1. txoj kev tsheb nqaj luv luv; 2. ntoo xov tsev (sab nraud)
sidle, *v.* txav rau ib sab; txav rau tom ntug
siege, *n.* qhwv (xws li tub rog tuaj qhwv); puav tua; zov tua
siesta, *n.* dab ntub thaum tav su
sieve, *n.* vab tshaus; vab tshau
sift, *v.* 1. tshau; 2. soj zoo zoo
sifter, *n.* vab tshaus
sigh, *n.* suab xyu; -*v.* xyu
sight, *n.* 1. qhov uas saib pom los yog tsim nyog saib; 2. ntsua muag; 3. twj tsom
sigmoid colon, *n.* hnyuv loj ntu xaus
sign, *v.* kos npe; sau npe; *xais* npe; -*n.* *paib* (L); qhov taw qhia; cim; lub cim

signal, *v*. 1. ntsais teeb taw kev; 2. taw qhia; *-n*. kev ntsais teeb taw kev
signatory, *n*. tus neeg los yog tseem fwv uas kos npe nrog lwm tus
signature, *n*. npe kos; npe uas tus kheej yog tus kos; npe qauv tes; kev kos npe
signet, *n*. lub yeem me me
significance, *n*. yam muaj nuj nqis; qhov tseem ceeb
significant, *adj*. muaj nuj nqis; tseem ceeb
signify, *v*. 1. qhia; taw qhia; 2. ntaus nqi
silence, *n*. kev nyob ntsiag to los yog ua twb ywm
silent, *adj*. ntsiag to; twj ywm; tsis hais lus
silhouette, *n*. ib hom duab kos uas muab foo thoob plaws zoo tib yam; hom duab uas pom zoo li tus duab ntxoo xwb
silica, *n*. hmoov pob zeb siv ua iav thiab pob zeb ua tsev
silicon, *n*. pob zeb ntais (tawm txim taws) thiab ci ci uas siv ua *koos pis tawj*
silk, *n*. ntaub kab
silk worm, *n*. kab ua xov; kab xov
sill, *n*. lub qab tus ntug qhov rais los yog qhov rooj
silly, *adj*. 1. dag ntsuav; 2. ruam
silo, *n*. tsev rau zaub los yog qhauv tsiaj
silt, *n*. hmoov av los yog xuab zeb uas dej tshoob ua pawg; *-v*. hmoov av los yog xuab zeb daig los yog npog
silver, *n*. 1. nyiaj; nyiaj dawb; nyiaj choj; nyiaj keev; (*nyiaj* yog *silver*; *txiaj* yog *money*); 2. tsos nyiaj; dawb li nyiaj
silverware, *n*. tais diav (uas yog tsos dawb li nyiaj)
similar, *adj*. zoo sib xws; zoo ib yam
similarity, *n*. qhov zoo sib xws; tsos zoo ib yam
simile, *n*. kev muab tej yam tsis zoo sib xws los sib piv
simmer, *v*. xiv (xws li dej yuav npau)
simper, *v*. luag tau dag ntsuav los yog ruam zis
simple, *adj*. 1. yooj yim; 2. tsis muaj qhov tsis ncaj ncees; tsis muaj qhov dag; 3. txo hwj chim heev; 4. tsis muaj kev kawm siab
simpleton, *n*. neeg npub; neeg ruam
simplicity, *n*. kev yooj yim
simplification, *n*. 1. kev ua kom yooj yim; 2. kev txo kom tsawg
simplify, *v*. 1. ua kom yooj yim; 2. txo; txo kom tsawg; txo kom yooj yim
simply, *adv*. tsuas; xwb
simulate, *v*. ua raws qab los yog ua kom zoo ib yam
simultaneous, *adj*. tib lub caij nyoog; tib lub sij hawm
simultaneously, *adv*. 1. nplawg ntia; 2. zom zaws; 3. tib lub caij nyoog los yog tib lub sij hawm
sin, *n*. kev txhaum rau lub ntuj los yog txhaum rau Yawm Saub; *-v*. ua txhaum rau Yawm Saub
since, *conj*. 1. txij; txij thaum; 2. rau qhov; vim; *-adv*. txij thaum ntawv los txog niam no; *-prep*. lub caij nyoog tom qab ntawv; txij ntawv los
sincere, *adj*. ncaj ncees; tsis dag; hais ncaj
sincerely, *adv*. nrog kuv ncaj ncees
sincerity, *n*. kev ncaj ncees
sinecure, *n*. txoj hauj lwm uas them nyiaj zoo tab sis ua hauj lwm tsawg tsawg los yog yooj yooj yim
sinew, *n*. 1. zog; 2. leeg
sinewy, *adj*. ruaj; khov
sing, *v*. 1. hu nkauj; 2. seev suab; 3. hais kwv txhiaj
singe, *v*. kub hnyiab me me; sawv hlwv me me
single, *adj*. 1. tib tug; tib qhov; tib yim; 2. xwb (xws li nraug xwb los yog nkauj xwb); hluas; tsis tau muaj txwj nkawm
singular, *adj*. 1. zoo tshaj plaws; zoo kawg nkaus; 2. ntsig txog lo lus uas hais txog ib yam xwb
sinister, *adj*. 1. ua phem; 2. hem; 3. thab plaub
sink, *v*. 1. tog; 2. phem zuj zus; 4. nchuav nyiaj txiag ua; *-n*. dab dej (ntxuav muag los yog ntxuav dais diav)
sinker, *n*. thauj tog
sinuous, *adj*. 1. muag (xws li yooj yim); ua yuj ua yees; 2. nkhaus nkhaus
sinus, *n*. 1. txhaws ntswg; 2. cov qhov txha nyob pem lub qhov ntswg ze rau qab qhov muag

sip, *v.* 1. ntxais; nqus me me; haus me me; 2. saj
siphon, *n.* raj nqus kua (xws li dej los yog ntshav)
sir, *n.* yawg hlob; tus hlob
sire, *n.* txiv; -*v.* ua muaj; tsim muaj
siren, *n.* 1. tus poj niam uas thab txiv neej heev; 1. lub suab ceeb toom teeb meem
sirloin, *n.* daim nqaij nyuj (uas txiav tau lawm)
sirup, *n.* kua piam thaj (saib *syrup*); kua qab zib
sisal, *n.* hlua los yog xov uas khov heev
sissy, *n.* tus me nyuam tub uas txaj muag heev los yog ntshai heev
sister, *n.* 1. muam; 2. niam laus los yog niam hluas; 3. viv los yog ncaus
sister-in-law, *n.* 1. niam tij; tij laug tus poj niam; 2. niam ntxawm; kwv tus poj niam; 3. tais laus los yog tais hluas; poj niam tus viv ncaus; 4. muam; tus txiv tus muam
sit, *v.* 1. zaum; 2. so; 3. txo rau ntawd; cog rau ntawd
site, *n.* chaw; qhov chaw
situate, *v.* 1. nyob rau; los nyob rau; 2. tso rau ib qho chaw; 3. npaj chaw; npaj rau ib qho chaw
situated, *adj.* nyob ntawm; nyob rau
situation, *n.* 1. zwj ceeb; 2. kev noj nyob; 3. lub neej uas hais nrog lub caij nyoog
six, *n.* rau; 6
sixteen, *n.* kaum rau; 16
sixteenth, *n.* thib kaum rau; 16th
sixth, *adj.* thib rau; 6th
sixtieth, *n.* thib rau caum; 60th
sixty, *n.* rau caum; 60
sizable, *adj.* loj hauj sim; loj siv nyog
size, *n.* qhov loj qhov me; loj me
sizeable, *adj.* loj hauj sim; loj siv nyog
sizzle, *v.* kib nrov txig txeg
skate, *n.* kev caij khau log los yog khau hniav hlau; -*v.* caij khau log los yog khau hniav hlau
skater, *n.* tus neeg uas caij khau log
skein, *clf.* qais; -*n.* qais xov
skeleton, *n.* pob txha; khauj khaum pob txha; cev pob txha
skeptic, *n.* 1. tus neeg uas poob siab; 2. tus neeg uas tsis tshua ntseeg lwm tus
skeptical, *adj.* poob siab; me siab; txhawj; tsis tshua ntseeg
skeptically, *adv.* me siab rwg; poob siab nthav
skepticism, *n.* txoj kev me siab los yog tsis ntseeg
sketch, *v.* 1. kos tsuag tsuag (tus duab); 2. zaj lus los yog dab neeg uas sau tseg
skewer, *n.* tus pas ci nqaij
ski, *n.* kev caij duav saum npu (npu yog *snow*); -*v.* caij duav saum npu
skid, *n.* daim txiag uas tiag swb khoom; -*v.* swb
skiff, *n.* ib hom nkoj me me; lub nkoj me me
skill, *n.* txuj tes; kev txawj ua los yog paub ua hauj lwm zoo
skilled, *adj.* 1. txawj; 2. muaj txuj tes zoo; 3. paub hauj lwm zoo
skillet, *n.* yias kib zaub
skim, *v.* 1. nyeem los yog saib ib muag; 2. tshem qhov ntab tawm (xws li daim nplooj qhua); 3. muab qhov twb yuav tau noj pov tseg; 4. muab npog los yog muab plooj; 5. txawb pob zeb rau hauv pas dej kom dhia saum nplaim dej
skimp, *v.* muab me me xwb; pub me me heev
skin, *n.* tawv; tawv nqaij; -*v.* laws tawv
skin diving, *n.* ib hom kev sib tw da dej uas looj tsom qhov muag thiab rau daim tis ntxuaj dej
skinflint, *n.* neeg qia dub
skinny, *adj.* yuag; ntxaug (M)
skip, *v.* hla; dhau
skipper, *n.* tus kws tsav nkoj
skirmish, *n.* kev sib tua me me
skirt, *n.* tiab
skit, *n.* ib zaj dab neeg ua saum sam thiaj uas luv luv thiab txaus txaus luag
skittish, *adj.* ntshai yooj yim heev; siab me heev; tais caus heev
skulk, *v.* 1. khiav nkaum; 2. nyas; 3. zam; -*n.* 1. tus neeg khiav nkaum; 2. kev sib sau ua ke ntawm ib pab tsiaj los yog neeg phem
skull, *n.* khauj khaum taub hau; pob txha taub hau
skunk, *n.* 1. puam sem; ib hom tsiaj uas tsuag kua tsw tsw phem heev; 2. tus neeg siab phem; -*v.* 1. ua yeej; yeej; 2. nyiag; dag; ntxias; 3. tsis

them nuj nqes
sky, *n.* ntuj; nruab ntug
skylark, *n.* ib hom noog nyob rau sab Yus Luv; *-v.* ua si lom vab vab
skylight, *n.* qhov rais saum ruv tsev
skyrocket, *n.* paj taws; paj taws uas tua mus tawg saum ntuj; *-v.* nce ceev ceev los yog sai sai heev
skyscraper, *n.* tsev siab
slab, *n.* ib txaum tuab tuab; ib daim tuab tuab
slack, *adj.* 1. tsis xyuam xim; 2. tsis nruj; tsis khov; 3. nyob qhuav xwb (tsis muaj hauj lwm ua); *-n.* 1. qhov thauv thauv; 2. ris
slacks, *n.* ris
slag, *n.* quav hlau
slain, *v.* tua (saib *slay*)
slake, *v.* zoo siab; muaj kev zoo siab los yog txaus siab
slam, *v.* 1. siv zog kaw; siv zog qos; 2. tsoo lwj tsoo liam
slander, *n.* lus xaiv; *-v.* taug xaiv hais phem txog lwm tus neeg; hais mob lwm tus neeg los ntawm kev taug xaiv
slang, *n.* lus paj; lo lus uas ntaus nqi rau lwm yam ntsiab
slant, *v.* ua kom qaij, ua kom zij
slanted, *adj.* qaij; zij
slap, *v.* nplawm; ncuav pias; *-n.* nplawm; nplawg
slash, *v.* 1. luaj (luaj teb); 2. txo; ua kom tsawg los yog me
slat, *n.* ib daim ntoo los yog hlau nyias nyias nqaim nqaim
slate, *n.* 1. cov npe ntawm cov neeg sib tw ua nom; 2. ib hom pob zeb; 3. vuas vov tsev
slattern, *n.* tus poj niam uas nyob qias neeg ntsuav
slaughter, *v.* 1. tua tsiaj; 2. tua; *-n.* 1. kev tua tsiaj muag rau tom khw; 2. kev tsim txom los yog rhuav tshem txoj sia
slave, *n.* qhev
slaver, *v.* 1. ua auv ncaug nrog zig; 2. thov ua dev leg; *-n.* 1. cov auv ncaug nrog ntawm qhov ncauj los; 2. lus tham uas tsis tseem ceeb dab tsi li; 3. tus neeg uas muag tib neeg ua qhev
slavery, *n.* kev ua qhev rau lwm tus neeg yam tsis tau txais nyiaj hlis li
slavish, *adj.* zoo li neeg ua qhev; xws li qhev
slay, *v.* tua
sleazy, *adj.* tsis ncaj; tsis zoo
sled, *n.* lub dab cab neeg los yog cab khoom mus saum npu los yog saum daus
sledge, *n.* lub dab cab neeg los yog cab khoom mus saum npu los yog saum daus
sledgehammer, *n.* tus pam thawj loj loj thiab ko ntev ntev
sleek, *adj.* du du los yog ci ci
sleep, *v.* pw; tsaug zog; *-n.* dab ntub
sleepy, *adj.* 1. tsaug tsaug zog; 2. tsis ua dab tsi lawm
sleet, *n.* nag daus; nag khov; nag nkoog
sleeve, *n.* tes tsho
sleigh, *n.* lub dab nees cab uas muaj rooj zaum tib si
slender, *adj.* yuag; tsis rog; ntxaug (M)
sleuth, *n.* kws soj ntsuam; neeg muab xov
slew, *v.* tua (saib *slay*)
slice, *v.* hlais; txiav ua tej txaum; *-n.* nplais; txaum
slick, *adj.* 1. du heev; 2. ntse heev
slicker, *n.* tsho tiv nag
slide, *v.* 1. swb; 2. ua zawv zawg; *-n.* duab tsom (rau tim phab ntsa)
slight, *adj.* 1. me me; 2. yuag; ntxaug (M); 3. tsis muaj zog; tsis khov; *-v.* las mees; saib yam tsis muaj nuj nqis
slim, *adj.* yuag; ntxaug (M); cev yiag txias
slime, *n.* 1. yam uas nplaum nplaum thiab nplua nplua; 2. cov npuas auv ncaug los yog hnoos qeev; 3. av nkos; 4. qhov qias qias neeg; *-v.* muab cov kua nplaum nplaum nplua nplua pleev rau
slimy, *adj.* 1. nplua nplua; 2. muaj muaj roj
sling, *n.* 1. hneev roj hmab; 2. hom khau uas muaj hlua khiab luj taws; 3. txoj hlab uas khiab saum caj dab los khuam txhais caj npab uas raug mob; 4. ib hom dej haus uas muab cawv thiab lwm yam sib tov ua ke; *-v.* muab thawb mus; muab yuam tawm
slingshot, *n.* hneev roj hmab
slink, *v.* 1. nyas nyas mus; nyiag nkag

mus; 2. yug me nyuam ua ntej txog caij; *-adj.* yug ntxov zog lawm; *-n.* tus me nyuam uas yug ntxov ua ntej caij yug

slip, *v.* 1. nyiag khiav tawm ntsiag to; 2. ua yuam kev; 3. hla dhau yam tsis muaj neeg paub los yog pom; 4. mus tsis ncaj kev los yog tsis yog kev; *-n.* 1. poj niam li tiab los yog ris hnav pw; 2. ntsuag ntoo; 3. daim ntawv me me

slipknot, *n.* pob rhaus

slipper, *n.* khau khiab

slippery, *adj.* 1. nplua nplua; 2. cov nyom heev; 3. tsis yooj yim

slipshod, *adj.* tsis xyuam xim

slit, *v.* 1. txiav; hlais; 2. ua kom to ib kab; *-n.* 1. ib kab to los yog ntuag uas ntev tsawv; 2. lub qhov; 3. poj niam lub chaw mos; paum; 4. qhov hmlos

slither, *v.* 1. ya (xws li nas tsau ya); 2. swb; ua zawv zawg; mus li nab mus

sliver, *n.* 1. ntshiv; ntshiv ntoo; 2. pos; 3. ib nyuag ceg av me me ntev ntev; *-v.* tawg; muab ua tawg

slob, *n.* neeg qias neeg; neeg vuab tsuab

slobber, *v.* 1. los auv ncaug; 2. qhia tawm plaws lub siab phem rau lwm tus; 3. ua auv ncaug ntub; *-n.* 1. auv ncaug; 2. kev ntxub ntxaug

slogan, *n.* ib kab lus uas tib neeg hais zom zaws los yog paub zoo heev; qauv lus; siav lus; kab lus uas hais siav lawm

sloop, *n.* nkoj cua; hom nkoj uas cua tshuab mus

slope, *n.* txoj kab nce los yog txoj kab nqes

sloppy, *adj.* qias neeg; vuab tsuab

slot, *n.* 1. qhov qhib; 2. chaw

sloth, *n.* 1. liab npog muag; 2. kev tub nkeeg

slouch, *n.* 1. neeg tub nkeeg los yog neeg tsis muaj peev xwm; 2. txoj kev nyob dawb los yog tub nkeeg; *-v.* nyob ncig yuj yeev xwb; 2. nyo hau qaij nkas

slough, *n.* 1. hav iav; 2. qhov zawj; 3. lub caij nyoog uas muaj kev ntxhov siab heev

slovenly, *adj.* qias; vuab tsuab

slow, *adj.* qeeb; maj mam

slowly, *adv.* 1. maj maj; qeeb qeeb; 2. duj duam

sludge, *n.* 1. cov phuas uas tseem nkos tsawv; 2. cov av nkos ntawm tej ntug dej; 3. cov daus nyob saum hav dej uas tawg ua dwb daim; 4. ntshav nkoog; ntshav tuag

slug, *n.* 1. mos txwv; hau mos txwv; 2. tus neeg tub nkeeg; neeg nyob dawb; 3. ib hom kab los yog qwj; 4. ib pas cawv; *-v.* 1. ntaus siv zog heev; 2. nyob dawb dawb; 3. haus ib pas cawv

sluggish, *adj.* qeeb qeeb; maj mam

sluice, *n.* ciav dej; *-v.* ntxuav ntawm dej ntws

slum, *n.* chaw neeg pluag nyob; chaw pluag pluag

slumber, *v.* pw; tsaug zog

slump, *v.* 1. ntog; vau; 2. poob; 3. nqes; *-n.* 1. kev ntog; 2. kev poob

slur, *v.* 1. hais tsis meej; 2. cem; hais lus saib tsis taus; 3. ua tsuas; *-n.* lus cem neeg; lus hais mob neeg

slurp, *v.* noj los yog haus nrov nrov

slush, *n.* cov npu uas yaj tag ib nrab

slut, *n.* poj niam liam; niam ntiav

sly, *adj.* 1. txawj dag; 2. muaj qhov zais; tsis ncaj ncees

smack, *v.* 1. nwj los yog ntaus ua nrov tsawv; 2. txav qhov ncauj ua suab nrov; *-n.* 1. lub suab nrov los ntawm di ncauj; 2. lub suab ntaus nrov nrov; 3. nkoj nuv ntses

small, *adj.* me; me me; yau

small intestine, *n.* hnyuv mos; hnyuv me

smallpox, *n.* qhua taum

small saphenous vein, *n.* leeg ntshav dub me ntawm kav hlaub

smart, *adj.* 1. ntse; 2. nrawm; 3. zoo; 4. hnav zoo; *-v.* 1. plev; 2. kub; 3. mob

smash, *v.* tsoo; ua kom tawg ntsoog ntxaws

smattering, *n.* 1. ib qho me me nyob ub nyob no; 2. txuj ci tsis tseem ceeb; yam tsis tseem ceeb

smear, *n.* roj tsuas; roj lo; *-v.* 1. muab ua lo; ua nplaum; 2. ua lo; 3. hais phem rau; cem; thuam

smell, *v.* 1. hnia; 2. tsw; 3. hnov; hnov tsw; *-n.* ntxhiab; qhov tsw

smelt, *n.* ib hom ntses me me; *-v.* cais (kua tooj kua hlau); ua kom yaj ces cais nyias rau nyias

smile, *v*. luag nyav; luag ntxhi; *-n*. kev luag ntxhi; qhov luag nyav
smirk, *v*. luag nyav yam saib tsis taus; ua txuj luag nyav (tab sis lub ntsej muag qhia tias lub siab ntxub heev); *-n*. kev ua txuj luag tab sis yog luag yam saib tsis taus
smite, *v*. 1. ntaus siv zog heev; tua; 2. ua deeg loj heev
smith, *n*. neeg ua tooj ua hlau
smithy, *n*. chaw ua tooj ua hlau
smock, *n*. 1. daim tiab uas hnav xoob thuav; 2. lub tsho sab nraud
smog, *n*. iab oo; huab; pa taws
smoke, *v*. 1. haus luam yeeb; 2. qha; *-n*. pa taws; pa luam yeeb; iab oo
smokestack, *n*. raj pa taws; qhov chaw tso pa taws tawm
smoky, *adj*. pob pob; ncho ncho
smolder, *v*. 1. kub thiab ncho pas yam tsis muaj nplaim taws; 2. raug tsuj tau lawm tab sis tseem ciaj sia
smooth, *adj*. 1. du du; du lug; 2. zoo heev
smoothly, *adv*. 1. du; tus; xwm yeem; 2. zoo heev
smorgasbord, *n*. *npas fes*; kev noj ywj xaiv
smother, *v*. 1. zawm caj pas tuag; tua tuag los ntawm qhov tsis pub cua rau; 2. kaw khov heev
smoulder, *v*. 1. kub thiab ncho pas yam tsis muaj nplaim taws; 2. raug tsuj tau lawm tab sis tseem ciaj sia
smudge, *v*. ua tsuas; ua rau plooj; *-n*. kev ua tsuas
smug, *adj*. 1. khav theeb; 2. twm xeeb
smuggle, *v*. nyiag hla nrim; nyiag coj hla nrim teb chaws
smut, *n*. 1. yam uas ua tsuas; 2. lus phem; yam phem; 3. kab mob ua rau nroj tsuag tuag
snack, *n*. khoom txom ncauj; khoom noj nruab nrab ntawm cov pluag mov
snag, *n*. txoj kev ntxhov uas xam tsis pom; *-v*. raug lo zia rau tej yam teeb meem uas daws tsis yooj yim
snail, *n*. qwj; qwj yeeg
snake, *n*. nab
snap, *v*. 1. tom; 2. dhos; 3. hais lus chim siab; cem; 4. tawg; *-n*. 1. qhov chaw sib dhos; 2. yam uas yooj yim ua heev; 3. lub suab nrov thaum ob qho dab tsi sib dhos
snapdragon, *n*. ib hom ntoo paj
snapshot, *n*. duab; daim duab; nrawb duab
snare, *n*. ntxiab; twj cuab tsiaj; *-v*. txhom los yog tuav cia
snarl, *v*. 1. ua sib rig los yog sib daig tag; 2. quaj; nyooj; *-n*. kev sib rig sib daig
snatch, *v*. 1. ntsiab; txhom; 2. txeeb; *-n*. 1. kev txeeb los yog txhom; 2. tej yam uas luv luv los yog nyob ub nyob no
sneak, *v*. nyas; nyiag nkag
sneakers, *n*. khau ntaub
sneer, *n*. luag hnya zog
sneeze, *v*. txham
snicker, *n*. kev luag twb ywm hauv siab; kev luag yam saib tsis taus; *-v*. luag yam saib tsis tau
snide, *adj*. ntxub ntxaug tau yam ntse heev los yog tob heev
sniff, *v*. hnia
sniffle, *v*. 1. ua pa loj heev; ua pa nrov heev; 2. quaj twb ywm; quaj yau yau
sniffles, *n*. mob taub hau thiab ua pa nrov heev
snip, *v*. 1. txiav ua tej qho tej qho luv luv; 2. tshem tej qho me me tawm; *-n*. tej qho luv luv los yog me me uas txiav tawm ntawm lwm qhov los
snipe, *n*. 1. ib hom noog; 2. kev xuas phom (iav los yog *koob xoob*) nyiag tua neeg ntsiag to; *-v*. 1. xuas phom (iav los yog *koob xoob*) nyiag tua neeg; 2. nyiag tawm tsam leej twg
sniper, *n*. tus neeg tua phom twj rub (*koob xoo*) uas nyiag tua deb deb mus kom tus raug tua tsis paub tias leej twg tua thiab tua qhov chaw twg tuaj
snips, *n*. rab ciaj zoo li rab txiab
snivel, *v*. 1. los ntswg; 2. cem; yws
snob, *n*. tus neeg tsab ntse tshaj lwm tus
snoop, *v*. soj; nyiag saib
snooze, *v*. tso dab ntub; pw ib tsig; tsaug zog ib nyuag pliag; *-n*. qhov nias ntawm lub teev caws
snore, *v*. ua qaj; nqus qaj
snort, *v*. ua pa siv zog heev ntawm qhov ntswg
snout, *n*. 1. kaus ncauj; kaus ncauj tsiaj uas ntev ntev xws li tus kaus ncauj noog roov; 2. tus ncauj ntawm ib yam dab tsi uas zoo li tus kaus

ncauj tsiaj; 3. neeg lub qhov ntswg
snow, *v.* los npu; *-n.* npu
snowshoe, *n.* khau mus saum npu; khau npu (npu yog *snow*)
snub, *v.* 1. las mees; 2. khiav nkaum; zam
snuff, *v.* 1. tua (tswm ciab) kom tuag; 2. nqus (rau qhov ntswg)
snuggle, *v.* 1. chev zoo zoo; kauv zoo zoo; 2. txav ti ti; pw ti ti; 3. sib khawm; sib puag; *-n.* kev sib khawm; kev nyob sib sib ti
so, *adv.* 1. ces; li ntawd; yog li ntawd; 2. thiaj; 3. thaum kawg
soak, *v.* 1. tsau (dej); 2. raus; 3. ntse
soaked, *adj.* npliag nplaws; thawm dej; ntxaum
soap, *n.* tshuaj da dej; tshuaj ntxuav cev; x*ub npum* (L)
soar, *v.* tshoom; ya siab zuj zus
sob, *v.* quaj; ncia
sober, *adj.* 1. zoo cawv lawm; 2. heev; tseem ceeb; loj
sobriety, *n.* kev tso tseg tej yam xws li dej cawv; kev tsis ua dhau cai
soccer, *n.* pob ncaws; ib hom kev ua si uas siv ko taw ncaws lub pob
soccer field, *n.* tshav ncaws pob
sociable, *adj.* zoo phooj ywg heev; nyiam phooj ywg heev; siab zoo heev
social, *adj.* 1. ntsig txog txoj kev sib raug zoo; 2. ntsig txog txoj kev nyob ua pab ua pawg; 3. ntsig txog tib neeg lub neej
socialism, *n.* kev cai kooj tsham; *koos mus niv*; kev cai uas tseem fwv tswj tej pej xeem nruj heev
socialize, *v.* 1. koom tes ua pab ua pawg; 2. kav los ntawm kev cai kooj tsham
social work, *n.* kev pab cuam cov neeg pluag
society, *n.* 1. koom txoos; 2. pawg neeg; haiv neeg; 3. kev ua pab ua pawg los yog ua zej ua zos
sociology, *n.* kev kawm txog neeg lub neej thiab txoj kev nyob ua pab ua pawg
sock, *n.* thom khwm; hnab taw; *-v.* ntaus
socket, *n.* nplos
socks, *n.* thom khwm; hnab taw
sod, *n.* nrim; ciam; ciaj ciam
soda, *n.* dej qab zib
sodden, *adj.* 1. tsis muaj ntsuj plig; 2. npliag; npliag nplaws
sodium, *n.* ib yam keeb los yog poov tseem ceeb ntawm ntsev uas ua hmoov dawb dawb
sofa, *n.* rooj zaum; rooj rwb; *xaus fas*
soft, *adj.* 1. zooj; muag; phom phom; 2. tsis muaj cawv tov rau hauv
softball, *n.* ib hom kev ua si uas yog xuas qws ntaus lub pob
soft drink, *n.* dej qab zib
soften, *v.* ua kom muag; ua kom mos
soft palate, *n.* qab yiag mos
software, *n.* khoom siv rau hauv *koos pis tawj*
soggy, *adj.* noo heev; ntub heev
soil, *n.* av; txheej av mos; *-v.* ua qias; ua tsuas
sojourn, *n.* kev nyob tsis ntev rau ib qhov chaw ces yuav tawm mus lawm; *-v.* nyob tsis ntev
solace, *v.* ua kom nyab xeeb; *-n.* kev nyab xeeb; kev tso siab
sold, *v.* muag lawm (saib *sell*)
solder, *v.* ham; cob; txuas; cam; *-n.* tus hlau uas muab hlawv ham hlau ua ke
soldier, *n.* tub rog; *-v.* ua tub rog
sole, *adj.* 1. tib los yog ib; nkaus; 2. ntsig txog ib leeg los yog ib pawg xwb; 3. tsis tau muaj txwj nkawm; *-n.* 1. xib taws; qab xib taws; 2. qab xib khau; 3. lub qab tiag los yog teem ib yam dab tsi; 4. ib hom ntses; *-v.* 1. muab daim qab xib khau rau; 2. muab lub qab txawb tseg
solemn, *adj.* tseem ceeb; muaj nuj nqis
soleus, *n.* nqaij ntshiv ntawm roob hlaub
solicit, *v.* thov; taij
solicitation, *n.* kev thov pab cuam
solicitor, *n.* 1. tus neeg thov kev pab cuam; 2. kws lij choj; kws hais plaub
solicitous, *adj.* txhawj xeeb
solid, *adj.* 1. ruaj; khov; 2. ntom; tsis khoob; 3. zoo
solidarity, *n.* kev koom siab ua ke rau ib lub hom phiaj; kev haum xeeb; kev koom tes
solidify, *v.* ua kom khov; ua kom zoo
soliloquy, *n.* 1. kev hais lus rau yus tus kheej mloog; 2. kev sau ntawv rau tus kheej saib
solitaire, *n.* 1. zeb nuj; ib hom pob zeb

nyiaj; 2. ib hom kev ua *phaib*; 3. ib hom noog

solitary, *adj*. 1. tib leeg; 2. tab seeb; tib tug; 3. nraim; zais heev; 4. poob qab ntawm kev vam meej heev; *-n*. 1. tus neeg uas nyob tib leeg; 2. kev nyob tib leeg rau ib qho nraim nraim

solitude, *n*. lub caij nyob tib leeg los yog nyob twm zeej

solo, *n*. kev ua yeeb yam uas yog tib leeg ua xwb; *-adv*. tib leeg

solstice, *n*. lub caij nyoog uas lub hnub nyob deb tshaj plaws rau sab qaum teb los yog qab teb ntawm txoj kev lig ntuj hauv plawv

soluble, *adj*. 1. muaj peev xwm yaj taus; muaj peev xwm ploj mus; 2. muaj peev xwm daws tau

solution, *n*. 1. chaw xaus; qhov xaus; qhov kawg; 2. lus teb rau qhov teeb meem; txoj kev daws qhov teeb meem; 3. cov kua sib tov

solve, *v*. daws; pab

solvent, *adj*. 1. muaj peev xwm them tag tej nuj nqes; 2. muaj peev xwm ploj mus los yog yaj mus tau; *-n*. yam khoom uas paub yaj

somber, *adj*. 1. tsaus tsaus; 2. loj; loj heev

sombre, *adj*. 1. tsaus tsaus; 2. loj; loj heev

sombrero, *n*. 1. ib hom kaus mom lev uas npoo dav dav thiab lub hau siab siab; 2. ib lub pov txwv nyob teb chaws Is Dias

some, *adj*. 1. qee; tej; me ntsis; 2. ib txhia; ib kuag; ib co

somebody, *pron*. tej tus neeg

someday, *adv*. tej hnub; tej lub caij nyoog yav pem suab

somehow, *adv*. xyov; ho

someone, *pron*. ib tus neeg

somersault, *n*. nrig nphau; nyuj kub tsab; kev ntaus nrig nphau; kev ntaus nyuj kub tsab

something, *pron*. tej yam

sometime, *adv*. lwm lub caij nyoog; hnub tom ntej

sometimes, *adv*. tej thaum; tej lub caij

somewhat, *adv*. me ntsis

somewhere, *adv*. ib qhov twg; qhov twg los xij

somnolent, *adj*. tsaug tsaug zog

son, *n*. tub; tus tub; me tub

sonar, *n*. lub tshuab uas nrhiav tej khoom nyob hauv qab thu dej

song, *n*. nkauj; txhiaj; kwv txhiaj; khawv txhiaj

songbird, *n*. tus noog uas quaj tau suab kho siab heev

sonic, *adj*. ntsig txog lub suab los yog suab cua

son-in-law, *n*. vauv; tus ntxhais tus txiv

sonnet, *n*. hom paj huam uas muaj 14 kab

sonorous, *adj*. 1. muaj suab nrov zoo; 2. txaus siab heev

soon, *adv*. sai sai; tsis ntev

soot, *n*. nkhawb

soothe, *v*. daws siab nqig; haum siab; laj siab

soothsayer, *n*. saub

sop, *n*. khoom plig; khoom xiab; *-v*. tsau; tso rau hauv kua dej

sophisticated, *adj*. 1. cov nyom heev; tsis yooj yim to taub; 2. ntse; pom deb

sophistication, *n*. 1. kev tsis yooj yim rau neeg ua tau los yog to taub; 2. kev ntse

sophistry, *n*. ib qhov tswv yim los yog kev ntseeg uas qhov tsis tseeb muaj ntau dua qhov tseeb

sophomore, *n*. 1. xyoo ob ntawm kev kawm; 2. tus me nyuam kawm ntawv nyob xyoo ob

soporific, *adj*. ua rau qaug los yog nraug zeeg muag

soprano, *n*. lub suab hu nkauj uas soob tshaj plaws

sorcerer, *n*. tus neeg tso dab rau lwm tus neeg

sorcery, *n*. kev tso dab rau lwm tus neeg; kev ua khawv koob ua phem rau lwm tus neeg

sordid, *adj*. qias neeg; phem

sore, *adj*. 1. mob; ua rau mob; 2. loj; siab; 3. chim; *-n*. qhov mob; kiav txhab

sore throat, *n*. mob qa; mob caj pas

sorghum, *n*. ib hom mog uas ua tau noob noj thiab ua tau kua zib

sorority, *n*. koom haum poj niam kawm ntawv; koom haum poj niam

sorrel, *n*. 1. tsos kab ntxwv tsaus nyos; tsos liab dub; 2. tshuaj ntsuab uas qaub qaub

sorrow, *n*. kev tu siab; kev nyuaj siab

sorry, *adj*. 1. tu siab; 2. thov txim
sort, *n*. yam; hom; *-v*. txheeb; xaiv
sortie, *n*. fij (xws li dav hlau mus pov *npoos* pes tsawg fij); lwm
SOS, *n*. kev hu neeg pab cuam
so-so, *adv*. tsis zoo tsis phem
sot, *n*. neeg qaug cawv
soufflé, *n*. ib hom khoom noj los yog khoom noj txom ncauj
sought, *v*. nrhiav (saib *seek*)
soul, *n*. plig; ntsuj plig
soulful, *adj*. 1. hais kawg siab nkaus; 2. hais tawm hauv siab tuaj
sound, *n*. 1. suab; suab sab; qhov hnov; 2. ib ntswg dej me uas tshuam rau ob tus dej loj los yog hiav txwv; *-adj*. 1. zoo; tsis muaj qhov phem; 2. khov; ruaj; 3. muaj tswv yim zoo; *-v*. 1. ntsuas qhov tob hauv hav dej; 2. tshuaj ntsuam; tshawb xyuas
soup, *n*. kua zaub; kua nqaij
sour, *adj*. 1. qaub; 2. tsis xav ib yam; *-v*. ua kom qaub
source, *n*. 1. qhov hau paus; lub hau paus; qhov chiv keeb; 2. tus neeg muab kev pab cuam
souse, *v*. 1. ua kom qaub; 2. tsau; raus
south, *n*. qab teb; sab qab teb
southeast, *n*. qab teb sab hnub tuaj; qab teb hnub tuaj
southpole, *n*. nram qab teb kawg nkaus
southwest, *n*. qab teb sab hnub poob; qab teb hnub poob
souvenir, *n*. khoom saib dab muag
sovereign, *n*. 1. tus thawj coj siab tshaj plaws; 2. npib kub nyob teb chaws As Kiv; *-adj*. siab kawg nkaus; 2. twj lij; tsis muaj neeg kav yus
sovereignty, *n*. kwv twj lij ntawm lub teb chaws (yam tsis muaj lwm lub teb chaws tswj los yog cuam tshuam yus lub teb chaws)
sow, *v*. 1. cog; 2. tseb noob; *-n*. maum npua
sox, *n*. 1. thom khwm; hnab taw; 2. nrhoob (saib *sock*)
soybean, *n*. taum pauv
spa, *n*. 1. chaw so nyob ntawm pas dej txhawv; 2. chaw so uas muaj chaw da dej kho mob; 3. chaw ntiav pw uas zoo nkauj heev; 4. lub dab da dej uas tshuab dej npau npuas cuag cas
space, *n*. 1. chaw; 2. kem seem; kis khoob; 3. saum ntuj; 4. ncua caij nyoog; 5. chaw nrug; qhov nrug; qhov qiag
spacious, *adj*. dav heev; loj heev
spade, *v*. thob; kaus; *-n*. ib hom *phaib*
spaghetti, *n*. ib hom khoom noj uas yog mov kaj xyaws kua txiv lws
span, *n*. 1. qhov deb los yog qhov dav; 2. ncua (xws li ncua kev); 3. qhov caij nyoog; 4. dos (xws li ib dos, ob dos); *-v*. 1. hla; 2. ncav
spangle, *n*. ib lub yeej hlau los yog roj hmab uas ci ci
spaniel, *n*. ib hom aub los yog dev me me uas plaub ntev ntev thiab pob ntseg loj loj
spank, *v*. xuas ncuav pias ntaus pob tw; muab xib teg ntaus pob tw
spar, *v*. xyaum sib ntaus; npaj tseg; *-n*. ncej
spare, *adj*. 1. faj seeb; npaj tseg; 2. nyias; tsawg tsawg; me me; *-v*. 1. npaj tseg; 2. zam tsis ntaus los yog tsis tua
spare time, *n*. caij khoom; caij nyoog xyeej; sij hawm tsis ua dab tsi
sparing, *adj*. 1. qia dub; 2. ceev faj heev
spark, *n*. txim (tawm txim); *-v*. tawm txim; ua kom tawm txim
sparkle, *v*. cig los yog ci ntsa iab
sparrow, *n*. ib hom noog me me uas txawj txawj quaj; noog tsev
spasm, *n*. 1. kev huam ib tshaj ib tshaj; 2. nqaij los yog leeg cia li txav los yog tshee; nqaij los yog leeg nruj nruj; 3. yam uas ua ceev ceev los yog nyob tsis ntev ces dhau lawm
spastic, *adj*. ntsig txog txoj kev huam ib tshaj ib tshaj los yog ntswj tes ntswj taw
spat, *v*. nti auv ncaug (saib *spit*); *-n*. kev cov nyom me me
spatial, *adj*. ntsig txog saum nruab ntug
spatter, *v*. 1. txaws; ua kua txaws; 2. tsuag; tsuag dej rau; ywg; 3. ua lo; ua ntub; 4. rhuav koob npe
spatula, *n*. duav los yog diav siv do zaub do mov
spawn, *v*. 1. daug qe los yog yug me nyuam; 2. nqa tuaj
spay, *v*. tshem tsev me nyuam los yog lub zuas qe
speak, *v*. hais lus
spear, *n*. hmuv; *-v*. nkaug; hno

spearhead, *v.* coj; coj kev; ua ntej; *-n.* qhov pib; lub zog; qhov tseem ceeb
spearmint, *n.* zaub txig ntses; zaub txig theem siv ua txuj lom
special, *adj.* 1. tshwj xeeb; tseem ceeb; 2. tsis niaj hnub muaj
specialist, *n.* tus kws uas paub txog ib suam dab tsi zoo heev; kws txuj
specialize, *v.* kawm los yog paub rau ib kis zoo heev
specialty, *n.* suam uas yus paub txog zoo heev
specie, *n.* txiaj npib; nyiaj npib
species, *n.* kev muab tej hom tsiaj zoo ib yam teeb ua pawg (xws li tsiaj muaj tis ua ib pawg)
specific, *adj.* 1. tib qho; 2. tsi ntsees; ncaj nraim rau ib qho
specification, *n.* kev teev tseg meej meej ib qho zuj zus
specify, *v.* 1. hais tsi ntsees; hais ncaj nraim; 2. hais rau ib yam los yog ib suam xwb; 3. teev meej meej ib qho zuj zus
specimen, *n.* ib qho piv txwv uas suav daws ib txwm paub
specious, *adj.* zoo li tab sis tsis yog tiag tiag
speck, *n.* ib tee me me
speckled, *adj.* muaj tej tee tej tee
spectacle, *n.* ib qho dab tsi uas tso rau suav daws saib uas ua tau zoo heev
spectacles, *n.* tsom iav qhov muag
spectacular, *adj.* 1. zoo saib heev; 2. zoo heev; 3. loj heev
spectator, *n.* tus neeg saib; tus saib; tus neeg uas nyob sab nraud saib
specter, *n.* 1. dab; 2. nraug zeeg muag pom qhov txaus txaus ntshai
spectral, *adj.* xws li dab; zoo li dab
spectre, *n.* 1. dab; 2. nraug zeeg muag pom qhov txaus txaus ntshai
spectrum, *n.* kev hais txog txhua txhua yam thoob plaws; kev hais dav dav
speculate, *v.* 1. kwv yees; 2. xuas dub; maub
speculation, *n.* kev kwv yees; kev xuas duab
speculum, *n.* tus ciaj ntxi qhov nqaij
speech, *n.* 1. lus hais rau suav daws hnov; 2. tus yam ntxwv hais lus
speed, *n.* qhov ceev qeeb; kev dhia ceev los qeeb
speedometer, *n.* lub ntsuas qhov dhia ceev
speedy, *adj.* cauj; nrawm
spell, *v.* hais los sau ib tus ntawv zuj zus; *-n.* 1. yees siv; kev raug mooj; 2. zeeg ua hauj lwm; 3. ncua caij nyoog
spellbind, *v.* mooj; ua kom looj
spellbound, *adj.* cuag muaj dab mooj tau lawm los yog cuag dab tswj nws lawm
spend, *v.* siv (xws li siv nyiaj los yog siv caij nyoog)
spendthrift, *n.* 1. tus neeg liam; 2. neeg tub nkeeg; 3. neeg hnyav av
sperm, *n.* kab xeeb tub; kab me nyuam los ntawm tus txiv neej; phev
spermatic cord, *n.* hlab noob qes
spermatozoon, *n.* tus kab noob ntawm txiv neej; tus kab me nyuam
sperm cell, *n.* keeb kab ua me nyuam ntawm tus txiv neej
sperm nucleus, *n.* lub keeb ntawm tus kab me nyuam
spew, *v.* 1. txhuav tawm; yuam tawm; 2. ntuav tawm; 3. tswm tawm tuaj mus (li roob kub hnyiab uas kua av kub tswm tawm tuaj mus)
sphenoid bone, *n.* txha kaum muag
sphenoidal sinus, *n.* qhov khoob nyob ze rau ntawm qaum raj pas los yog tom qab lub qhov ntswg
sphere, *n.* 1. ib cheeb tsam uas yus kav los yog saib xyuas txog; 2. pob; lub kheej kheej
sphere of influence, *n.* cheeb tsam uas lub teb chaws loj muaj feem saib xyuas thiab lem tau
spherical, *adj.* kheej kheej; cau cau
spice, *n.* txuj lom
spicy, *adj.* ntsim; ntsim ntsim
spider, *n.* kab laug sab
spigot, *n.* 1. kais dej; 2. taub tso dej tua hluav taws
spike, *n.* 1. kub los yog tej ceg zuag zuag; kev ncau ceg tuaj kub rhib; 2. tus ntsia hlau hnyav hnyav; 3. tus pas ntev ntev thiab lub hau zuag zuag; *-v.* ntaus pob lub ceev ceev thiab siab siab heev
spill, *v.* 1. nchuav; txeej; poob; 2. qhia; nthuav tawm
spillway, *n.* kwj tso dej tawm
spin, *v.* kiv; tig
spinach, *n.* ib hom zaub

spinal, *adj*. ntsig txog txha nqaj qaum
spinal cord, *n*. 1. hlwb txha nqaj qaum; 2. txha nqaj qaum; txha caj qaum
spindle, *n*. 1. pas tig xov; pas ua ntaub ua xov; 2. tus ncej uas ib yam dab tsi tig ncig nws
spindly, *adj*. siab thiab yuag yuag
spine, *n*. 1. txha nrob qaum; 2. ntug (xws li ntug phau ntawv)
spinet, *n*. lub *phias ab naum* me me
spinous process, *n*. ko ncau voj txha caj qaum
spinster, *n*. tus poj niam uas ib txwm tsis tau yuav txiv
spiral, *adj*. ntswj lees
spire, *n*. 1. lub hau zuag zuag puag saum ncov qhov siab tshaj plaws; 2. qhov siab tshaj plaws
spirit, *n*. 1. ntsuj; ntsuj plig; 2. dab; 3. xyw
spiritual, *adj*. ntsig txog sab ntsuj plig, sab kev ntseeg los yog dab qhuas
spiritualism, *n*. txoj kev ntseeg tias neej thiab dab los yog ntsuj plig sib txuas lus tau
spit, *v*. nto auv ncaug; nti auv ncaug; *-n*. 1. auv ncaug; 2. tus pas ci los yog ntxeev nqaij; 3. thooj av uas hlauv mus rau nram hav dej
spite, *n*. kev xav phem; kev phem; *-v*. ua txhaum; ua rau chim
spittle, *n*. auv ncaug
spittoon, *n*. thoob rau auv ncaug; thoob nto auv ncaug
splash, *v*. ua dej los yog kua txeej; ua txaws; ua nchuav
splatter, *v*. ua txeej; ua nchuav; ua ntub
splay, *v*. nthuav tawm; tso sib nrug
spleen, *n*. po; tus po
splendid, *adj*. 1. zoo heev; txaus siab heev; 2. tshaj plaws
splendor, *n*. yam uas zoo tshaj plaws; qhov zoo heev
splenic flexure, *n*. txoj hnyuv loj ntu uas nkhaus rau sab laug
splice, *v*. muab ob tog sib cob
splint, *n*. 1. nplais ntoo nyias nyias; 2. ncau hiab tog los yog pob tawb; 3. daim dua yuaj tiag tus pob txha uas raug mob los yog tawg; daim ntaub khuam caj npab; 4. daim tuav kaus hniav kom txhob txav; 5. ib daim hlau
splinter, *n*. ntshiv ntoo
split, *v*. 1. phua (ntoo los yog taws); 2. tawg; sib tawg
splotch, *n*. tee; ib tee dab tsi tsuas rau; qhov uas tsuas rau ib yam dab tsi
splurge, *v*. qhuas tus kheej; khav theeb
splutter, *v*. 1. hais lus ceev ceev tsis muaj lub muaj log; 2. ua suab nrov nplij nploj; *-n*. lub suab nrov nplij nplij nploj nploj
spoil, *v*. coj puas; xyaum tau tsis zoo (xws li hlub hlub me nyuam ces me nyuam ua ywj nws siab lawm); *-n*. 1. yam khoom nyiag los; yam khoom txeeb los; 2. yam khoom lwj
spoke, *v*. hais (saib *speak*); *-n*. 1. cov qhab ntawm lub log tsheb; 2. cov ceg tuav kom ruaj
spoken, *v*. hais dhau los lawm (saib *speak*)
spokesman, *n*. tus kis; tus neeg uas hais lus sawv cev lwm tus neeg los yog ib pawg neeg
spokeswoman, *n*. tus kis poj niam; tus poj niam uas hais lus sawv cev lwm tus neeg los yog ib pawg neeg
sponge, *n*. ntaub nqus dej; ntaub so dej; *-v*. 1. so dej; 2. nyob tos lwm tus noj
sponsor, *n*. 1. niam txiv qhuav; niam qhuav txiv qhuav; 2. tus neeg uas pab txhawb nqa
spontaneous, *adj*. ua los yog tshwm sim yam tsis tau npaj los yog xav txog li
spoof, *v*. ua raws; qog ua li lwm tus neeg; *-n*. 1. kev qog kom zoo li lwm tus neeg; 2. kev tsis muaj qab ntxhiab dab tsi
spook, *n*. dab; *-v*. hem; ua kom ntshai
spool, *n*. lig; lub lig uas xov los lwm yam kauv rau; ib yam kheej kheej uas dab tsi kiv ncig los yog kauv ncig; *-v*. muab dab tsi kauv rau ntawm lub lig
spoon, *n*. diav nplooj
spoonful, *n*. ib diav puv nkaus; ntau puv ib diav
spoor, *n*. kab tsiaj (xws li kab mos lwj); tsiaj txoj kab los yog txoj lw; *-v*. taug kab tsiaj
sporadic, *adj*. 1. nyob nyob ib zaug; 2. sib sib; tsis tuab heev; — **sporadically** *adv*.
spore, *n*. tej yam zoo li nroj tsuag uas

nws sib tov nrog lwm yam es qhov kev sib tov ntawd cia li ciaj ua lwm yam nroj tsuag tshiab lawm thiab

sport, *n*. 1. kev sib twv xws li ncaws pob los yog ntaus pob; 2. kev dhia ua si; kev hom khaj; *kis las* (L)

sportscast, *n*. kev tshaj tawm lub caij nyoog los yog xov xwm txog kev dhia ua si los yog *kis las*

sportsman, *n*. neeg tua tsiaj; neeg yos hav zoov

sportsmanship, *n*. lub peev xwm ua tau siab dav txawm yeej txawm swb los xij peem

spot, *n*. 1. chaw; qhov chaw; 2. ib lub yeej yeem; -*v*. 1. pom; 2. kos lub yeej yeem rau

spotlight, *n*. 1. qhov chaw neeg saib ntsoov los yog mloog ntsoov; 2. lub duab teeb

spotty, *adj*. tsis sib txig; tsis huv; tsis du

spouse, *n*. 1. txwj nkawm (lo lus *txwj* yog sis los ntawm *txwm* uas txhais tias ib nkawm); txij nkawm (ib txhia hais tias *txij nkawm*, tab sis lo yog tiag tej zaum yog *txwj nkawm* lawm); 2. tab zag

spout, *v*. 1. txhawv tawm; txuas tawm; 2. hais khav tsawv; -*n*. 1. lub qhov uas dej tawm; ciav dej; 2. qhov dej txhawv

sprain, *v*. qes; ua qes pob txha; ua rau ntxee leeg; sav; -*n*. qes pob txha; ntxee leeg

sprat, *n*. ib hom ntses

sprawl, *v*. 1. zaum los yog pw xyab tes xyab taw; 2. nthuav tawm; ncau rau lwm qhov; -*n*. kev nthuav tawm xws li zej zog loj hlob dav zuj zus

spray, *v*. tsuag (dej); -*n*. ceg paj

spread, *v*. 1. nthuav tawm; nrhab; 2. kis; 3. ncha; nrov

spreadsheet, *n*. ib hom liaj txheej hauv *koos pis tawj* uas siv teev nyiaj txiag

spree, *v*. ua ywj siab; ua raws siab nyiam; -*n*. 1. kev ywj siab los yog tso siab lug tsis nco txhawj txog dab tsi (xws li thaum lub caij lom lom zem); 2. kev ua ywj siab yam tsis muaj nrim los yog tsis paub tso tseg; 3. ib tus dej nyob rau teb chaws Ntsaws Mes Nis

sprig, *n*. tus ntsuag me me; tus ceg me me

sprightly, *adj*. lom zem heev; kaj siab lug

spring, *n*. caij nplooj ntoos hlav

spring roll, *n*. kab yaub qhwv qhaub poob

sprinkle, *v*. tsuag dej; -*n*. nag tshauv

sprint, *n*. kev khiav ceev ceev mus ib ncua kev

sprite, *n*. 1. ib hom neeg me me uas hais muaj nyob hauv dab neeg; 2. dab; 3. ntsuj plig (lo lus qub qub); 4. ib hom dej qab zib

sprocket, *n*. 1. ntxheb; ib daim hlau kheej kheej uas muaj nkaus hniav ncig; 2. lub npe rau me nyuam ntxhais

sprout, *v*. tuaj los yog tawm yub; -*n*. ntsuag; yub

spruce, *n*. ntoo thuv; ib hom ntoo uas ntsuab thawm xyoo; -*adj*. zoo nkauj; huv; du dais; ntxim nyiam; -*v*. ua kom zoo nkauj los yog kom huv

spry, *adj*. nrawm; nrawm nrawm; ceev ceev

spume, *n*. npuas dej

spun, *v*. tig; kiv (saib *spin*)

spunk, *n*. peev xwm; kev siab tawv

spunky, *adj*. siab tawv; siab khov

spur, *v*. 1. txhawb; ua kom muaj siab; 2. tsim; nplawm (xws li nplawm nees kom dhia ceev); 3. mus maj maj; -*n*. 1. qhov ua rau muaj siab; qhov deev siab; 2. lub ntxheb log nyob ntawm tus neeg caij nees lub lwj khau

spurious, *adj*. tsis ncaj ncees

spurn, *v*. tsis txais; thim

spurt, *n*. 1. kev dim pa (xws li poom dej dim pa thaum qhib) 2. kev txuas los yog tsuag tawm vim muaj cua heev; -*v*. 1. txaws tawm; 2. ua maj ua raws tam sij ntawd

sputter, *v*. hais nrawm nrawm thiab zoo siab heev

sputum, *n*. hnoos qeev

sputum smear, *n*. tshuaj ntsuam hnoos qeev saib puas muaj mob

spy, *v*. soj; nyiag saib; -*n*. tus soj; tus nyiag xauj

squab, *n*. 1. me nyuam nquab uas nyuam qhuav daug; 2. lub tog zooj zooj; -*adj*. tseem mos mos

squabble, *v*. sib cav; sib ceg

squad, *n*. ib pawg tsawg tsawg; ib pab

neeg tsawg tsawg
squalid, *adj*. qias neeg
squall, *n*. ib vuag nag xob nag cua uas loj heev (tab sis los ib vuag dhau plaws xwb)
squalor, *n*. txoj kev qias neeg
squamosal suture, *n*. kis txha cob qhov ntsos
squander, *v*. 1. pov tseg; 2. ua ploj; 3. siv lawm
squadron, *n*. ib pab tub rog tsawg tsawg
square, *n*. 1. plaub fab sib luag; 2. ib thaj chaw ncig ua si
squash, *v*. 1. muab nias pluav; ua pluav; 2. yuam; -*n*. taub xwb kuab; ib hom taub
squat, *v*. 1. zaum khooj ywb; 2. nyob rau qhov av uas tsis yog yus li; -*n*. kev zaum khooj ywb
squaw, *n*. poj niam Qhab (cov Qhab nyob Mes Kas)
squawk, *n*. lub suab quaj nrov nrov; mas suab quaj; -*v*. quaj nrov nrov
squeak, *v*. ua lub suab soob soob
squeal, *v*. 1. ua lub suab soob soob uas rhiab rhiab pob ntseg; 2. tawm tsam
squeamish, *adj*. 1. qaug yooj yim heev; qaug sai; 2. dhuav yooj yim heev
squeeze, *v*. 1. nyem; 2. zuaj; 3. txim
squelch, *v*. 1. yuam; nias; 2. tsim txom
squid, *n*. ib hom tsiaj hiav txwv
squint, *v*. ua qhov muag me me yuav kaw; ua qhov muag me me saib
squire, *n*. 1. tus neeg txhawb tus hau rog; 2. tswv av; 3. tus neeg tiv thaiv poj niam
squirm, *v*. 1. ntswj; 2. tig; 3. nti; tawm tsam
squirrel, *n*. nas (hav zoov); nas ncuav
squirt, *v*. txau (dej); tsuag (dej)
stab, *v*. nkaug; hno
stable, *adj*. 1. nyob tus; ruaj; 2. khov; -*n*. lub tsev rau tsiaj nyob
staccato, *adj*. tu; plam
stack, *v*. 1. teeb ua pawg; 2. pawv (nplej); -*n*. pawg
stadium, *n*. chaw sib tw nyob sab nraum zoov uas muaj rooj zaum tib si
staff, *n*. 1. pas nrig; 2. cov neeg ua hauj lwm
stag, *n*. txiv mos lwj; phaw mos lwj; -*adj*. rau txiv neej xwb
stage, *n*. 1. sam thiaj; 2. yam uas muaj nyob rau ntawm ib qhov chaw koom txoos; 3. tus ntaiv ua hauj lwm; 4. chaw so ib hmos; 5. ncua kev ib qho rau ib qho; 6. qhov siab ntawm npoo dej; -*v*. tsim; npaj; teeb; ua sawv
stagger, *v*. 1. txav mus txav los; ua zog qaug doj qaug de; 2. poob siab; pib txhawj; -*n* kev ua ua zog; kev qaug doj qaug de; kev tsis khov
stagnant, *adj*. 1. teev (xws li dej teev); tsis ntws; 2. tsis txav; tsis hloov li; tsis ua hauj lwm; —**stagnancy** *n*; —**stagnantly** *adv*.
stagnate, *v*. nres; tsis txav; tsis hloov; —**stagnation** *n*
staid, *adj*. 1. tsis lom zem; 2. dhuav neeg; 3. qeeb heev; -*v*. nyob (saib *stay*)
stain, *v*. 1. ua tsuas; 2. ua poob ntsej muag; -*n*. 1. qhov tsuas; 2. qhov txhaum; qhov phem
stair, *n*. ntaiv; theem ntaiv
staircase, *n*. ntaiv uas muaj ntug thaiv ob sab
stake, *n*. 1. tswg; ncej; 2. phaj tshab rau neeg sib tw yuav
stale, *adj*. 1. tsis tshiab, tsis khov, los yog tsis tau hauj lwm lawm; 2. tsis zoo li thaum tshiab los yog thaum hluas lawm
stalemate, *n*. kev sib nreg; kev sib khuam (tsis muaj chaw mus lawm)
stalk, *v*. 1. taug qab; 2. soj; nyas xauj; 3. mus kev yam chim tsawv los yog khav tsawv; -*n*. kav (xws li kav nplej); quav nplej
stall, *n*. 1. chaw muag khoom; 2. chaw rau khoom ua tej leej; -*v*. 1. laug; laug caij nyoog; 2. zam; 3. coj los nres twb ywm tseg
stallion, *n*. txiv nees
stalwart, *adj*. 1. khov; muaj zog; 2. tawv
stamen, *n*. cov hmoov paj ntawm tsob ntoo txiv
stamina, *n*. 1. kev ua siab ntev; 2. kev txiav txim siab; 3. lub zog
stammer, *v*. tsis xav hais; rhiab tsis xav hais
stamp, *n*. 1. nqe xa ntawv; *xab tias*; 2. cim; -*v*. 1. ntaus thwj rau; 2. tsuj
stampede, *v*. khiav vim ntshai; khiav ri sua
stance, *n*. txoj kev sawv; kev sawv

stanch, *v.* toov kom tu; ua kom tu (xws li ua kom ntshav tu)
stanchion, *n.* 1. ceg; ncej; 2. lub hauv paus; 3. kev txhawb
stand, *v.* sawv; nres; *-n.* 1. chaw nres; 2. kev ntseeg; kev xav; 3. chaw muag khoom; 4. ncej txheem
standard, *n.* 1. qauv; qauv qog; quag; 2. kev sib piv; 3. qauv haiv; chij; 4. ncej txheem
standardize, *v.* teeb kom muaj quag; teeb ua qauv qog; teeb kom xwm yeem; —**standardization** *n.*
standard time, *n.* lub caij nyoog los yog teev caij nyoog uas suav daws siv nyob rau cheeb tsam ntawd
standing, *n.* 1. qeb nom tswv; 2. ncua caij nyoog
standstill, *n.* kev sawv twb ywm tsis txav
stank, *v.* tsw; tsw phem (saib *stink*)
stanza, *n.* zaj (paj huam); ib txwm lus
stapes, *n.* qws khob qhov rais ntsej
staple, *n.* 1. yam khoom noj tseem ceeb; 2. koob tom ntawv; *-v.* tom ntawv; muab koob tom ntawv tom cov ntawv ua ke
stapler, *n.* cwj tua koob tom ntawv
star, *n.* 1. hnub qub; 2. neeg ua yeeb yam; neeg ua *mauv vim*; neeg muaj koob npe nrov heev; *-v.* 1. kos hnub qub rau; 2. ua tus coj ntawm ib zaj *mauv vim*
starboard, *n.* sab xis ntawm lub nkoj los yog dav hlau; *-adj.* sab xis ntawm lub nkoj los yog lub dav hlau; *-adv.* rau sab xis ntawm lub nkoj los lub dav hlau
starch, *n.* tshuaj ntxhua khaub ncaws
stare, *v.* saib qhov muag nruj nrees
stark, *adj.* 1. meej; kawg nkaus; 2. tsis zoo; phem; 3. qhuav; tsuag heev
starling, *n.* ib hom noog dub zoo li uab lag
start, *v.* pib; chiv; *-n.* qhov pib; ntawm hauv paus
startle, *v.* hem
starvation, *n.* kev tuag tshaib tuag nqhis
starve, *v.* 1. tuag tshaib; 2. tshaib plab; yoo tshaib
stash, *v.* muab ceev tseg rau ib qhov chaw zais heev kom lwm hnub thiaj tau siv
state, *n.* xeev; lub xeev; *-v.* hais
statement, *n.* ib zaj lus; sob lus
stateroom, *n.* chav ib leeg nyob saum nkoj
statesman, *n.* neeg ua hauj lwm rau hauv xeev
static, *adj.* tsis txav; nyob twb ywm; *-n.* lub suab ntshu ntshu uas nrov rig reg nyob hauv xov tooj
station, *n.* 1. chaw ua hauj lwm; 2. chaw tsheb nres tos neeg; 3. chaw xov tooj cua los yog *this vis*
stationary, *adj.* 1. tsis txav; nyob twb ywm; 2. tsis hloov mus hloov los
stationery, *n.* 1. daim ntawv nrog hnab ntawv; 2. daim ntawv hauv chaw hauj lwm; daim ntawv uas muaj taub hau ntawv (siv sau ntawv rau lwm tus neeg)
statistic, *n.* tej zauv uas teeb los ntawm kev tshawb fawb kom tib neeg to taub yooj yim
statistics, *n.* lub tswv yim uas muab zauv los teeb raws txoj kev tshawb fawb tawm los kom tib neeg to taub yooj yim
statuary, *n.* 1. kev khaws cov neeg pob zeb; 2. txuj ci puab neeg pob zeb; 3. neeg pob zeb; *-adj.* ntsig txog neeg pob zeb
statue, *n.* neeg pob zeb; pej thuam
statuesque, *adj.* muaj hwv xyeej; muaj hwj chim; muaj xim muaj xoo
stature, *n.* 1. qhov siab qhov qes; 2. meej mom
status, *n.* 1. kev nyob rau qhov twg lwm (hais txog tus txheej txheem hauj lwm); 2. luag hauj lwm; nom
status quo, *n.* qhov ib txwm muaj los; qhov suav daws paub
statute, *n.* cai; lij choj; cai lij choj
staunch, *adj.* 1. ncaj ncees; 2. mloog lus; 3. khov; ruaj; 4. cia siab tau rau; *-v.* 1. cheem; tav kev; thaiv; 2. txwv; 3. khuam; ncua; ua kom qeeb
stave, *n.* ib nplais ntoo; ib pluaj ntoo; *-v.* 1. ua to ib lub qhov; 2. tsav tawm
staves, *n.* cov neeg ua hauj lwm ua ke (saib *staff*)
stay, *v.* nyob
stead, *n.* yus chaw nyob los yog chaw ua hauj lwm
steadfast, *adj.* ruaj nrees; khov kho
steadily, *adv.* 1. tswv zws; tsis tu ncua; 2. tus yees; khov kho

steady, *adj*. 1. tus; tus yees; 2. khov; ruaj
steak, *n*. nqaij nyuj (uas ci tej thooj tej thooj noj)
steal, *v*. nyiag; ua tub sab
stealth, *n*. qhov txheej txheem uas zais npog heev
steam, *v*. ncu; cub; *-n*. hws; pa kub
steamboat, *n*. nkoj uas siv hluav taws ua lub zog
steamer, *n*. tsu
steed, *n*. txiv nees
steel, *n*. kab
steep, *adj*. ntxhab; ntseg; *-v*. tsau (dej); muab tsau dej
steeple, *n*. lub tsev tseem ceeb uas muaj ib ceg ruv siab siab kheej kheej
steeplechase, *n*. 1. kev sib tw dhia hla ntsa laj kab; 2. kev caij nees dhia hla ntsa laj kab
steer, *v*. 1. lem; tig; 2. tsav; *-n*. sam nyuj; txiv nyuj sam
steerage, *n*. chav chaw hauv nkoj uas cov neeg them pheej pheej yig nyob
stein, *n*. 1. lub khob lam hwj haus *npias*; 2. ib tus poj Mes Kas uas sau ntawv zoo hu ua Gertrude Stein
stellar, *adj*. ntsig txog hnub qub los yog zoo xws hnub qub
stem, *v*. 1. tawm los ntawm; muab los ntawm; 2. txwv; cheem; tuav tseg; 3. ua kom tsawg; ua kom me; ua kom tu; *-n*. tsab ntoos; tus kav ntoo
stench, *n*. kev tsw phem
stencil, *n*. daim ntawv uas muab txaug ua cov tsiaj ntawv (siv tsuag kua mem sau tsiaj ntawv)
stenography, *n*. kev sau ntawv tes nrawm
stentorian, *adj*. 1. nrov heev; 2. muaj zog heev
step, *n*. 1. kauj ruam; 2. taw ntaiv; 3. theem; qeb; 4. kev mus kev; *-v*. 1. tsuj; 2. txav kaw taw; *-comb form*, sib txheeb los ntawm kev sib yuav, tsis yog koom roj koom ntshav
stepdaughter, *n*. ntxhais tshiab
stepfather, *n*. txiv tshiab
stepladder, *n*. ntaiv
stepmother, *n*. niam tshiab
step on, *v*. tsuj
steppe, *n*. toj roob qhuav uas muaj nyom xwb tsis muaj ntoo
stepson, *n*. tub tshiab
-ster, *n*. *suffix*, 1. tus neeg ua los yog tsim; 2. tus neeg uas muaj feem los yog koom tes nrog
stereo, *n*. hom suab ntawm lub *thev* uas nrov cais tau meej thiab nrov muaj zog
stereotype, *n*. 1. lus mom txheej; 2. lus saib tsis taus; 3. lus tsuas rau suav daws tib si
stereotyped, *adj*. tsis muaj paus ntsis los yog tsis tsi ntsees rau ib tus twg
sterile, *adj*. 1. muaj tsis taus me nyuam; 2. txi tsis taus txiv; ua tsis taus noob; 3. tsis muaj kab mob; huv heev
sterilization, *n*. 1. kev ua kom txhob muaj me nyuam; 2. kev muab cub los yog muab rhaub kom kab mob tuag
sterling, *adj*. 1. muaj 925 yam yog nyiaj hos 75 yam yog tooj; ib hom nyiaj uas muaj tooj txuam; 2. zoo heev
stern, *adj*. 1. loj heev; 2. nruj heev; 3. phem heev; *-n*. tw nkoj; tog tw nkoj; qab nkoj
sternal, *n*. txha kaus siab; kaus siab
sternocleidomastoid, *n*. nqaij ntshiv ntawm caj dab
sternocleidomastoid muscle, *n*. cov nqaij ntshiv ntawm caj dab
sternum, *n*. tus pob txha hauv siab; txha hauv nrob
stethoscope, *n*. yam khoom mloog hauv siab; yam khoom uas kws kho mob siv mloog neeg mob lub hauv siab
stevedore, *n*. tus neeg ntim thiab tsaws khoom hauv nkoj
stew, *n*. 1. nqaij hau xyaw zaub; 2. caij nyoog txhawj xeeb
steward, *n*. 1. tus neeg uas tuav koom haum los yog thaj chaw; 2. tus neeg saib xyuas cov neeg caij nkoj los yog dav hlau
stewardess, *n*. tus poj niam uas saib xyuas cov neeg caij nkoj los yog caij dav hlau
stick, *v*. 1. tuav ruaj ruaj; 2. lo; lo rau; nplaum rau; 3. daig los yog khov rau ib qhov chaw lawm; 4. nkaug; chob; *-n*. 1. ib tus ceg ntoo uas lov los yog tawg lawm; tog qws; 2. ib daim nplais ntoo ntev ntev los yog ib tus tog qws ntev ntev

sticker, *n*. ntawv nplaum; ib daim ntawv uas muab nplaum rau ib qho twg
stickler, *n*. tus neeg uas hais nias qees kom ua yog yog thiab ua kom tiav tiav
sticky, *adj*. 1. nplaum nplaum; 2. tsis yooj yim; nyuaj heev
stiff, *adj*. txhav txhav; txhav qhe; tawv tawv
stifle, *v*. 1. ua kom ua tsis taus pa (xws li zawm caj pas); 2. tsuj; nias; yuam
stigma, *n*. kev poob ntsej muag; kev poob koob poob npe; kev ntaus cim thawj rau
stigmatize, *v*. puas koob puas npe; poob ntsej muag; ua puas koob npe; —**stigmatization** *n*.
stile, *n*. tus ntaiv nce laj kab
stiletto, *n*. 1. rab ntaj me me thiab zuag zuag rau pem lub hau; 2. ib yam uas zuag zuag li rab ntaj; 3. tus twj tho qhov koob
still, *adv*. tseem (xws li *tseem hluas*); li qub; twb ywm; -*adj*. nyob twb ywm; tsis nti; tsis ua zog; -*v*. ua kom nyob twb ywm; ua kom txhob txav
stillborn, *adj*. 1. yug los txog twb tuag lawm; 2. ua tsis tshwm sim li npaj tseg; -*n*. me nyuam uas tuag hauv plab lawm
stilt, *n*. ncej txheem
stilted, *adj*. tsis yooj yim; tsis raws kis
stimulant, *n*. yam uas ua rau yus muaj siab los yog muaj zog; qhov khoom noj los khoom haus xws li *kas fes* uas ua rau yus nquag; tej yam tshuaj uas ua rau yus ras txawv
stimulate, *v*. tsa; ua kom ua hauj lwm; —**stimulation** *n*.
stimulus, *n*. yam uas ua kom ua hauj lwm; qhov pab kom ua hauj lwm
sting, *v*. plev; ua rau mob heev
stinger, *n*. ple (ntab)
stingy, *adj*. qia dub
stink, *v*. tsw phem
stint, *v*. txuag heev; ua siab nqaim; -*n*. 1. kev txuag los yog ua siab nqaim; 2. caij nyoog ua hauj lwm; 3. qhov hauj lwm ntau li cas
stipend, *n*. nyiaj dej siab
stipple, *v*. kos duab uas xuas tee (tej tee tej tee) kos, tsis yog khij ua kab
stipulate, *v*. 1. hais; 2. yuam; kom ua raws; 3. teev tseg; —**stipulation** *n*.
stir, *v*. 1. do; do kom sib xyaws; 2. txav; ua kom ua hauj lwm; 3. diaj; tsa
stirrup, *n*. chaw tiag taw (ntawm lub eeb nees); kauj taw
stitch, *v*. xaws; -*n*. qhov koob
stock, *n*. 1. lag luam tso nyiaj; *xis taj*; 2. tog ntoo; 3. qhov chiv keeb; lub hau paus; 4. tsiaj nyeg; 5. khoom muag; 6. cuab; tus cuab xauv neeg
stockade, *n*. chaw tiv thaiv; ntsa yeej
stocking, *n*. thom khwm hom nyias nyias uas poj niam siv
stockpile, *n*. khoom npaj tseg tau siv rau hnub tom ntej
stocky, *adj*. luv luv thiab tuab tuab
stockyard, *n*. chaw tua tsiaj los yog thauj tsiaj tawm
stodgy, *adj*. 1. tsis haum siab; dhuav neeg; 2. qub heev
stoic, *adj*. tsis mob tsis khaus li; tsis hnov mob li
stoke, *v*. nchuav roj rau qhov cub los yog ua kom cig loj tuaj
stole, *v*. nyiag (saib *steal*); -*n*. txoj phuam caj dab uas ntev ntev thiab dav dav
stolen, *v*. nyiag (saib *steal*)
stolid, *adj*. tsis mob tsis khaus li; tsis chim li
stomach, *n*. plab
stomachache, *n*. mob plab; kev mob plab
stomp, *v*. tsoo; ntaus; ua kom tawg (saib *stamp*)
stone, *n*. zeb; pob zeb; pob tsuas; -*v*. muab pob zeb tsoo los yog ntaus
stood, *v*. sawv (saib *stand*)
stool, *n*. 1. quav; 2. tog; rooj zaum; 3. rooj tso quav; 4. hauv paus ntoo; -*v*. 1. ntxias; dag; 2. tso quav; 3. nthaw kaus
stoop, *v*. 1. khoov; nyo; 2. txo hwj chim; -*n*. 1. kev nyo los yog khoov; 2. kev txo hwj chim; 3. ib lub me nyuam mom kaum nyob ntawm qhov rooj
stop, *v*. 1. nres; theem tsis mus lawm; 2. tsum; tso tseg; 3. txwv; tsis pub ua ntxiv lawm; 4. thum (e.g. *thum yeeb*)
stopgap, *n*. qhov uas pab ib nyuag pliag xwb
storage, *n*. chaw rau khoom

store, *n.* khw; tsev muag khoom; *-v.* muab khoom teeb cia
storehouse, *n.* txhab
storekeeper, *n.* tswv khw
stork, *n.* ib hom noog loj
storm, *n.* 1. nag xob nag cua, los yog los daus los npu loj heev; 2. qhov teeb meem uas loj heev; *-v.* 1. los nag, daus los yog npu loj heev; 2. tsoo; tua (xws li sib tua)
story, *n.* 1. dab neeg; lus nruag; 2. keeb kwm; 3. tshooj; tshooj tsev; 4. nthab
stove, *n.* qhov cub
stow, *v.* ntim zoo zoo cia
straddle, *v.* 1. tsuj ob sab; 2. nyob rau ob tog; nyiam ob qhov tib si; 3. sawv los yog zaum nrhab ceg kus; 4. nthuav tawm; ncau tawm; *-n.* kev ua ob peb siab; kev tsis tuaj tog twg
strafe, *v.* tua phom saum dav hlau rau; nyob saum dav hlau xuas phom tua
straggle, *v.* ncaim npoj
straight, *adj.* 1. ncaj qha; ncaj nraim; ncaj ncaj; 2. yiag; tsis nkhaus
straightforward, *adj.* ncaj ncees; qhib siab lug
straightway, *adv.* tam sim ntawv; sai sai; ntawg ntiag
strain, *v.* 1. lim; tshau; 2. ua puas vim tsis xyuam xim; *-n.* 1. caj ceg; 2. lw; 3. kev tsis sib haum xeeb; kev tsis sib raug zoo
strainer, *n.* sab cib; vab tshaus
strait, *n.* kwj deg los yog ib ceg dej uas tshuam rau ob tus dej loj los yog hiav txwv
straiten, *v.* 1. thaiv; qhwv; puav; 2. ua kom nqaim; zuaj kom me; 3. ua nyuaj; ua rau tsis yooj yim
strand, *v.* 1. khuam; 2. tso tseg; 3. tu ncua; *-n.* 1. hlua ntswj ua ke; 2. thaj av npuab ntug dej
strange, *adj.* 1. txawv txawv; tsis xws lwm yam; 2. tshiab
stranger, *n.* neeg tshiab; neeg txawv
strangle, *v.* dai tuag; dai caj dab
strangulation, *n.* kev dai tuag
strap, *n.* hlua; hlua pav khoom los yog siv sia neeg; *-v.* 1. muab hlua pav; sia siv; 2. muab hlua nplawm
stratagem, *n.* tswv yim dag (kom yeeb ncuab to taub yuam kev)
strategic, *adj.* raws lub tswv yim npaj tseg; ntsig txog lub tswv yim npaj tseg yuav ua raws
strategist, *n.* kws hlwb hau; kws tswv yim; tus neeg npaj tswv yim rau lwm tus coj mus ua raws
strategy, *n.* tswv yim npaj tseg yuav ua raws
stratification, *n.* kev muab teeb ua tej kab los yog tej txheej tej txheej
stratify, *v.* 1. teeb ua tej kab los yog tej txheej tej txheej; 2. txheeb ua pab ua pawg
stratosphere, *n.* huab cua uas nyob siab ntawm npoo av li 7 *mais* mus rau 31 *mais*
stratum, *n.* txheej
stratum basale, *n.* txheej tawv hlav
stratum corneum, *n.* txheej tawv laus
straw, *n.* 1. kav (xws li *kav nplej*) uas khoob plawv; 2. kav haus dej
strawberry, *n.* txiv pos nphuab; ib hom txiv noj
stray, *v.* pla rau tom tej; ncaim txoj lw; plam lw; *-n.* tus neeg los yog tus tsiaj uas poob zoo los yog plam npoj lawm; *-adj.* nrug lwm cov los yog tsis zoo li lwm cov
streak, *n.* 1. lw; txoj lw; 2. tej tee tej tee uas muaj tsos sib txawv; 3. ib kab; 4. ib leej teeb; *-v.* khiav ceev heev; txav ceev heev
stream, *n.* kwj deg; me nyuam dej; *-v.* ntws
streamer, *n.* pob hlua paj; tus chij uas zoo li pob hlua paj
streamlined, *adj.* 1. yooj yim dua qub; 2. zoo dua qub; ua hauj lwm zoo dua qub; 3. ntws zoo dua qub
street, *n.* kev loj; kev tsheb
streetcar, *n.* ib hom tsheb uas khiav taug nqaj hlau
strength, *n.* 1. zog; lub zog; 2. qhov khov
strengthen, *v.* ua kom khov los yog muaj zog dua qub
strenuous, *adj.* 1. siv dag zog heev; 2. muaj zog heev; nquag heev
strep throat, *n.* mob caj pas qawj; mob caj pas tawm
streptomycin, *n.* tshuaj mob ntsws
stress, *v.* 1. hais ntau txog rau ib yam twg; 2. muab saib rau nqi; *-n.* 1. kev nyuaj siab; kev ntxhov siab; 2. kev saib ib qho tseem ceeb dua

stressful, *adj*. 1. ntxhov siab heev; 2. mob hlwb heev
stretch, *v*. 1. ncav tawm; xyab tawm; 2. nthuav tawm; 3. cuab ntxiv rau; -*n*. kev nthuav tawm los yog ncav tawm mus deb tshaj txhua zaus
stretcher, *n*. txaj ntaub; txaj nthuav; txaj kwv neeg mob los yog raug mob
strew, *v*. 1. nthuav tawm; ri tawm; faib tawm; 2. w rau ub rau no; 3. muab ub no w npog rau
stricken, *adj*. raug kab mob
strict, *adj*. 1. nruj heev; tsiv heev; 2. ncaj nraim; ncaj qha
strictly, *adv*. ncaj nraim; ncaj qha
stricture, *n*. lus sib thuam uas mob siab heev
stride, *v*. 1. mus kev los yog dhia tej maum kauj ruam dav dav; 2. hla; 3. tsuj ib sab ceg rau ib qho; -*n*. 1. maum kauj ruam; 2. ncua kev uas mus dhau lawm
strident, *adj*. nrov loj thiab tsiv heev
strife, *n*. kev cov nyom
strike, *v*. 1. ntaus; tsoo; 2. rho tawm; tua tawm; 3. tawm tsam chaw hauj lwm; -*n*. kev kwv *paib* tawm tsam tsis txaus siab
striking, *adj*. 1. paub zoo heev; 2. xyeem qhov muag heev; 3. tseem ceeb heev; 4. txawv heev
string, *n*. 1. hlua; 2. ib zaj txuas ib zaj
string bean, *n*. taum ntev
stringed, *adj*. muaj hlua
stringent, *adj*. 1. heev; 2. nruj; tsiv; nyaum
stringy, *adj*. tawv; khov
strip, *v*. 1. tshem daim khwb los yog daim npog tawm; 2. hle khaub ncaws tawm; -*n*. ib daim ntev ntev nqaim nqaim pluav pluav
stripe, *n*. txaij; tsos txaij
Striped Hmong, *n*. Hmoob Txaij; Hmoob Quas Npab
strive, *v*. sim; npaj
stroke, *v*. 1. plhws; 2. khij kab rau; 3. khij kab tshooj; muab tua; 4. ntaus; tsoo; -*n*. 1. kab khij; ib txoj kab; 2. qhov uas tshwm sim tam sij ntawd yam tsis muaj caij npaj dab tsi li; 3. mob hlab ntsha tawg; mob tuag tes tuag taw
stroll, *v*. mus kev ua si khuav; maj mam mus
stroller, *n*. 1. rooj thawb me nyuam; 2. tus neeg taug kev ua si khuav
strong, *adj*. 1. muaj zog; khov; 2. tsis muaj mob
stronghold, *n*. chaw khov; lub hau paus khov
struck, *v*. tsoo; ntaus (saib *strike*)
structure, *n*. 1. kev teeb tsa; 2. chaw txawb chaw rau; 3. paus ntsis; -*v*. teeb tsa
struggle, *v*. nyiaj ntxeem; tawm tsam; -*n*. kev nyiaj ntxeem; kev tawm tsam
strum, *v*. nplawm los yog ntaus (xws li xuas tes ntaus twj paj nruas)
strumpet, *n*. niam ntiav
strut, *v*. taug kev los yog mus kev yam khav theeb tsawv; -*n*. nqaj txhawb; tus pas los yog tus nqaj uas txhawb kom khov
strychnine, *n*. tshuaj noj tuag uas iab iab
stub, *n*. tw; tw ntawv; tog kawg; -*v*. tsoo los yog ua raug lwm qhov
stubble, *n*. quav nplej
stubborn, *adj*. 1. twm xeeb; tawv ncauj; tsis mloog lus; 2. tswj tsis yooj yim
stubby, *adj*. luv luv tuab tuab
stucco, *n*. ib hom duas yuaj xov tsev
stuck, *v*. khuam; daig (saib *stick*)
stuck-up, *adj*. twm xeeb; tsis mloog hais
stud, *n*. 1. nees xob cia ua taw; 2. ncej phab ntsa tsev
student, *n*. nyuam kawm (*nyuam* los ntawm *me nyuam*); me nyuam kawm ntawv; tub kawm; tub ntxhais kawm ntawv; mes yes
studio, *n*. 1. chaw ua hauj lwm rau kws kos duab; 2. chaw yees los yog txiav duab; 3. chaw hais xov xwm
studious, *adj*. rau siab kawm heev; mob siab kawm heev
study, *v*. 1. kawm; kawm ntawv; 2. soj; saib zoo zoo; -*n*. kev kawm ntawv
stuff, *n*. khoom
stuffy, *adj*. 1. txhaws txhaws; 2. tsis muaj cua tshiab
stuffy nose, *n*. txhaws ntswg; kev ua tsis taus pa
stultify, *v*. 1. ua tau ruam ntsuav; 2. ua puas
stumble, *v*. 1. dawm; ntog; 2. hais tom

ntej tom qab; 3. mus raws txoj hmoo; tshwm sim yam xav tsis txog los yog raws txoj hmoo
stump, *n.* 1. hauv paus ntoo; 2. qhov seem; *-v.* ua rau tsis to taub
stun, *v.* ua rau ceeb; ua rau xav tsis thoob
stung, *v.* plev (saib *sting*)
stunk, *v.* tsw phem (saib *stink*)
stunning, *adj.* 1. ceeb loj heev; tsis pom qab xav; 2. zoo heev; zoo nkauj heev
stunt, *v.* thaiv txoj kev loj hlob; ua kom qeeb los yog poob qab; txiav kev vam meej; *-n.* qhov ua tshwm sim; qhov zoo ua tawm los
stupefy, *v.* 1. ua rau tsis meej pem (xws li tshuaj ua); ua kom puas hlwb; 2. ua kom txaus siab rau; ua kom ceeb
stupendous, *adj.* loj heev; zoo heev
stupid, *adj.* ruam; ruam qauj; npub; tsis ntse
stupidity, *n.* kev ruam; kev tsis txawj tsis ntse; kev tsis meej pem
stupor, *n.* kev loog los yog yoob tag yam tsis hnov mob
sturdy, *adj.* khov; ruaj (yam tsis txav chaw los yog tsis ua zog)
sturgeon, *n.* ib hom ntses loj nyob rau teb chaws Mes Kas
stutter, *v.* daig nplaig; hais tsis tawm los yog tsis xav hais
sty, *n.* 1. nkuaj npuas; 2. chaw qias neeg; 3. rwj muag; cos muag
style, *n.* 1. xom lees; cuj pwm; yam ntxwv; 2. txoj kev nyiam; *-v.* ua raws tej yam qauv
styloid process, *n.* ko txha taub hau
stylomastoid foramen, *n.* qhov to rau xov ntshav ntawm qaum qia ntsej
stylus, *n.* ib hom cwj hau ntse ntse uas siv sau ntawv, kos duab, thiab ua lwm yam
stymie, *v.* 1. thaiv; thaiv kev; 2. ua kom tsis to taub; ua kom chim
suave, *adj.* paub cai; coj zoo
sub, *v.* hloov; hloov chaw ib hnub los yog ib nyuag ncua caij nyoog luv luv; *-n.* nkoj qab thu dej (saib *submarine*)
sub-, *prefix.* 1. hauv qab; nyob hauv qab; txheej hauv qab; 2. tsis yog qhov siab tshaj los tseem ceeb tshaj

subacute	**subindustry**
subagency	**sublease**
subagent	**sublethal**
subarctic	**sublevel**
subarea	**subliterate**
subatmospheric	**subnetwork**
subaverage	**suboceanic**
subbase	**suborder**
subbasement	**subpar**
subbranch	**subpart**
subcabinet	**subplot**
subcategory	**subpolar**
subclass	**subprincipal**
subclassification	**subprocess**
subclassify	**subprogram**
subcommission	**subproject**
subcommittee	**subregion**
subcommunity	**subsea**
subcomponent	**subsection**
subcontract	**subsense**
subcontractor	**subspecialty**
subculture	**subspecies**
subdean	**substate**
subdepartment	**subsurface**
subdistrict	**subsystem**
subentry	**subtemperate**
subfamily	**subtheme**
subfreezing	**subtopic**
subgroup	**subtotal**
subhead	**subtreasury**
subheading	**subtype**
subhuman	**subunit**
subindex	**subvariety**

subactaneous tissue, *n.* txheej npluag npuab nqaij
subclavian artery, *n.* hlab ntshav liab ntiag pwg; txoj hlab ntshav liab mus ntawm hauv siab rau tom caj npab ntug
subclavian vein, *n.* hlab ntshav dub ntiag pwg; txoj hlab ntshav dub mus ntawm hauv siab rau tom caj npab ntug
subconscious, *adj.* ntsig txog yam uas yeej muaj tab sis tsis ras txog tias muaj li; *-n.* thooj hlwb uas tswj tej hauj lwm uas yus yeej tsis xav txog
subcutaneous layer, *n.* txheej npluag roj (nyob hauv qab cov tawv nqaij mos)
subdivide, *v.* 1. muab cais ua ntau ntau ceg los yog ntau ntau txheej; 2. muab faib ua ntau ntau qhov
subdue, *v.* 1. tswj; muab los tswj; 2.

yau zuj zus (xws li kob nag); me zuj zus

subject, *n*. 1. hom; dab tsi; 2. pej xeem; 3. yam kawm txog los yog yam sib tham txog; 4. ncauj lus; *-adj*. nyob hauv lwm tus qab tswj hwm; 2. ywj raws lwm yam; *-v*. tswj; muab los tswj los yog kav

subjective, *adj*. los ntawm tus kheej txoj kev xav los yog txoj kev ntseeg; pom ib sab xwb

subjugate, *v*. 1. ua yeej; 2. tswj; kav; 3. muab coj los rau yus qab tswj hwm; —**subjugation** *n*.

subjunctive, *adj*. ntsig txog txoj kev tshwm sim ntawm tej yam dab tsi uas yuav mus rau kis twg los yeej tau; txoj kev uas yuav mus rau kis twg los tsis paub li tsuas yog pheej hmoo xwb

sublet, *v*. pob tsev (xws li hloov tus neeg tshiab nyob lub tsev es tus qub thiaj tawm tau hauv lub tsev pob mus); (*pob* yog *ntiav* siv thoob plaws rau Hmoob Suav thiab Hmoob Nyab Laj)

sublime, *adj*. 1. zoo heev; 2. deev siab heev

sublingual gland, *n*. taub qog auv ncaug ntawm qab nplaig

sublingual salivary gland, *n*. taub qog auv ncaug ntawm qab nplaig

submandibular and sublingual salivary glands, *n*. cov taub qog auv ncaug ntawm qab puab tsaig thiab qab nplaig

submandibular duct, *n*. hlab kua auv ncaug ntawm qab puab tsaig

submandibular gland, *n*. taub qog auv ncaug ntawm qab puab tsaig

submarine, *n*. 1. nkoj qab thu dej; nkoj tua rog uas nyob hauv qab thu hiav txwv; 2. ib hom khoom noj qhwv *nplem* uas muaj tsos zoo li lub nkoj qab thu dej

submerge, *v*. 1. raus dej; nyob hauv qab thu dej; 2. mus hauv qab thu dej; raus laum; 3. muab yuam tso rau hauv qab; —**submerged** *adj*.

submerse, *v*. 1. raus dej; nyob hauv qab thu dej; 2. mus hauv qab thu dej; raus laum; 3. muab yuam tso rau hauv qab

submersible, *adj*. muaj peev xwm nyob qab thu dej; *-n*. tej yam zoo li lub nkoj uas siv ua hauj lwm hauv qab thu dej

submission, *n*. 1. kev muab ib yam dab tsi cob rau lwm tus neeg los yog chaw hauj lwm; 2. qhov muab cob rau lwm tus los yog nom tswv

submissive, *adj*. nyo hau rau lwm tus neeg; mloog lus heev; txo hwj chim heev

submit, *v*. 1. zwm; cob rau; 2. them

subnormal, *adj*. poob qes dhau qhov nruab nrab

subordinate, *adj*. qes dua; qes zog; *-n*. tus neeg uas txoj hauj lwm qes dua; tus hauv qab; *-v*. tso rau hauv qab; —**subordination** *n*.

subpoena, *v*. hu tuaj rau nram tsev hais plaub; yuam tuaj hais plaub

subscapularis muscle, *n*. npluag nqaij ntshiv uas qhwv nplooj pu

subscribe, *v*. 1. tso cai rau; pom zoo rau; 2. pom zoo yuav thiab them nyiaj rau

subscription, *n*. yam khoom xws li phau ntawv uas lawv ib sij xa ib phau tuaj rau yus vim yus twb them nyiaj rau lawm

subsequent, *adj*. tom qab ntawd; yav tom qab

subservience, *n*. kev txhawb hauv qab los yog ib sab tuaj; *-adj*. 1. tsis yog qhov tseem ceeb tshaj; 2. zoo ua qhov txhawb xwb; —**subserviency** *n*; —**subservient** *adj*; —**subserviently** *adv.*

subside, *v*. yau zuj zus (xws li nag); me zuj zus; tsuag zuj zus; —**subsided** *adj*.

subsidiary, *adj*. 1. txhawb nqa; pab cuam; 2. tseem ceeb hauj sim; *-n*. lub chaw hauj lwm uas kav los ntawm lwm lub

subsidize, *v*. 1. pab txhawb; 2. pab ib feem; pab ib qho (xws li nom tswv pab them ib nrab nqe tsev rau yus lub tsev); —**subsidization** *n*.

subsidy, *n*. kev pab cuam (xws li tseem fwv pab tsev nyob rau cov neeg pluag); nyiaj pab cuam

subsist, *v*. nyob taus; ciaj sia taus; tshwm sim tau

subsistence, *n*. yam yuav tsum muaj thiaj nyob taus los yog ciaj sia taus

substance, *n.* 1. qhov tseem ceeb; 2. qhov tuav tau; 3. nyiaj txiag; kev muaj nyiaj
substandard, *adj.* 1. tsis raug cai; 2. poob qab; zoo tsis heev; 3. phem heev; puas ntau heev
substantial, *adj.* 1. ntau heev; loj heev; 2. tseem ceeb; zoo heev
substantiate, *v.* muab tau pov thawj; qhia tau qhov tseeb; —**substantiation** *n.*
substitute, *v.* hloov (xws li muab ib tus mus hloov ib tus ib hnub); *-n.* kev hloov chaw; —**substitution** *n.*
subterfuge, *n.* tswv yim dag kom yus to taub yuam kev
subterranean, *adj.* nyob hauv qab npoo av
subtitle, *n.* kev sau ntawv hais raws cov lus nyob hauv *mauv vim*
subtle, *adj.* 1. yuav luag tsis paub txog; 2. tsis tseem ceeb heev; me me; 3. ntse heev
subtract, *v.* rho tawm; tshem
subtraction, *n.* kev rho tawm; kev tshem tawm
suburb, *n.* ntug nroog; thaj chaw nyob npuab nroog
suburban, *n.* ntug nroog; thaj chaw nyob npuab nroog
subversion, *n.* kev ntxeev tseem fwv; kev ntxeev teb chaws
subvert, *v.* ntxeev (kom poob); ntxeev tseem fwv; ua kom puas
subway, *n.* kev tsheb nqaj hauv qhov av
succeed, *v.* 1. tiav raws siab nyiam; 2. hloov lwm tus neeg txoj hauj lwm
success, *n.* 1. kev ua ib qho tiav tau zoo; 2. kev muaj nyiaj muaj txiaj los yog muaj koob npe
successful, *adj.* 1. ua tau zoo; mus tau zoo; 2. muaj yeej loj heev
succession, *n.* 1. kev sib txuas (xws li ib yam tag txuas rau ib yam); 2. kev ib tus hloov ib tus (xws li ua nom ua tswv); 3. ib qho tag qho tuaj; ib zaj txuas zaj
successive, *adj.* sib raws zaws; sib txuas nkwb nkaus; sib law pes liag
successor, *n.* tus hloov qhov chaw los yog lub luag hauj lwm (xws li kev ua nom ua tswv)
succinct, *adj.* luv luv; tsis ntev; —**succinctly** *adv*; —**succinctness** *n.*
succor, *v.* pab; pab cuam
succotash, *n.* kev muab taum thiab pob kws tso ua ke ua noj (xws li muab taum thiab pob kws kib ua ke los yog hau ua ke)
succulent, *adj.* muaj kua; —**succulence** *n.*
succumb, *v.* 1. theem; nres; 2. thawj; zwm; ua siab swb; 3. tuag
such, *adj.* li; li no li tod
suck, *v.* nqus
sucker, *n.* 1. tus neeg uas muab qhov ncauj nqus ib yam kua (xws li mis los yog dej); 2. tus neeg uas raug dag tau yooj yim heev
suckle, *v.* tso kua mis
suckling, *n.* me nyuam tsiaj mos mos uas tseem noj niam mis xwb (tsis tau paub noj lwm yam li)
sucrose, *n.* kab tsib
suction, *n.* kev nqus
sudden, *adj.* tam sij ntawd; pes ntawg pes ntiag; ntawg ntiag
suddenly, *adv.* 1. dheev; 2. ntawg ntiag; tam sim
suds, *n.* cov dej ua ua npuas
sue, *v.* foob; rub mus ua plaub; *-n.* npe poj niam
suede, *n.* tawv tsiaj (hom muab ua du du lawm)
suède, *n.* tawv tsiaj (hom muab ua du du lawm)
suet, *n.* roj nyuj; roj nyug
suffer, *v.* txom nyem; raug tsim txom; muaj kev txom nyem
suffering, *n.* kev txom nyem; kev raug tsim txom
suffice, *v.* muaj txaus
sufficient, *adj.* txaus
suffix, *n.* cov tsiaj ntawv uas ntxiv rau tom qab lo lus
suffocate, *v.* 1. txhawm chim; ua tsis taus pa; ua pa nyuaj; 2. tuag vim ua tsis taus pa los yog tsis muaj pa; —**suffocation** *n.*
suffrage, *n.* cai xaiv nom
suffuse, *v.* 1. nthuav tawm; 2. puv; 3. kis mus; ri mus thoob; 4. nyab (xws li dej nyab)
sugar, *n.* piam thaj; *-v.* ua kom qab zib; muab piam thaj rau
sugar cane, *n.* kab tsib; quas ntsuas
suggest, *v.* tawm tswv yim rau; qhia;

hais rau
suggestion, *n*. kev tawm tswv yim rau lwm tus neeg; kev taw qhia tej yam rau lwm tus neeg
suggestive, *adj*. taw qhia
suicide, *n*. 1. kev tua tus kheej; kev txov tus kheej txoj sia; 2. tus neeg uas nws tua nws tus kheej; — **suicidal** *adj*.
suicidology, *n*. kev kawm txog txoj kev neeg tua neeg tus kheej
suit, *n*. 1. khaub ncaws cev; 2. kev sib foob nyob tom tsev hais plaub; 3. ib daim ntawv plaub daim *phaib*; -*v*. 1. ua raws siab; 2. ua raws cai; ua raug ntsej muag
suitable, *adj*. phim; haum siab
suitcase, *n*. phij xab; thawv rau khaub ncaws
suite, *n*. 1. chav tsev; chav hauj lwm; ib co chav tsev; 2. ib co rooj tog uas zoo sib phim
suitor, *n*. tus neeg uas nrhiav poj niam yuav
sulcus, *n*. kis hlwb
sulfur, *n*. faj; leej faj; ib hom tshuaj daj daj
sulk, *v*. 1. nyob ntsiag to; 2. tu siab rau tus kheej; -*n*. kev nyob twb ywm
sulky, *adj*. nyiam nyob ntsiag to; -*n*. lub dab log uas nees cab los yog luag
sullen, *adj*. 1. ntsiag to; twb ywm; 2. tag kev cia siab; chim siab; 3. tsaus huab heev
sully, *v*. 1. ua puas; ua puas koob; 2. ua paug
sultan, *n*. tus huab tais ntawm lub teb chaws Mus Xis Lis
sultry, *adj*. 1. kub heev thiab nplaum heev; kub thiab vaum heev; 2. khaus (xws li xav sib deev heev)
sum, *n*. 1. qhov nyiaj tag nrho ua ke; 2. qhov tseem ceeb; 3. qhov muab sib ntxiv tawm los; -*v*. muab sib ntxiv ua ke tag nrho
sumac, *n*. ib hom nroj tsuag
summarize, *v*. muab qhov tseem ntsiab; muab zuaj zog ua ke hais los yog sau
summary, *n*. qhov tseem tseem ntsiab; qhov luv thiab tseem ceeb; -*adj*. 1. tseem ntsiab; luv luv; 2. ua sai sai
summation, *n*. lus xaus; cov lus xaus nyob hauv tsev hais plaub
summer, *n*. caij ntuj so; caij ntuj kub
summit, *n*. 1. qhov siab tshaj plaws; lub ncov siab tshaj; 2. rooj sib tham
summon, *v*. 1. nqua hu los yog caw tuaj ua ke; 2. hu tuaj rau hauv tsev hais plaub
summons, *n*. daim ntawv rub mus hais plaub
sumptuous, *adj*. 1. ntau; 2. zoo; 3. kim
sun, *n*. 1. hnub; lub hnub; 2. duab hnub; duab tshav ntuj; -*v*. hnub tawm
sunbeam, *n*. duab tshav ntuj
sunburn, *n*. tshav ntuj kub hle tawv
sundae, *n*. ib hom mis nyuj nkoog uas tso lwm yam khoom noj rau sab saud
Sunday, *n*. Hnub Xya; *vas thiv* (L)
sundial, *n*. ib hom twj qhia caij nyoog los ntawm qhov saib duab hnub
sundries, *n*. tej yam khoom me me uas suav tsis txheeb
sundry, *adj*. ntau ntau
sunfish, *n*. ib hom ntses
sunflower, *n*. paj hnub hli; paj noob hli
sung, *v*. hu nkauj (saib *sing*); nqua suab
sunk, *v*. tog (saib *sink*)
sunken, *adj*. 1. tog; 2. poob
sunshine, *n*. tshav ntuj
sunspot, *n*. teev dub ntawm lub hnub; qhov dub ntawm lub hnub
sunstroke, *n*. mob los ntawm qhov raug tshav kub ziab
sup, *v*. noj hmo
super, *adj*. zoo heev
super-, *prefix*. 1. siab dua los yog zoo dua; 2. ntxiv; ntxiv mus; 3. dhau cai

superabundance
superabundant
superambitious
superathlete
superbomb
superclean
supercolossal
superconvenient
supercop
supersense
supereffective
superefficiency
superefficient
superfast
supergood
supergovernment
supergroup
superhero
superheroine
super-human
superintellectual
superintelligent
superman
supermodern
superpatriot
superpatriotic
superpatriotism
superplane
superpolite
superport

superpowerful
superrich
supersalesman
superscout
supersecrecy
supersecret
supersensitive
supersize
supersized
superslick
supersmooth
supersoft
superspecial
superspecialist
superspy
superstar
superstate
superstrength
superstrong
supersystem
supertanker
superthick
superthin
supertight
superweapon
superwoman

superb, *adj.* zoo heev; tshaj plaws
superficial, *adj.* saum daim tawv xwb; saum npoo xwb; ntiav ntiav
superficial temporal artery, *n.* leeg ntshav liab mus saum tiaj taub hau
superficial temporal vein, *n.* leeg ntshav dub mus saum tiaj taub hau
superfluous, *adj.* tshaj qhov xav tau
superimpose, *v.* tso tshooj; tso rau sab saud
superintend, *v.* saib xyuas; tswj; tuav; kav
superintendent, *n.* tus thawj tswj (xws li hauv tsev kawm ntawv)
superior, *adj.* siab dua; zoo dua; tseem ceeb dua; —**superority** *n.*
superior articulating process, *n.* qhov zawj dhos thiab qoj tav theem saum toj
superior articulating surface, *n.* qhov zawj qoj ko tav theem saum toj
superior mesenteric artery, *n.* leeg ntshav liab rau lub plab thiab cov hnyuv theem saum toj
superior mesenteric ganglion, *n.* leeg xa xov rau plab hnyuv theem saum toj
superior mesenteric vein, *n.* leeg ntshav dub rau lub plab thiab cov hnyuv theem saum toj
superior thyroid artery, *n.* leeg ntshav liab ntawm qog caj dab
superior vena cava, *n.* raj ntshav dub theem saum toj
superlative, *adj.* tshaj lwm tus
supermarket, *n.* khw muag khoom loj
supernatural, *adj.* 1. tshaj tib neeg ua tau; 2. dhau lub ntiaj teb no lawm; 3. yog sab ntsuj plig
superpower, *n.* lub teb chaws uas muaj zog tshaj plaws (xws li teb chaws Mes Kas)
supersede, *v.* hloov qhov chaw
supersonic, *adj.* ceev tshaj qhov lub suab hnov txog yus (xws li dav hlau tua rog)
superstition, *n.* 1. kev ntseeg saub; kev ntseeg ntuj; kev ntseeg tej uas ib leeg hais rau ib leeg tab sis tsis muaj tseeb; 2. kev ntseeg uas tsis yog los ntawm txoj kev tshawb fawb; 3. kev ntseeg yees siv
superstitious, *adj.* 1. ntseeg saub heev; ntseeg ntuj heev; 2. ntseeg tej yam uas tsis yog tshawb fawb tawm los; 3. ntseeg txhua yam uas tsis muaj paus ntsis; lam tau lam ntseeg
superstructure, *n.* yam uas ua txawb rau lub hauv paus; qhov ua txawb rau sab saud
supervise, *v.* saib xyuas; tswj; kav
supervision, *n.* kev saib xyuas hauj lwm; kev kav
supervisor, *n.* thawj kav xwm; tus saib xyuas hauj lwm
supine, *adj.* 1. pw ntxeev tiaj; nrob qaum tuaj sab hauv; 2. tsis txawv txav li; tsis hloov li
supper, *n.* hmo; rooj mov thaum tsaus ntuj
supplant, *v.* hloov qhov chaw; hloov
supple, *adj.* muag (xws li tsis tawv); nyom los yog nkhaus tau yooj yim
supplement, *n.* 1. kev pab cuam; 2. yam khoom pab cuam; -*v.* pab; txhawb; ntxiv rau
supplemental, *adj.* ntsig txog yam khoom uas muab pab ntxiv rau; ntxiv rau
suppliant, *n.* tus neeg thov ntuj; tus neeg thov Yawm Saub
supplicate, *v.* 1. thov ntuj; thov Yawm Saub; 2. thov tiag tiag; —**supplication** *n.*
supplier, *n.* tus neeg uas txhab khoom thaum tag lawm; tus neeg muag khoom
supply, *v.* thauj khoom rau neeg; txhab khoom rau; -*n.* cov khoom thauj rau neeg siv
support, *v.* 1. pab; pab cuam; txhawb; 2. txheem; nres; -*n.* 1. taw; 2. hauv paus; 3. txha nqaj qaum
supportive, *adj.* pab txhawb heev
suppose, *v.* 1. kaj (xws li *kaj hais*

tias); 2. piv txwv; piv tias; 3. yog tias; 4. yuav tsum

suppository, *n.* tshuaj ntsaws rau qhov quav los yog ntsaws rau chaw mos

suppress, *v.* 1. tsuj los yog txov (kom ploj mus); ua kom tag mus; 2. txwv tsis pub neeg paub los yog rov tshwm tuaj; 3. tuav tseg

suppression, *n.* kev tsuj los yog txov kom ploj mus

suprarenal artery, *n.* leeg ntshav liab rau lub taub qog ntawm lub raum

supremacy, *n.* hwj chim siab tshaj plaws; qhov siab tshaj plaws

supreme, *adj.* siab tshaj plaws; loj tshaj plaws

Supreme Being, *n.* Yawm Saub; Tswv Ntuj

surcharge, *n.* 1. nqe ntxiv; nqe tshiab; 2. nqe nkag; nqe qhov rooj; 3. lub nra hnyav los yog ntau heev

sure, *adv.* 1. meej; tseeb; tiag tiag; 2. ntseeg; ntseeg tau

surely, *adv.* 1. tiag tiag; tseeb tseeb; 2. tuag nthi

surety, *n.* 1. qhov ntseeg tau; qhov tiag siab; 2. kev tab los yog lees ris lub nra; 3. tus neeg uas lees tab lwm tus neeg

surf, *n.* nthwv dej; -*v.* caij txiag saum nthwv dej

surface, *n.* 1. ntiaj (as in *ntiaj teb*); 2. npoo; -*v.* 1. tawm saum npoo; 2. tawm ntsej muag; tshwm ntsej muag

surfeit, *n.* 1. kev tshaj dhau; kev ua dhau cai; 2. kev muab ua dhau cai heev lawm (xws li kev noj kev haus); 3. kev qias neeg vim ua dhau heev lawm; -*v.* muab rau noj; pub rau luam taw lug

surge, *v.* sawv thiab vau li nthwv dej

surgeon, *n.* kws phais neeg

surgery, *n.* kev phais mob; kev phais neeg

surgical, *adj.* ntsig txog kev phais neeg los yog phais mob

surly, *adj.* muaj xeeb ceem phem; txaus ntshai

surmise, *v.* kwv yees; twv

surmount, *v.* 1. yeej; 2. tau ntej; nyob siab tshaj

surname, *n.* xeem; lub xeem

surpass, *v.* hla dhau; mus dhau; tau ntej

surplice, *n.* tsho tshaj sab; ib hom tsho ntev ntev uas lub tes tsho loj loj

surplus, *n.* khoom seem (uas siv tsis tag)

surprise, *v.* ceeb; ras

surprised, *adj.* ceeb; xawb; yoob

surrender, *v.* 1. thawj; los thawj; 2. tso tseg; tsa chij dawb; ua siab swb; 3. zwm; zeem

surreptitious, *adj.* zais heev; ua zais npog heev; —**surreptitiously** *adv.*

surrey, *n.* 1. lub dab rau nees cab uas txaus li ob rau plaub tus neeg caij; 2. ib thaj chaw nyob rau teb chaws As Kiv

surrogate, *n.* kev hloov chaw ib nyuag pliag los ib nyuag ncua caij nyoog

surround, *v.* puav; vij; puag ncig; thaiv

surroundings, *n.* tej khoom los tej chaw nyob ib cheeb tsam los yog nyob ib puag ncig

surveillance, *n.* kev saib xyuas zoo zoo; kev soj ntsuam

survey, *n.* kev tshawb fawb; kev tshuaj ntsuam; -*v.* tshawb fawb; saib zoo zoo

survive, *v.* 1. ciaj; ciaj sia; 2. nyob dhau yam tsis tau tuag

survivor, *n.* tus neeg uas tseem muaj txoj sia nyob; tus uas tseem tsis tau tuag

susceptibility, *n.* kev ntxiav; qhov qhib kev rau teeb meem nkag los; qhov qiag

susceptible, *adj.* 1. ntxiav; ntxiav ntxiav; 2. ntxim ntxim; 3. qiag

suspect, *v.* 1. poob siab; txhawj; 2. ntaus nqi; 3. kwv yees; 4. ntseeg yam tsis muaj pov thawj; -*n.* tus neeg uas raug liam txim rau

suspend, *v.*1. rho tawm; 2. tuav tseg; 3. khuam tseg

suspender, *n.* hlua tuav ris uas khuam puag saum xub pwg los

suspense, *n.* qhov txhawj xeeb los yog qhov tsis paub meej tias yuav xaus li cas

suspension, *n.* kev so hauj lwm ib nyuag ncua; kev ncua

suspensory ligament, *n.* 1. ntshua leeg tuav lub ntsiab muag; 2. ntshua leeg tuav cov hlab ntshav ntawm lub zuas qe

suspicion, *n.* 1. kev txhawj xeeb los

yog poob siab; 2. kev tsis ntseeg; 3. lw; txoj lw
suspicious, *adj*. poob siab; txhawj xeeb; —**suspiciously** *adv*.
sustain, *v*. 1. pub khoom los yog pab rau kom loj hlob; 2. hais mus ntxiv; txuas mus ntxiv; 3. tuav li qub; 4. raug mob; raug; 5. txhawb; pab
sustenance, *n*. 1. yam khoom pab txhawb kom loj hlob; 2. yam uas txhawb
svelte, *adj*. yuag thiab zoo nkauj heev
swab, *n*. pas rwb (uas siv nrws los yog ntxuav dab tsi); -*v*. muab pas rwb nrws los yog ntxuav
swaddle, *v*. qhwv (me nyuam)
swagger, *v*. 1. mus kev muaj xom lees; 2. hem; ua kom ntshai; 3. coj tau tus cuj pwm txawv txawv; -*n*. 1. tus neeg Auv Tas Lias uas khuam ib pob khoom saum xub pwg taug kev mus nrhiav hauj lwm ua; 2. kev mus kev tau txawv txawv los yog muaj muaj xom lees
swallow, *v*. 1. nqos; 2. uv; ua siab ntev; 3. muab ua puas tag (xws li hluav taws kub tsev puas tag); 4. lees yuav los yog ntseeg yam tsis nug dab tsi li; -*n*. ib hom noog
swam, *v*. ua luam dej (saib *swim*)
swamp, *n*. 1. hav iav; dej nyab; 2. lub caij uas muaj kev ntxhov siab; -*v*. 1. nyab; 2. puv
swan, *n*. ib hom noog dej loj; os dej; -*v*. plov meej; cog lus
swap, *v*. pauv; sib pauv
swarm, *n*. 1. ib pab ntab ya tawm lawv qhov chaw; 2. ib pawg neeg coob coob; -*v*. mus sib sau nyob hauv qhov chaw neeg coob coob
swarthy, *adj*. dub doog
swashbuckler, *n*. 1. tus neeg tua ntaj uas hnav tsoos tsho zoo heev; 2. tus neeg ncig chaw; 3. tus neeg uas tsis xyuam xim
swat, *v*. ntaus; tsoo
swatch, *n*. qauv (xws li qauv ntaub qauv xov); qauv laug
swath, *n*. kab; txoj kab; txoj lw
swathe, *v*. qhwv
sway, *v*. 1. co; ua zog; tsis ruaj; 2. deev tau; ua tau raug siab
swear, *v*. 1. cog lus; tsa tes rau ntuj; 2. hais lus dev
sweat, *v*. tawm hws; tawm fws; -*n*. hws; fws
sweat gland, *n*. qog hws; qhov hws
sweat gland duct, *n*. hlab qhov hws; hlab qhov fws
sweat gland pore, *n*. qhov hws; qhov fws
sweater, *n*. tsho ntaub roj hmab; tsho *ywj* (L)
sweatshirt, *n*. ib hom tsho uas tsis muaj khawm tsho
sweep, *v*. 1. cheb; tu; txhuam; tshem tawm; 2. tshawb; 3. kuav; tshoob; 4. tshem tawm; 5. hla; 6. yeej; -*n*. 1. ib cheeb tsam; 2. tus neeg tu tsev; 3. tus duav nquam nkoj
sweepstakes, *n*. kev sib twv uas tus yeej tau qhov khoom los yog nyiaj tag nrho
sweet, *adj*. 1. qab zib; 2. ntxim hlub; ntxim nyiam; -*n*. khoom qab zib
sweetheart, *n*. tus hlub
sweet potato, *n*. qos liab
swell, *v*. o; su; tsam; -*n*. 1. nthwv dej hiav txwv uas loj thiab ntas mus deb heev; 2. kev su los yog loj tuaj
swellen, *adj*. o; su; tsam
swelling, *adj*. o; su; tsam tsam
swelter, *v*. nyob tsis taus vim kub heev
swept, *v*. cheb; tu; tshem tawm (saib *sweep*)
swerve, *v*. tig; lem; hloov kev
swift, *adj*. ceev; sai; nrawm; cauj; -*n*. ib hom noog me me uas noj kab
swig, *v*. 1. haus; muab ntau ntau ua tib zaug haus ceev ceev; 2. ntaus sib zog heev; -*n*. kev haus dej haus cawv uas haus ntau ntau thiab haus ceev ceev
swill, *v*. nqos ua lwj ua liam; -*n*. khoom qias; khoom pov tseg
swim, *v*. 1. ua luam dej; da dej hauv pas dej; 2. qaug ncig leeg; kiv taub hau
swimmer, *n*. tus neeg da dej; tus neeg ua luam dej
swindle, *v*. nyiag; ua tub sab
swine, *n*. npua; ib hom tsiaj
swing, *v*. 1. fiav; 2. yoj; 3. ua viav vias; -*n*. viav vias
swipe, *n*. 1. ntaus; tsoo; 2. nyiag; 3. so (xws li muab daim khaj so them nyiaj); -*n*. qhov tsoo los yog ntaus uas siv zog heev

swirl, *v.* kiv ncig ua voj voog
swish, *n.* lub suab nrov xiv
switch, *v.* 1. hloov; pauv; 2. nplawm; ntaus; 3. co; yoj; 3. taws los yog tua teeb; *-n.* 1. tus nplawm; 2. tus tes liaj; ntsia liaj; 3. chaw taws los yog tua teeb; 4. ko tw tsiaj
switchboard, *n.* chaw cais xov tooj; chaw hloov xov tooj; chaw txuas xov tooj thaum neeg hu tuaj
swivel, *v.* 1. kiv; kiv ncig; 2. tig; *-n.* 1. qag; lub pob los yog qhov chaw sib dho uas kiv los yog tig tau (xws li lub rooj zaum); 2. rab phom uas tig tau
swollen, *v.* o; su; tsam (saib *swell*)
swoon, *n.* tsaus muag; kev tsaus muag; ntog
swoop, *v.* rwg ntxiaj; tua qha; ncaj nraim
sword, *n.* ntaj; rab ntaj; *-v.* xuas ntaj tua
swordfish, *n.* ib hom ntses loj loj nyob hiav txwv
swore, *v.* 1. cog lus; 2. hais lus dev (saib *swear*)
sworn, *v.* 1. cog lus; 2. hais lus dev (saib *swear*)
swum, *v.* ua luam dej; da dej (saib *swim*)
swung, *v.* fiav; ua viav vias (saib *swing*)
sycamore, *n.* ntoo ntxoov ntxoo
sycophant, *n.* tus neeg uas ua txuj ua zoo zoo rau lwm tus kom nws tus kheej tau noj; tus neeg uas siv lwm tus neeg ua choj rau nws
syllable, *n.* ib pawg suab ntawm lo lus (xws li lo lu *syllable*, *syl* yog ib lub suab, *la* yog ib lub, thiab *ble* yog ib lub suab)
syllabus, *n.* daim ntawv uas teev cov niam ncauj lus yuav kawm txog nyob hauv chav kawm ntawv; daim kom tswj kawm ntawv
sylvan, *adj.* 1. ntsig txog hav zoov; 2. hauv hav zoov; nyob hauv hav zoov; 3. hav zoov ntau; *-n.* tus neeg uas nyob hauv hav zoov los yog nyiam nyiam mus rau hauv hav zoov
symbol, *n.* cim; qauv cim
symbolic, *adj.* ntsig txog lub cim los lub qauv; cim; qauv
symbolism, *n.* kev sawv cev ntawm lub cim los tus qauv
symbolize, *v.* ua piv txwv; ua qauv
symmetrical, *adj.* sib txig sib luag
symmetry, *n.* kev teeb txheeb uas tso tau sib sib luag (xws li tej paj ntaub)
sympathetic, *adj.* tu siab heev; txaus tu siab
sympathize, *v.* pab tu siab; tu siab nrog
sympathy, *n.* kev hlub tshua; kev tu siab
symphony, *n.* zaj suab paj nruas rau ib pab neeg ntaus ua ke
symphysis pubis, *n.* pawj txha; txha mos nyob ntawm chaw mos
symposium, *n.* rooj sib tham loj
symptom, *n.* tus mem mob; tus qauv mob; tus yam ntxwv mob
synagogue, *n.* chaw teev ntuj ntawm cov neeg Ntsuj
synchronize, *v.* 1. tso ua tib ke; zuaj ua tib pawg; 2. tshwm sim nyob rau tib lub caij nyoog; 3. ua kom pom zoo rau tib lub caij
syncopation, *n.* kev pauv hloov suab paj nruag
syncope, *n.* tsaus muag; ntog vim hnov qab lawm
syndicate, *v.* tsim koom haum lag luam ua ke; *-n.* koom haum
syndrome, *n.* ib cov yam ntxwv mob ntawm tus kab mob
synonym, *n.* lo lus uas muaj ntsiab tib yam li lwm lo lus
synonymous, *adj.* muaj ntsiab sib xws
synopsis, *n.* qhov nyuag ncauj lus me me los yog tsawg tsawg (muab los ntawm qhov loj los yog phau ntawv)
syntax, *n.* ncauj ke uas muab lus los sib dhos
synthesis, *n.* kev muab tej qho tej qho los yog qhov ub qhov no coj los tso ua ib ke
synthetic, *adj.* cuav; tsis tseeb
syphilis, *n.* ib hom mob kas cees uas kis los ntawm kev sib deev los yog los ntawm qhov leej niam kis rau tus me nyuam hauv plab
syringe, *n.* raj koob txhaj tshuaj; raj koob nqus dej
syrup, *n.* kua qab zib; kua piam thaj
system, *n.* quag; kab ke; paus ntsis
systematic, *adj.* ntsig txoj muaj quag
systematically, *adv.* muaj quag

T

t, *n*. tus tsiaj ntawv As Kiv thib 20
tab, *n*. 1. tw; qhov chaw qhib (uas yuav tau muab tu los yog cem tawm thaum yuav siv); 2. tus tes ntawv nyob ntawm lub tshuab ntaus ntawv uas ntaus kom dhia ib qho rau ib qho; 3. daim *thiv kem*; 4. daim *tshev* nyiaj; 5. daim nqe
tabby, *n*. 1. miv; tus miv; 2. ntaub kab; 3. nkauj laug
tabernacle, *n*. tsev teev ntuj; tsev thov ntuj; tsev pe hawm
tabes dorsalis, *n*. mob nyob ntawm tus txha nqaj qaum ua rau mus kev thiab sawv tsis yooj yim
tabla, *n*. ib hom nruas me me nyob rau teb chaws Is Dias
table, *n*. 1. rooj; rooj noj mov; 2. cov ntawv uas muab teeb ua tej zeg tej zeg; 3. ib daim ntawv uas teev cov hauv paus lus; *-v*. muab ncua tseg lwm zaus mam rov tham txog
tableau, *n*. 1. daim duab uas piav txog keeb kwm nyob rau hauv; 2. daim duab uas muaj ib pab neeg nyob tau muaj muaj chaw los yog nyob tau zoo zoo heev
tablecloth, *n*. ntaub pua rooj
tablehop, *v*. mus tuav tes nrog phooj ywg ib lub rooj rau ib lub rooj (xws li thaum nyob tom rooj sab laj)
tableland, *n*. ib thaj chaw tiaj tiaj nyob toj siab
table linen, *n*. ntaub pua rooj thiab ntaub so tes
table of contents, *n*. rooj hau lus; rooj ncauj lus; rooj teev tshooj lus
table salt, *n*. ntsev
tablespoon, *n*. diav noj mov
tablespoonful, *n*. ib diam noj mov puv nkaus
table sugar, *n*. piam thaj
tablet, *n*. 1. tshuaj ntsiav; 2. daim ntoo uas sau lus rau ntawd; 3. ib co ntawv uas muab lo ua phau ntawv
table talk, *n*. kev sib tham nyob ntawm rooj noj mov (los yog noj hno)
tableware, *n*. twj tais noj mov; tais diav nyob ntawm rooj noj mov
table wine, *n*. cawv mog haus ntxuag mov
tabloid, *n*. ntawv xov xwm hom me zog
taboo, *n*. yam uas txwv tsis pub ua los yog muaj (xws li tib xeem rov sib yuav); *-adj*. txwv tsis pub ua vim tsis raug cai
tabor, *n*. ib hom nruas me me
taboret, *n*. lub rooj uas tsis muaj chaw pheeb thiab tsis muaj chaw tiag tes
tabour, *n*. ib hom nruas me me (saib *tabor*)
tabularize, *v*. muab teeb ua rooj los yog ua zeg, los yog ua pav
tabulate, *v*. muab teeb ua rooj los yog ua zeg, los yog ua pav; — **tabulation** *n*.
tacit, *adj*. lug lug sab nraud tsis phua lub ntsiab kiag
taciturn, *adj*. tsis xav tham; tsis nyiam tham txog
tack, *n*. 1. ib hom ntsia thawv; 2. txoj hlua tuav lub nkoj thaum huab cua phem; 3. txoj xov uas xaws tej maum koob laus laus rau tej yam dab tsi tuav kom txhob plam; 4. nplaum nplaum; 5. tej looj thawb thiab eeb nees; 6. cov khoom noj dab dab tuag; *-v*. 1. muab ntxiv los yog xaws tej maum koob tuav rau kom txhob plam; 2. muab hlua khi tuav lub nkoj; 3. tig (kom lub nkoj mus raws seem cua)
tackle, *v*. 1. txhom los yog muab mos kiag rau hauv av; 2. pib lis nrog; lees dhia txoj hauj lwm; raus tes rau; *-n*. 1. tshuab los yog twj ua ub ua no (xws li twj nuv ntses); 2. txoj hlua siv rub los yog txo tej yam dab tsi; 3. kev sib mos sib txhom
tacky, *adj*. 1. nplaum nplaum tes; 2. pheej yig
tact, *n*. lub siab xav; kev xav
tactic, *n*. kev nqes tes (uas yog ua raws li qhov tau npaj tseg)
tactics, *n*. 1. tswv yim tua rog; 2. tswv yim ua kom muaj yeej
tactile, *adj*. ntsig txog qhov hnov los ntawm txoj kev kov
tadpole, *n*. me nyuam qav
taenia coli, *n*. hlab tuav cov hnyuv loj ua ke; txoj hlab uas lo ob kauj hnyuv ua ke

taffeta, *n*. ib hom ntaub
taffy, *n*. khoom qab zib; khoom txom ncauj
tag, *n*. 1. tw (xws li tw ntaub); 2. me nyuam ib hom kev ua si saib leej twg yog tus mob; -*v*. muab tw los yog ib daim ntaub lo rau; 2. raws qab ti ti; 3. kov los yog chwv ib tus neeg los ntawm me nyuam txoj kev ua si
tail, *n*. 1. tw; ko tw; 2. qab; yav qab; yav kawg; 3. lub nyiaj npib sab uas tsis muaj lub taub hau neeg
tailgate, *n*. pob tw tsheb; daim thaiv pob tw tsheb; -*v*. 1. tsav tsheb ti ti lub tsheb tom hau ntej qab; 2. raws qab ti ti
taillight, *n*. teeb pob tw tsheb
tailor, *n*. kws txiav ris tsho; -*v*. 1. txiav khaub ncaws; 2. ua raws qhov siab nyiam; npaj raws siab nyiam
tailspin, *n*. dav hlau kiv ntxeev tiaj khwb rwg
taint, *v*. tsuas; ua puas; -*n*. txoj lw dag noj dag haus; kev noj nyiaj
take, *v*. 1. coj; muab; nqa; 2. noj (xws li noj tshuaj); 3. xaiv los yog tshem tawm
takeoff, *v*. tshem tawm; -*n*. kev tshem tawm los yog rho tawm
talc, *n*. ib hom tshuaj hmoov siv txhuam tsev dej
tale, *n*. dab neeg; lus nruag (M)
talent, *n*. peev xwm; txuj ci
talisman, *n*. pov haum; pov khoos
talk, *v*. hais; tham; -*n*. 1. kev sib tham; 2. lus xaiv
talk in sleep, *v*. hais lus dab plos; hais lus dab ntub
tall, *adj*. siab
tallow, *n*. roj tsiaj uas siv ua tswm ciab
tally, *n*. qhov suav tseg; qhov teev tseg; -*v*. 1. ntxiv rau; tsub rau; 2. tim; muab sib tim
talon, *n*. rau noog; noog cov rau taw ntse ntse uas siv txhom tsiaj noj
tam, *n*. ib hom kaus mom
tamarind, *n*. txiv quav miv; txiv *maj qham* (L)
tambourine, *n*. nruas; ib hom nruas me me
tame, *adj*. 1. seej; 2. mloog lus; -*v*. cob kom mloog lus los yog seej
tam-o'-shanter, *n*. ib hom kaus mom
tamp, *v*. 1. tswm maj mam rau; 2. npoog; vov; -*n*. tus pas siv tswm qhov av kom ceev
tamper, *v*. 1. kov; cuam tshuam; 2. muab hloov; muab txauv lawm; 3. ua tsuas rau
tan, *v*. ziab tshav kom doog; -*n*. 1. tsos doog; 2. kev ziab tshav ntuj kom doog
tandem, *adv*. ib leeg lawv ib leeg qab; -*n*. tsheb kauj vab; nees zab
tang, *n*. 1. qhov uas qab los yog tsw txawv tshaj lwm yam; 2. lw; kab; 3. ib hom nroj hav dej; 4. ko; tus ko (xws li ko txaug los yog ko riam); 5. ib tus huab tais uas kav teb chaws Suav xyoo 618 txog xyoo 907
tangent, *adj*. 1. sib ntsib los yog sib cob rau ib qhov chaw los yog ib txoj kab tab sis tsis sib tshuam los yog sib hla kiag; 2. tsis tseem ceeb; -*n*. cov kab los yog tej daim ntsa uas los sib cob tab sis tsis sib hla
tangerine, *n*. txiv kab ntxwv me
tangible, *adj*. 1. tuav tau; kov tau; 2. muaj tseeb
tangle, *v*. sib rig; sib tov tag; -*n*. kev sib rig ua ntxhov quav niab
tangled, *adj*. sib rig; cov nyom
tango, *n*. ib hom kev seev cev nyob Mes Kas Qab Teb
tank, *n*. 1. tsheb tua rog; 2. thawv rau dej
tankard, *n*. lub kob haus dej loj loj uas muaj tes tuav thiab muaj lub hau khwb
tanker, *n*. tsheb los yog nkoj thauj khoom uas muaj thawv thauj kua xws li dej los roj
tannin, *n*. tshuaj zas khoom (xws li nkaj zas ntaub); nkaj
tantalize, *v*. 1. sim; ua kom muaj sim; 2. thab; deev; ntxias; 3. tsim txom
tantamount, *adj*. ib yam; sib txig sib luag; sib npaug
tantrum, *n*. kev siab luv; kev qhia tawm plaws lub siab luv rau neeg pom
tap, *n*. 1. kais dej; ncauj dej; 2. kev ntaug los yog npuaj; -*v*. 1. siv; 2. khob
tape, *n*. 1. daim kaw lus los yog kaw duab; *kab xev*; 2. ntaub nplaum; -*v*. kaw
tape measure, *n*. hlua ntsuas
tape player, *n*. *thev*; tshuab qhib *kas*

xev

taper, *n*. 1. tswm ciab hom me me; 2. qhov uas me zuj zus rau tim ub los yog deb zuj zus ces me zuj zus tuaj; -*v*. ua kom me zuj zus; ua kom ploj mus zuj zus

tape recorder, *n*. twj kaw lus; tshuab kaw lus; *thev*

tapestry, *n*. paj ntaub dai phab ntsa

tapeworm, *n*. cua nab uas nyob hauv hnyuv

tapioca, *n*. dej qe qav; qe qav ua dej qab zib; *nab vam* (L)

tar, *n*. roj hmab dub; kua roj hmab dub nplaum nplaum

tarantula, *n*. ib hom kab laug sab (uas muaj muaj plaub tab sis tsis tom neeg)

tardiness, *n*. kev lig; kev qeeb

tardy, *adj*. lig; qeeb

target, *n*. 1. phiaj; daim phiaj; 2. hom phiaj; -*v*. 1. teeb phiaj; 2. tsom rau; 3. xaiv

tariff, *n*. se xa khoom hla teb chaws

tarnish, *v*. 1. ua tsuas; 2. ua puas; ua puas koob puas npe; ua rau muab qhov dub lawm; **—tarnished** *adj*.

tarpaulin, *n*. ntaub tiv nag

tarry, *adj*. 1. maj mam sawv kev; 2. xws li ntaub tiv nag los yog muab ntaub tiv nag vov

tarsal, *n*. 1. qaum taw; qaum dab taws; 2. txha dab taws (saib *instep*)

tart, *adj*. 1. pluas pluas; 2. qaub heev; tsis zoo; 3. lus tsiv thiab iab heev; phem; -*n*. 1. ib lub *phais* (los yog khoom qab zib) me me; 2. niam ntiav

tartan, *n*. 1. ib hom ntaub txaij dub dawb; 2. ib hom nkoj me me

tartar, *n*. 1. kab noj los yog khub cov pos hniav; 2. ib hom hmoov ntsev; 3. tus poj niam uas phem heev; 4. cov neeg Mas Nkaus nyob Mas Nkaus Lias

task, *n*. hauj lwm; dej num uas muab rau ib tus neeg ua

taskmaster, *n*. tus coj hauj lwm; tus hais kom lwm tus neeg ua hauj lwm rau nws

tassel, *n*. xov paj (uas muab khi ib tog qab ua ke); xov paj uas dai rau lub kaus mom kawm ntawv tiav

tassel glands, *n*. cov sab qog nyob ntawm ob daim tawv muag

taste, *v*. saj; sim; -*n*. 1. yam khoom noj; 2. nyiam; xis; 3. kev saj

tasteless, *adj*. tsis qab li; tsuag heev

tasty, *adj*. qab heev

tatter, *n*. qhov ntuag los yog tev dai ncuv tseg

tattle, *v*. taug xaiv; hais lus; tham

tattletale, *n*. tus neeg taug xaiv

tattoo, *n*. *thev thuj*; kev kos duab rau ntawm tawv nqaij

taught, *v*. qhia; cob (saib *teach*)

taunt, *n*. 1. lus saib tsis taus; 2. lus ntxub ntxaug; -*v*. 1. thab; 2. cem; 3. hais lus saib tsis taus; 4. thuam

taut, *adj*. nruj

tavern, *n*. tsev haus dej haus cawv

tawdry, *adj*. pheej yig

tawny, *adj*. tsos txiv kab ntxwv dub doog

tax, *n*. se; nyiaj them rau tseem fwv; -*v*. sau se

tax collector, *n*. tus neeg sau se

taxi, *n*. tsheb *tav xis*; *tav xis*; hom tsheb ntiav me; -*v*. 1. ntog (xws li dav hlau ntog) los nres los yog ntog tawm mus; 2. caij tsheb *tav xis*; caij *tav xis*

taxicab, *n*. tsheb *tav xis*

taxidermy, *n*. chaw muab tsiaj tev tawv es nruab rwb rau hauv coj los dai saib

taxi driver, *n*. neeg tsav *tav xis*; neeg tsav tsheb *tav xis*

tea, *n*. 1. tshuaj tsau dej; 2. dej nplooj ntoos; 3. *this*

teach, *v*. qhia; qhia ntawv; cob

teacher, *n*. xib fwb qhia ntawv; kws qhia ntawv; lees kais

teacup, *n*. khob haus dej tshuaj nplooj ntoos; khob *this*

teak, *n*. ib hom ntoo

teakettle, *n*. qhws rhaub tshuaj

teal, *n*. ib hom os qus me me

team, *n*. ib pab neeg; ib pawg neeg uas ua ib yam dab tsi ua ke (xws li ib pab neeg ncaws pob); -*v*. sib koom tes ua ke

teamster, *n*. 1. tus neeg puav tsiaj; 2. tus neeg tsav tsheb *rhav*

teapot, *n*. qhws rhaub *this*; qhws rhaub dej *this*

tear, *n*. kua muag; -*v*. dua; muab ua ntuag

tear down, *v*. rhuav; tshem

tearful, *adj*. poob kua muag; kua

muag poob dawb vog; —**tearfully** *adv.*
tease, *v.* 1. thab; zes; 2. tso dag rau; luag; 3. ua phem rau
teaspoon, *n.* diav me; diav haus tshuaj
teat, *n.* txiv mis
technical, *adj.* 1. ntsig txog tej yam uas tsis yog txhua tus neeg paub txog (xws li tshuab los yog tshuaj)
technicality, *n.* 1. qhov me me tib si; 2. yam uas tsis yog txhua tus neeg paub txog (xws li tshuab los yog tshuaj); yam uas tus kws kawm txog thiaj paub xwb
technician, *n.* tus neeg uas paub txog nws txoj hauj lwm zoo; tus neeg paub kho ub kho no (xws li kho tsheb)
technique, *n.* tswv yim ua ib yam dab tsi kom tshwm sim
technology, *n.* *thev nab las ntsis*; tej tswv yim ua hauj lwm tau sai thiab zoo tshaj xuas tes ua lawm
tedious, *adj.* 1. dhuav; tsis txaus siab nyiam; 2. nkees; sab
tedium, *n.* 1. kev dhuav; 2. kev nkees
tee, *n.* pas txawb lub pob (kom nyob twb ywm rau yus ntaus)
teem, *v.* 1. puv; phwj; 2. nchuav; ua txeej
teenage, *adj.* hluas; ntsig txog cov hluas; me nyuam hluas
teens, *n.* cov hluas uas hnub nyoog txij 13 xyoos mus txog 19 xyoos
teepee, *n.* cov neeg Qhab lub tsev uas kheej kheej thiab zuag zuag rau saum hau
teeth, *n.* hniav; kaus hniav (saib *tooth*)
teethe, *v.* tuaj kaus hniav
telecast, *v.* hais tawm *this vis* (TV)
telecommunication, *n.* kev sib tham kev deb
telegram, *n.* tsab ntawv ntaus; tsab xov; -*v.* xa xov
telegraph, *n.* kev ntaus xov tooj sib tham uas yog siv ib cov ntawv xov tooj uas yuav tau muab txhais thiaj to taub
telephone, *n.* xov tooj; -*v.* ntaus xov tooj; hu xov tooj
telephone book, *n.* phau ntawv xov tooj
telephone number, *n.* tus xov tooj; *nab npawb* xov tooj
telescope, *n.* 1. twj tsom deb; twj saib deb; 2. twj saib hnub qub
televise, *v.* hais tawm *this vis*
television, *n.* *this vis*; *t.v.*; *TV*
tell, *v.* qhia; hais paub
teller, *n.* 1. tus qhia los yog piav txog; tus suav; 2. tus neeg ua hauj lwm hauv txhab nyiaj
temerity, *n.* kev siab tawv; kev tsis tais caus
temp, *n.* 1. kub no; 2. neeg ua hauj lwm ib vuag
temper, *n.* cuj pwm; xeeb ceem; siab; -*v.* 1. ceem; ua kom khov los yog ceev; 2. ua kom muag los yog ua kom me
temperament, *n.* 1. cuj pwm; xeeb ceem; 2. sab nraud; daim ntawv
temperance, *n.* kev tus kheej zam tsis pub ua dhau cai; kev tswj tus kheej
temperate, *adj.* nruab nrab; tab tom
temperature, *n.* 1. qhov ntsuas kub no; 2. kub taub hau; 3. kev kub no
tempest, *n.* cua daj cua dub
temple, *n.* 1. tsev hauj sam; tsev teev ntuj; 2. qhov ntsos
tempo, *n.* qhov ceev; qhov dhia ceev
temporal, *adj.* 1. ntsig txog lub caij nyoog los yog paus ntsis; 2. ntsig txog qhov tseeb uas neeg ntiaj teb pom, tsis yog sab ntsuj plig
temporal bone, *n.* txha qhov ntsos
temporalis, *n.* nqaij ntshiv ntawm qhov ntsos
temporal lobe, *n.* thooj hlwb qhov ntsos
temporal process of zygomatic, *n.* ko txha qhov ntsos
temporary, *adj.* ib vuag; ib pliag; pliag ntshis; tsis ntev; tsis nyob los yog kav mus ib txhis; —**temporarily** *adv.*
tempt, *v.* 1. ntxias kom ua phem; 2. ntxim siab; deev siab; 3. ua kom ras
temptation, *n.* txoj kev ntxias; txoj kev deev siab
ten, *n.* kaum; 10
tenable, *adj.* 1. muaj peev xwm tuav tau los yog thaiv tau; 2. yuav taus; yuav nyog; 3. zoo; 4. daws tau; thaiv tau
tenacious, *adj.* 1. tuav ruaj; tuav khov kho; 2. txiav txim siab; 3. rau siab; mob siab; —**tenaciously** *adv.*
tenacity, *n.* kev txiav txim siab khov kho

tenant, *n*. neeg nyob tsev ntiav
tend, *v*. 1. zov; saib; tu; 2. qaij rau ib tog los yog poog rau ib pawg neeg twg
tendency, *n*. kev mij ntsis nyiam ua tej yam; kev nyiam ua li ntawd los yog mus rau feem ntawd; ib txwm ua li
tender, *adj*. 1. mos mos; 2. siab muag muag; 3. rhiab rhiab; *-n*. 1. tus neeg uas tu los yog zov; 2. lub nkoj me uas thauj khoom mus rau lub nkoj loj; 3. qhov kev sib tw yuav txoj hauj lwm; 4. yam uas muab them nqe
tenderize, *v*. ua kom mos (xws li muab nqaij zom los yog tsoo kom mos); —**tenderization** *n*.
tenderloin, *n*. 1. thooj nqaij mos mos (xws li tsis ntxhib); cov nqaij mos mos nyob ntawm tus txha caj qaum
tendon, *n*. leeg
tendon of levator palpebrae superioris, *n*. cov leeg dawb nyob ntawm daim tawv muag sab saud
tendril, *n*. cov ceg los yog cov ntsis ntawm tej hom nroj tsuag xws li dib los yog thaub uas rig rau ntoo kom thiaj tuav tau nws sawv los yog daum mus rau qhov siab
tenement, *n*. 1. lub tsev uas muab cais ua ntau ntau yim; 2. chaw nyob dab dab tuag los yog phem phem
tenet, *n*. niam tswv yim ntawm txoj kev ntseeg; kev ntseeg
tennis, *n*. ntaus pob *thes niv*; *thes niv*
tenor, *n*. 1. ntsiab; ntsiab lus; 2. hom phiaj; 3. suab; suab txiv neej
tenpin, *n*. lub hwj ntoo *npaus lees*; lub hwj uas muab txawb ua ib phiaj es mam dov lub pob mus tsoo
tense, *n*. kev ua uas qhia txog lub caij nyoog (xws li mus tam sij no, mus dhau los lawm, los yog tseem yuav mus); *-adj*. 1. nruj nruj; mob nruj nrees; 2. txaus ntshai heev
tensile, *adj*. ntsig txog kev cov nyom
tension, *n*. kev cov nyom; kev tsis sib haum xeeb
tension headache, *n*. mob taub hau nruj nrees
tensor fasciae latae, *n*. nqaij ntshiv ntawm ntsag uas caws thiab xyab ncej puab
tensor fasciae latae muscle, *n*. nqaij ntshiv ntawm ntsag
tent, *n*. tsev pheeb suab; tsev ntaub
tentacle, *n*. yam uas ncav tau deb los yog mus ntsiab tau dab tsi nyob deb deb los
tentative, *adj*. 1. tseem hloov tau; tseem muaj chaw tham los yog kho; 2. tsis tau yog qhov kawg uas tsis hloov li lawm
tenth, *n*. thib kaum; 10th
ten thousand, *n*. vam; ib vam
tenuous, *adj*. 1. tsis tuab; tsis ntom; 2. tsis khov; tsis ruaj
tenure, *n*. kev uas ib tus neeg tuav nws txoj hauj lwm tau ntev li cas lawm
tepee, *n*. cov neeg Qhab lub tsev uas kheej kheej thiab zuag zuag rau saum hau (saib *teepee*)
tepid, *adj*. sov hauj sim
tere major, *n*. nqaij ntshiv ntawm duav pu
teres major muscle, *n*. nqaij ntshiv ntawm duav pu ntawm ob lub qab xub pwg
term, *n*. 1. ncua; ntu; ncua caij nyoog; ntu caij nyoog; 2. ncua caij nyoog ntawm lub txim; 3. lo lus; 4. ntus; ib ntus; *-v*. tis npe rau
terminal, *n*. 1. qhov kawg; qhov xaus; 2. chaw tos tsheb los yog tos dav hlau; 3. lub twj uas muab xov hluav taws xob sib txuas
terminate, *v*. 1. txiav; ua kom tu; 2. tso tseg
termination, *n*. kev txiav tsis pub muaj lawm; kev tso tseg
terminology, *n*. lo lus; lus
terminus, *n*. 1. qhov kawg; 2. qhov chaw kawg ntawm tsheb los yog dav hlau txoj kab dhia; qhov chaw tos tsheb los yog dav hlau
termite, *n*. ntsaum kab rwg; kab rwg
terms, *n*. 1. lus uas yuav tau ua raws; 2. kev phooj ywg; kev sib raug zoo
tern, *n*. ib hom noog hiav txwv me me
terrace, *n*. 1. mom kaum; 2. tog tsev; thaj tiaj nyob npuab rau lub tsev; 3. thaj tiaj nqaim nqaim raws ntug dej los ntug hiav txwv; 4. ib leej tsev ua nyob rau saum ntav toj; 5. kab av nyob hauv nruab nrab ntawm ob txoj kev tsheb
terra-cotta, *n*. twj tais los yog luaj kaub uas muab av puab
terrain, *n*. roob hav; toj roob hauv pes

terrapin, *n.* ib hom vaub kib nyob teb chaws Mes Kas
terrarium, *n.* thawv rau nroj tsuag los yog rau tsiaj
terrestrial, *adj.* ntsig txog lub ntiaj teb los yog daim av, los yog ntsig txog yam uas nyob rau daim av ntawd; 2. kev nyob thiab loj hlob ntawm daim av
terrible, *adj.* phem heev; txaus ntshai heev
terribly, *adv.* ua luaj; heev; kawg nkaus
terrier, *n.* ib hom dev los yog aub me me
terrific, *adj.* 1. zoo heev; 2. ntsig txog qhov txaus ntshai heev
terrify, *v.* hem; ua rau txaus ntshai
territory, *n.* 1. nrim; ciam; ciam teb; ciaj ciam; 2. ib cheeb tsam; ib ncig
terror, *n.* kev ntshai; kev ceeb los yog tsis tau luag
terrorism, *n.* kev ua phem rau tej pej xeem kom yus tus yeeb ncuab ntshai los yog swb; kev tua pej xeem los yog tua zej zos
terrorize, *v.* ua phem rau los yog hem tej pej xeem; yuam los yog hem
terry, *n.* 1. ib hom ntaub paj; ib thooj ntaub; ib pawg ntaub; 2. ib lub npe tib neeg
terse, *adj.* luv luv; hais kiag lub ntsiab
tertiary, *adj.* nyob thib peb ntawm qhov kev tseem ceeb, tus nqi, los yog kev ua nom
test, *v.* 1. sib tw; *xeem* (L); 2. sim; ntsuas; -*n.* yam los qhov yus sib tw
testament, *n.* 1. ib ceg ntawm phau Vaj Lug Kub; 2. daim ntawv tseg cuab tam rau lwm tus neeg
testicle, *n.* noob qes
testify, *v.* teev tim khawv; teev pov thawj; hais lus hauv tsev hais plaub; —**testification** *n.*
testimonial, *n.* 1. kev tawm suab los yog tawm tswv yim; 2. kev txhawb siab; kev hwm
testimony, *n.* cov lus teev ua pov thawj nyob hauv tsev hais plaub
testis, *n.* noob qes
testy, *adj.* siab luv
tetanus, *n.* mob daig tsaig; mob daig puab tsaig; mob kab xeb; ib hom mob uas mob rau tej leeg, feem ntau yog mob thiab nruj heev rau ntawm caj dab thiab puab tsaig
tête-à-tête, *adv.* zais npog; zais ntshis; -*n.* kev sib tham uas zais npog heev uas tsis muaj lwm tus hnov
tether, *n.* kev txwv; kev tuav tseg; -*v.* tuav tseg; khi tuav tseg
text, *n.* 1. kab ntawv; kab lus; cov ntawv uas sau tau lawm; 2. qhov tseem ceeb ntawm nplooj ntawv
textbook, *n.* phau ntawv nyeem; phau ntawv saib
textile, *n.* ntaub; ntaub xov
texture, *n.* 1. qhov qauv; qhov sib tov ua ke es yog ib yam dab tsi (xws li tej ntaub xov); 2. qhov ua rau yus hnov los yog pom txawv; 3. qhov txawv; -*v.* ua kom muaj qhov txawv hlo
Thai, *n.* neeg Thaib
Thailand, *n.* Thaib Teb; teb chaws Thaib muaj nrim teb chaws dav 514,000 kis lus mev ncig lees thiab muaj 64,631,595 tus pej xeem nyob rau xyoo 2006; teb chaws Thaib muaj thaj tsam li ntawm 150,000 tus Hmoob
than, *prep.* tshaj; dhau
thank, *v.* ua tsaug
thankful, *adj.* ua tsaug rau
thankless, *adj.* tsis ris txiaj ntsig; tsis ua tsaug rau; mom txheej
thanks, *n.* kev ua tsaug; kev hais ua tsaug rau
Thanksgiving, *n.* ib hnub so rau cov neeg Mes Kas nyob rau lub 11 hlis ntuj
thank you, *n.* ua tsaug
Thao, *n.* xeem Thoj; ib xeem ntawm ntau ntau xeem Hmoob
that, *pron.* tod, ntawd; -*adj.* nyob tod; nyob ntawd; -*conj.* tias; uas
thatch, *n.* nqeeb; nplooj vov tsev
thaw, *v.* yaj; ua kom yaj
the, *adv.* tus; tus ntawd
theater, *n.* chaw saib *mauv vim*; tsev saib *xes nes*
theatre, *n.* chaw saib mauv vim; tsev saib xes nes
theatrical, *adj.* 1. ntsig txog chaw saib *mauv vim*; 2. muaj kev tu siab loj heev
theft, *n.* kev ua tub nyiag; kev ua tub sab
their, *adj.* lawv li

theirs, *pron.* lawv li
theism, *n.* kev ntseeg tias muaj Yawm Saub los yog tus tswv tsim
them, *pron.* lawv
theme, *n.* 1. hau lus; niam tswv yim; 2. ib zaj dab neeg uas sau tau rau hauv ntawv lawm; 3. lub suab paj nruas
themselves, *pron.* lawv tus kheej
then, *adv.* 1. lub caij ntawd; 2. thaum ntawd; 3. sai tom qab ntawd; 4. yog li ntawd; ces; 5. thaum kawg; *-n.* lub caij ntawd; *-conj.* ces; mam
thence, *adv.* los ntawm qhov chaw ntawd los; los ntawm qhov tseeb ntawd los
theocracy, *n.* tus tseem fwv uas tswj los ntawm cov coj uas neeg ntseeg tias yog ntuj muab hwj chim rau lawv
theology, *n.* kev kawm txog dab qhuas los yog kev ntseeg Yawm Saub
theorem, *n.* qhov lus uas phua tau tias muaj tseeb; lub tswv yim uas lees txais tias yog los muaj tseeb
theoretical, *adj.* ntsig txog lub niam tswv yim kwv yees dav dav
theorize, *v.* 1. tawm tswv yim los yog kwv yees ntawm txoj kev ntseeg; 2. tis npe rau lub niam tswv yim kom yooj yim to taub
theory, *n.* kev kwv yees; kev twv; kev ntseeg raws qhov dav dav
therapeutic, *adj.* ntsig txog kev kho lub siab los yog kho mob kom rov zoo
therapy, *n.* kev kho mob; kev kho neeg mob puas hlwb los yog puas cev nqaij daim tawv
there, *adv.* tod; tid; ped; nrad; saud; ntawd; *-n.* qhov chaw tod
thereabout, *adv.* ze thaj tsam ntawd; ze qhov chaw ntawd; ze qhov ntawd
thereafter, *adv.* tom qab ntawd
thereby, *adv.* nrog rau qhov ntawd; txuas rau qhov ntawd
therefore, *adv.* 1. li ntawd; 2. thiaj; thiaj li
therein, *adv.* 1. nyob rau ntawd; 2. txog qhov ntawd
thereof, *adv.* 1. los ntawm qhov ntawd los; 2. ncau ntawd los
thereupon, *adv.* 1. hais txog qhov ntawd; 2. li ntawd; yog li ntawd; thiaj; thiaj li; 3. sai sai tom qab ntawd
therewith, *adv.* nrog qhov ntawd; nrog ntawd
thermal, *adj.* kev txuag los yog ceev cua sov
thermodynamics, *n.* lub tswv yim uas txuag kom tau cov cua sov los yog ua kom muaj cua sov
thermometer, *n.* lub twj ntsuas kub no; lub twj ntsuas kub ntsuas no
thermos, *n.* thawv ceev kom dej kub kub los yog thawv ceev kom dej txias txias
thermostat, *n.* lub ntswj cua sov thiab cua txias
thesaurus, *n.* phau ntawv muaj cov lus uas muaj ntsiab sib xws
these, *pron.* cov nod; ntawm no; *-adj.* cov ntawm no
thesis, *n.* 1. ib lub niam tswv yim (uas tab tom nrhiav kev daws los kev sib cav); 2. daim ntawv los yog phau ntawv sau rau tsev kawm ntawv es thiaj kawm tiav
thespian, *adj.* ntsig txog kev ua yeeb yam los yog ua *mauv vim*; *-n.* tus neeg ua yeeb yam los yog ua *mauv vim*
they, *pron.* 1. lawv; cov neeg tod; 2. neeg suav daws
thiamine, *n.* ib hom tshuaj txhab zog los yog tshuaj *viv tas mees*
thick, *adj.* 1. tuab; 2. nyeem nyeem; 3. coob coob
thicken, *v.* 1. ua kom tuab; tuab zuj zus tuaj; 2. ua kom nyeem
thicket, *n.* hav nroj tuab tuab; hav me nyuam ntoo tuab tuab
thick-skinned, *adj.* plhu tuab; muaj ntsej muag heev
thief, *n.* tub nyiag; tub sab
thieve, *v.* nyiag; muab tib neeg li khoom yam tsis qhia lawv paub
thigh, *n.* ncej qab; ncej puab
thighbone, *n.* txha ncej puab
thimble, *n.* hnab looj ntiv tes thaum xaws tshuab
thin, *adj.* 1. yuag yuag; 2. ntxaug ntxaug (M); 3. nyias nyias; 3. sib sib
thing, *n.* khoom; dab tsi; qhov; yam
think, *v.* xav; xav txog
thin-skinned, *adj.* siab muag
third, *adj.* thib peb; *-n.* 1. tus tau thib peb; 2. ib ntawm peb yam uas sib luag zos
third dimension, *n.* qhov pom tob tob li daim duab

third world, *n.* lub teb chaws poob qab uas tsis tau muaj kev txhim kho siab
thirst, *n.* kev nqhis dej
thirsty, *adj.* nqhis dej; nqhes dlej (M)
thirteen, *n.* kaum peb; 13
thirteenth, *adj.* thib kaum peb; 13th
thirtieth, *adj.* thib peb caug; 30th
thirty, *n.* peb caug; 30
this, *pron.* nod; ntawm no; *-adj.* qhov no; yam no
thistle, *n.* ib hom nroj tsuag uas muaj muaj pos
thither, *adv.* rau qhov chaw tod
thong, *n.* ib pluaj tawv tsiaj uas siv txuas rau lwm yam
thoracic, *n.* txha nqaj qaum ntu ntawm lub nrob qaum
thoracic cavity, *n.* nrog khoob ntawm hauv siab uas tej siab tej ntsws nyob
thoracic curvature, *n.* txha nqaj qaum ntu ntawm nrob qaum
thoracic vertebra, *n.* yas txha caj qaum
thorax, *n.* 1. hauv siab; 2. yav nruab nrab
thorn, *n.* pos; ntoo tuaj pos
thorough, *adj.* 1. meej; meej pem; 2. zoo zoo; 3. ceev faj heev; 4. ntxaws
thoroughbred, *n.* 1. nees sib twv dhia; 2. tus uas zoo heev
thoroughfare, *n.* kev tso tshav; txoj kev uas suav daws siv tau
those, *pron.* tod; *-adj.* cov tod
thou, *pron.* koj
though, *adv.* tab sis; *-conj.* li cas los xij; txawm li cas los xij peem
thought, *n.* 1. kev xav; 2. kev txiav txim siab; 3. tswv yim; *-v.* xav; xav txog (saib *think*)
thoughtful, *adj.* 1. xav zoo zoo; xav tau zoo; 2. siab zoo; hlub lwm tus neeg
thoughtless, *adj.* 1. tsis xyuam xim; tsis ceev faj; 2. tsis txhawj txog lwm tus neeg li
thousand, *n.* ib txhiab; 1,000; 10 npaug 100
thrash, *v.* 1. yeej; 2. ntaus; nplawm
thread, *n.* 1. xov; hlua xov; 2. ib zag kev xav; 3. nreej ntswj ntawm tus ntsia hlau; qau npua
threadbare, *adj.* 1. ua ntau lwm heev; 2. nco zoo heev vim ua qhov qub ntau lwm heev; 3. hnav khaub ncaws qub qub; 4. yaig ti daim ntawv los yog ti cov xov
threat, *n.* 1. kev hem; 2. kev ua phem rau; 3. qhov phem; qhov hem
threaten, *v.* hem; hawv; ua phem rau
three, *n.* peb; 3
threefold, *adj.* peb npaug
threescore, *adj.* yog 3 zaug 20; 3 x 20
thresh, *v.* ntaus
threshold, *n.* 1. lub taw rooj los yog lub qhov rooj; 2. qhov nyuam qhuav pib los yog qhov chaw pib; 3. lub pob zeb los yog pob ntoos uas txawb rau ib sab ntawm lub qhov rooj; 4. lub dawm los yog qhov chaw uas yuav tsum mus dhau qhov ntawd mas mam li paub tias ua hauj lwm los tsis ua
threw, *v.* txawb; pov (saib *throw*)
thrice, *adv.* peb zaug; 3. zaug
thrift, *n.* kev txuag nyiaj zoo zoo; kev saib xyuas kom zoo zoo
thriftless, *adj.* tsis paub txuag nyiaj; sim luam thuam
thrift shop, *n.* khw muag khoom qub
thrifty, *adj.* 1. qia dub; 2. txuag txuag; 3. ceev ceev faj
thrill, *v.* 1. zoo siab; 2. muaj siab; kub siab; *-n.* kev zoo siab; kev muaj siab
thrive, *v.* 1. loj hlob zoo; 2. vam meej; ua neej muaj
throat, *n.* 1. caj pas; caj dab; 2. qa; raj pas
throb, *v.* 1. ntoj (xws li mem tes ntoj); dhia; 2. ncus (xws li mob ncus)
throe, *n.* 1. mob tob heev; kev mob cuag riam hlais; 2. kev nyiaj ntxeem
throne, *n.* rooj huab tais; rooj nom rooj tswv
throng, *v.* txim; txim mus rau hauv; ua kom ti ti; *-n.* ib pawg coob coob
throttle, *v.* kaw; ua kom tu; *-n.* tus tes qhib roj los yog cua
through, *prep.* dhau; hla; los ntawm
throughout, *adv.* 1. thaum pib txog thaum xaus; 2. qhov txhia chaw
throve, *v.* 1. loj hlob; 2. vam meej (saib *thrive*)
throw, *v.* txawb; pov
throw up, *v.* ntuav
thrush, *n.* 1. qhov ncauj tawm; 2. ib hom noog
thrust, *v.* 1. yuam; tsij; 2. hno; nkaug; tho
thud, *n.* lub suab dab tsi poob; *-v.* ua suab nrov cuag dab tsi poob
thug, *n.* neeg phem; *laib* (L)

thumb, *n.* ntiv tes xoo; ntiv xoo
thunder, *n.* 1. xob nroo; 2. suab; *-v.* qw; ua suab nrov nrov
thunderbolt, *n.* xob laim thiab nroo
thundershower, *n.* los nag nrog xob laim thiab xob nroo
thunderstorm, *n.* nag xob nag cua uas muaj xob laim thiab xob nroo cuag cas
Thursday, *n.* Hnub Plaub; *vas phab hav* (L)
thus, *adv.* li ntawd; thiaj li
thwart, *v.* thaiv; tiv thaiv; ua kom yeej
thy, *adj.* koj li (ib lo lus txwj lus laus thaum ub)
thyme, *n.* tshuaj rau khoom noj; txuj lom
thyrocervical axis, *n.* leeg ntshav liab me ntawm caj dab
thyroid, *n.* ib lub qog nqaij nyob ntawm caj pas uas pab rau lub suab hais lus
thyroid cartilage, *n.* txha mos pob qa; ib lub qog nqaij nyob ntawm caj pas uas pab rau lub suab hais lus
thyroid gland, *n.* taub qog qa; taub qog ntawm caj pas
thyself, *pron.* tus kheej (ib lo lus txwj lus laus thaum ub)
tiara, *n.* lub kaum mom ncau peb los plaub ceg rau cov kws teev ntuj ntoo los yog rau cov poj niam ntoo thaum muaj tej yam tseem ceeb
tibia, *n.* txha caj hlaub yag loj; txha roob hlaub yag loj
tibialis anterior, *n.* nqaij ntshiv ntawm roob hlaub tuav rau cov ntiv taw
tic, *n.* tawv nqaij los yog leeg laim los yog tshee (feem ntau yog nyob rau ntawm lub plhu)
tick, *n.* 1. zuam; 2. lub suab nrov tij tawj (li lub teev caij); 3. tus cim txheeb ü; 4. txaj (daim sab saud); *-v.* 1. kos cim txheeb ü rau; 2. ua nrov tij tawj tij tawj li lub teev ntuj; 3. xaws; 4. ua rau chim siab los yog ua rau meem txom; 5. suav los yog teev tseg
ticker, *n.* 1. yam uas dhia nrov ib teg ib teg li lub teev caij; 2. lub tshuab xov tooj uas ntaus tau ntawv
ticket, *n.* yuaj tam; yuaj nkag; *thiv kem*; *pib* (L)
ticking, *n.* daim ntaub pua txaj
tickle, *v.* laum; ua kom rhiab
ticklish, *adj.* rhiab; rhiab rhiab
tidal wave, *n.* nthwv dej hiav txwv uas ntas loj loj tom qab muaj av qeeg
tidbit, *n.* ib thooj me me; ib qho me me
tide, *n.* ntxhee; nthwv dej; dej ntas; *-v.* muaj txaus mus ib nyuag caij nyoog (xws li muaj mov txaus noj txog caij nplej siav)
tidings, *n.* xov xwm; xov
tidy, *adj.* 1. teeb zoo zoo; txuag zoo zoo; 2. loj; ntau
tie, *n.* 1. hlab caj dab; *thais* (E); *kas las vav* (L); 2. kev sib nrawg; kev tau ib yam; *-v.* khi; pav
tier, *n.* theem; tej theem tej theem
tiff, *n.* kev sib yws los yog sib ceg (tab sis tsis yog ib qho teeb meem loj)
tiger, *n.* tsov; tsov nplooj suab; tsov txaij uas tej kab tej kab; hom tsov no loj tshaj plaws, siab txog peb hneev taw, ntev txog 10 hneev taw; hnyav txog 500 *phaus*, muaj hnub nyoog nyob ntev txog 15 mus rau 18 xyoo
tight, *adj.* 1. ceev ceev; 2. nruj nruj; 3. ti ti; txiv txiv; 4. tsawg heev; 5. tsis yooj yim
tighten, *v.* 1. khi; pav; 2. com
tights, *n.* hom tsoos tsho uas lo kiag tawv nqaij
tightwad, *n.* neeg qia dub
tile, *n.* vuas luaj (pua tsev); *-v.* muab vuas luaj pua tsev
till, *prep.* txog thaum; *-n.* dab rau nyiaj; chaw rau nyiaj; *-v.* luaj teb; laij teb; ua teb
tiller, *n.* 1. tus neeg ua teb; tub qoob tub loo; 2. tus tes tsav nkoj; kauj nkoj; 3. ntsuag; kaus
tilt, *v.* pheeb; qaij
timber, *n.* 1. ntoo ua tsev (cov uas txiav tau lawm); 2. hav ntoo los yog chaw uas muaj cov ntoo ua tsev; *-v.* muab ntoo thaiv
time, *n.* 1. caij; caij nyoog; sij hawm; chib; 2. teev; teev caij; 3. zaus; zaug; *-v.* teeb caij; suav caij
timepiece, *n.* lub twj qhia caij nyoog; twj nyoog
times, *prep.* 1. zaug; 2. npaug; *-n.* 1. lub caij nyoog no; 2. kev xam zaug
timetable, *n.* 1. lub rooj qhia tawm mus thiab rov los; 2. caij nyoog teeb tseg tias yuav ua dab tsi tiav rau

thaum twg
timid, *adj.* tsis muaj peev xwm
timorous, *adj.* txaus ntshai
timpani, *n.* ib hom nruas uas muaj ceg txawb rau hauv av
tin, *n.* yaj them
tincture, *n.* 1. tsos; yam khoom uas nyias muaj nyias tsos; 2. qhov qauv uas qhia tau tias muaj tej yam tshwm sim nyob rau qhov chaw ntawd lawm; 3. ib cov tsos uas ib nyuag txawv zog li cov qub (xws li tsis tshua liab npaum cov qub); 4. tshuaj; -*v.* 1. ua puv; ua rau puv tag; 2. ua tsuas; ua rau tsuas
tinder, *n.* cov ntoo uas txais nplaim taws zoo zoo; yam uas txais nplaim taws zoo heev (uas siv coj los zes taws)
tinfoil, *n.* ntawv ci
tinge, *v.* 1. pleev tsos me me rau; 2. tsw me me
tingle, *v.* caus yaum; hnov chob los yog hnov ntxais pes hlias; -*n.* kev caus yaum
tinker, *v.* kawm kho tej yam dab tsi
tinkle, *v.* 1. ua kom lub suab nrov li hlau sib tsoo nrov (xws li lub tswb nyuj); 2. co los yog ntaus tswb nrov; 3. ntaus tswb nrov ua qhov ceeb toom rau suav daws; -*n.* 1. lub suab tswb; 2. kev ntaus tswb
tinsel, *n.* 1. tej daim, tej kaj, los yog tej txoj ci ci uas siv dai pheeb vaj tse kom zoo nkauj; 2. yam uas ci ci zoo zoo nkauj tab sis kuj tsis kim heev; -*adj.* ci ci laim txias; -*v.* dai tej khoom ci ci rau kom zoo nkauj
tint, *n.* tsos daj plhes; tsos nphob tsawv; -*v.* foo; pleev tsos rau
tiny, *adj.* me me; tsawg tsawg
tip, *n.* 1. ntsis; hau; 2. nyiaj so rooj; nyiaj pub rau neeg ua hauj lwm; 3. qhov taw qhia; qhia me ntsis kom ras; -*v.* 1. ntxeev; nphau; 2. nyiag qhia; pab qhia me me rau
tip-off, *n.* kev taw qhia
tip over, *v.* nphau; ntxeev
tipple, *v.* haus cawv
tipsy, *adj.* tsis meej pem los yog vwm thaum qaug cawv
tiptoe, *v.* ua nchias taw; maj mam mus kev; -*n.* ntsis taw
tip-top, *n.* saum ncov; qhov siab tshaj plaws
tirade, *n.* cov lus hais uas hais ntev heev thiab hais cem lwm tus neeg ua lwj ua liam
tire, *n.* log tsheb; -*v.* nkees
tired, *adj.* sab; nkees; lim
tiredness, *n.* kev nkees; kev sab kev lim
tissue, *n.* 1. npluag; 2. ntawv so ntswg; ntaub so ntswg
titanic, *adj.* loj heev
titanium, *n.* ib hom hlau los yog txhuas
tithe, *n.* nyiaj ib feem kaum uas pab rau tsev teev ntuj; -*v.* pab nyiaj ib feem kaum
titillate, *v.* 1. zoo siab heev; ua rau zoo siab; 2. laum; ua kom rhiab; — **titillation** *n.*
title, *n.* 1. daim ntawv tswv; ntawv pov thawj (tias tus tswv yog leej twg); 2. koob npe; 3. kev ua hau nyob qeb twg
titter, *v.* luag tau ntshai tsawv; luag tshee na; -*n.* kev luag tau yam ntshai heev
titular, *adj.* 1. ua moj zeej xwb; tau lub npe nom qhuav qhuav xwb; 2. ntsig txog txoj kev lam ua nom hauv ntaub ntawv xwb
tizzy, *n.* lub caij nyoog uas muaj kev txhawj xeeb vim muaj ntau yam teeb meem
TNT, *n.* nplaum; khoom hlawv tawg
to, *prep.* 1. rau; 2. ua ntej los yog los txog ntua rau; 3. nyob rau sab; 4. nyob rau; ze
toad, *n.* qav kaws; kaws
toadstool, *n.* nceb (thaum lub caij uas noj tsis tau lawm); hom nceb uas noj tsis tau
toady, *n.* tus neeg uas txawj txawj ntxias los yog hais lus qab qab zib
toast, *n.* 1. khob cawv zoo siab; khob cawv haus rau lwm tus neeg ua kev zoo siab; 2. daim *nplem* ci; -*v.* 1. ci; txhiab; 2. haus cawv rau lwm tus ua kev zoo siab
tobacco, *n.* luam yeeb
toboggan, *n.* lub ua zawv zawg uas ntev ntev thiab qab plab pluav pluav; zawv zawg; -*v.* caij zawv zawg
today, *n.* hnub no; tam sij no; -*adv.* hnub no; rau hnub no
toddle, *v.* mus qaij doj qaij de; mus kev zoo li yuav ntog

toddler, *n.* mos liab; me nyuam mos
to-do, *n.* xwm txheej; teeb meem
toe, *n.* ntiv taw
toenail, *n.* rau taw
toffee, *n.* suab thaj; ib hom suab thaj
toffy, *n.* suab thaj; ib hom suab thaj
toga, *n.* lub tsho loj sab nraud
together, *adv.* 1. ua ke; koom tes; 2. koom ib lub caij nyoog; 3. li ib pab
togs, *n.* tsoos tsho; khaub ncaws
toil, *v.* ua hauj lwm hnyav heev thiab ntev heev
toilet, *n.* 1. chav dej; 2. chaw plob; lub dab tso quav; 3. kev tu cev rau yus tus kheej
token, *n.* 1. qhov xub xub qhia txog tej yam dab tsi; 2. ib qho me me ntawm qhov tag nrho; 3. ib lub npib zoo li lub nyiaj npib
told, *v.* qhia (saib *tell*)
tolerable, *adj.* 1. nyiaj taus; ua siab ntev taus; tiv taus; 2. zoo hauj sim
tolerance, *n.* 1. kev ua siab loj siab dav tsis cais pab cais pawg; 2. lub peev xwm uas ua siab ntev taus; 3. kev nyiaj taus
tolerate, *v.* tiv; nyiaj; ua tiag ntxeem; —**toleration** *n.*
toll, *n.* 1. nqe them rau yam yus siv; 2. nqe kev; nqe them thaum dhia kev loj los yog thaum hla choj; 3. dag zog los yog roj ntshav uas tau poob rau txoj kev txom nyem; *-v.* 1. ntaus tswb kom nrov; 2. them nqe (rau yam yus siv)
tomahawk, *n.* rab taus sib sib uas Qhab siv ua cuab yeej sib tua; rab taus ko luv
tomato, *n.* txiv lws suav; txiv lws liab
tomb, *n.* ntxa (loj loj rau neeg tseem ceeb los yog huab tais)
tomboy, *n.* tus me nyuam ntxhais uas coj cuj pwm li me nyuam tub
tombstone, *n.* 1. pob zeb ua ntxa; 2. daim pob zeb txawb rau ntawm lub ntxa uas sau tus tuag lub npe thiab keeb kwm rau ntawd
tomcat, *n.* txiv miv
tome, *n.* phau ntawv loj loj los yog hnyav hnyav
tomorrow, *n.* tag kis; hnub tom qab hnub no; *-adv.* nyob rau tag kis; hnub tom qab hnub no
tom-tom, *n.* ib hom nruas uas xuas tes ntaus los yog npuaj
ton, *n.* *thas*; 2,000 phaus
tone, *n.* 1. cim; cim suab; 2. suab; *-v.* ua kom nrov yau los loj zog
tone marker, *n.* cim; cim suab
tongs, *n.* ciaj; tus ciaj ntswj
tongue, *n.* 1. nplaig; 2. lus; ib haiv neeg cov lus
tonic, *n.* ib hom tshuaj pab kom ib ce nyob zoo
tonight, *n.* hmo no; *-adv* nyob rau hmo no
tonsil, *n.* ob thooj nqaij nyob rau ob sab ntawm tus nru nyob tom qa
tonsillitis, *n.* mob thooj nqaij ntawm tus nru
too, *adv.* thiab; kuj; ib yam
took, *v.* 1. muab; nqa; 2. coj (saib *take*)
tools, *n.* 1. twj; 2. cuab tam; 3. cuab yeej cuab tham; yam twj uas muab tes siv ua hauj lwm
toot, *v.* ua nrov; ua tawg
tooth, *n.* hniav; kaus hniav
toothache, *n.* mob hniav
toothbrush, *n.* txhuam hniav; tus txhuam hniav
toothpaste, *n.* tshuaj txhuam hniav
toothpick, *n.* pas dig hniav
toothsome, *adj.* 1. qab; qab qab; 2. ntxim nyiam; zoo nkauj
top, *n.* 1. saum; qhov siab tshaj; hau; 2. lub hau; 3. tuj lub; *-v.* 1. npog; khwb; 2. ua kom dhau los siab tshaj
topaz, *n.* ib hom pob zeb nyiaj uas tawv heev
topcoat, *n.* tsho loj sab nraud
topic, *n.* ncauj lus
topical, *adj.* 1. raws ncauj lus; 2. ntsig txog xov xwm tam sij no
top of the page, *n.* hau nplooj
topmost, *adj.* siab tshaj plaws
top-notch, *adj.* zoo tshaj plaws; los ntawm qhov zoo tshaj plaws
topography, *n.* daim qhia chaw thiab ib cheeb tsam
topple, *v.* 1. ntog; 2. ntxeev; 3. ua rau ntog
topsy-turvy, *adj.* 1. ntxeev tiaj; khwb rwg; 2. ntxhov quav niab
torch, *n.* tsau; tes tsau; teg tsau
tore, *v.* dua; ua ntuag (saib *tear*)
torment, *n.* kev ntxhov siab; kev mob siab los chim siab; *-v.* ua rau ntxhov siab; ua kom chim siab los mob siab

torn, *v*. 1. dua; ua ntuag; 2. rhuav; tshem (saib *tear*)
tornado, *n*. khaub lig cua; khaub zeeg cua; cua daj cua dub
torpedo, *n*. lub foob pob siv tua nkoj uas nws paub raws nkoj qab
torpid, *adj*. tub nkeeg; nyob dawb
torpor, *n*. kev nyob twb ywm tsis ua dab tsi li
torque, *n*. lub zog kiv los yog tig; lub zog rub khoom (xws li tsheb rub khoom nram qab)
torrent, *n*. 1. dej nyab; dej nchuav; dej tawg los; 2. kev kub ntxhov
torrid, *adj*. 1. kub heev; 2. mob siab heev; 3. sai; ceev heev
torsion, *n*. kev sib ntswj los yog raug ntswj
torso, *n*. tib neeg lub cev (tsis xam taub hau thiab plab hlaub rov hauv)
tortilla, *n*. ib hom *nplem* noj
tortoise, *n*. vaub kib (av los yog nruab nqhuab)
tortuous, *adj*. 1. tsis yooj yim; cov cov; 2. nkhaus nkhaus; nkhaus rau ub rau no
torture, *v*. tsim txom; -*n*. kev tsim txom; kev ntxhov siab
toss, *v*. 1. cuam; pov; 2. xyeeb; xyob; 3. tig; nti; da; phov (tsis tsaug zog)
toss away, *v*. 1. xyeeb; xyob; 2. cuam; pov
toss-up, *n*. 1. kev txiav txim siab los ntawm qhov pov npib saib tig sab twg; 2. kev muaj hmoo ib yam; kev muaj cib fim sib nrawg nroos
tot, *n*. me nyuam me me
total, *n*. tag nrho; kev muab xam ua ke tag nrho; -*v*. 1. ntxiv; sib ntxiv; 2. sib tsub mus txog rau
totalitarian, *n*. kev tswj teb tswj chaw nruj nruj los ntawm tus tseem fwv uas tsis pub pej xeem muaj cai ua raws lawv siab nyiam li
totality, *n*. qhov tag nrho tib si
tote, *v*. nqa
totem, *n*. tus tsiaj ntoo los yog lwm yam uas ib pawg neeg teev hawm ua lawv tus cim ntawm pab pawg (xws li tus dais rau ib pawg Qhab); pej thuam
totter, *v*. 1. yees zoo li yuav vau; saib zoo li yuav poob; 2. mus kev zoo li yuav ntog; -*n*. kev ua yuj yees zoo li yuav vau
touch, *v*. 1. chwv; xuas; kov; 2. hais txog; piav txog; 3. deeg txog, hnov txog, los yog mob txog yus
touchdown, *n*. kev noj ntawm kev pov pob *fuv npaus*
touch receptor, *n*. qog txais xov los ntawm kev chwv los yog kov; lub qog nyob hauv txheej tawv nqaij mos uas hnov xov txog qhov chwv los yog kov daim tawv nqaij
touchstone, *n*. tus qauv los yog cuj pwm ntawm txoj kev coj zoo
touchy, *adj*. 1. chim yooj yim; 2. puas yooj yim heev; 3. rhiab heev
tough, *adj*. tawv; heev; tsiv
toughen, *v*. ua kom tawv dua qub
toupee, *n*. plaub hau cuav ntoo thaiv taub hau do
tour, *n*. 1. kev ncig saib hauj lwm los yog kawm txog ib yam dab tsi; 2. kev ncig teb chaws; -*v*. ncig teb chaws
tournament, *n*. kev sib twv saib leej twg yeej
tourney, *n*. kev sib twv saib leej twg yeej
tourniquet, *n*. ntaub qhwv qhov nqaij kom ntshav tu
tousle, *v*. ua puas; ua rau tsis zoo li qub
tout, *v*. qhuas los yog tshaj tawm nrov nrov
tow, *v*. cab (xws li cab tsheb)
toward, *prep*. rau; ncaj rau
towel, *n*. phuam (so dej)
tower, *n*. 1. pej thuam; 2. ncej zeb; 3. tsev siab
towhead, *n*. tus neeg uas muaj plaub hau dawb daj
town, *n*. zos
township, *n*. 1. zos; 2. tseem fwv hauv zej zos; 3. peb caug rau (36) *mais* ncig lees av uas yog tseem fwv li
toxemia, *n*. mob los ntawm ntshav muaj taug los yog tshuaj lom
toxic, *adj*. muaj tshuaj lom neeg; muaj kuab lom neeg; muaj taug
toxin, *n*. tshuaj lom neeg; taug
toy, *n*. khoom ua si (rau me nyuam yaus)
trace, *n*. lw; kab; -*v*. 1. taug qab; taug lw; 2. caum qab
trachea, *n*. raj pas; hlab pas
track, *n*. 1. lw; kab; hneev taw; 2.

chaw sib tw xws li sib tw khiav los yog sib tw tsheb; 3. kev tsheb nqaj; 4. kev loj hlob los yog kev ua tau ntau yam; -*v*. taug txoj lw
track-and-field, *adj*. ntsig txog kev sib tw xws li khiav, dhia, thiab pov ub pov no
tract, *n*. 1. ib ntsuj av; 2. kev tej plab plawv ua hauj lwm ua ke; 3. ntawv ntxias tib neeg siab; ntawv deev siab
tractable, *adj*. tswj tau yooj yim
traction, *n*. kev dhia tau khov heev (xws li tsheb yam tsis npleem pes plaws)
tractor, *n*. tsheb nrau kev; tsheb laij teb; tsheb nrau teb; xawb tawb (HT)
trade, *n*. 1. txoj hauj lwm; 2. lag luam; kev lag luam; -*v*. 1. ua lag luam; 2. pauv
tradein, *n*. yam khoom pauv los
trademark, *n*. lo lus los yog lub yeem uas qhia txog lub cim ntawm koom haum los yog chaw hauj lwm
trader, *n*. neeg lag luam; tub lag luam
tradesman, *n*. tus neeg saib lub khw muag khoom; tus neeg ua lag luam
tradition, *n*. 1. kab lis; kab lis kev cai; 2. kab ke laus; yam uas poj rhawv kab yawg rhawv kev tseg; 3. tej yam uas nyob nrog haiv neeg los tau ntev lawm
traduce, *v*. txo hwj chim; txo lub koob lub npe
traffic, *n*. 1. neeg dhau mus los; 2. tsheb khiav mus los; 3. kev mus mus los los ntawm ib txoj kev
traffic light, *n*. teeb liab ntsuab
tragedy, *n*. 1. kev liam sim; kev puas ntsoog; 2. teeb meem loj los phem heev
tragic, *adj*. muaj kev liam sim los yog puas ntsoog; ntsig txog kev liam sim los yog puas ntsoog
trail, *n*. lw; kab; txoj lw; txoj kab; -*v*. taug qab; caum qab
trailer, *n*. 1. tsheb uas muaj chaw pw; 2. tsev txawb (saum npoo av uas tshais mus los yooj yim); 3. lub thawv rau tsheb cab los yog rau tsheb hai
train, *n*. 1. tsheb nqaj hlau; 2. ib kab sab; -*v*. xyaum; qhia; cob
traipse, *v*. taug kev; mus kev
trait, *n*. qhov zoo; qhov zoo tshaj plaws
traitor, *n*. tus neeg rov taw tuam ntuj; tus neeg ntxeev siab
trajectory, *n*. txoj kab los yog txoj lw (nyob saum ntuj xws li txoj kab cov pa dav hlau)
trammel, *v*. 1. thaiv; 2. khuam; ua kom qeeb
tramp, *v*. taug kev; -*n*. neeg thov khawv; neeg tsis muaj tsev
trample, *v*. tsuj (kom tawg los yog puas)
trampoline, *n*. rooj paj paws; rooj nrig nphau; daim ntaub roj hmab uas siv dhia paj paws los yog ua nrig nphau
trance, *n*. kev nrog lwm lub ntuj sib txuas lus xws li thaum ua neeb ua yaig
tranquil, *adj*. ntsiag to; tsis muaj teeb meem dab tsi
tranquility, *n*. kev nyob ntsiag to; kev thaj yeeb nyab xeeb
tranquilizer, *n*. tshuaj tsaug zog; tshuaj ua kom nyob twb ywm los yog kom tsaug zog
transact, *v*. kaw lag luam; ua lag luam
transaction, *n*. 1. kev sib tham txog lag luam; 2. ntaub ntawv uas teev tej lag luam (los yog kev siv nyiaj)
transcend, *v*. 1. sawv siab tshaj; 2. mus deb tshaj
transcribe, *v*. theej (xws li muab cov lus hauv *kab xev* theej sau rau hauv ntawv)
transcript, *n*. daim ntawv tseem ceeb (los ntawm tseev fwv los yog tsev kawm ntawv)
transcription, *n*. 1. kev theej; 2. daim ntawv uas theej tau los
transept, *n*. chav tsev teev ntuj thaum ub uas muaj peb ceg zoo li tus ntoo khaub lig
transfer, *v*. 1. xa mus; 2. hloov mus; 3. txav mus rau lwm qhov; 4. hloov dua tswv tshiab; -*n*. 1. kev hloov ib qho mus rau lwm qhov; 2. tus neeg los yog yam uas raug hloov; 3. daim yuaj tam (*pib* los yog *thiv kem*) hloov tsheb mus caij dua ib lub tsheb tshiab
transfigure, *v*. 1. hloov ntsej muag; hloov tus kheej; 2. ua kom zoo dua qub
transfix, *v*. 1. tho qhov; 2. tsis nti li
transform, *v*. hloov los yog pauv mus ua lwm yam
transfuse, *v*. 1. tso ntshav; 2. tso mus;

tso tawm
transfusion, *n.* kev ntxiv ntshav; kev muab ib tus neeg ntshav mus ntxiv rau lwm tus neeg
transgress, *v.* ua txhaum; —**transgression** *n.*
transient, *adj.* tsis kav ntev; tsis nyob ntev; —**transience**; —**transiency** *n.*
transistor, *n.* ib thooj twj hluav taws xob me me nyob hauv tej khoom uas siv hluav taws xob (xws li lub xov tooj cua)
transit, *n.* 1. kev mus los, kev hla los yog nkag; 2. kev thauj tib neeg mus mus los los hauv nroog (xws li tsheb *npav*); 3. lub twj ntsuas kho kev
transition, *n.* kev hloov los yog hla ib qho rau lwm qhov
transitory, *adj.* ib ncua caij nyoog luv luv; ib pliag xwb
translate, *v.* txhais; txhais lus
translation, *n.* 1. kev txhais lus; 2. kab lus los yog cov lus txhais
translator, *n.* neeg txhais lus; tus txhais lus
translucence, *n.* kev tsis pom tseeb tseeb tab sis pom zem zuag txaus duab ci tshab
translucent, *adj.* tsis pom kaj lug tab sis pom txaus rau duab ci tshab
transmission, *n.* 1. *rhia xim miv sws*; ib thooj uas nyob rau ntawm lub taub hau tsheb; 2. kev hloov tib neeg los yog hloov chaw
transmit, *v.* 1. hloov tib neeg los yog hloov chaw; 2. muab tso rau tej me nyuam; 3. tshaj tawm
transmitted, *adj.* 1. ntsig txog kev sib kis mob; 2. ntsig txog kev xa tawm ib qho rau lwm qhov
transom, *n.* 1. lub qhov rais uas nyob sab saud lub qhov rooj; 2. yees nthab
transparency, *n.* 1. daim ntawv kaj kaj uas duab teeb tsom pom tawm rau tim phab ntsa; 2. qhov kaj kaj uas saib pom zoo; 3. qhov theej los tab sis pom ib yam li daim qub
transparent, *adj.* 1. kaj kaj uas pom kev tshab; 2. pom yooj yim; pom tseeb; pom tshab
transpire, *v.* 1. hloov qhov chaw; 2. tshwm sim; tawm tuaj; 3. pib nrov npe; —**transpiration** *n.*
transplant, *v.* 1. khawb tawm thiab muab tshem mus rau lwm qhov chaw; 2. hloov siab los yog hloov raum
transport, *v.* xa; thauj khoom ib qho rau ib qho
transportation, *n.* kev xa los yog kev thauj (xws li thauj tib neeg los yog thauj khoom)
transporter, *n.* tus neeg thauj los yog xa
transpose, *v.* 1. hloov; pauv; 2. thim; 3. kho
transsexual, *n.* 1. tus neeg uas nyiam coj rov qab ntawm nws tus kheej (xws li tus txiv neej nyiam hnav thiab coj li ib tus poj niam los yog tus poj niam nyiam coj thiab hnav li ib tus txiv neej); 2. tus neeg uas hais kom kws kho mob muab nws hloov ua poj niam los yog hloov ua txiv neej
transship, *v.* hloov kev thauj khoom los yog thauj neeg mus mus los los
transverse, *adj.* ntsig txog qhov uas tso tav toj (xws li cov nruab uas tso tav toj rau saum cov yees thab)
transverse colon, *n.* yav hnyuv laus uas nyob rov tav ntawm lub plab
transverse fissure, *n.* daim txha uas kem thooj hlwb loj thiab thooj hlwb me nyob ntawm xwb qwb
transverse foramen, *n.* qhov zawj txha cob tav theem hauv qab
transverse process, *n.* cos txha
transversus abdominis muscle, *n.* nqaij ntshiv ntawm phiaj viam plab txheej hauv qab
trap, *v.* cuab; -*n.* 1. nkuaj; 2. ntxiab
trapdoor, *n.* lub qhov rooj nyob ntawm plag tsev los yog nyob ntawm ruv tsev
trapeze, *n.* 1. tus pas dai tuav ua viav vias; 2. lub tsho poj niam uas hnav khiab ntawm xub pwg
trapezius, *n.* nqaij ntshiv ntawm xub pwg
trapezius muscle, *n.* cov nqaij ntshiv ntawm qaum xub pwg
trapezoid, *n.* 1. plaub fab uas ob fab mus sib raws rau ib seem; 2. ib tus txha nyob ntawm yas tes
trappings, *n.* tsoos rau nees; tej khoom muab rau tus nees hnav kom zoo zoo nkauj xws li tej nyuag hnab, saw, thiab lwm yam

trash, *n.* qias; khoom qias; sw; am; vuab tsuab; khoom pov tseg; *khib nyiab* (L); *-v.* pov tseg
trashcan, *n.* thoob qias; thoob rau khoom pov tseg; thoob *khib nyiab* (L)
trauma, *n.* 1. kev raug mob los yog raug ntshai; 2. kev puas ntsoog rau lub cev los yog lub siab
travail, *n.* 1. txoj hauj lwm uas ceeb laj ua; hauj lwm hnyav; 2. kev ntxhov siab; 3. mob plab yug me nyuam; *-v.* 1. ua hauj lwm hnyav; 2. yug me nyuam
travel, *v.* tawm rooj; ncig; mus ua si; *-n.* kev tawm rooj; kev ncig
traveler, *n.* neeg ncig chaw
traveller, *n.* neeg ncig chaw
traverse, *v.* 1. hla; 2. khom; sib khom los yog sib kho; hais kom haum ob tog
travesty, *n.* kev qog thiab tso dag txog lwm tus neeg; *-v.* qog lwm tus neeg ua dag ntsuav
trawl, *v.* muab vas ntaus ntses; *-n.* vas; lub vas ntaus ntses
tray, *n.* 1. phaj; phiab; 2. vab
treacherous, *adj.* siab tsis ncaj; siab phem; ua taus phem
treachery, *n.* kev rov taw tuam ntuj; kev ntxeev siab
tread, *v.* 1. tsuj; 2. mus kev; 3. muab ko taw tsuj; *-n.* 1. kev mus kev; 2. lub suab nrov li muaj neeg taug kev; 3. cov hniav tshuab
treadle, *n.* lub tshuab uas xuas taw tuam; tus tes uas xuas ko taw tuam ua hauj lwm
treadmill, *n.* 1. cos; qhov cos; 2. tshuab mus kev
treadmill room, *n.* chav uas cov mob plawv mus ua *ev xaws xais*
treason, *n.* kev ntxeev siab rau tseem fwv
treasure, *n.* 1. qhov nyiaj qhov kub; 2. yam uas muaj nuj nqis heev
treasurer, *n.* tus tuav nyiaj; tus ceev nyiaj
treasury, *n.* txhab nyiaj (hauv lub teb chaws)
treat, *v.* 1. tos txais; 2. saib rau ob tog neeg; 3. kho
treatise, *n.* ib tsab ntawv tseem ceeb
treatment, *n.* 1. kev kho mob; 2. kev tos txais lwm tus neeg
treaty, *n.* lus cog tseg ntawm nom tswv los yog teb chaw
treble, *n.* lub suab paj nruas los yog lub suab nkauj soob soob; *-adj.* 1. peb zaug los peb npaug; 2. soob soob
tree, *n.* ntoo
trek, *n.* txoj kev uas mus tsis yooj yim; txoj kev uas phem heev; *-v.* taug txoj kev tsis yooj yim
trellis, *n.* laj kab ntxaij los yog daim ntxaij ua rau hmab rig nce; *-v.* ua ntxaij rau
tremble, *v.* 1. tshee tshee vim ntshai los yog no; 2. mus tshee tshee; 3. nrov li tshee tshee
tremendous, *adj.* 1. loj; 2. muaj zog heev; 3. zoo heev
tremor, *n.* 1. kev co los yog yoj; 2. kev tshee; 3. lub suab uas nrov heev; 4. lub suab nrov tshee tshee
tremulous, *adj.* 1. co; yoj; tshee; 2. ntshai
trench, *n.* kwj hoob
trenchant, *adj.* 1. muaj ceem; muaj kuab; 2. zoo heev; meej heev
trend, *n.* ncauj ke; seem (xws li seem twg)
trepidation, *n.* ntshai; txhawj xeeb; ntxhov siab
trespass, *v.* 1. hla nrim; nkag rau lwm tus neeg av; 2. ua txhaum; *-n.* 1. kev hla mus rau lwm tus neeg av yam tsis tau kev tso cai; 2. kev ua txhaum
tress, *n.* plaub hau ntxias; moj tuam
trestle, *n.* 1. ceg txheem los yog ncej txheem; 2. ntug laj kab choj
triad, *n.* kev sib koom tes ntawm peb tus neeg los yog peb pawg neeg
triage, *n.* kev txheeb mus raws qhov teeb meem loj los me es thiaj paub tias yuav pab qhov twg ua ntej; kev pab cuam mus rau qhov uas tsim nyog txais kev pab tshaj; *-v.* txheeb kom paub faib kev pab cuam
trial, *n.* 1. kev hais plaub; 2. kev sim saib puas ua hauj lwm
triangle, *n.* peb ceg
tribal, *adj.* xub; ntsig txog ib pawg neeg uas lawv muaj lawv tus coj thiab lawv kav lawv nyob hauv lawv ib cheeb tsam

tribe, *n.* xub; ib pawg neeg uas lawv muaj lawv tus coj thiab lawv kav lawv nyob hauv lawv ib cheeb tsam
tribulation, *n.* raug kev tsim txom
tribunal, *n.* tsev hais plaub (uas txhaum cai ntiaj teb)
tributary, *n.* me nyuam dej
tribute, *n.* 1. khoom plig; khoom muab ua chaw hwm; 2. se; tej se uas tus nom me xa rau tus nom loj los yog lub teb chaws me xa rau lub teb chaws loj
triceps brachii, *n.* nqaij ntshiv ua peb pluaj nyob ntawm qab npab ntug
trichomoniasis, *n.* mob poj niam chaw mos
trick, *n.* tom txwv; tswv yim dag; dag
trickle, *v.* 1. ntws los yog nrog ib tee ib tee (los yog me me xwb); 2. txav qeeb heev; mus qeeb heev; *-n.* kev uas nyob nyob muaj ib zaug me me xwb
tricky, *adj.* txawj dag; muaj tswv yim dag heev
tricuspid valve, *n.* peb npluag tom xib plawv
tricycle, *n.* nees zab peb lub log; tsheb kauj vab peb lub log
trident, *n.* nyuj kum tshuab; hmuv peb ceg
triennial, *adj.* peb xyoos muaj ib zaug
trifle, *n.* 1. yam uas tsis muaj nqis heev; 2. qhov uas tsis tseem ceeb heev; *-v.* hais los yog ua niag tso dag ntsuav
trifling, *adj.* me me; tsis tseem ceeb heev
trigeminal nerve, *n.* ib cov leeg saum lub hlwb uas tswj pob ntseg, qhov muag, qhov ntswg, thiab qhov ncauj
trigger, *n.* qeb; tus qeb; *-v.* 1. ua txhais; qeb; 2. dig teeb meem sawv; tsim teeb meem los yog tej yam dab tsi sawv
trigonometry, *n.* ib hom kev ua zauv uas xam cov ceg kaum saib dav li cas
trill, *n.* 1. lub suab hais lus tog tog (los yog tshee tshee); 2. lub suab paj nruas uas doog tau mos mos los yog tshee tshee; 3. lub suab noog quaj tau tshee mos mos
trillion, *n.* ib tas; 1,000 taw; 1,000,000,000,000
trilogy, *n.* peb yam ntawm ib zaj suab paj nruas los yog paj huam
trim, *v.*1. tshib; ua kom sib los yog kom tsawg; 2. ua kom zoo nkauj
trimming, *n.* 1. yam khoom dai saib los yog daim phim kom zoo nkauj; 2. kev tshib ib yam dab tsi kom zoo nkauj los yog kom haum; 3. qhov uas muab tshib pov tseg
Trinity, *n.* kev koom siab ntawm Leej Txiv, Tus Tub, thiab Tus Vaj Ntsuj Plig
trinket, *n.* ib yam khoom dai saib me me
trio, *n.* 1. suab paj nruas rau peb tus neeg ua yeeb yam; 2. ib pawg uas muaj peb leeg
trip, *n.* kev tawm rooj; kev taug kev; kev ncig; *-v.* dawm; phoom
tripartite, *adj.* muaj peb pawg los yog peb yav
tripe, *n.* 1. plab tsiaj uas tib neeg noj (xws li plab nyuj); 2. vuab tsuab; khoom qias
triple, *v.* ua peb npaug; *-n.* ib pawg peb leeg; *-adj.* 1. muaj peb npaug; 2. muaj peb chav los yog peb kem
triplet, *n.* 1. ib pawg peb leeg; 2. ib tug ntawm peb tus me nyuam ntxaib
triplicate, *adj.* ua peb daim zoo ib yam; —**triplication** *n.*
tripod, *n.* 1. kos; xab cum (C); 2. ceg twj yees duab
trisect, *v.* faib ua peb yav los yog peb thooj
trite, *adj.* swm; swm heev lawm (vim niaj hnub hnov los yog pom); npliag heev
triumph, *n.* kev muaj yeej; *-v.* tau kev muaj yeej
triumvirate, *n.* ib pawg neeg txiav plaub uas muaj peb leeg
trivet, *n.* 1. peb ceg kos; 2. lub txee los yog lub rooj uas txawb cov khoom kub kub
trivia, *n.* yam me me uas tsis tseem ceeb dab tsi
trivial, *adj.* tseem ceeb me me xwb
trochlear nerve, *n.* ib txoj leeg ntawm lub hlwb uas tswj cov nqaij ntshiv ntawm lub qhov muag
trod, *v.* 1. taug kev; mus ko taw; 2. tsuj; tsim txom; *-n.* 1. kev taug kev;

2. kauj ruam; 3. hneev log tsheb (saib *tread*)
troll, *n.* 1. dab qhov tsua; 2. kev nuv ntses los yog chua ntses; *-v.* 1. nuv ntses; chua ntses; 2. hu nkauj mus mus los los qhov qub; 3. kiv los yog tig; 4. taug kev nrhiav neeg los yog ib yam dab tsi
trolley, *n.* tsheb hlua hluav taws xob; hom tsheb uas khiav raws cov xov hlua hluav taws xob nyob sab saum nrob qaum
trollop, *n.* poj niam liam
trombone, *n.* ib hom twj paj nruas
troop, *n.* 1. ib pab tub rog; 2. tub rog; 3. ib pawg tib neeg
trooper, *n.* 1. tub rog; 2. tub ceev xwm caij nees los yog dhia hauv kev loj
trophy, *n.* khoom plig uas yog sib twv yeej
tropic, *n.* 1. ob txoj kab lig ntiaj teb uas yog txoj 23°27' nyob sab qaum teb thiab txoj 23°27' nyob sab qab teb ntawm txoj kab lig ntiaj teb hauv plawv uas nyob rau cheeb tsam ntawm ob txoj kab no ces lub hnub ziab tau ncaj qha ntseg ntseg los; 2. cheeb tsam chaw ntawm ob txoj kab lig ntiaj teb no
tropical, *adj.* 1. ntsig txog suam teb chaws nyob nruab nrab ntawm txoj kab 23°27' nyob sab qaum teb thiab txoj kab 23°27' nyob sab qab teb ntawm txoj kab lig ntiaj teb hauv plawv; 2. nyob rau suam teb chaws uas kub, vaum, muaj dej nag loj, thiab muaj xyoob ntoo loj; *-n.* hom xyoob ntoo nyob rau suam teb chaw kub, vaum, thiab muaj dej nag loj
trot, *n.* kev dhia; kev khiav xws li mus ceev ceev; xov phov; *-v.* dhia xov phov
troth, *n.* 1. cog lus yuav coj ncaj ncees; 2. kev qhaib tseg; *-v.* 1. qhaib; 2. cog lus
troubadour, *n.* 1. ib tus neeg sau paj huam yav puag thaum ub nyob rau sab Yus Luv; 2. kws hais kwv txhiaj; tus neeg uas paub hais kwv txhiaj heev
trouble, *n.* 1. teeb meem; xwm txheej; plaub ntug; 2. dag zog; *-v.* 1. ua teeb meem; 2. cuam tshuam; thab
trough, *n.* dab; lub dab rau tsiaj noj zaub los yog noj qhauv
trounce, *v.* 1. ntaus; tua; tsuj; 2. rau txim rau
troupe, *n.* pawg neeg ua yeeb yam saum sam thiaj
trousers, *n.* ris; ris ntev
trousseau, *n.* nyab tshiab cov khaub ncaws thiab khoom
trout, *n.* ib hom ntses
trowel, *n.* 1. duav plia ub plia no kom du du; twj kho vaj tse
troy, *n.* ib txoj kev luj khoom uas ib *phaus* muaj 12 *ooj*
truant, *n.* me nyuam uas tsis mus kawm ntawv
truce, *n.* kev cog lus los yog pom zoo txhob sib tua
truck, *n.* tsheb cuas qab; tsheb thauj khoom; *rhav*
truckle, *v.* 1. swb vim tsis muaj zog; zam kev rau lwm tus neeg; 2. ua zoo zoo rau los yog hwm lwm tus neeg heev; *-n.* lub me nyuam txaj qes qes thiab me me
truculent, *adj.* nyaum thiab hais taus heev; khav theeb heev
trudge, *v.* taug kev (xws li nce roob nce hav)
true, *adj.* tseeb; muaj tiag; tsis dag
true-blue, *adj.* mloog lus; tsis ntxeev siab; tsis ua siab phem
truffle, *n.* 1. ib hom txiv ntoo noj tau uas txi nyob ze ze hauv lub hauv paus ntoo los yog nyob hauv av; 2. ib hom khoom noj qab zib
truism, *n.* qhov tseeb
truly, *adv.* tiag tiag
trump, *n.* 1. daim *phaib* uas noj los yog zoo tshaj lwm daim; 2. txoj kev pab uas muaj yeej; 3. tus neeg uas suav daws hwm los yog cia siab tau rau; 4. ib hom twj paj nruas; *ke* (L); *-v.* 1. ua yeej; sib twv yeej; 2. siv tswv yim qab rooj yeej; 3. tshuab *ke*
trumpet, *n.* ib hom raj; *-v.* 1. tshuab raj; 2. tshaj tawm nrov heev
truncate, *v.* ua kom luv; txiav tawm; —**truncation** *n.*
trundle, *v.* ntog; ntog raws
trunk, *n.* 1. pob tw tsheb; 2. lub cev; 3. cev ntoo; 4. cov txwv
truss, *v.* 1. khi khov khov; pav khov khov; 2. pav ko taw qaib ua ke ua ntej muab hau; 3. muab ncej khi

txheem rau; -*n*. 1. txoj siv sia ua hauj lwm; 2. qhab ru tsev; 3.
trust, *v*. ntseeg; cia siab rau; -*n*. kev ntseeg
trustee, *n*. tus neeg uas yog tswv cuab ntawm tej vaj tse los yog khoom tseem ceeb
trusty, *adj*. 1. ntseeg tau; cia siab tau rau; 2. ncaj ncees
truth, *n*. qhov tseeb; qhov tiag
truthful, *adj*. muaj tseeb
try, *v*. 1. sim; 2. npaj; 3. muab rub los hais plaub
tryout, *n*. kev sim ua ntej
tryst, *n*. kev sib ntsib zais ntshis ntawm ob tus neeg sib hlub; kev nyiag sib ntsib ntawm ob tus hlub
tsar, *n*. ib pawg nom tswv thaum ub nyob rau teb chaws Lav Xias (saib *Czar*)
T-shirt, *n*. nrog tsho (*nrog* txhais tias sab hauv. *Nrog tsho* yog qev los ntawm Hmoob Suav Yunnan); nrog awv (*awv* yog Hmoob ib lo lus uas twb tsis tshua siv lawm)
tsunami, *n*. nthwv dej hiav txwv uas loj thiab muaj zog heev vim yog muaj rwj av hauv qab thu dej tawg tuaj mus los yog muaj av qeeg hauv qab thu dej
tub, *n*. 1. dab dej; 2. thoob; ib hom thoob
tuba, *n*. ib hom twj paj nruas
tubal ligation, *n*. kev khi hnyuv me nyuam; kev khi hnyuv zuas qe kom txhob muaj me nyuam
tube, *n*. 1. hlua dej; hlua khoob plawv; 2. plab roj hmab (xws li lub plab log tsheb); -*v*. 1. txuas hlua dej rau; rau hlua dej rau; 2. caij plab roj hmab
tuber, *n*. 1. qos los yog zaub ntug hauv paus; 2. qos liab; 3. looj pwm
tuberculosis, *n*. mob ntsws
tubular, *n*. zoo li txoj hlua raj
tuck, *v*. ntsaws
tucker, *v*. nkees nkees; ua kom sab sab
Tuesday, *n*. Hnub Ob; *vas as qhas* (L)
tuft, *n*. ib pob; ib tsuag
tug, *v*. rub; -*n*. kev sib rub; kev rub
tugboat, *n*. lub nkoj uas rub los yog thawb lub nkoj loj nyob ntawm ntug hiav txwv
tug-of-war, *n*. kev sib rub hlua ntawm ob pawg neeg saib tog twg yeej
tuition, *n*. nqe kawm ntawv; nqe ntawv
tulip, *n*. ib hom paj
tumble, *v*. 1. dawm; dawm ntog; 2. ntaus nrig nphau; 3. pov; -*n*. 1. kev ntog; 2. nrig nphau
tumbler, *n*. 1. kev ntaus nrig nphau; 2. khob haus dej; 3. qhov khuam hauv lub ntsug phoo
tumid, *adj*. 1. su; o; 2. txhav txhav; tawv tawv; 3. cuab loj loj
tummy, *n*. plab; plab mog
tumor, *n*. mob qog; mob pob qog
tumult, *n*. 1. teeb meem; kev kub ntxhov; 2. kev ntxhov siab
tun, *n*. lub thoob loj loj
tuna, *n*. ib hom ntses hiav txwv; ntses *pas thus* (L)
tunafish, *n*. ntses *pas thus* (hom loj)
tundra, *n*. 1. tiaj nrag (uas nyob puag pem qaum teb kawg nkaus); 2. ib hom tsheb Taus Yaus Tas
tune, *n*. 1. suab; lub suab; 2. suab lus; 3. suab paj nruas; 4. kev sib haum xeeb; -*v*. 1. tig los yog ntswj los ua ke; 2. kho lub suab
tungsten, *n*. qhov muag teeb; cov xov hlau uas siv ua qhov muag teeb uas yog qhov cig cig
tunic, *n*. 1. tsho tshaj sab; 2. lub tsho uas ntev txog nram ntsag
tunnel, *n*. qhov av los yog qhov tsua uas muaj kev nkag tshab; kev qhov av
turban, *n*. phuam
turbid, *adj*. 1. tsaus tsaus; pos pos; 2. yoob; xav tsis tawm
turbine, *n*. khaub lig uas cua tshuab los yog dej txauj kiv ua hluav taws xob
turbojet, *n*. cov dav hlau loj loj lub pob khaub lig uas nraub cua ua lub zog tshuab nws ya
turboprop, *n*. cov dav hlau uas siv khaub lig kiv nplawm cua ua nws lub zog
turbulent, *adj*. ua teeb meem; muaj kev kub ntxhov
tureen, *n*. ntim; ntim rau kua nqaij
turf, *n*. 1. txheej av saum npoo; txheej av saum toj; 2. nrim chaw rau me nyuam *laib*
turgid, *adj*. 1. o o; su su; 2. khav theeb
turkey, *n*. qaib cov txwv
turmoil, *n*. teeb meem loj; kev kub ntxhov
turn, *v*. 1. tig; lem; 2. ntswj; -*n*. zeeg;

thib (L)
turncoat, *n.* neeg ntxeev siab; tus neeg uas rov taw tuam ntuj
turnip, *n.* ib hom cag nroj los yog ntoo uas noj tau
turnout, *n.* 1. cov neeg tuaj sib sau ua ke rau ib txoj hauj lwm; 2. kev sib sau ntawm ib pab neeg
turnover, *n.* 1. kev chim; 2. kev tig rov qab; 3. kev ua lag luam ntau li cas; *-v.* nphau; ntxeev
turnpike, *n.* kev tawm; kev tshuam uas muaj sau nqe kev
turpentine, *n.* dej ntxuav kua kob
turpitude, *n.* kev noj nyiaj noj txiaj; kev dag noj dag haus; kev tsis ncaj ncees
turquoise, *n.* ib hom pob zeb muaj nqis xiav xiav los yog ntsuab ntsuab; ib hom zeb nuj
turret, *n.* 1. lub sam thiaj nyob saum ru tsev; lub tsev kheej ua rau saum lub ruv tsev; 2. chaw teeb phom loj nyob saum nkoj tua rog uas rab phom kiv tua tau; 3. lub nkoj los yog lub tsheb tua rog uas muaj phom loj nyob rau saud uas tua kiv ncig lees tau
turtle, *n.* vaub kib
turtledove, *n.* ib hom noog zoo li nquab nyob rau sab Yus Luv
turtleneck, *n.* hom tsho uas lub ntsej qhwv qhwv caj deb thiab ntxeev rau sab nraud
tusk, *n.* kaus; kaus ntxhw
tussle, *n.* kev nyiaj ntxeem; *-v.* nyiaj ntxeem
tutelage, *n.* 1. kev tsom kwm los yog saib xyuas; 2. kev qhuab qhia; 3. kev ua raws tus saib xyuas los yog tus xib fwb hais
tutor, *n.* tus neeg qhia ntawv hauv tsev; tus pab qhia ntawv; *-v.* qhia ntawv rau ib tus neeg
tuxedo, *n.* cev tsoos tsho rau txiv neej hnav thaum muaj rooj tseem ceeb
TV, *n. this vis*
twain, *n.* ob
twang, *n.* lub suab nrov xws li hlua hneev
tweak, *v.* de los yog rub (yam niag ua si khuav)
tweed, *n.* ib hom ntaub
tweet, *n.* lub suab me nyuam noog quaj yau yau; *-v.* 1. ua lub suab quaj yau yau los ntawm tus me nyuam noog; 2. muab ntiv tes sib sib zog nyem
tweezers, *n.* ciaj; ciaj tais tej yam me me
twelve, *n.* kaum ob; 12
twentieth, *adj.* thib nees nkaum; 20th
twenty, *n.* nees nkaum; 20
twenty-twenty, *adj.* pom kev zoo (xws li qhov muag tsis puas li); 20-20
twice, *adv.* 1. ob zaug; 2. ob npaug
twig, *n.* ceg ntoo; me nyuam ceg ntoo
twilight, *n.* duab hnub thaum sawv ntxov ntxov los yog yuav luag tsaus ntuj
twill, *n.* 1. hom ntaub uas hiab sib qhaib; 2. kev hiab ntaub sib qhaib li daim lev; *-v.* hiab ntaub
twin, *n.* ntxaib; me nyuam ntxaib; *-adj.* ntxaib
twine, *n.* hlua ntswj; *-v.* ntswj ua ke
twinge, *v.* hnov mob cuag riam hlais
twinkle, *v.* ci ntsa iab
twirl, *n.* 1. yis; 2. yam uas kiv los yog ntswj ua lub yis; 3. kev kiv los yog ntswj ua yis; *-v.* kiv ntaus yis; ntswj ua lub yis
twist, *v.* 1. ntswj; 2. tig; kiv; 3. muab rub los ua ke; 4. sav
twister, *n.* cua daj cua dub
twit, *n.* neeg npub; neeg ruam; *-v.* thab; saib tsis taus
twitch, *v.* 1. laim (xws li tawv nqaij laim); txav; 2. chua; rub
twitter, *v.* 1. hais lus nrawm nrawm tom ntej tom qab; 2. hais lus tshee tshee; 3. tshee tshee vim ntshai los yog muaj siab heev
two, *n.* ob; 2
twofold, *adj.* muaj tshaj ib qhov uas tsis zoo ib yam; muaj ob npaug ntau tshaj; *-adv.* ob npaug
twosome, *n.* ob yam uas zoo ib yam; ib nkawm
tycoon, *n.* tub lag luam uas muaj zog los yog muaj nyiaj heev
tyke, *n.* me nyuam yaus; me nyuam mos
tympanic cavity, *n.* kis khoob nyob sab hauv ntawm lub nruas ntsej
tympanic membrane, *n.* daim npog qhov ntsej; nruas ntsej
tympanum, *n.* 1. lub qhov ntsej uas nyob sab haud ntawm daim ntaub qhov ntsej; 2. daim pob ntseg uas ua

zog los yog yoj thaum hnov suab sab; 3. ib hom nruas tooj uas muaj ceg txawb lub nruas tig rau sab saud
type, *n*. hom; yam; -*v*. ntaus ntawv
typewriter, *n*. tshuab ntaus ntawv; twj ntaus ntawv
typhoid, *adj*. ntsig txog ib hom kab mob ua paug rau ntawm tej hnyuv kis los ntawm tej khoom noj khoom haus tsis huv; -*n*. mob ua kiav txhab ua paug vim noj tau khoom tsis huv los yog haus tau dej tsis huv uas ua rau mob taub hau, kub heev, thiab hnoos
typhoid fever, *n*. ib hom mob ua npaws uas feem ntau yog mob los ntawm zaub mov los yog dej haus tsis huv
typhoon, *n*. cua daj cua dub uas chiv tom hiav txwv los
typhus, *n*. ib hom kab mob uas muaj kub taub hau thiab xoo pob
typical, *adj*. tsis txawv deb; xws teb xws chaw; zoo li qhov qub uas ib txwm hnov los yog paub los lawm
typify, *v*. ua kom xws teb xws chaw
typist, *n*. kws ntaus ntawv; tus ntaus ntawv
typography, *n*. 1. kev luam ntawv; tswv yim luam ntawv
tyrannical, *adj*. phem heev; ntsig txog tus nom uas phem heev
tyrannize, *v*. coj los yog tswj yam tsiv thiab nruj heev
tyranny, *n*. kev tswj hwm los ntawm txoj kev tsiv kev nruj
tyrant, *n*. tus hau teb chaws uas tsiv thiab nruj heev; nom phem
tyro, *n*. tus nyuam qhuav pib kawm; tus pib tshiab uas yuav kawm ib yam dab tsi
tzar, *n*. tus tseem fwv qub thaum ub nyob rau teb chaws Lav Xias (saib *czar*)

U

u, *n*. tus tsiaj ntawv As Kiv thib 21
ubiquitous, *adj*. 1. thoob ntuj; 2. qhov txhia chaw
udder, *n*. mis nyuj
ugly, *adj*. 1. dab tuag; qias neeg; 2. tsis zoo nkauj; 3. tsis zoo nraug; 4. npeeb
ukulele, *n*. lub *kis tas* uas muaj plaub txoj hlua
ulcer, *n*. plab kiav txhab; plab ua kiav txhab; plab to; mob ncauj plab
ulcerate, *v*. mob plab kiav txhab; muaj plab kiav txhab
ulna, *n*. tus pob txha caj npab; txha caj npab yag me zog uas nyob nruab nrab ntawm lub luj tshib thiab yas tes
ulnar artery, *n*. leeg ntshav liab ntawm caj dab tes los yog yas npab
ulnar vein, *n*. leeg ntshav dub ntawm caj dab tes los yog yas npab
ulterior, *adj*. tsis tshwm; tsis tawm
ultimate, *adj*. kawg nkaus; siab tshaj plaws; -*n*. qhov kawg nkaus
ultimatum, *n*. 1. lo lus kawg nkaus los yog qhov kawg nkaus uas tsis muaj ib muaj ob ntxiv li lawm; 2. kev txib los yog yuam uas yuav tsum tau ua raws yam tsis muaj kev hais ntxiv li lawm
ultraviolet, *n*. ib hom sab hluav taws xob siv kho mob nkeeg
umbilical, *n*. puj ntaws; pooj ntaws; ntaws ntiv (saib *navel*)
umbilical cord, *n*. hlab ntaws
umbilicus, *n*. puj ntaws; pooj ntaws; ntaws ntiv
umbrage, *n*. kev chim; kev tsis txaus siab; kev tawm tsam los yog nyom
umbrella, *n*. kaus (roos nag); lub kaus
umbrella ribs, *n*. qhab kaus; nrhau kaus
umpire, *n*. 1. tus neeg kho plaub; tus pab kho ob tog; 2. tus neeg kav kev sib twv xws li ncaws pob
umpteen, *adj*. ntau heev
un-, *prefix* 1. tsis; tsis yog; 2. rov quav; sab nraud

unable	**unambitious**
unabridged	**unannounced**
unacceptable	**unanswered**
unaccompanied	**unanticipated**
unaccounted	**unappetizing**
unacquainted	**unappreciated**
unaddressed	**unapproved**
unadorned	**unarguable**
unadulterated	**unarguably**
unafraid	**unassisted**
unaided	**unattended**
unalike	**unattractive**
unambiguous	**unauthorized**

unavailable
unavoidable
unbearable
unbiased
unbranded
unbreakable
uncensored
unchallenged
unchangeable
unchanged
unchanging
uncharacteristic
uncharged
unchaste
uncivilized
unclaimed
unclear
uncleared
unclothed
uncluttered
uncombed
uncomfortable
uncomfortably
uncomplimentary
unconfirmed
unconsummated
uncontested
uncontrolled
uncontroversial
unconventional
unconventionally
unconverted
uncooked
uncooperative
uncoordinated
uncovered
uncultivated
undamaged
undated
undecided
undeclared
undefeated
undemocratic
undependable
undeserving
undesirable
undetected
undetermined
undeveloped
undeviating
undignified
undisturbed
undivided
undomesticated
undrinkable
unearned
uneducated
unemotional
unending
unendurable
unenforceable
unenlightened
unethical
unexcitable
unexciting
unexplainable
unexplored
unfair
unfairly
unfairness
unfavorable
unfavorably
unfeigned
unfilled
unfinished
unflattering
unforeseeable
unforeseen
unforgivable
unforgiving
unfulfilled
unfurnished
ungenerous
ungentlemanly
ungraceful
ungrammatical
unharmed
unhealthful
unheated
unhurt
unidentified
unimaginable
unimaginative
unimportant
unimpressed
uninformed
uninhabited
uninjured
uninsured
unintelligent
unintelligible
unintelligibly
unintended
unintentional
unintentionally
uninterested
uninteresting
uninterrupted
uninvited
unjust
unjustifiable
unjustified
unjustly
unknowing
unknowingly
unknown
unleavened
unlicensed
unlikable
unlimited
unlovable
unmanageable
unmarked
unmarried
unmerciful
unmercifully
unmerited
unmolested
unmotivated
unmoving
unnamed
unnecessarily
unnecessary
unneeded
unnoticeable
unnoticed
unobjectionable
unobservable
unobservant
unobtainable
unobtrusive
unobtrusively
unofficial
unopened
unopposed
unorganized
unoriginal
unorthodox
unorthodoxy
unpaid
unpardonable
unpatriotic
unpaved
unpleasant
unpleasantly
unpleasantness
unpopular
unpopularity
unposed
unpredictability
unpredictable
unpredictably
unprejudiced
unprepared
unpretentious
unproductive
unprofitable
unprotected
unproved
unproven
unprovoked
unpunished
unqualified
unquenchable
unquestioning
unreachable
unreadable
unready
unrealistic
unreasonable
unreasonably
unrefined
unrelated
unreliable
unremembered
unrepentant
unrepresented
unrequited
unresolved
unresponsive
unrestrained
unrestricted
unrewarding
unripe
unsafe
unsalted
unsanitary
unsatisfactory
unsatisfied
unscented
unscheduled
unseasoned
unseen
unselfish
unselfishly
unselfishness
unshaped
unshaven
unskillful
unskillfully
unsolicited
unsolved
unsophisticated
unsound
unsoundly
unsoundness

unspecified
unspoiled
unsteadily
unsteadiness
unsteady
unstructured
unsubstantiated
unsuccessful
unsuitable
unsuitably
unsuited
unsupervised
unsupported
unsure
unsurprising
unsuspecting
unsweetened
unsympathetic
untamed
untanned
untidy
untouched
untrained
untreated
untrue
untrustworthy
untruthful
unusable
unusual
unvarying
unverified
unwanted
unwarranted
unwary
unwavering
unweaned
unwelcome
unwholesome
unwilling
unwillingly
unwillingness
unwise
unwisely
unworkable
unworthily
unworthiness
unworthy
unyielding

unable, *adj*. tsis muaj peev xwm; tsis muaj cuab kav; ua tsis tau; ua tsis taus

unacceptable, *adj*. yuav tsis taus; tsis haum siab

unaccustomed, *adj*. 1. tsis raws kev raws cai; 2. tsis swm

unaffected, *adj*. 1. tsis raug rau los yog cuam tshuam txog; 2. dawb huv

unafraid, *adj*. tsis ntshai

unaided, *adj*. tsis muaj kev pab; tsis tau txais kev pab

unalike, *adj*. tsis zoo ib yam

unanimous, *adj*. 1. ua ib lub suab; thooj suab; pom zoo tib yam; 2. tsis muaj kev cov nyom

unannounced, *adj*. tsis tshaj tawm; tsis raug tshaj tawm; tsis ntab ntws

unanswered, *adj*. tsis teb; tsis teb rau; tsis raug teb

unarmed, *adj*. tes dawb tes npliag; tsis muaj riam phom nrog cev

unassuming, *adj*. tsis yog kwv yees hais; tsis yog cuav; tab tom haum

unattached, *adj*. plam; tu; tsis sib txuas los yog sib twb lawm

unattractive, *adj*. npeeb; tsis zoo nkauj

unaware, *adj*. tsis paub txog; tsis ras txog

unawares, *adv*. 1. tsis paub txog ua ntej; tsis muaj qhov qhia ua ntej; 2. tsis txhob txwm; tsis yog txhob txwm

unbalanced, *adj*. 1. tsis xwm yeem; tsis ncaj nruab nrab; 2. tsis meej pem; feeb tsis meem

unbeatable, *adj*. tsis swb li; khov heev

unbeaten, *adj*. tsis swb

unbecoming, *adj*. tsis raug ntsej raug muag; tsis haum

unbelievable, *adj*. tsis txaus ntseeg

unbend, *v*. xoob zog; siab zoo zog

unbending, *adj*. nruj; tsiv; tsis yooj yim

unbind, *v*. 1. daws; daws hlua; 2. tso tawm

unbolt, *v*. qhib; ntswj rov qab

unborn, *adj*. tsis tau yug; tseem nyob hauv plab; tsis tau xya

unbosom, *v*. qhib siab; qhia siab

unbowed, *adj*. tsis swb

unbridled, *adj*. tsis muaj dab tsi khuam los yog tuav tseg

unbroken, *adj*. 1. tsis tawg; tsis tau tawg; 2. tsis raug cuam tshuam

unbuckle, *v*. daws hlua khi duav (hauv tsheb)

unburden, *v*. tshem tawm kev ntxhov siab

unbutton¸ *v*. daws khawm (tsho)

unbuttoned, *adj*. plam

uncalled-for, *adj*. tsiv los yog phem heev rau lub caij nyoog ntawd

uncanny, *adj*. 1. txawv txawv; 2. txaus ntshai; 3. tsis paub qhov tseeb

unceasing, *adj*. tsis tu ncua; tsis tso tseg

unceasingly, *adv*. tsis tu ncua; tsis tso tseg

unceremonious, *adj*. tsis ua raws kev raws cai

uncertain, *adj*. 1. tsis meej; tsis paub meej; tsis paub tseeb; 2. hloov tau

unchristian, *adj*. tsis raws txoj kev ntseeg tshiab

uncle, *n*. 1. txiv hlob; txiv tus tij laug; 2. txiv ntxawm; txiv tus kwv; 3. yawg laus; txiv tus muam tus txiv; 4. dab laug; niam tus nus

unclean, *adj*. tsis huv; qias neeg; vuab tsuab

unclear, *adj*. 1. tsis meej; tsis tseeb; 2. tsis pom zoo

unclog, *v*. tshem; daws kom txhob daig

uncoil, *v*. daws tawm ntawm txoj kev

sib rig
uncommitted, *adj*. tsis mob siab rau tiag tiag; tsis tuaj yeem
uncommon, *adj*. 1. tsawg kawg nkaus; tsis tshua muaj kiag; 2. zoo heev
uncompromising, *adj*. tsis tuaj yeem kho los yog yuav qhov nruab nrab li; tsis yuav hais li; tsis mloog hais li
unconcerned, *adj*. 1. tsis txaus siab rau; tsis nyiam; 2. tsis chim; tsis txhawj; tsis kub txog li
unconditional, *adj*. 1. tsis muaj ib muaj ob li; tsis muaj dab tsi li; 2. tsis muaj dab tsi khuam li
unconscious, *adj*. hnov qab lawm; tsis nco qab lawm; looj hlias
unconsciousness, *n*. kev hnov qab; kev tsaus muag tsis hnov tom ntej tom qab lawm
unconstitutional, *adj*. tsis raug txoj cai ntawm tus txhooj li choj
uncontrollable, *adj*. tswj tsis tau; tuav tsis tau
uncooked, *adj*. nyoos; tsis tau siav
uncounted, *adj*. suav tsis tau; tsis suav
uncouth, *adj*. phem; tsis zoo
uncover, *v*. qhib; cem tawm
uncovered, *adj*. cuab tha lug; cuab lug; cuab nplhib; qhib lug; tsis vov li
unction, *n*. tshuaj los yog roj pleev rau tus mob kom txhob raug teeb meem los yog raug dab; koob hmoov
unctuous, *adj*. 1. muaj roj; 2. ncauj qab roj nplaig qab ntse; txawj ntxias; 3. txawv txawv; txaus ntshai
uncut, *adj*. tsis tau txiav
undaunted, *adj*. tsis ntshai
undeniable, *adj*. 1. tseeb; muaj tseeb; 2. dag tsis tau; tsis lees tsis tau; —**undeniably** *adv*.
under, *prep*. hauv qab; sab hauv
underage, *adj*. hnub nyoog me (xws li tsis tau muaj 18 xyoo)
underbrush, *n*. me nyuam nroj tsuag
underclothes, *n*. ris tsho hauv qab; khaub ncaws sab hauv
underclothing, *n*. ris tsho hauv qab; khaub ncaws sab hauv
undercover, *adj*. 1. nyiag muab xov; 2. zais npog heev; qab rooj
undercover agent, *n*. neeg nyiag xov; neeg muab xov
undercurrent, *n*. 1. ntswg dej los yog nthwv cua uas nyob sab hauv qab ntawm lwm ntswg dej los yog lwm nthwv cua; 2. txoj kev xav los yog lub tswv yim uas zais rau sab hauv daim tawv los yog cov lus
undercut, *v*. txo los yog txiav kom qes dua; txeeb lag luam los ntawm qhov kev txo nqi kom qes tshaj
underdeveloped, *adj*. tsis tau muaj kev txhim kho zoo; poob qab
underdog, *n*. tus swb; tus neeg uas suav daws yeej xav tias yuav tsum swb xwb
underdone, *adj*. 1. tsis siav zoo; 2. ua tsis tau zoo heev
underestimate, *v*. saib qaij; saib qes; saib tsis taus
underexpose, *v*. 1. tsis tau muaj neeg paub zoo txog; 2. tsis tau raug duab tshav ntuj ntau
underfeed, *v*. pub rau noj tsis txaus
underfoot, *adv*. 1. nyob hauv qab xib taws; 2. nyob hauv av; 3. thaiv txoj kev loj hlob
undergarment, *n*. ris tsho hauv qab
undergo, *v*. 1. nyiaj ntxeem; tiv; 2. hla dhau; mus dhau
undergraduate, *n*. me nyuam kawm ntawv qib siab uas tseem tsis tau *npav tshaws lawj*
underground, *adv*. 1. hauv qab npoo av los yog hauv qhov av; 2. qab rooj; zais npog heev; *-adj*. 1. nyob hauv qab npoo av los yog hauv qhov av; 2. zais npog heev
undergrowth, *n*. 1. kev loj hlob qeeb; 2. cov nroj tsuag uas nyob hauv qab tej xyoob ntoo loj; 3. cov plaub luv luv los yog mos mos ntawm tej tsiaj uas nyob sab hauv qab
underhand, *adv*. 1. zais npog; dag; 2. cuam lub pob hauv qab mus li pov pob
underline, *v*. 1. khij kab hauv qab; 2. muab saib tseem ceeb heev; piav meej meej txog; hais ntau heev txog
underling, *n*. kev poob hauv qab
underlying, *adj*. qes tshaj plaws; qhov pib
undermine, *v*. 1. txov kom tsuag mus los yog puas mus; ua kom tsis muaj zog; 2. khawb hauv qab
underneath, *prep*. hauv qab; sab hauv; *-adv*. nyob hauv qab; nyob sab hauv

qab
undernourished, *adj*. tu tsis zoo txaus
underpants, *n*. nrog ris (*nrog* txhais tias sab hauv); ris hauv qab
underpass, *n*. txoj kev nkag hauv qab lwm txoj
underpinning, *n*. kev txhawb; kev pab cuam
underprivileged, *adj*. txom nyem; pluag
underrate, *v*. muab tso qes; muab ntaus nqi qes; —**underrated** *adj*.
underscore, *v*. 1. khij kab hauv qab; 2. muab saib tseem ceeb; piav ntau txog
undersea, *adj*. hauv qab hiav txwv
undersecretary, *n*. tus lwm thawj teev ntaub ntawv
undersell, *v*. muag nqi qes; muag pheej yig heev
undershirt, *n*. tsho hauv qab
undershorts, *n*. ris luv hauv qab
underside, *n*. sab hauv qab; sab nyob hauv qab
undersized, *adj*. me heev
understand, *v*. to taub; nkag siab
understanding, *adj*. 1. to taub; 2. siab zoo; -*n*. 1. kev ntse; 2. kev muaj peev xwm to taub zoo txog los yog txiav txim siab; 3. kev pom zoo
understate, *v*. 1. hais tseg tw; hais tsis tag; 2. hais tsawg heev; —**understated** *adj*; —**understatement** *n*.
understood, *v*. to taub; nkag siab (saib *understand*); -*adj*. pom zoo
understudy, *v*. kawm lwm tus neeg txoj hauj lwm es thiaj hloov tau nws chaw
undertake, *v*. 1. pom zoo ua; zoo siab ua; lees; 2. cog lus rau tus kheej; 3. pib; npaj
undertaking, *n*. 1. txoj hauj lwm; 2. kev cog lus los yog lees ua ib yam dab tsi; 3. txoj hauj lwm ntawm tus kav xwm hauv tsev tuag
under-the-counter, *adj*. tsis raug cai; tsis ncaj ncees
undertone, *n*. lub suab yau yau
undertow, *n*. 1. cov nthwv dej uas nqig rov mus rau tom hiav txwv; 2. qhov tshwm sim uas txawv hlo yus txoj kev ntseeg ua rau yus xav tsis thoob
undervalue, *v*. muab ntaus nqi qes heev; muab saib qes heev
underwater, *adj*. hauv qab thu dej
under way, *adv*. tab tom ua txog tog; pib txog tog lawm
underwear, *n*. nrog ris (*nrog* txhais tias sab hauv, qev los ntawm Hmoob Yunnan); ris hauv qab; ris *xab liv* (L); ris tsho hnav rau sab hauv qab
underworld, *n*. 1. dab tuag teb; 2. neeg phem lub neej uas lawv ua kev txhaum cai
underwrite, *v*. 1. lees txhawb; lees pab cuam; tab; 2. sau ntaub ntawv pom zoo pab yog tias muaj kev puas tsuaj; muag *is saws las* rau; 3. kos npe pom zoo rau
underwriter, *n*. tus neeg los yog lub lag luam uas muag *is saws las* los yog kev faj seeb
undies, *n*. ris hauv qab; ris tsho hauv qab uas feem ntau yog rau poj niam
undo, *v*. 1. rov thim; thaub; thim rov qab; 2. ua puas
undoubted, *adj*. ntseeg; ntseeg tau; tiag tiag
undress, *v*. hle khaub ncaws; -*n*. kev liab qab
undue, *adj*. 1. tshaj dhau; 2. tsis tsim nyog
undulate, *v*. nce thiab nqes mus mus los los; tib pliag nce tib pliag nqes
undying, *adj*. tsis paub tuag; nyob mus ib txhis
unearth, *v*. 1. khawb tau hauv av los; nrhiav tau hauv av los
unearthly, *adj*. 1. tsis yog tib neeg tsim; tsis yog khoom ntiaj teb; 2. dhau qhov yuav tau lawm; 3. tsis txaus ntseeg
uneasy, *adj*. 1. txaj muag; tsis pom qab xav; 2. txhawj xeeb; 3. tsis yooj yim
uneducated, *adj*. ruam; tsis muaj kev kawm; tsis ntse
unemployed, *adj*. poob hauj lwm; tsis ua hauj lwm; tsis muaj hauj lwm
unemployment, *n*. kev poob hauj lwm; kev tsis tau hauj lwm
unequal, *adj*. tsis sib txig sib luag; tsis sib xws
unequivocal, *adj*. tsis pub muaj kev poob siab
unerring, *adj*. tseeb tseeb; meej meej; tsis muaj yuam kev li
uneven, *adj*. 1. tsis sib txig; tsis sib

xws; 2. tsis du
uneventful, *adj.* tsis muaj qhov deev siab los yog haum siab li
unexpected, *adj.* tsis ras txog; tsis npaj siab txog
unfailing, *adj.* 1. ntseeg tau; tso siab tau rau; tsis ntxeev siab; 2. mob siab
unfaithful, *adj.* tsis ncaj ncees; ntseeg tsis tau; siab coob
unfamiliar, *adj.* tsis paub zoo txog; tsis tau paub los yog hnov dua
unfasten, *v.* daws; qhib
unfastened, *adj.* plam
unfeeling, *adj.* tsis mob siab txog
unfit, *adj.* tsis haum; tsis phim
unflappable, *adj.* tsis chim yooj yim; tsis ntshai yooj yim
unfold, *v.* nthuav; qhib
unforgettable, *adj.* tsis hnov qab; nco ntsoov
unfortunate, *adj.* hmoo phem; tsis muaj hmoo
unfounded, *adj.* tsis muaj paus ntsis; tsis muaj tim khawv
unfreeze, *v.* ua kom yaj
unfriendly, *adj.* siab tsis zoo; siab phem
unfurl, *v.* qhib; nthuav
ungainly, *adj.* qaug qeb; vau kawv kus; 2. mus tsis tau yooj yim; txav tsis tau yooj yim
ungodly, *adj.* phem heev
ungrateful, *adj.* tsis nco txiaj ntsig li; mom txheej; tsis paub cai
unguard, *v.* tsis muaj kev tiv thaiv li
unguarded, *adj.* cuab nplhib; cuab lug; qhib lug; tab yaj heev
unguent, *n.* roj los yog ib co kua pleev ib ce
unhand, *v.* tso mus
unhappiness, *n.* kev chim siab; kev ntxhov siab
unhappy, *adj.* chim siab; nyuaj siab; tsis zoo siab; tu siab; ntxhov siab
unhealthy, *adj.* tsis noj qab nyob zoo; muaj mob muaj nkeeg; nyob tsis zoo
unheard-of, *adj.* tsis tau hnov dua los yog muaj dua los
unhinge, *v.* 1. txhawj xeeb; poob siab; ntxhov siab; 2. daws tawm; tshem tawm; rho tawm
unhitch, *v.* daws; daws tawm ntawm lub pob cab khoom
unholy, *adj.* tsis dawb huv; phem heev; qias neeg
unhook, *v.* daws nuv; daws tus nuv tawm
unicellular, *adj.* muaj ib tus keeb xwb
unicorn, *n.* ib tus tsiaj zoo li tus nees tab sis muaj ib tus kub nyob ntawm taub hau
unicycle, *n.* log kauj vab; nees zab tib lub log
unidirectional, *adj.* ua hauj lwm mus ib seem xwb
unification, *n.* kev koom siab; kev ua ib pab ib pawg
uniform, *adj.* sib xws; tsis hloov mus mus los los; *-n.* tsoos tsho zoo tib yam (uas tej pab neeg li me nyuam kawm ntawv hnav)
unify, *v.* rub los ua ke; coj los ua ib pawg; —**unification** *n.*
unilateral, *adj.* ib tog xwb; ib tug los ib lub teb chaws ua xwb
unimpeachable, *adj.* liam tsis tau rau; tshem tsis tau tawm txoj hauj lwm
uninhibited, *adj.* tsis muaj dab tsi tuav los yog khuam
union, *n.* koom haum; ib co neeg sau los ua ib pawg kom muaj kev sib txhawb
unionize, *v.* rub los ua koom haum tiv thaiv cov neeg ua hauj lwm
unique, *adj.* 1. zoo heev; tshwj xeeb heev; 2. txawv tshaj lwm qhov; tsis tshua muaj
unison, *n.* 1. lub suab nrov tib yam; 2. zoo tib yam
unit, *n.* 1. ib qhov me me ntawm qhov loj; ib kem; ib kis; ib pawg; 2. ib txoj kev luj khoom
unite, *v.* sib sau ua ke, ua pab ua pawg; saws; rub los ua ke
United Kingdom, *n.* teb chaws As Kiv
United Nations, *n.* koom haum ntiaj teb; koom haum kuj cuab; koom haum *xab hab pas xa xaj* (L); UN
United States, *n.* teb chaws Mes Kas; Mes Kas teb
unity, *n.* kev haum xeeb nyob tau ua ib pab ib pawg
universal, *adj.* 1. thoob qab ntuj; txhua qhov txhia chaw; 2. raug rau txhua txhua tus neeg
universe, *n.* qab ntuj khwb
university, *n.* tsev kawm siab; tsev kawm ntawv qeb siab; tsev kawm ntawv theem siab

unkempt, *adj.* tsis zoo nkauj; tsis du; tsis huv
unkind, *adj.* siab phem; tsis paub hlub tib neeg
unlawful, *adj.* tsis raug cai; txhaum cai
unlearned, *adj.* ruam; tsis tau muaj kev kawm dua
unleash, *v.* tsis muaj neeg kav; muaj kev ywj pheej
unless, *conj.* tshwj tsis yog tias; tshwj tias
unlike, *adj.* txawv; tsis sib xws; tsis zoo li; tsis zoo ib yam; *-prep.* txawv; sib txawv
unlikely, *adj.* yuav tsis zoo li; yuav tsis mus raws li ntawd
unload, *v.* 1. tshem khoom tawm hauv tsheb, nkoj los yog dav hlau; 2. pov tseg
unlock, *v.* qhib; txhob ntsug
unlucky, *adj.* tsis muaj hmoo
unmistakable, *adj.* tsis muaj qhov yuam kev tau; tsis yuam kev li
unmoved, *adj.* 1. tsis paub tu siab li; 2. tsis txav li
unnatural, *adj.* tsis raws kab lis; tsis raws ntuj tsawb teb tsim
unnerve, *v.* rhuav tshem txoj kev tawv los yog lub zog; ua kom ntshai
unoccupied, *adj.* 1. xyeej; nyob dawb; 2. tsis muaj neeg nyob
unorganized, *adj.* ntxhov heev; ua tsis tau zoo
unpack, *v.* nthuav khoom tawm; tshem khoom tawm
unparalleled, *adj.* tsis sib txig sib luag
unplug, *v.* 1. tshem tawm (kom txhob txhaws); 2. rho tawm (xws li rho hlua hluav taws xob)
unprecedented, *adj.* tsis tau muaj dua los li; tsis tau pom dua los
unprincipled, *adj.* tsis yog cai; tsis ncaj ncees
unquestionable, *adj.* tsis muaj lus nug; tsis txhawj txog; haum siab heev
unravel, *v.* 1. daws; 2. thim kom plam
unreal, *adj.* tsis txaus ntseeg; dag xwb; cuav
unreasoning, *adj.* tsis muaj paus ntsis
unrelenting, *adj.* tsis nres; tsis xoob li
unrest, *n.* kev kub ntxhov
unrighteous, *adj.* tsis ncaj ncees
unrivaled, *adj.* tsis muaj yeeb ncuab
unrivalled, *adj.* tsis muaj yeeb ncuab
unroll, *v.* tsis kauv
unruffled, *adj.* tsis chim
unruly, *adj.* tswj tsis tau; kav tsis tau; qhuab qhia tsis yooj yim
unscathed, *adj.* tsis raug mob
unscientific, *adj.* tsis raws txoj kev tshawb fawb tawm
unscrew, *v.* hle ntsia hlau tawm; thim ntsia hlau tawm
unscrupulous, *adj.* ua tsis raws cai, tsis saib lwm tus
unseal, *v.* tshem los yog tev lub thwj lub yees tawm
unseasonable, *adj.* 1. tsis raws caij ntuj; 2. lub caij twg los muaj
unseemly, *adj.* tsis paub cai; tsis haum siab
unselfish, *adj.* siab dawb; tsis qia dub; tsis cuaj khaum
unsettle, *v.* 1. nyob tsis tus; 2. thab; do; —**unsettled** *adj.*
unsightly, *adj.* tsis zoo nkauj; tsis haum siab
unskilled, *adj.* tsis txawj; tsis paub hauj lwm zoo
unsnap, *v.* daws; xoob; tso
unspeakable, *adj.* phem heev
unstable, *adj.* 1. tsis meej pem; tsis tus; 2. pauv hloov yooj yim
unstop, *v.* 1. qhib; 2. tshem qhov thaiv tawm
unstoppable, *adj.* tsis muaj peev xwm nres tau los yog cheem tau; nres tsis tau
unstrung, *adj.* nkees tshee na
unsung, *adj.* tsis hu nkauj ua kev zoo siab
untangle, *v.* 1. plam ntawm lub pob caus; tsis ua pob caus lawm; 2. nrhiav tau kev tawm lawm
unthinkable, *adj.* xav tsis txog li; yuav tsis tau li
unthinking, *adj.* tsis ceev faj; tsis ua zoo saib xyuas
untie, *v.* daws; tso
until, *prep.* mus txog; txog thaum
untimely, *adj.* 1. ntxov heev; tsis tau qoos; 2. tsis tau txog caij; 3. hluas heev
unto, *prep.* 1. rau; 2. txog thaum; 3. los ntawm
untold, *adj.* 1. tsis tau qhia rau neeg hnov dua; tsis tau hnov dua; 2. ntau ntau suav tsis txheeb

untoward, *adj*. 1. tswj tsis yooj yim; 2. tsis yooj yim
untrue, *adj*. cuav; tsis tseeb
untruth, *n*. 1. qhov tsis tseeb; tsis muaj qhov tseeb; 2. kev dag
unused, *adj*. 1. tsis siv; 2. tsis swm
unwell, *adj*. mob; nyob tsis zoo
unwieldy, *adj*. loj heev uas tswj tsis yooj yim
unwilling, *adj*. tsis kam; tsis pom zoo; tsis yeem
unwind, *v*. 1. kiv rov qab; 2. daws kom plam; 3. tso mus; 4. ua kom kaj siab
unwitting, *adj*. 1. tsis paub; tsis paub txog; 2. tsis npaj siab ua
unwonted, *adj*. 1. tsis tshua muaj los yog pom dua; txawv txawv; 2. tsis swm
unwrap, *v*. tev ntawv; tev daim ntawv qhwv tawm
unwritten, *adj*. tsis sau tseg; qhov ncauj hais ib txheej dhau txheej xwb
unzip, *v*. qhib swb; swb txoj swb kom qhib
up, *prep*. 1. saud; saum; 2. ped; pem
upbraid, *v*. cem; thuam
upbringing, *adj*. txoj kev xyaum kom paub los yog tu kom loj hlob
upcoming, *adj*. los yuav txog; los lawm
update, *v*. qhia paub; qhia rau paub; qhia kom paub txhua yam los txog rau tam sij ntawd
updated, *adj*. tshiab; tshiab tshiab
upend, *v*. 1. sawv tom qhov kawg; 2. ntxeev
upgrade, *v*. kho kom zoo zog tuaj; *-n*. 1. ntxhab; 2. kev nce los yog ntau tuaj
upheaval, *n*. kev kub ntxhov thiab pauv hloov
uphill, *adv*. nce toj; ntxhab ntxhab
uphold, *v*. tuav; txhawb
upholster, *v*. kho rooj tog
upholsterer, *n*. kws kho rooj tog
upkeep, *n*. kev txuag los yog tuav kom txhob puas
upland, *n*. toj roob hauv pes; yaj sab
uplift, *v*. 1. txhawb; nqa; 2. ua kom zoo dua qub
upon, *prep*. 1. ntawm; 2. saud; 3. ntsig txog; *-adv*. 1. ua ntej; 2. nyob tom hauv ntej; 3. yeej
upper, *adj*. saum toj; txheej siab; txheej saud
upper arm, *n*. caj npab
upperhand, *n*. kev tau ko; qhov zoo; qhov yeej
uppermost, *adv*. qhov chaw los yog lub luag hauj lwm siab tshaj los tseem ceeb tshaj
uppity, *adj*. 1. cuab tshaj zog; hais tshaj zog; 2. ua cuag tseem tseem ceeb heev
upright¸ *adj*. 1. ntsug; sawv ntsug; 2. ntseg; ntseg ntsos; 3. ncaj ncees; coj zoo
uprising, *n*. kev ntxeev tseev; kev sawv tawm tsam tseem fwv
uproar, *n*. lub caij muaj kev kub ntxhov los yog teeb meem loj heev
uproarious, *adj*. 1. kub ntxhov heev; 2. heev dhau
uproot, *v*. 1. nkoj; nkoj cag; 2. rho cag; rho hauv paus
upset, *adj*. 1. chim siab; nyuaj siab; ntxhov siab; 2. dub nciab; dub txig; *-v*. 1. ntxeev; tig; 2. thab; ua rau chim; 3. cuam tshuam
upshot, *n*. qhov kawg nkaus; qhov xaus
upside down, *adv*. sab hauv ntxeev tuaj sab saud; ntxeev
upstairs, *n*. txheej saud; sab saud; *-adj*. nyob sab saud; *-adv*. sab saud; txheej saum toj
upstanding, *adj*. ncaj ncees
upstart, *n*. tus neeg dog dig uas tib pliag ntshis cia li hloov mus ua tus neeg muaj nyiaj muaj koob muaj npe; *-v*. sawv ceev ceev; *-adj*. 1. loj hlob los yog vam meej ceev heev; 2. tseem ceeb heev
upswing, *n*. kev nce los yog sawv siab dua qhov qub; kev huam vam; kev loj hlob
uptight, *adj*. 1. nruj; ceev; 2. chim siab
up-to-date, *adj*. tshiab tshiab; sai sai no
uptown, *n*. sab qaum nroog los yog qaum zos
upturn, *n*. kev txhim kho; kev nce qeb
upward, *adv*. mus rau qhov siab
upwind, *adv*. sab cua tuaj; sab cua tshuab
uranium, *n*. ib hom duab ci hluav taws xob uas siv ua foob pob thiab siv kho mob; nplaim xob
urban, *n*. nroog loj; *-adj*. ntsig txog nroog loj
urbane, *adj*. 1. paub cai; 2. npliag

heev; zoo heev; 3. tob heev; to taub tsis yooj yim vim txuj ci tob heev
urbanite, *n.* neeg nyob hauv nroog loj
urchin, *n.* me nyuam hluas uas tsis paub cai li
uremia, *n.* mob hauv lub raum los ntawm tej yam uas khub rau hauv lawm
ureters, *n.* ob txoj hlab zis; hlab zis raum
urethra, *n.* 1. qhov zis; hlab zis; 2. lub qhov chaw mos
urethral orifice, *n.* qhov zis
urethritis, *n.* mob txoj hlab zis; mob qhov zis
urge, *v.* 1. yaum; ntxias; 2. hais; ntuas; 3. caw; -*n.* kev huam; kev nqhis; kev xav tau
urgency, *n.* qhov teeb meem uas kub los yog ntxhov heev
urgent, *adj.* ceev heev; kub heev; ntxhov heev
urinal, *n.* 1. dab tso zis; 2. chaw tso zis; 3. hnab tso zis
urinalysis, *n.* kev tshawb nrhiav kab mob hauv cov zis
urinary bladder, *n.* zais zis; lub zais zis
urinary bladder and genitals, *n.* zais zis thiab chaw mos
urinary tract infection, *n.* mob txoj hnyuv zis
urinate, *v.* tso zis
urination, *n.* kev tso zis
urine, *n.* zis
urn, *n.* 1. hub; 2. thoob ua *kas fes*
urologist, *n.* kws kho chaw tso zis
urology, *n.* kev kawm txog kev kho chaw tso zis
us, *pron.* peb
usable, *adj.* zoo siv; siv nyog; siv tau
usage, *n.* 1. txoj kab txoj kev ib txwm ua los; 2. txoj kev ua ib yam dab tsi
use, *v.* siv; -*n.* chaw siv; qab hau
used, *adj.* qub; tsis tshiab lawm
useful, *adj.* muaj qab hau; zoo siv
usefulness, *n.* qab hau; qhov zoo
use to, *v.* 1. swm; 2. keev; ua dua los lawm
usher, *n.* tus coj neeg mus zaum; tus uas coj tib neeg mus rau ntawm lawv lub rooj zaum
usherette, *n.* tus poj niam uas coj tib neeg mus rau ntawm lawv lub rooj zaum
using words, understanding speech, *n.* thooj hlwb tswj kev siv thiab to taub lus
usual, *adj.* li qub; li qhov qub; zoo ib yam txhua hnub
usually, *adv.* li qub; raws li yav dhau los; ib txwm; hom kheev
usurp, *v.* txeeb los yog txhav los ntawm tub rog; sawv ntxeev
usury, *n.* 1. kev txais nyiaj uas tsub paj siab heev; 2. cov paj siab siab uas tsub rau cov nyiaj txais
utensils, *n.* twj tais; tais diav
uterine tube, *n.* hnyuv zuas qe
uteritis, *n.* mob tsev me nyuam
uterus, *n.* tsev me nyuam; tsev xeeb tub
utilitarian, *adj.* npaj rau qhov zoo siv dua li qhov zoo nkauj
utility, *n.* 1. kev zoo siv; kev tau hauj lwm; 2. cov lag luam los yog chaw hauj lwm xws li hluav taws xob, dej thiab roj; 3. tej yam khoom siv hauv lub tsev li hluav taws xob, dej thiab roj
utilize, *v.* siv
utmost, *adj.* 1. deb tshaj plaws; 2. siab tshaj plaws; 3. tseem ceeb tshaj plaws
utopia, *n.* qhov chaw zoo li ntuj ceeb tsheej; qhov chaw zoo tshaj plaws hauv txoj kev xav
utter, *v.* 1. hais; hais lus; 2. ua suab nrov; 3. tso tawm; tseb tawm (xws li tseb nyiaj cuav tawm); 4. luam tawm (xws li luam phau ntawv); -*adj.* tag nrho; huv si; kawg nkaus
utterance, *n.* qhov hais tawm; cov lus hais
uvula, *n.* nru

V

v, *n.* tus tsiaj ntawv As Kiv thib 22
vacancy, *n.* chaw seem; chaw qhuav tsis muaj neeg nyob; chav uas seem tsis muaj neeg nyob
vacant, *adj.* seem chaw; muaj chaw
vacate, *v.* tawm; tawm tsev
vacation, *n.* 1. caij so hauj lwm; 2. mus ncig ua si (xws li tawm mus deb ntawm yus tsev lawm)

vaccinate, *v.* txhaj tshuaj (tiv thaiv mob nkeeg); txhaj tshuaj tuag aws
vaccination, *n.* kev txhaj tshuaj (tiv thaiv mob nkeeg)
vaccine, *n.* tshuaj tuag aws
vacillate, *v.* xav mus xav los; tsis paub txiav txim siab li cas; ua ywj fab ywj fwj; —**vacillation** *n.*
vacuous, *adj.* 1. qhuav qhawv; 2. tsis ntxim siab
vacuum, *v.* nqus (tsev); -*n.* 1. qhov chaw seem uas tsis muaj cua li; 2. qhov khoob
vacuum cleaner, *n.* tshuab nqus tsev
vagabond, *n.* neeg loj leeb tsis muaj tsev nyob
vagary, *n.* kev pauv hloov ntawm ib tus neeg los yog ib yam dab tsi uas yeej tsis txaus ntseeg los yog yeej xav tsis txog li
vagina, *n.* paum; pim; qhov paum; chaw mos
vaginal breeding, *n.* paum los ntshav; chaw mos los ntshav
vaginal discharge, *n.* kev los kua los yog los paug hauv paum los
vaginal infection, *n.* mob paum; mob poj niam chaw mos; chaw mos ua paug
vaginal orifice, *n.* rooj qhov paum
vaginismus, *n.* mob hauv lub qhov paum
vaginitis, *n.* mob chaw mos poj niam; mob paum
vagrant, *n.* tus neeg tsis muaj vaj muaj tsev thiab tsis muaj hauj lwm
vague, *adj.* 1. lug lug; zais zais; 2. tsis meej
vagus nerve, *n.* ib txoj leeg ntawm lub hlwb uas tswj lub plawv, lub siab, lub plab, thiab lwm qhov
vain, *adj.* 1. tsis muaj nqis; 2. tsis tshwm sim; tsis peem tsheej
valance, *n.* cov ntug uas txaug zoo zoo nkauj ntawm tej ntug qhov rais, ntug rooj, los yog ntug txaj
vale, *n.* vos hav
valedictorian, *n.* tus me nyuam kawm ntawv tau zoo uas hais lus sawv cev cov me nyuam kawm ntawv hnub lawv txais kev kawm tiav
valedictory, *adj.* ntsig txog hais lus sib ncaim thaum kawm ntawv tiav
valence, *n.* 1. kev uas tej yam dab tsi muaj peev xwm nyob ua ke nrog lwm yam tau; 2. kev uas ntau yam sib tov ua ke; 3. ib lub zos nyob rau teb chaws Fab Kis
valentine, *n.* tus hlub los yog daim ntawv xa rau tus hlub nyob rau St. Valentine Hnub
Valentine Day, *n.* lub Ob Hlis ntuj tim 14 uas yog hnub rau tus hlub
valet, *n.* 1. tus tub txib txiv neej; tus txiv neej uas ua hauj lwm pab rau ib tus txiv neej; 2. kev uas neeg coj yus lub tsheb mus nres thiab tsav rov los rau yus (thaum nyob rau tej qhov chaw xws li ntawm tsev tos qhua)
valiant, *adj.* tawv; khov; muaj peev xwm heev
valid, *adj.* 1. raug cai; tseem zoo; 2. muaj tseeb
validate, *v.* 1. tshawb qhov tseeb; 2. tshawb saib puas raug cai; 3. tso cai rau; —**validation** *n.*
valise, *n.* thawv rau khaub ncaws
valley, *n.* vos hav; kwj ha
valor, *n.* kev tawv; kev ua cawm seej
valorous, *adj.* tawv; khov
valuable, *adj.* 1. muaj nuj nqis heev; 2. tseem ceeb heev
valuation, *n.* 1. kev teeb nqi los yog rau nqi rau ib yam dab tsi; 2. tus nqi muag nyob hauv khw
value, *n.* 1. nqi; tus nqi; 2. qauv; txoj qauv cai taug los yog ua raws; qauv coj;
-*v.* ntaus nqi; muab ntaus nqi
valve, *n.* tes kaw dej los yog kaw roj
vampire, *n.* 1. dab tuag uas tom neeg haus ntshav; 2. ib hom puav uas haus tsiaj cov ntshav
van, *n.* 1. lub hauv paus; lub taub hau; 2. tsheb *vees*; *vees*
vanadium, *n.* ib hom hmoov hlau siv ua roj teeb
vandal, *n.* tus neeg uas tsoo vaj tsoo tsev kom puas
vandalism, *n.* txoj kev tsoo vaj tsoo tsev los yog tsoo tsheb
vandalize, *v.* tsoo tsev los yog tsoo tsheb; tsoo
vane, *n.* 1. ntxaij; daim ntxaij; 2. ntxaij cua uas qhia seem cua; 3. tw foob pob; 4. cov plaub ntawm tus tis noog
Vang, *n.* 1. xeem Vaj; ib xeem ntawm

ntau ntau xeem Hmoob thiab yog ib xeem uas coob heev; 2. ib lub xeem ntawm ib cov neeg nyob rau teb chaws Nos Ves (Norway)

Vang Pao, *n.* first Hmong general in Laos who was directly supported by the United States Central Intelligence Agency to fight against Communism during the "Secret War." General Vang Pao fled Laos to Thailand after the fall of the country to the Communists and resettled in the United States since 1976

vanguard, *n.* 1. cov tub rog tom hau ntej; 2. qhov sawv los yog nrov nyob tom hau ntej

vanilla, *n.* khoom qab zib noj ua si txom ncauj

vanish, *v.* ploj; tsis pom lawm; —**vanished** *adj*; —**vanishment** *n.*

vanity, *n.* 1. tsis muaj nqi (vim tseem ceeb heev uas nyiaj txiag yuav tsis tau lawm); tej yam uas tso tsis tau nqi rau; 2. kev zoo heev rau yus tus kheej; 3. rooj (txawb khoom)

vanquish, *v.* 1. yeej rog los yog yeej kev sib twv; tua yeej; 2. kav tau; tswj tau

vantage, *n.* qhov chaw muaj yeej; qhov chaw zoo

vapid, *adj.* tsis muaj neej; tsis muaj kev cia siab

vapor, *n.* cua dej; pa

vaporization, *n.* 1. kev dim pa (xws li tej hwj cawv dim pa ces tsis qab lawm); 2. kev yaj los yog xam

vaporize, *v.* yaj mus ua cua; dim pa; xam

vaporizer, *n.* taub tso cua dej los yog cua tshuaj

variable, *adj.* pauv hloov mus mus los los; *-n.* tej yam uas nce nce nqes nqes los yog ib qho cuam tshuam lwm qhov

variance, *n.* 1. qhov sib txawv; 2. qhov tsis sib haum los yog sib chim; 3. txoj cai uas pub neeg ua vaj tse cuam tshuam rau txoj cai tsom kwm chaw

variant, *n.* yam uas txawv

variation, *n.* qhov sib txawv deb ze los yog txawv loj npaum li cas

varicose, *adj.* o los yog su loj heev, tshaj qhov pom dua los lawm

varicose veins, *n.* mob ua leeg sawv ntsuab vog

varied, *adj.* muaj ntau ntau yam

variegated, *adj.* muaj ntau ntau tsos

variety, *n.* yam; hom; nyias sib txawv nyias

various, *adj.* ntau ntau hom tab sis nyias txawv nyias tsis sib xws li

varnish, *n.* kua pleev ntoo kom txhob puas los yog kom ci ci

varsity, *n.* pab neeg sib twv uas sawv cev lub tsev kawm ntawv (xws li kev ntaus pob)

vary, *v.* txawv; sib txawv; tsis sib xws; tsis sib thooj

vascular, *adj.* leeg tshav

vas deferens, *n.* txiv neej txoj hlab phev; hlab noob qes

vase, *n.* hub rau paj

vasectomy, *n.* kev hlais txiv neej txoj hlab noob qes los yog hlab phev kom txhob muaj taus me nyuam

vassal, *n.* 1. tus nom uas zwm rau lwm tus nom los lwm lub teb chaws; 2. ib leeg lees paub ib leeg tias lawv yog nom rau ib suam teb chaws

vast, *adj.* 1. loj loj; 2. dav dav; 3. heev heev

vastly, *adv.* loj loj heev; dav dav heev

vastus lateralis, *n.* nqaij ntshiv ntawm ncej puab sab nraud

vastus medialis, *n.* nqaij ntshiv ntawm ncej puab nruab nrog

vat, *n.* thoob (zoo li thoob *kas tham*)

vaudeville, *n.* chaw hu nkauj thiab tso daj tso luag ib yam me ntsis

vault, *n.* 1. lub txhoj zeb los yog hlau rau khoom; 2. lub txhoj zeb rau lub hleb rau tom qhov ntxa; 3. tus ncej zeb nkhaus nkhaus uas puab nco txog tej yam dab tsi; *-v.* 1. dhia los yog ua paj paws; 2. ua lub txhoj los yog muab lub txhoj khwb rau

vaunt, *v.* khav theeb

VCR, *n.* 1. tshuab tso *mauv vim*; 2. tshuab qhib thiab kaw *mauv vim*

veal, *n.* nqaij me nyuam nyuj; nqaij nyuj mos

veer, *v.* hloov kev; lem

vegetable, *n.* zaub

vegetarian, *n.* neeg caiv nqaij; tus neeg uas noj zaub xwb tsis noj nqaij

vegetarianism, *n.* txoj kev ntseeg tias txhob noj nqaij los yog noj yam

muaj sia
vegetate, *v.* nyob twb ywm tsis ua dab tsi li; nyob dawb
vegetation, *n.* nroj tsuag
vehement, *adj.* qhia lub siab nyoos los yog siab phem tawm plaws
vehicle, *n.* 1. tsheb; 2. txoj kab txoj kev
veil, *n.* 1. daim ntaub npog ntsej muag; 2. yam uas zais los yog muab npog cia; *-v.* muab ntaub npog lub ntsej muag
vein, *n.* hlab ntsha; hlab ntshav dub
velocity, *n.* qhov ceev; qhov mus ceev
velvet, *n.* ib hom ntaub mos mos li ntaub kab
venal, *adj.* muaj peev xwm xiab nyiaj tau; muaj peev xwm muab nyiaj txiag muas tau
vend, *v.* muag; muag khoom
vendetta, *n.* kev sib chim tsis sib haum los ntawm txoj kev xav pauj kua zaub ntsuab
veneer, *n.* 1. daim txiag ntoo uas muab lo rau daim txiag ntoo hmoov; 2. kev ua ntis ntsej muag; *-v.* muab ob daim ntoo los sib lo ua ke
venerable, *adj.* tsim nyog hwm; tsim nyog txais kev hwm
venerate, *v.* hawm; hwm
venereal disease, *n.* kas cees; kab mob uas sib kis los ntawm kev sib deev los yog sib tsoob
vengeance, *n.* kev pauj kev chim; kev pauj kua zaub ntsuab
vengeful, *adj.* xav pauj kev chim; xav pauj kua zaub ntsuab
venial, *adj.* muaj peev xwm zam txim tau rau
venison, *n.* nqaij mos lwj
venom, *n.* 1. taug; 2. taug nab; kua taug txua los ntawm nab; 3. tswv yim siab phem
vent, *v.* 1. qhib qhov rau cua tawm; 2. tso txoj kev xav los kev chim siab tawm; *-n.* qhov cua; qhov tso pa
ventilate, *v.* tso cua tawm mus; ntaus cua tawm; nqus cua tawm
ventilation *n.* qhov nqus cua; chaw nqus cua tawm
ventral spinal cord, *n.* hlwb txha nqaj qaum sab ntawm xub ntiag
ventricle, *n.* lub plawv qhov uas xa ntshav tawm
ventriloquist, *n.* tus neeg uas ua lub suab xws lwm tus lub; tus neeg uas qog lwm tus neeg lub suab
venture, *v.* 1. pheej hmoo ua mus; 2. tso tawm; mus tom ntej; *-n.* qhov lag luam uas npaj ua los yog pheej hmoo ua
venturesome, *adj.* siab tawv; muaj cuab kav; muaj peev xwm
venue, *n.* 1. qhov chaw uas teeb meem tshwm sim; 2. qhov chaw uas neeg tuaj coob coob ua ke (xws li tuaj saib ncaws pob)
veracity, *n.* qhov tseeb; qhov raug; qhov yog
veranda, *n.* lub mom kaum loj loj dav dav uas qhib lug
verb, *n.* lo lus uas qhia tias ua los yog tshwm sim (xws li *mus*, *noj*, los *hais*); kev ua
verbal, *adj.* 1. lus qhuav; ncauj qhuav; 2. tham lus xwb tsis yog sau tseg
verbal auxiliary, *n.* lo lus pab lo lus ua (xws li *have written* los yog *have been written*)
verbatim, *adj.* siv tib lo lus; siv lo lus qub
verbiage, *n.* lus ntau heev
verbose, *adj.* siv lus ntau tshaj qhov xav tau lawm
verdant, *adj.* neeg qaum ntuj; neeg lwm lub ntuj
verdict, *n.* 1. kev txiav txim ntawm cov neeg tu plaub; 2. lub txim txhaum txiav rau tus raug txim
verdin, *n.* ib hom noog me me nyob rau qab teb hnub poob hauv teb chaws Mes Kas
verdure, *n.* 1. kev nroj tsuag hlav ntsuab xwb xiab tuaj; 2 nroj tsuag ntsuab
verge, *n.* 1. ntug; ciam; 2. qhov rooj; chaw nkag
verifiable, *adj.* muaj peev xwm tshawb qhov tseeb tau
verification, *n.* kev tshawb qhov tseeb
verify, *v.* tshawb qhov tseeb; taug qhov tseeb
verily, *adv.* tseeb; qhov tseeb
verisimilitude, *n.* kev pom tias zoo li muaj tseeb
veritable, *adj.* tseeb; tiag tiag; — **veritableness** *n*; **—veritably** *adv.*
verity, *n.* qhov tseeb
verjuice, *n.* kua txiv qaub li tej kua

txiv lws zoov
vermeil, *n.* 1. liab tseb; liab dawb lias; 2. tej yam hlau uas muab nyiaj los yog tooj plooj rau sab nraud
vermicelli, *n.* cov *xim pes nkes dis* uas nyias nyias heev; cov mov kaj uas nyias nyias heev
vermiform appendix, *n.* hnyuv tws
vermillion, *n.* liab tseb; tsos liab tseb
vermin, *n.* hom tsiaj uas neeg kuj yug ua khoom ua si (xws li nas los yog luav)
vermouth, *n.* ib hom cawv mog tsau tshuaj; cawv tshuaj
vernacular, *n.* tej lus uas suav daws niaj hnub hais nyob hauv vaj hauv tsev; lus hauv vaj tse
vernal, *adj.* 1. ntsig txog lub caij nplooj ntoos hlav; 2. hluas
versatile, *adj.* muaj ntau yam peev xwm los yog kev siv
verse, *n.* 1. nqes; tej nqes; zaj; tej zaj; 2. paj huam; 3. ib tshooj luv luv nyob hauv Vaj Lug Kub; -*v.* kawm kom paub zoo zoo txog txoj kev kawm los yog txoj kev ua
version, *n.* 1. kev piav los yog pom ntawm ib tus tib neeg; ib tus neeg zaj lus piav los yog dab neeg; 2. lawj; theem; tshooj; 3. kev txhais ntawm phau Vaj Lug Kub; 4. qhov; hom (xws li qhov tshiab los qhov qub)
versus, *prep.* 1. piv rau; 2. tawm tsam
vertebra, *n.* cov yas txha ntawm tus txha nqaj qaum; yas txha nqaj qaum
vertebra prominens, *n.* cov tis txha nqaj qaum
vertebral artery, *n.* leeg ntshav liab raws txha caj dab
vertebral canal, *n.* kwj hlwb txha nqaj qaum; tus kwj hlwb txha nqaj qaum
vertebral column, *n.* txha nqaj qaum; txha caj qaum; yas txha nrob qaum
vertebrate, *n.* tus tsiaj uas muaj txha caj qaum
vertex, *n.* 1. qhov chaw cov kab sib tshuam; 2. qhov chaw siab tshaj plaws
vertical, *adj.* 1. ntseg; ntseg ntseg; 2. txoj kab sawv ntsug
vertigo, *n.* kiv taub hau; kiv ncig lees; qaug ncig leeg
verve, *n.* kev kub siab; kev lom zem
very, *adv.* 1. heev; 2. kawg; kawg kiag; kawg nkaus; 3. ua luaj; ua zaj ua ntxeev
vesicle, *n.* qhov su me me; qhov khoob me me (xws li lub qhov khoob me me nyob hauv lub pob zeb)
vespers, *n.* kev thov ntuj thaum yav tav su dua los yog yav tsaus ntuj
vessel, *n.* 1. thoob; lub thoob; 2. nkoj; 3. hlab ntshav; txoj hlab uas dej los yog ntshav hauv lub cev ntws mus los
vest, *n.* tsho khuam; -*v.* 1. tso cai los yog khoom rau tej tus neeg; 2. hnav tsho khuam rau
vestibular bulb, *n.* pob cos txia kua nplua qau
vestibule, *n.* 1. rooj vag; chaw nkag mus; 2. mom kaum; chaw txais qhua; 3. qab di ncauj; kis khoob nyob nruab nrab ntawm di ncauj thiab pos hniav
vestibulocochlear nerve, *n.* leeg xov suab ntsej; txoj leeg ntawm lub hlwb uas tswj kev hnov suab los yog hnov lus
vestige, *n.* lw; txoj lw; kab; txoj kab
vestment, *n.* tsoos tsho rau cov xib fwb
vestry, *n.* chaw khuam tsoos tsho los yog chaw cia khoom nyob tim tsev teev ntuj
veteran, *n.* 1. qub tub rog; 2. tus neeg uas ua ib txoj hauj lwm ntev ntev los lawm los yog paub ib yam hauj lwm dab tsi zoo zoo heev
Veterans Day, *n.* qub tub rog hnub uas yog lub 11 hlis ntuj tim 11
veterinarian, *n.* kws kho tsiaj mob
veto, *n.* lub zog thiab txoj cai uas tus thawj hau teb chaws muaj peev xwm txwv los yog cheem tsis pub ib tsab ncauj lus dhau mus ua ib tsab cai lij choj; -*v.* 1. thaiv los yog txwv tsis pub ib lub tswv yim dhau mus ua cai lij choj
vex, *v.* tsim teeb meem rau; ua kom ntxhov siab
VHS, *n.* kab xev *mauv vim*
via, *prep.* 1. ntawm; 2. raws; raws txoj kev
viability, *n.* kev yuav sawv los yog loj hlob taus
viable, *adj.* 1. muaj peev xwm ciaj loj

hlob taus; 2. siv tau; ua tau
viaduct, *n*. kev hla sab saud; choj tsheb; choj tsheb nqaj los tsheb ciav hlau
vial, *n*. lub hwj me me
vibrant, *adj*. 1. deeg; co; tshee; 2. siab kub lug
vibrate, *v*. 1. ntseeg; co; yoj; 2. teb zoo heev rau; —**vibration** *n*.
vicar, *n*. xib fwb teev ntuj hauv tej lub zos me me
vicarious, *adj*. nrog mob siab txij tog txij peg; mob siab cuag yog yus kiag
vice, *n*. 1. cuj pwm tsis zoo; 2. phem; tsis ncaj ncees; noj nyiaj noj txiaj; *-prefix*. tus lwm thawj
vice admiral, *n*. ib tus thawj rog hauv nkoj tua rog
vice president, *n*. lwm thawj; lwm hau
viceroy, *n*. hau xeev uas yog tus sawv cev tus hau teb chaws
vice versa, *adv*. rov quav; tig rov qab; ntxeev
vicinity, *n*. ib cheeb tsam; ib puag ncig
vicious, *adj*. 1. phem; siab phem; 2. qias neeg; vuab tsuab
vicissitude, *n*. 1. kev hloov yam ras tsis txog los yog tsis tshua muaj dua; 2. kev pauv hloov; 3. kev muaj peev xwm pauv hloov tau
victim, *n*. tus neeg uas raug tsim txom los yog raug tua; tus raug tsim txom
victimize, *v*. tsim txom lwm tus neeg; —**victimization** *n*.
victor, *n*. tus yeej
Victorian, *adj*. ntsig txog tus poj huab tais nyob teb chaws As Kiv los yog ntsig txog nws lub ncua caij nyoog
victory, *n*. kev yeej los yog kev muaj yeej
victuals, *n*. khoom noj; zaub mov
video, *adj*. ntsig txog duab hauv *this vis* los yog hauv *mauv vim*; *-n*. *vis dis aus*
videocassette, *n*. *vis dis aus kab xev*; *kab xev mauv vim*
videotape, *v*. kaw duab *vis dis aus*
vie¸ *v*. sib twv nrog; tawm tsam nrog; sib txeeb
Vietnam, *n*. Nyab Laj teb; teb chaws Nyab Laj muaj nrim teb chaws dav 329,560 kis lus mev ncig lees thiab muaj 84,402,966 tus pej xeem nyob rau xyoo 2006; Hmoob Nyab Laj muaj thaj tsam li ntawm 700,000 leej
Vietnamese, *adj*. *n*. 1. neeg Nyab Laj; 2. lus Nyab Laj; ntawv Nyab Laj
view, *n*. 1. qhov saib pom; qhov ntsia pom; 2. kev xam pom; 3. ncua muag; *-v*. saib; ntsia; xyuas
viewpoint, *n*. kis xauj pom; qhov kev xam pom
vigil, *n*. 1. txoj kev ua los yog lub caij nyoog uas nyob tos ib yam dab tsi yam tsis tsaug zog li; 2. ncua caij nyoog ntev loo uas nyob saib tus neeg mob los tus neeg yuav tuag; 3. hnub uas muab rau txoj kev ntseeg ntuj
vigilant, *adj*. 1. ceev ceev faj; ceev ceev xeeb; 2. tsis tsaug zog li
vigilante, *n*. ib tus ntawm ib pab neeg sab nraud uas txov kom txhob muaj kev tub sab tub nyiag
vignette, *n*. 1. ib qhov luv luv ntawm zaj *mauv vim* los yog ntawm phau ntawv; 2. daim duab los yog qauv dab tsi uas tso ua ntej thiab ua qab ntawm tej tshooj ntawv los yog ntawm ib zaj dab neeg; 3. daim duab uas muab kho ntug kom npliag mus haum nplooj ntawv; *-v*. 1. piav ib qho luv luv; 2. kho duab kom npliag mus sib haum zoo
vigor, *n*. 1. zog; dag zog; 2. kev mob siab; kev cuab zog; —**vigorous** *adj*.
vile, *adj*. phem; tsis zoo
vilify, *v*. hais phem rau; hais phem txog
villa, *n*. lub tsev nyob tom hav zoov los yog puag tom ntug zos uas siv nyob ua si
village, *n*. zos; lub zos; zej zos
villager, *n*. neeg hauv zos
villain, *n*. neeg phem
villainous, *adj*. phem; hu loj
vim, *n*. zog; lub zog
vindicate, *v*. 1. pauj; pauj kua zaub ntsuab; 2. dim ntawm txoj kev raug iab liam; 3. daws kom dim; tiv thaiv; hais khov kho; tuav rawv; 4. tau kev ncaj ncees; —**vindication** *n*.
vindictive, *adj*. nrhiav kev pauj kev chim; nrhiav kev pauj kua zaub ntsuab
vine, *n*. hmab
vinegar, *n*. 1. kua qaub; 2. lus phem; siab phem; 3. kev muaj siab los yog muaj dag zog

vineyard, *n.* vaj txiv hmab
vintage, *n.* 1. cawv laus; 2. hnub nyoog thiab qhov chaw ua cawv; 3. qhov pib ntawm ib yam dab tsi; lub hauv paus; 4. hnub nyoog ntev li cas ntawm ib yam dab tsi; 5. kev sau txiv hmab los ua cawv; kev pib ua cawv
vinyl, *n.* ntaub hlua kaus; ib hom ntaub uas khov heev
viola, *n.* ib hom nkauj nog ncas tab sis nrov laus dua
violate, *v.* ua txhaum; hla cai; hla txoj cai
violation, *n.* kev ua txhaum; kev hla txoj cai
violator, *n.* tus neeg ua txhaum; tus neeg hla txoj cai
violence, *n.* 1. xwm txheej; teeb meem; 2. kev kub ntxhov
violent, *adj.* muaj teeb meem
violet, *n.* 1. ib hom paj me me; 2. tsos xiav liab tseb
violin, *n.* nkauj nog ncas; *xem xau* (L)
VIP, *n.* neeg tseem ceeb heev (luv los ntawm *very important person*)
viper, *n.* 1. ib hom nab muaj taug; 2. tus neeg siab phem
virago, *n.* 1. tus poj niam uas suab nrov nrov, cem cem neeg, thiab tsiv tsiv heev; 2. tus poj niam uas muaj muaj zog thiab muaj muaj peev xwm
viral, *adj.* ntsig txog tus kab mob uas kis tau; raug los ntawm kab mob
virgin, *n.* 1. nkauj xwb; nraug xwb; tus neeg uas tsis tau sib deev dua; 2. tus poj niam uas tsis tau yuav txiv dua; *-adj.* 1. dawb huv; tsis tau tsuas; 2. xwb heev
virgule, *n.* txoj kab no / uas siv khij cais lus; kab cais lus
virile, *adj.* 1. cuj pwm xws txiv neej yawg; 2. muaj zog muaj kev xav li txiv neej yawg; 3. muaj zog ua tau txiv neej (xws li muaj peev xwm nrog poj niam pw)
virtual, *adj.* 1. ze ze lawm tab sis tsis tau yog kiag li ntawd; 2. tseem ceeb; 3. zoo siv
virtue, *n.* 1. kev ua siab zoo ua siab ncaj ncees; 2. kev coj zoo; 3. kev dawb huv uas tsis ua plees ua yi
virtuosity, *n.* kev muaj txuj ci zoo (xws li kev ntaus paj nruas)
virtuoso, *n.* tus neeg uas muaj txuj ci ua yeeb yam zoo heev nyob hauv txoj kev hu nkauj los yog ntaus paj nruas
virtuous, *adj.* 1. siab zoo; siab ncaj ncees; coj zoo; 2. dawb huv; tsis muaj kev txhaum
virulent, *adj.* 1. phem heev; loj heev; 2. muaj kev phem, kev ntxub ntxaug, los kev qias neeg ntau heev
virus, *n.* 1. kab mob uas kis rau lwm tus neeg tau; 2. kab mob uas ua rau *koos pis tawj* puas tau los yog ua rau cov ntaub ntawv nyob hauv *koos pis tawj* puas
visa, *n.* 1. ntawv hla nrim; daim ntawv tso cai nkag rau ib lub teb chaws; 2. ib hom *khaj* rho nyiaj
vis-à-vis, *n.* kev tim ntsej tim muag
visage, *n.* ntsej muag; lub ntsej muag
viscera, *n.* plab hnyuv; tej khoom hauv lub nrog cev
visceral, *adj.* 1. nruab cev; nruab nrog; 2. ib txwm muaj los; yug nrog los; 3. tu siab heev
viscid, *adj.* nyeem nyeem; khov; nkoog
viscose, *n.* tej yam nyeem nyeem; kua nyeem nyeem
viscount, *n.* ib tus tub nom nyob rau teb chaws As Kiv
viscountess, *n.* 1. tus poj niam ntawm ib tus nom nyob rau teb chaws As Kiv; 2. tus poj niam nom nyob teb chaws As Kiv
viscous, *adj.* nyeem nyeem; khov; nkoog
vise, *n.* qhov twj uas tuav tej yam dab tsi kom txhob txav es thiaj zoo ua hauj lwm los yog zoo txiav; *-v.* muab ntswj tuav khov khov rau
visibility, *n.* qhov pom kev zoo li cas; qhov deb uas qhov muag pom txog; kev pom kev
visible, *adj.* 1. muaj peev xwm pom tau; 2. cuab tha; cuab nplhib
vision, *n.* 1. zeem muag; 2. hom phiaj; 3. qhov muag pom kev zoo li cas
visionary, *adj.* 1. muaj zeem muag; 2. ua nraug zeeg muag; 3. siv tsis tau
visit, *v.* xyuas; mus xyuas; mus saib; thuv; *-n.* kev saib xyuas
visiting nurse, *n.* tus neeg tshuaj xyuas mob nkeeg uas mus saib tus

mob tom tsev
visitation, *n.* kev sib saib sib xyuas; kev sib tsham
visitor, *n.* qhua; tus qhua; tus neeg uas tuaj saib yus
vista, *n.* 1. kev pom deb deb los yog pom dav dav (xws li nyob saum roob saib mus); 2. chaw nuam yaj
visual, *adj.* 1. ntsig txog qhov uas qhov muag pom; 2. muaj peev xwm pom tau
visual area, *n.* thooj hlwb tswj kev xam pom los yog saib pom
visualize, *v.* xam pom nyob hauv lub hlwb los yog nyob hauv lub siab; —**visualization** *n.*
vital, *adj.* 1. tseem ceeb rau lub neej thiab txoj sia; 2. ciaj tuag sib nrawg; 3. tseem ceeb heev
vitality, *n.* 1. lub zog; 2. txoj sia qhov yuav ciaj los yog sawv taus
vital signs, *n.* 1. mem tes; 2. tus pa; kev ua pa; 3. roj ntsha
vitamin, *n.* tshuaj qab los; tshuaj ntxiv zog; tshuaj muaj zog; tshuaj *viv tas mees*
vitiate, *v.* 1. ua rau poob nqi los yog puas; 2. ua rau tsis zoo los yog tsis ua hauj lwm lawm; —**vitiation** *n*; —**vitiator** *n.*
vitreous, *adj.* zoo xws iav
vitreous humor, *n.* cov kua dej nyob hauv lub pob qhov muag; taub dej qhov muag
vitriol, *n.* 1. ib hom faj; 2. lus phem; lus sib cav sib ceg; kev ntsim siab; -*v.* cem; hais lus phem rau
vituperate, *v.* siv lus phem; cem; thuam; —**vituperation** *n.*
vivacious, *adj.* lom zem heev; txaus siab heev; haum siab heev
vivid, *adj.* 1. tshiab tshiab; 2. meej meej; 3. tseeb tseeb
vividly, *adv.* meej meej; tseeb tseeb
vivify, *v.* muab txoj sia rau; ua kom ciaj sia
vivisection, *n.* kev kawm phais tsiaj (uas tus tsiaj tseem ciaj ciaj)
vixen, *n.* 1. tus poj niam uas cem neeg heev; tus poj niam uas tsiv heev; 2. maum hma
vocabulary, *n.* lo lus; tej lo lus; ib co lus ntsig txog ib yam dab tsi
vocal, *adj.* 1. ntsig txog lub suab; tsim tawm los ntawm lub suab; 2. hais tso tshav plhuav; 3. hais taus heev
vocal cords, *n.* qa; pob qa
vocalist, *n.* kws hu nkauj; tus hu nkauj
vocalize, *v.* 1. hu nkauj; 2. tsim ua suab; 3. qog ua lus; hais lus; 4. muab hloov ua suab
vocation, *n.* txoj hauj lwm
vociferous, *adj.* toog ntsej heev; nrov heev
vodka, *n.* cawv dawb
vogue, *n.* ib vuag dhau; ib yam uas tsuas nrov npe ib vuag xwb
voice, *n.* 1. suab; suab tawm ntawm qhov ncauj; 2. qhov kev xav tau los ntawm ib pawg neeg; -*v.* hais tawm; tshaj tawm
void, *adj.* 1. tsis muaj dab tsi nyob hauv; 2. tsis muaj dab tsi khi tseg; 3. tsis raws txoj cai; -*n.* 1. chaw khoob; chaw qhuav; 2. xav zoo li tsis muaj dab tsi tag nrho li; -*v.* 1. rho tawm; tso tawm; 2. muab rhuav pov tseg (xws li tej ntawv cog lus)
volatile, *adj.* 1. yaj yooj yim; tsis sov heev los yeej yaj taus; 2. hloov sai heev; yuav hloov thaum twg los hloov li
volatility, *n.* 1. kev yaj ua pa lawm; 2. kev pauv hloov
volcano, *n.* rwj av; qhov av npau; qhov av kub hnyiab (tawg ua cov kua av kub kub ntws tawm)
volition, *n.* raws siab xav; raws siab nyiam; tsis muaj yuam kev
volitional, *adj.* ntsig txog txoj kev ua raws siab nyiam uas tsis muaj neeg yuam tau
volley, *n.* 1. ib co xub los yog mos txwv tua ya tuaj mus ua ib ke; ib sob ib sob xub los yog mos txwv ya tuaj mus; 2. kev tib txhij tua ntau ntau rab phom los yog hneev ua ke
volleyball, *n.* pob ntaus; hom pob ntaus uas muaj daim vas hlua thaiv nruab nrab
volt, *n.* kev ntsuas lub zog hluav taws xob tso khiav taug hlua tuaj mus
voltage, *n.* lub zog hluav taws xob muaj loj npaum li cas
voluble, *adj.* hais tau lus zoo thiab npliag heev
volubility, *n.* kev hais lus tau zoo thiab npliag heev

volubly, *adv*. npliag
volume, *n*. 1. phau ntawv; 2. qhov ntau los tsawg (ntawm ib yam dab tsi); 3. lub suab nrov; qhov kaw los yog qhib suab; 4. ib txoj kev ntsuas chaw saib dav li cas
voluminous, *adj*. ntau heev; loj heev
voluntary, *adj*. yeem; zoo siab; pab dawb; ua dawb dawb
volunteer, *n*. tus neeg ua hauj lwm pub dawb rau lwm tus neeg los yog rau ib lub koom haum; -*v*. pab dawb; pab qhuav
voluptuous, *adj*. 1. muaj heev; zoo heev (los ntawm lub neej nplua nuj); 2. zoo nkauj heev; zoo ntxim nyiam heev
volvulus, *n*. hnyuv ntswj; hnyuv sib rig
vomer bone, *n*. txha qaum qhov ntswg nruab nrog
vomit, *v*. ntuav
voodoo, *n*. 1. ib txoj kev ntseeg tshwm sim los ntawm cov neeg nyob rau teb chaws *As Fiv Kas* uas ib qhov yog kev ua khawv koob tua neeg; 2. tus neeg uas coj txoj kev cai dab qhuas *voodoo*; 3. cov khoom uas siv nyob rau hauv *voodoo*
voracious, *adj*. hu loj; noj pes tsawg los tsis txaus; tshaib plab tas li
voraciousness, *n*. kev hu loj; kev noj ntau; kev tshaib plab heev
vortex, *n*. yis dej; dej ntaus yis
votary, *n*. 1. tus ntseeg; tus neeg uas ntseeg tuag nthi rau ib yam dab tsi; 2. tus pe hawm
vote, *v*. xaiv tsa; pov ntawv; -*n*. cov suab xaiv tsa
votive, *adj*. ntsig txog kev cog lus los yog pom zoo
vouch, *v*. tab; lees; nres
voucher, *n*. 1. daim ntawv pov thawj; 2. daim ntawv txais khoom pab cuam los yog kev pab cuam
vouchsafe, *v*. tso cai rau (kom dhau xwb); cog lus rau (kom dhau mus)
vow, *v*. cog lus
vowel, *n*. suab; yub (Ntawv Soob Lwj); tsiaj ntawv niam
voyage, *n*. txoj kev deb heev uas mus hauv dej (nkoj) mus los yog mus saum ntuj (dav hlau) mus; -*v*. mus ib txoj kev deb heev
Vue, *n*. xeem Vwj; ib xeem ntawm ntau ntau xeem Hmoob
vulcanize, *v*. ua kom haj yam khov los yog ruaj; —**vulcanization** *n*.
vulgar, *adj*. 1. neeg dog dim; neeg liaj neeg teb; pej xeem qhuav qhuav; 2. tsis muaj kev txhim kho kom zoo; 3. coj cuj pwm phem los yog hais lus phem
vulgarity, *n*. 1. kev poob qab tsis muaj kev txhim kho; 2. lus phem; cuj pwm phem
vulnerability, *n*. kev qiag; qhov qiag; qhov tsis khov; kev qhib qhov rooj rau kev phem nkag tau yooj yim
vulnerable, *adj*. 1. ntxiav; 2. qiag; tsis khov; qhib kev rau kev phem nkag tau yooj yim
vulture, *n*. ib hom dav loj loj uas noj nqaij; liv nyug
vulva, *n*. paum; pim; chaw mos poj niam (sab nraud, tsis yog lub qhov kiag)
vying, *v*. sib twv nrog; tawm tsam nrog; sib txeeb (saib *vie*)

W

w, *n*. tus tsiaj ntawv As Kiv thib 23
wad, *n*. 1. ib pawg; ib thooj; ib tsuag; 2. ib thooj uas muab ntsaws los yog kaw ib yam dab tsi kom txhob nchuav; -*v*. muab sau los ua ib pawg; sau los ua ib ke
waddle, *v*. maj mam taug kev ua tej kauj ruam me me; mus li yuav ntog yuav ntog
wade, *v*. 1. mus tsis yooj yim; hla tsis yooj yim; ua tsis yooj yim; 2. plos ua mus; maub ua mus; -*n*. kev maub dub ua ib yam dab tsi; kev ua ib yam dab tsi uas tsis yooj yim
wafer, *n*. cov khoom noj txom ncauj tej daim nyias nyias thiab nkig nkig
waffle, *n*. 1. ib cov khoom noj uas yog *nplem*; 2. cov lus hais los yog sau uas sau los yog hais lug heev; -*v*. hais los yog sau dav dav los yog lug lug heev (tsis hais ncaj qha rau lub ntsiab)
waft, *v*. txav me me los yog co me me thaum cua tshuab los yog dej ntsawj

wag, *v.* yoj mus mus los los; ua viav vias ib sab rau ib sab; *-n.* kev ua zog los yog tsis ruaj; kev yoj
wage, *v.* raus tes rau; nkag rau; *-n.* 1. nyiaj them rau tus neeg ua hauj lwm; nyiaj hli; 2. nyiaj them nqe
wager, *v.* twv; sib twv xws li twv txiaj
waggle, *v.* ua ua zog; tsis khov
wagon, *n.* 1. lub dab uas muaj plaub lub log rau nees cab; 2. me nyuam yaus lub dab cab thauj khoom ua si
waif, *n.* tus me nyuam uas tsis muaj vaj muaj tsev nyob
wail, *v.* nyiav; quaj vim muaj tib neeg tuag
wainscot, *n.* txiag ntoo xov phab ntsa tsev sab hauv tsev (feem ntau yog cov uas xov txij duav rov hauv)
waist, *n.* 1. duav; lub duav; 2. qhov zoo li lub duav
wait, *v.* 1. tos; nyob tos; 2. ncua; *-n.* 1. lub caij nyoog nyob tos; 2. kev muab ncua
waiter, *n.* tus txiv neej txhab zaub mov los yog nqa zaub mov rau neeg noj (nyob hauv khw noj mov)
waiting room, *n.* chav zaum tos; chaw so tos
waitperson, *n.* tus neeg txhab zaub mov los yog nqa zaub mov rau neeg noj
waitress, *n.* tus poj niam txhab zaub mov (nyob hauv khw noj mov)
waive, *v.* kav liam; tso tseg; puam chawj tsis hais txog lawm
waiver, *n.* txoj kev kav liam los yog muab tso tseg tsis hais ntxiv lawm
wake, *v.* 1. sawv; tsis pw lawm; tsis tsaug zog lawm; 2. saib xyuas; *-n.* 1. kev sawv xws li tsis pw; 2. kev saib xyuas tus neeg tuag; 3. txoj lw nkoj; nkoj txoj lw
wakeful, *adj.* tsis tsaug zog; tsaug tsis taus zog
waken, *v.* sawv; tsis pw lawm
wake up, *v.* 1. tsim (hauv dab ntub los); 2. tsa; tsa kom sawv; 3. sawv; tsis pw lawm
wale, *n.* 1. tawv nqaij su los yog sawv kiag ib kaj (xws li thaum xuas hlua nplawm); 2. leej leeg ntaub
walk, *v.* mus kev; taug kev; *-n.* 1. kev taug kev los yog mus taw; 2. chaw los yog txoj kev taug mus; 3. qhov deb ntawm txoj kev uas yuav taug kev mus; 4. txoj kev ua neej nyob
walking stick, *n.* pas nrig
wall, *n.* phab ntsa; ntsa yeej; *-v.* thaiv; xov; ua phab ntsa thaiv
wallaby, *n.* ib hom tsiaj uas muaj nyob rau Auv Tas Lias uas lawv muaj qhov ev me nyuam ntawm xub ntiag; *khees nkas lus*
wallet, *n.* hnab nyiaj; txiv neej li hnab rau nyiaj
wallflower, *n.* 1. ib hom paj ntoo; 2. tus neeg uas nyob ib cag saib xwb
wallop, *v.* ntaus siv zog heev; ntaus nrov heev; *-n.* 1. qhov raug ntaus hnyav heev; 2. kev muaj peev xwm ntaus siv zog heev
wallow, *v.* 1. daig nyob hauv av nkos; 2. ntog; 3. qhuas tus kheej heev; khav theeb heev
wallpaper, *n.* ntawv lo phab ntsa tsev kom zoo nkauj
walnut, *n.* ib hom txiv ntoo noj qab qab rog
walrus, *n.* ib hom tsiaj loj loj nyob hiav txwv uas muaj kaus
waltz, *n.* ib hom kev seev cev
wampum, *n.* ib hom noob uas cov neeg Mes Kas Is Dias los yog Qhab siv ua txiaj
wan, *adj.* 1. daj ntseg; 2. mob
wand, *n.* 1. cwj nrig; pas nrig; 2. qws
wander, *v.* laij (ua si); mus rau ub rau no; ua loj leeb
wanderer, *n.* neeg loj leeb
wanderlust, *n.* kev quav rau txoj kev ua loj leeb
wane, *v.* 1. nqig; nqig zuj zus; tsawg zuj zus, tsuag zuj zus; 2. poob hwj chim
wangle, *v.* tau los ntawm txoj kev dag los yog nyiag
want, *v.* 1. xav; xav tau; 2. yuav; 3. nyiam
wanting, *adj.* 1. tsis txawm peem; tsis nyob ntawd; 2. tsis zoo txaus; 3. puas lawm
wanton, *adj.* 1. phem; siab phem; 2. tsis ncaj; tsis dawb huv; 3. tsis xav txog lwm tus neeg txoj cai los yog lub siab lub ntsws li; 4. ua raws siab nyiam; *-n.* 1. tus neeg siab phem; 2. neeg tsis ncaj ncees; neeg tsis dawb huv

wapiti, *n.* ib hom tsiaj zoo li mos lwj tab sis loj tshaj
war, *n.* tsov rog; rog; kev sib ntaus sib tua; -*v.* ua rog rau; ntaus; tua
warble, *n.* suab paj nruas; -*v.* hu nkauj los yog ntaus paj nruas
warbler, *n.* ib hom noog me me uas quaj tau zoo zoo mloog
ward, *n.* 1. ib koog zej zos uas muab cais raws txoj kev xaiv nom xaiv tswv (xws li yus nyob koog twg ces mus xaiv nyob rau koog ntawd); 2. cov chav chaw ua hauj lwm nyob hauv tsev loj cuj los yog nyob hauv tsev kho mob; 3. kev saib xyuas lwm tus neeg tsis pub tawm tau; 4. tus neeg uas raug tiv thaiv los ntawm tsev hais plaub los yog los ntawm tus txiv qhuav; 5. chav pw tim tsev kho mob uas txaus li rau tus neeg mob pw rau ib chav; 6. kev cais mob nkeeg ua tej pab pawg nyob rau tim tsev kho mob kom paub saib xyuas yooj yim; -*v.* tig mus rau ib sab; tig rau sab tod
-ward, *suffix.* suam los yog sab; kis; txoj kev mus rau
warden, *n.* 1. txiv qhuav; tus saib xyuas; 2. thawj tub ceev xwm; 3. tus tub ceev xwm nyob hauv tsev loj cuj los yog qhov taub
warder, *n.* 1. tus neeg uas nyob ntawm ib qhov chaw zov cov neeg raug txim hauv qhov taub; 2. tus tub ceev xwm uas saib neeg raug txim nyob hauv tsev loj cuj los yog qhov taub
wardrobe, *n.* 1. chaw rau khaub ncaws; 2. khaub ncaws; ris tsho
ware, *n.* 1. khoom muag; 2. khoom muab av nplaum puab
warehouse, *n.* tsev rau khoom (ua ntej xa tawm mus rau lwm qhov)
warfare, *n.* 1. kev ua tsov ua rog; kev sib ntaus sib tua; 2. kev nyiaj ntxeem
warhead, *n.* hau mos txwv; qhov uas ya mus tawg
warlike, *adj.* ntsig txog tsov rog; siv nyob hauv tsov rog
warm, *adj.* 1. sov; tsis no; 2. zoo; siab zoo; 3. qhia siab dawb paug; -*v.* 1. nte taws; 2. txhiab; txhiab kom sov; 3. ua kom swm
warmonger, *n.* tus neeg uas tsim kom muaj tsov rog
warmth, *n.* 1. qhov sov; txoj kev sov; 2. kev zoo siab los yog kub siab
warn, *v.* ceeb toom; qhia
warp, *v.* 1. ntswj; 2. lem; 3. tig; ntxeev; -*n.* 1. xov; cov xov rov ntsug ntawm daim ntaub; 2. kev ntxeev, tig, los yog pauv hloov
warrant, *n.* 1. kev tso cai; 2. ntawv tso cai ua ib yam dab tsi; -*v.* 1. tab; nres; pab cuam; 2. pom zoo; 3. plov meej; qhia qhov tseeb
warrant officer, *n.* ib tus nom nyob hauv tub rog los yog nyob hauv nkoj ua rog
warranty, *n.* kev tab los yog tuaj yeem tias yam khoom no yuav zoo thiab yog tsis zoo los coj tuaj pauv los thim tau nyob rau lub caij nyoog pes tsawg hnub los hli
warren, *n.* chaw ceev luav thiab cia luav ua me nyuam
warrior, *n.* tub rog; neeg tua rog (qhov loj yog thaum tseem xuas ntaj riam thiab hmuv sib tua)
warship, *n.* nkoj tua rog
wart, *n.* cos; pob cos (cos tes, cos taw)
wary, *adj.* ceev ceev faj tsam muaj neeg phem
was, *v.* yog (dhau los lawm)
wash, *v.* 1. ntxhua; zawv; 2. ntxuav; 3. tshoob (raws dej mus); dej tshoob
washboard, *n.* 1. daim txiag tiag ntxhua khaub ncaws; 2. taw ntsa; 3. ntug thaiv dej
washbowl, *n.* tais rau dej ntxuav muag los yog ntxuav tes; tais ntxuav tes; tais ntxuav muag
washcloth, *n.* phuam ntxuav muag los yog txhuam ib ce
washed-up, *adj.* 1. tsis zoo siv lawm; 2. tsis muaj peev xwm lawm; 3. siv tsis tau lawm
washer, *n.* 1. tshuab ntxhua khaub ncaws; 2. lub npib hlau to qhov hauv plawv uas siv xiab chaw ntswj kom khov; npib tho plawv
washing, *n.* khoom ntxhua
washing machine, *n.* tshuab ntxhua khaub ncaws
washout, *n.* 1. kev dej kuav los yog yaug tej av mos; 2. kev poob ib yam dab tsi xws li lag luam; 3. kev ua tsis sawv lawm; kev ntog lawm
washroom, *n.* chav dej

wasp, *n.* nkawj; ib hom kab zoo li muv
waspish, *adj.* meem txom
wassail, *n.* 1. kev haus dej cawv rau ib tus neeg kom nws noj qab nyob zoo; 2. dej cawv haus rau lub caij muaj kev nquam toj los yog lom zem; 3. kev haus cawv ua lwj ua liam
waste, *v.* 1. nkim; laug (sij hawm); 2. ua puas; *-n.* 1. khoom pov tseg; khoom vuab tsuab; *khib nyiab* (L); 2. chaw seem uas tsis zoo qoob loo los yog tsis muaj neeg nyob; *-adj.* 1. seem; tsis siv lawm; 2. pov tseg; 3. tsis tseem ceeb lawm
wastebasket, *n.* thoob rau khoom pov tseg; thoob vuab tsuab; thoob *khib nyiab* (L)
wasteful, *adj.* luam thuam; nkim; pov tseg
wastefulness, *n.* kev tsis paub txuag; kev nkim pov tseg
wasteland, *n.* av qhuav tsis zoo ua noj ua haus thiab neeg nyob tsis tau
wastrel, *n.* tus neeg uas nkim ub no pov tseg; tus neeg tsis txuag
watch, *v.* 1. saib; xyuas; ntsia; 2. zov; *-n.* teev; teev caij; thaus; *moo* (L)
watchdog, *n.* 1. aub los yog dev zov tsev; 2. tus neeg zov tsev
watchful, *adj.* ceev ceev faj; saib zoo zoo
watchmaker, *n.* kws ua teev los yog ua *moo* (L)
watchman, *n.* tus neeg saib xyuas
watchword, *n.* 1. lo lus zais uas siv saib puas yog tib tog; 2. lus piv txwv; kab lus uas suav daws paub
water, *n.* auv; dej; *-v.* ywg; ywg dej rau; ywg auv rau
water buffalo, *n.* twm
watercolor, *n.* daim duab kos los ntawm tsos dej
watercourse, *n.* kwj deg
watercress, *n.* ib hom zaub *xam lav*
waterfall, *n.* dej poob tsag; dej tsaws tsag
waterfowl, *n.* ib hom noog uas nyob taug hav dej
waterfront, *n.* ntug dej
water heater, *n.* taub rhaub dej kub; taub dej kub
water lily, *n.* ib hom nroj hav dej
waterline, *n.* ciav dej
waterlogged, *adj.* ntim dej; muaj dej nyob hauv; tsau dej
watermark, *n.* 1. txoj kab uas dej nyab tuaj txog; qhov dej nyab txog; 2. txoj kab nyob hauv daim ntawv uas muab tsom ntawm duab teeb los duab hnub mas thiaj pom
watermelon, *n.* dib liab
water moccasin, *n.* ib hom nab nyob rau Mes Kas Qab Teb
waterpower, *n.* tshuab rub dej; tshuab nqus dej
waterproof, *adj.* tsis nkag dej; tsis txheem dej; *-v.* ua kom dej nkag tsis txheem
watershed, *n.* 1. lub vos hav uas sau dej sau nag mus rau hauv tus dej los yog kwj ha; lub nqaj roob uas cais ob tus dej rau ob sab; 2. qhov tseem ceeb heev uas tig hlo los yog hloov hlo lub neej mus rau ib suam lawm
water ski, *n.* kev caij *xis kis* saum dej
waterspout, *n.* qhov dej; ciav dej; 2. cua daj cua dub kiv saum npoo dej
watertight, *adj.* 1. khov heev dej nkag tsis txheem; 2. tsis cia muaj kev poob siab; lis kom meej meej zoo zoo
waterway, *n.* kev los yog kab rau nkoj mus raws; kev nkoj
waterworks, *n.* chaw tso dej tawm rau hauv nroog
watery, *adj.* 1. muaj dej; txia dej; 2. zoo xws dej; 3. muag muag; tsis muaj zog; 4. ntub
watt, *n.* ib txoj kev ntsuas hluav taws xob lub zog
wattle, *n.* 1. laj kab ntxaij; cov ntxaij uas siv puab phab tsa tsev av rau; 2. tsiab tsaig; lub caj dab cuas cuas luam ntawm tej hom noog los yog puam coos khem
wave, *v.* co; co tes; yoj; yoj tes; *-n.* vuag; nphwv; nthwv dej
wavelength, *n.* 1. suab cua; 2. kev xav; kev to taub
waver, *n.* 1. kev hloov siab mus mus los los; 2. kev laim laim; 3. kev yig yam tsis xav ua
wax, *v.* 1. xob; su; loj zog tuaj; 2. xiab (xws li *hli xiab*); 3. siv quav ciab zaws; *-n.* quav ciab
waxen, *adj.* muab quav ciab ua; zoo li quav ciab
waxy, *adj.* quav ciab; ciab; xws quav

ciab

way, *n.* kev; txoj kev; *-adv.* puag (xws li *way over there*)

waybill, *n.* daim ntawv uas xa nrog cov khoom uas nws qhia meej meej txog cov khoom thiab cov nqi

wayfarer, *n.* tus neeg taug kev uas mus ko taw; tus neeg taug ko taw

waylay, *v.* nkaum tos; zov kev tua; cuam tshuam

wayside, *n.* chaw so ntawm ntug kev

wayward, *adj.* 1. ua raws tus kheej txoj kev ntseeg; 2. twv tsis tau

we, *pron.* peb; wb

weak, *adj.* nkees; tsis muaj zog; tsaug; qaug zog

weakling, *n.* tus neeg uas cev nqaij daim tawv thiab lub siab los yeej tsis muaj zog li

weakly, *adv.* qaug zog

weakness, *n.* 1. qhov tsis khov; qhov qiag; qhov muag; 2. kev tsis muaj zog

wealth, *n.* nyiaj txiag (suab hloov los ntawm *nyiaj txiaj*); kev muaj nyiaj

wealthy, *adj.* nplua nuj; muaj nyiaj

wean, *v.* 1. txiav tsis pub noj mis niam lawm; noj lwm yam khoom es tsis noj mis; 2. tso tseg; 3. swm thaum ntxov ntxov los yog me me los lawm

weapon, *n.* riam phom; cuab yeej ua rog

wear, *v.* 1. hnav; hnav ris tsho; 2. ntoo; ntoo kaus mom; 3. rau; rau khau; 4. coj; coj saw; 5. sia; sia siv

wearisome, *adj.* ua rau sab, nkees, los yog qaug zog

weary, *adj.* 1. sab; nkees; qaug zog; tsis muaj zog; 2. tag kev cia siab

weasel, *n.* ib hom tsiaj me me zoo li tus luj uas noj nqaij

weather, *n.* huab cua; *-v.* tiv huab cua los yog tshav nag

weather-beaten, *adj.* puas los yog qub los ntawm txoj kev raug huab cua los yog raug tshav nag

weatherman, *n.* kws huab cua; tus neeg qhia txog huab cua tshaj tawm nyob hauv TV los yog xov tooj cua

weave, *v.* 1. hiab (xws li hiab lev); 2. ntos; ntos ntaub ntos xov

web, *n.* 1. tsev kab laug sab; 2. vas; vas sab; 3. kev sib txuas nyob hauv *is thaws nej*

webbing, *n.* ib hom ntaub los yog hlua khov khov

website, *n.* vas sab (xws li www.hmongabc.com); *vej xaij*

wed, *v.* 1. sib yuav (ua txwj nkawm); 2. sib sau los ua ke

wedding, *n.* 1. rooj tshoob; 2. kev noj tshoob

wedge, *n.* 1. tsuas; tus tsuas; 2. nplais; daim nplais ntoo; *-v.* 1. npuj tsuas rau kom tawg; 2. yuam mus rau qhov chaw ti

wedlock, *n.* kev sib yuav ua niam txiv los yog txwj nkawm

Wednesday, *n.* Hnub Peb; *vas phuv* (L)

wee, *adj.* me me heev

weed, *v.* dob nroj; *-n.* nroj; nroj tsuag

weeds, *n.* khaub ncaws tsev xyom cuab hnav thaum muaj neeg puv 120 xyoo

weedy, *adj.* fab; muaj nroj heev

week, *n.* kiab (lo lus no li chiv keeb yog los ntawm tias thaum ub mas xya hnub twg Hmoob Suav mus kav ib lub kiab ib zaug. Yog li no lo lus *kiab* thiaj li peem tsheej los ua peb Hmoob lo lus rau *week*. Lo lus *kiab* no to taub thiab siv thoob plaws rau Hmoob Yus Naj thiab Hmoob Nyab Laj); ib kiab (HC); xya hnub; *as thiv* (L)

weekday, *n.* hnub ua hauj lwm; Hnub Ib txog Hnub Tsib (los yog hnub *Monday* txog hnub *Friday*)

weekend, *n.* hnub so; Hnub Rau thiab Hnub Xya (los yog hnub *Saturday* thiab hnub *Sunday*)

weekly, *adj.* txhua txhua kiab (HC); txhua txhua xya hnub twg

weep, *v.* quaj; kua muag poob

weevil, *n.* ib hom kab

weft, *n.* cov xov ua ntos

weigh, *v.* 1. luj; luj saib hnyav li cas; 2. xav zoo zoo; 3. tshem tus thauj tog tuav nkoj tawm; 4. nias

weight, *n.* 1. ceeb thawj; ceeb lag; 2. qhov hnyav; 3. kev ntxhov siab; 4. qhov tseem ceeb; *-v.* ntim hnyav hnyav rau

weighty, *adj.* hnyav hnyav; hnyav heev

weird, *adj.* txawv txawv; txawv heev

welcome, *v.* tos txais

weld, *v.* cam; txuas; ham; cob

welder, *n.* kws cam hlau; kws ham

hlau

welfare, *n.* 1. kev noj qab nyob zoo; 2. kev pab cuam los ntawm tseem fwv

well, *adv.* 1. nyob zoo; 2. tsis muaj mob muaj nkeeg; *-adj.* zoo heev; *-n.* qhov tshij; qhov dej haus

well-adjusted, *adj.* 1. tus yees; haum zoo; 2. sib txig sib luag

well-advised, *adj.* 1. ceev faj zoo; 2. paub zoo; 3. ncaj ncees

well-balanced, *adj.* 1. sib txig sib luag; tus yees; ncaj nruab nrab; 2. siab tus tus

well-being, *n.* kev noj qab nyob zoo, kev zoo siab, thiab kev vam meej

well-bred, *adj.* muaj cuj pwm zoo

well-done, *adj.* 1. ua tau zoo heev; 2. ua siav siav (xws li ci nqaij nyuj)

well-heeled, *adj.* nplua nuj; muaj nyiaj

well-informed, *adj.* 1. paub qab hau; thoob tsib to nrog; 2. paub xov xwm zoo

well-meaning, *adj.* muaj lub siab zoo; muaj hom phiaj zoo

well-nigh, *adv.* ze ze

well-off, *adj.* muaj nyiaj muaj txiaj; ua neej zoo; nplua nuj

well-read, *adj.* 1. nyeem ntawv ntau; 2. nyiam nyeem ntawv; 3. paub ub no zoo los ntawm txoj kev nyeem ntawv

well-rounded, *adj.* paub dav; paub txhua yam; qhov twg los tuaj tau

wellspring, *n.* hauv paus; cag

well-to-do, *adj.* vam meej; muaj nyiaj txiag

welsh, *v.* 1. nyom tsis them nuj nqes; khiav nuj nqes; 2. rhuav lus; rhuav kev cog lus

Welsh rabbit, *n.* ib taig khoom noj uas muab cov tshij (*cheese*) yaj yaj los ywg rau cov khoom noj

Welsh rarebit, *n.* ib taig khoom noj uas muab cov tshij (*cheese*) yaj yaj los ywg rau cov khoom noj

welt, *n.* 1. txoj leej leeg uas xaws tuav daim qab xib khau rau txhais khau; qhov uas xaws nyob nruab nrab ntawm daim qab xib khau thiab txhais khau; 2. kab tawv su los yog o los ntawm hlua nplawm los yog tsoo; 3. pluaj ntaub xaws tuav qhov txuas kom ruaj

welter, *v.* 1. da av nkos; 2. da dej tom hiav txwv; 3. pw tsau dej; *-n.* 1. ib pawg dab tsi sib tsub sib nias; 2. kev lub hlwb ua tib thooj xav tsis tawm dab tsi

wen, *n.* pob nqaij o los yog su nyob ntawm ib ce, feem ntau mas nyob ntawm taub hau; o pob; taub hau o pob

wench, *n.* hluas nkauj

wend, *v.* tawm mus; mus

went, *v.* mus lawm; mus dhau lawm

wept, *v.* quaj; kua muag poob (saib *weep*)

were, *v.* yog (dhau los lawm)

werewolf, *n.* 1. qhov kev ntseeg tias tib neeg hloov mus ua hma; 2. tus hma uas yog tib neeg mus ua

west, *n.* sab hnub poob; phab hnub poob; *-adv.* rau sab hnub poob; *-adj.* nyob sab hnub poob

western, *adj.* nyob sab hnub poob

westward, *adv.* rau sab hnub poob

wet, *adj.* ntub ntub; *-v.* ua kom ntub

wet dream, *n.* npau ntub

whack, *v.* nplawm; rho nplawm rau; *-n.* 1. kev raug nplawm; 2. kev ua hauj lwm los yog raug txib ua hauj lwm; 3. cib fim; caij; 4. kev sim

whale, *n.* ib hom ntses hiav txwv loj loj heev; *-v.* ntaus siv zog heev

whalebone, *n.* cov kub los yog kaus ntses hiav txwv uas siv ua hlab zawm duav

wharf, *n.* chaw ntim khoom thiab tsaws khoom hauv nkoj

what, *pron.* dab tsi; ab tsi

whatever, *pron.* dab tsi los xij

whatnot, *pron.* txhua yam uas tej zaum yuav hais txog

whatsoever, *pron.* dab tsi los xij

wheal, *n.* lub pob su los yog o ntawm daim tawv nqaij; ua xua; xua

wheat, *n.* 1. mos; mog; ib hom qoob; 2. ib hom khoom noj uas muab mog ua

wheedle, *v.* ntxias; deev siab

wheel, *n.* log (tsheb); kauj; *-v.* lem; tig

wheelbarrow, *n.* lub dab thauj khoom uas muaj ib lub log

wheelbase, *n.* nruab nrab ntawm ob lub log tsheb pem taub hau thiab ob lub log nram qab

wheelchair, *n.* rooj log; lub rooj muaj log rau cov neeg mob zaum; rooj log

wheeze, *v.* hawb pob
whelk, *n.* ib hom qwj yeeg hiav txwv loj loj
whelp, *n.* 1. me nyuam tsiaj mos xws li me nyuam dev; 2. me nyuam yaus; -*v.* xya me nyuam; yug me nyuam
when, *adv.* thaum; thaum twg; lub caij twg
whenever, *adv.* thaum twg los tau; thaum twg los xij
where, *adv.* qhov twg; qhov chaw twg
whereabouts, *adv.* thaj tsam twg; cheeb tsam twg
whereas, *conj.* 1. txij; txij thaum; 2. txawm li cas los xij
whereby, *conj.* 1. mus raws; raws li; 2. los ntawm; -*adv.* 1. ua qhov kawg; 2. uas
wherefore, *adv.* 1. vim li cas; 2. yog li ntawd; li ntawd; -*n.* laj thawj
wherein, *adv.* nyob seem twg los yog kis twg; ua li cas; -*conj.* 1. qhov twg; nyob qhov twg; 2. nyob rau lub caij nyoog uas; 3. ua li cas
whereof, *conj.* txog dab tsi los yog leej twg
whereupon, *conj.* 1. rau qhov; 2. li ntawd; tom qab ntawd
wherever, *adv.* qhov twg los xij; -*conj.* nyob qhov twg los xij
wherewithal, *n.* kev pab cuam xws li nyiaj txiag
whet, *v.* 1. hov; hliav; ua kom ntse; 2. zes; thab
whether, *conj.* 1. tsis hais; 2. yog muaj li; 3. qhov twg los xij
whetstone, *n.* zeb ho
whey, *n.* kua ntxhai mis; cov kua mis dej seem los ntawm cov uas nkoog ua thooj lawm
which, *adj.* twg; qhov twg; -*pron.* uas
whichever, *pron.* qhov twg los xij
whiff, *n.* 1. cua; cua me; 2. kev hnia pa roj, pa taws, los lwm yam; 3. lw; txoj lw me me; -*v.* hnia; nqus tus ntxhiab los yog pa
while, *n.* ib chim; ib pliag; ib tsam; -*conj.* thaum; lub sij hawm thaum
whim, *n.* 1. kev xav tau los yog kev ntshaw ceev ceev tam sij ntawd; 2. txoj kev xav tau los yog ntshaw uas yeej tsis muaj laj thawj zoo; yees
whimper, *v.* quaj ntsiag to
whimsical, *adj.* 1. txiav txim siab los ntawm qhov ntshaw ntau dua los ntawm qhov yuav tsum tau muaj; 2. hloov mus hloov los; tsis nyob twb ywm; twv tsis tau
whimsy, *n.* 1. tswv yim txawv txawv; 2. kev ntshaw ib yam dab tsi vim lam xav tau xwb
whine, *v.* 1. quaj tuag zias; 2. tawm tsam
whinny, *v.* hee (xws li nees hee)
whip, *n.* tus nplawm; rab nplawm; -*v.* 1. nplawm; ntaus; 2. txav ceev heev; 3. tua yeej; ntaus yeej; 4. zes; thab
whipcord, *n.* 1. nplawm hlua; 2. ntaub maj; 3. hlua hnyuv tsiaj
whiplash, *n.* kev raug mob los ntawm caj dab los yog taub hau lem los yog tig
whippersnapper, *n.* me nyuam neeg uas tsis tseem ceeb dab tsi
whippet, *n.* ib hom aub los yog dev me me tab sis ceev ceev heev
whippoorwill, *n.* ib hom noog
whir, *v.* 1. mus kev nrov vig voog los yog ntseeg nkaws; 2. ua rau nrov vig voog los yog ntseeg nkaws; -*n.* lub suab uas nrov vig vig voog voog los yog nrov ntseeg nkaws
whirl, *v.* 1. tsav tsheb los yog mus ncig ua ib lub voj voog; 2. kiv; 3. txav los yog lem ceev heev; 4. kauv (los ua ib thooj); -*n.* 1. lub yis kiv ceev ceev; 2. lub caij uas qhov twg los paub tsis meej; 3. kev sim
whirlpool, *n.* yis dej; dej khaub zig
whirlwind, *n.* khaub zig cua; khauv zeeg cua; cua daj cua dub
whisk, *n.* 1. cov rawg do kom khoom sib tov ua ke; 2. tus khaub rhuab me me luv luv; 3. kev txav los yog tshem ceev ceev; -*v.* 1. txav ceev ceev; tshem ceev ceev; 2. mus ceev ceev; dhia ib sas; 3. cheb me ntsis; 4. do kom sib tov
whiskbroom, *n.* tus khaub rhuab me me
whisker, *n.* 1. hwj txwv; plaub; 2. cov plaub ntev ntev los yog hwj txwv nyob ntawm tsiaj lub pob tsaig
whiskey, *n.* cawv; cawv dawb; dej cawv
whisper, *v.* ntxhi; hais lus yau yau
whist, *n.* ib hom kev ua *phaib* uas plaub tus neeg twv
whistle, *n.* 1. raj xuav (kauv); 2. lub raj

tshuab thaum muaj kev sib tw xws li ncaws pob, thaum xyaum tub rog, los yog thaum muaj teeb meem es tub ceev xwm tshuab; 3. lub suab uas tshuab los ntawm lub raj xuav; *-v.* 1. tshuab raj xuav; 2. xuav kauv
whistle-blower, *n.* tus qhia xov; tus muab xov los qhia rau lwm tus
whistle-stop, *n.* kev uas ib tus neeg tsuas tuaj tshwm ntsej muag tib pliag ntshis xwb
whit, *n.* ib qho me me; ib thooj me me
white, *n.* 1. dawb; tsos dawb; 2. hli (qe); 3. tus neeg tawv dawb; *-adj.* dawb
white blood cell, *n.* ntshav dawb
whitecap, *n.* nthwv dej uas ntas tawg dawb vog
white-collar, *adj.* ntsig txog cov neeg ua hauj lwm uas siv tswv yim thiab lub qhov ncauj xwb, tsis siv dag zog los yog txhais tes
white elephant, *n.* tej yam uas raug nqi kim kim tab sis siv tsis tau dab tsi
whitefish, *n.* ntses dawb uas nyob rau cov dej ntshiab ntshiab xwb
White Hmong, *n.* Hmoob Dawb; ib lub npe rau ib pawg Hmoob uas teev muaj nyob hauv keeb kwm thiab lawv cov tsoos tsho kuj txawv lwm pawg Hmoob. Cov poj niam Hmoob Dawb hnav tiab dawb
white matter, *n.* hlwb dawb
whiten, *v.* ua kom dawb dawb
white slave, *n.* hluas nkauj los yog poj niam uas raug muab yuam ua niam ntiav
white slavery, *n.* ntsig txog cov hluas nkauj los yog poj niam uas raug muab yuam ua niam ntiav
whitetail, *n.* ib hom mos lwj tw dawb nyob rau teb chaws Mes Kas
whitewash, *v.* 1. muab kua qaub los yog tshuaj ntxuav kom dawb; 2. npog qhov phem qhov tsis yog tseg
whither, *adv.* 1. rau qhov chaw twg; 2. rau qhov hom phiaj los yog teeb meem twg; *-conj.* 1. rau qhov chaw twg; 2. rau qhov chaw twg los tau
whiting, *n.* 1. ib hom ntses dawb; 2. pob zeb dawb; mem zeb dawb
whittle, *v.* 1. txaug; txua; txiav; 2. maj mam me los yog tsawg zuj zus
whiz, *v.* ua lub suab li tsheb dhia; *-n.* lub suab nrov li tsheb dhia
whizz, *v.* ua lub suab li tsheb dhia; *-n.* lub suab nrov li tsheb dhia
who, *pron.* leej twg; tus twg
whodunit, *n.* ib zaj dab neeg uas qhov tseeb tsis muaj neeg paub li; zaj dab neeg uas muaj kev sib ntaus sib tua uas txhaum cai lij choj
whoever, *pron.* leej twg los xij; leej twg los tau
whole, *adj.* 1. muaj tag txhua qhov nyob ua ke; 2. tag nrho sib ntxiv ua ke; 3. muaj kev noj qab nyob zoo; *-n.* 1. qhov tag nrho; 2. ib thooj
whole-hearted, *adj.* ncaj ncees; tseeb
whole-heartedly, *adv.* 1. tas siab tas ntsws; tas siab nrho; 2. rau siab heev; mob siab heev
whole number, *n.* tus zauv uas muaj txwm txwm
wholesale, *n.* kev muag khoom txo nqi rau tej khw coj mus muag rau tib neeg; *-adj.* 1. ntsig txog kev muag khoom ntau ntau tuaj ib yam rau lwm lub khw coj mus muag tawm rau tib neeg; 2. ntsig txog qhov ntau ntau tuaj ib yam twg
wholesaler, *n.* tus neeg uas muag khoom ntau ntau txo nqi rau tej khw coj mus muag rau tib neeg
wholesome, *adj.* 1. nyob zoo; 2. txhawb txoj kev noj qab nyob zoo, txhawb lub dag zog thiab lub siab lub ntsws; 2. zoo; huv; du dais; ncaj ncees
whole wheat, *adj.* ua los ntawm hmoov mog
wholly, *adv.* 1. tag nrho; 2. sau zog
whom, *pron.* leej twg; tus uas; cov uas
whomever, *pron.* leej twg los xij; leej twg los tau
whoop, *v.* qw nrov nrov; *-n.* kev qw nrov nrov; suab qw
whooping cough, *n.* ib hom hnoos los yog mob ntsws uas sib kis tau zoo heev
whopper, *n.* 1. tej yam uas loj kawg nkaus uas loj tshaj nws hom tag nrho; 2. qhov dag uas loj tshaj plaws
whopping, *adj.* loj kawg nkaus
whore, *n.* nkauj muag cev; niam ntiav; tus poj niam muag cev; poj qaib (HC)
whorl, *n.* qhov ntswj ntswj (li qau npua)

whose, *adj*. leej twg li
whosever, *pron*. leej twg li los xij; leej twg li los tau
why, *adv*. vim li cas; ua li cas; tim li cas; *-conj*. qhov laj thawj yog dab tsi
wick, *n*. hlua teeb xeeb; hlua teeb roj
wicked, *adj*. phem; siab phem; tsis zoo
wickedness, *n*. kev phem; kev phem kev qias; kev phem kev tsis zoo
wicker, *n*. 1. tej hom ntoo los yog tawv ntoo ruaj ruaj uas siv hiab pob tawb los yog rooj tog (xws li kav theej); 2. yam khoom uas xuas ntoo, tawv ntoo, xyoob los yog kav theej hiab
wickerwork, *n*. yam khoom xws li pob tawb los yog rooj tog uas xuas xyoob ntoo hiab
wicket, *n*. lub rooj vag me me; lub qhov rooj los yog qhov rais me me
wide, *adj*. 1. dav; 2. deb; 3. ntau
wide-awake, *adj*. ceev xeev heev; ceev faj heev; saib zoo heev
wide-eyed, *adj*. 1. qhov muag qhib tsus; 2. ceeb; tsis pom qab xav; 3. tsis paub tab
wider, *adv*. dav zog
widespread, *adj*. thoob plaws; dav heev; rau ub rau no
widest, *adv*. dav tshaj plaws; thoob plaws
widow, *n*. poj ntsuam; tus poj niam uas tus txiv tuag lawm
widower, *n*. yawg ntsuag; tus txiv neej uas tus niam tuag lawm
width, *n*. qhov dav
wield, *v*. ua los yog siv tau zoo heev
wiener, *n*. 1. ib hom khoom noj uas yog *nplem* cuam hnyuv; 2. lub xeem ntawm ib tus neeg Mes Kas uas yog ib tus kws zauv
wife, *n*. poj niam; tus neeg muaj txiv
wig, *n*. plaub hau cuav (uas coj los looj tus neeg do hau lub taub hau)
wiggle, *v*. ua zog; txav los yog swb mus mus los los
wiggly, *adj*. pheej ua zog; pheej txav
wigwag, *v*. muab chij yoj los yog teeb taws ua chaw sib qhia raws li teem tseg lawm
wigwam, *n*. neeg Mes Kas Is Dias los yog Qhab lub tsev
wild, *adj*. 1. qus; tso tshav; tsis muaj tswv; 2. txawv txawv; 3. vwm; 4. poob qab; tsis muaj kev vam meej
wildcat, *n*. plis; miv qus
wilderness, *n*. moj sab; hav zoov hav tsuag
wildfire, *n*. hluav taws qus; hluav taws uas kub hav zoov
wildfowl, *n*. qaib qus; hom noog loj loj zoo li qaib
wildlife, *n*. tsiaj qus; tsiaj hav zoov
wile, *n*. tom txwv; tswv yim dag ntxias
will, *v*. yuav; mam; *-n*. 1. kev txiav txim siab; 2. peev xwm; 3. daim ntawv teev tseg tias yus lub neej yuav muab tso rau leej twg tom qab yus tuag lawm
willful, *adj*. 1. coj raws los yog ua raws lub siab xav los yog tus kheej txoj kev ntseeg; 2. npaj siab
willing, *adj*. yeem; kam; pom zoo; zoo siab
willingly, *adv*. zoo siab hlo; tuaj yeem loo; pom zoo kiag
will-ò-the-wisp, *n*. 1. lub teeb uas ci hauv hav iav tuaj; 2. txoj kev ntseeg los yog lub hom phiaj uas tsis muaj tseeb
willow, *n*. ib hom ntoo
willowy, *adj*. siab siab thiab nka nka tau zoo nkauj heev
willpower, *n*. kev txiav txim siab
willy-nilly, *adj*. xij peem; puam chawj; kav chawj
wilt, *v*. 1. tsuag zuj zus lawm; 2. tsis muaj zog zuj zus
wily, *adj*. muaj tswv yim dag ntau heev; ntse heev
win, *v*. yeej
wince, *v*. 1. thim; nkaum; 2. txaj muag; 3. zaus los yog me zuj zus
winch, *n*. tshuab tooj hlua; lub tshuab tooj los yog rub txoj hlua
wind, *n*. 1. cua; 2. pa; *-v*. 1. ua rau tsis muaj pa; 2. hnov me ntsis pa tsw; 3. kiv (xws li kiv *kab xev*); kauv
windbreak, *n*. ntoo los yog nroj uas thaiv cua
windbreaker, *n*. tsho tiv cua
windfall, *n*. 1. yam uas cua tshuab poob los; 2. yam cia li tau uas yeej xav tsis txog li
wind instrument, *n*. tej yam twj paj nruas uas xuas qhov ncauj tshuab xws li qeej, raj, ncas thiab lwm yam
windlass, *n*. tshuab rub los yog kauv

txoj hlua tuav nkoj
windmill, *n.* khaub lig cua uas siv dhia tshuab los yog rhaub hluav taws xob
window, *n.* 1. qhov rais; 2. qhov tso pa; qhov tawm; 3. chaw cia siab; 4. qhov rais hauv lub *koos pis tawj*
window-shop, *v.* xauj khoom ntawm qhov rais mus; nyob sab nraud xauj cov khoom hauv khw
windpipe, *n.* hlab pas
windshield, *n.* daim iav tsheb pem taub hau
windup, *v.* poob rau; tuaj txog
windstorm, *n.* cua daj cua dub
windward, *adj.* hliv hliv cua; raug raug cua; *-n.* sab cua tuaj
windy, *adj.* 1. cua hlob heev; muaj cua heev; 2. nyiam tham lus ua si uas tsis muaj ib qho tseem ceeb
wine, *n.* cawv qab zib; cawv mog; cawv xaws
wing, *n.* 1. tis (xws li tis noog los yog tis dav hlau); 2. tej yam zoo li tis; 3. qhov chaw uas xu zog ntawm lub sam thiaj; 4. pawg; pab pawg; *-v.* ya
wink, *v.* 1. txiav muag; ntsais muag; 2. zam tsis pub pom los yog paub tej yam dab tsi; 3. ntsais; laim; ci; 4. qhia los ntawm txiav qhov muag
winner, *n.* tus yeej; tus uas yeej; tus tau thib ib
winning, *n.* 1. kev yeej; 2. cov nyiaj yeej los ntawm twv txiaj; *-adj.* 1. yeej; muaj yeej; 2. ntxim nyiam; haum siab
winnow, *v.* 1. yaj (nplej); 2. tsoov (txhuv)
winnowing tray, *n.* vab; vab tsoov txhuv
winsome, *adj.* muaj kev zoo siab; zoo siab
winter, *n.* caij no; caij ntuj no
wintertime, *n.* caij ntuj no
wintergreen, *n.* ib hom ntoo uas tsis tuag thaum caij ntuj no
wintry, *adj.* 1. zoo li caij ntuj no; 2. xav zoo li no no; no hauv lub siab
wipe, *v.* 1. so; txhuam; tshem tawm; 2. pleev; *-n.* kev so los yog txhuam
wipe out, *v.* 1. sawb lawj; txov; 2. tshem tawm
wire, *n.* xov; xov tooj; xov hlau; hlua; *-v.* 1. cab hlua; cab xov; 2. xa nyiaj hauv txhab nyiaj rau lwm lub txhab nyiaj
wireless, *adj.* 1. tsis tis hlua li; 2. xov tooj cua
wiretap, *v.* nyiag mloog hlua xov tooj
wire transfer, *n.* kev xa nyiaj hauv ib lub txhab nyiaj rau lwm lub txhab nyiaj
wiring, *n.* ntsig txog xov los yog hlua xov tooj
wiry, *adj.* 1. zoo li hlua xov tooj; 2. me me los yog nyias nyias tab sis khov khov
wisdom, *n.* 1. laj lim; tswv yim; laj lim tswv yim; 2. kev paub siab paub qes; kev paub tab
wisdom tooth, *n.* hniav kawg; hniav txhab
wise, *adj.* txawj ntse; paub qab hau; thoob tsib to nrog; *-n.* cuj pwm
wisecrack, *n.* lus teb tau ntse heev los yog zoo heev; *-v.* hais lus ntse heev
wish, *v.* kheev lam; xav tias kheev lam; xav tau; ntshaw; thov kom (xws li *wish you healthy*); *-n.* 1. qhov xav tau; qhov ntshaw; 2. kev npau suav
wishbone, *n.* 1. txha tav; txha ntawm tav (zoo li tus Y uas thaum ub muaj dab neeg hais tias ob leeg tuav ib ceg rub kom ntshua es tus uas tau daim loj zog yog tus tau koob hmoo); 2. tus nqaj tuav log tsheb; 3. ib zaj kev qhuab qhia rau me nyuam yaus nyob hauv *this vis*
wishful, *adj.* muaj kev cia siab los yog xav tau
wishy-washy, *adj.* qaug pes de; tsis muaj zog; tsis khov; tsis ruaj
wisp, *n.* 1. ib tsuag zaub qhuav los yog quav nyab; 2. ib tsuag plaub hau; 3. ib pab noog; 4. tus neeg me me yuag yuag; 5. lw; txoj lw; qhov pab qhia me me rau; *-v.* 1. muab ntswj ua ib tsuag; 2. ya tawm ua ib nthwv los yog ib xyo
wisteria, *n.* ib hom hmab uas tawg paj; paj hmab
wistful, *adj.* 1. nco txog; 2. tu siab
wit, *n.* 1. lub zog sab tswv yim; 2. qhov lub siab khov; 3. kev ncauj nrawm thiab tswv yim zoo; 4. lus muaj laj thawj los yog muaj kuab heev
witch, *n.* 1. tus neeg uas txawj tso dab ua phem rau lwm tus; 2. tus poj

niam laus laus thiab qias qias neeg
witchcraft, *n.* kev teev dab phem uas ua mob rau lwm tus neeg
witchery, *n.* 1. kev teev dab phem; 2. pov haum; pov khoos
witch hazel, *n.* 1. ib hom ntoo uas tawg paj daj daj; 2. cov tshuaj tawg pleb uas muab hom ntoo no ua
witch-hunt, *n.* 1. nrhiav tus neeg teev dab phem los rau txim los yog tua pov tseg; 2. ua phem rau tus neeg uas tsis tuaj yus tog
with, *prep.* 1. nrog; nyob ua ke; 2. ntxuag
withdraw, *v.* 1. thim rov qab; 2. rho tawm; 3. hu rov qab
withdrawal, *n.* 1. kev tso tseg; kev tshem tawm; kev thau tawm; 2. kev thum yeeb thum tshuaj
withdrawn, *adj.* 1. nrug deb; 2. tsis quav ntsej
wither, *v.* 1. qhuav; me zuj zus; 2. tsuag zuj zus; tsis muaj zog zuj zus
withers, *n.* nees tus txha nqaj qaum nyob nruab nrab ntawm ob lub xub pwg
withhold, *v.* 1. tuav tseg; kaw tseg; ceev tseg; 2. tsis tso tawm; 3. pem; pem pa
within, *prep.* hauv (sab hauv); nyob hauv
without, *prep.* 1. nraud (sab nraud); nyob nraud; 2. tsis muaj
withstand, *v.* thaiv khov kho; tiv khov kho
witness, *v.* 1. pom kiag; 2. ua pov thawj; ua tim khawv; *-n.* 1. pov thawj; tim khawv; 2. tus neeg ua pov thawj; tus neeg ua tim khawv
witticism, *n.* zaj lus uas hais tau muaj laj thawj heev; cov lus uas muaj kuab heev
witting, *adj.* txhob txwm; npaj siab
witty, *adj.* muaj kuab; muaj laj thawj
wives, *n.* cov poj niam; poj niam ntau ntau tus (saib *wife*)
wizard, *n.* 1. kws yees siv; 2. neeg ntse; 3. saub
wizened, *adj.* qhuav lawm
wobble, *v.* deeg; tshee; txav
woe, *n.* 1. kev txom nyem loj heev; 2. hmoov phem (*hmoov* yog suab sis los ntawm *hmoo*); kev tu siab
woebegone, *adj.* nthuav tawm txoj kev txom nyem los yog txoj kev tu siab
woeful, *adj.* 1. muaj kev txom nyem los kev tu siab ntau heev; 2. coj kev txom nyem los
woke, *v.* 1. sawv; tsis pw lawm; tsis tsaug zog lawm; 2. tsa; tsa kom sawv (saib *wake*)
woken, *v.* sawv; tsis pw lawm; tsis tsaug zog lawm (saib *wake*)
wolf, *n.* hma; ib hom tsiaj qus zoo li tus dev; *-v.* noj hu loj heev
wolfram, *n.* ib yam quav tooj quav hlau uas siv ua qhov muag teeb
wolverine, *n.* ib hom tsiaj noj nqaij uas zoo li tus luj
woman, *n.* poj niam
womankind, *n.* neeg poj niam
womanly, *adj.* zoo li poj niam; cuj pwm xws poj niam
womb, *n.* plab me nyuam; tsev me nyuam
women, *n.* cov poj niam; poj niam (coob tshaj ob leeg rov saud)
won, *v.* yeej (saib *win*)
wonder, *v.* 1. xav paub txog; 2. txhawj xeeb; hnyav siab; *-n.* kev xav paub txog tej yam dab tsi; kev txhawj xeeb
wonderful, *adj.* zoo heev
wonderland, *n.* 1. chaw zoo nkauj uas leej twg pom los yeej nyiam; 2. qhov chaw xav nyob hauv siab
wonderment, *n.* kev xav paub los yog txhawj txog tej yam dab tsi
wondrous, *adj.* zoo heev
wont, *adj.* swm; quav (xws li quav cawv); *-n.* cuj pwm; xeeb ceem
won't, *v.* yuav tsis; tsis
woo, *v.* ntxias kom tau txoj kev hlub
wood, *n.* 1. ntoo; hav ntoo; hav zoov; 2. taws; tog taws
woodbine, *n.* hmab nce ntoo
woodchopper, *n.* tus neeg txiav taws
woodchuck, *n.* ib hom tsiaj nyob teb chaws Mes Kas
woodcraft, *n.* 1. kev paub muab ntoo txua ua ub ua no; 2. tswv yim ntsig txog ntoo
woodcut, *n.* cov ntoo uas txiav ua tshuab luam ntawv; pob ntoo ntawv
wooded, *adj.* muaj ntoo npog los yog vov lawm
wooden, *adj.* 1. ntoo; ua los ntawm ntoo; 2. tsis muaj qhov zooj los yog ntev tau; 3. tsis muaj qhov lom zem

los yog txaus neeg siab
woodland, *n.* hav zoov
woodpecker, *n.* noog txaug ntoo
woodsman, *n.* tus neeg ua hauj lwm nyob hauv hav zoov
woodwind, *n.* ib co twj paj nruas xws li raj
woodwork, *n.* cov ntoo uas thaiv nyob sab hauv lub tsev
woody, *adj.* ntoo ntau heev
woof, *n.* suab dev quaj los yog suab hma quaj
wool, *n.* ntaub plaub; ntaub plaub tsiaj; ntaub xuas plaub tsiaj ua
woolen, *adj.* 1. muab ntaub plaub ua; 2. ntsig txog lub chaw ua ntaub plaub
woolgathering, *n.* kev nyob dawb npau suav nruab hnub xwb
woolly, *adj.* 1. ntsig txog plaub los yog ntaub plaub; 2. cov nyom heev (xws li nyuj quav ntse nees zis)
woozy, *adj.* 1. mob hlwb heev (vim sib chab sib chaws tag lawm); 2. nraug zeeg muag, xeev siab, thiab tsis muaj zog
word, *n.* lus; lo lus
wording, *n.* ncauj lus hais; lo lus
word processing, *n.* kev ntaus ntawv hauv *koos pis tawj*
word processor, *n.* cov hlwb los yog lus *koos pis tawj* uas ua rau yus ntaus ntawv los yog sau ntawv tau nyob hauv *koos pis tawj*
wordy, *adj.* lus ntau heev
wore, *v.* 1. hnav; hnav khaub ncaws; 2. looj; looj hnab tes; 3. rau; rau khau; 4. ntoo; ntoo kaus mom (saib *wear*)
work, *n.* 1. hauj lwm; num; dej num; qav num; 2. chaw hauj lwm; *-v.* ua hauj lwm; ua num
workable, *adj.* 1. ua tau hauj lwm; 2. siv tau nyog
workaday, *adj.* 1. ntsig txog hnub ua hauj lwm; zoo rau hnub ua hauj lwm; 2. dog dig
workaholic, *adj.* quav hauj lwm
workbench, *n.* rooj ua hauj lwm
workday, *n.* hnub ua hauj lwm; caij ua hauj lwm
worker, *n.* neeg ua hauj lwm (feem ntau yog hais txog cov uas xuas tes thiab dag zog ua txoj hauj lwm)
workhorse, *n.* 1. nees thauj khoom; 2. tus neeg uas ua tag nrho los yog yuav luag tag suav daws tej hauj lwm tib si
workhouse, *n.* tsev kaw tus neeg uas raug txim me
working, *adj.* tseem ua hauj lwm; tseem ciaj; tseem zoo
workingman, *n.* tus neeg ua hauj lwm
workmanlike, *adj.* tsim nyog yog tus neeg ua hauj lwm zoo
workmanship, *n.* 1. tswv yim ua hauj lwm; 2. qhov ua txoj hauj lwm zoo
workout, *n.* kev ua *ev xaws xais*; kev dhia kom txhob muaj mob; *-v.* 1. ua hauj lwm; 2. daws tau; 3. mus taus; 4. ua *ev xaws xais*
workroom, *n.* chav ua hauj lwm
workshop, *n.* rooj cob qhia; rooj sib tham
world, *n.* 1. ntuj teb; ntiaj teb; lub ntiaj teb; lub ntuj teb; 2. qab ntuj
worldly, *adj.* ntuj; ntsig txog ntuj
wordly-wise, *adj.* muaj kev to taub txog tib neeg zoo
worldwide, *adj.* thoob ntuj; thoob ntiaj teb
worm, *n.* 1. cab; 2. cua nab; *-v.* maj mam txav
wormwood, *n.* 1. ib hom ntoo los yog tshuaj ntsuab; 2. yam uas iab iab
worn, *v.* 1. hnav; hnav khaub ncaws; 2. looj; looj hnab tes; 3. rau; rau khau; 4. ntoo; ntoo kaus mom (saib *wear*)
worn-out, *adj.* 1. ntuag tag; puas tag; 2. kawg tswv yim tag
worried, *adj.* 1. txhawj; txhawj xeeb; poob siab; 2. chim
worrisome, *adj.* 1. muaj kev poob siab los yog txhawj xeeb; 2. tsim nyog poob siab
worry, *v.* txhawj; txhawj xeeb; nyuaj siab; ntxhov siab; *-n.* kev txhawj xeeb; kev nyuaj siab
worse, *adj.* phem dua; phem tshaj; tsis zoo tshaj; *-n.* qhov phem tshaj; qhov tsis zoo tshaj
worsen, *adj.* ua kom phem dua qub
worship, *v.* hawm (sab ntsuj plig); teev hawm; thov; thov ntuj
worshiper, *n.* tus neeg uas hawm los yog thov ntuj los yog Yawm Saub
worst, *adj.* phem kawg nkaus; tsis zoo tshaj plaws; *-n.* qhov phem kawg nkaus
worsted, *adj.* swb; tsis yeej; *-n.* 1. ntaub

maj; ib hom ntaub ntxhib ntxhib; 2. hlua ntaub maj; hlua hnab tsaj
worth, *prep.* muaj nqis; muaj nuj nqis; tsim nyog; *-n.* 1. yam muaj nqis; 2. nyiaj; 3. qhov tus kheej muaj tsim los yog muaj nqis li cas
worthless, *adj.* tsis muaj nuj nqis
worthy, *adj.* muaj nuj nqis; tsim nuj; tsim nyog
would, *v.* yuav; puas (saib *will*)
would-be, *adj.* xav tau; ua txuj tias yog
wound, *v.* 1. ua raug; tua raug; 2. kiv (saib *wind*); *-n.* qhov mob; qhov to
wove, *v.* hiab; ntos (saib *weave*)
woven, *v.* hiab; ntos (saib *weave*)
wrack, *n.* qhov raug ua puas; yam muab ua puas
wraith, *n.* 1. dab; pos ntxoog; dab tuag; 2. tej yam uas taw qhia txog qhov kev phem los kev zoo uas yuav tshwm sim sai; xyw
wrangle, *v.* sib ceg; sib cav
wrangler, *n.* 1. tus neeg sib ceg; 2. neeg yug nees
wrap, *v.* qhwv; muab hnab ntim
wrapper, *n.* 1. plhaub; daim tawv qhwv; 2. tus neeg uas qhwv khoom
wrapping, *n.* ntawv qhwv khoom
wrath, *n.* kev chim ua ntuj liab teb ntsuab
wrathful, *adj.* chim ntuj liab teb ntsuab
wreak, *v.* 1. ua rau; 2. tsim muaj
wreath, *n.* kauj paj; cov paj uas muab rig ua lub kauj ntoo saum taub hau los yog dai saib
wreathe, *v.* muab ntswj ua lub kauj paj; muab paj los rig ua lub kauj
wreck, *v.* ua puas; ua tawg; *-n.* 1. qhov raug puas tsuaj; 2. qhov seem ntawm txoj kev puas tsuaj; 3. tus neeg uas nws cia li puas zuj zus; 4. kev ua kom puas tsuaj
wreckage, *n.* 1. kev ua kom puas tsuaj; 2. qhov seem ntawm txoj kev puas tsuaj
wrecker, *n.* 1. tus neeg tsoo vaj tsoo tsev; 2. lub tsheb cab tsheb tuag
wren, *n.* tseev; ib hom noog me me uas plaub daj plhes
wrench, *n.* 1. ciaj; ib hom ciaj kho khoom; 2. kev yuam ntswj los yog tig; *-v.* muab ntswj rub tawm; rho tawm
wrest, *v.* 1. rub thiab ntswj; rho tawm; 2. tsis yooj yim tau los
wrestle, *v.* 1. sib mos; sib txhom; 2. sib twv nrog qhov teeb meem; *-n.* kev sib mos los sib txhom
wrestling, *n.* ib hom kev sib twv uas lawv sib mos sib txhom
wretch, *n.* 1. tus neeg uas tsis muaj kev zoo siab li; 2. tus neeg phem; neeg siab phem
wretched, *adj.* 1. raug teeb meem rau tus kheej sab heev; 2. poob qab; nyob hauv qab
wriggle, *v.* ntswj thiab tig tsis so li
wring, *v.* nyem los yog ntswj kom cov kua tawm
wrinkle, *n.* nqaij txoom; nqaij ntsws; *-v.* txoom; ntsws
wrinkled, *adj.* txoom txoom; ntsws ntsws
wrist, *n.* dab tes; pob tes; yas tes
writ, *n.* 1. qhov uas sau tseg; 2. daim ntawv sau hauv tseem fwv tawm tuaj
write, *v.* sau; kos
writer, *n.* kws sau ntawv; kws sau; tus neeg sau ntawv
writhe, *v.* ntswj thiab tig ib sab rau ib sab
writing, *n.* 1. kev sau ua ntawv tseg; 2. ntawv uas yog tes sau; 3. yam uas sau los yog luam
wrong, *adj.* yuam kev; tsis yog; txhaum; *-v.* ua txhaum; ua yuam kev
wrongdoer, *n.* tus neeg ua txhaum los yog ua yuam kev
wrongful, *adj.* 1. txhaum; 2. tsis raug cai
wrongheaded, *adj.* mloog qhov yuam kev
wrote, *v.* sau; sau ntawv (saib *write*)
wrought, *adj.* 1. puab; tsim; 2. muab rauj kho
wrung, *v.* nyem los yog ntswj kom cov kua tawm (saib *wring*)
wry, *adj.* 1. tig rau ib sab; 2. ntswj; tig; 3. txawj tso dag tso luag heev
Wu Bayue, *n.* ib tus huab tais Hmoob nyob lub zos Pheej Looj xeev Huj Naj teb chaws Suav uas tau coj kwv tij Hmoob sawv tua tub rog thiab cov tseem fwv Cheeb Tshoj xyoo 1795 txog 1806 vim lawv tuaj txeeb Hmoob tej liaj av teb chaws thiab tuaj tsim txom kwv tij Hmoob ua rau lawv kua muag ntshav los thiab tau txais lub neej txom nyem heev

X

x, *n.* tus tsiaj ntawv As Kiv thib 24
X, *adj.* taw qhia tias zaj *mauv vim* ntawd muaj tej yam tsis zoo rau cov neeg hnub nyoog qes tshaj 17 xyoo saib
xanthinuria, *n.* zis daj heev; kev tso tau zis daj heev
xanthoderma, *n.* mob daj ntseg; mob ua rau cov tawv nqaij daj daj
X chromosome, *n.* ib hom keeb roj ntshav los yog phev ntawm poj niam thiab txiv neej uas thaum sib tov ces yuav xeeb tau me nyuam tub los yog me nyuam ntxhais (saib *chromosome*)
xen-, *pref.* 1. neeg txawv txawv; 2. neeg txawv teb chaws
xeno-, *pref.* 1. neeg txawv txawv; 2. neeg txawv teb chaws
xenon, *n.* ib hom tshuaj *khes mis* roj
xenophobe, *n.* tus neeg uas ntshai los yog tsis nyiam neeg txawv teb chaws los yog khoom txawv teb chaws
xenophobia, *n.* kev ntshai neeg txawv; kev ntshai tus neeg yus tsis paub
xenophobic, *adj.* ntshai neeg txawv
xer- or **xero-**, *pref.* qhuav; qhuav qhuav
xerochilia, *n.* mob di ncauj qhuav; di ncauj qhuav heev
xeroderma, *n.* tawv nqaij qhuav qhuav heev
xerodermia, *n.* tawv nqaij qhuav qhuav heev
xerography, *n.* ib hom kev ntxuav duab los yog theej duab uas tsis siv kua dej los kua tshuaj li
xerophilous, *adj.* muaj peev xwm ciaj sia thiab loj hlob nyob rau qhov chaw qhuav qhuav thiab kub kub heev
xerophthalmia, *n.* ib yam mob nkeeg uas ua rau lub qhov muag qhuav qhuav heev (vim yog tsis muaj *viv tas mees a* (vitamin a) txaus)
xerophyte, *n.* ib hom nroj tsuag uas muaj peev xwm ciaj los yog hloov mus nyob tau rau qhov chaw uas tsis muaj hws los yog lwg li
xerostomia, *n.* qhov ncauj qhuav heev vim tsis muaj auv ncaug lawm
Xerox, *v.* luam (ntawv); *-n.* daim ntawv luam tawm
Xiong, *n.* 1. Xyooj; 2. ib xeem ntawm ntau ntau xeem Hmoob; 3. lub npe rau me nyuam tub
xiphoid process, *n.* kaus siab; tus kaus siab
X-mas, *n.* hnub so uas yog Yes Xus hnub yug (saib *Christmas*)
x-radiation, *n.* 1. kev xuas nplaim xob hlawv mob; 2. cov duab xob los yog duab hluav taws xob
X-rated, *adj.* 1. ntaus nqi tias nws tsis zoo rau me nyuam yaus pom; 2. muaj kev liab qab los yog sib deev nyob rau hauv
X-ray, *n.* 1. duab xob (duab hluav taws xob) tsom mob; sab hluav taws xob; 2. cov duab yees los ntawm lub twj *X-ray*
xylograph, *n.* kev kos duab los yog kos ntawv rau ntawm tej daim nplais ntoo; *-v.* luam tawm los ntawm cov nplais ntoo uas hais nyob saum toj no
xylography, *n.* 1. lub tswv yim kos daim qauv ntawv los yog daim qauv duab rau ntawm ib daim ntoo, ces mam muab daim ntoo coj mus luam tau ntau ntau daim ntawv; 2. ib lub tswv yim qub qub puag thaum ub uas neeg Suav tsim los luam ntaub ntawv
xyloid, *adj.* ntoo los yog tej yam zoo xws ntoo
xylophagous, *adj.* noj ntoo (xws li tej yam kab noj ntoo)
xylophone, *n.* ib yam twj paj nruas uas xuas ob tus qws khob ib leej nplais ntoo mas ib tus nplais ntoo nrov ib lub suab txawv
xyster, *n.* ib hom twj siv kuam pob txha

Y

y, *n.* tus tsiaj ntawv As Kiv thib 25
yacht, *n.* ib lub nkoj me me; *-v.* caij ib lub nkoj me me
yahoo, *n.* 1. neeg ruam; neeg npub; neeg poob qab; 2. ib lub chaw

tshawb *is taws nej* ntawm www.yahoo.com

yak, *v*. hais lus tsis paub tso tseg tab sis tsis muaj qab hau tseem ceeb dab tsi li; *-n*. ib hom tsiaj zoo li nyuj tab sis plaub ntev ntev heev

yam, *n*. 1. qos liab; 2. ib hom qos noj tau

yammer, *v*. cem; tshob

Yang, *n*. 1. Yaj; xeem Yaj; ib xeem ntawm ntau ntau xeem Hmoob; 2. lub npe rau me nyuam tub los yog me nyuam txhais

Yang Dao, *n*. the first Hmong of Laos to receive a Ph.D. in France in the early 1970s

yank, *v*. rub; ntiag; chua

Yankee, *n*. neeg Mes Kas (cov uas thaum ub nyob rau Mes Kas sab hnub tuaj)

Yao, *n*. Co; cov neeg Co los yog Miab

yap, *v*. 1. qw los yog tsem ua suab nkag lij lias pob ntseg; 2. tham nrov nrov tsis muaj qab ntxhiab dab tsi; *-n*. lub suab qw los yog suab tsem uas nrov toog ntsej nkuav

yard, *n*. 1. 0.91 *mev* los yog peb hneev taw; 2. ib lub tiaj nyom

yardarm, *n*. ob tus tes tuav dai ntaub rub nkoj uas nyob tom ob tog tw nkoj

yardman, *n*. tus neeg tu tiaj nyom, feem ntau yog ua hauj lwm rau ntawm chaw tsheb nqaj hlau

yardstick, *n*. 1. tus pas ntsuas uas ntev peb taw (hneev taw) los yog ntev ib tshim; 2. qauv; tej qub qauv uas siv pab kev txiav txim

yarmulke, *n*. lub kaus mom ntaub me me uas cov txiv neej Ntsuj ntoo

yarn, *n*. 1. xov; hlua; 2. dab neeg

yaw, *v*. lem mus rau lwm qhov lawm (xws li nkoj lem tsis mus raws nws txoj kab uas npaj tseg); *-n*. txoj kev lem mus rau lwm qhov lawm

yawl, *n*. lub nkoj ntaub uas muaj ob tus ncej rub ntaub

yawn, *v*. rua lo; *-n*. kev rua lo

yaws, *n*. ib hom mob uas mob rau ntawm tawv nqaij uas muaj nyob rau tej chaws los los nag heev

Y chromosome, *n*. ib hom keeb roj ntshav los yog phev ntawm poj niam thiab txiv neej uas thaum sib tov ces yuav xeeb tau me nyuam tub los yog me nyuam ntxhais (saib *chromosome*)

ye, *pron*. you

yea, *adv*. 1. yog; 2. tseeb tseeb; *-n*. tawm suab tias "yog" los yog pom zoo

yeah, *adv*. yog

year, *n*. xyoo; 365 hnub; 12 lub hlis

yearbook, *n*. ib phau ntawv uas muaj ntau yam tseem ceeb nyob rau lub xyoo ntawd

yearling, *n*. ib tus tsiaj uas muaj hnub nyoog ib xyoos ntau lawm tab sis tsis tau muaj ob xyoos

yearlong, *adj*. ntev ib xyoos nkaus; siv ib xyoo nkaus

yearly, *adj*. txhua txhua xyoo; *-adv*. txhua txhua xyoo

yearn, *v*. ntshaw; xav tau heev

yearning, *n*. txoj kev ntshaw; txoj kev xav tau heev

year-round, *adj*. 1. qhib ib xyoos nkaus, tsis muaj kaw li (hais txog tsev kawm ntawv); 2. ua hauj lwm tag niaj tag xyoo tsis muaj so li; thawm niaj thawm xyoo

yeast, *n*. poov xab; xab (cia ua cawv los yog ua ncuav ci)

yeast infection, *n*. coj khaub ncaws dawb

yell, *v*. qw; nthe

yellow, *n*. 1. daj; tsos daj; kob daj; 2. tais caus; 3. nkaub qes; *-v*. ua kom daj los yog muaj tsos daj

yellow fever, *n*. ib hom mob taub hau nyob rau tej teb chaws muaj muaj nag (feem loj yog yoov tshaj cwm coj tus mob los kis rau yus)

yellow jacket, *n*. nkawj daj; hom nkawj uas muaj tsos daj

yellow pages, *n*. phau ntawv xov tooj uas muaj chaw ua hauj lwm thiab lag luam tej chaw nyob thiab xov tooj

yelp, *v*. quaj tuag zias; quaj ceev ceev vim muaj teeb meem dab tsi

yen, *v*. ntshaw; xav tau heev; *-n*. kev ntshaw los yog xav tau heev

yeoman, *n*. 1. tus neeg lis ntaub ntawv nyob hauv Mes Kas cov tub rog hav dej; 2. tub liaj tub teb (nyob rau As Kiv Teb); 3. ib tus tub txib ua hauj lwm rau lwm tsev neeg muaj nyiaj los yog neeg nom

yes, *adv*. 1. yog; 2. aws; 3. ua li

yeshiva, *n.* tsev kawm ntawv ntawm cov neeg Ntsuj
yeshivah, *n.* tsev kawm ntawv ntawm cov neeg Ntsuj
yesman, *n.* tus neeg uas ib txwm ua raws nraim tus coj hais yam tsis muaj qhov yuav cav ib los li
yesterday, *n.* nag hmo; hnub ua ntej hnub no; hnub dhau los
yesteryear, *n.* tsaib no; xyoo tag no; xyoo dhau los
yet, *adv.* 1. los txog tam sij no los yog hnub no; 2. tseem tsis tau; 3. tseem yuav; *-conj.* tab sis; tiam sis
yew, *n.* 1. ib hom ntoo uas nplooj ntsuab tas niaj tas xyoo uas muaj muaj pos; 2. ntoo thuv
Yiddish, *n.* cov lus rau cov neeg Ntsuj nyob teb chaws Ntsaws Mes Nis thiab Yus Luv sab hnub tuaj
yield, *v.* 1. tsim tau los yog cog tau (qoob loo); 2. tau rov los (xws li muab ib qho mus dib ces tau ib qho rov los); 3. tso tseg rau; 4. zam kev rau; *-n.* 1. qhov sau tau los (hais txog qoob loo); 2. qhov paj tau rov los (hais txog lag luam)
yielding, *adj.* 1. luag muab yus lem li cas los tau; siab ntev heev; 2. mloog lus heev; tsis tawv ncauj li
Ying Yang Xiong (1940-1991), *n.* niam Nyiaj Npliam Xyooj. Xyoo 1978, nkawv tau coj nkawv tsev neeg khiav teb chaws Nplog los rau Thaib teb, thiab xyoo 1979 tuaj rau teb chaws Mes Kas. Yeeb Yaj Xyooj yog Ywj Pheej Xyooj niam
yip, *v.* tsem los yog tom nrov nrov (xws li dev tsem)
yock, *v.* luag los yog tso dag
yodel, *v.* hu nkauj (uas suab hloov nce nce nqes nqes); lub suab tom qa
yoga, *n.* ib hom *ev xaws xais* ntawm cov neeg Is Dias kom yus lub siab nyob ruaj nrog lub cev
yogi, *n.* tus neeg xyaum *yoga*
yogurt, *n.* 1. kua mis nyeem qaub; 2. ib hom khoom noj nyeem nyeem nplaum ntxias uas muab mis ua
yoke, *n.* 1. tus qham laj; 2. ntas kwv khoom; 3. ciaj tais; 4. qhev; 5. lub pob khi los yog txuas; 6. ib pluaj ntaub uas nyob ntawm xub pwg; 7. ib nkawg twm los yog nyuj uas thauj khoom ua ke; 8. tus cuab uas xauv neeg raug txim lub caj dab
yokel, *n.* neeg poob qab nyob pem toj roob uas tsis muaj kev vam meej; neeg tsis paub siab paub qes
yolk, *n.* nkaub qe; nkaub qes (suab sis los ntawm *qe*)
Yom Kippur, *n.* cov tib neeg Ntsuj ib hnub caiv nyob rau lub Cuaj Hlis los yog Kaum Hli
yon, *adj.* 1. puag tid los puag tod; 2. deb
yonder, *adj.* 1. puag tid; puag tod; 2. deb; *-adv.* nyob puag tid los yog puag tod
yore, *adv.* ntev ntev los lawm
you, *pron.* 1. koj; 2. neb (ob leeg); 3. nej (peb leeg rov saud)
you'd, koj yuav (los ntawm *you would*)
you'll, koj yuav (los ntawm *you will*)
young, *adj.* 1. hluas; yau; mos; 2. tshiab; *-n.* me tub me nyuam
younger brother, *n.* kwv
younger sister, *n.* ncaus; niam hluas (lo lus *niam hluas* mas tej zaug yog siv thaum muaj txiv lawm)
youngest, *adj.* 1. ntxawg; ntxawm; 2. tus hluas tshaj plaws; tus me nyuam tom qab tshaj plaws
youngster, *n.* 1. me nyuam yaus; 2. cov hluas; me nyuam hluas
your, *adj.* 1. koj li; 2. neb (ob leeg); 3. nej li (peb leeg rov sauv)
you're, koj yog (los ntawm *you are*)
yours, *pron.* 1. koj li; 2. neb li; 3. nej li
yourself, *pron.* koj tus kheej
yourselves, *pron.* 1. neb tus kheej; 2. nej tus kheej
yours truly, *pron.* 1. koj; 2. lo lus sau rau nram qab tsab ntawv yus sau es yuav kos yus lub npe rau ntawd
youth, *n.* cov hluas
youthful, *adj.* 1. ntsig txog cov hluas; 2. hluas; tseem yau; 3. tsis tau paub tab; 4. tshiab heev
you've, koj muaj (los ntawm *you have*)
yowl, *v.* 1. quaj vim muaj kev tu siab; 2. nyiav
yo-yo, *n.* *yaub yaum*; ib lub log ua si uas muaj ib txoj hlua rub kom lub log ntawd kauv taug txoj hlua rov los rau ntawm yus txhais tes
yuca, *n.* qos ntoo
yuck, *n.* ib yam dab tsi qias neeg heev

yucky, *adj.* qias neeg heev
Yuepheng L. Xiong, *n.* tus tswv ntawm lub khw Hmoob muag ntawv hu ua Hmong Arts, Books & Crafts (los yog Hmong ABC), uas yog thawj thawj lub khw Hmoob muag ntawv nyob hauv keeb kwm, pib thaum lub Rau Hli 15, 1995. Ywj Pheej kuj yog tus pab tsim lub Hmong Archives uas yog ib lub khoom haum khaws Hmoob tej qub txeeg qub teg uas pib xyoo 1999 los lawm, thiab tom qab no nws kuj nrog tsim thiab hais lus rau lub Xov Tooj Cua Hmoob Moj Them
yule, *n.* 1. *Christmas*; 2. lub 12 hlis hnub tim 25 uas yog hnub yug Yes Xus
yuletide, *n.* lub caij *Christmas*
yummy, *adj.* qab heev; xis ncauj heev
yuppie, *n.* ib tus neeg hluas uas muaj lub neej zoo thiab mob siab rau lub neej heev

Z

z, *n.* tus tsiaj ntawv As Kiv thib 26
zany, *n.* tus neeg hnav moj zeej; tus neeg txaus luag; *-adj.* 1. neeg vwm; 2. tus neeg uas tus cuj pwm zoo li tus neeg dag kom txaus luag
zap, *v.* tua; tsoo
zeal, *n.* kev txaus siab; kev rau siab los yog mob siab rau ib yam uas tseem ceeb
zealous, *adj.* 1. nquag; 2. mob siab heev
zealously, *adv.* rau siab; mob siab
zebra, *n.* nees txaij
zeitgeist, *n.* ib tus ntsuj plig los yog tim tswv uas nyob rau ib lub caij nyoog
Zen, *n.* ib hom kev ntseeg ntawm *Npus Das*
Zen Buddhism, *n.* ib ceg ntawm kev ntseeg *Npus Das* uas ntseeg tias yus tus kheej muaj peev xwm txais tau lub meej mom los yog hwj huaj (*enlightenment*) los ntawm *Npus Das* yog yus zaum puag tes puag taw nyob twb ywm txhob xav txog dab tsi li (*meditation*) thiab yog yus xav rau qhov zoo xwb
zenith, *n.* qhov siab tshaj plaws; lub chaw siab tshaj plaws (ntawm yus mus rau ib qhov chaw twg)
zephyr, *n.* cua txias zias
zeppelin, *n.* 1. nkoj cua; ib lub nkoj cua kheej kheej uas tsim los thauj neeg los yog thauj foob pob; 2. tus neeg Ntsaws Mes Nis hu ua Ferdinand von Zeppelin (1838-1917) uas tsim lub nkoj cua no
zero, *n.* 1. qhoov (lo lus no yog ib lo lus Hmoob laus heev rau lub *zero* uas cov Hmoob Guizhou thiab sab Hunan twb siv los tau ntau pua ntau txhiab xyoo lawm); 2. ntxaiv (tsim tshiab los ntawm cov kawm tus ntawv Soob Lwj); 3. qe (siv nyob rau sab xeev Yunnan); 4. zej (tsim tshiab nyob rau Vib Nais los ntawm Nom Dawb Xyooj thiab cov npoj yaig tshawb fawb lus Hmoob); 5. *xum* (L); *-adj.* tsis muaj dab tsi li; khoob
zest, *n.* 1. kev xis ncauj; kev nyiam los yog txaus siab; 2. txheej tawv sab nraud (xws li tawv txiv kab ntxwv uas coj los rau khoom noj kom tsw qab)
zestful, *adj.* ntsig txog kev nyiam, txaus siab, los yog xis ncauj
Zhang Xiu-mei, *n.* ib tus thawj hau rog Hmoob uas sawv coj kwv tij Hmoob tua Suav thiab tseem fwv Cheeb Tshoj txoj kev lim hiam, pib xyoo 1855 txog rau 1872. Tsab Xyooj Mem raug tub rog Cheeb Tshoj ntes tau thiab coj mus tua tuag nyob rau nroog Tshaj Sab, xeev Huj Naj xyoo 1872
zigzag, *n.* txoj kab uas nkhaus mus nkhaus los; *-adj.* nkhaus heev; *-v.* 1. lem mus lem los; nkhaus mus nkhaus los; 2. taug txoj kev los txoj kab uas nkhaus heev
zillion, *n.* tus zauv loj tshaj plaws uas loj tsis paub tag li
zinc, *n.* ib hom txhuas hlau dawb dawb uas muag muag nyom tau; hom kua txhuas hlau uas siv plooj lwm yam hlau kom txhob xeb
zing, *n.* 1. lub suab nkig nkig; 2. zog

zinnia, *n.* ib hom paj ntoo nyob teb chaws Mes Kas
Zion, *n.* 1. lub koom haum ntawm cov neeg Ntsuj; 2. ib lub npe zos
zip, *v.* 1. swb; swb txoj swb kom kaw rau; 2. dhia ceev heev; mus ceev heev
zip code, *n.* 1. *ziv khauj*; 2. *npawb koog* xa ntawv ntawm tej suam chaw
zipper, *n.* swb; swb ris los yog swb tsho
zippy, *adj.* nrawm; ceev; maj maj
zircon, *n.* ib hom khoom siv ua nplhaib ua saw
zirconium, *n.* ib hom khoom siv ua nplhaib ua saw
zither, *n.* ib hom twj paj nruas uas xuas ntiv tes ntiv los yog rub cov hlua
ziti, *n.* ib hom khoom noj
zodiac, *n.*1. Suav thiab lwm haiv neeg *Es Xias* txoj kev xam lub niaj lub xyoo los yog xam lub caij lub nyoog; 2. ib xyoos nws muaj 12 tus tsiaj uas ib tus tsiaj nres ib lub hlis; 3. ib xyoos kuj muaj ib tus tsiaj nres lub xyoo ntawd
zombie, *n.* tus neeg tuag lawm uas sawv rov los los yog cawm tau ciaj rov los
zonal, *adj.* ntsig txog kev tseem fwv saib xyuas ib ncig saib qhov twg thiaj raug cai ua tau yam twg
zone, *n.* 1. kev tseem fwv saib xyuas ib ncig saib qhov twg thiaj raug cai ua yam twg; 2. kev muab lub ntiaj teb no faib ua tej cheeb tsam raws li huab cua thiab tshav nag
zoo, *n.* 1. vaj tsiaj; qhov chaw muaj tsiaj ntau ntau yam rau tib neeg mus ncig saib; 2. lub tsev los yog chaw kaw tsiaj rau neeg mus ncig saib
zookeeper, *n.* tus neeg saib lub chaw rau tsiaj
zoological, *adj.* ntsig txog kev tshawb fawb txog tsiaj
zoologist, *n.* kws tshawb fawb txog tsiaj
zoology, *n.* kev kawm los yog tshawb fawb txog tsiaj
zoom, *v.* 1. ua ib lub suab nrov vwv lawm ntev loo; 2. rub twj yees duab tsom kom pom deb pom ze; -*n.* lub twj iav rub deb ze nruab ntawm lub twj yees duab
zoonosis, *n.* kab mob tsiaj uas kis tau rau tib neeg xws li kab mob dev vwm
zoophobia, *n.* kev ntshai tsiaj heev
zoopsia, *n.* kev ua nraug zeeg muag pom tsiaj
zucchini, *n.* ib hom taub zoo li xwb kuab
zwieback, *n.* ib hom *nplem* uas muab ci thiab hlais ua tej daim
zygomatic arch, *n.* voj txha qia ntsej
zygomatic bone, *n.* txha ncov txig; txha kaus txig
zygomatic process of temporal, *n.* txha qia ntsej cob txha plhu
zygomaticus, *n.* nqaij ntshiv nyob ntawm plhu
zygote, *n.* lub noob ntshav uas tsim tawm los ntawm ob lub noob ntshav thaum pw ua ke

Hmong-English Dictionary

Third Edition

A

aab, *int.* ah (used to express an empathy); -*n.* 1. baby; 2. given name for a girl (M)
aab oo, *n.* 1. fog; haze; smoke; smog; mist; 2. given name for a girl (M)
aab tsi, *pron.* what (consonant change from *dlaab tsi*) (M)
aam, *n.* trash; garbage (M)
aam npwg, *n.* act of drowning (M)
aam phib, *n.* trash; garbage (M)
aav, *n.* 1. land; 2. earth; soil; ground (M)
aav ci, *n.* adobe; brick (M)
aav laj aav teb, *n.* farm soil (M)
aav luaj pua, *n.* land; territory (M)
aav nkos, *n.* muddy soil; mud (M)
aav qhuav, *n.* 1. wasteland; 2. dried land (M)
aav txheej sau toj, *n.* turf (M)
ab, *int.* ah (used to express an empathy); -*adj.* bitter (M); -*n.* 1. baby; 2. given name for a girl
ab oo, *n.* 1. fog; haze; smoke; smog; mist (M); 2. given name for a girl (M)
ab tsi, *pron.* what (consonant change from *dab tsi*)
ag, *int.* ah (used to express a satisfaction)
aib, *int.* ayah
aim, *v.* fuck [sl] (a new term coined after 1975, possibly in the refugee camps in Thailand)
ais, *n.* 1. smallness; 2. given name for a girl (possibly a tone change from *aiv*); -*adj.* small, tiny (tone change from *aiv*)
aiv, *n.* 1. smallness; 2. given name for a boy or girl; -*adj.* small, tiny
aj, *int.* ah (used to express a surprise)
am, *n.* trash; garbage
am npwg, *n.* act of drowning
am phib, *n.* trash; garbage
as, *int.* ah (used to express a rejection or denial)
As Kiv, *n.* English
aub, *n.* dog (mostly referred to small dog); -*v.* carry (M)
aub ncaug, *n.* saliva (tone changes from *auv ncauj*; see *auv ncaug*); spit; spittle
auj, *int.* oh!
auj yauj, *int.* ah! yo!
auv, *adj.* foggy; misty; -*n.* 1. water; 2. liquid
auv auv, *adj.* very foggy
auv ncaug, *n.* saliva (tone change from *auv ncauj*; also see *aub ncaug* and *qaub ncaug*); spit; spittle
auv npwv, *n.* boiled water
av, *n.* 1. land; 2. earth; soil; ground; 3. mirror (M)
av ci, *n.* adobe; brick
av liaj av teb, *n.* farm soil
av luaj pua, *n.* land; territory
av nkos, *n.* muddy soil; mud
av qhuav, *n.* 1. wasteland; 2. dried land
av txheej saum toj, *n.* turf
av xuav, *n.* loose ground; sandy soil
awb, *adj.* dumb; stupid; -*n.* dumb person
awb vawb, *adj.* dumb; stupid
aws, *v.* 1. seize; grasp; take; 2. own; -*adv.* yes; okay; -*n.* epidemic; a disease that spreads out quickly
awv, initial particle expressing concern of wrong doing; -*n.* shirt (a Hmong word not much in use by the Hmong in Southeast Asia and Western countries but it is still a common word among the Hmong in Guizhou province) (also see *nqaws awv*)

C

ca, *n.* 1. log (tone change from *cav*); 2. chipmunk (M); -*v.* let; permit; allow; agree to; consent to (M)
caab, *n.* 1. parasite; intestinal or abdominal worm; 2. worm; -*v.* 1. pull another animal or a prisoner by a rope; 2. haul; tow (M)
caag, *n.* 1. root; 2. background; 3. origin; -*adv.* 1. why; 2. how (usually used after the word *le*) (M)
caag ntoo, *n.* tree root; root (M)
caaj, *adj.* pertaining to certain parts of the body; -*n.* 1. ridge; 2. the bridge of the nose; 3 lineage; root (see *caaj*

ces or *caaj ceg*) (M)
caaj ceg, *n.* lineage; root; background; origin; scion (also see *caaj ces*) (M)
caaj ces, *n.* lineage; root; background; origin (also see *caaj ceg*) (M)
caaj dlaab, *n.* 1. neck; 2. throat (M)
caaj npaab, *n.* arm; upper arm (M)
caaj ntswg, *n.* nose; the bridge of the nose (M)
caaj ntswm, *n.* nose; the bridge of the nose (tone change from *ntswg*) (M)
caaj paas, *n.* throat (M)
caaj qaum, *n.* back (along the spinal cord) (M)
caaj qaum roob, *n.* ridge of the mountain; top of the mountain (M)
caaj qwb, *n.* nape; back of the neck (M)
caaj roob, *n.* mountain ridge (M)
caaj tw, *n.* buttocks (M)
caam, *v.* 1. argue; 2. disagree; 3. weld; solder (M)
caam ncauj, *v.* disobey; confront; challenge; defy; *-adj.* disobedient; defiant; rebellious (tone change from *caav ncauj*) (M)
caam thawj, *v.* disobey; confront; challenge; defy; *-adj.* disobedient; defiant; rebellious (M)
caav, *v.* 1. argue; 2. disagree; 3. praise; talk about someone or something famous; 4. retort; *-n.* log (M)
caav cug, *n.* the beam of the rice pounder (M)
caav ncauj, *v.* 1. argue; debate; 2. disobey; confront; challenge; defy; -*adj.* disobedient; defiant; rebellious (M)
caav tawg, *n.* log of firewood (M)
cab, *n.* 1. parasite; intestinal or abdominal worm; 2. worm; 3. wax; beeswax (M);*-v.* 1. pull another animal or a prisoner by a rope; 2. haul; tow
cab mes, *n.* referring to a certain kind of insect wax used as an adhesive on the tip of the crossbow to hold the arrow in position (M)
cab ntaab, *n.* beeswax (M)
cag, *n.* 1. root; 2. background; 3. origin
cag ntoo, *n.* tree root; root
cai, *n.* 1. right; 2. law; rule; 3. custom; 4. power; 5. given name for boy
caij, *v.* 1. ride; 2. board a plane or ship; *-n.* 1. time; 2. appointment; 3. period; 4. occasion; 5. season
caij chaw, *n.* opportunity (*caij chaw* comes from the idea that the right time and the right place produce opportunity)
caij coj khaub ncaws, *n.* period; menstruation
caij dav hlau, *v.* take a plane; board a plane; *-n.* boarding a plane
caij kub, *n.* summer (also see *ncaij ntuj kub*)
caij nees, *v.* ride horse
caij no, *n.* winter (also see *caij ntuj no*); *-adj.* winter
caij noj hmo, *n.* dinner time
caij noj mov, *n.* meal time
caij noj su, *n.* lunch time
caij noj sus, *n.* lunch time
caij noj tshais, *n.* breakfast time
caij nplooj ntoos hlav, *n.* spring; *-adj.* spring
caij nplooj ntoos zeeg, *n.* fall; autumn; *-adj.* fall; autumn
caij ntuj, *n.* season
caij ntuj kub, *n.* summer; *-adj.* summer
caij ntuj no, *n.* winter; *-adj.* winter
caij ntuj so, *n.* summer; *-adj.* summer
caij ntuj tsaug, *n.* 1. fall; autumn; 2. end of the year
caij ntuj tshab, *n.* 1. spring; 2. beginning of the year (M)
caij ntuj tshiab, *n.* 1. spring; 2. beginning of the year
caij pw, *n.* bed time; time to sleep
caij sawv ntxov, *n.* morning
caij so, *n.* 1. recess; 2. rest
caij sov, *n.* summer; *-adj.* summer
caij tav su, *n.* noon
caij tav su dua, *n.* afternoon
caij tsaus ntuj, *n.* nighttime
caij tsheb, *v.* ride car
caij yuav tsaus ntuj, *n.* evening
cais, *v.* 1. divide; subdivide; separate; segregate; alienate; 2. triage; sort; arrange; 3. stop
cais npho, *v.* 1. separate completely; 2. stop completely
cais tawm, *v.* 1. seclude; 2. separate; isolate
caiv, *v.* prohibit (prohibit from doing because of taboo); confine (culturally confine someone into the

home for a few days); *-n.* prohibition; taboo

caj, *adj.* pertaining to certain parts of the body; alive; living (M); *-n.* 1. ridge; 2. the bridge of the nose; 3 lineage; root (see *caj ces* or *caj ceg*); 4. wrench; tongs; pliers; forceps; tweezers (M)

caj cam, *n.* sod; boundary; border; territory (M)

caj ceg, *n.* lineage; root; background; origin; scion (also see *caj ces*)

caj ces, *n.* lineage; root; background; origin (also see *caj ceg*)

caj dab, *n.* 1. neck; 2. throat

caj khaub, *adj.* ruined; destroyed; *-v.* ruin; destroy; astray; stray; *-adv.* lost; off track; off target; off course (M)

caj ncaig, *adj.* successful; fruitful (M)

caj npab, *n.* arm; upper arm

caj ntswg, *n.* nose; the bridge of the nose

caj ntswm, *n.* nose; the bridge of the nose (tone change from *ntswg*)

caj pas, *n.* throat

caj qaum, *n.* back (along the spinal cord)

caj qaum roob, *n.* ridge of the mountain; top of the mountain

caj qwb, *n.* nape; back of the neck

caj roob, *n.* mountain ridge

caj sa, *adj.* alive (M)

caj sa taug, *v.* subsist; survive; exist (M)

caj tw, *n.* buttocks

ca le, *v.* stop; quit (M)

cam, *v.* 1. argue; 2. disagree; 3. weld; solder; *-n.* 1. sod; border; 2. boundary; territory (M)

cam dlej cam aav, *n.* 1. border; 2. boundary; territory (M)

cam ncauj, *v.* disobey; confront; challenge; defy; *-adj.* disobedient; defiant; rebellious (tone change from *cav ncauj*)

cam teb, *n.* border; border line (M)

cam teb chaws, *n.* border (of country); border line (M)

cam thawj, *v.* disobey; confront; challenge; defy; *-adj.* disobedient; defiant; rebellious

ca muag, *adj.* for sale (M)

ca ndlav, *adj.* for rent (M)

ca pob, *adj.* for rent (M)

cas, *adv.* 1. why; 2. how (usually used after the word *li*)

ca sab, *v.* 1. wish; hope; 2. rely; *-adj.* hopeful

ca saib, *adj.* for souvenir; for remembrance (M)

ca saib dlaab muag, *adj.* for souvenir; for remembrance (M)

cau, *n.* foot or hand (used when one is angry) [sl]; *-adj.* round; spherical; circular (e.g. *cau pliaj*)

caub, *n.* 1. enemy; animosity; 2. problem

Caub Fab, *n.* Chao Fa; Hmong freedom fighters in Laos since 1975

caug, *adj.* 1. referring to the knee; 2. numeral for tens (e.g. *plaub caug*, *tsib caug*, etc); *-n.* 1. multiple tens (e.g. *tsib caug*); 2. knee

cauj, *adj.* 1. early; 2. speedy; swift

cauj puam, *n.* 1. a kind of Asia bird; 2. a kind of Hmong knife

caum, *v.* 1. chase; pursue; 2. follow; 3. elope; *-n.* multiple tens (e.g. rau caum)

cau pliaj, *adj.* round forehead

cav, *v.* 1. argue; 2. disagree; 3. praise; talk about someone or something famous; 4. retort; 5, mistreat; abuse; harass (M); *-n.* 1. log; 2. an irrigated system; a water line (M); 3. gutter (M); 4. chipmunk (M);*-adv.* ridiculously; nonsensically; absurdly (e.g. *cav txaus luag*; *cav quaj quaj*)

cav cav lim lim, *v.* mistreat; abuse (M)

cav cos, *n.* the beam of the rice pounder

cav cug naag, *n.* gutter; trough (M)

cav dlej, *n.* 1. water line; waterline; water pipe; sluice; 2. spout; 3. gutter; trough (M)

cav ncauj, *v.* 1. argue; debate; 2. disobey; confront; challenge; defy; *-adj.* disobedient; defiant; rebellious

cav taws, *n.* log of firewood

caw, *v.* invite; *-n.* referring to alcohol (tone change from *cawv*; see *dej caw*)

cawj, *n.* a kind of tree

cawm, *v.* 1. rescue; 2. save; revive; 3. protect

cawm seej, *n.* 1. rescuer; savior; saviour; liberator; redeemer; 2.

given name for a boy; 3. middle name of Chiyou Chersheng Xiong
cawm xeeb, *n.* leader; rescuer
caws, *v.* 1. crouch; 2. bend; shrivel; 3. curve; curl; 4. tie; truss
caws ntxiab, *v.* set trap
caws pliav, *n.* scar
caws qia, *v.* leap; jump
caws vos, *adv.* crouched together
caws yej, *v.* set trap
cawv, *n.* alcohol; whiskey; liquor
cawv dawb, *n.* whiskey; vodka
cawv kab tsib, *n.* rum
cawv mog, *n.* wine
cawv ntsim, *n.* whiskey
cawv pob kws, *n.* bourbon
cawv qab zib, *n.* wine
cawv xeeb, *n.* ceremonial drink; birthday's drink
ce, *v.* scoop; -*n.* body (also see *cev*); -*clf.* referring to a set of clothing
ceb, *adj.* dirty (of the face)
ceb muag, *adj.* dirty face
ce dej, *v.* lift water; scoop water from a pond
ceeb, *v.* 1. surprise; 2. amaze; 3. frighten; startle; -*n.* given name for a boy; -*adj.* 1. lurid; 2. aghast; stunned; horrified; astonished; shocked; astounded
ceeb lag, *n.* weight; load; heaviness
ceeb laj, *adv.* 1. hardly; 2. troublesomely
ceeb nkaus, *v.* startle; -*adj.* surprised; shocked; startled
ceeb nkawv nkaus, *adj.* surprised; shocked; startled
ceeb thawj, *adj.* weighty; heavy; -*n.* weight; load; heaviness
ceeb toom, *v.* 1. warn; 2. inform; -*n.* notice; statement; -*adj.* warning; informative
ceeb tsheej, *n.* 1. heaven; paradise; 2. given name for a boy; 3. name of Cengcheng Xiong, oldest son of Yuepheng and Shoua Xiong
ceej, *n.* a kind of herbal medicine (e.g. *quav ceej*)
ceem, *v.* 1. temper (metal); harden; 2. anneal; strengthen; 3. train; -*n.* 1. seriousness; 2. excitement (e.g. *muaj ceem*); 3. given name for a boy
cees, *adv.* 1. stubbornly; arrogantly; offensively; 2. unpleasantly (see *nkhaus cees* or *lem cees*)
ceev, *v.* 1. keep; store; preserve; -*adj.* 1. tight; 2. fast; quick; swift; zippy
ceev ceev, *adv.* 1. quickly; swiftly; 2. presto; -*adj.* fast
ceev faj, *v.* be aware; beware; be careful; be watchful; be cautious
ceev nrooj, *adj.* hurriedly; quickly; swiftly
ceev xeev, *adj.* alert; awake; watchful; vigilant; observant; cautious
ceg, *n.* 1. branch; group; 2. leg; shank
ceg kaum, *n.* 1. corner (also see *ces kaum*); 2. angle
ceg kos, *n.* 1. trivet; 2. tripod
ceg ntoo, *n.* tree branch; twig
ceg tawv, *v.* lame; limp
ceg twj yees duab, *n.* tripod
cej, *n.* a kind of grain (e.g. *mov kuam cej*)
cem, *v.* 1. scold; taunt; 2. reprimand; 3. open; 4. lift
cem quav, *v.* constipate (also see *kem quav*)
cem tawg ntho, *v.* scold loudly
ces, *adv.* so; then; -*n.* 1. leg; shank; 2. branch; group (also see *ceg*)
ces kaum, *n.* corner (also see *ceg kaum*); angle
ces qab, *n.* rear shank of an animal; hind leg of an animal
ces tes, *n.* front shank of an animal; foreleg of an animal
cev, *v.* hand to; deliver; present; -*n.* 1. body; shape; form; figure; 2. a kind of tree; -*clf.* referring to a set of clothing
cev lus, *v.* deliver the message
cev nqaij daim tawv, *n.* body figure; whole body
cev ntas, *v.* menstruate; have a period
cev tsis ntas, *v.* don't menstruate; don't have period
cev tsis tus, *adj.* pregnant [sl]
cev xeeb tub, *adj.* pregnant
chaab, *n.* a different kind of Hmong folksong (see *kwv chaab* or *khawv chaab*); -*v.* tangle; interweave; intertwine (see *sis chaab sis chaws*) (M)
chaab chaws, *v.* tangle; interweave; intertwine (M)
chaav, *n.* 1. room; 2. a kind of trap or snare; 3. given name for a girl; -*clf.*

referring to a room (M)
chaav dlaa dlej, *n.* shower room; bathroom (M)
chaav dlai khaub dluag, *n.* closet (M)
chaav dlej, *n.* bathroom; restroom; washroom (M)
chaav kawm ntawv, *n.* 1. classroom; 2. study room (M)
chaav khuam khaub dluag, *n.* closet (M)
chaav noj mov, *n.* dinning room (M)
chaav nyob, *n.* 1. living room; 2. lounge (M)
chaav nyob tog, *n.* waiting room; lounge (see *chaav tog*) (M)
chaav plob, *n.* 1. restroom; 2. bathroom; 3. privies; 4. WC (water closet) (M)
chaav pw, *n.* bedroom (M)
chaav rau tsheb, *n.* garage (see *chaav tsheb*) (M)
chaav tog, *n.* waiting room; lounge (M)
chaav tsheb, *n.* garage (M)
chaav txais qhua, *n.* living room; guest room; vestibule (see *chaav nyob*) (M)
chaav ua hno, *n.* kitchen (M)
chaav ua mov, *n.* kitchen (M)
chaav ua noj, *n.* kitchen (M)
chab, *n.* a different kind of Hmong folksong (see *kwv chab* or *khawv chab*); *-v.* tangle; interweave; intertwine (see *sib chab sib chaws*)
chab chaws, *v.* tangle; interweave; intertwine
chais, *v.* 1. shave; 2. slice off (the skin of fruits or vegetables); *-n.* 1. knife; 2. razor
chais hwj txwv, *v.* shave beard; *-n.* razor; shaving knife
chais phais neeg, *n.* scalpel
chais plaub hau, *v.* shave the head
chaub, *v.* crawl on the belly; *-n.* stomach ache after giving birth (see *mob plab chaub*)
chaub laug, *v.* crawl on one's belly
chav, *n.* 1. room; 2. a kind of trap or snare; 3. given name for a girl; *-clf.* referring to a room
chav da dej, *n.* shower room; bathroom
chav dai khaub ncaws, *n.* closet
chav dej, *n.* bathroom; restroom; washroom
chav kawm ntawv, *n.* 1. classroom; 2. study room
chav khuam khaub ncaws, *n.* closet
chav noj mov, *n.* dinning room
chav nyob, *n.* 1. living room; 2. lounge
chav nyob tos, *n.* waiting room; lounge (see *chav tos*)
chav plob, *n.* 1. restroom; 2. bathroom; 3. privies; 4. WC (water closet)
chav pw, *n.* bedroom
chav rau tsheb, *n.* garage (see *chav tsheb*)
chav tos, *n.* waiting room; lounge
chav tsheb, *n.* garage
chav txais qhua, *n.* living room; guest room; vestibule (see *chav nyob*)
chav ua hno, *n.* kitchen
chav ua mov, *n.* kitchen
chav ua noj, *n.* kitchen
chaw, *n.* 1. place; 2. region; 3. site
chaw dai khaub ncaws, *n.* closet
chaw dlai khaub dluag, *n.* closet (M)
chaw haus cawv, *n.* nightclub (see *tsev haus cawv*)
chaw haus kas fes, *n.* coffee shop
chaw haus yeeb, *n.* opium den
chaw hlaa kev, *n.* crosswalk; crossway (M)
chaw hla kev, *n.* crosswalk; crossway
chawj, *n.* quarrel
chawj chim, *n.* quarrel; dispute; disagreement; argument; animosity; resentment
chaw kho mob, *n.* hospital
chaw khuam khaub ncaws, *n.* closet
chaw khu mob, *n.* hospital (M)
chaw laag luam, *n.* market place; business center (M)
chaw lag luam, *n.* market place; business center
chaw me nyuam ua si, *n.* playground
chaw miv nyuas ua si, *n.* playground (M)
chaw muaj yeej, *n.* vantage
chaw nkaag, *n.* entrance; vestibule; door (M)
chaw nkag, *n.* entrance; vestibule; door
chaw noj mov, *n.* restaurant; dining room
chaw nreg nkoj, *n.* port (M)

chaw nreg tsheb, *n.* 1. parking lot; 2. garage (M)
chaw nres nkoj, *n.* port
chaw nres tsheb, *n.* 1. parking lot; 2. garage
chaw nuam yaaj, *n.* salon; vista (M)
chaw nuam yaj, *n.* salon; vista
chaw nyob, *n.* 1. address; 2. home; residence; abode
chaw paab miv nyuas ntsuag, *n.* orphanage (M)
chaw paam tuag, *n.* funeral home (M)
chaw pab me nyuam ntsuag, *n.* orphanage
chaw pam tuag, *n.* funeral home
chaw pw, *n.* 1. sleeping room; 2. hotel; motel
chaw rau tsheb, *n.* garage
chaws, *v.* 1. go through; pass through; 2. go under (certain thing hanging on top); *-clf.* referring to a length of cloth (e.g. ib chaws ntaub); *-n.* place (tone change from *chaw*)
chaw saam roj, *n.* gas station (M)
chaw saib mob, *n.* clinic
chaw sam roj, *n.* gas station
chaws las, *n.* a drill to make holes in wood after heating in a fire
chaws nplho, *v.* enter into; pass into
chaw so, *n.* rest area
chaw su, *n.* rest area (M)
chaw tawm, *n.* exit
chaw tawm rooj, *n.* 1. restroom; 2. journey; trip
chaw thaa tuag, *n.* funeral home (M)
chaw tha tuag, *n.* funeral home
chaw tog qhua, *n.* hotel; motel (M)
chaw tog tsheb, *n.* bus stop (M)
chaw tog tsheb cav hlau, *n.* train stop; train station (M)
chaw tog tsheb nqaaj hlaus, *n.* train station (M)
chaw tos qhua, *n.* hotel; motel
chaw tos tsheb, *n.* bus stop
chaw tos tsheb ciav hlau, *n.* train stop; train station
chaw tos tsheb nqaj hlau, *n.* train station
chaw tov tshuaj, *n.* laboratory
chaw tsheb, *n.* garage
chaw tua tsaj, *n.* abattoir; slaughterhouse (M)
chaw tua tsiaj, *n.* abattoir; slaughterhouse
chaw txav plaub hau, *n.* salon; hair salon; barber shop (M)
chaw txiav plaub hau, *n.* salon; hair salon; barber shop
chaw ua hauj lwm, *n.* place of work
chaw ua laag luam, *n.* business center; market place (M)
chaw ua lag luam, *n.* business center; market place
chaw ua vav vag, *n.* playground (M)
chaw ua viav vias, *n.* playground
chawv, *adj.* raucous; rough; impolite
chawv chawv, *adv.* raucously; impolitely (also see *tshawv tshawv*)
chaw zaum, *n.* seat
chaw zoo, *n.* vantage
chaw zov me nyuam, *n.* day care center
chaw zuv miv nyuas, *n.* day care center (M)
cheb, *v.* 1. sweep; brush; 2. clean
cheeb, *n.* 1. diameter; 2. given name for a boy
cheeb chaw, *n.* area
cheeb kaav tswj, *n.* 1. hegemony; 2. sphere of influence (M)
cheeb kav tswj, *n.* 1. hegemony; 2. sphere of influence
cheeb phom, *n.* diameter of the barrel of the gun; barrel of the gun
cheeb tsaam, *n.* area; surrounding (M)
cheeb tsam, *n.* area; surrounding
cheeb tswj, *n.* hegemony (see *cheeb kav tswj*)
cheej, *n.* 1. a unit of measurement with the width of the fist; 2. the last spasm before death; dying struggle for breath (see *huaj cheej*)
cheem, *v.* stop; delay; retain; *-conj.* while
chib, *n.* time; a period of time; *-v.* slander; despise; discriminate; look down on
chib chawj puaj liam, *adv.* poorly; sloppily
chij, *n.* 1. flag; 2. given name for boy
chim, *adj.* angry; upset; *-n.* a short period of time (e.g. *ib chim*)
chim quj qees, *v.* keep on being angry
chim sab, *adj.* angry; upset; unhappy (M)
chim siab, *adj.* angry; upset; unhappy
chis, *adj.* angry; upset (tone change from *chim*)

chiv, *n.* fertilizer; manure; -*v.* begin; start; instigate; originate
chiv keeb, *n.* origin; -*v.* originate; start
chiv keeb huam yuaj, *prep.* in the very beginning
chiv thawj, *n.* beginning; start
chob, *v.* 1. pierce; poke; 2. offend
chob sab, *adj.* inspiring; inspirational; moving; stimulating (M)
chob siab, *adj.* inspiring; inspirational; moving; stimulating
choj, *n.* 1. bridge; 2. given name for a boy; 3. blanket (M)
choj txhwj, *n.* a kind of hoe; a mattock
chom, *adj.* bend backward; crooked
chov, *n.* bad omen
chua, *v.* snatch back forcefully; jerk or pull forcefully
chuj chiab, *adv.* slowly
chuj chiv, *adj.* 1. troubling; disturbing; worrying; 2. whispering; murmuring; susurrant
chwv, *n.* touch; rub
ci, *v.* 1. bake; 2. toast; 3. roast; 4. shine; twinkle; 5. scintillate; -*adj.* bright; shiny; -*n.* given name for boy or girl
cia, *v.* 1. let; allow; permit; 2. store; put away; put aside; -*prep.* for
ciab, *n.* 1. wax; beeswax; 2. a kind of tree similar to evergreen tree
ciab mes, *n.* referring to a certain kind of insect wax used as an adhesive on the tip of the crossbow to hold the arrow in position
ciab ntab, *n.* beeswax
ciaj, *adj.* alive; living; -*n.* 1. wrench; 2. tongs; 3. pliers; 4. forceps; 5. tweezers
ciaj ciam, *n.* sod; boundary; border; territory
ciaj khaub, *adj.* ruined; destroyed; -*v.* ruin; destroy; astray; stray; -*adv.* lost; off track; off target; off course
ciaj ncaig, *adj.* successful; fruitful
ciaj sia, *adj.* alive
ciaj sia taus, *v.* subsist; survive; exist
cia li, *v.* stop; quit
ciam, *n.* 1. sod; border; 2. boundary; territory
ciam dej ciam av, *n.* 1. border; 2. boundary; territory
ciam teb, *n.* border; border line
ciam teb chaws, *n.* border (of country); border line
cia muag, *adj.* for sale
cia ntiav, *adj.* for rent
cia pob, *adj.* for rent
cia saib, *adj.* for souvenir; for remembrance
cia saib dab muag, *adj.* for souvenir; for remembrance
cia siab, *v.* 1. wish; hope; 2. rely; -*adj.* hopeful
ciav, *v.* mistreat; abuse; harass; -*n.* 1. an irrigated system; a water line; 2. gutter; 3. chipmunk; -*adv.* so (see *ua ciav*)
ciav ciav lim lim, *v.* mistreat; abuse
ciav cug nag, *n.* gutter; trough
ciav dej, *n.* 1. water line; waterline; water pipe; sluice; 2. spout; 3. gutter; trough
ciav, *v.* mistreat; abuse; harass; -*n.* 1. an irrigated system; a water line; 2. gutter; 3. chipmunk; -*adv.* so (see *ua ciav*)
cib, *n.* 1. dustpan; 2. given name of a girl
cib fim, *n.* opportunity
cib laug, *n.* dustpan
cib nyeej, *n.* feud; -*v.* take offense against
ci ci, *adj.* shiny; bright
cig, *v.* alight; light up
cig plaws, *v.* frame up
cim, *n.* 1. mark; sign; symbol; 2. seal; stamp; 3. season (see *ib cim*); 4. tone marker; -*v.* 1. mark; 2. memorize; remember; recognize
cim thawj, *n.* identification, I.D. (*cim* yog los ntawm ib qho cim ua kom nco qab; *thawj* yog los ntawm lo lus *pov thawj*)
cim xeeb, *v.* memorize; remember; -*n.* 1. memory; 2. memoirs
ci ntsa, *v.* shine; glare; brighten; produce light
ci ntsa iab, *adj.* brilliant; bright and glittering; twinkle
co, *v.* 1. shake; 2. sway; 3. vibrate; -*n.* Yao or Mien
cob, *v.* 1. teach; train; discipline; 2. hand to; deliver to; present to; 3. weld; solder; join; link; bond; -*n.* glue
cob caub, *v.* 1. create enemy; 2. invite problem

Cob Fab, *n.* Chao Fa; a Hmong freedom fighters in Laos existed since 1975 (also see *Caub Fab*)
co co, *adj.* shaky
cob cuab, *v.* live
cob pob, *adj.* 1. bone-aged; 2. dwarf; 3. related to slow growth of a child
cob txheeb, *n.* uncle of the bride at a wedding who officiates her marriage
cog, *v.* 1. plant; grow; sow; 2. implant
cog haiv, *v.* promote nationalism; rise nationalism
cog lus, *v.* 1. promise; pledge; troth; vow; 2. swear
cog maj, *v.* grow hemp
cog nplej, *v.* plant rice; grow rice
cog qoob, *v.* plant crops
cog qoob cog loo, *v.* plant crops
cog rau, *v.* implant
cog zaub, *v.* grow vegetable; plant vegetable
coj, *v.* 1. lead; guide; 2. carry; bear; 3. wear
coj ceev, *adj.* short temper; impatient; -*v.* have a short temper; have no patience
coj dav, *adj.* big hearted; patient; wise
coj kev, *v.* 1. lead the way; 2. guide
coj khaub ncaws, *v.* menstruate; have a period
coj nqaim, *adj.* frugal; thrifty
coj nraim, *v.* 1. keep on; hold on to; 2. follow closely
coj nruj, *adj.* strict; stringent; inflexible
coj nruj coj tsiv, *adj.* strict; stringent; inflexible
coj rawv, *v.* keep on wearing
coj tog, *adj.* patient; calm; thoughtful; wise; prudent
coj ua, v. lead others how to do thing
coj zoo, *adj.* good; wise; prudent; considerate
com, *v.* 1. tighten; 2. acquaint
com cum, *n.* foundation beams of a house
com viab, *adj.* crooked; deceitful
coob, *adj.* many; numerous; crowded; multiple; -*n.* 1. a kind of bird that can sing many pitches; 2. given name for a boy
cooj, *n.* coop (for chickens); roost
cos, *n.* 1. rice pounder; treadmill; 2. wart; 3. knot; 4. bud
co tes, *v.* wave (hand)
cov, *n.* referring to a group or a bunch;. -*v.* complicate; tangle; confuse; -*adj.* complicated; difficult
cov hluas, *n.* youths
cov laug, *n.* elders; adults (M)
cov laus, *n.* elders; adults
cov nyom, *v.* conflict; interfere; -*adj.* 1. controversial; contentious; 2. divisive; 2. confusing; puzzling; perplexing; complicated
cov tod, *pron.* those
cov txwv, *n.* trunk; elephant trunk
cua, *n.* 1. air; 2. wind; 3. given name of a girl; -*v.* 1. chew; 2. crush with the teeth
cuab, *v.* 1. trap; snare; entrap; 2. allow; let; open; 3. lay; set; 4. exaggerate; overstate; 5. call animals; -*n.* 1. house or family; 2. community; 3. shackle
cuab ceem, *v.* set (as set to take off)
cuab kav, *n.* ability; capability
cuab loj loj, *adj.* tumid; overblown; bombastic
cuab lug, *adj.* open; wide-open; unguarded
cuab nplhib, *adj.* uncovered; open; unguarded; unprotected; visible
cuab qeg, *v.* underestimate; aim lower (M)
cuab qes, *v.* underestimate; aim lower
cuab sab, *v.* overestimate; aim higher (M)
cuab siab, *v.* overestimate; aim higher
cuab tam, *n.* household belongings or items
cuab tha, *adj.* 1. open; wide-open; visible; 2. unguarded; unprotected
cuab thaa, *adj.* 1. open; wide-open; visible; 2. unguarded; unprotected (M)
cuab thaa lug, *adj.* 1. open; wide-open; visible; 2. unguarded; unprotected (M)
cuab tha lug, *adj.* 1. open; wide-open; visible; 2. unguarded; unprotected
cuab thoj, *n.* guava; a kind of tree with edible fruit
cuab tsaav, *n.* host of a funeral; representative of the family of the deceased who offers foods and drinks to the deceased (M)
cuab tsav, *n.* host of a funeral;

representative of the family of the deceased who offers foods and drinks to the deceased
cuab xauv taw, *n.* shackle
cuab yeej, *n.* military equipment; weapons
cuab yeej cuab taam, *n.* household materials and inheritance; household belongings (M)
cuab yeej cuab tam, *n.* household materials and inheritance; household belongings
cuab yeej toom txeem, *n.* household materials and inheritance; household goods
cuab yig, *n.* family
cua daj cua dub, *n.* storm; windstorm; tornado; twister; cyclone; hurricane; typhoon; whirlwind
cua dlaaj cua dlub, *n.* storm; windstorm; tornado; twister; cyclone; hurricane; typhoon; whirlwind (M)
cuag, *v.* 1. reach; 2. meet; 3. turn to; *-adv.* 1. as much as; 2. even
cua hlob, *adj.* windy
cua hlub, *adj.* windy (M)
cuaj, *n.* nine; 9
cuaj caum, *n.* ninety; 90
cuaj hli, *n.* September
cuaj hlis ntuj, *n.* September
cuaj khaum, *adj.* 1. picky; fussy; hard to please; 2. greedy; selfish; *-n.* penury
cua kub, *n.* heat
cuam, *n.* 1. gibbon; a monkey like animal; 2. battle; *-v.* 1. throw; toss; 2. press between, or hold in place by, two strips of wood; 3. clasp under the arm; *-clf.* sheet of thatched shingle
cuam kawb, *adj.* hilly; mountainous
cuam koob, *n.* a kind of trap to catch rodents
cuam muas, *v.* fail; disappoint; *-adj.* unsuccessful; disappointing
cuam nqeeb, *v.* affix thatch onto a rod to make roof cover; *-n.* thatched shingle
cua moj lwg kawv, *n.* wind storm; strong wind; a great wind or storm
cuam taws, *v.* 1. set fire on; 2. make a big fire
cuam taws ntws, *v.* set fire on; set big fire on
cuam tshuam, *v.* interrupt; interfere; affect
cuam txwv nees, *n.* the pack frame which fits over the pack saddle
cua nab, *n.* 1. worm; 2. earthworm; 3. hookworm; 5. night crawler
cuas, *n.* 1. parents of the son-in-law or of the daughter-in-law; 2. parents of son's wife or of daughter's husband (also see *poj cuag* and *yawg cuas*); *-adj.* plain; simple
cuas luam, *adj.* hairless; bald; plain (referring to animals, namely chicken)
cua sov, *n.* 1. heat; 2. warm air
cuas qab, *adj.* plain and simple; plain back
cua txias, *n.* 1. air condition; cold air; 2. air conditioner
cuav, *adj.* fake; counterfeit; false; untrue; unreal; *-v.* visit around
cuav xwm, *adj.* unreliable; disappointing; *-v.* fail; disappoint
cuav zos, *v.* visit others just to chat
cub, *v.* steam; *-n.* a fire (confined to one place)
cub mov, *v.* steam rice; cook rice
cub tawg, *n.* fireplace; large fire; furnace
cug, *v.* 1. collect; 2. defend; fight back (mostly referred to animal fighting)
cug dej, *v.* collect water (from water line or rain)
cuj pwm, *n.* manner; character; attitude (also see *cwj pwm*)
cuj siab, *n.* mood
cus, *adj.* virile; active; energetic; enthusiastic
cw, *n.* shrimp or lobster (also see *cws*)
cwj, *n.* 1. a sharp pointed stick; 2. a device or a tool of something
cwj mem, *n.* pen (also see *mem kua*)
cwj mem kua, *n.* pen (also see *mem kua*)
cwj mem qhuav, *n.* pencil (also see *mem qhuav*)
cwj nrig, *n.* walking stick; wand
cwj pwm, *n.* manner; character; attitude (tone change from *cuj pwm*; see *cuj pwm*)
cwj tua koob tom ntawv, *v.* stapler
cws, *n.* shrimp or lobster (tone change from *cw*)

D

da, *v.* 1. immerse; submerge; 2. swim; 3. roll over
dab, *n.* 1. ghost; 2. spirit; 3. devil; demon; 4. trough
dab da dej, *n.* bathtub
dab dej, *n.* bathtub
dab laug, *n.* 1. mother's brother (also see *txiv dab laug*); 2. wife's brother
dab muag, *n.* remembrance
dab neeb, *n.* shaman spirits
dab neeg, *n.* folktale; story; myth; legend
dab nees, *n.* trough for feeding horse
dab noj hnub, *n.* eclipse
dab npuas, *n.* trough for feeding pig
dab ntub, *n.* sleepiness
dab ntxaug, *n.* wild and evil spirit that can make frame of fire at night
dab ntxuav muag, *n.* sink (bathroom sink)
dab ntxuav tais diav, *n.* kitchen sink
dab ntxwg nyoog, *n.* satan; devil
dab nyeg, *n.* household spirits
dab nyuj, *n.* trough for feeding cow
dab peg, *n.* epilepsy; seizure
dab pog, *n.* spirit that protects children
dab qhov cub, *n.* spirit of the fireplace
dab qhov rooj, *n.* door spirit
dab qhov txos, *n.* spirit of the fireplace under the cauldron
dab qhuas, *n.* religion
dab qus, *n.* wild spirits or devils
dab roog, *n.* spirit of the door; door spirit (tone change from *dab rooj*)
dab rooj, *n.* spirit of the door; door spirit
dab ros, *n.* laughter; funny
dab tai, *n.* a cultural spirit that Hmong people offer sacrifice to
dab taws, *n.* ankle
dab teg, *n.* wrist (tone change from *dab tes*; also see *dab tes*)
dab tes, *n.* wrist (also see *dab teg*)
dab tsho, *n.* collar; embroidered patch on the back of a Hmong woman's collar
dab tshos, *n.* collar; embroidered patch on the back of a Hmong woman's collar (tone change from *dab tsho*)
dab tsi, *pron.* what (also see *tus tsi*)
dab tsi los tau, *pron.* whatever
dab tsi los xij, *pron.* whatever
dab tso zis, *n.* urinal
dab tuag, *adj.* 1. ugly; unattractive; 2. poor; shoddy; sloppy; *-n.* ghost of dead person
dab tuag teb, *n.* netherworld; underworld
dab tuag tshaib tuag nqhis, *n.* hungry ghost
dab txwv koob, *n.* spirits of the ancestors
dab txwv zeej txwv koob, *n.* spirits of the ancestors
dab vaj dab tsev, *n.* household spirits
dab xwm kab, *n.* spirits of wealth and possessions
da dej, *v.* swim; take a bath or a shower
dag, *v.* 1. lie; 2. deceive; fool; 3. cheat; *-n.* a double arm's length; measuring system with the arms stretching out, mostly applied to the measurement of something straight (tone change from *daj*; also see *daj*); *-adj.* unreal; fake; false
dag ntsuav, *adj.* silly; ridiculous; absurd
dag xwb, *adj.* unreal; fake; false
dag zog, *n.* vigor; energy; power
dai, *v.* 1. hang; 2. strangle
daig, *v.* 1. stuck; 2. clog; *-clf.* referring to piece; sheet (tone change from *daim*; also see *daim*)
daim, *clf.* referring to sheet, page, or any flat varieties; *-n.* sheet
daim ntawv, *n.* sheet of paper
daim ntawv qhwv, *n.* wrapper
daim plhaub, *n.* cover; book cover
daim tawv, *n.* 1. skin; 2. bark
daim teb, *n.* farm field
dai ncuv, *adj.* hanging on the horizon (referring to sunset); 2. desperate (referring to feeling)
dais, *n.* 1. bear; 2. bruin
dais dawb, *n.* polar bear
dais dev, *n.* honey bear
dais hmub, *n.* panda; a kind of bear
dai siab, *adj.* memorable; unforgettable
dais nees, *n.* black bear
dai tuag, *v.* strangle (to death); choke

(to death)
daiv, *n.* large species of bumble bee, and their grubs are eaten
daj, *n.* 1. yellow; 2. a double arm's length; measuring system with the arms stretching out, mostly applied to the measurement of something straight (also see *dag*); *-adj.* 1. pale; 2. yellow; *-v.* 1. court; befriend; 2. rouse; stir; provoke; 3. lie
daj daj, *adj.* quite yellow; pale
daj dee, *v.* 1. court; date; establish a relationship; 2. convince; persuade; influence (tone change from *daj deev*)
daj deev, *v.* 1. court; date; establish a relationship; 2. convince; persuade; influence
daj lis, *adj.* 1. pale (from illness); 2. yellowish; slightly yellow
daj ntseg, *adj.* wan; pale (from illness)
daj qab, *v.* lie
daj rhuv, *adj.* very bright yellow
daj taws, *adj.* yellowish; yellowish feet
daj vog, *adj.* speckled yellow
dam, *v.* break; *-adj.* broken
da mus da los, *v.* roll back and forth
daug, *v.* hatch
dauj, *n.* mallet; pounder
daum, *v.* 1. climb; 2. hop up; *-n.* referring to an ethnic group in Asia with darker skin color
daus, *v.* scoop; dip out; *-n.* ice
daus no, *n.* ague; fever
daus xib daus npu, *n.* snow and ice
dauv, *v.* lower; drop; droop; extend
dav, *adj.* 1. wide; broad; big; 2. generous; gracious; kind; *-n.* 1. hawk; 2. breadth; width
dav hlau, *n.* airplane; aircraft; airline
dav hlau kiv tshuab, *n.* helicopter
dav hlau muaj tis, *n.* fixed wing aircraft
dav hlau thauj khoom, *n.* cargo aircraft; cargo airplane
dav hlau tua rog, *n.* fighter aircraft; war plane
daw, *adj.* 1. salty (see *daw ntsev*); 2. over; *-n.* a kind of fruit tree in Asia (e.g. *txiv daw*); cashew nut
dawb, *n.* 1. white; 2. given name for a boy or girl; *-adj.* 1. white; 2. idle; inactive; lazy; 3. clean; pure; virtuous; kind; generous; 4. free; without charge
dawb dawb, *adj.* 1. very white; rather white; quite white; 2. free; no charge
dawb hau nrig ncaug; *adj.* aged; white-headed; lived a long life
dawb heev, *adj.* very white; completely white
dawb huv, *adj.* 1. clean; 2. pure; 3. virtuous; corruption free; 4. virgin
dawb lias, *adj.* slightly white; not very white
dawb paug, *adj.* 1. clear; perfectly white; 2. free
dawb vog, *adj.* speckled white; mottled white
dawg, *adv.* referring to a loud noise (see *dig dawg*); restricted post verbal intensifier
dawj, *v.* 1. gouge out; pry open; dismantle; take apart; 2. quarrel; scold each other
dawm, *n.* mountain pass; low pass between two peaks; *-v.* 1. stumble; 2. trip
daw ntsev, *adj.* salty
daws, *v.* 1. untie; 2. release; 3. loosen; 4. ravel; 5. set free; 6. resolve; solve; 7. rename (see *daws npe*)
daws cev, *v.* give birth; bear baby
daws duam, *adv.* big step or hurriedly (referring to walking)
daws hlua khi duav, *v.* unbuckle
daws khawm tsho, *v.* unbutton
daws npe, *v.* rename a person with a different name (due to illness or parenthood)
daws npe laus, *v.* rename a person with a different name due to parenthood. When one got married and had children, he would be given an adult or parenthood name such as Nhia Blia, Boua Chia, Pa Toua, etc
daws siab nqhis, *v.* soothe; treat; heal
daws teeb meem, *v.* resolve (problem); solve problem
dawv de, *adv.* wagglingly; wobblingly
de, *v.* 1. pick; harvest; collect; 2. pluck, 3. pinch
deb, *adj.* far; distant; *-adv.* afar; far distant
deeg, *adj.* quake; vibrate; shake; *-v.* 1. awaken; wake; rouse; stir; stimulate;

arouse; 2. limp

deeg pauv, *n.* limping (referring to walking)

deev, *v.* 1. inspire; instigate; convince; persuade; influence; win over; 2. make love; have sex with; have sexual intercourse [sl]

deev siab, *adj.* 1. encouraging; inspiring; motivating; moving; stimulating; 2. sexy

deg, *n.* river; water (tone change from *dej*)

dej, *n.* 1. river; stream; 2. water (please note that *dej* has been used to mean water but actually the Hmong word for water is *auv*)

dej caw, *n.* alcohol; whiskey; beverage (tone change from *dej cawv*)

dej cawv, *n.* alcohol; whiskey; beverage

dej cog, *n.* rice pounding mill run by water power (tone change from *dej cos*)

dej cos, *n.* rice pounding mill run by water power

Dej Dag, *n.* Yellow River (tone change from *Dej Daj*)

dej dag nyab ntiaj teb, *n.* flood from the Yellow River

Dej Daj, *n.* Yellow River

dej hiav txwv, *n.* ocean; sea

dej khaub zig, *n.* whirlpool

dej khov, *n.* ice (also see *dej nkoog* and *daus*)

dej kub, *n.* hot water

dej nag, *n.* rain water

Dej Naj Khoom, *n.* Mekong River

dej nkoog, *n.* ice (also see *dej khov* and *daus*)

dej ntas, *n.* 1. wave of water; 2. water spilling from the bucket; water movement

dej ntiav ntiav, *n.* shoal

dej ntxhee, *n.* water ripple; ripple; wave; current

dej num, *n.* 1. work; chore; 2. responsibility; duty; 3. plan

dej nyab, *n.* flood; torrent

dej poob tsag, *n.* waterfall (also see *dej tsaws tsag*)

dej qab ntsev, *n.* brine; salt water

dej rhaub, *n.* boiled water (also see *auv npwv*)

dej siab, *n.* stipend; gift; honorarium

dej siav, *n.* boiled water (also see *dej rhaub*)

dej so, *n.* warm water; lukewarm water (tone change from *dej sov*)

dej sov, *n.* warm water; lukewarm water

dej sov so, *n.* lukewarm water

dej tawg, *n.* 1. torrent; 2. utility (tone change from *dej taws*)

dej taws, *n.* 1. utility; 2. firewood and water

dej tsaws ntxhee, *n.* rapids; torrents; swift and turbulent water

dej tsaws tsag, *n.* waterfall

dej txiag, *n.* cold water (tone change from *txias*)

dej txias, *n.* cold water

dev, *n.* dog (mostly for grown up dog or big dog; also see *aub*); *-adj.* unworthy; shameful; worthless; filthy

dev caum nqaij, *n.* 1. hound; hunting dog; 2. traitor who sides with the enemy against his or her own people [sl]

dev kuas, *n.* a kind of varicolored dog

dev mub, *n.* flea

dev raws nqaij, *n.* 1. retriever; sporting dog; gun dog; 2. traitor who sides with the enemy against his or her own people [sl]

dev thawj thiab, *adj.* homeless [sl]

dhas, *v.* separate (the kernels from the cob); *-adj.* falling apart

dhau, *adv.* through; *-v.* pass; *-prep.* than

dhau los lawm, *adv.* ago; before; previously

dhawv dhe, *adv.* 1. gaspingly; wheezingly (referring to crying); 2. post verbal intensifier

dhawv dheev, *adv.* 1. recurrently; frequently; repeatedly; persistently; regularly; 2. post verbal intensifier (e.g. *ua npau suav tsim dhawv dheev*)

dhawv dhev, *adv.* 1. gaspingly; wheezingly (referring to crying); 2. post verbal intensifier

dhe, *adv.* retricted post verbal intensifier (e.g. *quaj dhe*; *dhuj dhe*)

dheev, *adv.* 1. indicating suddenness and continuity; 2. restriced post verbal intensifier (e.g. *hnov dheev* and *dhuj dheev*)

dhej, *adv.* restricted post verbal

intensifier (e.g. ua *dhuj dhej*)
dhem, *adv*. restricted post verbal intensifier (e.g. ua *dhuj dhem*)
dhev, *adv*. restricted post verbal intensifier meaning unexpectedly, unintentionally, accidentally (e.g. *ua dhuj dhev*; *quaj dhev*; etc)
dhia, *v*. 1. jump; leap; 2. skip; hop; 3. play or dance (referring to *qeej performance*); 4. gallop; 5. throb; beat; pulsate
dhia dej, *v*. dive
dhia hlua, *v*. jump rope
dhia nruas, *v*. dance drum
dhia qeej, *v*. dance *qeej*; dance with Hmong *qeej*
dhia siab, *v*. high jump
dhia tawm, *v*. jump out; leap
dhos, *v*. fit together; put together; assemble
dhuas, *v*. eat ravenously (referring mostly to how pig eat)
dhuav, *v*. bore; dislike; hate; *-adj*. tired of it; sick of; bored; fed up
dhuav neeg, *adj*. boring; sickening; dull; tiresome; tedious
dhuav siab, *adj*. frustrating; frustrated; boring; discouraging; tedious; irritating
dhuav siab dhuav ntsws, *adj*. frustrating; frustrated; boring; discouraging; tedious; irritating
dhuj dheev, *adv*. repeatedly; continually; constantly; frequently (referring to memory)
dhuj dhev, *adv*. continually; repeatedly (referring to crying or dying)
di, *n*. lip
dia, *n*. spoon (tone change from diav)
diab, *n*. 1. a kind of bird; 2. given name for a boy
diaj, *v*. shake back and forth; push and pull back and forth; jerk; twist
diam, *adv*. really; as much as; as many as
dias, *v*. feel sick
dias taub hau, *v*. have a headache
diav, *n*. 1. spoon; 2. given name for a girl
diav haus kas fes, *n*. teaspoon; small spoon (see *diav kas fes*)
diav haus this, *n*. teaspoon (see *diav this*)
diav kas fes, *n*. teaspoon; small spoon
diav noj mov, *n*. tablespoon
diav nplooj, *n*. spoon
diav rawg, *n*. folk (also see *rawg*)
diav this, *n*. teaspoon
dib, *n*. 1. cucumber; 2. given name for a boy or a girl; *-v*. lure; entice
dib liab, *n*. water melon; watermelon
dib pag, *n*. cantaloupe
dib pag dawb, *n*. honeydew melon
dib txaig, *n*. cantaloupe (tone change from *dib txaij*)
dib txaij, *n*. cantaloupe
dig, *adj*. blind; *-v*. 1. probe; 2. bring to public attention; make known; 3. pick
dig hniav, *v*. pick the teeth
dig muag, *adj*. blind
dim, *adj*. escaped; freed; saved
dim paus, *v*. fart
dim plaws, *adj*. escaped completely; freed entirely
dim plhuav, *adj*. freed suddenly
dim quav, *v*. want to use restroom; want to poop (see *tso quav*)
dim zis, *v*. 1. want to urinate; 2. urinate
di ncauj, *n*. lips
dla, *n*. spoon (M) (tone change from *dlav*)
dlaa, *v*. 1. immerse; submerge; 2. swim; 3. roll over (M)
dlaab, *n*. 1. ghost; 2. spirit; 3. devil; demon; 4. trough (M)
dlaab dlaa dlej, *n*. bathtub (M)
dlaab dlej, *n*. bathtub (M)
dlaab laug, *n*. 1. mother's brother (also see *txiv dlaab laug*); 2. wife's brother (M)
dlaab muag, *n*. remembrance (M)
dlaab neeb, *n*. shaman spirits (M)
dlaab neeg, *n*. folktale; story; myth; legend
dlaab nees, *n*. trough for feeding horse (M)
dlaab noj nub, *n*. eclipse (M)
dlaab npuas, *n*. trough for feeding pig (M)
dlaab ntub, *n*. sleepiness (M)
dlaab ntxaug, *n*. wild and evil spirit that can make frame of fire at night (M)
dlaab ntxuav muag, *n*. sink (bathroom sink) (M)
dlaab ntxuav taig dlav, *n*. kitchen sink (M)
dlaab ntxwg nyoog, *n*. satan; devil

(M)
dlaab nyeg, *n.* household spirits (M)
dlaab nyug, *n.* trough for feeding cow (M) (tone change from *dlaab nyuj*)
dlaab nyuj, *n.* trough for feeding cow (M)
dlaab peg, *n.* epilepsy; seizure (M)
dlaab pug, *n.* spirit that protects children (M)
dlaab qhov cub, *n.* spirit of the fireplace (M)
dlaab qhov rooj, *n.* door spirit (M)
dlaab qhov txus, *n.* spirit of the fireplace under the cauldron (M)
dlaab qhuas, *n.* religion (M)
dlaab qus, *n.* wild spirits or devils (M)
dlaab roog, *n.* spirit of the door; door spirit (M) (tone change from *dlaab rooj*)
dlaab rooj, *n.* spirit of the door; door spirit (M)
dlaab rus, *n.* laughter; funny (M)
dlaab tai, *n.* a cultural spirit that Hmong people offer sacrifice to
dlaab taws, *n.* ankle (M)
dlaab teg, *n.* wrist (tone change from *dab tes*; also see *dab tes*) (M)
dlaab tes, *n.* wrist (also see *dab teg*) (M)
dlaab tsho, *n.* collar; embroidered patch on the back of a Hmong woman's collar (M)
dlaab tshos, *n.* collar; embroidered patch on the back of a Hmong woman's collar (tone change from *dab tsho*) (M)
dlaab tsi, *pron.* what (M) (also see *tug tsi*)
dlaab tsi los tau, *pron.* whatever (M)
dlaab tsi los xij, *pron.* whatever (M)
dlaab tso zig, *n.* urinal (M)
dlaab tuag, *adj.* 1. ugly; unattractive; 2. poor; shoddy; sloppy; *-n.* ghost of dead person (M)
dlaab tuag teb, *n.* netherworld; underworld (M)
dlaab tuag tshaib tuag nqhes, *n.* hungry ghost (M)
dlaab txwv koob, *n.* spirits of the ancestors (M)
dlaab txwv zeej txwv koob, *n.* spirits of the ancestors (M)
dlaab vaj dlaab tsev, *n.* household spirits (M)
dlaab xwm kab, *n.* spirits of wealth and possessions (M)
dlaa dlej, *v.* swim; take a bath or a shower (M)
dlaag, *v.* 1. lie; 2. deceive; fool; 3. cheat; *-n.* a double arm's length; measuring system with the arms stretching out, mostly applied to the measurement of something straight (tone change from *dlaaj*; also see *dlaaj*); *-adj.* unreal; fake; false (M)
dlaag ntsuav, *adj.* silly; ridiculous; absurd (M)
dlaag xwb, *adj.* unreal; fake; false (M)
dlaag zug, *n.* vigor; energy; power (M)
dlai, *v.* 1. hang; 2. strangle (M)
dlaig, *v.* 1. stuck; 2. clog; *-clf.* referring to piece; sheet (tone change from *daim*; also see *dlaim*) (M)
dlaim, *clf.* referring to sheet, page, or any flat varieties; *-n.* sheet (M)
dlaim ntawv, *n.* sheet of paper (M)
dlaim ntawv qhwv, *n.* wrapper (M)
dlaim plhaub, *n.* cover; book cover (M)
dlaim tawv, *n.* 1. skin; 2. bark (M)
dlaim teb, *n.* farm field (M)
dlai ncuv, *adj.* hanging on the horizon (referring to sunset); 2. desperate (referring to feeling) (M)
dlais, *n.* 1. bear; 2. bruin (M)
dlais dlawb, *n.* polar bear (M)
dlais dlev, *n.* honey bear (M)
dlais hmub, *n.* panda; a kind of bear
dlai sab, *adj.* memorable; unforgettable (M)
dlais neeg, *n.* black bear (M)
dlai tuag, *v.* strangle (to death); choke (to death) (M)
dlaiv, *n.* large species of bumble bee, and their grubs are eaten (M)
dlaaj, *n.* 1. yellow; 2. a double arm's length; measuring system with the arms stretching out, mostly applied to the measurement of something straight (also see *dlaag*); *-adj.* 1. pale; 2. yellow; *-v.* 1. court; befriend; 2. rouse; stir; provoke; 3. lie (M)
dlaaj dlaaj, *adj.* quite yellow; pale (M)
dlaaj dlee, *v.* 1. court; date; establish a

relationship; 2. convince; persuade; influence (tone change from *dlaaj dleev*) (M)
dlaaj dleev, *v*. 1. court; date; establish a relationship; 2. convince; persuade; influence (M)
dlaaj lis, *adj*. 1. pale (from illness); 2. yellowish; slightly yellow (M)
dlaaj ntseg, *adj*. wan; pale (from illness) (M)
dlaaj qaab, *v*. lie (M)
dlaaj rhuv, *adj*. very bright yellow (M)
dlaaj taws, *adj*. yellowish; yellowish feet (M)
dlaaj vog, *adj*. speckled yellow (M)
dlaam, *v*. break; *-adj*. broken (M)
dlaa moog dlaa lug, *v*. roll back and forth (M)
dlaug, *v*. hatch (M)
dlauj, *n*. mallet; pounder (M)
dlaum, *v*. 1. climb; 2. hop up; *-n*. referring to an ethnic group in Asia with darker skin color (M)
dlaus, *v*. scoop; dip out; *-n*. ice (M)
dlaus no, *n*. ague; fever (M)
dlaus xib dlaus npu, *n*. snow and ice (M)
dlauv, *v*. lower; drop; droop; extend (M)
dlaav, *adj*. 1. wide; broad; big; 2. generous; gracious; kind; *-n*. 1. hawk; 2. breadth; width (M)
dlaav hlau, *n*. airplane; aircraft; airline (M)
dlaav hlau kiv tshuab, *n*. helicopter (M)
dlaav hlau muaj tis, *n*. fixed wing aircraft (M)
dlaav hlau thauj khoom, *n*. cargo aircraft; cargo airplane (M)
dlaav hlau tua rog, *n*. fighter aircraft; war plane (M)
dlab, *n*. 1. a kind of bird; 2. given name for a boy (M)
dlaj, *v*. shake back and forth; push and pull back and forth; jerk; twist (M)
dlam, *adv*. really; as much as; as many as (M)
dlas, *v*. feel sick (M)
dlas taub hau, *v*. have a headache (M)
dlav, *n*. 1. spoon; 2. given name for a girl (M)
dav haus kas fes, *n*. teaspoon; small spoon (see *dlav kas fes*) (M)
dlav haus this, *n*. teaspoon (see *dlav this*) (M)
dlav kas fes, *n*. teaspoon; small spoon (M)
dlav noj mov, *n*. tablespoon (M)
dlav nplooj, *n*. spoon (M)
dlav rawg, *n*. folk (also see *rawg*) (M)
dlav this, *n*. teaspoon (M)
dlaw, *adj*. 1. salty (see *dlaw ntsev*); 2. over; *-n*. a kind of fruit tree in Asia (e.g. *txiv dlaw*); cashew nut (M)
dlawb, *n*. 1. white; 2. given name for a boy or girl; *-adj*. 1. white; 2. idle; inactive; lazy; 3. clean; pure; virtuous; kind; generous; 4. free; without charge (M)
dlawb dlawb, *adj*. 1. very white; rather white; quite white; 2. free; no charge (M)
dlawb hau nrig ncaug; *adj*. aged; white-headed; lived a long life (M)
dlawb heev, *adj*. very white; completely white (M)
dlawb huv, *adj*. 1. clean; 2. pure; 3. virtuous; corruption free; 4. virgin (M)
dlawb las, *adj*. slightly white; not very white (M)
dlawb paug, *adj*. 1. clear; perfectly white; 2. free (M)
dlawb vog, *adj*. speckled white; mottled white (M)
dlawg, *adv*. referring to a loud noise (see *dlig dlawg*); restricted post verbal intensifier
dlawj, *v*. 1. gouge out; pry open; dismantle; take apart; 2. quarrel; scold each other (M)
dlawm, *n*. mountain pass; low pass between two peaks; *-v*. 1. stumble; 2. trip (M)
dlaw ntsev, *adj*. salty (M)
dlaws, *v*. 1. untie; 2. release; 3. loosen; 4. ravel; 5. set free; 6. resolve; solve; 7. rename (see *dlaws npe*) (M)
dlaws cev, *v*. give birth; bear baby (M)
dlaws dluam, *adv*. big step or hurriedly (referring to walking) (M)
dlaws hlua khi dluav, *v*. unbuckle (M)
dlaws khawm tsho, *v*. unbutton (M)
dlaws npe, *v*. rename a person with a different name (due to illness or

parenthood) (M)
dlaws npe laug, *v.* rename a person with a different name due to parenthood. When one got married and had children, he would be given an adult or parenthood name such as Nha Bla, Boua Cha, Pang Toua, etc (M)
dlaws sab nqhes, *v.* soothe; treat; heal (M)
dlaws teeb meem, *v.* resolve (problem); solve problem (M)
dlawv dle, *adv.* wagglingly; wobblingly (M)
dle, *v.* 1. pick; harvest; collect; 2. pluck, 3. pinch (M)
dleb, *adj.* far; distant; *-adv.* afar; far distant (M)
dleeg, *adj.* quake; vibrate; shake; *-v.* 1. awaken; wake; rouse; stir; stimulate; arouse; 2. limp (M)
dleeg pauv, *n.* limping (referring to walking) (M)
dleev, *v.* 1. inspire; instigate; convince; persuade; influence; win over; 2. make love; have sex with; have sexual intercourse [sl] (M)
dleev sab, *adj.* 1. encouraging; inspiring; motivating; moving; stimulating; 2. sexy (M)
dleg, *n.* river; water (tone change from *dlej*) (M)
dlej, *n.* 1. river; stream; 2. water (please note that *dlej* has been used to mean water but actually the Hmong word for water is *auv*) (M)
dlej caw, *n.* alcohol; whiskey; beverage (tone change from *dlej cawv*)
dlej cawv, *n.* alcohol; whiskey; beverage (M)
dlej cug, *n.* rice pounding mill run by water power (tone change from *dej cus*) (M)
dlej cus, *n.* rice pounding mill run by water power (M)
Dlej Dlaag, *n.* Yellow River (tone change from *Dlej Dlaaj*) (M)
dlej dlaag nyaab nplaj teb, *n.* flood from the Yellow River (M)
Dlej Dlaaj, *n.* Yellow River (M)
dlej hav txwv, *n.* ocean; sea (M)
dlej khaub zig, *n.* whirlpool (M)
dlej khov, *n.* ice (also see *dlej nkoog* and *dlaus*) (M)
dlej kub, *n.* hot water (M)
dlej naag, *n.* rain water (M)
Dlej Naj Khoom, *n.* Mekong River (M)
dlej nkoog, *n.* ice (also see *dlej khov* and *daus*) (M)
dlej ntaas, *n.* 1. wave of water; 2. water spilling from the bucket; water movement (M)
dlej ndlav ndlav, *n.* shoal (M)
dlej ntxhee, *n.* water ripple; ripple; wave; current (M)
dlej num, *n.* 1. work; chore; 2. responsibility; duty; 3. plan (M)
dlej nyaab, *n.* flood; torrent (M)
dlej poob tsaag, *n.* waterfall (also see *dej tsaws tsaag*) (M)
dlej qaab ntsev, *n.* brine; salt water (M)
dlej rhaub, *n.* boiled water (also see *auv npwv*) (M)
dlej sab, *n.* stipend; gift; honorarium (M)
dlej sav, *n.* boiled water (also see *dlej rhaub*) (M)
dlej su, *n.* warm water; lukewarm water (tone change from *dlej suv*) (M)
dlej suv, *n.* warm water; lukewarm water (M)
dlej suv so, *n.* lukewarm water (M)
dlej tawg, *n.* 1. torrent; 2. utility (tone change from *dlej taws*) (M)
dlej taws, *n.* 1. utility; 2. firewood and water (M)
dlej tsaws ntxhee, *n.* rapids; torrents; swift and turbulent water (M)
dlej tsaws tsaag, *n.* waterfall (M)
dlej txag, *n.* cold water (tone change from *txas*) (M)
dlej txas, *n.* cold water (M)
dlev, *n.* dog (mostly for grown up dog or big dog; also see *aub*); *-adj.* unworthy; shameful; worthless; filthy (M)
dlev caum nqaj, *n.* 1. hound; hunting dog; 2. traitor who sides with the enemy against his or her own people [sl] (M)
dlev kuas, *n.* a kind of varicolored dog (M)
dlev mub, *n.* flea (M)
dlev raws nqaj, *n.* 1. retriever;

sporting dog; gun dog; 2. traitor who sides with the enemy against his or her own people [sl] (M)
dlev thawj thab, *adj*. homeless [sl] (M)
dlha, *v*. 1. run; 2. jump; leap; 3. skip; hop; 4. play or dance (referring to *qeej performance*); 5. gallop; 6. throb; beat; pulsate (M)
dlhaas, *v*. separate (the kernels from the cob); *-adj*. falling apart (M)
dlha dlej, *v*. dive (M)
dlha hlua, *v*. jump rope (M)
dlha nruag, *v*. dance drum (M)
dlha qeej, *v*. dance *qeej*; dance with Hmong *qeej* (M)
dlha sab, *v*. high jump (M)
dlha tawm, *v*. jump out; leap (M)
dlhau, *adv*. through; -*v*. pass; *-prep*. than (M)
dlhau lug lawm, *adv*. ago; before; previously (M)
dlhawv dlheev, *adv*. recurrently; frequently; repeatedly; persistently; regularly (M)
dlhawv dlhe, *adv*. gaspingly; wheezingly (referring to crying) (M)
dlhawv dlhev, *adv*. gaspingly; wheezingly (referring to crying) (M)
dlhe, *adv*. retricted post verbal intensifier (e.g. *quaj dlhe*; *dlhuj dlhe*)
dlheev, *adv*. indicating suddenness and continuity (see *hnov dlheev* and *dlhuj dlheev*)
dlhej, *adv*. restricted post verbal intensifier (e.g. ua *dlhuj dlhej*)
dlhem, *adv*. restricted post verbal intensifier (e.g. ua *dlhuj dlhem*)
dlhev, *adv*. restricted post verbal intensifier meaning unexpectedly, unintentionally, accidentally (e.g. ua *dlhuj dlhev*; *quaj dlhev*; etc)
dlhos, *v*. fit together; put together; assemble (M)
dlhuas, *v*. eat ravenously (referring mostly to how pig eat) (M)
dlhuav, *v*. bore; dislike; hate; *-adj*. tired of it; sick of; bored; fed up (M)
dlhuav sab, *adj*. frustrating; frustrated; boring; discouraging; tedious; irritating (M)
dlhuav sab dlhuav ntsws, *adj*. frustrating; frustrated; boring; discouraging; tedious; irritating (M)
dlhuav tuab neeg, *adj*. boring; sickening; dull; tiresome; tedious (M)
dlhuj dlheev, *adv*. repeatedly; continually; constantly; frequently (referring to memory) (M)
dlhuj dlhev, *adv*. continually; repeatedly (referring to crying or dying) (M)
dli, *n*. lip (M)
dlib, *n*. 1. cucumber; 2. given name for a boy or a girl; -*v*. lure; entice (M)
dlib lab, *n*. water melon; watermelon (M)
dlib paag, *n*. cantaloupe (M)
dlib paag dlawb, *n*. honeydew melon (M)
dlib txaig, *n*. cantaloupe (tone change from *dlib txaij*) (M)
dlib txaij, *n*. cantaloupe (M)
dlig, *adj*. blind; -*v*. 1. probe; 2. bring to public attention; make known; 3. pick (M)
dlig muag, *adj*. blind (M)
dlig nav, *v*. pick the teeth (M)
dlim, *adj*. escaped; freed; saved (M)
dlim paus, *v*. fart (M)
dlim plawg, *adj*. escaped completely; freed entirely (M)
dlim plhuav, *adj*. freed suddenly (M)
dlim quav, *v*. want to use restroom; want to poop (see *tso quav*) (M)
dlim zig, *v*. 1. want to urinate; 2. urinate (M)
dli ncauj, *n*. lips (M)
dlo, *adj*. bald; plain; bare (M)
dlob, *v*. 1. weed; 2. pluck; 3. pull; 4. remove; 5. yank (M)
dlog, *n*. onion; leek (M)
dlog dlig, *adj*. 1. so so; average; 2. ordinary; 3. sloppy; 4. shoddy (M)
dlo hau, *adj*. bald-headed (M)
dloj, *adv*. 1. unsteady; shaky; unsecured (see *dloj dle*); 2. restricted post verbal intensifier (M)
dloj dle, *adv*. 1. unsteady; shaky; unsecured (e.g. *qaug dloj qaug dle*); 2. restricted post verbal intensifier (M)
dloog, *adj*. tanned; sunburned; -*n*. 1. bruise; 2. dark red; 3. contusion (M)
dloog ntshaav, *adj*. bruised (M)
dloog pwg, *v*. shrug (M)

dloom, *n.* a kind of edible bee (see *muv doom*) (M)
dlos, *n.* onion; leek (M)
dlov, *v.* roll (M)
dlu, *adj.* 1. smooth; level; ; 2. cleared; clean; *-v.* stir; mix (M)
dlua, *adv.* again; *-v.* 1. tear; rip; 2. pass; go; 3. fade; 4. evaporate; *-prep.* than (M)
dluab, *n.* 1. picture; photo; image; graphic; illustration; 2. shadow (M)
dluab ci, *n.* luster (M)
dluab moog kev, *n.* film; video; motion picture (M)
dluab ntxoo, *n.* shade; shadow (M)
dluab ntxoov ntxoo, *n.* shade; shadow (M)
dluab tshaav ntuj, *n.* sunshine; sun ray; sunbeam (M)
dluab ua zug, *n.* motion picture (M)
dluaj, *n.* peach (used with the term *txiv*); nectarine (M)
dluam, *adv.* hurriedly; quickly (referring to walking; e.g. *dlaws dluam*) (M)
dlua ntais, *adj.* more; extra; further (M)
dlua rhe, *v.* rip apart; tear off; tear apart (M)
dluas, *n.* 1. notch; 2. level; step (M)
dluas yuaj, *n.* sheath; thin tough sheath (M)
dluas yuaj xyoob, *n.* bamboo sheath (M)
dluav, *n.* 1. waist; 2. paddle; 3. shovel; 4. spatula; *-adj.* enough; sufficient; adequate; covered (M)
dluav phuaj, *n.* oar; paddle (M)
dluav pu, *n.* shoulder blades (also see *nplooj pus*) (M)
dlub, *n.* 1. black; 2. given name for a girl; *-adj.* black; corrupted; unclean (M)
dlub dlub, *adj.* very black; very dark (M)
dlub muag, *adj.* reticent; reserved; quiet; silent (M)
dlub muag ncab, *adj.* reticent; reserved; quiet; silent (M)
dlub muag txig, *adj.* reticent; reserved; quiet; silent (M)
dlub ncab, *adj.* 1. upset; angry; 2. quiet; silent; not saying a word; 3. all black; completely black (M)
dlub txig, *adj.* 1. upset; angry; 2. quiet; silent; not saying a word (M)
dlu dlais, *adv.* completely; entirely (M)
dlu dlu, *adj.* sleek; shiny; glossy; smooth (M)
dlu dlu ci ci, *adj.* sleek; shiny; glossy; smooth (M)
dluj dluam, *adv.* slowly (referring to walking) (M)
dlu lug, *adv.* completely; entirely (M)
dlus, *n.* span; a measure of width representing the distance between the thumb and the extended middle finger
do, *v.* stir; mix; *-adj.* bald; plain; bare
dob, *v.* 1. weed; 2. pluck; 3. pull; 4. remove; 5. yank
dog dig, *adj.* 1. so so; average; 2. ordinary; 3. sloppy; 4. shoddy
do hau, *adj.* bald-headed
doj, *adv.* 1. unsteady; shaky; unsecured (see *doj de*); 2. restricted post verbal intensifier
doj de, *adv.* 1. unsteady; shaky; unsecured (e.g. *qaug doj qaug de*); 2. restricted post verbal intensifier
doog, *adj.* tanned; sunburned; *-n.* 1. bruise; 2. dark red; 3. contusion
doog ntshav, *adj.* bruised
doog pwg, *v.* shrug
doom, *n.* a kind of edible bee (see *muv doom*)
dos, *n.* 1. onion; leek; 2. span; a measure of width representing the distance between the thumb and the extended middle finger
dov, *v.* roll
du, *adj.* 1. smooth; level; ; 2. cleared; clean
dua, *adv.* again; *-v.* 1. tear; rip; 2. pass; go; 3. fade; 4. evaporate; *-prep.* than
duab, *n.* 1. picture; photo; image; graphic; illustration; 2. shadow
duab ci, *n.* luster
duab mus kev, *n.* film; video; motion picture
duab nres, *n.* still picture
duab ntxoo, *n.* shade; shadow
duab ntxoov ntxoo, *n.* shade; shadow
duab tshav ntuj, *n.* sunshine; sun ray; sunbeam
duab ua zog, *n.* motion picture
duaj, *n.* peach (used with the term *txiv*);

nectarine
duam, *adv*. hurriedly; quickly (referring to walking; e.g. *daws duam*)
dua ntais, *adj*. more; extra; further
dua ntiag, *v*. tear apart; separate
dua rhe, *v*. rip apart; tear off; tear apart
duas, *n*. 1. notch; 2. level; step
duas yuaj, *n*. sheath; thin tough sheath
duas yuaj xyoob, *n*. bamboo sheath
duav, *n*. 1. waist; 2. paddle; 3. shovel; 4. spatula; *-adj*. enough; sufficient; adequate; covered
duav npua qhauv, *n*. long wooden tool used to stir the pig food
duav nquam nkoj, *n*. paddle
duav phuaj, *n*. oar; paddle
duav pu, *n*. shoulder blades (also see *nplooj pus*)
duav pus, *n*. shoulder blades (also see *nplooj pu*)
dub, *n*. 1. black; 2. given name for a girl; *-adj*. black; corrupted; unclean
dub dub, *adj*. very black; very dark
dub muag, *adj*. reticent; reserved; quiet; silent
dub muag nciab, *adj*. reticent; reserved; quiet; silent
dub muag txig, *adj*. reticent; reserved; quiet; silent
dub nciab, *adj*. 1. upset; angry; 2. quiet; silent; not saying a word; 3. all black; completely black
dub txig, *adj*. 1. upset; angry; 2. quiet; silent; not saying a word
du dais, *adv*. completely; entirely
du diav, *adj*. completely empty; *-adv*; completely; entirely
du du, *adj*. sleek; shiny; glossy; smooth
du du ci ci, *adj*. sleek; shiny; glossy; smooth
duj de, *adv*. 1. shakingly; unsteadily; 2. restricted post verbal intensifier (e.g. *vau dej de*)
duj duam, *adv*. slowly (referring to walking)
du lug, *adv*. completely; entirely

E

eb, *int*. expression of despair and loneliness
ee, *n*. given name for a boy
eeb, *n*. 1. saddle; 2. given name for a boy
eeb nees, *n*. saddle; horse saddle
ej, *n*. sound of something; *-adv*. restricted post verbal intensifier (e.g. *ij ej*)
em, *adv*. restricted post verbal intensifier (e.g. *tuag em*); *-v*. carry on the back (regional dialect)
es, particle used to indicate pause in a flow of speech; *-n*. given name for a boy or a girl
ev, *v*. carry on the back

F

fa, *adj*. referring to adulteress (see *nkauj fa*) (tone change from *fav*)
faa, *adj*. referring to adulteress (see *nkauj fa*) (tone change from *fav*) (M)
faab, *adj*. 1. weedy; 2. bored; fed up; 3. allergic; *-n*. section; division; subject; *-v*. 1. look or search seriously; 2. get sick from eating a wrong food; have allergy; 3. bore (M)
faab fo, *adv*. seriously; vigorously; energetically; enthusiastically (M)
faab tawg ntsos, *v*. seriously committed to certain thing; vigorously; enthusiastically (M)
faaj, *v*. be alert; be aware; be careful; be watchful; *-adj*. aware; cautious; *-n*. sulphur (M)
faaj khum, *n*. a kind of big tree (M)
faaj lem, *n*. book of astrology (M)
faaj seeb, *v*. be alert; be watchful; be aware; *-n*. insurance (M)
faaj tim, *n*. emperor (M)
faam, *v*. 1. blind (see *fam qhov muag*); 2. infect (M)
faam qhov muag, *v*. blind the eyes (M)
faav, *v*. turn around; turn against; *-n*. adulterer (see *nraug fav*) (M)
faav sab, *v*. change mind; change heart (M)

faav xeeb, *v*. turn against; rebel; change hear (M)t
fab, *adj*. 1. weedy; 2. bored; fed up; 3. allergic; -*n*. section; division; subject; -*v*. 1. look or search seriously; 2. get sick from eating a wrong food; have allergy; 3. bore
fab fo, *adv*. seriously; vigorously; energetically; enthusiastically
fab taws ntsos, *v*. seriously committed to certain thing; vigorously; enthusiastically
fai, *n*. chore; work; job
faib, *v*. 1. divide; 2. distribute; share; dispense; 3. triage; sort; arrange
faiv, *n*. given name for a man (e.g. Faiv Hawj; Faiv Cheeb)
faj, *v*. be alert; be aware; be careful; be watchful; -*adj*. aware; cautious; -*n*. sulphur
faj khaum, *n*. a kind of big tree
faj lem, *n*. book of astrology
faj seeb, *v*. be alert; be watchful; be aware; -*n*. insurance
faj tim, *n*. emperor
fam, *v*. 1. blind (see *fam qhov muag*); 2. infect
fam qhov muag, *v*. blind the eyes
faus, *v*. 1. bury; inter; 2. cover
fav, *v*. turn around; turn against; -*n*. adulterer (see *nraug fav*)
fav siab, *v*. change mind; change heart
fav xeeb, *v*. turn against; rebel; change heart
fawb, *v*. search; dig
fawj, *adj*. automatic
fawm, *n*. rice noodle
fee, *v*. turn away
feeb, *v*. 1. awake; 2. distinguish; 3. discern; -*n*. minute; 60 seconds
feeb meej, *adj*. conscious; awakened; cognizant
feem, *n*. 1. part; portion; component; 2. responsibility
feem coob, *n*. majority
feem ntau, *n*. majority
feem pua, *n*. percent; percentage
feem tsawg, *n*. minority
feem xyuam, *n*. responsibility
fem feeb, *adv*. half asleep, half awake
fi, *v*. 1. convey; express; deliver; send; 2. dedicate
fiab, *n*. a unit of weight of one one-hundredth of an ounce
fiav, *v*. swing; set in motion
fij, *v*. hand over to; give to; offer to (referring to spiritual sacrifice); -*adj*. time (referring to trip); -*n*. time; round; trip
fim, *v*. acquaint; familiarize; -*adv*. certainly
fiv, *v*. 1. request for assistance; 2. propose; offer
fiv yeem, *v*. request protection from the spirits and promise to return sacrifice to them
fi xov, *v*. 1. convey or deliver news or message; 2. inform parents of the daughter that she is married to someone so they won't be concerned (a tradition of the Hmong)
fo, *adv*. quickly; restricted post verbal intensifier (see *fab fo*)
fob, *v*. cool (referring to making sticky rice cool before storage or eating)
fob mov, *v*. make rice cool; spread out the cooked rice
foo, *v*. 1. color; 2. paint; -*n*. given name for a boy
foob, *v*. 1. seal; close tightly; 2. sue; charge; take legal action
foob pob, *n*. bomb
foob xab, *n*. bellows
foom, *v*. 1. bless; 2. curse; -*n*. 1. blessing; 2. given name for a boy
foom kom, *n*. Hmong ritual songs sung by the *txiv xaiv* at the funeral to give blessings to family members of the deceased
fos, *v*. collapse; blackout; faint (see *fos ntais*)
fos ntais, *v*. collapse; blackout; pass out; -*adj*. unconscious
fuab, *v*. loot; plunder; rob; -*n*. cloud (also see *huab*)
fwj, *n*. 1. bottle; 2. given name for a boy (also see *hwj*)
fwj txob, *n*. black pepper (also see *hwj txob*)
fwj txwv, *n*. beard; mustache; whisker (also see *hwj txwv*)
fwj xwm, *v*. take care of; care for; handle; tend; look after (also see *hwj xwm*)
fwm, *v*. revere; honor; respect; admire (also see *hwm*); -*n*. 1. a set; 2. given name for a boy

fws, *n.* 1. perspiration; 2. moisture; 3. sweat (also see *hws*)
fwv, *adj.* 1. charismatic; 2. cool (also see *hwv*)
fwv leem, *n.* spiritual soldier

G

gaj, *n.* the sound of buffalo (see *gij gaj*)
gaug, *n.* the sound of tigers fighting (see *gig gaug*)
geg, *n.* the sound of tigers fighting (see *gig geg*)
gig, *n.* the sound of tigers fighting (see *gig gaug*)
gig gaug, *n.* the sound of tigers fighting
gij, *n.* the sound of water buffalo (see *gij gaj*)
gij gaj, *n.* the sound of buffalo

H

ha, *adj.* referring to a kind of smell; *-n.* 1. fragrance; perfume (see *tsw ha*); 2. valley; referring to valley (tone change from *hav*; also see *kwj ha*)
haam, *n.* 1. Hang; Hang clan; 2. given name for a boy; -v. weld; solder (M)
hab, *adj.* stupid; confused (see *hab nuv*); *-conj.* and (M)
haab nuv, *adj.* confused; shocked; frozen; *-adv.* shockingly; confusedly; shamefully; surprisingly
haav, *n.* 1. valley; 2. field; 3. a broad area of something; *-int.* hah (M)
haav cua, *n.* atmosphere (M)
haav dlej, *n.* 1. valley of river; gully; 2. river (M)
haav faab, *n.* overgrown grassy area (M)
haav fuab, *n.* a field of clouds or fog V
haav av, *n.* swamp; wet spongy land (M)
haav pug, *n.* a field of thorns (M)
haav txiv, *n.* a field of fruit trees (M)
haav zawj, *n.* an enclosed valley (M)
haav zoov, *n.* a field of jungle; forest; jungle; woodland (M)
haav zoov nuj txeeg, *n.* wild, uninhabited jungle (M)
haav zoov nuj xab, *n.* wild, uninhabited jungle (M)
hab, *adj.* stupid; confused (see *hab nuv*); *-conj.* and (M)
hai, *v.* pull
hais, *v.* 1. say; speak; talk; state; stipulate; advocate; 2. scoop; dip out
hais dua, *v.* say again; repeat
hais khawv txhiaj, *v.* sing folk song (also see *kwv txhiaj*)
hais kom hloov, *v.* advocate; urge; encourage (see *haub*)
hais kwv txhiaj, *v.* sing folk song (also see *khawv txhiaj*)
hais mas phab mas lis, *v.* rave
hais lus, *v.* speak; talk
hais lus dab ntub, *v.* talk in sleep
hais lus dab plos, *v.* talk in sleep
hais lus dev, *v.* swear
hais lus hnyav, *v.* accost; confront; approach
hais lus mos mos, *v.* speak softly; talk very sweet
hais lus npliag, *adj.* voluble
hais lus ntxhi, *v.* whisper; speak softly
hais lus ntxhib ntxhib, *v.* speak rudely; talk coarsely; talk bitterly
hais lus phem, *v.* 1. speak ill of; talk bad; 2. curse; swear
hais lus taum, *v.* sing folk song (a kind of Hmong folk song)
hais lus yau yau, *v.* whisper (see *ntxhi*)
hais lus zoo, *v.* 1. speak nice; talk nice; 2. speak well; deliver a good speech
hais nqi, *v.* bargain (see *khom nqi*)
hais phem rau, *v.* vilify; libel; slander; speak ill of; denigrate; defame; malign; insult; criticize
hais phem txog, *v.* calumniate; spread rumors; vilify; libel; slander; speak ill of; denigrate; defame; malign; insult; criticize
hais phua plhawv, *v.* speak openly; speak directly

hais qhib siab lug, *v.* speak frankly; speak honestly

hais raws qab, *v.* recite; repeat (also see *qog*)

hais raws siab xav, *v.* adlib

hais tawm, *v.* 1. announce; publicize; 2. propose

hais tom ntej tom qab, *v.* stumble

hais txiv xaiv, *v.* sing Hmong traditional funeral songs the night before the burial (see *txiv xaiv*)

hais txog, *v.* mention; talk about

hais yau yau, *v.* whisper

hais zaj tshoob, *v.* sing Hmong traditional wedding songs

haiv, *n.* nationality; *-adj.* national

haiv Hmoob, *n.* Hmong nationality

haiv neeg, *n.* nationality; race

haj, *adv.* even; also; still; yet (see *haj yam*)

haj khawv, *n.* spot; place

haj tom, *n.* reason (see *laj thawj* which is more commonly used)

haj tseem, *adv.* still; yet

haj yam, *adv.* even more; more so

ham, *v.* weld; solder; *-n.* 1. given name for a boy; 2. Hang clan

ham thawj, *n.* solder; weld

has, *v.* 1. say; speak; talk; state; stipulate; advocate; 2. scoop; dip out (M)

has dlua, *v.* say again; repeat (M)

has kuas hloov, *v.* advocate; urge; encourage (see *haub*) (M)

has maas phaab maas lis, *v.* rave

has lug, *v.* speak; talk (M)

has lug dlaab ntub, *v.* talk in sleep (M)

has lug dlaab plos, *v.* talk in sleep (M)

has lug dlev, *v.* swear (M)

has lug nyaav, *v.* accost; confront; approach (M)

has lgs mog mog, *v.* speak softly; talk very sweet (M)

has lug nplag, *adj.* voluble (M)

has lug ntxhi, *v.* whisper; speak softly (M)

has lug ntxhib ntxhib, *v.* speak rudely; talk coarsely; talk bitterly (M)

has lug phem, *v.* 1. speak ill of; talk bad; 2. curse; swear (M)

has lug taum, *v.* sing folk song (a kind of Hmong folk song) (M)

has lug yau yau, *v.* whisper (see *ntxhi*) (M)

has lug zoo, *v.* 1. speak nice; talk nice; 2. speak well; deliver a good speech (M)

has nqi, *v.* bargain (see *khom nqi*) (M)

has phem rua, *v.* vilify; libel; slander; speak ill of; denigrate; defame; malign; insult; criticize (M)

has phem txug, *v.* calumniate; spread rumors; vilify; libel; slander; speak ill of; denigrate; defame; malign; insult; criticize (M)

has phua plhawv, *v.* speak openly; speak directly (M)

has qhib sab lug, *v.* speak frankly; speak honestly (M)

has raws qaab, *v.* recite; repeat (also see *qog*) (M)

has raws sab xaav, *v.* adlib (M)

has tawm, *v.* 1. announce; publicize; 2. propose (M)

has tom ntej tom qaab, *v.* stumble (M)

has txiv xaiv, *v.* sing Hmong traditional funeral songs the night before the burial (see *txiv xaiv*) (M)

has txug, *v.* mention; talk about (M)

has yau yau, *v.* whisper (M)

has zaaj tshoob, *v.* sing Hmong traditional wedding songs (M)

hau, *v.* boil; *-n.* 1. lid or cover; 2. head; top; 3. leader; *-adj.* 1. head; 2. top; 3. front

haub, *v.* convince; persuade; influence; encourage; seduce

haub ntxias, *v.* convince; persuade; influence; encourage; seduce

haub yaum, *v.* convince; persuade; influence; encourage; seduce

hau caug, *n.* knee

haud, *prep.* 1. inside; within; 2. there; 3. under; *-adv.* inside

hau dej, *n.* headwaters; head of the river; source of the river

hau dej txhawv, *n.* headwaters; head of the river; source of the river

hauj lwm, *n.* 1. work; job; 2. chore; 3. career; occupation; profession; trade; 4. task

hauj lwm hauv tsev, *n.* housework; chore

hauj saam, *n.* monk (M)

hauj sam, *n.* monk
hauj sim, *adj.* moderate; average; normal
hauj yaum, *n.* gunpowder; finest gunpowder
hau lus, *n.* 1. headline; title; 2. theme
haum, *v.* fit; -*adj.* fitting
hau mem, *n.* nib; tip of pen
haum nkaus, *adj.* 1. perfect; exact; 2. well fit
hau mos txwv, *n.* warhead
haum siab, *adj.* satisfactory; agreeable; acceptable; reasonable; satisfied; pleased; happy; content (also see *txaus siab*); soothe
haum vaj, *n.* hornbill; a kind of bird (also see *hum vaj*)
hau ncoo, *n.* pillow
hau nroog, *n.* mayor; city leader
hau ntej, *n.* front; vanguard
hau paus, *n.* 1. beginning; 2. base; 3. root; 4. origin; 5. source
hau paus rooj, *n.* head of the table
hau plag, *n.* the central area by the rear wall of a Hmong house, opposite of the main door
hau pliaj, *n.* forehead (also see *hauv pliaj*)
hau qhua, *n.* relatives who pay tribute to the deceased
hau rog, *n.* military leader; commander
hau roob, *n.* mountain top; peak of the mountain
hau rooj, *n.* 1. head of the table; 2. main seat; important position
haus, *v.* 1. drink; 2. smoke (used with *yeeb* or *luam yeeb*); 3. swig
haus cawv, *v.* drink whiskey; tipple
haus dej, *v.* drink water; drink
haus luam yeeb, *v.* smoke (tobacco)
haus nyog, *adj.* drinkable
haus ua lwj ua liam, *v.* swig; swill
haus yeeb, *v.* smoke (opium)
hau teb chaw, *n.* president; leader of the country
hau teb hau chaw, *n.* president; leader of the country
hau tsev, *n.* head of the house (also see *tswv tsev* which is commonly used)
hau tsua, *n.* rocky mountain top; peak of the rocky mountain
hauv, *prep.* 1. inside; within; 2. there; 3. under; -*adv.* inside; -*adj.* 1. head; 2. top; 3. front (tone change from *hau*; e.g. *hauv dej; hauv rooj*)
hauv caug, *n.* knee (tone change from *hau ncaug*)
hauv dej, *n.* head of the river; source of the river; headwaters (tone change from *hau dej*)
hauv hav zoov, *n.* wilderness; jungle; sylvan
hauv ncoo, *n.* pillow (tone change from *hau ncoo* in which *hau* literally means *head*; also see *hoov ncoo*)
hauv nrob, *n.* chest (of bird); thorax
hauv nroog, *prep.* in the city
hauv nruab nrab, *n.* middle; -*prep.* between
hauv ntej, *n.* front; vanguard (tone change from *hau ntej*)
hauv paus, *n.* 1. beginning; 2. stump; 3. base; 4. root; 5. origin; 6. source (tone change from *hau paus*)
hauv paus ntoo, *n.* tree stump; stump (tone change from *hau paus ntoo*)
hauv paus rooj, *n.* head of the table (tone change from *hau paus rooj*)
hauv plag, *n.* the central area by the rear wall of a Hmong house, opposite of the main door (tone change from *hau plag*)
hauv plawv, *n.* center; middle
hauv pliaj, *n.* forehead (tone change from *hau pliaj*)
hauv qab, *n.* bottom; -*prep.* 1. under; 2. down
hauv qab thu dej, *adj.* underwater
hauv qhua, *n.* relatives who pay tribute to the deceased (tone change from *hau qhua* which means *head guests* or *important guests*)
hauv roob, *n.* mountain top; peak of the mountain (tone change from *hau roob* in which *hau* means *head* or *top*)
hauv rooj, *n.* 1. head of the table; 2. main seat; important position (tone change from *hau rooj*)
hauv siab, *n.* chest; thorax
hauv tsev, *prep.* in the house
hauv tsua, *n.* rocky mountain top; peak of the rocky mountain (tone change from *hau tsua*)
hauv xaws, *n.* fontanel; soft spot on the head of an infant (tone change

from *hau xaws*)
hauv zos, *n.* 1. village leader; head of the village; 2. upper village (tone change from *hau zos*); *-prep.* in the village
hau xaws, *n.* fontanel; soft spot on the head of an infant
hau xeev, *n.* governor; state leader; province leader
hau zos, *n.* 1. village leader; head of the village (also see *txiv zos*); 2. upper village
hav, *n.* 1. valley; 2. field; 3. a broad area of something; *-int.* hah
hav cua, *n.* atmosphere
hav dej, *n.* 1. valley of river; gully; 2. river
hav fab, *n.* overgrown grassy area
hav huab, *n.* a field of clouds or fog
hav iav, *n.* swamp; wet spongy land
hav pos, *n.* a field of thorns
hav txiv, *n.* a field of fruit trees
hav zawj, *n.* an enclosed valley
hav zoov, *n.* a field of jungle; forest; jungle; woodland
hav zoov nuj txeeg, *n.* wild, uninhabited jungle
hav zoov nuj xiab, *n.* wild, uninhabited jungle
haw, *v.* defecate
hawb, *v.* purr; hoarse
hawb pob, *v.* purr; hoarse; wheeze
hawj, *adj.* energetic; spirited; *-n.* 1. Her clan; a clan of many clans of the Hmong; 2. given name for a boy; 3. a kind of monkey (see *liab twm hawj*)
hawm, *v.* 1. respect; pay respect; show respect; venerate; 2. worship; 3. salute; *-adj.* dear
hawm txog, *adj.* dear
haws, *n.* a kind of medicine
hawv, *n.* muddy pond; *-v.* threaten; intimidate; *-adv.* restricted post verbal intensifier (e.g. *hawv hiv*)
hawv hiv, *adv.* 1. referring to the noise of laughter, especially when personal issues are discussed; 2. restricted post verbal intensifier
hawv huav, *adv.* 1. referring to the action of noise of yawning; 2. restricted post verbal intensifier (e.g. *rua lo hawv huav*)
hawv npua, *n.* pig pond; muddy pond of pig
hawv twm, *n.* buffalo pond; muddy pond of water buffalo
hee, *v.* whinny; neigh
heev, *adj.* 1. intense; severe; very; 2. strict; stringent; *-n.* male (referring to animal)
heev nees, *n.* male horse
heev nyuj, *n.* bull
hem, *v.* threaten; scare; frighten; intimidate; terrify; startle
hia, *adj.* satiated; uncomfortably full of food
hiab, *v.* weave; braid; intertwine; *-n.* leech
hiab kawm, *v.* weave a back basket
hiav, *adj.* scorched; toasted; almost burned
hiav txwv, *n.* ocean; sea
hib, *n.* sound of laughing
hib hib, *n.* sound of laughing
hiv, *n.* sound of talking and laughing (see *huj hiv*)
hiv hav, *n.* sound of talking and laughing
hla, *v.* 1. cross over; go across; 2. pass over; pass by; 3. skip; *-n.* bridge (HC)
hlab, *n.* sash; *-v.* scald
hlab caj dab, *n.* tie
hlab ntaws, *n.* umbilical cord
hlab ntsha, *n.* 1. vein; 2. artery; 3. blood vessel (tone change from *hlab ntshav*)
hlab ntshav, *n.* 1. vein; 2. artery; 3. blood vessel
hlab pas, *n.* oesophagus; esophahus; windpipe
hlab se, *n.* sash of Hmong women (tone change from *hlab sev*)
hlab sev, *n.* sash of Hmong women
hlab si, *n.* sash of Hmong women in red and green color (tone change from *hlab siv*)
hlab siv, *n.* sash of Hmong women
hla cai, *v.* violate; break the law; infringe; defy; disobey
hlais, *v.* cut; slice
hlais nplej, *v.* harvest rice; reap; collect; gather
hla txoj cai, *v.* violate; break the law; infringe; defy; disobey
hlau, *n.* 1. iron; metal; 2. hoe; 3. given name for a boy
hlaub, *n.* lower part of the leg

hlau choj txhwj, *n.* mattock; hoe
hlau nplaum, *n.* magnet
hlauv, *v.* 1. fall through; 2. extend down; *-n.* spirit (see *ntsuj hlauv*)
hlauv hnyuv, *v.* prolapsed bowel; herniate
hlav, *v.* 1. put forth leaves or shoots; 2. grow abnormally (as a tumor)
hlaws, *adj.* 1. big; 2. bead-like (see *qhov muag hlaws*); *-n.* bead
hlawv, *v.* 1. burn; set fire to; 2. incinerate; 3. cremate; 4. reduce to ashes
hlawv hlias, *adv.* 1. recurring unconsciousness; intermittently; occasionally; sporadically; 2. post verbal intensifier (e.g. *pw tsim hlawv hlias*)
hlawv hlo, *adv.* 1. restlessly; 2. rapidly with the same pattern of action; 3. post verbal intensifier (e.g. *ua hlawv hlo*)
hlawv hluav, *adv.* 1. aimlessly; without purpose; 2. post verbal intensifier (e.g. *nyob hlawv hluav*)
hlawv hlwb, *adv.* hesitantly; undecidedly; uncertainly; shyly
hlawv ua tshauv, *v.* 1. incinerate; 2. cremate; 3. reduce to ashes; 4. burn up; set fire to
hle, *v.* 1. take off; undress; 2. withdraw; give up; 3. shed
hleb, *n.* coffin
hleb pob zeb, *n.* sarcophagus
hle hau, *v.* abase; lower; belittle
hle khaub ncaws, *v.* undress; strip; take off clothes
hle ris, *v.* 1. give up [sl]; 2. take pant off
hlev, *v.* extend out (the tongue)
hli, *n.* 1. moon; 2. month (see *hlis*); 3. given name for a girl; 4. the white of an egg
hlias, *adv.* referring to a post verbal intensive action (see *looj hlias*)
hliav, *v.* sharpen; sharpen to make a needle point
hlib, *v.* take something out from the ashes or sands by using a stick; dig
hli nqeg, *n.* waning moon
hli nra, *n.* full moon
hli qe, *n.* the white part of the egg
hlis, *n.* month (tone change from *hli*)
hliv, *v.* 1. pour; 2. breeze
hliv cua, *v.* face against the wind; hit by wind
hli xiab, *n.* waxing moon
hlo, *adv.* 1. immediately; right away; 2. completely
hlob, *v.* 1. grow; grow up; 2. squeeze out; force out; *-adj.* 1. older; elder; 2. big; 3. powerful; 4. great; *-n.* uncle
hloob, *adv.* 1. no conversant; uninclined to speak; 2. restricted post verbal intensifier (e.g. *hloob laws*)
hloob laws, *adv.* 1. silently; 2. restricted post verbal intensifier (e.g. *nyob hloob laws*)
hloov, *v.* 1. change; replace; 2. exchange; switch; 3. tamper; 4. transfer; 5. transform
hloov kev, *v.* swerve; change course; veer
hloov ntsej muag, *v.* transfigure
hloov qhov chaw, *v.* supersede; succeed; replace; take the place of; supplant
hloov raws, *v.* 1. adapt; adjust; 2. acclimatize
hlua, *n.* 1. rope; 2. string; strap
hlua dai khaub ncaws, *n.* clothesline (also see *hlua ziab khaub ncaws*)
hlua dej, *n.* tube; pipe; hose; cylinder
hlua khau, *n.* shoelace; shoestring
hlua khi tsiaj, *n.* leash; bridle; strap
hlua ntswj, *n.* twine
hlua roj hmab, *n.* tube
hluas, *adj.* young; youthful; *-n.* youngster; youth
hluas hluas, *adj.* very young; youthful
hluas nkauj, *n.* 1. young and unmarried woman; 2. girlfriend
hluas nraug, *n.* 1. young and unmarried man; 2. boyfriend
hluas ntxhias, *adj.* quite young
hlua teeb roj, *n.* wick
hlua teeb xeeb, *n.* wick
hlua tes, *n.* bracelet (also see *saw tes*)
hluav, *n.* embers; coals
hluav hluav ncuav, *adj.* pock marked; *-n.* pock marks
hluav ncaig, *n.* wood embers; coals
hluav ncuav, *n.* acne; pock marks; *-adj.* pock marked
hluav ntawv, *n.* remains of burned paper

hluav taws, *n.* 1. fire; 2. embers of fire
hluav taws qus, *n.* wildfire
hluav taws xob, *n.* electricity
hlua ziab khaub ncaws, *n.* clothesline
hlub, *v.* love; feel affection for; be devoted to; *-n.* love
hlub tshua, *v.* 1. love; 2. concern
hluj hluav, *adv.* hesitantly; 2. uncertainly
hlw, *v.* inhale; gasp; suck; *-adj.* tapering to a rounded point; *-n.* a kind of animals; rodent
hlwb, *n.* brain; marrow
hlwb hau, *n.* brain; idea
hlw nqeeb, *n.* possum
hlws, *n.* crotch of the trousers
hlws ris, *n.* crotch
hlwv, *n.* blister
hma, *n.* wolf; jackal; fox
hmab, *n.* vine; creeper
hma liab, *n.* red fox
hma ntsuab, *n.* wolf; green wolf
hmlos, *adj.* dented
hmo, *n.* 1. night; 2. supper; dinner; evening meal
hmob, *n.* 1. fleas; 2. ancient family for the Xiong kinship (might be tone change from *hmub*)
hmob qaib, *n.* chicken fleas
hmo ntuj, *n.* nighttime; night
hmoo, *n.* 1. luck; fortune; fate; 2. chance
Hmoob, *n.* Hmong
Hmoob Dawb, *n.* White Hmong
Hmoob Dub, *n.* Black Hmong (a branch of Hmong mostly in Guizhou, China)
Hmoob Lees, *n.* Hmong Leng; Mong Leng; Blue Hmong or Green Hmong (please note that the word *Leng* might orginate from the Chinese word *lan* meaning *blue*)
Hmoob Liab, *n.* Red Hmong (a branch of Hmong mostly in Hunan, China)
Hmoob Moj Them, *n.* name of Hmoob Moj Them Radio started on May 3, 2006 in the Twin Cities, Minnesota and broadcasted via shortwave radio in Asia on Mondays, Wednesdays and Fridays at 15260 kHz (also see *www.mojthem.com*)
Hmoob Ntsuab, *n.* Green Hmong; Green Mong; Blue Hmong
Hmoob Paj, *n.* Flowery Hmong (a branch of Hmong mostly in Western Guizhou and Northeastern Yunnan, China)
Hmoob Quas Npab, *n.* Striped Hmong
hmoo phem, *adj.* unlucky; unfortunate; unsuccessful
hmoo tsis zoo, *adj.* unlucky; unfortunate; unsuccessful
hmoov, *n.* 1. powder; dust; flour; 2. fortune; luck; fate (tone change from *hmoo*)
hmoov av, *n.* dust; dirt
hmoov nplej, *n.* flour
hmoov phem, *adj.* unlucky; unfortunate; unsuccessful (tone change from *hmoo phem*)
hmoov pob kws, *n.* cornstarch
hmoov sib, *n.* 1. chalk; 2. ashes of burned rock
hmoov zeb, *n.* sand (also see *xuab zeb*)
hmoov zeb sib, *n.* chalk
hmos, *n.* night (tone change from *hmo*)
hmov, *v.* 1. care for; 2. like
hmov tshua, *v.* miss; think of
hmu, *n.* 1. spear (tone change from *hmuv*); 2. name of a group of Hmong in Guizhou Province
hmub, *n.* another name for Hmong (for those living mostly in Guizhou Province, China)
hmuv, *n.* spear; lance
hmuv nkaug ntses, *n.* harpoon
hmuv nruab phom, *n.* bayonet
hmuv peb ceg, *n.* trident
hmuv tawm phom, *n.* bayonet
hnab, *n.* 1. bag; sack; sheath; purse; 2. pocket (usually used with *ris* or *tsho*)
hnab ev ntawv, *n.* backpack
hnab hau ncoo, *n.* pillowcase
hnab hauv ncoo, *n.* pillowcase (tone change from *hnab hau ncoo*)
hnab khuam, *n.* purse
hnab looj tes, *n.* glove; mitten
hnab ncoo, *n.* pillowcase
hnab ncoos, *n.* pillow case (tone change from *hnab ncoo*)
hnab ntawv, *n.* envelope
hnab nyiaj, *n.* wallet; billfold
hnab rau nyiaj, *n.* wallet; billfold (see *hnab nyiaj*)

hnab rau xub, *n.* quiver
hnab riam, *n.* sheath; sheath for a knife; knife case
hnab ris, *n.* pant pocket
hnab tes, *n.* glove; mitten
hnab thoob puab, *n.* bag; shoulder bag
hnab thoom puab, *n.* bag; shoulder bag
hnab tsaj, *n.* burlap sack; hemp bag; sack
hnab tsho, *n.* shirt pocket
hnab tshos, *n.* shirt pocket (tone change from *hnab tsho*)
hnab tshuaj, *n.* amulet
hnab xub, *n.* quiver
hnav, *v.* wear; dress; put on; -*n.* a certain kind of grain
hnee, *n.* 1. crossbow; 2. a shot (tone change from *hneev* used with *ib.* e.g. *ib hnee*)
hneev, *n.* 1. crossbow; 2. print (as in *hneev taw* which means footprint); trace
hneev roj hmab, *n.* slingshot; sling
hneev taw, *n.* 1. footprint; 2. footstep
hneev tes, *n.* fingerprint
hnem hnov, *adj.* forgetful; absent-minded
hnia, *v.* sniff; smell
hniav, *n.* 1. tooth; teeth; 2. knife edge; 3. blade
hniav cauj, *n.* early tooth
hniav kaus dev, *n.* canine; bicuspid
hniav puas, *n.* molar; molar teeth
hniav tab meej, *n.* incisor; front tooth
hniav taj, *n.* late tooth
hniav txhab, *n.* wisdom tooth
hno, *v.* inject; insert; poke; stab; -*n.* food; meal
hnoob nyoog, *n.* 1. time; 2. age (vowel change from *hnub nyoog* which is more commonly used)
hnoos, *v.* cough
hnoos qeev, *n.* phlegm; mucus
hnos, *n.* food; meal (tone change from *hno*)
hnov, *v.* 1. hear; 2. feel; sense
hnov dheev, *v.* hear suddenly
hnov lus, *adj.* docile; obedient; compliant; -*v.* hear the speech
hnov mob, *v.* feel pain
hnov ntxhiab, *v.* smell odor
hnov qab heev, *adj.* 1. forgetful; 2. senile
hnov qauj, *adj.* forgetful
hnov suab sab, *v.* hear strange noise; hear illusive noise
hnov tsw, *v.* smell
hnub, *n.* 1. sun; 2. day; daytime
hnub caiv, *n.* the day to be confined in the house due to Hmong rituals and belief
hnub hmos, *n.* day before yesterday
hnub i, *n.* the other day; a few days ago
hnub ib, *n.* Monday
hnub no, *n.* today
hnub nyoog, *n.* 1. age; 2. time; occasion; 3. date
hnub ob, *n.* Tuesday
hnub peb, *n.* Wednesday
hnub plaub, *n.* Thursday
hnub poob, *n.* sunset; west
hnub poob qho, *n.* sunset (when the sun is setting down)
hub qaiv, *n.* star (a word still in use by Hmong Chinese of Guizhou and Hunan)
hnub qub, *n.* star (possible vowel and tone changes from *hnub qaiv*)
hnub qub nyeg, *n.* satellite
hnub qub poob, *n.* falling star; flying star
hnub qub ya, *n.* meteor; shooting star; falling star; flying star
hnub rau, *n.* Saturday
hnub so, *n.* 1. holiday; 2. sabbath; 3. weekend
hnub tab, *n.* odd day (man's day)
hnub tawm, *n.* sunrise
hnub tim, *n.* date
hnub tsib, *n.* Friday
hnub tuaj, *n.* 1. east 2. sunrise
hnub twg, *adv.* when; what day
hnub txooj, *n.* even day (woman's day)
hnub xya, *n.* Sunday
hnub yug, *n.* birthday; date of birth
hnya, *v.* scowl; squint; frown; look sullen or gloomy
hnyav, *adj.* 1. heavy; 2. serious; -*adv.* hard; -*n.* weight (used with *qhov*); -*v.* weigh
hnyev, *adv.* 1. referring to the sound of a cry; whimpering; 2. restricted post verbal intensifier
hnyiab, *adv.* 1. referring to burn (see

kub hnyiab); 2. restricted post verbal intensifier
hnyo, *adv.* 1. referring to a chaotic situation; 2. post verbal intensifier (e.g. *ntxhov quav hnyo*; *sawv hnyo*)
hnyos, *v.* curse; rebuke; scold
hnyuv, *n.* 1. intestine; pertaining to the intestine; 2. gut
hnyuv dawb, *n.* small intestine
hnyuv dub, *n.* large intestine
hnyuv hlauv, *n.* hernia
hnyuv laus, *n.* large intestine
hnyuv mos, *n.* small intestine
hnyuv ntxwm, *n.* sausage; hot dog
hnyuv qhov quav, *n.* rectum
ho, *v.* lose an unborn calf or baby (referring to animals only); *-conj.* 1. then; 2. but; 3. yet
hob, *adj.* astringent; puckery
hom, *v.* mark (for ownership); indicate ownership by a mark; identify; *-n.* kind; sort; type
hom khaj, *v.* jump or run around
hom phiaj, *n.* 1. purpose; 2. goal
hom thawj, *n.* 1. seal; stamp; 2. identification; mark (also see chim thawj)
hoob pob, *n.* bomb (also see *foob pob*)
hooj twm, *n.* a kind of squirrel; red-bellied squirrel
hoov ncoo, *n.* pillow (vowel and tone changes from *hau ncoo*)
hos, *conj.* and; *-part.* a particle used at the end of the sentence to soften the sentence
hos huam, *n.* a peacock like bird
hov, *v.* sharpen; whet; *-adv.* how (as in *hov ntau*)
hov riam, *v.* sharpen a knife on a whetstone; whet a knife
hov ntau, *adv.* 1. how much; 2. quite a lot
hov taus, *v.* sharpen an ax on a whetstone; whet an ax
hov txuas, *v.* sharpen a corn knife on a whetstone; whet a corn knife
hu, *v.* 1. call; 2. sing (e.g. *zaj nkauj no yog nws hu*)
huab, *n.* 1. cloud; 2. given name of a girl; *-v.* loot; plunder; rob
huab cua, *n.* weather
huab hwm, *adj.* respected; dear (see *pej xeem huab hwm*); *-n.* citizenry
huab tais, *n.* 1. emperor; 2. king (please note that Hmong use *huab tais* interchangeably for emperor and king; also see *vaj*)
huab tais ntuj, *n.* God (see *Yawm Saub*)
huab xeeb, *n.* peanut (also see *tawj qas tas*)
huaj, *n.* 1. painting; drawing (C); 2. given name for a boy
huaj cheej, *n.* the last spasm before death (also see *huam cheej*)
huaj laim, *v.* spread; leak out information
huaj vam, *v.* prosper; flourish (see *huam vam*)
huam, *v.* 1. increase; spread; prosper; 2. crave
huam cheej, *n.* the last spasm before death (see *huaj cheej*)
huam vam, *v.* prosper; flourish (see *huaj vam*)
huam yuaj, *n.* accident
huas, *v.* 1. snatch; take or grab suddenly; 2. go around or ahead of
huas ntej, *v.* try to get ahead of a person; race to get in front
hub, *n.* large water vessel; jar; pottery; vase
hu dab, *adj.* 1. of a person who eats like a glutton; 2. greedy; gluttonous
huj hiv, *adv.* referring to the sound of talking and laughing
huj sam, *n.* monk (also see *hauj sam* which is most commonly used)
huj sim, *adj.* moderate; average (also see *hauj sim*)
hu loj, *adj.* voracious; gluttonous; greedy; insatiable; of a person who eats like a glutton
hum, *v.* fit (M)
hum vaj, *n.* hornbill; a kind of bird (also see *haum vaj* which is mostly used)
hus, *v.* 1. gather together with the hands; collect with the hands or a rack; 2. clear (e.g. *hus qa*)
hus qa, *v.* clear throat
huv, *adj.* clean; undefiled; clear; *-adv.* all; altogether; *-prep.* inside; within; under; down there (M)
hwb, *adv.* here (you go)
hwj, *n.* 1. bottle; vial; 2. kettle; 3. given name for a boy; *-v.* hold or support someone or something with

the arms or hands (also see *fwj*)
hwj chim, *n.* 1. charisma; prestige; 2. authority; power (also see *fwj chim*)
hwj huaj, *n.* 1. magical power; spiritual power; 2. painting; drawing (C)
hwj huaj yees siv, *n.* magic; tricks
hwj kais, *n.* tea kettle
hwj txob, *n.* black pepper (also see *fwj txob*)
hwj txwv, *n.* beard; mustache; whisker (also see *fwj txwv*)
hwj xwm, *v.* care for; take care of; tend; watch; look after (also see *fwj xwm*)
hwm, *v.* revere; honor; respect; admire; venerate (also see *fwm*); *-n.* 1. honor; 2. given name for a boy
hws, *n.* 1. perspiration; 2. moisture; 3. sweat (also see *fws*); 4. steam

I

i, *adj.* previous; former
ia, *n.* wet land; land for paddy field (often used with the word *liaj* as *liaj ia teb chaws*)
iab, *adj.* 1. bitter; 2. undesirable; distasteful; *-n.* 1. bitterness; 2. given name for a girl
iab liam, *v.* accuse; blame
iab oo, *n.* 1. fog; haze; smoke; smog; mist; 2. given name for a girl
iav, *n.* 1. mirror; 2. glass; 3. wet land; land for paddy field (tone change from *ia*, e.g. *hav iav*)
iav qhov muag, *n.* glasses
iav qhov rais, *n.* window glass; glass
iav taub hau tsheb, *n.* windshield
ib, *n.* 1. one; 2. cock's comb; *-v.* lean; lean against
ib cheeb tsam, *n.* area; surrounding area; vicinity; neighborhood; locality; environs
ib chim, *n.* a while; a little while
ib chim tso, *adv.* later
ib cim, *n.* one season
ib co, *adj.* some
ib cov, *n.* a bunch or a group (of something)
ib dag, *n.* one stretch of a double arms' length (tone change from *ib daj*)
ib daj, *n.* one stretch of a double arms' length
ib dos, *n.* one stretch between the thumb and the middle finger
ib feem, *n.* fraction; portion; part
ib feem kaum, *n.* 1. one tenth; 1/10; 2. tithe
ib feem plaub, *n.* one quarter; 1/4
ib feem pua, *n.* one one hundredth; 1/100
ib fiab, *n.* one one hundredth of an ounce
ib hli, *n.* 1. a month; 2. January (please note that *hli* is shifted to *hlis*)
ib hlis, *n.* 1. one month; 2. January (tone change from *hli*)
ib hlis ntuj, *n.* January
ib hmos, *n.* a night; one night (tone change from *ib hmo*)
ib hnub, *n.* one day
ib hom, *pron.* same; *-adj.* each
ib kiab, *n.* a week; one week
ib kuag, *adj.* some; a portion
ib lag, *n.* one ounce
ib me ntsis, *n.* 1. a moment; a little while; 2. a little bit
ib ncig, *n.* surrounding area; vicinity
ib ncua, *n.* term; period
ib npib liab, *n.* penny; cent
ib nrab, *adj.* half
ib nti, *n.* inch
ib ntsais muag, *n.* 1. one twitching of the eyelid; blink; 2. moment
ib ntsis, *n.* a moment
ib ntus, *n.* term; *-adj.* temporary; impermanent; short-term
ib pawg, *n.* a pile (of something)
ib pliag, *n.* a moment; moment; instant
ib puag ncig, *n.* vicinity
ib puas, *n.* one hundred; 100
ib puas xyoo, *n.* 100 years; century
ib qaib, *n.* cock's comb
ib ruam, *n.* step
ib sij, *adv.* continually; often; repeatedly; frequently; regularly
ib sij huam, *adv.* suddenly; unexpectedly
ib sim, *adv.* forever; continually; indefinitely; eternally
ib sim neej, *n.* a lifetime; *-adv.* forever; everlastingly; eternally; without end

ib tag hmo, *n.* midnight
ib tag hmo dua, *n.* after midnight
ib tag kis, *n.* all morning long
ib teg, *n.* one handful (tone change from *ib tes*)
ib tes, *n.* one handful
ib thooj, *n.* a piece (of something)
ib tsam, *n.* several moments; several hours
ib tshim, *n.* a unit of measurement from the elbow to the end of fingers
ib tug, *adj.* 1. something or someone; 2. each
ib tus, *adj.* 1. something or someone; 2. each
ib txhia, *adj.* some; a portion; *-pron.* some; a portion
ib txhiab, *n.* one thousand; 1,000
ib txhiab ib txhis, *adv.* forever; eternally; everlastingly
ib txhij, *adv.* altogether; all together
ib txhis, *adv.* forever; continuously; infinite; endless
ib txiag, *n.* one tenth (1/10) of an ounce (tone change from *ib txiaj*)
ib txiaj, *n.* one tenth (1/10) of an ounce
ib txig, *adv.* alongside; side by side; *-prep.* next to; beside; alongside
ib txwg, *n.* pair (tone change from *ib txwm*)
ib txwm, *adv.* always; originally; from the beginning; *-n.* pair
ib vuag, *adv.* once; *-adj.* temporary; *-n.* a brief period of time
ib xyoo, *n.* one year; a year
ib xyoos, *n.* one year; a year (tone change from *xyoo*)
ib yam, *pron.* same; *-adj.* each
ib zaj, *n.* 1. stanza; verse; 2. phrase; paragraph; 3. story
ib zaug, *adv.* once
ib zaug ntxiv, *adv.* again; once again
iv, *adj.* tired; exhausted; *-n.* father (used by certain group of Hmong)

K

ka, *adj.* clear (referring to weather) (also see *kaj*)
kaab, *n.* 1. line; 2. path; trail; vestige; 3. given name for a boy or girl; 4. iron; steel; 5. insect; 6. a shot; a drink of whiskey; *-v.* 1. empty (cup); 2. light (a flashlight); turn on a light (M)
kaab hlaa kev, *n.* crosswalk (M)
kaab hluag nees, *n.* millipede; millepede; moulmein train worm (see *kab laug nees*) (M)
kaab ke, *n.* 1. rite; ceremony; ritual; 2. tradition; 3. system (M)
kaab ke paam tuag, *n.* funeral rituals (M)
kaab ke tshoob kug, *n.* wedding rituals (M)
kaab khaub rhuab, *n.* stick bug; insect resembling a stick (M)
kaab laug nees, *n.* millipede; millepede; moulmein train worm (see *kab hluas nees*) (M)
kaab laug saab, *n.* small spider; tarantula (M)
kaab laug tsuv, *n.* large spider (M)
kaab laum, *n.* roach; cockroach (M)
kaab lig ntuj, *n.* milky way (M)
kaab lis, *n.* tradition (M)
kaab lis kev cai, *n.* tradition and custom; culture (M)
kaab lug, *n.* phrase; sentence (M)
kaab mob, *n.* disease; virus (M)
kaab mob dlaig tsaig, *n.* tetanus (M)
kaab mob dlev vwm, *n.* rabies (M)
kaab mob kev tuag, *n.* sickness and death; death and dying (M)
kaab mob sab, *n.* hepatitis; hepatitis B (M)
kaab npauj, *n.* 1. given name for a girl; 2. larva; moth larva; insect (M)
kaab npis, *n.* cricket (M)
kaab nqos vas, *n.* locust (M)
kaab nquas liv, *n.* dragonfly (also see *kab qaus liv*) (M)
kaab ntsig, *n.* caterpillar (the hairy kind) (M)
kaab ntxwv, *n.* orange tree (M)
kaab nuv ntseg, *n.* bait (M)
kaab pij nyug, *n.* rhinoceros beetle (also see *kab pwj nyug*) (M)
kaab pwj nyug, *n.* rhinoceros beetle (also see *kab pij nyug*) (M)
kaab qaus liv, *n.* dragonfly (also see *kab nquas liv*) (M)
kaab raj ris laug, *n.* spider (long-legged kind) (M)

kaab raus, *n.* a species of insect or bug (M)
kaab rwg, *n.* termite (see *ntsaum kab rwg*) (M)
kaab teeb, *v.* turn on the light (M)
kaab teeb phom, *n.* gunstock; rear end of a gun (M)
kaab teg, *n.* fingerprint; handprint (tone change from *kab tes*) (M)
kaab tshoob kev kug, *n.* wedding rites and rituals (M)
kaab tsib, *n.* sugar cane; sucrose (M)
kaab txws, *n.* marble worm; hundred legged worm (M)
kaba yaub, *n.* egg roll (M)
kaab yeeb, *n.* 1. a shot of opium; 2. given name for both boy and girl (M)
kaab yeeb paas cawv, *n.* a shot of opium and whiskey (M)
kaab zag, *n.* cricket (tone change from *kab ziam*) (M)
kaag, *clf.* referring to a string or a long and thin piece; *-adj.* clear; bright (M)
kaaj, *adj.* 1. bright; referring to light; clear; 2. batch; 3. better (referring to health); *-v.* 1. light; 2. figure; estimate; think; *-clf.* referring to a string or a long and thin piece (M)
kaaj lug, *adj.* 1. clear; bright; 2. happy (M)
kaaj nrig, *adj.* 1. clear; bright; 2. happy (M)
kaaj ntug, *n.* daylight; dawn; morning (M)
kaaj ntug huv, *n.* daybreak (M)
kaaj ntug plawg, *n.* daybreak; dawn (M)
kaaj ntug txoog, *n.* dawn; early dawn (M)
kaaj sab, *adj.* satisfied; stress-free; happy (M)
kaaj zaub, *n.* batch of vegetable (M)
kaam, *v.* agree; allow; permit; *-adj.* accustomed; *-n.* business; affair; work (M)
kaam paug, *v.* infect; to have an infection (M)
kaas, *n.* maggot (M)
kaas cees, *n.* 1. sexual transmitted disease; STD; 2. syphilis; 2. chlamydia; 3. gonorrhea (M)
kaas fes, *n.* coffee (M)
kaas las vav, *n. tie* (L) (M)
kaav, *v.* 1. manage; 2. control; 3. govern; rule; *-n.* stem; stalk; body (M)
kaav hlaub, *n.* shin; lower leg (M)
kaav lam, *v.* 1. forgo; forget it; 2. waive (M)
kaav phom, *n.* gun barrel (M)
kaav theej, *n.* rattan (M)
kaav tsij, *v.* hurry; hasten; *-adv.* quickly (M)
kaav xwm, *n.* manager or master of a funeral or wedding; one in charge of a ceremony (M)
kaav xyeem, *v.* take advantage of; seize the opportunity; go with the flow (M)
kaav ywm, *n.* a kind of vegetable with wide leaves (M)
kaav zeeg, *adv.* hurriedly; speedily; quickly; hastily (M)
kab, *n.* 1. line; 2. path; trail; vestige; 3. given name for a boy or girl; 4. iron; steel; 5. insect; 6. a shot; a drink of whiskey; *-v.* 1. empty (cup); 2. light (a flashlight); turn on a light
kab hla kev, *n.* crosswalk
kab hluas nees, *n.* millipede; millepede; moulmein train worm (see *kab laug nees*)
kab ke, *n.* 1. rite; ceremony; ritual; 2. tradition; 3. system
kab ke pam tuag, *n.* funeral rituals
kab ke tshoob kos, *n.* wedding rituals
kab khaub rhuab, *n.* stick bug; insect resembling a stick
kab laug nees, *n.* millipede; millepede; moulmein train worm (see *kab hluas nees*)
kab laug sab, *n.* small spider; tarantula
kab laug tsov, *n.* large spider
kab laum, *n.* roach; cockroach
kab lig ntuj, *n.* milky way
kab lis, *n.* tradition
kab lis kev cai, *n.* tradition and custom; culture
kab lus, *n.* phrase; sentence
kab mob, *n.* disease; virus
kab mob daig tsaig, *n.* tetanus
kab mob dev vwm, *n.* rabies
kab mob kev tuag, *n.* sickness and death; death and dying
kab mob siab, *n.* hepatitis; hepatitis B

kab npauj, *n*. 1. given name for a girl; 2. larva; moth larva; insect
kab npis, *n*. cricket
kab nqos vias, *n*. locust
kab nquas liv, *n*. dragonfly (also see *kab qaus liv*)
kab ntsig, *n*. caterpillar (the hairy kind)
kab ntxwv, *n*. orange tree
kab nuv ntses, *n*. bait
kab pij nyug, *n*. rhinoceros beetle (also see *kab pwj nyug*)
kab pwj nyug, *n*. rhinoceros beetle (also see *kab pij nyug*)
kab qaus liv, *n*. dragonfly (also see *kab nquas liv*)
kab raj ris laus, *n*. spider (long-legged kind)
kab raus, *n*. a species of insect or bug
kab rwg, *n*. termite (see *ntsaum kab rwg*)
kab teeb, *v*. turn on the light
kab teeb phom, *n*. gunstock; rear end of a gun
kab teg, *n*. fingerprint; handprint (tone change from *kab tes*)
kab tes, *n*. fingerprint; handprint; palm lines
kab tshoob kev kos, *n*. wedding rites and rituals
kab tsib, *n*. sugar cane; sucrose
kab txws, *n*. marble worm; hundred legged worm
kab yaub, *n*. egg roll
kab yeeb, *n*. 1. a shot of opium; 2. given name for both boy and girl
kab yeeb pas cawv, *n*. a shot of opium and whiskey
kab ziag, *n*. cricket (tone change from *kab ziam*)
kab ziam, *n*. cricket (also see *kab npis*)
kag, *clf*. referring to a string or a long and thin piece; *-adj*. clear; bright (tone change from *kaj*)
kaig, *n*. pipe; spout; *-adj*. spotted with white color (M)
kaig dlej, *n*. faucet; tap (M)
kaim, *n*. given name for a boy
kaim tom, *n*. referring to a game of top
kais, *n*. pipe; spout; *-adj*. spotted with white color
kais dej, *n*. faucet; tap
kaj, *adj*. 1. bright; referring to light; clear; 2. batch; 3. better (referring to health); *-v*. 1. light; 2. figure; estimate; think; *-clf*. referring to a string or a long and thin piece
kaj lug, *adj*. 1. clear; bright; 2. happy
kaj nrig, *adj*. 1. clear; bright; 2. happy
kaj ntug, *n*. daylight; dawn; morning
kaj ntug huv, *n*. daybreak
kaj ntug plaws, *n*. daybreak; dawn
kaj ntug txoog, *n*. dawn; early dawn
kaj siab, *adj*. satisfied; stress-free; happy
kaj zaub, *n*. batch of vegetable
kam, *v*. agree; allow; permit; *-adj*. accustomed; *-n*. business; affair; work
kam paug, *v*. infect; to have an infection
kas, *n*. maggot
kas cees, *n*. 1. sexual transmitted disease; STD; 2. syphilis; 2. chlamydia; 3. gonorrhea
kas fes, *n*. coffee
kas las vav, *n*. *tie* (L)
kau, *v*. sing (that of a grouse)
kaub, *n*. 1. pan; pot (see *luaj kaub*); 2. given name of a boy; 2. calluses
kaub puab, *n*. calluses; scab
kaub puab mov, *n*. scab; brown hardened rice adhering to the sides and bottom of the cooking pot
kaug, *n*. bite
kauj, *n*. 1. roll; coil; 2. reel; 3. wheel; ring
kauj nkoj, *n*. tiller; rudder
kauj paj, *n*. wreath
kauj ruam, *n*. step; stride
kauj toog, *n*. bracelet (of copper ring)
kauj toog npab, *n*. braclet (of copper ring)
kauj tsheb, *n*. steering wheel
kaum, *n*. 1. ten; 2. referring to corner (as in *ces kaum*)
kaum hli, *n*. 1. October; 2. 10 months
kaum hli ntuj, *n*. October
kaum ib hlis ntuj, *n*. November
kaum las, *n*. ten ounces
kaum ob hlis ntuj, *n*. December
kaum tsev, *n*. corner of the house
kaus, *n*. 1. umbrella; 2. parachute; 3. beak; 4. tusk; 5. sprout; shoot; 6. given name for a boy or girl; *-v*. 1. gouge; take out; 2. corrupt; cheat; 3. scoop; shovel; scrape; hollow out; 4. rake; spade

kaus mom, *n.* hat; cap
kaus mom cau pliaj, *n.* cap
kaus mom tseeb, *n.* fedora; fedora hat
kaus ncauj, *n.* beak
kaus nplej, *n.* rice sprout when it first appears
kaus taum, *n.* bean sprout
kauv, *n.* 1. deer; 2. dirt on the body; -*v.* 1. roll; 2. wrap
kav, *v.* 1. manage; 2. control; 3. govern; rule; -*n.* stem; stalk; body
kav hlaub, *n.* shin; lower leg
kav liam, *v.* 1. forgo; forget it; 2. waive
kav phom, *n.* gun barrel
kav theej, *n.* rattan
kav tsij, *v.* hurry; hasten; -*adv.* quickly
kav xwm, *n.* manager or master of a funeral or wedding; one in charge of a ceremony
kav xyeem, *v.* take advantage of; seize the opportunity; go with the flow
kav ywm, *n.* a kind of vegetable with wide leaves
kav zeeg, *adv.* hurriedly; speedily; quickly; hastily
kaw, *v.* 1. close; shut; 2. block; 3. jail; imprison; 4. saw; 5. adjourn; -*n.* 1. saw; 2. a kind of bird
kawb, *adj.* curvy; curved; rounded
kawg, *adv.* 1. very; completely; entirely; totally; -*adj.* last; finished; complete; ended; -*n.* 1. end; 2. back basket (tone change from *kawm*)
kawg nkaus, *adj.* extreme; highest; most; ultimate; -*adv.* very; completely; entirely; totally
kawm, *v.* learn; -*n.* 1. back basket; 2. given name for a boy or girl
kawm nrhau, *n.* back basket; a kind of Hmong back basket
kawm rov, *n.* back basket; a kind of Hmong weaved back basket
kaw rooj sib tham, *v.* adjourn; close meeting
kaws, *v.* gnaw; chew; bite; -*n.* toad
kawv, *n.* 1. a monkey-like animal (as in *maum kawv*); 2. given name for a boy; -*adv.* 1. completely; entirely (e.g. *khee kawv*); 2. restricted post verbal intensifier
ke, *n.* way; path; road; trail (tone change from *kev*)
kee, *v.* 1. collect; 2. recruit; -*n.* 1. era; opportunity; 2. realm
keeb, *n.* 1. yeast; leaven; 2. basis; basic fact; root; foundation; 3. cell; 4. consonant
keeb cag, *n.* background
keeb kwm, *n.* 1. history; past; 2. story
keeb puam, *n.* background; root; foundation; basis
keeb puav vim, *n.* history; background
keeb tim, *n.* cause
keem, *n.* 1. a kind of Asian fish found in very clear river; 2. given name for boy
kees, *adj.* 1. subconsciously calm; controlled; disciplined; 2. reliable
keev, *v.* take (e.g. *koj keev hlo*); -*adv.* often; use to; -*n.* bar; silver bar (e.g. *nyiaj keev*)
keev hlo, *v.* take all; take the whole
keev xeeb, *adj.* 1. pig-headed; selfish; self-centered; 2. jointed; one-piece
kem, *n.* 1. section; 2. room; -*v.* 1. separate; divide; 2. skip; 3. upset; disturb; derange (e.g. *kem plab*)
kem caug, *v.* kneel
kem cev, *n.* internal body disorder; -*v.* upset internal body sysem
kem plaab, *n.* dyspepsia; indigestion; -*v.* have a indigestion; upset stomach (M)
kem plab, *n.* dyspepsia; indigestion; -*v.* have a indigestion; upset stomach
kes, *v.* 1. scrape; 2. draw a line
kes txig, *v.* to finger the cheek indicating shame toward someone; shame; embarrass; humiliate
kev, *n.* way; road; street trail; trek
kev cai, *n.* law; rule; regulation
kev cib nyeej, *n.* feud
kev coj noj coj ua, *n.* leadership
kev cov nyom, *n.* conflict
kev cuab zog, *n.* vigor; vitality; drive; force; enthusiasm; strength; energy; dynamism
kev haum xeeb, *n.* unity; unification
kev hloov, *n.* alteration; change
kev kho mob, *n.* treatment
kev koom siab, *n.* unity; unification
kev koom tes, *n.* unity; unification
kev kub ntxhov, *n.* unrest; turmoil; disturbances; instability; strife; disorder; conflict; turbulence; fighting
kev laag luam, *n.* business (M)

kev lag luam, *n.* business
kev lam sim, *n.* tragedy; calamity; disaster; catastrophe; misfortune (M)
kev liam sim, *n.* tragedy; calamity; disaster; catastrophe; misfortune
kev loj, *n.* highway; expressway; road; street
kev loj leeb, *n.* homelessness; wandering around aimlessly
kev lom zem, *n.* entertainment; amusement; fun
kev luj, *n.* highway; expressway; road; street (M)
kev mob nkeeg, *n.* illness; sickness; health; ailment
kev mob sab, *n.* vigor; vitality; drive; force; enthusiasm; strength; energy; dynamism (M)
kev mob siab, *n.* vigor; vitality; drive; force; enthusiasm; strength; energy; dynamism
kev muaj yeej, *n.* triumph; victory
kev ncaaj, *n.* shortcut (M)
kev ncaaj ncees, *n.* 1. justice; fairness; 2. honesty (M)
kev ncaj, *n.* shortcut
kev ncaj ncees, *n.* 1. justice; fairness; 2. honesty
kev ncig chaw, *n.* travel; trip
kev noj nyiaj noj txiaj, *n.* corruption; misuse of money
kev noj nyiaj txiag, *n.* corruption
kev noj qab nyob zoo, *n.* health; wellness
kev npaj, *n.* preparation
kev ntseeg, *n.* 1. belief; trust; 2. religion
kev ntshai, *n.* terror; fear; horror; fright; dread; shock
kev ntxhov siab, *n.* torment; anguish; suffering; distress; agony
kev nyab xeeb, *n.* peace; tranquility
kev nyiaj ntxeem, *n.* struggle; suffering; throe; tussle
kev nyob ntsiag to, *n.* tranquility
kev paab cuam, *n.* 1. help; 2. aid; 3. remedy (M)
kev paab zoo sab, *n.* congratulation (M)
kev pab cuam, *n.* 1. help; 2. aid; 3. remedy
kev pab zoo siab, *n.* congratulation
kev pauj kua zaub, *n.* retribution; revenge
kev ploj tuag, *n.* death
kev pluj tuag, *n.* death (M)
kev pom zoo, *n.* agreement
kev poob sab, *n.* concern (M)
kev poob siab, *n.* concern
kev pov puag, *n.* protection
kev puas ntsoog, *n.* tragedy; calamity; disaster; catastrophe; misfortune
kev puas tsuaj, *n.* tragedy; calamity; disaster; catastrophe; misfortune
kev pum zoo, *n.* agreement (M)
kev qhuab qha, *n.* 1. orientation; 2. lecture; teaching (M)
kev qhuab qhia, *n.* 1. orientation; 2. lecture; teaching
kev sib cuag, *n.* 1. meeting; 2. connection; 3. visitation
kev sib deev, *n.* sex; sexuality
kev sib haum xeeb, *n.* unity; unification
kev sib ntaus sib tua, *n.* warfare; war
kev sib ntseeg, *n.* trust
kev sib ntsib, *n.* meeting; coming together
kev sib nug moo, *n.* communication
kev sib pab, *n.* help; assistance; aid; support
kev sib tshuam, *n.* 1. intersection; crossroad; crossroads; 2. interference; objection
kev sib tsoo, *n.* collision
kev sib tsoob, *n.* sex; sexuality; intercourse
kev sib tw, *n.* race; competition (tone change from *kev sib twv*)
kev sib twv, *n.* race; competition
kev sib txo, *n.* undermine; sabotage; attack; kill
kev sib txov, *n.* undermine; sabotage; attack; kill (tone change from *kev sib txo*)
kev sis cuag, *n.* 1. meeting; 2. connection; 3. visitation (M)
kev sis dlcev, *n.* sex; sexuality (M)
kev sis hum xeeb, *n.* unity; unification (M)
kev sis ntaus sis tua, *n.* warfare; war (M)
kev sis ntseeg, *n.* trust (M)
kev sis ntsib, *n.* meeting; coming together (M)
kev sis nug moo, *n.* communication (M)

kev sis paab, *n.* help; assistance; aid; support (M)
kev sis tshuam, *n.* 1. intersection; crossroad; crossroads; 2. interference; objection (M)
kev sis tsoo, *n.* collision (M)
kev sis tsoob, *n.* sex; sexuality; intercourse (M)
kev sis tw, *n.* race; competition (tone change from *kev sib twv*) (M)
kev sis twv, *n.* race; competition (M)
kev sis txu, *n.* undermine; sabotage; attack; kill (M)
kev sib txov, *n.* undermine; sabotage; attack; kill (tone change from *kev sib txo*) (M)
kev tawm, *n.* 1. ramp; 2. exit; way out
kev tawm rooj, *n.* trip; travel
kev thaj yeeb, *n.* peace
kev tiaj tus, *n.* peace
kev tiv thaiv, *n.* 1. defense; 2. prevention
kev tshaib nqhis, *n.* hunger
kev tshawb fawb, *n.* 1. survey; 2. research
kev tsheb, *n.* road; street
kev tsheb nqaj hlau, *n.* railroad
kev tshuam, *n.* crossroads
kev tsis haum xeeb, *n.* disagreement; disunity
kev tsiv teb tsaws chaw, *n.* migration
kev tswj hwm, *n.* leadership
kev tua pej xeem, *n.* terrorism; killing of citizens
kev tua zej zos, *n.* terrorism; attack on city
kev tu sab, *n.* sorrow; unhappiness; sadness; depression; grief; misery; discontent (M)
kev tu siab, *n.* sorrow; unhappiness; sadness; depression; grief; misery; discontent
kev twv ntawv, *n.* test; examination
kev txaaj muag, *n.* shame; embarrassment; dishonor; disgrace; humiliation (M)
kev txaj muag, *n.* shame; embarrassment; dishonor; disgrace; humiliation
kev txhawb, *n.* 1. support; 2. endorsement; 3. encouragement
kev txhawb nqa, *n.* 1. support; 2. endorsement; 3. encouragement
kev txhawb nqaa, *n.* 1. support; 2. endorsement; 3. encouragement (M)
kev txheeb ze, *n.* 1. relationship; 2. connection
kev txiav, *n.* shortcut
kev txom nyem, *n.* poverty; destitution; penury
kev ua laag luam, *n.* business (M)
kev ua laag ua luam, *n.* business (M)
kev ua lag luam, *n.* business
kev ua lag ua luam, *n.* business
kev ua laj ua teb, *n.* agriculture (M)
kev ua liaj ua teb, *n.* agriculture
kev ua pauj, *n.* retribution; revenge
kev ua qoob ua loo, *n.* agriculture
kev ua sab ntev, *n.* patience (M)
kev ua siab ntev, *n.* patience
kev ua tsov ua rog, *n.* war; warfare; fighting; rivalry
kev ua tsuv ua rog, *n.* war; warfare; fighting; rivalry (M)
kev ua yeeb yam, *n.* show; performance
kev xav, *n.* thought; idea
kev xis nyob, *n.* well being; health; comfort
kev xyuam xim, *n.* 1. safety; precaution; 2. attention
kev ywj pheej, *n.* freedom; liberty
kev ywj sab, *n.* free will; independence; freedom (M)
kev ywj siab, *n.* free will; independence; freedom
kev zoo nkauj, *n.* beauty
kev zoo nraug, *n.* handsome; good-looking; attractive
kev zoo nyob, *n.* comfort; feeling good
kev zoo sab, *n.* happiness; satisfaction (M)
kev zoo siab, *n.* happiness; satisfaction
kha, *n.* given name for a girl
khaab, *n.* 1. Kha or Khang; 2. given name for a boy (M)
khaab seeb, *adj.* 1. empty; barren; uncluttered; roomy; spacious; 2. comfortable (M)
khaav, *v.* 1. brag; show off; boast; 2. proud (M)
khaav theeb, *v.* brag; boast; show off; vaunt; *-adj.* snooty; snobbish; stuck-up; haughty; arrogant; smug (M)
khaav txiv, *adj.* 1. bragging; boastful; bigheaded; 2. presumptuous; *-v.* boast; brag (M)

khab, *n*. 1. Kha or Khang; 2. given name for a boy
khab seeb, *adj*. 1. empty; barren; uncluttered; roomy; spacious; 2. comfortable
khaib, *v*. plow; prepare the paddy field for planting
khais, *n*. 1. plow; 2. given name for a boy
khaiv, *v*. command; order
kham, *n*. breeze (e.g. *laj kham*)
khau, *n*. shoe; shoes
khaub, *n*. 1. bushy area with dry branches all over the place; 2. old; something very old
khaub dluag, *n*. old clothing
khaub hlaab, *adj*. ragged; worn out; -*n*. rags; old clothing (M)
khaub hlab, *adj*. ragged; worn out; -*n*. rags; old clothing
khaub lig, *n*. propeller
khaub lig cua, *n*. tornado; windstorm
khaub ncaws, *n*. 1. clothing; togs; 2. period; menstruation
khaub ncaws hmo ntuj, *n*. nightclothes
khaub plees nkauj nraug, *n*. old love affairs; old affairs of lovers
khaub plees nkauj nraum, *n*. old love affairs; old affairs of lovers (tone change from *khaub plees nkauj nraug*)
khaub rhuab, *n*. broom
khaub thuas, *n*. flu; cold; common cold; illness
khaub zeeg cua, *n*. tornado; windstorm; whirlwind
khaub zig, *v*. 1. encircle; wind around; 2. approach (someone for help); seek help
khaub zig cua, *n*. whirlwind; tornado; windstorm
khauj, *n*. 1. knuckle; 2. shell; skeleton; 3. frame; outer cover; outer layer
khauj khaum, *n*. 1. shell; skeleton; 2. frame; outer layer; outer cover; 3. crab
khauj tsiav, *n*. knuckle
khau khiab, *n*. slipper
khau log, *n*. roller skates; roller blades
khaum, *v*. harm you in return for something you purposely did wrong to others
khau noog, *n*. shoes of the dead
khau ntaub, *n*. sneakers; tennis shoes
khaus, *v*. 1. itch; 2. crave for sex; -*adj*. itchy; -*n*. libido
khau tawv, *n*. leather shoes; dress shoes
khauv zeeg cua, *n*. whirlwind; twister
khav, *v*. 1. brag; show off; boast; 2. proud
khav theeb, *v*. brag; boast; show off; vaunt; -*adj*. snooty; snobbish; stuck-up; haughty; arrogant; smug
khav txiv, *adj*. 1. bragging; boastful; bigheaded; 2. presumptuous; -*v*. boast; brag
khawb, *v*. 1. dig; 2. scratch; -*n*. ring
khawb ntxa, *v*. exhume; disinter; dig grave
khawb siab, *adj*. heartbreaking; heartrending; touching; inspiring; moving
khawb toj ntxas, *v*. exhume; disinter; dig up; unearth
khawb xauv taw, *n*. gyve; fetter
khawb xauv tes, *n*. handcuff; handcuffs
khawm, *v*. 1. button; zip; 2. hold; embrace; -*n*. button
khawm tsho, *n*. button
khaws, *v*. 1. keep; preserve; 2. collect; pick up; 3. retain
khaws xyeem, *v*. take advantage of; exploit (also see *ntxab ntxawm*)
khawv, *n*. shot (as a drink); mouthful (e.g. *ib khawv*); -*adv*. restricted post verbal intensifier (e.g. *quaj pov khawv*)
khawv chab, *n*. a kind of Hmong folksong
khawv koob, *n*. magic; a spiritual healing technique
khawv txhiaj, *n*. Hmong folk song; Hmong traditional song (also see *kwv txhiaj*)
kheb, *n*. crocodile
khee, *v*. finish off, complete; polish off; -*n*. a term used at wedding (e.g. *tw thiab khee*)
khee hlo, *v*. finish off completely; use up completely
kheej, *adj*. round; circular; -*n*. self (often used with *tus*, see *tus kheej*)
kheej kheej, *adj*. rotund; round
khee kawv, *adv*. completely; entirely; totally

khees, *adj*. well (in health); fine; -*v*. get well
khees zog, *adj*. better
kheev, *v*. allow; permit; agree
kheev lam, *conj*. if
kheev tham, *adj*. talkative
khej, *n*. Indian of India; Hmong name for Indians
khej dlub, *n*. Black person; African American; Hmong name for Black persons (M)
khej dub, *n*. Black person; African American; Hmong name for Black persons
khej me, *n*. the largest Hmong city in Phetchabun, Thailand
khem, *n*. notches
khes mis, *n*. chemical
khi, *v*. tie
khiab, *n*. bridle; -*v*. to tie up with a band in a special way
khiab tw, *n*. tail strap
khiav, *v*. 1. run; 2. escape; 3. flee; stampede
khiav mus ua loj leeb, *v*. abscond; run away
khiav nkaum, *v*. hide; shirk; abscond
khiav nuj nqes, *v*. welsh; run away from one's debts
khiav ri sua, *v*. stampede; run
khiav rog, *v*. immigrate; run away from war; become refugee
khiav teb chaws, *v*. immigrate; migrate; move to another country or another place (mostly due to war)
khib, *v*. 1. hurt (feeing in jealousy); irritate; -*adj*. jealous; -*n*. 1. carrying frame; 2. odd (number)
khib siab, *adj*. jealous
khis, *adj*. broken; chipped; cracked; -*v*. break
khi siav, *v*. 1. uphold one's life (for a reason); 2. depend on someone; rely on someone
khis ncauj, *n*. harelip
kho, *v*. 1. fix; repair; 2. correct; 3. adjust; 4. heal; treat; 5. revamp; 6. rectify; 7. revise
khob, *n*. cup; -*v*. 1. knock; 2. hit; beat
khob cawv, *n*. whiskey cup
khob dej, *n*. water cup; cup for drinking water; water glass
khob iav, *n*. glass
khob ntoo, *n*. wooden glass; wooden cup
khob roj hmab, *n*. plastic glass; plastic cup
khob tshuaj, *n*. medicine cup
kho haum, *v*. settle; resolve; reconcile; -*adj*. settled
khom, *v*. 1. negotiate; bargain; discuss; 2. settle; settle down; 3. sleep [sl]
khom nqi, *v*. bargain (also see *hais nqi*)
khoob, *adj*. hollow; empty
khoob lug, *adj*. completely hollow; completely empty
khooj, *v*. 1. nap; snooze; doze; 2. to be doubled up (in pain) or on the knees with the head to the ground as when injured in the abdomen
khooj ywb, *adv*. referring to squatting (see *zaum khooj ywb*)
khoom, *n*. object; thing; -*adj*. 1. available; free; 2. vacant; unoccupied
khoom hwm, *n*. tribute
khoom muag, *n*. merchandise; products; goods; commodities
khoom nyiag los, *n*. rapine
khoom pauv los, *n*. trade-in
khoom phij cuam, *n*. wedding gifts and dowry (from the bride's side of the family)
khoom plig, *n*. 1. gift; present; 2. tribute
khoom qab zib, *n*. 1. candy; taffy; 2. dessert
khoom saib dab muag, *n*. souvenir; gift; present; memento
khoom seem, *n*. surplus
khoom siv, *n*. household items
khoom tiam, *n*. tribute; gift of respect; homage
khoom txom ncauj, *n*. 1. refreshment; 2. snack; 3. candy
khoos, *adj*. immune from bullet or from any weapons; impervious; untouchable; invulnerable; could not be killed
khoos phis tawj, *n*. computer (also see *koos pis tawj*)
khoov, *v*. stoop; bend over; lower oneself; -*adj*. bent; crooked
khoov pob, *adj*. hunchback; humpback
kho rooj tog, *v*. upholster
kho siab, *adj*. lonely; depressed; morose
khov, *adj*. firm; stable; secure; solid;

strong; steady; sturdy; stringy; -*v*. harden (as ice); freeze; solidify
khov kho, *adv*. firmly; sturdily; strongly; securely
khuab, *v*. 1. hang; 2. get stuck; 3. be delayed; 4. disrupt (tone change from *khuam*); 5. strand; trap
khuab luab, *adj*. barren (referring to land)
khuam, *v*. 1. hang; 2. stuck; get stuck; 3. be delayed; trammel; 4. disrupt; 5. strand; trap (also see *khuab*)
khuam kaj khuam kus, *adj*. unsettled; messy; disordered; disorganized; up in the air; vague; undecided
khuam ntab khuam ntuv, *adv*. betwixt and between; precariously; -*v*. strand; trap; -*adj*. unsettled; messy; disordered; disorganized; up in the air; vague; undecided
khuam ntuv, *v*. strand; trap; stuck
khuam siab, *adj*. concerned; worrisome
khub, *v*. encrust
khub cev, *v*. have a scanty menstruation
khuj, *n*. misfortune; bad luck (L); -*adv*. restricted post verbal intensifier (see *khuj khuav*)
khuj khuav, *adv*. slowly; playfully (referring to walking)
khuv, *v*. dare; take advantage of
khuv xim, *v*. 1. regret; be sorry; feel sorry; 2. could not let go; grieve over; lament; 3. like very much
khw, *n*. store; shop
khwb, *v*. cover; -*n*. 1. cover; 2. given name for a boy
khwb lwm, *n*. a valuable ornament or good luck charm told in Hmong folk tales
khwb rwg, *adv*. upside down; facing downward
khwb teeb, *n*. bamboo stool; plaited bamboo stool
khw kho tsheb, *n*. car repairs shop
khw muag cawv, *n*. liquor store
khw muag khau, *n*. shoe store
khw muag khoom loj, *n*. department store (also see *mos*)
khw muag khoom noj, *n*. grocery store
khw muag khoom qub, *n*. thrift store; thrift shop
khw muag ntawv, *n*. bookstore
khw muag paj, *n*. flower shop
khw muag tsheb, *n*. car dealer; auto dealer
khw muag tshuaj, *n*. drugstore; pharmacy
khw noj mov, *n*. restaurant
khwv, *adj*. laborious; arduous; painstaking; backbreaking; hard working; diligent; -*v*. work hard; toil
ki, *n* grandchild; grandchildren (see *tub ki*)
kiab, *n*. 1. market; market place; 2. given name for a girl; -*adj*. 1. quiet-mannered; referring to a child who does not cry; 2. discomfort feeling in the throat
kiag, *adv*. 1. definitely; certainly; 2. straightforwardly; directly; openly; 3. immediately; promptly; 4. post verbal intensifier (e.g. *kawg kiag*; *mus kiag*; *quaj kiag*; *zoo kiag*; etc)
kiam, *v*. bother; trouble (L)
kiam txab, *adj*. emotional; sensitive; often cry; referring to a crybaby
kiav, *v*. 1. mistreat; abuse; 2. hurt; trouble; cause harm to (consonant change from *ciav*); -*n*. skin
kiav nqaij, *n*. meat cracklings
kiav plaub, *v*. fix a dispute
kiav roj, *n*. smoked fat meat (usually with skin); fried fat meat
kiav txhab, *n*. scab; open sore
kib, *v*. fry; -*n*. pendant
kig, *n*. referring to poison ivy (see *zaub kig*)
kim, *adj*. expensive; -*n*. given name for a boy
kis, *v*. spread (disease); infect; -*adj*. contagious; -*n*. 1. representative at a Hmong rituals; 2. niche; opportunity; 3. gap; space
kis mob, *v*. infect; contaminate
kis xauj pom, *n*. viewpoint; stance; position; perspective; opinion; standpoint; view
kis yooj yim, *adj*. infectious
kiv, *v*. turn; spin; swivel; -*n*. grandchild; grandchildren (tone change from *ki* such as *tub ki*); -*adj*. dizzy; woozy
kiv kiv, *adj*. dizzy; woozy; lightheaded
kiv ncig lees, *n*. vertigo; dizziness; -*v*. 1. spin round and round; 2. feel dizziness

kiv taub hau, *n.* vertigo; dizziness
kiv tshuab, *n.* helicopter (see *dav hlau kiv tshuab*)
ko, *n.* 1. handle; 2. rights; privileges [sl]; *-adv.* there (e.g. *tom ko*); *-pron.* you (tone change from *koj* as in *nyob ntawm ko*)
kob, *n.* paint; *-clf.* referring to rain or battle (e.g. *ib kob nag*)
kob huam, *adj.* 1. poor; poverty stricken; 2. good for nothing
kob suam, *n.* the name of a magical weapon Pa Kao Her, in mid-1970s, claimed to have it
kob xwb, *adj.* 1. skillful; handy; 2. educated
koj, *pron.* you; thou
koj tus kheej, *pron.* yourself; thyself
kom, *prep.* to (e.g. *koj hais kom kuv mus*); *-conj.* so (e.g. *yuav tau sib hlub kom lub teb chaws thiaj qhuas*); *-v.* cause; tell (e.g. *koj kom kuv ntaus*)
kom tswj, *n.* agenda
koo, *n.* 1. Kong; Kong clan; 2. given name for a boy or girl
koob, *n.* 1. needle; pin; 2. reputation; 3. given name for a boy; 4. paternal great grandparent; *-adj.* enough; sufficient; adequate
koob hmoo, *n.* luck; fortune; blessing
koob hmoov, *n.* 1. luck; fortune (tone change from *koob hmoo*); 2. given name for a boy
koob meej, *n.* 1. reputation; good name; popularity; 2. given name for a boy
koob mus yoj xov los nyog, *adj.* fair; reasonable
koob pheej, *adj.* fair; just; equal; *-n.* 1. fairness; 2. given name for a boy
koob tom ntawv, *n.* staple
koob yees duab, *n.* camera (please not that this *koob* is a Lao word, see *twj yees duab*)
koog, *n.* area; patch; *-adj.* referring to a loud noise or a major movement
kooj, *n.* grasshopper; locust
kooj tshuab, *n.* locust; a kind of grasshopper; green grasshopper
kooj txig, *n.* black locust
kooj ziag kab zaug, *n.* metaphor for the qeej and drum players at a funeral
koom, *v.* cooperate; collaborate; *-n.* 1. unity; cooperation; 2. given name for a boy
koom haum, *n.* organization; association
koom siab, *v.* unite; come together; join force; *-n.* unity; cooperation
koom tes, *v.* 1. unite; cooperate; 2. affiliate; *-n.* unity; cooperation
koos phis tawj, *n.* computer
koov, *adj.* curvy; bent
kos, *n.* 1. tripod for cooking; 2. given name for a boy; *-v.* scratch; draw
kos ceev ceev, *v.* sketch
kos mom, *n.* hat (vowel change from *kaus mom*)
kos mom cau pliaj, *n.* cap (vowel change from *kaus mom cau pliaj*)
kos tsawg tsuag, *v.* sketch
ko taus, *n.* axe handle
ko taw, *n.* foot
ko tw, *n.* tail
kov, *v.* 1. touch; 2. tamper
kov kam, *adj.* used to; accustomed to; *-adv.* always; *-n.* habit
kov kom, *v.* sleep (used to for small child)
kov yeej, *v.* overcome; conquer; prevail over; overpower; win
ku, *n.* 1. handle (M); 2. rights; privileges [sl]
kua, *n.* fluid; liquid
kuab, *n.* 1. poison; 2. substance; essence; basis; 3. value; importance
kuab lis fai, *v.* qualify; *-adj.* qualified
kuab tu hnyuv, *n.* 1. a poisonous plant found in Asia; 2. name of Kuatuknue Mihoko Xiong, younger daughter of Yuepheng L. and Shoua V. Xiong
kua ciab, *n.* gummy wax used as an adhesive
kua cwj mem, *n.* ink (also see *kua mem*)
kua dis, *n.* rice gruel
kua faj siv, *n.* pus; sanies; suppuration; body fluid
kuag, *adj.* 1. referring to some (see *ib kuag*); 2. poor (as in *maum kuag*)
kuam, *n.* 1. shaman's spiritual horns; split horn; 2. given name for a boy; *-v.* scrape
kua mem, *n.* ink
kua mis, *n.* milk
kuam neeb, *n.* 1. a pairs of shaman

tools made from animal horn; split horn; 2. given name for a boy
kua muag, *n.* tear
kua muag poob, *v.* shed tear; weep; wept
kua muag poob dawb vog, *adj.* tearful
kua nplaum, *n.* glue
kua ntxhai, *n.* rice water; rice liquid; whitish liquid washed off from rice
kua paug, *n.* secretion; pus
kua qaub, *n.* sour liquid
kuas, *adj.* varicolored (see *dev kuas*); dalmatian kind of color; *-prep.* to (e.g. *koj has kuas kuv moog*); *-conj.* so (e.g. *yuav tau sis hlub kuas lub teb chaws txaj le qhuas*); *-v.* cause; tell (e.g. *koj kuas kuv ntaus*)
kua si, *n.* secretion; pus
kua tshuaj, *n.* liquid medicine
kua txiv, *n.* juice
kua txob, *n.* hot pepper; chili
kua txob liab, *n.* red pepper
kua txob ntsuab, *n.* green pepper
kuav, *v.* 1. wash away; 2. force away; drive away
kua yig, *n.* secretion
kua zaub, *n.* soup; bouillon; gumbo
kub, *adj.* 1. hot; 2. serious; *-v.* burn; *-n.* 1. horn; 2. gold; 3. given name for a boy or girl
kub hnyiab, *v.* burn; singe; *-adj.* ablaze; afire
kub lub, *n.* opium pipe
kub nyab, *v.* burn; singe; *-adj.* ablaze; afire M)
kub nyug, *n.* 1. ox horn; 2. a kind of sour rain forest fruit; 3. a big glass of drink at a Hmong wedding (tone change from *kub nyuj*)
kub nyuj, *n.* 1. ox horn; 2. a kind of sour rain forest fruit; 3. a big glass of drink at a Hmong wedding
kub sab, *adj.* earnest; serious; committed; *-v.* thrill; excite; electrify; delight (M)
kub siab, *adj.* earnest; serious; committed; *-v.* thrill; excite; electrify; delight
kug, *adj.* 1. empty; bare; 2. poor; *-n.* wedding (M)
kuj, *adv.* also; as well; moreover
kuj cuab, *n.* country; home land
kuj yem, *n.* fan palm tree whose leaves were used to cover roof
kum, *n.* 1. rhinoceros; 2. given name for a boy
kum yees, *adj.* 1. enough; 2. satisfied
kum zaug, *n.* anteater; pangolin; scaly anteater
kus, *n.* wedding; marriage (M)
kuv, *pron.* I; me
kuv le, *adj.* my; *-n.* mine (M)
kuv li, *adj.* my; *-n.* mine
kuv tug kheej, *pron.* myself
kuv tus kheej, *pron.* myself
kwj, *n.* 1. valley; 2. stream; 3. gully
kwj deg, *n.* creek; stream; gully; rivulet; spillway; watercourse (tone change from *kwj de*j)
kwj dej, *n.* creek; stream; gully; rivulet; spillway; watercourse
kwj dleg, *n.* creek; stream; gully; rivulet; spillway; watercourse (tone change from *kwj dle*j) (M)
kwj haa, *n.* valley (tone change from *kwj hav*) (M)
kwj haa ti ti, *n.* ravine (M)
kwj ha, *n.* valley (tone change from *kwj hav*)
kwj ha ti ti, *n.* ravine
kwj hav, *n.* valley (tone change from *kwj hav*)
kwj hoob, *n.* trench; ditch; trough; dugout (*hoob* might be a Lao word)
kwm, *v.* cross; walk through a river; *-n.* 1. Kue; Kue clan; 2. given name for a boy
kws, *n.* 1. master; specialist; 2. corn (often used with *pob*); *-v.* recount; relate; recite; tell; *-adj.* which; that which (M)
kws cam hlau, *n.* welder
kws caws plaub hau, *n.* hairdresser
kws hais plaub, *n.* lawyer (also see *kws lij choj*)
kws ham hlau, *n.* welder
kws has plaub, *n.* lawyer (also see *kws lij choj*) (M)
kws hlau, *n.* blacksmith
kws hluav taws xob, *n.* electrician
kws hniav, *n.* dentist (also see *kws kho hniav*)
kws kho dej, *n.* plumber
kws kho hluav taws xob, *n.* electrician
kws kho hniav, *n.* dentist
kws kho mob, *n.* doctor

kws kho plawv, *n.* cardiologist
kws kho qhov muag, *n.* ophthalmologist
kws kho rooj tog, *n.* upholsterer
kws kho tsev, *n.* carpenter
kws kho tsheb, *n.* auto mechanic; mechanic
kws khu dej, *n.* plumber (M)
kws khu hluav tawg xob, *n.* electrician (M)
kws khu mob, *n.* doctor (M)
kws khu nav, *n.* dentist (M)
kws khu plawv, *n.* cardiologist (M)
kws khu qhov muag, *n.* ophthalmologist (M)
kws khu rooj tog, *n.* upholsterer (M)
kws khu tsev, *n.* carpenter (M)
kws khu tsheb, *n.* auto mechanic; mechanic (M)
kws lij choj, *n.* lawyer
kws luam ntawv, *n.* printer
kws mob, *n.* doctor (also see *kws kho mob*)
kws muab tshuaj, *n.* pharmacist
kws muab xov, *n.* 1. sleuth; 2. reporter
kws neeb, *n.* shaman
kws ntaus hlau, *n.* blacksmith
kws ntaus kub, *n.* goldsmith
kws ntaus ntawv, *n.* typist
kws ntaus nyiaj, *n.* silversmith
kws nyiag xov, *n.* spy; undercover agent
kws phais neeg, *n.* surgeon
kws phais tuab neeg, *n.* surgeon (M)
kws tov tshuaj, *n.* 1. pharmacist; 2. chemist
kws tshuaj, *n.* 1. doctor; 2. pharmacist
kws tu plaub, *n.* judge; justice
kws txav plaub, *n.* judge; justice (M)
kws txav plaub hau, *n.* barber (M)
kws txav rig tsho, *n.* tailor (M)
kws txav tsom qhov muag, *n.* optician (M)
kws txiav plaub, *n.* judge; justice
kws txiav plaub hau, *n.* barber
kws txiav ris tsho, *n.* tailor
kws txiav tsom qhov muag, *n.* optician
kws ua neeb, *n.* shaman
kws ua ntsug phoo, *n.* locksmith
kws ua tsev, *n.* carpenter; engineer
kws yees duab, *n.* photographer
kwv, *n.* younger brother; -*v.* carry
kwv chab, *n.* a kind of Hmong folksong
kwv huam, *n.* old times; old tales
kwv luag, *n.* companion; brotherhood; good friend
kwv tij, *n.* 1. brothers; brethren; 2. relative; cousin
kwv tij neej tsa, *n.* all relatives (blood relatives and relatives by marriage)
kwv txhiaj, *n.* folk song; traditional song (also see *khawv txhiaj*)
kwv txhiaj plees, *n.* courting songs; dating songs
kwv yees, *v.* guess; estimate; speculate; surmise

L

la, *n.* a temporary bed, one prepared on the floor (tone change from *lav*)
laag, *n.* 1. a measurement unit equaled to an ounce; 2. town; 3. given name for a girl or a boy; -*adj.* deaf (M)
laag luam, *n.* business; trade (M)
laag ntseg, *adj.* deaf (M)
laag zeb, *n.* a smooth surface of exposed rock (M)
laaj, *adv.* hardly; barely; -*adj.* cool; -*n.* 1. given name for a boy; 2. ridge; mountain ridge; -*v.* tie a cow or buffalo to a tree with a long rope in which it can feed itself with grass around the tree (M)
laaj kab, *n.* fence (M)
laaj lig, *n.* a term used in Hmong funeral ritual referring to knowledge (tone change from *laaj lim*) (M)
laaj lim, *n.* 1. philosophy; 2. wisdom; knowledge; 3. talent (often used with *tswv yim*); 4. Yuepheng Xiong's media name for Hmoob Moj Them Radio (M)
laaj lim nkawm txiv xaiv, *n.* the preacher and his colleague at a tradional Hmong funeral (M)
laaj lim tswv yim, *n.* knowledge; talent; experience; wisdom (M)
laaj muag, *adj.* cross-eyed; -*v.* peek; glance (M)
laaj muam, *adj.* cross-eyed; -*v.* peek; glance (tone change from *laj muag*) (M)
laaj roob, *n.* mountain ridge (M)

laaj sab, *v.* soothe; *-adj.* soothing with a cool feeling (M)
laaj thawj, *n.* reason; purpose; cause (M)
laaj xeeb, *n.* closing remark of a Hmong folk song; conclusion of a Hmong folk song (M)
laam, *adv.* 1. hopelessly; 2. jokingly; lightheartedly; 2. foolishly; 3. haphazardly; *-adj.* bright; glistening; glittering; clear (M)
laam fwj, *n.* bottle (also see *lam hwj*); clear glass bottle (M)
laas, *adv.* at once; immediately; *-v.* 1. put meat down in salt; to salt; 2. to weed the second time of a field; *-int.* exclamatory final interjection; *-adj.* castrated (see *las npua*); *-n.* consonant of Hmong Phahao script (M)
laas mees, *v.* ignore; neglect; snub (M)
laas npua, *n.* large castrated pig (M)
laas nplej, *v.* weed rice field (M)
laas ntsev, *v.* put salt on meat for preservation (M)
laas tshaav, *v.* to be shone by the sun; face the sun (M)
lab, *n.* 1. given name for a boy; 2. red (M); 3. monkey (M)
lag, *n.* 1. a measurement unit equaled to an ounce; 2. town; 3. given name for a girl or a boy; *-adj.* deaf
lag luam, *n.* business; trade
lag ntseg, *adj.* deaf
lag zeb, *n.* a smooth surface of exposed rock
laig, *v.* 1. eat (a term used to insult someone); 2. offer a sacrifice or food to the ancestral spirits
laig dab, *v.* offer food to the ancestral spirits
laij, *v.* 1. plow; 2. wander around aimlessly
laij av, *v.* plow the ground
laij liag, *v.* plow a paddy field (tone change from *laij liaj*)
laij liaj, *v.* plow a paddy field
laij teb, *v.* plow a dry farm
laim, *v.* 1. twitch; flutter; flicker; 2. throw away; cast away; cast aside; 3. scintillate
laim ntia, *v.* throw away without much thought; cast away carelessly
laim rhees, *v.* throw away carelessly
laiv, *adv.* post verbal intensifier used at the end of the sentence to express an upcoming happiness
laj, *adv.* hardly; barely; *-adj.* cool; *-n.* 1. given name for a boy; 2. ridge; mountain ridge; *-v.* tie a cow or buffalo to a tree with a long rope in which it can feed itself with grass around the tree
laj kab, *n.* fence
laj lig, *n.* a term used in Hmong funeral ritual referring to knowledge (tone change from *laj lim*)
laj lim, *n.* 1. philosophy; 2. wisdom; knowledge; 3. talent (often used with *tswv yim*); 4. Yuepheng Xiong's media name for Hmoob Moj Them Radio
laj lim nkawm txiv xaiv, *n.* the preacher and his colleague at a tradional Hmong funeral
laj lim tswv yim, *n.* knowledge; talent; experience; wisdom
Laj Lim Xyooj, *n.* Yuepheng Xiong's name used with Hmoob Moj Them Radio from 2006 to 2007
laj muag, *adj.* cross-eyed; *-v.* peek; glance
laj muam, *adj.* cross-eyed; *-v.* peek; glance (tone change from *laj muag*)
laj roob, *n.* mountain ridge
laj siab, *v.* soothe; *-adj.* soothing with a cool feeling
laj thawj, *n.* reason; purpose; cause
laj xeeb, *n.* closing remark of a Hmong folk song; conclusion of a Hmong folk song
lam, *adv.* 1. hopelessly; 2. jokingly; lightheartedly; 2. foolishly; 3. haphazardly; *-adj.* bright; glistening; glittering; clear
lam fwj, *n.* bottle (also see *lam hwj*); clear glass bottle
lam hwj, *n.* bottle (also see *lam fwj*); clear glass bottle
las, *adv.* at once; immediately; *-v.* 1. put meat down in salt; to salt; 2. to weed the second time of a field; *-int.* exclamatory final interjection; *-adj.* castrated (see *las npua*); *-n.* consonant of Hmong Phahao script
las mees, *v.* ignore; neglect; snub
las npua, *n.* large castrated pig
las nplej, *v.* weed rice field

las ntsev, *v.* put salt on meat for preservation
las tshav, *v.* to be shone by the sun; face the sun
lau, *n.* male bird and chicken; rooster; cock
laub, *int.* a particle used at the end of the sentence to express sadness or disappointment; *-v.* 1. push; force; 2. pour
laug, *v.* 1. stall; delay; sustain; defer; procrastinate; 2. waste; 3. move; slide through; *-n.* 1. left (tone change from *lauj*); 2. cross-stitch embroidery; 3. uncle; father's older brother (M)
laug tos, *v.* loiter; wait; linger; hang around
laug tshis, *n.* old male goat
laug yaj, *n.* ram
lauj, *n.* 1. Lor; Lo; a Hmong clan; 2. left; 3. given name for a boy; *-v.* 1. demolish; tear down; take apart; 2. set aside; put aside; 3. sabotage; ruin
lauj kaub, *n.* pan; pot (vowel change from *luaj kaub*)
lauj kaub rhaub dej, *n.* kettle (also see *qhws* and *luaj kaub rhaub dej*)
lauj ko taw, *v.* sabotage; ruin; destroy
lauj pwm, *n.* 1. carrot; 2. tuber
lauj vaub, *n.* curly hair; badly knotted hair; *-v.* run away [sl]
laum, *v.* 1. tickle; 2. strangle; 3. drill; bore; *-n.* 1. cockroach; roach; 2. drill
laum kib tshooj, *n.* centipede
lau qaib, *n.* rooster
laus, *adj.* 1. old; aged; elder; 2. low (referring to pitch); 3. senior
laus neeg, *n.* elder
laus pav, *n.* 1. businessman; 2. landlord (C)
lav, *v.* guarantee; bear responsibility for (L); *-n.* 1. a temporary bed (e.g. one prepared on the floor); 2. given name for a boy
lav ntxhias, *v.* guarantee willingly (*lav* is a Lao word)
law, *v.* follow, as one next to the other in a row (see *sib law*)
lawg, *n.* hail; hailstone; *-v.* collide; smash
lawj, *n.* 1. raised platform; 2. version; edition
lawj faj, *n.* sulphur (also see *leej faj* which is more commonly used)
lawj xeeb, *n.* martial art; kung fu
lawm, *adv.* 1. completely; fully; 2. completion particle; sign of completed action or past tense; *-v.* go; depart; leave
laws, *v.* peel; strip; *-prep.* over (e.g. *nco laws*); *-adv.* post verbal intensifier (e.g. *quaj laug laws*)
lawv, *v.* 1. follow; 2. chase; drive; 3. flush; 4. defecate; *-pron.* they
lawv plab, *v.* have a diarrhea; *-n.* diarrhea (also see *raws plab* and *thoj plab*)
lawv qab, *v.* follow; trail; trace
lawv tej, *pron.* others; other people; other persons
lawv tus kheej, *pron.* themselves
lee, *v.* aim
lee lee ntswg, *adj.* of a person whose bridge nose extends far up toward the forehead
leeb, *v.* ask for payment; collect; *-adv.* post verbal intensifier (e.g. *loj leeb*)
leeb nkaub, *n.* parakeet
leeg, *n.* 1. tendon; 2. vein; artery; 3. seam in clothing or sewing (see *leej leeg*); 4. person (tone change from *leej*)
leeg ntshav, *n.* blood vein
leej, *adj.* effective; *-adv.* 1. effectively; accurately (as in prediction); 2. possibly; *-n.* 1. line; 2. given name for a boy; 3. person; *-clf.* person
leej faj, *n.* sulfur
leej hlob, *n.* older one; older sibling
leej leeg, *n.* seam in clothing or sewing
leej muam, *n.* 1. sister (please note that *leej muam* is a Hmong way to address a young girl who is not blood related); 2. miss
leej nkaub, *n.* angel; spirit
leej ntxhais, *n.* girl; woman; lady
leej nus, *n.* brother (please note that *leej nus* is a Hmong way to address a young man who is not blood related)
leej tab leej zag, *n.* wife; spouse
leej tub, *n.* boy; man
leej twg, *pron.* who
leej twg li, *adj.* whose
leej twg li los xij, *pron.* whosever
leej twg los tau, *pron.* whoever
leej twg los xij, *pron.* whoever

leej yau, *n.* younger one; younger sibling
leem, *v.* 1. pave; 2. respect; observe (see *leem cai*); *-n.* soldiers
lees, *v.* 1. accept; 2. recognize; 3. admit; profess; acknowledge
lees paub, *v.* recognize; realize; admit; acknowledge
leg, *v.* take care; work on; do; handle; manage; operate
lem, *v.* 1. turn; steer; 2. twist; warp; 3. swerve
lev, *n.* mat; plaited bamboo mat
lev les, *n.* small reed flute
li, 1. particle used in combination with post verbal intensives, usually also bearing its meaning "like" or "as" (e.g. *kiag li, li ub li no, hlo li, li ntag*); 2. particle used after nouns or noun expression to indicate "pertaining to," "belonging to," "having connection with" (e.g. *kuv li; lawv li*); 3. particle used after verbs or verbal expressions to indicate "like," "as," "after the manner of" (e.g. *zoo li no, ua li no*)
liab, *n.* 1. red; 2. monkey; 3. given name for a boy
liab dawb muag lias, *n.* pink
liab doog, *n.* dark red
liab liab, *n.* bright red
liab npog muag, *n.* sloth; a kind of monkey
liab ploog, *n.* bright red
liab tseb, *n.* light red
liab twm hawj, *n.* a kind of Asian monkey
liab vog, *n.* speckled or figured red
liag, *n.* 1. sickle; 2. given name for a boy or girl
liaj, *n.* 1. paddy field; 2. falcon; gyrfalcon; *-v.* lock
liaj ia, *n.* 1. land; territory; 2. paddy field
liaj ia teb chaws, *n.* territory; country
liaj teb, *n.* farm
liam, *v.* accuse; blame; allege; *-adj.* 1. ruined; destroyed; 2. bare; empty
liam sim, *adj.* ruined; destroyed
liam txwv, *adj.* 1. hairless; bare; hairless spots; 2. empty; poor
lias, *adv.* 1. particle used to indicate a swift and energetic action (as in *pes lias*); 2. post verbal intensifier; 3. so; thus; hence (e.g. *koj hais li lias yuav li*; also see *los*)
lib, *v.* search; dig; *-n.* 1. rice paddy (HC); 2. given name for a girl
li cas, *adv.* how
li cas los puam chawj, *adj.* whatever
li cas los xij, *adj.* whatever
li ces, *adv.* then; so
lig, *adj.* late; tardy; *-n.* 1. spool; 2. given name for a girl
lig xov, *n.* roll of thread; roll of yarn; thread wound on a spool
lij, *v.* 1. drill; 2. penetrate; 3. press into; force through
lij choj, *n.* law
li ko, *adv.* so
lim, *adj.* exhausted; weary; tired; *-v.* 1. filter; strain; sift; 2. refine
lim hiam, *adj.* ferocious; cruel; fierce; bad; wicked
lim lim, *adj.* lassitude; weary; exhausted; tired
li ntawd, *adv.* then; so
li ntawm, *adv.* about; around
li qub, *adj.* usual; normal
lis, *v.* take care; handle; manage; operate; *-n.* 1. Lee; Ly; a Hmong clan; 2. given name for a boy or girl; 3. line (on fabric or cloth); *-adj.* responsible
liv, *v.* iron; iron clothe
liv khaub ncaws, *v.* iron clothe
liv nyug, *n.* brown fish-owl (often regarded as a bad omen); vulture
liv ris tsho, *v.* iron clothe (also see *liv khaub ncaws*)
lo, *v.* 1. stick; affix; glue; 2. join; 3. post; 4. seal; *-n.* mouthful (also see *los*)
lob, *v.* 1. grab; pull with the hand; take; 2. invite in; bring in
lob laig, *n.* cardinal; a kind of Asian bird similar to cardinal
log, *n.* wheel; tire; *-v.* bury; inter
log cam, *n.* chopping board; chopping block
log tsheb, *n.* tire; wheel (for car)
log tuag, *v.* bury a dead; inter a dead (also see *faus tuag*)
loj, *adj.* big; great; vast; *-n.* size
loj cuj, *v.* jail; imprison
loj hauj sim, *adj.* sizeable; sizable
loj leeb, *adj.* wild; homeless; *-v.* wander about; *-n.* wanderer;

homeless person
loj me, *n.* size
loj npab hle nrig, *adv.* violently; aggressively
loj siv nyog, *adj.* sizable; sizeable
loj xov, *adv.* altogether; all
lo lus, *n.* word; terminology; vocabulary
lom, *v.* 1. poison; 2. neutralize (the odor of food)
lom kaub, *n.* parrot
lom sab, *n.* a type of bird in Asia that can sing a very loud voice
lom txwm, *adv.* intentionally; purposely; deliberately; on purpose (also see *txhob txwm*)
lom vab vab, *adv.* loudly without much purpose; noisily
lom zem, *adj.* fun; gay; entertaining
lo nkaus, *v.* stick to
loo, *n.* crop (often used with *qoob* as in *ua qoob ua loo*); *-adv.* 1. carelessly; impolitely; rudely; offensively (e.g. *hais loo*; *mus loo*; etc); 2. post verbal intensifier
loob, *n.* 1. valley; plateau; 2. given name for a boy; *-adj.* deaf
loob tswb, *adj.* deaf
loog, *adj.* numb; insensitive; *-n.* 1. walled city; 2. courtyard; large fenced enclosure
looj, *v.* 1. put on; 2. black out (used with *hlias*); *-n.* 1. dragaon (C); 2. given name for a boy; *-adj.* unconscious
looj hlawv hlias, *v.* black out recurrently; *-n.* recurring unconsciousness
looj hlias, *v.* 1. black out; 2. become unconscious; 3. suddenly fall to sleep
looj koov, *v.* fuss; trouble; disturb; interrupt; *-adj.* fussy; hard to please
looj mem, *n.* feng shui; geomancy; good place to bury dead or build house (also see *mem toj*)
looj thawb, *n.* 1. bridle; 2. halter
loos, *v.* 1. add more intensity to; add more to it; 2. redo; fix it again; 3. unite with; form into one whole
los, *v.* 1. come; 2. bury; 3. flow; *-n.* mouthful (also see *lo*); *-part.* interrogative particle indicating “or,” or “or not” (e.g. *koj mus thiab los*?); *-adv.* so; thus; hence (often used with *ua li los*); *-adj.* number, as in order or rank (e.g. *los tuam, los lwm, los xab*)
los auv ncaug, *v.* slobber
los daus, *v.* sleet; rain with frozen rain
los dej, *v.* leak
los lawg, *v.* hail
los nag, *v.* rain
los npu, *v.* snow
los paus, *v.* fart
los pav, *n.* 1. business person; 2. employer; master; landlord (see *laus pav*)
los sis, *adv.* very; intensively; extremely; *-conj.* or
los te, *v.* frost
los thawj, *v.* come to stay with (without invitation)
Los Tsuas, *n.* 1. Laos; 2. Lao people
los txog, *v.* arrive
los txog rau tam sij no, *adv.* yet; hitherto; previously; before; until now; up till now; thus far; so far; until this time; *-prep.* until; awaiting; pending
los yuaj, *n.* large back teeth of horse
los zis, *v.* urinate
lov, *v.* break; *-adv.* is it so?
luab, *v.* 1. borrow on interest; 2. slip; slide aside
luag, *v.* 1. laugh; smile; 2. ridicule; scoff; snicker; snide; 3. pull; drag; *-n.* 1. companion; 2. the upper area of a field (see *luag teb*); *-adj.* other; others
luag hauj lwm, *n.* 1. task; job; 2. responsibility
luag ntxhi, *v.* smile; laugh quietly
luag nyav, *v.* smile politely
luag nyuj nyav, *v.* smile coolly; smile quietly
luag qaib, *n.* a kind of mushroom (tone change from *luaj qaib*)
luag tawg ntho, *v.* laugh out loud
luag teb, *n.* the upper area of a field
luag tej, *pron.* others; other people; other persons
luaj, *n.* 1. mud; dirt (as of *av luaj dag*); 2. size (e.g. *nws luaj li cas*); *-v.* clear (field); cut (weeds); slash
luaj kaub, *n.* pan; pot (*luaj* is mud or dirt)
luaj pua, *n.* land; territory

luaj pua teb chaws, *n.* country
luaj pwm, *n.* 1. carrot; 2. tuber (also see *lauj pwm*)
luaj qaib, *n.* a kind of mushroom
luaj teb, *v.* slash; clear the field; cut the weeds
luaj zaj luaj zus, *adv.* all the way through
luaj zus, *adv.* all the way through
luam, *v.* 1. run over; 2. swim; 3. slip; slide; 4. print; 5. copy; photocopy; 6. iron; *-n.* business; trade; *-adv.* restricted post verbal intensifier (e.g. *luj luam*)
luam ntawv, *v.* 1. copy; 2. print
luam ris tsho, *v.* iron (see *liv ris tsho*)
luam thuam, *adj.* 1. careless; reckless; irresponsible; 2. wasteful
luam yeeb, *n.* tobacco; cigarette
luas, *v.* peel; skin; strip; separate fat meat from the lean; *-adv.* non-restricted post verbal intensifier (e.g. *luj luas*; *nthuav luas*)
luav, *n.* 1. rabbit; 2. hare
lub, *clf.* referring to a round or three-dimension object; *-n.* a measure word for a round object. *-v.* chafe; annoy; bother; irritate
lub hau paus, *n.* 1. stronghold; 2. foundation; base
lub hauv paus, *n.* 1. stronghold; 2. foundation; base (tone change from *lub hau paus*)
lub lub, *adj.* 1. rough and uneven surface; 2. irritating
lub ntsiab, *n.* 1. purpose; 2. meaning; 3. gist
lug, *v.* 1. detour; 2. avoid; *-n.* given name for a girl; *-adv.* non-restricted post verbal intensifier (e.g. *lam lug*)
lug lug, *adj.* vague; unclear
lug nruag, *n.* 1. story; folktale; 2. secret message; sacred message
lug rug, *adj.* empty; *-n.* emptiness
luj, *v.* weigh; *-adj.* big (M); *-n.* 1. heel; 2. mongoose; weasel; 3. given name for a boy
luj khau, *n.* heel of a shoe
luj laws, *adv.* restricted post verbal intensifier indicating a mumble of complaint
luj loos, *adv.* restricted post verbal intensifier indicating a low, background noise that is hard to hear
luj luam, *adj.* struggling (description of the condition of a sick or dying person)
luj luas, *adv.* aimlessly; pointlessly; hopelessly; desperately
luj taws, *n.* heel of the foot
luj tshib, *n.* elbow
lus, *n.* 1. word; 2. speech
lus cog tseg, *n.* promise
lus cuav, *n.* gossip; hearsay; rumor; lie; propaganda
lus dag, *n.* lie; propaganda
lus dag ntxias, *n.* propaganda
lus dev, *n.* cursing words; filthy language
lus mos lus tuaj pos, *n.* hypocritical language; soft sounding but thorny meaning [sl]
lus nruag, *n.* 1. story; folktale; 2. secret message; sacred message
lus ntau heev, *adj.* wordy
lus ntxias, *n.* 1. propaganda; 2. persuasion
lus nug, *n.* question
lus paj, *n.* proverb
lus piv txwv, *n.* example; instance; adage
lus rov, *n.* 1. opposite; 2. a different way of speaking a language that could only be understood by those who learn it
lus saib tsis taus, *n.* sarcasm
lus sam, *n.* worthy message; the message of honor (*sam* comes from the word *sam xeeb*)
lus sib dhos, *n.* 1. rhyme; 2. poem
lus taum, *n.* a kind of Hmong folksong
lus teb, *n.* answer; reply; response
lus tso dag, *n.* joke; humor; satire
lus tua twm rau cab, *n.* sarcasm; satire
lus xaiv, *n.* rumor; slander
luv, *adj.* short; *-n.* 1. swiftlets; a kind of cave-dwelling black bird of Asia; 2. given name of a boy or girl
luv luv, *adj.* short; brief; concise; succinct; terse
lw, *n.* trail; path; vestige; trace; track; footprint
lwg, *n.* dew; *-v.* strip off
lwj, *v.* rot; decay; spoil; putrefy; *-adj.* rotten; decayed; *-n.* wind box; blacksmith bellows
lwj hlaus, *n.* blacksmith shop

lwj liam, *adv*. recklessly (often used with the word "ua" such as "ua lwj ua liam"); *-adj*. rotten; reckless; uncontrolled
lwj lwj, *adj*. putrid; rotten
lwj sab, *adj*. broken-hearted (M)
lwj siab, *adj*. broken-hearted
lwm, *adj*. another; next; *-v*. circle around (as an airplane); *-n*. 1. job; work; 2. given name for a boy
lwm qab, *n*. a tradition of the Hmong in which an elder swings a live chicken, preferably a rooster, in a circular motion over the heads of the new bride and her husband before she enters into his house, and this ceremony was done on the outside door of the husband's house (M)
lwm qaib, *n*. a tradition of the Hmong in which an elder swings a live chicken, preferably a rooster, in a circular motion over the heads of the new bride and her husband before she enters into his house, and this ceremony was done on the outside door of the husband's house
lwm sub, *n*. a tradition of the Hmong right before the new year in which an elder brushes all bad omens out of the house so the family can live happily with good health and prosperity
lws, *n*. 1. eggplant; 2. tomato
lws ntev, *n*. eggplant
lws suav, *n*. small tomato
lwv, *v*. compete; *-n*. given name for a boy

M

ma, *part*. a particle indicating a question (as in *puas zoo ma*?)
maab, *n*. 1. a nationality in Asia; 2. given name for a girl; 3. civet; racoon; raccoon; *-adj*. fat; chubby (M)
maag, *v*. receive; face (M)
maaj, *v*. hurry; *-adj*. 1. eager; 2. anxious; *-n*. 1. hemp; 2. a kind of tree commonly known as *ntoo maj*; *-part*. exclamatory final particle (M)
maaj maaj, *adj*. 1. eager; 2. anxious (M)
maaj mam, *adv*. slowly; gradually (M)
maam, *adv*. 1. then; 2. slowly (M)
maas, *n*. given name for a boy; *-part*. particle indicating a slight pause in speech (M)
maas phaab maas lis, *n*. nonsense; nonsense talk (referring to a talk that scatters all over) (M)
mab, *n*. 1. a nationality in Asia; 2. given name for a girl; 3. civet; racoon; raccoon; *-adj*. fat; chubby
mag, *v*. receive; face
maim, *v*. dodge; avoid; flinch; *-n*. given name for a boy
mais, *n*. 1. given name for a girl or boy; 2. mile
maiv, *n*. 1. girl; daughter; 2. given name for a girl
maj, *v*. hurry; *-adj*. 1. eager; 2. anxious; *-n*. 1. hemp; 2. a kind of tree commonly known as *ntoo maj*; *-part*. exclamatory final particle
maj maj, *adj*. 1. eager; 2. anxious
maj mam, *adv*. slowly; gradually
mam, *adv*. 1. then; 2. slowly
mas, *n*. given name for a boy; *-part*. particle indicating a slight pause in speech
mas phab mas lis, *n*. nonsense; nonsense talk (referring to a talk that scatters all over)
maub, *v*. grope; find one's way in the dark
maum, *adj*. female; *-n*. 1. girl; 2. given name for a girl
maum kaum, *n*. patio; deck; porch; an extended area next to the house; terrace; vestibule (vowel change from *mom kaum*)
maum kawv, *n*. a kind of wild animal in Asia
maum kuag, *n*. poor girl (used to insult or scold)
maum nkais, *n*. flirtatious girl; bad girl
maum npua, *n*. sow; female pig
maum theeb, *n*. sleep talking
me, *adj*. small; tiny; *-n*. 1. smallness; 2. given name for a boy or girl
meeg, *adv*. openly; publicly; visibly;

freely (see *tab meeg*)
meej, *adj*. 1. finished; emptied; 2. clear; comprehensible; -*n*. 1. reputation; name; 2. given name for a boy
meej hwm, *n*. census
meej mom, *n*. honor; privilege; reputation
meej pem, *adj*. 1.. clear; settled; 2. watchful; attentive; vigilant; 3. sane
meem, *v*. pave; fill; -*n*. 1. layer; 2. ten thousand (L)
meem txom, *adj*. annoying; irritating; waspish; -*v*. irritate; annoy
mej koob, *n*. go-between; negotiator for a marriage
mej loos, *n*. a Hmong suitcase; luggage
mej txwv, *n*. baited bird used to trap other birds
mej zeeg, *n*. go-between; negotiator for a marriage (M)
mem, *n*. 1. ink; 2. pen; 3. pulse (e.g. *mem tes*)
me me, *adj*. 1. tiny; small; petite; 2. trifling
mem kua, *n*. pen
mem hmoov sib, *n*. chalk
mem muj qus, *adj*. not clearly conscious
mem qhuav, *n*. pencil
mem tes, *n*. pulse
mem toj, *n*. feng shui; geomancy; good place to bury a dead or to build a house
me ntsis, *adj*. 1. some; 2. little; a little
me ntswb me ntsis, *adj*. 1. a little bit; 2. modest; 3. unspecified amount
me nyuam, *n*. small child; small children (please note that *nyuam* means child)
me nyuam dej, *n*. creek
me nyuam hluas, *n*. teenage; teens
me nyuam kawm ntawv, *n*. pupil; student (see *nyuam kawm ntawv*)
me nyuam miv, *n*. kitten
me nyuam mos, *n*. toddler; infant; tot; tyke
me nyuam ntsuag, *n*. orphan
me nyuam ntxaib, *n*. twins
me nyuam ntxhais, *n*. girl
me nyuam ntxhais coj li me nyuam tub, *n*. tomboy
me nyuam qav, *n*. tadpole
me nyuam roj hmab, *n*. doll
me nyuam tsaub, *n*. illegitimate child
me nyuam tub, *n*. lad; son
me nyuam yaus, *n*. children; tyke
mes, *n*. 1. a small species of honey bee; 2. sexual transmitted disease [sl]
mes es, *n*. goat (also see *tshis*)
me siab, *adj*. worried; concerned; abject
miaj loos, *n*. woven basket for storing clothing, etc. (also see *mej loos*)
mij, *n*. noodle
mim, *n*. 1. could be an accient Hmong word for rice; 2. given name for a girl
mis, *n*. 1. breast; 2. milk
Mis Haub Kaum Xyooj, *n*. Mihoko K. Xiong, second daughter of Yuepheng and Shoua V. Xiong
mis nyuj, *n*. milk (of cow); udder
mis nyuj khov (nkoog), *n*. ice cream
mis nyuj qhuav, *n*. dry milk powder
miv, *n*. cat
Miv Nas Xyooj, *n*. Mena Xiong, older daughter of Yuepheng L. and Shoua V. Xiong
mlig mlaug, *n*. a description of sound made by a tiger
mlig mlog, *n*. a description of sound made by a tiger
mlog, *n*. the sound made by a tiger when startled (see *mlig mlog*)
mlom, *n*. statue; idol; image
mloog, *v*. listen
mloog lus, *adj*. 1. obedient; compliant; 2. docile; submissive; quiet; passive
mluas, *adj*.1. remorse; 2. calm; 3. weak
mluav, *adj*. dented (M)
mob, *v*. hurt; -*adj*. sick; ill; -*n*. 1. pain; 2. illness; sickness
mob aws, *n*. newcastle disease in poultry; epidemic disease
mob hlwb, *adj*. 1. confused; puzzled; perplexed; 2. woozy; dizzy; lightheaded
mob hniav, *n*. toothache
mob ib ce, *n*. body pain (tone change from *cev*)
mob ib cev, *n*. body pain
mob kaas cees, *n*. sexually transmitted disease; STD (M)
mob kas cees, *n*. sexually transmitted disease; STD
mob laug, *n*. aging pain
mob muag lab, *n*. pinkeye;

conjunctivitis (M)
mob muag liab, *n.* pinkeye; conjunctivitis
mob nav, *n.* toothache (M)
mob nkeeg, *n.* sickness; illness
mob ntsws, *n.* tuberculosis
mob ntsws txham dej, *n.* pneumonia
mob ntsws txham dlej, *n.* pneumonia (M)
mob plaab, *n.* stomachache (M)
mob plaab kav txhaab, *n.* ulcer (M)
mob plaab to, *n.* ulcer (M)
mob plab, *n.* stomachache
mob plab kiav txhab, *n.* ulcer
mob plab to, *n.* ulcer
mob plawv, *n.* heart pain; artery pain
mob qaug dab peg, *n.* 1. epilepsy; 2. seizure
mob qej txha, *n.* rheumatism; pain of the joints
mob raum, *n.* kidney disease; kidney problem
mob ruas, *n.* leprosy; Hansen's disease
mob sab, *v.* commit; work hard; *-adj.* 1. concerned; worried; 2. hurt; offended; 3. committed; zealous; *-n.* hepatitis ; Hepatitis B (M)
mob siab, *v.* commit; work hard; *-adj.* 1. concerned; worried; 2. hurt; offended; 3. committed; zealous; *-n.* hepatitis ; Hepatitis B
mob taub hau, *n.* headache
mob txeeb zig, *n.* bladder stones which makes it hard to urinate
mob xeb, *n.* tetanus
mob uav, *n.* leprosy; Hansen's disease
mog, *part.* a completive particle used for gentle commands or admonitions and emphasis; *-adj.* 1. soft; 2. young; *-n.* 1. wheat; 2. given name for a girl; *-v.* 1. massage; 2. squash; squeeze; 3. rape
mog lab, *n.* toddler; infant; tot (M)
moj, (see *moj tuam*; *plhom moj*)
moj kuab, *n.* language (new term developed by the Chao Fa after 1960s)
moj sab, *n.* wilderness; remote area; country side
moj them, *n.* 1. unity; 2. the name of the Hmoob Moj Them Radio founded in 2006; *-v.* unite; unify
moj them nqag kab, *v.* unite to be one whole
moj tuam, *n.* braid; pigtail; queue; tress
moj yam, *n.* attitude; behavior; manner
moj zeej, *n.* 1. paper person; 2. straw man; scarecrow; 3. puppet
mom, *n.* hat; *-v.* overlook; ignore; neglect (as in *mom … txheej*)
mom kaum, *n.* porch; deck; an extended area next to the house
mom txheej, *v.* 1. forget; 2. ignore; disregard; disrespect; *-adj.* inappreciative; inappreciable; thankless
moo, *n.* 1. news; report; correspondence; 2. watch (L)
Moob, *n.* Mong; Hmong
Moob Dlawb, *n.* White Hmong
Moob Dlub, *n.* Black Hmong
Moob Lab, *n.* Red Hmong
Moob Leeg, *n.* Blue or Green Hmong (*Leeg* is most likely originated from the Chinese word *lan* for blue)
Moob Ntsuab, *n.* Green Hmong
Moob Paaj, *n.* Flowery Hmong
mooj, *v.* 1. deceive; trick; 2. possess; seize
moov, *v.* chew with the gums; eat without teeth
moo zoo, *n.* 1. good news; 2. missionary work
mos, *adj.* 1. soft; tender; 2. young; 3. fine; small; *-v.* 1. massage; 2. rub; 3. squash; squeeze; 4. rape; *-n.* 1. wheat; 2. fly; a kind of large and greenish fly (e.g. *mos ntsuab*); 3. given name for a girl; 4. mall; department stores
mos dab, *n.* horsefly
mos deev, *v.* rape
mos dleev, *v.* rape (M)
mos liab, *n.* toddler; infant; tot
mos lwj, *n.* deer
mos mos, *adv.* 1. softly; 2. kindly; courteously; *-adj.* soft; tender
mos ntsuab, *n.* fly; a kind of large and greenish fly
mos sias, *n.* a species of small black stinging insect
mos txwv, *n.* bullet; ammunition
mov, *n.* rice
mov kib, *n.* 1. pilaf; pilaff; 2. fried rice
mov kuam, *n.* corn meal
mov nplaum, *n.* glutinous rice; sticky

rice
mov ntshav, *n.* purple rice
mov txua, *n.* rice; non-sticky rice; regular rice
muab, *v.* 1. give; give with the hand; hand over; 2. take; take hold of; 3. harvest; 4. catch; arrest
muab cia, *v.* put away; set aside
muab hlob, *v.* look down upon; discriminate; ignore (the presence of other); *-adj.* arrogant; egotistical; self-centered; high-flown; highhanded
muab nplej, *v.* harvest rice
muab rau, *v.* give; give to
muab rov los, *v.* reclaim
muab rov qab, *v.* 1. revoke; 2. reclaim
muab saib hlob, *v.* respect; honor
muab saib qes, *v.* 1. belittle; look down upon; discriminate against; 2. undervalue
muab saib rau lub sam xeeb, *v.* honor; respect; put into the seat of honor
muab sib cais, *v.* sequester; separate
muab tau rov los, *v.* recover
muab txoj sia rau, *v.* enliven
muab ua ntuag, *v.* tear
muag, *v.* sell; vend; *-adj.* soft; supple; *-n.* face
muag liab, *n.* conjunctivitis; pinkeye
muaj, *v.* have; *-adj.* rich; wealthy
muaj ceem, *adj.* interesting; exciting; stimulating; motivating; hot
muaj chaw, *adj.* vacant; *-v.* have room; have space
muaj chaw txawb chaw rau, *adj.* 1. important; have good foundation; 2. valid; legitimate
muaj koob meej, *adj.* famous; popular; well known
muaj koob muaj npe, *adj.* famous, popular; well known
muaj kua, *adj.* succulent; juicy; luscious; sappy
muaj kuab, *adj.* eloquent; expressive; well-expressed; powerful; witty
muaj kua heev, *adj.* sappy; succulent; juicy; luscious
muaj laj thawj, *adj.* 1. eloquent; witty; expressive; 2. evidential; significant; important; factual; realistic; *-v.* have reason; have proof
muaj ntxoov ntxoo, *n.* shade; *-adj.* shady
muaj nuj nqis, *adj.* valuable; important; precious; worthy; priceless
uaj nyaj, *adj.* wealthy; rich; *-v.* have money; have silver (note that *nyaj* is silver and *txaj* is cash) (M)
muaj nyiaj, *adj.* wealthy; rich; *-v.* have money; have silver (note that *nyiaj* is silver and *txiaj* is cash)
muaj paus muaj ntsis, *adj.* legitimate; valid; *-v.* have foundation
muaj paus ntsis, *adj.* legitimate; valid; *-v.* have foundation
muaj peev, *v.* have money; have capital; *-adj.* rich; wealthy
muaj peev xwm, *adj.* able; capable; clever; talented; gifted; brave; courageous; valiant; *-v.* have ability
muaj plhus, *adj.* 1. thick-skinned; not easily offended; shameless; unashamed; brazen; blatant; barefaced
muaj quag, *adj.* orderly; *-adv.* 1. neatly; 2. systematically
muaj sab, *adj.* enthusiastic; excited; wholehearted; passionate; *-v.* thrill; electrify; delight; excite (M)
muaj siab, *adj.* enthusiastic; excited; wholehearted; passionate; *-v.* thrill; electrify; delight; excite
muaj tag, *adj.* true; truthful (M)
muaj tiag, *adj.* true; truthful
muaj tseeb, *adj.* truthful; real
muaj tswv yim, *adj.* perspicacious; smart; sharp; sapient
muaj txaj, *v.* have money; have cash (note that *txiaj* is cash and *nyiaj* is silver); *-adj.* rich; wealthy (M)
muaj txaus, *v.* suffice
muaj txiaj, *v.* have money; have cash (note that *txiaj* is cash and *nyiaj* is silver); *-adj.* rich; wealthy
muaj txuj ci, *adj.* skilled; experienced; capable; able
muaj xom lees, *adj.* 1. charismatic; charming; captivating; appealing; alluring; attractive; 2. piquant; 3. sexy
muaj zaaj, *v.* talk endlessly; talk continually so others could not get away (M)
muaj zaj, *v.* talk endlessly; talk continually so others could not get away

muaj zeem muag, *adj*. visionary; hopeful; *-v*. have vision; have hope
muaj zog, *adj*. strong; powerful
muaj zug, *adj*. strong; powerful (M)
muam, *n*. sister (as called by the brother or by a man)
muam npaws, *n*. female children of his mother's brothers and sisters and of his father's sisters
muas, *v*. buy; *-n*. 1. Moua; a Hmong clan; 2. horse; 3. given name for a boy
muas lwj, *n*. deer (also see *mos lwj*)
mub, *n*. 1. fleas; 2. given name for a boy
muj khem, *n*. notches in wood as means of communication
mum, *n*. a kind of tree in Asia (often used with *ntoo* or *ntoo maj*)
mus, *v*. go; depart
mus ko taw, *adj*. afoot; *-v*. walk; walk on foot
mus lawm, *v*. gone; has gone
mus qaij doj qaij de, *v*. toddle; totter
mus saib, *v*. visit; pay a visit
mus tsis yog kab, *v*. sidetrack
mus xyuas, *v*. visit; pay a visit
mus yuam kev, *v*. 1. sidetrack; 2. lose the way
muv, *n*. bee
muv doom, *n*. edible bee

N

na, *n*. rice sprout (HC; some areas of the Hmong Guizhou call rice sprout *ne*); *-part*. final interrogative particle (as in *ua cas ua li na*?)
naab, *n*. 1. snake; 2. serpent; 3. given name for a boy (M)
naab muaj taug, *n*. poisonous snake (M)
naab qaa dlev, *n*. salamander (M)
naab qaas tsav, *n*. small lizard; salamander (M)
naag, *n*. rain (M)
naag dlaj, *n*. 1. rainstorm; 2. Yellow Rains (chemical warefare which the Communist Lao have used to kill the Hmong Chao Fa since 1975) (M)
naag dlaus, *n*. sleet (M)
naag hmo, *n*. yesterday (M)
naag kis, *n*. the day after tomorrow (M)
naag nyo, *n*. rainbow (M)
naag tshauv, *n*. shower; drizzling rain; sprinkle (M)
naag tshaav ntuj, *n*. shower on a sunny day (M)
naag xub naag cua, *n*. thunderstorm; storm (M)
naam pes zog, *v*. menace; terrorize; threaten; intimidate (M)
naas, *n*. 1. mouse; 2. rodent; 3. rat; 4. squirrel (M)
naas cav, *n*. chipmunk; zebra squirrel (M)
nasa hooj twm, *n*. large, red-bellied squirrel (M)
naas kauv, *n*. a kind of ground squirrel (M)
naas kus, *n*. gopher; a type of ground squirrel (M)
naas ncuav, *n*. a type of squirrel in Asia (M)
naas nkais, *n*. a type of squirrel in Asia (M)
naas ntsooj, *n*. a type of squirrel in Asia (M)
naas tsau, *n*. flying squirrel (M)
naas tsuag, *n*. mouse; rodent (M)
naas txheeb, *n*. squirrel; gray squirrel (M)
nab, *n*. 1. snake; 2. serpent; 3. given name for a boy
nab muaj taug, *n*. poisonous snake
nab qas dev, *n*. salamander
nab qas tsiav, *n*. small lizard; salamander
nag, *n*. rain
nag daj, *n*. 1. rainstorm; 2. Yellow Rains (chemical warefare which the Communist Lao have used to kill the Hmong Chao Fa since 1975)
nag daus, *n*. sleet
nag hmo, *n*. yesterday
nag kis, *n*. the day after tomorrow
nag nyo, *n*. rainbow
nag tshauv, *n*. shower; drizzling rain; sprinkle
nag tshav ntuj, *n*. shower on a sunny day
nag xob nag cua, *n*. thunderstorm;

storm

naj, *part.* exclamatory particle; *-adj.* 1. every; 2. each; *-n.* year (C) (M)

naj nub nuav, *n.* nowadays; present time; these days (M)

nam, *v.* encroach; invade; trespass; intrude; *-n.* 1. mother; 2. magnificence; greatness (M)

nam dlej, *n.* big river; grand river; great river; mother river (M)

nam hlau, *n.* magnet (see *hlau nplaum*) (M)

nam hlob, *n.* 1. aunt; wife of father's older brother; 2. uncle's wife; father's older brother's wife; 3. first wife (corrupted from *nam luj*) (M)

nam hluas, *n.* 1. wife's younger sister (also see *ncaus*); 2. a lady's younger sister (M)

nam laug, *n.* 1. wife's older sister (also see *viv*); 2. a lady's older sister (M)

nam luj, *n.* first wife (M)

nam ndlav, *n.* prostitute; harlot; hooker; hustler; whore; strumpet (M)

Nam Ntawv, *n.* Shong Lue Yang who developed the Shong Lue or Phaj Hauj Script in 1959 in northern Vietnam and was assasinated in Laos by his fellow Hmong in 1971 (M)

Nam Ntuj, *n.* Chao Vang (Tshaus Vaaj) in Phou Xao area who mysteriously conceived a child that was not born for many years and became a very influencial messiah in 1919 to lead her followers to fight against the French and the Lao authorities for their unjust taxation (M)

nam ntxawm, *n.* 1. aunt; wife of father's younger brother; 2. sister in law (younger brother's wife) (M)

nam pug, *n.* mother in law (as called by the daughter in law) (M)

niam pug txiv yawg, *n.* parents of the husband (M)

nam puj, *n.* mother in law (as called by the daughter in law) (M)

nam qhuav, *n.* foster mother (M)

nam qhuav txiv qhuav, *n.* 1. sponsor; 2. foster parents (M)

nam tais, *n.* grandmother in law (M)

nam tais ntsuab, *n.* bridesmaid (M)

nam tij, *n.* sister in law (older brother's wife) (M)

nam tsev, *n.* housewife (M)

nam tub, *n.* mother and child (M)

nam txais tog txiv txais ntaa, *n.* spouses who remarried the second or third time (not married couple for the first time) (M)

nam txiv, *n.* 1. parents; 2. spouses (M)

nam ua mov, *n.* woman who prepares rice at a funeral; cook lady at a funeral (M)

nam yais, *n.* prelude to a Hmong folk song in Laos (possible tone and vowel changes from *nej yaig* meaning *you companion*)

nam yau, *n.* last wife; the newest wife (M)

nas, *n.* 1. mouse; 2. rodent; 3. rat; 4. squirrel

nas ciav, *n.* chipmunk; zebra squirrel

nas hooj twm, *n.* large, red-bellied squirrel

nas kauv, *n.* a kind of ground squirrel

nas kos, *n.* gopher; a type of ground squirrel

nas ncuav, *n.* a type of squirrel in Asia

nas nkais, *n.* a type of squirrel in Asia

nas ntsooj, *n.* a type of squirrel in Asia

nas tsau, *n.* flying squirrel

nas tsuag, *n.* mouse; rodent

nas txheeb, *n.* squirrel; gray squirrel

nau, *adj.* foolish; stupid

nawb, *part.* a particle used at the end of the sentence to express an expectation of an agreement

nawj, *part.* completive particle of emphasis

ncaab, *v.* 1. stretch; 2. straighten; *-adj.* talkative (see *ncauj ncab*) (M)

ncaab dluav, *v.* stretch the body (M)

ncaag, *n.* a kind of thorny tree used during the Hmong new year (see *pos ncag*) (M)

ncaaj, *adj.* 1. honest; truthful; 2. straight (M)

ncaaj nceeg, *adj.* honest; upright; righteous; sincere; *-n.* sincerity; honesty (M)

ncaaj nraim, *adv.* straight; directly (M)

ncaaj qhaa, *adv.* straightforwardly; directly (M)

ncaas, *n.* jew's harp; harp (M)
ncaav, *v.* 1. reach; reach out; 2. stretch the hand to reach out to something; 3. meet (the expectation) (M)
ncaav taw, *v.* 1. stand on the toes; 2. stretch up to reach something up high (M)
ncaav tawm, *v.* stretch; stretch out; reach out (M)
ncaav teg, *v.* reach out; extend the hands (M)
ncab, *v.* 1. stretch; 2. straighten; *-adj.* talkative (see *ncauj ncab*)
ncab duav, *v.* stretch the body
ncag, *n.* a kind of thorny tree used during the Hmong new year (see *pos ncag*)
ncaib, *n.* a kind of tree that its barb is used to make a potion to poison fishes
ncaig, *n.* coals; embers
ncaim, *v.* part; separate
ncaim nees, *n.* a young female horse that has not had a young one before
ncaim npoj, *v.* straggle; separate from the herd
ncaim toj, *n.* a kind of fruit bearing plant in Asia (also see *ncem toj*)
ncais, *n.* 1. forceps; tweezers; 2. small decorated pieces of the necklace
ncaj, *adj.* 1. honest; truthful; 2. straight
ncaj ncees, *adj.* honest; upright; righteous; sincere; *-n.* sincerity; honesty
ncaj nraim, *adv.* straight; directly
ncaj qha, *adv.* straightforwardly; directly
ncas, *n.* jew's harp; harp
ncau, *n.* rattan; bamboo fiber (used for tying); *-v.* branch; split; spread
ncau ceg, *v.* 1. put forth branches; 2. spread
ncaug, *n.* 1. mouth (tone change from *ncauj*); 2. a kind of plants in Asia
ncauj, *n.* 1. mouth; 2. mouth like opening; 3. voice
ncauj hlob, *adj.* big mouth; prone to talk; prone to curse
ncauj ke, *n.* 1. entrance to a road; way; 2. idea; suggestion; input
ncauj liab, *adj.* talkative
ncauj lus, *n.* topic; subject
ncauj ncab, *adj.* talkative
ncauj ntau, *adj.* talk too much; big mouth
ncauj tsiag, *n.* a wedding dowry (given in advance for the price of a cow to be slaughtered by her brother and offered to her during her funeral) (tone change from *ncauj tsiaj*)
ncauj tsiaj, *n.* a wedding dowry (given in advance for the price of a cow to be slaughtered by her brother and offered to her during her funeral)
ncaus, *n.* younger sister
ncav, *v.* 1. reach; reach out; 2. stretch the hand to reach out to something; 3. meet (the expectation)
ncav taw, *v.* 1. stand on the toes; 2. stretch up to reach something up high
ncav tawm, *v.* stretch; stretch out; reach out
ncav tes, *v.* reach out; extend the hands
ncawg, *v.* like (to hang around with)
ncaws, *v.* 1. kick; peck; 2. nod; 3. fall sleep; doze; nod the head in sleep; 4. dig the ground with a hoe; clear the ground of weeds; hoe; *-n.* clothing (see *khaub ncaws*)
ncaws hau, *v.* doze; nod the head in sleep or in agreement; dip the head
ncaws ncaws, *v.* doze; nod; fall sleep
ncaws nrawv nris, *v.* falling sleep; dozing; nodding off
ncaws nruj nris, *v.* falling sleep; dozing; nodding off
ncaws teb, *v.* digging farm field
nce, *v.* 1. climb; 2. raise; ascend; go up; 3. have sex with; make love to; *-adj.* vertical; perpendicular; upright
nceb, *n.* 1. mushroom; 2. vulva; vagina [sl]
nceb laug qaib, *n.* a kind of delicious ground mushroom (possible vowel change from *nceb luaj qaib*)
nceb luaj qaib, *n.* a kind of delicious ground mushroom
nceb mom lwm, *n.* a kind of tree mushroom with slippery and crunchy taste
nceb ntswm, *n.* a kind of tree mushroom
nceb txhais, *n.* a kind of mushroom grown on decaying log
nceb vaug, *n.* a kind of ground

mushroom
nceeg, *n.* 1. group; 2. troop
nceeg pua, *n.* company; 100 troops
nceeg txhiab, *n.* battalion; 1,000 troops
nceeg vam, *n.* division; 10,000 troops
nceev, *n.* a species of large hardwood tree
ncej, *n.* post; pole; pillar; frame; stake
ncej kaum, *n.* corner pole or pillar of the house
ncej puab, *n.* thigh; upper leg
ncej qab, *n.* thigh; upper leg
ncej ruv, *n.* 1. the main pillar of the house; 2. the pillars for the ridgepole
ncej tas, *n.* the main central pillar or pole of the house (very important spiritually)
ncej tse, *n.* 1. stilt; 2. stud (tone change from *ncej tsev*)
ncej tsev, *n.* 1. stilt; 2. stud
ncej txheem, *n.* stilt
ncej zeb, *n.* pillar
nce maum, *v.* mate
ncem ncua, *adj.* not yet fully grown (referring to a person)
ncem ncuas, *adj.* not yet fully grown (referring to a person)
ncem toj, *n.* a kind of fruit bearing plant in Asia (also see *ncaim toj*)
nce toj, *adj.* hilly (referring to a uphill slope); uphill
nce tsum, *v.* start eating; get ready to eat; eating
ncha, *v.* 1. spread; 2. travel; 3. sound (mostly in reference to reputation)
nchaa, *v.* 1. spread; 2. travel; 3. sound (mostly in reference to reputation) (M)
nchaa ntwg, *v.* spread abroad; become known (M)
nchaav, *adj.* vigorous; strong; forceful (M)
nchai, *n.* given name for a boy
nchaiv, *n.* given name for men (e.g. *Nchaiv Txoov Xyooj*)
ncha ntws, *v.* spread abroad; become known
nchauv, *n.* smoke
nchav, *adj.* vigorous; strong; forceful
nchawv nchias, *adv.* 1. smoothly, not fast (referring to running); 2. reluctantly
nchi, *v.* feel flatulent; *-n.* flatulence
nchias taw, *v.* tiptoe; walk on tiptoe (often used with *ua*); *-n.* tiptoe
nchi nchi, *adj.* feeling tense or nausea; flatulent
ncho, *v.* smoke
nchos, *v.* shake; jerk; jiggle
nchos plab, *v.* heal a stomachache by massaging
nchu, *v.* smoke (M)
nchuav, *v.* 1. pour out; 2. mold; sculpt; make; 3. miscarry; abort
nchuav cev, *v.* miscarry; abort
nchuav hlau, *v.* pour iron into mold; melt iron to mold
nchuav me nyuam, *v.* abort; miscarry
ncia, *v.* 1. sob; cry; weep; 2. choke with food
ncia mov, *v.* choke with food
ncig, *v.* 1. tour; wonder; 2. travel; 3. encircle; go around
nco, *v.* 1. miss; think of; 2. remember
nco ntsoov, *v.* 1. remember; keep in mind; bear in mind; memorize; 2. miss; think of; *-adj.* unforgettable; memorable
ncoo, *n.* pillow
ncooj, *v.* sleep closely with each other to keep warm; accompany
ncoos, *n.* pillow (tone change from *ncoo*; often used with *noob*)
nco qab, *v.* recognize; remember
nco qab ntsoov, *v.* remember well
ncos, *n.* drop; droplet; drip
nco tsev, *adj.* homesick
nco txiaj ntsim, *v.* appreciate; be thankful for
ncov, *n.* peak; mountain top; tip-top
ncu, *v.* 1. steam; cook by steam; 2. miss (M)
ncua, *n.* 1. distance; 2. a measurement of distance; 3. duration
ncuav, *n.* sticky cake; rice cake
ncuav nplej, *n.* rice cake
ncuav phom, *n.* soft cake
ncuav pias, *v.* slap; *-n.* a kind of Hmong cake made from millet
ncuav pob kws, *n.* corn cake
ncuj ncua, *adj.* 1. uncertain; wavering; not determined; indecisive; 2. not fully grown up or mature (referring to a person)
ncus, *v.* throb (referring to throbbing pain)

ncuv, *adv*. post verbal intensifier (see *dai ncuv*)
ncw, *adj*. fruitful; productive; abundant; plentiful
ncwb, *n*. a kind of small bird
ncwm, *v*. place a spell on someone; do harm to someone spiritually (as in voodoo)
ne, *n*. rice sprout (HC; some areas of the Hmong Guizhou call rice sprout *na*); *-part*. final interrogative and exclamatory particle
neb, *pron*. you (referring to two persons)
neeb, *n*. 1. shamanism; 2. given name for a boy or girl
neeb pob tawb, *n*. a kind of shamanism that uses a basket dressed in shirt with wooden head and hands
neeb poj qhe, *n*. a kind of Hmong shamanism that performed by the fire place
neeb txwv zeej txwv koob, *n*. shamanism of the ancestral spirits
neeb yaig, *n*. shamanism; spiritual healing
neeg, *n*. 1. human; person; people; 2. horse (M)
neeg ceev xwm, *n*. police officer; cop (also see *tub ceev xwm*)
nees dlaaj dlua, *n*. a kind of small animal with a yellow back (M)
neeg hais plaub, *n*. lawyer; attorney (also see *kws hais plaub*)
neeg has plaub, *n*. lawyer; attorney (also see *kws has plaub*) (M)
neeg hlau, *n*. robot
neeg hu dab, *n*. a glutton
neeg hu dlaab, *n*. a glutton (M)
neeg hu loj, *n*. a glutton
neeg kho mob, *n*. physician (also see *kws kho mob*); doctor
neeg kho tsheb, *n*. mechanic; auto mechanic
neeg khu mob, *n*. physician (also see *kws khu mob*); doctor (M)
neeg laus, *n*. 1. adult; 2. elder
neeg loj leeb, *n*. wanderer
neeg mob, *n*. patient; sick person
neeg ncig chaw, *n*. traveler; traveller; tourist
neeg ntxag noj, *n*. sycophant (M)
neeg ntxeev sab, *n*. traitor; turncoat (M)
neeg ntxeev siab, *n*. traitor; turncoat
neeg ntxias noj, *n*. sycophant
neeg nuv ntseg, *n*. angler; fisherman
neeg nuv ntses, *n*. angler; fisherman
neeg pab ua hauj lwm, *n*. 1. volunteer; 2. assistant
neeg phem, *n*. thug; mugger; gangster; bad person
neeg qa dlub, *n*. skinflint; miser; selfish person; tightwad (M)
neeg qas neeg, *n*. slob (M)
neeg qia dub, *n*. skinflint; miser; selfish person; tightwad
neeg qias neeg, *n*. slob
neeg qhia xov, *n*. informant; informer; whistle-blower
neeg sab dlawb, *n*. generous person; kind-hearted person (M)
neeg sab phem, *n*. sycophant; evil person (M)
neeg sab zoo, *n*. generous person; good person (M)
neeg siab dawb, *n*. generous person; kind-hearted person
neeg siab phem, *n*. sycophant; evil person
neeg siab zoo, *n*. generous person; good person
neeg sib cav, *n*. wrangler
neeg sib ceg, *n*. wrangler
neeg taug kev, *n*. pedestrian
neeg taug xaiv, *n*. tattletale
neeg teg, *n*. helper; worker; assistant
neeg tes, *n*. helper; worker; assistant
neeg thoj nam, *n*. refugee; immigrant
neeg thov khawv, *n*. mendicant; beggar; drifter
neeg toj sab, *n*. highlander (M)
neeg toj siab, *n*. highlander
neeg tsava nkoj, *n*. sailor (M)
neeg tsaav tsheb, *n*. driver; chauffeur (M)
neeg tsab ntsuag, *n*. hypocrite
neeg tsav nkoj, *n*. sailor
neeg tsav tsheb, *n*. driver; chauffeur
neeg tsis ncaaj, *n*. rogue; dishonest person (M)
neeg tsis ncaj, *n*. rogue; dishonest person
neeg tub nkeeg, *n*. lazy person; idle person
neeg tub nyag, *n*. thief; robber (M)
neeg tub nyiag, *n*. thief; robber

neeg tub sab, *n.* thief; killer
neeg tub saab, *n.* thief; killer (M)
neeg tu mob, *n.* nurse
neeg tu vaj tse, *n.* janitor; housekeeper
neeg twm xeeb, *n.* ignorant person; ego centrist; self-centered; narrow-minded person
neeg twm zeej, *n.* hermit
neeg txawv, *n.* stranger; outsider
neeg txawv teb chaws, *n.* foreigner; alien
neeg txhais lug, *n.* interpreter; translator
neeg txhais lus, *n.* interpreter; translator
neeg ua laj teb, *n.* farmer; peasant (also see *tub qoob tub loo*) (M)
neeg ua laj ua teb, *n.* farmer; peasant (also see *tub qoob tub loo*) (M)
neeg ua hauj lwm dawb, *n.* volunteer
neeg ua liaj teb, *n.* farmer; peasant (also see *tub qoob tub loo*)
neeg ua liaj ua teb, *n.* farmer; peasant (also see *tub qoob tub loo*)
neeg ua luam, *n.* trader; tradesman; businessman
neeg ua mov, *n.* cook
neeg ua qoob, *n.* tiller; farmer
neeg ua rog, *n.* soldier; warrior
neeg ua teb, *n.* tiller; farmer
neeg vuab tsuab, *n.* slob
neeg xaa khoom, *n.* delivery man (M)
neeg xaa ntawv, *n.* mailman (M)
neeg xaa xuv, *n.* messenger (M)
neeg xa khoom, *n.* delivery man
neeg xam txeem, *n.* ego centrist; self-centered; narrow-minded person
neeg xa ntawv, *n.* mailman
neeg xa xov, *n.* messenger
neeg xaws rooj tog, *n.* upholsterer
neeg yug yaaj, *n.* shepherd; shepherdess (M)
neeg yug yaj, *n.* shepherd; shepherdess
neeg zej zog, *n.* neighbor
neeg zej zos, *n.* neighbor
neeg zoo, *n.* good person; generous person
neeg zov khw, *n.* shopkeeper
neeg zov me nyuam, *n.* babysitter
neeg zov qhov rooj, *n.* guard
neeg zuv khw, *n.* shopkeeper (M)
neeg zuv miv nyuas, *n.* babysitter (M)
neeg zuv qhov rooj, *n.* guard (M)
neej, *n.* 1. life; 2. daughter in law (HC); 3. human (e.g. *yog neej los yog dab*; tone change from *neeg*); 4. prefix of a given name for a married man (e.g. *Neng Thong Lee*)
neej tsa, *n.* a man's relatives by marriage or a woman's blood relatives after she becomes married
nees, *n.* 1. horse; 2. stretcher to carry the dead; 3. a word used combination for numbers 20 to 29 (e.g. *nees nkaum*)
nees cua, *n.* 1. flying horse; 2. horse for the dead
nees daj dua, *n.* a kind of small animal with a yellow back
nees faj kav, *n.* yellow horse
nees huab, *n.* brown and white horse
nees kub hnyiab, *n.* dark horse, part black and brown
nees nkaum, *n.* twenty; 20
nees nkaum cuaj, *n.* twenty nine; 29
nees nkaum ib, *n.* twenty one; 21
nees nkaum ob, *n.* twenty two; 22
nees nkaum peb, *n.* twenty three; 23
nees txaij, *n.* zebra
nees txaij nees nraug, *n.* 1. zebra; stripped horse; 2. stretcher to carry the dead
nees txheeb, *n.* dappled horse
nees txov lawj, *n.* brown horse
nees ua rog, *n.* steed; fighter horse
nees vwb, *n.* black horse
nees xob, *n.* steed; stud
nees xob nees cua, *n.* 1. horse for the dead; 2. flying horse
nees zab, *n.* bicycle (see *tsheb kauj vab*)
nej, *pron.* you (more than two persons); *-part.* final interrogative and exclamatory particle
nej yaig, *n.* 1. you companion; 2. prelude to a Hmong folk song
nem, *part.* interrogative particle, which can be used at the beginning or at the end (e.g. *nem, koj saib ma*; *ua li ntawd lawm nem*)
nem nuv, *adv.* shockingly; confusedly; shamefully; surprisingly; *-adj.* confused; shocked; frozen
nev, *part.* interrogative particle, which can be used at the beginning or at the end (e.g. *nev, koj saib yog tsis yog*; *kuv twb hais ua ntej lawv nev*)

niab, a word used in combination with others to indicate a situation of chaos and violence (e.g. *ua ntxhov quav niab*)
niag, *clf.* a measure word used to sarcastically describe something of one's disliking; *-adj.* large; major; great
niaj, *adj.* 1. every; 2. each; *-n.* year (C)
niam, *n.* 1. mother; 2. magnificence; greatness
niam dej, *n.* big river; grand river; great river; mother river
niam hlau, *n.* magnet (see *hlau nplaum*)
niam hlob, *n.* 1. aunt; wife of father's older brother; 2. uncle's wife; father's older brother's wife; 3. first wife (corrupted from *niam loj*)
niam hluas, *n.* 1. wife's younger sister (also see *ncaus*); 2. a lady's younger sister
niam laus, *n.* 1. wife's older sister (also see *viv*); 2. a lady's older sister
niam loj, *n.* first wife
niam no, *n.* nowadays; present time; these days
Niam Ntawv, *n.* Shong Lue Yang who developed the Shong Lue or Phaj Hauj Script in 1959 in northern Vietnam and was assasinated in Laos by his fellow Hmong in 1971
niam ntiav, *n.* prostitute; harlot; hooker; hustler; whore; strumpet
Niam Ntuj, *n.* Chao Vang (Tshaus Vaaj) in Phou Xao area who mysteriously conceived a child that was not born for many years and became a very influencial messiah in 1919 to lead her followers to fight against the French and the Lao authorities for their unjust taxation
niam ntxawm, *n.* 1. aunt; wife of father's younger brother; 2. sister in law (younger brother's wife)
niam pog, *n.* mother in law (as called by the daughter in law)
niam pog txiv yawg, *n.* parents of the husband
niam qhuav, *n.* foster mother
niam qhuav txiv qhuav, *n.* 1. sponsor; 2. foster parents
niam tais, *n.* grandmother in law
niam tais ntsuab, *n.* bridesmaid
niam tij, *n.* sister in law (older brother's wife)
niam tsev, *n.* housewife
niam tub, *n.* mother and child
niam txais tog txiv txais nta, *n.* spouses who remarried the second or third time (not married couple for the first time)
niam txiv, *n.* 1. parents; 2. spouses
niam ua mov, *n.* woman who prepares rice at a funeral; cook lady at a funeral
niam yais, *n.* prelude to a Hmong folk song in Laos (possible tone and vowel changes from *nej yaig* meaning *you companion*)
niam yau, *n.* last wife; the newest wife
nias, *v.* 1. press down; press upon; 2. force; put pressure on; squelch
nias nkaus, *v.* press down
nias nrees, *v.* press down; put pressure against
nias ntho, *v.* force down (e.g. *tus tub ceev xwm nias ntho tus tub sab rau hauv av*)
nias ntiag, *v.* force down; press down completely; force to agree
nib toos, *n.* calendar (*nib toos* is a Hmong Chinese word)
nim, *part.* particle used before the verb to indicate immediacy of action
nim no, *adv.* these days; nowadays; now (also see *niam no*)
nim yais, *n.* prelude to a Hmong folk song in Laos (possible tone and vowel changes from *nej yaig* meaning *you companion*)
nka, *adj.* skinny; lean; thin
nkaaj, *n.* 1. indigo plant; indigo dye; tannin; 2. prefix of a given name for a man (e.g. Nkaaj Tswb) (M)
nkaa tawv, *adj.* skinny; lean; thin (M)
nkag, *v.* 1. crawl; 2. enter; access
nkag nplho, *v.* enter into; penetrate into
nkag sab, *v.* understand (see *to taub*) (M)
nkag siab, *v.* understand (see *to taub*)
nkais, *n.* 1. a kind of squirrel; 2. flirtatious person
nkaj, *n.* 1. indigo plant; indigo dye; tannin; 2. prefix of a given name for a man (e.g. Nkaj Tswb)
nka tawv, *adj.* skinny; lean; thin
nkaub, *n.* 1. yolk; 2. given name for a

boy
nkaub qes, *n.* egg yolk
nkaug, *v.* 1. spear; stab; 2. accuse; attack
nkauj, *n.* 1. female; 2. girl; 3. song; melody; 4. given name for a girl
nkauj ab nraug oo, *n.* legendary Hmong woman and man in folk stories, comparable to Eve and Adams (M)
nkauj dim, *n.* lady who was able to get out off her forced marriage
nkauj dlim, *n.* lady who was able to get out off her forced marriage (M)
nkauj fa, *n.* a married lady who runs away from her husband
nkauj faa, *n.* a married lady who runs away from her husband (M)
nkauj iab, *n.* a legendary Hmong woman (often used with *Nraug Oo*)
nkauj iab nraug oo, *n.* legendary Hmong woman and man in folk stories, comparable to Eve and Adams
nkauj muag cev, *n.* prostitute (see *niam ntiav*)
nkauj muag pag, *n.* prostitute (see *niam ntiav*)
nkauj npuas, *n.* young female pig (tone change from *nkauj npua*) (please note that *nkauj npuas* and *nkuaj npuas* are not the same meaning)
nkauj ntsuab, *n.* 1. a legendary Hmong woman; 2. a beauty pageant; 3. given name for a girl
nkauj ntsuab nraug naab, *n.* legendary Hmong woman and man in folk stories known for their love for their Hmong people and for leveling moutains for their people to live and farm (M)
nkauj ntsuab nraug nab, *n.* legendary Hmong woman and man in folk stories known for their love for their Hmong people and for leveling moutains for their people to live and farm
nkauj qab, *n.* pullet; young hen (M)
nkauj qaib, *n.* pullet; young hen
nkauj thim, *n.* married woman who was sent back to her family because her husband and his family could no longer accept her for various reasons such as adultery, laziness, etc
nkauj txhaav qab nraug txhaav noog, *n.* a term referred to an intimate relationship between lovers who were meant for each other; first time lovers (M)
nkauj txhav qaib nraug txhav noog, *n.* a term referred to an intimate relationship between lovers who were meant for each other; first time lovers
nkauj xwb, *n.* 1. unmarried woman; single woman; 2. virgin girl
nkaum, *v.* hide; seclude
nkaus, *adv.* post verbal intensifier, expressing extreme feeling (see *kawg nkaus*)
nkawg, *n.* 1. pair (tone change from *nkawm*); 2. wasp; small wasp (tone change from *nkawj* but often used with *taub* such as *taub nkawg*); *-v.* gossip; talk about (often used with *xaiv*; see *nkawg xaiv*)
nkawg xaiv, *v.* gossip
nkawj, *n.* wasp; small wasp
nkawj daj, *n.* yellow wasp
nkawj dlaaj, *n.* yellow wasp
nkawm, *clf.* pair; a set of two; *-n.* pair
nkawv, *pron.* they (referring to two people)
nkeeg, *adj.* tired; lazy; exhausted; lethargic
nkees, *adj.* 1. tired; lazy; lethargic; exhausted; tedious; wearisome; 2. weak
nkhaus, *n.* curve; *-adj.* 1. crooked; curvy; kink; 2. dishonest
nkhawb, *n.* soot; carbon
nkhib, *n.* crotch
nkhis, *n.* sound made from something hollow (often used with *nkhoos*; see *nkhis nkhoos*)
nkhis nkhoos, *n.* sound made from something hollow; *-adv.* restricted post verbal intensifier
nkhoob, *n.* sound of dog barking
nkhoos, *n.* sound made from something hollow
nki, *n.* light hit (referring to a light hit to someone)
nkiag, *n.* prefix of a given name for men
nkias, *n.* prefix of a given name for men (e.g. Nkias Leej Xyooj)

nkig, *adj*. 1. brittle; crisp; dry; sear; 2. high pitched (regarding voice); piercing voice
nkim, *v*. waste
nkim caij nyoog, *v*. waste time
nkim zog, *v*. waste of energy; be fruitless; -*adj*. fruitless; wasteful
nkog, *n*. boat; ship (tone change from *nkoj*)
nkoj, *n*. 1. boat; ship; vessel; 2. car (to Hmong Thai); -*v*. uproot; fall down; collapse; tumble; -*adj*. uprooted
nkoj caag, *adj*. uprooted; collapsed; tumbled (M)
nkoj cag, *adj*. uprooted; collapsed; tumbled
nkoj cua, *n*. 1. airplane; aircraft; 2. flying saucer
nkoj huab nkoj cua, *n*. flying saucer (a word known to the Hmong for a long time)
nkoj qab thu dej, *n*. submarine
nkoj tua rog, *n*. 1. gunboat; 2. naval ship; warship; 3. privateer
nkoog, *v*. congeal; coagulate; harden
nkoos, *adj*. hunched; deformed; arched (e.g. *khoov nkoos*)
nkoov, *adj*. 1. twisted; 2. clear (referring to voice)
nkos, *adj*. muddy
nkua, *n*. hit; a light hit with a stick; attack; -*adv*. restricted post verbal intensifier (e.g. *tib nkua*)
nkuaj, *n*. 1. stable; cage; enclosure; trap; 2. sound of something broken; -*adv*. restricted post verbal intensifier (e.g. *nrov nkuaj*)
nkuaj npuas, *n*. pig house (tone change from *nkuaj npua*) (please note that *nkauj npuas* and *nkuaj npuas* are not the same meaning)
nkuaj nyug, *n*. cow stable (tone change from *nkuaj nyuj*)
nkuav, *adv*. restricted post verbal intensifier (e.g. *nkig nkuav*); -*n*. a tough voice or language (e.g. *nrov nkuav*)
no, *adj*. cold; -*adv*. here; right here
nod, *adv*. here; right here
nog, *v*. 1. pack good; tie things up for transport; 2. forage; graze; -*n*. 1. orphan girl; 2. given name for a girl, especially an orphan girl
noj, *v*. 1. eat; 2. consume
noj hmo, *v*. eat dinner; eat supper
noj hno, *v*. eat food; eat rice (*hno* is an ancient Hmong word known mostly in folk songs and folk stories)
noj mov, *v*. eat; eat rice
noj nqaij, *v*. eat meat
noj nqaj, *v*. eat meat (M)
noj nyog, *adj*. edible
noj nyoog haus txag, *adj*. cruel; brutal; inhumane; merciless (M)
noj nyoos haus txias, *adj*. cruel; brutal; inhumane; merciless; pitiless
noj peb caug, *v*. 1. eat the new year feast; 2. celebrate the new year
noj qaab nyob zoo, *adj*. fine; healthy (M)
noj qab nyob zoo, *adj*. fine; healthy
noj su, *v*. east lunch (also see *noj sus*)
noj sus, *v*. eat lunch (tone change from *su*)
noj tsab, *v*. 1. celebrate the new year; 2. eat the new year feast (M)
noj tshais, *v*. eat breakfast; eat morning meal
noj tshoob, *v*. 1. eat the wedding feast; 2. attend a wedding; 3. have a wedding ceremony
noj tsiab, *v*. 1. celebrate the new year; 2. eat the new year feast
nom, *n*. official; officer; leader
nom tswv, *n*. 1. official; authority; leader; 2. government
noo, *adj*. damp; moist; wet; soggy
noob, *n*. 1. seed; grain; 2. posterity
noob hnav, *n*. sesame; sesame seed
noob ncoos, *n*. pillowcase (consonant and vowel changes from *hnab ncoo*)
noob neej, *n*. humankind; human race; humanity
noob qes, *n*. testicles; testis
noob qes thoob tshaj, *n*. inguinal hernia
noog, *n*. bird; -*v*. listen (M)
noog qej qawg, *n*. goose; geese (also see *noog yaj qawg*)
noog roov, *n*. hornbill; a species of large bird
noog txaug ntoo, *n*. woodpecker
noog yaj qawg, *n*. goose; geese (also see *noog qej qawg*)
noos, *n*. measurement of width with the distance between the end of the thumb and the end of the extended finger

noov, *n.* penis; phallus
nos, *n.* 1. orphan girl; 2. given name for a girl (orphan girl)
npab, *n.* arm
npag, *adj.* chubby; stout
npaj, *v.* prepare; provide; strive
npaj siab, *v.* prepare; plan; wish; hope; anticipate; expect; *-adj.* prepared; ready; anticipated
npam, *v.* curse; *-n.* curse; hex; spell
npau, *v.* boil; bubble up; seethe; *-adj.* angry; upset; seethe
npaub, *n.* given name for a girl (possible tone change from *npauj*)
npaug, *n.* 1. number of time; time; 2. multiplication
npauj, *n.* 1. moth; moth larva; 2. given name for a girl
npauj npaim, *n.* butterfly
npaum, *v.* equal; equal to; *-conj.* as much as
npau ntub, *n.* dream; wet dream; *-v.* have a dream; have a wet dream
npau suav, *v.* dream; *-n.* dream
npau taws, *adj.* upset; angry; mad
npav, *v.* bet; gamble; guarantee
npawg, *n.* cousin; father's sister's son
npawj, *adv.* description of a sound of hitting (e.g. *nrov npawj*)
npawm, *v.* shape; carve; chop
npaws, *v.* 1. break off; rip apart; 2. pinch; *-n.* fever; ague
npawv, *adj.* chubby; round; plump; fat; *-n.* given name for a boy
npe, *n.* 1. name; given name; 2. given name for a boy
npe cuav, *n.* alias; pseudonym; assumed name; pen name
npeeb, *adj.* ugly; unattractive
npeeb npeeb, *adj.* very ugly; unattractive
npeeg, *v.* miss (the target as in firing a gun); *-adv.* restricted post verbal intensifier describing the sound of flying (e.g. *nrov npeeg*)
npeev, *n.* given name for a boy
npe hluas, *n.* young name; given name at birth or traditionally three days after birth
npe laus, *n.* old name; old and married name (in the Hmong culture, when one is married and has children, he will be renamed with an "old name" such as Nhia Blia, Boua Chia, Lao Kong, Fai Her, etc)
npe phau, *n.* book title; name of the book
npe tseeb, *n.* real name
nphau, *v.* tip over; turn over
nphau nphwv, *adv.* turbulently; violently; stormily (mostly referring to water current)
nphau npog, *adj.* 1. frustrating; upsetting; 2. upside down (mostly referring to water current)
nphav, *v.* 1. knock or touch against accidentally; 2. interfere
nphaws, *adv.* 1. dramatically; noticeably; considerably; intensely; greatly (see *ntaug nphaws*); 2. restricted post verbal intensifier
npho, *adv.* 1. completely; 2. restricted post verbal intensifier (e.g. *cais npho*)
nphob, *adj.* soiled; musty; not bright; not colorful
nphoo, *v.* throw or scatter with the hand
nphoo ntxoj nphoo ntxuas, *adv.* confusingly; closely; densely; compactly; thickly; tightly
nphoov, *adv.* 1. referring to the sound of a fall (see *nrov nphoov*); boom; bang; 2. restricted post verbal intensifier
nphuab, *n.* a kind of thorn (see *pos nphuab*)
nphwv, *adv.* 1. turbulently; violently; stormily (often used with the word *nphau*); 2. restricted post verbal intensifier
npiaj, *adv.* referring to a sound (see *nrov npiaj*)
npias, *n.* beer
npib, *n.* 1. coin; 2. given name of a girl
npib liab, *n.* cent
npis, *n.* 1. cricket; 2. given name for a boy or girl
npla, *n.* prefix of a given name for a man (e.g. *Npla Txoov*)
nplai, *n.* scales (of fish or reptile)
nplaig, *n.* tongue
nplaim, *n.* 1. flame; 2. reed; 3. surface; 4. petal
nplaim dej, *n.* surface of the water
nplaim qeej, *n.* reed of a Hmong musical instrument known as *qeej*
nplaim raj, *n.* flute reed
nplaim taws, *n.* flame of fire

nplaim teeb, *n.* flame of lamp
nplais, *n.* section; piece; chips
nplais taws, *n.* wood chips
nplaj, *n.* prefix of a given name for a married man (e.g. *Nplaj Yob*)
nplaj hab, *n.* leech (M)
nplam, *v.* 1. lose; 2. ruin (M)
nplas, *adv.* disorderly; chaotically; uncontrollably (normally used with the word *plag*); *-n.* 1. a kind of fruit; 2. a kind of ring (*nplhaib kooj nplas*); 3. given name for a girl (M)
nplas taw, *adj.* crooked foot
nplav toj, *n.* slope; hilly slope of a mountain
nplaum, *v.* glue; stick; *-n.* 1. explosive; dynamite; 2. glue
nplaum nplaum, *adj.* sticky; muggy
nplaum nplaum nplua nplua, *n.* slime
nplawg, *n.* stroke; whip; blow; hit; lash (tone change from *nplawm*)
nplawg ntia, *adv.* simultaneously; collectively; jointly; together
nplawm, *v.* whip; beat; whack; *-n.* whip; stick; lash
nplaws, *adv.* 1. completely; entirely (see *npliag nplaws*, mostly referred to wetness); 2. restricted post verbal intensifier
npleem, *v.* 1. slip; trip; fall; slide; 2. hit lightly on the side but not a direct penetration (referring to shooting a game)
nplej, *n.* unhulled rice; rice
nplem, *n.* bread
nplem nplav, *adj.* gradual ascent (referring to slope); hilly
nplhaib, *n.* 1. ring; 2. boy given name
nplhib, *adv.* 1. openly; visibly (e.g. *cuab nplhib*); 2. restricted post verbal intensifier
nplhij nplhuj, *n.* sound of boiling or the like; *-adv.* restricted post verbal intensifier
nplho, *prep.* into (e.g. *nkag nplho* or *chaws nplho*)
nplhos, *v.* poke; stab; stick with a knife
npliag, *v.* 1. wet; soak; 2. enhance; improve; enrich; *-adj.* 1. wet; soaked; 2. trite; hackneyed; 3. fluent (in language); *-adv.* 1. smoothly; well; efficiently; precisely; accurately; 2. volubly
npliag nplaws, *adj.* soaked completely; wet completely
npliaj, *n.* prefix of a given name for a man (e.g. *Npliaj Tub*)
npliam, *n.* given name for a boy
nplias, *n.* 1. a king of ring (*nplhaib kooj nplias*); 2. a kind of fruit (see *txiv nplias*); 3. given name for a girl
nplij, *v.* comfort; console; *-n.* description of a sound of something like raindrop or footsteps (e.g. *nplij nploj*); *-adv.* restricted post verbal intensifier
nplij nploj, *n.* sound of raindrop, of footsteps, or the like; *-adv.* restricted post verbal intensifier
npliv nploov, *n.* sound of running water; *-adv.* restricted post verbal intensifier
nplo, *adj.* slightly used; slightly worn
Nplog, *n.* Lao; Lao people (*Nplog* was believed to orginate from a quick combination of *Npaj Laus*) (also see *Los Tsuas*)
Nplog teb, *n.* Laos
nploog, *n.* leaf (tone change from *nplooj*)
nplooj, *n.* 1. leaf; 2. given name for a boy
nplooj daj, *n.* 1. yellow leaf; 2. yellow pages
nplooj kuj yem, *n.* fan palm fronds
nplooj ntsws, *n.* lung
nplooj pus, *n.* shoulder blades
nplooj siab, *n.* 1. liver; 2. heart; 3. sweetheart
nplooj suab, *n.* 1. bengal; a kind of tiger; 2. a kind of plant
npooj tsawb, *n.* banana leaf
nploos, *n.* short-quilled porcupine
nploov, *n.* sound of running water (see *npliv nploov*); *-adv.* restricted post verbal intensifier
nplos, *n.* 1. socket; 2. asshole
nplua, *v.* fine; charge; penalize; impose a fine or penalty; *-adj.* slippery; slimy; *-n.* time; number of time (e.g. *ib nplua; ob nplua*); *-clf.* referring to rain or battle (e.g. *nplua rog*; also see *npluav*)
npluag, *n.* 1. chaff; 2. tissue
npluag nplej, *n.* rice chaff
nplua mias, *adj.* plenty; ample; abundant; *-adv.* amply; sufficiently;

adequately; abundantly; satisfactorily
nplua nplua, *adj*. slimy; slippery
nplua nuj, *adj*. rich; wealthy
npluas, *n*. water leech
npluav, *v*. force; push; slam against; strike against; *-clf*. referring to rain or battle (e.g. *npluav rog*; also see *nplua*)
npo, *v*. 1. rescue; 2. pick out; lift out; 3. restrain; hold back; *-adv*. completely
npog, *v*. 1. cover up; 2. close; *-n*. evil omen; evil sign
npoj, *n*. flock; herd; group
npoj npaim, *n*. butterfly (vowel change from *npauj npaim*)
npoj yaig, *n*. colleague; associate; comrade
npoj yaig kwv luag, *n*. colleague; associate; comrade; companion
npoo, *n*. 1. edge; 2. brim; rim; 3. top; 4. surface
npoog, *v*. 1. fill the hole; put dirt over; 2. cover; cover up; conceal; hide
npoo nkoj, *n*. gunwale
npoos, *n*. bomb
npos, *adj*. moist; shadowy; shady
npu, *n*. 1. snow; 2. referring to snow (see *daus xib daus npu*); *-v*. (M) 1. rescue; 2. pick out; lift out; 3. restrain; hold back
npua, *n*. pig; *-v*. wear (such as a apron); wrap around the body
npuab, *prep*. beside; next to; nearby; alongside; *-v*. 1. follow; go along; 2. place (something) onto; wrap (something) on; 3. attach to
npuag, *n*. 1. a serious infection; blood poisoning; 2. given name for a married man (e.g. *Npuag Txhiaj*); 3. expensive clothing; finery (see *ntaub tsuj ntaub npuag*)
npuaj, *v*. slap; hit with the hand
npuaj teg, *v*. applaud; clap (tone change from *npuaj tes*)
npuas, *n*. bubbles; foam
npuas ncauj, *n*. froth (at the mouth); foam
npuav, *v*. play with something in the mouth; keep in the mouth; chew on non-food such as a stick or marble
npub, *adj*. 1. dull; not sharp; blunt; 2. stupid; dumb
npug, *n*. 1. one of the six reed pipes of a Hmong qeej (see *ntiv npug*); 2. bad omen; evil sign (M); *-v*. cover; cover up; conceal; hide (M)
npuj, *v*. hammer; pound; batter
npuj npaim, *n*. butterfly (vowel change from *npauj npaim*)
Npus Das, *n*. Buddha; Buddhism
npwg, *n*. act of drowning (often used with *am*; see *am npwg*)
npws, *v*. offer sacrifice, money and foods to the spiritual ancestor (see *laig*)
npwv, *n*. boiled water; hot water
nqa, *v*. 1. carry; take; bring; 2. lift
nqaa hlo, *v*. 1. lift quickly; 2. take away (M)
nqaaj, *n*. beam; rail; girder (M)
nqaaj qaum, *n*. spine; spinal column; backbone (M)
nqaaj roob, *n*. reef; ridge; mountain ridge (M)
nqaaj ru, *n*. ridgepole (also see *nqaaj ruv*) (M)
nqaaj ruv, *n*. ridgepole of the house (M)
nqaaj tse, *n*. house beam (tone change from *nqaaj tsev*) (M)
nqaaj tsev, *n*. house beam (M)
nqa hlo, *v*. 1. lift quickly; 2. take away
nqag, *n*. 1. group; bunch; band; 2. sound of music instrument or the like (see *nqag ntxhias*)
nqag ntxhias, *adv*. harmoniously; musically; melodiously
nqaig, *n*. meat; flesh (tone change from *nqaij*)
nqaij, *n*. meat; flesh
nqaij dawb xeeb kas, *n*. innocent person being wrongfully accused or set up [sl]
nqaij hau xyaw zaub, *n*. stew
nqaij hav dej, *n*. seafood
nqaij hav zoov, *n*. wild meat
nqaij laim, *n*. tic
nqaij me nyuam nyuj, *n*. veal
nqaij mos lwj, *n*. venison
nqaij nas, *n*. squirrel meat
nqaij noog, *n*. bird meat
nqaij npua, *n*. pork
nqaij npuas, *n*. pork (tone change from *nqaij npua*)
nqaij nruab nrag, *n*. wild meat
nqaij ntses, *n*. fish

nqaij ntshiv, *n.* lean meat
nqaij nyug, *n.* beef; steak; (tone change from *nqaij nyuj*)
nqaij nyuj, *n.* beef; steak (also see *nqaij nyug*)
nqaij nyuj mos, *n.* veal
nqaij pos, *n.* can meat; pickled meat
nqaij qaib, *n.* chicken
nqaij rog, *n.* fatty meat
nqaij sawb, *n.* one rib of smoke meat; smoke meat
nqaim, *adj.* narrow
nqaj, *n.* meat (M)
nqaj dlawb xeeb kaas, *n.* innocent person being wrongfully accused or set up [sl] (M)
nqaj haav dlej, *n.* seafood (M)
nqaj haav zoov, *n.* wild meat (M)
nqaj hau xyaw zaub, *n.* stew (M)
nqaj laim, *n.* tic (M)
nqaj miv nyuam nyuj, *n.* veal (M)
nqaj mos lwj, *n.* venison (M)
nqaj naas, *n.* squirrel meat (M)
nqaj noog, *n.* bird meat (M)
nqaj npua, *n.* pork (M)
nqaj npuas, *n.* pork (tone change from *nqaj npua*) (M)
nqaj nqug, *adv.* referring to noise of speech happened at the same time (see *ua nqaj ua nqug*); restricted post verbal intensifier
nqaj nruab nraag, *n.* wild meat (M)
nqaj ntseg, *n.* fish (M)
nqaj ntshiv, *n.* lean meat (M)
nqaj nyug, *n.* beef; steak; (tone change from *nqaj nyuj*) (M)
nqaj nyuj, *n.* beef; steak (also see *nqaj nyug*) (M)
nqaj nyuj mog, *n.* veal (M)
nqaj pos, *n.* can meat; pickled meat (M)
nqaj qab, *n.* chicken (M)
nqaj qaum, *n.* spine; spinal column; backbone
nqaj rog, *n.* fatty meat (M)
nqaj roob, *n.* reef; ridge; mountain ridge
nqaj sawb, *n.* one rib of smoke meat; smoke meat (M)
nqaj ru, *n.* ridgepole (also see *nqaj ruv*)
nqaj ruv, *n.* ridgepole of the house
nqaj tse, *n.* house beam (tone change from *nqaj tsev*)
nqaj tsev, *n.* house beam
nqawm, *v.* heal; mend; close; *-adj.* healed; mended
nqaws, *n.* a word related to clothing (see *nqaws awv* and *nqaws tiab*)
nqaws awv, *n.* shirt; something related to a shirt
nqaws tiab, *n.* skirt; something related to a skirt
nqaws tsho, *n.* shirt; something related to a shirt
nqe, *n.* debt; expense; liability; loan; *-v.* hook
nqee, *v.* cradle in one's arms; fondle an infant in one's arms
nqeeb, *n.* 1. thatch; long tough grass used to make roofing; 2. given name for a girl
nqeg, *v.* wane; diminish; fade; abate; reduce; decrease (also see *nqig*); *-n.* the waning of the moon; the dates in the second half of the lunar month
nqe lauj, *n.* hook; hanger
nqes, *v.* 1. step out; deplane; 2. descend; 3. reduce; *-n.* 1. debt; expense (tone change from *nqe*); 2. one half of a Hmong poetic couplet
nqes hav, *adj.* hilly (referring to a down slope); downhill
nqes hlias, *adj.* gradual descent (also see *nqes lias*)
nqes lias, *adj.* gradual descent (also see *nqes hlias*)
nqes tes, *v.* act; take action; initiate; begin; start
nqe tsev, *n.* 1. rent; 2. mortgage
nqe tsheb, *n.* auto loan; car payment
nqha, *adj.* 1. clear; 2. empty
nqhis, *v.* 1. crave; desire; want; need; long for; 2. thirst; 3. hunger
nqhis dej, *adj.* thirsty; *-v.* want to drink
nqhis mov, *adj.* hungry; *-v.* want to eat
nqho, *adv.* loudly (see *nthe nqho*); restricted post verbal intensifier
nqhuab, *v.* dry up (as a stream or pond); *-adj.* 1. land-dwelling; terrestrial; dry land (e.g. *nruab nqhuab*); 2. empty
nqi, *n.* value; worth; cost; price; rate (notice that *nqe* is often used instead)
nqia, *adj.* thin; small
nqi dav hlau, *n.* airfare
nqig, *v.* wane; diminish; fade; abate;

reduce; decrease (also see *nqeg*); *-n.* the waning of the moon; the dates in the second half of the lunar month
nqi kawm ntawv, *n.* tuition
nqi ntawv, *n.* tuition
nqis, *n.* value; worth; cost; price; rate (tone change from *nqi*) (notice that *nqes* is often used instead)
nqi tsev, *n.* rent; rent payment
nqi tsheb, *n.* bus fare
nqi xa, *n.* postage; freight; shipping charge
nqi xaa, *n.* postage; freight; shipping charge (M)
nqi xaa khoom, *n.* postage; freight; shipping charge (M)
nqi xaa ntawv, *n.* postage (M)
nqi xa khoom, *n.* postage; freight; shipping charge
nqi xa ntawv, *n.* postage
nqob, *n.* the part of the rice stalk just under the head
nqog, *v.* swallow (M)
nqos, *v.* 1. swallow; 2. swig; 3. swill; *-n.* weaving shuttle
nqos cos, *n.* crossbeam of the rice pounder
nqos ua lwj ua liam, *v.* swig; swill
nqos vias, *n.* locust (see *kab nqos vias*)
nqov, *v.* bellow; roar; low; *-n.* noise from bull
nqu, *v.* cough (M)
nqua, *v.* call upon; invite
nquab, *n.* 1. dove; pigeon; 2. given name for a boy
nquag, *adj.* 1. energetic; active; not lazy; zealous; 2. better; improved; recovered; recuperate (referring to illness); *-v.* recover (referring to getting well from an illness)
nqua hu, *v.* 1. invite; call upon; 2. encourage; 3. rally
nquam, *v.* 1. command; direct; order; 2. row (a canoe); 3. dance; 4. celebrate
nquam paj nquam nruas, *n.* 1. dance; 2. performance; 3. celebration; 4. fiesta
nquam toj, *v.* celebrate festival
nqug, *v.* pull (M); *-adv.* 1. joyfully; cheerily (see *ua nqaj ua nqug*); 2. noisily; loudly
nqus, *v.* 1. suck; sip; 2. vacuum; 3. inhale; 4. absorb; draw in; attract to; 5. pump
nqus qaj, *v.* snore (also see *ua qaj*)
nqus tsev, *v.* vacuum; vacuum the house
nqws, *v.* 1. atrophy; waste away; 2. wear off; level up
nra, *n.* baggage; load; *-adj.* full (as full moon)
nraa, *n.* baggage; load; *-adj.* full (as full moon) (M)
nraab, *n.* half; average (M)
nraag, *n.* plain; field (M)
nraag ntej, *n.* in the past; *-adv.* previously; earlier; before (M)
nraag qaab, *prep.* below; *-n.* rear; back (M)
nraag qaab ke, *n.* downhill side of the trail (M)
nraag tej, *prep.* down there; on the lower side (M)
nraaj, *n.* pheasant; *-v.* do batik; make batik (M)
nraaj tab, *v.* do batik (M)
nraa neeg, *n.* horse pack saddle (M)
nraas, *n.* 1. baggage; load (tone change from *nra*); 2. plane; flat field; grassland; meadow; prairie; lea (M)
nrab, *n.* half; average
nrad, *adv.* there
nrag, *n.* plain; field (tone change from *nras*)
nraim, *v.* hide; avoid; *-adv.* constantly; frequently; regularly; often; strictly; firmly; *-adj.* isolated
nraim nkoos, *adv.* furtively; secretly
nraj, *n.* pheasant; *-v.* do batik; make batik
nraj tiab, *v.* do batik
nram, *prep.* down; *-adv.* downward; downhill
nram ntej, *n.* in the past; *-adv.* previously; earlier; before
nram qab, *prep.* below; *-n.* rear; back
nram qab ke, *n.* downhill side of the trail
nram tej, *prep.* down there; on the lower side
nra nees, *n.* horse pack saddle
nras, *n.* 1. baggage; load (tone change from *nra*); 2. plane; flat field; grassland; meadow; prairie; lea
nrau, *v.* 1. bump; hit; knock; 2. dig; 3. fight (e.g. bulls fighting)

nraub qaum, *n.* back (vowel change from *nruab qaum*)
nraud, *n.* outside (tone change from *nraum*); *-adj.* external (see *nraum)*; *-prep.* without
nraug, *n.* man; boy; pertaining to man; male
nraug fav, *n.* a husband who is never home but often fools around
nraug ntsuag, *n.* orphan boy
nraug oo, *n.* 1. name of a Hmong legendary hero in folk stories; 2. given name for a boy; 3. name of Dao Ong Xiong
Nraug Oo Xyooj, *n.* Dao Ong Xiong, third son of Yuepheng and Shoua Xiong
nraug vauv, *n.* bridegroom; groom
nraug xwb, *n.* 1. bachelor; unmarried man; 2. virgin man
nraug zeeg muag, *adj.* dizzy; woozy; lightheaded; *-v.* have an illusion (possible vowel and tone change from *nros zeeg muag*)
nrauj, *v.* divorce
nraum, *n.* outside (see *nraud*); out of the door; *-adj.* external (see *nraud)*
nraum zoov, *n.* outside
nraus, *n.* three days from today (e.g. *puag nraus*); *-v.* fight; bull fight (e.g. *sib nraus* (tone change from *sib nrau*)
nrauv, *n.* outside (tone change from *nraum*); *-adj.* external (see *nraum)*; *-prep.* without (also see *nraud*)
nrawg, *adj.* equal; same (often used with *sib* or *nroos*; see *sib nrawg*; *nrawg nroos*)
nrawg nroos, *adj.* equal; same (often use with the word *sib*); *-adv.* equally
nrawj, *n.* sound of something snapping or walking (often used with *nrij*; see *nrij nrawj*); *-adv.* restricted post verbal intensifier
nrawm, *adv.* quickly; speedily; fast; zippy; *-adj.* quick; fast; swift
nrawm nrawm, *adv.* presto; *-adj.* fast
nrawm nroos, *adv.* quickly; speedily
nrawv nris, *adv.* restricted post verbal intensifier describing a swinging, nodding, up and down motion such as a see saw motion
nrawv nroos, *adv.* steadily; progressively
nre, *n.* pleat; fold
nreeg, *n.* aerial tree root
nreeg taum, *n.* bean or pea poles; stakes for beans
nreej, *n.* large flat flanging root structures at the base of a tree
nrees, *adv.* securely (e.g. *kaw nrees*); firmly
nres, *v.* 1. stop; pause; succumb; 2. stand; 3. backup; support; bear; vouch
nres zog, *v.* pause or stop briefly
nre tab, *n.* pleat of skirt (M)
nre tiab, *n.* pleat of skirt
nrhab, *v.* stretch; spread; *-n.* bur, prickly seed pods that cling on clothing
nrhau, *n.* ribs (of an umbrella or of a back basket); *-v.* put forth roots; sprout
nrhau cag, *v.* sprout; put forth roots
nrhav, *n.* a species of thorny tree; *-v.* search or look (M)
nrhawj, *n.* sound of rope tearing (see *nrhij nrhawj*); *-adv.* restricted post verbal intensifier
nrhee, *n.* 1. a kind of bird similar to a pheasant; 2. given name of a girl; 3. name of a legendary girl in Hmong folk story
nrhia, *v.* make embroidery; make *paj ntaub*
nrhiav, *v.* 1. search; 2. look
nrhiav tau rov los, *v.* recover
nrhij nrhawj, *n.* sound of several strands tearing
nrho, *adv.* 1. completely; 2. restricted post verbal intensifier (e.g. *tag nhro*)
nrhoob, *n.* puttee; leggings; leg wrappings
nrhuj nrheev, *adv.* 1. slowly; 2. aimlessly
nriaj, *v.* 1. pull apart with force; 2. struggle for breath or for life; *-adv.* non-restricted post verbal intensifier (e.g. *ua nruj nriaj*)
nriaj nrees, *adv.* 1. firmly; stiffly; awkwardly; laboriously; 2. restricted post verbal intensifier
nriav lus, *n.* plain speech
nrib, *v.* crack; fracture; *-adj.* cracked; opened slightly
nrib pleb, *v.* crack; fracture; *-adj.* cracked; opened slightly

nrig, *n.* fist; -*v.* walk with a cane; -*adv.* brightly; clearly
nrig nphau, *n.* rolling over; somersault
nrij nrawj, *n.* sound of something snapping or walking; -*adv.* restricted post verbal intensifier
nrim, *n.* 1. boundary; border; 2. territory; land
nrim chaw, *n.* boundary; border
nrim teb chaws, *n.* boundary; border
nro, *adj.* murky; muddy
nrob, *n.* breast or chest (of birds)
nrob qaum, *n.* back (tone change from *nruab qaum*)
nrog, *adv.*1. with; 2. include; -*v.* 1. accompany; 2. cooperate; 3. drip; drop; -*prep.* from; -*n.* inside; interior (see *nruab nrog*)
nrog ris, *v.* appreciate; remember; -*n.* underpants; underwear (*nrog* comes from *nruab nrog* meaning inside)
nrog tsho, -*n.* undershirt; T-shirt (*nrog* comes from *nruab nrog* meaning inside)
nrog tu siab, *v.* sympathize; pity; feel sorry for; empathize
nrog zig, *adj.* running down; oozing out (referring to liquid)
nroj, *n.* weed; vegetation
nroj tsuag, *n.* vegetation; plants
nroo, *v.* groan; moan; complain; grumble
nroog, *n.* city
nrooj, *adv.* restricted post verbal intensifier (see *ceev nrooj*)
nroo nroo, *v.* groan; moan; complain; grumble
nroo ntws, *adv.* noisily; loudly
nroos, *adv.* restricted post verbal intensifier (see *nrawv nroos* or *nrawm nroos*)
nros, *v.* 1. weaken; become weaker; 2. feel remorse; feel sorry for; -*n.* remorse; regret; sorrow; guilt; shame
nrov, *adj.* 1. noisy; loud; 2. popular; famous
nrov hnyev, *n.* whimpering
nrov lis loos, *n.* undefinable sound; indefinable sound
nrov nkhas, *n.* sound of hitting a gong
nrov nkhis nkhoos, *n.* sound of hitting a wall or a hollow tree
nrov nkuaj, *n.* sound of breaking something brittle
nrov nkuav, *n.* sound of heated argument
nrov npawj, *n.* noise of hitting something flying or hitting skin; -*adv.* restricted post verbal intensifier
nrov npawv, *n.* 1. noise of hitting something flying or hitting skin; 2. voice of opposition; -*adv.* restricted post verbal intensifier
nrov nphoov, *n.* sound of a blow or bang
nrov npiaj, *n.* sound of slapping
nrov nplij, *n.* sound of baby pulling off the nipple or of a miss fire
nrov nploj, *n.* sound of falling into water or into mud
nrov nrawj, *n.* sound of hitting something hard
nrov nreev, *n.* sound of hitting on metal
nrov nrhawj, *n.* sound of a rope tearing
nrov nrhij nrhawj, *n.* sound of several strands tearing
nrov nroo ntws, *n.* loud droning noise; sound of a great crowd moving
nrov nruj nrawj, *n.* sound of chopping
nrov nthuj nthav, *n.* sound of weaving on a loom
nrov ntwg, *n.* sound of a great crowd moving
nrov pag, *n.* sound of gunfire
nrov plig plawg, *n.* sound of bird flying away (as in panic); -*adv.* restricted post verbal intensifier
nrov plig plog, *n.* sound of swimming and water splashing; -*adv.* restricted post verbal intensifier
nrov plij plej, *n.* 1. sound of gun fire; 2. sound of wild fire; -*adv.* restricted post verbal intensifier
nrov plij ploj, *n.* 1. sound of gun fire; 2. sound of wild fire; -*adv.* restricted post verbal intensifier
nrov pliv ploov, *n.* sound of water splashing; -*adv.* restricted post verbal intensifier
nrov ploom, *n.* sound of object dropping something into water
nrov poog, *n.* sound of falling or dropping something to the ground

nrov qij qawj, *n.* sound of knuckles cracking
nrov quaj qees, *n.* a great resounding noise
nrov rhij rhuaj, *n.* sound of dry leaves crackling
nrov tawg ntho, *n.* sound of something bursting; sound of a heated argument
nrov tsij tsuaj, *n.* 1. sound of walking in wet area; 2. sound of killing with swords; *-adv.* restricted post verbal intensifier
nru, *n.* 1. uvula; glottis; 2. tonsil
nrua, *n.* static (see *ua nrua*); background noise; unclear noise
nruab, *v.* insert; put; *-n.* mat; flattened out bamboo; *-prep.* within; inside
nruab deg, *n.* on the water; in the midst of the water (tone change from *nruab dej*)
nruab dej, *n.* on the water; in the midst of the water
nruab hli, *n.* a period of one month after giving birth; within the month
nruab hlis, *n.* a period of one month after giving birth (tone change from *nruab hli*)
nruab hmo, *n.* nighttime (also see *nruab hmo ntuj*)
nruab hmo ntuj, *n.* nighttime
nruab hnub, *n.* daytime
nruab nqhuab, *n.* on land; dry land; *-adj.* terrestrial; land-dwelling
nruab nrab, *n.* middle; center; midst
nruab nrag, *adj.* wild (as wild game); *-n.* wilderness (tone change from *nruab nras*)
nruab nrog, *n.* inside; *-adj.* internal
nruab ntug, *n.* sky; above the cloud (tone change from *nruab ntuj*)
nruab ntuj, *n.* sky; within the sky
nruab plawv, *n.* heart; within the heart
nruab qaum, *n.* back
nruab rau, *v.* 1. implant; 2. install
nruab roob, *n.* mountain; mountain area
nruab siab, *n.* heart; within the heart; heart area
nruab thiab, *n.* unborn stage; within the womb
nruab tiag, *n.* lowland area; flat area; plain area (tone change from *nruab tiaj*)
nruab tiaj, *n.* lowland area; flat area; plain area
nruab ze, *n.* relative (see *txheeb ze*)
nruab zog, *n.* village; village area
nruag, *n.* 1. drum (M); 2. given name for a boy or girl (M)
nruam, *v.* 1. harvest or reap with a small curved instrument called "vuv"; 2. omit; skip over; leave out
nruam sim, *v.* die; pass away
nruas, *n.* 1. drum; tambourine; timpani; 2. given name for a boy or girl
nruas neeb, *n.* shaman gong; spirit gong
nruas tuag, *n.* funeral drum
nruas yug, *n.* funeral drum that is owned by someone
nrug, *v.* separate; disconnect
nruj, *adj.* 1. taut; tight; tense; 2. rigid; strict; stringent; relentless; 3. swollen; puffy; inflated
nruj nrawj, *n.* sound of chopping; *-adv.* restricted post verbal intensifier
nruj nrees, *adj.* tight; very tight
nruj nriaj, *adj.* dying; near death; struggling for breath or for life; *-adv.* restricted post verbal intensifier (e.g. *ua nruj nriaj*)
nruj nris, *adv.* constantly; continually; regularly; recurrently; repeatedly; frequently
nruj tsiv, *adj.* tough; aggressive; authoritative
nrwb, *v.* search; look for
nrwb nraim, *adv.* 1. neatly; 2. continually; *-v.* search constantly
nrwg, *adj.* slack; baggy; sagging; loose; *-n.* something hanging loosely
nrws, *v.* pick; clean (by using something like a rod)
nta, *v.* 1. defend; back up; support; 2. pull a bow; set a spring or trigger; 3. turn on; *-adj.* middle; center; *-n.* 1. middle; center; 2. one half of a vertical measurement; 3. lath; prod (see *nta hneev*)
ntaa, *v.* 1. defend; back up; support; 2. pull a bow; set a spring or trigger; 3. turn on; *-adj.* middle; center; *-n.* 1. middle; center; 2. one half of a vertical measurement; 3. lath; prod (see *nta hneev*) (M)
ntaab, *v.* 1. float; 2. glance off; ricochet; *-n.* 1. a species of honey

bee; 2. loose fold of skin hanging below the neck of a cattle; *-adj.* afloat (M)

ntaag, *adv.* used either as a single word or more commonly in the combination as an unrestricted post verbal intensifier; *-n.* sword (tone change from *ntaj*); *-v.* cut with the sword (M)

ntaaj, *n.* 1. sword; saber; 2. given name for a boy (M)

ntaa neev, *n.* lath; prod (M)

ntaa npuj, *n.* a trap for animals consisting of a sharp spear of bamboo (M)

ntaas, *n.* a carrying pole; shoulder pole; *-v.* ripple; swell; undulate (M)

ntab, *v.* 1. float; 2. glance off; ricochet; 3. drive away; kick out; force away; evict (M); *-n.* 1. a species of honey bee; 2. loose fold of skin hanging below the neck of a cattle; *-adj.* afloat

ntag, *adv.* used either as a single word or more commonly in the combination as an unrestricted post verbal intensifier; *-n.* sword (tone change from *ntaj*); *-v.* cut with the sword

nta hneev, *n.* lath; prod

ntais, *v.* break; *-adj.* broken; *-n.* lighter; *-adv.* restricted post verbal intensifier as in *ploj ntais*

ntais ntawv, *n.* match; matches

ntais ntuj, *adj.* unkind; mean; cruel; brutal; merciless; wicked

ntaiv, *adj.* hot (as heat coming from a fireplace); *-n.* 1. ladder; 2. stair

ntaiv nce laj kab, *n.* stile

ntaj, *n.* 1. sword; saber; 2. given name for a boy

nta npuj, *n.* a trap for animals consisting of a sharp spear of bamboo

ntas, *n.* a carrying pole; shoulder pole; *v.* ripple; swell; undulate

ntau, *n.* a lot; many; plenty

ntaub, *n.* 1. fabric; cloth; 2. given name for a boy or girl

ntaub kaab, *n.* silk; silk fabric (M)

ntaub kab, *n.* silk; silk fabric

ntaub lis loos, *n.* nylon fabric

ntaub maaj, *n.* gunny; hemp fabric (M)

ntaub maj, *n.* gunny; hemp fabric

ntaub npog ncauj, *n.* a piece of fabric used to cover the face or mouth of the deceased

ntaub npog ntsej muag, *n.* veil

ntaub npog taub hau, *n.* veil

ntaub npog tuag, *n.* shroud

ntaub npug ncauj, *n.* a piece of fabric used to cover the face or mouth of the deceased (M)

ntaub npug ntsej muag, *n.* veil (M)

ntaub npug taub hau, *n.* veil (M)

ntaub npug tuag, *n.* shroud (M)

ntaub nqug djej, *n.* sponge (M)

ntaub nqus dej, *n.* sponge

ntaub ntawv, *n.* 1. education; 2. document; 3. written language; script

ntaub pog laus, *n.* a kind of black fabric

ntaub pua rooj, *n.* tablecloth

ntaub pua tsev, *n.* carpet

ntaub pua txaj, *n.* bedspread; ticking

ntaub pug laug, *n.* a kind of black fabric (M)

ntaub qhov rais, *n.* curtain

ntaub so dej, *n.* towel (also see *phuam da dej*); sponge

ntaub so dlej, *n.* towel (also see *phuam da dej*); sponge (M)

ntaub so ntswg, *n.* kleenex; tissue

ntaub so tais diav, *n.* dishtowel

ntaub so tais dlav, *n.* dishtowel (M)

ntaub so taw, *n.* rug

ntaub so teg, *n.* napkin; paper towel

ntaub so tes, *n.* napkin; paper towel

ntaub tiv naag, *n.* tarpaulin; canvas; waterproofed canvas (M)

ntaub tiv nag, *n.* tarpaulin; canvas; waterproofed canvas

ntaub tsuj ntaub npuag, *n.* expensive clothing; finery

ntaub xo, *n.* fabric; textile; cloth (tone change from *ntaub xov*)

ntaub xov, *n.* fabric; textile; cloth

ntaub xu, *n.* fabric; textile; cloth (tone change from *ntaub xuv*) (M)

ntau dlua, *adv.* more (M)

ntau dua, *adv.* more

ntaug, *adj.* soft; silky; slippery; *-v.* 1. pound; stamp with the foot; 2. decrease in intensity; weaken; soften in strength

ntaug nphaws, *v.* 1. reduce greatly; decrease dramatically; 2. weaken; soften

ntaug taw, *v.* stamp the feet
ntau heev, *adj.* abundant
ntau ntau, *adv.* sufficiently; amply; adequately; abundantly
ntaus, *v.* 1. hit; beat; strike; fight; swat; thresh; thrash; whack; whale; 2. imprint; mark; 3. play (an instrument)
ntaus cuam, *v.* battle; wage war; combat
ntaus dej, *v.* draw water from a well
ntaus dlej, *v.* draw water from a well (M)
ntaus hlau, *v.* beat or forge iron or steel; make tools
ntaus hom thawj, *v.* make a mark of identification
ntaus nplej, *v.* thresh rice
ntaus nqi, *v.* 1. value; appraise; assess; 2. conclude; regard; consider; 3. suspect
ntaus ntawv, *v.* type
ntaus ntxwm mem, *v.* kick with both hind legs (often referred to horse kicks)
ntaus thawj, *v.* lead (the way); guide; pioneer
ntaus xov, *v.* convey; send a message
ntaus xuv, *v.* convey; send a message (M)
ntaus yeem, *v.* stamp or mark with a seal
ntav, *n.* one half of a vertical measurement
nta vos, *adv.* description of loud, echoing sound
ntawd, *adv.* there
ntawg, *v.* 1. divine concerning the dead; negotiate with the dead; 2. offer to the dead
ntawg ntiag, *adv.* 1. quickly; shortly; suddenly; abruptly; unexpectedly; 2. restricted post verbal intensifier
ntawm, *prep.* 1. for; 2. about; 3. via; 4. at; in
ntawm ko, *adv.* right there
ntawm no, *adv.* right here
ntaws, *n.* 1. belly button; 2. knot
ntaws ntiv, *n.* belly button; tummy button; navel; umbilicus (also see *puj ntaws* or *pooj ntaws*)
ntawv, *n.* 1. paper; 2. book; 3. given name for a boy
ntawv ci, *n.* tinfoil
ntawv hlaa nrim, *n.* passport (M)
ntawv hla nrim, *n.* passport
ntawv nkaag nrim, *n.* visa (M)
ntawv nkag nrim, *n.* visa
ntawv nplaum, *n.* sticker; label
ntawv nyeem, *n.* book; book to read
ntawv pov thawj, *n.* affidavit
ntawv qhwv, *n.* wrapper
ntawv saib, *n.* book; book to read
ntawv sau, *n.* notebook; book to write with
ntawv so dej, *n.* paper towel
ntawv so dlej, *n.* paper towel (M)
ntawv so ntswg, *n.* kleenex
ntawv so qhov ncauj, *n.* napkin
ntawv so qhov ntswg, *n.* kleenex; tissue paper
ntawv so teg, *n.* napkin; paper towel
ntawv so tes, *n.* napkin; paper towel
ntawv xov xwm, *n.* newspaper
ntawv xuv xwm, *n.* newspaper (M)
nte, *v.* get warm by a fire; set by the fireplace
nteeg, *n.* funeral; death ceremony (M)
nteeg pluj nteeg tuag, *n.* funeral; death ceremony (M)
ntees, *n.* funeral; death ceremony
ntees ploj ntees tuag, *n.* funeral; death ceremony
nteg, *v.* 1. lay egg; 2. catch; arrest (M)
nteg qe, *v.* lay egg
ntem ntauv, *adv.* 1. lukewarm; 2. restricted post verbal intensifier (used with the word *sov*)
ntes, *v.* 1. arrest; 2. catch; 3. capture
ntev, *adj.* 1. long; extensive; lengthy; 2. patient
ntha, *n.* waist (referring to the height to the waist)
nthab, *n.* attic used for storage
nthav, *adv.* 1. all the way down; completely at the bottom; 2. restricted post verbal intensifier (e.g. *poob nthav*)
nthaw, *v.* sprout (from the ground)
nthaws, *adv.* restricted post verbal intensifier (e.g. *rog nthaws*)
nthawv, *v.* 1. push up; press against; 2. hump
nthe, *v.* shout; yell
nthee, *v.* fry (egg); scramble
nthe nqho, *v.* yell loudly; shout loudly; speak loudly
nthe tawg ntho, *v.* yell loudly; shout loudly

nthi, *adv*. 1. surely; certainly; 2. restricted post verbal intensifier (e.g. *tuag nthi*)
ntho, *adv*. 1. suddenly; quickly; abruptly; 2. restricted post verbal intensifier (e.g. *lov ntho*)
nthos, *v*. grab; snatch; capture
nthos nkaus, *v*. grasp firmly
nthua, *v*. weed; hoe out weeds
nthuav, *v*. 1. unfold; open up; 2. spread; promulgate; disseminate; propagate; broadcast; circulate; 3. stretch
nthuav tawm, *v*. 1. spread; scatter; 2. stretch; 3. present
nthuj, *adv*. restricted post verbal intensifier (e.g. *nrov nthuj nthav*)
nthwv, *clf*. 1. smoke; 2. wind; breeze; *-adv*. restricted post verbal intensifier (e.g. *nchuav nthwv* thiab *hliv nthwv*)
nthwv dej, *n*. tide; wave
nthwv dlej, *n*. tide; wave (M)
nti, *v*. 1. move; jerk; writhe; wriggle; squirm; 2. chip; break off; splinter off in layers; pry off a thin layer; 3. spit something out from the mouth; *-n*. 1. inch (see *ib nti*); 2. finger; *-adv*. restricted post verbal intensifier (e.g. *tsaus nti*)
ntia, *adv*. 1. used as a single word restricted post verbal intensifier (see *ua ntia*); 2. used as a two words restricted post verbal intensifier with the word *nplawg* (e.g. *nplawg ntia*)
ntiab, *v*. 1. drive away; kick out; force away; 2. evict
ntiag, *n*. 1. front; front of the body; 2. bosom (also see *xub ntiag*); *-v*. jerk; yank; jolt
ntiag phau, *n*. front of the book
ntiag plhaub, *n*. front cover
ntiag tsho, *n*. front panel of a shirt or jacket
ntiag tug, *n*. 1. behalf; 2. belongings; property; 3. share; part
ntiaj, *n*. surface; outer area; outside
ntiaj nrag, *n*. surface of the field or the plain (tone change from *ntiaj nras*)
ntiaj nras, *n*. surface of the field or the plain
ntiaj teb, *n*. earth; world; surface of the earth (*ntiaj* means *surface*)
ntiav, *v*. 1. hire; 2. rent; lease; *-adj*. shallow
ntiav ntiav, *adj*. shallow; not deep
ntig, *n*. small bowl (tone change from *ntim*)
ntim, *n*. small bowl; tureen (also see *ntig*); *-adj*. laden; *-v*. pack up; box up; package
ntis, *v*. 1. block; stand on the way; 2. protect; shield
nti tawv, *v*. scuff; graze; scratch
ntiv, *v*. snap or flick with the finger; *-n*. 1. reed pipe; 2. pipe; stick; 3. finger; 4. toe; *-clf*. a measure word for finger, toe and the like
ntiv laig, *n*. name of one of the six reed pipes of a Hmong *qeej*; the bottom reed pipe of a Hmong *qeej* of the right hand
ntiv luav, *n*. name of one of the six reed pipes of a Hmong *qeej*; the top and biggest reed pipe of a Hmong *qeej* of the right hand
ntiv nplhaib, *n*. ring; finger ring
ntiv npug, *n*. name of one of the six reed pipes of a Hmong *qeej*; the middle reed pipe of a Hmong *qeej* of the left hand
ntiv qeej, *n*. bamboo pipe of a Hmong reed pipes or *qeej*
ntiv raus, *n*. name of one of the six reed pipes of a Hmong *qeej*; the middle reed pipe of a Hmong *qeej* of the right hand, also known as *ntiv tiag luav*
ntiv taw, *n*. 1. toe; 2. index; index finger; forefinger
ntiv taw nta, *n*. middle toe
ntiv taw rwg qab, *n*. little toe
ntiv taw xoo, *n*. big toe
ntiv tes, *n*. finger
ntiv tes nplhaib, *n*. ring finger
ntiv tes nrab, *n*. middle finger
ntiv tes nta, *n*. middle finger
ntiv tes rwg qab, *n*. little finger; pinkie; pinky
ntiv tes taw, *n*. index; index finger; forefinger
ntiv tes xoo, *n*. thumb; pollex
ntiv tiag luav, *n*. name of one of the six reed pipes of a Hmong *qeej*; the middle reed pipe of a Hmong *qeej* of the right hand, also known as *ntiv raus*

ntiv tiag npug, *n.* name of one of the six reed pipes of a Hmong *qeej*; the bottom reed pipe of a Hmong *qeej* of the left hand
ntiv tws, *n.* name of one of the six reed pipes of a Hmong *qeej*; the top and smallest reed pipe of a Hmong *qeej* of the left hand
nto, *v.* 1. spit (see *nto auv ncaug*); 2. reach or arrive at certain point
nto auv ncaug, *v.* spit
ntob, *v.* hit the target or mark
ntog, *v.* 1. fall; stumble; fall down; 2. roll over and over; 3. topple; *-adv.* restricted post verbal intensifier
ntog nreem, *v.* fall; stumble
ntoj, *v.* 1. pulsate; beat; throb; 2. visit
nto koob, *adj.* famous; popular; well known
ntom, *adj.* tight; close-fitting; solid
ntom ntom, *adv.* tightly
nto moo, *adj.* famous; well known
nto npe, *adj.* famous; popular; well known
ntoo, *n.* tree; *-v.* wear (hat)
ntoog, *v.* suffer a chronic illness; endure an illness
ntoo nplooj hlis, *n.* a kind of hard wood used to make axe handle
ntoo ntseej, *n.* chestnut tree
ntoo pos, *n.* thorn
ntoo ua tsev, *n.* timber
nto qaub ncaug, *v.* spit (consonant and tone changes from *nto auv ncaug*)
ntos, *v.* 1. report (used mostly at wedding); 2. recount; convey; give an account; 3. weave; *-n.* loom; weaving machine
ntov, *v.* 1. chop down; fell; 2. throw (water or liquid); splash
ntsa, *n.* wall; *-v.* shine; *adj.* sparkling; shining; *-v.* look; watch (M)
ntsaa, *n.* wall; *-v.* shine; *adj.* sparkling; shining (M)
ntsaa ab, *adj.* bright and glittering; *-n.* given name for a girl (M)
ntsaag, *n.* 1. buttocks; 2. hip; 3. haunch (M)
ntsaaj, *v.* groan; moan (M)
ntsab, *v.* grab (M); *-n.* 1. rice (M); 2. purpose; main thing; importance; meaning; significance; point (M)
ntsab muag, *n.* pupil of the eye; pupil (M)
ntsab ntseg, *adj.* pale; bony; skinny (M)
ntsag, *n.* 1. buttocks; 2. hip; 3. haunch; *-v.* quiet; stop crying (M)
ntsag tu, *adv.* silently; quietly; calmly; *-adj.* silent; quiet; tranquil (M)
ntsa hlau, *n.* nail (also see *ntsa thawv*) 9M)
ntsa iab, *adj.* bright and glittering; *-n.* given name for a girl
ntsaig, *v.* clean up; tear down; put things away
ntsais, *v.* 1. blink; 2. flash; *-n.* side; sidewise
ntsais muag, *v.* blink the eye; twitch of the eyes; *-n.* second; moment
ntsaj, *v.* groan; moan
ntsa thawv, *n.* nail (also see *ntsa hlau*) (M)
ntsau, *n.* group; set; cluster
ntsaub, *v.* 1. stick together; form together; combine; 2. descend; go down; head down
ntsaum, *n.* 1. ant; ants; 2. given name for a boy
ntsaum kab rwg, *n.* termite
ntsaus, *adj.* falling short of hitting the target; *-v.* chip or crack (of nail)
ntsauv, *v.* gather around; cluster or swarm around; *-n.* cluster; group; set
ntsav, *n.* 1. clitoris; 2. grain; 3. capsule; tablet; pill (M)
ntsawg, *n.* 1. strike; hit; 2. wave (e.g. *ntsawg dej*; *ntsawg cua*)
ntsawj, *v.* blow away (by air); hit by strong wind
ntsawm, *v.* strike; crush
ntsaws, *v.* plug; stop; cap; block; stuff; load; fill
ntsawv siab, *v.* worry; be concerned
ntse, *adj.* 1. sharp; 2. smart; bright; intelligent; shrewd; 3. perspicacious; *-v.* 1. soak; 2. have or cause to have intertrigo; *-n.* intertrigo
ntseeb, *n.* hornet; a kind of wasp
ntseeg, *v.* 1. believe; trust; 2. vibrate
ntseeg nkaws, *v.* vibrate; *-adv.* restricted post verbal intensifier
ntseeg tau, *adj.* reliable; trustworthy; dependable
ntseej, *n.* chestnut tree
ntsees, *adv.* 1. directly; face to face; openly (e.g. *tsi ntsees*); 2. restricted

post verbal intensifier
ntseg, *adj.* 1. upright; straight; standing; erect; steep; 2. stable; secure; settled; fixed; steady; 3. vertical; -*n.* 1. fish (M); 2. ear (often used with *pob*; see *pob ntseg*)
ntseg dlaaj taav, *n.* a kind of fish in Asia (M)
ntseg keem, *n.* a kind of fish found in Asia (M)
ntseg leev, *n.* a kind of small fish in Asia (M)
ntseg naab, *n.* eel (M)
ntseg ntxeev cev, *n.* a kind of white fish in Asia (M)
ntseg qaav, *n.* dogfish; a small fish found in Asia (M)
ntseg tuaj kub, *n.* catfish; bullhead (M)
ntsej, *n.* 1. ear; pertaining to the ear; 2. collar (of shirt)
ntsej muag, *n.* 1. face; face and ear; 2. visage; 3. also used in argument to finger-pointing someone
ntsej tsho, *n.* collar of shirt
ntses, *n.* fish
ntses daj tav, *n.* a kind of fish in Asia
ntses keem, *n.* a kind of fish found in Asia
ntses leev, *n.* a kind of small fish in Asia
ntses nab, *n.* eel
ntses ntxeev cev, *n.* a kind of white fish in Asia
ntses qav, *n.* dogfish; a small fish found in Asia
ntses tuaj kub, *n.* catfish; bullhead
ntsev, *n.* 1. salt; 2. face [sl]
ntsha, *n.* 1. a kind of trap for large animal; 2. blood (tone change from *ntshav*)
ntshaa, *n.* 1. a kind of trap for large animal; 2. blood (tone change from *ntshaav*) (M)
ntshaav, *n.* blood (M)
ntshaav lug, *v.* bleed (M)
ntshai, *adj.* afraid; fearful; lurid; -*v.* fear; be afraid of
ntshaub, *n.* 1. a kind of small house bird; 2. a kind of strong tree used for making house poles or coffin
ntshaus, *v.* weaken; soften; -*adj.* 1. weak; 2. depressed; unhappy
ntshaus ntshiv, *adj.* spongy; springy; squishy; marshy
ntshauv, *n.* lice; head lice
ntshav, *n.* blood
ntshav los, *v.* bleed
ntshaw, *v.* yearn; desire; crave; want; covet; long for; yen
ntshawb, *v.* choke; suffocate; smoke out
ntshi, *v.* tear; rip
ntshiab, *adj.* clear; fresh; -*n.* given name for a boy
ntshis, *n.* an instant; a moment, e.g. *ib pliag ntshis*
ntshiv, *adj.* lean; no fat; -*n.* 1. lean meat; 2. splinter; -*adv.* restricted post verbal intensifier (e.g. *ntshaus ntshiv*)
ntshiv ntoo, *n.* splinter; wood splinter
ntshov, *adv.* restricted post verbal intensifier (e.g. *ntshaus ntshov*)
ntshua, *clf.* classifier for things like paper money or fruit
ntshuab, *n.* 1. otter; a kind of fish eater animal; 2. given name for a boy or girl
ntshuas, *clf.* classifier for things like paper money or fruit (tone change from *ntshua*)
ntsia, *v.* 1. look; watch; stare; gaze; 2. nail; -*n.* latch; fastener; bolt
ntsiab, *v.* grab; seize; snatch; -*n.* 1. kernel; 2. purpose; main thing; importance; meaning; significance; point; tenor
ntsiab muag, *n.* pupil of the eye; pupil
ntsiab ntseg, *adj.* pale; bony; skinny
ntsiag, *v.* 1. quiet; 2. stop crying
ntsiag to, *adv.* silently; quietly; calmly; -*adj.* silent; quiet; tranquil
ntsia hlau, *n.* nail (also see *ntsia thawv*)
ntsiaj, *n.* sound of metal piece clicking into place; -*adv.* restricted post verbal intensifier
ntsia thawv, *n.* nail (also see *ntsia hlau*)
ntsiav, *n.* 1. grain; 2. capsule; tablet; pill
ntsib, *v.* meet; encounter; face
ntsig txog, *prep.* about; regarding; concerning
ntsim, *adj.* 1. hot; spicy hot; peppery; pungent; 2. chilly; cold; freezing
ntsim ntsim, *adj.* spicy hot; very spicy
ntsis, *n.* 1. tip; apex; top; end; head; peak; point; tendril; 2. moment; a little bit; -*v.* comb
ntso, *adv.* restricted post verbal

intensifier (e.g. *rau siab ntso*)
ntsoj, *n.* referring to orphan (possible a vowel and tone changes from *ntsuag*; see *ntsoj ntsuag*)
ntsoj ntsuag, *n.* orphan; one without parents
ntsoog, *adj.* crushed; smashed; rendered; broken; -*v.* shatter; break
ntsooj, *n.* a kind of jungle rodent
ntsoos, *adj.* 1. weak; tired; 2. remorseful; -*v.* remorse
ntsoov, *adv.* intently; restricted post verbal intensifier (e.g. *nco ntsoov* and *saib ntsoov*)
ntsos, *n.* hiccough; hiccup
ntsov, *n.* hump on the back of a bull
ntsu, *v.* 1. accumulate; increase; build up; pile up; gather; collect; 2. profit
ntsua, *n.* a measurement of distance (also see *ncua*)
ntsuab, *n.* 1. green; color green; 2. given name for a girl
ntsuab xab, *adj.* very green (M)
ntsuab xiab, *adj.* very green
ntsuag, *n.* 1. shoot; 2. orphan; 3. widow
ntsuag nos, *n.* orphan
ntsuag phoo, *n.* lock (vowel change from *ntsug phoo*)
ntsuag qaub, *n.* pickled bamboo
ntsuag xyoob, *n.* bamboo shoot
ntsuam, *v.* observe; examine; -*n.* widow (tone change from *ntsuag*; see *poj ntsuam*)
ntsuas, *v.* 1. measure; 2. chew; -*n.* mantis; -*adj.* dry (referring to meat when it is overcooked)
ntsuas phoo, *n.* lock (vowel and tone change from *ntsug phoo*)
ntsuav, *adv.* 1. terribly; horribly; awfully; dreadfully; 2. restricted post verbal intensifier (e.g. *lwj ntsuav*)
ntsub, *v.* push (in defecating)
ntsug, *adj.* vertical; upright; whole; -*v.* lock; -*n.* whole (referring to the body)
ntsug phoo, *n.* lock
ntsuj, *n.* 1. spirit; 2. whole body; -*clf.* a classifier for battle and the like; -*adv.* restricted post verbal intensifier (e.g. *rov ntsuj* or *khiav ntsuj*)
ntsuj dluab, *n.* shadow of the spirit (M)
ntsuj duab, *n.* shadow of the spirit
ntsuj plig, *n.* 1. spirit and soul; 2. angel; 3. seraph
ntsum, *n.* 1. given name for a girl; 2. prefix of a given name for a man (e.g. Ntsum Yeeb)
ntsw, *v.* 1. taunt; mock; ridicule; provoke; 2. dip
ntswg, *n.* 1. booger; mucus; 2. wall (e.g. *ntswg kev*; *ntswg liaj*); -*v.* manage; control (tone change from *ntswj*)
ntswg dej, *n.* water wall; dam
ntswg dlej, *n.* water wall; dam (M)
ntswg kev, *n.* walk way on a tower or raised platform
ntswg laj, *n.* wall of paddy field (M)
ntswg lej, *n.* booger; mucus
ntswg liaj, *n.* wall of paddy field
ntswg ntsuab, *n.* green booger
ntswj, *v.* 1. twist; turn; squirm; warp; kink; 2. twine; -*adj.* wry
ntswm, *n.* 1. nose; referring to the nose (e.g. *caj ntswm*); 2. a kind of mushroom (e.g. *nceb ntswm*)
ntsws, *n.* 1. lung; 2. wrinkle; 3. pucker; -*v.* 1. wither; 2. dry up; 3. shrink; 4. crinkle; 5. wrinkle; shrivel; -*adj.* wrinkled
ntsws ntsws, *adj.* wrinkled
ntsws txham dej, *n.* pneumonia
ntu, *n.* 1. chunk; segment; section; 2. a period of time (also see *ntus*)
ntua, *adv.* restricted post verbal intensifier (e.g. *zaum ntua*)
ntuag, *v.* tear; -*n.* hemp; hemp fiber
ntuas, *v.* advise; counsel; exhort; urge
ntuav, *v.* vomit; throw up; puke
ntub, *v.* wet; soak; -*adj.* wet; soaked; damp; moist; soggy
ntug, *n.* 1. edge; verge; margin; border; limit; threshold; brink; 2. shore; 3. end; 4. brim; -*v.* grow (of tubers and roots)
ntug dej, *n.* river shore; waterfront
ntug dlej, *n.* river shore; waterfront (M)
ntug hav txwv, *n.* coast (M)
ntug hiav txwv, *n.* coast
ntug nrim, *n.* 1. frontier; 2. boundary line
ntug nroog, *n.* suburb; rural area
ntug zog, *n.* suburb; rural area
ntug zos, *n.* suburb; rural area
ntuj, *n.* sky; heaven; -*v.* walk; trek (e.g. *ntuj taw*)

ntuj ceeb tsheej, *n.* 1. heaven; 2. paradise
ntuj kag, *n.* heaven; paradise (tone change from *ntuj kaj*)
ntuj kaj, *n.* 1. dawn; daytime; 2. heaven; paradise
ntuj lab teb ntsuab, *adj.* angry; upset by screaming or talking loudly (M)
ntuj liab teb ntsuab, *adj.* angry; upset by screaming or talking loudly
ntuj ntsuab, *n.* green sky; blue sky (please note that green and blue are used interchangeably in Hmong)
ntuj taw, *v.* walk (possible vowel change from *ntoj taw*)
ntuj tawg, *n.* hell (tone change from *ntuj taws*)
ntuj taws, *n.* hell
ntuj teb, *n.* heaven and earth
ntuj teb tag ncua, *n.* 1. prelude to a kind of Hmong folksong; 2. the world is ending
ntu kev, *n.* distance
ntus, *n.* 1. chunk; segment; 2. term; 3. duration (also see *ntu*)
ntus kev, *n.* distance (also see *ncua kev*)
ntuv, *adv.* restricted post verbal intensifier (e.g. *khuam ntuv, plim npliaj ntuv*)
ntuv zus, *n.* phase; stage; sequence (tone change from *ntu zus*)
ntu zus, *n.* phase; stage; sequence
ntwg, *adv.* restricted post verbal intensifier (e.g. *nrov ntwg*); -*n.* 1. sound of a machine being turned on; 2. sound of bird flying
ntws, *n.* flow; -*adv.* restricted post verbal intensifier (as in *nrov nroo ntws*); -*v.* shed
ntxa, *n.* grave; tomb; burial place
ntxab ntxawm, *v.* 1. take advantage of; 2. exploit; 3. utilize
ntxaib, *n.* twin; double
ntxaij, *n.* 1. tail fin of an arrow; 2. mesh; screen; 3. given name for a boy
ntxaij xub, *n.* tail fin of an arrow
ntxais, *v.* 1. suck; nurse; 2. sip; 3. sting; smart
ntxaiv, *n.* 1. a simple weaving machine; 2. zero (a new word developed by the Chao Fa)
ntxas, *adj.* crooked; disfigured; deformed (mostly used for teeth; see *ntxas kaus*); -*n.* a small bird in Asia (M)
ntxas kaus, *n.* crooked tooth
ntxau, *n.* pimple; white specks on the face
ntxaug, *adj.* skinny; thin; slender (M)
ntxaum, *v.* soak; wet; saturate
ntxawg, *n.* 1. youngest son; 2. given name for a boy
ntxawm, *n.* 1. youngest daughter; 2. given name for a girl
ntxaws, *adj.* thorough; detailed; comprehensive; careful; -*adv.* completely; thoroughly; carefully; -*v.* cultivate; tend farm
ntxaws ntxaws, *adv.* thoroughly; completely; carefully
ntxee, *v.* cross over; -*adj.* overdue; due
ntxeem, *v.* 1. struggle through; pass through; 2. persist; endure; undergo
ntxee nyeej, *adj.* 1. referring to a kind of shamanistic performance; 2. overturning a bad spell
ntxee roob, *v.* cross over hill or mountain
ntxees, *n.* 1. rotation; 2. circle; 3. turning round; 4. revolution
ntxeev, *v.* 1. turn; turn over; roll over; toss; 2. lie; reverse; 3. subvert; 4. topple; -*n.* opposite
ntxeev hlawv hlo, *v.* overturn several things at once; keep turning; turn around easily
ntxeev siab, *v.* betray; defect; turn against; change mind
ntxeev tiaj, *v.* lie on one's back
ntxeev tis qaib, *v.* tie one's hands behind his back
ntxhab, *adj.* steep; sharply inclined; sheer; vertical; -*n.* odor; smell; pungent smell; scent (M)
ntxhai, *n.* rice water; rice liquid; whitish liquid washed off from rice (see *kua ntxhai*)
ntxhais, *n.* 1. daughter; 2. girl; young girl; 3. given name for a girl
ntxhais ki, *n.* granddaughter
ntxhais xeeb ntxwv, *n.* niece; granddaughter (C)
ntxhe, *v.* echo of sound, especially unclear sound; resound; reverberate
ntxheb, *n.* 1. gear; 2. a decorative washer-like rim that fits just below the mouthpiece of a Hmong reed

pipes; 3. given name for a girl
ntxhee, *adj*. 1. swift; turbulent (water); 2. loosely; not sticky; 3. wrapping up; finishing; *-n*. 1. ripple; 2. 1. given name for a girl; 2. wave; tide
ntxheev, *adj*. not sticky; easily separated; not adhesive
ntxhi, *v*. whisper; talk softly; murmur; mumble; *-n*. 1. whisper; 2. given name for a girl
ntxhia, *n*. a sharp pain; acute pain on specific area of the body
ntxhiab, *n*. odor; smell; pungent smell; scent
ntxhias, *adv*. 1. restricted post verbal intensifier (e.g. *plos ntxhias*); 2. optimistically; spiritedly; willingly; proudly; cheerfully; confidently
ntxhiav, *n*. given name for a girl
ntxhib, *adj*. 1. rough; unrefined; 2. coarse; uncouth; bad-mannered; foul-mouthed; *-n*. hull of rice; husk
ntxhi chiv, *v*. whisper or talk sweetly about something that pleases one's heart; talk secretly
ntxhoo, *n*. 1. ceremonial tree; 2. corn silk; 3. given name for a girl
ntxhov, *adj*. 1. messy; unorganized; disturbing; chaotic; 2. weedy; overgrown
ntxhov quav hnyo, *adj*. stressful; hectic; nerve-racking; chaotic; messy; confusing
ntxhov quav niab, *adj*. rambunctious; chaotic; messy; confusing; stressful; hectic; nerve-racking
ntxhov siab, *adj*. morose; miserable; stressful; depressed; gloomy
ntxhua, *v*. 1. wash; 2. lie (HC)
ntxhuab, *n*. moss; nonvascular plant
ntxhuav, *adj*. hairy; mossy; *-n*. 1. lion; 2. silk; 3. given name for a boy
ntxhuav pob kws, *n*. corn silk
ntxhuj ntxhoo, *n*. weakness of the body; unidentified illness; *-adv*. restricted post verbal intensifier
ntxhw, *n*. 1. elephant; 2. given name of a boy
ntxi, *v*. open up; *-adj*. split; opening
ntxiab, *n*. snare; trap; a type of trap for small game; *-v*. stay; sit (often used in an insulting way)
ntxiab dawb, *v*. stay free from doing anything; sit idle
ntxiag, *adv*. restricted post verbal intensifier (e.g. *ua noo ntxiag*); *-n*. 1. breeze; 2. given name for a boy
ntxiaj, *adv*. restricted post verbal intensifier (see *rwg ntxiaj*)
ntxias, *v*. 1. braid; 2. persuade; coax; convince; 3. entice; lure; seduce; tantalize; *-n*. a kind of bird in Asia similar to robin (often called as *ntxias zoov*)
ntxias teb, *n*. a kind of bird in Asia
ntxias zoov, *n*. robin; a kind of bird in Asia similar to robin
ntxiav, *adj*. 1. prone; 2. susceptible; vulnerable; inclined
ntxig, *v*. 1. insert; put in; 2. sheathe
ntxig rau hauv hnab, *v*. sheathe
ntxim, *v*. 1. help; be effective; 2. attract; appeal to; deserve; merit; *-adj*. effective
ntxim hlub, *adj*. lovely; attractive; charming
ntxim nyam, *adj*. nice; pleasing; gracious; likeable; attractive (M)
ntxim nyiam, *adj*. nice; pleasing; gracious; likeable; attractive
ntxim sab, *adj*. pleasing; delightful; satisfying (M)
ntxim siab, *adj*. pleasing; delightful; satisfying
ntxim yuav tau, *adj*. possible
ntxiv, *adv*. again; extra; further; *-v*. 1. sew; stitch; fix up; repair; mend; 2. add; 3. return (money)
ntxiv moog, *adv*. continually; additionally; in addition; furthermore; moreover; also (M)
ntxiv mus, *adv*. continually; additionally; in addition; furthermore; moreover; also
ntxiv nyaj, *v*. 1. return money; give the change back; 2. refund (M)
ntxiv nyaj rov qab, *v*. refund (M)
ntxiv nyaj tsawg rau, *v*. shortchange (M)
ntxiv nyiaj, *v*. 1. return money; give the change back; 2. refund
ntxiv nyiaj rov qab, *v*. refund
ntxiv nyiaj tsawg rau, *v*. shortchange
ntxiv rau, *v*. add; add to
ntxiv rua, *v*. add; add to (M)
ntxo, *v*. 1. bite; 2. accuse; blame; allege; 3. condemn; criticize
ntxob, *v*. swell; expand; enlarge;

increase
ntxoo, *n*. 1. shadow; 2. shade; 3. given name for a girl
ntxoog, *n*. ghost (see *poj ntxoog* or *pos ntxoog*)
ntxooj, *adj*. damp; moist; -*v*. manipulate; convince; influence; control
ntxoov, *v*. shade; overshadow; cover; -*n*. prefix of a given name for a man such as *Ntxoov Npawv*
ntxoov ntxoo, *n*. 1. shade; 2. shadow
ntxov, *adj*. premature; early
ntxuag, *prep*. with (referring to eating); -*v*. 1. conserve (referring to eating); eat a little and save some for later; 2. eat more rice and less meat; -*n*. 1. appetizer; 2. a dish eaten with alcohol during special ceremony such as wedding
ntxuaj, *v*. wave; fan; flap
ntxuam, *n*. 1. fan; 2. given name for a boy; 3. a kind of small bird in Asia
ntxuav, *v*. 1. wash; 2. attack; confront; condemn [sl]
ntxuav dluab, *v*. develop; develop film (M)
ntxuav duab, *v*. develop; develop film
ntxuav hlwb, *v*. 1. indoctrinate; instruct; train; teach; 2. brainwash
ntxub, *v*. hate; abhor; abominate; dislike
ntxub ntxaug, *v*. 1. hate; 2. discriminate
ntxwg nyoog, *n*. satan; devil
ntxwj nyoog, *n*. satan; devil (tone change from *ntxwg*)
ntxws, *n*. buttocks
nuam, *v*. look; peek; -*n*. 1. peak; crest; a place for viewing scenery; 2. given name for a boy
nuam yaj, *v*. look at the scenery; site seeing
nug, *v*. ask; question; interrogate
nug xyuas, *v*. investigate
nuj, *n*. 1. value; price; worth; 2. prefix of a name for a married man (e.g. *Nuj Toog*); -*adj*. 1. precious; valuable; prized; expensive; 2. uninhibited; wild; unoccupied; unpopulated (e.g. *nuj xiab*)
nuj neb, *adv*. annoyingly; exasperatingly; frustratingly
nuj nplhaib, *n*. 1. precious ring; 2. name of a Hmong legendary hero; 3. given name for a boy
nuj nqe, *n*. debt; liability; loan; expense
nuj nqes, *n*. debt; liability; loan; expense (tone change from *nuj nqe*)
nuj nqi, *n*. value; worth; cost; price; rate
nuj nqis, *n*. value; worth; cost; price; rate (tone change from *nuj nqi*)
nuj toog, *n*. 1. precious copper; 2. name of a Hmong legendary hero
nuj txeeg, *adj*. wild; virgin; uninhabited (see *hav zoov nuj txeeg*); -*n*. 1. wilderness; 2. given name for a boy
nuj xab, *adj*. wild; virgin; uninhabited (see *hav zoov nuj xiab*); -*n*. wilderness; green jungle; uninhabited jungle area (M)
nuj xiab, *adj*. wild; virgin; uninhabited (see *hav zoov nuj xiab*); -*n*. wilderness; green jungle; uninhabited jungle area
num, *n*. 1. work; chore; job; 2. prefix of a given name for a man (e.g. *Num Maiv*); 3. official; officer (M)
num tsev, *n*. homework
nus, *n*. brother (called by his sister)
nus muag, *n*. sibling; brother and sister
nuv, *v*. 1. fish; hook; catch with a hook; 2. bow; worship; -*n*. 1. bait; 2. given name for a boy
nwg, *pron*. third person which could be he, she, or it
nwj, *v*. kiss
nws, *pron*. third person which could be he, she, or it
nyaab, *n*. 1. daughter in law; 2. sister in law; -*v*. flood (M)
nyaas, *v*. sneak; stalk; trail; follow; approach (M)
nyab, *n*. 1. daughter in law; 2. sister in law; -*v*. flood
Nyab Laj, *n*. Vietnamese
Nyab Laj Teb, *n*. Vietnam
nyab xeeb, *adj*. 1. safe; 2. comfortable; -*n*. safety
nyag, *v*. steal; rob (M); -*n*. baby carrier (M); -*pron*. each one; one (M)
nyaj, *n*. long-tailed monkey; leaf monkey; -*adv*. probably; most likely; perhaps; maybe; possibly; -*n*. silver; cash; money (M)

nyaj choj, *n.* silver bar (M)
nyaj dlawb, *n.* silver (M)
nyaj dlej sab, *n.* stipend; honorarium (M)
nyaj hli, *n.* salary; wage; pay; income (M)
nyaj khu kev txhum, *n.* fine; restitution (M)
nyaj kub, *n.* 1. jewelry; 2. silver and gold; 3. wealth (M)
nyaj npib, *n.* coin (see *txaj npib*) (M)
nyaj ntxeem, *v.* 1. tolerate; 2. endure; 3. bear; 4. struggle through; tussle; 5. persist; 6. undergo; *-n.* struggle; suffering; torment; misery; endurance (M)
nyaj ntxiv, *n.* change; *-v.* tolerate more; endure more (M)
nyaj them khu kev txhum, *n.* restitution; compensation; reimbursement; repayment (M)
nyaj txais, *n.* loan (M)
nyaj txhum txheej, *n.* fine; fee (M)
nyam, *v.* like; favor; *-adj.* prone (M)
nyas, *v.* sneak; stalk; trail; follow; approach; *-n.* baby carrier (M)
nyaum, *adj.* 1. stern; severe; strict; harsh; 2. brave; prone to fight; 3. aggressive; truculent
nyav, *n.* giant; *-v.* wail; moan (M); *-adv.* just; recently (M)
nyeej, *n.* one hundred thousand; 100,000
nyeem, *v.* read; peruse; *-adj.* 1. thick; concentrated; 2. sticky
nyeem nyeem, *adj.* thick; very thick; highly concentrated; viscid; viscous
nyeg, *adj.* domesticated; tame; *-n.* sound of annoyance or nagging; *-adv.* restricted post verbal intensifier
nyem, *v.* grasp; clutch; clench the fist; take hold of; squeeze
nyes, *adv.* a term used with the word *nyuj* such as *nyuj nyes* which means distracting or disturbing
nyiag, *v.* 1. steal; rob; ransack; 2. abduct; *-n.* money (tone change from *nyiaj*)
nyiag hla nrim, *v.* smuggle
nyiag neeg, *v.* kidnap
nyiag nkag, *v.* sneak
nyiag qee, *v.* pilfer; embezzle
nyiag saib, *v.* snoop; spy; sneak; nose around
nyiag sib deev, *v.* have affairs; commit extramarital affairs
nyiag sib tham, *v.* collogue
nyiag tib neeg, *v.* abduct
nyiaj, *n.* 1. money; cash; 2. silver; 3. given name for a boy or girl; 4. prefix of a given for a man; *-v.* tolerate; endure; bear
nyiaj choj, *n.* silver bar
nyiaj dawb, *n.* silver
nyiaj dej siab, *n.* stipend; honorarium
nyiaj hli, *n.* salary; wage; pay; income
nyiaj kho kev txhaum, *n.* fine; restitution
nyiaj kub, *n.* 1. jewelry; 2. silver and gold; 3. wealth
nyiaj npib, *n.* coin (see *txiaj npib*)
Nyiaj Npliam Xyooj, *n.* Nhia Blia Xiong (1935-2002), the father of Yuepheng Xiong
nyiaj ntxeem, *v.* 1. tolerate; 2. endure; 3. bear; 4. struggle through; tussle; 5. persist; 6. undergo; *-n.* struggle; suffering; torment; misery; endurance
nyiaj ntxiv, *n.* change; *-v.* tolerate more; endure more
nyiaj them kho kev txhaum, *n.* restitution; compensation; reimbursement; repayment
nyiaj txais, *n.* loan
nyiaj txhaum txheej, *n.* fine; fee
nyiam, *v.* like; favor; *-adj.* prone
nyias, *adj.* thin; not thick; scrawny; *-pron.* each; one; *-n.* baby carrier
nyiav, *v.* wail; moan; lament; yowl
nyo, *v.* bow; bend over
nyob, *v.* live; reside; stay; locate
nyob dawb, *v.* vegetate; sit around; stagnate; loaf
nyob dlawb, *v.* vegetate; sit around; stagnate; loaf (M)
nyob mus ib txhis, *adj.* permanent; enduring; everlasting; *-adv.* forever; eternally
nyob nruab hlis, *n.* maternity period
nyob ntawm, *v.* depend
nyob nyob, *adv.* after awhile; eventually; finally
nyob nyog, *adj.* livable
nyob ruaj chaw, *adj.* 1. sedentary; 2. settled
nyob saum txaj, *adv.* abed
nyob sau txaaj, *adv.* abed (M)

nyob taug, *v.* subsist; survive; exist (M)
nyob taus, *v.* subsist; survive; exist
nyob tsam, *conj.* otherwise; before; what if; *-adv.* perhaps (M)
nyob tsam, *conj.* otherwise; before; what if; *-adv.* perhaps
nyob tsis ntev, *adj.* short-lived
nyob tsis tsheej, *adj.* restless; fidgety; agitated
nyob twb ywm, *v.* stay still; settle down; calm down; quiet down; vegetate
nyob zoo, *adv.* well; healthy; greatly; *-adj.* well; fine; great; *-int.* hello; hi; how do you do
nyo hau, *v.* bow; lower the head
nyog, *adj.* 1. allowable; permissible; not prohibited; 2. suitable; fitting; appropriate; proper; likely; *-adv.* restricted post verbal intensifier (e.g. *pw nyog; mus nyog; nyob nyog*)
nyoj, *v.* refine; condense; boil down the liquid
nyom, *n.* 1. grass; 2. lawn; *-v.* 1. defend; shoulder; stand up for; 2. pry; lever; 3. welsh
nyom cev, *v.* exercise
nyom tsis them, *v.* welsh
nyoog, *n.* date; *-adj.* raw; uncooked (M)
nyooj, *v.* 1. growl; roar; snarl; 2. grumble; *-n.* phoenix (HC)
nyooj nyooj, *v.* 1. growl; roar; snarl; 2. grumble; complain
nyoos, *adj.* raw; rare; uncooked; fresh; green
nyos, *adv.* 1. restricted post verbal intensifier (e.g. *nyuj nyos*); 2. here (e.g. *pawv*, *nyos*)
nyuab, *adj.* difficult; hard; tough
nyuab sib chab sib chaws, *adj.* complicated
nyuag, *clf.* a measure word used to sarcastically describe something of one's disliking; *-adj.* small; little
nyuam, *n.* 1. kid; child; children; 2. given name for a boy
nyuam ab, *n.* infant; baby
nyuam kawm ntawv, *n.* student
nyuam ntxaib, *n.* twin
nyuam ntxhais, *n.* 1. daughter; 2. girl
nyuam qhuav, *adv.* recently; just now
nyuam qhuav no, *adv.* recently; just now
nyuam tsaub, *n.* illegitimate child who was born out of wedlock
nyuam tub, *n.* 1. son; 2. boy
nyuas, *n.* 1. kid; child; children; 2. given name for a boy
nyuj, *n.* cow; bull
nyuj dab, *n.* a ritual sacrifice offered to ancestral spirit
nyuj dlaab, *n.* a ritual sacrifice offered to ancestral spirit (M)
nyuj kum tshuab, *n.* trident
nyuj nyav, *adv.* 1. calmly; coolly; quietly (all pertain to smiling); 2. restricted post verbal intensifier
nyuj nyes, *adv.* 1. distractingly; disturbingly; naggingly; 2. restricted post verbal intensifier
nyuj nyos, *adv.* 1. patiently; persistently; tirelessly; 2. restricted post verbal intensifier
nyuj qus, *n.* gaur; wild cow
nywj, *n.* 1. a kind of evil spirit that continually brings calamity to the household; 2. bad omen
nyws, *v.* grind food with your teeth before feeding it to an infant

O

o, *v.* swell; *-adj.* 1. angry; 2. tumid
ob, *n.* two; number 2
ob cag, *n.* others
ob ceg, *n.* 1. two sections; two branches; 2. two streams; 3. private part [sl]
ob hlis, *n.* 1. February; 2. two months
ob hlis ntuj, *n.* February
ob peb, *clf.* a few; two or three
ob tom, *adj.* double
ob zaug, *adv.* twice
oo, *n.* 1. haze; fog; 3. given name for a girl
oom, *adj.* arrogant; haughty; reserved (not talkative); *-n.* given name for a boy
os, *n.* 1. duck; 2. swan; 3. teal
os dab ntev, *n.* goose; geese
os dej, *n.* 1. swan; 2. duck
os dlaab ntev, *n.* goose; geese
os dlej, *n.* 1. swan; 2. duck

os naab, *n.* goose; geese (M)
os nab, *n.* goose; geese
o txa, *n.* goiter (M)
o txia, *n.* goiter

P

pa, *n.* 1. air; 2. breath; 3. gas
paab, *v.* 1. help; aid; assist; 2. accommodate; 3. solve; *-clf.* referring to a group of people or animals; flock; *-n.* team; group; flock (M)
paab cawm, *v.* relieve; help; rescue (M)
paab cuam, *v.* 1. help; support; assist; 2. accommodate (M)
paab dlawb, *v.* volunteer to help (M)
paab tswv yim rua, *v.* advise; counsel (M)
paab tu sab, *v.* sympathize; pity; feel sorry for; empathize (M)
paab zoo sab, *v.* congratulate (M)
paag, *n.* 1. pond; lake; 2. staff; stick (M)
paag aav, *n.* muddy pond; mud hole (M)
paag dlej, *n.* 1. pond; 2. lake; 3. dam (M)
paag dlej teev, *n.* 1. puddle; pond; 2. lake (M)
paag dlej toov, *n.* reservoir (M)
paag hawv, *n.* muddy hole; muddy pond (M)
paag teev, *n.* pond; lake (M)
paag toov, *n.* reservoir (M)
paag zaaj, *n.* dragon lake; dragon pond (M)
paaj, *n.* 1. flower; 2. interest; 3. given name for a girl; 4. prefix of a given for a married man (e.g. Paj Tuam) (M)
paaj hlwb, *n.* brain (see *hlwb*) (M)
paaj kws, *n.* popcorn (M)
paaj lug, *n.* proverb (M)
paaj noob hlis, *n.* sunflower (M)
paaj ntaub, *n.* embroidery; needleart (M)
paaj ntoos, *n.* 1. flower; flowery; 2. cotton (M)
paaj pawg, *v.* jump (M)
paaj rwb, *n.* cotton (M)
paaj taub, *n.* 1. speaker; 2. pumpkin flower (M)
paaj tawg, *n.* a city known in Chinese was Wenshan in Yunnan province where many Hmong live (also see paj tawg lag) (M)
paaj tawg laag, *n.* a city known in Chinese as Wenshan in Yunnan province where many Hmong live (M)
paaj tawg teb, *n.* a city known in Chinese as Wenshan in Yunnan province where many Hmong live (M)
paaj taws, *n.* skyrocket; firework; firecracker (M)
paaj yeeb, *n.* 1. poppy flower; 2. pink (M)
paas ci nqaj, *n.* skewer (M)
paas dlig nav, *n.* toothpick (M)
paas nrig, *n.* staff; walking stick; wand (M)
paas nrwg phom, *n.* ramrod (M)
paas ntsuas, *n.* ruler (M)
paas rwb, *n.* swab (M)
pab, *v.* 1. help; aid; assist; 2. accommodate; 3. solve; *-clf.* referring to a group of people or animals; flock; *-n.* team; group; flock
pab cawm, *v.* relieve; help; rescue
pab cuam, *v.* 1. help; support; assist; 2. accommodate
pab dawb, *v.* volunteer to help
pab tswv yim rau, *v.* advise; counsel
pab tu siab, *v.* sympathize; pity; feel sorry for; empathize
pab zoo siab, *v.* congratulate
paig, *n.* wattle
paig txig, *adj.* hairy face
paim, *v.* 1. excrete; emit; ooze; leak; 2. leak information out; *-n.* bed room (e.g. *rooj paim*)
paj, *n.* 1. flower; 2. interest; 3. given name for a girl; 4. prefix of a given for a married man (e.g. Paj Tuam)
paj hlwb, *n.* brain (see *hlwb*)
paj kws, *n.* popcorn
paj lug, *n.* proverb
paj noob hlis, *n.* sunflower
paj ntaub, *n.* embroidery; needleart
paj ntoos, *n.* 1. flower; flowery; 2.

cotton
paj paws, *v*. jump
paj rwb, *n*. cotton
paj taub, *n*. 1. speaker; 2. pumpkin flower
paj tawg, *n*. a city known in Chinese was Wenshan in Yunnan province where many Hmong live (also see paj tawg lag)
paj tawg lag, *n*. a city known in Chinese as Wenshan in Yunnan province where many Hmong live
paj tawg teb, *n*. a city known in Chinese as Wenshan in Yunnan province where many Hmong live
paj taws, *n*. skyrocket; firework; firecracker
paj yeeb, *n*. 1. poppy flower; 2. pink
pam, *n*. blanket; *-v*. have a funeral service
pam pua, *n*. bedspread
pam rwb, *n*. thick blanket; cotton blanket
pam tab, *n*. thin blanket
pam thawj, *n*. wooden mallet; wooden hammer; shillelagh; sledgehammer; *-adj*. round-headed; big-headed
pam vov, *n*. blanket
pas, *n*. 1. pond; lake; 2. staff; stick
pas av, *n*. muddy pond; mud hole
pas ci nqaij, *n*. skewer
pas dej, *n*. 1. pond; 2. lake; 3. dam
pas dej teev, *n*. 1. puddle; pond; 2. lake
pas dej toov, *n*. reservoir
pas dig hniav, *n*. toothpick
pas hawv, *n*. muddy hole; muddy pond
pas nrig, *n*. staff; walking stick; wand
pas nrws phom, *n*. ramrod
pas ntsuas, *n*. ruler
pas rwb, *n*. swab
pas teev, *n*. pond; lake
pas toov, *n*. reservoir
pas zaj, *n*. dragon lake; dragon pond
paub, *v*. know
paub cai, *adj*. polite; courteous; suave; prudent
paub qab hau, *adj*. wise; knowledgeable; intelligent; prudent; well-informed
paub tab, *adj*. polite; courteous; matured; experienced; sapient; suave
paub txog, *v*. know about; become aware
paug, *n*. pus; *-v*. 1. set dusk to; 2. involve; incriminate; implicate
paug paug, *adj*. dusty; dirty with dust
pauj, *v*. 1. avenge; take revenge; vindicate; retaliate; 2. return (see *pauj zog*); *-n*. a sound of hitting a target
pauj cai, *v*. compensate; pay back
pauj kua zaub ntsuab, *v*. avenge; requite; retaliate; vindicate
pauj rov qab, *v*. reciprocate; return favor
pauj zog, *v*. return labor; repay labor
paum, *n*. vulva; female genital organs; vagina
paus, *n*. 1. abdominal gas; fart; 2. foundation; base; origin
paus ntsis, *n*. 1. cause; base; 2. background; 3. history; origin; 4. foundation; 5. system
pauv, *v*. replace; exchange; switch
pauv zog, *v*. to help someone in manual labor to exchange for his or her labor in return in later time
pav, *v*. tie; bind; *-n*. paddy field
pav ywj, *n*. fat (around the belly)
pawg, *n*. 1. group; team; 2. pile; *-clf*. referring to a group or a pile of something
pawg pes lug, *adj*. rife; widespread; extensive
pawj, *n*. area of the upper part of the genital
paws, *n*. 1. flag; 2. roll of something
paws ntuag, *n*. roll of hemp thread
paws tiab, *n*. roll of stitched skirt
pawv, *v*. 1. stack; pile up; 2. disappear; vanish
pawv nplej, *v*. stack rice sheaves
pe, *v*. 1. kneel down; 2. kowtow
peb, *pron*. we; *-n*. three; number 3.
peb caug, *n*. 1. thirty; number 30; 2. new year
peb ceg, *n*. 1. triangle; 2. tripod; trivet
peb hlis, *n*. 1. March; 2. three months (tone change from *peb hli*)
peb hlis ntuj, *n*. March (tone change from *peb hli ntuj*)
peb li, *n*. our; ours
peb zaug, *adv*. thrice; three times
peb xyoos ib zaug, *adj*. triennial; thrice a year; three times per year
ped, *prep*. up there; over there on the high side

peeb, *n*. 1. water leech; leech; 2. soldier (C)
peeb lab, *n*. betel leaf
peeb muas, *n*. fighter horse (C)
peeb zeej, *n*. soldier (C)
peem, *v*. struggle; fight; force; *-adj*. fat; chubby
peem las, *adj*. fat; chubby
peem tsheej, *v*. become; turn into
peev, *n*. money; capital; investment
peev choj, *n*. rice noodles (the smallest kind)
peev nyiaj, *n*. money; capital; investment
peev nyiaj txiag, *n*. money; capital; investment
peev txheej, *n*. capital funds
peev xwm, *n*. 1. ability; capability; skill; talent; spunk; 2. given name for a boy
peg, *v*. 1. hit; beat; 2. do; take; *-n*. north; northside (tone change from *pem* or *ped*)
peg ko taw, *v*. travel by foot
pej, *n*. given name for a boy; *-adj*. strange; foreign
pej chum, *n*. aluminum
pej kum, *adj*. foreign; outside
pej kum cuab, *n*. foreign country
pej kum dab qhuas, *n*. wild spirits
pej kum lus, *n*. foreign language
pej kum neeg, *n*. foreign person; alien
pej thuam, *n*. 1. statue; sculpture; 2. pagoda; tower
pej xeem, *n*. citizens; people
pej xeem huab hwm, *n*. 1. citizens; respected citizens; 2. population
pej yam lus, *n*. foreign language
pem, *prep*. uphill from; above; on the hillside; *-n*. social talk; chat; *-v*. restrain; withhold
pem hauv ntej, *n*. front
pem kom, *n*. defendant; person accused
pem qaum kev, *n*. uphill side of the trail
pem teb, *n*. floor; ground; *-prep*. at the farm
pem tej, *prep*. up there; over there on the high side; on the north side
pem ub, *adv*. way up there
pe ntuj pe teb, *v*. kowtow to heaven and earth
pes dheev, *adv*. 1. startlingly; mind-bogglingly; troubling; disturbing; 2. restricted post verbal intensifier
pes hlo, *adv*. promptly; immediately; quickly
pes nkaus, *adv*. promptly; immediately; quickly; suddenly
pes tsawg, *adv*. how much; how many; post verbal intensifier
pes vog, *adv*. flashily; showily
phaab, *adj*. *n*. 1. page; 2. wall; flat vertical surface; 3. side; 4. Pha clan (M)
phaab nub poob, *n*. west; *-adj*. west; western (also see *sab hnub poob*) (M)
phaab nub tuaj, *n*. east; *-adj*. east; eastern (also see *sab hnub tuaj*) (M)
phaab qaab teb, *n*. south; *-adj*. south; southern (also see *sab qab teb*) (M)
phaab qaum teb, *n*. north; *-adj*. north; northern (also see *sab qaum teb*) (M)
phaab ntsaa, *n*. 1. wall; 2. fence; buckler (M)
phaab xyoob, *n*. chest band (M)
phaaj, *n*. generation; lineage group (M)
phaaj hauj, *n*. alphabet (M)
phaaj peeb, *n*. mediator (M)
phaaj tshaab, *n*. lodging allowance; pocket money (M)
phaam, *adj*. chubby; fat; pudgy (M)
phaam phaam, *adj*. chubby; fat; pudgy (M)
phab, *adj*. *n*. 1. page; 2. wall; flat vertical surface; 3. side; 4. Pha clan
phab hnub poob, *n*. west; *-adj*. west; western (also see *sab hnub poob*)
phab hnub tuaj, *n*. east; *-adj*. east; eastern (also see *sab hnub tuaj*)
phab qab teb, *n*. south; *-adj*. south; southern (also see *sab qab teb*)
phab qaum teb, *n*. north; *-adj*. north; northern (also see *sab qaum teb*)
phab ntsa, *n*. 1. wall; 2. fence; buckler
phab xyoob, *n*. chest band
phaib, *n*. card
phais, *v*. dissect; cut open; slice up
phais tsib, *v*. 1. be straight to the point; be very clear [sl]; 2. bisect the gallbladder
phaj, *n*. 1. plate; tray; 2. given name for a boy; 3. generation; lineage group

phaj hauj, *n*. alphabet (new word developed by Song Lue Yang)
phaj peeb, *n*. mediator
phaj tshab, *n*. lodging allowance; pocket money
pham, *adj*. chubby; fat; pudgy
pham pham, *adj*. chubby; fat; pudgy
phau, *n*. book; *-clf*. referring to book
phau duab, *n*. album; photo album
phauj, *n*. aunt; father's sister
phaum, *n*. 1. a time of; occasion of; a phase of; 2. group
phau ntawv, *n*. book
phau ntawv nyeem, *n*. textbook; book
phau ntawv sau, *n*. notebook
phau ntawv txhais lus, *n*. dictionary
phaus, *n*. pound
phau txhais lus, *n*. dictionary
phav, *n*. thousand; 1,000 (L)
phaw, *n*. male; referring to certain large male animals
phaw mos lwj, *n*. hart; large male deer; stag
phaw twm, *n*. male water buffalo
phawv, *n*. large plaited bamboo storage bin; large bin
phawv nplej, *n*. rice bin; rice storage bin
pheb, smashed; squashed; crushed
pheeb, *v*. lean against; lean over; tilt
pheeb suab, *n*. shelter; shack; shanty; tent (see *tsev pheeb suab*)
pheej, *adv*. continually; continuously; repeatedly; regularly; *-n*. 1. fairness; 2. given name for a boy
pheej hmoo, *v*. risk; take risk; *-adj*. risky; dangerous
pheej tsab, *adv*. felling a tree by cutting in from both sides until it falls down
pheej yig, *adj*. cheap; inexpensive; tawdry
pheev, *v*. 1. play with; make noise; 2. work tirelessly (see *phov*)
phem, *adj*. 1. bad; terrible; vile, evil, despicable; wicked; abusive; 2. ugly
phem heev, *adj*. terrible; horrible; horrific; awful; dreadful; nasty; hideous; ghastly; horrendous; unspeakable
phev, *n*. sperm; semen
phiab, *n*. 1. bowl; basin; tray; 2. given name for a boy
phiaj, *n*. 1. target; slab; 2. set
phiaj zeb, *n*. slab of stone
phib, *adj*. smashed; squashed; crushed; not sharp; *-n*. spit (a swear word comparable to *shit*)
phij chob, *n*. leather thong for tying baskets to a pack saddle
phij cuam, *v*. give dowry
phij laj, *n*. best man; partner of the bridegroom
phij vias, *adv*. superficially; on the surface
phij xab, *n*. 1. briefcase; suitcase; 2. luggage
phim, *v*. match; *-adj*. suitable; fitting
phim hwj, *v*. honor; respect
phim thab ntxwv, *v*. depend on others
phim thawj, *n*. 1. elegance; 2. reason
phis lis phais lais, *adv*. senselessly; meaninglessly; uselessly; stupidly
phis phais lais, *adv*. aimlessly; foolishly; haphazardly; carelessly
phiv, *n*. sound of spitting; *-adv*. restricted post verbal intensifier
phob, *v*. 1. hit; beat; 2. spend money; waste money
phom, *n*. gun; rifle; firearm; *-adj*. soft (for the teeth)
phom ees kaum rau, *n*. M-16
phom Hmoob, *n*. musket; flintlock; muzzleloader
phom kas npees, *n*. carbine
phom loj, *n*. cannon; mortar; howitzer
phom luas, *n*. machine gun
phom luv, *n*. handgun; pistol
phom nplob, *n*. air gun; BB gun
phom nrov ib zag zag, *n*. salvo
phom ntev, *n*. machine gun; rifle
phoo, *clf*. handful (also see *phoov*)
phooj ywg, *n*. friend
phoom, *v*. bump against; bump into; run into; collide with; run over
phoo tes, *n*. a handful
phoov, *clf*. handful (also see *phoo*)
phoov kum, *n*. main roof rafters or roof beams of the house
phov, *v*. 1. play with; make noise; 2. work tirelessly
phua, *v*. 1. split; split open; 2. render (a judgment)
phuab, *n*. given name for a girl
phua cem phij, *v*. split (boards) off the side of a log rather than through the middle
phuaj, *n*. raft; catamaran

phua kum xeeb, *v.* split (boards) by splitting through the center of the log in wedges
phuam, *n.* 1. turban; head turban; 2. towel
phuam khuam caj dab, *n.* scarf (see *phuam vas caj dab*)
phuam ntxuav muag, *n.* washcloth
phuam so dej, *n.* towel; washcloth
phuam so ntswg, *n.* handkerchief
phuam txoom suab, *n.* lady head turban
phuam vas caj dab, *n.* scarf
phua plaws, *v.* split through
phua plaws nruab nrab, *v.* take the middle or center; be fair
phua plhawv, *v.* speak openly; speak frankly (see *hais phua plhawv*)
phua qab thoob, *n.* half moon
phuas, *n.* curds; the remain of what is chewed
phum, *v.* 1. bless; 2. eliminate curse
phuv, *n.* 1. share; 2. allotment
phwj, *v.* 1. ferment; 2. boil over; 3. overflow
piab, *n.* adze; hewing hatchet
piag deg, *n.* 1. clam; 2. oyster; 3. cockle; 4. quahog
piam, *adj.* broken; ruined; -*v.* break; destroy; ruin
piam sij, *adj.* broken; destroyed; ruined
piam thaj, *n.* sugar; white sugar
pias, *n.* millet
pias deg, *n.* clam; oyster (tone change from *piag deg*)
piav, *v.* explain; demonstrate; recount; relate
piav rau, *v.* relate
pib, *v.* begin; start; instigate; -*n.* ticket
pib txwv, *n.* small wine cup (C)
pig poog, *n.* boom; bang
pim, *n.* vulva; female genital organs; vagina
piv, *v.* compare; -*n.* a kind of small bird
piv lus, *v.* compare or relate to proverb
piv txwv, *n.* example; instance; comparison; illustration
piv xam, *v.* pretend; assume; suppose; presume
pla, *v.* 1. walk aimlessly; goof off; 2. gad
plaa, *v.* 1. walk aimlessly; goof off; 2. gad (M)
plaab, *n.* 1. stomach; abdomen; tummy; 2. seed pod in the forming of a head of rice (M)
plaab chaub, *n.* stomachache (especially after giving birth) (M)
plaab hlaub, *n.* shank; the lower part of the leg, particularly the fleshy part at the back of the lower leg (M)
plaab kiav txhab, *n.* ulcer (M)
plaab mog, *n.* abdomen; loin (M)
plaab plaw, *n.* 1. internal organs; 2. foundation; intelligence; brainpower (M)
plaab roj maab, *n.* tube (M)
plaab to, *n.* ulcer (M)
plaag, *n.* 1. center (of the house); 2. field; -*v.* lose (M)
plaag nplaas, *adv.* disorderly; chaotically; uncontrollably (M)
plaam, *v.* 1. loosen; become untied; become loose; staccato; 2. lose; -*adj.* unbuttoned (M)
plaam neev, *v.* lose track; lose trace (M)
plaam lw, *v.* stray; lose trace; lose sight of (M)
plaam npoj, *v.* lose from the rest of the herd or group (M)
plaam ntxhab, *v.* lose sense; lose track (M)
plaam taw, *v.* slip; trip; fall (M)
plaam teg, *v.* slip (M)
plaas, *n.* owl (M)
plab, *n.* 1. stomach; abdomen; tummy; 2. seed pod in the forming of a head of rice; 3. flat; 4. given name for a girl (M)
plab chaub, *n.* stomachache (especially after giving birth)
plab hlaub, *n.* shank; the lower part of the leg, particularly the fleshy part at the back of the lower leg
plab kiav txhab, *n.* ulcer
plab mog, *n.* abdomen; loin
plab plaw, *n.* 1. internal organs; 2. foundation; intelligence; brainpower
plab roj hmab, *n.* tube
plab to, *n.* ulcer
plag, *n.* 1. center (of the house); 2. field; 3, moment (M); -*adv.* restricted post verbal intensifier (e.g. *pluj plag*); -*v.* lose
plag nplas, *adv.* disorderly;

chaotically; uncontrollably
plaim, *n.* referring to face or reputation
plaj, *n.* forehead (M)
plam, *v.* 1. loosen; become untied; become loose; staccato; 2. lose; *-adj.* unbuttoned
plam hneev, *v.* lose track; lose trace
plam lw, *v.* stray; lose trace; lose sight
plam npoj, *v.* lose from the rest of the herd or group
plam ntxhiab, *v.* lose sense; lose track
plam taw, *v.* slip; trip; fall
plam tes, *v.* slip
plas, *n.* owl
plau, *v.* depart; run away
plaub, *n.* 1. four; 4; 2. fur; hair; feathers; 3. litigation; cases of dispute; legal conflict; problem
plaub caug, *n.* 40; forty
plaub fab xwm yeem, *n.* square
plaub fwj txwv, *n.* mustache (also see *plaub hwj txwv*)
plaub hau, *n.* hair
plaub hau cuav, *n.* wig
plaub hau ntxias, *n.* tress; pigtail; queue; braid
plaub hlis ntuj, *n.* April
plaub hwj txwv, *n.* mustache
plaub kws, *n.* corn tassels
plaub muag, *n.* eyelashes; lashes; eyebrows
plaub noog, *n.* feather
plaub qaib, *n.* chicken feathers
plaub qaib tsis ciaj ncaig, *adj.* 1. good for nothing; 2. hopeless; doomed to failure; 3. useless
plaus plav, *n.* dust (also see *pluas plav*)
plav, *n.* empty cartridge shell
plav tooj, *n.* empty cartridge shell; shell; copper shell
plaw, *n.* 1. heart (tone change from *plawv*); 2. center; middle
plaws, *adv.* restricted post verbal intensifier indicating a completed action (e.g. *kaj ntug plaws, tawm plaws, dim plaws*)
plawv, *n.* 1. heart; 2. center; middle; 3. importance
plawv nroog, *n.* downtown; center of city
plawv zos, *n.* downtown; center of village or town
ple, *n.* 1. clitoris; 2. stinger
pleb, *n.* 1. crack; 2. soil dig out from hole of animals
plees, *adj.* brazen; impudent; shameless; salacious; flirtatious; *-n.* affairs
pleev, *v.* 1. swab; apply with a swab or brush; 2. paint
pleg, *n.* sound of angry groaning, e.g. *plig pleg*
plej, *n.* sound of fire-cracker or firework; *-adv.* restricted post verbal intensifier
plev, *v.* sting; *-n.* probiscus
plhaub, *n.* 1. shell; 2. case; 3. husk; 4. wrapper; 5. cover; jacket
plhaub cd, *n.* CD cover; CD jacket
plhaub kws, *n.* corn husk
plhaub ntawv, *n.* book cover
plhaub qe, *n.* egg shell
plhaub qes, *n.* egg shell (tone change from *plhaub qe*)
plhauj taub, *n.* gourd (dried one used for carrying water)
plhaw, *n.* jump
plhaws, *n.* 1. skin; 2. husk; *-adv.* restricted post verbal intensifier
plhawv, *adv.* restricted post verbal intensifier describing the sound of bird flying away (e.g. *nrov plhawv*)
plhe, *v.* protrude; jut; stick out; obtrude
plhe leg, *adv.* restricted post verbal intensifier expressing unhappiness (e.g. *nyob plhe leg*)
plhis, *v.* shed; change form (as insects emerge from the chrysalis stage)
plhob leg, *adj.* indecisive; aimless; worthless; useless
plhob phij, *adj.* worthless
plhom moj, *v.* 1. fool around; 2. speak or do rashly; *-adj.* 1. foolish; silly; irrational; 2. reckless
plhov, *v.* take off the skin of butchered animal by burning it with fire
plhu, *n.* cheek, face
plhuaj taub, *n.* dried gourd used for carrying water (also see *plhauj taub*)
plhus, *n.* check; face (tone change from *plhu*)
plhu tuab, *adj.* 1. thick-skinned; not easily offended; 2. shameless; unashamed; brazen; blatant; barefaced
plhws, *v.* stroke; caress; pat

plia, *v.* patch; scatter something to lightly cover a hole or the like
pliab, *v.* hide (as to avoid captivity); flatten oneself to the ground; *-adj.* shallow; flattened; *-n.* 1. flat; 2. given name for a girl
pliag, *n.* moment; *-adv.* restricted post verbal intensifier (e.g. *ploj pliag*)
pliaj, *n.* forehead
plias, *adv.* restricted post verbal intensifier (e.g. *nquag plias*)
pliav, *n.* scar (see *caws pliav*)
plig, *n.* soul (please note that Hmong use *plig* (soul) and *ntsuj* (spirit) interchangeably)
plij, *n.* sound of talking or burning, often used with *plej* (e.g. *plij plej*); *-adv.* restricted post verbal intensifier
plim, *adj.* smashed; crashed; disfigured
plim plaj, *v.* throw the head back (M)
plim pliaj, *v.* throw the head back
plis, *n.* wildcat; leopard cat
plob, *v.* 1. defecate; 2. go hunting; goof off
plob hav zoov, *v.* hunt (also see *yos hav zoov*)
ploj, *v.* disappear; become lost; vanish; *-n.* sound of gunfire or explosion; *-adv.* unrestricted post verbal intensifier
ploj muag ntais, *v.* disappear from sight
ploj ntais, *v.* disappear completely
ploj ntsej muag, *v.* disappear from sight
ploog, *v.* struggle; drift; wander; *-adv.* restricted post verbal intensifier (e.g. *liab ploog*)
ploom, *n.* sound of water movement; *-adv.* restricted post verbal intensifier
plooj, *v.* 1. cover; seal; 2. join (as in embroidery); *-adj.* blurred; blurry; indistinct; not clearly visible
ploov, *n.* sound of water movement; *-adv.* restricted post verbal intensifier
plos, *v.* wade; pass through with difficulty
plov, *v.* declare; announce
plov meej, *v.* 1. declare; say or discuss openly, face to face; 2. present to; 3. adjudge
plua av, *n.* dust
pluag, *adj.* poor; impoverished; destitute; *-clf.* 1. measure word for a meal or a dose (*ib pluag mov*); 2. measure word for split lengths of rattan or bamboo; *-n.* piece; strip; length
pluaj, *n.* strip; piece; a thin layer of something; *-clf.* measure word for split lengths of rattan or bamboo
pluam, *v.* 1. relinquish; release; 2. rupture; break; 3. loose
plua plav, *n.* dust (also see *pluas plav*)
pluas, *adj.* tart; puckery to the mouth; referring to the taste of unripe fruit; *-clf.* measure word for a meal or a dose (e.g. *ib pluas mov*)
pluas hmo, *n.* dinner
pluas plav, *n.* dust (also see *plaus plav*)
pluas pluas, *adj.* tart; puckery
pluas su, *n.* lunch
pluas tshais, *n.* breakfast
pluas tshauv, *n.* dust (also see *plua tshauv*)
plua tshauv, *n.* dust
pluav, *adj.* 1. flat in shape (not round); 2. dented; *-n.* 1. flat; 2. given name for a girl
po, *n.* spleen; *-adj.* rotten; decayed; decomposed
pob, *n.* 1. ball; 2. bundle; package; 3. lump; 4. knot; 5. sheaf; *-adj.* 1. smoky; 2. ramshackle; tumbledown; rickety; falling to pieces; decrepit; derelict; *-clf.* referring to a bundle; *-v.* 1. crumble; break; fall apart; fall down; collapse; 2. rent
pob caus, *n.* knot
pob cos, *n.* wart
pob dej, *n.* hydrant; water hydrant
pob dej tua hluav taws, *n.* hydrant; water hydrant
pob kab ntxau, *n.* pimple
pob khoom, *n.* package
pob kub, *n.* forehead
pob kws, *n.* corn
pob luaj, *n.* anthill (also see *pob ntsaum*)
pob muag, *n.* eyebrow
pob ntoos, *n.* tree stump; stump (tone change from *pob ntoo*)
pob ntsaum, *n.* anthill (also see *pob luaj*)
pob ntseg, *n.* ear (tone change from *pob ntsej*)

pob ntxhias, *v.* guarantee
pob pob, *adj.* smoky
pob qa, *n.* Adam's apple
pob qej txha, *n.* bone joint
pob quav nyab, *n.* sheaf
pob rhaus, *n.* slipknot
pob taw, *n.* ankle; anklebone
pob tawb, *n.* basket
pob tawb rau ntses, *n.* creel
pob taws, *n.* ankle; anklebone (tone change from *pob taw*)
pob teg, *n.* 1. knuckle; 2. wrist bone (tone change from *pob tes*)
pob tes, *n.* 1. knuckle; 2. wrist bone
pob tsaig, *n.* chin; jaw (also see *puab tsaig*)
pob tsev, *v.* rent a house
pob tsheb, *v.* rent a car
pob tsuas, *n.* 1. rocky mountain; cliff; rock mass; 2. given name for a boy
pob tw, *n.* buttock
pob tw tsheb, *n.* 1. tailgate; 2. trunk
pob txha, *n.* bone; skeleton
pob txhaa, *n.* bone; skeleton (M)
pob txwv, *n.* bulk; frame
pob xyoob, *n.* joint of bamboo
pob yeeb, *n.* Adam's apple
pob zeb, *n.* 1. stone; rock; 2. given name for a boy
pog, *n.* grandmother; father's mother
pog koob, *n.* great grandmother; father's grandmother
pog koob yawg koob, *n.* ancestors
pog yawg, *n.* grandparents
poj, *adj.* female
poj cuag, *n.* 1. mother of son-in-law or of daughter-in-law; 2. mother of son's wife or of daughter's husband (also see *poj cuas*)
poj cuas, *n.* 1. mother of son-in-law or of daughter-in-law; 2. mother of son's wife or of daughter's husband (also see *poj cuag*)
poj huab tais, *n.* queen
poj koob yawg koob, *n.* ancestors
poj niam, *n.* 1. woman; female; lady; 2. wife
poj niam liam, *n.* slut
poj niam tub se, *n.* 1. wife and children; 2. family
poj nrauj, *n.* divorced woman; divorcee
poj ntsuag, *n.* widow
poj ntsuam, *n.* widow (tone change from *poj ntsuag*)
poj ntxoog, *n.* ghost (tone change from *pos ntxoog*)
poj qaib, *n.* 1. hen; 2. prostitute [sl] (HC)
pom, *v.* see
pom deb, *adj.* perspicacious; wise; sharp; smart
pom dheev, *v.* suddenly see
pom kev deb, *adj.* perspicacious; wise; sharp; smart
pom kev tsis deb, *adj.* shortsighted; unintelligent
pom tawm, *v.* appear
pom teev, *n.* leopard (tone change from *pos teev*)
pom txwv, *n.* panther (tone change from *pos txwv*)
pom zoo, *v.* agree; approve; accord; settle; acquiesce; affirm
poob, *v.* 1. drop; fall; 2. fail; 3. shed
poob deg, *v.* drown (tone change from *poob dej*)
poob dej, *v.* drown
poob hwj chim, *v.* wane; lose popularity
poob kua muag, *v.* shed tears; *-adj.* tearful
poob nqi, *v.* depreciate; devalue; decrease in value
poob nthab, *v.* lose morale; demoralize; lose hope; lose courage
poob peev, *v.* lose money; lose the investment
poob plig, *v.* lose soul
poob siab, *v.* 1. worry; agonize; be concerned; 2. suspect; *-adj.* worried; concerned; abject
poob teb chaws, *v.* lose the country; become refugee
poob tsim, *v.* 1. lose face; become disgraced; 2. become discouraged
poob zog, *v.* become discourage; lose strength
poob zoo, *v.* lose the way; get lose
poog, *v.* follow; stick to; go along; *-n.* boom; bang
poog ntws, *v.* gather together in a group
pooj ntaws, *n.* belly button; tummy button; navel; umbilicus (see *puj ntaws* and *ntaws ntiv*)
poom, *n.* salty pond where wild animals like to drink
poov, *n.* 1. nucleus; element; center;

basis; 2. capital; matching fund
poov xaab, *n.* leaven; yeast (M)
poov xab, *n.* leaven; yeast
pos, *n.* 1. thorn; 2. given name for a boy; 3. leopard; a kind of tiger; *-adj.* shady; out of the sun; moist; soggy; damp; *-v.* 1. cover with the hand; 2. gag; 3. seal
pos hniav, *n.* gums
pos huab, *adj.* cloudy; foggy
pos huab nti, *adj.* very cloudy; very foggy
pos kaus ntsaj, *n.* a kind of thorn
pos nav, *n.* gums (M)
pos ncag, *n.* a kind of thorny tree used for ceremony during the Hmong new year
pos nphuab, *n.* raspberry; strawberry; a kind of edible fruit
pos ntxoog, *n.* tiger and ghost; beast
pos pos, *adj.* turbid; murky; muddy; cloudy
pos pos huab, *adj.* very cloudy; very foggy
pos qhov ncauj, *v.* gag
pos teev, *n.* leopard
pos txwv, *n.* panther
pov, *v.* 1. throw; toss; 2. protect; *-n.* 1. good luck charm; amulet; 2. given name for a boy
pov fwm, *v.* protect; defend; guard; shelter (also see *pov hwm*)
pov haum, *n.* amulet; good luck charm; a lucky stone; talisman
pov hwm, *v.* protect; defend; guard; shelter (also see *pov fwm*); *-n.* given name for a boy
pov khaub hnab, *v.* toss new year ball; throw ball to each other during the Hmong new year
pov khawv, *adj.* 1. satisfied; 2. enough
pov khawv nkaus, *adj.* sick of
pov khoos, *n.* amulet; good luck charm; talisman
pov ntawv, *v.* 1. vote; 2. disseminate propaganda
pov puag, *v.* protect; safe guard
pov rhees, *v.* throw; throwing; toss
Pov Taj Tuj, *n.* a Hmong general who fought and killed over 18,500 Qing soldiers in two days in Huang Piao valley in 1869. He was one of the top generals for General Zhang Xiu-mei during the so-called "Hmong" rebellion, 1855-1872
pov thawj, *n.* 1. witness; 2. evidence; 3. proof; 4. alibi
pov tseg, *v.* throw away; trash
Pov Vaj, *n.* a Hmong general in Laos who led the Secret War which lasted from 1960-1975 (also see *Vaj Pov*)
pov yaum, *v.* protect; guard
pua, *v.* prepare a surface such as bed; spread on a flat surface; *-n.* hundred
puab, *v.* 1. mold; shape; form; produce; make; 2. stick to; stay with; hang around; *-pron.* they; them (M); *-n.* a bamboo horn; trumpet
puab ciab, *v.* lie; tell untruths
puab qab tshob, *v.* follow for the sake of something; pretend to follow
puab rooj puab ntsa, *adv.* with other family (referring to orphans who live with relatives)
puab tais, *n.* groin
puab tsaig, *n.* jaw; chin (also see *pob tsaig*)
puag, *v.* 1. hold; embrace; hug; 2. set on eggs; *-n.* measuring system with the arms stretching out, mostly applied to the measurement of something circular in shape
puag nkaus, *v.* embrace
puag nraus, *n.* third day after today; three days from today
puag nraus ub, *n.* fourth day after today; four days from today
puag qe, *v.* set on eggs
puag rawv, *v.* keep on embracing; keep holding to
puag ta, *adv.* recently; just now; a moment ago; awhile ago
puag ta ub, *adv.* awhile ago; sometime ago
puag tsaib no, *n.* last year; one year ago
puag tsaib ub, *n.* a few years ago; two years ago; year before last year
puaj tiam, *n.* generation; long time
puam, *n.* 1. a kind of animal; 2. small lengthwise rafters of the house; small rafters fastened under the eaves of the house to hold the roofing (also see *twm puam*)
puam chawj, *v.* 1. let go; unleash; set free; let loose; release; 2. forget
puam hub, *n.* mint (also see *pum hub*)
puam khaab, *n.* shrub; bush;

grassland (M)
puam khab, *n.* shrub; bush; grassland
puam sem, *n.* skunk; a kind of animal
puam tob, *n.* chopping knife; big knife
puam tsuaj, *adj.* destroyed; ruined; broken; (tone change from *puas tsuaj*)
puas, *adj.* 1. broken; destroyed; spoiled; ruined; 2. ramshackle; tumbledown; rickety; falling to pieces; decrepit; derelict; *-prep.* next to; beside; nearby; *-int.* interrogative particle (as in *puas pom, puas paub, puas yog*); *-n.* hundred; 100 (tone change from *pua*)
puas nkaus, *adv.* next to; nearby; close to
puas nyag, *v.* shock; astonish; surprise; astound; dumbfound; *-adj.* confused; shock; surprised; puzzled
puas sab, *adj.* heartbroken; broken-hearted; desolate (M)
puas siab, *adj.* heartbroken; broken-hearted; desolate
puas taag, *adj.* ruined completely; destroyed completely (M)
puas tas, *adj.* ruined completely; destroyed completely
puas tsaav yam, *n.* everything; all (M)
puas tsaav puas yam, *n.* all; everything (M)
puas tsav yam, *n.* everything; all
puas tsav puas yam, *n.* all; everything
puas tsuaj, *adj.* disastrous; ruined; broken; destroyed; *-n.* disaster; tragedy; calamity
puas tsus, *v.* deteriorate; get worse; worsen; decline; depreciate; *-adj.* broken; weaken; discouraged
puas txwv puaj tiam, *n.* since antiquity
puav, *n.* bat; *-v.* 1. gather; bring together; 2. surround; besiege; enclose; encircle; blockade; *-adj.* occasional; some
puav dai taw, *n.* referring to the bat who is not welcomed by either bird or squirrel
puav dlai taw, *n.* referring to the bat who is not welcomed by either bird or squirrel (M)
puav leej, *adv.* all; altogether
puav pheej, *n.* 1. an article of evidence; evidence of a relationship; 2. given name for a boy; 3. name of Puapheng Xiong, second son of Yuepheng and Shoua Xiong
puav tam, *adj.* like; similar; comparable (see *zoo puav tam*)
pub, *v.* 1. give; dispense; 2. feed; 3. allow; permit
puj, *n.* grandmother (M)
puj daum, *n.* a kind of song bird in Asia
puj dlaum, *n.* a kind of song bird in Asia
puj ntaws, *n.* belly button; tummy button; navel; umbilicus (saib *ntaws ntiv* thiab *pooj ntaws*)
puj sis, *v.* let; go ahead; be it; - *int.* that's fine; all right; no problem; okay
pum, *v.* see (M)
pum dleb, *adj.* perspicacious; wise; sharp; smart (M)
pum dlheev, *v.* suddenly see (M)
pum hub, *n.* mint
pum kev dleb, *adj.* perspicacious; wise; sharp; smart (M)
pom kev tsis dleb, *adj.* shortsighted; unintelligent (M)
pum liv, *n.* a certain kind of Hmoob bamboo flute
pum tob, *n.* chopping knife; big knife
pus, *v.* 1. escape with all or part of the trap or rope or arrow still attached; 2. carry or take something through a dangerous journey
puv, *adj.* 1. laden; 2. full; filled; 3. chubby; fat; *-v.* teem; brim
puv nco laws, *adj.* packed; crammed; overflowing; completely filled; completely full
puv npo, *adj.* packed; crammed; overflowing; completely filled; completely full
puv nkaus, *adv.* fully; completely
puv ntia, *adv.* fully; completely; entirely
puv ntoob, *adj.* overflowing; completely filled
pw, *v.* sleep; slumber
pwg, *n.* shoulder
pw ib pliag, *v.* snooze; take a nap
pw khwb rwg, *v.* sleep on the belly; sleep facing down
pwm, *n.* mildew
pw nthi, *v.* lay down; rest on

pw ntxeev laj, *adj*. supine; *-v*. sleep on the back (consonant change from *ntxeev taj*) (M)
pw ntxeev taj, *adj*. supine; *-v*. sleep on the back (M)
pw ntxeev tiaj, *adj*. supine; *-v*. sleep on the back
pw ua ntsais, *v*. sleep on the side

Q

qa, *n*. throat
qaab, *adj*. delicious; pleasant to the taste; *-n*. 1. back; behind; 2. downstairs; 3. chicken (M)
qaab daus, *n*. basement (*daus* come from *downstairs*) (M)
qaab dleg, *n*. downstream (M)
qaab haa, *n*. bottom of the valley; edge of the valley (M)
qaab hau, *n*. 1. base; foundation; source; root; origin; 2. knowledge; experience (also see *paub qab hau*) (M)
qaab heev, *adj*. tasty; delicious; yummy (M)
qaab hlua, *n*. 1. end of a rope; 2. root; origin (M)
qaab kev, *n*. lower side of the trail or road (M)
qaab khaav, *n*. raised porch; lower side of the house (M)
qaab lus, *adj*. appetizing; always like to eat (M)
qaba ntug, *n*. horizon (tone change from *qab ntuj*) (M)
qaab ntuj, *n*. horizon (M)
qaab ntuj khwb, *n*. universe; the whole world (M)
qaab roob, *n*. bottom of the mountain (M)
qaab roob qaab haa, *n*. mountain and valley; wilderness; no-man's land (M)
qaab sab, *adj*. enthusiastic; excited; wholehearted; passionate (M)
qaab thoob, *n*. 1. half moon; half moon in shape; 2. bottom of a bucket (M)
qaab tsaag, *n*. 1. porch; 2. poverty [sl] (M)
qaab tsib taug, *n*. backyard (M)
qaab tsua, *n*. base of the cliff (M)
qaab tsuas, *n*. base of the cliff (tone change from *qab tsua*) (M)
qaab zib, *adj*. sweet (M)
qaab zog, *n*. lower village; lower side of the village; south side of the village (tone change from *qab zos*) (M)
qaaj, *n*. snore (M)
qaaj qaug nyos, *n*. deep sleep with loud snore (M)
qab, *adj*. delicious; pleasant to the taste; *-n*. 1. back; behind; 2. downstairs; 3. chicken (M)
qab cog, *n*. old rooster; main rooster of the house (M)
qab cov txwv, *n*. turkey (M)
qab daus, *n*. basement (*daus* come from *downstairs*)
qab dlib, *n*. Asian rooster used as bait for wildfowl (M)
qab deg, *n*. downstream
qab ha, *n*. bottom of the valley; edge of the valley
qab hau, *n*. 1. base; foundation; source; root; origin; 2. knowledge; experience (also see *paub qab hau*)
qab heev, *adj*. tasty; delicious; yummy
qab hlua, *n*. 1. end of a rope; 2. root; origin
qab kev, *n*. lower side of the trail or road
qab khav, *n*. raised porch; lower side of the house
qab los, *adj*. appetizing; always like to eat
qab ntug, *n*. horizon (tone change from *qab ntuj*)
qab ntuj, *n*. horizon
qab ntuj khwb, *n*. universe; the whole world
qab roob, *n*. bottom of the mountain
qab roob qab ha, *n*. mountain and valley; wilderness; no-man's land
qab qus, *n*. jungle fowl; wild chicken; wildfowl (M)
qab siab, *adj*. enthusiastic; excited; wholehearted; passionate
qab thoob, *n*. 1. half moon; half moon in shape; 2. bottom of a bucket
qab tsag, *n*. 1. porch; 2. poverty [sl]
qab tseev, *n*. a type of chicken with

curled feathers (M)
qab tsib taug, *n.* backyard
qab tsua, *n.* base of the cliff
qab tsuas, *n.* base of the cliff (tone change from *qab tsua*)
qab zib, *adj.* sweet
qab zog, *n.* lower village; lower side of the village; south side of the village (tone change from *qab zos*)
qab zos, *n.* lower village; lower side of the village; south side of the village
qa dlub, *adj.* frugal; selfish; stingy; niggardly; thrifty (M)
qag, *n.* 1. axle; swivel; 2. gap; opening; hole; space (M); 2. flaw; vulnerability; weakness (M); -*v.* open (M)
qai, *n.* egg (M)
qaib, *n.* chicken
qaib cog, *n.* old rooster; main rooster of the house
qaib cov txwv, *n.* turkey
qaib dib, *n.* Asian rooster used as bait for wildfowl
qaib qus, *n.* jungle fowl; wild chicken; wildfowl
qaib tseev, *n.* a type of chicken with curled feathers
qaij, *adj.* tilted; slanted; -*v.* tilt; lean; slant
qaij nkas, *adj.* 1. slanted; tilted; 2. hesitant; reluctant
qaij nplas, *v.* steer away from; avoid; lean away from
qaij qaug, *v.* 1. die; pass away (a formal term used at funeral); 2. slant or fall down
qaim, *v.* embrace; hold; hug; carry or hold something under the armpit; -*n.* 1. brightness; 2. star (HC; possible tone change from *qaiv*)
qaim hli, *n.* bright moonlight; -*adj.* bright moonlight
qais, *n.* 1. collar bone; 2. baby vomit; -*clf.* measure word for skeins of thread or rope; skein
qaiv, *v.* hang thread on the cross-frame; -*n.* star (HC)
qaiv ntxaiv, *v.* hang thread on the cross-frame
qaj, *n.* snore
qaj qaug nyos, *n.* deep sleep with loud snore
qas, *adv.* restricted post verbal intensifier used with "*ntsoov*" or "*ntsuav*" (M); -*v.* disgust; sicken (M)
qas dev, *n.* salamander (see *nab qas dev*)
qas neeg, *adj.* disgusting; sickening; repulsive; ghastly; 2. sloppy; 3. squalid (M)
qas ntsoov, *adv.* well; clearly; precisely; restricted post verbal intensifier
qas ntsuav, *adv.* restricted post verbal intensifier
Qas Xyooj, *n.* Xiong, the name the Hmong of Hunan call themselves (please also note that *qas* is used interchangeably with *quas*, *qos*, and *quav*)
qau, *n.* penis; phallus
qaub, *adj.* sour; -*n.* sour salad papaya; -*v.* coax; entice (M)
qaub ncaug, *n.* spittle; saliva; spit (consonant and tone change from *auv ncaug*)
qaug, *v.* 1. drowse; doze; 2. fall; -*adj.* drunk
qaug cawv, *adj.* drunk; intoxicated
qaug dab ntub, *adj.* sleepy; nodding with sleepiness
qaug dab peg, *v.* have epilepsy; have seizure; -*n.* 1. epilepsy; 2. seizure
qaug doj qaug de, *adj.* unsteady; shaky; unhealthy
qaug me nyuam, *n.* morning sickness
qaug qaav, *n.* morning sickness (M)
qaug qaug cawv, *adj.* drunk
qaug qaug zog, *adj.* weak; tottering; unsteady on the feet
qaug qav, *n.* morning sickness
qaug qeb, *adj.* 1. weak; tottering; 2. unsteady on the feet; ungainly; -*v* shamble; -*adv.* unsteadily; shakily; unevenly
qaug qib, *adj.* 1. weak; tottering; 2. unsteady on the feet; ungainly; -*v* shamble; -*adv.* unsteadily; shakily; unevenly
qaug quav, *adj.* influenced; persuaded; convinced; -*v.* follow command; listen to; obey
qaug sai, *adj.* squeamish
qaug tshuaj, *adj.* drowsy from medication
qaug yooj yim, *adj.* squeamish
qaug zaw, *adv.* unsteadily; shakily; unevenly

qaug zog, *adj*. 1. weak; lack of energy; 2. discouraging; daunting; disappointing; *-adv*. weakly
qaug zug, *adj*. 1. weak; lack of energy; 2. discouraging; daunting; disappointing; *-adv*. weakly (M)
qauj, *v*. fail to hatch; *-adj*. dim; not bright; badly lit
qaum, *adj*. 1. back (e.g. *nruab qaum*); 2. round; oval; something round in shape (e.g. *txiv qaum*); *-n*. 1. back; rear; (e.g. *qaum tsev*); 2. top (e.g. *qaum huab*; *qaum roob*); 3. upper (e.g. *qaum zos*; *qaum kev*)
qaum kev, *n*. uphill side of the road or trail; upper side of the trail
qaum ntuj, *n*. heaven; top of heaven
qaum phau, *n*. back of the book
qaum plhaub, *n*. back cover
qaum taw, *n*. top of the foot
qaum tes, *n*. back of the hand
qaum tsev, *n*. uphill of the house; high side of the house
qaus, *v*. have a white spot in the eye; *-adj*. blind
qauv, *n*. 1. pattern; 2. model; 3. example; 4. standard
qauv laug, *n*. swatch
qauv ntaub, *n*. swatch
qav, *n*. 1. frog; 2. meal; feast; food; 3. dish
qav kaws, *n*. toad
qav taub, *n*. pollywog; polliwog; tadpole; amphibian
qawg, *v*. embrace; hold; hug (tone change from *qawm*)
qawj, *v*. wear a depression of something; have a hole on a normal surface
qawj qees, *adj*. worn down into the surface
qawm, *v*. embrace; hold; hug (also see *qawg*)
qaws, *v*. 1. roll up (as sleeve or trouser); 2. join; unite; gather; collect; group (people together)
qaws ceg ris, *v*. roll up the trouser
qaws plaub hau, *v*. roll up the hair into a topknot
qawv, *adv*. 1. continuously; repeatedly; 2. restricted post verbal intensifier (as in *tom qawv*)
qe, *n*. 1. egg; 2. zero (used by Hmong Yunnan); 3. personal record or reputation [sl]; *-v*. shut; close (e.g. *qe muag* which is a vowel change from *qi muag*)
qeb, *n*. 1. level; step; 2. trigger; 3. rye; certain type of grain; *-v*. trigger; pull the trigger
qeb hnee, *n*. trigger of the crossbow (tone change from *qeb hneev*)
qeb hneev, *n*. trigger of the crossbow
qeb ntai, *n*. step (tone change from *qeb ntaiv*)
qeb ntaiv, *n*. step
qeb phom, *n*. trigger of the gun; *-v*. pull the trigger
qee, *v*. 1. share; divide; 2. take out; take a portion aside; 3. allocate; 4. pilfer; *-adj*. some
qeeb, *adj*. 1. slow; 2. late; tardy
qeeb qeeb, *adv*. slowly
qeeg, *v*. quake; tremble; shake
qeej, *n*. reed pipes; Hmong musical instrument
qees, *adv*. 1. continuously; continually; repeatedly; constantly; endlessly; 2. restricted post verbal intensifier
qeev, *n*. phlegm or mucus; referring to phlegm or mucus (see *hnoos qeev*)
qeg, *v*. 1. consume up; use up; 2. sprain; twist (M); *-adj*. short in stature
qeg qeg, *adj*. 1. quickly used up; 2. very short in stature (M)
qeg taub, *adj*. short in stature
qej, *n*. garlic (also see *qij*)
qej qawg, *n*. goose; geese (see *noog qej qawg* which is often talked about in Hmong folk song)
qej txha, *n*. bone joint (also see *qij txha*)
qe kib, *n*. omelet; omelette
qe muag, *v*. shut the eyes; close the eyes (tone change from *qi muag*)
qe noog, *n*. bird egg
qe ntses, *n*. roe; fish egg
qe os, *n*. duck egg
qe qaib, *n*. chicken egg
qes, *adj*. 1. low; short; 2. short in stature; *-v*. sprain; twist
qes qes, *adj*. very short in stature; very low
qes taub, *adj*. short; short in stature
qes taw, *v*. sprain the foot or ankle
qev, *v*. loan; borrow; lend (also see *qiv*)
qev kauv txhais, *v*. run; flee [sl]

qha, *v.* 1. parch; dry by fire; smoke; desiccate; 2. tell; inform (M); *-adv.* restricted post verbal intensifier (as in *ncaj qha*)
qhaa, *v.* 1. parch; dry by fire; smoke; desiccate; 2. tell; inform (M); *-adv.* restricted post verbal intensifier (as in *ncaj qhaa*) (M)
qhaab, *n.* rafters; roof joist (M)
qhaab tse, *n.* stud (of the house) (tone change from *qhaab tsev*) (M)
qhaab tsev, *n.* stud (M)
qhab, *n.* 1. rafters; roof joist; 2. a kind of people who live in the jungle and survive by hunting; 3. nomads; migrants
qhab tse, *n.* stud (of the house) (tone change from *qhab tsev*)
qhab tsev, *n.* stud
qhaib, *v.* 1. engage (for a marriage); troth; betroth; 2. cross over; crisscross; 3. tangle; interweave; intertwine; 4. braid
qha nqaij, *v.* smoke meat
qhau, *v.* knock down; take down; wrestle
qhaub, *n.* a rod used for a snare to trap wild game
qhau cev, *v.* rely on; ask for help; approach
qhau hau, *v.* approach; beg for help; ask for help
qhauv, *n.* food for animals (often used with *npua* or *qaib)*
qhaws, *v.* close; shut
qhaws rawv, *v.* close tightly
qhawv, *adv.* restricted post verbal intensifier (e.g. *qhawv qho* or *tawv qhawv*)
qhawv qho, *adv.* menacingly; restlessly
qhe, *v.* eat (slang)
qheb, *v.* open; uncover; unfold; *-n.* oak; a hard wood tree (also see *qhib*)
qheb lug, *adj.* wide opened; exposed
qhem, *adv.* restricted post verbal intensifier (as in *qhuj qhem*)
qhev, *n.* slave; servant
qhia, *v.* 1. teach; 2. tell; inform; 3. warn; 4. update
qhia paub, *v.* 1. inform; tell; 2. update
qhiav, *n.* ginger
qhib, *v.* 1. open; uncover; unfold; 2. activate; *-n.* oak; a hard wood tree (also see *qheb*)
qho, *n.* point; thing; *-adj.* what; in what respect; *-adv.* restricted post verbal intensifier
qhob, *adj.* unnaturally cold in body, especially when one is sick (e.g. *ua qhob nrag*)
qhob nrag, *adj.* unnaturally cold in body, especially when one is sick
qhoob, *v.* call the young (used of animals such as chicken); cradle in one's arms; fondle an infant in one's arms
qhoov, *n.* zero (*qhoov* has been used by the Hmong in Hunan and Guzhou for hundreds and thousands of years)
qhov, *n.* 1. hole; 2. point; *-adj.* what; in what respect (also see *qho*)
qhov aav, *n.* hole in the ground (M)
qhov av, *n.* hole in the ground
qhov ceev, *n.* tempo
qhov chaw, *n.* place
qhov cos, *n.* treadmill; rice pounder
qhov cua, *n.* vent
qhov cub, *n.* 1. fireplace; 2. stove; 3. furnace
qhov cug, *n.* treadmill; rice pounder (M)
qhov dav, *n.* width; breadth
qhov dej, *n.* well of spring water
qhov dej saus, *n.* place where water disappears into the ground
qhov dim pa, *n.* vent
qhov dlaav, *n.* width; breadth (M)
qhov dlej, *n.* well of spring water (M)
qhov dlej saus, *n.* place where water disappears into the ground (M)
qhov dlim paa, *n.* vent (M)
qhov kawg, *n.* end; result; outcome; consequence; sequel
qhov kawg nkaus, *n.* 1. ultimate; 2. ultimatum
qhov kev xam pom, *n.* viewpoint; stance; position; perspective; opinion; standpoint; view
qhov muag, *n.* 1. eye; eyes; 2. weakness; 3. vulnerability; susceptibility
qhov muag hlaws hlaws, *adj.* big round eyes like beads
qhov muag ntseg ntsos, *adv.* eyes in vacant fixed stare; eyes turned

vertical when seriously sick
qhov muag tawv tawv, *adj.* heavy eyed; sleepy eyed
qhov ncauj, *n.* mouth
qhov ncauj tawm, *n.* canker sores
qhov ntev, *n.* length
qhov ntsej, *n.* ear canal
qhov ntsos, *n.* temple
qhov ntswg, *n.* nose; nostril
qhov ntxa, *n.* grave
qhov ntxaa, *n.* grave (M)
qhov qeg, *n.* low; trough
qhov qes, *n.* low; trough
qhov qhib, *n.* slot
qhov qiag, *n.* 1. weakness; 2. vulnerability; susceptibility; 3. gap
qhov qwb, *n.* depression at the back of the neck
qhov rais, *n.* window
qhov rais saum ru tsev, *n.* skylight
qhov rooj, *n.* door; gate; entrance
qhov rooj khiav hluav taws, *n.* fire exit
qhov rooj nkag, *n.* entrance
qhov rooj tag, *n.* front door of a Hmong house (on the longer side of the house used partly for spiritual purposes)
qhov rooj tawm, *n.* exit
qhov rooj txuas, *n.* side door of a Hmong house
qhov sab, *n.* height (M)
qhov saib pom, *n.* view
qhov saib pum, *n.* view (M)
qhov saus, *n.* hole where water disappear into the ground; hole in the ground where things fall into
qhov siab, *n.* height
qhov tag, *n.* truth; fact; reality (M)
qhov tiag, *n.* truth; fact; reality
qhov tob, *n.* depth
qhov tseeb, *n.* truth; truism; fact; reality; verity
qhov tsev, *n.* crack in the wall of the house
qhov tshij, *n.* well; drinking well
qhov tsis khov, *n.* 1. weakness; weak point; 2. vulnerability; susceptibility
qhov tsos, *n.* armpit
qhov tsua, *n.* cave; mountain cave
qhov txhia chaw, *adj.* widespread; prevalent; extensive; pervasive; all over
qhov txos, *n.* stove; fireplace used for large cooking
qhov txus, *n.* stove; fireplace used for large cooking (M)
qhov twg, *adv.* where
qhov twg los tau, *adv.* wherever
qhov xaus, *n.* end; result; outcome; consequence; sequel
qhov zawj, *n.* crater
qhua, *n.* 1. guest; outsider; visitor; 2. disease that produce rash
qhuab, *v.* 1. discipline; 2. punish
qhuab ke, *v.* show the way to the dead person; guide the dead to his or her ancestral land
qhuab qha, *v.* 1. discipline; 2. punish; 3. advise; recommend (M)
qhuab qhia, *v.* 1. discipline; 2. punish; 3. advise; recommend
Qhua Hmob, *n.* Xiong clan (possible vowel change from *Qhua Hmub*)
qhua maaj, *n.* chickenpox (M)
qhua maj, *n.* chickenpox
qhua pas, *n.* measles (M)
qhua pias, *n.* measles
qhuas, *v.* 1. praise; commend; compliment; flatter; admire; acclaim; 2. tout
qhua tab, *n.* distant relatives called to attend a funeral service
qhua tauj yas ob cag, *n.* people of different clan or of different village
qhua taum, *n.* smallpox
qhua txooj, *n.* immediate relatives called to attend a funeral service
qhua txws, *n.* the day before the burial when relatives formally come to pay their respect to the dead
qhuav, *adj.* 1. dry; arid; sear; 2. empty; 3. alone; unembellished; 4. free; without payment
qhua vauv, *n.* groom's party; groom's envoy
qhuav nquas, *adj.* 1. empty completely; 2. dry completely; 3. empty-handed
qhuav plawv, *n.* a type of tree
qhuav qhawv, *adj.* 1. empty completely; 2. dry completely; 3. empty-handed
qhuav siab, *adj.* 1. empty-hearted; 2. thirsty; craving for something to drink
qhuj qhej, *n.* 1. sound of something dying or loosening; 2. sound of coughing
qhuj qhem, *n.* 1. sound of something

dying or loosening; 2. sound of coughing
qhws, *n.* kettle; teakettle
qhws rhaub dej, *n.* kettle
qhws rhaub dlej, *n.* kettle (M)
qhws rhaub this, *n.* teakettle
qhws ntsej, *n.* earring; earrings (also see *qhwv ntsej*)
qhwv, *v.* 1. wrap; swathe; 2. cover; *-n* siege
qhwv ntsej, *n.* earring; earrings (also see *qhws ntsej*)
qi, *v.* shut; close (e.g. *qi qhov muag*; also see *qe*)
qia, *n.* 1. neck of fruit; 2. neck of something; small part of something; *-adj.* frugal; selfish; stingy; niggardly
qiab, *v.* hook together
qia dub, *adj.* frugal; selfish; stingy; niggardly; thrifty
qiag, *v.* open; *-n.* 1. gap; opening; hole; space; 2. flaw; vulnerability; weakness
qias, *v.* disgust; sicken; *-adv.* restricted post verbal intensifier used with *ntsuav*; *-adj.* disgusting; sickening; repulsive; ghastly
qias neeg, *adj.* 1. disgusting; sickening; repulsive; ghastly; 2. sloppy; 3. squalid
qiav, *v.* 1. corrupt; use; take; 2. kill
qib, *n.* 1. level; step; 2. rye; a kind of food; 3. trigger; *-v.* trigger; pull the trigger (also see *qeb*)
qib hnee, *n.* trigger of a crossbow (tone change from *qib hneev*)
qib hneev, *n.* trigger of a crossbow
qib phom, *n.* trigger of a gun
qig, *v.* consume up; use up; *-adj.* short in stature
qig qig, *adj.* very short in stature
qig taub, *adj.* short; short in stature
qij, *n.* garlic (also see *qej*)
qij qawj, *n.* sound of knuckles cracking; *-adv.* restricted post verbal intensifier describing the sound of knuckles cracking
qij txha, *n.* bone joint (also see *qej txha*)
qis, *adj.* low; short; *-v.* twist; sprain
qis taub, *adj.* short; short in stature
qiv, *v.* borrow; loan; lend (also see *qev*)
qiv qawv, *n.* sound of knuckles cracking; *-adv.* restricted post verbal intensifier (also see *qij qawj*)
qog, *v.* imitate; mimic; copy; follow; *-n.* carbuncle; glandular swelling
qog lwm tus neeg, *v.* travesty; imitate others; mimic others
qog qab, *v.* 1. repeat; 2. follow; copy
qog qees, *adv.* chaotically; uncontrollably; wildly; noisily
qog qhia, *v.* recount
qoj, *v.* jerk; yank; twist; turn; shake back and forth; push and pull back and forth
qoj cev, *v.* exercise
qoob, *n.* 1. produce; harvest; 2. chickenpox
qoob loo, *n.* produce; harvest
qoos, *adj.* 1. ripen; mature; become fully grown; ready; 2. good
qoov, *n.* a kind of edible plant; *-v.* gather; group; organize
qoov sua, *v.* unite; unify; organize
qoov zog, *v.* group; gather; organize
qos, *v.* close (the door); *-n.* potato; tuber
qos liab, *n.* sweet potato; red sweet potato; yam
qos nplooj ntse, *n.* a kind of yam or tuber
qos nqeeb, *n.* a kind of wild yam or tuber
qos ntoo, *n.* cassava; yuca
qos tsov, *n.* a kind of short, large leaf plant
Qos Xyooj, *n.* Xiong, the name the Hmong of Hunan call themselves (possible vowel change from *qas xyooj* and please also note that *qos* is used interchangeably with *quas*, *qas*, and *quav*)
qos yaj ywm, *n.* potato
qos zoov, *n.* a kind of wild yam or tuber
qua, *v.* 1. crow; 2. marry (someone off); *-n.* site; place
quab, *v.* order; force; *-n.* male pig
quab npua, *n.* hog; young castrated pig
quab npuas, *n.* hog; young castrated pig (tone change from *quab npua*)
quab yuam, *v.* force; coerce; compel
quag, *n.* 1. orderliness; neatness; 2. system; 3. standard (see *muaj quag*)
quaj, *v.* 1. cry; weep; sob; 2. wail; yowl; 3. growl; squeal; 4. make a loud noise (as *xob quaj*)
quaj laug laws, *v.* cry loudly
quaj nrov les, *v.* whimper openly; cry

openly
quaj qw, *v.* scream
quaj taug, *v.* cry constantly
quaj tuag zias, *v.* yelp
qua ntxa, *n.* grave site; burial place
quas, *v.* separate; detach; come in between; -*n.* a meaningless article use with many Hmong words such as *quas puj*, *quas xyooj*, *quas naus*, etc (please note that *quas* is used interchangeably with *qos*, *qas*, and *quav*)
quas npab, *n.* referring to striped Hmong (see *Hmoob Quas Npab*)
quas puj, *n.* wife (M)
quas yawg, *n.* husband (M)
qua tsev, *n.* site of a house
quav, *n.* 1. feces; excrement; stool; 2. excretion; -*v.* 1. addict; crave; like; 2. fold; -*adj.* wont; addicted
quav cawv, *adj.* alcoholic
quav ciab, *n.* wax; bee wax used on the tip of the crossbow to hold the arrow in position
quav Hmoob, *n.* Hmong addict (a term first used by Yuepheng Xiong via Hmoob Moj Them Radio in 2007)
quav hniav, *n.* plaque
quav kws, *n.* corn stalks
quav muag, *n.* eye excretion; matter or pus in the eyes
quav nav, *n.* plaque (M)
quav nplej, *n.* rice straw
quav nqeeb, *n.* old farm field full of thatched weeds
quav ntsej, *v.* 1. listen; pay attention to; 2. mind; -*n.* earwax; cerumen
quav ntswg, *n.* booger
quav nyab, *n.* 1. straw; 2. hay
quav nyab nplej, *n.* rice straw
quav poj, *n.* old farm field full of weeds and scrub vegetation
quav tsev, *n.* 1. foundation of a house; floor of a house; 2. lot; 3. grave lot; burial lot
quav yeeb, *n.* drug addiction
qub, *adj.* old; aged; antique; historic; traditional
qub txeeg qub teg, *n.* old belongings; belongings; old articles
quj, *v.* 1. suppress; push down; push and turn kind of action; 2. kill; -*adv.* restricted post verbal intensifier
quj qees, *adv.* 1. steadily; continuously; slowly; 2. restricted post verbal intensifier
qus, *adj.* wild; undomesticated; untamed
qw, *v.* yell; scream; shout; rave; cry out loudly
qwb, *n.* back of the neck; depression at the back of the neck
qwj, *n.* snail
qwj yeeg, *n.* a type of snail
qws, *n.* stick; club; shillelagh
qwv, *v.* blow (a leaf)
qwv nplooj, *v.* blow leaf (to make music or words)

R

raab, *clf.* measure word for objects like knife, gun, sword, and other weapons (M)
raab dlav, *n.* spoon; the spoon (M)
raab koob, *n.* needle; the needle (M)
raab lag, *n.* sickle; the sickle (M)
raab neev, *n.* crossbow; the crossbow (M)
raab peev xwm, *n.* ability; capability (M)
raab phom, *n.* gun; the gun (M)
raab rag, *n.* knife; the knife (M)
raab rauj, *n.* hammer; the hammer (M)
raab taus, *n.* axe; the axe (M)
raab teb roog ntuj, *n.* world; distant place (M)
raab teb rooj ntug, *n.* region; world (M)
raab txuas, *n.* corn knife; the corn knife (M)
raag, *v.* 1. run; race; rush; hurry; dash; 2. play; perform (M)
raag ntws, *v.* run away; rush out; hurry away (M)
raag ntxaj, *v.* run back; rush back (M)
raag txuj, *v.* perform; dance (M)
raaj, *n.* 1. flute; 2. pipe; 3. pipe-like container; -*clf.* measure word for a long container, such as bamboo container (M)
raaj dlej, *n.* bamboo water carrier (M)

raaj hlav ncauj, *n.* recorder; a type of bamboo flute with a slanted top (M)
raaj lev les, *n.* a type of small reed flute (M)
raaj nplaim, *n.* a type of bamboo flute with a reed (which is very unique to the Hmong) (M)
raaj nploog, *n.* tree hole flute (M)
raaj ntsaws, *n.* a type of bamboo flute with a flat top (M)
raaj paa tawg, *n.* smokestack (M)
raaj puab raaj xyu, *n.* trumpets; horns (M)
raaj pum liv, *n.* recorder; a type of bamboo flute with a slanted top (M)
raaj ris laug, *n.* a kind of long-legged spider (M)
raas, *v.* realize; become conscious; become aware; *-adj.* aware; conscious (M)
raas dlheev, *v.* become aware suddenly; notice suddenly (M)
raas haiv, *v.* become conscious of one's nationality; *-n.* nationalism; awareness of one's identity (M)
rab, *clf.* measure word for objects like knife, gun, sword, and other weapons
rab diav, *n.* spoon; the spoon
rab hneev, *n.* crossbow; the crossbow
rab koob, *n.* needle; the needle
rab liag, *n.* sickle; the sickle
rab peev xwm, *n.* ability; capability
rab phom, *n.* gun; the gun
rab rauj, *n.* hammer; the hammer
rab riam, *n.* knife; the knife
rab taus, *n.* axe; the axe
rab teb roog ntuj, *n.* world; distant place
rab teb rooj ntug, *n.* region; world
rab txuas, *n.* corn knife; the corn knife
rag, *v.* 1. run; race; rush; hurry; dash; 2. play; perform
rag ntws, *v.* run away; rush out; hurry away
rag ntxiaj, *v.* run back; rush back
rag txuj, *v.* perform; dance
rais, *v.* 1. become; 2. return; *-n.* window (often used with *qhov*)
raj, *n.* 1. flute; 2. pipe; 3. pipe-like container; *-clf.* measure word for a long container, such as bamboo container
raj dej, *n.* bamboo water carrier
riaj hliav ncauj, *n.* recorder; a type of bamboo flute with a slanted top
raj lev les, *n.* a type of small reed flute
raj nplaim, *n.* a type of bamboo flute with a reed (which is very unique to the Hmong)
raj nploog, *n.* tree hole flute
raj ntsaws, *n.* a type of bamboo flute with a flat top
raj pa taws, *n.* smokestack
raj puab raj xyu, *n.* trumpets; horns
raj pum liv, *n.* recorder; a type of bamboo flute with a slanted top
raj ris laus, *n.* a kind of long-legged spider
ras, *v.* realize; become conscious; become aware; *-adj.* aware; conscious
ras dheev, *v.* become aware suddenly; notice suddenly
ras haiv, *v.* become conscious of one's nationality; *-n.* nationalism; awareness of one's identity
rau, *n.* 1. six; number 6; 2. hoof; nail; *-v.* 1. wear; put into (e.g. *rau khau*); 2. put on (e.g. *rau mov*); *-prep.* 1. to; toward; 2. on
raub, *v.* scratch (mostly referred to chicken scratch)
raub ris teb, *n.* scorpion (also see *roob ris teb*)
raug, *v.* 1. encounter; suffer; incur; 2. cooperate with; have a relationship with; *-adj.* correct; true; accurate
raug cai, *adj.*1. legal; according to the law; 2. official; valid; legitimate; lawful
raug chua, *adj.* appropriate; befitting, apt, meet, felicitous, suited, proper, pertinent
raug dab, *adj.* sick caused by evil spirits
raug dag, *adj.* being deceived; being lied to
raug dlaab, *adj.* sick caused by evil spirits (M)
raug dlaag, *adj.* being deceived; being lied to (M)
raug kis, *adj.* traditional; according to tradition; right path
raug mob, *v.* injure; wound; hurt; *-adj.* injured; wounded
raug nqi, *v.* 1. cost; 2. value
raug sab, *adj.* pleasant; satisfactory; pleasing; satisfying; enjoyable;

agreeable; -*v*. please; please the heart; agree; delight; satisfy (M)
raug siab, *adj*. pleasant; satisfactory; pleasing; satisfying; enjoyable; agreeable; -*v*. please; please the heart; agree; delight; satisfy
rau hli, *n*. 1. June; 2. six months
rau hli ntuj, *n*. June
rauj, *n*. 1. hammer; 2. gad
raum, *n*. kidney
raus, *v*. dip; plunge; plunge into; immerse; submerge; duck; -*clf*. measure word for one square of embroidery work
rau saab nub poob, *adj*. western; -*adv*. westward (M)
rau saab nub tuaj, *adj*. eastern; -*adv*. eastward (M)
rau saab qaab teb, *adj*. southern; -*adv*. southward (M)
rau saab qaum teb, *adj*. northern; -*adv*. northward (M)
rau sab hnub poob, *adj*. western; -*adv*. westward
rau sab hnub tuaj, *adj*. eastern; -*adv*. eastward
rau sab qab teb, *adj*. southern; -*adv*. southward
rau sab qaum teb, *adj*. northern; -*adv*. northward
rau sab, *adj*. hardworking; industrious; diligent; -*v*. work hard; endeavor (M)
rau siab, *adj*. hardworking; industrious; diligent; -*v*. work hard; endeavor
raus laum, *v*. plunge under the surface; swim under the water; immerse
raus teg, *v*. involve; cooperate
raus tes, *v*. involve; cooperate
rau taw, *n*. toenail
rau tes, *n*. fingernail
rau txim, *v*. 1. punish; 2. discipline; 3. reprimand
rauv, *v*. burn; light a fire; put wood on the fireplace
rauv taws, *v*. light a fire; put wood on the fireplace
rawg, *n*. chopsticks
rawm, *adj*. 1. hurried; 2. rushed; 3. rash; 4. eager; -*adv*. quickly; hastily; speedily; -*n*. 1. a kind of bamboo; 2. given name for a girl
raws, *v*. 1. chase; pursue; 2. follow; 3. defecate (see *raws plab*); 4. elope. -*prep*. according to
raws li, *prep*. according to
raws plab, *v*. defecate; have a diarrhea; -*n*. diarrhea (also see *thoj plab* and *lawv plab*)
raws qab, *v*. 1. follow; 2. chase; pursuit
rawv, *adj*. bent; crooked; -*adv*. 1. closely; 2. tightly; firmly; 3. restricted post verbal intensifier (e.g. *rawv nris* or *ruj rawv*)
rawv nris, *adv*. restricted post verbal intensifier describing how something or someone is slanted or crooked
re, *clf*. measure word for a stem of flowers, leaves or fruits (also see *rev*)
re paj, *n*. a stem of flowers
re txiv, *n*. a stem of fruits
rev, *clf*. measure word for a stem of flowers, leaves or fruits (tone change from *re*)
rha, *v*. embroider; sew; stitch (M)
rhab, *v*. fear; be afraid of; -*adj*. 1. ticklish; 2. sensitive; touchy (M)
rhab dlaab muag, *adj*. afraid of height; sensitive to height (M)
rhab rhab, *adj*. 1. ticklish; 2. fearful; afraid of; 3. sensitive; touchy (M)
rhais, *v*. 1. tuck in; tuck up; 2. hang; 3. move; resettle; 4. step; walk; 5. skip; 6. indent
rhais hneev, *v*. step away; walk away
rhais neev, *v*. step away; walk away (M)
rhais roj, *v*. go away; walk away
rhais roj rhais hneev, *v*. step away; walk away; go away
rhais roj rhais neev, *v*. step away; walk away; go away (M)
rhais ruam, *v*. step away; walk away; go away
rhaub, *v*. 1. heat; heat up; 2. boil
rhaub dej, *v*. boil water
rhaub dlej, *v*. boil water (M)
rhaus, *v*. unknot; untie; slip something out from a knot
rhawv, *v*. pioneer; lead; initiate; -*n*. large vessel; tub; tank
rhawv dej, *n*. water tank; water tower
rhawv dlej, *n*. water tank; water tower

(M)
rhawv kaab, *v.* create the way; initiate something; establish a relationship (M)
rhawv kaab rhawv kev, *v.* create the way; initiate something; establish a relationship (M)
rhawv kab, *v.* create the way; initiate something; establish a relationship
rhawv kab rhawv kev, *v.* create the way; initiate something; establish a relationship
rhawv kev, *v.* create the way; initiate something; establish a relationship
rhawv rhe, *n.* sound of lightning or loud noise; *-adv.* restricted post verbal intensifier
rhawv zeb, *n.* 1. stone jar; 2. plain of jar (in Xieng Khoung province, Laos known as *tiaj rhawv zeb*)
rhe, *adv.* restricted post verbal intensifier (e.g. *rhawv rhe*); *-n.* 1. sound of lightning; 2. loud noise
rheeb, *v.* scratch; *-n.* a type of bird
rhees, *adv.* restricted post verbal intensifier (e.g. *pov rhees*)
rhej, *n.* 1. sound of lightning or frying; 2. loud and speedy noise; *-adv.* restricted post verbal intensifier
rhev, *n.* 1. sound of lightning or of vehicle and aircraft passing by; 2. loud and speedy noise; *-adv.* restricted post verbal intensifier (e.g. *nrov nhev*)
rhia, *v.* embroider; sew; stitch
rhiab, *v.* fear; be afraid of; *-adj.* 1. ticklish; 2. sensitive; touchy
rhiab dab muag, *adj.* afraid of height; sensitive to height
rhiab rhiab, *adj.* 1. ticklish; 2. fearful; afraid of; 3. sensitive; touchy
rhiav, *n.* 1. a kind of plant; 2. given name for a girl
rhij, *n.* sound of cracking or breaking leaves and tree branches; sound of bird scratching; *-adv.* restricted post verbal intensifier (e.g. *nrov rhij rhuaj*)
rhij rhuaj, *n.* sound of cracking or breaking leaves and tree branches; sound of bird scratching; *-adv.* restricted post verbal intensifier
rho, *v.* 1. pull; pull out; withdraw; 2. pluck; extract; 3. subtract; 4. suspend; 5. uproot; 6. unplug
rho hlo, *v.* pull out completely; withdraw completely
rho hlua, *v.* unplug
rho hniav, *v.* pull tooth; extract tooth
rho me nyuam, *n.* abortion
rhoob, *v.* hump; push and pull
rho tawm, *v.* 1. pull out; withdraw; 2. revoke; 3. suspend; terminate
rhu, *v.* 1. pull; pull out; withdraw; 2. pluck; extract; 3. subtract; 4. suspend; 5. uproot; 6. unplug (M)
rhuab, *n.* bloom (see *khaub rhuab*)
rhuaj, *n.* sound of moving or dropping; *-adv.* restricted post verbal intensifier describing the sound of something moving or dropping
rhuav, *v.* 1. tear down; dismantle; 2. sabotage; ruin; destroy; break; 3. abolish; eradicate; eliminate; put an end to; 4. ravel; undo; untangle; 5. affront; *-adv.* restricted post verbal intensifier describing the sound of something moving
rhuav ntsej muag, *v.* lose face; humiliate; disgrace; *-adj.* disgraceful; shameful
rhuav plhu, *v.* 1. show off; brag; swank; boast; abash; 2. humiliate; disgrace
rhuav pov tseg, *v.* destroy and throw away; toss away
rhuav tshem, *v.* 1. relinquish; 2. destroy; ruin; 3. abolish; eradicate; eliminate; put an end to
rhu hlo, *v.* pull out completely; withdraw completely (M)
rhu hlua, *v.* unplug (M)
rhu miv nyuam, *n.* abortion (M)
rhu nav, *v.* pull tooth; extract tooth (M)
rhu tawm, *v.* 1. pull out; withdraw; 2. revoke; 3. suspend; terminate (M)
rhuv, *adv.* restricted post verbal intensifier describing a color (e.g. *daj rhuv*)
rhw, *v.* crush rice for the second time by using a rice pounder; refine; purify
ri, *v.* spread; scatter; disperse; *-n.* a supporting cross-piece with an X to stabilize the structure; brace
riam, *n.* 1. knife; 2. given name for a boy

riam cauj puam, *n.* a type of Hmong knife
riam nruab phom, *n.* bayonet
riam phais neeg, *n.* scalpel (also see *chais phais neeg*)
riam phom, *n.* weapon
riam pum tob, *n.* a type of Hmong knife
riam tawm phom, *n.* bayonet
riam yeeb, *n.* opium harvesting knife
rig, *v.* bind; wrap around; coil; tangle; *-n.* pants; trousers; slacks; *-v.* 1. carry on the back; 2. shoulder; bear; take on; 3. guarantee (M)
rig huv qaab, *n.* underwear (see *nrog ris*) (M)
rig huv qaab tab, *n.* bloomers (see *nrog tiab*) (M)
rig naav huv qaab dlaim tab, *n.* bloomers (see *nrog tiab*) (M)
rig luv, *n.* short; breeches (M)
rig saab huv, *n.* underwear (see *nrog ris*) (M)
rig tsho, *n.* clothing; clothes (M)
rig tsho luj, *n.* suit (M)
rig tsho naav pw, *n.* pajamas (M)
rig tsho ua zaam, *n.* formal clothing (M)
rig tsho xam koos, *n.* suit (L) (M)
ris, *n.* pants; trousers; slacks; *-v.* 1. carry on the back; 2. shoulder; bear; take on; 3. guarantee
ris hauv qab, *n.* underwear (see *nrog ris*)
ris hauv qab tiab, *n.* bloomers (see *nrog tiab*)
ris hnav hauv qab daim tiab, *n.* bloomers (see *nrog tiab*)
ris luv, *n.* short; breeches
ris sab, *v.* give up; surrender; repent; regret (M)
ris sab hauv, *n.* underwear (see *nrog ris*)
ris siab, *v.* give up; surrender; repent; regret
ris tsho, *n.* clothing; clothes
ris tsho hnav pw, *n.* pajamas
ris tsho loj, *n.* suit
ris tsho ua zam, *n.* formal clothing
ris tsho xam koos, *n.* suit (L)
ris txaj, *adj.* grateful; thankful; appreciative; *-v.* thank you; appreciate (M)
ris txaj ris ntsig, *adj.* grateful; thankful; appreciative; *-v.* thank you; appreciate (M)
ris txiaj, *adj.* grateful; thankful; appreciative; *-v.* thank you; appreciate
ris txiaj ris ntsig, *adj.* grateful; thankful; appreciative; *-v.* thank you; appreciate
ri sua, *v.* scatter; spread; disperse
rob, *v.* avenge; retaliate
rob caub, *v.* avenge againt enemy; seek revenge; retaliate againt the enemy (*caub* means *enemy*)
rog, *adj.* 1. fat; chubby; 2. rotund; *-n.* 1. war; warfare; fighting (see *tsov rog*); 2. fat; obese
rog dhau lawm, *adj.* overweight; *-n.* war is over
rog dlhau lawm, *adj.* overweight; *-n.* war is over (M)
rog rog, *adj.* 1. fat; chubby; 2. rotund
roj, *n.* 1. oil; grease; 2. fat; 3. resin; sap
roj aav, *n.* kerosene; gasoline; gas; fuel (M)
roj av, *n.* kerosene; gasoline; gas; fuel
roj hmab, *n.* rubber
roj maab, *n.* rubber (M)
roj npua, *n.* pork fat; lard
roj npuas, *n.* pork fat; lard (tone change from *roj npua*)
roj ntoo, *n.* tree resin; rosin
roj ntoos, *n.* tree resin; rosin (tone change from *roj ntoo*)
roj ntsha, *n.* flesh and blood (tone change from *roj ntshav*)
roj ntshav, *n.* flesh and blood; blood
roj nyug, *n.* suet; cow fat (tone change from *roj nyuj*)
roj nyuj, *n.* suet; cow fat
roj tsheb, *n.* gasoline; gas
roj zaub, *n.* vegetable oil
roob, *n.* 1. mountain; hill; 2. back; back side
roob hav, *n.* terrain
roob hlaub, *n.* the shin, the front of the lower leg; shinbone
roob laj, *n.* the pole laid down horizontally in the crossed ends of the saplings holding down the thatched roof
roob moj sab, *n.* mountain of wilderness
roob qhib, *n.* shin, the front of the lower leg; shinbone

roob rag, *n.* back of the knife; backside of the knife (M)
roob riag, *n.* back of the knife; backside of the knife (tone change from *roob riam*)
roob riam, *n.* back of the knife; backside of the knife
roob ris, *n.* crab
roob ris teb, *n.* scorpion
roob tsua, *n.* rocky mountain
roob tsuas, *n.* rocky mountain (tone change from *roob tsua*)
roog, *v.* shelter; protect; shield; cover; harbor; *-n.* 1. door; 2. table (tone change from rooj); 3. reference to *dab roog*
roog ntuj, *n.* world; distant place
rooj, *n.* 1. table; 2. stool; chair; 3. gate; entrance; door; *-clf.* measure word for various kinds of traps
rooj hau lus, *n.* table of contents
rooj huab tais, *n.* throne
rooj log, *n.* wheelchair (also see *tog log*)
rooj lus, *n.* topics (for discussion); issues (for discussion)
rooj ncauj lus, *n.* 1. topics; 2. table of contents (see *rooj hau lus*)
rooj noj, *n.* 1. feast; meal; 2. a table of food
rooj noj mov, *n.* dinning table
rooj noj rooj haus, *n.* 1. feast; meal; 2. banquet; 3. a table of food
rooj ntug, *n.* 1. gate to heaven; 2. world; 3. place (tone change from *rooj ntuj*)
rooj ntuj, *n.* 1. gate to heaven; 2. world; 3. place
rooj nyob, *n.* stool; chair
rooj tiag taw, *n.* stool; footstool; steps
rooj tog, *n.* furniture
rooj vag, *n.* gate; entrance; vestibule
rooj zaum, *n.* chair (also see *tog*); bench; stool
roos, *v.* shelter; protect; shield; cover; harbor; shadow
roov, *n.* a species of large bird (see *noog roov*)
ros, *n.* referring to laughter (see *dab ros*)
rov, *v.* return; go back; come back; *-n.* 1. return; 2. opposite
rov hais dua, *v.* reinstate; reiterate; repeat
rov has dlua, *v.* reinstate; reiterate; repeat (M)
rov hlo, *v.* quickly return; return completely
rov loo, *v.* 1. return promptly; return quickly; 2. go back quickly
rov los, *v.* return; come back
rov lug, *v.* return; come back (M)
rov moog, *v.* 1. go back; 2. return (M)
rov mus, *v.* 1. go back; 2. return
rov nees, *v.* kick by swinging the leg behind the back; *-n.* horse kick
rov ntsuj, *v.* return; come back
rov qaab, *v.* 1. return; come back; 2. undo; *-adv.* aback (M)
rov qaab lug, *v.* come back; return (M)
rov qab, *v.* 1. return; come back; 2. undo; *-adv.* aback
rov qab los, *v.* come back; return
rov quav, *adv.* vice versa; *-adj.* opposite; reverse; contrary; upside down
rov taw tuam ntuj, *v.* betray
rov thim, *v.* 1. undo; 2. cancel out
ru, *n.* roof ridge (tone change from *ruv*)
rua, *v.* open; *-prep.* into; to; toward (M)
ruaj, *adj.* firm; stable; steady; solid; durable; enduring
rua lo, *v.* yawn
rua lu, *v.* yawn (M)
ruam, *adj.* 1. dumb; stupid; foolish; 2. unable to speak; 3. uneducated; *-n.* 1. step; 2. fool
rua muag, *v.* open the eyes
rua ncauj u, *adj.* agape; astonished; amazed
ruas, *n.* leprosy (see *mob ruas*)
rub, *v.* 1. pull; 2. haul
rub los ua ke, *v.* unify; unite; join; merge; bring together
ru tsev, *n.* roof (tone change from *ruv*)
ruv, *n.* roof ridge
ruv tsev, *n.* roof
rwb, *n.* cotton
rwg, *v.* swoop; fly away; *-n.* 1. given name for both boy and girl; 2. the youngest child; 3. termite; 4. little finger
rwg ntxaj, *adv.* speedily; quickly; *-v.* swoop (M)
rwg ntxiaj, *adv.* speedily; quickly; *-v.* swoop
rwg qaab, *adj.* little; small; tiny (referring to finger and toe) (M)

rwg qab, *adj.* little; small; tiny (referring to finger and toe)
rwj, *n.* boil; abscess; cyst; pustule; carbuncle; sore; blister
rwj aav, *n.* volcano (M)
rwj av, *n.* volcano
rwm, *n.* given name for a girl
rws, *v.* swoop; fly down; fly away (also see *rwg*)

S

saab, *n.* 1. side; 2. direction; 3. line; small line; 4. ray; *-adj.* 1. tired; exhausted; tedious; 2. serious; intense; severe (M)
saab cib, *n.* rice strainer; strainer (M)
saab laaj, *v.* 1. discuss; confer; 2. consult (M)
saab laug, *n.* left; left hand side (tone change from *sab lauj*) (M)
sab lauj, *n.* left; left hand side (M)
saab lim, *n.* tiredness; fatigue; exhaustion; weariness (M)
saab nraad, *n.* southside; lower side (M)
saab nrau, *n.* outside; out of the door; outside the wall; 2. back of the page (M)
saab nraum, *n.* 1. outside; out of the door; outside the wall; 2. back of the page (M)
saab ntev, *adj.* resonant (M)
saab nub poob, *n.* west; - *adj.* west; western (also see *phab hnub poob*) (M)
saab nub tuaj, *n.* east; - *adj.* east; eastern (also see *phab hnub tuaj*) (M)
saab qaab teb, *n.* south; - *adj.* south; southern (also see *phab qab teb*) (M)
saab qaum teb, *n.* north; *-adj.* north; northern (also see *phab qaum teb*) (M)
saab saab, *adj.* lassitude; weary; exhausted; tired (M)
saab sua, *adj.* 1. wandering; nomadic; rootless; drifting; 2. hopeless; break; discouraging; *-adv.* aimlessly; pointlessly; without purpose; without direction (M)
saab xis, *n.* right; right hand side (M)
saaj, *v.* 1. taste; sip; 2. bend; flex; *-n.* 1. pass; gorge; 2. gun powder booster; *-adj.* bouncy; not leveled (M)
saam, *v.* 1. castrate; desex; 2. paint; color; 3. apply; put; 4. add; *-adj.* castrated (M)
saam hwm, *v.* correct; admonish; rebuke (M)
saam neeg, *n.* castrated horse; *-v.* get onto a horse (M)
saam plawg, *v.* jump upon; climb upon (M)
saam roj, *v.* fuel; add gas or oil; fill gas or oil (M)
saam saab, *v.* bury (a dead); inter (M)
saam sim, *adv.* currently; presently; in the process (M)
saam thaj, *n.* stage; raised platform (M)
saam tsum, *v.* seat at a table of feast (M)
saam txhim, *v.* 1. paint; apply paint to; 2. color; apply color to (M)
saam xeeb, *n.* honor; respect
saas, *adv.* restricted post verbal intensifier; *-n.* a short distance (M)
saav, *v.* 1. sprain; twist; wrench out of position; 2. fail; lose opportunity (M)
saav tsaam, *v.* lose the opportunity; fail; hinder; prevent; delay; *-n.* 1. loss; 2. failure; 3. damage; 4. inconvenience (M)
sab, *n.* 1. side; 2. direction; 3. heart (M); 4. line; small line; 5. ray; *-adj.* 1. tired; exhausted; tedious; 2. serious; intense; severe; 3. tall (M)
sab cib, *n.* rice strainer; strainer
sab coob, *adj.* 1. undecided; many-hearted; 2. unfaithful; adulterous; faithless; disloyal (M)
sab coob siab ntau, *adj.* 1. undecided; many-hearted; 2. unsettled for one love; unfaithful; adulterous; disloyal; faithless (M)
sab dlaav, *adj.* generous; kind; patient (M)
sab dlawb, *adj.* generous; kind-hearted; kind; nice; unselfish; selfless (M)

sab dlua, *adj.* 1. superior; 2. taller (M)
sab dlub, *adj.* frugal; stingy; selfish (M)
sab faab, *adj.* scattered mind (M)
sab heev, *adj.* strong-minded; harsh; stern; impatient (M)
sab hlub, *adj.* greedy; covetous; gluttonous 9M)
sab hnub poob, *n.* west; - *adj.* west; western (also see *phab hnub poob*)
sab hnub tuaj, *n.* east; - *adj.* east; eastern (also see *phab hnub tuaj*)
sab kaaj, *adj.* refreshed; satisfied; pleased (M)
sab laj, *v.* 1. discuss; confer; 2. consult
sab laug, *n.* left; left hand side (tone change from *sab lauj*)
sab lauj, *n.* left; left hand side
sab lim, *n.* tiredness; fatigue; exhaustion; weariness
sab lim ham, *adj.* cruel; ferocious; evil tempered; mean (M)
sab luj, *adj.* 1. thick-skinned; not easily offended; patient; tolerant; understanding; 2. kind-hearted; kind; bighearted; generous; charitable (M)
sab luv, *adj.* impatient; intolerant; short-tempered; testy (M)
sab maaj, *adj.* industrious; diligent; attentive; rushed; anxious; eager; restless (M)
sab miv, *adj.* 1. concerned; 2. narrow-minded; small-minded (M)
sab muag muag, *adj.* 1. humble; subservient; 2. soft-hearted (M)
sab ncaaj, *adj.* honest; truthful; sincere; frank (M)
sab nkhaus, *adj.* dishonest; insincere; deceitful; untruthful (M)
sab nrad, *n.* southside; lower side
sab nraud, *n.* outside; out of the door; outside the wall; 2. back of the page
sab nraum, *n.* 1. outside; out of the door; outside the wall, 2. back of the page
sab nruj sab heev, *adj.* impetuous; impatient (M)
sab ntais ntuj, *adj.* bad; cruel; mean; unkind; vicious (M)
sab ntais rhe, *adj.* broken-hearted; heartbroken (M)
sab ntev, *adj.* 1. resonant; 2. patient; be patient; tolerant (M)
sab ntxhuv, *adj.* 1. unsettled in mind; turbulent heart; 2. confused; perplexed (M)
sab phem, *adj.* bad; cruel; mean; unkind; vicious (M)
sab poob nthaav, *adj.* 1. fearful; concerned; 2. shocked; surprised; stunned (M)
sab puas tsus, *adj.* completely discouraged; heartbroken (M)
sab qab teb, *n.* south; - *adj.* south; southern (also see *phab qab teb*)
sab qaum teb, *n.* north; -*adj.* north; northern (also see *phab qaum teb*)
sab sab, *adj.* lassitude; weary; exhausted; tired
sab sib, *adj.* industrious; diligent; attentive (M)
sab sua, *adj.* 1. wandering; nomadic; rootless; drifting; 2. hopeless; break; discouraging; -*adv.* aimlessly; pointlessly; without purpose; without direction
sab tawv, *adj.* brave; courageous (M)
sab tshaaj plawg, *adj.* supreme; top; best; greatest; utmost; ultimate; superlative; extreme; topmost (M)
sab tuam tav, *adj.* bold; courageous (M)
sab tuam yim, *adj.* reckless; careless (M)
sab tus, *adj.* settled; quiet; peaceful heart; calm (M)
sab txa ntshaav, *adj.* cruel; brutal; wicked; vicious (M)
sab xis, *n.* right; right hand side
sab zoo, *adj.* 1. generous; kind-hearted; kind; nice; good-hearted; 2. honest; truthful; sincere; frank (M)
sab xub pes vog, *adj.* fearful; scared (M)
sai, *adv.* 1. quickly; swiftly; 2. soon; -*n.* mountain goat; -*adj.* swift; quick; abrupt
saib, *v.* 1. look; watch; stare; 2. review; view
saib dheev, *v.* suddenly look; glance; glimpse; peek
saib ko taw qaib, *v.* divine by observing the position of the feet of a slain chicken
saib neeb, *v.* watch over the shaman during performance
saib nruj nruj, *v.* stare

saib ntsoov, *v.* 1. watch closely; 2. stare
saib qaij, *v.* look down upon; discriminate against
saib qaug, *v.* look down upon; discriminate against (often used with *saib qaij*)
saib qes, *v.* look down upon; discriminate against
saib saib, *v.* stare; look intently
saib taus, *v.* respect
saib tawm, *v.* visualize; envision; see through; figure out; imagine
saib tsam, *adv.* perhaps; maybe
saib tsis taus, *v.* 1. despise; loathe; scorn; taunt; 2. look down on; discriminate
saib xyuas, *adj.* responsible; *-v.* 1. supervise; manage; administer; control; direct; watch; run; 2. review
saib yaig, *v.* seek sorcery; seek soothsaying
sai me ntsis, *v.* hurry up; speed up; *-adv.* faster; quicker
sai ntsis, *adv.* faster; quicker; sooner; earlier
sais, *v.* engrave; score; carve; cut
sai sai, *adv.* quickly; abruptly
sai sai no, *adv.* recently (also see *nyuam qhuav no*)
saj, *v.* 1. taste; sip; 2. bend; flex; *-n.* 1. pass; gorge; 2. gun powder booster; *-adj.* bouncy; not leveled
sam, *v.* 1. castrate; desex; 2. paint; color; 3. apply; put; 4. add; *-adj.* castrated
sam hwm, *v.* correct; admonish; rebuke
sam nees, *n.* castrated horse; *-v.* get onto a horse
sam plaws, *v.* jump upon; climb upon
sam roj, *v.* fuel; add gas or oil; fill gas or oil
sam sab, *v.* bury (a dead); inter
sam sim, *adv.* currently; presently; in the process
sam thiaj, *n.* stage; raised platform
sam tsum, *v.* seat at a table of feast
sam txhim, *v.* 1. paint; apply paint to; 2. color; apply color to
sam xeeb, *n.* honor; respect
sas, *adv.* restricted post verbal intensifier; *-n.* a short distance; *-n.* wasp (M)
sau, *v.* 1. write; 2. gather; collect; reap; harvest
saub, *n.* 1. prophet; messiah; soothsayer; 2. given name of a boy
saud, *adj.* at the top
sau los ua ke, *v.* unify; unite; join; come together
saum ncov, *n.* tip-top; top
saum toj, *prep.* above
sau nqe, *v.* collect debts
saus, *v.* disappear; vanish; level up; even out; *-adj.* flattened; broken down; *-n.* small particle or dirt that causes discomfort to the eye, hand or feet
sau se, *v.* collect taxes
sau siab, *v.* make a final decision; come to one mind; make up one's mind
sau ua ib pawg, *v.* aggregate; collect; combine; accumulate
sau zog, *v.* collect; grasp; snatch; take hold of
sav, *v.* 1. sprain; twist; wrench out of position; 2. fail; lose opportunity; *-adj.* 1. cooked; 2. ripe; ripened; *-n.* life (tone change from *sia*) (M)
sav luv, *adj.* short-lived (tone change from *sa luv*) (M)
sav tsam, *v.* lose the opportunity; fail; hinder; prevent; delay; *-n.* 1. loss; 2. failure; 3. damage; 4. inconvenience
saw, *n.* 1. chain; necklace; bracelet; 2. rosary
sawb, *clf.* measure word for one rib of meat; *-n.* a thin piece of meat
sawb lawj, *v.* 1. wipe out; clean up; 2. eliminate; destroy
sawb nqaij, *n.* one rib of meat (as the way Hmong give out meat to compensate a volunteer's time)
saw caj dab, *n.* necklace
saw hlau, *n.* metal chain
saw kub, *n.* 1. gold chain; gold necklace; 2. given name for a girl
sawm, *v.* suffer; bear; *-n.* 1. million; 2. long life (C); 3. given name for a boy
saw nyiaj, *n.* 1. silver chain; silver necklace; 2. given name for a girl
saws, *v.* 1. twist or spin thread; 2. bond; join; unite; 3. marry
saw tes, *n.* bracelet (also see *hlua tes*)
sawv, *v.* 1. wake up; arise; get up; 2. stand; stood
sawv daws, *n.* everyone; everybody; all (also see *suav daws*)

sawv dlawg, *n.* everyone; everybody; all (also see *suav dlawg*) (M)
sawv hlwv, *v.* raise a blister; cause blisters
sawv nraim, *v.* stand erect in one place
sawv nrheev, *v.* stand erect
sawv ntsug, *v.* stand erect; stand upright
sawv ntxov, *v.* wake up early; *-n.* early morning
sawv tsees, *v.* arise; wake up; wake up suddenly
se, *n.* tax; tariff
seb, *n.* hemp thread while in the process of bleaching and making ready for weaving
see, *n.* 1. voice of singing; 2. sack; large bag; 3. given name for a girl
seej, *adj.* docile; tame; submissive
seem, *v.* remain; to be left; *-adj.* leftover; extra; surplus; remaining; balance; *-n.* 1. leftover; extra; remaining; 2. direction
seem chaw, *adj.* vacant; available; unoccupied; empty
seem cua, *n.* 1. direction of the wind; 2. flow [sl]
seem kev seem cai, *n.* a Hmong expression meaning that there is a way or room to act or do certain thing
sees, *adv.* restricted post verbal intensifier (e.g. *ua zam sees*)
seev, *v.* 1. hum; sigh; moan; murmur; express loneliness; 2. feel (see *seev mem tes*); 3. examine; test; diagnose
seev cev, *v.* dance
seev mem tes, *v.* feel the pulse
seev suab, *v.* sing
seev yees, *adv.* mournfully; sadly; sorrowfully; regretfully (especially when speak or sing in sustained tones)
sej, *v.* delay; procrastinate; put off; postpone
sem, *v.* shrink; reduce in size
sev, *n.* 1. sash; apron; 2. wife
se xa khoom hla teb chaws, *n.* tariff
si, *v.* weaken physically due to lack of appetite; *-n.* 1. play; playing; 2. a kind of spicy food
sia, *v.* 1. wear (things like sash or headband by wrapping around the waist or the head); 2. carry; *-n.* life (also see *siav*)
siab, *n.* 1. liver; 2. heart; 3. upper part of the body; 4. height; 5. given name for a boy; *-adj.* tall; high; *-n.* a measuring unit for rice or grain (ten *siab* equal one *taws*; ten *taws* equal one *tas*)
siab coob, *adj.* 1. undecided; many-hearted; 2. unfaithful; adulterous; faithless; disloyal
siab coob siab ntau, *adj.* 1. undecided; many-hearted; 2. unsettled for one love; unfaithful; adulterous; disloyal; faithless
siab dav, *adj.* generous; kind; patient
siab dawb, *adj.* generous; kind-hearted; kind; nice; unselfish; selfless
siab dua, *adj.* 1. superior; 2. taller
siab dub, *adj.* frugal; stingy; selfish
siab fab, *adj.* scattered mind
siab heev, *adj.* strong-minded; harsh; stern; impatient
siab hlob, *adj.* greedy; covetous; gluttonous
siab kaj, *adj.* refreshed; satisfied; pleased
siab lim hiam, *adj.* cruel; ferocious; evil tempered; mean
siab loj, *adj.* 1. thick-skinned; not easily offended; patient; tolerant; understanding; 2. kind-hearted; kind; bighearted; generous; charitable
siab luv, *adj.* impatient; intolerant; short-tempered; testy
siab maj, *adj.* industrious; diligent; attentive; rushed; anxious; eager; restless
siab me, *adj.* 1. concerned; 2. narrow-minded; small-minded
siab muag muag, *adj.* 1. humble; subservient; 2. soft-hearted
siab ncaj, *adj.* honest; truthful; sincere; frank
siab nkhaus, *adj.* dishonest; insincere; deceitful; untruthful
siab nruj siab heev, *adj.* impetuous; impatient
siab ntais ntuj, *adj.* bad; cruel; mean; unkind; vicious
siab ntais rhe, *adj.* broken-hearted; heartbroken
siab ntev, *adj.* patient; tolerant
siab ntxhov, *adj.* 1. unsettled in mind;

turbulent heart; 2. confused; perplexed
siab phem, *adj.* bad; cruel; mean; unkind; vicious
siab poob nthav, *adj.* 1. fearful; concerned; 2. shocked; surprised; stunned
siab puas tsus, *adj.* completely discouraged; heartbroken
siab sib, *adj.* industrious; diligent; attentive
siab tawv, *adj.* brave; courageous
siab tshaj plaws, *adj.* supreme; top; best; greatest; utmost; ultimate; superlative; extreme; topmost
siab tuam tav, *adj.* bold; courageous
siab tuam yim, *adj.* reckless; careless
siab tus, *adj.* settled; quiet; peaceful heart; calm
siab txia ntshav, *adj.* cruel; brutal; wicked; vicious
siab zoo, *adj.* 1. generous; kind-hearted; kind; nice; good-hearted; 2. honest; truthful; sincere; frank
siab xob pes vog, *adj.* fearful; scared
sias, *n.* wasp
siav, *adj.* 1. cooked; 2. ripe; ripened; -*n.* life (tone change from *sia*)
siav luv, *adj.* short-lived (tone change from *sia luv*)
sib, *adj.* 1. light; not heavy; 2. uncluttered; spaced far apart; thinly spaced; tenuous; -*v.* preverbal intensifier indicating a reciprocal action
sib cav, *v.* 1. debate; 2. argue; quarrel; dispute; fight; wrangle; -*n.* argument; dispute; fight
sib cav sib ceg, *v.* argue; quarrel; dispute; fight; wrangle; -*n.* argument; dispute; fight
sib ceg, *v.* argue; quarrel; dispute; fight; wrangle; -*n.* argument; dispute; fight
sib chab sib chaws, *v.* tangle; interweave; intertwine; -*adj.* intertwined; entwined; tangled
sib chwv, *v.* touch; reach
sib faib, *v.* divide; share; -*n.* division; separation
sib haum, *v.* get along; work well together; 2. fit; correspond
sib haum xeeb, *v.* get along; work well together; -*adj.* united; unified
sib hloov, *v.* exchange
sib hlub, *v.* love
sib kho, *v.* compromise; negotiate; discuss
sib koom, *v.* unite; unify; join
sib koom siab, *v.* unite; unify; join together; work together; team up
sib koom tes, *v.* unite; unify; join; cooperate; collaborate
sib law, *v.* follow one another; accompany each other
sib luag, *adj.* same; similar; equal
sib luag zos, *adj.* same; similar; equal
sib lwv, *v.* compet; challenge (each other)
sib ncaim, *v.* separate from one another
sib nco, *v.* miss; think of
sib npaug zos, *adj.* same; equal
sib npuab, *prep.* next to; beside; alongside; adjacent to
sib nrauj, *v.* divorce
sib nraus, *v.* collide; clash
sib nrug, *v.* separate; separate from each other
sib ntaus, *v.* fight; fight each other
sib ntaus sib tua, *v.* fight (as in battle)
sib nug, *v.* question; question each other
sib pauv, *v.* swap; change; exchange
sib piv, *v.* compare
sib qawg, *v.* embrace; hold; hug (tone change from *sib qawm*)
sib qawm, *v.* embrace; hold; hug
sib raug, *v.* 1. acquaint; get along; 2. hurt
sib raug zoo, *v.* get along well
sib rhuav, *v.* attack each other
sib rig, *v.* tangle
sib sau, *v.* form; join; unify; unite; organize; aggregate
sib sej, *v.* delay; put off; procrastinate; postpone
sib sib, *adj.* 1. light; not heavy; 2. tenuous; 3. thin; not thick (referring to liquid)
sib tham, *v.* discuss; converse; chat
sib thooj, *adj.* similar; alike
sib tov, *v.* mix; integrate; combine
sib tshob, *v.* argue; argue against each other; fight
sib tshom, *v.* dig up problem; stir up problem; fight; argue
sib tshooj, *n.* on top; on top of each

other
sib tshov, *v.* breed; mate; have sex (used for animals only)
sib tshuam, *v.* merge; merge together
sib tshum, *v.* criticize; criticize each other
sib tsoo, *v.* collide against each other; crash
sib tsoob, *v.* fuck; make love; have sex
sib tua, *v.* fight; battle
sib tw, *v.* compete; race (tone change from *sib twv*)
sib twv, *v.* compete; race
sib txawv, *v.* vary; differ; *-adj.* different
sib txiag, *v.* fuck; make love; have sex
sib txov, *v.* attack each other; undermine one another; kill each other
sib txuam, *v.* mix; *-adj.* mixed
sib txuas, *v.* join; connect; link
sib ua, *v.* fuck; make love; have sex
sib xws, *adj.* similar; alike
sib xyaws, *v.* mix; combine
sib yuav, *v.* marry
sib zog, *adv.* energetically; forcibly; earnestly; seriously; *-v.* work hard
sib zug, *adv.* energetically; forcibly; earnestly; seriously; *-v.* work hard (M)
sij, *adv.* continuously; continually; repeatedly; constantly; frequently; kept on
sij hawm, *n.* 1. time; 2. schedule (C) (see *caij nyoog* in Hmong)
sij hawm maj, *n.* rush hour; a time of rush
sij huam, *n.* time (also see *sij hawm*)
sim, *v.* 1. try; test; attempt; strive; 2. taste; *-n.* 1. lifetime; life span; 2. given name used for boy
sim neej no, *n.* this life
sim saib, *v.* try and see
sim siab, *v.* test the heart; test one's heart
sim zeej, *n.* creature; living thing
sis, *adv.* 1. indirectly; 2. speaking with an accent; *-v.* preverbal intensifier indicating a reciprocal action like *sib* (M)
sis caav, *v.* 1. debate; 2. argue; quarrel; dispute; fight; wrangle; *-n.* argument; dispute; fight (M)
sis caav sis ceg, *v.* argue; quarrel; dispute; fight; wrangle; *-n.* argument; dispute; fight (M)
sis ceg, *v.* argue; quarrel; dispute; fight; wrangle; *-n.* argument; dispute; fight (M)
sis chaab sis chaws, *v.* tangle; interweave; intertwine; *-adj.* intertwined; entwined; tangled (M)
sis chwv, *v.* touch; reach (M)
sis faib, *v.* divide; share; *-n.* division; separation (M)
sis hloov, *v.* exchange (M)
sis hlub, *v.* love (M)
sis hum, *v.* get along; work well together; 2. fit; correspond (M)
sis hum xeeb, *v.* get along; work well together; *-adj.* united; unified (M)
si si, *v.* grow weaker and weaker physically
sis khu, *v.* compromise; negotiate; discuss (M)
sis koom, *v.* unite; unify; join (M)
sis koom sab, *v.* unite; unify; join together; work together; team up (M)
sis koom teg, *v.* unite; unify; join; cooperate; collaborate (M)
sis law, *v.* follow one another; accompany each other (M)
sis luag, *adj.* same; similar; equal (M)
sis luag zog, *adj.* same; similar; equal (M)
sis lwv, *v.* compet; challenge (each other) (M)
sis ncaim, *v.* separate from one another (M)
sis ncu, *v.* miss; think of (M)
sis npaug zog, *adj.* same; equal (M)
sis npuab, *prep.* next to; beside; alongside; adjacent to (M)
sis nrauj, *v.* divorce (M)
sis nraus, *v.* collide; clash (M)
sis nrug, *v.* separate; separate from each other (M)
sis ntaus, *v.* fight; fight each other (M)
sis ntaus sis tua, *v.* fight (as in battle) (M)
sis nug, *v.* question; question each other (M)
sis pauv, *v.* swap; change; exchange (M)
sis piv, *v.* compare (M)
sis qawg, *v.* embrace; hold; hug (tone change from *sib qawm*) (M)
sis raug, *v.* 1. acquaint; get along; 2. hurt (M)

sis raug zoo, *v.* get along well (M)
sis rhuav, *v.* attack each other (M)
sis rig, *v.* tangle (M)
sis sau, *v.* form; join; unify; unite; organize; aggregate (M)
sis sej, *v.* delay; put off; procrastinate; postpone (M)
sis tham, *v.* discuss; converse; chat (M)
sis thooj, *adj.* similar; alike (M)
sis tov, *v.* mix; integrate; combine (M)
sis tshob, *v.* argue; argue against each other; fight (M)
sis tshom, *v.* dig up problem; stir up problem; fight; argue (M)
sis tshooj, *n.* on top; on top of each other (M)
sis tshov, *v.* breed; mate; have sex (used for animals only) (M)
sis tshuam, *v.* merge; merge together (M)
sis tshum, *v.* criticize; criticize each other (M)
sis tsoo, *v.* collide against each other; crash (M)
sis tsoob, *v.* fuck; make love; have sex (M)
sis tua, *v.* fight; battle (M)
sis tw, *v.* compete; race (tone change from *sib twv*) (M)
sis twv, *v.* compete; race (M)
sis txawv, *v.* vary; differ; *-adj.* different (M)
sis txag, *v.* fuck; make love; have sex (M)
sis txov, *v.* attack each other; undermine one another; kill each other (M)
sis txuam, *v.* mix; *-adj.* mixed (M)
sis txuas, *v.* join; connect; link (M)
sis ua, *v.* fuck; make love; have sex (M)
sis xws, *adj.* similar; alike (M)
sis xyaws, *v.* mix; combine (M)
sis yuav, *v.* marry (M)
siv, *v.* spend; use; utilize; *-n.* 1. belt; 2. sash; 3. band; 4. buckle
siv ceeb, *n.* lady headband; a black and white stripped headband used to wrap around Hmong ladies' turbans
siv nyog, *adj.* usable; workable
siv tau nyog, *adj.* workable; usable
siv tawv, *n.* belt
siv thawj, *n.* man who carries water to be used at a funeral
Siv Yis, *n.* 1. a legendary Hmong hero regarded to be the first shaman; 2. given name for a boy
so, *v.* 1. rest; break; relax; 2. retire; 3. wipe; clean
soj, *v.* 1. observe; snoop; 2. stalk; follow; 3. probe; *-n.* observation
soj ntsuam, *v.* probe; investigate; observe; *-n.* observation; investigation
soo, *v.* to rope; to lasso; trap an animal with a loop of rope; loop with the rope
soob, *adj.* 1. high in pitch; 2. small; tiny
Soob Ntxawm Lauj, *n.* a Hmong leader in Laos who led a rebellion against French unjust taxation in 1919 to 1921
soov, *n.* a kind of grain
sov, *adj.* warm
sov hauj sim, *adj.* tepid; lukewarm
sov ntem ntauv, *adj.* lukewarm
sov so, *adj.* warm; lukewarm
su, *n.* 1. noon; 2. lunch; noon meal; *-adj.* puffy; inflated; swollen; tumid; *-v.* swell; inflate
sua, *v.* 1. collect; gather something together; 2. converge; 3. rake; *-n.* given name for a girl
suab, *v.* carry (referring to pregnancy); *-n.* 1. noise; voice; 2. vowel; tone; 3. fern; 4. cougar; 5. given name for a boy or girl; *-adj.* pregnant
suab laus, *n.* low pitch
suab me nyuam, *adj.* pregnant
suab mos, *n.* soft voice
suab puam, *n.* pebbles; gravel; sandy land; desert
suab sab, *n.* 1. undefinable sound; strange noise; unusual noise; 2. static
suab seev, *n.* 1. voice of loneliness; 2. voice of sorrow
suab soob, *n.* high pitch
suab thaj, *n.* brown sugar made from sugarcane; toffee; toffy
suaj kaum, *v.* finish; complete
suam, *v.* cut by slicing; slice; *-n.* area; region
suav, *v.* count; *-n.* 1. Chinese; 2. given name for a boy or girl
suav daws, *n.* everyone; everybody; all (also see *sawv daws*)
suav dlawg, *n.* everyone; everybody; all (also see *sawv dlawg*)
Sua V. Xyooj, *n.* Shoua V. Xiong, wife

of Yuepheng Xiong
sub, *n.* a kind of evil spirit that causes harm within the family or the clan; *-v.* dry by placing near the fire; put near the fire; *-adv.* interrogative and completive particle used to express probability with some doubt attached
suj, *n.* an expletive particle used in chasing pigs; sound of chasing pigs
sus, *n.* lunch; noon meal (tone change from *su*)
sw, *adj.* messy; disorganized; disordered
swb, *v.* 1. lose; fail; be defeated; 2. slide over; move over; slip; 3. zip; *-adj.* defeated; beaten; conquered; *-n.* zipper
swb ris, *n.* zipper
swm, *v.* use to; like; familiarize; accustom; *-n.* 1. condensation; concentration; thick liquid; 2. given name for a boy; *-adj.* 1. trite; hackneyed; 2. wont; addicted
swm yeeb, *n.* condensed opium

T

ta, *n.* awhile ago; a moment ago (see puag ta)
taa, *n.* awhile ago; a moment ago (see puag ta) (M)
taab, *v.* guarantee; shoulder; care for; vouch; *-n.* 1. beam; 2. odd number; 3. skirt (M); 4. given name for a girl; *-adj.* 1. single; 2. odd (M)
taab choj, *n.* small wooden support set to hold a pole against a larger tree for felling (M)
taab cuab, *v.* raise a family; take care of the family; *-adj.* responsible for a family (M)
taab kaum, *v.* hinder; delay; *-adj.* busy; occupied (M)
taab meeg, *adv.* publicly; openly; face to face; purposely; intentionally *-prep.* in front of (M)
taab meej, *n.* 1. front; 2. front teeth; *-adj.* frontal (M)
taab seeb, *adj.* 1. pregnant free; childless; 2. single (M)
taab sis, *conj.* but; however (also see *tiam sis*) (M)
taab tab, *n.* skirt; lower portion of the Hmong embroidered skirt (M)
taab tom, *adv.* 1. currently; presently; 2. perfectly (e.g. *tab tom haum*) (M)
taab txaag, *n.* bed frame; bedstead (tone change from *taab txaaj*) (M)
taab txaaj, *n.* bed frame; bedstead (M)
taab yaaj, *adj.* 1. open; 2. vulnerable (M)
taab yig, *v.* raise a family; take care of the family; *-adj.* responsible for a family (M)
taab zaag, *n.* 1. family; 2. spouse (M)
taag, *v.* finish; end (also see *tas*); *-n.* 1. zero; 2. center of the house; 3. given name for a girl; *-adj.* done; finished; completed (M)
taag kev ca sab, *adj.* hopeless; unpromising (M)
taag kig, *n.* tomorrow (M)
taag kig nuav, *n.* this morning (M)
taag lawm, *adj.* finished; done; completed (M)
taag lug lawm, *adv.* ago; before; previously (M)
taag ncua, *v.* end; disappear; vanish (M)
taag nrho, *adv.* all; altogether; completely (also see *tas nrho*) (M)
taag nrho, *adv.* all; altogether; completely (M)
taag sab nrho, *adv.* whole-heartedly; completely; entirely (M)
taag zug, *adv.* 1. continuously; persistently; 2. very; exceptionally (M)
taaj, *adj.* slow (in bearing; e.g. *pob kws taj*); late (in bearing) (M)
taam, *v.* 1. represent; 2. sharpen (knife) (M)
taam sim, *n.* 1. present; 2. now; *-adv.* immediately; instantly; at once; right away (M)
taam sim nuav, *adv.* immediately; now; currently; at the present (M)
taam sim ntawd, *adv.* suddenly; at that time (M)
taam tseeb, *int.* damn it; an expletive indicating annoyance (M)
taav, *v.* 1. drive; direct; guide (e.g. *tav tsiaj mus pw*); 2. block; prevent;

restrain; oppose (*tav mob tav nkeeg*); 3. massage; *-n*. 1. rib; 2. side (of the body); 3. horizontal; level (e.g. *kev tav*); *-adv*. about; nearly; almost (M)

taav caij noj su, *n*. about time to eat lunch; almost lunch time; *-adv*. about time to eat lunch; almost lunch time (M)

taav caij noj sus, *n*. about time to eat lunch; almost lunch time; *-adv*. about time to eat lunch; almost lunch time (tone change from *su*) (M)

taav nuav, *adv*. now; up to now; until now; at this point; thus far; hitherto (M)

taav nqav, *adv*. horizontally; flat; level (M)

taav su, *n*. 1. noon; 2. lunch time; -*adv*. about time to eat lunch; almost lunch time (M)

taav su dlua, *-n*. afternoon; after lunch time (M)

taav toj, *adj*. horizontal; flat; level; straight (M)

taav tshais, *n*. 1. morning; mid-morning; 2. breakfast time; *-adv*. about time to eat breakfast; almost breakfast time (M)

tab, *v*. guarantee; shoulder; care for; vouch; *-n*. 1. beam; 2. odd number; 3. skirt (M); 4. given name for a girl; *-adj*. 1. single; 2. odd

tab choj, *n*. small wooden support set to hold a pole against a larger tree for felling

tab cuab, *v*. raise a family; take care of the family; *-adj*. responsible for a family

tab kaum, *v*. hinder; delay; *-adj*. busy; occupied

tab meeg, *adv*. publicly; openly; face to face; purposely; intentionally *-prep*. in front of

tab meej, *n*. 1. front; 2. front teeth; *-adj*. frontal

tab seeb, *adj*. 1. pregnant free; childless; 2. single

tab sis, *conj*. but; however (also see *tiam sis*)

tab tiab, *n*. skirt; lower portion of the Hmong embroidered skirt

tab tom, *adv*. 1. currently; presently; 2. perfectly (e.g. *tab tom haum*)

tab txag, *n*. bed frame; bedstead (tone change from *tab txaj*)

tab txaj, *n*. bed frame; bedstead

tab yaj, *adj*. 1. open; 2. vulnerable

tab yig, *v*. raise a family; take care of the family; *-adj*. responsible for a family

tab zag, *n*. 1. family; 2. spouse

tag, *v*. finish; end (also see *tas*); *-n*. 1. zero; 2. center of the house; 3. given name for a girl; *-adj*. done; finished; completed

tag kev cia siab, *adj*. hopeless; unpromising

tag kis, *n*. tomorrow

tag kis no, *n*. this morning

tag los lawm, *adv*. ago; before; previously

tag ncua, *v*. end; disappear; vanish

tag nrho, *adv*. all; altogether; completely (also see *tas nrho*)

tai, *n*. a kind of spirit that a pig will be sacrificed for

taig, *n*. bowl; plate; dish; basin (tone change from *tais*)

taig ntxuav muag, *n*. washbowl (M)

taig ntxuav teg, *n*. washbowl (M)

taij, *v*. implore; beg; plead; solicit; request

tais, *n*. 1. bowl; plate; dish; basin; 2. mother or sister of one's mom; *-v*. 1. fold; fold over; 2. grasp with a pliers or pincers; 3. lose; be defeated; 4. pucker

tais caus, *adj*. pusillanimous; fearful; timid; terrified; nervous; cowardly

tais ntxuav muag, *n*. washbowl

tais ntxuav tes, *n*. washbowl

taj, *adj*. slow (in bearing; e.g. *pob kws taj*); late (in bearing); *-n*. field; plain (M)

taj nraag, *n*. prairie; grassland; lea (tone change from *taj nraas*) (M)

taj nraas, *n*. prairie; grassland; lea (M)

taj taj, *adj*. very flat; evenly level (M)

tam, *v*. 1. represent; 2. sharpen (knife); *-v*. 1. bring tribute to (M); 2. take care of (M); *-n*. generation (M)

tam noob ncoos, *v*. bring tribute to an elder, a culture of the Hmong (M)

tam sim, *n*. 1. present; 2. now; *-adv*. immediately; instantly; at once; right away

tam sim no, *adv*. immediately; now; currently; at the present
tam sim ntawd, *adv*. suddenly; at that time
tam tseeb, *int*. damn it; an expletive indicating annoyance
tas, *v*. finish; end (also see *tag*); *-adj*. done; finished; completed; *-n*. a measuring unit for rice or grain; *-adv*. unrestricted post verbal intensifier; *-conj*. that (M); *-n*. mole (M); *-pron*. that (M)
tas kev cia siab, *adj*. hopeless; unpromising
tas lawm, *adj*. finished; done; completed
tas nrho, *adv*. all; altogether; completely
tas siab nrho, *adv*. whole-heartedly; completely; entirely
tas zog, *adv*. 1. continuously; persistently; 2. very; exceptionally
tau, *v*. 1. have; 2. can; could; 3. receive; get
taub, *n*. 1. pumpkin; 2. measure word for something round
taub dag, *n*. pumpkin (yellow) (tone change from *taub daj*)
taub daj, *n*. pumpkin (yellow)
taub dej kub, *n*. water heater
taub hau, *n*. head; *-adj*. cephalic
taub hnee, *n*. body of the crossbow
taub hwb, *n*. gourd
taub nkawg, *n*. wasp's nest
taub ntoos, *n*. papaya
taub ntseg, *n*. ear lobe (tone change from *taub ntsej*)
taub ntsej, *n*. ear lobe
taub ntswg, *n*. tip of the nose
taub teg, *n*. thumb; finger tip (tone change from *taub tes*)
taub tes, *n*. thumb; finger tip
taub thaj, *n*. choko; chayote
taub twg, *n*. a kind of squash
taug, *v*. 1. follow; investigate; 2. walk on; *-adj*. 1. loose; 2. descending; downward; downhill (e.g. *kev taug*); *-n*. venom; poison
taug kev, *v*. walk; march; hike; tramp; trudge
taug nab, *n*. venom
taug qab, *v*. 1. trace; 2. follow; 3. retrace
taug xaiv, *v*. gossip; tattle; spread rumors
tauj, *n*. a kind of plant in Asia
tauj dub, *n*. lemon grass; citronella
tauj qaib, *n*. lemon grass; citronella
tauj yas ob cag, *n*. others; neighbors
taum, *n*. beans; peas
taum hwv, *n*. soybean curd
taum lag, *n*. long beans
taum mog, *n*. pea; peas
taum ntev, *n*. string bean
taum pauv, *n*. soybean
taus, *n*. 1. a fist; 2. a measuring unit by using the fist; 3. axe; hatchet; *-v*. can; could; be able
taus ris, *n*. crotch
tauv, *v*. 1. block; stop; hold back; 2. stanch; *-clf*. measure word for cloud
tav, *v*. 1. drive; direct; guide (e.g. *tav tsiaj mus pw*); 2. block; prevent; restrain; oppose (*tav mob tav nkeeg*); 3. massage; 4. finish; complete (M); *-n*. 1. rib; 2. side (of the body); 3. horizontal; level (e.g. *kev tav*); *-adv*. about; nearly; almost; *-adj*. ready; mature; completed; finished (M)
tav caij noj su, *n*. about time to eat lunch; almost lunch time; *-adv*. about time to eat lunch; almost lunch time
tav caij noj sus, *n*. about time to eat lunch; almost lunch time; *-adv*. about time to eat lunch; almost lunch time (tone change from *su*)
tav hluas, *v*. attain adulthood (M)
tav nkauj, *v*. attain womanhood (M)
tav nraug, *v*. attain manhood (M)
tav no, *adv*. now; up to now; until now; at this point; thus far; hitherto
tav nqav, *adv*. horizontally; flat; level
tav su, *n*. 1. noon; 2. lunch time; *-adv*. about time to eat lunch; almost lunch time
tav su dua, *-n*. afternoon; after lunch time
tav toj, *adj*. horizontal; flat; level; straight
tav tshais, *n*. 1. morning; mid-morning; 2. breakfast time; *-adv*. about time to eat breakfast; almost breakfast time
tav twg, *adv*. when; what time; at what time
taw, *v*. point; direct; *-n*. 1. foot; 2.

male; 3. hemline
tawb, *v.* tease; play with; -*n.* cage; basket; cart; -*clf.* measure word for feces or manure
tawb cuab ntses, *n.* basket to trap fish
tawb nees, *n.* horse back baskets
tawb noog, *n.* bird cage
tawb piv, *n.* cage for a small grain-eating bird in Asia
tawb rau ntses, *n.* creel
tawb yij, *n.* cage for grouse
tawg, *v.* 1. break; rupture; shatter; 2. explode; 3. split; divide; 4. scatter; -*n.* firewood
tawg ncuav, *n.* slap; smack; -*v.* spank
tawg ntho, *adv.* 1. loudly; 2. restricted post verbal intensifier
tawg paj, *v.* 1. flower; bloom; blossom; 2. use metaphor intead
tawg pleb, *v.* crack; fracture; -*adj.* cracked; opened slightly
tawg rhe, *adj.* broken
taw kev, *v.* guide the way (for the dead); show the way
tawj qas tas, *n.* peanut (Hmong Guizhou and Hunan's word for peanut; *huab xeeb* is Chinese)
tawm, *v.* 1. exit; go out; leave; 2. resign; 3. stem; 4. vacate; -*prep.* plus; -*n.* section
tawm fws, *v.* perspire; sweat (also see *tawm hws*)
tawm hauj lwm, *v.* resign (from a job); quit a job
tawm hws, *v.* perspire; sweat
tawm kaus, *v.* sprout
tawm mus, *v.* leave
tawm plaws, *v.* come out suddenly; go out suddenly
tawm rooj, *v.* 1. go out of town; travel; 2. go to restroom [sl]
tawm teb chaws, *v.* 1. displace; relocate; 2. go out of the country
tawm tsam, *v.* rebel against; requite; strike
tawm tsev, *v.* vacate; move out
tawm tswv yim, *v.* suggest; recommend; advise; propose; advocate
tawm txhawv daws, *v.* come out at once (also see *tawm txhawv yaws*)
tawm txhawv yaws, *v.* come out at once (also see *tawm txhawv daws*)
tawm yub, *v.* sprout
taw ncauj, *v.* speak ill of someone; point with words
taw npua, *n.* boar; male pig; uncastrated boar
taw ntsa, *n.* botoom of the wall
taw ntsaa, *n.* botoom of the wall (M)
taw rau, *v.* advert; bring attention to; make reference to
taw roob, *n.* bottom of the mountain
taw rooj, *n.* door; entrance of the door
taws, *n.* 1. firewood; 2. a measuring unit for rice or grain; -*v.* 1. burn; 2. light; 3. switch
taws sab *adj.* feeling nausea (M)
taws sab taws qeg, *n.* a feeling of drunkenness when one could not balance his or her steps (M)
taws siab *adj.* feeling nausea
taws siab taws qes, *n.* a feeling of drunkenness when one could not balance his or her steps
taws teeb, *v.* turn on the light; switch the light on
taw tes, *v.* point finger at; -*n.* martial art (also see *tes taw*)
taw tiab, *n.* 1. bottom of the skirt; 2. hemline
taw tsua, *n.* bottom of the rocky mountain
tawv, *n.* skin; leather; bark; -*adj.* 1. brave; courageous; valiant; valorous; 2. hard; stiff; tough; stringy
taw vas, *n.* bottom of the fishing net
tawv muag, *n.* eyelid
tawv ncauj, *n.* lips (also see *di ncauj*); -*adj.* naughty; disobedient; mischievous
tawv npua teb, *n.* skin of wild pig
tawv nqaij, *n.* skin
tawv nqaij laim, *n.* tic
tawv nyuj, *n.* rawhide
tawv taub hau, *n.* scalp
tawv tawv, *adj.* hard; stiff; rigid; unbendable; inflexible
tawv twm, *n.* skin of water buffalo
te, *n.* frost; hoarfrost; rime
teb, *v.* answer; reply; -*n.* farm; field
teb chaws, *n.* country
teb npleg, *n.* rice field (esp. dry field; tone change from *teb nplej*)
teb nplej, *n.* rice field (esp. dry field)
teb paaj, *n.* peony; flower field (M)
teb paj, *n.* peony; flower field
teb peg, *n.* dry fields; dry farm

teb pob kws, *n.* corn field
teb yeeb, *n.* poppy field
tee, *n.* drop; spot; *-clf.* a measure word for drops or spots
teeb, *v.* stack; pile; *-n.* 1. light; lamp; 2. given name for a boy
teeb hau, *n.* headlight
teeb kaab, *n.* flashlight (M)
teeb kab, *n.* flashlight
teeb kom ncaj nruab nrab, *v.* align
teeb kub lub, *n.* opium lamp
teeb lab, *n.* traffic light (M)
teeb lab ntsuab, *n.* traffic light (M)
teeb lab teeb ntsuab, *n.* traffic light (most commonly used is *teeb liab*) (M)
teeb liab, *n.* traffic light
teeb liab ntsuab, *n.* traffic light
teeb liab teeb ntsuab, *n.* traffic light (most commonly used is *teeb liab*)
teeb meem, *n.* problem; trouble
teeb nyem, *n.* flashlight
teeb pob tw, *n.* taillight (see *teeb qab*)
teeb qaab, *n.* taillight (M)
teeb qab, *n.* taillight
teeb taub hau, *n.* headlight (see *teeb hau*)
teeb tim, *adj.* balanced; proportionable; proportioned
teeb tsom, *n.* flashlight
teeb txawb, *n.* table lamp; lamp
teeb xeeb, *n.* lamp wick
teeg, *n.* calm; calmness; not flowing; stillness; *-adj.* calm; still
teej tug, *n.* property; possessions; belongings
teem, *v.* 1. stack; pile up; 2. set; arrange; *-n.* 1. shortness; 2. given name for a girl or boy; *-adj.* short in stature
teem caij, *v.* set time; set appointment
teem caij teem nyoog, *v.* set a schedule
teem taub, *adj.* short in stature; short
teem txim, *v.* set a penalty or sentence
teev, *v.* 1. harden; solidify; become settled; 2. fill (the cup with drink); 3. record; write down; 4. worship; *-n.* 1. scale; balance; 2. clock; watch; 3. drop (tone change from *tee*); 4. given name for a boy
teev dab, *v.* worship (of spirits)
teev dlaab, *v.* worship (of spirits) (M)
teev hawm, *v.* worship; adore
teev ntuj, *v.* worship
teg, *n.* hand (tone change from *tes*); *-clf.* handful; sheaf; bundle; bunch; stack; *-adv.* once
tej, *clf.* a measure word for class or group; *-adj.* some
tej no, *pron.* these
tej nuav, *pron.* these (M)
tej tod, *pron.* those
tej zag, *adv.* sometimes; occasionally; on the other hand (M)
tej zaug, *adv.* sometimes; occasionally; on the other hand
tej zaum, *adv.* sometimes; occasionally; on the other hand (tone change from *tej zaug*)
tej ziag, *adv.* sometimes; occasionally; on the other hand (also see *tej zaug*)
tem, *adv.* restricted post verbal intensifier (e.g. *tem toob*)
tem toob, *adj.* forgetful; senile
tes, *n.* 1. hand; 2. valve; *-clf.* referring to a handful
tes dawb tes npliag, *adj.* unarmed; *-n.* an expression of being without any weapons or anything attached to the body
tes kaw, *n.* valve
tes taw, *n.* martial art (also see *taw tes*)
tes taw lug rug, *adj.* poor; *-n.* an expression of being poor
tes tsho, *n.* sleeve
tev, *v.* 1. peel; skin; strip; 2. unwrap
tev plhaub tawm, *v.* shuck
tev tawm, *v.* 1. unwrap; 2. peel
tev tawv, *v.* 1. scuff; graze; scratch; 2. peel; skin; strip; unwrap
thaab, *v.* 1. interfere; bother; trouble; interrupt; taunt; care; 2. cause; bring in; instigate; initiate; 3. beg; try to force something on someone; 4. pound metal to increase its width; 5. flirt; 6. harry (M)
thaab plaub, *v.* trouble; cause trouble; disturb; bother; interrupt (M)
thaaj, *n.* 1. altar; 2. field; *-clf.* measure word for sessions of performing shamanism and for a farm (M)
thaaj laj, *n.* paddy rice field (M)
thaaj neeb, *n.* shaman altar (M)
thaaj teb, *n.* rice field (M)
thaaj tsaam, *n.* area; *-prep.* around; about (M)
thaaj tsob, *v.* handle; take responsibility; accept (M)

thaaj yeeb, *adj.* 1. productive; 2. peaceful; *-n.* peace; tranquillity (M)
thaam, *v.* talk; chat; converse (M)
thaam pem, *v.* chat (without specific agenda); socialize (M)
thaav, *n.* 1. frame for making paper; 2. young animal (e.g. *thaav nyuj*) (M)
thaav ntxwv, *n.* loincloth; mantle (M)
thaav nyuj, *n.* young cow (M)
thab, *v.* 1. interfere; bother; trouble; interrupt; taunt; care; 2. cause; bring in; instigate; initiate; 3. beg; try to force something on someone; 4. pound metal to increase its width; 5. flirt; 6. harry
thab plaub, *v.* trouble; cause trouble; disturb; bother; interrupt
Thaib, *n.* Thai; Thai people
Thaib lab, *n.* Red Thai; Communist Thai (M)
Thaib liab, *n.* Red Thai; Communist Thai
Thaib teb, *n.* Thailand
thais, *v.* 1. notch; make a notch; cut an indentation; 2. kill [sl]
thais lab, *n.* large male monkey (see *txiv thais liab*) (M)
thais liab, *n.* large male monkey (see *txiv thais liab*)
thais sab, *n.* strips of multi-colored embroidery around the edge of a man's jacket
thaiv, *v.* 1. defend; 2. protect; 3. block; thwart; blockade; trammel; *-n.* 1. anvil; tool of blacksmith; 2. given name for a boy
thaiv khov kho, *v.* withstand; endure; hold out; hold up; resist
thaiv ntaus hlau, *n.* anvil for forging metal
thaj, *n.* 1. altar; 2. field; *-clf.* measure word for sessions of performing shamanism and for a farm
thaj liaj, *n.* paddy rice field
thaj neeb, *n.* shaman altar
thaj teb, *n.* rice field
thaj tsam, *n.* area; *-prep.* around; about
thaj tsob, *v.* handle; take responsibility; accept
thaj yeeb, *adj.* 1. productive; 2. peaceful; *-n.* peace; tranquillity
tham, *v.* talk; chat; converse
tham pem, *v.* chat (without specific agenda); socialize
thau, *v.* 1. withdraw; pull; retreat; 2. sabotage; undermine
thaub, *v.* 1. backup; go backward; retreat; 2. undo
thaub ncho, *v.* walk backward (due to great force in the front); being pushed to step backward
thaud, *conj.* while; at the same time as; *-n.* earlier time; long ago; once upon a time
thau haiv, *n.* traitor; one who commits treason; *-v.* commit treason; aid the enemy against one's country
thauj, *v.* transport; haul; *-n.* sinker
thaum, *adv.* when; *-conj.* while; at the same time as
thaum i, *adv.* previously; formerly; before; earlier
thaum ib tag hmo, *n.* midnight
thaum tav su, *n.* noon
thaum tav su dua, *n.* afternoon
thaum twg, *adv.* when
thaum uas, *n.* the time when
thaum ub, *n.* once upon a time; long ago
thauv, *adj.* baggy; hanging; loose-fitting; *adv.* when; *-conj.* while; at the same time as (tone change from *thaum*)
thauv vias, *adj.* hanging; baggy; loose-fitting
thav, *n.* 1. frame for making paper; 2. young animal (e.g. *thav nyuj*)
thav ntxwv, *n.* loincloth; mantle
thav nyuj, *n.* young cow
thawb, *v.* push; shove; prod
thawj, *adj.* first; foremost; *-n.* 1. number one; first; 2. original; originator; pioneer; *-v.* rely; depend; 2. succumb; surrender
thawj coj, *n.* leader; boss
thawj cov, *n.* first class; first group
thawj hom, *n.* first class; first kind
thawj lwm, *n.* first round; first time
thawj neeg, *n.* important man; headman; leader
thawj teg, *n.* first time
thawj thiab, *v.* reborn; reincarnate
thawj tom, *n.* 1. first class; first in quality; 2. draft
thawj txheej, *n.* first layer
thawj zaug, *n.* first time
thawj zeej, *n.* headman; leader (*zeej* is

Chinese word for person)
thawm, *v*. 1. soak; saturate; drench; immerse; thawm; 2. last until; last through
thawm hnub, *n*. whole day; all day
thawm hnub thawm xyoo, *n*. whole year; all year round
thawm xyoo, *n*. whole year; all year round
thaws, *v*. bounce; bounce back; rebound; ricochet
thawv, *n*. box; -*v*. bump; jolt; jar
thawv khaub ncaws, *n*. suitcase; valise
thawv nkoog, *n*. freezer
thawv nqa khoom, *n*. baggage
thawv qias, *n*. wastebasket; trash can (also see *thoob qias*)
thawv thawv, *adj*. bumpy; uneven; rough
thawv txias, *n*. refrigerator
thee, *n*. charcoal; coal
theeb, *v*. take a little (of drug); eat or drink a little; -*n*. given name for a boy
theej, *v*. 1. take the place of; replace; 2. copy down; make copy of; duplicate; 3. transcribe; 4. pour something into another container
theej txhoj, *v*. replace; take the place of someone
theem, *n*. 1. level; levels; 2. steps; layer; tier; 3. version; edition; -*v*. stop; delay; postpone; succumb; yield
theem hauv qab, *n*. basement; downstairs
theem ntaiv, *n*. steps; stairs
theem saum toj, *n*. upstairs
theev, *v*. 1. knock; bash; smash; 2. debate; argue with; fight [sl]
them, *v*. 1. pay; repay; compensate; 2. reimburse; 3. submit; submit payment; 4. afford
them nyog, *adj*. payable
them taus, *adj*. affordable
thev, *v*. endure; bear (the suffering); -*adj*. 1. bearable; durable; endurable; tolerable; 2. tough; strong; hard-wearing
thev heev, -*adj*. 1. bearable; durable; endurable; tolerable; 2. tough; strong; hard-wearing
thev taus, -*adj*. 1. bearable; durable; endurable; tolerable; 2. tough; strong; hard-wearing
thi, *n*. 1. clamp; a binding or a belt used to tighten something together; 2. hoop; -*v*. secure with a clamp
thiab, *conj*. and; also; -*n*. fetus; -*v*. hold; uphold
thiab zeej, *n*. fetus; a child still in the womb
thiaj, *adv*. so; thus; therefore; consequently; then; thereby; -*v*. 1. carry; transport; 2. support
thib, *v*. insist; pass off on someone else; -*n*. number; rank
thij, *clf*. measure word for a whole stem of banana
thim, *v*. 1. retreat; withdraw; give up; 2. return (merchandise); 3. kick back (as a gun); 4. fade away (as of color); 5. bounce; 6. retract; 7. reverse; 8. spurn; reject
thim tawm, *v*. rescind; withdraw
thim xem, *v*. become pale; become colorless
this, *prep*. due to; because of; for; -*n*. tea
thi thoob, *n*. hoop
thi tshuab, *n*. belt used to run a machine
thiv, *v*. insert
tho, *v*. pierce; make hole; clear the path
thob, *v*. 1. rake; gather; collect; spade; 2. stumble; stutter; -*adv*. stumblingly
thob log, *n*. wheel; tire
Thoj, *n*. Thao; Thor; a Hmong clan; -*v*. research; seek advice
thoj kws, *v*. seek help from a master
thoj nam, *v*. flee one's country; migrate; immigrate; be refugee; -n. migration; immigration
thoj plaab, *v*. have a diarrhea; -*n*. diarrhea (also see *raws plaab* and *lawv plaab*) (M)
thoj plab, *v*. have a diarrhea; -*n*. diarrhea (also see *raws plab* and *lawv plab*)
thom, *v*. 1. pile up layers of something one over another; 2. seek advice; 3. ask for information
thom khwm, *n*. socks; sox
thoob, *n*. 1. bucket; vat; 2. vessel; container; 3. given name for a boy or girl; -*adj*. through; finished; completely; -*v*. saturate; soak;

drench; wet through
thoob auv ncaug, *n.* spittoon
thoob dej, *n.* water container; water bucket
thoob dej kub, *n.* water heater
thoob dlej, *n.* water container; water bucket (M)
thoob dlej kub, *n.* water heater (M)
thoob nplaj teb, *adj.* international; worldwide; global; ubiquitous (M)
thoob ntiaj teb, *adj.* international; worldwide; global; ubiquitous
thoob ntuj, *adj.* ubiquitous; worldwide; international; global
thoob plawg, *adj.* widespread; prevalent; extensive; pervasive; all over
thoob plaws, *adj.* widespread; prevalent; extensive; pervasive; all over
thoob puab, *n.* cloth bag with a shoulder strap
thoob qaab ntuj, *adj.* universal; international; global (M)
thoob qaab ntuj khwb, *adj.* universal; international; global (M)
thoob qab ntuj, *adj.* universal; international; global
thoob qab ntuj khwb, *adj.* universal; international; global
thoob rau auv ncaug, *n.* spittoon
thoob tshaj, *n.* hernia
thoob tsib to nrog, *v.* understand; comprehend; *-adj.* understanding; wise
thoob txias, *n.* 1. cooler; 2. refrigerator (also see *thawv txias*)
thoob xo, *v.* 1. inform; notify; tell; 2. notify the bride's parents of her marriage (tone change from *thoob xov*)
thoob xov, *v.* 1. inform; notify; tell; 2. notify the bride's parents of her marriage
thoob xu, *v.* 1. inform; notify; tell; 2. notify the bride's parents of her marriage (tone change from *thoob xuv*) (M)
thoob xuv, *v.* 1. inform; notify; tell; 2. notify the bride's parents of her marriage (M)
thooj, *adj.* same; similar; *-clf.* referring to a round, solid piece; *-n.* piece
thooj sab, *v.* speak one voice; agree; unite; form one heart and mind (M)
thooj sab koom teg, *v.* speak one voice; agree; unite; form one heart and mind; *-n.* unity; unification (M)
thooj siab, *v.* speak one voice; agree; unite; form one heart and mind
thooj siab koom tes, *v.* speak one voice; agree; unite; form one heart and mind; *-n.* unity; unification
thooj xeeb, *adj.* one-hearted; united
thos, *v.* peck; strike with the beak
thov, *v.* beg; plead; implore; solicit
thov khawv, *v.* beg; ask for alms or food
thov ntuj, *v.* pray; worship; supplicate
thov txim, *v.* excuse; pardon; forgive; apologize
thov zaam txim, *v.* apologize; excuse; pardon; forgive (M)
thov zam txim, *v.* apologize; excuse; pardon; forgive
thuam, *v.* 1. criticize; 2. condemn; oppose; 3. ridicule
thuas, *n.* flu (e.g. *khaub thuas*)
thuav, *v.* unwind (also see *nthuav*)
thum, *v.* stop a habit; break off a habit (in the process)
thum yeeb, *v.* stop smoking opium (in the process)
thuv, *v.* visit frequently; *-n.* pine; pine tree; cypress
thuv laj, *v.* 1. care; 2. mind
thuv laaj, *v.* 1. care; 2. mind (M)
thwj, *n.* seal; stamp
thwj tim, *n.* disciple; student; follower; believer; pupil; learner
thwj yeem, *n.* seal; stamp
thws, *v.* 1. pull; clear; 2. reveal; disclose; expose
thwv ci, *n.* brick
thwv cib, *n.* brick
ti, *adj.* 1. crowded; 2. close; narrow; 3. near
tiab, *n.* skirt
tiag, *adv.* really; truly; *-n.* truth; reality; fact; *-v.* place a pad or cushion underneath; lay something underneath; *-adj.* truthful; honest; correct
tiag tiag, *adv.* truly; certainly; surely
tiaj, *n.* 1. field; plain; 2. given name for a girl; *-adj.* flat; level
tiaj lias, *adj.* very flat
tiaj nrag, *n.* prairie; grassland; lea

(tone change from *tiaj nras*)
tiaj nras, *n.* prairie; grassland; lea
tiaj tiaj, *adj.* very flat; evenly level
tiam, *v.* 1. bring tribute to; 2. take care of; -*n.* generation
tiam noob ncoos, *v.* bring tribute to an elder, a culture of the Hmong
tiam sis, *prep.* but; however (also see *tab sis*)
tias, *conj.* that; -*n.* 1. mole; 2. birthmark; -*pron.* that
tiav, *v.* finish; complete; -*adj.* ready; mature; completed; finished
tiav hluas, *v.* attain adulthood
tiav nkauj, *v.* attain womanhood
tiav nraug, *v.* attain manhood
tib, *v.* 1. reject; rebuff; refuse; deny; 2. stack; pile up (see *teeb* and *teem*); -*adj.* only; single (e.g. *tib leeg*); -*adv.* sudden sharp action (e.g. *tib nplawg*)
tib leeg, *n.* one person
tib lub caij nyoog, *adj.* simultaneous; -*adv.* simultaneously; -*n.* the same time
tib lub sij hawm, *adj.* simultaneous; -*adv.* simultaneously; -*n.* the same time
tib neeg, *n.* human; human being; people
tib si, *adv.* 1. collectively; together; mutually; 2. all; altogether
tib tiag, *adv.* nearly; almost
tib tsaug, *adj.* simultaneous; -*adv.* simultaneously; -*n.* the same time
tib tug, *adj.* single
tid, *adv.* there; over there; -*v.* 1. resist; oppose; 2. endure; persevere; persist
tig, *v.* 1. turn; spin; squirm; steer; warp; 2. reverse; 3. revolve; 4. swerve; 5. toss; -*adj.* wry
tig rau ib sab, *adj.* wry
tig rua ib saab, *adj.* wry (M)
tij, *n.* older brother
tij laug, *n.* older brother
tij lim, *adj.* responsible; trustworthy; reliable; effective
ti kag, *prep.* against; next to; alongside; beside (M)
ti kiag, *prep.* against; next to; alongside; beside
tim, *conj.* because of; -*v.* compare
tim cum, *n.* foundation framework of a Hmong house
tim khawv, *n.* 1. testimony; 2. evidence; 3. alibi
tim no, *adv.* over here; here
tim ntsej tim muag, *adv.* face to face
tim nuav, *adv.* over here; here (M)
tim tsum, *v.* request; demand; call for; ask for; -*n.* appeal; call; demand; request
tim tswv, *n.* ruler; official
tim ub, *adv.* over there
tim xyoob, *n.* officer; assistant
ti nkaus, *adv.* very close; against; next to
tis, *n.* 1. wing; 2. level; layer; -*v.* 1. attach; join; connect; sew together; 2. name
tis noog, *n.* bird wing
tis npe, *v.* name; give a name to
tis nyaab, *n.* brother's wife (called by his sister) (M)
tis nyab, *n.* brother's wife (called by his sister)
ti tes ti taw, *adj.* very tight financially
ti ti, *adv.* very close; very near; -*adj.* crowded; packed; jam-packed
tiv, *v.* 1. resist; oppose; 2. endure; persevere; persist; withstand; -*adv.* there; over there
tiv khov kho, *v.* withstand; endure; hold out; hold up; resist
tiv thaiv, *v.* protect; defend; thwart; withstand
tiv txwv, *n.* bottom of the ocean
to, *v.* have a hole; tear
tob, *adj.* deep
tob fab, *n.* method; methodology
tod, *adv.* there; over there; -*n.* that place
tog, *n.* 1. chair; stool; 2. block; section; 3. side or party in a conflict; 4. end; -*v.* 1. sink; sag; 2. wait (M)
tog hau ncoo, *n.* pillow
tog hauv ncoo, *n.* pillow (tone change from *tog hau ncoo*)
tog log, *n.* wheelchair (also see *rooj log*)
tog rau ncoo, *n.* pillow
tog tw, *n.* stern
tog tws, *adj.* short and round; short
tog zaum, *n.* chair; stool
toj, *n.* 1. hill; 2. given name for a boy; -*adj.* ascending (e.g. *kev toj*); upward; uphill
toj ntxaas, *n.* graveyard; cemetery (M)
toj ntxas, *n.* graveyard; cemetery
toj pob, *n.* landslide

toj siab, *n*. high hill; high in the mountain; highland
to kev, *adj*. 1. open; 2. legitimate; 3. permissible; allowable; acceptable
tom, *v*. bite; *-prep*. to; there; *-n*. time (in a process)
tom hau ntej, *adv*. ahead; *-n*. front
tom hauv ntej, *adv*. ahead; *-n*. front (tone change from *tom hau ntej*)
tom hniav nkawv, *adj*. biting and gnashing of teeth; firm; tough; serious
tom hniav qawv, *adj*. biting and gnashing of teeth; firm; tough; serious
tom ko, *adv*. over there
tom nav nkawv, *adj*. biting and gnashing of teeth; firm; tough; serious (M)
tom nav qawv, *adj*. biting and gnashing of teeth; firm; tough; serious (M)
tom no, *adv*. over here
tom ntej, *adv*. before; ahead; forward; *-n*. front
tom ntej tom qaab, *adj*. 1. confused; 2. senile; *-n*. front and back; vanguard and rear; surrounding; environment (M)
tom ntej tom qab, *adj*. 1. confused; 2. senile; *-n*. front and back; vanguard and rear; surrounding; environment
tom qaab, *adv*. behind; afterward; *-adj*. subsequent; *-n*. rear; *-prep*. after (M)
tom qab, *adv*. behind; afterward; *-adj*. subsequent; *-n*. rear; *-prep*. after
tom sab, *adv*. earnestly; diligently (M)
tom siab, *adv*. earnestly; diligently
tom thawj, *adv*. 1. coincidentally; unexpectedly; unintentionally; by coincidence (e.g. *tuaj sib ntsib tom thawj*); 2. consistently; permanently; lastingly; continually; through to the end (e.g. *sib hlub kom tom thawj*)
tom txwv, *n*. trick; scam; ruse; ploy; wile; scheme; stratagem; deception; decoy; bait; trap
tom xib, *n*. entrance of a trap (a woven basket) which the fish can enter but could not exit
toob, *adj*. chubby; fat; *-adv*. non-restricted post verbal intensifier (e.g. tem toob)
toog, *n*. 1. copper (tone change from *tooj*); 2. given name for a boy; 3. sound of an explosion
toog ntsej, *adj*. noisy; loud
tooj, *n*. 1. copper; brass; 2. given name for a boy or girl; *-v*. pull; pull hand over hand
tooj dag, *n*. brass (tone change from *tooj daj*)
tooj daj, *n*. brass
tooj dawb, *n*. nickel; chromium
tooj dlaag, *n*. brass (tone change from *tooj daj*) (M)
tooj dlaaj, *n*. brass (M)
tooj dlawb, *n*. nickel; chromium (M)
tooj lab, *n*. copper (M)
tooj liab, *n*. copper
tooj npaab, *n*. bracelet (M)
tooj npab, *n*. bracelet
toom txeem, *n*. household items (see *cuab yeej toom txeem*)
toom txheej toom lis, *n*. money and gift (C)
toov, *v*. stanch
toov laj, *n*. a palm tree whose fat and shoot are edible
tos, *v*. 1. wait; wait for; await; 2. pick up; 3. depend on; 4. rely on; *-n*. the reason why
tos ntsoov, *v*. anticipate; await; expect
tos quj qees, *v*. continue to wait beyond the expected time
tos txais, *v*. welcome
to taub, *v*. understand
to taub yuam kev, *v*. misunderstand
to taub zoo, *v*. understand well
tov, *v*. 1. mix; muddle up; combine; 2. add; *-adv*. there; over there; *-n*. that place; place
tsa, *v*. 1. lift; raise; 2. wake up; 3. set up; appoint; erect
tsaa, *v*. 1. lift; raise; 2. wake up; 3. set up; appoint; erect (M)
tsaab, *n*. 1. Chang; Cha; a Hmong clan; 2. given name for a boy; *-v*. 1. pretend; 2. offer; give (e.g. *tsaab yeeb*); 3. decorate; dress up; *-clf*. measure word for piece or sheet (M)
tsaab ntawv, *n*. mail; letter (M)
tsaab ntsuag, *adj*. hypocritical (M)
tsaab tws, *adj*. 1. empty; plain; 2. diffident; unconfident (M)
Tsaab Xyooj Mem, *n*. a great Hmong general in Guizhou province who

led one of the biggest rebellions against Qing government from 1855 to 1872

tsaab yeeb, *v.* present tobacco to the guests (M)

tsaab yeeb tsaab tshuaj, *v.* present tobacco to the guests (M)

tsaab zaag, *v.* dress up; put on nice clothing (tone change from *tsaab zaam*) (M)

tsaab zaag ntshis, *v.* dress up properly (M)

tsaab zag tasab nco, *n.* a term used at the funeral to express thanks to relatives who brought tributes (M)

tsaab zaam, *v.* dress up; put on nice clothing (M)

tsaag, *n.* cliff; elevated height (M)

tsaag muag, *n.* eyebrow and its area around the eye (M)

tsaag tsev, *n.* lower porch of the house; raised foundation of the house (M)

tsaa hlo, *v.* 1. raise up; 2. fell down (as of someone being shot and fell down); 3. bottom up (M)

tsaaj, *v.* jump around on something; jump up and down; *-n.* 1. burlap; a kind of yarn used to make bag (see *nab tsaaj*)

tsaam, *v.* 1. bloat; puff up; swell; 2. increase; *-n.* a period of time (e.g. *ib tsaam*); *-conj.* 1. otherwise (e.g. *mus tsaam kuv txiv lug pum*; *-adv.* restricted post verbal intensifier (e.g. *nyob tsaam*) (M)

tsaam nuav, *adv.* at this time; now; under the current situation (M)

tsaam phooj, *n.* tent; canopy (M)

tsaam thawj, *n.* rest area; resting place on the way (M)

tsaam tsaam, *adj.* swollen; bloated; expanded (M)

tsaa ncauj, *v.* open the mouth to talk; initiate a discussion (M)

tsaas, *n.* given name for a boy (M)

tsaa teg, *v.* raise hand (M)

tsab, *n.* 1. Chang; Cha; a Hmong clan; 2. given name for a boy; 3. new year (M); *-v.* 1. pretend; 2. offer; give (e.g. *tsab yeeb*); 3. decorate; dress up; *-clf.* measure word for piece or sheet

tsab ntawv, *n.* mail; letter

tsab ntsuag, *adj.* hypocritical)

tsab peb caug, *n.* new year (M)

tsab tws, *adj.* 1. empty; plain; 2. diffident; unconfident

Tsab Xyooj Mem, *n.* a great Hmong general in Guizhou province who led one of the biggest rebellions against Qing government from 1855 to 1872

tsab yeeb, *v.* present tobacco to the guests

tsab yeeb tsab tshuaj, *v.* present tobacco to the guests

tsab zag, *v.* dress up; put on nice clothing (tone change from *tsab zam*)

tsab zag ntshis, *v.* dress up properly

tsab zag tsab nco, *n.* a term used at the funeral to express thanks to relatives who brought tributes

tsab zam, *v.* dress up; put on nice clothing

tsag, *n.* cliff; elevated height

tsag muag, *n.* eyebrow and its area around the eye

tsag tsev, *n.* lower porch of the house; raised foundation of the house

tsa hlo, *v.* 1. raise up; 2. fell down (as of someone being shot and fell down); 3. bottom up

tsaib, *n.* year; pertaining to the year (also see *tsiab*)

tsaib no, *n.* last year

tsaib ub, *n.* year before last year

tsaig, *n.* pertaining to the chin or jaw

tsaim, *n.* pertaining to the chin or jaw (tone change from *tsaig*); *-adv.* restricted post verbal intensifier (e.g. *tsiv tsaim*)

tsaj, *v.* jump around on something; jump up and down; *-n.* 1. burlap; a kind of yarn used to make bag (see *hnab tsaj*); 2. animal (M)

tsaj haav zoov, *n.* wild animals; wildlife (M)

tsaj ntawv, *n.* alphabet (M)

tsaj qus, *n.* wildlife; wild animals (M)

tsaj txhu, *n.* animals (domesticated) (M)

tsam, *v.* 1. bloat; puff up; swell; 2. increase; *-n.* a period of time (e.g. *ib tsam*); *-conj.* 1. otherwise (e.g. *mus tsam kuv txiv los pom*; *-adv.* restricted post verbal intensifier (e.g. *nyob*

tsam)
tsam no, *adv*. at this time; now; under the current situation
tsam phooj, *n*. tent; canopy
tsam thawj, *n*. rest area; resting place on the way
tsam tsam, *adj*. swollen; bloated; expanded
tsa ncauj, *v*. open the mouth to talk; initiate a discussion
tsas, *n*. given name for a boy
tsa tes, *v*. raise hand
tsau, *n*. 1. torch; 2. flying squirrel; *-adj*. full (from eating); *-v*. soak; soak in water; put in water; saturate
tsaub, *adj*. illegitimate (referring to a child born out of wedlock)
tsaug, *n*. 1. porcupine; 2. thanks; *-v*. 1. rinse; 2. wash or clean; *-adj*. weak; feeble; tired; *-adv*. simultaneously; jointly; all at once together (e.g. *qw ib tsaug ib tsaug*)
tsaug tsaug zog, *adj*. sleepy
tsaug zog, *adj*. sleepy; *-v*. sleep; asleep
tsaug zug, *adj*. sleepy; *-v*. sleep; asleep (M)
tsauj, *v*. cackle (as in *qaib tsauj*)
tsaus, *adj*. 1. dark; 2. bold; *-n*. darkness; *-v*. 1. darken; 2. press on; advance; hasten; 3. put pressure on
tsaus huab, *adj*. cloudy; foggy
tsaus huab nti, *adj*. very cloudy; very foggy
tsaus muag, *n*. swoon; unconsciousness; *-v*. faint; black out; pass out; collapse
tsaus ntuj, *adj*. dark; *-n*. night time
tsaus ntuj ntais, *n*. nightfall; darkness
tsaus ntuj nti, *adj*. dark; very dark; *-adv*. in the dark
tsaus tsaus, *adj*. turbid; murky; muddy; cloudy
tsaus tsiav, *n*. phosphorescent
tsaus zem zuag, *adj*. getting dark; darkening; *-n*. dusk
tsaus zuag, *n*. dusk
tsav, *v*. 1. drive; 2. fly; 3. add to; 4. increase; *-n*. 1. profit; extra; 2. given name for a boy
tsawb, *n*. 1. banana tree; 2. given name for a boy; *-v*. stop; halt; rest (word used at a drinking table)
tsawg, *adj*. 1. small; little; minimal; 2. scarce
tsawg dlua, *adj*. less (M)
tsawg dua, *adj*. less
tsawg kawg nkaus, *adj*. minimum; least
tsawg tsawg, *adj*. 1. small; little; 2. scarce
tsawg zaus, *adj*. seldom; rarely; hardly ever; infrequently
tsawg zus, *adj*. reduced; reducing; decreased
tsawj, *n*. dimple; dip; depression
tsawm, *v*. curse; condemn; imprecate
tsaws, *v*. 1. perch; land; 2. lift; take off; alight; 3. present; deliver; convey (e.g. *tsaws lus*)
tsaws ntxhee, *n*. rapids; turbulent water; fast-moving water; torrents (normally used with *dej*)
tsaws tsag, *n*. waterfall (normally used with *dej*)
tsawv, *v*. 1. grasp; snatch; 2. provoke; cause; call for (a term used to ask to call for a shaman); *-adv*. rather; quite; relatively; reasonably
tse, *n*. house; home (tone change from *tsev*)
tseb, *v*. sow (seed); spread; scatter; disperse; *-adj*. light (referring to color as in *liab tseb*); *-adv*. restricted post verbal intensifier
tseb noob, *n*. 1. sow (the seed); 2. proclaim; declare [sl]
tseeb, *adj*. 1. real; true; 2. veritable; *-n*. 1. truth; fact; 2. a kind of hat (e.g. *mom tseeb*); 3. given name for a boy
tseeb kaub, *n*. a kind of cooking pot
tseeb tseeb, *adj*. unerring; unmistaken; positive; certain; definite; absolute; infallible; faultless
tseem, *adj*. 1. real; true; 2. original; 3. whole (referring to the day as *ib hnub tseem*); *-n*. truth; fact; *-adv*. still
tseem ceeb, *adj*. important; worthy; worthwhile; significant
tseem fwv, *n*. government
tseem tsis tau, *adv*. yet
tseem yuav, *adv*. yet; still; *-v*. will
tsees, *adv*. restricted post verbal intensifier (e.g. *sawv tsees*)
tseev, *v*. 1. dress; adorn; decorate; 2. clean; prepare; 3. accept; admit; agree to; *-n*. wren; a kind of bird
tseg, *v*. 1. save; 2. stop; 3. leave

(someone or something behind); abandon; *-adv.* restricted post verbal intensifier
tsem, *v.* bark; yap; yip; *-n.* 1. turn; 2. a short distance (e.g. *ib tsem kev*)
tsev, *n.* 1. house; home; 2. household; *-clf.* measure word for household
tsev ceev nyiaj, *n.* bank (see *txhab nyiaj*)
tsev cub neeg, *n.* sauna
tsev has plaub, *n.* court; courthouse (M)
tsev hais plaub, *n.* court; courthouse
tsev hauj saam, *n.* temple; pagoda (M)
tsev hauj sam, *n.* temple; pagoda
tsev haus cawv, *n.* tavern; bar
tsev kab laug saab, *n.* web (M)
tsev kab laug sab, *n.* web
tsev kawm dawb, *n.* public school
tsev kawm dlawb, *n.* public school (M)
tsev kawm ndlav, *n.* private school (M)
tsev kawm nraab, *n.* high school (M)
tsev kawm nrab, *n.* high school
tsev kawm ntawv, *n.* school; college; university
tsev kawm ntawv dawb, *n.* public school (see *tsev kawm dawb*)
tsev kawm ntawv dlawb, *n.* public school (see *tsev kawm dlawb*) (M)
tsev kawm ntawv ndlav, *n.* private school (see *tsev kawm ndlav*) (M)
tsev kawm ntawv ntiav, *n.* private school (see *tsev kawm ntiav*)
tsev kawm ntawv qeb nraab, *n.* high school (see *tsev kawm nraab*) (M)
tsev kawm ntawv qeb nrab, *n.* high school (see *tsev kawm nrab*)
tsev kawm ntawv qeb pib, *n.* kindergarten (see *tsev kawm pib*)
tsev kawm ntawv qeb qis, *n.* elementary (see *tsev kawm qis*)
tsev kawm ntawv qeb sab, *n.* university; college (see *tsev kawm sab*) (M)
tsev kawm ntawv qeb siab, *n.* university; college (see *tsev kawm siab*)
tsev kawm ntiav, *n.* private school
tsev kawm pib, *n.* kindergarten; headstart
tsev kawm qis, *n.* elementary
tsev kawm sab, *n.* university; college (M)
tsev kawm siab, *n.* university; college
tsev kaw neeg, *n.* jail or prison (also see *tsev loj cuj*)
tsev kheej, *n.* 1. house; single house; 2. pagoda; round house; Chao Fa's temple
tsev kho mob, *n.* hospital
sev khu mob, *n.* hospital (M)
tsev koom, *n.* apartment
tsev loj cuj, *n.* jail or prison
tsev muab tshuaj, *n.* pharmacy; dispensary; clinic (see *tsev tshuaj*)
tsev muag tshuaj, *n.* pharmacy; dispensary (see *tsev tshuaj*)
tsev ndlav pw, *n.* hotel; motel; guesthouse (also see *tsev tog qhua*) (M)
tsev neeg, *n.* family; household
tsev ntau yim, *n.* apartment; multi-unit building
tsev ntawv, *n.* library (also see *txhab ntawv*)
tsev ntiav pw, *n.* hotel; motel; guesthouse (also see *tsev tos qhua*)
tsev ntxhua khaub ncaws, *n.* laundromat
tsev nyaj, *n.* bank (also see *txhaab nyaj*) (M)
tsev nyiaj, *n.* bank (also see *txhab nyiaj*)
tsev pheeb suab, *n.* hut; shelter; shack; shanty; tent
tsev plaub, *n.* court; courthouse
tsev plob, *n.* 1. restroom; 2. bathroom; 3. WC (water closet); 4. privies
tsev qhua, *n.* hotel; motel; guesthouse
tsev rau khoom, *n.* warehouse; storehouse; stockroom; depot
tsev sab, *n.* skyscraper (M)
tsev saib mob, *n.* clinic (see *tsev tshuaj mob*)
tsev saib ntawv, *n.* library (also see *tsev ntawv*)
tsev saib xes nes, *n.* movie theater
tsev siab, *n.* skyscraper
tsev teb, *n.* farm house
tsev teev ntuj, *n.* 1. church; 2. temple; 3. abbey
tsev tim phooj, *n.* field house; temporary house or shelter
tsev tog qhua, *n.* hotel; motel; guesthouse

tsev tos qhua, *n.* hotel; motel; guesthouse
tsev tshuaj, *n.* pharmacy
tsev tshuaj mob, *n.* clinic
tsev tua tsaj, *n.* abattoir; slaughterhouse (M)
tsev tua tsiaj, *n.* abattoir; slaughterhouse
tsev twv txaj, *n.* casino; gambling place (M)
tsev twv txiaj, *n.* casino; gambling place
tsev xaa ntawv, *n.* post office (M)
tsev xa ntawv, *n.* post office
tshaab, *adj.* 1. through; finished; done; 2. clear (M)
tshaab plawg, *adv.* through (M)
tshaab txhais, *v.* explain; elaborate; shed (M)
tshaab xuv, *v.* inform the bride's parents of her marriage (also see *thoob xo* or *thoob xuv*) (M)
tshaaj, *v.* 1. announce; declare; spread; 2. pass on; 3. exceed; surpass; 4. advertise; *-adj.* better; *-clf.* measure word for litigation or dispute; *-n.* spasms; fits; *-prep.* than (M)
tshaaj cum, *n.* mosquito (M)
tshaaj laag luam, *v.* advertise (M)
tshaaj lwm tug, *adj.* superlative (M)
tshaaj nrov nrov, *v.* tout (M)
tshaaj peev, *n.* profit (M)
tshaaj plawg, *adv.* most; *-adj.* greatest; superb; superior (M)
tshaaj sab, *n.* 1. long gown; 2. funeral clothe (e.g. *tsho tshaaj sab*) (M)
tshaaj thawj, *n.* 1. profit; 2. man who cut firewood to be used at a funeral (M)
tshaaj xu, *v.* 1. announce; declare; broadcast; proclaim; 2. inform; tell; notify (tone change from *tshaaj xuv*) (M)
tshaaj xuv, *v.* 1. announce; declare; broadcast; proclaim; 2. inform; tell; notify (M)
tshaam, *v.* visit; go sight-seeing; goof around (M)
tshaav, *adj.* 1. sunny; 2. fine; well; *-n.* field; an open area; a broad level area; *-v.* 1. collide with; crash into; 2. hoe off (weeds) (M)
tshaav dlaav hlau, *n.* airport; airstrip; airfield (M)
tshaav ntuj, *adj.* sunny; *-n.* sunshine (M)
tshaav ntuj nrig, *adj.* very sunny all around (M)
tshaav puam, *n.* field; open field; open ground (M)
tshaav tsaj, *n.* ranch (M)
tshaav ua si, *n.* playground (M)
tshab, *adj.* 1. through; finished; done; 2. clear; 3. new (M); *-prep.* through; *-v.* 1. clarify; 2. add to; feed
tshab plaws, *adv.* through
tshab tshab, *adv.* clearly; openly; *-adj.* new (M)
tshab txhais, *v.* explain; elaborate; shed
tshab xov, *v.* inform the bride's parents of her marriage (also see *thoob xo* or *thoob xov*)
tshaib, *adj.* hungry; starving
tshaib plab, *adj.* hungry
tshais, *n.* breakfast; *-v.* move; resettle (consonant change from *rhais*)
tshaj, *v.* 1. announce; declare; spread; 2. pass on; 3. exceed; surpass; 4. advertise; *-adj.* better; *-clf.* measure word for litigation or dispute; *-n.* spasms; fits; *-prep.* than
tshaj cum, *n.* mosquito
tshaj lag luam, *v.* advertise
tshaj lwm tus, *adj.* superlative
tshaj nrov nrov, *v.* tout
tshaj peev, *n.* profit
tshaj plaws, *adv.* most; *-adj.* greatest; superb; superior
tshaj sab, *n.* 1. long gown; 2. funeral clothe (e.g. *tsho tshaj sab*)
tshaj thawj, *n.* 1. profit; 2. man who cut firewood to be used at a funeral
tshaj xo, *v.* 1. announce; declare; broadcast; proclaim; 2. inform; tell; notify (tone change from *tshaj xov*)
tshaj xov, *v.* 1. announce; declare; broadcast; proclaim; 2. inform; tell; notify
tsham, *v.* visit; go sight-seeing; goof around
tshau, *v.* 1. drill; pierce; make a hole; 2. sieve; sift; screen; filter; select; weed out; sift through; 3. refine
tshaum, *v.* 1. thrust; poke; push (M); 2. interrupt; interfere; sabotage (M)
tshaus, *n.* 1. given name for a girl; 2. sieve; sifter

tshauv, *n.* ash; ashes
tshau xua, *v.* sift out the chaff
tshav, *adj.* 1. sunny; 2. fine; well; *-n.* field; an open area; a broad level area; *-v.* 1. collide with; crash into; 2. hoe off (weeds); 3 chafe; rub; scrape; scratch (M)
tshav dav hlau, *n.* airport; airstrip; airfield
tshav ntuj, *adj.* sunny; *-n.* sunshine
tshav ntuj nrig, *adj.* very sunny all around
tshav puam, *n.* field; open field; open ground
tshav tsiaj, *n.* ranch
tshav ua si, *n.* playground
tshawb, *v.* 1. search; explore; hunt for; ransack; 2. probe; 3. depart; leave; 4. retrieve
tshawb fawb, *v.* research; study; explore; do research
tshawb nyo, *v.* leave quietly
tshawb qhov tseeb, *v.* 1. validate; authenticate; verify; 2. investigate; inspect; scrutinize; examine; probe
tshawb tsum, *v.* 1. depart; 2. disperse; 3. finish eating
tshawb xyuas, *v.* inspect; check; investigate; probe; scrutinize
tshawj chim, *n.* animosity; resentment; quarrel; argument; dispute (also see *chawj chim*)
tshaws, *adv.* restricted post verbal intensifier (e.g. *lawv mus lawm tshawv tshaws*)
tshawv, *adj.* harsh; raucous; impolite; unkind; ruthless (also see *chawv*)
tshawv tshaws, *adv.* 1. steadily; continuously; constantly; 2. restricted post verbal intensifier
tshawv tshawv, *adv.* harshly; raucously; impolitely; ruthlessly; unkindly
tshe, *v.* cry from a deer or squirrel; groan from a deer or squirrel; *-n.* sound made by deer, squirrel or the like
tsheb, *n.* car; automobile; *-v.* 1. make a hole; 2. turn round
tsheb kauj vab, *n.* bicycle (also see *nees zab*)
tsheb laij teb, *n.* tractor
tsheb nqaaj hlau, *n.* train (M)
tsheb nqaj hlau, *n.* train
tsheb nrau kev, *n.* bulldozer; tractor
tsheb thauj khoom, *n.* truck
tsheb thauj mob, *n.* ambulance
tsheb thauj neeg mob, *n.* ambulance (see *tsheb thauj mob*)
tsheb thauj tuag, *n.* hearse
tsheb tua rog, *n.* tank
tsheb vees, *n.* van
tshee, *v.* shiver; shudder; *-adj.* nervous
tsheej, *adj.* 1.certain; definite; sure; 2. permanent; *-n.* 1. Cheng; Cheng clan; 2. given name for a boy; *-v.* become
tshee tshee, *adj.* rickety; unsteady; unstable; shaky; unbalanced; insecure
tshem, *v.* 1. delete; remove; subtract; 2. exclude; 3. resettle; move; alight; 4. dispel
tshem tawm, *v.* 1. dispel; chase away; drive out; 2. pull out; tear down; 3. abscise
tshem txim tawm, *v.* absolve
tshia, *v.* sprinkle; blowing rain into covered area
tshiab, *adj.* new; modern; fresh; bright; *-n.* 1. spy; informant; 2. investigator; 3. retainer
tshiab tshiab, *adv.* afresh; anew
tshiam, *v.* antagonize; bother; disturb; make tantrum
tshiav, *v.* chafe; rub; scrape; scratch
tshib, *v.* trim; trim down; thin out; make thin
tshij, *n.* well; water well
tshim, *n.* a measuring unit of the Hmong being the distance between the elbow and the fingertip
tshis, *n.* goat (also see *mes es*)
tsho, *n.* 1. shirt (also see *awv*); 2. placenta
tshob, *v.* scold; nag; complaint; *-n.* dipper; ladle; water scooping tool; *-adj.* barren; infertile; childless
tshob cuab, *v.* ruin the family; disrupt the family; *-adj.* complaining
tshoj, *v.* 1. cause; provoke; bring about; 2. turn
tsho khuam, *n.* vest
tshom, *v.* dig (the ground as in the case of a pig); bulldoze
tsho me nyuam, *n.* placenta
tshoob, *n.* 1. wedding; marriage; 2. given name for a girl; *-v.* 1. launch or fire weaponry without aiming

directly at the target; 2. be swept away by water; wash away
tshooj, *n.* 1. levels; floors; stories; 2. layers; 3. chapter; *-clf.* measure word for poetic couplet or verse in songs
tshoom, *v.* ascend; go upward; soar
tsho sov, *n.* jacket
tsho suv, *n.* jacket (M)
tsho tiv naag, *n.* raincoat (M)
tsho tiv nag, *n.* raincoat
tsho tiv no, *n.* coat
tsho tshaaj sab, *n.* 1. robe; long gown with sleeves; surplice; tunic; 2. funeral gown for the dead (M)
tsho tshaj sab, *n.* 1. robe; long gown with sleeves; surplice; tunic; 2. funeral gown for the dead
tshov, *v.* 1. breed; mate (applied mostly to animals); 2. blow (flute or reed pipes) (also see *tshuab*)
tshu, *n.* 1. go-between; intermediary; emissary; 2. prefix to a given name (e.g. Tshu Teeb)
tshua, *v.* miss; think of; long for; *-adv.* really; very (used with *tsis*)
tshuab, *v.* blow; *-n.* 1. machine; 2. engine
tshuab nplooj, *v.* blow leaf (to make music or sound) (also see *qwv nplooj*)
tshuab nqus tsev, *n.* vacuums; vacuum cleaner
tshuab ntaus ntawv, *n.* typewriter
tshuab ntxhua khaub ncaws, *n.* washing machine; washer
tshuab ntxuav tais diav, *n.* dishwasher
tshuab qeej, *v.* blow *qeej*; play *qeej*
tshuab raj, *v.* blow flute; play flute
tshuab tsheb, *n.* car engine
tshuab txiav nyom, *n.* lawn mower; scythe
tshuab xaws khaub ncaws, *n.* sewing machine
tshuab xaws ris tsho, *n.* sewing machine
tshuab ziab khaub ncaws, *n.* dryer
tshuaj, *n.* 1. drug; medicine; 2. poison; 4. remedy; *-v.* investigate; inspect; examine
tshuaj da dej, *n.* soap (also see *tshuaj ntxuav cev*)
tshuaj daus no, *n.* Tylenol; Aspirin
tshuaj dias taub hau, *n.* Aspirin; Tylenol
tshuaj dla dlej, *n.* soap (also see *tshuaj ntxuav cev*) (M)
tshuaj dlaus no, *n.* Tylenol; Aspirin (M)
tshuaj dlaa taub hau, *n.* Aspirin; Tylenol (M)
tshuaj khes mis, *n.* chemical (also see *khes mis*)
tshuaj khib, *n.* mortar (for grinding peppers or medicine)
tshuaj kua, *n.* liquid medicine
tshuaj kua mig, *n.* penicillin (M)
tshuaj kua mis, *n.* penicillin
tshuaj lub, *n.* pill; capsule; tablet
tshuaj muaj zog, *n.* 1. vitamin; 2. anti-impotence drug; sildenafil; viagra
tshuaj muaj zug, *n.* 1. vitamin; 2. anti-impotence drug; sildenafil; viagra (M)
tshuaj npaws, *n.* Tylenol; Aspirin
tshuaj ntsav, *n.* pill; capsule; tablet (M)
tshuaj ntsaws chaw mos, *n.* suppository
tshuaj ntsaws qhov quav, *n.* suppository
tshuaj ntsiav, *n.* pill; capsule; tablet
tshuaj ntsuab, *n.* herb; herbal medicine
tshuaj ntxhua khaub dluag, *n.* starch; detergent (M)
tshuaj ntxhua khaub ncaws, *n.* starch; detergent
tshuaj ntxuav cev, *n.* soap
tshuaj ntxuav taig dlav, *n.* dish detergent (M)
tshuaj ntxuav tais diav, *n.* dish detergent
tshuaj phom, *n.* gunpowder
tshuaj pleev, *n.* ointment
tshuaj pwm, *n.* fungicide
tshuaj rau nqaij, *n.* thyme; aromatic plant
tshuaj rau nqaj, *n.* thyme; aromatic plant (M)
tshuaj tsw qaab, *n.* perfume; fragrance; cologne (M)
tshuaj tsw qab, *n.* perfume; fragrance; cologne
tshuaj tuag aws, *n.* vaccine
tshuaj tua nroj, *n.* herbicide

tshuaj tua pwm, *n.* fungicide
tshuaj txhaaj, *n.* shot; injection (see *tshuaj xaav*) (M)
tshuaj txhaj, *n.* shot; injection (see *tshuaj xav*)
tshuaj txhuam hniav, *n.* toothpaste
tshuaj txhuam khau, *n.* shoe wax; show polish
tshuaj txhuam nav, *n.* toothpaste (M)
tshuaj txhuam tsev, *n.* house cleaning detergent
tshuaj txiv neej, *n.* anti-impotence drug; sildenafil; viagra
tshuaj xaav, *n.* shot; injection (see *tshuaj txhaaj*)
tshuaj xav, *n.* shot; injection (see *tshuaj txhaj*)
tshuaj zawv plaub hau, *n.* shampoo
tshuam, *v.* 1. interrupt; intercept; 2. join; cross; meet together
tshuav, *v.* 1. have; 2. lack; 4. remain
tshuav nqe, *v.* owe
tshum, *v.* 1. knock (with a stick); push; hit; 2. urge; provoke; insist; 3. sabotage; undermine; interrupt; interfere
tshus, *n.* go-between; intermediary; emissary (tone change from *tshu*)
tshuv, *v.* go around (to look for opportunity)
tshwb, *v.* coil; curl
tshwb liag, *n.* mole; a small underground animal
tshwj, *v.* 1. reserve; 2. set aside; 3. hold; 4. allocate
tshwj ca, *v.* set aside; hold; reserve (see *tshwj tseg*) (M)
tshwj cia, *v.* set aside; hold; reserve (see *tshwj tseg*)
tshwj kaab, *n.* the person in charge of the food at a social event such as a funeral (M)
tshwj kab, *n.* the person in charge of the food at a social event such as a funeral
tshwj thum, *adj.* wasteful; extravagant
tshwj tseg, *v.* set aside; reserve
tshwj xeeb, *adj.* special; unique; distinctive; exceptional; unusual; extraordinary
tshwm, *v.* appear; emerge; show; surface; protrude; exist; establish
tshwm los, *v.* come forth
tshwm lug, *v.* come forth (M)
tshwm sim, *v.* 1. be born; 2. become visible; appear; emerge; surface; exist; 3. materialize; 4. develop
tshwm tshaav, *n.* the day of burial (used with the word *nub*) (M)
tshwm tshav, *n.* the day of burial (used with the word *hnub*)
tsi, *v.* 1. aim; aim at; target; 2. drain the liquid out; pour the water out; *-n.* scale; large weight scale
tsiab, *n.* new year; year (also see *tsaib*)
tsiab peb caug, *n.* new year
tsiag lias, *adv.* gradually; little by little; slowly but surely; progressively; *-n.* a gradual movement or progress
tsiaj, *n.* animal
tsiaj hav zoov, *n.* wild animals; wildlife
tsiaj ntawv, *n.* alphabet
tsiaj qus, *n.* wildlife; wild animals
tsiaj txhu, *n.* animals (domesticated)
tsias, *n.* tantrum
tsib, *n.* 1. five; number 5; 2. gallbladder; *-v.* ask for payment; demand payment
tsib caug, *n.* fifty; 50
tsib hlis ntuj, *n.* May
tsig, *n.* 1. trap or snare to catch bird; noose; 2. smashed grain (e.g. *tsig txhuv*); 3. nap (e.g. *ib tsig zog*; tone change from *tsim*; *-clf.* measure word for a nap or for cock crow
tsig txhuv, *n.* smashed grain
tsig zog, *n.* nap; sleep
tsij, *v.* push (forward); thrust; shove
tsim, *v.* 1. develop; create; 2. treat; punish; abuse; regard; handle; 3. wake up; *-prep.* worth; *-n.* 1. value; worth; credentials; 2. nap; sleep (also see *tsig*)
tsim dheev, *v.* wake up suddenly
tsim dlheev, *v.* wake up suddenly (M)
tsim keev, *adj.* precious; worthy; valuable
tsim kev ntxhov siab rau, *v.* aggrieve; hurt; afflict; distress
tsim nom, *adj.* fit for a leader
tsim nqi, *adj.* valuable; worthy; precious; priceless
tsim nuj, *adj.* valuable; precious; worthy
tsim nyog, *adj.* worthy; suitable; appropriate

tsim teeb meem, *v.* cause trouble; trigger; vex; ail
tsim txaj, *adj.* worthy; worthwhile; good (M)
tsim txiaj, *adj.* worthy; worthwhile; good
tsim txom, *v.* torture; punish; abuse
tsi ntsees, *adv.* aim directly; directly
tsis, *adv.* not
tsis cus, *adj.* dull; tiresome; wearisome
tsis dag, *adj.* honest; truthful; sincere; frank
tsis dawb huv, *adj.* 1. lewd; no longer virgin; 2. unholy
tsis dlaag, *adj.* honest; truthful; sincere; frank (M)
tsis dlawb huv, *adj.* 1. lewd; no longer virgin; 2. unholy (M)
tsis dlu, *adj.* rough; uneven; spotty (M)
tsis dlua, *adv.* up; *-v.* depend (M)
tsis du, *adj.* rough; uneven; spotty
tsis dua, *adv.* up; *-v.* depend
tsis haum, *adj.* 1. unfit; unacceptable; unsuitable; 2. allergic
tsis hnov lus, *adj.* deaf; hearing-impaired
tsis hum, *adj.* 1. unfit; unacceptable; unsuitable; 2. allergic (M)
tsis huv, *adj.* unclean; dirty
tsis kam, *v.* refuse; deny; decline; reject
tsis kaav, *adv.* no matter what; but; however; despite; *-v.* do not control; do not restrict (M)
tsis kaav ntev, *adj.* transient; does not last long (M)
tsis kav, *adv.* no matter what; but; however; despite; *-v.* do not control; do not restrict
tsis kav ntev, *adj.* transient; does not last long
tsis khaab seeb, *adj.* uneasy; uncomfortable (M)
tsis khab seeb, *adj.* uneasy; uncomfortable
tsis khoom, *adj.* busy; unavailable; occupied
tsis khov, *adj.* ramshackle; tumbledown; falling to pieces; decrepit; derelict; rickety; unsteady; unstable; shaky; unbalanced; insecure
tsis kim, *adj.* inexpensive; cheap
tsis leeg, *v.* decline; reject; deny (M)
tsis lees, *v.* decline; reject; deny
tsis meej, *adj.* vague; unclear; blurred; hazy; uncertain; unsure; doubtful; *-prep.* without
tsis meej pem, *adj.* 1. abnormal; crazy; wild; foolish; absentminded; 2. uncertain; doubtful; unsure
tsis muaj mob, *adj.* healthy
tsis muaj hauj lwm, *adj.* unemployed
tsis muaj hmoo, *adj.* unlucky; unfortunate; unsuccessful
tsis muaj peev xwm, *adj.* incapable
tsis muaj zog, *adj.* 1. weak; 2. impotent
tsis muaj zug, *adj.* 1. weak; 2. impotent (M)
sis ncaaj, *adj.* dishonest; unfair; sleazy (M)
tsis ncaj, *adj.* dishonest; unfair; sleazy
tsis nco, *v.* forget; stop thinking about
tsis nco qab, *v.* forget; *-adj.* unconscious
tsis ncu, *v.* forget; stop thinking about (M)
tsis ncu qaab, *v.* forget; *-adj.* unconscious (M)
tsis nkaag dlej, *adj.* waterproof (M)
tsis nkaag sab, *adj.* confused; lost; puzzled (M)
tsis nkag dej, *adj.* waterproof
tsis nkag siab, *adj.* confused; lost; puzzled
tsis ntev, *adj.* 1. succinct; concise; brief; 2. temporary; 3. short
tsis ntev dhau los no, *adv.* recently
tsis ntev dlhau lug nuav, *adv.* recently (M)
tsis ntom, *adj.* tenuous
tsis nyab xeeb, *adj.* concerned; worried; disturbed
tsis nyam, *v.* dislike (M)
tsis nyiam, *v.* dislike
tsis nyob lawm, *adj.* absent; not present
tsis nyob ntev, *adj.* transient
tsis paub cai, *adj.* impolite; rude
tsis paub kawg, *adj.* unending; endless; eternal; everlasting
tsis paub ntawv, *adj.* illiterate; uneducated
tsis paub tuag, *adj.* undying; unending; endless; eternal; everlasting
tsis paub txog, *adj.* unaware

tsis paub txug, *adj.* unaware (M)
tsis pom zoo, *v.* disagree; object; disapprove; oppose; dispraise; *-adj.* 1. unclear; unfocused; 2. illegible
tsis pub neeg paub, *adj.* confidential
tsis pum zoo, *v.* disagree; object; disapprove; oppose; dispraise; *-adj.* 1. unclear; unfocused; 2. illegible (M)
tsis raas txug, *adj.* unaware (M)
tsis ras txog, *adj.* unaware
tsis raug, *adj.* wrong; incorrect
tsis raug cai, *adj.* illegal; unlawful; under-the-counter
tsis raws sab xaav, *adj.* disappointed; dissatisfied; adverse; regretful (M)
tsis raws siab xav, *adj.* disappointed; dissatisfied; adverse; regretful
tsis ruaj, *adj.* loose; unstable; unsounded
tsis saib xyuas, *v.* ignore; neglect
tsis sib txig sib luag, *adj.* unequal; unfair; uneven; imbalanced
tsis sis txig sis luag, *adj.* unequal; unfair; uneven; imbalanced (M)
tsis swb, *adj.* unbeaten; undefeated; winning; unbowed
tsis tau, *v.* 1. have not; may not; 2. can not
tsis taus, *v.* can not (physically); *-adj.* unable; incapable; powerless
tsis tawg, *adj.* unbroken
tsis to taub, *v.* confuse; lost; puzzle
tsis tseeb, *adj.* untrue; false; incorrect; wrong; fallacious; untruthful; fictitious
tsis tseem, *adj.* unreal; fake; replica
tsis tseem ceeb heev, *adj.* trifling; trivial; insignificant; unimportant; silly
tsis tshua muaj, *adj.* rare; unusual; uncommon
tsis teeb tim, *adj.* disproportioned; unbalanced; *-n.* disproportion
tsis tuab, *adj.* tenuous
tsis tuaj, *adj.* absent
tsis tuaj yeem, *v.* disapprove; disagree (also see *tsis yeem*); *-adj.* not willing
tsis txais, *v.* reject; decline; refuse; deny
tsis txaus, *adj.* lacking; deficient; *-n.* shortage
tsis txaus ntseeg, *adj.* unbelievable
tsis txaus sab, *adj.* upset; angry; mad (M)
tsis txaus siab, *adj.* upset; angry; mad
tsis txawj xaav, *adj.* impolite; ignorant; narrow-minded (M)
tsis txawj xav, *adj.* impolite; ignorant; narrow-minded
tsis txawv deb, *adj.* typical
tsis txawv dleb, *adj.* typical (M)
tsis txheem dej, *adj.* waterproof
tsis txheem dlej, *adj.* waterproof (M)
tsis xis nyob, *adj.* sick; ill
tsis xwb, *adj.* no longer virgin; lewd
tsis xwm yeem, *adj.* unbalanced
tsis xyeej, *adj.* busy; unavailable; occupied
tsis yeem, *v.* disapprove; disagree; *-adj.* not willing
tsis yog, *v.* is not; *-n.* no; *-adj.* wrong; incorrect; inaccurate
tsis yuam kev li, *adj.* unerring; unmistaken; positive; certain; definite; absolute; infallible; faultless
tsis yuav, *v.* abjure; abnegate
tsis zoo, *adj.* bad; ugly
tsis zoo nkauj, *adj.* ugly; unattractive; not beautiful
tsis zoo nraug, *adj.* ugly; unattractive; not handsome
tsis zoo nyob, *adj.* 1. sick; ill; don't feel good (see *tsis xis nyob*); 2. bad place to live (e.g. *teb chaws no tsis zoo nyob*)
tsiv, *adj.* 1. vicious; ferocious; fierce; truculent; aggressive; 2. strict; tough; brave; *-v.* move; move away (M)
tsiv nraim, *v.* hide
tsiv sab, *adj.* angry; frustrated (M)
tsiv siab, *adj.* angry; frustrated
tsiv tsaim, *adj.* strict; harsh; stringent; authoritarian
tsiv tsawv, *v.* wander away; drift away; *-adj.* 1. depressed; lonely; 2. strict; authoritarian
tso, *v.* 1. let go; release; discharge; free; liberate; 2. untie; 3. permit; 4. relinquish; 5. draw (milk); *-n.* tiger (tone change from *tsov*)
tsob, *clf.* measure word for tree, plant, flower, or the like; *-v.* discharge of blood
tsob ntshaav, *v.* discharging blood (M)

tsob ntshav, *v.* discharging blood
tsob zeem, *v.* accept; welcome; take in; consider
tso cai, *v.* permit; allow; accord
tso cua rau, *v.* aerate; ventilate
tso cua tawm, *v.* ventilate
tso dab ntub, *v.* snooze; take a nap
tso dag, *v.* joke; speak in jest
tso dlaag, *v.* joke; speak in jest (M)
tsog, *n.* 1. evil spirit; 2. bad odor from human armpit
tsoj, *n.* fyke
tso kev, *v.* permit; allow; let go
tso kom ncaaj nruab nraab, *v.* align (M)
tso kom ncaj nruab nrab, *v.* align
tso kua mig, *v.* suckle (M)
tso kua mis, *v.* suckle
tso lug, *v.* permit; give permission; allow (M)
tso lus, *v.* permit; give permission; allow
tsom, *v.* 1. squint; look (as through telescope); 2. aim; *-n.* 1. lense; lens; 2. given name for a boy; 3. prefix of a given name for a man
tsom av, *n.* 1. mirror; 2. glasses (M)
tsom iav, *n.* 1. mirror; 2. glasses
tsom kaab tsom kwm, *v.* care for; look after; tend (M)
tsom kab tsom kwm, *v.* care for; look after; tend
tsom kwm, *v.* look after; tend; care for
tsom teeb, *v.* light a flashlight; *-n.* lamp glass
tso ncauj, *v.* allow; permit; let go; release
tsoo, *v.* 1. break; crush; destroy; 2. beat; smash; slam; swat; 3. collide; crash
tsoob, *v.* fuck; make love; have sex; have sexual intercourse with
tsoob zeej, *n.* middleman; intermediary
tsoom, *clf.* measure word for a group of people
tsoom fwv, *n.* government (vowel change from *tseem fwv*)
tsoos, *n.* clothing
tsoos tsho, *n.* clothing; togs
tsoov, *v.* winnow; separate grain from chaff by using the bamboo winnowing tray
tsoov txhuv, *v.* winnow the beaten rice by bouncing it in a bamboo winnowing tray
tso paus, *v.* fart; pass gas through the anus
tso plig, *v.* release the soul (of the deceased); *-n.* a soul releasing ceremony performed weeks or months after the death of a person
tso pov tseg, *v.* abandon; dump; discard; throw out; throw away; desert
tso quav, *v.* defecate; have a bowel movement; poop
tsos, *n.* 1. color; 2. similarity; *-clf.* measure word for thread
tso sab, *v.* 1. relax; calm down; 2. safe (M)
tso siab, *v.* 1. relax; calm down; 2. safe
tso tseg, *v.* give up; abandon; relinquish; abdicate; abjure; abnegate; forget
tsov, *n.* tiger
tsov dub, *n.* black panther
tsov nplooj suab, *n.* bengal tiger; bengal
tsov ntxhuav, *n.* lion; catamount
tsov pos teev, *n.* leopard
tsov pos txwv, *n.* panther
tsov rog, *n.* war; warfare
tso zis, *v.* urinate
tsu, *n.* 1. rice steamer; steamer; 2. given name for a boy or girl
tsua, *n.* 1. bedrock; solid rock mass; rocky mountain; 2. given name for a boy
tsuab, *v.* grab with the hand
tsuag, *adj.* 1. saltless; not salty; tasteless; flavorless; 2. soft (often referred to speaking); *-v.* 1. spray; squirt; 2. subside; wilt; wane; fade; wither; *-clf.* measure word for bundle (as flowers); *-n.* mouse; rodent (see *nas tsuag*); *-adv.* quickly
tsuag dej, *v.* sprinkle; squirt
tsuag dlej, *v.* sprinkle; squirt
tsuag las, *adv.* unconvincingly; softly
tsuag plig, *adv.* almost tastelessly; almost no salt
tsuag tsuag, *adv.* 1. hurry up; 2. tastelessly
tsuag zuj zus, *v.* subside; wilt; wane; fade; wither
tsuaj, *n.* sound of muddy noise or sound of stabbing; *-adv.* restricted post verbal intensifier

tsuam, *v*. 1. crush; press down; smother; squash; 2. block a trail; 3. investigate; probe; scrutinize; 4. cover with the body
tsuam tob, *n*. guillotine; gate
tsuam tsoov, *adj*. 1. mixed; 2. mix-blooded (also see *txuam tsoov*); *-n*. hybrid; *-v*. hybridize
tsuam tub saab, *v*. investigate an accused of theft (M)
tsuam tub sab, *v*. investigate an accused of theft
tsuas, *n*. 1. wedge; splitting wedge; 2. given name for a boy; 3. stain; spot; 4. rocky mountain (tone change from *tsua*)*-v*. stain; tarnish; *-adv*. simply; only; just
tsuav, *v*. chop; cut; *-adv*. if; only if
tsub, *v*. 1. increase; 2. overload; pile one upon another; 3. aggravate
tsub kom hnyav, *v*. aggravate
tsub kuas nyav, *v*. aggravate (M)
tsu cub mov, *n*. rice steamer; rice cooker
tsug, *n*. a period of 13 days
tsuj, *v*. step on; walk on; trample; *-n*. referring to a fine cloth (e.g. *ntaub tsuj*)
tsuj nthi, *v*. suppress down; put under control
tsuj nthi ntawm taw, *v*. force to set aside the matter; put an end to it
tsum, *v*. 1. stop; quit; 2. can; could (used after the verb to indicate action that can or cannot be done); -*n*. rice steamer (tone change from *tsu*); *-clf*. measure word for a feast (e.g. *ib tsum mov*)
tsus, *n*. rice steamer; steamer (tone change from *tsu*)
tsuv, *n*. tiger (M)
tsuv dlub, *n*. black panther (M)
tsuv nplooj suab, *n*. bengal tiger; bengal (M)
tsuv ntxhuav, *n*. lion; catamount (M)
tsuv pos teev, *n*. leopard (M)
tsuv pos txwv, *n*. panther (M)
tsuv rog, *n*. war; warfare (M)
tsw, *v*. smell; stink; *-adj*. smelly; stinking; *-n*. owner; lord; master (tone change from *tswv*; e.g. *nyob tsis muaj tsw*); *-clf*. measure word for ownership (tone change from *tswv*)
tswb, *n*. 1. bell; 2. given name for a boy or girl; 3. Chue; Chue clan; a Hmong kinship
tswb hluav taws, *n*. fire alarm; smoke detector
tswb tsaig, *n*. red lobes on the side of a cock's head
Tswb Tshoj, *n*. 1. the name of a legendary Hmong king or hero; 2. Ch'u Kingdom of the Hmong
tswg, *n*. post or pole put into the ground to hold something; stake
tswj, *v*. 1. control; govern; manage; subjugate; 2. restrain; hold down; contain; subdue; stabilize
tswj fwm, *v*. lead; govern; *-n*. given name for a boy (also see *tswj hwm*)
tswj hwm, *v*. lead; govern; control; *-n*. given name for a boy (also see *tswj fwm*)
tswm, *v*. 1. press down; repress; pound down; compress; push; 2. stop; hold; stabilize
tswm ciab, *n*. candle; bee wax candle
tswm plaab, *v*. stop diarrhea (M)
tswm plab, *v*. stop diarrhea
tswm seeb, *v*. be quiet; pay attention; listen; concentrate
tsw ntxhab, *adj*. smelly; bad smell; *-v*. smell; stink (M)
tsw ntxhiab, *adj*. smelly; bad smell; *-v*. smell; stink
tsw phem, *v*. stink; *-adj*. stinky; stinking; smelly
tsw pos, *adj*. smelly of rotten meat; *-n*. smell of decomposed meat
tsw tsw, *adj*. stinking; smelly
tswv, *n*. owner; lord; master
tswv nroog, *n*. mayor (also see *hau nroog*)
Tswv Ntuj, *n*. God; Supreme Being
tswv teb chaws, *n*. president; leader of the country (also see *hau teb chaws*)
tswv tsev, *n*. 1. head of household; 2. landlord; 3. host
tswv xeev, *n*. governor (also see *hau xeev*)
Tswv Yes Xus, *n*. Jesus Christ
tswv yim, *n*. 1. idea; thought; strategy; tactics; 2. advice
swv yim paab, *n*. advice (M)
tswv yim pab, *n*. advice
tswv zog, *n*. village leader; village head
tswv zos, *n*. village leader; village head

tswv zws, *adv*. steadily; progressively; continually
tu, *v*. 1. break apart; tear apart; staccato; 2. stop (as in flow); 3. take care of; look after; clean; prepare; 4. settle; fix
tua, *v*. 1. kill; butcher; slaughter; murder; slain; slay; 2. shoot; fire (a gun or crossbow); 3. persecute; execute; 4. switch
tuab, *adj*. 1. thick; 2. shameless; unashamed
tuab leeg, *n*. one person (M)
tuab lub caij nyoog, *adj*. simultaneous; *-adv*. simultaneously; *-n*. the same time (M)
tuab lub sij hawm, *adj*. simultaneous; *-adv*. simultaneously; *-n*. the same time (M)
tuab neeg, *n*. people; person; human; human being (M) (see *tib neeg*)
tuab si, *adv*. 1. collectively; together; mutually; 2. all; altogether (M)
tuab tag, *adv*. nearly; almost (M)
tuab tsaug, *adj*. simultaneous; *-adv*. simultaneously; *-n*. the same time (M)
tuab tug, *adj*. single (M)
tuag, *v*. 1. die; pass away; 2. perish; *-adj*. 1. dead; 2. paralyzed; immobile; *-n*. dead; death
tuag nthi, *adv*. totally committed until the end or until death; completely; absolutely; definitely; surely
tuag ntxhai, *adj*. bleached; human skin whitened from immersion in water
tuaj, *v*. 1. come; 2. bear; grow; put forth; sprout; *-adj*. present
tuaj dab ros, *adj*. funny; humorous; *-v*. laugh
tuaj dlaab rus, *adj*. funny; humorous; *-v*. laugh (M)
tuaj kaus, *v*. sprout
tuaj kaus hniav, *v*. teethe
tuaj kaus nav, *v*. teethe (M)
tuaj yeem, *v*. 1. agree; consent; 2. guarantee
tuaj yub, *v*. sprout
tuam, *v*. 1. kick backward with the foot; 2. extend; *-n*. given name for a boy; *-adj*. big; large
tuam choj, *v*. 1. bridge; erect a bridge; 2. closing the gap; 3. establish connection; establish friendship
tuam cav dlej, *v*. erect a water line (M)
tuam ciav dej, *v*. erect a water line
tuam cuab, *n*. all people
tuam mom, *v*. look down; discriminate; prejudice
tuam taav, *adj*. bold; courageous; brave (M)
tuam tav, *adj*. bold; courageous; brave
tuam thawj, *n*. chief; leader
tuam tsaam, *adj*. heavy; big; stormy; turbulent; violent (M)
tuam tsam, *adj*. heavy; big; stormy; turbulent; violent
tuam tshoj, *n*. China; referring to China
tuam txhob, *n*. pickax; pick; digging tool for making holes for posts
tuam yim, *v*. underestimate; dare; *-adj*. 1. brave; courageous; bold; 2. presumptuous
tua neeg, *v*. murder; kill (people)
tua phom, *v*. shoot
tua qha, *v*. swoop; go directly to
tua qhaa, *v*. swoop; go directly to (M)
tua teeb, *v*. switch the light off; turn the light off
tuav, *v*. 1. grab; seize; hold; uphold; 2. pound; crush; squash
tuav cos, *v*. pound rice with the rice pounder
tuav cug, *v*. pound rice with the rice pounder (M)
tuav maum theeb, *v*. talk in one's sleep; sleep talk
tuav ncuav, *v*. pound cooked sticky rice to make rice cakes
tuav npe, *v*. call by name
tuav tau, *v*. 1. grasp tightly; 2. understand
tuav tau kag, *adj*. tangible (M)
tuav tau kiag, *adj*. tangible
tuav teg, *v*. 1. shake hand; 2. meet face to face
tuav tes, *v*. 1. shake hand; 2. meet face to face
tuav tseev, *v*. 1. unite the body and soul with a shaman ceremony; 2. fix a problem
tuav tseg, *v*. withhold
tuav txhuv, *v*. pound rice with the rice pounder; hull the rice by pounding it in the footmill
tub, *n*. 1. son; 2. given name for a boy

tub cawm xeeb, *n.* leader; rescuer
tub ceev xwm, *n.* police officer
tub ceev xwm qab rooj, *n.* undercover police officer; gestapo
tub coj xai, *n.* a Hmong preacher asked to give blessing to family members of the dead during his or her funeral (also see *txiv coj xai*)
tub dlua kev, *n.* traveller; passerby (M)
tub dua kev, *n.* traveller; passerby
tub huab tais, *n.* prince
tub ki, *n.* grandchild; grandchildren; progeny
tub luam, *n.* merchant; trader; business person
tub lub, *n.* top; spinning top (tone change from *tuj lub*)
tub maab tub qhe, *n.* worker; servant 9M)
tub mab tub qhe, *n.* worker; servant
tub nkeeg, *adj.* lazy; idle; indolent; sluggish; shiftless; torpid
tub nyag, *n.* robber; thief; mugger; shoplifter; burglar (M)
tub nyiag, *n.* robber; thief; mugger; shoplifter; burglar
tub qaug, *v.* despise; disparage; humiliate; embarrass; disgrace
tub qhe, *n.* servant
tub qoob tub loo, *n.* farmer; peasant
tub rog, *n.* soldier
tub rog tom hauv ntej, *n.* vanguard
tub saab, *n.* 1. robber; thief; mugger; shoplifter; burglar; 2. murderer (M)
tub sab, *n.* 1. robber; thief; mugger; shoplifter; burglar; 2. murderer
tub taug xaiv, *n.* secret agent
tub teg tub taw, *n.* member
tub tes tub taw, *n.* member
tub txib, *n.* 1. maid; servant; 2. helper; 3. missionary
tub xeeb ntxwv, *n.* nephew
tug, *pron.* whose; -*n.* property
tug caj, *n.* survivor (M)
tug coj, *n.* leader; manager; supervisor (M)
tug dlim, *n.* survivor (M)
tug hloov, *v.* successor
tug hlub, *n.* 1. darling; sweetheart; dear; honey; 2. boss; leader; 2. elder
tug kheej, *pron.* 1. oneself; 2. myself (M)
tug kis, *n.* representative served on someone behalf at a Hmong funeral (M)
tug muab xuv, *n.* reporter (M)
tug neeg sis caav, *n.* wrangler (M)
tug neeg sis ceg, *n.* wrangler (M)
tug ntswj ntsa hlau, *n.* screwdriver (M)
tug ntxhais, *n.* daughter (M)
tug nyag xuv, *n.* spy; informant (M)
tug paab, *n.* assistant; helper (M)
tus qha, *n.* teller; informer; informant; whistle-blower (M)
tug sawv cev, *n.* representative (M)
tug taw kev, *n.* the way master; master who shows the dead the way to his or her ancestors in the netherworld (M)
tug tsi, *pron.* what (also see *dlaab tsi*) (M)
tug tswv, *n.* 1. owner; 2. God (M)
tug tswv plaub, *n.* the party of the case (M)
tug tu plaub, *n.* judge (M)
tug twg, *pron.* who (M)
tug txav plaub, *n.* judge (M)
tug txhais lug, *n.* interpreter; translator (M)
tug txiv, *n.* husband (M)
tug yeeb ncuab, *n.* enemy; opponent (M)
tug yees, *adj.* 1. settled; still; calm; at rest; 2. peaceful; -*n.* cameraman (M)
tuj lub, *n.* top; spinning top (also see *tub lub*)
tum, *v.* pile up; stack; stack up
tu moo, *v.* end (a relationship); break off; break away
tu ncua, *v.* 1. lack; 2. need; require
tu noob, *adj.* extinct; wiped out; destroyed; vanished
tus, *adj.* 1. level; flat; 2. open-minded; stable; peaceful; -*clf.* one (referring to things like person, animal, etc); -*n.* the one
tu sab, *adj.* sad; mad; angry; sorry; broken-hearted; offended; -*v.* sadden; upset; depress (M)
tu sab heev, *adj.* sympathetic (M)
tu sab nrho, *adj.* completely heartbroken (M)
tus cawm seej, *n.* 1. savior; saviour; 2. rescuer
tus ciaj, *n.* survivor
tus coj, *n.* leader; manager; supervisor

tus dim, *n.* survivor
tus hlob, *n.* 1. boss; leader; 2. elder
tus hloov, *v.* successor
tus hlub, *n.* darling; sweetheart; dear; honey
tus i, *n.* the one just seen before
tu siab, *adj.* sad; mad; angry; sorry; broken-hearted; offended; *-v.* sadden; upset; depress
tu siab heev, *adj.* sympathetic
tu siab nrho, *adj.* completely heartbroken
tus kheej, *pron.* 1. oneself; 2. myself
tus kis, *n.* representative served on someone behalf at a Hmong funeral
tus muab xov, *n.* reporter
tus neeg sib cav, *n.* wrangler
tus neeg sib ceg, *n.* wrangler
tus ntswj ntsia hlau, *n.* screwdriver
tus ntxhais, *n.* daughter
tus nyiag xov, *n.* spy; informant
tus pab, *n.* assistant; helper
tus poj niam, *n.* wife
tus qhia, *n.* teller; informer; informant; whistle-blower
tus sawv cev, *n.* representative
tus taw kev, *n.* the way master; master who shows the dead the way to his or her ancestors in the netherworld
tus tsi, *pron.* what (also see *dab tsi*)
tus tswv, *n.* 1. owner; 2. God
tus tswv plaub, *n.* the party of the case
tus tu plaub, *n.* judge
tus twg, *pron.* who
tus txhais lus, *n.* interpreter; translator
tus txiav plaub, *n.* judge
tus txiv, *n.* husband
tus yeeb ncuab, *n.* enemy; opponent
tus yees, *adj.* 1. settled; still; calm; at rest; 2. peaceful; *-n.* cameraman
tuv, *n.* body lice; flea; bedbug
tu zaam, *v.* dress up a dead person for the funeral (M)
tu zam, *v.* dress up a dead person for the funeral
tu zav, *adj.* completely cold; referring to a health condition of a dying person when his body is almost stopped functioning, whereas his body is very cold and pulse is fading (M)
tu ziav, *adj.* completely cold; referring to a health condition of a dying person when his body is almost stopped functioning, whereas his body is very cold and pulse is fading
tw, *n.* 1. tail; 2. end; back; last; 3. stern; 4. stub
twb, *prep.* touching; against; *-adv.* preverbal particle drawing attention to the state of affairs at the time; *-v.* connect; join
twb ywm, *adj.* quiet; silent (also see *twj ywm*)
twb zoo, *adj.* careful; *-adv.* carefully
twg, *pron.* which; who; *-adj.* dull; blunt (M); *-n.* a kind of pumpkin; *-adv.* where
twj, *n.* tool; device
twj kum, *n.* rhinoceros; rhino (tone change from *twm kum*)
twj suav zauv, *n.* calculator
twj taig, *n.* utensils (tone change from *twj tais*)
twj tais, *n.* utensils
twj tsom deb, *n.* telescope
twj tsom dleb, *n.* telescope (M)
twj yees duab, *n.* 1. camera; 2. camcorder
twj ywm, *adj.* quiet; silent; *-adv.* quietly; silently (also see *twb ywm*)
twm, *n.* water buffalo; *-v.* 1. read; peruse; 2. go against; challenge; defy; *-adj.* single; lone; unaccompanied (e.g. *twm tswb*)
twm kum, *n.* rhinoceros; rhino (tone change from *twm kum*)
twm puam, *n.* small lengthwise rafters of the house; small rafters fastened under the eaves of the house to hold the roofing
twm xeeb, *adj.* impatient; unrestrained temper; self-centered; egocentric
twm zeej, *adj.* isolated; alone; lone; *-n.* loner
tw nkoj, *n.* stern
tw roob, *n.* end of the mountain; edge of the mountain
tws, *v.* 1. end; close; come to an end; 2. carve; hew; chop; *-adj.* dull; blunt
tw siv, *n.* embroidered ends on a Hmong woman's apron sash
tws kev, *n.* dead end; *-v.* don't know what to do; *-adj.* hopeless; bleak; doomed to failure
tws nkaus, *adj.* aghast; stunned; horrified; astonished; shocked;

astounded
twv, *v*. 1. guess; speculate; surmise; 2. gamble; wager; 3. dare; defy; challenge; *-clf*. measure world for cloud
twv txiaj, *v*. gamble
twv txiaj yuam pov, *v*. gamble
txa, *n*. goiter; abnormally enlarged thyroid gland or gullet; crop of bird or chicken; *-v*. 1. seep; ooze; gush; 2. leak; 3. change form; transform into something else; 4. acculturate (M)
txaaj, *n*. 1. bed; sleeping platform; 2. front porch
txaaj kwv mob, *n*. stretcher (M)
txaaj kwv neeg mob, *n*. stretcher (M)
txaaj muag, *adj*. shy; reserved; *-n*. shame; embarrassment; dishonor; disgrace; humiliation; *-v*. abash (M)
txaaj muag tshaj plaws, *adj*. shyest (M)
txaaj ntseg, *n*. large fish trap built in a stream or river (tone change from *txaaj ntses*) (M)
txaaj ntses, *n*. large fish trap built in a stream or river (M)
txaaj thawb neeg mob, *n*. gurney (M)
txab, *n*. 1. sap; milky secretion; juice; 2. scissors (M); 3. given name for a boy or girl; 4. illness; sickness (M)
txab neeb, *n* 1. shaman scissors; 2. given name for a boy (M)
txab nkeeg, *n*. illness; sickness (commonly used as *muaj txab muaj nkeeg*) (M)
txab xeeb, *n*. illness; sickness (M)
txag, *n*. 1. board; a board of wood or the like; 2. money (tone change from *txiaj*); 3. a measuring unit which is about one tenth of an ounce (tone change from *txiaj*); *-v*. fuck; make love; *-adj*. cold (as in *dej txiag*, tone change from *txias*)
txag ntoo, *n*. wooden board (M)
txag tag xub pwg, *n*. skid (M)
txag zeb, *n*. boulder; slab of rock (M)
txa haiv, *v*. become citizen of other country or nationality; *-n*. traitor (M)
txaig, *adj*. striped or speckled (tone change from *txaij*)
txaij, *n*. stripe; multi-color; band of color
txais, *v*. 1. receive; 2. welcome; 3. accept; admit; 4. take; 5. hire; 6. borrow; 7. ignite; catch fire; *-n*. given name for a boy
txais neeg ua hauj lwm, *v*. hire (people to work)
txais nyaj, *v*. loan (M)
txais nyiaj, *v*. loan
txais taws zoo, *adj*. combustible; easily burned
txais tog, *v*. 1. welcome; 2. treat (M)
txais tos, *v*. 1. welcome; 2. treat
txaj, *n*. 1. bed; sleeping platform; 2. front porch; 3. money; cash (M)
txaj kwv mob, *n*. stretcher
txaj kwv neeg mob, *n*. stretcher
txaj muag, *adj*. shy; reserved; *-n*. shame; embarrassment; dishonor; disgrace; humiliation; *-v*. abash
txaj muag tshaj plaws, *adj*. shyest
txaj npib, *n*. coin (M)
txaj ntawv, *n*. cash; paper money (M)
txaj ntshaa txaj ntsim, *n*. gracious gift; contribution; favor (M)
txaj ntseg, *n*. large fish trap built in a stream or river (tone change from *txaj ntses*)
txaj ntses, *n*. large fish trap built in a stream or river
txaj ntsig, *n*. favor; gracious gift; deed (M)
txaj ntsim, *n*. gracious gift; favor; deed; act or action (M)
txaj thawb neeg mob, *n*. gurney
txam, *n*. 1. chisel; chisel-like tool for cutting paper; 2. given name for a boy
txau, *v*. squirt; spray
txaug, *n*. chisel; *-v*. whittle; chisel; carve
txauj, *v*. 1. hit (as from rain drop); 2. stamp (as of a horse); pound; *-n*. piece; slice
txaum, *clf*. measure word for a batch or brew of liquor
txaum yim, *v*. entreat or thank with cupped hands
txaus, *adj*. enough; sufficient; adequate
txaus luag, *adj*. ridiculous; silly; absurd
txaus nkaus, *adj*. enough; exact
txaus ntshai, *adj*. scary; fearful; terrible; frightening; terrifying
txaus sab, *adj*. satisfactory; agreeable; acceptable; reasonable; satisfied; pleased; happy; content (also see

haum sab)
txaus siab, *adj*. satisfactory; agreeable; acceptable; reasonable; satisfied; pleased; happy; content (also see *haum siab*)
txaus tu sab, *adj*. sympathetic (M)
txaus tu siab, *adj*. sympathetic
txauv, *v*. change; exchange; replace
txav, *v*. move; step away; change place; shift; twitch; wiggle; -*v*. 1. cut; chop; shear; whittle; (M); 2. terminate (M); -*n*. pancreas (M)
txav caaj dlaab, *v*. guillotine; behead; decapitate; execute; cut off the head (M)
txav muag, *v*. blink; wink (M)
txav ntaub, *v*. cut fabric (M)
txav plaub, *v*. settle a litigation (M)
txav rau ib sab, *v*. sidestep; step aside; sidle
txav taub hau, *v*. guillotine; behead; decapitate; execute; cut off the head (M)
txav tawg, *v*. cut firewood (M)
txav tawm, *v*. abridge; trim; abscise 9M)
txav txim, *v*. 1. decide; determine; 2. adjudge; adjudicate (M)
txav txim sab, *v*. decide; determine (M)
txawb, *v*. 1. throw; 2. set; put (down)
txawg, *adj*. educated; knowledgeable (tone change from *txawj*)
txawj, *v*. know; -*adj*. 1. educated; skillful; skilled; knowledgeable; 2. able
txawj dag, *adj*. tricky; wily; clever; crafty; cunning; wry
txawj tso dag tso luag, *adj*. wry; sardonic
txawm, *v*. appear; grow; exist; -*adv*. 1. however; albeit; notwithstanding; though; although; even though; even if; 2. so; therefore; -*prep*. despite; although; -*conj*. albeit
txawm li cas los, *adv*. however; nonetheless; nevertheless
txawm li cas los xij, *adv*. however; nonetheless; nevertheless
txawm li cas los xij peem, *adv*. however; nonetheless; nevertheless
txawm peem, *v*. have (in the case of money or saving); have on hand; -*adj*. prepared; ready; equipped
txawm sis, *adv*. just so; as expected
txawm tias, *adv*. although; even though
txaws, *v*. 1. splash; splatter; 2. scatter; thin out; 3. crush the dirt with a hoe to make it ready for planting
txawv, *adj*. 1. different; strange; weird; 2. various; -*v*. 1. differ; deviate; 2. vary
txawv teb chaws, *adj*. foreign (also see *pej kum*)
txawv txawv, *adj*. weird; odd; bizarre; strange
txee, *n*. shelf; cabinet
txeeb, *v*. 1. snatch away; take away; seize; 2. pillage
txeeb zig, *n*. illness which is difficult to urinate; bladder stones (tone change from *txeeb zis*)
txeeb zis, *n*. illness which is difficult to urinate; bladder stones
txeeg, *n*. 1. articles; belongings (see *qub txeeg qub teg*); 2. openness; wilderness (e.g. *zoo nuj txeeg*)
txeej, *v*. 1. spill; spill over; 2. drop
txeem, *v*. 1. penetrate; 2. cry [sl]
txee rau khoom, *n*. dresser; shelf
txee rau ntawv, *n*. bookshelf
txej, *n*. sound of something crushing
txha, *n*. 1. bone; 2. corncob
txhaab, *n*. 1. storage house; granary; warehouse; 2. infection (see *kav txhaab*); -*v*. 1. add to; 2. increase; 3. refill (M)
txhaab khaum, *n*. gunstock (M)
txhaab khaum phom, *n*. gunstock (M)
txhaab ntawv, *n*. library (M)
txhaab nyaj, *n*. 1. bank; 2. treasury (M)
txhaab phom, *n*. gunnery; weapon depot (M)
txhaab roj, *v*. refuel; put gas into; -*n*. gas station (M)
txhaa caaj hlaub, *n*. tibia (M)
txhaa caaj npaab, *n*. ulna (M)
txhaa caaj qaum, *n*. 1. spinal column; spine; backbone; vertebrae; 2. main support (M)
txhaaj, *v*. 1. prick; puncture; 2. inject medicine; give a shot (M)
txhaaj tshuaj, *v*. inject medicine; give a shot (M)
txhaaj tshuaj tuag aws, *v*. vaccinate (M)

txhaa kws, *n.* corncob (M)
txhaam, *v.* sneeze (M)
txhaa ncej puab, *n.* thighbone (M)
txhaa nqaaj qaum, *n.* 1. spinal column; spine; backbone; vertebrae; 2. main support (M)
txhaa plaab hlaub, *n.* tibia (M)
txhaa pob kws, *n.* corncob (M)
txhab, *n.* 1. storage house; granary; warehouse; 2. infection (see *kiav txhab*); 3. thousand; 1,000 (M); -*v.* 1. add to; 2. increase; 3. refill
txhab khaum, *n.* gunstock
txhab khaum phom, *n.* gunstock
txhab ntawv, *n.* library
txhab nyiaj, *n.* 1. bank; 2. treasury
txhab phom, *n.* gunnery; weapon depot
txhab roj, *v.* refuel; put gas into; -*n.* gas station
txha caj hlaub, *n.* tibia
txha caj npab, *n.* ulna
txha caj qaum, *n.* 1. spinal column; spine; backbone; vertebrae; 2. main support
txhais, *clf.* a measure word for pair or a set of two; -*v.* 1. interpret; translate; 2. mean; 3. fire (of a gun); close (of a trap); -*n.* 1. a kind of fruit; 2. a kind of ginseng-like herb; 3. shard; 4. shrapnel; -*prep.* over; in excess of; above
txhais foob pob, *n.* shrapnel
txhais lam hwj, *n.* a piece of broken glass
txhais lug, *v.* interpret; translate (M)
txhais lus, *v.* interpret; translate
txhais mos txwv, *n.* shrapnel
txhais npoos, *n.* shrapnel
txhaj, *v.* 1. prick; puncture; 2. inject medicine; give a shot
txhaj tshuaj, *v.* inject medicine; give a shot
txhaj tshuaj tuag aws, *v.* vaccinate
txha kws, *n.* corncob
txham, *v.* sneeze
txha ncej puab, *n.* thighbone
txha nqaj qaum, *n.* 1. spinal column; spine; backbone; vertebrae; 2. main support
txha plab hlaub, *n.* tibia
txha pob kws, *n.* corncob
txhaub, *v.* 1. push; 2. encourage; urge; 3. incite; provoke
txhauj, *v.* dislocate a joint; disjoint; dislodge
txhaum, *v.* wrong; violate; -*adj.* wrong; mistaken; -*n.* file; nail file
txhaus, *v.* force drink or medicine into the mouth of someone or of animal
txhav, *adj.* 1. stiff; hardened; 2. paralyzed; -*v.* take away; rob; seize by force; snatch away
txhav qaib txhav noog, *n.* a term referred to an intimate relationship between lovers who were meant for each other (see *nkauj txhav qaib nraug txhav noog*)
txhav txhav, *adj.* stiff; rigid; unbendable; inflexible; hard
txhawb, *v.* 1. support; sustain; prop; abet; 2. push; encourage; assist; help
txhawj, *v.* 1. worry; be concerned; 2. suspect
txhawj hlob txhawj yau, *v.* worry all the time; worry in everything
txhawj xeeb, *v.* worry; concern; -*adj.* worried; concerned
txhawm, *v.* set aside; save something for an anticipated purpose
txhawm zias, *v.* save; set aside
txhaws, *v.* stuff up; plug; block
txhaws ntswg, *n.* stuffy nose
txhaws qa, *n.* sore throat which makes speaking difficult
txhawv, *v.* 1. bear fruit (such as rice, banana, pineapple, etc); 2. bubble up (as of water spring); spout; 3. spring out (as of water)
txheeb, *v.* 1. sort; organize; arrange; triage; 2. paddle a raft; 3. relate to; connect with; -*adj.* 1. related; connected; associated; 2. gray; -*n.* 1. gray; gray color; 2. thousand; 1,000
txheeb ze, *n.* relative (also see *nruab ze*); -*adj.* related; connected (via family)
txheej, *n.* 1. level; tier; layer; 2. generation
txheej lus, *n.* round of words; paragraph
txheej txam, *n.* drill (used to drill coin)
txheej txheem, *n.* procedure; process; course of action
txheem, *v.* 1. defend; shoulder; support; 2. penetrate; not waterproof
txheem dluav, *adj.* akimbo; -*adv.* akimbo (M)

txheem duav, *adj*. akimbo; -*adv*. akimbo
txheev, *v*. invite; induce; call; request; conjure
txhem, *v*. remove; separate
txhem teb, *v*. remove and pile up tree branches for second burning before planting
txhem zaub, *v*. remove bad strings or leaves from vegetable
txhia, *adj*. every; each; all; all kinds of
txhiab, *n*. thousand; 1,000; -*v*. roast; swelter; dry by the fire; bake
txhiab niaj tim puas xyoo, *n*. thousand of years
txhiaj, *n*. 1. riddles; 2. folk song; traditional song (see *khawv txhiaj* or *kwv txhiaj*); 3. given name for a boy
txhiaj meej, *n*. 1. spiritual paper put over the door; 2. pride; esteem
txhiaj teeb meem, *n*. riddle
txhiaj txhais, *n*. riddle
txhiaj txiv mim, *n*. Pleiades; a myth of the seven daughters of the heavenly king who were metamorphosed into stars
txhiam laj txhiam xws, *n*. vegetables; spices; garden produces
txhiam xws, *n*. vegetables; spices; garden produces
txhib, *v*. 1. demand; pressure; push; force; 2. split (e.g. *txhib taws*); -*n*. one side of a split bamboo or horn
txhib ntawg, *n*. a split bamboo used to communicate with the dead during the funeral service
txhib taws, *v*. split a log for firewood; -*n*. firewood split from a log
txhij, *adj*. 1. complete; ready; -*n*. everything; all; -*v*. smooth off the end of a rod or the like
txhim, *n*. 1. ink; paint; 2. color; 3. given name for a boy; -*v*. 1. color; paint; 2. repair; fix
txhim kho, *v*. develop; improve
txhim khu, *v*. develop; improve (M)
txhis, *n*. continuity; infinity (often used with *ib*); forever; -*adv*. contiually; eternally; forever; without ever ending
txhiv, *v*. 1. redeem; buy back; 2. exchange
txho, *n*. gray; color gray
txhob, *v*. don't; do not; stop
txhob moog, *v*. don't go (M)
txhob mus, *v*. don't go
txhob quaj, *v*. don't cry
txhob qw, *v*. shut up
txhob txwm, *adv*. purposely; intentionally; -*v*. intend
txhoj, *n*. 1. misfortune; bad omen; 2. mold; vault; -*adj*. naughty; mischievous
txhoj puab, *adj*. naughty; mischievous; fussy; troublesome
txho lab tseb, *n*. brown (M)
txho liab tseb, *n*. brown
txhom, *v*. 1. catch; 2. seize; 3. snatch
txhooj, *n*. policy
txhoov, *v*. chop; cut
txhos, *v*. set into the ground; plant
txhos caug, *v*. kneel; kneel down
txho tshauv, *adj*. ashy colored
txhu, *n*. animals; domesticated animals (see *tsiaj txhu*)
txhua, *adj*. each; every; all; entire; whole
txhua hli, *adv*. every month; monthly; -*adj*. monthly; once a month
txhua hnub, *adv*. every day; daily; -*adj*. daily; once a day
txhua leej txhua tus, *n*. everyone; everybody
txhuam, *v*. 1. brush; mop; scrub; scrape; 2. abrade; 3. hit or touch slightly (as in car accident)
txhuam hniav, *v*. brush teeth; -*n*. toothbrush
txhuam tsev, *v*. mop the floor
txhua qhov, *adj*. every; all; -*adv*. all; completely; entirely
txhua qhov chaw, *adv*. all places; entire area
txhuas, *n*. aluminum; lead
txhua tsav txhua yam, *pron*. all; every thing; -*n*. everything
txhua txhua hnub, *adv*. every day; daily
txhua txhua xyoo, *adv*. every year; yearly; annually; -*adj*. yearly; annual; year-round
txhuav, *v*. suck up; pump out; flush out
txhua xyoo, *adv*. every year; yearly; annually; -*adj*. yearly; annual; year-round
txhua yam, *pron*. all; every thing; -*n*. everything
txhub, *v*. fill (a hole); -*n*. 1. a kind of

herbal medicine; 2. a pungent odor; spicy odor; *-adj.* pungent
txhum, *v.* wrong; violate; *-adj.* wrong; mistaken (M)
txhus, *v.* set into the ground; plant (M)
txhus caug, *v.* kneel; kneel down (M)
txhuv, *n.* rice; uncooked rice grains
txhuv nplaum, *n.* glutinous rice; sticky rice
txhuv txua, *n.* non-sticky rice; regular rice
txhwb, *n.* parsley; cilantro; Chinese parsley
txhwj, *v.* hold back; restrain; repress
txhws, *v.* mash with the hand; crush into small pieces
txi, *v.* 1. bear (fruit); yield; 2. offer sacrifice; sacrifice
txia, *n.* goiter; abnormally enlarged thyroid gland or gullet; crop of bird or chicken; *-v.* 1. seep; ooze; gush; 2. leak; 3. change form; transform into something else; 4. acculturate
txiab, *n.* 1. scissors; shears; 2. given name for a boy or girl; 3. illness; sickness
txiab neeb, *n* 1. shaman scissors; 2. given name for a boy
txiab nkeeg, *n.* illness; sickness (commonly used as *muaj txiab muaj nkeeg*)
txiab xeeb, *n.* illness; sickness
txiag, *n.* 1. board; a board of wood or the like; 2. money (tone change from *txiaj*); 3. a measuring unit which is about one tenth of an ounce (tone change from *txiaj*); *-v.* fuck; make love; *-adj.* cold (as in *dej txiag*, tone change from *txias*)
txiag ntoo, *n.* wooden board
txiag tiag xub pwg, *n.* skid
txiag zeb, *n.* boulder; slab of rock
txia haiv, *v.* become citizen of other country or nationality; *-n.* traitor
txiaj, *n.* 1. money; currency; cash; 2. favor; good deed; act of kindness; 3. a measuring unit which is about one tenth of an ounce
txiaj npib, *n.* coin
txiaj ntawv, *n.* cash; paper money
txiaj ntsha txiaj ntsim, *n.* gracious gift; contribution; favor
txiaj ntsig, *n.* favor; gracious gift; deed
txiaj ntsim, *n.* gracious gift; favor; deed; act or action
txiam, *v.* involve; interfere; interrupt (vowel change from *txuam*)
txias, *adj.* cold; cool
txias zias, *adj.* cool (referring to a breeze)
txiav, *v.* 1. cut; chop; shear; whittle; 2. terminate; *-n.* pancreas
txiav caj dab, *v.* guillotine; behead; decapitate; execute; cut off the head
txiav muag, *v.* blink; wink
txiav ntaub, *v.* cut fabric
txiav plaub, *v.* settle a litigation
txiav taub hau, *v.* guillotine; behead; decapitate; execute; cut off the head
txiav taws, *v.* cut firewood
txiav tawm, *v.* abridge; trim; abscise
txiav txim, *v.* 1. decide; determine; 2. adjudge; adjudicate
txiav txim siab, *v.* decide; determine
txib, *v.* 1. command; order; 2. carry; bear
txig, *n.* cheek; *-adj.* level; equal; parallel
txij, *prep.* from (e.g. *txij lub roob no los ces yog Hmoob Teb*); *-adv.* since (e.g. *txij 1975 los ces Hmoob raug Nplog Liab tsim txom los txog tav no*); *-n.* height
txij le, *prep.* from (e.g. *txij lub roob no los ces yog Hmoob Teb*); *-adv.* since (e.g. *txij 1975 los ces Hmoob raug Nplog Liab tsim txom los txog tav no*) (M)
txij li, *prep.* from (e.g. *txij lub roob no los ces yog Hmoob Teb*); *-adv.* since (e.g. *txij 1975 los ces Hmoob raug Nplog Liab tsim txom los txog tav no*)
txij nkawm, *n.* 1. spouse; husband and wife; 2. couple (vowel change from *txwj nkawm* which changed from *txwm nkawm*)
txij no mus, *adv.* from now on; hereafter; henceforth; from this day forward
txij nuav moog, *adv.* from now on; hereafter; henceforth; from this day forward (M)
txij thaum, *adv.* since; from the time when
txij txej, *n.* sound of something crushing, moving or rubbing; *-adv.* restricted post verbal intensifier
txim, *n.* 1. penalty; fine; punishment;

sentence; offense; guilt; sin; crime; verdict; 2. spark; sparkle; -*v*. wedge one's way through; force one's way through a crowd; squeeze; throng
txim loj, *n*. felony
txim luj, *n*. felony (M)
txim me, *n*. misdemeanor
txim miv, *n*. misdemeanor (M)
txim tawg, *n*. spark; sparkle (M)
txim taws, *n*. spark; sparkle
txim tuag, *n*. death penalty
txim txhaum, *n*. 1. verdict; 2. guilt; fault
txim txhum, *n*. 1. verdict; 2. guilt; fault (M)
txi ntuj, *v*. offer sacrifice; sacrifice
txis, *v*. marry; arrange a marriage; join a marriage
txi txiv, *v*. 1. bear fruit; 2. be productive
txiv, *n*. 1. father; 2. male; 3. master (e.g. *txiv qeej*); 4. fruit; -*v*. wedge one's way through; force one's way through a crowd (also see *txim*); -*adj*. crowded; packed; full
txiv cob txheeb, *n*. uncle of the bride at a wedding who officiates her marriage
txiv coj xai, *n*. a Hmong preacher or master asked to give blessing to family members of the dead during his or her funeral (also see *tub coj xai*)
txiv cuab thoj, *n*. guava
txiv cuab tsaav, *n*. appointed man who has major role and responsibility at a funeral (M)
txiv cuab tsav, *n*. appointed man who has major role and responsibility at a funeral
txiv dab laug, *n*. mother's brother
txiv dlaab laug, *n*. mother's brother (M)
txiv dluaj, *n*. 1. peach; 2. nectarine (M)
txiv duaj, *n*. 1. peach; 2. nectarine
txiv ev paum, *n*. apple
txiv haiv, *n*. nationalist; patriot
txiv hlob, *n*. uncle; older brother of one's father or mother
txiv hmaab txiv ntoo, *n*. fruit (M)
txiv hmab txiv ntoo, *n*. fruit
txiv kaab ntxwv, *n*. orange; tangerine (M)
txiv kab ntxwv, *n*. orange; tangerine
txiv khaub tseeb, *n*. small raspberry
txiv kub nyug, *n*. sour fruit shaped like a horn (tone change from *kub nyuj*)
txiv laum huab xeeb, *n*. peanut (also see *tawj qas tas* which is a Hmong word for peanut)
txiv laus tauv, *n*. raspberry; big raspberry
txiv lwm tsib, *n*. leechee
txiv lws, *n*. tomato
txiv lws ntev, *n*. eggplant
txiv lws suav, *n*. small tomato; a kind of tomato
txiv lws zoov, *n*. grapefruit; pomelo
txiv maj qham, *n*. tamarind (L)
txiv mis, *n*. nipple; teat
txiv miv, *n*. tomcat
txiv neeb, *n*. shaman
txiv neeb txiv yaig, *n*. shaman
txiv neej, *n*. man; male; gentleman
txiv nees, *n*. steed; male horse
txiv nkhaus taw, *n*. mango (also see *txiv raum npua*)
txiv nplai qij, *n*. mangosteen
txiv nplias, *n*. a kind of fruit
txiv nruag, *n*. drummer (at the funeral); master of drum (M)
txiv nruas, *n*. drummer (at the funeral); master of drum
txiv ntoo qheb, *n*. acorn
txiv ntseej, *n*. chestnut
txiv ntsuag thoob, *n*. a kind of small, black fruit found in Asia
txiv ntxawm, *n*. uncle; younger brother of one's father or mother
txiv plaab nyug, *n*. jackfruit (M)
txiv plab nyuj, *n*. jackfruit
txiv plig, *n*. priest; minister; pastor
txiv poov luj, *n*. pineapple
txiv pos nphuab, *n*. raspberry; strawberry
txiv qaub, *n*. lemon; lime; sour fruit
txiv qe, *n*. grape
txiv qeej, *n*. reed pipes player (at the funeral); master of *qeej*
txiv qheb, *n*. acorn
txiv qhuab ke, *n*. one who shows the way to the dead
txiv qhuav, *n*. 1. foster father; 2. sponsor
txiv quav miv, *n*. tamarind
txiv raum npua, *n*. mango (also see

txiv nkhaus taw)
txiv taub ntoos, *n*. papaya
txiv tawj qas tas, *n*. peanut (a word of the Hmong in Guizhou and Hunan for peanut; *huab xeeb* is Chinese)
txiv thais lab, *n*. large male monkey (M)
txiv thais liab, *n*. large male monkey
txiv thwv, *n*. the man in charge of making the coffin and digging of the grave
txiv tsawb, *n*. banana
txiv tsawb ntaaj, *n*. "sword" banana; a kind of long banana (M)
txiv tsawb ntaj, *n*. "sword" banana; a kind of long banana
txiv tsawb qaub, *n*. "sour" banana; a kind of banana which has a sour taste
txiv tsawb qai, *n*. "egg" banana; a kind of banana (M)
txiv tsawb qe, *n*. "egg" banana; a kind of banana
txiv tsev, *n*. man of the house; head of the house; household leader
txiv tshab, *n*. stepfather; foster father (M)
txiv tshiab, *n*. stepfather; foster father
txiv tshws miv, *n*. cat (M)
txiv txag, *n*. man in charge of making the coffin (M)
txiv txiag, *n*. man in charge of making the coffin
txiv xaiv, *n*. 1. funeral songs preached to the descendants of the dead; 2. preacher at the Hmong funeral; a Hmong preacher asked to give blessing to family members of the dead during his or her funeral (also see *txiv coj xai*)
Txiv Yawg, *n*. 1. name of the first known Hmong king who lived over 5,000 years ago in Zhuolu, northwest of today Beijing; 2. father of the husband; father-in-law; 3. name of Chiyou C. Xiong, youngest son of Yuepheng L. and Shoua V. Xiong
txiv zuaj, *n*. pear
txiv zuaj teb, *n*. a kind of fruit in Asia
txo, *v*. 1. reduce; decrease; abate; 2. shrink; 3. alight; take off; take off a load; 4. demote; -*n* dirt in water
txob, *v*. 1. cause; initiate; bring in; 2. itch; irritate (M); 3. trouble; bother; -*n*. pepper; referring to pepper
txob plaub, *v*. cause trouble; bring about problem
txob sab, *v*. worry; be concerned; be bothered (M)
txob siab, *v*. worry; be concerned; be bothered
txog, *adj*. reached; arrived; -*prep*. about
txog siav, *adj*. out of breath; panting; winded
txog tog, *n*. half way; middle
txog txog siav, *adj*. out of breath; panting; winded
txo hwj chim, *adj*. meek; humble; compliant; modest; submissive; timid; gentle; mild; -*v*. traduce; lower one's status; abase
txoj, *clf*. referring to something long and thin, or something invisible
txoj cai, *n*. law; rule; regulation
txoj hlua, *n*. string
txoj hmoo, *n*. luck; fortune
txoj kab, *n*. 1. path; trail; 2. line
txoj kev, *n*. path; road; street
txoj kev pluag, *n*. poverty; scarcity; neediness; shortage
txoj kev tuag, *n*. death
txoj lw, *n*. path; trail
txoj sia, *n*. life
txom fav, *adj*. 1. destructive; 2. migrant
txom ncauj, *v*. eat an appetizer; eat refreshment
txom nyem, *adj*. destitute; impoverished; poor; broke; -*v*. suffer
txoob, *n*. 1. mane; hair; 2. a kind of edible palm tree
txoob nees, *n*. horse's mane
txoog, *adv*. restricted post verbal intensifier (e.g. *kaj ntug txoog*); -*n*. lineage; ancestry
txooj, *n*. 1. even number; 2. prefix of a man's name (as Txooj Muas Xyooj); 3. bed (HC)
txoom, *v*. wrinkle; -*adj*. wrinkled
txoom txoom, *adj*. wrinkled
txoos, *n*. 1. house; shelter (e.g. *chaw nyob chaw txoos*); 2. prefix of a man's nam (e.g. *Txoos Xwm*)
txoov, *n*. 1. given name for a boy; 2. prefix of a man's name (e.g. *Txoov Tuam*)
txos, *n*. 1. fireplace with a big wok (see *qhov txos*); 2. given name for a boy or girl

txov, *v*. sabotage; disrupt; harm; undermine
txu, *v*. 1. undermine; sabotage; 2. reduce; demote (M)
txua, *v*. build; make; construct; whittle; *-adj*. 1. fragile; breakable; loose; nonsticky; non-glutinous; 2. talkative
txuab, *n*. referring to a kind of soft rock (see *zeb toob txuab*)
txuag, *v*. save; keep; care for; preserve
txuam, *v*. 1. mix; 2. interfere
txuam thawj, *n*. factor; attribution
txuam tsoov, *adj*. mixed (also see *tsuam tsoov*)
txuas, *v*. 1. connect; link; join; adjoin; affix; 2. spurt; squirt; 3. weld; *-n*. corn knife
txuas lus, *v*. converse
txuas ntsos, *v*. spurt; squirt; spring out
txug, *adj*. reached; arrived (M); *-prep*. about (M)
txug sav, *adj*. out of breath; panting; winded (M)
txug tog, *n*. half way; middle (M)
txug txug sav, *adj*. out of breath; panting; winded (M)
txu hwj chim, *adj*. meek; humble; compliant; modest; submissive; timid; gentle; mild; *-v*. traduce; lower one's status; abase (M)
txuj, *n*. knowledge; skill; talent; *-clf*. referring to something long and thin, or something invisible (M)
txuj cai, *n*. law; rule; regulation (M)
txuj ci, *n*. 1. knowledge; skill; talent; 2. art
txuj hlua, *n*. string (M)
txuj moo, *n*. luck; fortune (M)
txuj kaab, *n*. 1. path; trail; 2. line (M)
txuj kev, *n*. path; road; street
txuj kev pluag, *n*. poverty; scarcity; neediness; shortage (M)
txuj kev tuag, *n*. death (M)
txuj kum, *adv*. how badly; how desperately; how dreadfully; how urgently
txuj lom, *n*. spices; condiments; food flavorings
txuj lw, *n*. path; trail (M)
txuj sa, *n*. life (M)
txuj txwv, *n*. sound of a dog crying in pain; *-adv*. restricted post verbal intensifier
txum, *v*. occupy; situate; set in position; *-adv*. completely
txum loom, *v*. destroy ancestral grave
txus, *n*. 1. stove; 2. given name for a boy or girl (M); *-adv*. more
txus ua txus paub, *n*. the more one does the more one knows; do more know more
txus ua txus txawj, *n*. the more one does the more one knows; do more know more
txw, *v*. 1. persuade; encourage; induce; 2. mislead
txwg, *adj*. pair (tone change from *txwm*)
txwj, *adj*. pair (tone change from *txwm*)
txwj laus, *n*. village elder; village leader
txwj nkawm, *n*. spouse; husband or wife (tone change from *txwm nkawm*)
txwm, *adj*. pair (also see *txwj* or *txwg*); *-v*. measure up; correspond; match; *-n*. a poetic couplet or verse
txws, *n*. 1. small box for storage; 2. marble worm; hundred legged worm (see *kab txws*)
txws luam yeeb, *n*. tobacco box
txwv, *v*. 1. rebuke; 2. prevent; 3. stop; 4. prohibit; forbid; restrict; abrogate; 5. deprive; 6. dispraise; *-n*. 1. chess; dice; 2. a kid's game with rocks; 3. father (regional dialect)
txwv zeej txwv koob, *n*. ancestors

U

ua, *v*. 1. do; act; 2. make; 3. make love; have sex [sl]
uab, *adj*. dump; stupid [sl]; *-n*. 1. crow; 2. given name for a boy
uab laag, *n*. crow (M)
uab lag, *n*. crow
ua caag, *adv*. 1. why; 2. how (M)
ua cas, *adv*. 1. why; 2. how
ua ciav, *adv*. so (in a surprising way)
ua dab, *v*. do spirit rites; offer sacrifice to deceased ancestors
ua daus no, *v*. sick with a flu; have a cold
ua dev ua npua, *v*. to have sexual

intercourse
ua dlaab, *v*. do spirit rites; offer sacrifice to deceased ancestors (M)
ua dlaus no, *v*. sick with a flu; have a cold (M)
ua dlev ua npua, *v*. to have sexual intercourse (M)
ua hlo, *v*. do right away; do promptly
ua ib ke, *v*. unite; unify
uaj, *int*. exclamatory particle indicating pain
ua kom khov, *v*. vulcanize; strengthen; improve; reinforce; fortify
ua kom me, *v*. shrink
ua kom miv, *v*. shrink (M)
ua lag luam, *v*. do business; run business
ua laj, *v*. farm (paddy field) (M)
ua le, *v*. 1. agree; 2. okay (M)
ua le caag, *adv*. 1. why; 2. how (M)
ua le ub li nuav, *adj*. 1. unstable; 2. fussy; 3. restless; -*v*. do wild thing (M)
ua li, *v*. 1. agree; 2. okay
ua liaj, *v*. farm (paddy field)
ua li cas, *adv*. 1. why; 2. how
ua li ub li no, *adj*. 1. unstable; 2. fussy; 3. restless; -*v*. do wild thing
ua loj leeb, *v*. wander; drift; abscond
ua luag, *v*. accompany; escort; go with; go along with
ua luaj, *adv*. 1. greatly; 2. terribly
ua luam dej, *v*. swim
ua luam dlej, *v*. swim (M)
ua mem muj qus, *adj*. dizzy; woozy; lightheaded
ua mob, *v*. ail; be sick; -*adj*. sick; ill
ua mov noj, *v*. cook
ua nchias taw, *v*. tiptoe
ua neeb, *v*. perform shamanism
ua noj, *v*. cook
ua noo, *adj*. feeling sick or discomfort but could not locate the illness
ua noo ntxag, *adj*. feeling sick; feeling chilly (M)
ua noo ntxiag, *adj*. feeling sick; feeling chilly
ua npaws, *v*. have a fever
ua npog, *adj*. bad omen
ua nqaaj ua nqug, *adv*. 1. joyfully; cheerily; 2. noisily; loudly (referring to a noise of many people talking or playing at the same time) (M)
ua nqaj ua nqug, *adv*. 1. joyfully; cheerily; 2. noisily; loudly (referring to a noise of many people talking or playing at the same time)
ua nrov, *v*. toot
ua nrua, *adj*. unclear; static
ua nta, *v*. cast away; cast aside; throw away (M)
ua ntej, *v*. lead; -*adv*. ahead; before
ua ntia, *v*. cast away; cast aside; throw away
ua ntos, *v*. weave on a loom
ua ntsej laag muag dlig, *v*. ignore (M)
ua ntsej lag muag dig, *v*. ignore
ua ntsej ua muag, *v*. support by showing up; show up due to respect
ua ntsos, *v*. hiccup; hiccough
ua ntuag, *v*. 1. tear; 2. prepare hemp to make fabric
ua paa, *v*. breathe (M)
ua paaj ntaub, *v*. embroider; stitch (M)
ua pa, *v*. breathe
ua paj ntaub, *v*. embroider; stitch
ua pauj, *v*. revenge
ua phem, *v*. terrorize; intimidate; terrify; frighten; bully; threaten
ua ploj, *v*. lose
ua pluj, *v*. lose (M)
ua poob, *v*. 1. drop; 2. lose
ua puag, *v*. 1. damage; destroy; ruin; 2. tarnish (M)
ua puas, *v*. 1. damage; destroy; ruin; 2. tarnish
ua qaab, *v*. follow; -*adv*. behind; rear; -*prep*. behind; rear (M)
ua qaaj, *v*. snore (M)
ua qab, *v*. follow; -*adv*. behind; rear; -*prep*. behind; rear
ua qais, *v*. belch; burp
ua qaj, *v*. snore
ua qoob, *v*. 1. farm; cultivate; 2. have smallpox; -*adj*. sick with smallpox
ua qoob loo, *v*. farm; produce
ua qoob ua loo, *v*. farm; produce
ua quj qees, *v*. do perseveringly; work perseveringly; do continually
ua rau ntog, *v*. topple
ua rau tu sab, *v*. displease (M)
ua rau tu siab, *v*. displease
ua raws, *v*. 1. copy; imitate; 2. adapt
ua raws siab xav, *adj*. selfish; self-centered; egotistic; egocentric; -*v*. do as one please
ua rog, *v*. fight in a war; wage a war

uas, *adj*. which; that which
ua sab, *v*. give up; quit; stop; surrender (M)
ua sab coob, *v*. have many affairs; *-adj*. flirtatious; greedy (M)
ua sab hlob, *adj*. greedy; rapacious; selfish (M)
ua sab luj, *v*. calm; don't overreact; have a big heart (M)
ua sab ntev, *v*. 1. persevere; persist; keep on; 2. be patient (M)
ua sab ua sua, *adv*. aimlessly; pointlessly; hopelessly
ua saib tsis taug, *v*. taunt; insult; mock; tease; ridicule (M)
ua saib tsis taus, *v*. taunt; insult; mock; tease; ridicule
ua si, *v*. 1. play; 2. wander; 3. disport
ua siab, *v*. give up; quit; stop; surrender
ua siab coob, *v*. have many affairs; -*adj*. flirtatious; greedy
ua siab hlob, *adj*. greedy; rapacious; selfish
ua siab loj, *v*. calm; don't overreact; have a big heart
ua siab ntev, *v*. 1. persevere; persist; keep on; 2. be patient
ua tau, *adj*. able; capable; -*v*. can
ua tav, *v*. accomplish; achieve (M)
ua tawg, *v*. 1. break; 2. toot
ua teb, *v*. cultivate; farm (dry field); till; plant
ua teeb meem, *v*. vex; trouble
ua tiav, *v*. accomplish; achieve
ua tsas, *v*. play tantrum; try to get attention from someone; demand attention (M)
ua tsaug, *v*. thank; thank you; *-adj*. thankful
ua tshwm sim, *v*. accomplish; achieve
ua tsias, *v*. play tantrum; try to get attention from someone; demand attention
ua tsis taug paa, *v*. suffocate; smother; choke; throttle; stifle; asphyxiate (M)
ua tsis taus pa, *v*. suffocate; smother; choke; throttle; stifle; asphyxiate
ua tsov ua rog, *v*. fight in a war
ua tsuv ua rog, *v*. fight in a war (M)
ua tsuas, *v*. 1. smudge; 2. tamper; 3. tarnish
ua tub qaug, *v*. despise; disparage; humiliate; embarrass; disgrace; offend
ua twb zoo, *v*. be careful; be cautious; beware
ua txhais, *v*. trigger
ua txhaum, *v*. violate; break the rules; transgress; disobey; sin; do wrong
ua txhaum cai, *v*. violate; break the law; infringe; defy; disobey
ua txhum, *v*. violate; break the rules; transgress; disobey; sin; do wrong (M)
ua txhum cai, *v*. violate; break the law; infringe; defy; disobey (M)
ua txuj, *v*. pretend; feign; make up; make believe
ua ua zog, *v*. waggle; wiggle; shake; jiggle; joggle
ua ub ua no, *v*. do many thing around the same time but not on a particular thing
ua ub ua nuav, *v*. do many thing around the same time but not on a particular thing (M)
ua voj ua vag, *adj*. dizzy; woozy; lightheaded (M)
ua voj ua viag, *adj*. dizzy; woozy; lightheaded
ua xua, *n*. wheal; chilblain
ua yaig, *v*. perform spiritual diagnosis
ua yaig ua luag, *v*. accompany
ua yog toog, *v*. to have an illusion
ua yoj ua yees, *adj*. unstable; unsteady; swinging
ua yuj ua yeeg, *adj*. unstable; unsteady; swinging (M)
ua ywj faab ywj fwj, *adj*. 1. unstable; unsteady; 2. indecisive; irresolute; vacillating (M)
ua ywj fab ywj fwj, *adj*. 1. unstable; unsteady; 2. indecisive; irresolute; vacillating
ua zaab ua zuav, *adj*. unstable; unsteady; uneven; unsettled; *-adv*. uncomfortably (M)
ua zaam, *v*. dress up; put clothing on (M)
ua zaam sees, *v*. dress up colorfully (M)
ua zab ua zuav, *adj*. unstable; unsteady; uneven; unsettled; *-adv*. uncomfortably
ua zais heev, *adj*. surreptitious; clandestine; stealthy; secret; sneaky; covert

ua zam, *v.* dress up; put clothing on
ua zam sees, *v.* dress up colorfully
ua zaub ua mov, *v.* cook; cook food
ua zog, *v.* waggle; wiggle; shake; jiggle; joggle
ua zog txoog, *v.* shake violently; move violently
ua zom zaws, *v.* do together; do at the same thing
ua zoo saib, *v.* watch closely; take precaution
ua zoo xyuas, *v.* watch closely; take precaution
ua zoo zoo, *v.* be careful; do well; take precaution
ub, *adj.* extreme; distant; long ago
ub os, *int.* ouch!
uv, *v.* be patient; bear
us, *n.* duck (M)

V

vaab, *n.* 1. woven rattan; bamboo tray; winnowing tray; 2. given name for a girl
vaab tshaus, *n.* sieve; sifter; sifting tray
vaab tsoov txhuv, *n.* winnowing tray
vaag, *n.* 1. given name for a boy; 2. fish net (M)
vaaj, *n.* 1. fenced garden; 2. king; ruler; 3. Vang; Vang clan, one of the largest Hmong kinship groups (M)
vaaj loog, *n.* fenced village; guarded village (M)
vaaj ntxwv, *n.* prince; royal leader; ruler (M)
vaaj tim, *n.* emperor; king; ruler (also see *faaj tim*) (M)
vaaj tsaab xeem lis, *n.* 1. representation of all clans; every body (e.g. *qhua vaj tsab xeem lis tuaj txhij tuaj txhua*); 2. outsider (e.g. *koj yog qhua vaj tsab xeem lis mas thov koj pab coj khob dej mus nchuav pov tseg*) (M)
vaaj tsaj, *n.* zoo (M)
vaaj tse, *n.* house; home (tone change from *vaaj tsev*) (M)
vaaj tsev, *n.* house; home (M)
vaaj zaub, *n.* vegetable garden (M)
vaam, *v.* 1. wish; hope; 2. prosper; flourish; progress; *-adj.* prosperous; *-n.* ten thousand; 10,000 (M)
vaam meej, *adj.* 1. developed; 2. prosperous (M)
vab, *n.* 1. woven rattan; bamboo tray; winnowing tray; 2. given name for a girl
vab tshaus, *n.* sieve; sifter; sifting tray
vab tsoov txhuv, *n.* winnowing tray
vag, *n.* 1. given name for a boy; 2. fish net (tone change from *vas*); *-v.* 1. sway; oscillate; pull down on one side; 2. swing (M)
vaim, *n.* larva; larvae
vaj, *n.* 1. fenced garden; 2. king; ruler; 3. Vang; Vang clan, one of the largest Hmong kinship groups
vaj loog, *n.* fenced village; guarded village
vaj ntxwv, *n.* prince; royal leader; ruler
Vaj Pov, *n.* a Hmong general in Laos who led the Secret War which lasted from 1960 to 1975, and during those years he was supported directly by the United States Central Intelligence Agency and was the best military commander of Laos
vaj tim, *n.* emperor; king; ruler (also see *faj tim*)
vaj tsab xeem lis, *n.* 1. representation of all clans; every body (e.g. *qhua vaj tsab xeem lis tuaj txhij tuaj txhua*); 2. outsider (e.g. *koj yog qhua vaj tsab xeem lis mas thov koj pab coj khob dej mus nchuav pov tseg*)
vaj tse, *n.* house; home (tone change from *vaj tsev*)
vaj tsev, *n.* house; home
vaj tsiaj, *n.* zoo
vaj zaub, *n.* vegetable garden
vam, *v.* 1. wish; hope; 2. prosper; flourish; progress; *-adj.* prosperous; *-n.* 1. ten thousand; 10,000; 2. given name for a boy
vam meej, *adj.* 1. developed; 2. prosperous
vas, *n.* 1. fish net; 2. web; 3. given name for a boy; *-v.* encircle with a rope (by the shaman during a ceremony)

vas sab, *n.* website
vau, *v.* fall; fall down
vaub kib, *n.* turtle
vaub kib deg, *n.* water turtle (tone change from *vaub kib dej*)
vaub kib dleg, *n.* water turtle (tone change from *vaub kib dlej*) (M)
vaub kib nqhuab, *n.* land turtle
vauj, *n.* kite
vaum, *adj.* humid; hot and humid
vauv, *n.* son-in-law
vav vag, *n.* 1. swing; 2. playground (M)
vawb, *adj.* dumb; stupid (see *awb vawb*)
vawj, *n.* sound of dog bark
vawg, *adj.* poor
veb, *v.* pass by; travel by; travel through
vees, *adj.* 1. controlled; balanced; 2. nonviolent; 3. calm; *-n.* van
veg, *v.* divorce; let go
vej xaij, *n.* website (also see *vas sab*)
vev, *v.* 1. deviate; 2. bypass; avoid
vias, *v.* 1. sway; oscillate; pull down on one side; 2. swing
viav vias, *n.* 1. swing; 2. playground
vib, *n.* misfortune; bad omen
vib nais, *n.* Vinai Refugee Camp; the largest Hmong refugee camp in Thailand (1975.-1992)
vig vwg, *adj.* sound or noise of bird flying, car running, aircraft flying, etc.
vij, *v.* surround; encircle; *-n.* bad omen (see *muaj vij muaj swv*)
vij sub vij sw, *n.* evil spirit that causes harm within the family or clan; curse; misfortune; bad omen
vij sw, *n.* bad omen; misfortune; curse
vij tsaam, *n.* mosquito net (M)
vij tsam, *n.* mosquito net
vij vog, *v.* surround (quickly); encircle
vim, *conj.* because
vim chij, *conj.* because
vim le caag, *adv.* why (M)
vim li cas, *adv.* why
vim yog, *conj.* because; it is because
vis, *v.* encircle; surround
viv, *n.* 1. older sister; 2. given name for a girl
viv ncaug, *n.* sisters (tone change from *viv ncaus*)
viv ncaus, *n.* sisters
vog, *adv.* restricted post verbal intensifier (e.g. *daj vog, liab vog*); *-n.* chunk (e.g. *ib vog hnyuv*)
voj, *n.* 1. lasso; lariat; 2. ring
voj hlua, *n.* lariat; lasso
voj voog, *n.* circle
vom, *v.* 1. drain; dry the liquid out; 2. feel full of gas in the stomach
voom, *n.* a board fixed with a handle used as a pusher for leveling ground while building a house
voos, *v.* fester; aggravate; *-adj.* infected
vos, *n.* metal tip of an arrow
vos hav, *n.* vale; valley; a broad level valley; *-adv.* restricted post verbal intensifier (e.g. *caws vos*)
vov, *v.* cover
vuab tsuab, *adj.* 1. nasty; dirty; gross; disgusting; distasteful; 2. garbage; trash; waste; rubbish
vuag, *v.* grab; snatch; grasp; *-adv.* swiftly (see *ib vuag*); *-n.* wave; phase
vuas, *n.* shingle; tile
vuas luaj, *n.* tile
vuas ntoo, *n.* wooden shingle
vuas pua tsev, *n.* tile; floor tile
vuas tsev, *n.* house shingle; roof shingle
vuas vov tsev, *n.* shingle; house shingle; roof shingle
vus, *adv.* restricted post verbal intensifier (e.g. *ci vus*)
vuv, *n.* small crescent-shaped rice harvesting tool
vwb yeej, *n.* mercury
vwg, *n.* sound or noise of car running, person crying, bird flying, etc. (see *vig vwg*)
Vwj, *n.* 1. Vue; Vue clan; Wu; a Hmong kinship; 2. given name for a boy
Vwj Paj Yias, *n.* Hmong king in Hunan and Guizhou area in the late 1790s who led a major rebellion against Han Chinese expansionism which lasted from 1795 to 1806
vwm, *adj.* crazy; insane
vwm cawv, *adj.* drunk; intoxicated (also see *qaug cawv*)
vwm leg, *adv.* foolishly; irrationally; stupidly
vwm loj vwm leg, *adj.* uncontrollably foolish
vws, *n.* given name used for boy

W

w, *n*. 1. quail; 2. given name for a boy; 3. bait; baiting; enticement; lure; temptation; inducement; -*v*. 1. scatter (seeds); 2. throw
wb, *n*. we (referring to two persons)
wm, *int*. okay; OK
ws, *n*. suffix of a given name for a man (e.g. Vam Ws)

X

xa, *v*. 1. send; deliver; transport; 2. transfer; 3. fuck; make love to [sl]
xaa, *v*. 1. send; deliver; transport; 2. transfer; 3. fuck; make love to [sl] (M)
xaab, *n*. 1. yeast; 2. given name for a boy (M)
xaab cum, *n*. tripod for cooking (M) (*xab cum* is a Chinese word for the Hmong word *kos*)
xaab naj lwm xyoo, *n*. next year (*xab niaj* is Chinese word for *shangnian* meaning next year) (M)
xaab theeb lwm hnub, *n*. in the future (*xab theeb* is Chinese word for *shangtian* which mean *next day* or *tomorrow*) (M)
xaam, *v*. 1. count; calculate; examine; figure; 2. fade; lighten; 3. vaporize; 4. get better (in illness) (M)
xaam khib, *adj*. jealous; covetous; resentful (M)
xaa moo, *v*. notify; send message to; write letter to (M)
xaa moog, *v*. 1. transfer; 2. send (M)
xaam txeem, *adj*. jealous; covetous; resentful
xaa nrug, *v*. enclose (M)
xaa ntawv, *v*. mail; send mail (M)
xaa rov qub teb chaws, *v*. deport (M)
xaav, *v*. 1. think; 2. feel; 3. want; 4. inject (medicine) (M)
xaav tau heev, *v*. yearn; desire; crave; long for; yen (M)
xaav tshuaj, *v*. inject medicine; give shots to (also see *txhaaj tshuaj*) (M)
xaav tsis tawm, *v*. perplex; confuse; puzzle (M)
xaav txug, *v*. think of; think about (M)
xab, *n*. 1. yeast; 2. given name for a boy; -*v*. 1. bribe (M); 2. hold something by placing a block underneath (M); 3. wax (M); -*n*. 1. the waxing of the moon; the dates in the first half of the lunar month (M); 2. gill (M)
xab cum, *n*. tripod for cooking (M) (*xab cum* is a Chinese word for the Hmong word *kos*)
xab niaj lwm xyoo, *n*. next year (*xab niaj* is Chinese word for *shangnian* meaning next year)
xab theeb lwm hnub, *n*. in the future (*xab theeb* is Chinese word for *shangtian* which mean *next day* or *tomorrow*)
xais, *v*. 1. pinch; 2. massage by using the tip of the fingers; -*n*. given name for a boy
Xais Xyooj, *n*. Xai Xiong who is one of the sons of Nhia Blia and Ying Yang Xiong. Xai is the younger brother of Yuepheng Xiong
xaiv, *v*. vote; choose; select; elect; pick; take; -*n*. 1. news; 2. gossip; rumor
xaiv nom, *v*. vote; elect; select
xaiv num, *v*. vote; elect; select
xaiv tsa, *v*. elect; select; vote
xaiv tsaa, *v*. elect; select; vote (M)
xam, *v*. 1. count; calculate; examine; figure; 2. fade; lighten; 3. vaporize; 4. get better (in illness)
xam khib, *adj*. jealous; covetous; resentful
xam lav, *n*. salad; a kind of vegetable dish
xa moo, *v*. notify; send message to; write letter to
xam txeem, *adj*. jealous; covetous; resentful
xa mus, *v*. 1. transfer; 2. send
xa nrog, *v*. 1. enclose; 2. attach
xa ntawv, *v*. mail; send mail out
xa rov qub teb chaws, *v*. deport
xau, *v*. leak; -*n*. 1. leak; 2. trouble; problem [sl]
xaub, *v*. 1. interrogate; pressurize; question through persuasion; 2. slip

down
xauj, *v.* look; peek; watch secretly; spy
xaum, *v.* dim; getting old
xaus, *v.* end; result; finish; adjourn
xauv, *v.* 1. lock; 2. jail; imprison; *-n.* 1. necklace; 2. given name for a boy
xauv caaj dlaab, *n.* necklace (M)
xauv caj dab, *n.* necklace
xauv nees, *n.* bit; part of the bridle which is placed in a horse's mouth
xauv teg, *n.* handcuffs; *-v.* handcuff; put handcuffs on someone (M)
xauv tes, *n.* handcuffs; *-v.* handcuff; put handcuffs on someone
xav, *v.* 1. think; 2. feel; 3. want; 4. inject (medicine); *-n.* blue (M)
xav tau heev, *v.* yearn; desire; crave; long for; yen
xav tshuaj, *v.* inject medicine; give shots to (also see *txhaj tshuaj*)
xav tsis tawm, *v.* perplex; confuse; puzzle
xav txog, *v.* think of; think about
xawb, *v.* 1. pick or collect the remaining; 2. search slowly; *-adj.* 1. insane; foolish; 2. confused
xaws, *v.* 1. sew; 2. mend; 3. seal; *-n.* fontanel (also see hau xaws)
xeb, *adj.* 1. rusty; rusted; 2. stupid; dumb [sl]
xeeb, *v.* 1. conceive; 2. form; 3. give rise to; produce; *-n.* given name for a boy
xeeb leej, *n.* grandchild; grandchildren (C) (see *ki* or *kiv*)
xeeb ntxwv, *n.* grandchild; grandchildren; scion (C) (see *ki* or *kiv*)
xeeb plaub, *v.* bring about a litigation; initiate a litigation; accuse someone of wrong doing
xeeb txob, *adj.* irritating; annoying; frustrating; infuriating; *-v.* irritate; annoy; bother
xeem, *n.* family name or clan name (see *Xiong, Yang, Vang, Lee*, etc)
Xeem Xais, *n.* the name of a legendary Hmong king or hero
xeev, *adj.* conscious; aware; *-v.* recover (as from an surgery); wake up; *-n.* state; province
xeev sab, *adj.* feeling nausea (M)
xeev siab, *adj.* feeling nausea
xeev txwj xeev laus, *n.* an important elder who has a role play at the funeral as the leader of the deceased. His main duty is the make sure the deceased is free of debt to anyone or anyone to him or her
xeev xwm, *v.* 1. realize; become aware; 2. come to age; become mature; *-n.* givern name for a man
xej, *n.* sound of air or water gushing out; *-adv.* restrict post verbal intensifier (e.g. *nrov xij xej*)
xem, *adj.* rough; dry (not slippery); not slimy; coarse surface; *-n.* color (HC)
xev, *v.* make up; lie; fabricate; do or say without proper foundation
xi, *n.* a ceremony to release the soul of the dead
xia, *v.* 1. regard; 2. glorify; *-n.* 1. blue (tone change from *xiav*); 2. given name for a girl
xiab, *v.* 1. bribe; 2. hold something by placing a block underneath; 3. wax; *-n.* 1. the waxing of the moon; the dates in the first half of the lunar month; 2. gill; *-adv.* restricted post verbal intensifier
xiav, *n.* blue; *-adj.* angry; upset [sl]
xib, *v.* like; enjoy
xib dlub, *n.* a kind of black bird dwells around stream (M)
xib dub, *n.* a kind of black bird dwells around stream
xib fwb, *n.* 1. master; teacher; 2. pastor; minister; priest; 3. tutor
xib pleb, *v.* crack a little
xib taws, *n.* sole of the foot
xib teg, *n.* palm; palm of the hand (M)
xib tes, *n.* palm; palm of the hand
xib xub, *n.* arrow
xij, *adj.* careless; unconcerned; inconsiderate; *-v.* depend (up to you); *-adv.* as you like; as you want
xij peem, *v.* 1. forget; disregard; ignore; 2. let it be
xis, *v.* like (in taste); *-n.* 1. right; right side; 2. given name for a girl
xis ncauj, *adj.* tasty; delicious; yummy
xis ncauj heev, *adj.* tasty; delicious; yummy
xiv, *v.* simmer; burble
xo, *v.* bite and crush with the teeth; chew; *-adv.* straight; directly; *-n.* message; news; notice; notification (tone change from xov; e.g. *ib tsab*

xo)

xob, *n*. 1. lightning; 2. unrefined gunpowder; saltpeter; 3. phoenix; 4. given name for a boy; -*v*. swell; puff up; inflate; wax

xob laim, *n*. lightning

xob laim thiab xob nroo, *n*. thunderbolt; thunder storm

xob nroo, *n*. thunder

xob quaj, *n*. thunder

xob tua, *n*. lightning strike

xom lees, *n*. 1. style; 2. charisma; charm; appeal; magnetism; 3. personality; character; attitude

xom phij, *adj*. reluctant; hesitant; unwilling

xoo, *v*. spy; observe; -*n*. 1. odor from male pig; 2. thumb or toe

xoob, *adj*. loose; not tight; -*adv*. forcibly; -*v*. loosen; unfasten

xoob xoob, *adv*. loosely

xoom, *v*. hump; fuck; making love

xoo pob, *v*. have rash

xov, *n*. 1. thread; 2. news; message; information; notice; notification; -*v*. fence; enclose; erect a fence

xov phov, *n*. trot; jog

xov tooj, *n*. 1. telephone; 2. copper wire

xov tooj cua, *n*. radio

xov tshoj, *n*. Southeast Asia; referring to Southeast Asia

xov xeeb, *n*. precaution; caution; carefulness; vigilance; watchfulness

xov xwm, *n*. news; information

xu, *v*. deviate; miss the target; -*prep*. off; not on; -*adj*. indirect

xua, *n*. 1. husk (after being separated from the rice); bran; 2. wheal; rash; itchy rash

xuab, *v*. 1. weave together; 2. twist together; 2. drag slowly and playfully

xuab taw, *v*. drag the feet; walk slowly

xuab taw hluj hluav, *adv*. slowly; patiently (referring to walking); dragging the feet slowly

xuab taw yeev, *adv*. slowly (referring to walking); dragging the feet slowly

xuab zeb, *n*. sand; pebbles

xuam, *v*. 1. do away; give away; 2. forfeit; sacrifice; let go; -*n*. waste; garbage; refuse

xua nplej, *n*. bran; fiber; cellulose; husk

xuas, *v*. 1. feel; touch; grope; fumble; 2. make from

xuas tawg ncuav rau, *v*. spank

xuav, *v*. whistle; -*adj*. coarse; loose (referring to soil or ground)

xub, *adj*. first; -*n*. 1. arrow; 2. tribe; 3. given name for a boy; -*clf*. referring to a beehive and the like (e.g. *xub ntab*, *xub ntsaum*, etc)

xub ndlag, *n*. 1. chest; front of body; 2. bosom (M)

xub ntaab, *n*. beehive (M)

xub ntab, *n*. beehive

xub ntiag, *n*. 1. chest; front of body; 2. bosom

xub ntsaum, *n*. anthill (also see *pob ntsaum*)

xub pwg, *n*. shoulder (also see *xwb pwg*)

xub tshuaj, *n*. poisoned arrows

xub tsuag, *n*. uninhabited area of scrub vegetation

xub txig, *n*. cheek; cheek bone

xub xub, *adj*. first; very first

xuj xuav, *adv*. lightly (referring to rain) or slowly

xu kev, *prep*. off the road; not directly on the path

xu sab, *adj*. shameful; embarrassing; disgraceful; dishonorable (M)

xu siab, *adj*. shameful; embarrassing; disgraceful; dishonorable

xuv, *n*. 1. thread (M); 2. given name for a boy

xw, *v*. scoop up; scoop out; -*n*. given name for a girl

xwb, *adj*. 1. only; 2. single; unmarried person (see *nraug xwb* or *nkauj xwb*); 3. virgin

xwb cob, *n*. sticklac, black lac resin

xwb kuab, *n*. small gourd

xwb pwg, *n*. shoulder (also see *xub pwg*)

xwb qwb, *n*. nape; back of the neck

xwm, *n*. 1. matter; affairs; 2. bad news; problem; 3. given name for a boy

xwm ceev, *n*. emergency

xwm faab, *n*. square (C) (M)

xwm faab puaj meem, *n*. square (C) (M)

xwm faab xwm meem, *n*. square (C)

(M)
xwm fab, *n.* square (C)
xwm fab puaj meem, *n.* square (C)
xwm fab xwm meem, *n.* square (C)
xwm kaab, *n.* 1. spirit altar decorated with paper money hanging on the inner rear wall of the house; 2. spirits of wealth (M)
xwm kab, *n.* 1. spirit altar decorated with paper money hanging on the inner rear wall of the house; 2. spirits of wealth
xwm kub, *n.* emergency
xws, *adj.* similar; alike
xws le, *conj.* as; like; *-adv.* for example (M)
xws li, *conj.* as; like; *-adv.* for example
xwv, *v.* 1. keep warm; 2. put baby to sleep; comfort or pacify a baby; 3. steam meat by heating it slowly (see *xwv nqaij*); *-adv.* so; thus; therefore
xwv me nyuam, *v.* put baby to sleep by sleeping with him or her
xwv miv nyuas, *v.* put baby to sleep by sleeping with him or her
xwv nqaj, *v.* steam meat (M)
xwv nqaij, *v.* steam meat
xyaa, *n.* seven; number 7; *-v.* bear; give birth (mostly applied to animals) (M)
xyaab, *v.* straighten; stretch out; extend; *-n.* incense (M)
xyaa hli, *n.* 1. July; 2. seven months (M)
xyaa hli ntuj, *n.* July (M)
xyaav, *v.* 1. calumniate; 2. spread rumor; talk bad about someone (M)
xya, *n.* seven; number 7; *-v.* bear; give birth (mostly applied to animals)
xyab, *v.* straighten; stretch out; extend; *-n.* incense
xya hli, *n.* 1. July; 2. seven months
xya hli ntuj, *n.* July
xyaum, *v.* 1. rehearse; practice; 2. follow; imitate
xyaum sib ntaus, *v.* spar
xyav, *v.* 1. calumniate; 2. spread rumor; talk bad about someone
xyaw, *v.* mix
xyeeb, *v.* toss away; shove; push away
xyeej, *adj.* available; free; *-v.* 1. despise; 2. refuse; ignore; reject
xyeej txhem, *v.* despise; hate; look down on
xyeem, *v.* offer to; offer a sacrifice to
xyeem qhov muag, *adj.* striking; remarkable; noticeable; prominent
xyem xyav, *adj.* undetermined; indeterminate; reluctant; hesitating; uncertain
xyiv faab, *v.* devote; dedicate; take the initiative; *-adj.* dedicated (M)
xyiv fab, *v.* devote; dedicate; take the initiative; *-adj.* dedicated
xyo, *n.* 1. small; tiny (C); 2. given name for a girl
xyob, *v.* shove; push away; toss away
xyob txhaj, *adj.* wasteful; extravagant; *-v.* spend freely (M)
xyob txhiaj, *adj.* wasteful; extravagant; *-v.* spend freely
xyom, *v.* bow to the dead; pay respect to the dead to ask for blessing in return
xyom cuab, *n.* family of the deceased
xyoo, *n.* year (also see *xyoos*, *tsiab* or *tsaib*)
xyoob, *n.* 1. bamboo; 2. given name for a boy
xyoob caus dlev, *n.* a kind of bamboo which people use for fastening things (M)
xyoob cos dev, *n.* a kind of bamboo which people use for fastening things
xyoob hmaab, *n.* a kind of small bamboo (M)
xyoob hmab, *n.* a kind of small bamboo
xyoob qeeg, *n.* a kind of small bamboo which the Hmong use for making reed pipes
xyoob pwj tswm, *n.* a kind of large bamboo
xyoob tuam tswm, *n.* a kind of large bamboo
xyoo dhau los, *n.* last year
xyoo dlhau lug, *n.* last year (M)
Xyooj, *n.* 1. Xiong; Xiong kinship; one of the largest Hmong kinship groups; 2. given name for a boy
xyoo no, *n.* this year
xyoo nuav, *n.* this year (M)
xyoos, *n.* year (tone change from *xyoo*)
xyoo taag lug lawm, *n.* last year (M)
xyoo tag los lawm, *n.* last year
xyoo tom ntej, *n.* next year; future
xyoo tshab, *n.* new year (M)

xyoo tshiab, *n.* new year. Hmong new year begins about a month earlier than the American new year and is one of the biggest events
xyov, *part.* don't know
xyu, *v.* sigh; groan; *-n.* a musical wind instrument
xyuam, *adj.* blind
xyuam phaj, *v.* sue; prosecute; charge
xyuam plhu, *adj.* shameless; blatant; barefaced; unabashed; brazen
xyuam xim, *adj.* careful; cautious; *-v.* be careful; be cautious; beware
xyuas, *v.* 1. look; 2. visit; 3. review; *-n.* young female (cow)
xyuas nyuj, *n.* heifer; young female cow
xyum, *v.* 1. practice; rehearse (M); 2. follow; imitate; *-n.* given name for a boy
xyw, *n.* 1. spirit of the dead; 2. wraith

Y

ya, *v.* fly; *-clf.* measure word for stick, rod, wood, etc.
yaa, *v.* fly; *-clf.* measure word for stick, rod, wood, etc. (M)
yaag, *n.* 1. stick; rod; 2. frying pan (M); 3. given name for both a girl or a boy (M); 4. chunk; joint; section; length (M); *-clf.* measure word for stick, rod, wood, etc. (M)
yaag npaab, *n.* elbow (M)
yaag taw, *n.* 1. toe joint; 2. ankle (M)
yaag teg, *n.* 1. wrist; 2. knuckle (M)
yaag xyoob, *n.* a section of bamboo or a length of bamboo (M)
yaaj, *n.* 1. sheep; 2. Yang clan; 3. world of the living; 4. view; scenery; landscape; surrounding; sight (see *nuam yaaj*); 5. given name for a boy or girl; *-v.* 1. disappear; 2. melt; thaw; 3. winnow; 4. vaporize; *-adj.* volatile (M)
yaaj ceeb, *n.* earth; world; the living world (M)
yaaj choj, *n.* a raised platform to cut down a big tree (M)
yaaj hauv, *n.* matches (M)
yaaj khaum ceeb khaum, *n.* paper money for the dead (M)
yaaj nplej, *v.* winnow rice (M)
yaaj ntshis, *v.* disappear immediately; evaporate suddenly (M)
yaaj phom, *n.* handgun; pistol; revolver (M)
yaaj saab, *n.* countryside; wasteland; wilderness (M)
yaaj thawj, *n.* a kind of edible food (M)
yaaj them, *n.* tin, galvanized iron (M)
yaaj yeeb, *n.* opium; drug (M)
yaaj yooj yim, *adj.* volatile (M)
yaaj yuam, *n.* peacock (M)
yaaj ywm, *n.* potato (M)
yaam, *n.* kind; sort; type; variety (M)
yaam ntxwv, *n.* 1. shape; form; 2. character (M)
yaa plawg, *v.* fly off suddenly (M)
yaav, *n.* 1. time; period of time; 2. section or length; *-clf.* measure word for stick, rod, wood, etc. (M_
yaav dlhau lug, *n.* history; past; *-adv.* hitherto; so far; thus far; until now; previously; before (M)
yaav nraag ntej, *adv.* hitherto; so far; thus far; until now; previously; before (M)
yaav nuav lawm tod, *n.* from now on; -*adv.* henceforth; henceforward; hereafter (M)
yaav thaum ub, *n.* long ago; in the past (M)
yaav tom ntej, *adv.* in the future; *-n.* future (M)
yaav tom qaab, *adv.* afterward (M)
yag, *n.* 1. stick; rod; 2. frying pan (M); 3. given name for both a girl or a boy (M); 4. chunk; *-clf.* measure word for stick, rod, wood, etc.; *-adj.* straight (M)
yaid, *int.* exclamatory particle meaning huh!
yaig, *n.* 1. sorcery, 2. referring to the spirits; 3. a shaman's diagnosis of the cause of illness or misfortune; *-adj.* worn out (by friction); *-v.* abrade
yaim, *v.* lick
yaj, *n.* 1. sheep; 2. Yang clan; 3. world of the living; 4. view; scenery; landscape; surrounding; sight (see *nuam yaj*); 5. given name for a boy or girl; *-v.* 1. disappear; 2. melt;

thaw; 3. winnow; 4. vaporize; *-adj.* volatile
yaj ceeb, *n.* earth; world; the living world
yaj choj, *n.* a raised platform to cut down a big tree
Yaj Daus, *n.* Dr. Yang Dao who was the first Hmong of Laos to earn a Ph.D. in France in the early 1970s and the author the book "Hmong At the Turning Point"
yaj hauv, *n.* matches
yaj khaum ceeb khaum, *n.* paper money burned for the dead or spirits
yaj nplej, *v.* winnow rice
yaj ntshis, *v.* disappear immediately; evaporate suddenly
yaj phom, *n.* handgun; pistol; revolver
yaj sab, *n.* countryside; wasteland; wilderness
Yaj Tam Luj, *n.* one of the Hmong generals for General Zhang Xiu-mei during the Hmong rebellion (1855-1872) in Guizhou province against Qing government. Yang Dalu was the hero who started the rebellion by killing a Qing soldier who had just killed a poor, old Hmong farmer who could not pay his unjust tax in the village of Lang De, southeast of Quizhou province
yaj thawj, *n.* a kind of edible food
yaj them, *n.* tin, galvanized iron
Yaj Tuam Thoj, *n.* a leader of the Hmong freedom fighters in Laos who was known for his good leadership and bravery. He was killed in early 2007
yaj yeeb, *n.* opium; drug
yaj yooj yim, *adj.* volatile
yaj yuam, *n.* peacock
yaj ywm, *n.* potato
yam, *n.* kind; sort; type; variety
yam ntxwv, *n.* 1. shape; form; 2. character
ya plaws, *v.* fly off suddenly
yas, *n.* 1. joint; 2. section; 3. length; *-clf.* measure word for stick, rod, wood, etc.
yas npab, *n.* elbow
yas taw, *n.* 1. toe joint; 2. ankle
yas tes, *n.* 1. wrist; 2. knuckle
yas xyoob, *n.* a section of bamboo or a length of bamboo
yau, *adj.* small; younger in age
yaug, *v.* rinse; wash
yaug cev, *v.* 1. wash the body; take a shower; 2. menstruate
yaug qhov ncauj, *v.* rinse the mouth
yaug tes, *v.* wash hands; rinse the hands
yauj, *int.* ah yo (see *auj yauj*)
yaum, *v.* urge; abet; convince; persuade; encourage
yaus, *adj.* younger in age (tone change from *yau*; e.g. *me nyuam yaus*)
yav, *n.* 1. time; period of time; 2. section or length; *-clf.* measure word for stick, rod, wood, etc.
yav dhau los, *n.* history; past; *-adv.* hitherto; so far; thus far; until now; previously; before
yav no lawm tod, *n.* from now on; *-adv.* henceforth; henceforward; hereafter
yav nram ntej, *adv.* hitherto; so far; thus far; until now; previously; before
yav thaum ub, *n.* long ago; in the past
yav tom ntej, *adv.* in the future; *-n.* future
yav tom qab, *adv.* afterward
yawg, *n.* 1. grandfather; 2. mister; a kinship term used to refer to a man
yawg cuas, *n.* 1. father of son-in-law or of daughter-in-law; 2. father of son's wife or of daughter's husband
yawg hlob, *n.* mister; boss; leader
yawg laus, *n.* father's sister's husband; aunt's husband
yawg nrauj, *n.* divorced man
yawg ntsuag, *n.* widower
yawm, *v.* scoop up; *-n.* 1. mister; a kinship term; 2. grandfather
yawm dab, *n.* wife's brothers (M)
yawm dlaab, *n.* wife's brothers (M)
yawm ntseg, *v.* scoop up fish into a basket (M)
yawm ntses, *v.* scoop up fish into a basket
Yawm Saub, *n.* God; Supreme Being
yawm sij, *n.* key
yawm txiv, *n.* 1. maternal grandfather; 2. maternal grandfather's brothers; 3. mother's sister's husband
yawm vauv, *n.* husband's sister's husband; aunt's husband
yawm yij, *n.* sister's husband
yaws, *v.* take off; tear down; disassemble

yaws khaub yaws tsuag, *v.* take everything with
yawv ywb, *adj.* disturbed or worried by walking back and forth
yeb, *v.* 1. straighten; 2. depend upon; rely upon; 3. hold onto someone for the time being
yeb vas, *v.* pretend
yeeb, *n.* 1. opium; 2. given name for both a boy or girl; 3. under world; world of the dead
yeeb ceeb, *n.* under world; the world of the dead
yeeb dawb, *n.* heroin
yeeb dlawb, *n.* heroin (M)
yeeb dlub, *n.* opium (M)
yeeb dub, *n.* opium
yeeb ncuab, *n.* enemy; opponent; foe; rival; adversary
yeeb nkaab, *n.* pipe; smoking pipe; meerschaum (M)
yeeb nkab, *n.* pipe; smoking pipe; meerschaum
yeeb thooj, *n.* 1. pipe for smoking tobacco (with some water in the bottom of the pipe); 2. hookah
yeeb tob, *n.* knife used in preparing opium for smoking
yeeb tseeb, *n.* needle-like tool for preparing opium to smoke
yeeb vim, *conj.* because
yeeb yaaj, *n.* 1. telescope or field glasses; 2. Ying Yang
yeeb yaj, *n.* 1. telescope or field glasses; 2. Ying Yang
yeeb yaaj kab, *n.* 1. abode or residence of the dead; 2. video; film (*yeeb yaj* is a Chinese word for *yingyue* meaning *movie*, and it is a new term adopted by the movie producers) (M)
yeeb yaj kiab, *n.* 1. abode or residence of the dead; 2. video; film (*yeeb yaj* is a Chinese word for *yingyue* meaning *movie*, and it is a new term adopted by the movie producers)
Yeeb Yaj Xyooj (1940-1991), *n.* Ying Yang Xiong who is the wife of Nhia Blia Xiong and mother of Xong, Yuepheng, Xa, See, Wa Xai, Tou Pao, Houa and Lee
yeeb yaam, *n.* 1. performance; 2. show; talent shows (M)
yeeb yam, *n.* 1. performance; 2. show
yeeg, *n.* 1. a kind of fatal disease; 2. a kind of snail (e.g. *qwj yeeg*)
yeeg dluab, *v.* take picture; take photo (M)
yeej, *v.* 1. win; overcome; vanquish; 2. meet (the expectation); *-adv.* beforehand; previously; originally; *-adj.* circular; round; *-n.* 1. victory; 2. wall city; military garrison; 3. circle; 4. given name for a boy
yeej huam, *n.* 1. reputation; 2. glory; 3. honor
yeej koob, *n.* 1. reputation; 2. glory; 3. honor
yeej koob yeej huam, *n.* 1. reputation; 2. glory; 3. honor
yeej kom, *n.* the plaintiff; accuser
yeej meem, *adv.* continually; *-v.* keep on; continue
yeej vub, *n.* a silver refining pot
yeej yuav, *v.* will
yeem, *v.* 1. agree; 2. weigh; scale; measure; *-adv.* willingly; *-n.* 1. seal; 2. a spiritual ceremony in which the living offer sacrifice to the dead for their help; *-adj.* voluntary; willing
yeem thaj, *v.* be willing to; agree to
yees, *v.* 1. take picture; 2. quiver; waver; move back and forth; *-n.* 1. addiction; craving; 2. foundation (referring to housing structure)
yees dluab, *v.* take picture; take photo (M)
yees duab, *v.* take picture; take photo
yees nthaab, *n.* main beams of the house (for the attic floor) (M)
yees nthab, *n.* main beams of the house (for the attic floor)
yees siv, *n.* tricks; magic
yees tsev, *n.* main beams of the house
yees ntxwv, *n.* tricks; magic
yeev, *n.* given name for a girl
yej, *n.* 1. a kind of deadfall trap; 2. given name for a boy
yem, *n.* a kind of palm tree (see *kuj yem*)
Yes Xus, *n.* Jesus Christ
yi, *n.* given name for a girl; *-adv.* restricted post verbal intensifier (e.g. *suab yi*)
yiag, *adj.* 1. straight; 2. slim
yias, *n.* 1. frying pan; wok; 2. given name for a boy or girl
yib, *v.* 1. satisfy; 2. accept; 3. yield

yig, *v.* 1. desist; refuse; decline; reject; 2. hesitate; *-n.* 1. given name for a boy; 2. family (tone change from *yim*); *-adj.* reluctant; hesitant; unwilling
yig yig, *adj.* hesitant; reluctant
yij, *n.* 1. grouse; a kind of ground-dwelling bird; 2. brother in law; sister's husband
yij kau, *n.* 1. grouse; 2. grouse singing
yim, *n.* 1. family (also see *yig*); 2. eight; 8; *-adv.* more; *-v.* trim; cut back; baste or tack in sewing
yim hli, *n.* 1. August; 2. eight months
yim hli ntuj, *n.* August
yim huab, *adv.* even more
yim leej, *n.* 1. name of legendary Hmong hero or king (often used with *Vaj* as Vaj Yim Leej); 2. given name for a boy
yim sai yim zoo, *adv.* the sooner the better
yis, *n.* 1. cowlick; 2. twirl; whirl; coil; twist; 3. print; pattern; design; motif; 4. given name for a boy
yis dej, *n.* whirl pool; vortex
yis dlej, *n.* whirl pool; vortex (M)
yis taw, *n.* footprint (also see *hneev taw*)
yis teg, *n.* fingerprint (M)
yis tes, *n.* fingerprint
yiv, *n.* 1. hair bun; 2. given name for a girl
yiv tws, *n.* hair bun; bun
yob, *v.* make; control; forge; *-n.* given name of a boy
yob nraug ntsuag, *n.* name of the legendary Hmong orphan boy who became king
yog, *v.* is; to be; *int.* yes; *-adj.* correct; accurate
yog toog, *n.* illusion; imagination; day dreaming
yoj, *v.* 1. wave; signal; gesture; 2. sway; waver; swing; 3. fit
yom, *part.* a word used at the end of a sentence when an affirmative answer is known or expected; *-v.* point
yoo, *v.* abstain; fast; refrain; withdraw; give up; *-adj.* abstemious
yoob, *adj.* startled; subdued; dazed; confused
yoob zog, *adj.* startled; speechless for a moment
yoog, *v.* 1. obey; 2. follow; imitate; resemble; 3. accommodate; 4. balance; 5. use; spend (C)
yooj yim, *adj.* easy
yooj yooj yim, *adj.* very easy
yoo nqhis, *v.* 1. refrain from eating food; 2. starve
yoo tshaib, *v.* 1. refrain from eating food; 2. starve
yoo tshaib yoo nqhis, *v.* 1. refrain from eating food; 2. starve
yoov, *n.* fly; insect
yoov qab, *n.* gnat (M)
yoov qaib, *n.* gnat
yoov tshaaj cum, *n.* mosquito (M)
yoov tshaj cum, *n.* mosquito
yos, *v.* 1. visit; stroll or wander about; 2. search
yos haav zoov, *v.* hunt (see *plob haav zoov*) (M)
yos hav zoov, *v.* hunt (see *plob hav zoov*)
yos hluas nkauj, *v.* court girls; visit girlfriends
yos ua si, *v.* wander around aimlessly
yuag, *adj.* skinny; thin; emaciated; lean; scrawny; slender
yuam, *v.* 1. force; command; compel; impose; squelch; thrust; 2. give something to exchange for money to pay for an emergency; *-part.* a word used at the end of a sentence when an affirmative answer is known or expected
yuam cai, *v.* 1. force; 2. violate the law or rule
yuam kev, *adv.* astray; *-v.* 1. lose the way; get lose; 2. mistaken; *-n.* flaw; mistake
yuam sij, *n.* key (see *yawm sij*)
yuav, *v.* 1. will; shall; would; 2. buy; obtain; 3. want
yuav luag, *adv.* almost; nearly
yuav me nyuam, *v.* adopt; adopt a child
yuav miv nyuas, *v.* adopt; adopt a child (M)
yuav nyog, *adj.* 1. worth buying; 2. agreeable; pleasant
yuav tsum, *v.* must; should; ought
yub, *n.* 1. seedling; sprout for transplanting; 2. vowel (for the Shong Lue script)
yub nplej, *n.* young rice sprouts, rice seedlings

yub nroj, *n.* weed; weed sprouts
yub ntoo, *n.* tree sprouts
yug, *v.* 1. bear; give birth; 2. raise; rear; *-n.* cow (HC) (please note that for the Hmong in Hunan and Guizhou, *yug* is *cow* and *nyuj* is *water buffalo*, and *twm* is not known to them)
yug los txog tuag lawm, *adj.* stillborn
yuj, *v.* 1. hover; fly in a circle; 2. capture (the heart)
yus, *pron.* one (referring to first person); oneself
ywb, *adj.* referring to an uncomfortable state (see *yawv ywb* and *zaum khooj ywb*)
ywg, *v.* 1. spray; water; 2. scatter; throw
ywg dej, *v.* water; spray water onto
ywg dlej, *v.* water; spray water onto (M)
ywj, *prep.* as you like; according to your wishes; *-v.* go along; follow accordingly
ywj pheej, *n.* 1. freedom; liberty; independence; free will; sovereignty; self-determination; 2. given name for a boy; 3. Yuepheng Xiong, the owner of the first Hmong bookstore, Hmong Arts, Books & Crafts or Hmong ABC
Ywj Pheej Xyooj, *n.* Yuepheng Xiong, owner of the first Hmong bookstore known as HMONG ABC which was started in 1995
ywj sab, *n.* 1. free will; independence; 2. given name for a girl (M)
ywj siab, *n.* 1. free will; independence; 2. given name for a girl
yws, *v.* mutter; complain; scold

Z

za, *n.* sticky sap used to trap birds; glue (M)
zaab, *v.* lie; *-n.* 1. liar; 2. echo (M)
zaab teb, *n.* echo; referring to echo (M)
zaab zuav, *adv.* uncomfortably; *-adj.* unsettled; unstable (see *ua zaab ua zuav*) (M)
zaag, *clf.* 1. measure word for a group (e.g. *zaag nam tub*); 2. measure word for song or saying (e.g. *zaag lug*; *zaag khawv koob*); *-n.* 1. donkey; 2. old surname of the Moua clan; 3. given name for a boy or girl; 4. wife (e.g. *leej taab leej zaag*) (M)
zaaj, *n.* 1. dragon; 2. rainbow; 3. idea; opinion; 4. saying; speech; poem; statement; *-clf.* measure word for speech or saying (M)
zaaj lug, *n.* sentence; statement; meaning (M)
zaaj npuas, *n.* a kind of wild animal having a body similar to a pig but nose and feet similar to a dog (M)
zaaj sawv, *n.* rainbow (M)
zaam, *v.* avoid; abstain; evade; shirk; dodge; pass; go around; yield; *-n.* clothing (M)
zaam kev, *v.* make way; clear the way; sidestep; sidle (M)
Zaam Teeb Vaaj, *n.* Zateng Vang who was a T-28 fighter pilot in Laos during the Secret War. He is the father-in-law of Yuepheng Xiong
zaam txim, *v.* forgive; excuse; absolve; acquit (M)
zaam xeeb, *adj.* patient; humble (M)
zaas, *v.* dye; color; paint (M)
zab, *v.* 1. lie; 2. dry (M); *-n.* 1. liar; 2. echo
zab teb, *n.* echo; referring to echo
zab tshaav, *v.* dry in the sun (M)
zab tshaav kom dloog, *v.* tan (M)
zab tshaav ntuj, *v.* dry in the sun (M)
zab zuav, *adv.* uncomfortably; *-adj.* unsettled; unstable (see *ua zab ua zuav*)
zag, *clf.* 1. measure word for a group (e.g. *zag niam tub*); 2. measure word for song or saying (e.g. *zag lus*; *zag khawv txhiaj*); *-n.* 1. donkey; 2. old surname of the Moua clan; 3. given name for a boy or girl; 4. wife (e.g. *leej tab leej zag*); *-n.* 1. referring to certain noise or sound of jingling or rattling; 2. cricket; 3. time (see *zag nuav*) (M)
zag nuav, *adv.* now; at this time; at the present; currently (M)
zaig, *v.* cut thinly on the outer surface of something with a knife; make design; *-n.* 1. balloon (M); 2.

gallbladder (M); 3. big belly; fat stomach; *-adj.* puffy; inflated; bloated (M)
zaig plaab, *adj.* distended abdomen; big belly (M)
zais, *v.* conceal; hide; *-n.* 1. balloon; 2. gallbladder; 3. big belly; fat stomach; *-adj.* puffy; inflated; bloated
zais heev, *adj.* surreptitious; clandestine; stealthy; secret; sneaky; covert
zais npog, *v.* cover; conceal; hide; *-adj.* secret
zais npog heev, *adj.* secret; confidential
zais plaab, *adj.* distended abdomen; big belly (M)
zais plab, *adj.* distended abdomen; big belly
zais roj zais hneev, *adj.* 1. incognito; 2. disguised; 3. undercover; 4. secretly
zais roj zais neev, *adj.* 1. incognito; 2. disguised; 3. undercover; 4. secretly (M)
zais zig, *n.* gallbladder (M)
zais zis, *n.* gallbladder
zaj, *n.* 1. dragon; 2. rainbow; 3. idea; opinion; 4. saying; speech; poem; statement; *-clf.* measure word for speech or saying
zaj hau lus, *n.* topic; subject
zaj lus, *n.* sentence; statement; meaning
zaj ncauj lus, *n.* topic; subject
zaj npuas, *n.* a kind of wild animal having a body similar to a pig but nose and feet similar to a dog
zaj sawv, *n.* rainbow
zam, *v.* avoid; abstain; evade; shirk; dodge; pass; go around; yield; *-n.* clothing
zam kev, *v.* make way; clear the way; sidestep; sidle
zam txim, *v.* forgive; excuse; absolve; acquit
zam xeeb, *adj.* patient; humble
zas, *v.* dye; color; paint
zaub, *n.* vegetable
zaub ab, *n.* a kind of bitter vegetable (M)
zaub dawb, *n.* Chinese cabbage
zaub dlawb, *n.* Chinese cabbage (M)
zaub iab, *n.* a kind of bitter vegetable
zaub kib, *n.* stir fry; fried vegetable
zaub kig, *n.* poison ivy; nettles; stinging plant; oleander
zaub looj pwm, *n.* radish; carrot
zaub mos ntsev, *n.* pickled vegetable
zaub mov, *n.* food
zaub ntsuab, *n.* leafy cabbage; mustard greens
zaub nyuj qhuav, *n.* hay
zaub paaj, *n.* cauliflower (M)
zaub paj, *n.* cauliflower
zaub pos, *n.* sour pickled vegetable
zaub qaub, *n.* sour picked vegetable
zaub qhwv, *n.* cabbage
zaub quav nyab, *n.* hay
zaub tsib, *n.* pickled green vegetable
zaub tsuag, *n.* boiled vegetable without salt and oil
zaub txhwb, *n.* cilantro; parsley; Chinese parsley
zaug, *n.* times; multiplication; *-prep.* times; multiplied by
zaum, *v.* sit; *-n.* time (e.g. *zaum ib, zaum ob*, etc)
zaum i, *adv.* formerly; previously; before; in the past; former occasion
zaum ib, *adj.* first; *-n.* first time
zaum khooj ywb, *v.* squat; sit squatting on the heels; hunker
zaum no, *adv.* now; this time; at this moment
zaum ntua, *v.* sitting down
zaum nuav, *adv.* now; this time; at this moment (M)
zaum ob, *adj.* second; *-n.* second time
zaum tsawg, *v.* sit down (completely on the seat); sat down (M)
zaum tsaws, *v.* sit down (completely on the seat); sat down
zaus, *n.* 1. time (e.g. once, twice, etc.); 2. number; *-v.* deteriorate; losing energy or freshness
zauv, *n.* 1. number (new word by Song Lue Yang); 2. mathematics
zav, *n.* 1. a bridge of branches used by tree climbing animals; a place where two branches meet and used by monkeys as a bridge; 2. muscle joints (e.g. *tu tu zav*)
zaw, *adv.* unsteadily; shakily; unevenly (see *qaug zaw*)
zawg ziag, *n.* the sound of drizzling rain; *-adj.* drizzling

zawj, *adj*. dent; -*v*. 1. arrange (a marriage); 2. could; can (e.g. *nkag tsis zawj*); -*n*. depression; dent; dip
zawj poj niam, *v*. arrange a marriage
zawm, *v*. 1. tighten; tie; close; 2. strangle; choke; smother; -*adj*. tight
zawm caaj dlaab, *v*. smother; strangle; choke (M)
zawm caaj paas, *v*. smother; strangle; choke (M)
zawm caj dab, *v*. smother; strangle; choke
zawm caj pas, *v*. smother; strangle; choke
zaws, *v*. 1. massage; 2. strip off; take off; peel off; -*adv*. restricted post verbal intensifier (e.g. *zom zaws*)
zawv, *v*. 1. wash; wash with the hands; 2. defecate (see *zawv plab*)
zawv plaab, *v*. defecate; have diarrhea
zawv plab, *v*. defecate; have diarrhea
zawv zawg, *n*. sliding (down a hill)
ze, *prep*. near; close to; next to; by; -*adj*. close; near; -*adv*. nearby
zeb, *n*. 1. rock; 2. corn grinder; grindstone; 3. given name for both boy and girl
zeb ho, *n*. sharpening stone; whetstone
zeb hov rag, *n*. sharpening stone; whetstone (M)
zeb hov riam, *n*. sharpening stone; whetstone
zeb hu, *n*. sharpening stone; whetstone (M)
zeb huv rag, *n*. sharpening stone; whetstone (M)
zeb ntais, *n*. flint
zeb qaub, *n*. limestone
zeb toob txuab, *n*. a soft crumbly kind of rock
zeeg, *v*. fall; shed; -*n*. 1. round (e.g. one round of drink); 2. turn
zeeg cua, *n*. whirlwind; twister
zeeg muag, *n*. illusion; imagination
zeeg nplooj, *v*. shed leaves
zeej, *adj*. referring to human being (e.g. *peeb zeej* or *moj zeej*)
zeem, *v*. 1. admit; 2. acknowledge; recognize; acquiesce; 3. surrender; give up; give in
zeem muag, *n*. vision
zeem tsam, *v*. appreciate; to be grateful
zeg, *n*. 1. paddy field; 2. nest; -*clf*. measure word for paddy field and egg
zeg dlaav, *n*. aerie; nest of eagle or hawk (M)
zeg laj, *n*. paddy field (M)
zeg noog, *n*. bird nest (M)
zeg taws, *v*. light the fire (M)
zeg liaj, *n*. paddy field
zej, *n*. village; town (e.g. *lub zej lub zos*)
zej tsoom, *pron*. everybody; all people
zej zog, *n*. village (also see *zej zos*)
zej zos, *n*. village (also see *zej zog*)
zem zuag, *adv*. 1. dimly; hazily; darkly; 2. restricted post verbal intensifier (e.g. *pom zem zuag*)
zes, *v*. 1. light; set fire on; 2. tease; bother; pester; 3. provoke; 4. harry; -*n*. 1. nest; 2. paddy rice field
zes dav, *n*. 1. aerie; nest of eagle or hawk; 2. messy hair; uncombed hair
zes liaj, *n*. 1. paddy field; 2. aerie; nest of falcon
zes noog, *n*. bird nest
zes taws, *v*. light the fire
zev, *n*. sound of pigs or animals
zia, *n*. sticky sap used to trap birds; glue
ziab, *v*. dry; dry in the sun
ziab tshav, *v*. dry in the sun
ziab tshav kom doog, *v*. tan
ziab tshav ntuj, *v*. dry in the sun
ziag, *n*. 1. referring to certain noise or sound of jingling or rattling; 2. cricket (tone change from *ziam*); 3. time (see *ziag no*)
ziag no, *adv*. now; at this time; at the present; currently (also see *zaug no* or *zaum no*)
ziam, *n*. cricket (often used with *kab*)
zias, *v*. 1. hold on to; 2. pull into; -*adv*. 1. deliberately; 2. unexpectedly
ziav, *n*. 1. a bridge of branches used by tree climbing animals; a place where two branches meet and used by monkeys as a bridge; 2. muscle joints (e.g. *tu tu ziav*)
zib, *n*. honey; syrup
zib mu, *n*. honey (tone change from *zib muv*)
zib muv, *n*. honey
zib ntaab, *n*. honey (M)
zib ntab, *n*. honey
zig, *v*. 1. winnow; separate the rice

from the chaff; 2. coerce; drag; pull (M); *-n.* urine (M); *-adj.* bent; not straight (M)

zig txhuv, *v.* separate out the light particles from the beaten rice by circular shaking it in the winnowing tray

zig zuag, *n.* sound of rain drops

zij, *v.* coerce; drag; pull (a wife); *-adj.* bent; not straight; slanted

zij poj niam, *v.* force a girl to a marriage by pulling her or carrying her home, a tradition of the Hmong that has been eliminated

zim txwv, *n.* era; epoch; period; time; age

zis, *n.* urine

zis lav, *v.* urinate on bed

ziv zev, *n.* sound of pig cry

zob, *v.* shave; smooth (referring to craftsmanship)

zob xub, *v.* make arrow

zog, *n.* 1. strength; power; ability; energy; force; vigor; 2. motion; movement; 3. resource; *-adv.* restricted post verbal intensifier (e.g. *zuav zog*)

zoj, *v.* tighten; bind; tie; *-adv.* referring an action that could not be continued consistently (e.g. *pw zoj; noj zoj; ua zoj ub ua zoj no*, etc)

zoj zeeg, *adv.* quickly; hurriedly; *-adv.* restricted post verbal intensifier

zom, *v.* 1. grind; 2. chew; *-adj.* muddy

zom hniav, *v.* grind the teeth together; gnash the teeth

zom zaws, *adv.* 1. carelessly; unmindfully; 2. restricted post verbal intensifier

zom zom, *adj.* muddy; very muddy

zoo, *adj.* good; nice; beautiful; great; -*n.* given name for a boy

zoo dlua, *adj.* better; better than

zoo dua, *adj.* better; better than

zoo heev, *adj.* terrific; excellent; great; wonderful; marvelous; super; remarkable

zoo hlub, *adj.* lovely; adorable

zoo ib yaam, *adj.* similar; same (M)

zoo ib yam, *adj.* similar; same

zooj, *adj.* soft; malleable; flexible

zoo kawg nkaus, *adj.* best; most; excellent

zoo neeg, *n.* good person

zoo neej, *adj.* well-off; well to do; wealthy

zoo nkauj, *adj.* beautiful; pretty; gorgeous; attractive

zoo nkauj heev, *adj.* gorgeous; attractive; beautiful; pretty

zoo nraug, *adj.* handsome

zoo ntxim nyiam, *adj.* lovely; adorable

zoo rov los, *v.* recuperate; *-adj.* recovered

zoo rov lug, *v.* recuperate; *-adj.* recovered (M)

zoo sab, *adj.* happy; pleased; *-v.* rejoin; thrill; titillate (M)

zoo siab, *adj.* happy; pleased; *-v.* rejoin; thrill; titillate

zoo siab heev, *v.* titillate

zoo sib npaug, *adj.* equally good

zoo sib xws, *adj.* similar; same

zoo sis npaug, *adj.* equally good (M)

zoo sis xws, *adj.* similar; same (M)

zoo tib yam, *adj.* same; *-adv.* exactly

zoo tshaaj, *adj.* best; most; excellent (M)

zoo tshaaj plawg, *adj.* best; most; excellent (M)

zoo tshaj, *adj.* best; most; excellent

zoo tshaj plaws, *adj.* best; most; excellent

zoo tsis cuag, *adj.* not as good

zoo tuab yaam, *adj.* same; *-adv.* exactly (M)

zoov, *n.* 1. forest; jungle; 2. given name of a boy

zoov dlub, *n.* wild jungle; black jungle; uninhabited jungle (M)

zoov dub, *n.* wild jungle; black jungle; uninhabited jungle

zoov ntsuab, *n.* green jungle; wild jungle

zoov nuj txeeg, *n.* wild jungle; black jungle; uninhabited jungle

zoov nuj xab, *n.* wild jungle; black jungle; uninhabited jungle (M)

zoov nuj xiab, *n.* wild jungle; black jungle; uninhabited jungle

zos, *n.* town; village; *-adv.* 1. closely; 2. restricted post verbal intensifier (e.g. *zov zos*)

zov, *v.* watch; guard; tend; care for; look after

zov zos, *v.* watch closely; guard attentively

zuag, *n.* 1. comb; hatchel; 2. given name for a girl; *-adj.* pointed; sharp; *-v.* 1. collect; gather; 2. pull into; pull toward; drag into; 3. implicate; *-adv.* 1. dimly; hazily; fuzzily; 2. restricted post verbal intensifier (e.g. *tsaus zuag*)
zuag zog, *v.* collect; gather; grasp; grab without hesitation
zuag zuag, *adj.* sharp; pointed
zuaj, *v.* 1. massage; rub; 2. squeeze
zuam, *n.* tick
zuav, *v.* collapse; break down; *-adj.* dented; collapsed
zuj, *adv.* referring to a slow and gradual action
zuj zis, *adv.* 1. aimlessly; 2. slowly; 3. restricted post verbal intensifier
zuj zuav, *adv.* 1. aimlessly; pointlessly; 2. slowly; 3. restricted post verbal intensifier
zuj zus, *adv.* 1. gradually; progressively; 2. post verbal intensifier
zum, *v.* 1. grind; 2. chew; *-adj.* muddy (M)
zum nav, *v.* grind the teeth together; gnash the teeth (M)
zum zawg, *adv.* 1. carelessly; unmindfully; 2. restricted post verbal intensifier (M)
zum zum, *adj.* muddy; very muddy (M)
zus, *n.* 1. degree; 2. progress
zuv, *v.* watch; guard; tend; care for; look after (M)
zuv zog, *v.* watch closely; guard attentively (M)
zwb zis, *adv.* shockingly; stumblingly; startlingly
zwj ceeb, *n.* 1. era; period; 2. circumstance; situation; condition
zwm, *v.* 1. place; put; 2. join; 3. belong to; 4. give up; surrender; submit; succumb
zwm thwv, *v.* go into the ground (referring to the spirit of a dying person)

APPENDIX ONE

Ntawv Hmoob (Hmong Writing)

Sau lus Hmoob mas yooj yim heev. Nws tsuas yog muab tus keeb, tus suab, thiab tus cim tso ua ke ces tau ib lo lus Hmoob lawm, xws li *kuv*. Tej thaum mas tsis tas siv tus cim nrog li, xws li *no*. Tej thaum mas tus suab xwb los kuj yog ib lo lus lawm, xws li *o*. Tej thaum ces tsuas yog muab tus cim ntxiv rau tus suab xwb yeej yog ib lo lus lawm thiab, xws li *ob*.

Writing Hmong words is simple. It is a matter of combining the consonant, vowel and ending with or without a tone marker, such as "kuv." Sometimes a vowel can stand alone as a word, and other times it needs only the tone marker. For example, "o" can be a word by itself, meaning swollen, and "ob" (vowel "o" with the tone marker "b") is also a word, meaning two.

Keeb (Consonant)

c	ch	d	dh	f	h	hl	hm	hml	hn	hny	k	kh
l	m	ml	n	nc	nch	nk	nkh	np	nph	npl	nplh	nq
nqh	nr	nrh	nt	nth	nts	ntsh	ntx	ntxh	ny	p	ph	pl
plh	q	qh	r	rh	s	t	th	ts	tsh	tx	txh	v
x	xy	y	z									

Cov Keeb Raws Suab As Kiv (Consonant Phonetic Guide)

Consonant	*As in*
c	*j* as in Beijing (Chinese Pin Ying)
ch	qiao (Chinese Pin Ying)
d	dog
dh	*dh*; aspirated *d*
f	five
h	hang
hl	*hl*; aspirated *l*
hm	*hm*; aspirated *m*
hml	*ml* blending into *h*
hn	*hn*; aspirated *n*
hny	aspirated *nual* (as of manual); *ny* blending into *h*
k	gong; guang (Chinese Pin Ying)
kh	kite
l	life
m	mother
ml	*m* blending into *l*
n	noon
nc	*n* blending into *c*

Cov Keeb Raws Suab As Kiv (Consonant Phonetic Guide) (cont.)

Consonant	*As in*
nch	*n* blending into *ch*; an aspirated *c*
nk	ĝ as in gun or finger
nkh	*n* blending into *k*
np	ball
nph	*np* blending into *h*
npl	*bl* as in emblem
nplh	*npl* blending into *h*
nq	nothing similar in English
nqh	nothing similar in English
nr	drink
nrh	*nr* blending into *h*
nt	endow
nth	*nt* blending into *h*
nts	*j* as in John
ntsh	*nts* blending into *h* or aspirated *nts*
ntx	nz; *n* blending into *tx*
ntxh	*nz* blending into h or aspirated *nz*
ny	manual
p	happy; unaspirated *p*
ph	Paul or part
pl	*pl* as in explode
plh	*pl* as in plane or play
q	nothing similar in English
qh	similar to *kh* but not exactly the same
r	nothing similar in English
rh	trough
s	shine or shoe
t	though
th	ton or talk
ts	Zhuang (Chinese Pin Ying)
tsh	check or cheese
tx	tz
txh	cai (Chinese Pin Ying)
v	van
x	see or sight
xy	xiang (Chinese Pin Ying)
y	young
z	azure

Suab (Vowel)

a ai au aw e ee i ia o oo u ua w

Cov Suab Raws Suab As Kiv (Vowel Phonetic Guide)

Vowel	*Sounds like*	*As in*
a	ah	father
ai	i	ice
au	ou	out
aw	er	her
e	ay	may
ee	eng	English
i	ee	see
ia	ia	California
o	aw	awful
oo	ong	song
u	oo	too
ua	ua	Suave
w	urn	turn (not exact but close)

Cim (Tone Markers)

b	d	g	j	m	s	v	–
ma**b**	ma**d**	ma**g**	ma**j**	ma**m**	ma**s**	ma**v**	ma–

Nyob hauv lus Hmoob mas lub suab hloov lub ntsiab ntawm lo lus li hauv qab no. Thov nco tseg tias tus cim suab *d* thiab *v* mas sib ze heev thiab yeej raug siv sib txuam mus mus los los.

In Hmong language, the tone changes the meaning of the word as shown below. Please note that "d" and "v" tones are very close and being used interchangeably.

ma, *part.* a particle indicating a question (as in *puas zoo ma?*)

mab, *n.* 1. a nationality in Asia; 2. given name for a girl; 3. civet; raccoon; *-adj.* fat; chubby

mad, no special meaning, just a sentence polisher similiar to *well* (e.g. *kheev lam yog kuv mad*)

mag, *v.* receive; face

maj, *v.* hurry; *-adj.* eager; anxious; *-n.* hemp; *-part.* exclamatory final particle

mam, *adv.* 1. then; 2. slowly

mas, *n.* given name for a boy; *-part.* particle indicating a slight pause in speech

mav, *-part.* particle indicating a doubt in speech (as in *kheev lam yog li mav!*)

Kev Sau Ntawv Hmoob (Writing Hmong)

Hmong	Consonant	Vowel	Tone marker	English
Kuv	k	u	v	I
Koj	k	o	j	You
Nyob zoo	ny z	o oo	b –	Hello
Noj mov	n m	o o	j v	Eat or Eat rice
Ua tsaug	– ts	ua au	– g	Thank you
Sib ntsib dua	s nts d	i i ua	b b –	See you again or Good bye

Cov Lus Hmoob Uas Siv Heev (Practical Hmong Phrases)

Like English, a simple Hmong sentence consists of a subject and a predicate.

To negate, *"tsis"* is used before the verb. *"Tsis"* means "no" or "not."

To ask a question, *"puas"* is mostly used before the verb except when the question deals with who, when, what, why, how and where.

Like Chinese, there are no suffixes, plurals and verb tenses in Hmong, which means that other words are used to complete the meaning of the sentence.

English	Hmong	Pronunciation
Hello.	Nyob zoo.	Nyaw zong.
You've come.	Koj tuaj los.	Gaw thua law.
Come in.	Los tsev.	Law zhay.
How are you doing?	Koj nyob li cas?	Gaw nyaw lee ĵa?
I'm doing fine.	Kuv nyob zoo.	Goo nyaw zong.
What is your name?	Koj lub npe hu li cas?	Gaw loo bay hoo lee ĵa?
My name is Tou.	Kuv lub npe hu ua Tub.	Goo loo bay hoo ua Thoo.
Where are you from?	Koj tuaj qhov twg tuaj?	Gaw thua khaw thurn thua?
I'm from Minnesota.	Kuv tuaj Mis Xaus Tas tuaj.	Goo thua Mee Sou Tha thua.
Where are you going?	Koj yuav mus qhov twg?	Gaw yua moo khaw thurn?
I'm going home.	Kuv yuav mus tsev.	Goo yua moo zhay.
Have you eaten?	Koj puas tau noj mov?	Gao pua thou naw maw?

Cov Lus Hmoob Uas Siv Heev (Practical Hmong Phrases) (cont.)

English	Hmong	Pronunciation
I've already eaten.	Kuv twb noj lawm.	Goo thurn naw ler.
I've not eaten.	Kuv tseem tsis tau noj.	Goo zheng zhee thou naw.
Have some fruit.	Noj txiv mas.	Naw tzee ma.
I have to go.	Kuv yuav tau mus.	Goo yua tou moo.
Why don't you stay longer?	Ua cas koj tsis nyob ntev me ntsis?	Ua ja gaw zhee nua-aw thay may jee?
I have a meeting.	Kuv muaj sib tham.	Goo mua shee ta.
See you again.	Sib ntsib dua.	Shee jee dua.
Good bye.	Mus zoo koj.	Moo zong gaw.
Thank you.	Ua tsaug.	Ua zhou.

Cov Cais Hom (Common Classifiers in Hmong)

Hmong	English
cev	suit of clothing
chav	room
chib	period of time
cuam	leaf or thatch tighten together to make roof
daim	flat piece; sheet; paper; leaf
dag	double arm's length; a measurement unit of double arm's length
daj	double arm's length; a measurement unit of double arm's length
diav	spoonful
hav	valley; field
hom	kind; sort
kab	pipeful of tobacco or opium
khob	cupful; basinful
kob	shower; rain; battle; war
kauj	coil
khawv	mouthful of tobacco or opium; mouthful of scolding
leej	person
lo	word
lub	hollow piece; something hollow; something bulky or round
meem	layer of cloth
nkawg	pair (tone change from nkawm)
nkawm	pair
nplooj	sheet; leaf; body organs as liver and lung
nqes	verse; phrase; stanza
nra	pack; load on the back
nrawb	exposure of film
nthwv	gust of wind; wave of water; fashion
ntiv	finger; toe; musical reed pipe
ntsug	portion or section of field or road
ntsuj	portion or section of field or road
ntu	period of time; length of time
ntwg	things carried on string or strip of bamboo
pab	group; flock
pawg	pile

Hmong	English
phab	page; wall
phau	book
phaum	fashion; trend; season
phiaj	set
phoov	handful
plag	field; plane; flat surface; level surface
pluaj	a rag of cloth; length of cloth
pluas	feast; meal
pob	round piece; lump; packet
qais	thread; skein of thread
rab	tool; knife; gun; spoon
rau	square of embroidery
re	stem of flower, leave, or fruit
rev	stem of flower, leave, or fruit
sab	side
taig	dish (tone change from *tais*)
tais	dish
tauv	cloud; cluster of fruit
tawb	bucket; bushel
teg	handful grasp of something
thaj	a performance of shamanism; patch of land or garden
thij	bunch of banana; stem ob banana
thoob	barrel; container; bucketful
thooj	piece/chunk; section of log; set of headband
tom	time; round; turn
tsab	letter
tshaj	spasm of sickness; an engagement of battle
tshooj	verse; stanza
tsig	round of cock crows; number of time one sleeps; a cycle of sleep
tsob	tree; plant
tsos	color
tsuag	bundle of flower
tug	whole; human; animal, etc
tus	whole; human; animal, etc
txaum	piece of cake; brew or batch of whisky
txhais	arm; hand; leg; feet
txoj	line; string; rope; thread
txwm	pair
xib	arrow
yag	length of firewood or bamboo (tone change from *yas*)
yam	kind; class
yas	length of firewood or bamboo
zaj	verse; phrase; stanza

APPENDIX TWO

Kev Cai Ntawv Hmoob (Hmong Grammar)

Kev cai ntawv Hmoob sib xws nrog rau ntawv As Kiv hais txog kev teeb kab lus thiab ho sib xws nrog rau ntawv Suav hais txog lub caij nyoog uas qhia tau los ntawm lo lus *ua* (verb). Tab sis lus Hmoob ho txawv lus As Kiv thiab lus Suav tib sis vim Hmoob cov *zoo cas* (adjective) thiab *ua* cas (adverb) mas feem ntau nyob rau tom qab ntawm lo lus lawv hloov ntsiab (modify). Hmoob muaj yuav luag txhua yam kev cai ntawv li lwm haiv neeg.

Hmong grammar is similar to English in terms of sentence structure and to Chinese in terms of verb tenses. Hmong, however, is different from both English and Chinese because most of Hmong adjective and adverb come after the word they modify, not before. Hmong does have all of the major parts of speech.

Hmong		**English**
npe	=	noun
luag	=	pronoun
ua	=	verb
zoo cas	=	adjective
ua cas	=	adverb
txuas	=	conjunction
twg	=	preposition
nthe	=	interjection

Npe (Noun)

Npe (noun) yog tej npe neeg, npe chaw, thiab npe khoom xws li Nyiaj Npliam Xyooj, Tooj Kub Lis, Looj Ceeb, Moos Cab, nyuj, twm, thiab lwm yam. Saib piv txwv hauv qab no.

> *Tub Yaj* tua noog noj txiv nyob saum *Roob Kub Twm.*
> *Paj Tawg Lag* yog ib lub zos Hmoob zoo nkauj heev.
> *Kev hu nkauj* yog ib yam uas Hmoob muaj peev xwm heev.

Luag (Pronoun)

Luag (pronoun) yog lo lus hloov tus *npe* ntawm lub npe neeg, npe chaw, los yog npe khoom. Lo lus *luag* no raug xaiv los sawv cev lo lus As Kiv *pronoun* vim tias *luag* yog ib lo lus dav dav uas sawv cev tau rau *koj, kuv, nws, peb, nej, lawv* thiab lwm yam thib si. Cov *luag* muaj xws li: *koj, kuv, nws, peb, nej, lawv, nws li, kuv li, koj li, peb li, lawv li, txhua txhua leej, txhua txhua tus, suav daws, tag nrho, feem ntau, ntau ntau, ob peb, tej txhia, tej yam, qee leej, leej twg, qhov twg, qhov no, qhov tod, dab tsi,* thiab lwm lo lus. Saib piv txwv hauv qab no.

Peb nrog *lawv* noj peb caug lom zem heev.
Txhua txhua leej nyiam hnav khaub ncaws Hmoob.
Lawv yog Hmoob Dawb.
Leej twg yog tus coj?

Hmoob tsis muaj lo lus ***nws*** cais rau tus txiv neej, tus poj niam, thiab tus tsiaj. *(Hmong has only one third person pronoun, nws, that takes the place of he, she, and it).*

Hmong	**English**
kuv	I, me
koj	you (singular only)
neb	you (two persons only)
nej	you (three persons or more)
nws	he, him, she, her, it, its
peb	we, us
lawv	they, them

Ua (Verb)

Ua (verb) yog lo lus qhia txog txoj kev ua los yog qhia txog qhov txheej txheem. Txawv kev cai ntawv Mes Kas, lus Hmoob mas tib lo *ua* (verb) xwb qhia tsis tau tias ntau los tsawg, ua ntej los ua qab, thiab yog thaum twg lawm; tab sis zoo ib yam li lus Suav, lus Hmoob muaj lwm lo lus los hais kom to taub tib yam nkaus. Saib piv txwv nyob hauv qab no.

Ua dhau los lawm (past tense)
Dhau li txoj kev qhia kiag lub caij nyoog, ob lo lus, *twb* thiab *lawm*, qhia tias nws twb dhau los lawm.

Koj *twb* noj mov *lawm* los tsis tau?
Kuv *twb* noj *lawm.*

Lawv mus *lawm* los tsis tau?
Lawv *twb* mus *lawm.*

Nws puas tseem nyob?
Nws tuag *lawm.*

Tab tom ua (present tense)
Yog tam sij no, Hmoob siv lo lus *tab tom* los yog *sam sim* los qhia tias yog lub caij nyoog tam sij no. Tej thaum kuj tsis tas siv ob lo lus no los suav daws yeej to taub tias yog hais txog lub caij tam sij no, los yog hais txog niaj hnub niam no.

Peb *tab tom* noj tshais.
Lawv *sam sim ncaws* pob.
Ywj Pheej *tab tom* piav txog Hmoob keeb kwm rau ib pab me nyuam kawm ntawv mloog.
Hmoob *nyiam* kwv tij neej tsa heev.
Peb *noj* mov txua nrog nqaij qaib.

Yuav ua (future tense)
Lo lus *yuav* qhia tias nws tseem yog lwm lub caij nyoog los yog lwm hnub uas tseem tsis tau txog, los yog tsis tau ua.

Koj *yuav* mus qhov twg?
Kuv *yuav* mus ncig ua si nyob rau teb chaws Suav.
Lawv *yuav* tuaj nrog peb sib tham txog Hmoob lub neej.
Hmoob *yuav* txawj hlub Hmoob mus zuj zus.

Zoo Cas (Adjective)

Zoo cas hloov lub ntsiab lus ntawm cov *npe* (noun) thiab *luag* (pronoun) kom meej, kom khov, thiab kom tseeb dua. Nco ntsoov tias lus Hmoob mas feem ntau lo lus *zoo cas* nyob rau tom qab ntawm cov *npe* thiab *luag*. Piv txwv, nws muaj ib lub kaus *liab* (qhia tias lub kaus yog tsos liab). Caub Fab yog neeg *zoo* (qhia tias Caub Fab yog neeg zoo li cas). Hmoob nyiam noj mov *txua* (qhia tias hom mov Hmoob noj yog txua, tsis yog nplaum). Nplog liab siab *phem heev* rau Hmoob (*phem* qhia tias Nplog liab lub siab tsis zoo; *heev* hloov lub ntsiab ntawm lo lus phem tias nws tsis yog phem tsiam tsawv xwb tab sis yog phem heev).

Zoo cas (adjective) teb cov lus nug xws li: Ntau paum cas? Hom twg? Dab tsi?

Ntau paum cas?
tsib kwv tij
kaum duas las
ntau ntau tus kwv tij

Hom twg?
noog *liab*
qhov *tseeb*
ntxhais *zoo nkauj*

Dab tsi?
Kev ncig teb chaws *zaum no*.
Leej twg lub kawm?
Nws phau ntawv.

Ua Cas (Adverb)

Ua cas (adverb) hloov lub ntsiab ntawm lo lus *ua* (verb), lo lus *zoo cas* (adjective), thiab lwm lo lus *ua cas* (adverb) kom meej, kom khov, thiab kom tseeb dua. Piv txwv, Hmoob tua phom *ncaj heev* (qhia txog lo lus *tua* tias Hmoob tua phom li cas). *Ua cas* teb cov lus nug xws li: Ua li cas? Thaum twg? Qhov twg? Pes tsawg?

Ua li cas?
Lawv mus *ceev ceev.*
Nws kiv *rov qab.*
Nws quaj *nrov heev.*

Thaum twg?
Peb tuaj txog *nag hmo.*
Hmoob khiav *xyoo 1975.*
Nws tuag *thaum koj muaj tsib xyoos.*

Qhov twg?
Lawv mus *tsev.*
Peb noj mov *nyob tom khw.*
Nws nyob *Hmoob teb.*

Pes tsawg?
Peb zoo siab *me me* xwb.
Nws noj *ntau heev.*
Lawv muag *kim heev.*

Twg (Preposition)

Twg (preposition) muab lo lus *npe* (noun) thiab *luag* (pronoun) txuas nrog lwm lo lus nyob hauv kab lus kom lawv muaj kev sib dhos los yog nkag kis. Piv txwv, Nraug Oo taug kev *rau tom* tsev kawm ntawv (txuas *taug kev* thiab *tsev kawm ntawv* ua ke). Nws rov los *nrog* lawv (txuas *rov los* thiab *lawv* ua ke).

Cov lo lus *twg* (preposition) uas siv heev yog cov ntawm no:

Hmong	English
dhau	off, over
haud, hauv qab	beneath; under
haud, nyob hauv	in
hauv qab	below, under
hla	past, through
ib sab	beside
los ntawm	by, from, through
ncaj, haum	on
nce	up
nqes	down
nrog	with
nruab nrab	between
ntawm	at, of
ntsig txog	about
qab, tom qab	behind
rau ntawm	among, between

Twg (Preposition) (cont.)

Hmong	English
sab hauv	in
sab hauv qab	beneath
rau	for, to
saud	above
saum	on
saum toj	above
tawm	out
thaj tsam	about
thaum, ncua caij nyoog	during
tshaj, dhau	over
tshwj	except
txog	about, of
tsis nrog	without
ua ntej	before
ze	near
zoo li	like

Txuas (Conjunction)

Txuas (conjunction) muab tej lo lus, tej kab lus, los yog tej tog lus sib txuas ua ke. Cov lo lus *txuas* no muaj xws li: *thiab* (and), *tab sis* (but), *rau* (for), *tsis yog* (nor), *los yog* (or), thiab *tiam sis* (yet). Nws tseem muaj cov *txuas* zoo li no thiab: *raws nraim* (accordingly), *kuj* (also), *li cas los xij peem* (however), *tseeb tiag* (indeed), *tiam sis* (nevertheless), *tseem* (still), *dhau li ntawd* (besides), *ntxiv mus* (furthermore), *lub caij no* (meanwhile), *dhau no mus* (moreover), *tom qab ntawd* (then), *yog li ntawd* (therefore) thiab *li ces* (hence, thus). Saib piv txwv hauv qab no.

> Peb muaj miv dub *thiab* dawb.
> Nws nrog lawv ua ke tuaj rau Thaib teb *tab sis* nws tsis yog Hmoob.
> Kuv pom zoo, *tsuas yog* ib nyuag txhawj xeeb xwb.
>
> Txog caij peb mus lawm; *li ntawd,* peb mam li rov sib ntsib dua.
> *Dhau no mus,* kuv thov ua tsaug rau ib tsoom kwv tij Hmoob uas tau txhawb nqa Hmong ABC los tau ntau xyoo.

Nws kuj muaj cov lus *txuas* uas yog ntau lo ua ke li cov no thiab. *Tiag tiag* (in fact), *thaum ntxov* (in the first place), *nyob rau lub caij no* (in the meantime), *rau qhov laj thawj ntawd* (for that reason), *txawv qhov ntawd* (on the contrary), thiab *nyob rau lwm sab* (on the other hand).

Nthe (Interjection)

Nthe (interjection) yog ib lo lus uas hais tau nchav los yog nthe nrov heev vim zoo siab heev los yog chim siab heev, tab sis nws tsis muaj kev sib khi nrog rau kab lus li. Cov lus *nthe* no muaj xws li: *Auj!* (Oh!), *Heb!* (Hey!), *Vuag!* (Whoa!), *Ub os!* (Ouch!), *Haj haj!* (Ha, ha!)

Tej lo lus no los kuj siv ua tau lus nthe thiab: *Ntuj aws!* (Heavens!), *Zoo heev!* (Good!), thiab *Tsov tom ruam!* (Idiot!)

APPENDIX THREE

Quag Ntawv (Punctuation)

Kev sau ntawv cais kom muaj quag yog ib yam tseem ceeb heev uas yuav ua kom tus neeg nyeem to taub tus sau cov ntsiab lus meej thiab txhob to taub yuam kev. Quag ntawv (punctuation) muaj ntau tus cim xws li *cim xaus* (.), *cim nres* (,), *cim cais* (;), *cim nug* (?), *cim nthe* (!), *cim teev* (:), *cim kab* (—), *cim quas* [( )], *cim ntxiv* ([ ]), *cim qog* (" "), *cim kes* (-), *cim kem xis* (/), *cim qiag* (...), thiab lwm yam.

Punctuation is an adaptation from English; therefore, there is not necessary to translate the following into English.

Cim Xaus (.)

Cim xaus (.) yog ib tus cim tseem ceeb ntawm kev sau ntawv. Nws nyob kiag rau tom qab ntawm kab lus sau mus kawg kiag uas qhia tias kab lus los xaus lawm. Piv txwv, Txiv Yawg yog Hmoob ib tus huab *tais*. Tus cim (.) tso kiag rau tom qab lo lus tais. Nws kuj raug siv nyob rau ntau ntau qhov chaw li cov piv txwv hauv qab no.

Gen. Vang Pao

Mr. Lee Lue

Dr. Yang Dao

15.5%	75.5º	$7.95				
A.M.	P.M.	Mrs.	Ave.	etc.	J.F.K.	F.D.R.
B.A.	B.S.N.	M.A.	Ph.D.			

Cim Ncia (,)

Tus *cim ncia* (,) no feem ntau qhia kom ncia zog mam rov nyeem mus ntxiv. Tus *cim ncia* no kuj pib, cais, thiab kaw zaj lus. Saib piv txwv nyob hauv qab no.

Lis Lwm hais, "Kuv yuav tsum pab nqa lub teb lub chaw peb Hmoob thiaj tsis raug kev txom nyem."

Lis Lwm yog xib fwb qhia ntawv, thiab yog ib tus kws tsav dav hlau tua rog. Nws siab tawv, muaj peev xwm, thiab siab dawb heev.

Lis Lwm, yog ib tus Hmoob nyob Nplog teb, caij dav hlau T-28 tua ntau tshaj 5,000 tawm fij ua ntej nws raug txais poob nyob rau lub Xya hli 11, 1969.

1,000

10,000

$1,000,000

Cim Nug (?)

Tus *cim nug* (?) mas nyob rau tom qab ntawm cov lus nug feem ntau. Muaj tej zaj lus nug kuj tsis siv tus *cim nug* thiab. Saib cov piv txwv hauv qab no.

Koj lub npe hu li cas?
Koj puas paub lus Hmoob?
Nej lub zos no hu li cas?

Cov lus nug uas tsis siv tus *cim nug* mas yog cov zoo li no.

Nws nug kuv tias saib kuv puas tau ua tiav kuv daim nkauj.
Lawv nug saib kuv puas tau muaj poj niam.
Thov koj pab muab kuv lub hnab rau kuv yom.

Cov lus nug uas hais nchav thiab muaj tus cim nthe li hauv qab no kuj tsis rau *cim nug* rau tom qab thiab.

Ua cas koj yuav ua li!
Ua cas koj yuav phem ua luaj!

Thaum tsis nco qab meej txog qhov tseeb lawm, tus *cim nug* kuj raug muab tso rau nruab nrab ntawm tus *cim quas* (?) li no.

Hmoob khiav Tuam Tshoj los rau Xov Tshoj yog xyoo 1800(?).
Nws muaj 65,000(?) tus Hmoob nyob rau Mis Nis Xaus Tas.
Nom Tooj Yaj(?) yog tus tua Niam Ntawv Shoob Lwj Yaj.

Cim Nthe (!)

Cim nthe (!) mas ntxiv kuab (los yog hwj chim) rau tej lo lus los yog tej kab lus xws li hauv qab no.

Tawm khiav mus!

Txhob tua!

Niag tsov tom!

Ub os!

Vuag! Zoo nkauj ua luaj li.

Cim Teev (:)

Cim teev (:) muaj ob lub luag hauj lwm nyob hauv quag ntawv. Nws teev lus thiab cais lus li cov piv txwv hauv qab no.

Cim teev (:) siv teev lus
Huab Tais Swv Xab Pov hu seev yees: "Kuv nqua zaj nkauj no ncaim kwv luag, xws kwv huam piav ob tsob ntoo tsis muaj ntsuag. Ceg sib qiab nplooj sib roos, hlawv kug tsheej tshauv pa nce ntuj kag mam rov sib loos."

Huab Tais Vwj Paj Yias teb ntxhe yees: "Kuv hu zaj me nkauj xa kuv npawg, xyoob nyob nruab vaj cag sib txuas zawv. Kav xyoob nplooj xyoob ntsuab thawm xyoo, txiav tas xyoob laus ntsuag xyoob mam hlob mos nyoos."

Lub khw Hmong ABC muaj ntau yam khoom: phau ntawv, mauv vim txog keeb kwm Hmoob, duab, paj ntaub, tsoos tsho, thiab lwm yam.

Cim teev (:) siv cais lus
8:30 A.M. 5:45 P.M. 12:00 P.M.

Dust of Life: A True Ban Vinai Love Story by Dr. Gary Y. Lee
The Hmong: Journey From a Secret War by Tim Pfaff
The Root & the Fruit: Hmong Identity by Dr. Pao Saykao

St. Paul, MN: Hmongland Publishing
New York: St. Martin's Press

Hawm txog yawg hlob Yaj Sim Lwj:
Dear Mr. Xiong:
Dear Dr. Thao:

Matthew 12:4
Ezekiel 10:5

Cim Cais (;)

Cim cais (;) txoj hauj lwm yog cais cov kab lus uas yeej hais los yog sau tau txwm txwm lawm tab sis cov kab lus no kuj sib txheeb ze vim lawv puav leej tham txog tib yam ncauj lus. Saib piv txwv hauv qab no.

Lwm tus mas lawv pom tias Hmoob yuav tsis muaj peev xwm ua tau ib haiv neeg; kuv ho pom tias peb Hmoob muaj peev xwm ua tau ib haiv neeg thiab ua tau txhua yam yog tias Hmoob tsis yog Hmoob tus yeeb ncuab lawm.

Peb Hmoob yuav tsum sib hlub; peb thiaj muaj neej nrog luag pej kum haiv ua.

Nws siab phem rau nws tus txiv heev; thaum kawg, nws tus txiv thiaj ua ib siab muab nws nrauj lawm.

Nws ua hauj lwm txhua hnub; tab sis, nws tseem kawm ntawv yav tsaus ntuj tib si.

Hmoob muaj koom haum Tsev Neeg Hmoob nyob rau St. Paul, MN; Milwaukee, WI; thiab Fresno, CA.

Cim Kab (—)

Cim kab (—) siv rau plaub txoj hauj lwm: pib zaj lus, cais lus los yog quas lus, thaiv lus, thiab xaus lus. Dhau li no, *cim kab* (—) kuj siv qhia tias tus tsiaj ntawv, lo lus, los yog kab lus ntawd raug tshem tawm lawm. Saib piv txwv hauv qab no.

> "Txhob tos lub ntuj pab Hmoob; txhob tos lwm teb chaws pab Hmoob; peb Hmoob yuav tsum tau pab peb Hmoob." — Nyiaj Npliam Xyooj
>
> Lub 5 Hlis 14, 1975 — hnub Hmoob poob teb chaws hauv lub teb chaws Nplog — yog ib hnub tu siab heev uas me nyuam Hmoob yuav nco ntsoov mus ib txhis.
>
> Xyoo 1978 kuv nyob Thaib teb — auj tsis yog, kuv tseem nyob rau Roob Phu Npiab pab tiv thaiv ib tsoom kwv tij neej tsa Hmoob los ntawm tus Nplog liab.
>
> Niag tsov — phem.
>
> Kuv ua tub rog Caub Fab 1975 — 1978.

Cim Quas [( )]

Thaum tsis zoo muab lwm tus cim los quas ib cov lus tawm ntawm zaj lus, tus *cim quas* [( )] yog tus coj los quas. Feem ntau mas cov lus nyob hauv tus *cim quas* tsis muaj txheeb ze nrog rau zaj lus los yog kab lus ntawd li, thiab yuav muab tsis tau cov lus nyob hauv *cim quas* coj los hais rau tom ntej tom qab ntawm zaj lus los yog kab lus ntawd. Saib piv txwv hauv qab no.

> Teb chaws Suav (Hmoob nyob coob heev) yog ib lub teb chaws uas tab tom muaj kev vam meej loj hlob sai heev.
>
> Phau ntawv no yog ib phau uas tib neeg nyiam heev (saib *Hmong Book Review*; 12 Hlis 29, 1963, nplooj 42).
>
> (1).............. (2).............. (3)..............
>
> (a).............. (b).............. (c)..............

Cim Ntxiv ([ ])

Cim ntxiv ([ ]), zoo ib yam li tus cim quas, kuj siv quas lus nyob ntawm ib zaj lus los yog ib kab lus. Tab sis nws kuj tsis zoo li tus cim quas thiab, tus *cim ntxiv* no yog quas cov lus uas lwm tus neeg txhab ntxiv rau, tsis yog tus sau cov lus. *Cim ntxiv* mas feem ntau yog cov kws kho ntawv siv thaum lawv saib xyuas lwm tus neeg tej tswv yim es lawv ntxiv lus rau hauv tej kab lus kom meej dua qub. Saib piv txwv hauv qab no.

> Nws [Nai Phoo Vaj Pov] yog tus uas coj ib tsoom Hmoob tiv thaiv lub teb chaws Nplog kom txhob poob rau Nplog liab thiab Nyab laj liab tes nyob rau xyoo 1960 txog 1975.
>
> Ywj Pheej yog ib tus Hmoob [Dawb] uas hais tau lus Hmoob Ntsuab zoo heev kawg ib txhia kwv tij Hmoob twb xav tias nws yog Hmoob Ntsuab.
>
> Muaj 6,000 tawm tus Hmoob tau khiav [hauv Nplog teb] los rau Thaib teb [xyoo 2004-2006].

Cim Qog (“ ”)

Lub luag hauj lwm ntawm *cim qog* yog ntaus cim rau cov lus uas qev los yog qog los ntawm lwm tus neeg los yog los ntawm lwm phau ntawv. Saib piv txwv hauv qab no.

> Tej laus hais tias “Hla dej yuav hle khau; hla teb hla chaw yuav hle hau.”
>
> Saub Ntsuab Xwm hais, “Thaum mus npaum nyuj plaub; thaum rov npaum nyuj kub.”
>
> “Yog muaj qhov chaw thov, thiab yog thov tau,” Ywj Pheej Xyooj hais, “kuv yuav thov kom txhua txhua tiam kuv rov yug los ua ib tus Hmoob, vim kuv ntseeg tias qhov zoo tshaj ntawm Hmoob, qhov Hmoob ntshaw ntshaw tseem los tsis tau txog xwb.”

Cim Kes (-)

Cim kes (-) mas luv dua *cim kab* (—). *Cim kes* (-) mas siv txuas thiab cais lus. Nws txuas ob lo lus los ua ke xws li lo lus *mother-in-law*, *niam-txiv*, *caij-nyoog*, thiab lwm yam. Nws cais tej lo lus ntev ntev (xws li Thailand) ua ob ya vim thaum sau sau txog tom ntug nplooj ntawv ces tsis txaus sau lo lus ntawd tag nrho ua ke lawm ces yuav tau tso tus *cim kes* rau ntawm qab ntawm thawj yav lus (xws li Thai-) kom tus nyeem paub tias qhov txuas ntawm lo lus no (xws li -land) nyob rau kab ntawv hauv qab lawm.

Tus *cim kes* no kuj siv cais nab npawb li hauv qab no.

> (651) 293-0019
>
> (651) 338-7443
>
> S.S.#: 568-12-3456
>
> Account No. 4320-3588-9875

Cim Kem Xis (/)

Tus *cim kem xis* (/) no siv txo lus, kem lus thiab kem nab npawb yam tsis hloov lub ntsiab ntawm lo lus. Saib piv txwv hauv qab no.

Txo lus		
in care of	c/o	
credit note	c/n	
otherwise	o/w	
without	w/o	w/out
Kem caij nyoog		
12 hlis 29, 2963	12/29/63	
January 14, 1975	01/14/75	
Kem tuaj		
barrels per day	barrels/day	bbls/day
thawv tuaj ib hnub	thawv/hnub	thv/hb
mais tuaj ib teev	mais/teev	m/t

Cim qiag (…) muaj peb tus cim xaus nyob ua ke. Nws qhia tias muaj chaw qiag los yog khoob nyob rau ntu ntawm peb tus cim xaus ntawd vim yog muab rho tawm lawm. Tus *cim qiag* no mas siv nyob rau nruab nrab hauv tus *cim qog* (" ") xwb. Nws kuj siv nyob ua ntej kab lus, nyob hauv plawv, los yog nyob tom qab ntawm kab lus uas nyob hauv tus cim qog. Yog nyob tom qab kab lus ces nws muaj plaub tus cim xaus (…) vim lub cim xaus tom kawg nkaus yog lub qhia tias kab lus los xaus rau ntawd lawm. Saib piv txwv hauv qab no.

> Huab Tais Txiv Yawg hais, "…Hmoob yog ib haiv neeg siab ncaj thiab siab dawb heev."
>
> Huab Tais Lis Theeb Pov hais, "Yog tsob ntoo no ciaj thiab loj hlob…kuv cov Hmoob yuav loj hlob mus tib yam nkaus."
>
> Thawj hau rog Tsab Xyooj Mem hais rau ib tsoom kwv tij Hmoob tias "Muaj num kav tsij ua, muaj paj ntaub kav tsij nrhia, xyoo no kuv ncaim lawm tiag, lwm tiam kuv li rov los, txeeb liaj teb rau peb cog, tua teb tua chaw rau peb kav,…."

APPENDIX FOUR

Hmoob Cov Xeem (Hmong Clans)

Cov Hmoob nyob rau Xov Tshoj thiab nyob rau teb chaws Mes Kas no mas muaj 18 xeem raws li teev nyob hauv qab no. Nyob rau Tuam Tshoj los yog Suav teb mas Hmoob muaj ntau tshaj 18 xeem. Tej lub xeem mas tus sau li cas los muaj.

In Southeast Asia and in the United States, Hmong have 18 different kinship groups or clans as listed below. However, there are more than 18 groups or clans in China. Please note that there are some variations in spelling a clan.

1. Cha, Chang
2. Cheng
3. Chue, Chou, Tchou
4. Fang
5. Hang
6. Her, Herr, Heu
7. Kha; Khang
8. Kong, Song
9. Kue
10. Lee,* Ly
11. Lor, Lo, Lau, Lao
12. Moua, Mua
13. Pha, Phang
14. Thao,* Thor, Thaw, Tao
15. Vang,* Vangh, Va
16. Vue
17. Xiong,* Siong
18. Yang,* Yah, Ya

* Cov no yog cov xeem uas coob heev *(These are the clans with the most members).*

Cov Npe Hmoob Uas Siv Heev (Common Hmong Names)

Girl Names

English	Hmong	Meaning
Bao	Npaub	possible tone change from *Npauj*
Bao	Npauj	moth
Bee	Npib	coin
Blai	Nplhaib	ring
Blia	Nplias	1. a kind of ring; 2. a kind of fruit
Cha	Chav	room
Chai	Ntxhais	daughter; girl
Chao	Txos	stove
Chee	Cib	1. dust pan; 2. rice strainer; sieve
Chia	Txiab	scissors
Chou	Tsu	rice steamer
Chue	Tswb	1. bell; 2. a Hmong clan name
Coua	Cua	wind
Dao	Ntaub	fabric; cloth
Der	Dawb	white
Dia	Diav	spoon
Dou	Dub	black; dark
Foua	Fuab	cloud
Hlee, Hli	Hli	moon
Houa	Huab	cloud
Houa	Huas	1. preparation; 2. collecting
Ka	Kab	bug; insect
Kao	Kaus	umbrella
Ker	Kawm	1. back basket; 2. learning; education
Kia	Kiab	1. market; 2. good baby (not crying)
Kou	Kub	gold
Lee, Ly	Lig	1. spool; 2. lateness
Lia	Liag	sickle
Ia	Iab	1. fog; humidity; 2. zuchini
Ma	Mab	1. raccoon; 2. an ethnic group; 3. chubby
Mai, May	Maiv	daughter
May	Me	little; tiny
Nhia	Nyiaj	silver
Nou	Hnub, Nub	sun
Pa	Paj	flower
Plia	Pliab	flat
See, Se, Sy	Xis	right; right hand
Sheng	See	1. voice of song; 2. sack
Shoua	Sua	1. gathering; 2. Chinese girl
Song	Ntxoo	shadow, shade

Girl Names (continued)

English	Hmong	Meaning
Song	Ntxhoo	ceremony tree for new year
Sue	Xw	scooping raw rice out of the rice powerTa,
Tang	Tag	youngest daughter
Teng	Teem	short
Tia	Tiaj	field
Tong	Tooj	copper
True	Nrhus	meaning unknown
Va	Vab	winnowing tray or basket
Xia	Xia	blue
Xao	Xyo	small; tiny (C)
Xong	Ntxhoo	ceremony tree for new year
Yer	Ntxawm	youngest daughter
Yia	Yias	wok; pan
Ying	Yeeb	tobacco; opium
Yong	Ntxoo	shadow; shade
Youa	Zuag	comb
Youa	Ntsuab	green
You	Ntsum	meaning unknown
Za	Zag	1. horse; 2. dragon

Boy Names

English	Hmong	Meaning
Bee, By	Npis	cricket
Ber	Npawv	chubby; fat
Blai	Nplhaib	ring
Cha, Chang	Tsab	a Hmong clan name
Chai	Cai	rule; regulation
Chao, Chor	Txos	stove
Chao	Choj	bridge
Cheng	Tsheej	1. becoming; turning into; 2. a Hmong clan
Cheng	Ceeb	brightness (C)
Cher	Cawv	whiskey; wine; alcohol
Cher	Tsawb	banana tree
Chia	Txiab	scissors
Chia	Txhiaj	song; folk song
Chou	Tsu	rice steamer
Chue	Tswb	bell
Dao	Daus	ice
Dao	Ntaub	fabric; cloth

Boy Names (continued)

English	Hmong	Meaning
Der	Dawb	white
Fong	Foom	blessing
Fue	Fwj	glass bottle
Fue, Fu	Fwm	respect; honor
Ger	Ntxawg	youngest son
Her	Hawj	1. monkey; 2. a Hmong clan name
Houa	Huaj	magic; spiritual power
Houa	Huas	preparation
Hue	Hwj	glass bottle
Hue	Hwm	respect; honor
Ka	Kab	1. steel; 2. bug; 3. path; 4. line
Kao	Kaub	pan
Kao	Kaus	umbrella
Ker	Kawm	1. back basket; 2. education
Kong	Koob	1. needle; 2. popularity
Kou	Kub	gold
Koua	Kuam	split horn; spiritual horn
Lao	Hlau	metal
Lao	Lauj	1. left; 2. Lor clan; 3. hanger
Lee	Lis	1. cloth line; 2. Lee clan
Leng	Leej	1. line; edge; 2. person; 3. accuracy
Lia	Liab	1. monkey; 2. red
Long	Looj	1. putting on; 2. dragon (C)
Lor	Lauj	1. left; 2. hanger; 3. Lor clan
Lue	Lwm	1. work; job; 2. cycle; 4. second son (C)
Ma	Mas	horse (C)
Meng	Meej	1. reputation; 2. completeness
Na	Nas	mouse; squirrel
Neng	Neeb	shamanism
Nhia, Ngia	Nyiaj	silver
Nou	Nus	brother
Nter	Ntawv	1. script; writing script; 2. paper
Pha	Phaj	1. plate; 2. generation
Pha	Phab	1. side; 2. Pha clan
Pheng	Pheej	1. development; 2 continuity; permanence
Phia	Phiab	plate
Pao	Pov	1. lucky charm; amulet; 2. protection
Pao	Pos	1. leopard; cougar; 2. thorn
Sao	Xauv	necklace
Seng	Xeeb	1. conception, form; 2. wick; 3. heart (C)

Boy Names (continued)

English	Hmong	Meaning
Ser	Sawm	fate; destiny; fortune
Shee Yee	Siv Yis	first shaman; master shaman
Sia	Siab	1. tall; 2. liver; 3. heart
Soua	Suab	bengal; a kind of tiger
Soua	Suav	1. number; counting; 2. Chinese boy
Teng	Teeb	lamp
Teng	Teem	short
Thao	Thoj	Thao clan
Thong	Thoob	1. bucket; 2. through
Tong	Tooj	copper
Tou	Tub	son; boy
Toua	Tuam	1. big (C); 2. first son
Tria	Riam	knife
True	Rwg	1. the last son; 2. termite
Tza	Txam	chisel
Txia	Txhiaj	1. folk song; 2. wealth; money
Va	Vas	fishing net
Vang	Vaj	1. garden; 2. Vang clan; 2. king
Wa	Vam	1. prosperity; 2. hope
Xa	Xab	1. yeast; 2. third son (C)
Xai	Xais	name of Hmong legend Xeng Xai
Xai	Xaiv	1. choice; 2. selection; 3. news
Xee	Txhim	ink; paint; color
Xao, Sao	Xauv	necklace
Xeng	Xeeb	1. conception, form; 2. wick; 3. heart (C)
Xeng	Xyeem	meaning unknown
Xiong	Xyoob	bamboo
Xiong	Xyooj	1. bear; panda; 2. Xiong clan
Xoua	Ntxhuav	lion
Xue	Ntxhw	elephant
Xue	Xwm	1. news; 2. fourth son (C)
Ya, Yang	Yaj	1. sheep; 2. Yang clan; 3. scenery; sight
Ya	Yas	section (as of bamboo)
Yeng	Yeej	1. victory; 2. circle
Yia	Yias	wok; pan
Ying	Yeeb	1. tobacco; 2. opium
Za	Zaj	1. dragon; 2. verse or stanza

aunt	
father's older brother's wife	niam hlob; puj laug
father's sister (older or younger)	phauj; nyaaj
father's younger brother's wife	niam ntxawm; nam ntxawm
mother's sister (older or younger)	niam tais; nam tais; tais
mother's brother's wife (older or younger)	niam dab laug; tis dlaab
brother	
brother (older or younger) as called by sisters	nus; nug
older brother as called by younger brothers	tij laug
younger brother as called by older brothers	kwv
brother-in-law	
husband's older brother	txiv laus; txiv laug
husband's younger brother	lub npe (tuav npe)
older sister's husband as called by brothers	yawm yij
older sister's husband as called by sisters	txiv laus
wife's older brother	dab laug; dlaab laug
wife's older sister's husband	txiv laus
wife's younger brother	dab laug; dlaab laug
wife's younger sister's husband	txiv hluas
younger sister's husband as clled by brothers	yawm yij
younger sister's husband as called by sisters	txiv hluas
children	nyuam; me nyuam
daughter	ntxhais
daughter-in-law	nyab; neej (HC)
father	txiv
grandchild	ki; kiv (xeeb ntxwv is Chinese)
grandchildren	ki; kiv (xeeb ntxwv is Chinese)
grandfather on father's side	yawg; yawm
grandfather on mother's side	yawm txiv
grandmother on father's side	pog; pug; puj
grandmother on mother's side	niam tais; nam tais; tais
great grandfather on father's side	yawg koob; yawm koob
great grandfather on mother's side	yawm txiv laus; yawm txiv koob

great grandmother on father's side	pog koob; pug koob; puj koob
great grandmother on mother's side	niam tais laus; niam tais koob
great great grandfather on father's side	yawg suab; yawm suab
great great grandfather on mother's side	yawm txiv suab; yawm txiv suab
great great grandmother on father's side	pog suab; pug suab; puj suab
great great grandmother on mother's side	niam tais suab; nam tais suab
husband	tus txiv; quas yawg; qas yawg
mother	niam; nam
mother-in-law as called by daughter-in-law	niam; niam pog; nam puj
mother-in-law as called by son-in-law	niam; niam tais; nam; nam tais
nephew	ki; kiv (xeeb ntxwv is Chinese)
son of older brother	tij tub
son of younger brother	kwv tub
parents	niam txiv; niam thiab txiv; nam txiv; nam hab txiv
parents-in-law	niam tais yawm txiv; nam tais hab yawm txiv
sister	
sister as called by brothers (older or younger)	muam
sister as called by younger sister	viv; niam laus; nam laug
sister as called by older sister	ncaus; niam hluas; nam hluas
sisters	viv ncaus; viv ncaug
sister-in-law	
husband's sisters	muam; lub npe (tuav npe)
older brother's wife as called by brothers	niam tij; nam tij
older brother's wife as called sisters	nyab; tis nyab; tis nyaab
wife's older sister	niam laus; nam laug
wife's younger sister	niam hluas; nam hluas
younger brother's wife as called by brothers	niam ntxawm; niam ncaus; nam ntxawm; nam ncaus
younger brother's wife as called by sisters	nyab; tis nyab; tis nyaab
son	tub
son-in-law	vauv
uncle	
father's older brother	txiv hlob; laug
father's younger brother	txiv ntxawm
mother's brother (older or younger)	dab laug; txiv dlaab laug
wife	poj niam; qas puj; quas puj

Appendix Five

Hmoob Lub Neej Qub Ib Xyoos Puag Ncig (Traditional Hmong Work Cycle Throughout the Year)

HMONG	ENGLISH
Month One (Ib Hlis/Luav Hli)	**December**
noj peb caug (txog 10 hnub)	new year celebration (up to 10 days)
ntaus nplej	thresh rice
thauj nplej los tsev	carry rice home from the field
thauj pob kws los tsev	carry corn home from the field
hlais yeeb	harvest opium
Month Two (Ob Hlis/Zaj Hli)	**January**
hlais yeeb	harvest opium
npaj taus txuas	prepare farming tools
luaj teb ntov ntoo	clear field for cultivation
Month Three (Peb Hlis/Nab Hli)	**February**
luaj teb ntov ntoo	clear the field for cultivation
hlawv teb	burn the field
Month Four (4 Hlis/Nees Hli)	**March**
hlawv teb	burn the field (if started late)
cog pob kws	plant corn
cog dib cog taub	plant cucumber and pumpkin
cog qos	plant yam, yucca, potato
cog kab tsib	plant sugar cane
cog tsawb	plant banana tree
cog txiv poov luj	plant pineapple
ua tsev teb	build farm hut
Month Five (Tsib Hlis/Yaj Hli)	**April**
ua tsev teb	build farm hut
cog nplej	plant rice
cog dib cog taub	plant cucumber and pumpkin
nthua pob kws	weed corn field with hoe
Month Six (Rau Hli/Dev Hli)	**May**
laij liaj	plow paddy field
dob teb npleg	weed rice field
luaj pob kws	weed corn field by using corn knife to cut weeds
ua yub kab	grow paddy rice seedlings
khaib liaj	prepare paddy field for planting

Hmoob Lub Neej Qub Ib Xyoos Puag Ncig (Traditional Hmong Work Cycle Throughout the Year) (cont.)

HMONG	ENGLISH
Month Seven (Xya Hli/Qaib Hli)	**June**
las nplej	weed rice field the second time
cog liaj	plant paddy field
Month Eight (Yim Hli/Liab Hli)	**July**
luaj pob kws	weed corn field by using corn knife to cut weeds
luaj teb yeeb	prepare opium field
Month Nine (Cuaj Hli/Npua Hli)	**August**
las nplej	continue
nthua pob kws	continue
pob kws siav	corn ripening
muab nplej caug	harvest early rice
faus yeeb	bury dirt (continue)
tseb yeeb	plant opium
cog zaub	plant vegetables
Month Ten (Kaum Hli/Nas Hli)	**September**
faus yeeb	bury dirt (continue)
tseb yeeb	plant opium
ntais pob kws	harvest corn
thauj pob kws	carry corn home
Month Eleven (11 Hlis/Nyuj Hli)	**October**
hlais nplej	harvest rice; cut down rice
hlais liaj	harvest paddy rice field
pawv nplej	stack the rice into a pile
dob yeeb	weed opium field the second time
Month Twelve (12 Hlis/Tsov Hli)	**November**
hlais nplej	harvest rice; cut down rice
hlais liaj	harvest paddy rice field
pawv nplej	stack the rice into a pile
ntaus nplej	thresh rice
yaj nplej	winnow rice
thauj nplej	carry rice home or into the storage
thauj pob kws	carry corn home or into the storage
npaj tsiab peb caug	prepare for the new year celebration
lwm qaib and hu plig peb caug	new year ceremony of calling soul
noj tsiab peb caug	eat new year feast

APPENDIX SIX

Kev Ntsuas (Measurement Units)

LENGTH MEASUREMENTS (NTSUAS NTEV)			
1 inch	0.083 foot	2.54 centimeters	25.5 millimeters
1 foot	1/3 yard / 12 inches	30.48 centimeters	304.8 millimeters
1 yard	3 feet / 36 inches	91.44 centimeters	914.4 millimeters
1 mile	1.61 kilometer	1,760 yards	5,280 feet
1 meter	3.28 feet	1.09 yard	39.37 inches
1 kilometer	0.62 mile	1,093.61 yards	3,280.84 feet
AREA MEASUREMENTS (NTSUAS CHAW)			
1 hectare	2.477 acres	10,000 square meters	11,959.90 square yards
1 acre	0.40 hectare	4,046.86 square meters	4,840 square yards
1 square kilometer	0.386 square mile	1,000,000 square meters	1,195,990.05 square yards
1 mu	0.164 acre	7,175.940 square foot	0.000257 square mile
1 rai	0.395 368 61 acre	0.16 hectare / 1,600 square meter	17,222.256 square foot / 0.000617 square mile
LIQUID (FLUID OR VOLUME) MEASUREMENTS (NTSUAS KUA)			
1 teaspoon	0.17 ounce	1/3 tablespoon	5 ml
1 tablespoon	1/2 fluid ounce	3 teaspoons	15 ml, 15 cc
2 tablespoons	1 fluid ounce	1/8 cup, 6 teaspoons	30 ml, 30 cc
1 ounce	6 teaspoon	2 tablespoon	30 ml, 30 cc
1 cup	8 fluid ounces / 1/2 pint	16 tablespoons	237 ml/0.24 liter
2 cups	16 fluid ounces / 1 pint	32 tablespoons	473 ml
4 cups	32 fluid ounces	1 quart	946 ml
1 pint	16 fluid ounces / 1 pint	32 tablespoons	473 ml
2 pints	32 fluid ounces	1 quart	946 ml, 0.946 liters
8 pints	1 gallon	128 fluid ounces	3785 ml, 3.78 liters
4 quarts	1 gallon	128 fluid ounces	3785 ml, 3.78 liters
1 liter	0.26 gallon	1.057 quarts	1000 ml
1 gallon	3.785 liters / 4 quarts	128 fluid ounces / 8 pints	37.854 deciliters
DRY (WEIGHT) MEASUREMENTS (NTSUAS QHUAV)			
1 ounce	1/16 pound / 0.0625 pounds	28.35 grams	16 drams / 437.5 grains
16 ounces	1 pound	454 grams	
1 gram	0.035 ounces	0.0022 pounds	
1 kilogram	2.2 pounds	35.27 ounces	1,000 grams
1 pound	0.45 kilograms	453.59 grams	16 ounces / 7,000 grains
1 ton	2,000 pounds	907.18 kilograms	907,184.74 grams

TEMPERATURE CONVERSION (HLOOV KEV NTSUAS KUB NO)	
Fahrenheit to Celsius	**Celsius to Fahrenheit**
Subtract 32, Multiply by 5, Divide by 9	Multiply by 9, Divide by 5, Add 32

Appendix Seven

Lus Luv (Abbreviations)

Hauv qab no yog cov lus uas muab txiav tawm kom luv luv kom yooj yim rau tib neeg nco qab thiab siv. Piv txwv, lub npe luv luv ntawm lub koom haum *Asia-Hmong Development Organization* yog *ADO*. Lub npe luv ntawm lub khw *Hmong Arts, Books & Crafts* yog *Hmong ABC*.

AA Alcoholics Anonymous Administration; Anti-aircraft
A.A. Associate in Arts
AAA 1. Agricultural Adjustment Administration; 2. American Automobile Association; 3. anti-aircraft artillery
ABA American Bankers Association
abbr abbreviation
ABC 1. Alcoholic Beverage Control; 2. American Broadcasting Company
ABM antiballistic missile
ABS American Bible Society
AC alternating current
acad academic; academy
ACLU American Civil Liberties Union
ACP American College of Physicians
ACT 1. Action for Children's Television; 2. American College Test
AD in the year of our Lord
adj adjective
adv 1. adverb; 2. advertisement
advt advertisement
AF 1. air force; 2. audio frequency
AFDC Aid to Families with Dependent Children
AFL 1. American Federation of Labor; 2. American Football League
agric agricultural; agriculture
AHA 1. American Historical Association; 2. American Hospital Association
AHL American Hockey League
AK Alaska
aka also known as
AL, Ala Alabama
Alas Alaska
alg algebra
Alta Alberta
a.m., AM ante meridiem; before noon
Am, Amer America; American
Amex American Stock Exchange
amp ampere
amt amount
anc ancient
anon anonymous
ans answer
ant antonym
APO army post office
approx approximate; approximately
Apr April
apt 1. apartment; 2. aptitude
AR Arkansas
arith arithmetic
Ariz Arizona
Ark Arkansas
art 1. article; 2. artificial
ASAP as soon as possible
assn association
assoc associate; associated; association
asst assistant
ATM automated teller machine
att 1. attached; 2. attention; 3. attorney
attn attention
atty attorney
Atty. Gen. Attorney General
Aug August
auth 1. authentic; 2. author; 3. authorized
aux, auxil auxiliary
av avoirdupois
AV audiovisual
ave avenue
avg average
AYC American Youth Congress
AYD American Youth for Democracy
AZ Arizona
BA Baccalaureus Artium; bachelor of arts
bal balance
bar 1. barometer; 2. barrel
BBC British Broadcasting Corporation
bbl barrel; barrels
BC 1. before Christ; 2. British Columbia
BCE 1. before the Christian Era; 2. before the Common Era

bet between
biog biographer; biographical; biography
biol biologic; biological; biologist; biology
bldg building
blk 1. black; 2. block; 3. bulk
blvd boulevard
BO 1. backorder; 2. best offer; 3. body odor; 4. box office; 5. branch office
Brig. Gen. brigadier general
Brit Britain; British
bro brother; brothers
bros brothers
BS bachelor of science
BSA Boy Scouts of America
Btu British thermal unit
bu 1. bureau; 2. bushel
bx box
b.y. billion years
BYO bring your own
c 1. carat; 2. cent; 3. centimeter; 4. century; 5. chapter; 6. circa; 7. cup
C Celsius; centigrade
ca circa
CA, Cal, Calif California
C.A.F. cost and freight
Cal 1. calendar; 2. caliber; 3. calorie
Can, Canad Canada; Canadian
cap 1. capacity; 2. capital; capitalize; capitalized
Capt captain
cat catalogue
CB citizens band
CDT central daylight time
cen central
CEO, C.E.O. chief executive officer
cert certificate; certification; certified; certify
cf compare
chap chapter
chem Chemistry
chm 1. chairman; 2. check-mate
Chr 1. Christ; Christian; 2. Chronicles
CIA Central Intelligence Agency
cir 1. circle; 2. circuit; 3. circular; 4. circumference
civ civil; civilian
C.J. chief justice
cm centimeter
co 1. company; 2. county
CO Colorado
c/o care of
COD, C.O.D. cash on delivery; collect on delivery
col 1. colonial; colony; 2. color; colored; 3. column; 4. counsel
Col 1. colonel; 2. Colorado
Colo Colorado
comp 1. comparative; 2. compensation; 3. compiled; compiler; 4. composition; 5. compound; 6. comprehensive; 7. comptroller
cong congress; congressional
conj conjunction
Conn Connecticut
cont continued
contr contract; contraction
cop copyright
CORE Congress of Racial Equality
corp corporal; corporation
corr corrected; correction
COS, C.O.S. cash on shipment
cp 1. compare; 2. coupon
CPO chief petty officer
CPR cardiopulmonary resuscitation
CPS, C.P.S. certified professional secretary
Cpt captain
CPU central processing unit
CQ call to quarters
cr credit; creditor
C.R. Costa Rica
CSA Confederate States of America
CST Central standard time
ct 1. carat; 2. cent; 3. count; 4. court
CT 1. central time; 2. certified teacher; 3. Connecticut
cu cubic
cur 1. currency; 2. current
cvt convertible
cw clockwise
CWO chief warrant officer
c.w.o. cash with order
CY calendar year
cyl cylinder
CYO Catholic Youth Organization
CZ Canal Zone
d 1. dam; 2. date; 3. daughter; 4. day; 5. penny
D 1. December; 2. democrat; democratic; 3. deutrium
DA district attorney
DAB, D.A.B. Dictionary of American Biography

dag dekagram
DAH, D.A.H. Dictionary of American History
dal dekaliter
dam decameter
dbl double
DC 1. direct current; 2. District of Columbia
DD 1. demand draft; 2. dishonorable discharge
DDS 1. doctor of dental science; 2. doctor of dental surgery
DE Delaware
dec deceased; decrease
Dec December
deg degree
Del Delaware
Dem Democrat; Democratic
Den Denmark
dept department
des desert
det 1. detached; detachment; 2. detail; 3. determine
dev deviation
dg decigram
dia, diam diameter
diag 1. diagonal; 2. diagram
dict dictionary
dif, diff difference
dim 1. dimension; 2. diminished
dir director
disc discount
dist 1. distance; 2. district
div 1. divergence; 2. diversion; 3. divided; 4. dividend; 5. division; 6. divorced
dj dust jacket
DJ disc jockey
D.J. 1. district judge; 2. Doctor Juris
dl deciliter
DLO dead letter office
dm decimeter
DMD doctor of dental medicine
DMZ demilitarized zone
DOA dead on arrival
DOB date of birth
DOD Department of Defense
DOS disk operating system
doz dozen
DP data processing
DPH Department of Public Health
D.Ph Doctor of Philosophy
dpt 1. department; 2. deponent
DPT diphtheria, pertussis, tetanus
DPW Department of Public Works
dr 1. dram; 2. drive; 3. drum
Dr doctor
DSC, D.S.C. Distinguished Service Cross
DSM, D.S.M. Distinguished Service Medal
DSO, D.S.O. Distinguished Service Order
DST daylight saving time
DT, D.T. Doctor of Theology
DUI driving under the influence
dup duplicate
D.V.M. Doctor of Veterinary Medicine
DW 1. dead weight; 2. distilled water
D/W dock warrant
DWI driving while intoxicated
dwt pennyweight
dy 1. delivery; 2. duty
dz dozen
e 1. east; eastern; 2. electron; 3. excellent
ea each
Ec Ecuador
E.C. Established Church
ECCS emergency core cooling system
ECM European Common Market
ecol ecological; ecology
econ economics; economist; economy
ed 1. edition; 2. editor; 3. education
E.D. election district
edit 1. edition; 2. editor
EDP electronic data processing
EDT Eastern daylight time
educ education; educational
e.e. errors excepted
E.E. electrical engineer; electrical engineering
EEC European Economic Community
EENT, E.E.N.T. eye, ear, nose, and throat
EEO equal employment opportunity
eff efficiency
e.g. for example
EKG 1. electrocardiogram; 2. electrocardiograph
el elevation
elec electric; electrical; electricity
elem elementary
elev elevation
eng engine; engineer; engineering
Eng Eastern standard time

enl 1. enlarged; 2. enlisted
e.o.m. end of month
eq equal; equation; equivalent
E.Q. educational quotient
equip equipment
ER emergency room
Esk Eskimo
ESL English as a second language
esp especially
ET Eastern time
et al and others
etc et cetera
Eur Europe; European
ex 1. example; 2. express; 3. extra
exam examination
exc 1. excellent; 2. except; exception
Exc Excellency
exch exchange
excl 1. exclamation; 2. exclusive
exec executive; executor
exp 1. expenses; 2. experiment; experimental; 3. expiration; expired
expt experiment
exptl experimental
exr executor
ext 1. extension; 2. external; externally; 3. extinct; 4. extra; 5. extract
f 1. false; 2. female; feminine
F, Fah, Fahr Fahrenheit
FAA Federal Aviation Administration
FAO Food and Agriculture Organization
FAS Foreign Agricultural Service
F.B. 1. foreign body; 2. freight bill
FBA, F.B.A. Fellow of the British Academy
FBI, F.B.I. Federal Bureau of Investigation
FCA Farm Credit Administration
FCC Federal Communications Commission
FDA Food and Drug Administration
FDIC Federal Deposit Insurance Corporation
Feb February
fed federal; federation
fem female; feminine
FHA Federal Housing Administration
FHLBB Federal Home Loan Bank Board
FICA Federal Insurance Contributions Act
fict fiction; fictitious
FIFO first in, first out
FL, Fla Florida
fl oz fluid ounce
FM 1. field manual; 2. field marshal; 3. frequency modulation
fm fathom; from
FMB Federal Maritime Board
FMCS Federal Mediation and Conciliation Service
FNMA Federal National Mortgage Association
FO, F.O. 1. field officer; 2. field order; 3. finance officer; 4. Foreign Office
f.o.b., F.O.B. free on board
FPO fleet post office
fps feet per second
fr 1. father; 2. friar; 3. from
FRB Federal Reserve Board
Fri Friday
frt freight
FS 1. Foreign Service; 2. Forest Service
FSA Federal Security Agency
FSLIC Federal Savings and Loan Insurance Corporation
ft 1. feet; foot; 2. fort
FTA Future Teachers of America
FTC Federal Trade Commission
fut future
FWA Federal Works Agency
FWD Front-wheel drive
FX foreign exchange
FY fiscal year
FYI for your information
g gram
Ga, GA Georgia
G.A. general average
gal 1. gallery; 2. gallon
galv galvanized
GAO General Accounting Office
GATT General Agreement on Tariffs and Trade
GAW guaranteed annual wage
G.B. Great Britain
gen 1. gender; 2. general; generally; 3. generator; 4. generic; 5. genitive; 6. genus
genl general
geog geographer; geographic; geographical; geography
geol geologic; geological; geology
geom geometric; geometrical; geometry

Ger German; Germany
GHQ general headquarters
GI 1. gastrointestinal; 2. general issue; 3. Government Issue
gm gram
GM 1. general manager; 2. grand master
GMC General Motors Corporation
GMT Greenwich mean time
GNP gross national product
GO general order
GOP Grand Old Party (Republican)
gov government; governor
govt government
GP general practice; general practitioner
GPO 1. general post office; 2. Government Printing Office
g.p.s. gallons per second
GQ general quarters
Gr Greece; Greek
gr 1. grade; 2. grain; 3. gram
grad graduate; graduated
gram grammar; grammatical
gro gross
gr. wt. gross weight
GSA General Services Administration
GSUSA Girl Scouts of the United States of America
gt great
G.T.C. good till canceled
gtd guaranteed
GU Guam
h 1. hector-; 2. height; high; 3. hit; 4. hour
ha 1. hectare; 2. hour angle
hd head
HD 1. heavy-duty; 2. high-definition
hdbk handbook
hdkf handkerchief
hdqrs headquarters
hdwe hardware
HE high explosive
H.E. His Esminence; Her or His Excellency
Heb Hebrew
HEW Department of Health, Education, and Welfare
hex hexagon; hexagonal
hf 1. half; 2. high frequency
HF height finding
HGH human growth hormone
hgt height
hgwy highway
H.H. Her, or His, Highness; His Holiness
HHFA Housing and Home Finance Agency
HI Hawaii
HIAA Health Insurance Association of America
HID headache, insomnia, depression (syndrome)
H.I.H. Her, or His, Imperial Highness
HII Health Insurance Institute
H.I.M. Her, or His, Imperial Majesty
hist historian; historical; history
HLF Heart and Lung Foundation
hlt halt
hm hectometer
HMO 1. health maintenance organization; 2. heart minute output
HMT Hmoob Moj Them
ho house
hon honor; honorable; honorary
HOP high oxygen pressure
HOPE 1. Health Opportunity for People Everywhere; 2. Hmong Organization for the Promise of Enrichment (co-founded by Yuepheng Xiong in 1990 in Wausau, WI)
hor horizontal
hosp hospital
hp horsepower
HP high pressure
HPF highest possible frequency
HQ, h.q. headquarters
hr 1. here; 2. hour
H.R. House of Representatives
H.R.E. Holy Roman Emperor; Holy Roman Empire
H. Rept House report
H. Res House resolution
hrs hours
HS, H.S. high school
ht height
HT Hawaiian time
hts heights
HV 1. high velocity; 2. high voltage
hvy heavy
hwy highway
hypoth hypothesis
Hz hertz
i 1. intransitive; 2. island; 3. isle
Ia, IA Iowa

IAP international airport
ICBM international ballistic missile
ICC 1. Indian Claims Commission; 2. Interstate Commerce Commission
ICFTU international Confederation of Free Trade Unions
ICR Institute for Cancer Research
ICU intensive care unit
ID 1. Idaho; 2. identification
i.e. that is
IFC International Finance Corporation
IFF identification, friend, or foe
IFO identified flying object
IG, I.G. inspector general
IL, Ill Illinois
ILO International Labor Organization
ILP, I.L.P. Independent Labour Party
IMF International Monetary Fund
imit imitate; imitation
immun immunity; immunization
imp 1. imperative; 2. imperfect
in inch
IN Indiana
inbd inboard
inc 1. income; 2. incomplete; 3. incorporated
incl including; inclusive
incr 1. increase; 2. incremental
ind independence; independent
Ind India; Indian; Indiana
indef indefinite
indn indication
indus industrial; industry
inf 1. infantry; 2. inferior; 3. infinitive; 4. influence; 5. information
infl influence; influenced
inj injection
inq inquiry
INS International News Service
ins 1. inspector; 2. insulated; insulation; 3. insurance
inst 1. instant; 2. institute; institution; 3. instrument
instr 1. instruction; 2. instructor; 3. instrument
int 1. interest; 2. interior; 3. internal; 4. international; 5. interval
inter intermediate
interj interjection
interp interpreter
intl, intnl international
intro introduction; introductory
inv 1. invented; invention; inventor; 2. invoice
I/O input/output
IPA 1. International Phonetic Alphabet; 2. International Phonetic Association; 3. isopropyl alcohol
IQ, I.Q. intelligence quotient
IRA Individual Retirement Account
IRBM Intermediate Range Ballistic Missile
Ire Ireland
IRO International Refugee Organization
irreg irregular; irregularly
IRS Internal Revenue Service
ISBN International Standard Book Number
isl island
Isr Israel; Israeli
It Italian; Italy
ital italic; italicized
ITO International Trade Organization
ITU 1. International Telecommunication Union; 2. International Typographical Union
IU international unit
IUD intrauterine device
IV intravenous; intravenously
IW 1. index word; 2. isotopic weight
i.w. inside width
Jan January
Jap Japan; Japanese
JCS, J.C.S. Joint Chiefs of Staff
jct junction
JD 1. Justice Department; 2. juvenile delinquent
J.D. Jurum Doctor (Doctor of Law)
JFK John Fitzgerald Kennedy
jg junior grade
JIT job instruction training
JJ judges; justices
jnr junior
jour 1. journal; 2. journeyman
JP justice of the peace
jr, jun junior
JRC Junior Red Cross
jt joint
junc junction
JV junior varsity
jwlr jeweler
k 1. karat; 2. kilo-; 3. king; 4. knight
Kans Kansas
kc kilocycle
K.C. 1. King's Counsel; 2. Knights of

Columbus
KD 1. kiln-dried; 2. knocked down
Ken Kentucky
kg kilogram
KGB, K.G.B. Komitet Gosudarstvennoi Bezopasnost'i (Commission of State Security)
KKK, K.K.K. Ku Klux Klan
km kilometer
kmph kilometers per hour
kmps kilometers per second
kn 1. knot; 2. krona; 3. krone
Knt knight
Kor Korea; Korean
KS Kansas
Kuw Kuwait
kW kilowatt
kWh kilowatt-hour
Ky, KY Kentucky
l 1. late; 2. left; 3. liter; 4. long
L large
La Louisiana
LA 1. Los Angeles; 2. Louisiana
L.A. 1. Legislative Assembly; 2. local agent; 3. Los Angeles
lab laboratory
lam laminated
lang language
lat latitude
Lat 1. Latin; 2. Latvia; Latvian
lav lavatory
lb pound
LC landing craft
L.C. Library of Congress
L/C letter of credit
Ld 1. limited; 2. lord
LD 1. learning disability; learning-disabled; 2. lethal dose
LDC less-developed country
ldg landing
lea 1. league; 2. leather
lect lecture
lectr lecturer
leg legal; legate
legls legislation; legislative; legislature
lex lexicon
lg 1. large; 2. long
lib 1. liberal; 2. librarian; library
lieut lieutenant
LIFO last in, first out
lim limit
lin lineal; linear
ling linguistics
liq liquid; liquor
lit 1. liter; 2. literal; literally; literary; 3. literature
long longitude
LSAT Law School Admissions Test
LSD least significant digit
LSS lifesaving service
lt light
Lt lieutenant
Lt. Col lieutenant colonel
Lt. Gen lieutenant general
Lt. Gov lieutenant governor
lv 1. leave; 2. livre
LW low water
LWM low-water mark
LWV League of Women Voters
lx lux
LXX Septuagint
lyr lyric
m 1. male; 2. manual; 3. married; 4. masculine; 5. meter; 6. mile
M 1. majesty; 2. mark (currency); 3. master; 4. medieval; 5. medium; 6. member; 7. mill (currency)
MA 1. Maritime Administration; 2. Massachusetts
mag 1. magazine; 2. magnitude
Maj major
Maj. Gen major general
man manual
Man Manitoba
mar 1. maritime; 2. married
Mar March
marg margin
masc masculine
Mass Massachusetts
M.A.T. Master of Arts in Teaching
math mathematical; mathematician
max maximum
MB Manitoba
M.B.A. Master of Business Administration
Mc megacycle
MC 1. Marine Corps; 2. Medical Corps
M.C. master of ceremonies
MCAT Medical College Admissions Test
Md Maryland
M.C.L. Master of Civil Law
MD 1. doctor of medicine; 2. Maryland; 3. medical department
m/d months after date

Mdm Madam
M.D.S. Master of Dental Surgery
mdse merchandise
MDT mountain daylight time
Me, ME Maine
M.E. 1. mechanical engineer; mechanical engineering; 2. medical examiner; 3. military engineer; 4. mining engineer
meas measurable; measure
mech mechanical; mechanics; mechanism
med 1. medical; medicine; 2. medieval; 3. medium
M.Ed. Master of Education
Medit Mediterranean
Med. Lat Medieval Latin
mem 1. member; 2. memoir
mer meridian
messrs messieurs
met metaphor; metaphoric; metaphysics
METO Middle East Treaty Organization
mfd manufactured
mfg manufacture; manufactured; manufacturing
MFN most-favored nation
mfr manufacture; manufacturer
mg milligram
M.G. Major General
mgr 1. manager; 2. monseigneur; monsignor
mgt management
MH 1. Medal of Honor; 2. mental health
MHz megahertz
MI, Mich Michigan
MIA missing in action
mid middle
mil military; militia
min 1. mineralogical; mineralogy; 2. minimum; 3. minor; 4. minute
Minn Minnesota
misc miscellaneous
Miss Mississippi
mk 1. mark; 2. markka
mks meter-kilogram-second (system of units)
mkt market
mktg marketing
ml milliliter
ML Medieval Latin
MLA Modern Language Association
MLD minimum lethal dose
Mlle Mademoiselle
Mlles Mesdemoiselles
M.L.S. Master of Library Science
MLW mean low water
mm millimeter
Mme Madame
Mmes Masdames
MMPI Minnesota Multiphasic Personality Inventory
MN 1. magnetic north; 2. Minnesota
mngr manager
mo month
Mo, MO Missouri
mod 1. moderate; 2. modern
MOL Manned Orbital Laboratory
mol molecular; molecule
mol wt molecular weight
m.o.m. middle of month
mon 1. monastery; 2. monetary
Mon Monday
Mong Mongolia; Mongolian
Mont Montana
MOR middle-of-the-road
mos months
MP, M.P. 1. military police; military policeman; 2. mounted police
M.P.A. 1. Master of Public Administration; 2. Master of Public Accounting
mpg miles per gallon
mph miles per hour
MRI magnetic resonance imaging
MS Mississippi
msg message
Msgr Monseigneur; Monsignor
M. Sgt master sergeant
Mss, MSS manuscripts
MST Mountain standard time
mt mount; mountain
MT 1. Montana; 2. Mountain time
mtg 1. meeting; 2. mortgage
mtge mortgage
mtn mountain
mts mountains
mun, munic municipal; municipality
mus 1. museum; 2. music; musical; musician
MV 1. mean variation; 2. megavolt
MVP most valuable player
mW milliwatt
MW megawatt

mxd mixed
m.y. million years
myth, mythol mythological; mythology
n 1. neuter; 2. noun
N north; northern
NA 1. North America; 2. not applicable
N.A.A. National Aeronautic Association; National Automobile Association
NAACP, N.A.A.C.P. National Association for the Advancement of Colored People
NAB New American Bible
NACU National Association of Colleges and Universities
NAM National Association of Manufacturers
NAMH National Association of Mental Health
NAPA National Association of Performing Artists
NASA National Aeronautics and Space Administration
NASCAR National Association of Stock Car Auto Racing
NASD National Association of Securities Dealers
nat 1. national; 2. native; 3. natural
NATE National Association of Teachers of English
natl national
NATO North Atlantic Treaty Organization
NATS Naval Air Transport Service
naut nautical
nav naval; navigable; navigation
NB 1. narrow band; 2. New Brunswick
NBA, N.B.A. 1. National Basketball Association; 2. National Boxing Association; 3. narrow-band allocation
NBC National Broadcasting Corporation
NBS National Bureau of Standards
NC 1. no charge; 2. North Carolina
NCAA, N.C.A.A. National Collegiate Athletic Association
NCO, N.C.O. noncommissioned officer
NCTE National Council of Teachers of English
NCTM National Council of Teachers of Mathematics
ND, N Dak North Dakota
n.d. no date
NE, Neb, Nebr Nebraska
NEA National Education Association
NEB New English Bible
Nebr Nebraska
NED, N.E.D. New English Dictionary
neg negative
NEP, N.E.P. New Economic Policy
NET National Educational Television
Neth Netherlands
neut neuter
Nev Nevada
Newf Newfoundland
New M New Mexico
New Test New Testament
NFL National Football League
Nfld Newfoundland
NG, N.G. 1. National Guard; 2. no good
NH New Hampshire
NHI National Health Insurance
NHL National Hockey League
NIH National Institutes of Health
NJ New Jersey
NL 1. National League; 2. new line
NLF National Liberation Front
NM, N Mex New Mexico
no north; number
Nor 1. Norman; 2. north; 3. Norway
norm normal
nos numbers
n.o.s. not otherwise specified
Nov November
NOW 1. National Organization for Women; 2. negotiable order withdrawal
NP neuropsychiatric; neuropsychiatry
N.P. notary public
NR not rated
NRA 1. National Recovery Administration; National Rifle Association; 2. Naval Reserve Association
NRC 1. National Research Council; 2. Nuclear Regulatory Commission
NS 1. Nova Scotia; 2. nuclear ship
n.s. 1. new series; 2. not specified
N.S. New Style
n/s not sufficient
NSC National Security Council
NSE National Stock Exchange

NSF National Science Foundation
n.s.f., N.S.F. not sufficient funds
N.S.P.C.A. National Society for the Prevention of Cruelty to Animals
NT 1. New Testament; 2. Northwest Territories
n.t.p., N.T.P. normal temperature and pressure
nt. wt. net weight
num number; numeral
NV Nevada
NW northwest
n. wt. net weight
NWT Northwest Territories
NY New York
NYC New York City
NYP not yet published
NYSE New York Stock Exchange
N.Z. New Zealand
O 1. October; 2. Ohio
OAS Organization of American States
obj 1. object; 2. objective
occas occasionally
Oct October
O.D. 1. Doctor of Optometry; 2. officer of the day; 3. overdraft
o/d overdraft
OE Old English
OECD Organization for Economic Cooperation and Development
OED, O.E.D. Oxford English Dictionary
OEO Office of Economic Opportunity
off 1. office; 2. officer; official
OH Ohio
OIT Office of International Trade
OJ orange juice
OK, Okla Oklahoma
O.M. Order of Merit
OMB Office of Management and Budget
ONI Office of Naval Intelligence
ONR Office of Naval Research
Ont Ontario
op, OP out of print
OPEC Organization of Petroleum Exporting Countries
opp opposite
opt 1. optative; 2. optical; optician; optics; 3. optimum; 4. optional
OR, Ore, Oreg Oregon
o.r. owner's risk
O.R., OR operating room
orch orchestra
ord 1. order; 2. ordinal; 3. ordinance; ordnance
Ore Oregon
org 1. organic; 2. organization; 3. organized
orig original; originally
ornith ornithologic; ornithology
orth orthopedic; orthopedics
o.s. 1. old series; 2. out of stock
o/s out of stock
O.S. Old Style
OT, O.T. Old Testament
OWI Office of War Information
Ox, Oxf Oxford
oz ounce; ounces
p 1. page; 2. part; 3. participle; 4. past; 5. penny; 6. per; 7. peseta; 8. peso; 9. pint; 10. pipe; 11. pole; 12. population
P 1. president; 2. priest; 3. prince
Pa Pennsylvania
PA 1. Pennsylvania; 2. public address
P.A. 1. power of attorney; 2. press agent; 3. prosecuting attorney
P/A power of attorney
Pac, pacif Pacific
PAC political action committee
Pak Pakistan
Pal Palestine
pam pamphlet
Pan Panama
P and L profit and loss
par paragraph; parallel
paren parenthesis
parl parliamentary
Parl Parliament
part 1. participle; 2. particular
pass 1. passage; 2. passenger; 3. passive
pat patent
patd patented
PAU, P.A.U. Pan American Union
PAYE, P.A.Y.E. 1. pay as you earn; 2. pay as you enter
payt payment
P.B. 1. passbook; 2. prayer book
PBI protein-bound iodine
PBS Public Broadcasting Service
PBX, P.B.X. private branch exchange
PC 1. percent; 2. political correct; 3. postcard
pct percent
pd paid

PD 1. police department; 2. postal district; 3. potential difference
PDT Pacific daylight time
PE physical education
PEI Prince Edward Island
P.E.N. International Association of Poets, Playwrights, Editors, Essayists, and Novelists
Penn, Penna Pennsylvania
per 1. period; 2. person
perf 1. perfect; 2. perforated
perm permanent
perp perpendicular
pers person; personal
Pers Persia; Persian
pert pertaining
pet petroleum
petr petrology
pf 1. pfenning; 2. preferred
Pfc private first class
pfd preferred
pfg pfenning
pg page
Pg Portugal; Portuguese
P.G. 1. paying guest; 2. postgraduate
PGA Professional Golfers Association
PH 1. Public Health; 2. Purple Heart
ph phase
PHA Public Housing Administration
phar, Phar pharmaceutical; pharmacist; pharmacopoeia; pharmacy
Phar.D. Pharmaciae Doctor (Doctor of Pharmacy)
Ph.D. Philosophiae Doctor (Doctor of Philosophy)
Phil philosopher; philosophical; philosophy
phon phonetic; phonetics; phonology
photog photography
photom photometry
phr phrase
PHS Public Housing Service
phys physical; physician; physicist; physics; physiological; physiology
PIN personal identification number
pk 1. park; 2. peak; 3. peck
pkg package
pkt packet
pl 1. place; 2. plate; 3. plural
plat 1. plateau; 2. platform; 3. platoon
plf plaintiff
pln plain
PLO Palestine Liberation Organization
plu plural
p.m., PM 1. afternoon; 2. past master; 3. police magistrate; 4. postmaster; 5. post meridiem; 6. post mortem; 7. Prime Minister; 8. provost marshal
pm premium
pmk postmark
PMS premenstrual syndrome
pmt payment
p.n., P/N promissory note
PO, P.O. 1. personal officer; 2. petty officer; 3. postal order; 4. post office
POE, P.O.E. port of entry
pol political; politician; politics
Pol Poland; Polish
polit political; politics
pop 1. popular; 2. population
Port Portugal; Portuguese
pos 1. position; 2. positive
poss 1. possession; possessive; 2. possible; possibly
pot potential
POW, P.O.W. prisoner of war
pp 1. pages; 2. past participle
p.p. 1. parcel post; 2. postpaid
ppd 1. postpaid; 2. prepaid
pph pamphlet
P.P.S., p.p.s. post postscriptum
ppt precipitate
pptn precipitation
PQ Province of Quebec
p.q. previous question
pr 1. pair; 2. price; 3. printed
PR 1. public relations; 2. Puerto Rico
prec preceding
pred predicate
pref 1. preface; 2. prefatory; 3. preference; preferred; 4. prefix
prem premium
prep 1. preparation; preparatory; prepare; 2. preposition
prepd prepared
prepn preparation
pres 1. present; 2. president
PRF 1. pulse recurrence frequency; 2. pulse repetition frequency
prf proof
prim 1. primary; 2. primitive
prin 1. principal; 2. principle
print printing
priv private; privative
PRO, P.R.O. public relations officer

pro professional
prob 1. probable; probably; 2. problem
prof professor
prom promontory
pron 1. pronominal; 2. pronoun; pronounced; pronunciation
prop 1. proper; properly; 2. property; 3. proposition; 4. proprietary; proprietor
propr proprietor
pros prosody
Pros. Atty. prosecuting attorney
Prot Protestant
protect protectorate
prov 1. province; provincial; provisional; 2. provost
p.s. 1. passenger steamer; 2. postscript
PS 1. permanent secretary; 2. Police Sergeant; 3. postscript; 4. public school
PSAT Preliminary Scholastic Aptitude Test
pseud pseudonym
psf, p.s.f. pounds per square foot
psi, p.s.i. pounds per square inch
PST, P.S.T. Pacific standard time
psych psychological; psychologist; psychology
pt 1. part; 2. payment; 3. pint; 4. point; 5. port; 6. preterit
p.t. pro tempore (temporarily)
PT, P.T. Pacific time; physical therapy
PTA, P.T.A. Parent-Teacher Association
ptg printing
p.t.o, PTO please turn over
PTV 1. public television; 2. pay television
pty proprietary
pub 1. public; 2. publication; published; publisher
publ publication; published; publisher
PV polyvinyl
PVC polyvinyl chloride
pvt private
PWA, P.W.A. Public Works Administration
pwr power
pwt pennyweight
Q 1. queen; 2. quetzal
q 1. quart; 2. quarter; quarterly
qb quarterback
QB queen's bishop
Q.B. Queen's Bench
QC quartermaster corps
Q.C. Queen's Counsel
QF quick-firing
Qld Queensland
qlty quality
QM quartermaster
QMC quartermaster corps
QMG Quartermaster General
qn question
qq questions
qr 1. quarter; quarterly; 2. quire
qt 1. quantity; 2. quart
qto quarto
qty quantity
qu 1. queen; 2. query; 3. question
qual qualitative
quant quantitative
quar quarter; quarterly
Que Quebec
ques question
quot quotation
r 1. right; 2. river
R 1. rabbi; 2. rector; 3. regius; 4. Republican; 5. royal
Ra Range
R.A. 1. rear admiral; 2. Regular Army; 3. Royal Academy; 4. Royal Academician
rad 1. radical; 2. radio; 3. radius; 4. radix
RAF, R.A.F. Royal Air Force
RAM, R.A.M. Royal Academy of Music
R & B rhythm and blues
R & D research and development
R and R rest and recreation
RBC, rbc red blood cell; red blood count
RC 1. Red Cross; 2. Roman Catholic
R.C.Ch. Roman Catholic Church
rcpt receipt
rct recruit
rd 1. road; 2. rod; 3. round
RD rural delivery
RDA 1. recommended daily allowance; 2. recommended dietary allowance
rec 1. receipt; 2. record; recording; 3. recreation
recd received
recip reciprocal; reciprocity
rect 1. receipt; 2. rectangle; rectangular; 3. rectified; 4. rector;

rectory
red reduced; reduction
ref 1. referee; 2. reference; referred; 3. refining; 4. reformation; reformed; 5. refunding
refl 1. reflection; reflective;2. released; 3. religion; religious
reg 1. regent; 2. regiment; 3. region; 4. register; registered; 5. regular; regularly
regd registered
regt regiment
Regt regent
rel 1. relating; relative; 2. religion
rep 1. repair; 2. repetition; 3. report; 4. reporter; 5. representative; 6. republic
Rep Republican
repl replace; replacement
repr representing
rept report
Repub 1. republic; 2. Republican
req require; required; requisition
reqd required
res 1. research; 2. reserve; 3. residence; resident; resides; 4. resolution
Res 1. Reservation; 2. Reservoir
resp 1. respective; respectively; 2. respiration
ret 1. retain; 2. retired; 3. return
rev 1. revenue; 2. reverse; 3. review; 4. revised; revision; 5. revolution
Rev 1. Revelation; 2. reverend
Rev. Ver. Revised Version
RF radio frequency
rf 1. reef; 2. refund
RFD rural free delivery
rhet rhetoric
RI, R.I. Rhode Island
riv river
RJ road junction
rm 1. ream; 2. room
RN 1. registered nurse; 2. Royal Navy
rnd round
ROM read-only memory
Rom 1. Roman; Romance; 2. Romania; Romanian
rot rotating; rotation
ROTC Reserve Officers' Training Corps
rpm, r.p.m. revolutions per minute
rps, r.p.s. revolutions per second
rpt 1. repeat; 2. report
R.Q. respiratory quotient
RR 1. railroad; 2. rural route
RRB Railroad Retirement Board
RS 1. recording secretary; 2. right side; 3. Royal Society
RSVP please reply; répondez s'il vous plait
RT 1. radio telephone; 2. room temperature
rt right
rte route
Rus, Russ Russia; Russian
rwy, ry railway
s 1. second; 2. second of arc; 3. small; 4. south; southern
S 1. Sabbath; 2. saint; 3. Saturday; 4. Saxon; 5. September
SA 1. Salvation Army; 2. South America
S.A. 1. South Africa; 2. South America
SAC Strategic Air Command
SACEUR Supreme Allied Commander, Europe
SALT Strategic Arms Limitations Talks
SAM surface-to-air missile
SAR Sons of the American Revolution
SASE self-addressed stamped envelope
Sask Saskatchewan
Sat Saturday
SAT A trademark for Scholastic Aptitude Test
sat saturate; saturation
SBA Small Business Administration
SBN Standard Book Number
SC 1. Security Council; 2. South Carolina
sc 1. scale; 2. scene; 3. scruple; 4. science
S.C. Supreme Court
sci science; scientific
SD, S Dak South Dakota
sec 1. secretary; 2. sector; 3. secundum
sect section
secy secretary
sed sediment
sel select; selected
SEM scanning electron microscope
sem seminary
sen 1. senate; senator; 2. senior
sep separate; separation

Sep September
sepd separated
Sept, Sep September
ser 1. serial; 2. series; 3. sermon
serv 1. servant; 2. service
sess session
SF science fiction
Sfc sergeant first class
sg specific gravity
SG surgeon general
S.G., SG solicitor general
sgd signed
Sgt sergeant
Sgt. Maj. sergeant major
sh 1. share; 2. sheet
Shak Shakespear
SHAPE Supreme Headquarters Allied Powers, Europe
Shf, SHF superhigh frequency
shp, s.h.p. shaft horsepower
shpt shipment
shr share
SIDS sudden infant death syndrome
sig 1. signal; 2. signature; 3. signor; signore
sing singular
S.J. Society of Jesus
sk sack
Skr, Skt Sanskrit
SL 1. sea level; 2. south latitude
sl slightly
sld 1. sailed; 2. sealed; 3. sold
SLIP symmetric list processor
SLV standard launch vehicle
SM 1. sergeant major; 2. soldier's medal
sm small
so south; southern
SOB son of a bitch
soc 1. social; 2. socialist; 3. society
SOF sound of film
sol 1. solicitor; 2. soluble; 3. solution
soln solution
SOP standard operating procedure
sop soprano
soph sophomore
sou, Sou south; southern
sov sovereign
Sov. Un. Soviet Union
SP 1. self-propelled; 2. shore patrol; shore police
sp spelling
Sp Spain; Spanish
Span Spanish
SPCA Society for the Prevention of Cruelty to Animal
SPCC Society for the Prevention of Cruelty to Children
spec 1. special; specifically; 2. specification
specif specific; specifically
SPF sun protection factor
spp species
SPQR small profits, quick returns
spr spring
spt seaport
sq 1. squadron; 2. square
sr senior
Sr sister
S.S., SS 1 steamship; 2. Sunday school; 3. sworn statement
s/s small size
SSA Social Security Administration
SSE south-southeast
S. Sgt staff sergeant
SSI Supplemental Security Income
SSN Social Security Number
ssp subspecies
SSR, S.S.R. Soviet Socialist Republic
SSRC Social Science Socialist Republic
SSS Selective Service System
SST supersonic transport
SSW south-southwest
ST standard time
st 1. stanza; 2. start; 3. state; 4. statute; 5. stet; 6. stitch; 7. stone; 8. strait; 9. street; 10. strophe
St saint
s.t. short ton
sta 1. station; 2. stationary
stat 1. statim (immediately); 2. stationary; 3. statistics; 4. statuary; 5. statue
stbd starboard
std 1. standard; 2. sexually transmitted disease
ster sterling
St. Ex. stock exchange
stg sterling
stge storage
stip 1. stipend; 2. stipulation
stk stock
STOL short takeoff and landing (aircraft)
STP standard temperature and

pressure
STR synchronous transmitter receiver
str 1. steamer; 2. strait; 3. stringed
stud student
sub 1. subaltern; 2. substitute; 3. suburb; suburban
subj 1. subject; 2. subjective; 3. subjunctive
subs subscription
subst 1. substantive; 2. substitute
suf, suff 1. sufficient; 2. suffix
Sun Sunday
sup 1. superior; 2. superlative; 3. supine; 4. supplement; 5. supply; 6. supra
super 1. superintendent; 2. superior
supp, suppl supplement; supplementary
supr supreme
supt, Supt superintendent
supvr supervisor
sur 1. surface; 2. surplus
surg surgeon; surgery; surgical
surr surrender
svgs savings
sw 1. short wave; 2 switch
SW southwest
sw. switch
Sw Sweden; Swedish
SWAT Special Weapons and Tactics
Switz Switzerland
swp swamp
sym 1. symbol; 2. symmetric; 3. symphony
syn synonym; synonymous; synonymy
synd syndicate
t 1. teaspoon; 2. temperature; 3. ton; 4. transitive; 5. troy; 6. true
T tablespoon
TA teaching assistant
tab table
TAC Tactical Air Command
TAG the Adjutant General
tan tangent
TAS 1. telephone answering system; 2. true airspeed
TB, T.B. tuberculosis
tbs, tbsp tablespoon
tchr teacher
TD 1. touchdown; 2. treasury department
TDN, T.D.N. total digestible nutrients
tech technical; technician; technology
technol technological; technology
TEFL teaching English as a foreign language
tel 1. telegram; 2. telegraph; 3. telegraphic; 4. telephone
teleg 1. telegram; 2. telegraph; 3. telegraphic; 4. telegraphy
temp 1. temperance; 2. temperature; 3. template; 4. temporary; 5. tempore
ten 1. tenor; 2. tenuto
Tenn Tennessee
ter 1. terrace; 2. territorial; territory
term 1. terminal; 2. termination
terr 1. terrace; 2. territorial; territory
TESOL teachers of English to speakers of other languages
test 1. testator; 2. testatrix; 3 testimony
Test Testament
Tex Texas
trf transfer
TGIF thank God it's Friday
Th, Thu, Thur, Thurs Thursday
Thai Thailand
theat theater
theol theologian; theological; theology
therap therapeutic; therapeutics
Thurs, Th, Thu, Thur Thursday
tk truck
TKO technical knockout
tkt ticket
t.l. or t/l total loss
TLC tender loving care
t.l.o. total loss only
tlr tailor
TM trademark
t.m. true mean
TN Tennessee
tn 1. ton; 2. town; 3. train
tng training
tnpk turnpike
TNT trinitrotoluene
t.o. turnover
tpk turnpike
tr 1. transitive; 2 translated; translation; translator; 3. transpose; transposition; 4. treasurer; 5. trust; trustee
trans 1. transaction; 2. transitive; 3. translated; translation; translator; 4 transportation; 5 transpose; transposition; 6. transverse
transl translated; translation
transp transportation

trav traveler; travels
treas treasurer; treasury
trib tributary
trig, trigon trigonometric; trigonometry
tripl triplicate
trit triturate
trop tropic; tropical
trp troop
tsp teaspoon; teaspoonful
TT 1. telegraphic transfer; 2. teletypewriter; 3. transit tim; 4. tuberculin tested
Tu, Tue, Tues Tuesday
T.U. trade union
T.U.C. Trade Union Congress
Tues Tuesday
twp twoship
TX Texas
typ typographer; typographical; typography
typo, typog typographer; typographical; typography
typw typewriter; typewritten
U 1. union; 2. university
u 1. uncle; 2. unit; 3. upper
u.c., UC upper case
UCMJ Uniform Code of Military Justice
UCS universal character set
UDC universal decimal classification
UGT urgent (telegram)
uhf, UHF ultrahigh frequency
UK, U.K. United Kingdoms
ult 1. ultimate; ultimately; 2. ultimo
UMT University Military Training
UMTS University Military Training Service
UMW United Mine Workers
UN, U.N. United Nations
unan unanimous
unb, unbd unbound
UNESCO United Nations Educational, Scientific, and Cultural Organization
UNICEF United Nations International Children's Emergency Fund
Unit Unitarian; Unitarianism
univ 1. universal; 2. university
Univ Universalist
unm unmarried
unp unpaged
UNRRA United Nations Relief and Rehabilitation Administration
UNRWA United Nations Relief and Works Agency
up upper
UPI, U.P.I. United Press International
UPS United Postal Service
UPU Universal Postal Union
URA Urban Renewal Administration
US, U.S. United States
USA, U.S.A. United States of America
USAF, U.S.A.F United States Air Force
USAR United States Army Reserve
U.S.C. United States Code
U.S.C.A. United States Code Annotated
USCG United States Coast Guard
USDA United States Department of Agriculture
USES United States Employment Service
USIA United States Information Agency
U.S.M. United States Mail
USMC, U.S.M.C. United States Marine Corps
USN, U.S.N. United States Navy
USNA, U.S.N.A. United States Naval Academy
UNNR United States Naval Reserve
USO, U.S.O. United States Organization
U.S.P. United States Pharmacopoeia
U.S.P.O., USPO United States Post Office
U.S.S. 1. United States Senate; 2. United States Ship
USSR, U.S.S.R. Union of Soviet Socialist Republics
usu usual; usually
UT Utah
UV ultraviolet
UW underwriter
UXB unexploded bomb
v 1. verb; 2. verse; 3. version; 4. verso; 5. versus; 6. very; 7. vice; 8. vide; 9. villge; 10. violin; 11. vocative; 12. voice; 13. volume; 14. vowel
V 1. velocity; 2. victory; 3. volt; 4. volume
VA, Va Virginia
V.A. Veterans' Administration; 2. vicar apostolic; 3. vice admiral

VAB voice answer back
vac vacuum
V. Adm vice admiral
val 1. valley; 2. valuation; value
VAR visual-aural range
var 1. variable; 2. variant; 3. variation; 4. variety; 5. various
VAT value-added tax
Vat Vatican
vb verb; verbal
VC, V.C. Vietcong
V.C. 1. vice chairman; 2. vice chancellor; 3. vice consul; 4. Victoria Cross
VD, V.D. venereal disease
v.d. 1. vapor density; 2. various dates
VDT visual display terminal
vel 1. vellum; 2. velocity
Ven venerable
Venez Venezuela
ver 1. verse; 2. version
vers versed sine
vert vertical
vet 1. veteran; 2. veterinarian; veterinary
veter veterinary
V.F. 1. vicar forane; 2. video frequency; 3. visual field
VFD volunteer fire department
VFR visual flight rules
VFW, V.F.W. Veterans of Foreign Wars
VG very good
V.G. vicar general
Vhf, VHF very high frequency
VI Virgin Islands
Viet Vietnam; Vietnamese
vil village
VIN vehicle identification number
VIP very important person
vis 1. visibility; 2. visual
VISTA Volunteers in Service to America
vlf, VLF very low frequency
V.M.D. Vcterinariae Medicine Doctor (Doctor of Veterinary Medicine)
VO verbal order
vo verso
voc vocative
vocab vocabulary
vol 1. volcano; 2. volume; 3. volunteer
vou voucher
VP 1. variable pitch; 2. verb phrase; 3. vice-president
vs versus
V.S. veterinary surgeon
vss 1. verses; 2. versions
V/STOL vertical short takeoff and landing
Vt, VT Vermont
VTR videotape recorder
VU volume unit
vulg vulgar
vv verses
v.v. vice versa
W 1. watt; 2. Wednesday; 3. west; western
w 1. week; 2. weight; 3. wide; 4. width; 5. wife; 6. with
WA, Wash Washington
WAAC Women's Army Auxiliary Corps
WAAF Women's Auxiliary Air Foce
WAC Women's Army Corps
WAF Women in the Air Force
war warrant
Wash Washington
WATS Wide-Area Telephone Service
WAVES Women Accepted for Volunteer Emergency Service
w.b. 1. water ballast; 2. waybill; 3. westbound
W.B. Weather Bureau
WBC, wbc white blood cell; white blood count
w.c. 1. water closet; 2. without charge
WCTU, W.C.T.U. Women's Christian Temperance Union
WD, W.D. War Department
wd 1. wood; 2. word
Wed Wednesday
wf, w.f. wrong font
WFTU World Federation of Trade Unions
w.g. wire gauge
WH watt-hour
wh white
whf wharf
WHO World Health Organization
W-hr watt-hour
Whs warehouse
whsle wholesale
WI, Wis, Wisc Wisconsin
wk 1. weak; 2. week; 3. work
wkly weekly
WL, w.l. 1. water line; 2. wave-length

wmk watermark
WO, w.o. warrant officer
w/o without
w.o.c. without compensation
WP 1. weather permitting; 2. word precessing; word processor
w/p without prejudice
WPA Work Projects Administration
Wpm, w.p.m. words per minute
wpn weapon
Ws wisdom
WS working storage
WSA War Shipping Administration
wt weight
WV, W Va West Virginia
WVS Women's Volunteer Service
WWI, W.W.I. World War I
WWII, W.W.II. World War II
WY, Wyo Wyoming
X 1. Christ; Christian; 2. extra
XD, x-div ex dividend
XI, x-int ex interest
XL extra large; extra long
Xn Christian
Xnty Christianity
Y 1. admittance; 2. hypercharge; 3. yen; 4. YMCA; YMHA; YWCA; YWHA; 5. yeoman
y year
yd yard
yel yellow
Yem Yemen
yeo yeoman; yeomanry
YMCA, Y.M.C.A. Young Men's Christian Association
YMHA, Y.M.H.A. Young Men's Hebrew Association
YOB year of birth
yr 1. year; 2. younger; 3. your
YT Yukon Territory
YWCA, Y.W.C.A. Young Women's Christian Association
YWHA, Y.W.H.C. Young Women's Hebrew Association
Z atomic number
z 1. zero; 2. zone
zool zoological; zoology
ZPG zero population growth

Also by Hmongland Publishing

Books

Dust of Life: A True Ban Vinai Love Story (2005) by G. Y. Lee, Ph.D.

English-Hmong/Hmong-English Dictionary: Pocket Reference (2011) by Yuepheng L. Xiong

Myths, Legends and Folk Tales From the Hmong of Laos (2010) by Charles Johnson

The Root & the Fruit: Hmong Identity (2005) by Pao Saykao, M.B., B.S.

Video (some are available in Hmong only)

Flying Men, Flying Machines: A Portrait of Air America by John Willheim and Air America (reproduced in 1999 by Yuepheng Xiong with permission)

Hmong & General Vang Pao: The Secret War in Laos, 1960-1975, Part I (1997) by Yuepheng Xiong

Hmong & General Vang Pao: The Secret War in Laos, 1960-1975, Part II (1997) by Yuepheng Xiong

Hmoob Lub Neej Thoj Nam Nyob Thaib Teb (2001) by Yuepheng Xiong

Hmoob Thaib Keeb Kwm: Kob Rog 1968-1987 (2010) by Yuepheng Xiong

Journey From Pha Dong: A Decision in the Hills by the CIA (reproduced in 1998 by Yuepheng in Hmong with permission)

Phoo Xam Vam thiab Dhau Lawm Tod: Hmoob Zaj Keeb Kwm Uas Dai Npoo Ncuv (2002) by Yuepheng Xiong

Royal Lao Armed Forces (1998) by Yuepheng Xiong

Taug Txoj Lw Ntshav: Keeb Kwm Hmoob Nyob Suav Teb, Daim Ib (2000) by Yuepheng Xiong

Taug Txoj Lw Ntshav: Txoj Kev Mus Cuag Huab Tais Hmoob, Daim Ob (2004) by Yuepheng Xiong

Taug Txoj Lw Ntshav: Tsab Xyooj Mem Coj Hmoob Tua Suav, 1855-1873, Daim Peb (2005) by Yuepheng Xiong

The Laotian Civil War, 1960-1974 (1998) by Yuepheng Xiong